D1719828

Descriptio templi

Jesuitica

Quellen und Studien zu Geschichte, Kunst und Literatur
der Gesellschaft Jesu im deutschsprachigen Raum

Herausgegeben von
Günter Hess, Julius Oswald SJ,
Ruprecht Wimmer, Reinhard Wittmann

Band 5

Ulrich Schlegelmilch

Descriptio templi

Architektur und Fest in der lateinischen Dichtung
des konfessionellen Zeitalters

SCHNELL + STEINER

Die Abbildung auf der Vorderseite des Umschlags zeigt: Würzburg, Neubaukirche:
Rekonstruktion des ursprünglichen Schleifensterngewölbes
Modell von F. X. Kohl, um 1975

Gedruckt mit Unterstützung des Förderungs- und Beihilfefonds Wissenschaft der VG WORT

Bibliografische Informationen Der Deutschen Bibliothek
Die Deutsche Bibliothek verzeichnet diese Publikation in der Deutschen Nationalbibliografie;
detaillierte bibliografische Daten sind im Internet über http://dnb.ddb.de abrufbar.

1. Auflage 2003
© 2003 Verlag Schnell & Steiner GmbH, Leibnizstraße 13, 93055 Regensburg
Satz: SatzWeise, Föhren
Lithos: Visuelle Medientechnik GmbH, Regensburg
Umschlag: Astrid Moosburger, Regensburg
Druck: Erhardi Druck GmbH, Regensburg
ISBN 3-7954-1530-6

Inhaltsverzeichnis

Abbildungen

Abbildungsnachweis

11

Vorwort

Im Frühjahr 1993 veranlaßte mich Prof. Dr. Hans Thurn, die poetische Beschreibung der Würzburger Universitätskirche zum Thema meiner Examensarbeit zu machen. 1996 war es dann Prof. Dr. Günter Hess, der mich einlud, an der Edition der *Trophaea Bavarica* mitzuarbeiten. Aus dem Vergleich dieser beiden Renaissance-Festschriften entstand der Plan, die *descriptio templi* als literarische Gattung zu behandeln. Daß Günter Hess das Endergebnis dieses Vorhabens schon 1997, also vor dem eigentlichen Beginn der Arbeit, in gedruckter Form angekündigt hat, bleibt als großer Vertrauensbeweis unvergessen.

Auf den Weg gebracht und bis zum Abschluß – der Annahme von *Descriptio templi* als Dissertation durch die Philosophische Fakultät I der Universität Würzburg im Sommer 2001 – begleitet hat das Projekt Prof. Dr. Ludwig Braun. Für seine vorbildliche Betreuung, seine geduldige Hilfe und gelegentliche behutsame Kurskorrekturen angesichts des bedrohlich anwachsenden Quellenmaterials danke ich ihm ebenso herzlich wie es mich freut, daß er das Manuskript bereits in Molsheim und Porrentruy auf seine Eignung als literarischer Kirchenführer überprüft hat.

Aufrichtig gedankt sei auch: Herrn Prof. Dr. Dr. h. c. Udo W. Scholz, der nicht nur das Zweitgutachten übernommen, sondern mir auch während der Bearbeitung des Manuskripts für den Druck jederzeit Freiräume neben der Arbeit am Institut für Klassische Philologie gewährt hat, den Herausgebern der *Jesuitica* für ihre Zustimmung zur Aufnahme in die Reihe, dem Freistaat Bayern für ein zweijähriges Promotionsstipendium nach dem Gesetz zur Förderung des wissenschaftlichen und künstlerischen Nachwuchses sowie dem Verlag für seine Bereitschaft, das umfangreiche Buch in sein Programm aufzunehmen. Mit besonderer Erleichterung und Dankbarkeit sei schließlich festgehalten, daß die Druckkosten nahezu vollständig durch Zuschüsse der VG Wort und des Jesuitica e. V. gedeckt werden konnten.

Ich kann nicht alle nennen, die im Kleinen und Großen zum Gelingen beigetragen haben, möchte aber doch diejenigen erwähnen, die das Arbeiten in Würzburg und in den Archiven und Bibliotheken effektiv und angenehm gemacht haben. Ohne die Damen und Herren der Handschriften- und der Fernleihabteilung unserer Universitätsbibliothek hätte ich nur einen Bruchteil des vorgestellten Materials zu Gesicht bekommen, und die Tage in Wolfenbüttel, Porrentruy und Rom kamen der Idealvorstellung von einer Bibliotheksreise nahe. Besonders hervorheben möchte ich aber die Hilfe Louis Schlaeflis, der mir in der Gluthitze des elsässischen Sommers 1998 sein Archiv öffnete und mich im Schatten des Turmes einer ganz besonderen Kirche, des *Grand Ange rose de Strasbourg*, ungestört die Molsheimer Jesuitendichtung erkunden ließ.

Nicolas Barré (Courrendlin) und Jörg Robert (München) haben mir seinerzeit unpublizierte Studien im voraus zukommen lassen. Bei der Beschaffung der Abbildungen haben mir Damian Dombrowski (Würzburg), Lothar Klimek (Worpswede), Blanche Legendre (Paris) und Wolfgang Schibel (Mannheim) besonders geholfen. Thomas Hofmann (Rom), Elisabeth Klecker (Wien) und Bettina Wagner (München) waren großzügige Gastgeber und Helfer bei der Materialsammlung, Ernest Eschbach (Molsheim) hat aus der Ferne zur Vervollständigung der Quellen beigetragen. Angeliki Delikari (Würzburg) gab mir in letzter Minute einen wichtigen Hinweis, und Günter Holtz (Bremen) war es, der mir vor langer Zeit gezeigt hat, daß die nachantike Latinität mehr als nur einen Seitenblick wert ist.

Die endgültige Form des Buches wäre nicht zustandegekommen ohne die Freunde, die Korrektur gelesen haben: zunächst Monika Brunner, Benedikt Melters (München) und Stephan Reinert (Dresden), zuletzt – trotz großen Zeitdrucks mit gewohnter Ruhe und Präzision – Sabine Heßler (Würzburg).

Das sichere Fundament aber, auf dem *Descriptio templi* begonnen und aufgebaut werden konnte, haben meine Eltern Annegret und Gunther (Bremen) gelegt. Die Grundsteinlegung durch Luise Michaelsen (Bremen), *linguae Latinae magistra optima*, und die geduldige und liebevolle Hilfe meiner Frau Claudia Wiener, die als *sapiens architectus* jahrelang das Gelingen des Baus mit mir vorbereitet hat, sind unvergeßlich.

Würzburg, November 2002

14

Erster Teil: *Descriptio templi*

A. Gegenstand der Untersuchung und Forschungslage

I. Eine unbeachtete Gattung der lateinischen Renaissancedichtung

Als die typischen literarischen Erzeugnisse des Konfessionellen Zeitalters gelten die theologische Kontroversschrift und das religiöse Drama.[1] Diese Untersuchung gilt dagegen einer Gruppe von Texten, die zwar ebenfalls ursächlich mit den religiösen und politischen Entwicklungen der Epoche im Zusammenhang stehen, bisher jedoch von der Forschung nahezu völlig unbeachtet geblieben sind. Gemeint sind die etwa zwischen 1580 und 1650 in bedeutender Zahl entstandenen, teilweise sehr umfangreichen lateinischen Gedichte, in denen Kirchen beider großen Konfessionen beschrieben und interpretiert werden. Die Texte sind nahezu ausnahmslos als Gelegenheitsdrucke zur Einweihung eines bestimmten Sakralbaus veröffentlicht, gehen jedoch in ihrer literarisch-poetischen Ambition, ihrer theologischen Argumentation und nicht zuletzt durch ihren historischen und kunstgeschichtlichen Dokumentationswert weit über die Erwartungen hinaus, die sich heute üblicherweise an „Gelegenheitsdichtung" richten.

Mein Ziel ist es, mit den poetischen Kirchenbeschreibungen eine neue, bisher übersehene Gattung der lateinischen Literatur der frühen Neuzeit zu erschließen. Dabei weist der Umstand, daß viele dieser Texte nachweislich aufeinander Bezug nehmen, auf ein schon zu ihrer Entstehungszeit vorhandenes Gattungsbewußtsein der Verfasser hin.

Die Neuartigkeit der *Descriptio templi* besteht in erster Linie darin, daß sie Kunst- und Architekturbeschreibung mit religiöser Betrachtung und Meditation verbindet. Es handelt sich also nicht einfach um eine Gruppe literarischer Beschreibungen mit ähnlicher Thematik, sondern um Texte mit zugleich poetischem wie theologischem Anspruch.

Ohne den Hintergrund einer literarischen Tradition, in diesem Fall: der Geschichte der rhetorisch-literarischen Beschreibung (Ekphrasis), ist aber ein Verständnis der *Descriptio templi* nicht denkbar. Die Einordnung der Gedichte in diese Tradition ist daher ein Hauptanliegen der Untersuchung.

Zeitgeschichtliche, kirchengeschichtliche und theologische Faktoren, von denen die *Descriptio templi* ebenfalls entscheidend beeinflußt worden ist, sucht der Abschnitt E dieser Einleitung zusammenfassend vorzustellen. Besondere Bedeutung kommt dabei

---

1 Überblicke z. B. bei Kemper 1985 und Valentin 1985; zum Drama grundlegend Valentin 1978; aus der reichhaltigen neueren Literatur z. B. Rädle 1997 (m. Lit.).

der Entstehungssituation – in der Regel Einweihungsfeierlichkeiten – und dem daraus resultierenden Festschriftcharakter der Texte zu.

Da die Dichtungen in sehr unterschiedlichen historisch-politischen Gegenwarten entstanden sind, übernimmt eine erstmalige Kommentierung und Interpretation von etwa einem Dutzend sowie die Edition von acht Festschriften aus diesem Corpus die Aufgabe, die Facetten zu beleuchten, aus denen sich das Gesamtbild der Gattung *Descriptio templi* zusammenfügt (II. Teil).

II. Forschungsstand und Ziele der Untersuchung

1. Die bisherige Forschung zu den poetischen Kirchenbeschreibungen

Die hier untersuchten Dichtungen sind bisher mit einer einzigen Ausnahme[2] nie Gegenstand einer wissenschaftlichen Untersuchung gewesen. Ihre Existenz war der Forschung zwar nicht durchweg unbekannt – nur einige der Texte werden hier tatsächlich erstmals behandelt[3] –, doch sind die meisten Stücke seit ihrem ersten Erscheinen um 1600 nicht wieder gedruckt worden und haben eine Existenz im Verborgenen geführt, aus der sie nur selten, in der Regel von lokalhistorisch interessierten Forschern des 19. Jahrhunderts, ans Licht geholt worden sind. Dabei galt das Interesse allerdings kaum dem literarischen Erzeugnis; man suchte die Texte lediglich als Quellen für historische oder kunsthistorische Fragen auszuwerten.

Seit einigen Jahrzehnten macht sich nun ein entgegengesetzter Trend bemerkbar: Der Quellenwert der lateinischen Dichtungen wird angezweifelt oder sogar mit dem Argument, die Texte seien „rhetorisch", ganz in Frage gestellt. Diese Haltung zeigt sich beispielsweise darin, daß in einer Monographie zum Künstler des Speyerer Ölbergs jeder Hinweis auf das umfangreiche beschreibende Gedicht *Oliuetum Spirense* fehlen kann, oder in der unlängst geäußerten Einschätzung, bei der Münchner Kirchenbeschreibung handle es sich um ein von der Realität losgelöstes rhetorisches Exercitium.[4]

---

2 TROPHAEA BAVARICA (1597); kommentierte Faksimileausgabe: Trophaea ed. Hess 1997. S. II. Teil, A.II.

3 Dies sind die ENCAENIA COLLEGII BRUNTRUTANI (1604; s. II. Teil, B.III); die TEMPLI BIDGOSTIENSIS PANEGYRIS (1650; s. ebda. D.I.3) und die ENCAENIA BONONIAE CELEBRATA (1659; s. ebda. D.I.4).

4 Vgl. die entsprechenden Kapitel im II. Teil. Nur in Ausnahmefällen sind literarische Quellen durch die Kunstgeschichte beachtet und sinnvoll ausgewertet worden, so in Mainz (s. S. 400 Anm. 7) und bei Santa Maria Maggiore in Rom (s. II. Teil, D.II.2.a). Vgl. auch Albrecht-Bott 1980, die mit Gewinn die Dichtungen des Theatiners G. M. Silos ausgewertet hat.

2. Auf dem Weg zu einer neuen Geschichte der europäischen neulateinischen Literatur

Von philologischer Seite wird der europäischen neulateinischen Literatur seit einiger Zeit wieder ein steigendes Interesse entgegengebracht. In den letzten Jahren sind sowohl bedeutende Überblicksdarstellungen als auch eine wachsende Zahl an Autoren- oder Werkmonographien erschienen.[5] Es wird jedoch noch erheblicher Anstrengungen bedürfen, bis sich ein modernes Gesamtbild dieser mehrere Jahrhunderte überspannenden Literatur eines ganzen Kontinents ergibt. Dieses wird eine ganz andere Form haben müssen als die erste, von Georg ELLINGER noch als Unternehmen eines Einzelnen begonnene und in weit fortgeschrittenem Stadium unter tragischen Umständen abgebrochene „Geschichte der neulateinischen Literatur Deutschlands".[6]

Zum einen muß bei der Untersuchung namhafter humanistischer Autoren die stark von ästhetischen Kriterien bestimmte Urteilsweise ELLINGERs ergänzt und korrigiert werden, indem man die literarische Tradition und *imitatio*, aber auch die biographischen, historischen und kirchengeschichtlichen Zeitumstände stärker einbezieht, zum anderen hat auch die sogenannte Gelegenheitsdichtung, in der sich regionale Gegenwarten noch unmittelbarer spiegeln, in einer neuen Geschichte der neulateinischen Literatur einen bedeutenderen Platz einzunehmen; Anregungen dafür können bereits vorliegende Untersuchungen auf dem Gebiet der deutschsprachigen „Casualdichtung" liefern.[7] Von Interesse sind besonders die letzten Jahrzehnte des 16. und das gesamte 17., zum Teil auch noch das 18. Jahrhundert, eine Epoche, in der die Bindung der lateinisch schreibenden Dichter an die Territorien, Höfe und Residenzen stark zunimmt. Dabei sind wiederum zwei große Bereiche zu unterscheiden: einerseits die zwar im Druck veröffentlichte, in Anlaß und Charakter jedoch „private" Gelegenheits- und Freundschaftsdichtung der humanistischen Gelehrten der Zeit, die häufig Rats-, Ärzte- und Juristenstellen an den Fürstenhöfen erlangten,[8] andererseits die demgegenüber „öffentlich" zu nennenden literarischen Erzeugnisse des „Dichtens bei Gelegenheit". Zu diesen zählt zwar auch die Masse der publizierten bürgerlichen oder adeligen Hochzeits- und Leichencarmina; wichtiger sind in unserem Zusammenhang jedoch die fast durchweg mit panegyrischer Tendenz verfaßten Dichtungen zu Einzügen, Herrschafts-

---

5 An dieser Stelle sei besonders auf die neue Sammlung „Humanistische Lyrik des 16. Jahrhunderts" (1997) hingewiesen, die die vom Titel des Bandes genährten Erwartungen hinsichtlich einer reinen Lyriksammlung ebenso übertrifft wie sie durch einen profunden Kommentar dauerhaften Nutzen bringt. Die Ausgabe erfaßt über zwanzig namhafte Autoren und unterrichtet in ausführlichen Bibliographien über den neuesten Forschungsstand.

6 Ellinger 1929–1933; dazu Schmidt 1977; vgl. auch Ijsewijn – Sacré 1998, 504.

7 Grundlegend Segebrecht 1977, bes. 68–200 mit Untersuchungen zu Begriff, Gattungen, Entstehungsweise, Produktions- und Publikationsbedingungen; zusammenfassend Segebrecht 1997.

8 Aus den Themen der neulateinischen Forschung der letzten Zeit sei als Beispiel der fürstbischöflich würzburgische Leibarzt Johannes Posthius genannt (zu ihm: Karrer 1993); zahlreiche weitere Beispiele in: HUMANISTISCHE LYRIK.

antritten, Huldigungen, Siegesfeiern, Fürstenhochzeiten und -begräbnissen oder auch zu Einweihungsfeiern großer Bauten.[9] Zahlreichen Höhepunkten frühneuzeitlicher Festkultur und Herrschaftspraxis sind hier literarische Denkmäler gesetzt worden, die uns das Geschehen aus der Sichtweise der Teilnehmer zeigen.

Damit ist bereits gesagt, daß die bisher fehlende literaturwissenschaftliche Untersuchung der poetischen Kirchenbeschreibungen nicht ihrerseits isoliert betrieben werden kann und soll. Es geht vielmehr darum, den Texten in gleichem Maße als literarischen Erzeugnissen – denn als solche wurden sie zunächst publiziert – wie auch als Quellenschriften für die verschiedensten Bereiche (Geschichte, Kunstgeschichte, Kirchengeschichte, Theologie) gerecht zu werden. Eine Analyse und Kommentierung der poetischen Kirchenbeschreibungen berührt dementsprechend eine Fülle unterschiedlicher Forschungssektoren, die in ganz unterschiedlichem Maße erschlossen sind. Die folgenden Thesen über die Natur der *Descriptio templi* sollen eine erste Orientierung darüber bieten, welche Gebiete die Untersuchung berücksichtigen muß.

3. Zehn Thesen zur Bedeutung der literarischen Gattung Descriptio templi

1. Die *Descriptio templi* ist eine besondere, literarisch ebenso wie theologisch ambitionierte Form der poetischen Ekphrasis. Dieser Begriff bezeichnet eine sowohl illustrierende als auch interpretierende Beschreibung, in der antike literarische und rhetorische Traditionen zusammengeflossen sind. Besonders eng ist die Ekphrasis seit langem mit bildender Kunst und Architektur verbunden, für deren Beschreibung sie oft als Synonym verwendet wird.

Die *Descriptio templi* ist Teil dieser Tradition, denn sie ist ein Erzeugnis des zwar politisch-kirchlich instrumentalisierten, zugleich aber die Gelehrtenwelt geistig verbindenden Späthumanismus.[10]

2. Die *Descriptio templi* ist zur panegyrischen Literatur zu zählen. Fast alle Gedichte nutzen ausgiebig die Gelegenheit, dem jeweiligen geistlichen oder weltlichen Landesfürsten (bzw. den städtischen Regierungen) zu huldigen und das neue Bauwerk mit der Dynastie- oder Landesgeschichte zu verknüpfen.

3. Die *Descriptio templi* ist damit zugleich öffentliche Gelegenheitsdichtung. Ihre

---

9   Während sich Segebrecht in seiner Monographie noch auf Gelegenheitsgedichte zu privaten Anlässen konzentriert, ja seltene Ereignisse wie Siegesfeiern oder Amtsantritte ausdrücklich aus den „Gelegenheiten" ausschließen möchte (1977, 75 f.), liegt mit der Arbeit von K. Heldt (1997) jetzt ein Beispiel für die Analyse öffentlicher (höfischer) Casualdichtung vor.

10 Schindling 1997, 16 f.: „Es gelang den drei konkurrierenden Konfessionen, (…) die rationalisierenden Denkansätze der Renaissance und des Humanismus in ihr Programm einzubinden und zu instrumentalisieren. Die Antike wurde im Schulhumanismus (…) wiederum christlich gesehen. Zentren der konfessionalisierenden Bestrebungen wie Rom, München, Tübingen, Wittenberg, Heidelberg und die Städte in Holland waren auch Zentren späthumanistischer Gelehrtenkultur. Damit blieb auch ein Stück Dialogfähigkeit erhalten (…)."

Untersuchung kann zur Erschließung eines Bereiches der Literatur beitragen, der wenig beachtet worden ist. Die Gründe hierfür sind vielfältig und reichen von einer verbreiteten Abwertung des Gelegenheitsgedichtes als „Machwerk"[11] über die – teilweise eben daraus resultierende – unzureichende bibliographische Erschließung der Texte[12] bis zu der auch heute noch weithin ungeklärten Frage, welche wissenschaftliche Disziplin hierfür zuständig sei. Die bisherigen Arbeiten im germanistischen Bereich (SEGEBRECHT, HELDT) untersuchen deutschsprachige Casualdichtung im wesentlichen unter literatursoziologischen Fragestellungen, zu denen im weiteren Sinn auch die Beachtung der besonderen Entstehungs- und Wirkungsmuster öffentlich-panegyrischer Rede zu zählen ist.[13] Neuzeitliche lateinische, aber antiken Modellen wie den *Silvae* des Statius nahestehende Gelegenheitsdichtungen wie die *Descriptio templi* sind dagegen meistens gleich in mehrfacher Hinsicht herrenlos:[14] ohne eine gleichzeitige Auswertung historischer, kunsthistorischer, theologischer und kirchengeschichtlicher Gesichtspunkte und nicht zuletzt der lateinischen Literaturtradition sind sie nicht verständlich, doch für keine der genannten Disziplinen scheint das Material interessant genug zu sein. Eine noch immer nicht überwundene Marginalisierung der nachantiken lateinischen Literatur durch die Klassische Philologie selbst hat hier ebenfalls zu erheblichen Defiziten in der Erschließung der literarischen Tradition geführt. Erst seit neuestem gibt es Versuche, Studien der verschiedenen Disziplinen zum öffentlichen Gelegenheitsschrifttum anläßlich höfischer, städtischer und kirchlicher Feste zusammenzuführen.[15]

4. Die *Descriptio templi* steht als Ekphrasis in einer rhetorischen Schultradition, ist teilweise selbst Schuldichtung und wird bis weit ins 18. Jahrhundert in Sammlungen exemplarischer lateinischer Dichtung zum Schulgebrauch gepflegt.[16]

5. Trotz der sich verschärfenden religiösen Kontroversen sind katholische und evangelische *Descriptio templi* in vielem dem gleichen – humanistischen – Literaturkanon verpflichtet. Die *Descriptio templi* illustriert somit, obwohl religiös und politisch strikt parteiisch, den „konfessionellen Humanismus", d. h. die Verwendung der gleichen klassischen Autoren und ihrer poetischen Formensprache durch beide Seiten für einander scharf zuwiderlaufende kirchen- und machtpolitische Zielsetzungen.[17]

---

11 Zu dieser Frage vgl. Segebrecht 1977, 1–10.

12 Zum Problem: Segebrecht 1977, 79–81.

13 Heldt 1997, 115–234: „Casuallyrik als Herrschaftsbestätigung".

14 Eine seltene Ausnahme ist seit der Erschließung durch V. Marschall (1996) das Chronogramm.

15 Federführend ist dabei die Herzog August Bibliothek, wo auch ein Thesaurus typischer Festelemente und zugehöriger Drucke entsteht. Näheres unter ‚http://www.hab.de/forschung/de/vdf/fb-thesa.htm'; vgl. Stäcker 1999. – Eine vorzügliche Festtypologie liegt in dem von Karl Möseneder hg. Katalogband „Feste in Regensburg" (1986) vor.

16 S. u., D.II.4.

17 Die Verwendung gleicher oder ähnlicher Mittel und Formensprache bedeutet indes nicht die völlige Gleichartigkeit der Konfessionalisierung in beiden Konfessionen. Vgl. die Warnung A. Schindlings, „daß Theologie, Spiritualität und gelebte Frömmigkeit sich nicht nur nach einem konfessionsneutralen Einheitsraster erfassen oder als akzidentiell einstufen lassen" (1997, 12).

6. Die *Descriptio templi* ist nicht nur Beschreibung und Deutung eines Kirchengebäudes, sondern enthält stets auch Aussagen über Rolle, Aufgaben und Wesen der Kirche als Institution aus der Sicht der jeweiligen Konfession. Sie gehört damit auch zur zeitgenössischen Kontroversliteratur. In diesem Zusammenhang ist auf Überlegungen Anton SCHINDLINGs hinzuweisen, der das Phänomen der Konfessionalisierung als „Reflex auf die Erfahrung der konfessionellen Grenze" neu bewertet hat.[18] Die geographische Herkunft der bisher bekannten *descriptiones templi* erweist die Texte in ihrer großen Mehrheit als „Phänomen jener Großräume, in denen die Konfessionen in ihren antagonistischen Bemühungen aneinander grenzten und aufeinanderstießen".[19]

7. Die *Descriptio templi* illustriert die Auffassungen der streitenden Konfessionen von Kultbild und Kirchengebäude am Objekt des Anstoßes und erlaubt daher, die Wirkungen theoretischer Abhandlungen aus der Feder der zeitgenössischen Spezialisten an einzelnen Orten und auf die dortigen Kirchenvertreter zu beobachten.

8. Die *Descriptio templi* geht nach dem derzeitigen Stand ihrer Erschließung zum größten Teil auf jesuitische Autoren zurück. Die Dichtung des Jesuitenordens hat in den letzten Jahrzehnten zwar zunehmend das Interesse der Forschung geweckt, doch konzentrierten sich die Arbeiten bisher auf die Gebiete des Ordensdramas und der Emblematik. Mit der Bearbeitung der Kirchenbeschreibungen soll das Spektrum der Forschung zur Ordensdichtung erweitert werden.

9. Die *Descriptio templi* stellt in jedem Fall eine kunsthistorische Quelle dar. Der tatsächliche Informationswert der Texte variiert mit der Relation, in der Kunstbeschreibung und religiöse Deutung das Gedicht beherrschen, darf aber nicht grundsätzlich bestritten werden. Zahlreiche Passagen der untersuchten Texte erlauben neue Aussagen über bisher von der Kunstgeschichte ungeklärte Detailfragen zu den behandelten Kirchenbauten.

10. Die *Descriptio templi* ist schließlich eine wichtige historische Quelle. Die oft weit über die Grenzen des Territoriums ausstrahlenden Einweihungsfeierlichkeiten sind Ereignisse von dauerhafter Bedeutung für den jeweiligen Staat[20] und Höhepunkte der Festkultur der ausgehenden Renaissance und des beginnenden Barock. Mehrere der hier untersuchten Dichtungen sind bisher nie für die historische Forschung herangezogen worden; ihre Auswertung ergibt in einigen Fällen neue Erkenntnisse für die lokale

---

18 Schindling 1997, 18f. (Zitat S. 18).

19 Schindling 1997, 18 (über den Begriff Konfessionalisierung). Schindling beschreibt die Kristallisationspunkte der Konfessionalisierung treffend als „politisch-kirchliche Handlungsräume mit schroffen Konfliktkonstellationen und damit korrelierenden Kommunikations- und Kulturverdichtungen auf beiden Seiten der konfessionellen Grenze". Bei unserem Material wäre hier insbesondere an die zerbrochene Einheit von Bistum, Reichsstadt und akademischen Institutionen und die daraus folgenden Konflikte im Südwesten zu denken (Straßburg/Molsheim; Basel/Porrentruy), aber auch an die gemischtkonfessionellen Reichsstädte Augsburg oder Regensburg.

20 Zum ebenso politischen wie religiösen Charakter der Kirchweihfeier vgl. Benz 1975 (dort dargestellt an Beispielen der ottonisch-salischen Kaiserzeit).

Kirchengeschichte, die Chronologie und nicht zuletzt für die Geschichte des Buchdrucks.

III. Poetische Kirchenbeschreibung um 1600
Entstehungsbedingungen, Bauformen, Absichten, Textbestand

1. Die typische Ausgangssituation: Lobpreis und Beschreibung herrschaftlicher Bauten

Die Einweihung eines neuen sakralen Großbaus und ihre feierliche Umrahmung durch literarische und musikalische Darbietungen kann als ein typisches Ereignis des Konfessionellen Zeitalters angesehen werden, in dem charakteristische Züge der Epoche deutlich hervortreten: die dominierende Rolle der Religion in Politik und Leben, die Hierarchien in den oft kleinen Territorien, die traditionswahrende und herrschaftsnahe Position der lateinisch Dichtenden. Zugleich handelt es sich aber auch um eine „typische" Situation im weiteren Sinne, denn die Konstellation, die die Festschriften widerspiegeln, ist nicht nur in dieser Epoche zu beobachten: das Lob eines Dichters auf ein Bauwerk, dessen Bau durch einen weltlichen oder geistlichen Mächtigen zustandegekommen war. Manche Züge des Gedichtes sind damit bereits weitgehend festgelegt: es hat panegyrische Tendenzen, die sowohl das Bauwerk als auch den Bauherrn betreffen; zugleich tritt die Person des Autors weitgehend zurück; wenn dieser bemüht ist, den Ruhm des Bauwerks möglichst vielen Hörern/Lesern zu vermitteln, wird er eine Beschreibung davon liefern.

In einer komparatistisch orientierten Arbeit über das „Architekturgedicht" hat Gisbert KRANZ versucht, einen Typenkatalog denkbarer bzw. dokumentierter poetischer Annäherungen an Bauwerke zu erstellen.[21] Unter der Rubrik „Absicht: Panegyrisch" verfolgt KRANZ zu Recht die Tradition des poetischen Bautenlobes von der Anthologia Graeca über Martial zu Statius und setzt diese Reihe auch in die Frühe Neuzeit hinein fort (als Beispiele dienen ihm hier u.a. Epigramme des Thomas Morus und Sonette Góngoras). Erstaunlich ist dabei allerdings, daß nach KRANZ' Auffassung das Panegyrische und die Beschreibung in der Bautendichtung einander weitgehend ausschließen.[22] Diese Einschätzung findet indes ihre Erklärung in der zugrundegelegten Textauswahl: es handelt sich nahezu ausschließlich um Epigramme, die im wesentlichen panegyrische *Topoi* wie den der (überbotenen) Sieben Weltwunder oder den der Unvergleichlichkeit variieren. Weitergehende für die panegyrische Bautendichtung charak-

---

21 Kranz 1988, 46–76.
22 Kranz 1988, 48–54, bes. 48: „Panegyrisch. Manche Architekturgedichte bieten kaum oder überhaupt nicht Deskription des Bauwerks, weil es dem Autor auf etwas anderes ankommt. Er kann die Absicht haben, die künstlerische Leistung zu rühmen und seine Bewunderung zu äußern."

teristische Züge muß man sich daher unter anderen Rubriken zusammensuchen (so z. B. die „politische Tendenz"[23]). Solche Texte früherer Epochen, die in ihrer Verbindung von Panegyrik und Ekphrasis der *Descriptio templi* der Frühen Neuzeit am nächsten kommen, findet man wiederum nur unter einer separaten Überschrift „Anlässe", nicht jedoch innerhalb der erwähnten Gedichttypologie.[24]

Ein Blick in KRANZ' riesige Materialsammlung[25] läßt erkennen, daß hier bei allem Streben nach Vollständigkeit ein Gebiet der Literatur nahezu völlig übersehen worden ist: die im eigentlichen Sinne beschreibende neulateinische Dichtung. Aus dem 16.–18. Jahrhundert sind überhaupt nur fünf Texte verzeichnet, darunter lediglich drei, die wenigstens in Teilen als Baubeschreibungen gelten können. Nur in einem einzigen Gedicht stellen prominente Bauwerke das alleinige Thema dar.[26]

Dieses Fehlen der neulateinischen Bautendichtung und die konstatierten Defizite der von KRANZ erstellten Typologie für Architekturgedichte hängen unmittelbar miteinander zusammen. Es muß gefolgert werden, daß für die frühneuzeitlichen Texte und unter ihnen besonders für die *Descriptio templi* über die traditionellen Eigenschaften von Bautendichtung hinaus weitere Merkmale prägend sind, die sie als eine eigenständige, neu- und andersartige Gruppe aus der Gesamttradition herausheben. Diese Merkmale sollen nun bestimmt werden.

2. Der Anlaß: Encaenia

Nahezu alle hier untersuchten Dichtungen tragen den Begriff *Encaenia* oder eine davon abgeleitete Form im Titel.[27] Sie weisen damit, wie im Gelegenheitsschrifttum der Frühen Neuzeit allgemein üblich, als erstes auf den Anlaß hin, der zur Produktion der Texte geführt hat: in unserem Fall die Weihe einer (meistens neu erbauten) Kirche. Die bei Io 10, 22 belegte Bezeichnung für das jüdische Fest der Tempelweihe (τὰ ἐγκαίνια, hebr. ḥanukka) ist in der lateinischen Literatur des 16.–18. Jahrhunderts

---

23 Kranz 1988, 57: „Politische Tendenz haben viele der panegyrischen Architekturgedichte der Antike, wenn auch meist nicht kritisch, sondern systemkonform und systemstabilisierend. Die byzantinischen Architekturgedichte sind zuweilen geradezu Propaganda für die herrschende Macht."

24 Kranz 1988, 77–81. Genannt sind u. a. die Ekphrasis des Paulos Silentiarios und ein distichisches Einweihungsgedicht aus dem England des 10. Jahrhunderts (Wulstan von Winchester, PL 137, 100 f.).

25 Kranz 1988, 96–142 (Bibliographie der Dichtungen). Unter dem Titel „Baukunst in der Poesie – Eine Anthologie" hat Kranz außerdem in zwölf großformatigen Bänden Gedichte auf Bauwerke zusammengestellt (HAB: Kranz 400:1–12). Bei dieser Sammlung handelt es sich jedoch – mit wenigen Ausnahmen: Hans Sachs, J. W. Zincgref – ausschließlich um Dichtung des 19. und 20. Jahrhunderts mit einem starken Anteil der Zeit nach 1945; lateinische Texte sind nicht aufgenommen.

26 Germain Auaberts *Venetiae*, *Roma* und *Parthenope* (= Audebert 1603) sowie Eobanus Hessus' *Noriberga Illustrata* sind Städtegedichte mit der Tendenz zum Lob einzelner Bauten; die einzige verzeichnete neulateinische Bauten-Ekphrasis sind C. M. Audibertis *Regiae Villae poetice descriptae* (erschienen: Turin 1711).

27 Vgl. die Zusammenstellung der ungekürzten Titel am Beginn des Quellen- und Literaturverzeichnisses.

der übliche Terminus für die Feierlichkeiten der christlichen Konsekration eines neuen Gotteshauses geworden. Die *Encaenia* bezeichnen in dieser Epoche sowohl den religiösen Akt – auf katholischer Seite die üblicherweise durch einen Weihbischof vorgenommenen Reinigungsriten und die eigentliche Zeremonie, bei den Lutheranern die Einweihung durch den ersten Wortgottesdienst – als auch im weiteren Sinne die zu diesem Anlaß veranstalteten, häufig mehrere Tage dauernden und als politische Demonstrationen stets mit allem verfügbaren Aufwand in Szene gesetzten Feste der (katholischen) frühmodernen geistlichen oder weltlichen Fürstenstaaten.[28]

Das jüdisch-christliche Fest der *Encaenia* hat auch in anderen antiken Religionen Entsprechungen. Als *natalis templi* wurde in Rom der Jahrestag der Einweihung eines Tempels (vgl. die heutige „Kirchweih") begangen,[29] und natürlich erhielt auch die Einweihung selbst einen feierlichen Rahmen, wie wir beispielsweise aus Dichtungen des Ovid und Properz erfahren.[30] Zu großen poetischen Beschreibungen realer Bauwerke an Festen ist es allerdings in der Antike unseres Wissens nicht gekommen; das einzige hierfür einschlägige Gedicht (Stat. silv. 3,1) enthält keine wirkliche Ekphrasis.

3. Die literarische Form

Die *Descriptio templi* wird entweder separat oder – häufiger – als ein Bestandteil einer größeren Sammlung von Gelegenheitsgedichten rechtzeitig zum Fest publiziert. Sie stellt einen eigenständigen Text von erheblicher Länge (zwischen ca. 300 und 1400 Versen) dar und ist damit von der älteren Tradition der lateinischen poetischen Ekphrasis abzusetzen, die üblicherweise als Einlage in einem größeren, meist epischen Text begegnet. Die Gestaltung als eigenständiger Text schließt die *Descriptio templi* eng an die epideiktisch-enkomiastische Rhetorik an, in der die Ekphrasis als Ausdrucksmittel eine eigene Tradition hat.

4. Inhaltliche Schwerpunkte: Kunst, Glaube und Kirchenpolitik

Die *Descriptio templi* ist eine ausführliche Gebäudebeschreibung in Hexametern unter Verwendung antiker und humanistischer dichterischer Vorbilder und mit einem deutlichen Interesse an Architektur und bildender Kunst. Die Grundforderung der Anschaulichkeit (ἐνάργεια), die von der rhetorischen Theorie an jede Ekphrasis gestellt

---

28 Zur Geschichte des Begriffes s. Emonds 1956. Die mehrtägige Feier der Kirchenweihe und ihres Jahrestages ist schon in der Spätantike üblich und legitimiert sich durch das Vorbild Salomo; s. dazu Stiefenhofer 1909, 63–69 und neuerdings Schwartz 1987, bes. 266–271.

29 Keyßner 1935. Zum Ablauf der *dedicatio* s. Stiefenhofer 1909, 2–7.

30 Ov. fast. 5,545–552 (dazu zuletzt: Klodt 1998); Prop. 2,31.

wird, erfüllt der Autor der *Descriptio templi* durch detaillierte Schilderung, präzise Richtungs- und Ortsangaben, Aussagen zum Material der Kunstwerke usw. Mit diesen Hinweisen sucht er die Wirkung des Bauwerks auf den Betrachter einerseits nachzuzeichnen, andererseits zu lenken.

Als zweites inhaltlich dominierendes Element tritt neben die Bau- und Kunstbeschreibung ein theologischer Betrachtungsansatz. Dabei unterstreicht der Dichter – seiner Konfession entsprechend je unterschiedlich – die Bedeutung der Kirche als Sakralort und geht dabei ebenfalls von den sichtbaren Kunstwerken aus. Wiederum werden diese anschaulich (ἐναργῶς) beschrieben und so ihre Wirkung auf den Betrachter gezeigt – nun jedoch auf den Dichter/Sprecher selbst. Dabei werden, insbesondere im Angesicht von Heiligen- oder Passionsdarstellungen, typische Methoden der Andachtspraxis und Meditation angewandt, deren Ziel letztlich reuige Selbsterkenntnis und *compassio* ist.

Neben diese beiden wichtigsten Schwerpunkte treten infolge der zeitgeschichtlichen Situation weitere Aspekte: die *descriptiones* enthalten in der Regel
- eine Apologie des neuen Bauwerks und der Weihefeier als Stellungnahme im konfessionellen Streit um die Berechtigung aufwendiger Sakralbauten und Riten (bei den katholischen Dichtern) bzw. eine Interpretation der Kirche als Stätte des gemeindlichen Gotteslobs (bei den Lutheranern),
- eine typologische Deutung der materiellen Kirche als Manifestation der Kirche überhaupt, als Nachfolgerin des Salomonischen Tempels bzw. als Abbild der *noua Ierusalem* (diese Überlegungen stehen auf katholischer Seite in engem Zusammenhang mit dem katholischen Kirchweihordo),
- eine panegyrische Verherrlichung des Landes- und Bauherrn, der häufig ebenfalls typologisch als Nachfolger Salomos bezeichnet wird.

Insgesamt läßt sich eine Verknüpfung von theologischer, auf Schrift und Bild gleichermaßen gestützter Auslegung mit der Tradition der rhetorisch-poetischen Kunstekphrasis konstatieren. Daraus ergeben sich neuartige Texte, die wie in einem Brennglas humanistische Gelehrsamkeit, Religiosität und konfessionelle Parteinahme als die beherrschenden Züge der Epoche vereinen.

5. Die dichterische Umsetzung
Kirchenbesichtigung und Konsekrationsfeier

Trotz dieser im großen und ganzen allen Texten gemeinsamen Grundzüge kann die Durchführung im einzelnen recht unterschiedliche Formen annehmen.[31] Eine gleich-

---

31 Die folgende kurze Skizze wird im weiteren Verlauf der Untersuchung durch die Zuordnung der Gedichte zu verschiedenen Gruppen (II. Teil, A, B und C) vertieft.

sam natürliche, d. h. aus der Situation sowohl des Lesers als des Dichters naheliegende Weise, ein unbekanntes Bauwerk vorzustellen, ist ein Rundgang durch den Bau, wie er auch *in situ* stattfinden würde. Dies ist die seit der Antike und bis heute aus Reiseführern geläufige Methode der Periegese;[32] sie taucht in der *Descriptio templi* in zwei verschiedenen, aber eng verwandten Formen auf: als Führung (für den Leser) und als Rundgang des Dichters selbst, der als Sprecher seine Eindrücke mitteilt. Der sich üblicherweise in einer Kirche der Frühen Neuzeit geradlinig abzeichnende Weg vom Portal zum Hochaltar ist der einfachste denkbare Verlauf einer solchen Führung, doch muß der Dichter dabei zugleich zwei Aufbauschemata in Einklang bringen: die bauliche Struktur und das, was man als die spirituelle Topographie eines Sakralbaues bezeichnen könnte, also die sich zum Hochaltar als dem zentralen Ort der Kirche hin steigernde Intensität theologischer Verweise oder Zeichen (Bilder, Plastiken, Passionsdarstellungen, bei den Protestanten hauptsächlich Kanzel und Altar), die eine Deutung erfordern.

Beide Schemata überlagern sich zwar oft unmerklich, nicht zuletzt deshalb, weil Grundriß und Bauformen einer Kirche bereits selbst einer theologischen Konzeption verpflichtet sind. Dennoch löst jeder Dichter die Schwierigkeit auf unterschiedliche Weise, die zweifellos auch mit unterschiedlichen individuellen Interessen zusammenhängt. So sticht beispielsweise die *descriptio* aus Molsheim/Elsaß durch eine große Belesenheit ihres Verfassers in architektonischer Fachterminologie hervor, während andere Autoren der baulichen Seite weniger eingehende Beachtung schenken.

Eine Verschränkung *zweier* Ekphraseis stellen die Gedichte aber noch in einer zweiten Hinsicht dar. Die (Bau-)Beschreibung der gesamten Kirche fungiert dabei als Rahmen. Innerhalb dieses Rahmens finden wir dann die Beschreibungen der einzelnen Kunst- und Bildwerke, sobald der Dichter auf seinem Rundgang zu ihnen gelangt. Erst mit diesen, als „Ekphraseis in der Ekphrasis"[33] verstehbaren Passagen erhält die *Descriptio templi* ihre eigentliche, über die Kunstbeschreibung hinausweisende Bedeutung, denn sie bilden innerhalb des Rahmens ein Netz aus „geistlichen Wegmarken", an dem der Dichter seinem Leser das tiefere Verständnis des Bauwerks eröffnet.

Neben dieser dominierenden Bauform sind auch andere Lösungen versucht worden. So finden wir Autoren, die, statt eine selbständige Kirchenbeschreibung zu verfassen, eine *Descriptio templi* in eine größere, „epische" Rahmenhandlung einbetten oder aber – was wahrscheinlicher ist – die Rahmenhandlung um die Ekphrasis konstruiert haben.[34]

Weiterhin ist es zur *Descriptio templi* zu zählen, wenn einzelne sakrale Kunstwerke in oder an Kirchen mit einer hexametrischen Ekphrasis beschrieben und gedeutet werden, ohne daß das Gebäude im ganzen behandelt wird. Mit den vollständigen *descriptiones*

---

32 S. II. Teil, A., Einleitung (auch zur Unterscheidung zwischen Periegese als literarischer Gattung und als Aufbauschema), vgl. auch S. 98 f. Anm. 88.

33 S. u. S. 52 m. Anm. 80.

34 S. II. Teil, D.II.2.

verbindet diese Stücke, von denen ich drei im einzelnen recht unterschiedliche Beispiele vorstelle,[35] daß es sich ebenfalls um neu errichtete Kunstwerke, teilweise auch in neuen Kirchen, handelt. Die Gründe für diese Herausnahme der sakralen Bildwerke aus dem größeren Ganzen der Kirchenbeschreibung können unterschiedlich sein; in mehreren Fällen war der unfertige Zustand der Kirchenausstattung am Tag der Weihe ausschlaggebend.[36] Zugleich stehen diese Texte der allgemeineren Tradition der lateinischen Ekphrasis näher, in der Kunstwerksbeschreibungen deutlich häufiger auftreten als solche von Gebäuden.

Zu der Überlegung, wie das Gebäude dem Leser präsentiert werden soll, kommt die Frage nach der geeigneten situativen Einordnung hinzu. Der Umstand, daß die Gedichte fast ausnahmslos zum Tag der Einweihungsfeier geschrieben und publiziert wurden, legte es nahe, dem Geschehen des Festtages mit Umzügen, prächtig geschmückten Städten und schaulustigen Volksmengen, besonders aber der *consecratio* selbst eine wichtige Rolle in der *Descriptio templi* zu übertragen. Der Dichter/Sprecher tritt daher üblicherweise als Teilnehmer der Feierlichkeiten auf (was angesichts seiner Zugehörigkeit zum örtlichen Jesuitenkolleg bzw. Gymnasium durchaus der Wahrheit entspricht) und erkundet das neue Gotteshaus mit den Augen eines neugierigen Beobachters, der vorgibt, zum ersten Mal über die Schwelle zu treten. Mit diesem Kunstgriff erleichtert er dem tatsächlich ortsunkundigen, also gleichsam naiven Leser das Verständnis, offeriert ihm aber zugleich seine persönliche theologische Gesamtdeutung, der sich der Leser anschließen soll.[37] An dieser Stelle offenbart sich ein rhetorisch-persuasiver Zug der *Descriptio templi*.

Die weitere Gestaltung der Encaenia-Situation im Gedicht verstärkt diese Tendenz: nicht der *ritus dedicationis* selbst wird nämlich zum Hintergrund für die *descriptio*, sondern diese wird kurz *vor* dem Beginn der Weihezeremonie angesiedelt. Dies ist zunächst eine Frage von Plausibilität und Realismus, denn während der *dedicatio* wäre zum einen ein Umhergehen in der Kirche nicht denkbar, zum anderen würde dann der Ritus selbst die Aufmerksamkeit des Dichters erfordern.[38] Dieses Arrangement einer „Vorbesichtigung" des Bauwerks durch den Dichter ermöglicht ihm aber noch etwas anderes: durch eine Art Vorblendetechnik die noch ungeweihten, stummen Sa-

---

35 S. II. Teil, B.

36 Die entgegengesetzte Ausnahme zeigt das Gedicht aus Bologna (s. II. Teil, D.I.4): hier fehlte die Innenausstattung noch gänzlich, so daß eine reine Architekturbeschreibung entstand.

37 Auch hier ist allerdings eine ursprünglich auf das spätmittelalterliche Passionsspiel bezogene Feststellung J.-D. Müllers zu berücksichtigen: „Inhalte und Motive ... entstammen durchweg einem auch in der Volkssprache weit verbreiteten geistlichen Schrifttum (z. B. Passionstraktaten, Meditationen, Visionen), das als Anleitung zu privater Frömmigkeit dient. Man darf also nicht nur bei den Verfassern, sondern *auch beim Publikum* mit einer *geistlichen Erwartungshaltung* ... rechnen (...)" (Müller 1998, 544; Hervorhebung U. S.)

38 In verschiedenen Festschriften finden sich neben der *descriptio* separate Gedichte, die auf den Weiheritus eingehen, oft in kontroverstheologischer bzw. apologetischer Absicht.

kralgegenstände in der Phantasie zum Leben zu erwecken und so vor Augen zu führen, wie die neue Kirche in Bälde ihrem eigentlichen Zweck dienen wird. Damit ist zugleich dem in jenen Jahren nicht ungefährlichen Vorwurf begegnet, man befasse sich mit der sakralen Kunst lediglich aus Kunstinteresse.

6. Die Intentionen der Descriptio templi
Literarischer Wettbewerb und geistliche Anleitung zum Sehen

Der *Descriptio templi* kommt als Festgedicht zunächst eine panegyrische Funktion zu. Die Encaenialdrucke zeugen vom – besonders von den Jesuiten nachdrücklich geförderten, aber auch in protestantischen Gebieten nachweisbaren – zeitgenössischen Usus der Gelehrten, Schulen und Universitäten, zu festlichen Anlässen Zeugnisse ihres Könnens in Form von Deklamationen, Rezitationen, Dramen, *affixiones* (Devisen, Emblemen, Gedichten) an ephemeren Architekturen und an den Schulgebäuden[39] und auch in Gelegenheitsdrucken verschiedenen Anspruchs und Umfangs der Öffentlichkeit vorzustellen. Neben dem Landesfürsten und Bauherrn, für den bisweilen prächtige Sonderexemplare angefertigt wurden, und wichtigen Hof- und Kirchenleuten dürfte der Kreis der Interessenten sich angesichts der Sprache der Texte (Latein, selten auch Griechisch)[40] weitgehend auf die eigenen Standesgenossen der Dichter, also die Mitglieder des Ordens bzw. die Poetik- und Rhetoriklehrer und ihre Schüler beschränkt haben. Gerade dies ist aber nicht zu unterschätzen, handelt es sich dabei doch um eine immer aufs neue sich gegenseitig anfachende *aemulatio*, von der der noch heute gut dokumentierbare rege Austausch der Druckschriften zwischen den Jesuitenkollegien zeugt.

Dienten die Texte also lediglich der Präsentation des eigenen und der Überflügelung des konkurrierenden literarischen Schaffens? Für einen Teil der untersuchten Texte wird man diesen Faktor, angesichts zahlreicher gegenseitiger Zitate und Anspielungen, nicht zu gering einschätzen dürfen, doch geht die Zielsetzung der Autoren darüber hinaus.

Die *descriptio templi* strebt die Vermittlung von Kunst in literarischer Form an. Dabei ist jedoch zu differenzieren: vieles, was das Titelwort „Beschreibung" nahelegen könnte, ist hier gerade nicht erfüllt und nicht beabsichtigt. So ist die *Descriptio templi* weder eine präzise Bauaufnahme noch der Eintrag in ein Kunstdenkmälerinventar, sie läßt sich demnach nicht als objektive Beschreibung ihres Gegenstandes begreifen. Sie ist auch weder eine ästhetische Kunstbetrachtung noch besteht eine Verbindung zu den allegorisierenden „Bild-Gedichten" des Barock. Vielmehr handelt es sich um durchaus

---

39 Zu protestantischen *affixiones* s. u. S. 124 Anm. 22.

40 In den romanischen Ländern treten im 17. Jahrhundert auch gemischte Drucke aus lateinischen und landessprachlichen Stücken auf.

subjektive, allerdings mit kunstterminologischem und vor allem theologischem Wissen untermauerte *Interpretationen* der Kirchenbauten und ihrer Bestimmung im Sinne der jeweiligen Konfession des Autors. Der immer wiederkehrende apologetische Lobpreis der neuen Bauten, deren Pracht Gottes Verherrlichung diene (so die Katholiken), und die als Stätte richtig verstandenen Gottesdienstes auch von den Protestanten keineswegs zum Adiaphoron erklärt wurden, metaphorische Überhöhungen der Bauten oder ihrer Teile, Verweise auf eine neue Zeit, die mit der Kirchenweihe anbricht,[41] der ambivalente Blick auf bildliche Darstellungen, die sich vom Kunstwerk zur lebenden Passionsszene verwandeln können – all dies signalisiert deutlich, daß die Dichter der *Descriptio templi* wesentlich mehr tun, als nur schematisch ein Nebeneinander von Bildern in ein Nacheinander von Sprache zu verwandeln. Sie „erleben" auf ihre Weise und mit ihrem Wissen die neuen Bau- und Kunstwerke und deuten deren Aussage zunächst und vorwiegend für sich selbst. Gleichzeitig liefern sie dem Außenstehenden eine Leseempfehlung für das *tableau vivant*, das die Kirche, ihre Kunstwerke und die in ihr abgehaltenen Riten für den Gläubigen darstellen.

Im Moment der Lektüre der *Descriptio templi* durch einen Unbeteiligten wird diese schließlich auch zu einer Art subtiler Propaganda.[42] Die Möglichkeit einer Verbreitung in andersgläubigen Territorien wird man zwar im Zeitalter der konfessionellen Bücherzensur als Ausnahme ansehen müssen, doch der Effekt der Selbstvergewisserung, den beispielsweise Prachtdrucke wie die Münchner *Trophaea Bavarica* (1597) als Dokument der erfolgreich abgeschlossenen bayerischen Gegenreformation bei den katholischen Lesern oder Besitzern dieses Werkes erzielt haben dürfte, ist als nicht minder wichtig einzustufen.

7. Zur Auswahl der Texte und zur Eingrenzung des untersuchten Zeitraums

Im Rahmen unserer Untersuchung ist es nicht möglich, alle neulateinischen Texte der Gattung *Descriptio templi* zu behandeln. Zum einen scheint es wichtiger, zunächst einen Typenkatalog aufzustellen und an prominenten Beispielen zu illustrieren. Zum anderen ist die bibliographische Erschließung der frühneuzeitlichen Drucke trotz Großprojekten wie dem deutschen VD 16 oder der französischen *Bibliotheca Bibliographica Aureliana* und trotz der rasch fortschreitenden Aufnahme alter Drucke in die EDV-gestützten Verbundkataloge noch immer lückenhaft. Bei der Erschließung des Textcorpus haben daher insbesondere die Bibliographien des Jesuitenordens, v. a. die *Bibliothèque de la Compagnie de Jésus*, eine große Hilfe dargestellt; daneben hat mancher Zufallsfund in Bibliotheken die Materialgrundlage erweitert.

---

41 Vgl. S. 261. Einen kirchen- und landesgeschichtlichen Wendepunkt darf man die Errichtung der beschriebenen Kirchen in manchem der Territorien auch noch aus heutiger Sicht nennen.

42 „Subtil" jedenfalls im Vergleich mit dem weitverbreiteten Grobianismus der Kontroversschriften.

Die untersuchten und im einzelnen kommentierten Texte entstammen einem Zeitraum von etwa 50 Jahren (ca. 1585–1635); die erste als separates Gedicht (also ohne epischen Rahmen) nachweisbare *Descriptio templi* erschien im Jahr 1591.[43] Alle Texte sind im Gebiet des alten Reiches bzw. benachbarter Regionen und damit auf dem zentralen Schauplatz des europäischen Konfessionskonflikts entstanden.

Das Versiegen der Produktion von *Descriptio-templi*-Gedichten in der oben definierten Form fällt im Reich daher auch nicht von ungefähr in die Zeit des Westfälischen Friedens. Obwohl mit dem Friedensschluß keineswegs das Konfessionelle Zeitalter zu einem abrupten Abschluß kam, sorgten die Stillegung des konfessionellen Expansionsdranges durch die Fixierung des Normaljahrs ebenso wie paritätische Regelungen in besonderen Konfliktzonen und wie die Entsakralisierung des Reichsgedankens doch für eine vollkommen gewandelte politische Gesamtlage, in der die unbedingte Verbreitung des eigenen Bekenntnisses und mit ihr die Propaganda der Kontroversliteratur keinen Platz mehr hatten.[44] Die *Descriptio templi* wurde so eines entscheidenden Elements beraubt und konnte später, als die Verhältnisse überhaupt wieder Kirchenbauten zuließen, nur noch als weitgehend entschärfte Form panegyrisch-deskriptiver Dichtung notdürftig überleben. Sie nahm dabei auch neue Formen an und erschien nun beispielsweise als historischer Abriß der Geschichte einer Kirche oder als aufwendiger Tafelband mit Architekturzeichnungen, in dem die Gedichte nur noch traditionelles Beiwerk sind.[45]

Wie stark sich die Ereignisse der Reichsgeschichte auf die *Descriptio templi* ausgewirkt haben und wie sehr diese zum Spiegel der Politik wird, vermag erst ein vergleichender Blick auf andere europäische Länder zu zeigen. In einem „Ausblick" am Schluß der Arbeit sind daher Beispiele für poetische Kirchenbeschreibungen aus Frankreich, Italien und Polen skizziert, die zwar in vielerlei Hinsicht der eigentlichen *Descriptio templi* verwandt sind, denen jedoch die explizite konfessionspolitische Frontstellung weitgehend fehlt.[46] Im päpstlichen Rom Sixtus' V. ist dies kaum verwunderlich, da sich hier die nachtridentinische Kirche selbstbewußt erneuert; in Polen verbot das herrschende Toleranzprinzip antiprotestantische Ausfälle. Erstaunlicher ist die Zurückhaltung einiger französischer Jesuiten zu dieser Frage, zumal ihre Ordensbrüder im Bereich der großen Epik zu den extremen Befürwortern der bourbonischen Hugenottenkriege zählen.

---

43 S. II. Teil, A.I.

44 Vgl. Schindling 1997, 35: „Im innerkirchlichen Raum erreichte die religiöse Durchdringung der Gesellschaft mit den Zielen des konfessionalisierenden Programms vielfach jetzt erst (*sc.*: nach 1648) ihren Höhepunkt (…). Aber diese Entwicklungen waren nunmehr die innere Geschichte der Konfessionalisierung im Kreise der Gläubigen. Nach außen hin war die Offensive einer defensiven Abgrenzung und dem Streben nach jeweils eigener Identitätsbewahrung gewichen." Ähnlich auch schon Heckel 1983, 32; einen kurzen und präzisen Kommentar zu den reichsrechtlichen Aspekten des IPO bietet Heckel ebda. 195–207.

45 BASILICA METROPOLIS MOGUNTINAE (1758); BASILICA CAROLINA (1760).

46 S. II. Teil, D.I.

Neben diesen regionalen Unterschieden ist die *Descriptio templi* aber auch den allgemeinen Wandlungen öffentlicher Gelegenheitsdichtung in verschiedenen Epochen unterworfen. Als Hypothese läßt sich hier formulieren, daß die panegyrische Bautendichtung sich stets auf die „typische" Baugattung ihrer Epoche konzentriert. Ebenso nämlich, wie die *Descriptio templi* die literarische Spiegelung einer ungewöhnlich starken Kirchenbautätigkeit zwischen 1580 und 1650 darstellt, wendet sich die *descriptio* in anderen Zeiten nahezu geschlossen einem anderen Bautypus zu. In der neulateinischen *descriptio*-Tradition lassen sich dabei zwei Interessenschwerpunkte erkennen: in der ersten Hälfte des 16. Jahrhunderts, einer noch stark von der fürstlichen Renaissancekultur geprägten Zeit, sind es die großen Villen in Stadt und Land, die besonders in Italien von den Dichtern gepriesen werden,[47] während nach der Hochblüte der *Descriptio templi*, besonders aber in den ersten Jahrzehnten des 18. Jahrhunderts, immer häufiger die großen Schlösser der europäischen Königshäuser Thema umfangreicher poetischer Beschreibungen werden.[48] Zwar kennen auch das 17. und 18. Jahrhundert noch bzw. wieder bedeutende Kirchenneubauten, doch hat sich das Interesse der panegyrisch-ekphrastischen Dichtung bereits einem anderen Thema zugewandt – eine Entwicklung, die zweifellos auch die sich verschiebenden Macht- und Einflußverhältnisse widerspiegelt, die den Übergang vom konfessionellen Territorium zum dynastischen Flächenstaat begleiten.

---

47 S. u., C.III.3.

48 Genannt wurden schon Audibertis *Regiae Villae* aus Turin (s. o. Anm. 26); weiteres s. II. Teil, D.III.d. Zum Phänomen „epochentypischer" Gelegenheitsdichtung vgl. auch die allgemeinen Erwägungen bei Segebrecht 1977, 69 f.

B. Die *Descriptio templi* als Ekphrasis

I. *Grundfragen: Ekphrasis – Beschreibung – Objektivität – Anschaulichkeit*

1. *Kleine Begriffsgeschichte der Ekphrasis*[1]

Die hier vertretene These, bei der *Descriptio templi* handele es sich um eine Form der Ekphrasis, bedarf heute anders als noch vor wenigen Jahrzehnten einer terminologischen Erläuterung, da der Begriff Ekphrasis in der gegenwärtigen literatur- und kunstwissenschaftlichen, besonders aber der kunstphilosophischen, semiotischen und komparatistischen Forschung zu den vieldeutigsten und umstrittensten gehört. Besonders auffällig ist dabei, daß er – im übrigen nicht erst in unserer Zeit – im Wechsel mannigfache Verengungen wie Erweiterungen erfahren hat.[2]

Unsere Untersuchung wird allerdings eine Übertragung jüngerer theoretischer Modelle auf Texte einer früheren Epoche eher zurückhaltend bewerten. Dies gilt umsomehr, als die *Descriptio templi* als charakteristische, in sich geschlossene literarische Erscheinung aus einer Vielzahl traditioneller (d.h. antiker) sowie zeitgenössischer Faktoren erklärbar zu sein scheint, so daß in bezug auf diese Texte der älteren, im wesentlichen mit rhetorischen und literaturgeschichtlichen Faktoren arbeitenden Ekphrasisdefinition der Vorzug gebühren dürfte. Dennoch ist ein Blick auf die neuere Forschung zur Ekphrasis und zur literarischen Beschreibung sinnvoll, nicht zuletzt deshalb, weil die anhaltenden Diskussionen zeigen, daß der Begriff Ekphrasis heute noch ebenso vieldeutig ist wie schon in der Antike.

a. Herkunft und ursprüngliche Bedeutung des Begriffes ἔκφρασις

Der antike Fachterminus ἔκφρασις entstammt nach den erhaltenen Quellen eindeutig der griechischsprachigen Rhetoriklehre der Kaiserzeit.[3] Er bezeichnet zunächst lediglich eine genaue, vollständige Beschreibung einer Sache, ohne daß dabei thematische

---

1 Vgl. auch die auf ein Referat von 1994 zurückgehende begriffsgeschichtliche Studie von R. Webb (1999a), die in vielen Punkten überraschende neue Einblicke erlaubt. Insgesamt ergeben sich weitgehende Übereinstimmungen zwischen unseren und den bei Webb dargestellten Resultaten. Auf einen neuen Überblick zur gleichen Materie aus anglistischer Perspektive kann hier nur verwiesen werden (Klarer 2001, 2–20). Auf Webbs Arbeiten aufbauend, liefert Klarer eine ausgezeichnete Synthese, die die wichtigsten Ekphrasis-Definitionen der letzten Jahre und ihre theoretischen Hintergründe erläutert.

2 Erste Einblicke in einzelne Sektoren der z.Zt. ebenso fluktuierenden wie partikularisierten Forschung ermöglichen die Zusammenstellungen von A. Gohlany (1996, 11–14) und P. Wagner (1996, 11–15).

3 Beste Darstellung der komplexen Begriffsgeschichte: Graf 1995. Vgl. auch Downey 1959a; Breilmann 1998.

Beschränkungen erkennbar würden. Die Definition der ἔκφρασις als ein (später noch genauer bestimmter) λόγος durch verschiedene Autoren von Progymnasmata, also rhetorischer Schulbücher,[4] läßt zudem deutlich erkennen, daß ἔκφρασις grundsätzlich keine Gattungsbezeichnung, sondern eine bestimmte Art der Darstellung (Redeweise; in einem weiteren Sinne wäre auch von „Stil" zu sprechen) in der mündlich gehaltenen Rede ist. Die Herkunft der von den Autoren der Progymnasmata genannten Anwendungsbeispiele aus verschiedenen literarischen Genera, insbesondere jedoch aus Geschichtsschreibung und Epik, belegt die prinzipielle Offenheit der Gattungen für die Anwendung von ἔκφρασις und unterstreicht ebenfalls, daß diese selbst kein eigenes Genus darstellt.[5]

In der Fortsetzung der Ekphrasis-Definitionen wird als herausragendes Merkmal dieser Redeweise stets ἐνάργεια („Anschaulichkeit") genannt.[6] Wenn die rhetorischen Progymnasmata deren Anwendungs- und Wirkungsweise an Beispielen u. a. aus Homer und Thukydides erläutern, so ist dies der beste Beweis dafür, daß die ἔκφρασις nicht etwa eine Erfindung der kaiserzeitlichen Redelehrer ist, sondern daß es sich lediglich um die Etikettierung (oder Systematisierung) einer Darstellungsform handelt, die in der griechisch-römischen Literatur seit ihren uns bekannten Anfängen vorkommt und die von den Rhetorikern nur deshalb besonders beachtet wurde, weil sie in der Grundanforderung der Anschaulichkeit mit den Erzeugnissen ihres eigenen Metiers übereinstimmte. Daß die Praxis ekphrastischer Darstellung uns über eine lange Zeitspanne besonders in der Rede greifbar geblieben ist, ist somit nicht etwa als Beleg für eine Herkunft der Ekphrasis aus der Rhetorik zu verstehen, sondern entspricht lediglich der Überlieferungslage und der starken Stellung der epideiktischen Rhetorik in der Kaiserzeit. Besonders ist dabei an die neue Blüte der griechischen Redekunst in der Zweiten Sophistik zu erinnern.[7]

Obwohl die antike Theorie eine klare Definition bietet, sind nun aber im Laufe der Zeit die genannten Merkmale der ἔκφρασις nacheinander in Frage gestellt worden: Sie wird heute meist als thematisch gebunden betrachtet (dies ist wohl die folgenreichste Verschiebung des Begriffes); dadurch rückte, was eine Redeweise gewesen war, in die Nähe einer eigenständigen Gattung. Die jüngste Entwicklung ist die völlige Herauslösung des Ekphrasisbegriffes aus den ursprünglichen rhetorischen Kategorien und seine Verknüpfung mit den Theorien der Semiotik und der Intertextualitätsforschung.

---

4 Kurzer Überblick bei Palm 1965, 110–115; einzelnes zur Verwendung dieser Schriften in der frühneuzeitlichen Schule u. weitere Lit. s. u. S. 126–129.
5 Graf 1995, 149: „Ekphrasis als zentrales Instrument im Anliegen, die Affekte der Hörer zu treffen, schließt eine besondere Gattung ‚Beschreibung' (…) aus."
6 Vgl. dazu u. 5.a.
7 S. u. S. 97 f.

b. ἔκφρασις als Kunstbeschreibung

Einer der erstaunlichsten Vorgänge in der Geschichte der ἔκφρασις und ihrer Erforschung ist ihre nahezu restlose Gleichsetzung mit der (literarischen) Kunstbeschreibung, eine Einschätzung, die sich seit der Mitte des 20. Jahrhunderts findet und heute weitgehend dazu geführt hat, daß die alte Bedeutung des Wortes durch eine sowohl inhaltlich als auch kategorial grundsätzlich andere verdrängt wurde: anstelle der Bezeichnung für einen charakteristischen Sprachgebrauch, die nichts über das Thema oder den Ort der Anwendung verriet, läßt die Verwendung des Begriffes „Ekphrasis" heute fast ausschließlich Schlüsse über die Thematik des Beschriebenen zu, nicht jedoch über die sprachliche Form des Gesagten.

Diese Umdeutung der ἔκφρασις vom λόγος ἐναργής zur Kunstbeschreibung, mit der ihre Ablösung aus dem ausschließlich rhetorischen Kontext beginnt und mit der die Grundlagen zu ihrer modernen Karriere gelegt wurden, stellt zunächst eine deutliche Bedeutungs*verengung* dar: aus der umfassenden Liste von Themen, die nach den Angaben der Progymnasmata-Autoren eine ekphrastische Behandlung zuließen, wurde ein einziges herausgegriffen.[8] Von einer willkürlichen Festsetzung wird man dabei nicht einmal sprechen dürfen, denn die neue Definition findet sowohl in der rhetorischen wie auch in der literarischen Tradition Rückhalt. Allerdings bezeichnet sie zunächst durchaus nicht den Regelfall, wie ein Blick auf die Quellen zeigt.

Seitens der Rhetoren hat erst der spätantike Progymnasmatiker Nikolaos (4./5. Jahrhundert) die ἔκφρασις von Kunstwerken als mögliches selbständiges Thema einer rhetorischen Übung genannt,[9] wenngleich diese in der Praxis schon einige Zeit vor ihm existierte.[10] Von einer privilegierten Stellung dieser Thematik im Bereich ekphrastischen Vortrags kann dabei keine Rede sein; vielmehr scheidet noch Nikolaos die ἔκφρασις nur formal nach ihrer „Anschaulichkeit" und ihrer „detaillierten Darlegung" von der „allgemeinen", nicht in erster Linie auf Anschaulichkeit bedachten Darstellungsweise der διήγησις:

---

8 Aygon 1994, 46f. verweist besonders auf die in neueren Darstellungen der antiken Rhetorik anzutreffende Vernachlässigung der ἔκφρασις πραγμάτων. Aus ihrer Behandlung in den Progymnasmata ergibt sich zudem, daß eine Beschreibung nach antiker Ansicht durchaus „de type ‹narratif›" (50) sein kann, während die französische Erzählforschung *description* und *narration* stark voneinander abgesetzt hat (s. den folgenden Abschnitt d.). Erst allmählich scheint sich ein Bewußtsein für Zwischenformen und Überschneidungen zu entwickeln (s. z.B. Mosher 1991).

9 Nikol. prog. p. 69,4–5 Felten: ... ἡνίκα ἂν ἐκφράζωμεν καὶ μάλιστα ἀγάλματα τυχὸν ἢ εἰκόνας ἢ εἴ τι ἄλλο τοιοῦτον ... Die Stelle ist treffend übersetzt von F. Graf (1995, 148: „*besonders wenn wir etwa ... darstellen*"), während M. Fantuzzis Ekphrasis-Artikel im *Neuen Pauly* die Bedeutung, offensichtlich unter dem allgegenwärtigen Einfluß der modernen Gleichung Ekphrasis = Kunstbeschreibung, grob verzeichnet hat: „... Nikolaos Rhetor spezifiziert als ihr Objekt ‚*vor allem* Statuen, Bildwerke (εἰκόνες) und Verwandtes'" (1997, 942f.)

10 In den Libanios zugeschriebenen Progymnasmata: s. Friedländer 1912, 85 m. Anm. 3.

Ἔκφρασίς ἐστι λόγος ἀφηγηματικός, ὑπ᾽ ὄψιν ἄγων ἐναργῶς τὸ δηλούμενον. πρόσκειται δὲ ἐναργῶς, ὅτι κατὰ τοῦτο μάλιστα τῆς διηγήσεως διαφέρει· ἢ μὲν γὰρ ψιλὴν ἔχει ἔκθεσιν πραγμάτων, ἢ δὲ πειρᾶται θεατὰς τοὺς ἀκούοντας ἐργάζεσθαι (…) διαφέρει δὲ καὶ κατ᾽ ἐκεῖνο τῆς διηγήσεως, ὅτι ἢ μὲν τὰ καθόλου, ἢ δὲ τὰ κατὰ μέρος ἐξετάζει.[11]

Auch der Ersatz des traditionellen und für die Geschichte der Ekphrasis folgenreichen Begriffs λόγος περιηγηματικός (wohl „herumführende Redeweise"[12]) durch λόγος ἀφηγηματικός („darstellende" Rede – womit im übrigen ein Stück präziser Definition aufgegeben wird[13]) unterstreicht die sehr allgemein gehaltene und keineswegs an thematischen Festlegungen interessierte Argumentationsweise des Nikolaos.

Andererseits ist es unbestreitbar, daß in der literarischen Tradition „ekphrastische", d.h. anschaulich beschreibende Passagen im Epos und in anderen literarischen Gattungen schon seit Homer – also zur Zeit des Nikolaos seit mehr als 1000 Jahren – mit besonderer Vorliebe Kunst- und Bauwerke zum Gegenstand hatten. Und eben dabei finden, wenn auch auffällig spät artikuliert, die Tradition der literarischen Kunstbeschreibung und das Streben der Rhetoren nach Anschaulichkeit der Rede am Ende doch zusammen: in der „absoluten Vorrangstellung des Visuellen" (F. GRAF), der Evozierung von Bildern durch das Wort, die beiden gemeinsam ist.[14] Insofern war es konsequent, wenn Nikolaos die Möglichkeit auch einer *separaten* Beschreibung als rhetorischer Übung eingestand – und damit wiederum den Weg zu ihrem Verständnis als eigener *Gattung* ebnete:

Ἔστι δὲ ὡς ἐπὶ τὸ πολὺ τοῦτο τὸ προγύμνασμα (sc. ἡ ἔκφρασις) τῶν ὡς μερῶν παραλαμβανομένων· οὐδὲν δὲ ἴσως ἂν κωλύοι καὶ ὡς ἀρκοῦσάν ποτε αὐτὴν πρὸς ὅλην ὑπόθεσιν ἐργάσασθαι, ὡς ἐπὶ τὸ πλεῖστον μέντοι τῶν μερῶν ἐστι.[15]

---

11 Nikol. prog. p. 68,8–12. 19f. Felten („Die Ekphrasis ist eine darstellende Form der Rede, welche das zu Zeigende anschaulich vor Augen stellt. ,Anschaulich' kommt aber deshalb [*sc.* als Bedingung] hinzu, weil sie sich darin am stärksten von der Erzählung unterscheidet. Die Erzählung führt nämlich die Ereignisse bloß auf, die Ekphrasis dagegen sucht die Zuhörer zu Zuschauern zu machen … Sie unterscheidet sich von der Erzählung auch darin, daß diese das Ganze, sie selbst aber die Teile in den Blick nimmt.") Zu den in Z. 19f. umschriebenen Begriffen ἐνάργεια und ἐνέργεια s. u. Anm. 90. – Unnötig verwirrend ist es, wenn im Ekphrasis-Artikel des *Neuen Pauly* (Fantuzzi 1997, 943) der Begriff διήγησις (καθ᾽ ὅλου) ausgerechnet mit „Beschreibung" übersetzt wird: auch wenn in der lateinischen Rhetoriktheorie das Gegensatzpaar ἔκφρασις – διήγησις nicht wie bei Nikolaos belegbar ist, müßte doch hier διήγησις unbedingt als „Erzählung" (entsprechend *narratio*) wiedergegeben werden, um Verwechslungen zu vermeiden.

12 Dazu s. im einzelnen S. 163f.

13 Vgl. Dubel 1997, 253 Anm. 12, die den neuen Terminus als „discours d'exposition" wiedergibt.

14 Selbst an dieser Stelle, der engsten nachweisbaren antiken Annäherung zwischen Rhetorik und kunstbeschreibender Literatur, muß allerdings festgehalten werden, daß in den Progymnasmata des Theon die homerische Hoplopoiie *nicht* als Kunstekphrasis, sondern als Beispiel für die ἔκφρασις τρόπου (verwandt mit der ἔκφρασις πραγμάτων) erscheint: Palm 1965, 118; James – Webb 1991, 6; Aygon 1994, 45; Webb 1999a, 11.

15 Nikol. prog. p. 70,16–19 Felten; vgl. Graf 1995, 149: „Im ganzen gehört diese Vorübung zu den Bestand-

Rechnet man nun noch hinzu, daß in der spätantiken Literatur tatsächlich separate *Kunst*beschreibungen entstanden,[16] daß also Nikolaos genau besehen nicht nur Vorschriften formuliert, sondern durchaus auch auf die zeitgenössische Literaturentwicklung reagiert, so ist die Genese des Begriffes ἔκφρασις im Sinne einer nicht mehr (oder wenigstens: nicht nur) an die Rhetorik gebundenen Kunstbeschreibung zwar nicht geradlinig, aber doch plausibel rekonstruierbar.

Die antike *Theorie* der Ekphrasis ist seitens der Rhetorik fast ausschließlich von griechischer Seite entwickelt worden – ein Umstand, von dem nicht zuletzt die Etablierung der griechischen Bezeichnung ἔκφρασις anstelle des oft als Übersetzung verwendeten, jedoch kaum völlig gleichbedeutenden Begriffes *descriptio* im römisch-lateinischen Bereich zeugt. Auf *praktischem*, also literarischem Gebiet dagegen finden wir sowohl bei griechischen als auch bei lateinischen Autoren aller Epochen und vieler Gattungen ungezählte Beispiele ekphrastischen Schreibens, darunter viele, die Kunstwerke unterschiedlicher Art zum Thema haben.[17] Im Abschnitt C dieser Einleitung wird der Versuch unternommen, im Hinblick auf die frühneuzeitliche lateinische *Descriptio templi* ausschließlich die Architekturbeschreibung – gleichsam eine Unterabteilung der Kunstbeschreibung – zu verfolgen. Wenn wir uns damit selbst wiederum in die Nähe einer Gattungstypologie begeben, so läßt sich dies dadurch rechtfertigen, daß eine solche typologische Einordnung der *Descriptio templi* in die Geschichte der Architekturbeschreibung nur einen von mehreren Strängen der Tradition illustriert, in der die Dichtungen der Zeit um 1600 stehen. Ihre spezifische Form ergibt sich erst durch weitere, nichtliterarische Einflüsse, insbesondere aus dem theologischen Bereich (s. Abschnitt E).

Mit der bereits kurz angedeuteten Neubewertung des Ekphrasisbegriffes ist eine Entwicklung angestoßen worden, deren weiterer Verlauf noch nicht völlig abzusehen ist. Es zeichnet sich allerdings seit einigen Jahren eine Tendenz ab, die zunächst auf die Kunstbeschreibung eingeengte Definition nun innerhalb dieses neuen Anwendungs-

---

teilen der Rede. Doch obwohl sie meistens zu den Teilen gehört, kann uns wohl nichts daran hindern, sie so auszuarbeiten, daß sie als alleiniges Thema genügt."

16 Vgl. Graf 1995, 152–154 zu Philostrat und den Autoren der „Schule von Gaza". Wie schwierig sich selbst hier die genaue Einordnung der Texte gestaltet, zeigt Grafs einschränkender Hinweis zu Philostrat, daß „diese Verselbständigung aber nur möglich wird, weil der Verfasser sie als rhetorische Übungen tarnt" (S. 153). Zu dem neuerdings aufgetauchten Problem, daß auch die Ἔκφρασις τῆς Ἁγίας Σοφίας des Paulos Silentiarios nur mit Vorbehalt als reine, „separate" Ekphrasis gelten kann, vgl. u. S. 94 f.

17 Eine Gesamtübersicht über Ekphraseis in der griechischen und lateinischen Literatur von der Archaik bis zur Frühen Neuzeit existiert nicht; sie ist angesichts der unterschiedlichen Auffassungen über die Eingrenzung des Phänomens zur Zeit auch kaum zu erwarten. Im Hinblick auf das Thema dieser Untersuchung nenne ich daher nur die wichtigsten Arbeiten, die literarische *Kunst*beschreibungen im weitesten Sinne zusammenstellen: Friedländer 1912; Hagstrum 1958, 3–128; Downey 1959a; Palm 1965; Pernice – Gross 1969; Hohlweg 1971; Breilmann 1998. Weiteres s. u. S. 104 Anm. 106, 107 u. 110.

bereiches immer mehr der traditionellen Einschränkungen aus Rhetorik und Literatur zu entledigen und zuletzt eine extrem *erweiterte* Bedeutungsspanne des Begriffes zu erreichen. Dies könnte allerdings auch dazu führen, daß der Begriff seine definitorische Präzision einbüßt und unbrauchbar oder nahezu beliebig einsetzbar wird. Erste Warnungen vor einer solchen Entwicklung sind bereits geäußert worden.[18]

c. Der Ekphrasisbegriff in der Philologie der 50er Jahre

Als der Fachterminus *Ekphrasis* in einem Beitrag des Romanisten Leo SPITZER 1955 erstmals über die Altertumswissenschaft hinaus Geltung erlangte, schien seine Definition vergleichsweise unkompliziert zu sein. Zudem schloß sich SPITZER noch weitgehend der oben skizzierten Begriffsgeschichte an, als er mit *Ekphrasis* „the poetic description of a pictorial or sculptural work of art" bezeichnete.[19] Festzuhalten sind dabei immerhin (a) eine weitere Einschränkung auf *poetische* Texte,[20] (b) die Einschränkung auf *ein* Kunstwerk und (c) der Ausschluß aller Kunstwerke, die nicht entweder Malerei oder Bildhauerei zuzuordnen sind. Gerade dieser letzte Punkt hat später zu Kontroversen geführt und ist für unsere Untersuchung zur Dichtung über Bauten besonders im Auge zu behalten.

Die von SPITZER begonnene, insgesamt traditionell-philologische Linie findet ihre Fortsetzung in der 1958 erschienenen Studie „The Sister Arts" des Anglisten Jean HAGSTRUM. Die Darstellung der ekphrastischen Tradition im ersten Teil des Buches ist bis heute auch für den Altertumswissenschaftler anregend. Dagegen hat sich die von HAGSTRUM unternommene Scheidung ekphrastischer Dichtung in „iconic poetry" und „ecphrastic poetry" zwar einige Jahrzehnte lang gehalten, bleibt aber unglücklich gewählt. HAGSTRUM erhebt unter Berufung auf Philostrats Werktitel Εἰκόνες den Begriff *iconic* zum Oberbegriff und versteht darunter „poetry of which a work of graphic art is the subject";[21] *ecphrasis* bezeichnet jetzt nur noch eine Untergruppe dieser Texte, in welchen die „special quality of giving voice and language to the otherwise mute art object" begegnet. Hier entscheidet also die Verwendung einer sehr speziellen und keineswegs für die herkömmliche Ekphrasis maßgeblichen rhetorischen Kunstfigur, der

---

18 Wagner 1996, 11 (zur Polysemie des Begriffes) und 13 (zur Verschüttung der ursprünglichen Bedeutung); Yacobi 1998, 21 f.

19 Spitzer 1955, hier 207. Seit diesem Aufsatz ist Keats' Gedicht „Ode on a Grecian Urn" zum immer neu beschworenen „ritual example" (W. J. T. Mitchell) der Ekphrasisforschung degradiert worden, ohne daß Spitzers wertvolle Ergebnisse überholt, geschweige denn auch nur von allen beachtet worden wären, die die „Ode" als Mustertext in die Pflicht nehmen.

20 Webb 1999a, 17 sieht hier mit gutem Grund den eigentlichen Bruch mit der bis dahin gültigen Definition über rhetorische Kategorien. Allerdings erscheinen mir die seitdem eingetretenen Brüche noch weitaus radikaler zu sein.

21 Hagstrum 1958, 18 mit Anm. 34. Man beachte die weitere Einschränkung auf „graphic art"!

Prosopopoiie, über die Klassifikation von Kunstbeschreibungen, wobei die Schwierigkeit nicht zuletzt darin liegt, daß HAGSTRUM auch der „iconic poetry" als ein dominierendes Merkmal den Illusionismus attestiert,[22] als dessen spezielle Ausprägung doch die Prosopopoiie gelten muß. Erst in jüngster Zeit werden in der amerikanischen Forschung Ansätze sichtbar, diese zu eng gefaßte Definition als überholt zu betrachten.[23]

d. Beschreiben und Erzählen oder: „Qu'est-ce qu'une description?"

Die narratologischen Forschungen zum Verhältnis von *description* und *narration*, die vor allem von Gérard GENETTES Monographie „Figures II" (1969) und den darin entwickkelten Gedanken zu den „frontières du récit" ausgelöst wurden und als deren Hauptvertreter heute Philippe HAMON gelten kann,[24] sollen hier nur kurz erwähnt werden. Sie gehen von dem Gegensatzpaar und dem grundsätzlichen funktionalen Unterschied von „Beschreibung" und „Erzählung" aus; Texte wie die *Descriptio templi*, die sich in Form und Konzeption an antike Modelle anschließen, können demgegenüber nur unter Verwendung der alten, d. h. rhetorischen Definition als λόγοι ἐναργεῖς, als gleichartig zusammengestellt werden. Es handelt sich also nicht allein um terminologische Verschiebungen, sondern um eine prinzipiell andere und deshalb kaum vergleichbare Art der Textbetrachtung.[25]

An einigen Stellen allerdings müssen die Versuche, mit narratologischen Kategorien eine allgemeine Wesensbestimmung der *description* zu unternehmen, auf Gedanken der älteren Theorie zurückgreifen. Die Ursachen liegen wohl weniger in terminologischen Defiziten, obwohl HAMON dies mit dem Bonmot nahegelegt hat, mit einer genuin narratologischen Fachsprache lasse sich eben nur Narratives, nicht aber Deskriptives beschreiben.[26] Vielmehr scheint es, als ließen sich manche Phänomene nicht unter vollständigem Verzicht auf die Rhetorik und ihre Denkmuster beschreiben. Zwei Punkte scheinen mir vor allem erwähnenswert.

---

22 Hagstrum 1958, 23. Vgl. u. S. 64–68.

23 Clüver 1998, 36. Wenig nützt es dagegen, wenn Kenneth Gross zwar beide von Hagstrum geschiedenen Textcorpora unter dem Begriff „ekphrasis" wieder zusammenführt, dabei jedoch eine falsche Etymologie ins Spiel bringt: „… those poems in which the work is fictively lent a voice, or 'speaks out', the etymological sense of 'ekphrasis'." (Gross 1992, 234 Anm. 3)

24 Hamon 1972 (dort 466 Anm. 2 eine Bibliographie zu den Grundlagen der modernen *description*-Forschung); Hamon 1991; Hamon 1993. Vgl. M. Patillon (in seiner Theon-Ausgabe [1997]), XXXVIII.

25 Auf die Unvereinbarkeit der antiken und modernen Sichtweise hat M. Aygon hingewiesen (1994, 51) und dafür plädiert, nur noch antike ἐκφράσεις mit diesem Terminus zu bezeichnen. Wichtig zu dieser Frage jetzt auch Webb 1999a, 12, die hier Roland Barthes einen gewaltsamen Umgang mit den antiken Quellen nachweist.

26 Hamon 1993, 242: „Le présent essai, peut-être, n'a pas toujours su choisir entre la paraphrase … et un type de description peut-être non adéquat, car utilisant pour décrire son objet (le descriptif) un métalangage globalement d'inspiration narratologique (construit pour des objets narratifs)."

– Mit der Definition der *description* als „expansion (détachable) du récit"[27] droht das alte Klischee von Erzählfluß und Erzählpause – ungewollt? – erneut verfestigt zu werden. Zwar ist die von HAMON selbst als provisorisch bezeichnete Definition selbstverständlich vor dem Hintergrund der Funktionsanalyse zu sehen, der die *description* in den Untersuchungen „Qu'est-ce qu'une description?" und „Du descriptif" unterzogen wird. „Expansion du récit" bedeutet deshalb nicht von vornherein die aus der Diskussion um LESSINGS „Laokoon" hinreichend bekannte und dort bekanntlich verpönte Ekphrasis als Erzählpause, welcher der Dichter mit dem „Kunstgriff …, das Koexistierende seines Vorwurfs in ein Konsekutives zu verwandeln" begegnen soll,[28] denn HAMONS Untersuchung fragt nach dem Zweck der Beschreibung *im Zusammenwirken* mit der Erzählung. Und doch unterstreichen Gegenüberstellungen wie die vom „mode syntagmatique" der Erzählung und der „unité … préorganisée sous forme de paradigme" eines beschriebenen Objektes[29] oder auch von der „prévisibilité logique … du récit" einerseits und der „prévisibilité lexicale" der Beschreibung andererseits[30] mehr den exklusiven Charakter der *description*, als daß sie eine Verknüpfung beider Teile förderten. Daher verwundert es nicht, wenn HAMON an die Möglichkeit auch einer separaten Beschreibung erinnert[31] und an anderer Stelle für die antike Ekphrasis konstatiert, daß diese vom umgebenden Text ablösbar sei.[32] Trotz aller detaillierten Analyse gerät so HAMON in die Nähe einer Auffassung von Beschreibung/Ekphrasis als einem „Ruhepunkt der Handlung", die von Fritz GRAF kürzlich ebenso scharf wie treffend als „eine schier unzulässige und jedenfalls ganz pedestrische Vereinfachung eines ganzen Bündels komplexer Aufgaben und Funktionen" zurückgewiesen wurde und die sich lediglich auf eine einzelne Äußerung Quintilians berufen kann.[33]

---

27 Hamon 1972, 466.
28 G. E. Lessing, Laokoon oder Über die Grenzen der Malerei und Poesie XVIII, zit. nach der Ausgabe von I. Kreuzer, Stuttgart 1987 (= 1964), 134.
29 Hamon 1972, 482.
30 Hamon 1972, 474. Vgl. Hamon 1993, 5: „L'essence du descriptif … serait dans un effort: un effort pour résister à la linéarité contraignante du texte …"
31 Hamon 1972, 482 Anm. 39.
32 Hamon 1991, 8, leider erneut mit einer unhaltbaren „sprechenden" Etymologie: „Il s'agit donc d'un beau développement détachable *(ek)* …" Diese Fehldeutung des Präfixes ἐκ- setzt sich auch in anderen Arbeiten fort: „It is worth noting that the very etymology of ecphrasis points to its interlusive function, deriving as it does from the preposition *ek*, 'out of', and *phrazein*, 'to speak'. It is something spoken out of, but within, the context of something else." (Edgecombe 1993, 103) Gegen derlei „etymological magic" s. jetzt auch Webb 1999a, 7.
33 Graf 1995, 151. In bezug auf die von Hamon fast ausschließlich untersuchten Romane des 19. Jahrhunderts ist der Auffassung vom „Ruhepunkt" (auch zum Zwecke der Charakterisierung der beschreibenden Figuren mittels der durch sie gegebenen Beschreibungen) nicht grundsätzlich zu widersprechen, doch liegt eben in dieser Konzentration auf eine einzige, homogene Quellengruppe die Gefahr verzeichnender Verallgemeinerungen.

– HAMONs spätere terminologische Korrektur von „la description" zu „le descriptif", die der Vorstellung von einer scharfen Trennbarkeit in Beschreibung und Erzählung deutlicher entgegenwirken will, stellt die ursprüngliche dezidierte Abkehr des Autors von den Parametern der klassischen Rhetorik[34] in Frage, denn sie führt zu deren Kategorien zurück und rückt die Beschreibung in die Nähe einer „Redeweise".[35] Angesichts der unendlichen Fülle von möglichen Texten, die sich unter *description* subsumieren lassen,[36] bedarf es eines übergeordneten charakterisierenden Begriffes. Dieser („le" descriptif) ergibt sich aus der Beobachtung der für alle Texte gleichermaßen typischen Charakteristika *(signaux)* – diese aber sind im wesentlichen morphologischer bzw. lexikalischer Natur.[37] Daher erinnert der Ausdruck „le descriptif" stark an die Definition der ἔκφρασις als λόγος ἐναργής durch die antiken Rhetoriklehrer, und auch der Versuch, das ungreifbare *descriptif* als eine „dominante descriptive" besser zu fassen,[38] weist auf eine gemeinsame Haltung oder Darstellungsform – HAMON spricht von einer allgemeinen Tendenz *(mouvement global)* – aller Beschreibungen hin. Damit aber sind letztlich auch in dieser modernen Theorie rhetorische Kategorien vonnöten, um das Wesen der Beschreibung zu fassen.[39]

Dennoch liefern HAMONs Studien wertvolle Beobachtungen über typische Szenen und ihre Funktion für das Werkganze, über die Figur des beschreibenden Sprechers und die Schwierigkeiten eines angemessenen Vokabulars der Beschreibung,[40] die ungeachtet ihrer Ableitung aus der französischen Belletristik des 19. Jahrhunderts vielfach auf Ekphraseis anderer Epochen und somit auch auf die *Descriptio templi* übertragbar sind.[41]

2. Bild und Abbild oder: Gibt es a priori keine ekphrastische Architekturbeschreibung?

Seit den 60er Jahren ist die theoretische Forschung zur Ekphrasis darum bemüht, den Geltungsbereich des Begriffes neu zu definieren. Vereinfachend läßt sich sagen, daß die Einengung seiner Bedeutung auf die Beschreibung von Kunstwerken zur anerkannten Grundposition geworden ist, daß jedoch darüber hinaus ein definitorischer Konsens

---

34 Hamon 1972, 465 f.: „La rhétorique classique ne nous aide guère à définir la description …"
35 Treffende Beschreibung des Vorgangs schon bei Aygon (1994, 50): „… les critiques qui ont récemment contesté le fondement sémantique de l'opposition … description–narration ⟨ont⟩ rejoint, à leur insu, les conceptions des rhéteurs …".
36 Hamon 1993, 12 und 87.
37 Hamon 1993, 65–68.
38 Hamon 1993, 88 und 241.
39 Hamon 1991, 5: „… la description, cette structure (ou, *en termes rhétoriques, cette ‹figure›*) …"; 1993, 5: „Il s'agissait aussi de reconnaître le descriptif comme un lieu où se manifestent prioritairement certains *modes et postures d'énonciation* prédéterminés d'ailleurs …" Hamon selbst schätzt seine Theorie eher als „poétique (ou une sémiotique, comme on voudra) du descriptif" ein (ebda. 6). – Hervorhebungen im Zitat U. S.
40 Hamon 1972, 467–481.
41 S. z. B. u. S. 558 Anm. 77.

weiter entfernt zu sein scheint als je zuvor. Bestimmende Faktoren dieser Entwicklung sind die Weiterentwicklung der Künste, insbesondere das Auftreten der abstrakten Malerei und Plastik im 20. Jahrhundert, die Herausbildung der neuen Forschungsgebiete von Intertextualitätstheorie und Semiotik und die Verknüpfung ihrer Theoreme mit dem Ekphrasisbegriff besonders in der amerikanischen und niederländischen Forschung der Gegenwart. Dies bewirkte auch eine Wiederaufnahme des auf Horaz (ars 361) zurückgehenden *Ut pictura poesis*-Gedankens in seiner neuzeitlichen, d. h. von der Renaissance radikal eingeengten Interpretation[42] im Sinne eines „Wettstreits der Künste" (nämlich um die perfekteste Form der *imitatio*), wobei die schon antike Bild-Abbild-Relation in der Semiotik zu neuem Leben erweckt wurde.

Murray KRIEGER geht in seinen Untersuchungen zur Ekphrasis daher von der (semiotischen) Prämisse aus, daß jede bildliche Darstellung Nachahmung, ihre Umsetzung in Sprache aber Nachahmung einer Nachahmung ist, die notwendig hinter jener zurückbleiben muß. Problematisch sind die Folgerungen, die KRIEGER daraus für seine Definition eines „ekphrastic principle" zieht. In der Annahme, die Sprache sei in erster Linie bestrebt, den Rückstand gegenüber der „getreuer" imitierenden Bildkunst zu verkleinern[43] – hier ist zugleich der Gedanke der wetteifernden Künste greifbar –, postuliert KRIEGER verschiedene Intensitätsgrade ekphrastischen Sprechens über Kunst. Diese Skala reicht von einer (wenig präzise gefaßten) „attempted imitation in words of an object of the plastic arts" bis zu dem Versuch, einen Text so zu konstruieren, daß er einem Bildwerk an imitatorischer Potenz nahekommt: „any attempted construction of a literary work that seeks to make it, as a construct, a total object, the verbal equivalent of a plastic art object".[44] Hier ist zunächst festzustellen, daß diese postulierte Steigerung der beschreibenden Sprache hin zu einem Ideal, das ihrer Selbstverleugnung gleichkäme, nicht beweisbar und letztlich nur aus den Setzungen des *paragone*-Disputes zu rechtfertigen ist. Damit soll keineswegs der Einfluß vergleichbarer Denkmodelle grundsätzlich geleugnet werden: zu erinnern ist insbesondere an die wichtige Rolle des μίμησις-Gedankens in der griechischen Literaturtheorie, auf die dann zuweilen auch die Beliebtheit der ἔκφρασις in der griechischen Literatur zurückgeführt worden ist.[45] Dennoch ist es unmöglich, der ἐνάργεια in der von KRIEGER

---

42 Hazard 1973, 409: „From the evidence of what was in Horace possibly a simple observation of occasional similarity between poetry and painting, Renaissance critics derived the generalization and even the imperative that poetry and painting resemble each other." Vgl. Graham 1974; Markiewicz 1986/87.

43 Krieger 1998, 6 identifiziert als Movens ekphrastischen Sprechens „the semiotic desire of the natural sign. It is the desire that prefers the immediacy of the picture to the mediation of the code ..." Zum Problem der hier verwendeten Terminologie sowie zu generellen Einwänden gegen Kriegers Theorie vgl. Macdonald 1993.

44 Krieger 1998, 4. (Dieser Beitrag setzt Kriegers Ekphrasis-Monographie von 1992 fort und erschien in deutscher Übersetzung bereits in Boehm – Pfotenhauer [Hgg.] 1995, 41–57.)

45 Fantuzzi 1997, 943. Daneben hat F. Graf die Hypothese geäußert, daß die Tradition der Mythenallegorese mit ihren verschiedenen Bedeutungsschichten das Interesse an Bilddeutungen befördert habe (1995, 152).

versuchten Weise generell eine tiefere Bedeutung zuzuschreiben, ganz so, als habe ein unstillbarer Drang der Sprache zu einem „Aufgehen im Bild" die Begünstigung ihrer eigenen Bildlichkeit mit sich gebracht. Hier wird die handfeste rhetorische Konzeption, nach der πειθώ *(persuasio)* mittels Anschaulichkeit erreicht werden soll, allzu metaphysisch uminterpretiert.

Schlichtweg irreführend ist schließlich KRIEGERs Versuch zu nennen, aus der Literaturgeschichte den Beweis für seine Theorie zu liefern. Hier wird eine Entwicklung ekphrastischen Sprechens/Schreibens unterstellt, deren Reihenfolge wie zufällig der angeblich willentlichen Steigerung der Sprache bis zu ihrem Verschwinden im Bild entspricht:[46] Vom Epigramm, das sich im Laufe seiner diachronischen Entwicklung vom bloßen Beiwerk (als Kunstwerks-Aufschrift) fortentwickelt und somit verselbständigt, würde demnach eine gerade Linie über die Ekphrasis[47] – die hier grundsätzlich als Wortkunstwerk *ohne* zugrundeliegendes Bildkunstwerk gesehen wird[48] – zum Emblem als „visual companion of the poem" (S. 11) führen. Es hilft wenig, wenn KRIEGER erläutert, seine (allenfalls in der Literatur der Frühen Neuzeit *annähernd* mit der Chronologie vereinbare) Einteilung in die genannten drei Etappen sei „not a chronological sequence so much as an increasingly complicated, or at least confused, mixture of motives and epistemologies (!) as the visual and the verbal interact in their strangely hybrid products": wenige Zeilen zuvor ist nämlich eben diese Abfolge von Epigramm, Ekphrasis und Emblem ausdrücklich als „development" bezeichnet (S. 9). Man wird bezweifeln dürfen, ob KRIEGERs seit 1967 ausgebaute Ekphrasistheorie dem Verständnis literarischer Äußerungen zur Kunst dient, konstruiert sie doch zwischen den beiden Bereichen eher eine Frontlinie, anstatt deren Wechselwirkungen zu untersuchen.[49] Insofern wirkt auch die Äußerung James HEFFERNANs, mit KRIEGER beginne überhaupt erst die Beschäftigung mit dem Problem Ekphrasis,[50] unberechtigt emphatisch, und es überwiegt das von Raymond MACDONALD geäußerte Unbehagen darüber, daß hier ein

---

46 Vgl. Krieger 1998, 11 über diese „Emanzipation" der Sprache am Beispiel der epischen Beschreibung, deren Gegenstände (z. B. Schilde) nach Ansicht des Autors grundsätzlich als fiktiv zu gelten hätten: „Literal ekphrasis has moved, via the power of words, to an illusion of ekphrasis [sic!]. The ekphrastic principle has learned [sic!] to do without the literal ekphrasis in order to explore more freely the illusionary powers of language." E. Angehrn hat unter dem Titel „Utopie des Abbildes: Sprache als Bild" die Thesen, „daß es zum Wesen des Bildes gehöre, das Wirkliche gleichsam im Spiegel wiederzugeben", und insbesondere, „daß eine solche Wiedergabe das Vorbild der Sprache sei", richtig als Unterstellungen eingestuft: Angehrn 1995, 59.

47 Diese wäre hiernach übrigens in den Rang einer Gattung zurückgekehrt, was ihrer sonstigen Behandlung durch Krieger durchaus widerspricht.

48 An dieser Stelle wird somit ἔκφρασις weiter auf die Beschreibung eines *fiktiven* Kunstwerks reduziert.

49 Vgl. die eingehende Kritik durch Heffernan 1998, 190. Erinnert sei auch an die engere intertextuelle Definition der *descriptio* als eine „réécriture" bzw. ein „re-writing", die ungeachtet ihrer etymologischen Kühnheit weit besser als Kriegers Modell erkennen läßt, daß die Sprache dem Vor-Bild verpflichtet ist, dieses aber nicht ersetzen kann, geschweige denn ihm gleich zu werden sucht. S. dazu Hamon 1993, 48 und Clüver 1998, 44 bis 48.

50 Heffernan 1998, 189: *„Ekphrasis* is an ancient rhetorical term whose time has finally come …"

neues theoretisches Konzept unter dem alten, bereits anders besetzten Namen Einzug gehalten hat.[51]

Gleichwohl markiert die hier versuchte Verknüpfung der Abbildtheorie mit der Tradition der literarischen Kunstbeschreibung eine wichtige Etappe in der modernen Diskussion, bildet sie doch die Grundlage für eine neuerliche Einschränkung der Ekphrasisdefinition, die unser Thema *Descriptio templi* unmittelbar betrifft. In einem 1991 erschienenen Aufsatz über „Ekphrasis and Representation" hat James HEFFERNAN versucht, eine präzisere Definition zu geben und formuliert: „Ekphrasis ist the verbal representation of graphic representation."[52] So verdienstvoll diese strikte Eingrenzung auf bildliche Vorlagen ist,[53] so eigenartig ist es, wenn dabei zugleich an einem Theorem von der *doppelten* Abbildfunktion der Ekphrasis festgehalten und deshalb gefordert wird, bereits die Bildvorlage der Ekphrasis müsse ihrerseits abbildend („representational") sein.[54] Die Ekphrasis von Bauten und damit die *Descriptio templi* wäre danach also keine Ekphrasis, könnte es a priori gar nicht sein, denn die Architektur gilt HEFFERNAN als ein „nicht-Abbildendes". Begründet wird diese These nicht, so daß wir auf Vermutungen angewiesen sind, warum ihm Architektur als nichtmimetisch gilt.

HEFFERNAN scheint mir hier stillschweigend von zwei mißverstandenen Voraussetzungen zugleich auszugehen: einerseits von der vielleicht schon platonischen, sicher jedoch neuplatonischen Annahme, von Artefakten gebe es keine Ideen und sie seien deshalb nicht mimetisch, andererseits von dem Postulat, Architektur sei im Gegensatz zu den anderen (nämlich den bildenden) Künsten nicht mimetisch. Auf diese Weise würden Grenzlinien zwischen den Künsten gezogen, die so nicht nachweisbar sind: richtig ist lediglich, daß die Schule Platons mehrheitlich davon ausging, reine Kunstprodukte ließen sich nicht auf eine Idee zurückführen und seien insoweit nicht mimetisch.[55]

Bei dem Neuplatoniker Syrian heißt es in einer der ausführlichsten erhaltenen Erörterungen über die Frage, wovon es Ideen gebe:

… δῆλον τοίνυν ἐκ τούτων, ὅτι καὶ **πᾶσα τέχνη μιμουμένη τὴν φύσιν** καὶ πρὸς μόνον τὸν θνητὸν βίον συντέλειάν τινα παρεχομένη **τῆς τῶν εἰδῶν αἰτίας ἀπολείπεται**.[56]

---

51 Macdonald 1993, 85; unter Bezugnahme darauf auch Wagner 1996, 13. Versuche wie der von A. Laird (1993, 18), typographisch zwischen „*ecphrasis*" (antik bzw. rhetorisch) und „ecphrasis" (modern) zu unterscheiden, illustrieren das Problem, lösen es aber nicht.

52 Heffernan 1991, 299; vgl. dazu jetzt Klarer 2001, 7 f.

53 Der Ekphrasisbegriff war bereits in den 80er Jahren auf jegliche Einbeziehung eines (sprachlichen oder bildlichen) Kunstwerks in ein anderes (sprachliches oder bildliches) und damit ins beinahe Grenzenlose erweitert worden; Beispiele bei Heffernan 1991, 313 Anm. 10. Vgl. auch u. S. 46 f. zu Yacobi und Robillard.

54 Heffernan 1991, 300.

55 Steckerl 1942; PLATONISMUS 20 f. (Text 127.4: Alkinoos/Albinos). 76 f. (Text 132.2a: Syrian). 243. 337 f. 343–350 (bes. 347. 349).

56 Syrian, in Arist. Met. p. 107 Kroll, zit. nach PLATONISMUS 76 f. Z. 45–49 („Aus all dem ist klar, daß auch alle

Daraus wird zweierlei deutlich: erstens wird eine Unterscheidung zwischen bildenden Künsten und anderen Technai wie der Architektur gar nicht getroffen, und zweitens *sind* alle diese Technai ohne Unterschied nachahmend, wobei das Vorbild nun allerdings nicht die Ideen, sondern die *Natur* ist. Auch hierfür wird der Begriff μίμησις verwendet. Syrian steht mit dieser Ansicht keineswegs allein, vielmehr findet sich die Interpretation der Architektur als einer *imitatio naturae* explizit auch im Kontext der Kulturentstehungslehre. Vitruv beschreibt die ersten menschlichen Bauten als Nachbildungen von Tierbauten (2,1,2):

> Ergo cum propter ignis inuentionem conuentus initio apud homines et concilium et conuictus esset natus, et in unum locum plures conuenirent (…) coeperunt in eo coetu alii de fronde facere tecta, alii speluncas fodere sub montibus, nonnulli hirundinum nidos et aedificationes earum **imitantes** de luto et uirgulis facere loca quae subirent.[57]

Für HEFFERNANs Hypothese ergibt sich wenigstens nach diesen Testimonien kein Rückhalt: eine Sonderstellung der Architektur unter den Künsten läßt sich aus den erhaltenen Zeugnissen über die Ideenlehre nicht nachweisen,[58] und das Nachahmen ist zumindest im Sinne einer *imitatio naturae* als Grundprinzip der Architektur ohne weiteres geläufig.

Für unser Thema, die Beschreibung von Kirchen, muß dazu noch ein weiterer gewichtiger, ja der entscheidende Aspekt bedacht werden: mindestens seit dem 4. Jahrhundert ist es ein niemals bestrittenes Axiom der Exegese christlicher Sakralbauten, daß diese Abbilder der himmlischen Kirche bzw. des Himmlischen Jerusalem sind; die Mimesis ist also ein notwendiger Bestandteil ihrer Existenz ebenso wie ihres Verständnisses.[59] Bedenkt man diesen Zusammenhang, so ist es wohl kaum ein Zufall, daß

Kunst, die die Natur nachahmt und die nur etwas zum diesseitigen Leben beiträgt, weit entfernt ist, in den Ideen ihre Ursache zu haben.").

57 Vgl. auch Vitr. 5,1,3 (nach oben sich verjüngende Säulen als *imitatio naturae nascentium* [sc. *arborum*]).

58 Nicht völlig geklärt ist allerdings, was der Fremde in Platons *Sophistes* meint, wenn er die Baukunst (οἰκοδομική) als αὐτοποιητική einstuft (266 a 9. c 8–9). Die Baukunst wird hier zwar vor allem von der sie abbildenden γραφική abgesetzt, andererseits jedoch (im ersten Teil des angewandten Viererschemas) auch als unmittelbare Hervorbringung des Menschen parallel zu den θεοῦ γεννήματα gesetzt; der Begriff μίμησις fällt dabei ausdrücklich nicht. G. Goebel hat bereits auf diese Stelle hingewiesen (1971, 10 Anm. 6), ohne sie jedoch zu erläutern. Die Platonforschung ist geteilter Meinung, wobei die Auffassung überwiegt, die Ideen seien, obgleich ungenannt, selbstverständlich als Hintergrund zu denken, die Baukunst sei also deren einfache, die Bildkunst zweifache Abschattung (Cornford 1957, 328 Anm. 1). Dagegen hat W. Kamlah im *Sophistes* eine regelrechte „Preisgabe des Urbild-Abbild-Bezuges" erblickt (1963, 12–18. 56) – eine These, die heute in dieser Schärfe keine Anhänger mehr findet. Neuere Kommentare zum *Sophistes* (S. Rosen, G. Movia) übergehen allerdings das Problem. – Die zweite von Goebel genannte Platon-Stelle (*Politikos* 288 b 6–7) ist nicht einschlägig.

59 Frühchristliche Belege s. u., C.II.2 (Eusebius); Parallelisierungen von Himmel und Kirche in der *Descriptio templi* in den Kapiteln des II. Teils zu den einzelnen Gedichten. Die ausführlichste Behandlung des Themas bleibt Sedlmayr 1993, 95–166 („Die Kathedrale als Abbild des Himmels") und speziell 98–100 („Architektur als abbildende Kunst").

HEFFERNAN als Beispiel für seine These von der nichtimitierenden Architektur eine Brücke – und jedenfalls keine Kirche – gewählt hat. Dessen ungeachtet bleibt der Eindruck bestehen, daß hier verschiedene Kategorien vermengt worden sind und wir es mit einem auf eine brüchige Spitze getriebenen theoretischen Ansatz zu tun haben. Seine Berechtigung ist dann auch energisch in Frage gestellt worden[60] – allerdings nicht unter Verweis auf die christliche, sondern die im 20. Jahrhundert neu entstandene abstrakte Kunst, über die nach der genannten Definition ebenfalls kein ekphrastisches Sprechen denkbar wäre. Spätestens hier wird sichtbar, daß der eingetretene Bruch in der Tradition der Ekphrasis-Definition grundsätzlicher Natur ist: die konsequent auf dem Mimesisbegriff und damit auf den Voraussetzungen der *Objekte* aufbauende neue Definition und die traditionelle Auffassung, deren Hauptkriterium die ἐνάργεια des Textes selbst (also gleichsam des *Subjekts*) ist, lassen sich nicht vereinbaren.

Zugleich bleibt den Verfechtern der neuen Definition, um den Ausschluß ganzer Kunstrichtungen zu vermeiden, nur eine immer stärkere Ausweitung, die jedoch die Gefahr mit sich bringt, eine Vielzahl eigentlich unvergleichbarer Phänomene unter einem Begriff zu versammeln. Die gegenwärtige Entwicklung der Diskussion deutet darauf hin, daß genau dies eintreten könnte: statt manche Arten von Kunstwerken aus dem Kreis der Ekphrasis-Vorlagen zu entlassen, sucht man die früher in vielen Schritten verengte Definition nun wieder erheblich auszuweiten. Dafür liegen bereits erste Beispiele vor, so die von Claus CLÜVER vorgeschlagene Gleichung „Ekphrasis is the verbal representation of a real or fictitious text composed in a non-verbal sign system",[61] die die Umsetzung von Vorlagen verschiedenster Beschaffenheit in Sprache einschließt. Auch diese sehr weit gefaßte Definition basiert jedoch noch auf der Abbildtheorie.[62]

Weitere Ansätze der letzten Jahre suchen bereits neue Aspekte stärker hervorzuheben. Ausgehend von den Problemen, die sich bei der Verbalisierung abstrakter Kunst ergeben, haben beispielsweise Tamar YACOBI und Valerie ROBILLARD auch die übliche Einschränkung aufgegeben, Ekphrasis reagiere auf ein einziges bestimmtes Kunstwerk. Vielmehr müsse es auch möglich sein, Einzeltexte über ganze Bildcorpora (so z. B. den Versuch, aus der Zusammenschau von Bildern Piet Mondrians deren Wesen – oder „Stil"? – zu erfassen und zu beschreiben) oder sogar – hier könnte ein Endpunkt der Entwicklung erreicht sein – *sämtliche* denkbaren Formen der Begegnung von Texten mit Bildern, von der Anspielung bis zur vollständigen Beschreibung, in die Überlegungen einzubeziehen.[63] Der solchermaßen ausgeweitete Ekphrasisbegriff entfernt sich

---

60 Clüver 1997, 22 f.; ders. 1998, 45 („*Enargeia* is not tied to mimesis"; Beschreibung einer Kathedrale als Beispiel!); Scholz 1998, 94 Anm. 7. Anders Gohlany 1996, 13, jedoch ohne überzeugende Begründung.

61 Clüver 1997, 26.

62 Ein Jahr später distanziert sich Clüver von der Mimesis-Bedingung: „Ekphrasis is the *verbalization* of real or fictitious texts composed in a non-verbal sign system" (1998, 49) – und erweitert auch damit den Geltungsbereich der Definition.

63 Yacobi 1998 (und die Kritik bei Clüver 1998, 45 f.); Robillard 1998.

nunmehr in zweierlei Hinsicht endgültig von der klassischen Definition. Die Aufnahme immer zahlreicher Texte ist dabei für den an Gattungs- und Traditionsmodelle gewöhnten Literaturwissenschaftler zwar irritierend, folgt aber zumindest einer inneren Logik.[64] Gravierender scheint es, daß die traditionelle Bestimmung der Ekphrasis über ihr Hauptwerkzeug ἐνάργεια keine Rolle mehr spielt. Deshalb hat Bernhard F. SCHOLZ zu Recht daran erinnert, daß die klassische Enargeia-Definition Quintilians die Erzeugung von Bildern vor dem inneren (geistigen) Auge als entscheidend ansieht.[65] Ekphrasisdefinitionen wie die von HEFFERNAN, CLÜVER oder ROBILLARD mißachten diesen Aspekt, wenn sie lediglich auf die Relation „verbalization – non-verbal text" achten, die Art und Weise der verbalen Darstellung aber nicht präzisieren. Ob wirklich alle „verbal texts about non-verbal texts" tatsächlich mit Gewinn vergleichbar sind, bedarf doch wohl eines Nachweises; schon jetzt läßt sich bezweifeln, daß ein nicht so sehr um- als vielmehr undefinierter neuer Ekphrasisbegriff[66] zur Klärung der offenen Fragen im Wechselspiel von Bildern und Texten wird beitragen können.

Die ausführliche Behandlung der historischen, biographischen und theologischen Aspekte der *Descriptio templi* in den Kommentaren dieser Arbeit erfährt nicht zuletzt vor dem beschriebenen begriffsgeschichtlichen Hintergrund ihre Rechtfertigung: an einer nicht nur in ihren literaturgeschichtlichen, sondern auch in ihren lebensweltlichen Entstehungsbedingungen in hohem Grad homogenen Gruppe von Texten können die Möglichkeiten und Leistungen ekphrastischen Schreibens nicht nur exemplarisch, sondern zugleich präziser illustriert werden als an einer sich ins Unendliche weitenden Masse lose miteinander verwandter Formen.

---

64 Der von P. Wagner geäußerten Auffassung, die traditionelle Bildexegese und Ekphrasis dienten letztlich immer nur der Begrenzung bzw. Kanalisierung einer als bedrohlich empfundenen „Macht der Bilder" (1996, 31), kann ich mich allerdings nicht anschließen. Was hier unter Berufung auf platonische Künstlerkritik und christlichen Ikonoklasmus als angebliche Grundtendenz abendländischer Kultur zum Dogma erhoben wird, dient wohl in Wirklichkeit eher in polemischer Absicht als Folie für die derzeit favorisierte These, es gebe keine prinzipiellen Unterschiede zwischen Bild und Text („all arts are 'composite' arts [both text and image]; all media are mixed media": T. Mitchell, zit. bei Wagner 1996, 33 Anm. 81), weshalb es bei der Untersuchung der gemeinsamen Grundlagen aller abbildenden Künste keinerlei Einschränkung mehr geben dürfe. Ich glaube nicht, daß man hier den Begriff Ekphrasis noch verwenden sollte.

65 Scholz 1998, 88 f.

66 Gohlany 1996, 14 konstatiert dies, ohne allerdings zu werten: „Once separated from rhetorical and biographical contexts, the literary mode of ekphrasis follows no predetermined form." Ähnlich Wagner 1996, 13. Welche Folgen diese neue Freiheit im schlimmsten Fall haben kann, zeigt ein Beitrag von G. F. Scott (1991). Aus phantastischen Etymologien, literaturgeschichtlichen Irrtümern und psychoanalytischer Spekulation wird hier eine *sartago loquendi* angerichtet, die keinen Eingang in philologische und kunstwissenschaftliche Rezeptbücher finden sollte.

3. Ekphrasis als subjektive Interpretation und als Anleitung zum Sehen

Die Konzentration der neueren Forschung auf die theoretische Seite des Problems, was Ekphrasis sei und in welchen Systemen sie funktioniere, hat dazu geführt, daß eine andere elementare Frage kaum mehr gestellt worden ist: Zu welchem Zweck und aus welcher Haltung heraus werden Ekphraseis geschrieben? Mit der Favorisierung der Abbildtheorie ist zudem weitgehend außer acht gelassen worden, daß beschreibendes Sprechen grundsätzlich *zwei* Möglichkeiten hat. Emil ANGEHRN hat sie in einem wichtigen Beitrag zur Rolle der Beschreibung in der Philosophie unter der Überschrift „Abbild und Schöpfung" einander gegenübergestellt.[67]

Wenig beachtet wurde daneben auch eine beiden Möglichkeiten gemeinsame Kondition: Es bedarf nicht allein des Gegenstandes, sondern auch eines Verstehens durch den Betrachter, mit anderen Worten: einer Interpretation. Unter den Prämissen der Abbildtheorie – die im übrigen für die Kirche des Konfessionellen Zeitalters von zentraler Bedeutung ist[68] – wird es erst durch die Erhebung des Bildes (oder eines anderen Beschreibungsgegenstandes) in den Rang eines verweisenden Zeichens und durch seine *Interpretation* (sein Verstehen) als ein solches dem Betrachter ermöglicht, das Bild als „Bild" anzusehen.[69]

Eine Beschreibung, die davon absieht, ein „aller Darstellung vorausliegendes Original" zu postulieren, die also nicht der Ideenlehre bzw. Abbildtheorie folgt, *konstruiert* ihren Gegenstand ohnehin aus einer vergleichsweise subjektiv anmutenden Perspektive. Sie wird daher niemals „das reine Faktum, das unabhängig von aller Beschreibung ist, was es ist" darstellen, denn: „erst über die *qualifizierende* Beschreibung wird deutlich, wovon die Rede ist, ja erst über sie wird dasjenige, wovon die Rede ist, real konstituiert".[70] ANGEHRNs pointierte Konfrontation beider Möglichkeiten beschreibender Sicht auf einen Gegenstand in dem Gegensatzpaar „Weltbeschreibung – Selbstbeschreibung"[71] unterstreicht hier in aller Deutlichkeit, daß jede Beschreibung von Setzungen abhängig und damit ihrerseits interpretierend ist.

Von hier aus lassen sich grundsätzliche Folgerungen für eine angemessene Leseweise literarischer Beschreibungen ziehen. So ist bei der Beschreibung von Kunstwerken genau zu beachten, welche Perspektive der Beschreibende einnimmt – und damit auch seinem Zuhörer oder Leser nahelegt, wie Fernand HALLYN unter Berufung auf entsprechende Empfehlungen zur Malerei bei Leonardo und bei Leon Battista Alberti (de pictura 2,42) gezeigt hat:

---

67 Angehrn 1995.

68 S. u. S. 144.

69 Über die entscheidenden Implikationen dieser Relation für die oft zu Unrecht als bloße Topoi eingestuften Bemerkungen zur „Natürlichkeit" von Kunstwerken (den sog. Illusionismus) s. u., II.2.a. Vgl. zu diesen Fragen auch Angehrn 1995, 66f.

70 Angehrn 1995, 70 (Hervorhebung U. S.).

71 Angehrn 1995, 73.

… Léonard de Vinci déclare que ‹ la perspective se comprendra mieux si on se place au point d'où elle a été dessinée › … Alberti recommande que le peintre insère dans le tableau **un observateur** chargé d'orienter l'attention du spectateur: ‹ Il est agréable qu'il y ait dans l'histoire un personnage qui avertisse les spectateurs de ce qui se passe, soit qu'il incite, par un geste de la main, à regarder, soit qu'il menace, d'une expression sauvage et d'un regard farouche, pour qu'ils n'approchent pas (comme s'il voulait que cette affaire demeurât secrète), soit qu'il montre quelque danger ou quelque objet admirable dans le tableau, **soit qu'il invite par ses gestes à rire ou à pleurer avec lui** ›. Des **gestes** et des expressions faisant partie de la représentation peuvent donc introduire un **commentaire** discursif (émotif, conatif) dans l'histoire.[72]

Was in den beiden italienischen Traktaten für die Malerei gefordert wird, begegnet uns in der voll ausgebildeten literarischen Beschreibung wieder: die Vermittlerrolle eines betrachtenden Sprechers (der mit dem Dichter identisch sein kann, aber nicht muß), welcher sein Verständnis des Dargestellten an den Zuhörer bzw. Leser weitergibt. Das prominenteste antike Beispiel für eine derartige Perspektive dürfte die Szene im ersten Buch der *Aeneis* sein, in der der Leser die Bilder am karthagischen Juno-Tempel mit den Augen des Aeneas und mit seinen Reaktionen betrachtet bzw. betrachten soll; in der *Descriptio templi* ist es die Figur des „Erklärers", der – besonders in den als Kirchenführung gestalteten Stücken – als zeigender und lehrender Vermittler zwischen Gegenstand und Leser tritt.[73] Da der Erklärer sachkundig ist, der Leser aber in der Regel uneingeweiht vor Bild oder Bauwerk tritt bzw. als uneingeweihter Besucher vorausgesetzt wird, ergibt sich zwangsläufig eine Abhängigkeit des Lesers von der gegebenen Erklärung; sie hat zur Folge, daß die Reaktion des Erklärers auf seinen Gegenstand zur nachdrücklichen Empfehlung wird, wie dieser zu „lesen" sei. Die Reaktion des Lesers ist dann im Idealfall die gleiche wie die des Erklärers bzw. diejenige, die der Dichter seine Erklärerfigur äußern läßt.[74] In der *Descriptio templi* ist dies besonders gut an Passagen zu beobachten, die sich meditativ mit dem Passions- und Heilsgeschehen auf Bildern, Reliefs u.dgl. auseinandersetzen, wobei starke emotionale Reaktionen beim Erklärer auftreten. Ebenso soll der Leser reagieren und seinerseits *compassio* empfinden.

Die Sachkundigkeit des Dichters oder des von ihm eingesetzten Erklärers ist indes erst in zweiter Linie Anleitung zum Sehen und Verstehen für den Leser. In einem ersten

---

72 Hallyn 1987, 49 (Hervorhebungen U. S.).

73 Diesen Zusammenhang verdeutlicht auch das Funktionsschema der *description* von Ph. Hamon. An zentraler Stelle steht das Spezialwissen des Autors *und* der von ihm eingesetzten Erklärerfigur (1972, 472):

auteur

↓

personnage de destinateur → savoir → personnage de destinataire

↓

lecteur

74 Gohlany 1996, 13 benennt treffend das Zusammenfallen der verschiedenen Rollen in einem einzigen Reaktionsmuster: „As presently applied, ekphrasis designates the text that expresses *the poet-reader-viewer's reaction* to actual or imagined works of art." Sehr ähnlich bereits James – Webb 1991, 9: „An ekphrasis aims to recreate for the listener the effect of its subject on the viewer, who is the speaker."

Schritt muß er zuvor den Gegenstand für sich selbst konstituieren, d. h. in seinem eigentlichen Wesen erfassen. Es liegt auf der Hand, daß dies nur auf der Grundlage seines Wissens, seiner Erfahrungen und seiner Weltsicht geschehen kann. Im Fall der *Descriptio templi* bedeutet dies: Der Dichter ist in der Regel Geistlicher oder doch, wie die Lehrer der protestantischen Gymnasien in den Reichsstädten, lebensweltlich mit den Dingen des Glaubens tief vertraut. Damit ist der Beschreibung die grundsätzliche Tendenz vorgegeben, der geistigen Bedeutung einer Kirche mindestens denselben Rang einzuräumen wie der baulichen.

4. Können subjektive Ekphraseis zugleich objektive Quellentexte sein?

Ausgehend von der Erkenntnis, daß die Form jeder Beschreibung von der Person des Beschreibenden abhängig ist, hat sich die Forschung auf unterschiedlichen Wegen bemüht, die lebensweltliche Funktion von Ekphraseis zu bestimmen.

Dabei erscheinen Verallgemeinerungen kaum möglich, prägt doch gerade der je persönliche Hintergrund die Sicht auf das Objekt. Deshalb ist es zwar nicht von der Hand zu weisen, wenn postuliert wird, der Beschreibende beschreibe letztlich immer nur sich selbst, doch ist weiterzufragen, wie diese Einsicht für das Verständnis einzelner Texte genutzt werden kann. Einschätzungen wie die von Claude-Gilbert DUBOIS, der beim Beschreiben die grundsätzliche Gefahr einer „narzißtischen" Selbstprojektion wittert,[75] sind dafür offensichtlich zu abstrakt und jedenfalls für frühneuzeitliche Texte nicht einschlägig.

Wesentlich vielversprechender ist der Ansatz, ekphrastische Texte als Ausdruck des kulturellen Selbstverständnisses ihrer Entstehungszeit zu begreifen, wie dies Liz JAMES und Ruth WEBB in einem fundamentalen Beitrag zur byzantinischen Ekphrasis demonstriert haben.[76] Die beiden britischen Forscherinnen bestreiten zu Recht die häufig anzutreffende Auffassung, die Kunstbeschreibung des byzantinischen Mittelalters sei in (aus der Antike überkommenen) Formeln erstarrt und deshalb weitgehend ungeeignet für eine Auswertung als kunsthistorische Quelle. In dieser Auffassung fließen mehrere Vorurteile zusammen, die für uns deshalb von Bedeutung sind, weil auch die *Descriptio-templi*-Gedichte seit langem ähnliche Einschätzungen seitens der kunstgeschichtlichen Forschung erfahren und deshalb von dieser weitgehend ignoriert werden.

In erster Linie besteht ein spürbarer und bisweilen offen artikulierter Vorbehalt gegen sogenannte „rhetorische" Texte. Dabei wird aus einem falschen, vom Mißtrauen des

---

75 Dubois 1984, 472: „'Vivid representation' is the reproduction of a structural model which can only be the subject himself, since he alone has life. 'Vivid representation' is a narcissistic illusion."

76 James – Webb 1991, hier 1.

späten 20. Jahrhunderts gegen die (politische) Redekunst genährten Verständnis des rhetorischen Grundprinzips der πειθώ/*persuasio* gefolgert, derartige Texte seien latent „unwahr" bzw. „das Rhetorische" dränge sich als ein Verstehenshindernis zwischen Objekt und Leser.[77] Dieser Fehleinschätzung liegt die Wunschvorstellung zugrunde, daß die ἐκφράσεις als „objektive", kunstdokumentarische Texte konzipiert seien. Für den byzantinischen Bereich, dessen Kirchenbeschreibungen der frühneuzeitlichen *Descriptio templi* in vielerlei Hinsicht besonders ähnlich sind, haben JAMES und WEBB diese Annahme nun grundsätzlich bestritten:

> Since ekphraseis do not describe paintings themselves (or even buildings), we should not expect to find information of an archaeological nature in them. Ekphraseis are, however, verbal articulations of reactions to paintings, which can provide us with information on how works were perceived and used in Byzantium.[78]

Tatsächlich ist aus den byzantinischen ἐκφράσεις eine vollständige Rekonstruktion etwa verlorener Bilder oder Mosaiken zumeist nicht möglich, und dasselbe gilt auch für die meisten Bildbeschreibungen der *Descriptio-templi*-Gedichte. Es ginge jedoch zu weit, nun im Gegenzug die Ekphraseis als ausschließlich subjektive Texte ohne jeden exakten Informationswert einzustufen. Gerade die Analyse der byzantinischen Kirchenbeschreibungen zeigt, daß ihre Autoren das Neben- und Ineinander von realer Baugestalt und transzendentem Baugehalt stets verbinden.[79]

Unsere Untersuchung der *Descriptio templi* geht von der Überzeugung aus, daß eine richtige Analyse der Texte geeignet ist, sowohl ihre poetischen und rhetorischen Elemente darzustellen als auch die in ihnen enthaltenen Sachinformationen herauszuarbeiten. Dabei steht die literarisch-rhetorische Analyse im Vordergrund, denn nur so wird man der Intention der Gedichte gerecht, die Wechselwirkungen zwischen Kunstwerk und Betrachter zu illustrieren. Es wäre jedoch nicht angemessen, deshalb Bezugnahmen der Gedichte auf die materielle Realität unbeachtet zu lassen oder sogar zu leugnen. Allerdings ist dabei zu beachten, daß innerhalb der *Descriptio-templi*-Gedichte ein Unterschied zwischen Baubeschreibung und Bildbeschreibung vorliegt: während die

---

77 So sieht R. Helm (1976, 9) in den Würzburger Festgedichten mehrheitlich „unbrauchbare(n) Fülltext"; und D. Diemer (1988, 80) bestreitet, daß die Trophaea Bavarica „authentische Aussagen" über die Intentionen der Erbauer von St. Michael in München liefern (vgl. auch u. S. 242 Anm. 30). Sogar die weitaus sensiblere Arbeit H. Hipps, die in verschiedenen Fällen die zeitgenössischen Festschriften heranzieht, ist nicht völlig frei von dieser Sicht: „Bei den einzelnen Bauten werden Quellenschriften wie Predigten o. ä. nicht erwähnt, da ihr Inhalt in der Regel ohne Belang für die baugeschichtlichen Angaben und die Interpretation im einzelnen (ist)." (Hipp 1979, 1320). Vgl. zu diesen Problemen auch II. Teil, A.I.4.

78 James – Webb 1991, 9. Vgl. in diesem Sinne auch die vertiefende Monographie: James 1996, hier bes. 117. Wichtige Aufschlüsse dürfte daneben Ruth Webbs am Warburg Institute entstandene *Ph. D. thesis* „The Transmission of the Eikones of Philostratos and the Development of Ekphrasis from Late Antiquity to the Renaissance" (London 1992) bieten, die mir leider unzugänglich war.

79 Webb 1999b.

Passagen zu den Bauten vergleichsweise präzise Angaben liefern, räumen die Abschnitte, die sich mit Bildern befassen, der Meditation und Betrachtung eindeutig den Vorrang vor der eigentlichen Beschreibung ein. Die *Descriptio templi* tendiert also dazu, zweierlei Arten von Ekphrasis miteinander zu vereinen: die des baulichen Rahmens (vorwiegend deskriptiv, jedoch auch deutend) und die der Bilder im Innern (vorwiegend exegetisch) – eine Struktur, die sich auch als „Ekphrasis in der Ekphrasis" bezeichnen ließe.[80] Auch an dieser Stelle ist der Vergleich mit den byzantinischen Kirchenbeschreibungen aufschlußreich und läßt das genannte Phänomen als typische Reaktion auf Probleme *religiöser* Kunstbeschreibung erscheinen: Architektur ist statisch und als solche (real oder auch in Metaphern) beschreibbar, während Sakralbilder Ausschnitte aus Geschichten zeigen und so eine „narrative" Art der Ekphrasis verlangen. Beide Teile werden dann durch theologische, d. h. hier exegetische, Überlegungen zusammengeführt.[81]

Die Klassische Archäologie betrachtet die ekphrastischen Texte der griechischen und römischen Literatur mit größerem Optimismus als Byzantinistik und Kunstgeschichte als ein sachlich auswertbares Quellenmaterial. Auch dieser Ansatz scheint jedoch verfehlt, denn das Ziel der Analyse ist hier im Extremfall, selbst aus anerkanntermaßen fiktiven Gegenständen literarischer Beschreibungen archäologischen Erkenntnisgewinn zu ziehen. Dazu wird vorausgesetzt, der Dichter habe zwangsläufig Objekte seiner eigenen Zeit und Anschauung abgebildet und dabei allenfalls eine gewisse Selektion oder Verfremdung dieser Realien in Kauf genommen. Sodann wird versucht, dieselbe Methode anzuwenden, die sich bei der Interpretation periegetisch-antiquarischer Texte (z. B. Pausanias) bewährt. Auf ekphrastische Texte angewendet, werden ihre Ergebnisse zwar nicht eigentlich falsch – weil nicht widerlegbar –, aber steril. So führt es beispielsweise zu keinem verwertbaren Ergebnis, zu konstatieren, daß der geschnitzte Becher in Theokrits 1. Eidyllion „in der Gruppierung der Szenen an uns erhaltene Silberbecher aus Pompeji anklingt und zweifellos (!) nach einem wirklichen Silberbecher beschrieben ist – nur in der niedrigeren Sphäre der Hirten in Holz umgesetzt".[82] Dies müssen schließlich die Forscher selbst einräumen: so gebe es in der Aeneis „Beschreibungen von den Tempeltüren (sic!) der Juno in Karthago und des Apollotempels in Cumae – wir sehen daraus, daß es geschnitzte oder in Metall getriebene Türen, wie in der Renaissancezeit, auch in Rom und sonst gegeben hat, ohne daß wir im

---

80 James – Webb 1991, 8 verwenden diesen Ausdruck für den Sonderfall, daß innerhalb einer Ekphrasis eine beschriebene Figur ihrerseits spricht (Prosopopoiie) und dabei ebenfalls eine Beschreibung einer Szene liefert. Ravennas *„ekphrasis" all'interno di un'altra"* (1974, 10 f.) kommt unserer Definition näher; sein Beispiel ist Claud. rapt. 1,238 ff. mit der Beschreibung des Cerespalastes und des Gewebes der Proserpina in seinem Inneren.

81 Vgl. Webb 1999b, 70–72 über Bilder als „past events which in various ways seem to be 'built into' the church buildings and which the authors of *ekphraseis* retell in words" (S. 70).

82 Pernice – Gross 1969, 434 f.

einzelnen großen archäologischen Gewinn aus den Beschreibungen ziehen können."[83] Günstiger und vor allem zutreffender fällt im einschlägigen Artikel des „Handbuchs der Archäologie", den wir als Beispiel herangezogen haben, das Urteil über die von den Verfassern ohne wertende Absicht so genannten „rhetorischen Ekphraseis" (von Philostrat bis zu den Byzantinern) aus,[84] doch wird das Bild auch hier durch merkwürdige positivistische Schlußfolgerungen getrübt, wenn es z. B. über die von Chorikios beschriebene Phryne/Aphrodite des Praxiteles heißt: „... von dieser Statue wissen wir jedoch sonst nichts, es liegt daher nahe, die Nachricht für eine Fiktion zu halten." Der komplizierten Natur der Ekphrasis wird ein derartiger Ansatz nicht gerecht.

5. Anschaulichkeit (ἐνάργεια) als Grundeigenschaft ekphrastischen Schreibens

Die Beschreibung eines Großbauwerks und seiner Ausstattung stellt für den Dichter eine komplexe Aufgabe dar. Zu ihrer Bewältigung bietet sich, wie wir schon gesehen haben, besonders eine Gestaltung der Dichtung als Rundgang an. Dies läßt sich zum einen als naheliegende, „natürliche" Darstellungsweise verstehen, zum anderen ist aber auch auf die traditionelle rhetorische Definition der Ekphrasis als λόγος περιηγηματικός hinzuweisen, die in den letzten Jahren von verschiedenen Forschern prägnant als „perihegetische Darstellungsweise" interpretiert worden ist. Wir kommen auf diese Frage im einzelnen zurück.[85] Neben dieser Anforderung an Reihenfolge bzw. Aufbau der Darstellung verweist die klassische Definition (Ἔκφρασίς ἐστι λόγος περιηγηματικὸς ὑπ᾽ ὄψιν ἄγων ἐναργῶς τὸ δηλούμενον[86]) mit dem Wort ἐναργῶς auf eine zweite fundamentale Bedingung, die jede Beschreibung erfüllen muß: sie muß ἐνάργεια besitzen. Damit ist eine bestimmte Darstellungs*weise* bezeichnet.

---

83 Pernice – Gross 1969, 435. Grundsätzlich leidet der Beitrag unter der irrigen Annahme, die Ekphraseis in den Epen seien lediglich schmückende „Einlagen" ohne Funktion. Eine Widerlegung würde zu weit führen und scheint heute auch überflüssig; es genügt daran zu erinnern, daß bereits P. Friedländer (1912, 15) die Ekphrasis des Moschos als „vorausweisendes Stimmungsmittel" und C. Becker (1964, 126) die Schildbeschreibung in der Aeneis als „Durchblick auf die augusteische Gegenwart" eingestuft haben. F. Graf spricht ähnlich von einem „Fenster auf die Zukunft" (1995, 150).

84 Pernice – Gross 1969, 439–447; das folgende Zitat nach S. 444. Die Eigentümlichkeiten des Pernice'schen Beitrages (erstmals 1939 erschienen) werden durch unzureichende Redaktion vermehrt (s. z. B. S. 441, wo zunächst eine Arbeit von 1967 als „soeben (erschienen)" apostrophiert wird, während wenige Zeilen später ein Beitrag von 1906 als „Äußerung aus den letzten Jahren" erscheint!).

85 S. II. Teil, A., Einleitung.

86 Stellennachweise und Vorschläge für eine präzise Übersetzung s. S. 162 f.

a. Der Begriff ἐνάργεια

Der Begriff ἐνάργεια, im Lateinischen häufig mit *euidentia* wiedergegeben, hat innerhalb der antiken rhetorischen Literatur eine verwirrende Geschichte. Schon bei einer Beschränkung auf die großen erhaltenen Werke Ciceros und Quintilians sowie ihrer Zeitgenossen lassen sich die unterschiedlichsten Versuche zu seiner Übersetzung und systematischen Einordnung beobachten.[87] Zu unterscheiden sind im wesentlichen zwei Ebenen: die Definition der *euidentia* als eine der *uirtutes elocutionis* und das Verständnis als *figura* innerhalb des Vorrates rhetorischer *ornamenta*. Daneben begegnet ἐνάργεια einmal als *pars orationis*[88] sowie in einzelnen Fällen auch als Synonym für ἔκφρασις.

1. Als eine *uirtus elocutionis*, also ein – positiv konnotiertes[89] – Grundelement des rednerischen Ausdrucks führt Cicero (orat. 139) die von ihm hier noch nicht *euidentia*, sondern *sub oculos subiectio* genannte Methode als Gegenstück zur *breuitas* ein und läßt damit erkennen, daß sie sich einer gewissen Ausführlichkeit zur Erreichung ihrer Wirkung bedient:

> … atque alias etiam dicendi quasi uirtutes sequetur (*sc.* orator): breuitatem si res petet; saepe etiam rem dicendo subiciet oculis …

In Ciceros kurzer Bemerkung ist damit im Grunde schon die entscheidende Verknüpfung vollzogen, die sich in allen späteren Definitionen wiederfinden wird: aus der Detailliertheit der Darstellung folgt deren Anschaulichkeit.[90] Auch bei Quintilian (inst. 4,2,64) erscheint *euidentia* ausdrücklich als positiver Wertbegriff, der allerdings der *perspicuitas* (der σαφήνεια der Griechen) als dem noch allgemeineren Ziel der Rede untergeordnet wird:[91]

> … (*sc.* Cicero) praeterquam ‚planam et breuem et credibilem‘ uult esse ‚euidentem, moratam cum dignitate‘ (*sc.* orationem) … Euidentia in narratione, quantum ego intellego, est quidem

---

87 Calame 1991, 12; Kemmann 1996, 40. Ausführliche Darstellung jetzt bei Manieri 1998, 123–154.

88 Cic. part. 20; vgl. Quint. inst. 6,2,32 (zit. u. S. 56); dazu Kemmann 1996, 42.

89 Kroll 1940, 1111.

90 Rhetorikgeschichtlich liegt eine Verknüpfung des auf Aristoteles zurückgehenden ἐνάργεια-Begriffes (Verlebendigung) mit dem unabhängig davon die Detailliertheit der Rede bezeichnenden Terminus ἐνάργεια vor: Beide Begriffe wurden wohl erst bei Epikureern und Stoikern verbunden und werden dann in der griechischen Rhetorik unter ἐνάργεια zusammengeführt. Einzelnes sowie Nachweise zu Aristoteles s. Kemmann 1996, 41 f.

91 Quintilian sucht damit über Cicero hinauszugehen, der in dieser Hinsicht keine weiteren Unterscheidungen getroffen, sondern ἐνάργεια mit *perspicuitas aut euidentia* übersetzt hatte (ac. 2,17). – Im 8. Buch der *Institutio oratoria* handelt Quintilian die *euidentia* nach einem anderen Wertigkeitsschema ab, wenn er sie als *ornamentum* und zugleich höher als die Grundforderung nach *perspicuitas* einstuft (8,3,61; vgl. dazu auch Dubel 1997, 250 f.).

magna uirtus, cum quid ueri non dicendum, sed quodammodo etiam ostendendum est; sed **subici perspicuitati potest.**

2. Als eine *figura*, also ein Stilmittel, erscheint das in späteren Texten[92] als *euidentia* Bezeichnete zum ersten Mal in der Herennius-Rhetorik, hier noch unter Namen *demonstratio*. Auch an dieser Stelle ist die Verbindung von Detailliertheit und resultierender Anschaulichkeit betont:

> demonstratio est, cum ita uerbis res exprimitur, ut geri negotium et res ante oculos esse uideatur. id fieri poterit, si, quae ante et post et in ipsa re facta erunt, comprehendemus, aut a rebus consequentibus aut circum instantibus non recedemus. (Rhet. Her. 4,68)

Eine ausführliche Behandlung der *sub oculos subiectio* als Figur bietet dann wiederum Quintilian. Sie sei eine von vielen möglichen Ausformungen der *euidentia*[93] und mit Zurückhaltung zu verwenden.[94]

b. Anschaulichkeit und Affekterregung: Die Theorie von den φαντασίαι

Seit Ciceros *Orator* ist ein Bild zum festen Bestandteil aller Äußerungen über das Wesen der ἐνάργεια geworden: das Vor-Augen-Stellen eines Sachverhaltes *(oculis subicere)* mit den Mitteln des Wortes. Diese Betonung des Optischen ist jedoch mehr als nur eine Metapher: es kommt vielmehr ausdrücklich darauf an, bei den Zuhörern eine Verwandlung der Worte in Bilder zu erzielen und sie dadurch zu Zuschauern zu machen, die Teil der geschilderten Szene zu sein glauben. Alle Autoren sind sich darin einig, daß auf diese Weise die Empfindungen der Hörer in viel stärkerem Maße angesprochen werden als durch einen nüchternen Bericht – genau dies, das *mouere*, ist aber eine der Grundaufgaben des Redners. In *De oratore* hat Cicero Verfahren und Ergebnis prägnant bezeichnet (3,202):

> … nam et commoratio una in re **permultum mouet** et inlustris explanatio **rerum**que **quasi gerantur sub aspectum paene subiectio:** quae et in exponenda re plurimum ualent et ad inlustrandum id quod exponitur et ad amplificandum.

---

92 Cic. ac. 2,17.

93 Vgl. die Aufstellung der verschiedenen Mittel zur Erzielung von Evidenz bei Lausberg 1973, 402–408.

94 Quint. inst. 9,2,40 *illa uero, ut ait Cicero, ‚sub oculos subiectio'* [Cic. de orat. 3,202] *tum fieri solet, cum res non gesta indicatur, sed ut sit gesta ostenditur, nec uniuersa sed per partis: quem locum proximo libro subiecimus euidentiae* [inst. 8,3,63]. *Celsus hoc nomen* (sc. euidentiae) *isti figurae dedit. ab aliis* ὑποτύπωσις *dicitur, proposita quaedam forma rerum ita expressa uerbis, ut cerni potius uideantur quam audiri* … (41) … *illa* ὑποτύπωσις *uerecundior apud priores fuit, praeponebant enim talia: ‚credite uos intueri' ut Cicero ‚haec quae non uidistis oculis, animis cernere potestis'* [vgl. Cic. S. Rosc. 98]. (42) *noui uero et praecipue declamatores audacius* … (43) … *Habet haec figura manifestius aliquid, non enim narrari res, sed agi uidetur.*

Quintilian hat an mehreren Stellen seines Werkes wiederum versucht, das von Cicero Vorbereitete systematisch neu zu fassen. Nach seinen Worten besteht eine Möglichkeit zur Steigerung der Augenfälligkeit darin, das behandelte Thema nicht als ein abgeschlossenes Ganzes vorzustellen, sondern die Entwicklung in einzelnen Schritten nachzuzeichnen (inst. 9,2,40):

> … sub oculos subiectio tum fieri solet, cum res **non gesta indicatur, sed ut sit gesta ostenditur, nec uniuersa sed per partis** … ita expressa uerbis, ut cerni potius uideantur quam audiri …

Der Hörer „sieht" die Dinge oder Vorgänge mehr, als daß er sie hört, sie stehen vor seinem „geistigen Auge". Für den Redner ist die Anwendung der *euidentia* nicht nur bei der Epideixis, sondern gerade auch in der Gerichtsrede eine Pflicht (inst. 8,3,62):

> neque … plene dominatur oratio, si usque ad aures ualet, atque ea sibi iudex, de quibus cognoscit, narrari credit, non exprimi et **oculis mentis ostendi**.

Weshalb die Klarheit und ihre Kunstmittel so außerordentlich wichtig sind, zeigt Quintilian im 6. Buch: Die Überzeugung, mit Hilfe geistiger Bilder *affectus* erregen zu können, geht von der stoischen Wahrnehmungstheorie aus, nach der sich Vorstellungen (φαντασίαι, *uisiones*) materiell in der Seele einprägen (τύπωσις ἐν ψυχῇ).[95] Nur bei ausreichender Klarheit der eintreffenden Vorstellung kann diese Prägung in Erkenntnis umgesetzt werden. Maßstab dafür ist eben die ἐνάργεια:

> (6,2,29) at quo modo fiet, ut adficiamur? neque enim sunt motus in nostra potestate. (…) Quas φαντασίας Graeci uocant (nos sane uisiones appellemus), per quas imagines rerum absentium ita repraesentantur animo, ut eas cernere oculis ac praesentes habere uideamur; (30) has quisquis bene conceperit, is erit in adfectibus potentissimus … (32) insequitur (*sc.* has uisiones) ἐνάργεια, quae a Cicerone inlustratio et euidentia nominatur, quae non tam dicere uidetur quam ostendere, et adfectus non aliter quam si rebus ipsis intersimus sequentur.[96]

---

95 Dies nach Kemmann 1996, 41 f. Die Übersetzung von φαντασία als „Phantasieerlebnis" bei Lausberg 1973, 401 f. ist unangemessen. – G. Zanker hat die Verbindung von ἐνάργεια und sinnlicher Wahrnehmung bis zu Theophrast zurückverfolgt (1981, 308; vgl. in Anlehnung daran auch Calame 1991, 6 f.).

96 Als zweites Hauptdokument der φαντασίαι-Theorie gilt *De sublimitate* 15: ὄγκου καὶ μεγαληγορίας καὶ ἀγῶνος ἐπὶ τούτοις, ὦ νεανία, καὶ αἱ φαντασίαι παρασκευαστικώταται· οὕτω γοῦν ⟨ἡμεῖς⟩, εἰδωλοποιίας ⟨δ'⟩ αὐτὰς ἔνιοι λέγουσι. καλεῖται μὲν γὰρ κοινῶς φαντασία πᾶν τὸ ὁπωσοῦν ἐννόημα γεννητικὸν λόγου παριστάμενον· ἤδη δ' ἐπὶ τούτων κεκράτηκε τοὔνομα ὅταν ἃ λέγεις ὑπ' ἐνθουσιασμοῦ καὶ πάθους βλέπειν δοκῇς καὶ ὑπ' ὄψιν τιθῇς τοῖς ἀκούουσιν („Für Erhabenheit, Größe und Kraft der Rede sind, mein junger Freund, daneben auch die ‚Sinnesvorstellungen' sehr von Nutzen – so jedenfalls nenne ich sie, manche sprechen von ‚Bilderzeugungen'. Im allgemeinen nennt man jeden begegnenden Gedanken, der eine sprachliche Äußerung hervorruft, eine ‚Vorstellung', doch hat sich der Begriff daneben für die Fälle durchgesetzt, in denen man das, was man sagt, enthusiastisch und voll Leidenschaft zu sehen glaubt und seinen Zuhörern vor Augen stellt.") Vgl. dazu jetzt Manieri 1998, 17–94 (bes. 51–60).

Die detaillierte Darstellung, die bis zu diesem Punkt lediglich eine lobenswerte *uirtus elocutionis* war, wird vor dieser Theorie von der Wirkung der *uisiones* zum Gebot. Nur so kann der Redner sein Publikum wirklich erreichen und sein Anliegen erfolgreich vermitteln, wie es Lysias nach den Worten des Dionys von Halikarnaß in idealer Weise gelang:

> ἔχει δὲ καὶ τὴν ἐνάργειαν πολλὴν ἡ Λυσίου λέξις. Αὕτη δ᾿ ἐστὶ **δύναμίς τις** ὑπὸ τὰς αἰσθήσεις ἄγουσα τὰ λεγόμενα (Veranschaulichung), γίγνεται δ᾿ ἐκ τῆς τῶν παρακολουθούντων λήψεως.[97]

c. Anschaulichkeit als Grundgebot der Ekphrasis

Wenn also die ἐνάργεια eine Grundvoraussetzung wirkungsvoller Rede überhaupt ist, so wird sie dennoch immer wieder vorwiegend mit der Ekphrasis assoziiert, wie deren Definition in den rhetorischen Handbüchern zeigt.[98] Nach Theon, Hermogenes und ihren Nachfolgern zu urteilen, ist die Ekphrasis der Anwendungsbereich der ἐνάργεια par excellence;[99] in ihr verdichten sich veranschaulichende Ausdrucksmittel in besonders auffälliger Weise.

Dies erklärt sich zum einen aus der Tatsache, daß Ekphraseis in jedem Fall nur einen einzigen, klar abgegrenzten Gegenstand behandeln. Daraus ergibt sich geradezu von selbst das Bedürfnis, diesen präzise darzustellen, um seine Besonderheit gegenüber anderen hervorzuheben. Zugleich handelt es sich um vergleichsweise komplexe Themen: Personen, Orte, Vorgänge. Um sie nachvollziehbar zu machen, bedürfte es selbst ohne eine entsprechende Wahrnehmungstheorie einer besonders klaren Präsentation.[100]

Zum anderen hat sich in der Assoziation der beiden Begriffe Enargeia und Ekphrasis wohl die zunehmende Prominenz ausgewirkt, die die (separate) Ekphrasis als Paradestück veranschaulichenden Redens und Schreibens in der kaiserzeitlichen und spätantiken Literatur erlangt hat. Wie diese Entwicklung im einzelnen von den Rhetoren ein-

---

97 Dion. Hal. Lys. 7,1 („Der Stil des Lysias besitzt daneben eine große ‚Anschaulichkeit'. Darunter ist das Vermögen zu verstehen, das Gesagte sinnlich wahrnehmbar zu machen; dieses entsteht, wenn der Redner die einzelnen aufeinanderfolgenden Bestandteile heraushebt." [= detaillierte Darstellung, ἐνέργεια]).

98 Gute Zusammenfassung des Sachverhaltes bei Calame 1991, 13 f.

99 Besonders augenfällig wird dies im zeitweise dem Cornutus zugeschriebenen Traktat des sog. Anonymus Seguerianus (vgl. Weißenberger 1996a; s. auch Nock 1931, 1005), wo ἐνάργεια und ἔκφρασις geradezu gleichgesetzt werden (Anon. Seguer. 96, p. 19 Graeven): συνεργεῖ δὲ πρὸς πειθὼ καὶ ἡ ἐνάργεια. ἔστι δὲ ἐνάργεια λόγος ὑπ᾿ ὄψιν ἄγων τὸ δηλούμενον. Zur Stelle s. Manieri 1998, 148 und bes. 151 (gegen die Interpretation der Passage als völlige Gleichsetzung beider Begriffe, vielmehr werde hier die Ekphrasis über ihr Hauptmerkmal definiert). Falsch gewichtet und dadurch etwas irreführend ist die Bemerkung G. Zankers, der *ecphrasis* an erster Stelle als Ausdruck für „pictorial vividness in literature" nennt und erst dann ergänzt „another (*sc.* term) was *enargeia*" (1981, 297).

100 Zu diesem Resultat kommt auch Graf 1995, 151 f.

geschätzt worden ist, läßt sich allerdings praktisch nicht mehr rekonstruieren. Denn so naheliegend die Vermutung ist, die Rhetoriklehrer hätten schließlich die Literatur mit ihren prominenten Ekphraseis nicht mehr außer acht lassen können, so wenig findet sie eine Bestätigung in den Traktaten: Nikolaos' schon zitierte knappe Bemerkung zur Möglichkeit separater Beschreibung, gar Kunstbeschreibung, bleibt ein Einzelfall, und nichts vermöchte die fehlende Verbindung zwischen den literarischen Gattungen besser zu zeigen, als daß noch im 11. Jahrhundert Johannes Doxapatres in seinem Aphthonioskommentar die Verwendung von διήγημα oder ἔκφρασις als Darstellungsform ausschließlich im Hinblick auf ihre Eignung für *Reden* (aller drei Genera) diskutiert.[101]

d. Anschaulichkeit in der *Descriptio templi*

Für die Kirchenekphraseis des Konfessionellen Zeitalters gelten prinzipiell die gleichen rhetorischen Vorgaben wie für veranschaulichende Texte der Antike. Wir müssen nun allerdings das eng begrenzte Terrain der Progymnasmata verlassen, denn die Autoren der *Descriptio templi* verfassen keine Übungsstücke über fiktive Themen nach den Vorgaben der Handbücher. Die Gegenstände ihrer Beschreibungen sind real und verlangen eine Orientierung an dem, was Autor und Leser tatsächlich sehen.[102] Andererseits würde eine bloße sachliche Aufzählung des Sichtbaren weder dem architektonischen Rang und der offensichtlichen Bedeutsamkeit der Kirche als Bauwerk noch ihrem tieferen Sinn als Gotteshaus und Schauplatz heiliger Handlungen und Traditionen gerecht. Der Autor muß also einerseits das deutliche, „evidente" Bild, das er in Worten zu zeichnen sich vorgenommen hat, in klarer, systematischer und terminologisch eindeutiger Weise entwerfen, damit sich vor dem inneren Auge des Lesers das Bauwerk als solches einstellt. Zugleich muß er jedoch seine Skizze so lebendig gestalten, daß der Leser erfassen und nachvollziehen kann, welche Bedeutung die neue Kirche für ihn persönlich hat oder haben sollte. Dies läßt sich am überzeugendsten durchführen, indem der Autor sich selbst als exemplarischen Betrachter einführt und die Wirkung des *templum* an sich selbst illustriert. Damit wird ein subjektiver Blick auf den Gegenstand ermöglicht und legitimiert, der die Kirchenbeschreibung einerseits zum emotionsreichen Erlebnisbericht ihres Verfassers, andererseits zur Einladung an den Leser macht, es ihm gleichzutun.[103]

---

101 Homil. in Aphthon. 12 (p. 511 W.; Hinweis bei James – Webb 1991, 6 mit Anm. 35).

102 Damit steht die *Descriptio templi*, trotz ihrer sprachlichen Form in Versen, mindestens ebenso deutlich in der Tradition der Lob- und Festrede in Prosa. Zu diesem Verhältnis von *Descriptio templi* und antiker Festrede vgl. im einzelnen u., C.II.1 zum engen Bezug von Rhetorik- und Poetikunterricht in der Frühen Neuzeit S. 126–130.

103 Vgl. die – allerdings in ihrer Bedeutung umstrittene – Schlußaufforderung ὥρα δέ σοι καὶ αὐτὴν εἰ βούλει τελέσαι τὴν γραφὴν der 11. Homilie des Asterios (dazu s. u. S. 67). Während verschiedene mittelgriechi-

II. Mittel und Ausdrucksformen ekphrastischen Schreibens
in der Descriptio templi

1. Zur Technik der Baubeschreibung: Typische Probleme und Lösungen

a. Die Verwandlung der Bilder in Sprache

Die Umsetzung des Bauwerks und seiner Bestandteile, besonders aber der Bildwerke an Wänden oder Altären, in anschauliche Sprache muß ein grundsätzliches Problem meistern, das jeder Beschreibung eigen ist, sofern sie nicht als ἔκφρασις πραγμάτων einen Handlungsablauf wiedergibt: sie muß das Nebeneinander des Sichtbaren in das Nacheinander der Worte verwandeln. Dabei ist aber zu bedenken, daß es sich hier nicht wirklich um zwei unvereinbare Strukturen handelt, denn auch das im Räumlichen voneinander Getrennte wird in jedem Fall *nach*einander *gesehen*. Kein Bild läßt sich auf einen Blick erfassen.[104] Insofern sind das sukzessive optische Erfassen eines Gegenstandes und die ebenso sukzessive Umsetzung dieses Vorganges in Worte prinzipiell vergleichbar aufgebaut. Besonders einfach gestaltet sich die Umsetzung, wenn es sich bei der Bildvorlage um eine Reihe inhaltlich zusammengehöriger Darstellungen handelt: der Dichter kann die Reihe abschreiten und eine Szene nach der anderen *(ex ordine)* referieren. Wie die Szenen untereinander sprachlich verknüpft werden, ist aber weitgehend offen und hängt in der *Descriptio templi* nicht zuletzt davon ab, ob sich der Dichter an vorbildhafte Passagen anderer Autoren anlehnt. So sind z. B. zwei Bilderzyklen von Leben Christi bzw. Passion, deren Bilderfolge zeitlich fortschreitet, von den Dichtern ganz unterschiedlich gestaltet: während der Molsheimer Text mit Adverbien wie *continuo, inde, tandem* den Ablauf der Zeit in der Bilderreihe nachzuzeichnen sucht (und damit zugleich sein eigenes Weitergehen von Bild zu Bild andeutet),[105] bleibt der Würzburger Dichter mit räumlich-deiktischen Hinweisen wie *en!, hac ... hac, parte alia* seinem Vorbild Vergil verpflichtet.[106] Die Vor- und Nachteile beider Methoden liegen auf der Hand: im ersten Fall entsteht eine Erzählung, während wir über das Aussehen der zugrundeliegenden Bilder kaum etwas erfahren; im zweiten Fall finden sich Ansätze zu einer Nachgestaltung der Bildkomposition, die allerdings auch keine

---

sche Autoren hier verstanden „vervollständige dir nun das Bild *(sc.* in Gedanken)", ist dies mit gewichtigen Gründen durch Halkin (éd. 1965, 8 Anm. 3) zugunsten der Lesart „geh nun selbst auf das Bild zu" abgelehnt worden.

104 Edgecombe 1993, 114: „the eye has to rove at length before it can arrive at a summation of the design." Antike Belege dafür sind Ausdrücke für das Betrachten von Bildern wie *lustrare* und *perlegere*; vgl. dazu Ravenna 1974, 16f.

105 INAUGURALIA COLLEGII SOCIETATIS IESU MOLSHEMENSIS, *Descriptio templi Molshemensis* V. 707. 713. 715. Vgl. S. 361–365.

106 Aen. 1,461 ff., s. u. S. 207–209. Zwar läßt auch Vergil durch *interea* (1,479) Räumliches in Zeitliches übergehen (vgl. Ravenna 1974, 24), doch ist dies in der Würzburger Adaptation nicht übernommen.

eigentliche Rekonstruktion zulassen. Die fehlende Artikulation der zeitlichen Reihen-folge ist hier angesichts des sehr geläufigen Bildthemas kein wesentlicher Mangel der Dichtung.

Komplizierter ist die Situation des Dichters, wenn ein einzelnes Bild beschrieben werden soll, das zudem thematisch nicht auf den ersten Blick vertraut ist. Als Beispiel greife ich das Bild vom Würzburger Kiliansaltar heraus.[107] Hier waren allem Anschein nach mehrere Episoden der Kiliansmarter auf einer Tafel dargestellt. Dem Dichter fällt nun die Aufgabe zu, sie in der richtigen Weise zu einer Geschichte zu verbinden: er muß dazu auf seine Kenntnis der Passionslegende zurückgreifen, was ihm wiederum erlaubt, Aussagen über die Vergangenheit und ebenso über die zukünftigen Schicksale einzelner Personen zu treffen.[108]

Die auf einer Tafel komprimierte Szenenfolge der Kiliansmarter stellt genau besehen nur eine Zwischenstufe zwischen Bilderreihe und Einzelbild dar, denn sie folgt im Grunde einem erzählenden Bauprinzip.[109] Erst wenn nur eine einzige Szene aus einer Geschichte herausgegriffen und abgebildet wird, steht der Beschreibende in vollem Maße vor der Herausforderung, „das im Bild sozusagen geronnene Leben wieder auf-tauen" zu müssen.[110] Erst hier wird demzufolge auch sein Vorwissen unerläßlich, durch das er den dargestellten Moment in die nicht abgebildete Geschichte zurückversetzen und so deuten kann.

b. Architekturbeschreibung als sprachliche Herausforderung

Ganz anders als bei der Bildbeschreibung sind die Schwierigkeiten, die bei der Umset-zung eines komplexen Baugefüges in Sprache auftreten: Architektur stellt nicht in erster Linie etwas dar, sie steht unmittelbar vor Augen. Zwar war schon daran zu erin-nern, daß dieser Umstand nicht zu einem semiotischen Kurzschluß führen sollte, weil gerade bei einem Sakralbau auch seine allegorische und typologische Bedeutung zu beachten sind. Bevor jedoch der Verfasser einer Beschreibung auf diese Fragen eingehen kann, muß er zuerst seinem Leser einen Eindruck von der materiellen Gestalt des Bau-werks vermitteln. Damit stellt sich ihm die Frage, mit welchen Worten dies geschehen soll: wenn man die Sprache der Architekten heranzieht, führt dies zu einer Vielzahl von Spezialtermini, die der allgemeinen Verständlichkeit des Textes schaden, läßt man die-se Begriffe jedoch fort, droht die Beschreibung vage zu werden und liefert kein authen-tisches Bild dieses einen Bauwerks mehr, das doch veranschaulicht werden sollte.

Mit diesem Dilemma – das im übrigen nicht auf die Architektur-Ekphrasis be-

---

107 ENCAENISTICA POEMATIA, *Nouae aedis adumbratio* V. 326–359. Vgl. S. 217–221.
108 S. u. S. 220 zum Würzburger Vers 346; ganz ähnlich auch in Molsheim, s. S. 361 f.
109 Zu diesem „continuierenden Stil", den sowohl Antike als auch Neuzeit kennen, s. Schönberger 1995, 163 f.
110 Schönberger 1995, 165.

schränkt ist, sondern bei jeder Beschreibung mit einem spezielleren, im weitesten Sinne einer τέχνη zugehörigen Gegenstand auftritt[111] – sah sich schon Aristides konfrontiert, der sich anläßlich einer Tempelweihe in Kyzikos ausdrücklich weigerte, eine Baubeschreibung unter Verwendung der Fachsprache in seine Festrede einzubeziehen.[112] Dies ist bei einem Rhetor der Zweiten Sophistik und angesichts der Tatsache, daß die Rede wirklich gehalten wurde, kaum verwunderlich: der einschlägige Abschnitt wäre schwerlich publikumswirksam gewesen. Bei den Dichtern der *Descriptio templi* ist die Situation jedoch etwas anders. Zum einen trugen sie ihre Texte nicht vor,[113] konnten sich also durchaus eines Wortschatzes bedienen, der selbst unter den Gelehrten der Zeit nicht jedem ohne weiteres geläufig war. Zum zweiten ergab sich genau daraus die Möglichkeit, als Dichter zu glänzen, denn die meisten architektonischen Begriffe waren bisher nicht in gebundener Rede vorgekommen. Dennoch fallen die Antworten auf das Problem sehr unterschiedlich aus. Dabei werden persönliche Vorlieben mit Sicherheit eine Rolle gespielt haben; alle Lösungen tragen jedenfalls Züge eines Kompromisses. Charakteristisch ist das Würzburger Gedicht: hier gibt es Rückgriffe auf Passagen aus den Villenbeschreibungen in Statius' Silven, die insgesamt eher atmosphärisch das Großartige und Luxuriöse betonen, statt bauliche Einzelheiten zu erläutern; diese Zitate werden aber durch geschickte Adaptation dem neuen Kontext angepaßt, so daß gleichzeitig die Begeisterung des Panegyrikers und die genaue Beobachtungsgabe des Beschreibenden zum Ausdruck kommen.[114] Im elsässischen Molsheim hat der Autor der *descriptio* die Benutzung bautechnischen Fachvokabulars zu sonst nicht wieder erreichter Komplexität gesteigert und damit ein scharf konturiertes, aber an manchen Stellen nur mit einigem Aufwand verständliches Bild seiner Kirche geliefert; in Bologna hat A. Morone das Problem erkannt und sein Gedicht mit erklärenden Randglossen versehen.[115] Die Bamberger Darstellung der Gügelkirche wiederum changiert zwischen präzisen Angaben zu Baudetails und einer extremen Betonung der sinnlichen Wahrnehmung, die es bei manchen Passagen nicht ermöglicht zu klären, was genau beschrieben ist.[116]

---

111 Hamon 1972, 477– 481 nennt sechs verschiedene Möglichkeiten, wie Autoren (hier des 19. Jahrhunderts) auf das Problem reagieren: 1. Spezialbegriffe werden durch „einfache" Attribute erhellt; 2. einfache Begriffe werden durch bildkräftige Attribute verrätselt und so vor Banalität bewahrt; 3. Begriffe und Attribute sind Spezialvokabular (Nähe zum Obskuren); 4. Begriffe und Attribute sind bewußt einfach (Nähe zum Klischee); 5. Spezialbegriffe ohne Attribute („description ‹sèche›, ‹scolaire›"); 6. Verzicht auf Spezialbegriffe, stattdessen Umschreibungen unter Hinweis auf Bekanntes (z. B. ‹c'était une sorte de … ›).
112 Aristeid. or. 27,21 (p. 130 Keil).
113 S. u., C.II.3.
114 S. u. S. 199f. Ähnliches findet sich auch im Bromberger Festgedicht, s. S. 552f.
115 S. u. S. 557–559.
116 S. u. S. 296f. (zu den Atlanten in der Gügelkirche).

c. Zeigen, Sehen, Reagieren: Das Verhältnis von Erklärer, Objekt und Publikum

Der Beschreibende ist seinem Wesen nach als ein Zeigender zu verstehen:[117] er weist auf das hin, was sein Hörer/Leser sehen kann und soll. Diese Vermittlung, die in der *Descriptio templi* häufig in der „Erklärerfigur" personifiziert wird, versetzt den Zeigenden auch in die Lage, Hinweise darauf zu geben, *wie* das Beschriebene gesehen werden sollte. Grundsätzlich ist jeder wertende Kommentar, der über die reine Aufzählung des Faktischen hinausgeht, als ein solcher Hinweis anzusehen. Vor diesem Hintergrund erscheinen die besprochenen Passagen, in denen der Dichter auf Spezialvokabular verzichtet, um an dessen Statt die *Wirkung* des Baus auf die Sinne zu erwähnen, in einem neuen Licht: gezeigt wird nun nicht mehr in erster Linie der Gegenstand der Beschreibung selbst, sondern er erscheint gleichsam gespiegelt in der Reaktion des Betrachters.

In diesem Punkt gehen Ekphraseis von der Art der *Descriptio templi* über die Vorgaben der Rhetorik hinaus: die ἐνάργεια wirkt sich hier ebenso auf den Redner selbst aus wie auf sein Publikum. Der Beschreibende bleibt auch hier ein Zeigender, aber er geht nun seinem Publikum voran und nimmt dessen Reaktionen auf das Beschriebene vorweg: das Staunen angesichts der neuen, von Zierat und kostbarer Ausstattung funkelnden Kirche[118] ebenso wie schmerzliche Selbstanklagen im Angesicht der Passionsbilder.[119] Er wird auf seinem Weg damit selbst zum Entdecker, der in erster Linie auf seine Augen angewiesen ist; die Funktion des souveränen Erklärers kann er nur dadurch wahren, daß er zugleich als Gelehrter und insbesondere als Theologe die richtige Interpretation des Geschauten kennt.

Auf welche Weise diese zentrale Figur dann im einzelnen die Beziehung zum Publikum der Laien und der Leser aufrechterhält, ist damit noch nicht festgelegt. Der einfachste und zugleich wirkungsvollste Kunstgriff ist die Verwendung der 2. Person Singular: der Leser wird mitten ins Geschehen gerückt und, sofern es sich um eine „Kirchenführung" handelt, gleichsam vom Autor zum Begleiter gewählt. Genau dies hatte schon der anonyme Autor von Περὶ ὕψους *(De sublimitate)* unter der Bezeichnung προσώπων ἀντιμετάθεσις als besonders geeignetes Mittel zur Schaffung von Anschaulichkeit gepriesen und dazu unter anderem bemerkt:

Ἐναγώνιος δ᾽ ὁμοίως καὶ ἡ τῶν προσώπων ἀντιμετάθεσις, [καὶ] πολλάκις ἐν μέσοις τοῖς κινδύνοις ποιοῦσα τὸν ἀκροατὴν δοκεῖν στρέφεσθαι (…) Ὧδέ που καὶ ὁ Ἡρόδοτος· Ἀπὸ δὲ Ἐλεφαντίνης πόλεως ἄνω **πλεύσεαι**, καὶ ἔπειτα **ἀφίξῃ** ἐς πεδίον λεῖον (…) Ὁρᾷς, ὦ ἑταῖρε, ὡς **παραλαβών σου τὴν ψυχὴν διὰ τῶν τόπων** ἄγει τὴν ἀκοὴν ὄψιν **ποιῶν** … Πάντα δὲ τὰ τοιαῦτα πρὸς αὐτὰ ἀπερειδόμενα τὰ πρόσωπα ἐπ᾽ αὐτῶν ἵστησι τὸν ἀκροατὴν τῶν ἐνεργουμένων. (…) Καὶ ὅταν ὡς οὐ πρὸς ἅπαντας, ἀλλ᾽ ὡς πρὸς

---

117 Boehm 1995, hier 38–40 (Das Zeigen); Schneider 1997, 172–174.
118 Z. B. ENCAENISTICA POEMATIA, *Nouae aedis adumbratio* V. 95–99.
119 Z. B. ENCAENISTICA POEMATIA, *Nouae aedis adumbratio* V. 489–491.

μόνον τινὰ λαλῇς (…), ἐμπαθέστερόν τε αὐτὸν ἅμα καὶ προσεκτικώτερον καὶ ἀγῶνος ἔμπλεων ἀποτελέσεις, ταῖς εἰς ἑαυτὸν προσφωνήσεσιν ἐξεγειρόμενον.[120]

d. Topographische und historische Expositionen

Als Einführung in die Beschreibungen sind verschiedene Wege gewählt worden. Häufig nimmt der Autor zuerst den größeren Rahmen des Geschehens in den Blick, um dann wie mit Hilfe eines Tele-Objektivs den Bildausschnitt auf das Bauwerk zu verengen, das im Mittelpunkt seines Interesses steht. In der 1591 in Würzburg verfaßten *Nouae aedis adumbratio* entsteht so der Eindruck einer Stadtvedute (mit dem *Maenus Pater* als zugehörigem Flußgott im Vordergrund), aus der dann das Universitätsgebäude mit seiner Kirche herausgegriffen wird. Schließlich kündigt der Verfasser sogar an, nach welchem Schema er die Kirche behandeln wird.[121] Eine ähnliche Annäherung an den Gegenstand zeigen die Beschreibungen der Gügelkirche aus Bamberg und die Gedichte zur Einweihung der Jesuitenkirche in Molsheim. Der Bamberger Dichter steigt den Kreuzweg zu der einsam auf einem Felsen gelegenen Wallfahrtskirche hinauf, läßt seinen Blick über die umgebende Landschaft schweifen und besichtigt erst dann die Kirche selbst.[122] Die Molsheimer Kirchenbeschreibung zeigt den Bau aus der Perspektive des fernen Wanderers und des eintretenden Besuchers, unterstreicht damit allerdings mehr die weithin sichtbare Größe als die genaue Lage.[123] Diese wiederum ist in der poetischen Darstellung von S. Lucia in Bologna mit großer Liebe zum Detail präzisiert; zu den Versen tritt hier noch eine erläuternde Randglosse hinzu.[124]

Vertrautheit mit dem Gegenstand der Beschreibung läßt sich auch herstellen, indem man seine Vorgeschichte erzählt. Andreas Ägidius Schenthel, der Verfasser des Regensburger Festgedichts auf die Dreieinigkeitskirche von 1631, setzt zwar zunächst sehr konventionell mit der Topothesie-Standardformel *Est locus …* ein, nutzt danach aber

---

120 *De sublimitate* 26 („Eine ähnlich starke Wirkung hat es auch, die Person zu wechseln. Dies läßt den Zuhörer häufig glauben, er befinde sich inmitten der Gefahren … Auch Herodot wendet dieses Mittel an: ‚Von der Stadt Elephantine fährst du flußaufwärts, und du wirst in eine flache Gegend kommen …‘ Siehst du, mein Freund, wie er deine Sinne gefangennimmt und durch die Lande führt, indem er aus dem Hören ein Schauen macht? … Alle derartigen direkten Anreden der Person stellen den Hörer mitten ins Geschehen … Und wenn du nicht wie zum gesamten Publikum, sondern nur wie zu einem Einzelnen sprichst (…), so wirst du ihn leidenschaftlicher und aufmerksamer machen und tiefer ins Geschehen hineinstellen, da du ihn mit der persönlichen Anrede aufrüttelst.")

121 ENCAENISTICA POEMATIA, *Nouae aedis adumbratio* V. 1–10. 30 ff. 100 ff. Vergleichbare Aufbauschemata notiert auch Egelhaaf 1997, 948 (ohne Einzelnachweise). Zur Herkunft dieser Modelle aus den zeitgenössischen Rhetoriklehrbüchern s. u., D.II.2.

122 SYNCHARMATA ENCAENIASTICA, *Scenographica protasis* V. 32–46 (Aufstieg). 73–82 (Panorama).

123 INAUGURALIA COLLEGII SOCIETATIS IESU MOLSHEMENSIS, *Descriptio templi Molshemensis* V. 9–15.

124 ENCAENIA BONONIAE CELEBRATA, *Neoterici templi poetica hypotyposis* V. 1–9 (fol. A2[r]).

die merkwürdige Geschichte des Baugrundstückes, auf dem die Kirche entstand, um seine Leser mit der Situation vertraut zu machen.[125]

Die Annäherung an das Bauwerk kann sodann fortgesetzt werden, indem es zunächst von außen beschrieben wird, bevor man mit dem Autor über die Schwelle tritt. Die architektonischen Besonderheiten einer Kirche wie Türme, Dachreiter, Glocken, Strebepfeiler oder auffällige Fenster zuerst zu betrachten entspricht nicht allein der natürlichen Wahrnehmung eines von außen hinzukommenden Betrachters, es trägt auch seiner Neugier auf das Außergewöhnliche Rechnung. Auf diese Weise kann schließlich auch derjenige Leser, der (wie der hinzutretende Wanderer/Besucher) ohne präzise Erwartungen auf das Bauwerk bzw. auf dessen Darstellung im Text stößt, Vertrauen zu dem erklärenden Autor fassen, der ihn erst behutsam, dann immer bestimmter anleitet und ihm zeigt, welche Einzelheiten er zu beachten hat. Gut zu sehen ist diese Konzeption in der Molsheimer *descriptio*: hier nimmt die Beschreibung des Kirchenäußeren breiten Raum ein (man besteigt sogar vor dem Eintreten ins Innere erst einmal den Turm!), der Autor rekapituliert in Abständen das bisher Gesehene.[126] Erst dann leitet er, unter häufigerer Hinwendung zum Besucher, zur Betrachtung des eigentlichen Sakralraumes über. Allerdings ist auch die umgekehrte Gewichtung zu beobachten: im Würzburger Gedicht zeigt der Autor den Außenbau nur in groben Zügen, um dann zu mahnen: *Intus maior honos, facies pulcerrima rerum*.[127] Erst nach einer ausgiebigen Behandlung des Kirchenraums werden noch einige architektonische Einzelheiten nachgetragen.[128]

2. Sprach- und Gedankenfiguren

a. „Täuschend echt": Illusionismus als Topos und als Auslöser emotionaler Bildbetrachtung

Die Veranschaulichungsbemühungen der Ekphrasis gehen stets in zwei Richtungen: sie sucht einerseits den Leser ins Geschehen einzubeziehen, andererseits den Gegenstand selbst so deutlich wie möglich hervortreten zu lassen. Eines der häufigsten hierfür verwendeten Mittel ist die Beteuerung, wie täuschend echt oder „lebendig" die Darstellung im Kunstwerk gelungen sei.[129] Die Autoren greifen damit das Motiv des Illusionismus auf, das schon seit Homer in der antiken Literatur verbreitet und zu allen

---

125 ARA DEI IMMORTALIS V. 47–83.

126 INAUGURALIA COLLEGII SOCIETATIS IESU MOLSHEMENSIS, *Descriptio templi Molshemensis* V. 102–195.

127 ENCAENISTICA POEMATIA, *Nouae aedis adumbratio* V. 131.

128 Ebda. V. 541–593.

129 S. z. B. Würzburg (vgl. S. 213; S. 220 zu V. 358); Molsheim (vgl. S. 339 zu V. 283; S. 345 zu V. 370). „Vorübergehendes" Erstarren lebender Figuren in Statuen: s. S. 280 (Gügel).

Zeiten überaus beliebt war.[130] Vergils bekannte und in der Renaissancedichtung gerne imitierte Formel von den *uiui de marmore uultus* (Aen. 6,848)[131] deutet in ihrer knappen Pointierung auf die eigentliche Domäne solcher Bilder hin, auf das Epigramm. Dieses spielt, zunächst wohl vorwiegend auf der ästhetischen Ebene und als Kompliment an den bildenden Künstler, mit dem Paradox des lebenden Bildes und trägt damit entscheidend zur Herausbildung der *argutia* als Stilform bei, die in der Dichtung der Frühen Neuzeit, besonders aber im Barock, eine neue Hochblüte erlebte.[132]

Die häufige Wiederkehr stereotyp anmutender Wendungen dieser Art hat in der Forschung sehr unterschiedliche Einschätzungen erfahren. Tatsächlich dürfte in der antiken Dichtung statistisch eine eher „topische" Benutzung des Echtheits-Vergleiches überwiegen, und auf die Dauer wirken solche Wendungen gewiß monoton.[133] Dennoch griffe eine Einschätzung der antiken *verisimilitudo* als Ausdrucksform rein vordergründigen Vergleichens zu kurz: selbst wenn es sich um einen Topos handelt, drückt er doch genau die Fundamentalgedanken von der (Natur)nachahmung (μίμησις) durch die Kunst und von der größtmöglichen Annäherung des Abbildes ans Vorbild als deren Idealziel aus. Aus dieser Perspektive sind der pagane Mimesisbegriff und seine literarischen Folgen nicht durch einen unüberwindlichen Graben vom christlichen Konzept der Bilder als Verweiszeichen geschieden. Zwar ist richtig, daß in der Antike *religiöse* literarische Bildbetrachtung fast nur bei christlichen, insbesondere griechischen, Autoren zu finden ist;[134] eine scharfe Trennung in eine antik-heidnische „vordergründige" Art der Bildbetrachtung einerseits und eine christliche, vom Verweischarakter der Bilder überzeugte Sichtweise wird man jedoch gerade der Renaissance und dem Barock

---

130 Vgl. bereits Il. 18,548 f., wo es von einem Acker auf dem Achilleus-Schild heißt ἡ δὲ (*sc.* ἄρουρα) μελαίνετ' ὄπισθεν, ἀρηρομένη δὲ ἐῴκει, | χρυσείη περ ἐοῦσα· τὸ δὴ περὶ θαῦμα τέτυκτο („Hinten aber schimmerte der Boden schwärzlich und glich einem Feld nach dem Pflügen, war aber doch aus Gold: das war in wundersamer Weise gefertigt."). Zusammenfassend zu diesen Motiven: Fantuzzi 1997, 944. Als *locus classicus* der antiken Kunstliteratur gilt Plin. nat. 35,65 (Vögel, die an gemalten Trauben picken); für die besonders ergiebigen – und für die (Würzburger) *descriptio templi* wichtigen – kunstbeschreibenden Gedichte aus Statius' *Silvae* hat Taisne (1979, 125 Anm. 64) die einschlägigen Stellen gesammelt. Zum weiten Bedeutungsfeld von „Lebendigkeit" in der Renaissance s. Hazard 1973.

131 Prägnante Beispiele bieten die Epigramme des Evangelista Capodiferro, so etwa: *Diuae Faustinae uiuos e marmore uultus* | *Aspicis; et nudo corpore uera patet* oder – auf eine Christusstatue –: *Hoc mirum magis est: saxi sub imagine uiuit.* | *Funde – lapis iustas audiet iste – preces!* (Janitschek 1880, 56 f.; zu Capodiferros Kunstdichtung vgl. jetzt Kat. Bonn 1999, 514 Nr. 231 [M. Laureys]; Abb. des Codex ebda. S. 324).

132 Zur Verwendung des Motivs in der Antike vgl. z. B. Friedländer 1912, 57 f. (zur Griechischen Anthologie); Stevens 1983, 337–339; zur Geschichte des Topos in Kunstdichtung und theologischer Bilderdeutung von Varchi (1547) bis zu Giovanni Michele Silos' *Pinacotheca*, einer christlich-meditativen „Galerie-Dichtung" in der Tradition Philostrats von 1674, s. Smick 1996, 29–44 sowie Albrecht-Bott 1980. – Zu Epigrammen der italienischen Renaissance auf Künstler und Kunstwerke: Janitschek 1880; Colasanti 1904; allgemein zur *argutia*: Kapp 1992; Neukirchen 1999.

133 Hagstrum 1958, 23 und 56.

134 Hagstrum 1958, 47: „Sacramental pictorialism must have been present in the poetry of pagan antiquity (…) but such expressions are seldom encountered. (…) There is historical justification for examining sacramental pictorialism in a Christian rather than a pagan context."

nicht unterstellen dürfen.[135] Gerade die gegenreformatorische Dichtung auf Bilder zeichnet sich ja durch das raffinierte Spiel mit verschiedenen Bedeutungsebenen aus, will sie doch zugleich die virtuose artistische Mimesis religiöser Kunst preisen und den strengen Auflagen der tridentinischen Bilderdekrete gerecht werden, gemäß denen eine wirkliche Manifestation des heiligen Prototyps im Bild nicht angenommen werden durfte.[136] Auch ist an den hintergründigen Doppelsinn spezifisch christlicher Bildlichkeiten wie z. B. der des *templum uiuum* zu erinnern, die zwar aus antikem Sprachgebrauch ableitbar ist, aber im Zusammenhang mit der metaphorischen Interpretation Christi und der Gläubigen als *lapis angularis* und *lapides uiui* einen neuen Sinn erhält.[137] Paul FRIEDLÄNDERS Einstufung dieses Grundmotivs der täuschenden Echtheit als „im letzten Grunde volkstümlich naive Weise der Kunstbetrachtung, der die ‚Lebendigkeit' als höchster Wert gilt",[138] ist vermutlich schon für die antike Dichtung nicht eindeutig zu belegen; auf die Literatur des Konfessionellen Zeitalters läßt sie sich auf keinen Fall anwenden.

Wie schon bei der Frage nach den Intentionen der Ekphrasis, so kann ein Blick auf die spätantik-byzantinische Tradition auch hier helfen, wenn wir die Bedeutung illusionistischer Motive in der *Descriptio templi* genauer zu verstehen suchen. Die Texte des griechischen Mittelalters lassen hier grundsätzliche Einsichten in das Funktionieren *religiöser* Kunstbeschreibung zu. Denn eben in der religiösen Thematik liegt die Ursache für die neue Dimension, die dem traditionellen Gedanken vom mimetischen Wesen der Kunst nun zuwächst: das Bild verweist jetzt auf ein Transzendentes, dem Ehre zu erweisen ist, oder auf einen (heils)geschichtlichen Vorgang, der als vorbildlich und nachahmenswürdig gilt. Pointiert ausgedrückt, wird die letztlich ästhetische Kategorie der Nachahmung eines idealen Vorbildes abgelöst durch den Willen zur inneren Annäherung an das Heilige und zum Nacherleben des Dargestellten, bisweilen sogar zur Nachahmung im Handeln, zur Nachfolge.[139]

Das entscheidend Neue ist also eine *emotionale* Komponente der Bildbetrachtung

---

135 So jedoch Hagstrum 1958, 47: „It was quite natural … that to the Renaissance and post-Renaissance man pagan antiquity should come to stand for naturalistic imagery and that religious imagery should be primarily associated with the immediate Christian past."

136 Trophaea ed. Hess 1997, 159 Anm. 116; Smick 1996, 43 f.

137 Eus. hist. eccl. 10,3,2 erinnert anläßlich der Encaenia an Ez 37,7: *et ecce commotio et accesserunt ossa ad ossa unumquodque ad iuncturam suam*; s. dazu u. S. 97 Anm. 81. Vgl. auch Stiefenhofer 1909, 63; Plumpe 1943.

138 Friedländer leitet dieses Urteil (1912, 57) anscheinend aus der Überspitzung des Motivs ins „Absurde" ab, wie sie ohne Zweifel in manchen Epigrammen zu beobachten ist. Darin dürfte sich doch wohl eher ein Experimentieren mit den Grenzen literarischer Bilder als „volkstümliche" Ungeschicklichkeit manifestieren. Auch Hagstrum meint (1958, 23): „Such illusionism was a popular response to art", weist aber selbst darauf hin, daß die Verwendung des Naturähnlichkeits-Motivs in Texten wie Herondas' 4. Mimiambos, wo sie „einfachen Leuten" in den Mund gelegt wird, diese Einschätzung gefördert hat (so z. B. auch bei Friedländer 1912, 31!). Vgl. auch Smick 1996, 23.

139 Genau hierin besteht auch der Grund, weshalb in den Kirchenbeschreibungen nur sehr selten auf künstlerische Techniken und Materialien eingegangen wird und die Künstler in keinem einzigen Fall mit Namen genannt werden: diese Aspekte des Bauwerks sind aus der Sicht der Dichter letztlich nicht wirklich wichtig.

und -beschreibung. Liz JAMES und Ruth WEBB haben in ihrer bereits zitierten Untersuchung zum Wesen der byzantinischen Ekphrasis dargelegt, daß dieser Art der Bildbetrachtung weder mit dem Anspruch auf eine objektive Wiedergabe noch mit dem Aufspüren vermeintlicher Topoi (im Sinne rhetorischer Klischees) beizukommen ist. Sie untermauern damit eine wichtige Feststellung Leslie BRUBAKERS: „concepts only *become* clichés because they encapsulate a pertinent, complex structure of thought relevant to a given society".[140]

Demnach ist nach der spezifischen Bedeutung des im „Topos" Geronnenen für seine eigene Zeit zu fragen und nicht danach, ob die gleiche Formulierung in anderen Epochen nachweisbar ist, wo sie eine andere Bedeutung haben kann.

Eines der anschaulichsten Beispiele für die Neuinterpretation des Wortes von der „täuschenden Echtheit" im Licht emotionaler Bildbetrachtung bietet die 11. Homilie des Asterios. Der Bischof von Amaseia († nach 415) schildert hier, wie er auf einem Spaziergang zur St.-Euphemia-Kirche gelangte. Dort fiel ihm die gemalte Darstellung ihres Martyriums ins Auge, deren Beschreibung er folgen läßt.[141] Sie erfüllt in ihrer detaillierten Anschaulichkeit alle Anforderungen der ἐνάργεια und läßt vor dem Hörer eine eindringliche Vorstellung des Bildes entstehen, doch ihre volle Bedeutung gewinnen die blutigen Tränen der Gemarterten, die real scheinen, erst in der Reaktion des Betrachters, in der Erregung der *affectus*:

> … ὁ δὲ παραστὰς ἐξέκοπτε τῶν ὀδόντων τὸ μαργαρῶδες· σφῦρα δὲ καὶ τέρετρον φαίνεται τῆς τιμωρίας τὰ ὄργανα. **Δακρύω** δὲ τὸ ἐντεῦθεν **καί μοι τὸ πάθος ἐπικόπτει τὸν λόγον**· τὰς γὰρ τοῦ αἵματος σταγόνας οὕτως ἐναργῶς ἐπέχρωσεν ὁ γραφεὺς **ὥστε εἴποις ἂν προχεῖσθαι τῶν χειλέων ἀληθῶς καὶ θρηνήσας ἀπέλθοις.**[142]

Über die ursprüngliche Intention dieser „Euphemiarede" ist sich die Forschung zwar durchaus uneinig,[143] doch ihre besondere Bedeutung ist unbestreitbar. Dies gilt umsomehr, seit Fritz GRAF nachweisen konnte, daß der Text um 1500 in Italien gelesen

---

140 James – Webb 1991, 15 Anm. 15. Die Autorinnen resümieren Brubaker 1989. (Hervorhebung U. S.)

141 Anders als bei dem von Palm beschriebenen „Touristen-Motiv" (1965, 133. 155; vgl. aber ähnlich bereits Friedländer 1912, 5: ein Ankömmling trifft auf einen Erklärer des Ortes) wird der Ankömmling Asterius selbst zum Beschreiber und Erklärer – wie in den Gedichten des 16. und 17. Jahrhunderts.

142 Homil. 11,4,1 (Asterius ed. Datema 1970, 154f., separat auch bei Halkin [éd.] 1965, 4–8; „Der neben ihr Stehende schlägt ihr die weiß glänzenden Zähne aus: er weist Hammer und Bohrer als Folterinstrumente vor. Da breche ich in Tränen aus, und das Mitleid verschlägt mir die Sprache, denn der Künstler hat die Blutstropfen derart anschaulich gemalt, daß man sagen möchte, sie strömten wahrhaftig aus ihrem Munde, und weinend davongeht.") Dazu James – Webb 1991, 10: „It may be that he (i. e. Asterios) was praising the painter's technique. But it is surely the poignancy of the *subject*, however it is presented, which affects him." – Vgl. ENCAENISTICA POEMATIA, *Nouae aedis adumbratio* V. 327–330 … *quis enim, dum te crudelis uulnere lethi | Confossum, Kiliane, … | … tuetur, | Temperet a lachrymis?*

143 Neben der in Anm. 142 zitierten Literatur s. bes. Speyer 1971.

wurde.[144] Er stellt damit ein mögliches wichtiges Bindeglied zwischen der byzantinischen Tradition veranschaulichender christlicher Rede und dem Wiederaufleben der Ekphrasis im Westen dar.

b. Illusionismus in christlichem Gewand: Die Kirche als *theatrum*

Wenn dem täuschend echten Kunstwerk aus der Sicht der religiösen Ekphrasis die Funktion zukommt, den Betrachter auf die unmittelbare Bedeutung des Dargestellten für ihn selbst hinzuweisen, so ist es in einem zweiten Schritt Aufgabe dieses Betrachters, auf diese Hinweise sichtbar und hörbar zu reagieren und damit seinen Zuhörern zu signalisieren, welches der richtige – christliche – Umgang mit Bildern und Bauwerken ist.

An diesem Punkt verläßt die ekphrastische Rede die aufzählende Form, und die Erzeugung von Anschaulichkeit geht über die exakte Beschreibung und über die Beteuerung der Lebensechtheit der Kunst hinaus: der Sprecher wendet sich in Apostrophen an Bilder oder einzelne Figuren, Bilder beginnen ihrerseits zu sprechen und sich zu beleben, Gestalten bewegen sich durch den Raum, Figurengruppen bilden dramatische Ensembles, die Szenen aus dem großen *theatrum sacrum* von Heilsgeschichte und Passion aufführen. Sogar Architektur wird zuweilen beseelt.[145]

Das häufigste dieser dynamisierenden und auch dramatisierenden Kunstmittel ist die Apostrophe. Im weiteren Sinne gehört dazu bereits die Reihe erregter Fragen, welche dem Betrachter entfahren, der sich über das Bild nicht im klaren ist[146] oder aber – in der christlichen Ekphrasis – den oftmals bestürzenden Inhalt der Bilder zunächst nicht wahrhaben will. Bereits bei Nikolaos Mesarites, der um 1200 eine große Prosa-Ekphrasis der Apostelkirche zu Konstantinopel verfaßte, finden wir dieses Motiv, wenn er im Angesicht einer Darstellung der Verhaftung Christi im Ölberg ausruft:

> … τίς οὗτος ὁ σύμμικτος ὄχλος καὶ ἄτακτος, ὁ παρὰ σοῦ (*sc.* Φθόνου) συγκροτηθεὶς κατ᾽ αὐτοῦ… τίνες οὗτοι οἱ σκότους ἄξιοι λαμπαδοῦχοι, οἱ κατὰ τοῦ φωτὸς τοῦ κόσμου φόνιον πνέοντες πῦρ … τίνες οἱ ταῖν χεροῖν τὰ ῥόπαλα φέροντες κατὰ τοῦ ἐν χειρὶ κραταιᾷ καὶ ἐν βραχίονι ὑψηλῷ ἐκ μέσου τῶν Αἰγυπτίων ἐξαγαγόντος τὸν Ἰσραὴλ … τίνες οἱ τὰς ῥομφαίας ἐκσπῶντες κατὰ τοῦ τὴν φλογίνην ῥομφαίαν φύλακα τῶν τοῦ παραδείσου πυλῶν ἐπιστήσαντος … τίνες οἱ τὰ δόρατα ταῦτα προφέροντες … (…) ἵνα τί γοῦν ὡς ἐπὶ λῃστὴν ἐξελθεῖν τὸν τῶν ψυχῶν καὶ τῶν σωμάτων ἡμῶν φύλακα τοὺς ὑπὸ σοῦ κατεχομένους φονῶντας οὕτως καὶ ἀπηγριωμένους ἐξώπλισας …[147]

144 Graf 1995, 154f.

145 Zur byzantinischen Tradition dieser Motive s. James – Webb 1991, 9–11.

146 Dies erinnert v.a. an die dynamischen Einleitungspassagen in Philostrats *Imagines*, aber auch an Epigramme und Verwandtes: Friedländer 1912, 64 (zu Stat. silv. 1,1,1–7).

147 Nikolaos Mesarites 27,3–5 (ed. Downey 1957, 908; „… was ist das für eine bunte und ungeordnete Menge,

In der *Descriptio templi* finden sich Apostrophen besonders dann, wenn die Sprecher die Passion im Geiste mit erleiden. So fährt der Würzburger Dichter die Herzogin Geilana an, die die Ermordung des heiligen Kilian und seiner Gefährten veranlaßte, Mathias Putz fleht die Henkersknechte auf dem Mainzer Hochaltar an, von ihrem Opfer abzulassen; in Molsheim flucht Jodocus Coccius dem Versucher Christi.[148]

Die Belebung von Bildern oder Szenen kann verschiedene Formen annehmen. Eine einfache Möglichkeit ist die akustische Illusion. Sie findet sich schon in der homerischen Schildbeschreibung (Il. 18,494 f. ἐν δ᾽ ἄρα τοῖσιν | αὐλοὶ φόρμιγγές τε βοὴν ἔχον); ein berühmtes Beispiel aus der mittelalterlichen Literatur ist das Verkündigungsrelief am Läuterungsberg (Dante, Purg. 10,38–40). Auf ihm war der Erzengel Gabriel

> … intagliato in un atto soave,
> che non sembiava imagine che tace.
> Giurato si saria ch'el dicesse „Ave!"[149]

Die *Descriptio templi* verleiht an mehreren Stellen den Bildern Klang, verfährt allerdings zurückhaltend mit der Möglichkeit wörtlicher Rede (Prosopopoiie). So werden die Wechselreden der Apostel auf einem Relief in Würzburg nur indirekt wiedergegeben; auch die sprechenden Heiligenfiguren, die in der Gügelkirche deren Neueinweihung kommentieren, zitiert der Dichter nicht wörtlich. Das Mainzer Gedicht spielt in subtiler Weise mit dem Motiv und spekuliert, ob die Rede der Figuren für das menschliche Ohr unhörbar sei.[150]

Zu außergewöhnlichen Mitteln greift J. Coccius in Molsheim: anstelle einer Beschreibung der Kreuzigungsgruppe in der elsässischen Jesuitenkirche finden wir einen langen lyrischen Dialog Mariens und Christi als Einschub in der hexametrischen *descriptio*. Hier hat sich das Abgebildete ganz in Handlung verwandelt, denn über das Aussehen der Skulpturen fällt in Coccius' Text kein Wort.[151]

---

die sich, von dir zusammengetrieben, gegen ihn wendet? Wer sind diese ewiger Finsternis würdigen Fakkelträger, die tödlichen Brand gegen das Licht der Welt erheben? Wer sind diese, die Knüppel in ihren Händen halten gegen den, der mit starker Hand und übermächtigem Arm Israel aus der Ägypter Mitte geführt hat? Wer sind diese, die ihre Schwerter ziehen gegen den, der das Flammenschwert zur Behütung der Pforten des Paradieses aufgeboten hat? Wer sind diese Speerträger? (…) Weshalb hast du die Menschen, die in deiner Gewalt sind, so mordlustig und roh gemacht und sie bewaffnet, um den Beschützer unserer Seelen und Leiber wie einen Räuber zu hetzen?"). Vgl. James – Webb 1991, 9.

148 ENCAENISTICA POEMATIA, *Nouae aedis adumbratio* V. 335–341. 344–345; ENCAENISTICUM COLLEGII MO-GUNTINI V. 163; INAUGURALIA COLLEGII SOCIETATIS IESU MOLSHEMENSIS, *Descriptio templi Molshemensis* V. 723–725.

149 Zur tieferen Bedeutung des sprechenden (Verkündigungs-!) Bildes im Sinne eines Verweises auf das *Verbum Dei* vgl. jetzt die bestechende Studie von A. Kablitz (1998), hier 327–331 und 352.

150 ENCAENISTICA POEMATIA, *Nouae aedis adumbratio* V. 115–120; SYNCHARMATA ENCAENIASTICA, *Scenographica protasis* V. 204–210; ENCAENISTICUM COLLEGII MOGUNTINI V. 117–121.

151 INAUGURALIA COLLEGII SOCIETATIS IESU MOLSHEMENSIS, *Descriptio templi Molshemensis* V. 553–663; zu mög-

Bewegte Szenen, die nur dem geistigen Auge des Dichters sichtbar sind, spielen sich in mehreren der Gedichte ab. In Molsheim versammeln sich die himmlischen Heerscharen am Altar, in Porrentruy ziehen die Heiligen, geführt von Maria und St. Michael, in feierlichem Zug in ihre neue Kirche ein, und der Dichter ist Augenzeuge; das Münchner Hochaltarbild wird in Bewegung umgesetzt, und es werden aufgrund exegetischer Muster zusätzliche, nicht abgebildete Gestalten eingeführt.[152]

Einen weiteren Schritt in Richtung einer Dramatisierung der Ekphrasis vollziehen die Autoren aus Speyer und Bamberg. Hier werden gemalte oder skulpierte Figurengruppen ausdrücklich als *szenisch* verstanden und damit als Teile eines umfassenden religiösen Dramas aufgefaßt, das in der Kirche als einem irdischen Theater zu besichtigen ist. Der Sprecher/Betrachter der Gedichte und mit ihm der Zuhörer/Leser verwandeln sich so in Zuschauer in einem *theatrum sacrum*. Es besteht hier nur im Reich der Imagination, die die Bildwerke belebt, doch die enge Verwandtschaft mit Konzeptionen des religiösen Dramas ist unübersehbar. Augenfällig ist dabei besonders die Auswahl der Szenen, bei denen die Dichter entsprechende Bemerkungen äußern: in Speyer ist der Ölberg eine *scena*, am Gügel werden Engel mit den *arma Christi* und wiederum der Ölberg als „dramatisch" empfunden.[153] Alle drei Szenen entstammen der Passion; es genügt, an die Tradition der Passionsspiele zu erinnern, die weit älter ist als die *Descriptio templi*.[154] Der Vorrede zum Speyerer Gedicht entnehmen wir außerdem, daß man den Ölberg in der Karwoche illuminierte und die bewegten Schatten der Figuren die Illusion eines lebendigen Geschehens erweckten. Schließlich muß man bedenken, daß die Zeit um 1600 auch die Blüte des Ordensdramas sah; die Verbindungen zwischen der epischen Jesuitendichtung, zu der in unserem Zusammenhang die *Descriptio templi* gezählt sei, und ihrem weitaus bekannteren dramatischen Widerpart sind im einzelnen noch nicht zu übersehen.[155] Vorläufig läßt sich konstatieren, daß auch die *Descriptio templi* Tendenzen zeigt, ihren Leser vor den Bildern direkt in das als real empfundene biblische Geschehen hineinzustellen und ihm damit deutlich zu machen, daß es ihn gegenwärtig und persönlich betrifft und sein richtiges Handeln fordert. Kaum irgendwo wird deutlicher, daß die *Descriptio templi* neben Festbeschreibung und Kunstekphrasis auch religiöse Unterweisung ist. Sie rückt damit – angesichts ihrer teils in die Rhetorik weisenden Ursprünge nicht unerwartet – in die Nähe der Predigt.[156]

---

lichen Vorbildern s. S. 355 f. In der antiken ekphrastischen Literatur fehlt die Verwendung wörtlicher Rede fast ganz; eine Ausnahme ist Catulls 64. Gedicht. Vgl. Laird 1993, 20.

152 Zu diesen Phänomenen, die teilweise als Visionen bezeichnet werden können, s. u., E.III.5.

153 OLIVETUM SPIRENSE V. 205 f.; SYNCHARMATA ENCAENIASTICA, *Scenographica protasis* V. 92 f. und V. 225–228. Zu einer regelrechten Einteilung des Passionsgeschehens in fünf Akte durch protestantische Autoren, insbesondere durch den älteren Caspar Cruciger, s. Kolb 1996, bes. 272.

154 Dazu jetzt: Müller 1998.

155 Vgl. immerhin die parallele Entstehung der TROPHAEA BAVARICA und des TRIUMPHUS DIVI MICHAELIS (1597). – Eine Einbeziehung des Lesers in die Handlung, freilich unter ganz anderen Umständen, kennt auch Philostrat in einigen *Imagines*-Abschnitten: Schönberger 1995, 169.

156 S. u., C.II.1–2.

Schwieriger zu interpretieren ist eine letzte, nur vereinzelt auftretende Variante der Belebung des Gegenstandes: das Gedicht zur Gügelkirche verleiht dem Bau merkwürdig lebendige Züge, die nichts mit der Metapher des *templum uiuum* zu tun haben, dagegen einiges mit dem Bestreben, die Dynamik eines Bauwerks in Worte zu fassen. Ein Beispiel für solche Bildlichkeit, die das Lastende oder Leichte, das Zusammen- oder Auseinanderstrebende und dergleichen erfaßt, finden wir innerhalb der *Descriptio templi* im Molsheimer Gedicht,[157] besonders aber erneut in der byzantinischen Bauten-Ekphrasis. Besonders die Ἔκφρασις τοῦ ναοῦ τῆς Ἁγίας Σοφίας des Paulos Silentiarios weist eine nahezu durchgehende Verwendung sogar anthropomorpher Bezeichnungen für Architekturteile auf.[158] Hier allerdings dürfte die bekannte Analogie zwischen Kirchengebäude und Leib Christi doch eine bedeutende Rolle gespielt haben;[159] bei unserem – zumal sehr kurzen – Beispiel aus Bamberg (Gügel) ist ein solcher Hintergrund nicht festzustellen.

c. Panegyrische Topoi

Neben diesem anspruchsvollen Instrumentarium zur Steigerung der ἐνάργεια und zur Leserlenkung enthalten die Texte der *Descriptio templi* auch eine Reihe immer wiederkehrender Motive, die mit größerem Recht als topisch angesehen werden können. Sie sind ohne Ausnahme dem panegyrischen Sprechen zuzuordnen.

Mit dem Eintreten in das neue prachtvolle Bauwerk ist häufig die Artikulation des Staunens verbunden; sie mündet dabei oft in topische Formulierungen des Überwältigtseins und der Fülle, in denen die Unzulänglichkeit des menschlichen Auges und der Worte hervorgehoben wird. Die Wurzeln dieser weitverbreiteten Wendungen liegen in der homerischen Einleitung des Schiffskataloges (Il. 2,488–492)

Πληθὺν δ' οὐκ ἂν ἐγὼ μυθήσομαι οὐδ' ὀνομήσω,
οὐδ' εἴ μοι δέκα μὲν γλῶσσαι, δέκα δὲ στόματ' εἶεν,
φωνὴ δ' ἄρρηκτος, χάλκεον δέ μοι ἦτορ ἐνείη,
εἰ μὴ Ὀλυμπιάδες Μοῦσαι, Διὸς αἰγιόχοιο
θυγατέρες, μνησαίαθ' ὅσοι ὑπὸ Ἴλιον ἦλθον,[160]

---

157 INAUGURALIA COLLEGII SOCIETATIS IESU MOLSHEMENSIS, *Descriptio templi Molshemensis* V. 218–225; SYNCHARMATA ENCAENIASTICA, *Scenographica protasis* V. 290–299.

158 Friedländer 1912, 125; Webb 1999b, 68 f. – Zu einer für Beschreibungen typischen „dynamisation anthropomorphisante du lexique" einige Notizen bei Hamon 1972, 484, verbunden mit der Anmerkung (48): „Ces tics stylistiques font partie d'un style d'époque (…) mais sont peut-être une fatalité de la description en elle-même."

159 Sauser 1960, 64 f. Nr. 4.

160 („Ihre Zahl vermöchte ich selbst mit zehn Zungen und hundert Mündern nicht zu nennen noch anzugeben,

weiterhin in der Verkürzung und gleichzeitigen Verallgemeinerung der Formel (Fortlassen des göttlichen Beistandes) durch Vergil (Aen. 6,625–627)

> Non mihi si linguae centum sint oraque centum,
> Ferrea uox, omnis scelerum comprendere formas,
> Omnia poenarum percurrere nomina possim

und schließlich in ihrer Überspitzung durch Statius, der selbst mit göttlicher Hilfe hilflos zu sein vorgibt (silv. 2,2,36–42):

> Non mihi si cunctos Helicon indulgeat amnes
> (…)
> Innumeras ualeam species cultusque locorum
> Pieriis aequare modis.[161]

Zum anderen wirkt hier das Motiv der Reihung erregter Fragen weiter, das wir schon im vorigen Abschnitt (b.) erwähnt haben. Der von der Fülle der Eindrücke überwältigte Betrachter ist ratlos: *Quid primum mediumue canam? quo fine quiescam?* fragt Statius, und der Würzburger *descriptio*-Dichter bemerkt nach dem Eintritt in die Kirche in der gleichen Haltung: *pro rerum turba! suprema, | Infima cum mediis mentem per plurima uoluunt.*[162]

Sehr häufig findet sich erwartungsgemäß auch der Überbietungstopos, also Variationen der „*cedat*-Formel" (E. R. Curtius). Für die Ausführung im einzelnen bestehen im wesentlichen zwei Möglichkeiten: eine mehr „humanistische", da antikisierende Konfrontation der neuen Kirche mit berühmten Bauten der Vergangenheit, die üblicherweise auf einen Vergleich mit den Sieben Weltwundern hinausläuft, oder die stärkere Betonung der christlichen Tradition, in der vor allem das zwiespältige Wesen des Salomonischen Tempels eine Rolle spielt, der zwar typologische *umbra* aller Kirchen, zugleich aber kein christliches Heiligtum und zudem mit dem Makel blutiger, vorchristlicher Opferriten behaftet ist. Ein besonders ausführliches Beispiel des ersten Modells (Weltwunder) bietet der Text aus Bamberg; die Verknüpfung mit dem alten Tempel, die zugleich gerne den neuzeitlichen Bauherrn in die Nachfolge König Salomos stellt, finden wir in Porrentruy und Molsheim ebenso wie in den ergänzenden Epigrammen zu den Gedichten aus Würzburg und München. Als feste Bezugsgröße spielt die salomonische Weihe aber auch bei den protestantischen Predigern und damit in den Festschriften eine Rolle.

Nicht mehr als eine Metonymie ist es dagegen, wenn Künstler, die in der *Descriptio*

---

nicht mit unerschöpflicher Stimme und ehernem Herzen, nicht, wenn mir die Musen des Olymp, die Töchter des Aigisschwingers Zeus, eingäben, wieviele es waren, die nach Ilion gezogen kamen.")
161 Zur Motivgeschichte vgl. Claud. carm. 1 ed. Taegert 1988, 117 (m. Lit.).
162 Stat. silv. 1,3,34; ENCAENISTICA POEMATA, *Nouae aedis adumbratio* V. 98 f.

templi niemals mit ihrem Namen genannt werden, stereotyp als „(neuer) Apelles" eingeführt werden wie z.B. im Würzburger Text: *seriemque rei uariante colore | Leuibus in tabulis nouus illustrauit Apelles* oder im Bamberger Gegenstück: *Omnia in orchestram et scenam produxit Apelles*. Die gleiche, natürlich panegyrisch zu verstehende Benennung finden wir auch bei bildhauerischen Werken: *Tu mihi Praxitelis tornum, siue Alcimedontis | Iurabis caelum, rediuiuum aut Mentora scita | Exsculpsisse manu*.[163]

Die huldigende Umschreibung der Künstler als wiedergeborene *Phidiae* oder *Apelles* war, ebenso wie der Weltwunder-Vergleich, so allgegenwärtig, daß sie Antoine Furetière schon 1666 zu einer Satire verarbeiten konnte, die nichts anderes als eine Kirchenbeschreibung aufs Korn nimmt. Ein Autor, der nicht die maßvolle Zurückhaltung gegenüber der modischen Beschreibungswut übt, wie sie Furetière beansprucht, würde demnach folgendermaßen vorgehen:

> Mais quand il viendroit à décrire l'église des Carmes, ce seroit lors que l'architecture joueroit son jeu, et auroit peut-estre beaucoup à souffrir. Il vous feroit voir un temple aussi beau que celuy de Diane d'Ephese; il le feroit soûtenir par cent colomnes corinthiennes; il rempliroit les niches de statues faites de la main de Phidias ou de Praxitelle; il raconteroit les histoires figurées dans les bas reliefs; il feroit l'autel de jaspe et de porphire; et, s'il luy en prenoit fantaisie, tout l'édifice: car, dans le pays des romans, les pierres precieuses ne coûtent pas plus que la brique et que le moilon. Encore il ne manqueroit pas de barbouiller cette description de metopes, trigliphes, volutes, stilobates, et autres termes inconnus qu'il auroit trouvez dans les tables de Vitruve ou de Vignoles, pour faire accroire à beaucoup de gens qu'il seroit fort expert en architecture.[164]

Bei dieser Polemik darf man allerdings nicht außer acht lassen, daß sie sich in einem seinerzeit sehr avantgardistischen Genre findet. So entstehen zur gleichen Zeit von anderer Seite auch in Frankreich weiterhin anspruchsvolle poetische Baubeschreibungen wie die des Vincent Sablon, Geistlichen in Chartres, der in seiner *Histoire de l'auguste et vénérable église de Chartres* ein (französisches) Gedicht auf die Kathedrale einlegt.[165]

---

163 ENCAENISTICA POEMATIA, *Nouae aedis adumbratio* V. 352 f.; SYNCHARMATA ENCAENIASTICA, *Scenographica protasis* V. 228 und 194–196. Solche Listen antiker Künstler finden sich schon bei Mart. 4,39; Iuv. 8,102–104; Stat. silv. 4,6,25–30. Zur Geschichte des *alter-Apelles*-Topos s. Rosand 1990, 69 m. Anm. 15 (dort weitere Lit.).

164 Furetière, Le roman bourgeois. Ouvrage comique (1666), in: Romanciers ed. Adam, hier 904 f. Furetières Kritik ist im Kontext einer weitverbreiteten derartigen Haltung im Frankreich des 17. Jahrhunderts zu sehen, vgl. dazu Sayce 1972, hier 248 f. und besonders Goebel 1971, 174–207, bes. 199 f.

165 Frankl 1960, 339 f.

C. Die *Descriptio templi* und ihr Ort in der literarischen und rhetorischen Tradition

Um den Ort zu bestimmen, den die *Descriptio-templi*-Gedichte in der literarischen Tradition einnehmen, ist es nicht möglich und auch nicht sinnvoll, die Geschichte der Ekphrasis oder die der literarischen Kunstbeschreibung im ganzen zu verfolgen.

Eine Geschichte der Ekphrasis, die den Terminus strikt im weitesten antiken Sinn einer „durchaus deutlichen Beschreibung" aufzufassen hätte, müßte eine Unzahl verschiedener Texte der unterschiedlichsten Gattungen betrachten, die doch zuletzt nur durch das verbindende und von uns schon betrachtete *rhetorisch-stilistische* Merkmal der ἐνάργεια ein lose zusammenhängendes Corpus bilden, so daß am Ende nicht mehr als eine Phänomenologie der Gestalten entstünde, welche die „anschauliche Rede" im Laufe der Jahrhunderte annehmen konnte. Inhaltliche, metrische und Gattungsunterschiede, die erfahrungsgemäß einen stärkeren verbindenden Charakter besitzen als ein rhetorischer Grundzug, der sich erst bei genauerem Lesen zeigt, würden hierbei nur den Eindruck der Vielgestaltigkeit vermehren, anstatt eine präzise Einordnung zu fördern; außerdem wäre mit der bloßen Feststellung, daß sich die *Descriptio templi* ausgiebig um das Vor-Augen-Stellen ihrer Gegenstände bemüht, lediglich eine notwendige, jedoch keine hinreichende Konstante formuliert.

Eine Geschichte der literarischen Kunstbeschreibung, wie sie Paul FRIEDLÄNDER schreiben wollte, stößt auf andere Schwierigkeiten. Ein solcher Ansatz verfolgt ein einzelnes *Thema* bzw. Motiv quer zu den etablierten Gattungsgrenzen. Auch dabei ergibt sich ein Textcorpus, für welches verbindende Elemente nun jenseits der gängigen literaturgeschichtlichen Größen gesucht werden müssen. Ein charakteristisches Problem entsteht hier daraus, daß zunächst der Inhalt als einziges Kriterium herangezogen wird, daß aber genau dadurch der Blick auf Texte fällt, die nun doch in Form und Struktur verwandt zu sein scheinen. Von hier aus ist es nicht mehr weit bis zur Wiedereinführung der generischen Betrachtung – in einer Untersuchung, die vor allem Byzanz mit seiner Fülle ekphrastischer Kunstbeschreibungen galt, und angesichts der unscharfen Trennung von ἔκφρασις als Gattung und Redeweise bei Nikolaos ein naheliegender Gedanke. Es verwundert daher nicht, wenn FRIEDLÄNDER sich angesichts offensichtlicher Parallelen zwischen zwei Texten (Lukians Ἱππίας ἢ βαλανεῖον und Stat. silv. 1,5 *Balneum Claudii Etrusci*) zunächst mit aller Vorsicht auf die Vermutung „allgemeiner Anregungen" beschränkte, um dann doch ebendiese Anregungen in unbekannten Vorläufern zu suchen: „Lukian und Statius setzen ... die gleichen Literat*formen* als Vorbild voraus".[1]

Ein „typologischer" Ansatz, den die Untersuchungen von FRIEDLÄNDER und RA-

---

1 Friedländer 1912, 69 (Hervorhebung U. S.).

VENNA in verschiedener Weise repräsentieren, laviert somit immer zwischen thematischer und generischer Betrachtung.[2] Ein dritter Weg ist von Jonas PALM vorgeschlagen worden:

> Es scheint mir naheliegender, anzunehmen, dass es einen gewissen Vorrat von Methoden, ein Kunstwerk zu beschreiben, gegeben hat, einen Vorrat, der ein von den verschiedenen Literaturgattungen ganz oder teilweise benutztes commune bonum war; dieser Vorrat war weniger abhängig von der Tradition eines Genres als von der natürlichen Situation bei der Betrachtung eines Kunstwerkes.[3]

Auch diese Sichtweise wirkt jedoch verzerrend. Erkennbar wird die – richtige – Abkehr von Gattungszusammenhängen und stattdessen eine Betonung der gemeinsamen *Redeweise* ἔκφρασις. Zugleich reduziert PALM aber den Einfluß rhetorischer Konventionen und literarischer *imitatio* und *aemulatio* zu sehr, wenn er der „natürlichen" Situation die entscheidende Rolle zuweist.[4]

Im Hinblick auf diese Schwierigkeiten erschien es sinnvoll, die Lokalisierung der *Descriptio templi* in der Literaturgeschichte sukzessive unter unterschiedlichen Fragestellungen zu versuchen. In Kapitel I wird gefragt, welche antiken und späteren lateinischen Dichtungen den Verfassern der *Descriptio templi* unmittelbare Anregungen gegeben haben. Im Mittelpunkt des Kapitels steht somit die *Descriptio templi* als Erzeugnis humanistischer Literaturproduktion. An ausgesuchten Passagen von Vergil bis Vida werden zwei unterschiedliche Verfahrensweisen im Umgang mit den *auctores* deutlich: die Autoren wählen einerseits thematisch verwandte Stellen aus, die bei der sprachlichen Darstellung des schwierigen Gegenstandes helfen, andererseits solche, die für die tiefere Aussage der Gedichte als religiöse Interpretationen und Betrachtungen der Gotteshäuser nutzbar waren.

Kapitel II untersucht die *Descriptio templi* als Beitrag zum festlichen öffentlichen Anlaß der Kirchenweihe. Ohne selbst Festrede oder -predigt zu sein, steht sie doch dem πανηγυρικὸς λόγος/*encomium*, der epideiktischen Fest- und Lobrede, sehr nahe und findet besonders in der Spätantike heidnischer wie christlicher Prägung auffällige Parallelen, die zumeist in Situation und Inhalt liegen, in Einzelfällen aber auch formale Entsprechungen zeigen.

Die Entstehung der *Descriptio templi* selbst im ausgehenden 16. Jahrhundert, die trotz mannigfacher Traditionszusammenhänge und Abhängigkeiten eine neue, eigene Form darstellt, ist bisher nicht genau zu rekonstruieren; ein älterer Text als die 1591 erschienene und bereits voll ausgebildete Würzburger *Nouae Apostolorum aedis adumbratio* läßt

---

2 Laird 1993, 18: „The 'typological' approach examines relationships between ecphrases in different genres and ecphrasis *as* a genre." – Als typologische Studie vgl. außerdem Goldhill 1994.

3 Palm 1965, 167.

4 Palms Auffassung nähert sich hier der Situations-Typologie von G. Kranz (s. S. 23 f. Anm. 21–23) an.

sich nicht nachweisen. In Kapitel III kann daher nur versucht werden, die Entstehungssituation der *Descriptio* genauer zu beleuchten, und dabei auf charakteristische literarische Erzeugnisse der Zeit hinzuweisen, die unseren Texten besonders nahestehen.

I. Nullis templum enarrabile uerbis
Die Descriptio templi und die poetische Tradition

1. Humanistisches Dichten und konfessionelles Denken um 1600

Wie alle lateinische Dichtung bezieht auch die *Descriptio templi* des 16. und 17. Jahrhunderts Anregungen aus literarischen Vorgängern. Eine intensive Suche nach verwertbaren poetischen Vorlagen war für die Verfasser gerade bei der teilweise schwierigen Thematik der komplexen Bauwerke und ihrer Details naheliegend. Eine solches Verfahren konnte allerdings nur auf einzelne Versatzstücke führen, denn ganze Gedichte über Einzelbauten lagen mit wenigen, kaum direkt verwertbaren Ausnahmen der jüngsten Zeit[5] nicht vor. Es ging also darum, aus den klassischen, an den Jesuiten- und städtischen Gymnasien und zumal den dortigen Lehrern wohlbekannten Autoren solche Stellen auszuwählen, die sich für die eigenen Zwecke adaptieren oder imitieren ließen. Dafür kam in erster Linie die lateinische Epik von Vergil bis Claudian in Frage; spätere Autoren wie Venantius Fortunatus oder Paulinus von Nola, die mit Gedichten über oder (als Inschriften) für Kirchen der Thematik der *Descriptio templi* weitaus näher kommen, waren zwar um das Jahr 1600 größtenteils in gedruckten Ausgaben zugänglich, doch offenbar wenig gelesen und jedenfalls nicht geläufig. Prägnante Zitate oder ganze Szenen aus der *Aeneis,* aus Martial, Ovid, Statius und anderen vielgelesenen Autoren beherrschen das Bild nicht zuletzt deshalb, weil man bei ihnen auf das wiedererkennende Verstehen des gelehrten Lesers rechnen konnte. Daneben finden sich allerdings auch außergewöhnliche Quellen, die heute – aber wohl auch schon seinerzeit – oft nur durch intensive Suche bestimmbar sind. Unter den zeitgenössischen Autoren, die man durch thematische Nähe noch vergleichsweise leicht identifizieren kann, sind besonders Girolamo Vida und Jacopo Sannazaro, die prominentesten christlichen *Virgiliani* der Renaissance, zu nennen; durch thematische wie geographische Nähe hat Nikodemus Frischlin mit seinem Gedicht auf die Straßburger astronomische Uhr in Molsheim fortgewirkt. Auf den ersten Blick überraschender sind die engen Bezüge mancher *Descriptio-templi*-Drucke, freilich nicht immer des ekphrastischen Hauptstückes selbst, zu Texten der byzantinischen Welt; dies erklärt sich jedoch aus der um 1600 besonders in München, aber auch an anderen Orten insbesondere des katholischen Oberdeutschland aufblühenden „gegenreformatorischen Byzantinistik", also der In-

---

5   S. u. S. 106–113.

dienstnahme der frühkirchlichen und mittelalterlichen griechischsprachigen christlichen Tradition für die Zwecke der konfessionellen Kontroverse.[6]

Die Verarbeitung des antiken Materials geschieht auf vielerlei Weise: neben der Übernahme antiker Versmaße auch in lyrischen Stücken und Einlagen[7] und neben raffinierten *parodiae*, die Epigramme Martials in ein neues, christliches Gewand kleiden, steht die ganze Breite von Adaptationsmöglichkeiten epischer Verse. Sie reicht von der bloßen Übernahme einzelner Wendungen über ausführlichere Anklänge an zugrundeliegende Vorbildszenen bis zur ambitionierten Umgestaltung ganzer Passagen, zur Verknüpfung mehrerer Zitate aus verschiedenen Autoren in ein neues Ganzes und sogar zur Verbindung biblischer und epischer Formulierungen.[8]

Dabei beachten die Verfasser stets sehr genau die Wirkung, die das Zitat erzielen soll: die Texte sind in erheblichem Maße von religiösem Ernst getragen, so daß es nicht – oder doch nicht nur – darum gehen kann, lediglich virtuose *lumina* einzufügen. Die verwendete Dichterstelle sollte daher offensichtlich, zumindest bei der erkennbaren Adaptation längerer und bekannterer Passagen, möglichst auch eine ähnliche Tendenz aufweisen. Nicht zuletzt bedeutet dies eine interpretierende Stellungnahme des imitierenden Autors, einen bisweilen beinahe typologisch zu nennenden Durchblick in die antike Dichtung mit ihren vertrauten Gestalten. Dies ist typische christliche *aemulatio*, wie wir sie auch bei Jacopo Sannazaro und der Entstehung seines Epos *De partu Virginis* beobachten: ein Lavieren zwischen dem Respekt des Dichters vor den antiken Vorgängern und der Frage, ob deren Worte dem neuen, ehrwürdigeren Thema angemessen seien.[9]

Humanismus und Christentum bestimmen somit zu gleichen Teilen die sprachliche und gedankliche Gestaltung der *Descriptio templi*, und sie bestimmen zugleich die Sphäre der Universitäten und Schulen, in deren Umkreis die Gedichte zumeist entstehen. Daher es ist mehr als nur eine enkomiastische Floskel, wenn beispielsweise in der Würzburger Dichtung dem fürstbischöflichen Universitätsgründer Julius Echter bescheinigt wird, es sei seine *sola uoluptas | Musarum Diuumque inter requiescere caetus*.[10] Zweifellos ging es dabei nicht um zweckfreien Musendienst; die *studia humanitatis* und damit die Aneignung und Umformung des Überlieferten in eigenen Texten blieben im konfessionellen Zeitalter stets Mittel zum Zweck. An den Hochschulen stellten sie eine – allerdings unerläßliche – Durchgangsstufe zu den höheren Studien, vor allem der Theologie dar, und die Verbindung von *pietas* und *eloquentia* wurde in beiden großen Konfessionen das Bildungsideal.[11]

---

6 Beck 1958, 83–87; Reinsch 1994; Wiener 2001; s. dazu im einzelnen S. 250–253 (zu München) und 435–439 (zu Porrentruy).

7 Vgl. bes. S. 347 f. 354–356 (zu Molsheim).

8 Zu den hier skizzierten *imitationes* s. im einzelnen die Kommentare im II. Teil dieser Arbeit.

9 Fantazzi 1986, für Beispiele bes. 129 und 132.

10 ENCAENISTICA POEMATIA, *Nouae aedis adumbratio* V. 314 f.

11 Am bekanntesten ist Johannes Sturms Straßburger Maxime *sapientem atque eloquentem pietatem finem esse studio-*

Unter diesen Umständen ist es selbstverständlich, daß die *Descriptio templi* oft und gern Assoziationen an vertraute literarische Bilder, Szenen und Figuren wachruft. Die folgenden Beispiele sollen verschiedene Möglichkeiten dieses Umgangs mit der Tradition illustrieren.

2. Auf Säulen ruht das Dach
Reminiszenzen an epische Paläste

Wer in den Darstellungen von Bauten in der antiken Literatur Anregung und Hilfe für die eigene poetische *descriptio* sucht, wird mit einem grundsätzlichen Problem konfrontiert: in der epischen Dichtung gibt es das Gesuchte eigentlich nicht. Das griechische wie das lateinische Epos kennt im wesentlichen drei Arten von Bauten, die einer Beschreibung würdig sind: Paläste epischer Herrscher,[12] Paläste von Göttern und allegorischen Gestalten[13] sowie Tempel verschiedener Gottheiten mit ihrem jeweiligen Schmuck – ein Motiv, das sich indes nur bei Vergil und Silius Italicus findet.[14] Allen diesen Bauten ist gemeinsam, daß sie fiktiv sind, es handelt sich also nach der rhetorischen Terminologie um τοποθεσίαι. Dies bedeutet zwar nicht, daß ihre Beschreibung deshalb prinzipiell einen anderen theoretischen Status erhalten müßte als die eines realen Gegenstandes: die Umwandlung in Sprache führt in beiden Fällen zu einer Selektion des Mitgeteilten, für die jeweils der Sprecher verantwortlich ist.[15] Es bedeutet allerdings, daß diese epischen Bauten stets nur in einer sehr unbestimmten Weise beschrieben werden, die sich in der Regel auf die Betonung prunkvoller Ausstattung

---

rum aus dem Jahr 1538 (s. dazu Schindling 1977, XV); bereits 1562 erhob aber auch die katholische Würzburger Domschule den *uir pius et doctus simul* in ihrem Motto zum Ideal (Schubert 1968, 285).

12 Il. 6,242–251 (Priamos); Od. 7,81–135 (Alkinoos); Apoll. Rh. 3,215–241 (Aietes); Verg. Aen. 7,170–191 (Latinus); Lucan. 10,111–126 (Kleopatra); Nonn. Dion. 3,124–179 (Kadmos).

13 Ov. met. 2,1–17 (Sol); Stat. Theb. 7,40–62 (Mars), 10,84–117 (Somnus); Claud. rapt. 238–245 (Ceres), Claud. c. mai. 10,86–96 (Venus). Hierher gehören auch der Palast Amors im Prosaroman des Apuleius (met. 5,1) sowie mittelalterliche Fortsetzungen des Modells (Alan. Anticlaud. 1,4: Palast der Natura, ebda. 8,1: Palast der Fortuna). Je besondere Erscheinungen sind der Augustustempel (Verg. georg. 3,13–36) als Beispiel für die metaphorische Bezeichnung eines Textes als Architektur und der allegorische Seelen-Tempel als Sitz der Sapientia und als Analogie zum Himmlischen Jerusalem (Prud. psych. 826–887).

14 Verg. Aen. 1,446–493 (Junotempel in Karthago), 6,9–33 (Apollotempel in Cumae); Sil. Pun. 3,17–33 (Herkulestempel bei Gades), 6,653–697 (Tempel in Liternum).

15 John Hollander hat in mehreren Arbeiten eine Trennung in „notional" und „actual ecphrasis" vertreten, wobei der erste Begriff alle Beschreibungen fiktiver oder nicht mehr erhaltener (Kunst-)Gegenstände umschließt (1988, hier 209; 1995, 4). Wenn Hollander über „notional ecphrases" sagt: „They conjure up an image, describing some things about it and ignoring a multitude of others which … we might assume were supplied by any reader who knew what images … looked like" (1988, 209), so gilt dies für die Beschreibung eines erhaltenen Kunstwerkes genauso, sobald dieses nicht synoptisch mit der Beschreibung vorliegt, also in diesem Augenblick gleichsam ebenfalls „nicht vorhanden" ist. Im übrigen scheint die Einführung des neuen Terminus „notional" überflüssig, da damit nicht mehr ausgedrückt ist als durch „fictitious" (Clüver 1997, 33 Anm. 13).

beschränkt. Für das „eigentlich Architektonische" scheinen die Beschreibungen dagegen „blind" zu sein.[16] Es gibt weder Maß- oder Größenangaben noch Hinweise auf die bauliche Konstruktion, Ausnahmen wie Verg. Aen. 1,505, wo Dido *media testudine templi* thront, bestätigen in ihrer vagen und insgesamt unanschaulichen Form die Regel. Das Phänomen setzt sich auch in der Dichtung späterer Epochen fort und ist nicht völlig mit der Annahme zu erklären, eine vage Szenerie von Glanz und Größe sei den Bedürfnissen der Handlung hinreichend angemessen. Vielmehr könnte es, wie schon vor längerer Zeit Jost TRIER und nach ihm Gerhard GOEBEL vermutet haben, auch mit dem besonderen Status der Baukunst zusammenhängen: die *architectura* ist keine *ars liberalis* und steht zudem mit einer weithin unzugänglichen Spezialsprache abseits, bis sie durch die Wiederauffindung des vitruvianischen Werkes (1409) und durch die neuen Schriften Albertis und seiner Nachfolger durchsichtiger wird:

> Damit die dichterische Beschreibung gebauter Räume sich aus der Befangenheit im märchenhaft Stofflichen, im bloß Phantastischen, in allegorischen und rhetorischen Konventionen löste, mußte die Baukunst zunächst einmal ihre ständische Isolierung durchbrechen, indem sie den Status einer ‚freien Kunst', und das heißt: wissenschaftlichen und literarischen Status erwarb. Sie mußte aus der Zunftgebundenheit der *artes mechanicae*, aus der Schriftlosigkeit einer lediglich oralen und ikonographischen … Bauhüttentradition heraustreten und sich der literarischen Öffentlichkeit mitteilen.[17]

Bei diesem Erklärungsmodell bleibt allerdings zu beachten, daß es in erster Linie auf das Verschwinden der realen Architektur aus der *mittelalterlichen* Literatur zutrifft, auf eine Zeit also, in der „die Baukunst … entweder als bloßes Handwerk oder als Hexerei eingeschätzt" wurde.[18] Vor allem aber scheint das Fehlen einer präzisen Beschreibung die Leser, soweit feststellbar, nicht im mindesten gestört zu haben: weder die antiken noch die Renaissancekommentare, beispielsweise zur *Aeneis*, thematisieren das Problem. Wenn daher die *Descriptio templi* mehrfach solche Reminiszenzen an großartige Bauten aus dem antiken Epos verwendet, so ging es dabei vor allem um die literarische *imitatio*, um das Wiedererkennen der Vorlage durch den Leser und um die Herstellung inhaltlicher Assoziationen, kaum dagegen um eine eigentliche Baubeschreibung mit antiken Worten.

In den *Descriptio-templi*-Texten haben drei der genannten epischen Prachtbauten Pate gestanden: der vergilische Tempel, zugleich *regia*, des Picus (Aen. 7,170–172), der Junotempel in Karthago (Aen. 1,446–497) und Lukans Palast der Kleopatra (Phars. 10,111–126). Dies ist nicht nur eine schmale Auswahl aus einem wesentlich größeren Repertoire; die Übernahmen beschränken sich auch stets darauf, das Vorbild in weni-

---

16 Goebel 1971, 17. Zum Phänomen dieser „Raumblindheit" auch in späterer Zeit ebda. 19. 24f. 32.
17 Goebel 1971, 33; vgl. ebda. 25.
18 Goebel 1971, 25 in Anlehnung an Trier 1929, 15.

gen Worten kurz aufblitzen zu lassen und so dem Leser eine Verständnisrichtung anzugeben.

Besonders augenfällig wird dies am Beispiel der *regia Pici*, die von Vergil mit knappen Worten vorgestellt wird:

> Tectum augustum ingens, centum sublime columnis,
> Vrbe fuit summa, Laurentis regia Pici,
> Horrendum siluis et religione parentum.

Die Würzburger Kirchenbeschreibung beginnt mit den Worten

> Vrbe fere summa statuit regalia primus
> Ille pater patriae studiis pallatia cunctis.[19]

Das neue Universitätsgebäude des Jahres 1582, zu dem die neun Jahre später einge-
weihte Kirche gehört, wird durch das Zitat *urbe summa* geradezu in den Rang eines
neuen Kapitols der Stadt erhoben, die sich auf einen geistigen Mittelpunkt neu aus-
richtet. Die Formulierung *regalia pallatia* des neuen Gedichtes stellt eine zusätzliche
Pointe dar, nimmt sie doch auf die seit der Antike und noch in den Renaissancekommentaren, zum Teil sogar bis heute weiter gepflegte Interpretation Bezug, nach der
Vergils skizzenhafte Erwähnungen von Bauten im vorrömischen Latium auf bestimmte
reale Bauwerke des augusteischen Rom zu beziehen sind.[20] So führte Georg Fabricius
in seinen „Observationes lectionis Virgilianae" zu Aen. 1,448 f. aus:

> Aerea cui gradibus surgebant limina, nexaeque | Aere trabes] Ad urbis Romanae praeclara aedi-
> ficia sui temporis interdum alludit, ut hoc loco ad Pantheum, in quo in hunc usque diem aeneae
> trabes et ualuae conspiciuntur. Ad Iani Gemini sacellum aeneum lib. 7. „Sunt geminae belli
> portae, sic nomine dicunt, Centum aerei claudunt uectes." Ad Apollinis Palatini templum
> marmoreum, lib. 6. „Tum Phoebo et Triuiae solido de marmore templa instituam." Ad Augusti
> Palatium, et porticum ἑκατόνζυλον, lib. 7. „Tectum augustum, ingens, centum sublime co-
> lumnis."[21]

Die zuletzt zitierte Bemerkung identifiziert die *Regia Pici* mit dem Haus des Augustus
auf dem Palatin. Wenn der Würzburger Autor auf die *Regia* anspielt und an dieser
Stelle zugleich das Wort *pallatia* verwendet, scheint er Fabricius' Identifikation zu folgen. Die Universitätsbauten ließen sich auf diese Weise zwar nicht ohne weiteres zum

---

19 ENCAENISTICA POEMATIA, *Novae aedis adumbratio* V. 30 f.
20 Vgl. besonders dezidiert in dieser Richtung Zarker 1985, dessen Sichtweise stark von Servius beeinflußt ist.
21 Vergil ed. Fabricius 1561, 2145–2170, hier 2153. Die zitierten Stellen: Aen. 7,607/609; 6,69 f.; 7,170. Fabricius folgt hier – wie auch zu 6,69 – Servius, der zu Aen. 7,170 bemerkt: *Tectum augustum ingens] domum,
   quam in Palatio diximus* (sc. ad 4,410) *ab Augusto factam, per transitum laudat: quam quasi in Laurolauinio uult
   fuisse.*

Sitz des Fürsten erkären, doch werden sie, ganz in dessen Sinne, aufs engste mit der landesherrlichen Macht verbunden und ihre zentrale Rolle noch einmal hervorgehoben.

Vom Palast der Kleopatra, den Lukan in über 20 Versen vorführt, ist in einem der Pruntruter Festgedichte nur noch ein Halbvers übriggeblieben: *Calcabatur onyx*.[22] Das Versatzstück dient hier dazu, eine Reminiszenz an den Glanz des Salomonischen Tempels zu erwecken. Es ist also inhaltlich in einen völlig anderen Kontext gerückt, doch der Zweck seiner Verwendung ist an der neuen Stelle kein anderer als in der Vorlage, denn der Pruntruter Dichter hält sich für die Schilderung des Tempels nicht an die präzisen Beschreibungen des Alten Testament (III Rg 6–7; Ez 40–43) mit ihren Maßangaben, sondern entwirft ein durch und durch „episches", also topisches Prunkgebäude: die Rede ist von Hunderten Säulen und von Edelstein und Gold im Überfluß. Was es genau mit dem *Templum* auf sich hatte, erfahren wir nicht.

Gerhard GOEBEL hat einen wichtigen Grundsatz der lateinischen epischen Baubeschreibung festgehalten: die Autoren halten sich, neben den Eindrücken von Prunk und Glanz, nahezu ausschließlich „an Bilder oder Reliefs, denen die Gebäude gleichsam als Ausstellungsfläche dienen".[23] Es werden also gewissermaßen nur Wände oder andere senkrechte Flächen (Türflügel) errichtet, um an diesen für die Handlung wichtige, oft symbolträchtige Bilder anordnen zu können.[24] Beispielhaft sind dafür sowohl die *Regia Pici* (Verg. Aen. 7,170–172: Bau, 173–191: Bildwerke im Inneren) als auch die *Regia Solis* (Ov. met. 2,1–4: angedeuteter Bau, 5–18: Türreliefs), vor allem aber der karthagische Junotempel (Aen. 1) und seine Imitation durch Silius (Pun. 6). Hier geht es nicht mehr um Baubeschreibung, sondern nahezu ausschließlich um die Wirkung der Bilder auf den Betrachter, mit dessen Augen uns der Dichter sie auch sehen läßt.[25] Dementsprechend wichtig ist diese Szene für die *Descriptio templi* geworden.

3. Sint lacrimae rerum
Vergil, die Tränen des Aeneas und das nicht beschreibbare Kunstwerk

Aeneas, der dem Seesturm entronnen und nach Karthago gelangt ist, erblickt auf den Bildern am Tempel der Juno seine eigene Geschichte (Aen. 1,456–493) und bricht,

---

22 ENCAENIA COLLEGII BRUNTRUTANI, *Ad eundem R.mum episcopum fundatorem* V. 24. Zu einer ausführlicheren Adaptation derselben Vorlage bei Georg Sibutus (um 1505) s. u. S. 108.

23 Goebel 1971, 17.

24 Es ist auffällig, daß sich die Epiker damit den Texten über Bildergalerien annähern, wie sie Lukian *(De domo)* und Philostrat, aber auch Renaissancedichter wie Giambattista Marino verfaßten.

25 Pöschl 1975, 120: „.... daß das Kunstwerk einen Betrachter hat, dem die Betrachtung zur Begegnung mit einem Schicksal wird, ... ist ein ... Merkmal, das Vergils Kunstbeschreibungen von allen früheren unterscheidet."

von der Größe des Schicksals und der Macht der Erinnerung ebenso getroffen wie ge-
rührt von Ruhm und Mitleid, von dem die Bilder in einem fremden Land zeugen, in
Tränen aus:

> Constitit et lacrimans „quis iam locus," inquit, „Achate,
> 460   Quae regio in terris nostri non plena laboris?
> En Priamus. sunt hic etiam sua praemia laudi,
> Sunt lacrimae rerum et mentem mortalia tangunt.
> Solue metus; feret haec aliquam tibi fama salutem."
> Sic ait atque animum pictura pascit inani
> 465   Multa gemens, largoque umectat flumine uoltum.

Die berühmte Szene ist wie geschaffen für eine Umdeutung im christlichen Kontext,
besonders wenn diese als Bezugspunkt eine Kirche und ihre Bildwerke wählt.

In der Ausgangsszene ist Aeneas bewegt angesichts des Mitleids mit seinem eigenen
Schicksal, das die Anbringung der Bilder in Didos Tempel bezeugt. Eine allgemeine
Beschreibung der Szene würde also etwa lauten: ein vom Schicksal Getriebener trifft
auf Bilder, die ihn persönlich betreffen und dadurch Empfindungen auslösen. Wenn
ein gläubiger *uiator* auf seiner Wanderung (die zugleich eine Lebensreise ist) eine Kirche betritt und dort die Leiden Christi dargestellt sieht, sind die Rollen und die Emotionen anders verteilt: hier sind nicht der Urheber der Bilder und seine Motive für
deren Anbringung,[26] sondern ausschließlich die Darstellung selbst von Bedeutung.
Da Christus aus der Sicht des Gläubigen auch für ihn persönlich gestorben ist, stellen
nun die Bilder für den Betrachter selbst eine Aufforderung zur *compassio* dar. Die besondere Beziehung zwischen dem leidenden Christus und dem gläubigen Christen tritt
an die Stelle der Selbstbetrachtung des Aeneas: der Betrachter sieht nicht sich selbst im
Bild, sondern muß sich bei dessen Betrachtung bewußt werden, daß dieses ihn so unmittelbar betrifft, *als ob es ihn selbst zeige.*

Die Wendung *sunt lacrimae rerum,* die bei Vergil nichts anderes besagt, als daß auch
die Karthager menschliches Empfinden besitzen,[27] kann unter diesen – und nur unter
diesen[28] – neuen Bedingungen einer christlichen Umgestaltung der epischen Szene

---

26 Bei den göttlichen Reliefs an Dantes Läuterungsberg ist dagegen diese Konstellation gewahrt: Kablitz 1998,
bes. 335–337 und 345 m. Anm. 58.

27 Horsfall 1995, 106 f.: „He weeps for the knowledge that the Trojans' *labor* is known even here … The genitive
is simple objective."

28 Am weitesten in einer metaphysischen, aber durch den Text nicht gedeckten Interpretation der Wendung ging
Theodor Haecker: „Dieser Halbvers ist der unübersetzbarste der Aeneis, ja der römischen Literatur überhaupt
… Der Halbvers … sagt nicht bloß – die erste, noch durchaus banale Erklärung –, daß gewisse Dinge von den
Menschen beweint werden, sondern auch, daß die Dinge selbst ihre Tränen haben, oder besser, daß da Dinge
sind, die mit keiner anderen Antwort zufrieden sind als mit Tränen, die durch nichts wirklich *erkannt* werden,
durch nichts anderes ausgeglichen werden können als durch Tränen und zuweilen selbst durch sie nicht: *aut
possit lacrimis aequare labores,* als wögen Tränen unsere Mühsal auf, da nur die blutigen Tränen des Menschen-
sohnes, der Zweiten Person der Trinität es konnten." (1938, 121 f. = 8. Kapitel „Tränen") Dies hat nichts mit

eine neue Bedeutung annehmen, wenn man sie sprachlich leicht verändert. Ein erster Schritt zu solcher Umgestaltung der Worte des Aeneas vor dem Tempel in eine Aufforderung an den Christen vor der Kirche ist schon früh und an einem prominenten Schauplatz literarischer *imitatio*, auf der Reichenau des 9. Jahrhunderts, unternommen worden. Mit großer Wahrscheinlichkeit wurde daraus sogar eine Inschrift am Portal oder im Inneren einer der Inselkirchen entwickelt: das 5. Gedicht aus der Appendix zu Walahfrid Strabos Werken steht unter der Überschrift *Versus ad basilicam scribendus*. Es setzt ein:

> Quisquis ad haec sacri concurris culmina tecti,
> Atque sub ingenti lustras dum singula templo:
> *Sint* lacrimae rerum et mentem mortalia *tangant* …[29]

Das Reichenauer Gedicht vollzieht allerdings noch nicht den endgültigen Schritt zum religiösen Appell, denn wie bereits der Schluß des dritten Verses (*mortalia* tangant) ankündigt, geht es hier noch gar nicht um Passion und Mitleiden, sondern um das reale Schicksal des Bauwerks, das in ruinösen Zustand gefallen war und nun wiederhergestellt ist – wir haben also eine herkömmliche, christliche Restaurierungs-Inschrift in literarisch überhöhter Form vor uns.

Die *Descriptio templi* adaptiert die Szene am karthagischen Tempel wesentlich ausführlicher und radikaler, und wieder ist es das Würzburger Gedicht, das als erstes seiner Art sogleich Maßstäbe setzt. Mehrmals flicht der Verfasser Reminiszenzen an dieses Vorbild ein, sei es, daß er selbst in der Rolle des Aeneas vor der Kirche steht und der prunkvolle Einzug der Dido und ihres Hofes sich im Festzug der Fürsten und geladenen Gäste wiederholt, sei es, daß Karthagos Bauwerke mit Worten der Vorlage evoziert werden.[30] Entscheidend für die beschriebene christliche Umdeutung sind jedoch Bezüge auf die religiöse Kunst, so die Verwandlung von *Iliacas ex ordine pugnas* (Aen. 1,456) in *innumeras ex ordine poenas* angesichts der Passionsbilder in den Kirchenfenstern[31] oder der *illacrymans uiator* vor dem Bild des Fürstbischofs auf dessen Kenotaph, das zu Gedanken über Ruhm und Vergänglichkeit inspiriert.[32]

Zu der Aeneas-Szene tritt eine weitere, in gleicher Weise umgedeutete hinzu. Die

---

Vergil zu tun, dagegen einiges mit der christlichen Vergiladaptation, die wir im folgenden besprechen; es sei daran erinnert, daß Haecker eines seiner abschließenden Kapitel über Vergil unter die Überschrift „Anima naturaliter Christiana" stellte. Auch die Reaktion des Aeneas ist keineswegs Gegenstand des Halbverses, wie dies Pöschl (1975, 120 f.) annehmen wollte.

29 MGH Poetae Latini medii aevi 2, 425 f.; Vers 1 variiert Ven. Fort. carm. 1,2,1, Vers 2 Verg. Aen. 1,453, Vers 3 Aen. 1,462.

30 ENCAENISTICA POEMATIA, *Nouae aedis adumbratio* V. 15–16. 90.

31 ENCAENISTICA POEMATIA, *Nouae aedis adumbratio* V. 159. Angesichts der zeittypischen Interpretation der Passion bzw. ihrer Darstellungen als dramatisches Ringen Christi wäre sogar eine Beibehaltung des Wortes *pugna* denkbar gewesen.

32 ENCAENISTICA POEMATIA, *Nouae aedis adumbratio* V. 257 ff.

Verzweiflung des Nisus, der seinen Freund Euryalus von den Feinden ergriffen sieht und an seiner Stelle zu sterben begehrt (Aen. 9,427 ff.), drückt, ins Christliche gewendet, die Haltung aus, im Angesicht der Passion die Stelle des leidenden Erlösers einnehmen, ihm „nachfolgen" zu wollen.[33] Die *Descriptio templi* erweist sich damit erneut als Dokument einer Haltung, für die nur eine emotionale Reaktion eine angemessene Antwort auf das religiöse Kunstwerk ist. Fehlt sie, so ist sein eigentliches Wesen und Ziel nicht erfaßt.[34]

Bei der Gestaltung einer Kunstbeschreibung mit vergilischen Zitaten durfte schließlich eine Allusion auf die Schildbeschreibung im 8. Aeneisbuch nicht fehlen. Der Dichter der *Nouae aedis adumbratio* erinnert mit den Worten *nullis templum enarrabile uerbis* an Vergils Wort vom *clipei non enarrabile textum*,[35] und man darf hierin durchaus mehr erblicken als lediglich eine Variation des Unsagbarkeitstopos. Sowohl die antike als auch ein Großteil der modernen Vergilphilologie hat die Wendung zwar entweder als bloße Umschreibung dafür werten wollen, daß Vergil hier nur einen Teil der auf dem Schild dargestellten Vielfalt in Worte fassen könne oder wolle,[36] oder man hat darin eine Umschreibung der göttlichen und deshalb nicht beschreibbaren Kunsttechnik gesehen.[37] In den letzten Jahren ist aber erkannt worden, daß man genauer beachten muß, aus wessen Perspektive Vergil hier spricht: der Schild ist *non enarrabile* nicht für den Dichter, sondern für den Betrachter.[38]

Die Dichter der Renaissance hielten weniger strikt an der servianischen Tradition fest als die Vergilkommentatoren. Und so finden wir bei Vergils prominentem Nachfolger Girolamo Vida den Beleg dafür, daß man die berühmte Stelle durchaus tiefsinniger verstehen – und adaptieren – konnte. In der *Christias* zeigt Vida mit Vergils Worten, daß mit der Sprache des Menschen zugleich das Vermögen, die Bedeutung des Gesehenen ganz zu erfassen, an Grenzen stößt. Im 1. Buch des Epos führt Christus die Jünger im Tempel zu einer Reihe von Reliefbildern, auf denen die Welt dargestellt ist (Christ. 1,582–724). Homers und besonders Vergils weltabbildender Schild kehrt

---

33 ENCAENISTICA POEMATIA, *Nouae aedis adumbratio* V. 491–493; INAUGURALIA COLLEGII SOCIETATIS IESU MOLSHEMENSIS, *Descriptio templi Molshemensis* V. 515–517.

34 Vgl. James – Webb 1991, 10.

35 ENCAENISTICA POEMATIA, *Nouae aedis adumbratio* V. 80 nach Verg. Aen. 8,625.

36 Serv. Aen. 8,625 *non enarrabile textum*] bene ,non enarrabile': cum enim in clipeo omnem Romanam historiam uelit esse descriptam (…) carptim tamen pauca commemorat; wörtlich übernommen z.B. bei Pontanus 1599, 1793f. Aus unserer Zeit s. z.B. Hardie 1986, 346.

37 Verg. Aen. ed. Williams 1977, 267: „'the indescribable texture', i.e. the way that the various layers were made into a unity. Servius is wrong *(sic!)* in relating 'non enarrabile' to the pictures; it refers to the workmanship."

38 Eine solche Deutung hat m.W. bisher nur Ulrich Eigler versucht, indem er die entscheidende Frage „Für wen *non enarrabile*?" gestellt und richtig beantwortet hat: für den Betrachter Aeneas (1994; Zitat S. 158). Ansätze zu einer Deutung im übertragenen Sinne unternimmt auch Putnam 1998, 188, beschränkt sich jedoch viel zu sehr auf technische Probleme (Verluste bei der Übertragung von Bild in Sprache), anstatt zu fragen, ob sich nicht auch Bedeutung und Wesen des Gegenstandes dem Verständnis und der Sprache entziehen und daher „unsagbar" sein können (vgl. Pers. 5,29 *quod latet arcana non enarrabile fibra*).

hier als eine Bilderfolge wieder, die die Herkunft des epischen Helden zeigt und ihm im Sinnbild des Pelikans (Christ. 1,721–724) seine Zukunft andeutet: *his animaduersis portis bipatentibus ibat | Multa putans …*[39] Das Geschehen wie das Gesehene übersteigt menschliches Maß:

> Sic fatus monstrat miras in marmore formas,
> Argumentum ingens, senum monimenta dierum,
> Magna quibus magni compacta est machina mundi,
585 Et ueterum euentus et prisca ex ordine auorum
> Facta, **haud humanis opus enarrabile uerbis**.
> Non illic hominum effigies simulacraue diuum,
> Arcanis sed cuncta notis signisque notauit
> Obscuris manus artificis, non hactenus ulli
590 Cognita, non potuere ipsi deprendere uates.

Ebenso, wie hier über menschliches Maß hinausgehende Dinge gezeigt sind, weist die Kirche als Abbild und Zeichen über ihre Gegenwart als sakrales Bau- und Kunstwerk hinaus und kann somit nur teilweise im beschreibenden Wort des Dichters erfaßt werden. Eine Beeinflussung durch Vidas Interpretation des zugrundeliegenden Vergilverses scheint mir angesichts des regen Gebrauchs, den der Würzburger Dichter an anderen Stellen von der *Christias* gemacht hat, sehr wahrscheinlich.

4. Martials Epigramme auf Bauten

Mit Martials panegyrischen Epigrammen auf kaiserliche und andere stadtrömische Bauten rückt erstmals eindeutig reale Architektur in den Blick der lateinischen Dichtung. Auch hier gibt es jedoch keine detaillierten Beschreibungen. Die bekannte Betonung des prunkvollen Interieurs findet sich bei Luxusvillen wieder (12,66). Bei den Bautengedichten an den Kaiser (epigr. 1; 8,36) treten Einzelheiten hinter Topoi wie dem Weltwunder-Vergleich zurück. Ebendies ließ allerdings die Martial-Epigramme für die Kirchenbeschreibungen attraktiv werden, und so sind zahlreiche Stücke, teilweise in anspruchsvoller *parodia*, in der *Descriptio templi* verarbeitet worden. Die Gedankenschärfe und pointierte Kürze der Vorbilder reizte hier besonders zur Nachahmung; sie traf einen Nerv der frühneuzeitlichen Literaten und zeugt damit vom Gefühl einer Verwandtschaft zwischen der Kaiserzeit und *nostrorum temporum ingenium* (M. Rader).[40]

---

39 Christ. 1,725 f. (Jesus verläßt den Tempel).
40 Vgl. Kühlmann 1982, 233 m. Anm. 127.

5. Glanz und Feier
Statius' Silvae, das Problem der hexametrischen Einzelekphrasis und die epideiktische Tradition

Statius ist mit seinen *Silvae*, insbesondere den Stücken auf Bau- und Kunstwerke, zu einer bedeutenden Inspirationsquelle der *Descriptio templi* geworden. Dieser naheliegend erscheinende Umstand bedarf jedoch der Differenzierung. Zu unterscheiden sind (1) sprachlich-motivische Anleihen, (2) die Frage einer Gattungstradition der hexametrischen Einzelekphrasis und (3) die Verwandtschaft mancher *Silvae* wie auch der *Descriptio templi* mit dem epideiktischen Redegenus, die uns auch die Überleitung zur Frage erlauben wird, ob die *Descriptio templi* ihrem Wesen nach eher rhetorischen als poetischen Charakter trägt.

1. Unmittelbare Anziehungskraft auf Dichter der *Descriptio templi* haben die *Silvae* vermutlich deshalb ausgeübt, weil man hier erstmals überhaupt poetische Baubeschreibung in einer gewissen Ausführlichkeit fand. Statius' subjektive Betrachtungsweise bringt es allerdings mit sich, daß auch in den *Silvae* präzise Beschreibungen nicht zu finden sind, und so sind die von dort übernommenen Formulierungen zum großen Teil erneut Variationen über Glanz und Kostbarkeit der Ausstattung. Als ein ebenso wichtiges Element tritt aber die Perspektive des staunenden und reagierenden Betrachters hinzu, die gleichfalls übernommen wird; dies gilt insbesondere für die Villenbeschreibungen (silv. 1,3; 2,2), aber auch für den *Ecus Domitiani* (1,1) und den *Hercules Surrentinus* (3,1). Gerade diese Haltung ließ sich bestens auf die *Encaenia*-Situation und das Staunen eines Besuchers der neuen Kirche übertragen, deren Glanz auch nach Ansicht der (katholischen) zeitgenössischen Theologie den Betrachter gefangennehmen und in ihm das Gefühl eines „Vorhimmels" erwecken sollte.[41]

2. In der erhaltenen lateinischen Literatur tritt die Beschreibung eines Gegenstandes in Hexametern losgelöst von einem epischen Handlungsrahmen erstmals bei Statius auf. Die Frage nach der Entstehung dieser poetischen Form ist außerordentlich kompliziert und hat bis heute keine wirklich befriedigende Antwort erfahren. Zwar hat schon Paul FRIEDLÄNDER festgehalten, daß zahlreiche verschiedene Gattungen (darunter sind Elegie, Epigramm, Lyrik und Epistel) zu ihrem Entstehen beigetragen haben,[42] doch waren damit nur Einflüsse benannt, nicht aber die neue Form selbst erklärt. Alex HARDIE, noch 1983 mit einer unveränderten Problemlage konfrontiert, unternahm den Versuch, Statius' Dichten unter Hinweis auf dessen Herkunft aus Neapel aufs engste mit der griechischen Tradition „epideiktischer" Dichtung zu verknüpfen, also mit der Be-

---

41 S. u. S. 201. Anm. 136; vgl. HEBENSTREIT, *Sylva* V. 213 f. *pandite nunc templum, in speciem omnipatentis Olympi | Pandite!* (Rufe des Volkes).

42 Friedländer 1912, 61 und die folgenden Einzelanalysen nach Gattungen (62–68).

handlung rhetorischer Themen in gebundener Sprache. Die Wahl des Metrums hätte demnach auf der Hand gelegen: Feste, öffentliche Anlässe und Panegyrik, typische Themen der *Silvae*, fallen in der Prosarede in den Bereich des Genos epideiktikon, und:

> just as epideictic rhetoric had been characterised from the start by the use of the 'grand' style of speaking, so its poetic equivalent found the elevated epic hexameter the most suitable medium of expression.[43]

Eine gewisse Schwierigkeit besteht bei HARDIEs These darin, daß die postulierte griechische epideiktische Dichtung wenigstens aus der Zeit des Statius kaum überliefert ist. Entsprechende Beispiele kennen wir jedoch aus dem Hellenismus und aus der Spätantike: neben der fragmentarischen Überlieferung griechischer Stücke ist besonders an die Hexameterdichtungen des (aus der östlichen, also griechisch geprägten Reichshälfte stammenden) Claudian zu denken,[44] an dessen epischen Panegyrici sich die Orientierung an rhetorischen Mustern gut erkennen läßt. Tatsächlich ist die Lage jedoch komplizierter: so ist nicht nur daran erinnert worden, daß der Hexameter als Versmaß einer *Silva* durchaus nicht obligatorisch ist,[45] sondern HARDIE hat auch bereits selbst betont, daß manche der *Silvae* sich am besten als „erweiterte Epigramme" verstehen lassen.[46] Die hexametrische „epideiktische" Dichtung scheint also nicht in jedem Fall unerläßlicher Bestandteil der Entstehung der statianischen Gedichte zu sein.

Klarer als die Entstehung der hexametrischen *Silva* selbst ist ihre Wirkungsgeschichte zu erkennen. Allerdings bleiben auch hier Zweifel, ob die ausnahmslos hexametrische Kirchenbeschreibung der Spätrenaissance sich darin bruchlos einfügt: zwar erleben die Gedichte des Statius, insbesondere diejenigen mit ekphrastischen Zügen, in der Spätantike eine bedeutende erste Renaissance (Ausonius, Claudian, Sidonius), die im 4.–5. Jahrhundert aufblühende christliche Dichtung auf Kirchen (Ambrosius, Paulinus von Nola) bevorzugt jedoch, von Inschriften ausgehend, fast ausschließlich das elegische Distichon. Die hexametrische *Descriptio templi* ist somit nach ihrer äußeren Form *kein* Teil der christlichen Dichtungstradition und hat äußerlich auch wenig mit deren neulateinischer Wiederbegründung gemein, wie sie insbesondere der schon als Vergilkommentator zitierte Georg Fabricius mit seinen an Prudentius orientierten *Poemata sacra* repräsentiert.[47]

Läßt sich demnach sagen, die *Descriptio templi* übernehme Metrum und Zitate aus Statius und verknüpfe sie auf der inhaltlichen Seite mit der spätantik-frühmittelalterlichen Tradition christlicher Bautendichtung? Selbst dies scheint mir eine zu starke

---

43 Hardie 1983, 88 (unter Bezugnahme auf das hexametrische Ptolemaios-Enkomion Theokr. eid. 17).
44 Hardie 1983, 86.
45 Van Dam 1988, 707. Auch unter den Gedichten Martials findet sich mit dem Gedicht auf die Villa des Iulius Martialis am Ianiculus (4,64) ein vergleichbares, „ekphrastisches" Stück in Elfsilbern statt Hexametern.
46 Hardie 1983, 119–136.
47 HUMANISTISCHE LYRIK 1315 f.

Schematisierung zu sein, vor allem deshalb, weil nur eines – allerdings das Würzburger und damit das erste – unserer Gedichte mittels ausgiebiger Zitate wirklich eindeutig auf Statius Bezug nimmt.[48] Es erscheint deshalb ebenso denkbar, daß nur an dieser einen Stelle bewußt an die antike Tradition angeknüpft wurde, während die späteren Kirchenbeschreibungen sich in Form und Metrum eher an ihren unmittelbaren Vorgängern innerhalb des *descriptio*-Corpus orientierten. Der rege Austausch der Encaenialdrucke insbesondere zwischen den Jesuitenkollegien ist durch Zitate der *descriptiones* untereinander sowie durch Korrespondenzen und erhaltene Exemplare aus Kollegbibliotheken gut dokumentiert.

Eine Gattungstradition der hexametrischen Einzelekphrasis wird demnach durch die *Descriptio templi* nicht so sehr bewußt weitergeführt als vielmehr in einer veränderten historischen Situation neu begründet. Die überlieferte Form wird dabei auf ein zeittypisches Thema, die festliche Kircheneinweihung, übertragen; sie wird für etwa ein Jahrhundert zur üblichen Ausdrucksform christlich-panegyrischen Bauten- und Herrscherlobes. Daß die Wahl des Metrums dabei auf den stichischen Hexameter fiel, kann durch die Form der vielzitierten epischen Vorbilder (insbesondere Vergil) und eben auch der *Silvae* bedingt sein; zugleich wird man aber auch bedenken müssen, daß dem Epos Vergils und dem Hexameter in den Renaissancepoetiken insgesamt eine privilegierte Rolle zukommt.[49]

3. HARDIE hat die *Silvae* als Verschmelzung der griechischen Tradition öffentlicher ἐπίδειξις mit der römischen Gelegenheitsdichtung vorwiegend privaten Charakters zu verstehen gesucht.[50] Er wendet sich damit von älteren Versuchen ab, die Natur der *Silvae* vorwiegend aus dem Vergleich mit thematisch ähnlichen Texten anderer Gattungen zu erschließen (vgl. FRIEDLÄNDERs Geschichte der Ekphrasis), und begreift sie als durch das gemeinsame rhetorische Prinzip des Epideiktisch-Enkomiastischen verbundenes Genus.[51] Durch die Einbeziehung des literarischen Hintergrundes entgeht er dabei auch dem um 1900 viel vertretenen Irrtum von der Herkunft der *Silvae* aus „der Rhetorenschule", also aus den schematischen Progymnasmata, gegen den schon FRIED-

---

48 Über ein Beispiel aus weit späterer Zeit s. II. Teil, D.I.3. Zur Benutzung des Statius bei Franz Keller SJ (1700–1762), *Augustae Carolinae virtutis monumenta seu aedificia a Carolo VI. Imp. Max. P. P. per orbem Austriacum publico bono posita*, Wien 1733, vgl. Matsche 1981.

49 Für die christliche Renaissancedichtung ist außerdem signifikant, daß Jakob Pontanus die Ehrwürdigkeit des Hexameters – hier als Metrum von Hymnen – nicht nur mit bedeutenden literarischen Vorläufern wie Orpheus, Homer und Kallimachos begründet (1594a, 163 = Poet. inst. 2,35), sondern auch mit einem theologischen Traditionsargument (ebda. 145 = Poet. inst. 2,31): *... non uideo quare hymni inuentionem non iustius Hebraeis concedamus, cum et Moyses hexametris uersibus compositum carmen, teste Iosepho, id est, hymnum Deo cantauerit.* Vgl. dazu bereits Isid. etym. 1,39,11 *hunc* (sc. *uersum hexametrum*) *primum Moyses in cantico Deuteronomii longe ante Pherecyden et Homerum cecinisse probatur.*

50 Hardie 1983, 102. 150.

51 Hardie 1983, 92.

LÄNDER mit guten Gründen protestiert hat.[52] Das eigentliche Verdienst HARDIEs liegt darin, daß er mit der Ablehnung der „Schul-These" nicht etwa zugleich die gesamte Rhetorik aus seiner Untersuchung ausschließt, sondern vielmehr die gegenseitige Beeinflussung von epideiktischer Rhetorik und Dichtung annimmt.[53]

Auch für die *Descriptio templi* ist die Frage von großer Bedeutung, ob sie mit den *Silvae* nicht letztlich weniger aufgrund textlicher oder formaler Parallelen zusammenzustellen ist als vielmehr aufgrund des beiden Corpora gemeinsamen epideiktisch-enkomiastischen Charakters, ob also die Ähnlichkeiten, die hinsichtlich Metrum, Form und z. T. Sprache (Zitate) bestehen, nicht sekundär sind im Vergleich zu Faktoren wie Situation, Publikum, Rezitation (dazu s. u.) usw. Wir nähern uns damit der zu Beginn (s. S. 23) bereits erwähnten Problematik, ob Situationen von typischem Charakter auch eine typische Ausprägung zugehöriger Texte entsprechen kann. Allerdings interessiert uns dabei nicht die Vielfalt der möglichen Situationen, da die *Encaenia* einem weitgehend festen Ablauf folgen,[54] sondern die Auswirkungen, welche die spezielle Situation der Kircheneinweihung auf den öffentlich in Erscheinung tretenden Dichter hat.

Ein bemerkenswertes Beispiel für solche Dichtung finden wir wiederum bei Statius. In silv. 3,1 (*Hercules Surrentinus Pollii Felicis*) wird aus der Sicht des teilnehmenden Dichters von den Dedikationsfeierlichkeiten des Herkulestempels berichtet, den der reiche Pollius wesentlich größer als zuvor neu errichtet hat. Das Gedicht vereint vielerlei Traditionen: wir finden hier Anklänge an das klassische Dedikationsepigramm (V. 1–6), die Motive des Staunens und der erregten Fragen angesichts des Neuen (V. 7–22), zwei κλητικοὶ ὕμνοι an den göttlichen Bewohner des neuen Heiligtums (V. 23–48. 154–162) und als zentralen Teil eine umfangreiche aitiologische Erzählung der Entstehungsgeschichte des Tempels (V. 49–153). Hinzu kommen zwei wörtliche Reden des in sein Heiligtum einziehenden Gottes selbst (V. 91–116, innerhalb des Aitions, und 166–188). Man kann dieses Gedicht, wiederum mit HARDIE, als eine Verknüpfung zweier Sichtweisen der Tempeleinweihung interpretieren: der eigentlichen Dedikation, die ihren Ausdruck in der einmaligen, unwiderruflichen römischen Dedikationsformel findet (= Nähe zum anathematischen Epigramm), und eines größeren, der griechischen Tradition zuzurechnenden Zeremoniells, zu dem z. B. der κλητικὸς ὕμνος gehört und dessen Ablauf vor den Augen des Lesers für den „okkasionellen" Charakter des Gedichtes sorgt.[55]

Letzteres entspricht ganz der typischen *Descriptio templi*, in der die Konsekrationsfeier die Szenerie für die Dichtung bildet, und in dieser Hinsicht darf silv. 3,1 durchaus

---

52 Friedländer 1912, 60 f. m. Anm. 3. Friedländers ablehnender Haltung ist besonders Hubert Cancik gefolgt (1965, 34–37; 1986, 2701 f.) Vgl. dazu u. D.II.3.

53 Hardie 1983, 92. Ablehnend Van Dam 1984, 5 f. und (in unnötig scharfem Ton) 1988, 711.

54 Vgl. hierzu insbesondere die historischen Einleitungen zu den einzelnen Gedichten im II. Teil dieser Arbeit.

55 Hardie 1983, 125 f. Gegenüber der Auffassung von Carole Newlands (1991), die den sorrentinischen Tempel in Analogie zu Verg. georg. 3 vornehmlich als Sinnbild für Statius' Dichtung verstehen will, scheint mir dagegen Skepsis angebracht.

als ein anregendes Modell des neulateinischen Einweihungsgedichtes gelten; sie ist dann auch in der Würzburger Kirchenbeschreibung mehrfach zitiert worden. Allerdings enthält das Gedicht des Statius keine Beschreibung des Bauwerks und illustriert damit nur die eine Seite der *descriptio*-Gedichte.[56]

Bauwerksbeschreibung *und* Einweihungsthematik finden wir gemeinsam erst in christlichen Texten. Die Gründe für die Verbindung beider Teile liegen auf der Hand: erst am Tag, an dem die Heiligen das neue Gotteshaus mit Leben und Bedeutung erfüllen, darf man dieses zu Recht in seinem prächtigen Schmuck preisen, ohne sich der Gefahr auszusetzen, lediglich äußerlichen, weltlichen Prunk zu loben. Sobald aber die Kirche geweiht und damit zur Nachfolgerin des Alten Tempels ebenso wie zum vorausweisenden Zeichen der himmlischen Kirche geworden ist, wird der Lobpreis von Kunst und Glanz geradezu verpflichtend. Am deutlichsten zeigt sich dieser Zusammenhang in den frühmittelalterlichen Dichtungen auf Kirchen: hier finden sich ekphrastische Passagen über den Reichtum der Ausstattung üblicherweise als Bestandteil von Dedikationsinschriften, also direkt mit dem Vorgang der Sakralisierung verbunden. Der Betrachter des Kunstwerks wird *in situ* zum Leser der erklärenden Inschrift (die damit auch eine sehr große Nähe zum Bild-Titulus bewahrt) und erfährt daraus zugleich den Sinn des Bauwerks und der in ihm entfalteten Pracht. Scharfsinnig argumentiert beispielsweise Venantius Fortunatus, wenn er in *De ecclesia Parisiaca* (carm. 2,10) zuerst den Bauluxus für die Kirche insgesamt abzulehnen scheint (V. 5–10), dann jedoch, im Gegensatz zum alten Tempel mit seinen unreinen Opfern, sehr wohl den reinen Lichtglanz des neuen christlichen Sakralbaus preist, indem er eine Ekphrasis liefert (V. 11–16):

5 Floruit illa* quidem uario intertexta metallo:	* V. 1: Salomoniaci machina templi
Clarius haec Christi sanguine tincta nitet.	

5   Floruit illa* quidem uario intertexta metallo: * V. 1: Salomoniaci machina templi
      Clarius haec Christi sanguine tincta nitet.
   Illam aurum, lapides ornarunt, cedrina ligna:
      Huic uenerabilior de cruce fulget honor.
   Constitit illa uetus ruituro structa talento:
10   Haec pretio mundi stat solidata domus.
   Splendida marmoreis attollitur aula columnis
      Et quia pura manet, gratia maior inest.
   Prima capit radios uitreis oculata fenestris
      Artificisque manu clausit in arce diem;
15   Cursibus Aurorae uaga lux laquearia complet
      Atque suis radiis et sine sole micat.

---

56 Die Folge des κλητικὸς ὕμνος, also den Einzug der Gottheit in ihr neues Domizil, behandelt anschaulich Ov. fast. 5,545–552 (Mars Ultor), eine Stelle, die folgerichtig auch in der *Descriptio templi* nachgeahmt worden ist. S. u. S. 443 f. – Genau entgegengesetzt ist Prop. 2,31, wo die Einweihung des Apollo Palatinus lediglich zum Anlaß einer Kunstschilderung epigrammatisch-illusionistischen Stils wird (2,31,5 f.: *hic equidem Phoebo uisus mihi pulchrior ipso | marmoreus tacita carmen hiare lyra*). Ich sehe allerdings nicht, weshalb Friedländer das Gedicht als „mißlungenes Zufallsprodukt" abtut (1912, 61 Anm. 4).

Haec pius egregio rex Childebercthus amore
Dona suo populo non moritura dedit.[57]

Eine noch vielgestaltigere Verknüpfung verschiedener Elemente finden wir schließlich in der etwa zur gleichen Zeit in Konstantinopel entstandenen Bauinschrift der Poly-euktos-Kirche (Anth. Pal. 1,10). Ihre 76 stichischen Hexameter waren nachweislich auf einem umlaufenden Band sowie mehreren einzelnen πίνακες in bzw. an der Kirche zu lesen,[58] allerdings an verschiedenen Stellen. Daß die Verse dennoch als ein zusam-mengehöriges Gedicht verstanden worden sind, zeigt sowohl die Verteilung auf den πίνακες ohne Rücksicht auf Sinneinschnitte[59] als auch die fortlaufende Schreibung des Ganzen in der Handschrift. Die Inschrift artikuliert zunächst einen allgemeinen Lobpreis der Stifterin Juliana Anicia (V. 1–41). Diese wird sodann in die mit Konstan-tin beginnende Reihe der großen Bauherren der Stadt eingereiht und hat mit ihrem Werk zugleich den Tempel Salomos übertroffen (V. 42–50; sowohl Konstantin als auch Salomo werden als vorbildhafte Kirchenerbauer auch in der *Descriptio templi* wieder begegnen). In einem dritten Teil verleiht der Autor seiner Bewunderung über die Grö-ße, den Glanz und das Spiel des Lichtes – dies ein typisch byzantinisches Ekphrasismo-tiv[60] – emphatisch Ausdruck und beschreibt den Bau mit einer Mischung aus Topoi des Überflusses und genauen Detailangaben (V. 51–73).[61]

Fassen wir zusammen: in silv. 3,1 tritt der Dichter selbst als aktiver Teilnehmer an einer Dedikationsfeier auf, ja er spricht sogar nach eigenem Bekunden den zweiten Gebetshymnus selbst (V. 163 f.: *haec ego nascentes laetus bacchatus ad aras | libamenta tuli*), beschreibt aber nur allgemein die Landschaft und die Lage des Bauwerks. In den christ-lichen Dedikations-Inschriften des Westens wie des Ostens dagegen finden sich echte Baubeschreibungen, doch tritt ihr Verfasser nicht selbst in Erscheinung. Unser Blick richtet sich daher jetzt auf jene Texte, in denen *beide* Bestandteile der *Descriptio templi* ebenfalls gemeinsam begegnen und deren Tradition die Gedichte der frühen Neuzeit

---

57 Schon zur gleichen Zeit kann sich aber auch diese Darstellungsform von ihrem ursprünglichen epigraphischen Kontext lösen und zum langen selbständigen Gedicht werden (vgl. Ven. Fort. carm. 10,6 *ad ecclesiam Toroni-cam*).

58 Nach den Randglossen in der einzigen Handschrift (Pal. Gr. Heid. 23); s. Friedländer 1912, 59 Anm. 4. Unrichtig nahm noch Waltz (éd.) 1960, 6 einen literarischen Ursprung von 1,10 an; ihm zufolge wäre nur Einzelnes später in der Kirche angebracht worden. Waltz verstand hier das von Friedländer nach der Hand-schrift mitgeteilte Scholion zu V. 31 ταῦτα … ἐν τῷ ναῷ … περιγράφονται falsch (S. 16 Anm. 4), unter-schlug aber auch Glossen zu V. 41, 46 und 63 und gab für die Glosse zu V. 59–61 zudem fälschlich „Schol. ad I,10,69" an. Den Beweis für die Anbringung des Gedichtes im Kirchenraum lieferten – ebenfalls seit 1960 – Grabungen in Istanbul, bei denen Teile der Inschrift gefunden wurden: Mango – Ševčenko 1961. S. jetzt den schönen Band von Martin Harrison (1989, mit photographischem Conspectus der Inschriftenfragmente auf S. 128); Koder 1994, bes. 135–137; Kiilerich 2000. Vgl. auch die folgende Anm.

59 Anders und mit neuen Überlegungen zur Anordnung der Texte: Speck 1991.

60 Wulff 1929/30, 535 f.

61 V. 67 f.: „auch der Hundertäugige vermöchte nicht alle Kunstwerke zu überschauen"; V. 69–73: doppelte Säulenstellung und Gemälde (γραφίδες ἱεραί) mit der Taufe Konstantins d. Gr.

aufgrund ihres Themas und ihrer Entstehungssituation nahestehen: die ekphrastisch-panegyrischen Einweihungsreden, die wiederum sowohl in Prosa als auch in Hexametern auftreten.

II. Enkomion und Encaenia
Die Descriptio templi zwischen ekphrastischer Festdichtung und Kirchweihpredigt

In einem Überblick über Vorläufer und Parallelen der *Descriptio templi* darf das wohl berühmteste Beispiel einer poetischen Kirchenekphrasis nicht unerwähnt bleiben: die Ἔκφρασις τοῦ ναοῦ τῆς Ἁγίας Σοφίας des Paulos Silentiarios[62] vom Januar 563. Dieses in Umfang und Inhalt gleichermaßen einzigartige Gedicht aus 1029 Versen (größtenteils stichische Hexameter, unterbrochen von drei jambischen Vorreden) stellt in vieler Hinsicht eine besonders enge Parallele zu den enkomiastisch-ekphrastischen Texten der Zeit um 1600 dar. Es sei jedoch vorab betont, daß eine direkte Abhängigkeit weder nachweisbar noch nach dem heutigen Forschungsstand chronologisch möglich ist, da die einzige Handschrift des Paulos erst einige Jahre nach der Entstehung der *Descriptio-templi*-Tradition bekannt wurde. Gleichwohl eignet sich die Ἔκφρασις wie kein anderer Text dazu, die spezifische Form der lateinischen Kirchenbeschreibungen genauer zu verstehen.

1. Das Gedicht des Paulos Silentiarios
Ekphrasis als öffentliches Enkomion

Das Gedicht des justinianischen Hofbeamten Paulos entstand anläßlich der Wiedereinweihung der nach einem Erdbeben (557) restaurierten Hagia Sophia. Wie aus Scholien zum Text hervorgeht, wurde es vom Verfasser selbst vor der Festversammlung vorgetragen, zu der auch der Kaiser und der Patriarch von Konstantinopel zählten. Der Vortrag erfolgte indes nicht am Tag der eigentlichen Weihe (24. Dezember 562), sondern vermutlich am darauffolgenden Epiphaniasfest,[63] doch gab gerade dies dem Dichter Gelegenheit, die festlichen Ereignisse des Weihetages in seine später vorgetragene Ἔκφρασις einzubeziehen und beispielsweise den Festzug vor seinen Zuhörern regelrecht neu zu inszenieren.[64] Die eigentliche Beschreibung des Bauwerks und seines Schmuckes erhält damit eine erweiterte Funktion, da sie mit dem Kontext der religiö-

---

62 Codex unicus: Pal. Gr. Heid. 23 (gemeinsam mit Anth. Pal.); Ausgaben: Friedländer 1912, 225–305; Prokop ed. Veh 1977, 306–356. Zur Interpretation s. jetzt Macrides – Magdalino 1988.

63 Macrides – Magdalino 1988, 61–67.

64 Macrides – Magdalino 1988, 54–56. 61 f.

sen Feier verbunden wird. Darüberhinaus ist die Weihe einer kaiserlichen Kirche, zumal in Byzanz, zugleich ein städtisches und ein imperiales Fest: man hat daher die Ἔϰφρασις, die „wie ein Triptychon" das Lob des Kaisers und des Patriarchen um die eigentliche Kirchenbeschreibung (V. 354–920) gruppiert, nicht ohne Berechtigung als einzigen aus der Justinianzeit erhaltenen βασιλιϰὸς λόγος apostrophiert.[65]

Strukturelle und inhaltliche Parallelen des Textes zur Inschrift aus Hagios Polyeuktos sind unübersehbar. Beide Gedichte preisen zunächst den Stifter, dann das Bauwerk, und sie tun dies *in situ* bzw. in unmittelbarer Nähe. Es ist deshalb recht treffend, wenn die Interpreten des Paulos sein Gedicht als eine überdimensionale Votivinschrift charakterisieren[66] und man die Ἔϰφρασις als literarische Antwort des justinianischen Hofes auf die ebenso künstlerisch neuartig gestaltete wie aufwendig ausgestattete Polyeuktoskirche und ihr Preisgedicht aus den Jahren 524/527 interpretiert hat.[67] Es genügt jedoch nicht, dies zu konstatieren; vielmehr ist zu fragen, welche Folgerungen die besondere Situation einer Anbringung bzw. Rezitation sowohl *in situ* als auch *in tempore encaeniorum* für die Funktion der Texte erlaubt.

Es ist evident, daß eine *in situ* vorgetragene Beschreibung keinen Sinn hat, wenn sie nur Beschreibung ist. Zeitgenössische Versuche des 6. Jahrhunderts, die Beschreibung *in situ* lediglich als Erläuterung des Bauwerks für Abwesende zu deuten,[68] beziehen sich nicht auf die Darbietung selbst, sondern auf ihre literarische Verbreitung. Tatsächlich ist die Beschreibung eines Kunstwerkes vor einem Publikum, das das Beschriebene sieht oder doch kennt, vor allem ein *Enkomion* des Gegenstandes.[69] Wird ein solcher Lobpreis *in tempore encaeniorum* artikuliert, wie dies sowohl bei Paulos als auch in den beiden Reden des Chorikios auf Kirchen in Gaza (or. 1–2 Foerster – Richtsteig) der Fall ist,[70] so ist die Tendenz des Enkomions leicht zu erkennen: Reihenfolge, Auswahl und Perzeptionsweise der beschriebenen Details gestatten es dem Sprecher, die materielle Kirche als ein Welt-Gebäude zu entwerfen und sie seinen Hörern als glanzvolles Bild der transzendentalen Kirche überhaupt erfahrbar zu machen.[71]

Man wird deswegen nicht ohne weiteres behaupten, daß es sich bei der Ἔϰφρασις um eine theologische Exegese handele. Einer solchen einseitigen Einordnung steht die Vielfalt der im Text enthaltenen Elemente entgegen. Gleichwohl enthüllt Paulos in

---

65 Macrides – Magdalino 1988, 54. 74.

66 Macrides – Magdalino 1988, 73 f. 76.

67 Harrison 1983 (mir nicht zugänglich); ders. 1989, 137–139.

68 Chorikios, or. 1,16 p. 7 Foerster – Richtsteig (über die Ziele der eigenen Rede); Agathias, hist. 5,9 p. 175 Keydell (über Paulos Silentiarios); vgl. Macrides – Magdalino 1988, 49.

69 Macrides – Magdalino 1988, 50.

70 Die engste Parallele auf theoretischem Gebiet sind die Vorgaben des Ps.-Menander zum Σμινθιαϰὸς λόγος, der ausdrücklich Fest- und (allerdings eher topische) Tempelbeschreibung enthalten soll (Men. Rh. 444,27–445,24 R.–W.). – Das Gedicht Anth. Pal. 1,10 ist in dieser Frage nicht ganz vergleichbar, da es als Inschrift eine *dauerhafte* Artikulation von Personen- und Baulob bedeutet; es tritt allerdings am Tag der *Encaenia* seine literarische Existenz an.

71 Am Gedicht des Paulos illustriert bei Macrides – Magdalino 1988, 59 f.

seinem Gedicht in sehr subtiler Weise die spirituelle Bedeutung der Hagia Sophia – und berührt sich darin sehr wohl mit den zeitgenössischen Beiträgen zur Konsekrationsfeier, die von genuin theologischer Seite geliefert wurden. Unterschiedlich sind allein die sprachlichen Mittel und die literarische Form: der Dichter des homerischen Versmaßes erreicht sein Ziel unter Verwendung des klassischen literarischen Mittels der Ekphrasis und unter raffinierter Ausnutzung der Doppelbedeutung von νοεῖν als Bezeichnung für äußerliches Sehen und innerliche Schau,[72] während die für uns namenlosen kirchlichen Autoren ohne Umschweife die Methoden typologischer Exegese anwenden und eher plakativ αἴσθησις und νόησις kontrastieren.[73]

Genau an dieser Stelle wird die enge Verwandtschaft zwischen der singulären Ἔκφρασις des Paulos und den Gedichten der *Descriptio templi* offensichtlich: enkomiastische und exegetische Zwecke sind hier wie dort mit dem literarischen Kunstmittel der Beschreibung verwoben und bilden ein facettenreiches Ganzes, das sich streckenweise als autonome Ekphrasis lesen und erst im Licht des feierlichen Anlasses und aus der Kenntnis der Umstände seine theologischen Dimensionen erkennen läßt. Mit anderen Worten: dem Changieren der Ἔκφρασις zwischen traditioneller Lobrede, literarisch-poetischem Preis des Bauluxus und exegetischen Durchblicken hinter die materielle Kulisse des gegenwärtigen Baus entspricht in der *Descriptio templi* das Wechselspiel von „Humanismus und Konfession", bei dem ein im Grunde exegetisches Anliegen[74] in traditionell-poetischem Gewand dargeboten wird.

Eine Verschiebung der Prioritäten gegenüber dem byzantinischen Vorläufer ist hierbei allerdings auch festzuhalten. Theologisch-typologische Bezugnahmen auf die *umbra* des Salomonischen Tempels und Allusionen auf die überzeitliche Kirche nehmen in der *Descriptio templi* keine vergleichbar dominierende Rolle im Text ein, sondern dienen eher zur Konstitution eines angemessenen situativen Rahmens der Feierlichkeit. Man wird vermuten dürfen, daß sich hierin nicht zuletzt eine Selbstbeschränkung der Festdichter gegenüber den tatsächlich die Kirchweihmesse zelebrierenden Theologen ausdrückt: die *Descriptio templi*, obgleich zumeist ihrerseits von Theologen verfaßt, ist eben nicht selbst Predigt, sondern lediglich festliches Dekor. Die Predigt wird von einem anderen, höherrangigen Vertreter der Kirche in der traditionellen Form (und selbstverständlich in Prosa) gehalten, während der Festdichter in einem wesentlich höheren Grad, als es bei Paulos denkbar wäre, auf die Begegnung des Einzelnen mit den Bildern und den von ihnen gezeigten Glaubensinhalten eingeht.[75]

Nach diesen Überlegungen erscheint die Frage nach einer möglichen Vorbildfunktion der Ἔκφρασις τοῦ ναοῦ τῆς Ἁγίας Σοφίας für die *Descriptio templi* in einem etwas

---

72 Macrides – Magdalino 1988, 77. 60.
73 Macrides – Magdalino 1988, 76 f.
74 Dazu im einzelnen u. D.I.1 und E.
75 S. u., E.III.

anderen Licht. Die Ähnlichkeit der Dichtungen läßt sich mit einiger Wahrscheinlichkeit hinreichend aus der Ähnlichkeit von Anlaß, Situation und Thema erklären, hinsichtlich der poetischen Form noch ergänzt durch eine literaturgeschichtlich bedingte Präferenz der Dichter beider Sprachen für das epische Versmaß, das dort durch Homer und besonders Nonnos, hier aber durch Vergil geadelt war. Das völlige Fehlen eindeutiger, über das thematisch Bedingte hinausgehender sprachlicher oder gedanklicher Reminiszenzen an das Gedicht des Paulos in den *Descriptio-templi*-Gedichten läßt es als nahezu unmöglich erscheinen, daß hier ein direkter Einfluß vorliegt.

Trotzdem bleibt festzuhalten, daß das einzigartige Gedicht aus Byzanz in vielfacher Weise die engste literarische Parallele zur *Descriptio templi* bleibt. Angesichts der Vertrautheit mancher Gelehrter aus dem Umkreis ihrer Autoren mit der byzantinischen Literatur einerseits und der weiterhin ungeklärten Besitzgeschichte der palatinischen Anthologie-Handschrift bis zu ihrem Auftauchen in Heidelberg etwa um das Jahr 1590 andererseits[76] scheint es verfrüht, in dieser Frage ein abschließendes Urteil zu fällen.

2. Die Predigt des Eusebius in Tyrus
Ekphrasis in der Exegese

Die *Descriptio templi* unternimmt eine Art Exegese ihres Gegenstandes, ist aber keine Predigt. Beide Textgattungen verbindet aber der gleiche Anlaß, und sie ergänzen einander aus verschiedenen Perspektiven. In diesem Zusammenhang ist an einen Text zu erinnern, der am Anfang der Überlieferung christlicher Festpredigt steht und der seinerseits eine ausführliche Ekphrasis der neu eingeweihten Kirche enthält. Die Einweihungspredigt des Eusebius von Caesarea für die Bischofskirche des Paulinus in Tyrus (hist. eccl. 10,4) kann als prägnantes Beispiel dafür dienen, daß bei der Verknüpfung von Ekphrasis und Enkomion nicht etwa eine Gattungsmischung vorliegt, sondern daß die Beschreibung als illustrierendes rhetorisches Mittel eine genau bestimmbare Funktion innerhalb der Predigt wahrnimmt.[77]

Im Πανηγυρικὸς ἐπὶ τῇ τῶν ἐκκλησιῶν οἰκοδομῇ ... προσπεφωνημένος verschafft sich das Christentum (wohl um das Jahr 317) zum ersten Mal nach dem Ende der Verfolgungen und im Glanz der kaiserlichen Gunst in Form einer Triumphrede

---

76 Zum Problem s. Kat. Heidelberg 1986, 486 f. = Kat. Nr. H 5.3.1 (H. Görgemanns; dort die weitere Lit.). Die Ablehnung, auf die Paulos' Gedicht bei Scaliger stieß (Brief an Saumaise von 1607, Teilabdruck bei Aubreton 1980, 51 [Appendice V]), ist stilistisch begründet und nicht repräsentativ für eine etwaige generelle Nichtbeachtung des Textes. Allerdings wird die Ἔκφρασις, wie es scheint, auch in der Folgezeit wesentlich weniger beachtet als die Anthologia. Ch. Ducange brachte 1670 eine erste Edition und Übersetzung im Druck heraus.

77 Wichtige Studien zu Eusebius' Predigt: Voelkl 1953; Wilkinson 1982; Smith 1989.

Gehör.[78] Das alles beherrschende Thema des Eusebius ist der wunderbare Wandel von der verfolgt darniederliegenden Christenheit und der Verwüstung ihrer Heiligtümer zu beider Wiederaufblühen in ungekannter Größe und Schönheit, das auf das Walten Gottes und des von ihm inspirierten Kaisers (Konstantin) zurückgeführt wird. Vor diesem Hintergrund wird das Gotteslob der Predigt, die der Autor selbst in die Tradition der Dankespsalmen Davids einreiht,[79] zugleich zum Herrscherlob, und die Kirchen, die nun allenthalben emporwachsen, sind zugleich Zeugnisse kaiserlichen und göttlichen Wirkens.[80] Das gleiche In- und Miteinander der himmlischen und der irdischen Sphäre zeigt sich nun auch, wenn Eusebius die Kirche in Tyrus beschreibt. Hier sind sogar vier Bedeutungsebenen verknüpft: die reale Architektur des neuen Baues, in dem der Bischof predigt und der seinen Zuhörern vor Augen steht, ihre Ableitung von „himmlischen" Vorbildern (hist. eccl. 10,4,26: τῷ τοῦ κρείττονος παραδείγματι) durch den Gründerbischof Paulinus als typologischen Nachfolger des von Gott erwählten Schöpfers der Stiftshütte, Beselehel (Ex 31,2), die allegorische Gleichsetzung des materiellen Baues mit der *ecclesia uiua*, der Gesamtheit der Gläubigen, auf der Grundlage des durch Petrus geprägten Bildes vom „Eckstein" Christus als Fundament der Kirche und schließlich der Vergleich des erneuerten irdischen Tempelbaues mit dem nach den Verfolgungen wiederhergestellten „Tempel der Seele".[81]

Die Vielfalt der von Eusebius angewandten Betrachtungsweisen läßt eine einfache literaturgeschichtliche Einordnung des tyrischen Panegyrikos nicht zu: wir werden an dieser Stelle Zeugen der Entstehung des Genos „Predigt" aus der spätantiken, aber in der Zweiten Sophistik der hadrianischen Zeit wurzelnden Rhetorik, die zahlreiche Ein-

---

78 Eus. hist. eccl. 10,4,6 ὕμνον ἐπινίκιον πάρεστιν ἀναμέλπειν („Es ist an der Zeit, ein Siegeslied erschallen zu lassen.").

79 Eus. hist. eccl. 10,1,3–4 τὸν τέλειον ἐνταῦθα καὶ πανηγυρικὸν τῆς τῶν ἐκκλησιῶν ἀνανεώσεως λόγον κατατάξομεν, θείῳ πνεύματι πειθαρχοῦντες ὧδέ πως ἐγκελευομένῳ Ἄισατε τῷ κυρίῳ ᾆσμα καινόν, ὅτι θαυμαστὰ ἐποίησεν … καὶ δὴ … τὸ καινὸν ᾆσμα … ἐπιφωνῶμεν („Hier werden wir die vollständige Lobrede auf die Erneuerung der Kirchen einfügen und damit dem göttlichen Geist gehorchen, der uns befohlen hat: ‚Singet dem Herrn ein neues Lied, denn er hat Wunderbares getan …' Und so lasset uns denn dieses neue Lied singen.") Vgl. Ps 98,1–2.

80 Vgl. bes. Eus. hist. eccl. 10,4,20, wo Christus als „königlicher" Bauherr der Kirchen apostrophiert wird. S. auch Voelkl 1953, 58–60 zu der mehrdeutigen Bezeichnung βασιλική sowie 191–196 (mit der heute nicht mehr vertretenen Prämisse einer Datierung nach dem Nicaenum von 325) zur Stellung des Panegyrikers Eusebius zwischen dem himmlischen und dem irdischen βασιλεύς.

81 Reale Ekphrasis: hist. eccl. 10,4,37–45 (dt. Übersetzung bei Voelkl 1953, 65 f. Anm. 76–87); anagogische Deutungen: hist. eccl. 10,4,7 (neue Stadt Gottes). 25 f. (der Blick des Baumeisters auf die παραδείγματα; ein kurzer Hinweis zum neuplatonischen Charakter dieser Passagen bei Smith 1989, 231). 47–54 (die Kirche als wiedergeborene *sponsa Christi* und Paulinus als Brautführer). 69 (die Kirche [Kuppel?] als Abbild des Himmels: τῶν οὐρανίων ἀψίδων νοερὰ ἐπὶ γῆς **εἰκών**); allegorische Deutung: hist. eccl. 10,4,21–22. 63–68 (dazu s. u.); „Tempel der Seele": hist. eccl. 10,4,55–57 (man beachte die Bildlichkeit in 57: es war bei dem Gebäude der Seele „kein Stein auf dem anderen geblieben", nach Lc 21,6); vgl. die Erbauung des *templum animae* bei Prud. psych. 804–887 und die bei Stiefenhofer 1909, 126 f. angeführten Stellen aus Kirchweihpredigten des Augustinus (serm. 336–338 Migne) und anderer lateinischer Autoren des späten 4. Jahrhunderts.

zelformen in sich vereint und in vielerlei Weise zu kombinieren vermag.[82] Paul FRIED-
LÄNDER hat dennoch eine Einordnung versucht und Eusebius in eine Tradition von
Einweihungsreden gestellt, die als Sonderform des Städteenkomions der Zweiten Sophistik verstanden werden können,[83] und damit zweifellos die nächste verwandte Form
benannt. Dies zeigt besonders ein vergleichender Blick auf Eusebius' Predigt und auf
das einzige erhaltene Gegenstück der paganen Tradition, die kyzikenische Tempelein-
weihungsrede des Aelius Aristides (or. 27 Keil). Beide Anlässe ähneln einander stark,[84]
beide Redner preisen den Herrscher in Worten, die ihn in die göttliche Sphäre heben,[85]
das Motiv der glücklichen Zeit der Erfüllung kehrt in beiden Reden wieder,[86] und
nicht zuletzt geben beide Autoren eine Beschreibung des Bauwerks *in situ*.[87] Doch hier
enden die Übereinstimmungen, und eine genauere Betrachtung erweist die äußerlich
so ähnlichen Texte als wesensmäßig sehr verschieden. Eusebius übernimmt zwar virtuos die überkommenen Formen, füllt sie aber mit einem grundsätzlich anderen Inhalt
– denn sein Panegyrikos ist, anders als der des Aristides, ein religiöser Text. Es ist daher
folgerichtig, wenn Christine SMITH in ihrer Analyse der tyrischen Predigt (1989) strikt
zwischen der „classical tradition" der Rhetorik einerseits und jüdisch-christlicher Ex-
egesepraxis andererseits unterscheidet.

Dementsprechend verschieden ist auch die Rolle, die der Ekphrasis des neuen, materiellen Bauwerks in beiden Texten zukommt. Dies zeigt sich bereits – was bisher
übersehen worden zu sein scheint – in der sehr unterschiedlichen Ausführlichkeit[88]

---

82 In der Rhetorik der Spätantike gibt es ebensowenig klare Formgrenzen zwischen christlichen und paganen
Autoren wie eine Trennlinie zwischen „Antike" und (griechischem) „Mittelalter": Kustas 1970, 55 f.

83 Friedländer 1912, 95–102, bes. 99: „Und diese heidnische Weiherede ist ohne große Wandlung zur christlichen Weihepredigt geworden." Zum Städtelob der Zweiten Sophistik vgl. Pernot 1993, 178–216; zu einer
Tendenz der Einengung des Lobs auf einzelne Bauten – darunter auch Lukians *De domo* – ebda. 82 und 240 f.

84 An die große Bedeutung typischer Situationen für die kaiserzeitliche epideiktische Rede, wie sie am deutlichsten aus den Traktaten Περὶ ἐπιδεικτικῶν des Ps.-Menander hervorgeht, hat Laurent Pernot erinnert und
zugleich den nahezu rituellen Charakter mancher Reden hervorgehoben: die epideiktische Rede ist oftmals
nur ein „Sprechakt", doch als solcher obligatorisch: *dire, c'est faire* (1993, 660 f.). Im Fall einer Einweihungsfeier ist allerdings das öffentlich Vorgetragene doch wohl über diese rein funktionale Ebene hinaus bedeutsam.

85 Aristeid. or. 27,34 (p. 134 Keil). 39 (p. 136 Keil).

86 Aristeid. or. 27,22 (p. 131 Keil) ἥκει δὲ ὑμῖν τὸ ἔργον πρὸς τέλος ἐν τοῖσδε τοῖς καιροῖς, οἳ τὰ καλῶν αὖ
κάλλιστα εἰλήχασιν καὶ ὑπὲρ ὧν δικαιότατ' ἂν χαριστήριον τοσοῦτον ἑστηκὸς εἴη τοῖς θεοῖς, ἐπειδήπερ
οὐ ῥάδιον [ἦν] μεῖζον ἐξευρεῖν („Das Unternehmen kommt bei euch zu einer Zeit zum Abschluß, in der der
beste denkbare Zustand erreicht ist und für die man, nachdem ein besserer nicht leicht denkbar ist, den Göttern mit vollster Berechtigung eine solch prachtvolle Dankesgabe übergeben darf.") Dieser Passus illustriert
beispielhaft das „Glück der Kaiserzeit", jenen „vorher wie nachher nie erreichten Höhepunkt des guten Re-
giments" im 2. Jahrhundert, wie ihn Theodor Mommsen in seiner Einleitung zum 5. Band der Römischen
Geschichte (Berlin [10]1927, 4 f.) pries.

87 Aristeid. or. 27,20 f. (p. 130 Keil).

88 Die ansonsten wertvolle Untersuchung von Chr. Smith (1989) leidet in ihrem ersten, der rhetorischen Tradition gewidmeten Teil etwas darunter, daß die Verfasserin zu wenig zwischen Periegese als literarischer Gattung
(z. B. Pausanias) und einer periegetischen Aufbaustruktur von Ekphraseis unterscheidet, die nichts miteinander zu tun haben (s. dazu u. S. 163 f.). Auf diese Weise gelangt Smith zu der Auffassung, Eusebius' wie auch

und vor allem darin, wie der Redner es ablehnt, eine vollständige Beschreibung zu geben. Aristides' vager Gesamteindruck des Hadrianstempels gelangt über Topoi des Riesenhaften und über einige Hinweise auf eher unbedeutende Elemente der Architektur[89] nicht hinaus und lehnt dann eine genauere Darstellung unter Verweis auf Architekten und andere Fachleute ab, die sich darauf besser verstünden. FRIEDLÄNDER irrt, wenn er die Formel, mit der Eusebius die Detailbeschreibung ablehnt, und die des Aristides als Parallelen ansieht:[90] Eusebs Verweigerung einer ἀκριβολογία zur Architektur (hist. eccl. 10,4,43–44) geht nicht nur eine mehrseitige detaillierte Ekphrasis voraus (und sie wird danach noch fortgesetzt), sie verfolgt auch ein ganz anderes Ziel: die μαρτυρία τῆς ὄψεως soll, so der Prediger, nicht durch die μάθησις τῶν ὤτων überdeckt werden. Hier wird weder technisches Vokabular als solches abgelehnt noch handelt sich es sich um einen bloßen Topos der *recusatio*. Eusebius geht es lediglich darum, einige Hinweise auf die „vollkommene Weisheit der baulichen Disposition und Schönheit" (4,44) zu geben und damit den Blick seiner Zuhörer so zu lenken, daß ihnen auch der tiefere Sinn des Ganzen deutlich wird. Dafür bedarf es keiner lückenlosen Darstellung, sondern der sorgfältigen Auswahl genau jener baulichen Elemente, die später, in der allegorisierenden Gleichsetzung von Gotteshaus und lebendiger Kirche, wieder verwendet werden[91] und überdies Erinnerungen an den τύπος des Salomonischen Tempels wachrufen.[92]

Eusebius steht mit seiner ekphrastisch-exegetischen Darstellung somit am Beginn einer anderen Tradition, die nicht zur *Descriptio templi* führt.[93] Der Panegyrikos von Tyros ist vielmehr die erste in einer unübersehbaren Reihe typologisch-anagogischer Kirchweihpredigten, wie sie bis in die Neuzeit üblich geblieben sind. Im Licht dieser Tradition erweist sich Eusebs Verwendung einer Ekphrasis schließlich sogar eher als ein zeittypisches rhetorisches Requisit der Spätantike denn als ein notwendiger Bestandteil: Encaenialpredigten späterer Zeiten fallen gerade durch das Fehlen solcher Bezug-

---

Aristides' Beschreibungen seien von Autoren wie Pausanias inspiriert; daraus folgt die Feststellung (230), die kyzikenische Ekphrasis sei deutlich ausführlicher als die der Vorbilder. Tatsächlich ist die Passage bei Aristides denkbar kurz und aussagearm.

89 B. Keil in seiner Ausgabe, p. 130, app. crit. zu Z. 17.

90 Friedländer 1912, 97 und (fast identisch) 99.

91 περίβολος: hist. eccl. 10,4,37 und 63; πρόπυλον: 38 und 63; εἴσοδοι: 38 und 63; πύλαι, κίονες: 39 und 63; κρῆναι: 40 und 64 (hier: θεῖον λοῦτρον); θρόνοι, βάθρα: 44 und 64. Eine kommentierte Übersetzung gibt Voelkl 1953, 197–199.

92 Wilkinson 1982 (über Parallelen zwischen Ezechiel, Josephus Flavius und Eusebius).

93 Die Einordnung des Paulos Silentiarios in die Eusebius-Tradition durch Friedländer (1912, 101) ist daher zu Recht vor kurzem korrigiert worden: Macrides – Magdalino 1988, 52. – Wesentlich näher kam dem Gedicht des Paulos und der *Descriptio templi* vermutlich die *separate* Beschreibung, die Eusebius über die Grabeskirche verfaßte. Das Werk ist verloren (Erwähnung bei Eus. vita Const. 4,46); vgl. dazu Friedländer 1912, 44, der m. E. diese Schrift als „Typus" späterer Texte richtig einschätzt, und Smith 1989, 240. Für die Annahme G. Downeys (1959a, 934), daß auch die tyrische Beschreibung hist. eccl. 10,4,37–45 ursprünglich als separate Schrift vorgesehen war, gibt es m. W. keine Nachweise.

nahmen auf das materielle Bauwerk ins Auge.[94] Entsprechungen zu Eusebs Panegyrikos wären demnach im Umkreis der *Descriptio templi* nicht in den Gedichten selbst zu erwarten als vielmehr in den eigentlichen Kirchweihpredigten, die von den Bischöfen gehalten wurden. Bedauerlicherweise müssen die katholischen Predigttexte nach dem derzeitigen Stand der Quellenerschließung als verloren gelten; selbst bei der überdurchschnittlich gut dokumentierten Weihe von St. Michael in München (1597) wissen wir nur, daß der jugendliche Kardinal Philipp von Wittelsbach ausführlich über die Bedeutung des Festes und über die Verpflichtung zur reichen Ausstattung der Kirchen predigte.

Diese lückenhafte Dokumentation ist indes nur für die katholischen Kirchenweihen um 1600 charakteristisch. Für die protestantischen Kirchweihfeiern, die wir besprechen (Ulm, Regensburg) galt die Predigt, sicherlich vor allem wegen ihres höheren Ranges im Luthertum überhaupt, als bewahrenswertes Dokument. Zwar sind auch katholische Predigtsammlungen in großer Zahl erhalten,[95] doch gelingt es in den beiden süddeutschen Reichsstädten vielleicht zum ersten Mal, *Descriptio templi* und Encaenialpredigt in *einem* Text zu vereinen. Diese neue Form wird erreicht, indem der Beschreibung des Bauwerks eine Schilderung der Messe an die Seite gestellt und die Festpredigt in poetischer Form adaptiert wird. Auf diese Weise tritt zwar die Kirchenbeschreibung einen Teil ihres Deutungsanspruchs ab, doch wird das Gedicht zugleich durch die Hereinnahme der Predigt zur authentischen Festreportage und vereint nun, wenngleich eher durch mechanische Kombination als durch wirkliche Verschmelzung, beide Traditionen: die homiletisch-exegetische und die poetisch-ekphrastische.

3. Zur Frage einer Rezitation der Descriptio templi während der Einweihungsfeiern

Angesichts der Gemeinsamkeiten der *Descriptio templi* mit der christlichen Predigt, vor allem aber mit einer poetischen Beschreibung *in situ* wie der des Paulos, drängt sich die Frage auf, ob auch die *descriptio* bei den Einweihungsfeierlichkeiten des Konfessionellen Zeitalters rezitiert wurde. Die Möglichkeit einer solchen Darbietung scheint umso näher zu liegen, wenn man die Entstehung aller dieser Gedichte in der Sphäre der Jesuitengymnasien und der reichsstädtischen Schulen berücksichtigt, an denen praktische poetische Übungen, Improvisationen, Wettbewerbe und Rezitationen eigener Gedichte üblich waren.[96]

---

94 Hawel 1987, 1 f. Prägnant benennt der Dominikaner Johannes Dedinger die übertragene Bedeutung einer seiner Kirchweihpredigten (1673, 416 = 8. Predigt): *Totus mundus nihil est aliud ac templum, cuius partes in praesenti discursu describuntur* und präzisiert kurz darauf (ebda. 424 = 9. Predigt): *Encaenia … repraesentant templa animata, uidelicet animas iustorum hominum, in quibus, uelut in templo, suam residentiam habet Deus.*

95 S. z.B. Welzig; mit engerem Bezug zu unserem Thema Kirchenweihe aus dem späten 17. Jahrhundert z.B. Dedinger 1673, 363–462 (elf Encaenialpredigten); Beispiele für das 18. Jahrhundert bei Hawel 1987.

96 S.u., D.I.3.

Einer Beschreibung *in situ* ist sowohl in der Antike als auch in der modernen Forschung bisweilen mit Skepsis begegnet worden. Als Beispiel kann die Rede des Interlocutors dienen, den Lukian in *De domo* einführt: nach seiner Auffassung kann Lukians Unterfangen nicht gelingen, den Zuhörern mit Worten ein Bild des Saales zu vermitteln, in dem sie sich befinden, weil die optischen Eindrücke den akustischen überlegen sind. Der Interlocutor kehrt den Anspruch der Rhetorik, mittels der Enargeia „die Zuhörer zu Zuschauern zu machen", dreist um, indem er ihn wörtlich nimmt und dem Redner prophezeit, niemand werde ihn mehr beachten:

Ἐῶ γὰρ λέγειν ὅτι καὶ οἱ παρόντες αὐτοὶ καὶ πρὸς τὴν ἀκρόασιν παρειλημμένοι, ἐπειδὰν εἰς τοιοῦτον οἶκον παρέλθωσιν, ἀντὶ ἀκροατῶν θεαταὶ καθίστανται, καὶ οὐχ οὕτω Δημόδοκος ἢ Φήμιος ἢ Θάμυρις ἢ Ἀμφίων ἢ Ὀρφεύς τις λέγων ἐστίν, ὥστε ἀποσπάσαι τὴν διάνοιαν αὐτῶν ἀπὸ τῆς θέας.[97]

Dies bewahrheitet sich wenig später, wenn sich noch während der Ermahnung durch den Interlocutor herausstellt, daß die Zuhörer ihre Blicke längst haben schweifen lassen:

ὑμεῖς γὰρ αὐτοὶ οἱ δικασταὶ καὶ μεταξὺ λεγόντων ἡμῶν ἐς τὴν ὀροφὴν ἀπεβλέπετε καὶ τοὺς τοίχους ἐθαυμάζετε καὶ τὰς γραφὰς ἐξητάζετε πρὸς ἑκάστην ἀποστρεφόμενοι.[98]

Der übrige Text von *De domo* zeigt noch deutlicher, welchen Vorbehalten Lukian zu begegnen hatte. Nur mit geschlossenen Augen – so schließt der Interlocutor seine Widerrede – werde es den Anwesenden möglich sein, konzentriert die Beschreibung zu verfolgen.[99] Doch der Wettstreit von Bildkunst und Sprache, der hier als Hintergrund der kleinen Schrift deutlich wird, ist für uns nicht ausschlaggebend, sondern die Frage, ob die im zweiten Zitat beschriebene Reaktion der Hörer zwangsläufig ist.

Auf den ersten Blick könnte dies so scheinen, und so ist in letzter Zeit sowohl von kunstwissenschaftlicher (BAXANDALL) als auch von latinistischer Seite (HARDIE) die These vertreten worden, eine Beschreibung *in situ* sei im Grunde unmöglich, sie langweile ihre Zuhörer und werde deren Zuschauerrolle nicht gerecht.[100] Diese Überlegung

---

97 Lukian. de domo 18 („Ich verzichte darauf, zu bemerken, daß sogar die Anwesenden und jene, die zu diesem Vortrag eingeladen sind, von Hörenden zu Schauenden werden, sobald sie diesen Bau betreten – und es gibt keinen Redner, der ein solcher Demodokos, Phemios, Thamyris, Amphion oder Orpheus wäre, ihre Aufmerksamkeit vom Schauen abzuwenden.").

98 Lukian. de domo 21 („Denn ihr Herren Richter habt ja selbst schon, während wir noch sprachen, fortwährend zur Decke hinaufgeblickt, die Wände bestaunt und die Gemälde begutachtet, wobei ihr euch jedem einzelnen zuwandtet.").

99 Lukian. de domo 32.

100 Hardie 1983, 131: „It is significant that Marcellus' anathematikon for the statue of Regilla, long and elaborate though it is, does not describe the statue; this is because it … was inscriptional, and ekphrasis would have

greift jedoch zu kurz, denn sie reduziert Beschreibung auf etwas, was sie im Zusammenhang mit Kunstwerken fast nie ist: eine nüchterne Aufzählung ohne weitergehende Intention. Gegen eine solche Annahme sprechen schon die Beispiele für Beschreibungen *in situ*, die sich gerade in jenen Texten finden, die Alex HARDIE an der genannten Stelle untersucht: ein fragmentarisch erhaltenes hellenistisches Dedikationsepigramm für ein heute unbekanntes Bauwerk, in dem auch eine genaue Ekphrasis eines *in situ* befindlichen Brunnens eingeschlossen ist,[101] konfrontiert sowohl den Leser einer möglichen epigraphischen Anbringung wie den Hörer einer möglichen Rezitation vor Ort zugleich mit dem Gegenstand und seiner Beschreibung; das Gedicht in Hagios Polyeuktos (Anth. Pal. 1,10) läßt sich überhaupt nur im Zusammenhang mit den Kunstwerken lesen, die es beschreibt. Michael BAXANDALL wiederum verschweigt, daß es sich bei dem von ihm herangezogenen Beispiel um ein stark schematisiertes Progymnasma handelt.[102]

Tatsächlich spricht kaum etwas für die Annahme, die Rezitation einer Ekphrasis sei für den Betrachter ein lästiges Beiwerk. Sobald man bedenkt, daß der Beschreibende nicht aufzählt, sondern erzählt, auswählt und deutet, löst sich die Schwierigkeit weitgehend auf. Blicken wir wieder auf die *Descriptio templi*: nichts deutet darauf hin, daß der lenkende und deiktische Gestus des Erklärers in diesen Ekphraseis für den Empfänger nur erträglich wäre, solange sie nicht wirklich vor dem Bild stattfindet. Sie ist im Gegenteil Anleitung zum Sehen und Hilfe beim Betrachten: der Erklärer gibt Hinweise darauf, wie das Bau- und Kunstwerk *idealiter* zu lesen ist, denn er weiß als Geistlicher bzw. mit der Kirche vertrauter ἐξηγητής am genauesten, worauf wie zu achten ist.[103] Das bedeutet nun zwar nicht, daß seine Interpretation dem Leser vorgeschrieben wäre, denn dieser tritt seinerseits mit Vorkenntnissen und sinnlicher Wahrnehmung ausgerüstet den Weg durch den Bilderraum der Kirche an. Allerdings ist es ohne weiteres klar, daß die Nähe von geistlichem Autor und religiösem Gegenstand und die feststehende Interpretation der meisten dargestellten christlichen Themen der im Gedicht niedergelegten Sichtweise eine hohe Autorität verleiht.

Eine Rezitation der *descriptio* schiene somit nicht grundsätzlich ausgeschlossen, so daß allenfalls zu überlegen wäre, an welcher Stelle der Feierlichkeiten eine solche ihren Platz hätte. Tatsächlich müssen wir jedoch aus den erhaltenen Berichten zum Verlauf

---

been otiose"; Baxandall 1985, 4: „Suppose the picture in Antioch were present to us as Libanius delivered his *ekphrasis*, how would the description and our optical act get along together? The description would surely be an elephantine nuisance, lumbering along at a rate of something less than a syllable an eye-moment, coming first, sometimes after half a minute, to things we had roughly registered in the first couple of seconds and made a number of more attentive visits to since …".

101 Hardie 1983, 129 zu Select Papyri ed. Page 1942, 448–451, No. 105a.

102 Lib. descr. 2 (Ἔκφρασις γραφῆς ἐν τῷ βουλευτηρίῳ).

103 Nach James – Webb 1991, 16 Anm. 58 ist die Darbietung der Ekphrasis im Vortrag sogar ihr entscheidendes Merkmal (hier wiederum auf Byzanz bezogen). Auch damals haben im übrigen wohl verschiedene Teile des Publikums den subtilen Deutungen der Interpreten in verschiedenem Ausmaß folgen können.

der *Encaenia*-Feiern einen anderen Schluß ziehen: soweit wir sehen, ist keines der Gedichte je vorgetragen worden; man beschränkte sich auf die Verteilung an die geladenen Gäste in gedruckter Form.[104] Der Grund für diesen zunächst überraschenden Befund dürfte kaum in theoretisch begründeten Skrupeln der Veranstalter zu suchen sein, sondern einfach in der mangelnden Vertrautheit des größeren Teils der Gäste mit der lateinischen Sprache liegen, denen zumal die komplexe Fachterminologie unzugänglich gewesen wäre. Gegen eine solche Einschätzung spricht auch nicht, daß wir von Rezitationen anderer Gedichte (in allen drei *linguae sacratiores*) durch die Schüler der Jesuiten erfahren. Es handelte sich dabei um demonstrative „gelehrte" Darbietungen seitens der Schulen und zugleich um eher protokollarische Elemente der Feiern wie z. B. die Begrüßung der Fürsten bei ihrem Rundgang durch das Würzburger Jesuitenkolleg;[105] diesen Texten kam also eine ganz andere Funktion zu, die sie näher mit den ephemeren literarischen Exponaten wie Triumphbogeninschriften, Devisen, *affixiones* und Emblemen verbindet.

III. Verwandte Formen und Vorläufer der Descriptio templi in der lateinischen Literatur der Frühen Neuzeit

1. Zur Tradition der Bautenekphrasis im lateinischen Mittelalter

Die literarische Beschreibung von Bauten spielt nicht allein in Byzanz, sondern auch im westlichen Mittelalter eine wichtige Rolle. Wenn wir diese Epoche in unserer Untersuchung trotzdem übergehen, so hat dies im wesentlichen zwei Gründe.

1. Mittelalterliche lateinische Ekphraseis von Bauten sind in keinem Fall unmittelbar als Anregung für Texte oder Textteile aus der Gattung *Descriptio templi* nachzuweisen. Da der Zweck dieses Kapitels keine lückenlose Formengeschichte der Baubeschreibung ist, sondern tatsächlich wirksame Quellen und Traditionslinien der Gedichte des Konfessionellen Zeitalters zusammengestellt werden sollen, können die mittelalterlichen Ekphraseis hier übergangen werden.

2. Im vergangenen Jahrzehnt ist von mehreren Autoren die Untersuchung bzw. Publikation und teilweise auch Kommentierung unterschiedlicher Corpora von Bauten-Ekphraseis begonnen oder angekündigt worden, denen vorzugreifen weder praktikabel

---

104 Zur Praxis der Distribution von Gelegenheitsgedichten bei „privaten" Anlässen vgl. Segebrecht 1977, 190–193: hier überwogen die bei den Feiern sowohl vorgetragenen als auch verteilten (deutschsprachigen!) Stücke, doch gibt es auch in diesem Sektor keine festen Regeln. Über Auflagenzahlen ließ sich für die *Descriptio templi* bisher nichts ermitteln; Segebrecht geht für private Gedichte von ca. 100–150 Stück, für öffentliche von größeren Zahlen aus. – Zu den Publikationswegen panegyrischer Gelegenheitsdichtung (jedoch im frühen 18. Jahrhundert mit seinen ausgeprägteren höfischen Strukturen) s. jetzt sehr detailliert Heldt 1997, 75–101 (m. weiterer Lit.)

105 S. u. S. 183.

noch sinnvoll erschien. Im einzelnen sind dies Ruth WEBBs Studien zur byzantinischen Bauten-Ekphrasis,[106] das 1992 von Christine SMITH und Joseph O'CONNOR annoncierte Großprojekt einer kommentierten Sammlung griechischer und lateinischer Architekturbeschreibungen des 4. bis 15. Jahrhunderts[107] sowie Arwed ARNULFs Berliner Habilitationsprojekt „Architektur- und Kunstbeschreibungen in der lateinischen Literatur von der Spätantike bis 1500".[108]

Angesichts dieser laufenden Forschungen darf die Untersuchung zur *Descriptio templi* auch als Verlängerung solcher Ekphrasis-Sammlungen in die Frühe Neuzeit hinein verstanden werden. Zu den Texten der mittelalterlichen Literatur beschränke ich mich auf einige Hinweise, die ähnliche Verwendungsmuster von Ekphraseis wie bei den neuzeitlichen Kirchenbeschreibungen betreffen.

Gedichte auf bestimmte Kirchengebäude fehlen auch im früheren und hohen Mittelalter nicht, sie erreichen aber weder die Ausführlichkeit noch die interpretatorische Vielfalt, wie sie die *Descriptio templi* zeigt.[109] Als Beispiele seien genannt: ein Gedicht des Sedulius Scottus (9. Jahrhundert) auf eine Kirche in Lüttich, eine Beschreibung *De crastina dedicatione* in der Vita Eigilis metrica des Candidus-Brun (†845), Lieder Alkuins auf die (alte) Kathedrale zu Laon oder auf die Kirche von Nouaillé im Poitou u. dgl. m. Interessant sind im Hinblick auf die „Kirchenführungen" die Carmina Centulensia, eine Epigrammfolge auf verschiedene Teile des Klosters Centula, die hintereinander gelesen eine Art Führung durch die Gesamtanlage ergeben.[110] Wesentlich umfangreicher, aber für die Texte der Zeit um 1600 ebenfalls nicht wirksam geworden sind die Kirchenbeschreibungen des Paulinus von Nola (besonders in carm. 27 und epist. 32).[111]

Eine bedeutende Zahl mittelalterlicher Gebäudebeschreibungen ist in Prosa verfaßt; die berühmtesten und meistdiskutierten sind sicherlich die der Schriften Sugers von Saint-Denis (um 1081–1151).[112] Während hier die Intentionen des Autors noch immer kontrovers gedeutet werden, sind für einen anderen Text in den letzten Jahren grundsätzliche Erkenntnisse gewonnen worden. Der *Libellus de locis sanctis* des Theo-

---

106 Webb 1999b; vgl. auch die Ankündigung einer Monographie zur antiken und byzantinischen Ekphrasis durch dieselbe Autorin (1999a, 7 Anm. 1).

107 Smith 1992, 250 Anm. 24.

108 Arnulf 1997, 7 Anm. 1. Für den Hinweis auf Arnulfs Studie danke ich Dr. Joachim Hamm (Kiel).

109 Einen nützlichen Überblick bietet Reinle 1982; von älteren Arbeiten sei besonders an Paul Frankls monumentales Gotikbuch erinnert (1960, hier 159–205).

110 Alle erwähnten Texte bei Schlosser 1892, 68 f. (Sedulius). 109 (Candidus). 221 (Laon). 236–241 (Nouaillé). 264–270 (Centula). Zur Möglichkeit, eine Gebäudeführung aus Einzelepigrammen zu komponieren, vgl. auch Caruso 1997, 287 (zu A. Orsis *Caprarola*).

111 Text: Corpus scriptorum ecclesiasticorum Latinorum 29–30 (ed. G. de Hartel, Wien 1894); jetzt in der 2. Auflage 1999 (M. Kamptner) mit wichtigem *Index auctorum et imitatorum* (II 427–528) zu benutzen.

112 Diemer 1995; Suger edd. Speer – Binding 2000. Einen anderen, mehr dem Inventar nahestehenden Charakter zeigen vereinzelte Texte wie die Beschreibung des karolingischen St-Denis von 799 (s. dazu Bischoff 1981a).

dericus vom Ende des 12. Jahrhunderts läßt sich als komplexe Mischung von Pilger-führer, Architekturstudie und Anleitung zur Christusnachfolge (nämlich auf dessen Spuren im Heiligen Land) begreifen. Dabei heben sich die außergewöhnlichen archi-tektonischen Fachkenntnisse des Autors und seine entsprechend präzisen Beschreibun-gen stark von den meisten anderen Texten dieser Epoche ab.[113]

Schließlich ist an den reichen Bestand an Bau- und Kunstbeschreibungen in der epischen Dichtung sowohl lateinischer als auch altfranzösischer und mittelhochdeut-scher Sprache zu erinnern. Unverkennbar hat hier die Auswahl der beschriebenen Bau-werke nachgewirkt, wie sie in der antiken Epik vorlag (Tempel, Paläste allegorischer Gestalten), doch werden auch neue Motive wie der Gralstempel oder Bilderzyklen an Grabmälern üblich.

Während ich auf diese Texte nicht näher eingehe, soll auf den folgenden Seiten der Versuch gemacht werden, die literaturgeschichtliche Entstehungssituation der *Descrip-tio templi* am Ende des 16. Jahrhunderts etwas genauer zu beschreiben. Gefragt wird also, welche Ausprägungen der Gebäudebeschreibung in der *neulateinischen* Literatur seit etwa 1500 als charakteristisch gelten können. Dabei ist zu betonen, daß die hier genannten Texte unmittelbar nur zu einem kleinen Teil auf die Kirchenbeschreibungen eingewirkt haben; ihre nahe Verwandtschaft mit diesen dürfte trotzdem deutlich wer-den.

Vier Texte bzw. Textgattungen sind es insbesondere, bei denen sich die Frage nach Zusammenhängen mit der *Descriptio templi* stellt: (a) das Städtelobgedicht und in ihm enthaltene Gebäudebeschreibungen, (b) die besonders in Italien häufige poetische Vil-lenbeschreibung, (c) die Beschreibung des Würzburger Juliusspitals von 1585 und (d) die erste jesuitische Kirchweihfestschrift mit Gedichten, die aber noch keine eigent-liche *Descriptio templi* enthält.[114]

2. Bautenlob im Rahmen der laudes urbium

Die seit der Antike ungebrochene Tradition rhetorischer und poetischer Städtepanegy-rik *(laus urbium)*[115] war im italienischen Humanismus des 15. Jahrhunderts zunächst vorwiegend in Form der politisch-panegyrischen Prosarede neu belebt worden, wobei

---

113 Text: Theodericus ed. Bulst 1976. Zur Deutung s. jetzt Sauer 1993 (Ziel Theoderichs sei die Hinführung zur *memoria passionis* mittels genauer Beschreibung); Arnulf 1997 (mit berechtigter Betonung der architekto-nischen Kenntnisse Theoderichs, aber einseitig, da ohne rechtes Gespür für die weitergehenden Intentionen der Pilger-Autoren, und demzufolge übermäßig kritisch gegenüber Ch. Sauers Beitrag).

114 Auch die poetische Beschreibung des Salomonischen Tempels durch Nikodemus Frischlin, die allerdings erst 1599, also fast ein Jahrzehnt nach der ersten *Descriptio templi*, im Druck erschien, muß hier genannt werden (s. II. Teil, D.II.1).

115 Allgemeiner Überblick jetzt bei Slits 1990; weitere Literatur z. B. bei Ludwig 1995, 39 Anm. 1.

der Wandel von der auf Vollständigkeit bedachten, bisweilen ins Statistische gehenden *descriptio* zur *declamatio* (in erneuerter Anlehnung an die kaiserzeitlichen Städteen-komien besonders des Aristides) bedeutsam ist.[116] Erst gegen Ende des Jahrhunderts tauchen zunächst vereinzelt, dann in immer dichterer Folge auch poetische Behand-lungen des Themas auf,[117] bei denen im übrigen die obligatorisch zu behandelnden Punkte nicht oder nicht wesentlich von denen der Reden abweichen. Welche Rolle spielt hierbei die Beschreibung auffälliger oder berühmter Bauten?

Die beiden Traktate des Menander Rhetor gewichten in ihren Anmerkungen zur Städterede die Frage der Bautenbeschreibung unterschiedlich: der erste Text[118] mißt ihr keine herausragende Bedeutung zu, während der zweite besonders für die An-kunftsrede (ἐπιβατήριος λόγος) empfiehlt, durch eine Aufzählung der Fülle an Bau-ten und urbanen Annehmlichkeiten ein glanzvolles Bild zu erzeugen.[119] Ähnlich un-terschiedlich ist auch die Gestaltung der Renaissancebeschreibungen, wobei eine eher nur kursorische Erwähnung wichtiger Bauten der weitaus häufigere Fall sein dürfte. Den Autoren geht es um die Erzeugung eines Gesamteindruckes, der zudem durchaus subjektiv ist. So erweist sich beispielsweise die Beschreibung von Paris des Eustathius von Knobelsdorff (1541) als stark assoziativ aufgebautes Gebilde. Zwar ist hier zu-gleich eine recht detaillierte Beschreibung von Teilen des Justizpalastes enthalten,[120] insgesamt haben die *laudes urbium* aber einen eher kursorischen Charakter, und die Gründe hierfür liegen auf der Hand, wenn man ihre Entstehungsbedingungen be-denkt: anders als die Prosareden des 15. Jahrhunderts, die nahezu ausnahmslos auf die eigene Heimatstadt gehalten werden, nimmt bei den Stadtgedichten des 16. Jahrhun-derts immer mehr der Anteil der Autoren zu, die eine fremde Stadt preisen – sei es zum Dank für die Aufnahme während des Studiums, sei es als Tribut an Gelehrte der Stadt, als ein Weg, um sich selbst für eine Anstellung am Ort zu empfehlen oder auch als ein Versuch, sich in persönlicher Notlage neue Gunst der Stadtregierung zu erwerben.[121] Unter solchen Umständen konnte es kaum darum gehen, einzelne Bauten besonders umfänglich zu behandeln.

Wenn wir in einigen Stadtgedichten dennoch beobachten, daß Einzelbauten beson-ders hervortreten, so ist zu vermuten, daß dies mit einem konkreten zeitgenössischen Anlaß verbunden ist. Die Vermutung bestätigt sich bei dem eigentümlichen Gedicht

---

116 Übersicht über wichtige Texte und Forschungsbericht: Goldbrunner 1983; ergänzend und mit wichtiger Bibliographie jetzt Ijsewijn – Sacré 1998, 46–50. Für den Rhetorik*unterricht* der Frühen Neuzeit, der die Grundlage zahlreicher Stadtlobreden bildete, war hingegen nicht Aristides, sondern der von R. Lorichius wieder benutzbar gemachte Lehrbuchautor Aphthonios von entscheidender Bedeutung; vgl. u., D.II.1–2. Zu ihm s. auch bereits Ludwig 1990, hier 256–259 und 279–282.

117 Das erste Gedicht scheint Wimpinas Lob der Stadt Leipzig von 1488 zu sein, s. Ludwig 1995, 52 und 75.

118 Men. Rh. 346,26–351,19 R.–W.

119 Men. Rh. 382,10–18 R.–W.

120 Text: Cnobelsdorf ed. Starnawski 1995, 104 f. (= V. 995–1042); vgl. O. Sauvage 1980.

121 Vgl. Hessus ed. Neff 1896, X–XX passim (J. Neff); Ludwig 1995, 46 (zu N. Reusner).

Siluula in Albiorim illustratam, einem *ludus*, den der Celtisschüler und Wittenberger Humanist Georgius S IBUTUS Daripinus 1505 oder 1506 gemeinsam mit Studenten, die als Götter verkleidet auftraten, auf einer Bühne vor den sächsischen Fürsten vortrug und mit dem er sich kurz nach seiner Berufung nach Wittenberg seinem Landesherrn Friedrich d. W. empfahl.[122] Sibutus' an die 900 Verse lange Dichtung enthält eine ausführliche Beschreibung der Stiftskirche Allerheiligen (Schloßkirche)[123] in 185 Hexametern – und steht damit gewissermaßen am Anfang einer Ahnenreihe der späteren *Descriptio templi*, denn die Wittenberger Kirche war eben 1502 fertig überdacht und 1506 eingewölbt worden.[124] Bei Sibutus entsteht nun zwar kein vollständiges Bild des Bauwerks, da eine Beschreibung des Äußeren und insgesamt der Architektur fehlt. Andererseits finden wir bereits bekannte Motive wie das der lebensechten Darstellung und den Vergleich mit den antiken Malern; der folgende Auszug zeigt aber auch, daß Sibutus bemüht war, die Gestaltung des Innenraums durch Ortsangaben zu verdeutlichen:

c ii[v]   Quattuor illius aditum dant ostia templi.
      Stant et in ingressu templi pro gurgite sacro
      Enea quesito constructa lauacra nitore,
      Maior ubi crebros ostendit ianua gressus.
      Hic utrumque latus cingunt altaria circum.
      In primo uiuit picta sub imagine uirgo,
      Virgo dei cum uirginibus depicta duabus –
      Vix Cous similes unquam pinxisset Apelles,
c iii[r]   Vix Fabie gentis princeps qui pictor ab ede,
      Quam pinxit, dictus, Zeusis nec Parrhasiusue –
      Zeusis, aues pictis quamquam deceperat uuis,
      Parrrhasium propria deceptum nouimus arte,
      Ipse tamen tantos potuit uix pingere uultus.

Es folgen weitere Altäre und eine lebendig beschriebene Szene, die die beiden fürstlichen Brüder Friedrich und Johann im gemeinsamen Gebet und den Kurfürsten als Redner vor den Mitgliedern der neuen Universität zeigt (fol. c iiij[rv]).[125] Danach wendet sich Sibutus den Herrscherwappen im Gewölbe der Westseite, dem Chorgestühl und dem allen Heiligen geweihten Hauptaltar zu, der alles andere an Pracht überstieg:

---

122 Vgl. die Darstellung (mit Inhaltsangabe der auf 1506 datierten *Siluula*) bei Ludwig 1995, 52–55; zur Person des Dichters ausführlich Machilek 1988. Zum Wittenberger Humanismus vgl. Grossmann 1975, die (S. 138) die *Siluula* auf 1507 datiert.

123 SILVULA IN ALBIORIM ILLUSTRATAM, fol. c ii[v]–d iii[r]. Benutztes Exemplar: ThULB, 4° Bud. Op. 50 (1). Grundlegend zur Schloßkirche weiterhin Harksen 1967; vgl. jetzt auch dies. 1997 (mit weiterer Lit.).

124 Harksen 1967, 352. Zur ursprünglichen Form des Baus jetzt auch Estler-Ziegler 1998.

125 Zur Nutzung der Kirche für akademische Disputationen (regulär wohl erst seit 1507) s. Harksen 1967, 364.

d^r   Ingens ara chori, raro diademate sacra,
       Sacra diis cunctis, cunctis celebrata beatis,
       Relliquias sanctas sanctorumque ossa probatis
       Edocet inceptis: hebenus Mareotica, circum
       Effusus calcatur onix et segnis achates,
       Omne genus gemme: tum iaspide fulua supellex,
       Assirius limen circumdat succus opimum,
       Araque stat crebra maculas distincta smaragdo.[126]

Ebenso gepriesen werden mehrere große Tapisserien *(consuta tapetia)*,[127] die seitlich den Altarbereich schmückten, allerdings kommt es auch hier nicht zu einer inhaltlichen Beschreibung, sondern nur zu rühmend-überbietenden Vergleichen. Sibutus behandelt dann noch eine Kruzifixdarstellung, die beiden Orgeln und weitere Altäre und Teile der Ausstattung[128] sowie die Sakristei, bricht dann aber angesichts der Fülle die Beschreibung ab, um nun noch voller Bewunderung die kurze Bauzeit und den großartigen Gewinn hervorzuheben, den die Stadt an der Elbe durch das neue Bauwerk erfahren hat:

       Ingenio diues fuerat, qui prima iacebat
       Fundamenta loci: uix tres durata per annos.[129]
       Quamuis sum, fateor, multis uersatus in oris,
       Me memini nusquam summo uidisse Tonanti
       Aut cuiquam sancto templum constructius illo,
       Quod nunc Albioris longos dignetur in annos
       In summa felix pace et uirtute uidere.

Hiermit endet das eigentliche, unzutreffend als *siluarum liber* **primus** bezeichnete Lobgedicht des Sibutus, an das sich einige Dankgebete und *gratiarum actiones* an den Kurfürsten und seinen Bruder anschließen. Danach treten die „Götter" auf und beginnen ihr dialogisches Spiel, bevor der *ludus* mit einer Reihe von kurzen Adressen an Witten-

---

126 Die Beschreibung lehnt sich hier stark an Lukans Ekphrasis des Kleopatra-Palastes an (s. auch o. S. 82 Anm. 22). Vgl. 10,115–122: ... *stabatque sibi non (!) segnis achates | Purpureusque lapis, totaque effusus in aula | Calcabatur onyx; hebenus Mareotica uastos | Non operit postes, sed stat pro robore uili, | Auxilium, non forma domus. ebur atria uestit, | Et suffecta manu foribus testudinis Indae | Terga sedent, crebro maculas distincta zmaragdo. | Fulget gemma toris et iaspide fulua supellex.*

127 Daß es sich nicht lediglich um Paramente handelt, legt eine Bemerkung des Sibutus nahe, die im übrigen noch der Deutung bedarf und eine weitere bisher unbeachtete Facette seiner Biographie zu beleuchten scheint: *Vix similem uidi* (sc. *picturam*), *diuus cum Maxmilianus | In regis celsa consederat arce Philippi* (fol. d ii^r).

128 Eine genaue Analyse der betreffenden Passagen (fol. d ij^rv) dürfte auch für die Rekonstruktion des ursprünglichen Zustands der 1760 kriegszerstörten Kirche interessant sein; dabei wäre auch der Stich von J. D. Schleuen nach M. C. G. Gilling zu vergleichen, der jedoch nicht alle von Sibutus genannten Details zeigt, vor allem nicht die zahlreichen Altäre der vorreformatorischen Kirche (abgeb. u. a. in: Harksen 1967, Abb. 104; Junghans 1979, 61).

129 Tatsächlich hatte man mit den Bauarbeiten schon im Jahre 1490 begonnen.

berger Gelehrte ausklingt. So ist das vom Verfasser selbst rezitierte Gedicht als in sich geschlossenes, in der Kirchenbeschreibung gipfelndes Stadtlob zu lesen, um das Sibutus lediglich eine Art szenischen Rahmen gelegt hat. Dabei nimmt die Kirchenbeschreibung etwa zwei Fünftel des gesamten Werkes ein.

Es ist erstaunlich, daß sich nach diesem frühen Beispiel in der reichen Literatur des poetischen Städtelobes kein anderes Stück findet, in dem einem Einzelbauwerk eine derart herausragende Rolle zugestanden wird. Ein unmittelbarer Nachfolger des Sibutus, sein Wittenberger Schüler Engentinus, der 1515 Freiburg i. Br. in einer langen elegischen Epistel beschrieb, hat keine eigentliche Gebäudebeschreibung aufgenommen,[130] und noch Eobanus Hessus' *Noriberga Illustrata* (1532), das wohl längste und bekannteste Städtegedicht des 16. Jahrhunderts,[131] steht hinter dem Wittenberger Vorläufer zumindest in der Gewichtung von Stadt- und Baudarstellung zurück. Bei Hessus bleiben Bauten wie die Kaiserburg, Kornspeicher und Spitäler ganz unanschaulich, präzisere Einzelheiten findet man in den ersten 1000 Versen der Dichtung nur bei Teilen der Rathausbeschreibung (V. 785–805) und des Schönen Brunnens (V. 851–874). Wichtig sind allerdings die Passagen über die Sebald- und Lorenzkirche (V. 1019–1067 bzw. 1077–1150): hier hat Eoban sehr genau beobachtet und nicht nur zwei spätgotische Meisterwerke detailliert vorgestellt[132], sondern im Fall von St. Lorenz auch eine relativ anspruchsvolle Architekturskizze gegeben (V. 1081–1103). Andererseits lehnt er eine genauere Beschreibung der Kirchenausstattung explizit ab:

> Huius diuitias templi nec dicere promptum est
> 1105 Nec libet et nec erat nunc his locus …

Auch spätere Städtelobgedichte gehen – jedenfalls in Mitteleuropa – über kürzere Erwähnungen bedeutender Bauwerke nicht hinaus.[133] Doch spaltet sich von der Tradition der *laus urbis*, wohl nicht ohne Zusammenhang mit der Verfestigung der fürstlichen Territorialstaaten im Laufe des 16. Jahrhunderts und der damit einhergehenden stärkeren Abhängigkeit der Dichter von einzelnen Herrscherpersönlichkeiten, eine andere Linie von Texten ab: bei ihnen steht nicht mehr eine ganze Stadt im Mittelpunkt, sondern ein einzelner – fürstlicher – Bau. Ein besonders prägnantes Beispiel ist die ins Riesenhafte ausgeweitete Ekphrasis des Würzburger Juliusspitals durch Martin Lo-

---

130 Text: Hessus ed. Neff 1896, 55–72. Das Freiburger Münster bleibt hier ganz schemenhaft (V. 117–146).

131 Text: Hessus ed. Neff 1896, 1–54; jetzt neu ediert: Hessus ed. Vredeveld 1990.

132 Auch Eoban hebt also mit Vorliebe *neue* Kunstwerke heraus, hier das Sebaldusgrab P. Vischers (vollendet 1519) und das Sakramentshäuschen A. Kraffts von 1500 in St. Lorenz.

133 Vgl. z. B. Georg Meder, *Descriptio Meinbernae* (Mainbernheim), Tübingen 1557 (UB Würzburg: Rp 23,4514); Paulus Cherler, *Urbis Basileae Encomium breuisque descriptio*, Basel 1577 (BSB: Res 4 P.o.lat. 755,13t); Conradus Bavarus, *Laus Lipsiae carmine celebrata*, Leipzig 1610 (BSB: Diss. 66 Bbd. 43). – Anders gestaltet sind die *Venetiarum libri II* des Germain Audebert (1603, 38–74): hier gibt es eine recht lange Beschreibung der Markuskirche, die in einer fast photographisch zu nennenden Skizze der Bronzequadriga gipfelt (ebda. 40–42). Eine kommentierte Neuausgabe des Textes wäre sehr zu wünschen.

chander, auf die wir noch zurückkommen. Es ist zu überlegen, ob nicht auch bereits das Gedicht des Sibutus zu dieser Tradition zu zählen ist.

3. Ekphraseis von Renaissancevillen im 16. Jahrhundert

Unzweifelhaft eine Neuerung gegenüber dem Städtelob sind die umfangreichen Dichtungen der italienischen Renaissance, in denen herrschaftliche Villen- und Schloßbauten beschrieben und gepriesen werden; man sollte sie nicht ohne weiteres mit der *laus urbium* in einem Atemzug nennen, wie dies Jozef IJSEWIJN und Dirk SACRÉ vorschlagen.[134] Zutreffender scheint mir Carlo CARUSO zu urteilen, wenn er in der humanistischen Villendichtung mit ihrer eigenwilligen Mischung von Ekphrasis, Panegyrik und Mythologie eine insbesondere von Statius' *Silvae* inspirierte und durch das höfische Ambiente von Florenz oder Rom begünstigte eigenständige Ausprägung anspruchsvoller Gelegenheitsdichtung erblickt.[135] Nach ersten Ansätzen bei Poliziano, in dessen poetischer προλαλιά zu einer Homervorlesung, der *Ambra* (1485), eine Villenbeschreibung den Schluß bildet,[136] sind zwei große Villenbeschreibungen aus der Blütezeit des römischen Humanismus unter Leo X. zu nennen, die in den letzten Jahren durch die Forschungen und Editionen von Mary QUINLAN-MCGRATH wieder ins Bewußtsein gerückt sind.[137] Aegidius Gallus und Blossius Palladius huldigten 1511/12 in sehr unterschiedlicher Weise dem Kunstmäzen Agostino Chigi und seiner neuen Villa, der heutigen Farnesina: während Gallus die Göttin Venus mit ihrem Gefolge die Villa besichtigen läßt und sein Gedicht durch zahlreiche Dialoge der auftretenden Götter beinahe szenisch genannt werden kann, folgt Blossius wesentlich enger dem Vorbild Statius und seinen Villengedichten. Damit war eine Tradition begründet, die sich insbesondere im römischen Ambiente auch über den Einschnitt des Sacco di Roma hinaus fortsetzte und gegen Ende des 16. Jahrhunderts noch einmal in zwei großen Dichtungen gipfelte: Lorenzo Gambara beschreibt Ende der 60er Jahre in Form einer Führung das Farnese-Schloß Caprarola und läßt dabei die prominenten geistlichen Gäste hinter einer bukolischen Maskerade verschwinden,[138] und 1588 erfuhr die römische Villa Montalto des späteren Papstes Sixtus V. (Felice Peretti Kardinal Montalto), die im aus-

---

134 Ijsewijn – Sacré 1998, 49.

135 Grundlegend: Caruso 1997, hier bes. 272–275.

136 Caruso 1997, 275 f.; daß es sich indes um kein echtes „Villengedicht" handelt, hat Klecker 1994, 70 Anm. 193 zu Recht betont. Textausgabe mit reichhaltigem Parallelenapparat: Klecker 1994, 266–294.

137 Aegidius Gallus ed. Quinlan-McGrath 1989; Blosius Palladius ed. Quinlan-McGrath 1990.

138 Caruso 1997, 282–285, hier auch m. W. erstmals der – überzeugende – Versuch einer Identifizierung der „Hirten", u. a. mit dem Kardinal Sirleto. Textausgaben: Gambara 1569 (in Deutschland z. B. SuUB Bremen: IV.c.302), 3–39; Gambara 1581 (leicht verändert; s. Caruso 1997, 283). Quinlan-McGrath 1997 kennt nur die Ausgabe Rom: Zanetti, 1586, was leider zu einigen Fehlschlüssen über Alessandro Farnese und seine Ambitionen auf den päpstlichen Thron geführt hat (S. 1095). Zur *Caprarola* plane ich einen separaten Beitrag.

gehenden 19. Jahrhundert der großen Umgestaltung des Esquilin und dem Bau des ersten Termini-Bahnhofes zum Opfer fiel, eine poetische Würdigung durch Aurelio Orsi.[139]

Von diesen Dichtungen führt letztlich eine Traditionslinie zu den Schloßbeschreibungen des Barock, doch sind sie zunächst einmal die frühesten Belege für die Wiederbelebung der panegyrischen Darstellung einzelner Bauten im Gedicht, für die – zumal mit Blick auf Poliziano und dessen eigene *Sylvae* – wohl zu Recht ein Zusammenhang mit der Wiederentdeckung des statianischen Werkes angenommen worden ist. Die Villendichtung bleibt allerdings eine auf Italien beschränkte literarische Erscheinung; dies erklärt sich eher aus den architektonischen (und politischen?) Gegebenheiten Nordeuropas als aus einer generellen Ablehnung derartiger Gelegenheitsdichtung nördlich der Alpen. Inwieweit die Villengedichte der römischen Humanisten seinerzeit außerhalb Italiens bekannt waren, ist nicht ohne weiteres festzustellen; eine unmittelbare Anregung für die *Descriptio templi* dürften sie schwerlich gegeben haben. Dies läßt sich nicht mit gleicher Sicherheit von einem anderen poetischen Text sagen, dem wir uns nun zuwenden.

4. Die Beschreibung des Würzburger Juliusspitals durch Martin Lochander (1585)

Die Reihe der *Descriptio-templi*-Gedichte beginnt im Jahre 1591 in Würzburg. Nach den mannigfaltigen Einflüssen, auf die bereits hingewiesen werden konnte, aber auch im Hinblick darauf, daß das Würzburger Jesuitenkolleg damals zu den großen, personell gut ausgestatteten und zugleich baulich aufwendigsten Deutschlands gehörte, ist diese Vorreiterrolle nicht allzu erstaunlich. Dennoch wünschte man sich genauere Aufschlüsse darüber, weshalb gerade von diesem Ort eine so erfolgreiche Idee ihren Ausgang genommen hat.[140] Zum Abschluß der literaturgeschichtlichen Einordnung der *Descriptio templi* möchte ich deshalb auf zwei Texte hinweisen, die wenige Jahre vor der Würzburger *Adumbratio* in Süddeutschland gedruckt wurden und deren anregende Wirkung auf die Jesuiten von 1591 im ersten Fall höchstwahrscheinlich ist, im zweiten aber als sicher gelten muß.

Wohl im Frühjahr 1585 wurde der Görlitzer Magister Martinus Lochander „nach dem Willen Gottes und dank der gnädigen Großzügigkeit" Julius Echters von einer schweren Erkrankung geheilt.[141] Ort der Behandlung war offenkundig das einige Jahre zuvor

---

139 Caruso 1997, 279–282; Textausgabe mit kommentierenden Anmerkungen: Massimo 1836, 231–238.

140 Trotz umfangreicher Recherchen ließen sich bislang keine früheren derartigen Dichtungen, etwa in den südeuropäischen Ländern mit starker jesuitischer Präsenz, nachweisen. Zur frühen Dichtung des Ordens in Rom selbst s. u. S. 135–137.

141 IULIANUM HOSPITALE, fol. A2[v]. – Der Wiederabdruck des Gedichtes bei Gropp 1741, 483–499 ist unzuverlässig, da zwar Druckfehler der Erstausgabe korrigiert sind, anderes jedoch eigenmächtig verändert wurde.

durch den Würzburger Fürstbischof errichtete Spital, das bis heute seinen Namen trägt und seinerzeit neben der Universität und der restaurierten Feste Marienberg zugleich das Bild der Stadt radikal veränderte und neue Maßstäbe für die Dimensionen landes-fürstlicher Bauten in Süddeutschland setzte. Lochander, über dessen Biographie bisher keine weiteren Aufschlüsse zu gewinnen sind,[142] verfaßte zum Dank und zum Ruhm des Fürstbischofs, den er in einer panegyrischen Vorrede vom 14. Juli 1585 als *liberali-um artium Mecaenas* und *pauperum portus* apostrophiert,[143] eine mehr als 700 Distichen lange Beschreibung des Juliusspitals, die alle Einzelheiten der monumentalen Anlage detailliert und zugleich mit einem erheblichem Aufgebot an antikisierend-mythologi-schen Draperien vorführt. Nach einem Proömium, das Stadt- und Fürstenlob artiku-liert, gibt Lochander zunächst einen kurzen zeitgeschichtlichen Rückblick. Hier stehen die Ausweisung der Juden unter Fürstbischof Friedrich von Wirsberg und die Erbauung des Spitals im Mittelpunkt. Nach etwa 200 Versen beginnt dann die eigentliche Be-schreibung mit einer Übersicht über *totius aedificii forma*.[144] Lochander stellt dann als ersten den Ostflügel mit Waisenhaus, Mühle, Bäckerei und Badestube dar (fol. B4^{rv}), um sich sodann dem Südflügel zuzuwenden. Es folgt zunächst eine ausführliche Einlage mit den Themen *Historia s. Kiliani* und *Francorum origo*, die beide zur kontrastierenden Heraushebung der nun gesicherten katholischen Religion dienen (fol. B4^v–C2^v). Einen beträchtlichen Umfang hat die sich anschließende Beschreibung der Spitalkirche, die mit dem Hochaltar beginnt, um dann verschiedene Bildwerke und die Reliquien zu behandeln (fol. C2^v–D^r).[145] Es folgen das eigentliche Spital (*Opera misericordiae. Laza-rethum*) und sein künstlerischer Schmuck, das Hauptportal, die Arztwohnung und die Apotheke. In ähnlicher Form, allerdings mit knapperen Worten, behandelt Lochander auch den West- und Nordflügel, wo sich die Gelegenheit zur Beschreibung eines Ge-mäldezyklus und zur Einbeziehung vorhandener metrischer Inschriften in das Gedicht bot, weitere Wirtschaftsräume, den Spitalgarten (fol. E3^v–E4^r) sowie ein zeitgenössi-sches Ereignis, ein Mainhochwasser des Jahres 1585, welches Anlaß zu einer antikisch-idealisierenden Szenerie mit badenden Nymphen gab (fol. E4^v–F^r; mit einem an Verg. Aen. 5,825 f. angelehnten, aber stark erweiterten Nymphenkatalog). Den Abschluß bilden panegyrische Verse auf den Spitalpräfekten Abraham Nagel, die Geistlichen und den Bischof Julius Echter.

---

142 Für Nachforschungen zu Lochander danke ich herzlich Reinhard Düchting (Sandhausen) und Robert Seidel (Frankfurt) sowie besonders Matthias Wenzel (Oberlausitzische Bibliothek der Wissenschaften Görlitz) und Siegfried Hoche (Ratsarchiv Görlitz).

143 IULIANUM HOSPITALE, fol. A3^r.

144 Die im folgenden zitierten lateinischen Zwischentitel sind den Marginalien bei Gropp 1741 entnommen.

145 Zur ersten Spitalkirche einiges bei Weiss 1980, 9–15. Weiss kennt Lochander nur in Gropps Wiederabdruck und benutzt das Gedicht nicht, sondern tut es in bekannter Weise (vgl. o. S. 51 Anm. 77) ab: „Jedoch ist seinen geschwollenen Versen kaum etwas Sicheres über das Aussehen der Kirche zu entnehmen." (S. 15). Auch F. W. E. Roth kennt in seiner Studie zum Würzburger Buchdruck die Originalausgabe nicht, wie die gründlich entstellte Wiedergabe des Titels und die Spekulation über den Verleger (Roth nimmt H. Hoff-mann an) zeigt (1898, 84 Anm. 73).

Mit diesem umfangreichen Gedicht lag in Würzburg ohne Zweifel eine wichtige Anregung für weitere poetische Baubeschreibungen vor, zumal wenn sich, wie im Fall der Universitätskirche 1591, der von Lochander begonnenen literarischen Verewigung der Echter-Bauten ein weiteres Stück hinzufügen ließ. Zugleich ist aber festzuhalten, daß Lochander mit seiner versifizierten Dankesgabe ein ganz anderes Ziel verfolgte als wenige Jahre später die Jesuiten mit ihren Kirchenbeschreibungen: eine *innere* Anteilnahme, besonders an den bildlichen Darstellungen, fehlt im *Iulianum hospitale* fast völlig, so daß der Dichter beispielsweise die Bildbeschreibungen des Kiliansmartyriums und der Höllenfahrt der Herzogin Geilana mit einer Floskel abschließen kann, die ihn als von den dramatischen Szenen gänzlich unbeeindruckt erweist (fol. C4^r):

Hic uideas genibus Kilianum colla latroni
      Praebentem flexis, martyriique genus.
Parte alia paenas soluit Geilana, per auras
      Dum rapitur Stygio debita praeda lupo;
Vsque adeo nihil est, Momus quod carpere possit
      Neglectumue queri Zoilus ipse nequit.

Gerade für die Festschriften der Jesuiten, wie sie seit 1591 begegnen, ist daher die eigentliche Anregung anderswo zu suchen. Es verwundert nicht, daß am Anfang der jesuitischen *Descriptio templi* einer der bedeutendsten Philologen und Dichter steht, die der Orden seinerzeit aufwies: Jakob Pontanus.

5. Die Einweihung von St. Salvator in Augsburg (1584) und die Festdichtung des Jakob Pontanus

Am 1. Mai 1584 konnte der Augsburger Weihbischof Michael Dornvogel in feierlicher Zeremonie die Kirche des neuerrichteten Jesuitenkollegs, St. Salvator, einweihen. Er vollzog damit den letzten Akt der jahrzehntelang umkämpften, dann jedoch binnen kürzester Zeit in die Tat umgesetzten Einrichtung einer neuen Ordensniederlassung in der schwäbischen Reichsstadt. Diese Entwicklung war keineswegs selbstverständlich,[146] denn Augsburg war seit langem eine mit überwältigender Mehrheit reformierte Stadt, die im Jahr 1537 den Auszug der hochstiftischen Geistlichkeit ins Dillinger Exil erzwungen hatte. Die Aufhebung der Zunftverfassung durch Karl V. im Jahre 1548 und die Einsetzung eines unproportional mit Vertretern der katholischen Minderheit besetzten Rates änderten die evangelische Ausrichtung der Stadt nicht wesentlich, sondern führten vielmehr zu einem angespannten Nebeneinander der Konfessionen. Ab

---

146 Das folgende nach Immenkötter – Wüst 1996. Zur Religionspolitik in der Reichsstadt vgl. auch Naujoks 1980 und Warmbrunn 1983.

der Mitte der 50er Jahre änderte sich das Bild: zwar legte der Religionsfriede von 1555 die friedliche Koexistenz der Parteien gerade für die Reichsstädte fest, während in den Fürstenstaaten die Ausweisungspolitik gemäß dem Satz *Cuius regio eius religio* einsetzte. Zugleich verschob sich die konfessionelle Ausrichtung der Augsburger Protestanten von einer mehrheitlich calvinistischen zur lutherischen Position, war doch erstere ausdrücklich von dem Friedstand ausgenommen. Vor allem aber wandten sich Teile der städtischen Elite, in Augsburg also besonders die Kaufleute, unter dem Eindruck der Begünstigung der Katholiken in der städtischen Politik allmählich zumindest teilweise wieder dem alten Glauben zu.

Dem Verfall des alten Augsburger Schulwesens infolge der Reformation hatte die Reichsstadt bereits 1531 durch die Einrichtung des sehr erfolgreichen Gymnasiums beim verlassenen Karmeliterkonvent St. Anna entgegenwirken können; ein katholisches Gegenstück ließ lange Jahre auf sich warten. Durch die Initiative des Fürstbischofs Otto Kardinal Truchseß von Waldburg (1543–73) entstand zwar in der Residenz Dillingen schon 1549/51 die neue Landesuniversität, doch der entscheidende Schritt war ihre Umwandlung in die erste reine Jesuitenuniversität im deutschen Sprachraum (1564).[147] Mit der Berufung des Petrus Canisius zum Augsburger Domprediger (1559) verschaffte dann der Truchseß der alten Kirche in der Reichsstadt einen neuen starken Rückhalt, doch wurde damit auch der erbitterte Widerstand gegen den neuen Orden wieder angefacht, der diesem sowohl aus dem Domkapitel als auch aus der Bevölkerung entgegenschlug. Erst als 1579 die mehrheitlich zum Katholizismus zurückgekehrten Fugger den Jesuiten Häuser aus einer Erbschaft zur Verfügung stellten,[148] gab auch der Rat nach, der bis dahin jede Beunruhigung des Gleichgewichts in der Stadt vermieden hatte. Unter der einschränkenden Bedingung, daß in der Stadt keine Universität entstehen dürfe, wurden Kolleg, Gymnasium und Kirche genehmigt und in außerordentlich kurzer Zeit errichtet (Grundsteinlegung zum Kolleg im Februar 1581, zur Kirche im März 1582, Beginn des Schulbetriebs im Oktober 1582, Weihe der Kirche im Mai 1584).[149] Der 1583 in Augsburg ausbrechende, zeitweise die Züge eines Aufstandes annehmende „Kalenderstreit"[150] überschattete zwar diese Entwicklung – Anfang Juni 1584 suchte eine große Volksmenge das katholisch dominierte Rathaus zu stürmen –, doch an der Jesuitenkirche kam es infolge starker Militärpräsenz nicht zu Zwischenfällen.[151]

---

147 Hengst 1981, 173–177; Immenkötter – Wüst 1996, 24–26.

148 Die heftigen Auseinandersetzungen darüber innerhalb der gemischtkonfessionellen Fugger-Familie schildert Mangold 1786, 22–29.

149 Mangold 1786, 42–45; Duhr 1907, 200–205; Baer 1982; Kat. München 1997, 482–486 (Altarbild aus St. Salvator, Kat. Nr. 152f. [C. Denk]) und 532f. (Dokumente zur Gründung, Kat. Nr. 195–197 [S. Hofmann]). Einige knappe Notizen auch bei Braun 1822, 31–35.

150 Naujoks 1980, 48–53; Warmbrunn 1983, 360–375.

151 Mangold 1786, 45.

Die zeitgenössischen ordensinternen Berichte über die Kircheneinweihung vom 1. Mai 1584 sind nicht sehr aussagekräftig;[152] stellvertretend sei aus der handschriftlich erhaltenen Darstellung des von 1582–85 als oberdeutscher Provinzial amtierenden Georg Bader zitiert:

> Templum absolutum: tria sunt altaria, campanae 4, peristromata, calices, et alia supellex preciosa aliquot florenorum millibus aestimata, ab amicis donata. Consecratum est Kalen(dis) Mai(is); epulum magnificentissimum Fuggeri dederunt, omnibus paene illustribus huius Reip(ublicae) ciuibus ad nostrum Collegium inuitatis. Habita oratio, qua gratiae in primis familiae Fuggericae, deinde reliquis patronibus agebantur. audita est attentissime, et, quod intelleximus, magnum apud omnium animos momentum atque pondus habuit. Praeter concionem, quam unus de nostris in templo cathedrali habet, alius in hoc nouo templo concionari caepit plebeiorum, uerum etiam primariorum utriusque sexus hominum concursu tanto, ut aedes alioque satis ampla, omnes non capiat.[153]

Umso wichtiger ist der Umstand, daß uns für die Einweihung von St. Salvator eine weitere, bis heute fast völlig unbeachtete Quelle vorliegt: die von Jakob Pontanus verfaßte Sammlung lateinischer Festgedichte mit dem Titel *Encaenia. In religiosissimum templum.*

Jakob Pontanus (eig. Spanmüller aus dem böhmischen Brüx/Most, 1542–1626) gilt als einer der bedeutendsten Jesuiten der zweiten Generation. Ähnlich wie Matthaeus Rader, Jakob Gretser und der etwas jüngere Jakob Bidermann steht er für eine zeittypische Mischung von kirchlichem Beruf und humanistischer Gelehrsamkeit,[154] doch ist Pontanus anders als Gretser nicht als kontroverser Polemiker hervorgetreten und im Gegensatz zu den drei Genannten als Dramenautor weniger berühmt geworden. Er kann dagegen als einer der bedeutendsten jesuitischen Philologen, als Vermittler zwischen Renaissancehumanismus und jesuitischer Neoscholastik und als der schlechthin wichtigste Schulmann seiner Generation gelten;[155] an sein bis ins 18. Jahrhundert aufgelegtes Lehrwerk *Progymnasmata Latinitatis* ist in diesem Zusammenhang ebenso zu erinnern wie an die *Poeticae Institutiones*, aber auch an einen monumentalen Vergilkommentar.[156] An der humanistischen Ausrichtung des verbindlichen jesuitischen Lehr-

---

152 Litterae Annuae 1586, 179–185 (nur 180 zur Feier; das übrige Wunderberichte und Darstellung des Kalenderstreits); Mangold 1786, 44f. (unter Verwendung der Ordensgeschichten von Sacchini und Agricola sowie der *Annales Collegii Augustani ab anno 1559 ad annum 1584* aus der Feder Matthaeus Raders). Ob diese *Annales*, die auch van Dülmen erwähnt (1974, 374), identisch sind mit dem Beginn der *Historia Collegii S.J. Augustani 1559–1619* (Kantons- und UB Fribourg: ms. L 95,1), konnte ich bisher nicht klären.

153 ARSI Germ. 141, fol. 206ʳ.

154 Die Ordensbibliographie der Barockzeit attestiert ihm: *Vir in humanioribus potissimum litteris exercitatissimus, quique illarum studium fere nostrae Societatis in Germania primus ... excoluit* (Ribadeneira 382); vgl. an neuzeitlichen Darstellungen Duhr 1907, 671–673; van Dülmen 1974.

155 Grundlegend: Bauer 1984; dies. 1986, 241–317; vgl. auch das Kurzporträt von P. R. Blum (1993).

156 Vergil ed. Pontanus 1599.

plans, der *Ratio atque institutio studiorum*, war Pontanus mit wichtigen Gutachten führend beteiligt.[157]

Pontanus, der 1581 einer der Mitbegründer des Augsburger Kollegs war, nahm dort über Jahrzehnte eine führende Position ein. Aus seiner Tätigkeit gingen aber nicht nur die erwähnten Lehrwerke hervor, sondern er trat auch selbst bei den Feiern des Kollegs als Dichter auf. Den ersten Lektüreplan von 1582, der im Oktober an den Augsburger Kirchentüren angeschlagen wurde, zierten lediglich einige Distichen *Ad Vrbem Augustam*;[158] zur Kirchenweihe ließ Pontanus dagegen eine Gedichtsammlung von über 40 Seiten Umfang drucken.

Der anonym bei Johannes Mayer in Dillingen verlegte Druck ist bisher nur von Joseph BIELMANN als Werk des Pontanus angesprochen worden,[159] ohne daß dieser Hinweis weiter beachtet worden wäre. In der Augsburger Ausstellung zum 400. Jubiläum der Kollegerrichtung im Jahr 1982 waren die *Encaenia* weder zu sehen noch wurden sie im Katalog erwähnt.[160] Stattdessen sind durch einen irreführenden handschriftlichen Vermerk auf dem heute einzigen erhaltenen Exemplar der Bayerischen Staatsbibliothek, der die *Encaenia* einem *P. Georgius Pontanus* zuschreibt,[161] einige Fehler in Bibliographien und Katalogen entstanden: im einschlägigen Band des VD 16 wurde der Band 1990 unter „Georg Pontanus" verzeichnet.[162] Die Namensgleichheit mit dem bekannten böhmischen, ebenfalls aus Brüx stammenden Humanisten Georg Pontanus (Jiří Barthold z Braitenberka, um 1550–1616)[163] führte dann dazu, daß die *Encaenia* im Bayerischen Verbundkatalog als dessen Werk aufgeführt worden sind, während sie in anderen Katalogen, denen nicht der Münchner Druck zugrundeliegt (NUC, SWB, Zettelkatalog der ÖNB), als anonyme Schrift erscheinen. Die Autorschaft des Jakob Pontanus ergibt sich jedoch unzweifelhaft daraus, daß viele der *Encaenia*-Gedichte in seinem *Tyrocinium poeticum*, dem Beispielanhang zu den *Poeticae institutiones*, wiederkehren.[164]

---

157 Bremer 1904; Bauer 1986, 249–254; Lukács VII, 88–104 (Edition nach der Augsburger Handschrift). Zum Schulunterricht s. u. S. 119–125.

158 Abgedruckt (nur) bei Mangold 1786, 44.

159 Bielmann 1929, 86 (nach einer Notiz in der Anm. 152 genannten Freiburger *Historia Collegii*): „Ebenso feierte er die Weihe der dortigen Kirche (1584) mit über 1200 Versen."

160 Kat. Augsburg 1982. Hier unter Kat. Nr. 47 (S. 105) nur ein Exemplar von Pontans *Floridorum libri VIII*.

161 BSB: Res 4 Bavar. 2121, 24. Auf fol. A^r: *Autore P. Georgio Pontano*; s. unsere **Abb. 27**. Einen Jesuiten dieses Namens hat es nicht gegeben, vgl. Gerl.

162 VD 16, Bd. I/16 (1990) S. 338 mit Verweis auf die (nicht in gedruckter Form erscheinenden) Supplemente.

163 Trunz 1986, 927 f. (m. weiterer Lit.); Werkverzeichnis: Hejnic – Martínek 137–167 (m. tschech. Inhaltsangaben).

164 *Ad templum nouum salutatio*: ENCAENIA IN RELIGIOSISSIMUM TEMPLUM (im folgenden **E**) A2^{rv} = Pontanus 1594a (*Tyrocinium poeticum*, im folgenden **T**), 466 f.; *De diuinis actionibus in hac aede suscipiendis ac frequentandis*: **E** A2^v–A4^v = **T** 467–470; *Precatio Salomonis in Dedicatione Templi*: **E** A4^v–B^v = **T** 471–473; *Epithalamion in nuptias Christi et Ecclesiae*: **E** B2^r–B4^r = **T** 473–477; *Templum commendatur Saluatori* (**E** B4^{rv}) und *Commendatur B. Mariae Virgini …* (**E** B4^v–C^r) = **T** 346–348 (zusammengezogen als *Templum Societatis Iesu Augustanum Saluatori, Deiparae, Diuisque commendatur*); *Caeli ac templi comparatio*: **E** C2^{rv} = **T** 348 f.; *Quid cogitandum in*

Die große politische wie bauliche Bedeutung des neuen Kollegs und die literarischen Ambitionen des Pontanus haben also dazu geführt, daß in Augsburg die erste poetische Kirchweihfestschrift des Jesuitenordens entstand. In fünf durch Metrum oder Gattung unterschiedenen Abteilungen – *Heroica, Elegidia, Hymni, Epigrammata, Panegyres* – thematisiert der Dichter den feierlichen Anlaß, die Zeremonien und typologische Zusammenhänge, besingt Christus und die Augsburger Heiligen, die Evangelisten und Propheten, prägt Epigramme auf den Weihbischof und das Bauwerk und preist abschließend die Fugger und den Augsburger Magistrat, welche die Errichtung des Kollegs ermöglicht haben.

Die Wirkung dieser *Encaenia* auf die späteren Festschriften ist kaum zu überschätzen: Pontanus gab hier eine Vielzahl von Anregungen, die mindestens in Würzburg (1591), München (1597), Porrentruy (1604) und Molsheim (1618) unmittelbar aufgegriffen wurden und teilweise sogar die Ehre parodischer Umdichtung erfuhren.[165] Besonders erfolgreich war die Neugestaltung der *Precatio Salomonis* in Hexametern, die mindestens dreimal – in München, Porrentruy und Molsheim – nachgeahmt wurde, aber auch die *Inuitatio ad Augustanos*,[166] der Hymnus *Ad Christum in cruce suffixum*[167] und die Epigramme auf verschiedene Teile des Kirchengebäudes[168] wurden an verschiedenen Orten in abgewandelter Form übernommen oder imitiert.

Ein Bestandteil der späteren Festschriften fehlt indes noch in den *Encaenia*-Gedichten: eine eigentliche Kirchenbeschreibung. Lediglich die bereits genannte *Inuitatio ad Augustanos* gibt einige Hinweise, doch bewegt sich Pontanus hier noch eher im traditionellen Rahmen der vagen, auf Pracht und Glanz beschränkten Ekphraseis der antiken Dichtung (fol. C3ᵛ):

> Visite, imaginibus en ut laquearia rident,
> > En ut largifluo lumine Phoebus inest.
> En agedum lustrate imitantes marmora muros,
> > Artificis cameram suspicitote manus
> Et Parium lapidem referentia plurima signa,
> > Fulgentes aras, laeuia strata soli,
> Argentum atque aurum, pretiosaque uellera Serum,
> > Vasculaque arcanis apta ministeriis …

---

templo: E C2ᵛ–C3ʳ = T 350f.; *Ad Christum in cruce suffixum*: E D ᵛ–D2ʳ = T 455f.; *In nomen Iesu*: E D2ʳ = T 456f.; *In Christum et Mariam Genitricem*: E D2ᵛ–D3ʳ = T 457f.; *In SS. Vdalricum et Affram*: E D3ʳᵛ = T 458; *In quatuor Euangelistas*: E D3ᵛ–D4ʳ = T 459. – Im einzelnen sind mehrere Stücke in der späteren Fassung leicht abgeändert. Der Erstdruck ist sowohl foliiert (Aʳ–F4ʳ) als auch fehlerhaft paginiert: 1–8; 7; 10–15; 20–21; 18–19; 18–19; 22–40; 14; 42–45.

165 Zu Einzelheiten vgl. die jeweiligen Kapitel des II. Teils.
166 ENCAENIA IN RELIGIOSISSIMUM TEMPLUM, fol. C3ᵛ.
167 ENCAENIA IN RELIGIOSISSIMUM TEMPLUM, fol. D ᵛ–D2ʳ.
168 ENCAENIA IN RELIGIOSISSIMUM TEMPLUM, fol. Eᵛ–E3ʳ.

Diese Verse lassen es, ebenso wie die überlieferten Fassadenansichten von St. Salvator, als unwahrscheinlich erscheinen, daß die heute nicht mehr erhaltene Kirche für eine detaillierte Beschreibung etwa zu unbedeutend gewesen wäre.[169] Dennoch bleibt vorläufig festzuhalten, daß die Anregung zur eigentlichen *Descriptio templi*, anders als die zur poetischen Festschrift überhaupt, nicht auf Jakob Pontanus zurückgeführt werden kann. Seine Dichtungen sind vielmehr als eine erste öffentliche Demonstration jener Mischung von literarischen Übungen und Panegyrik verstehbar, wie sie bis dahin nur innerhalb der Jesuitenkollegien in Form von Rezitation oder ephemerer schriftlicher Zurschaustellung *(affixio)* üblich gewesen war. Es erscheint daher geboten, die Beschäftigung mit nichtreligiöser Literatur bei den Jesuiten und ihr langsames Hervortreten an die Öffentlichkeit gegen Ende des 16. Jahrhunderts in unser Hintergrundpanorama aufzunehmen.

---

169 Zur Kirche: Buff 1896, 2–7; Braun 1910, 43–49; Hipp 1979, 1337; Krämer 1982; Kat. Augsburg 1982, 98–104 (Kat. Nr. 131–44); Dietrich 1997, 155–158.

D. Zu den Entstehungsbedingungen der *Descriptio templi* im Umfeld der Schulen des Konfessionellen Zeitalters

I. Konfessioneller Humanismus

1. Die Finalisierung des Humanismus im 16. Jahrhundert

Jakob Pontanus, dessen Augsburger Festgedichte wir soeben betrachtet haben, bietet sich wie kaum ein anderer Zeitgenosse an, um zu einer weiteren Frage überzuleiten: welche waren die praktischen Entstehungsbedingungen der *Descriptio templi*? Neben der weitverzweigten literarischen Tradition ist ja ebenso zu berücksichtigen, wie die literarische Gegenwart aussah, aus der die Texte hervorgingen.

Es bestand schon mehrfach Anlaß darauf hinzuweisen, daß alle bekannten Texte der Gattung *Descriptio templi* dem unmittelbaren Umkreis von Schulen entstammen, seien es die Jesuitenkollegien oder die kommunalen Gymnasien in den vom Luthertum dominierten Reichsstädten. Da die poetischen Ergebnisse auf beiden Seiten große Ähnlichkeiten aufweisen, ist zu fragen, worin die gemeinsame Grundlage für eine solche literarische Produktion bestand. Die Antwort kann nur lauten: in einem von Katholiken und Protestanten ohne wesentliche Differenzen als Grundlage des Bildungswesens anerkannten Humanismus. Es ist heute ohne weiteres erkennbar, daß sowohl die Reformatoren als auch einige führende Jesuiten bereits der ersten Generation diese Auffassung teilten.[1] Der ursprünglich nicht vorgesehene Wandel der Societas Jesu zum führenden „Schulorden" – nach Anfängen in Goa endgültig 1546 auf den Weg gebracht mit der Aufnahme des öffentlichen Unterrichts im Kolleg von Gandía und zwei Jahre später in Messina – ist in den letzten Jahrzehnten sowohl von Ordens- als auch Bildungshistorikern gründlich erforscht worden.[2] Dabei hat man stets zu Recht betont, daß die erneuerte Wertschätzung der *studia humanitatis* kaum um ihrer selbst willen, also etwa aus literarischem Interesse, erfolgte, sondern daß von vornherein von einer Finalisierung dieser Studien auszugehen ist, deren wichtigste Ziele das bessere Verständnis der Heiligen Schrift und die Fähigkeit zur öffentlichen Rede (d.h. zur Predigt) sind.[3]

Die Möglichkeit, über die antiken Literaturen auch der katholischen Reform in Mit-

---

1 Zu Luther und Melanchthon s. bes. Scheible 1989, 241 f.
2 Grundlegend: Leturia 1940; weiterhin Tacchi Venturi 1956; Lukács II 6*–21*; Brizzi 1984; Blum 1985; O'Malley 1990; Brizzi 1995. Nicht zugänglich war mir: Franco Guerello – Pietro Schiavone (a c. di), La pedagogia della Compagnia di Gesù. Atti del convegno internazionale Messina 14–16 novembre 1991, Messina 1992.
3 Brief Polancos an Laínez vom 21.5.1547 (Lukács I 366–373); dazu u.a. Tacchi Venturi 1956, 67; Lukács I 5* f.; Blum 1985, 104f. In Venedig trug diese Verengung des Humanismusverständnisses sogar zur zeitweiligen

teleuropa Impulse zu verleihen, wurde von Ignatius erkannt und – wenn auch zurückhaltend – befürwortet:

> … vi rendeste più docto nelle dette lettere, perché sono, come sapete, nei nostri tempi molto
> necessarie per fare fructo nelle anime, maxime in quelle bande settentrionali, benché, quanto a
> noi, la theologia ci potria bastare senza tanto Cicerone e Demostene. Ma (…) la Compagnia
> nostra per desiderio di aiutare le anime piglia questi spogli de Egipto per voltarle in onore et
> gloria de Dio …[4]

Ganz ähnlich nehmen sich Melanchthons Äußerungen in der Rede *Necessarias esse ad
omne studiorum genus artes dicendi* aus, die er im März 1523 in Wittenberg hielt. Heinz
SCHEIBLE hat ihre Tendenz mit den Worten beschrieben: „Die humanistische Sprach-
erneuerung ist als Vorbereitung der Reformation von Gott gewollt."[5]

An dieser Stelle muß allerdings auch ein Unterschied zur Auffassung der ersten
Jesuiten vom Humanismus festgehalten werden. Denn Melanchthon gesteht den *litterae* zugleich ausdrücklich auch einen „Selbstzweck der intellektuellen Schulung"
(SCHEIBLE) zu, während dies in der Bildungsdiskussion des Ordens lange keine erkennbare Rolle spielt. Dieser gewichtige Unterschied in der Gesamtkonzeption hat
auch Folgen für die Bedeutung, die der Beschäftigung mit Dichtung in den Schulen
beigemessen wird.

2. Poetikunterricht im Protestantismus und Streit um die Studia humanitatis in der Societas Jesu

Melanchthons Wittenberger Dichtungsübungen fallen in die 20er–40er Jahre des
16. Jahrhunderts; sie bildeten noch lange Zeit danach die ideelle Grundlage des protestantischen Poetikunterrichtes. Noch 1590 beruft sich Moritz Heling in der Vorrede
seines für die Universität Altdorf konzipierten Dichtungslehrbuches auf den Reformator.[6] Für die spätere Zeit kann die erhaltene Schulordnung des Ulmer Gymnasiums von
1613 als Beispiel dienen: zwar nahm die Beschäftigung mit Dichtung hier nur einen
geringen Teil des Pensums ein und waren die Ziele entsprechend bescheiden, doch
änderte sich in der Sache wenig: nach den *initia rei metricae* in der IV. Klasse erwartete
man vom Schüler des folgenden Jahrgangs, daß er *rem metricam beynach auf ein eigen
carmen bringen* könne; in der VI. Klasse hieß es schließlich, wenn auch eher zurückhal-

---

Ausweisung der Jesuiten bei: Brizzi 1995, 50. Wichtige Überlegungen zum Thema, am Beispiel von Possevi-
nos *Bibliotheca Selecta*, auch bereits bei Blum 1983/84.

4 Brief an einen deutschen Jesuiten vom 30.3.1555 (zit. nach Tacchi Venturi 1956, 68; vollständiger Text in:
Ignatius 1909, 618 n° 5305).

5 1989, 240; ebenso auch in seiner Melanchthon-Biographie 1997, 37.

6 Heling 1590. Zu den Beziehungen Nürnbergs zu Melanchthon s. Scheible 1997, 45–49.

tend: *in carmine versuch mans mit parodiis et aliis modis, davon bei der prosodia* (sc. Johann Sturms) *erwehnt wirdt.*[7]

Ein uneinheitlicheres Bild ergibt sich bei den Jesuiten. Eine skeptische, zuweilen ablehnende Haltung gegenüber einer zu starken Betonung der *studia humanitatis* beschränkt sich nicht auf einzelne prominente Ordensmitglieder wie Laínez und bleibt auch in späteren Zeiten bei der Diskussion um die Gestaltung der Studien deutlich erkennbar. Auf der anderen Seite gibt es bereits in den 40er und 50er Jahren Vorstöße, der klassischen Literatur und besonders der Dichtung zu mehr Raum im Unterricht zu verhelfen. Führend sind hier das Kolleg zu Messina, dessen Orientierung an der Pariser Studienmethode z. B. die ordenstypische Übung der *declamatio* begünstigte, und das von Messina stark beeinflußte Collegium Romanum.[8] Über die widerstreitenden Meinungen geben jedoch am besten die Quellen Aufschluß, die den internen Disput bis zur Endfassung des verbindlichen Lehrplans, der *Ratio studiorum*, dokumentieren. Die von Ladislaus LUKÁCS in sieben Bänden publizierte Auswahl zeigt nicht nur, wie über lange Jahrzehnte die Qualität des Unterrichtes unter der unzureichenden Ausbildung der Lehrer und ihrem häufigen Wechsel litt, sondern auch, wie auch noch in der zweiten Generation Verfechter eines „rein theologischen" Ordens mit einer entsprechenden Gestaltung der Studienschwerpunkte und „Realisten", die den Eigenwert der unteren Schulstufen anerkannten, miteinander stritten. Dabei standen zwei Fragen besonders im Mittelpunkt: die generelle nach Zulässigkeit und Wert der literarischen Studien für die Kollegien und die speziellere nach der Art ihrer Ausgestaltung. Bei letzterer geht es vor allem um ein Zuwenig oder Zuviel an den charakteristischen literarisch-rhetorischen Darbietungen der Epoche wie Emblemen, *affixiones, declamationes* und Dramenaufführungen.

Der zeitgenössische Disput um die grundsätzliche Bedeutung der humanistischen Studien läßt sich auf die Frage zuspitzen: Sind die Jesuiten eine rein religiöse Institution im Dienst der katholischen Reform, oder trägt ihr schulisches Engagement entscheidend zu ihrem Erfolg bei? In seinem bereits erwähnten Gutachten von 1593 bejaht Jakob Pontanus leidenschaftlich die zweite Position. Das Dokument entwirft ein schonungsloses Bild von der riskanten Lage, in die die Jesuiten nach seiner Ansicht durch die Uneinigkeit über ihre Strategie und durch Achtlosigkeit vieler wichtiger Ordensmitglieder geraten sind: ständiger Lehrerwechsel und weitverbreitetes Desinteresse an den grundlegenden Studienfächern seitens der *theologi* und *philosophi* hat dazu geführt, daß am Ende sowohl die Grundlagen als auch die darauf aufbauenden Studien in Gefahr geraten. Das hiermit verbundene Risiko eines allgemeinen Scheiterns er-

---

7 Greiner 1912, 25 f. 53. 55. 57.

8 de Dainville 1978, 168; Brizzi 1984, 161–163. B. Bauer führt die starke Betonung der Sprach- und Literaturstudien in der *Ratio studiorum* explizit auf den römischen Stadt- und Universitätshumanismus als Konkurrenz zurück (1986, 39 f.).

scheint zu diesem Zeitpunkt so groß, daß Pontanus sich nicht scheut, radikal für den Eigenwert der Humaniora, also unabhängig von der Theologie, zu plädieren. Dabei vertritt er den in jenen Jahren nicht seltenen Standpunkt, die Jesuiten zögen aus ihrem Schulwesen längst mindest ebensoviel, wenn nicht mehr Reputation als aus ihrem Wirken in Mission und Seelsorge.[9] Im Rahmen des Augsburger Gutachtens zögert Pontanus nicht, die These weiter zuzuspitzen: *Non certe collegia a principibus et rebus publicis propter philosophiam et theologiam expetita sunt.*[10] Auch sei zu bedenken, daß im Nachwuchs des Ordens selbst nicht jedermann zum zukünftigen Theologen bestimmt sei, da es ebenso Lehrer für die Grundlagen geben müsse.[11] Schließlich geht Pontanus so weit, den *litterae* ausdrücklich einen Eigenwert zuzusprechen, und kommt damit vielleicht als erster Vertreter seines Ordens dem vorkonfessionellen Humanismusbegriff wieder recht nahe (die Einschränkung, daß auch die *litterae* nur der Erkenntnis Gottes zu dienen hätten, steht dazu nicht im Widerspruch):

> Tollantur ergo … illae peruersae opiniones, et statuatur, has litteras, si nos bene profecerimus et iis bene ac salutariter uti nouerimus, ad Dei cognitionem et amorem excitandum, **sine ulla theologia** (non enim dicam, sine philosophia) **esse utilissimas**, et **ob hunc ipsum finem** a Societate **per se tractari.**[12]

Insgesamt wird man sagen können, daß sich ab den 1580er Jahren eine langsame Aufwertung der humanistischen und poetischen Studien im Jesuitenorden vollzieht. Dies gilt zum einen für den Unterrichtsbetrieb, wo sich Pontans Vorschläge auf die endgültige Fassung der *Ratio studiorum* (1599) spürbar ausgewirkt haben. Zum anderen beginnt in den letzten Jahrzehnten des 16. Jahrhunderts die humanistisch gefärbte Dichtung erstmals über die Schulen hinaus zu wirken, als an verschiedenen Kollegien damit begonnen wird, zu festlichen Anlässen literarische Erzeugnisse in gedruckter Form zu publizieren.[13] Seit dieser Zeit tritt damit die lateinische Jesuitendichtung ihren europaweiten Primat an. Angesichts der plötzlichen, bald geradezu explosionsartigen Zunahme der Publikationen, mit der die Entwicklung der frühen *Descriptio templi* nahezu

---

9   Ähnlich „realpolitisch" äußert sich Christoph Clavius SJ, Mathematikprofessor am römischen Kolleg, in einer Stellungnahme (wohl 1594): *Magna aestimatio Societatis Jesu quam habet apud exteras, longeque positas regiones fere existit a literis universa. nam, si qua creditur singularis morum probitas, ea nonnisi a coniunctissimis perspecta, a plurimis ignoratur, et communis cum aliis religiosis existimatur. at vero, laus elegantioris eruditionis, cum caeterae religiones barbarae putentur, huic etiam inimicorum consensu tribuitur maxima; qua una et sola re tantum auctoritatis apud multos homines remotissime degentes acquisiuit …* (Lukács VII 119). Vgl. Brizzi 1984, 168, der die Schule um 1600 „die eigentliche Quelle des Prestiges für die Gesellschaft" (*sc.* Jesu) nennt.
10   Lukács VII 90.
11   Lukács VII 89.
12   Ebda. – P. R. Blum hat zu Recht darauf hingewiesen, daß unter der Devise *Omnia ad maiorem Dei gloriam* eine Vielzahl wissenschaftlicher Disziplinen ohne Rechtfertigungszwang bestehen konnte (1985, 109).
13   Neben der schon behandelten Augsburger Gedichtsammlung des Pontanus (1584) ist besonders das Collegium Romanum zu nennen; s. dazu u., III.

zeitgleich stattfindet, bedarf es eines Blicks auf die konkrete Art und Weise, in der Dichtung in den Schulen des Ordens rezipiert und produziert wurde.

3. Dichtungsrezeption und Dichten als Schulübung in den Jesuitengymnasien

Bereits in den *Constitutiones*, der sehr früh entstandenen „Verfassung" des Jesuitenordens, wird in den Bestimmungen über das Unterrichtswesen auf die aktive Beherrschung der Rede, aber auch der Dichtung Wert gelegt. Unter dem Titel *Quomodo iuuentur scholastici ad has facultates bene addiscendas* heißt es unter anderem:

> Dominicis uel aliis constitutis diebus (…) se in componenda soluta oratione aut carmine exercebunt, siue id ex tempore, proposito ibidem themate, ad explorandam promptitudinem fiat, siue domi composita, de re prius proposita, illic publice legantur.[14]

Ein Blick in die *Ratio studiorum* gibt Aufschluß darüber, wie die hier geforderten Fertigkeiten erworben wurden: mittels Auswendiglernens und Rezitation von Gedichtpassagen, mit Hilfe der Zusammensetzung von *membra disiecta* zu korrekten Versen,[15] aber auch durch erste eigene Versuche: *carmina et epistolae conscribentur, conscripta corrigentur, disputabitur.*[16] In der vorletzten Klasse, der *Humanitas*, wurde dann in mehr literaturgeschichtlicher Weise die Kenntnis der verschiedenen Gattungen und überhaupt größerer zusammenhängender Texte vermittelt.[17] Die praktische Anwendung brachte schließlich die Rhetorikklasse, in der ungeachtet ihres Namens sowohl Prosastücke als auch Gedichte regelmäßig zum Vortrag kamen:

> In aula temploue grauior oratio aut carmen uel utrumque nunc Latine, nunc Graece, uel declamatoria actio, expositis utrinque rationibus, lataque sententia, singulis fere mensibus habeatur.[18]

Aus all dem wird ersichtlich, daß die poetische Betätigung, nicht anders als die rhetorische, zum allergrößten Teil reinen Übungscharakter hatte; sie sollte auf eine möglichst perfekte Sprachbeherrschung *in der Rede* vorbereiten, was man am besten durch die Vertrautheit mit der gebundenen Sprache trainieren zu können glaubte.[19] Es ist

---

14 Constit. S. J. IV c. 6 § 12, zit. nach Lukács I 245. 247.

15 Vgl. z. B. Rat. stud., *Regulae professoris supremae classis grammaticae*, n° 7 (Lukács V 435).

16 So schon im 1. Würzburger Lektionskatalog (1567) s. v. *in classe humanitatis*, zit. nach Lukács III 569. Die verschiedenen Übungsschritte und -möglichkeiten hat Pontanus im Kapitel I,9 seiner Poetik anschaulich versammelt (*De exercitatione et modo scribendi, item genera quaedam exercitationis poeticae* = 1594a, 26–28). Ganz ähnlich noch Neumayr 1755, 12 (§ 5. Exercitamenta pro stylo).

17 Rat. stud., *Regulae professoris humanitatis*, n° 1 (Lukács V 430).

18 Rat. stud., *Regulae professoris rhetoricae*, n° 17 (Lukács V 428).

19 Dazu interessante Ausführungen bei de Dainville 1978, 173–176.

daher nicht erstaunlich, wenn bereits in den späten 1580er Jahren der Vorschlag seitens der Oberdeutschen Provinz aufkam, eine Sammlung vorbildlicher Dichtungen *in locos communes digesta* aufzulegen. Die genannten Themen sind die klassischen Sujets der epideiktisch-enkomiatischen *Rede*, und vor allem durch sie ist letztlich das Dichten legitimiert:

> Nos uellemus edi duos libros, in quorum primum colligerentur sacra poemata … in alterum profana (…). digererentur autem utrobique in locos communes, u(erbi) g(ratia) sacra in Deum, in sanctos, in uirtutes etc., profana in claros uiros, in improbos, in statuas, in aedificia (!), in ciuitates, in fontes etc. deinde ponerentur funebria, genethliaca, nuptialia …[20]

Mit einer solchen Finalisierung des Poetikunterrichtes mit Blick auf die öffentliche Fest- und Lob-, also Gelegenheitsdichtung ist der spätere Gang in die Öffentlichkeit schon in gewissem Maße vorgezeichnet. Zunächst jedoch beschränkte sich die aktive Beschäftigung mit der Dichtung noch auf den kolleginternen Bereich, wo sie aber spätestens seit den 1570er Jahren eine erhebliche Eigendynamik entfaltete. Die Anfertigung von Emblemen, *affixiones* und panegyrischen Gedichten, ursprünglich strikt auf religiöse und erbauliche Themen beschränkt,[21] entwickelte sich immer mehr zu einer literarischen Mode, die sich vorzüglich auch und gerade für die politische Selbstdarstellung eignete,[22] und sie scheint demzufolge in manchen Kollegien zuweilen geradezu epidemische Formen angenommen zu haben. Darunter litt nicht nur vielerorts die Qualität der Texte, sondern es fühlten sich auch diejenigen bestätigt, denen die starke Betonung der humanistischen Studien nicht angemessen erschien. In den Stellungnahmen mischen sich verschiedene Kritikpunkte: schon in den unteren Klassen halte man viel zu viele Dialoge, Szenen und Rezitationen ab, die überdies zu schwierig und den oberen Klassen vorbehalten seien;[23] im Mainzer Kolleg fordert 1585 der Visitator Manare Maßnahmen gegen den *abusus affigendi* zumal der unteren, nicht genügend ausgebildeten Jahrgänge;[24] sein Amtsbruder Hoffaeus will zehn Jahre darauf jenen Usus ganz abgeschafft wissen, nach dem hochrangige Gäste der Kollegien mit aufwendigen literarischen Darbietungen begrüßt werden.[25] Günstiger urteilt dann Theodor Busa-

---

20 Zit. nach Lukács VI 367. Die einzelnen Rubriken des Vorschlags ähneln bereits stark den *Poeticae institutiones* des Pontanus (¹1594; vgl. das folgende Kap.); seine Beteiligung an dem Gutachten ist daher wahrscheinlich.

21 Vgl. Nadals *Instructiones de compositionibus litterariis publice exhibendis* (1561), Druck: Lukács III 64–66.

22 Dazu Battistini 1981, 104f. – Die Mode der *affixiones* ergriff im übrigen auch die protestantischen Schulen, die bei großen konfessionellen Festen wie dem Reformationsjubiläum zu den gleichen Mitteln der Propaganda griffen. Als Beispiel kann ein Plakat dienen, mit dem 1617 in Speyer ein *Iubilaeus scholasticus Gymnasii* angekündigt wurde und auf dem es unter 3. heißt: *a coetu scholastico Lutherano* **affigentur poemata encomiastica** *Eucharistica, Eu⟨c⟩tica, quibus intimum suum amorem erga hunc Dei seruum, fidem, constantiam et perseuerantiam suam (Rumpatur licet orcus et orbis) in Religione Lutherana (quae Christiana) testabuntur.* (HAB: 382.6 Theol. [21]).

23 Gerolamo Brunelli SJ (Rom ca. 1595), *De le feste de le scuole basse* (Lukács VII 254f.).

24 Lukács VII 450.

25 Lukács VII 475. Hoffaeus mahnt weniger Pomp und mehr Gebrauch der *modestia nostra* an.

eus, der 1609 Dillingen visitiert: für ihn stehen die literarischen Schaustücke des Kollegs nicht zur Disposition, doch verlangt er eine deutlich schärfere Kontrolle durch den Rektor, damit nur wirklich qualitätvolle Erzeugnisse der Öffentlichkeit präsentiert werden.[26] Sein Urteil darf durchaus als zeittypisch angesehen werden; eine Kritik wie die Aquavivas, der noch 1583 eine zu starke Konzentration der Ingolstädter Patres auf das Latein bemängelte,[27] dürfte man nach 1600 kaum noch finden.

Die zuweilen bunt wuchernde Fülle der poetischen Produktion und die häufige Klage über deren mangelnde Qualität deuten darauf hin, daß es bis zu den ausgefeilten Texten, wie sie die *Descriptio templi* oft bietet, ein weiter Weg war. In diesem Zusammenhang ist aber auch zu bedenken, daß an den Jesuitenkollegien bereits seit 1562 ein Rhetoriklehrbuch (Cyprian Soarez, *De arte rhetorica*)[28] zur Verfügung stand, während eine eigene Poetikschule erst mehr als dreißig Jahre später erschien (Jakob Pontanus, *Poeticae institutiones*).[29] Nachdem wir bereits anhand der Augsburger Festgedichte von 1584 zeigen konnten, wie eng Pontans *Institutiones* und seine *descriptio* (oder wenigstens: *laus*) *templi* zusammengehören, kann ein Blick auf zeitgenössische Lehrbücher die Entstehungsweise der Kirchenbeschreibungen an den Kollegien (und ebenso an den protestantischen Gymnasien) einschätzen helfen. Wir erhalten dadurch Einblick in den Umgang mit der *descriptio*-Tradition im Rhetorikunterricht, der wiederum nicht isoliert zu sehen ist, sondern die Grundlage darstellt, auf der die Publikationen der Kollegien und damit auch die *Descriptio templi* basieren. Daran ändert auch der Umstand nichts, daß die Publikationen, anders als die internen Schulübungen, wenn nicht ausschließlich, so doch überwiegend die Lehrer zu Verfassern haben: die Grundbücher, die Schülern und Lehrern dienten, waren ja dieselben. Offensichtlich wird dies, wenn Pontanus in seinem Gutachten von 1593 ausdrücklich die Abfassung von Lehrbüchern für Lehrer fordert, da diese oft nicht einmal selbst zu studieren wüßten;[30] und so steht es bei den anspruchsvollen Themen der oberen Klassen außer Frage, daß die Soarez-Rhetorik und die *Poeticae Institutiones* (bzw. die Rhetoriken protestantischer Autoren) auch und gerade den Lehrern dienten.[31]

---

26 *Memoriale collegio Dilingano relictum … anno 1609* (Lukács VII 547).

27 An den Provinzial Bader, Rom 24. 2. 1583 (Lukács VII 562).

28 Dazu Battistini 1981, 84–94 (m. weiterer Lit.); Detailstudie: Bauer 1986, 138–242.

29 Die *Prosodia* des Georg Macropedius (entworfen für die Utrechter Schule, erschienen 1572 in Köln) wurde zwar im Jahre 1578 durch Canisius zum Gebrauch an den Jesuitenkollegien freigegeben (nach einem hs. Vermerk auf dem Exemplar der BSB). Sie erfüllte jedoch offenbar nicht über längere Zeit die in sie gesetzten Erwartungen.

30 Lukács VII 99.

31 Belege dafür gibt (aus Hilfsbücherverzeichnissen bei Pachtler 1894) Blum 1993, 630 m. Anm. 24. – Dies gilt unabhängig von der nicht immer leicht zu beantwortenden Frage, ob die Gedichte von Schülern oder Lehrern oder gemeinsam verfaßt wurden; vgl. dazu u. S. 130 f. Ob ein 1565 formuliertes Verbot, Epigramme von Schülern und Lehrern zu mischen (Lukács II 191, Z. 76–78), weitergehende Bedeutung erlangte, scheint mir zweifelhaft.

II. Die Descriptio templi als rhetorisch-poetische Übung (Progymnasma)

Es wäre irreführend, würde man die *Poeticae Institutiones* ohne weiteres den großen *Artes poeticae* der Renaissance an die Seite stellen. Anders als Girolamo Vida (*Poeticorum libri III*, 1517/27) strebt Pontanus nicht die Vollendung des Dichters im großen, vergilisch geprägten Epos an, doch ist beiden Autoren im Gegensatz zu den antiken *artes* gemein, daß sie „Lehrbuch des Dichter*handwerks*" und eine poetische Pädagogik" sind.[32] Mit dem Traktat Scaligers (*Poetices libri septem*, 1561) verbindet Pontanus die Ambition, einen umfassenden Überblick über Genres und Metren zu geben. Dennoch sind die *Institutiones* in viel unmittelbarerer Weise Lehrbuch, als dies die anderen Poetiken je sein wollten. Der augenfälligste Beleg dafür ist die starke Betonung zeittypischer Formen der Gelegenheitsdichtung (Epigramme, Hymnen, Epitaphien u. dgl.) sowohl in den einzelnen Kapiteln[33] als auch im beigegebenen Textanhang, dem *Tyrocinium poeticum*.

Umso stärker fällt ins Auge, daß es in diesem Lehrbuch keinen Abschnitt über die poetische Beschreibung und dementsprechend auch keine Beispiele für Ekphraseis gibt, wie sie die *Descriptio templi* darstellt. Um zeitgenössische Anweisungen und Regeln für die Gestaltung literarischer Beschreibungen zu finden, müssen wir uns anstelle der Poetiken vielmehr den *rhetorischen* Handbüchern zuwenden. Der Grund hierfür ist einfach: die *descriptio* wird auch im 16. Jahrhundert, ebenso wie in der Antike, als typisches Element der epideiktischen Rede betrachtet; die Poetik tritt lediglich ergänzend hinzu, wenn aus besonderen Gründen eine Gestaltung in gebundener Sprache angestrebt ist; ein grundsätzlicher trennender Unterschied zwischen beiden Gebieten besteht nicht. Diesen Sachverhalt hat Andrea BATTISTINI sehr einprägsam in seinem Kommentar zum Städtelob-Kapitel der Soarez-Rhetorik beschrieben:

> … un capitolo intero (I, 49) ,de laude urbium', corredato di esempi virgiliani e ovidiani che, se da una parte confermano il carattere meramente addestrativo di questi esercizi, dall'altra provano lo stretto contatto tra retorica e poesia, ratificato dalla stessa *Ratio* allorché farà constare la ,perfecta eloquentia' di ,duae facultates maximae', l',oratoria' e, appunto, la ,poetica', armonicamente compenetrate nella stessa didattica, che prevedeva al mattino lo studio della prosa e al pomeriggio quello della poesia. Né è un caso se gli esempi poetici figurano in primo luogo entro la trattazione del genere epidittico, perché questo tipo di discorso, destinato in genere alla declamazione pubblica, è tenuto all'eufonia, indispensabile nei casi di messaggi uditi anziché letti …[34]

Auf welchem Traditionsweg sich diese Einschätzung der literarischen Beschreibung über Jahrhunderte erhalten bzw. aufs neue verbreitet hat, läßt sich mit einiger Gewiß-

---

32 Blänsdorf 1980, 90 (Hervorhebung U. S.). Kommentierte Ausgabe Vidas von Ralph G. Williams, New York 1976.

33 Pontanus 1594a, 143–164 (Hymnen). 175–211 (Epigramme). 212–250 (Epitaphien).

34 Battistini 1981, 89 f.

heit angeben: in der Mitte des 16. Jahrhunderts erlebten die bereits im Zusammenhang mit dem antiken Ekphrasisbegriff erwähnten rhetorischen *Progymnasmata* des kaiserzeitlichen Redelehrers Aphthonios ihre Wiederentdeckung und wurden bald zu einem obligatorischen Lehrbuch der frühneuzeitlichen Schulen. Sie fanden nicht nur in die *Ratio studiorum* Eingang, sondern sind ebenso als Grundlage der protestantischen Rhetorik-Ausbildung nachzuweisen.

Die eigentliche Antwort auf die Frage, wie die *Descriptio-templi*-Gedichte sich entwickelt haben, liegt daher in ihrer Klassifizierung als Produkte einer *rhetorischen* Übungspraxis in ursprünglich ungebundener Sprache, die von ihren Verfassern hinsichtlich Umfang, Komplexität und Hinzunahme des Metrums zu einer anspruchsvolleren Gestalt weitergebildet worden sind.

1. Wiederentdeckung und Aufstieg der Aphthonios-Progymnasmata im 16. Jahrhundert

Der rhetorische Traktat des Aphthonios (4./5. Jahrhundert) wurde, anders als die vergleichbaren älteren Schriften des Theon und des Hermogenes, lange nicht ins Lateinische übersetzt.[35] Dennoch wurde Aphthonios zum beherrschenden Lehrbuch der rhetorischen Übungen – zunächst im (byzantinischen) Mittelalter, in der frühen Neuzeit aber schließlich auch im Westen.[36] Zu dieser Popularität dürfte insbesondere der Umstand beigetragen haben, daß Aphthonios anders als seine Vorgänger ausführliche Beispiele für die Anwendung seiner Lehrsätze gab.[37]

Der neue Ruhm des kleinen Buches im Westen gründet auf einer zweifachen Neuübersetzung in der Zeit um 1500, zunächst durch Rudolf Agricola (vor 1480),[38] dann durch Francesco Maria Cattaneo (1507). Beide Versionen wurden bereits 1542 von dem Marburger Humanisten Reinhard Lorichius († um 1556/64) in einem Band miteinander kombiniert und durch neue Anwendungsbeispiele und eigene Anmerkungen ergänzt. Diese *Aphthonii progymnasmata … Latinitate donata* stellen in der frühen Neuzeit mit über siebzig Neuauflagen bis ins späte 17. Jahrhundert das Grundbuch des rhetorischen Unterrichts schlechthin dar.

---

35 Zu Fragmenten einer spätantiken Übersetzung des ursprünglichen (ausführlicheren) Theon, die jedoch keine weitere Verbreitung fand, s. jetzt Schindel (Hg.) 1999; die lateinische Fassung der Hermogenes-Progymnasmen sind die *Praeexercitamenta* des Priscian aus dem 5. oder 6. Jahrhundert (ed. Halm 1863).

36 Clark 1952; unergiebig ist Margolin 1979. Einzelheiten zur griechischen Tradition bei Butts – Hock 1986, 212–214.

37 Vgl. Clark 1952, 261: „Without model themes Theon could not hold the textbook market." Hermogenes war der Renaissance nicht unbekannt, jedoch fanden anstelle der Progymnasmata andere Schriften Interesse: Patterson 1970. – Die maßgebliche Ausgabe des Aphthonios ist weiterhin die Teubneriana von Hugo Rabe (1926); eine englische Übersetzung: Nadeau 1952.

38 Nicht Julius Agricola, wie Weißenberger 1996b angibt. Auch das Datum der Übersetzung wird mit 1532 mehrfach irreführend angegeben (Clark 1952, 261; Butts – Hock 1986, 215); es handelt sich vielmehr um den Erstdruck: Worstbrock 1978, 91.

Ein wichtiges Indiz für einen Zusammenhang zwischen der Einführung dieses Lehrbuches und der Entwicklung der *Descriptio templi* besteht darin, daß die Beschreibung einzelner Bauwerke durch Lorichius explizit Eingang in die Beispielreihe für die rhetorische *descriptio* (ἔκφρασις) findet. Er führt damit eine spezielle thematische Ausformung der *descriptio loci* in die Diskussion ein, die in den Themenlisten der antiken Rhetoriker in dieser Deutlichkeit nicht vorkommt. Das Musterbeispiel für eine Ortsbeschreibung ist bei Aphthonios eine Art Besichtigungsrundgang über die Akropolis von Alexandria, in der mehreren Bauten eine eher kursorische Aufmerksamkeit zuteil wird.[39] In einem Scholion Lorichs zur Agricola-Übersetzung finden wir dagegen ausdrücklich Einzelbauten erwähnt:

> *Loci, etc.* (sc. *descriptio*)] Hujus generis est, quoties tota loci facies ueluti spectanda depingitur, ut urbis, montis, regionis, fluminis, portus, uillae, hortorum, amphitheatri, fontis, specus, templi, luci etc.[40]

Freilich empfiehlt der Kommentator an dieser Stelle keine *Descriptio templi* in dem Sinne, wie der Terminus in unserer Untersuchung benutzt ist. Die anderen genannten Themenbeispiele und besonders die wenige Seiten später folgende Reihe von Vorbildern aus der antiken Literatur (übrigens Prosa wie Dichtung) zeigen, daß lediglich an Passagen wie die kurzen epischen Tempelekphraseis bei Vergil, nicht jedoch an *templa* im Sinne von „Kirchen" gedacht ist.[41] Dieselbe Einschränkung ist mit größter Wahrscheinlichkeit sogar auch noch bei jenen Themenvorschlägen für *descriptio*-Übungen zu machen, welche die endgültige *Ratio studiorum* von 1599 vorgab:

> Exercitationes discipulorum, dum scripta magister corrigit, erunt exempli gratia: locum aliquem poetae uel oratoris imitari, descriptionem aliquam, ut hortorum, **templorum**, tempestatis et similium efficere … epigrammata, inscriptiones, epitaphia condere (…).[42]

Umso wichtiger ist es, daß sich in den Ausführungen des Lorichius dann doch ein umfangreiches Beispiel findet, das ein Bauwerk zum ausschließlichen Thema hat. Be-

---

39 Aphth. prog. 12 (p. 47,10–49,12 Rabe); Übersetzung: Lorichius 1645, 333–336.
40 Lorichius 1645, 340.
41 Lorichius 1645, 344f.: EXEMPLA DESCRIPTIONUM. *Descriptionem habes subitae tempestatis, apud Virgilium in I. Apud eundem in sexto, Caci domus. Diluvii, apud Ovidium I. Metamorph.* [345] *Invidiae, lib.2. Famis, 8. Somni, 11. Ætnæ, apud Claudianum, et Gellium, lib.16 cap.10. Justitiæ, apud Gellium lib.14 cap.4. Arcis Tarentinae, apud Plutarchum, in vita Annibalis. Et Cleopatrae navis, in vita Antonii. Crotonis, apud Livium, lib.4. belli Punici. Cyzici, apud Florum, lib.3.c.5. Templi Hammonis, id est, Jovis Arenatii, apud Diodorum Siculum in gestis Alexandri. Regiæ Psyches apud Appulejum.*
42 Rat. stud., *Regulae professoris rhetoricae*, n° 5, zitiert nach Lukács V 425f. In den Themenlisten der älteren Fassung von 1586 gibt es keine *Descriptio templi*: die einleitenden Erörterungen zu Schulübungen nennen nur *inscriptiones templorum*, als Themen der *descriptio* dagegen in antiker Manier *urbs, portus* und *pugna* (Lukács V 137; vgl. ebenso Pachtler 1894, 183 [Verordnung der Rheinischen Provinz, 1619], n° 21); in den Vorschlägen zu einer Dichtungsanthologie *ad usum scholarum* fehlt die Gebäudebeschreibung ganz (Lukács V 140).

sonders hervorzuheben ist dabei, daß es sich nun um ein *reales* Gebäude handelt. Denn wenngleich zwischen der Beschreibung eines realen (τοπογραφία) und eines fiktiven Gegenstandes (τοποθεσία) nicht zwingend formale Unterschiede bestehen müssen, bleibt doch die Hereinnahme gerade solcher Bauten, die dem Autor vertraut sind und nahestehen, in den Kanon des Ekphrasis-Unterrichtes ein wichtiger Schritt in Richtung auf die *Descriptio templi*, wie sie ab 1591 dokumentiert ist.

2. Die Ekphrasis von Gebäuden als Übungsstück in Rhetoriklehrbüchern

Lorichs Aphthonioskommentar enthält Beschreibungen an zwei Stellen und damit unter zwei verschiedenen Aspekten: im Kapitel *De descriptione* und im Kapitel *De laude*. Diese Trennung zwischen sachlicher Beschreibung als Teil einer epideiktischen Rede einerseits und einem Enkomion andererseits findet ihren Rückhalt in den antiken Progymnasmata, die stets Enkomion und Ekphrasis als zwei verschiedene Übungen präsentieren.[43] Mit zwölf Seiten Umfang nimmt die *Descriptio gymnastica domus Reinhardi Lorichii Hadamarii* unter den insgesamt drei *descriptio*-Beispielen[44] eindeutig den wichtigsten Platz ein. Hier wird die Einrichtung und Dekoration des Gelehrtenhauses bis ins kleinste Detail angeführt und „vor Augen gestellt". Wir erfahren alles über die Wanddekoration mit Szenen der Sieben Weisen und anderen Bildern aus der antiken Literaturgeschichte, über die Anordnung der Fenster, aber auch über die in Hexametern verfaßte Bauinschrift von 1540 und dergleichen mehr. Die Wohnung des Lorichius ließe sich nach diesem Text ohne größere Schwierigkeiten rekonstruieren.

Dasselbe läßt sich von der zweiten, noch umfangreicheren Beschreibung Lorichs im Kapitel *De laude* nicht ohne weiteres behaupten. Unter dem Titel *Encomium Marburgensis Academiae* liegt hier vielmehr ein vollständiger Panegyricus vor uns, in dem der Verfasser das Lob seiner Heimatuniversität systematisch nach einer Vielzahl von *loci* abgehandelt hat. Dabei treten Elemente des Herrscher- und Städtelobes in seiner traditionell-topischen Form deutlich in den Vordergrund, bevor in einem zweiten Teil der Studienbetrieb dargestellt wird.[45]

Lorichs Marburg-Rede ist für unser Thema dennoch wichtig, da sie Inspiration für ein anderes Musterenkomion gewesen ist, das beide von Lorich getrennten Elemente, die genaue *descriptio* und die *laus Academiae*, miteinander verbindet. In seinen 1613 zuerst erschienenen *Institutiones oratoriae siue De conscribendis orationibus ... methodica introductio* führte Conrad Dieterich, Professor an der 1607 gegründeten Universität Gießen, in einem Unterkapitel des *Genus demonstratiuum*, welches er *Vrbes, arces, castella etc.*

---

43 S. dazu auch Pernot 1993, 671.
44 Lorichius 1645, 345 f. *Descriptio habitationis s. Antonii apud D. Hieronymum in Hilarionis uita*; 346–357 *Descriptio gymnastica* etc.; 357 f. *Descriptio serpentum e Lucani libro nono desumta.*
45 Lorichius 1645, 226–252.

laudantur überschrieb, am Beispiel des neuen landgräflichen Kolleggebäudes vor, wie sich ein Panegyricus auf den Landesherrn mit der exakten Beschreibung seines Baues verbinden ließ. Dieterichs Verweis auf weitere (antike) Beispiele für *commendationes* (lobende Beschreibungen) ist teilweise wörtlich aus Lorich übernommen.[46] Hieraus – und nicht zuletzt aus der Nähe Gießens zu Marburg – kann durchaus abgeleitet werden, daß Dieterich bewußt die Beispiele des älteren Fachkollegen weiterzuentwickeln suchte, den er als Vorbild ausdrücklich zitiert.[47] Das Ergebnis, die *Commendatio Collegii Ludouiciani Giessensis*,[48] steht den poetischen Kirchenbeschreibungen in Aufbau und Gewichtung der einzelnen Teile erstaunlich nahe:

Auf eine kurze Einleitung, die Ursachen und Urheber des Bauwerks vorführt (*Confirmatur argumentum 1° a causa efficiente …*) und eine Darstellung *a subiecto*, die das Kolleg als Gegenstand der Rede und die Lage in der Stadt zeigt, folgt mit dem 3. Abschnitt *(a forma)* bereits eine präzise, durch Maßangaben untermauerte Außenbeschreibung, in der zahlreiche architektonische Fachtermini begegnen. An vierter Stelle steht eine knappe Erläuterung der Bestimmung des Baus (*ab usu* oder *a fine*); besonders ausführlich und zugleich einprägsam ans Ende der Rede gestellt aber ist die *commendatio a partibus*, welche ein Lob des neuen Kollegs mit der Präzision von Lorichs Hausbeschreibung verbindet. Auf diesen Seiten kommt Dieterich manchen der *Descriptio-templi*-Gedichte in der Art der systematischen Beschreibung sehr nahe, weswegen seine Rede als Ergänzung zu unserer Edition im Anhang erscheint.[49]

Umso mehr ist an dieser Stelle zu betonen, daß mit dem Verweis auf Lorich und Dieterich nicht etwa eine direkte Abhängigkeit der ganzen Gattung *Descriptio templi* von den Musterreden dieser Autoren postuliert werden soll. Zweck dieses Vergleiches war es zu zeigen, wie in der Zeit um 1600 das Interesse für die ekphrastische und die enkomiastische Rede im Umkreis der Gelehrten- und Hochschulen insgesamt anwächst. Dabei spielt die rhetorische Theorie eine wichtige Rolle, sie schließt jedoch nicht aus, daß mit den gleichen Themen auch (womöglich sogar: überwiegend) in poetischer Form experimentiert wird.

---

46 Dieterich 1626, 117 f. *Regiae Alcinoi commendatio extat apud Homer. Odys. 7. Domus Priami, Iliad. 6. Regiae solis apud Ouid. 2. Metamor. Descriptionem arcis Alexandriae habet Aphth. Arcis Tare⟨n⟩tinae Plutarch in uita Annibal. Templi Hammonis, Diodor. Sicul. in reb. gest. Alexandr. Habitationes S. Antonij Hieronym. in uita Hilarion.* Vgl. o. Anm. 41 u. 44.

47 Dieterich 1626, 110 *Confer cum his commendationem Marpurgi, quam habet Hadamar(ius) in progymnast.* (!) *laudationem Rostochii, Chytr. fol. 140. Erphurdiae, Dresser fol. 424. Norimbergae Eoban. Hessus (…).*

48 Dieterich 1626, 112–117.

49 S. S. 749 f.

3. Ist die Descriptio templi „rhetorische Dichtung"?

Bereits die Verknüpfung der Kirchenbeschreibungen mit den rhetorischen Progymnasmata, vollends aber der Verweis auf die Musterbeispiele der Redelehrbücher führt unweigerlich in die Nähe jener Diskussion, die vor gut einhundert Jahren um die Natur der *Silvae* des Statius und vergleichbarer Gedichte entstand und die sich unter der Frage „Rhetorische Ekphrasis?" zusammenfassen läßt. Hier hatten 1892 Friedrich LEO und nach ihm Friedrich VOLLMER die Übereinstimmung des Aufbaus einiger *Silvae* mit dem der rhetorischen Übungsschemata konstatiert und den Begriff einer „rhetorischen" Poesie geprägt.[50] Paul FRIEDLÄNDER wies diese monokausale Theorie alsbald zurück, sowohl wegen des abweichenden Charakters der Progymnasmata als bloße Anfängerübungen als auch aufgrund der Beobachtung, daß die bei Statius ausgeführten Beschreibungen von Kunstwerken in den Progymnasmata erst mehrere Jahrhunderte später eine Behandlung erfahren.[51] „Mit etwas größerem Rechte" wollte FRIEDLÄNDER Parallelen zu den voll ausgebildeten ἐπιδείξεις und μελέται der kaiserzeitlichen Prunkredner zugestehen;[52] es war also nicht etwa sein Ziel, die Beeinflussung der *Silvae* durch die Rhetorik gänzlich zu bestreiten. In der Frage nach der „Herkunft" des *genus descriptiuum*, genauer: der autonomen, von ihrer traditionellen Rolle einer Einlage im Epos abgelösten Beschreibung, die mit Statius (oder vielleicht schon den verlorenen *Silvae* Lukans) ihren Einzug in die Dichtung der Römer gefunden hat, hat er jedoch mit Recht die große Vielfalt der hier wirkenden Einflüsse betont.[53] Eine endgültige Antwort hat die Frage nie erfahren.

Mit der soeben vorgeschlagenen Ableitung der Ekphraseis von Kirchen aus den in der Renaissance wieder zu Ehren gekommenen Progymnasmata ist nun keinesfalls beabsichtigt, die Frage für Statius und die literarische Ekphrasis der römischen Kaiserzeit ohne weiteres in gleicher Weise zu beantworten: die Situation der Jesuitendichter unterscheidet sich ja durchaus von der des ersten nachchristlichen Jahrhunderts. Um 1600 lagen, wie wir gesehen haben, Äußerungen der Rhetoriklehre zur Beschreibung von Örtlichkeiten in lateinischer, kommentierter Fassung vor. Aus den bereits angeführten Zitaten ist auch erkennbar, daß z. B. in der *Ratio studiorum* keine strikte Trennung zwischen poetischen oder prosaischen („rhetorischen") Übungen vorgesehen war.

---

50 Leo 1892, 3–12; Statius ed. Vollmer 1898, 26 f.; im gleichen Sinne noch Palm 1965, 175 f.

51 Nikol. prog. p. 69,4–11 Felten; vgl. Friedländer 1912, 61 und 85 sowie o., B.I.1.b.

52 Friedländer 1912, 61.

53 Friedländer 1912, 60–69, bes. 60 f. Anm. 3; ähnlich wieder Cancik 1965, 34–37. Mit der eigentümlichen Bemerkung „In der Kaiserzeit wird die Rhetorik die alleinherrschende Literaturgattung" (sic!) vollzieht Jonas Palm dagegen einen erheblichen Rückschritt (1965, 208). A.-M. Taisne dagegen hat zwar penibel rhetorische Elemente aus Statius' Gedichten zusammengetragen (1979, passim), sie stellt aber zugleich richtig fest (118. 127 f.), daß diese Texte weit über eine bloße Sammlung und Disposition von *loci* hinausgehen. Benutzung des Erprobten und freier Umgang halten sich die Waage und schaffen etwas Neues: „Cet art de Stace qui consiste à mêler divers genres … n'est-il pas le seul moyen … de renouveler la poésie en utilisant certes la rhétorique comme une base, mais sans ôter ses droits à l'imagination?" (ebda. 128)

Die von LEO seinerzeit postulierte Überschreitung der Grenzen zwischen Literaturgattungen und ebenso zwischen Schulübung und Literatur durch Statius hätte demnach in der frühen Neuzeit keine grundsätzliche Schwierigkeit dargestellt, als die sie die Kritiker LEOS, wie FRIEDLÄNDER und CANCIK, betrachten und deshalb als Möglichkeit ausschließen wollten.

Wenn sich also die Ausführungen der Rhetoriklehren zur Ekphrasis als plausible Anregung für die deskriptive Poesie um 1600 erweisen, so ist damit die Entstehung dieser Gattung doch nicht vollständig beschrieben. Die zahlreichen Einflüsse bzw. verfügbaren Anregungen aus antiker und neuzeitlicher Literatur, die ebenso in Betracht gezogen werden müssen, sind oben angedeutet worden. In dieser Hinsicht gleicht die Situation der Ekphrasis-Autoren in den Jesuitenkollegien (und in geringerem Maße auch an den protestantischen Schulen) durchaus derjenigen, wie sie FRIEDLÄNDER für Statius beschrieben hat: „Die Literatur weist ihn auf das Leben, das Leben auf die Literatur, und aus diesen hin- und widerlaufenden Beziehungen ergeben sich Kunstformen von kompliziertem literargeschichtlichen Wesen."[54] Es bleibt aber festzuhalten, daß die Kirchenbeschreibungen der Spätrenaissance, ungeachtet aller in ihnen entfalteten Raffinesse, von ihrer Entstehungssituation her dem Schul- und akademischen Ambiente erheblich näher stehen als die Werke des kaiserzeitlichen Dichters. Man wird daher in ihrem Fall den Progymnasmata eine höhere Bedeutung beimessen als bei ihrem antiken Vorgänger.

4. Kirchenbeschreibungen als Mustertexte in Gedichtsammlungen und Schulbüchern

Im Zusammenhang mit dem schulisch-akademischen Hintergrund der *Descriptio templi* sind schließlich verschiedene Hilfsbücher und Exempelsammlungen zur poetischen Ausbildung von Interesse, die allerdings erst erschienen, nachdem die Gattung ihren Höhepunkt überschritten hatte. Insofern sind die folgenden Bemerkungen in engem Zusammenhang mit dem *Ausblick* zu lesen, in dem versucht wird, die Fortentwicklung der Gattung im 17. und 18. Jahrhundert zu skizzieren.[55]

Das bekannteste der drei Werke, die hier zu nennen sind, ist der 1654 in Frankfurt erschienene *Parnassus Societatis Iesu*, ein über 1000 Seiten starker Sammelband im Quartformat, der eine große Zahl als vorbildlich angesehener Dichtungen von Jesuiten im epischen Versmaß enthält.[56] Die Dimensionen des Unternehmens lassen darauf

---

54 Friedländer 1912, 69; vgl. Cancik 1965, 34.

55 S. II. Teil, D.III.

56 Vollst. Titel s. Lit.-Verz. Das Unternehmen war auf mehrere Bände angelegt: der 1654 erschienene Band enthält ausschließlich die in zwei Abschnitte (mit je eigener Pagination) unterteilte epische *Classis I.* Zur Publikation weiterer Bände kam es nicht; vorgesehen waren ausweislich des Titelblattes die *classes II–VII*: Elegisches, Lyrisches, Epigramme, Dramatisches, *Symbolica* und *Syluae seu miscellanea.*

schließen, daß der *Parnassus* nicht in erster Linie zum Schulgebrauch gedacht war, sondern vielmehr einer Tendenz des 17. Jahrhunderts zu „barocken" Kollektionen entspricht.[57] Unter den Gedichten des *Parnassus* befinden sich auch einige Kirchen- bzw. Kunstbeschreibungen, unter denen der komplette Wiederabdruck des *Oliuetum Spirense* von 1593 hervorzuheben ist, das wir im II. Teil dieser Arbeit genauer untersuchen. Der Schwerpunkt der Auswahl liegt indes auf dem 17. Jahrhundert.

Dem Schulbetrieb wesentlich näher als der *Parnassus* steht eine erstmals 1660 in Parma erschienene Sammlung des italienischen Jesuiten Giovanni Battista Ganducci (Ganduzzi, Gandutius), die *Descriptiones poeticae ex probatioribus poetis excerptae*.[58] Hier handelt es sich um ein echtes Handbuch für Schulen und Dichtungsamateure, das sich im Aufbau an eine zuvor erschienene Sammlung *Descriptiones oratoriae* des gleichen Herausgebers anlehnt – ein weiterer Beleg für die grundsätzliche Austauschbarkeit von Prosa und Dichtung im epideiktischen Genus.[59] Geordnet sind die Beispiele nach *argumenta*, also Themen, weswegen auch Ganducci, anders als die Redaktoren des *Parnassus*, keine vollständigen Gedichte aufgenommen hat, sondern jeweils Auszüge bringt, an die sich der Verweis auf Autor und Fundstelle anschließt. In unserem Zusammenhang ist das Thema *Templum* herauszuheben, für das Ganducci insgesamt sieben Stücke bietet:[60] zwei Passagen über das *Templum uetus Hierosolymitanum* von Alessandro Donati bzw. Jakob Bidermann, zwei über die Marienkirche von Loreto (wiederum Donati sowie Carlo de Luca) und drei über römische Kirchen, alle ebenfalls aus der Feder Donatis. Ihre Auswahl ist nicht zufällig, sondern repräsentiert zugleich bedeutende Neubauten der vorausgehenden Jahrzehnte wie auch solche Kirchen, zu denen der Jesuitenorden eine besonders enge Beziehung hatte: die Cappella Paolina in S. Maria Maggiore mit ihrem Marienbild *Salus Populi Romani*, sodann Il Gesù als Mutterkirche des Ordens und schließlich die Peterskirche als Basilika des Papstes. Daß alle genannten *templum*-Passagen von Jesuiten stammen, scheint im übrigen kaum ein Zufall zu sein, sondern belegt aufs neue die Affinität des Ordens zu diesem dichterischen Thema.[61]

Ganduccis Sammlungen waren weit verbreitet; der Prosaband wurde 1688 sogar in

---

57 In ähnlicher Form erschienen z. B. 1634 bei Cnobbarus in Antwerpen *Selectae PP. Societatis Iesu tragoediae*.

58 Vollst. Titel der mir zugänglichen Ausgabe (Köln 1698) im Lit.-Verz.; der Nachweis des Erstdrucks von 1660 bei Sommervogel III 1182 s. v. Ganducci, n° 1. Ein Exemplar dieser Ausgabe war bisher nicht auffindbar.

59 Nach Sommervogel III 1182 f. s. v. Ganducci, n° 2 erschienen die *Descriptiones oratoriae* erst 1661 (ebenfalls in Parma, mit dem eindeutigen Hinweis *quas in usum scholarum Parmensium collegit* im Titel), so daß die Bemerkung bei Ganducci 1698, fol. A2ʳ *eodem ordine exponuntur qui in Descriptionibus Oratoriis et seruatus et exceptus est cum laude* wohl erst in späteren Auflagen hinzukam. Dessenungeachtet erscheint es mir als wenig wahrscheinlich, daß die ersten *Descriptiones Poeticae* eine grundsätzlich andere Form gehabt haben sollten.

60 Ganducci 1698, 265–271; Einzelnes s. u. S. 142 m. Anm. 9; S. 545 f. (zu Donati); S. 561 f. (zu De Luca). Vgl. bei Ganducci auch S. 592–596 *Architectura* (über biblische Bauten).

61 Zwar ist auch Ganducci selbst Jesuit, doch umfaßt das Verzeichnis der von ihm ausgewerteten Autoren (1698, fol. A2ᵛ–A3ʳ) ebenso antike Dichter bis in die Zeit des Sidonius sowie zahlreiche italienische Humanisten. – Für den Hinweis auf Ganduccis Sammlungen danke ich Dirk Sacré (Leuven).

Nürnberg neu aufgelegt. Daneben wurden auch von anderen Autoren ähnliche Bände zusammengestellt: als Beispiel seien die *Poeticae descriptiones in gratiam studiosorum aulas Societatis Jesu frequentantium* genannt, die Jacobo Zamora im Jahr 1735 in Mexico herausbrachte.[62]

Ein drittes, wiederum andersartiges Beispiel für Beschreibungen in Textsammlungen ist die *Idea poeseos* des Münchner Jesuiten Franz Neumayr (1697–1765), die dieser im Jahre 1751, also kurz vor der Auflösung des Ordens, erstmals veröffentlichte.[63] Hierbei handelt es sich im Gegensatz zu Ganducci nicht um eine Anthologie, sondern um einen praktischen Leitfaden zur Gestaltung des Dichtungsunterrichtes am Münchner Jesuitengymnasium. Neumayr skizziert in einem einleitenden Kapitel, das seinen engen Zusammenhang mit den Unterrichtsvorgaben der – seit 1599 unverändert gültigen – *Ratio studiorum* nicht verleugnet, die einzelnen Arbeitsschritte von der Syntaxis- bis zur Rhetorikklasse,[64] um dann für die verschiedensten poetischen Genera und Themen Beispiele zu geben. Dabei begnügt er sich nicht mit einer Auswahl fertiger Texte, sondern gibt kurze historische und stilkritische Einführungen, weist auf Gestaltungsmöglichkeiten hin und nennt zuweilen auch die einzelnen Übungsschritte, wie sie im Schulbetrieb von der Themenstellung über die Prosaparaphrase und die Suche nach Vorbildstellen bis zum fertigen Gedicht geläufig waren. Die Beispieltexte schließlich stammen aus Neumayrs eigener Feder, und so kann man das kleine Buch als ein spätes Pendant zu Jakob Pontans *Institutiones* und *Tyrocinium poeticum* verstehen, freilich wesentlich knapper gehalten und stärker auf die tatsächlichen Belange und Möglichkeiten des Schulbetriebes abgestimmt. Zugleich vermag die *Idea poeseos* aber einen Eindruck davon zu geben, wie stark das Gebiet der lateinischen Dichtung gerade bei den Jesuiten zu einem abgeschlossenen Traditionsbezirk geworden war, in dem nach zwei Jahrhunderten kaum mehr Raum für neue Impulse gewesen zu sein scheint: unter dem Stichwort *Descriptio loci* liefert Neumayr eine kurze Ekphrasis der Münchner Michaelskirche.[65] Sicherlich war dies für den Angehörigen des Münchner Kollegs das naheliegendste Thema, welches sich an dieser Stelle anbot – und doch scheint es, als kehre hier die *Descriptio templi* zu ihren Anfängen um 1600 zurück. Tatsächlich erscheinen die letzten Texte, die noch zur Gattung gerechnet werden können, zwischen der Jahrhundertmitte und 1773, dem Jahr der Auflösung des Ordens.

---

62 Sommervogel VIII 1456, n° 5; bisher kein Exemplar nachweisbar.
63 Benutzte Ausgabe (1755) s. Lit.-Verz.; zu Leben und Werk vgl. Becker 1982. – Für den Hinweis auf die *Idea* danke ich Günter Hess, der mir auch seine Ausgabe zur Verfügung stellte.
64 Neumayr 1755, fol.)(7ʳ–)(8ᵛ.
65 Neumayr 1755, 40–42 (*I. de poesi delectante, § III. de descriptionibus, exemplum I*). S. III. Teil, B.III.

III. Von der Dichtungsübung zum publizierten Lobgedicht
Die Anfänge gedruckter Jesuitendichtung am Collegio Romano

Die voraufgehenden Kapitel haben zum einen gezeigt, wie in den Jesuitenkollegien poetischen Übungen schon früh und in stets steigendem Maße Bedeutung zugemessen, zum anderen, daß die Dichtung als selbstverständliche Ergänzung zur Rhetorik akzeptiert wird. Trotzdem dauert es mehrere Jahrzehnte, bis die Dichtung des Ordens auch außerhalb der Kollegien wahrnehmbar wird – weil sie zunächst nicht publiziert wird. Die Gründe dafür sind nicht leicht zu erkennen: zwar waren die literarischen Wettkämpfe normalerweise innerschulische Angelegenheiten, aber die Ausschmückungen der Kollegien an besonderen Festtagen waren, ebenso wie die Ordensdramen *(comoediae)*, durchaus für die weitere Öffentlichkeit bestimmt. Ein anschauliches Beispiel dafür geben die Überlegungen Juan de Ledesmas für einen einmal jährlich abzuhaltenden, großen literarischen Wettstreit im Collegium Romanum. Seine Schilderung entwirft ein lebensvolles Tableau mit zahlreichen Beteiligten, an dem auch Außenstehende teilnehmen; von einer Publikation des Ausgestellten ist jedoch nicht die Rede:

> Fortasse nonnunquam expediret, ut omnes classes themata aliquot paulo politius et elegantius componerent, tum carmine, tum prosa, latine et graece, atque etiam haebraice, imo et ipsi quoque magistri aliqua quoque exquisita componerent, eaque omnia optime describerentur pulchris literis, aut in papiro, aut membrana, et, peristromatis ornato impluuio, circumcirca affigerentur omnia, propositis singulis propugnatoribus, qui, apud easdem compositiones astantes, eas tuerentur; caeteri uero omnes scholastici, tum nostri collegii, tum quiuis alii qui uellent, accedere possent oppugnatores; et ita uarie per totum impluuium disputaretur; adessent autem praeceptores obambulantes, uel certo loco, qui controuersias deciderent, et palmam uictori dicto adiudicarent.[66]

Nicht wesentlich anders sieht es bei den Dramen aus: so beschloß beispielsweise die deutsche Provinzialkongregation 1568, den Druck von *comoediae* nur in besonderen Ausnahmefällen und mit Genehmigung des Pater General zu gestatten.[67] Die geringe Zahl zumeist nur im Manuskript erhaltener Dramentexte bestätigt, daß es sich hier nicht um punktuelle Eingriffe, sondern um die gängige Praxis handelte.

Die eigentliche Wende im Verhältnis der Jesuiten zur Publikation eigener literarischer Erzeugnisse brachten, wie es scheint, die 1580er Jahre am Collegium Romanum. 1581 hatte Gregor XIII. durch eine großzügige Stiftung den drohenden finanziellen Ruin des römischen Kollegs abgewendet und als *parens ac fundator* dessen Aufstieg zur zen-

---

66 *De ratione et ordine studiorum collegii Romani* (1564/65) c. 19, zit. nach Lukács II 551 f.

67 Lukács III 39. Im übrigen ist die Ordenskorrespondenz vor allem von Klagen, Kritik und Verboten bezüglich zu aufwendigen oder zu häufigen Theaterspiels an vielen Kollegien beherrscht: Lukács II 30*. III 656 (Index s. v. Ludi scaenici). IV 701 (Kostümluxus, Fulda 1577). 767 (dgl., Spanien 1579) u. ö.

tralen Ausbildungsstätte des Ordens und zum Vorläufer der Universitas Gregoriana eingeleitet.[68] Lange bevor im Oktober 1584 das neue Kolleg feierlich eingeweiht wurde, verfaßte der aus Padua stammende Antonio Querenghi, selbst kein Angehöriger des Ordens, ein panegyrisches Gedicht mit dem Titel *De nouo Societatis Iesu Collegio, quod Gregorii XIII P. M. liberalitate exstrui coeptum est*, welches 1582 bei Zanetti im Druck erschien.[69] Dieses Gedicht von 100 Hexametern Umfang ist die erste poetische und zugleich die erste rein literarische Publikation für bzw. über die Jesuiten in der Zentrale ihres Wirkens, und die Aufnahme Querenghis in die Ordensbibliographie zum Collegio Romano ist deshalb vollkommen berechtigt.[70] *De nouo ... collegio* besitzt vor allem deshalb eine unübersehbare Signalwirkung, weil hier zum ersten Mal in der neulateinischen Literatur jene Elemente (wieder) miteinander verknüpft sind, die in weiterentwickelter Form auch die *Descriptio-templi*-Gedichte der nächsten hundert Jahre dominieren: das Lob neuer kirchlicher Bauten und die Herrscherpanegyrik.

Die mäzenatische Stadterneuerung der Päpste, insbesondere Gregors XIII. und Sixtus' V., schafft somit die eigentlichen Grundlagen für ein gewandeltes literarisches Klima, in dem das panegyrische Bautenlob dichterischer Form eine neue Blüte erlebt. Wichtig dabei ist, daß die literarische Begeisterung nicht nur gelehrte Laien und Weltgeistliche ergreift,[71] sondern alle diejenigen, die dem päpstlichen Stadtherrn verpflichtet sind, also auch die Jesuiten. Und so verwundert es nicht, daß nach Querenghis Lob auf das neue Collegium und seinen Stifter die Reserve, die bisher gegenüber dem Druck von Dichtungen der Patres bestand, wie weggeblasen scheint. Nach dem Drama *Ergastus* des Francesco Benci, dem ersten literarischen Druck des Collegio Romano, folgt bereits an zweiter Stelle (1588) ein poetisches Bautenlob: *De tholo S. Petri in Vaticano*, eine Gemeinschaftsarbeit Bencis und einiger seiner Schüler, die den Bemühungen Sixtus' V. um die Vollendung der neuen Peterskuppel huldigt.[72] Nach Querenghis Lobgedicht, das wie die Eröffnungsfanfare zu einer langen Reihe von Publikationen wirkt, begründen so Francesco Benci, Bernardino Stefonio und andere bis heute berühmte Mitglieder des Collegium Romanum seit den 1580er Jahren dessen literarischen Ruhm und prägen seine „età dell'oro" (VILLOSLADA), die bis in die Mitte des

---

68 Villoslada 1954, 146–166.

69 Vgl. die materialreiche Biographie von Motta 1997, dessen Ausführungen zum Gedicht auf das römische Kolleg (78–81) allerdings eher unergiebig sind.

70 Sommervogel s.v. Collegium Romanum: VII 42–66. Nach einer langen Reihe von Thesendrucken erscheint *De nouo collegio* als 28. Publikation (VII 45, n° 28); zwei frühe Ausgaben des Martial bzw. Horaz (VII 66, n° 1–2) aus den Jahren 1558 und 1569 können hier unberücksichtigt bleiben. Die Kolleggeschichte von R. G. Villoslada (1954) widmet der Literatur keinen angemessenen Raum (Querenghi fehlt im Index des Bandes!); vgl. immerhin die Auszüge aus der Hauschronik über besondere Ereignisse und künstlerisch-literarische Darbietungen (267–296). Der erste Hinweis auf den Druck einer kollegsinternen Gelegenheitskomposition stammt erst aus dem Jahr 1601 (S. 267; Kantaten anläßlich einer Doktorfeier). Zu den römischen Gedichten s. II. Teil, D.I.1; zu Donati auch D.II.1.

71 S. II. Teil, D.II.2.

72 Sommervogel VII 45, n° 29–30 = I 1286 s.v. Benci, n° 3–4. Zu Benci s. auch II. Teil, D.I.1.

17. Jahrhunderts währt.[73] Dabei bleibt allerdings zu beachten, daß alle diese Texte nicht etwa in der hauseigenen Druckerei des römischen Kollegs aufgelegt wurden,[74] sondern in anderen Offizinen der Stadt.

Angesichts der engen, gut und schnell funktionierenden Verbindungen der Kollegien untereinander ist es wahrscheinlich, daß Texte wie *De nouo ... collegio* und *De tholo S. Petri* binnen kurzem auch nach Nordeuropa gelangten. In der weithin spürbaren Ausstrahlung der *Roma sistina* könnte so das fast gleichzeitige Aufkommen der Bauten- und Festdichtung in Rom, Augsburg (Pontanus, 1584) und bald darauf in Würzburg eine einfache Erklärung finden.

---

73 Eine Fülle unpublizierter Dichtungen des Collegio Romano birgt der Fondo Gesuitico der römischen Nationalbibliothek; die von Jean-Yves Boriaud (1990) gegebene Kurzbeschreibung einiger Handschriften läßt bereits erkennen, daß die publizierten Dichtungen und Dramen nur die Spitze eines Eisberges darstellen. Boriauds Angaben zu Ms. Ges. 109, das ich bisher nicht konsultieren konnte, deuten auf enge Zusammenhänge zwischen dieser Handschrift und dem Lobgedicht Querenghis hin.

74 Sie bestand von 1556 bis 1616; vgl. dazu Hein – Mader 1992.

E. Der theologische Hintergrund

Bei aller literarisch-humanistischen Ausgestaltung fordert die *Descriptio templi* von ihrem Autor doch eine mindestens ebenso deutliche theologische Stellungnahme. Dies ergibt sich sowohl aus seinem theologischen bzw. kirchennahen Beruf als auch aus dem Anlaß, der Kirchenweihe, für den eine bloße Kunstbeschreibung nicht hinreicht. Anläßlich der Einweihungsfeier stellen sich dem theologischen Erklärer zwei wesentliche Aufgaben: zuerst die neue Kirche in die Tradition des Kirchen- und Tempelbaus einzuordnen, um sodann hinter ihrem künstlerischen Glanz und Schmuck den Sinn zu entdecken und die Funktion dieser Ausstattung zu erläutern. Anders gesagt geht es immer wieder darum, im enkomiastischen Festgedicht einen angemessenen Anteil an Exegese zu wahren.

Einige der zu diesem Zweck aufgebotenen Argumentationsstrategien sind im Verlauf dieser Untersuchung schon angedeutet worden: die Einordnung einer neuen Kirche in die Nachfolge des *templum Salomonis*, die zeitliche Verknüpfung der „Vorbesichtigung" mit dem Festtag als dem Zeitpunkt, zu dem der Sakralbau seine eigentliche Bedeutung offenbart, die Anleitung zum „Lesen" des Bauwerks und seiner Ausstattung durch reflektierend-meditative Gedanken des Sprechers; darauf wird noch zurückzukommen sein. Wichtig ist aber auch, sich an den hohen Stellenwert des Sehens und der Bilder in der antiken rhetorischen Theorie zu erinnern, denn aus einer ganz ähnlichen Hochschätzung der optischen Wahrnehmung erklärt sich auch die Haltung der (katholischen) Kirche zum Bild um 1600. Sie ermöglichte die reiche Ausstattung der neuen Kirchen, die wiederum die detaillierte Ekphrasis der *Descriptio templi* begünstigte. Zum Schluß unserer allgemeinen Einordnung der *Descriptio templi* in ihre Zeit fragen wir deshalb in den drei folgenden Kapiteln nach der Bedeutung typologischer Traditionsargumente, nach dem Zusammenhang von Bildauffassung und Kunstbeschreibung und schließlich nach Parallelen zwischen der Meditationspraxis der Zeit und den Bildmeditationen in den Festgedichten.

I. Das templum Salomonis als Typos der Kirche und als poetisches Sujet

1. Überbietungstopik und historisch-typologisches Kirchenverständnis

Die *superata uetustas*, die Überbietung der großen Leistungen der Vergangenheit, ist seit Martial und Claudian eine stehende Wendung der lateinischen Dichtung und zumal in Bautenlob und Bauherrenpanegyrik lange vor den Dichtungen der Jesuiten fest etabliert. An seinem neuen Verwendungsort bei den geistlichen bzw. kirchennahen Dichtern des konfessionellen Zeitalters erhält der Gedanke jedoch eine ganz neue Tragweite, wendet er sich doch nunmehr gegen die gesamte pagane Antike. Dazu wird er mit der Vorstellung von den Sieben Weltwundern verknüpft – und zugleich mit Nachdruck ins Moralische gewendet: die Wunderbauten der Antike sind nur Zeugen leerer Ruhmsucht der heidnischen Herrscher, die vor der Bedeutung selbst vergleichsweise kleiner, aber christlicher Bauten verblassen:

> Quod Caesar Diuis erexit Iulius aedes,
>> Artis opumque fuit, non pietatis opus.
> Ille quod ad laudem et uentosae nomina famae,
>> Pro uera noster relligione facit.[1]

Der Erbauer der neuen Kirche steht damit nicht eigentlich in der überbietenden Nachfolge der antiken Auftraggeber der *miracula*, sondern hebt sich vielmehr durch richtige (fromme) Gesinnung und gläubige Haltung von ihnen ab. Sein Werk hat dadurch eine grundsätzlich andere Qualität, und eben deshalb wird es auch ein anderes Schicksal haben als die antiken Weltwunder: diese sind in Schutt und Staub gesunken und künden damit vom falschen Ruhm ihrer Erbauer, die neue Kirche aber wird in alle Ewigkeit dauern.[2]

Neben dieser Sukzessionsvorstellung, die im Grunde eher eine Polarisierung ist, gibt es eine andere, echte Nachfolge, in die sich der christlich-fürstliche Bauherr aus kirchlicher Sicht einreiht: mit der Weihe seiner Kirche *(templum!)* und dem ersten Opfer setzt er in der Epoche *sub gratia* das Werk fort, das König Salomo *sub lege* begonnen hatte.[3] Die Figur des alttestamentarischen Herrschers als Vor-Bild des christlichen Fürsten, sein grandioser Tempelbau zu Jerusalem als *umbra* jeder christlichen Kirche und die im Buch der Könige detailliert beschriebene Einweihungs- und Opferzeremonie als Entsprechung der christlichen Kirchweihe[4] sind daher in allen Texten als feste Bezugspunkte angesprochen. Auch in dieser Gegenüberstellung sind jedoch Vorbild und Nachfolger nicht gleichrangig, sondern wiederum durch den Gedanken der Überbietung verbunden: erst die christliche Kirche kann in den richtigen Formen das vollenden, was Salomo begonnen hatte. Konkretisiert wird dies besonders am Vergleich der Erstlingsopfer: dort die blutige Großartigkeit abertausender geopferter Tiere (II Par 7,5 und III Rg 8,63), hier das reine, unblutige Opfer *(uiuens uictima)* in der christlichen Messe.[5] Das „nachtridentinische" Selbstbewußtsein der Katholiken, den heilsge-

---

1 So die Würzburger ENCAENISTICA POEMATIA, fol. D3^r *(In templum)*. Vgl. auch u. S. 285–287.

2 Besonders deutlich ist der Kontrast formuliert im Molsheimer Gedicht: S. 331 zu V. 120 ff. – Eine Variation desselben Gedankens – auch das *templum Salomonis* ist Ruine – s. ebda. S. 325. Zu diesem Thema und seinen Variationen vgl. auch ausführlich Hempel 1971, 78–84.

3 Zu Salomo als Urbild des *sapiens architectus* s. jetzt zusammenfassend Binding 1998, 349–356.

4 Bezugnahmen auf die alttestamentarische Festschilderung: S. 223, 232 (Würzburg); S. 279 (Gügel); S. 365–367 (Molsheim).

5 Vgl. S. 223 (Würzburg); S. 366 (Molsheim).

schichtlich richtigen Weg zu gehen, äußert sich in diesen Bildern in besonders deutlicher Weise; zugleich muß aber betont werden, daß der Bezug auf III Rg 8 bei den Lutheranern ebenso ausgeprägt zu finden ist wie bei den Katholiken.

In die gleiche Gedankenwelt gehört die typologische *Identifikation* des Bauherrn mit Salomo. Sie erfüllt primär einen panegyrischen Zweck, stellt sie doch den Gefeierten mit dem König des Alten Bundes auf eine Stufe. Zugleich wird die Kontinuität der sakralen Funktionen des Herrschers über die Zeiten hinweg dokumentiert, indem nahezu alle Festschrift-Dichter ihrem jeweiligen Landesherrn eine poetische Adaptation jenes großen Bittgebetes in den Mund legen, das Salomo bei seiner Tempelweihe sprach. Insbesondere die Münchner Dichter und ihre Nachahmer haben in Anlehnung an eine freie Adaptation des Bibeltextes in Jakob Pontanus' Augsburger Gedichtsammlung von 1584 intensiv mit diesen Motiven gearbeitet, doch findet sich die *precatio Salomonis* in poetischer Gestalt auch in den protestantischen Festdrucken.[6]

2. Das templum Salomonis in der lateinischen Dichtung um 1600 (Exkurs)

Parallelisierende Bezugnahmen auf Salomo und seinen Tempelbau sind insgesamt in der katholischen Dichtung um 1600 weitverbreitet; eine wichtige Anregung ging dazu im spanisch-habsburgischen Raum vom Bau des Escorial durch Philipp II. aus, der nach 21jähriger Bauzeit 1584 vollendet wurde. Das gigantische Unternehmen regte bald ein kaum minder groß angelegtes Buchprojekt an: die drei Foliobände *In Ezechielem explanationes* der Jesuiten Prato und Villalpando sind zugleich Huldigung an den Katholischen König und seinen neuen Kloster-Palast und ambitionierter wissenschaftlicher Rekonstruktionsversuch des *templum Salomonis* nach den Angaben der Heiligen Schrift.[7] Der Escorial inspirierte daneben auch viele Dichter seiner Zeit zu kleinen und größeren panegyrischen Produktionen, die bisweilen starken Ekphrasischarakter haben oder doch mit *carmina minora*, wie sie seit Pontans Sammlung von 1584 in Deutschland entstanden, vergleichbar sind.[8]

Der Tempel Salomos machte aber nicht nur als Typus von sich reden, sondern zog auch selbst die Aufmerksamkeit der Dichter auf sich. Die verschiedenen Ansätze, das völlig verlorene, aber in den biblischen Berichten sehr detailliert beschriebene Bauwerk in literarischer Form wiedererstehen zu lassen, bedürften einer eigenen Untersuchung; deshalb seien nur einige auffällige Punkte dieses unerforschten Terrains bezeichnet: in dem 1599 postum erschienenen Bibelepos *Hebraeis* hat Nikodemus Frischlin die Be-

---

6 Vgl. S. 251 f. (München); S. 316 (Molsheim); S. 511 f. (Ulm); S. 539 (Regensburg).

7 Vollst. Titel s. Lit.-Verz. Zu diesem Werk und seiner Nachwirkung vgl. Lechner 1977; Ramirez (ed.) 1991; ders. (ed.) 1994; Lara 1999.

8 Zu einem ekphrastischen Sonett Gongoras (1561–1627) vgl. Bergmann 1979, 99–101; eine stark an die hier untersuchten Stücke erinnernde lateinisch-italienische Gedichtsammlung auf den Escorial, die 1592 in Udine erschien, hat W. Hempel in mustergültiger Weise kommentiert (1971, 76 f. und 85–92).

sichtigung des *templum Salomonis* durch seinen Erbauer und die Königin von Saba eingelegt; eine Generation später gaben die Jesuiten Alessandro Donati und Jakob Bidermann Schilderungen des Tempels in den Gedichten *Mortem Christi sequuta Hierosolymae ruina* und *Candace regina* (sc. *Sabaeorum*!) *populo Sabaeo de opibus Salomonis*, wobei sie sich ebenfalls auf die Bibel stützten. Besonders interessant ist aber eine Reihe von Gedichten des französischen Jesuiten Antoine Chanut (1592–1662): in ihnen beschreibt er den Tempelschmuck – die Seraphimstatuen, die beiden Säulen, das Bronzene Meer – nicht nach dem Text der Bibel, sondern nach den (Phantasie-)Abbildungen dieser Gegenstände im Kommentarwerk Villalpandos. Es entsteht so eine komplexe Abhängigkeitskette Text–Bild–Text, bei der das dem ersten Text zugrundeliegende „Urbild" eine Leerstelle bleibt.[9]

Alle genannten Texte, die sich leicht vermehren ließen, zeigen den Willen ihrer Autoren, die Abwendung von den antik-paganen Themen zu vollziehen, ohne doch dabei auf bewährte Bestandteile wie Gebäude- und Kunstbeschreibungen verzichten zu wollen. Der Salomonische Tempel bot sich als architektonisch vergleichsweise gut dokumentiertes und theologisch zentrales Monument dafür wie kein anderer Bau an.

3. Imago coeli
Das Kirchengebäude als Symbol des Himmels und Verweis auf das Kommende

Während typologische Bezüge in der *Descriptio templi* immer wieder eine gewisse Rolle spielen, sind symbolische Interpretationen der Bauwerke eher selten und beschränken sich zudem auf einzelne Aspekte. Am häufigsten findet sich der Gedanke, die Kirche sei ein „Abbild des Himmels" *(imago coeli)*, doch auch er wird nicht losgelöst von der architektonischen Realität ausgesprochen: Anknüpfungspunkt ist vielmehr das Gewölbe (lat. *coelum*!), das zudem mit Verweisen auf den Himmel geschmückt sein kann wie in der Regensburger Dreieinigkeitskirche.[10] Etwas anders sind Formulierungen einzustufen, die besagen, die neue Kirche lasse gleichsam einen Blick in den Himmel zu. Hier handelt es sich um eine panegyrische Wendung, der allerdings das Wissen um die Beziehungen zwischen *ecclesia materialis* und *ecclesia coelestis* zugrundeliegt.

Weiter ausgeführt werden diese Motive kaum; während die typologische Interpretation zum Standardrepertoire der Kirchenweihe-Dichtungen gehört, überwiegt bei der Betrachtung der Bauten selbst eindeutig das persönliche Sehen und Empfinden und

---

9   Donati (1625): PARNASSUS SOCIETATIS IESU, 1. Fasz., 101 = Ganducci 1698, 265; Bidermann (1633): Bidermann 1642, 70–78 (heroid. 2,2) sowie Ganducci 1698, 266 (Auszug!); Chanut: PARNASSUS SOCIETATIS IESU, 1. Fasz., 356–366. Chanuts im PARNASSUS abgedrucktes Werk *Praecipua septem augustissimae virginis Mariae mysteria* erschien in mehreren Bänden ab 1650 in Toulouse; ihm ging eine kürzere Arbeit *Septem virginis Mariae mysteria* (Toulouse 1601) voraus. – Ähnliche Rezeptionsketten wie bei Chanut, jedoch im Bereich der profanen Malerei, konnte D. Rosand (1990) nachweisen.

10 S. u. S. 530 f. (Regensburg); außerdem S. 264 Anm. 120 (München).

läßt symbolische Denkfiguren in den Hintergrund treten. Eine Ausnahme stellt das Münchner *Trophaeum III* dar, das St. Michael wesentlich entschiedener als die anderen Festschriften als Parusie des Himmlischen Jerusalem zu deuten sucht. Auch hier sind zweideutige Formulierungen nicht ausgeschlossen, so das Wort von der *facies* (Fassade, zugleich Gesicht) der Kirche;[11] im Hinblick auf die visionsartige Schau des Hochaltarbildes ist aber davon auszugehen, daß hier gerade die Mehrdeutigkeit und damit ein Changieren zwischen realistischer Beschreibung und symbolischer Bildlichkeit angestrebt ist.

II. Über den Umgang mit religiösen Bildern und über ihre Funktion

Insgesamt haben typologische und anagogische Betrachtungsweisen in der *Descriptio templi* keine dominante, sondern eher eine grundierende Funktion. Das hängt nicht zuletzt damit zusammen, daß sich Bilder wie das von der *imago coeli* im wesentlichen aus der baulich-architektonischen Gestalt der Kirche entwickeln, die in den Festgedichten meist die geringere, rahmenbildende Rolle spielt. Wichtiger ist den Autoren in der Regel doch die Ausstattung mit Bildern und Skulpturen, deren Sujets ihre überzeitliche Bedeutung handgreiflicher, weil unverschlüsselter, erkennen und darstellbar werden lassen. Indem sie das Kriterium der Anschaulichkeit (ἐνάργεια) leichter als jede theoretische Erörterung erfüllt, entspricht die poetische Kunstbeschreibung so zugleich den Forderungen der (katholischen) Kirche nach Einbeziehung der sinnlichen Empfindung in Verhältnis von Bild und Betrachter. Eine vergleichbare Konzentration auf das sinnlich erfahrbare künstlerische Detail fehlt jedoch auch der protestantischen *Descriptio templi* nicht. Bevor wir diese in beiden Konfessionen verbreiteten, ins Kontemplativ-Meditative weisenden Strategien im Umgang mit den Bildern betrachten,[12] sei kurz an die theoretischen Positionen der Epoche erinnert.

1. Mißbrauch und Nutzen von Bildern aus der Sicht des konfessionellen Zeitalters

Jede Beschäftigung mit den Fragen von Bildgebrauch und Bilderverehrung im 16. Jahrhundert muß als Prämisse die reformatorische Kritik an den Bildern im Kirchenraum einbeziehen. Dabei darf man zugleich nicht übersehen, daß keineswegs alle Reformatoren etwa eine radikale Entfernung aller Bilder aus den Kirchen gefordert haben. Luther beispielsweise nahm in dieser Frage eine durchaus gemäßigte Position ein; er verweigerte dem Aufruf Karlstadts *Von der Abtuhung der Bilder* (1522) seine Unterstützung und kritisierte diejenigen, die im Bildersturm ein gutes Werk zu tun

---

11 S. u. S. 257 (München) und 229 (Würzburg).
12 S. u., III.

glaubten, aus prinzipieller Ablehnung des Werkgerechtigkeitsgedankens ebenso wie die Bewahrer und Verehrer der Bilder.[13] Die generalisierende Vorstellung vom „bilderstürmenden" 16. Jahrhundert ist vielmehr durch die Zerstörungen geprägt worden, die in den vom Calvinismus geprägten Ländern Westeuropas, insbesondere im französisch-schweizerischen Gebiet und den Niederlanden, angerichtet wurden. Ihren Höhepunkt erreichten diese (von Calvin keinesfalls gebilligten) Bewegungen nach dem Präzedenzfall Genf (1535) erst in den Jahren nach 1560, so daß nicht zuletzt hieraus verständlich wird, daß das Tridentinum die Bilderfrage sehr spät auf die Tagesordnung setzte und erst im letzten Augenblick, im Dezember 1563, das dazugehörige Dekret verabschiedete. Hubert JEDIN hat nachgewiesen, daß dieser Diskussion bis zum Schluß eine speziell von der Sorbonne ausgehende Konfrontation mit den Calvinisten zugrundelag, so daß man umgekehrt annehmen darf, daß die Brisanz des Themas offensichtlich auf breiter Linie noch nicht ins Bewußtsein gedrungen war.[14] Darauf deutet auch der literarische Befund hin: wie über andere Themen, die später zum Auslöser konfessioneller Polemik werden sollten, bricht auch die Kontroverse über die Bilder erst mit jahrzehntelanger Verspätung aus; die Stellungnahmen von katholischer Seite mehren sich erst kurz vor der Jahrhundertmitte,[15] und eine Vielzahl an Traktaten über die Rolle und Gestaltung der kirchlichen Kunst erscheint erst einige Zeit nach dem Abschluß des Konzils, etwa zwischen 1570 und 1600.[16] Zu beachten ist dabei, daß es sich wesentlich um theologische und nicht um kunsttheoretische Schriften handelt, so daß vor allem das Wesen der Bilder, erst in zweiter Linie aber ihre konkrete Gestaltung diskutiert wird.[17]

Dem traditionellen ikonoklastischen Einwand, die Verehrung der Bilder durch Christen sei ihrem Wesen nach nicht vom heidnischen Götzenkult verschieden und demnach abzulehnen,[18] treten die Theoretiker der nachtridentinischen Kirche mit einer strikten Trennung zwischen Bild und Idol entgegen: ersteres hat Verweischarakter, letzteres nicht, es ist ausschließlich materiell.[19] Vor allem aber bauen sie eine eigene Position in der Auseinandersetzung auf, indem sie die *Funktion* der Bilder für die (Glaubens-)Erkenntnis verstärkt hervorheben. Schon das insgesamt sehr allgemein gehaltene Konzilsdekret hatte die wichtige Funktion „unterstützender äußerlicher Hilfs-

---

13 Belting 1990, 515.

14 Jedin 1935, 178–187. 415–421.

15 Jedin 1935, 148 f.

16 Am übersichtlichsten zur Bildauffassung der frühen Neuzeit weiterhin Warncke 1987; eine kommentierte Zusammenstellung wichtiger Äußerungen des 16. Jahrhunderts zur Bilderfrage gibt Belting 1990, 606–619. – Einer der frühesten Beiträge ist *De historia ss. imaginum et picturarum pro uero earum usu contra abusus* des Johannes Molanus (1570). Besondere Verbreitung erlangte Gabriele Paleottis *De imaginibus sacris et profanis* (Fragment; lat. Ausgabe 1594). Kürzlich ist den *Trois discours pour la religion catholique* des Jesuiten Louis Richeome (1597) neue Aufmerksamkeit zuteil geworden (von zur Mühlen 1997, 162 f.).

17 Hecht 1997, 31 und 43.

18 Miquel 1971, 1509–1512.

19 Valentin 1978, I 190 f.

mittel" wie Riten und sinnlich wahrnehmbarer Prachtentfaltung konstatiert, durch die den Gläubigen der Weg zur intensiven Betrachtung der göttlichen Wahrheiten leichter und faßbarer gemacht werde:

> Cumque natura hominum ea sit, ut non facile queat sine adminiculis exterioribus ad rerum diuinarum meditationem sustolli, propterea pia mater ecclesia ritus quosdam (…) instituit; caeremonias item adhibuit, ut mysticas benedictiones, lumina, thymiamata, uestes aliaque id genus multa (…) quo (…) et mentes fidelium **per haec uisibilia** religionis et pietatis **signa** ad rerum altissimarum (…) contemplationem excitarentur. [20]

Über diese allgemeine und sehr wichtige Anerkennung der sinnlichen Komponente der menschlichen Natur gingen Autoren wie Molanus, Paleotti und Richeome hinaus und griffen die letztlich platonische Vorstellung vom Bild als Abbild mit Verweischarakter erneut auf. [21] Diese hatte zwar schon in früheren Auseinandersetzungen um die Berechtigung der Bilder als Argument gedient, um darauf hinzuweisen, daß ein Akt der Verehrung vor einem Bild nicht diesem selbst gelte, sondern dem auf ihm Dargestellten, und ebendiese Argumentation machte sich auch das Konzil erneut zu eigen. [22] Die Traktate des ausgehenden 16. Jahrhunderts vertiefen das Thema jedoch durch eine Gegenüberstellung der Wirkungsmacht von Wort und Bild. Dabei sind, ganz im Sinne des seinerzeit viel thematisierten Wettstreites zwischen *pictura* und *poesis*, beide Medien zunächst gleichwertig, doch erkennen alle Autoren schließlich dem Bild die größere Eignung zu, die menschliche Seele unmittelbar anzusprechen. Wenn Gabriele Paleotti die Malerei unter Rückgriff auf eine Formulierung Bedas als *uiua scriptura* bezeichnet, [23] so ist dies nicht nur eine geschickt gewählte Spitze gegen den Protestantismus und seine ausschließliche Betonung der *scriptura*, sondern zugleich Ausdruck der Überzeugung, daß der Gläubige sich dem Glauben über das Bild leichter nähert als über die Schrift und über die Sprache, das Medium der Unterweisung in der Predigt. [24]

---

20 Sacrorum Conciliorum nova et amplissima collectio XXXIII, Paris 1902, 130.
21 Zum folgenden Valentin 1978, I 178–204; Warncke 1987, 22 f.; Schneider 1997, 172–174. Vgl. auch von zur Mühlen 1997, 161.
22 Miquel 1971, 1513–1515. 1518 f.; zum Tridentinum Jedin 1935, 162 f.
23 Schneider 1997, 173; Nachweise ebda. 192 Anm. 24. Beda übersetzt wörtlich den Terminus ζωγραφία.
24 Vgl. Schneider 1999, 21–25 mit der Präzisierung (S. 25): „Dabei geht es nicht um den Primat des Bildes vor dem Wort, sondern um den jeweils geeigneten Vermittlungsweg der Glaubensinhalte auf emotionaler oder auf intellektueller Ebene."

2. Die Kirche als Schaubühne
Von der sinnlichen Wahrnehmung zum Mitempfinden

Es ist oben gesagt worden, daß typologisch-anagogische Metaphorik sich nur vereinzelt auf die Architektur-Ekphrasis der *Descriptio templi* ausgewirkt hat. Dazu ist nun allerdings zu ergänzen, daß die zugehörigen Vorstellungen bei Dichtern und Lesern dennoch als selbstverständlich galten. Wenn man einen Begriff wie *imago coeli* nicht im engen Sinne als Umschreibung eines verzierten Gewölbes auffaßt, sondern bedenkt, daß die materielle Kirche als Ganzes – d. h. besonders: mit ihrem Glanz und mit ihren Figuren himmlischer Gestalten – als Abbild des Himmels bzw. genauer: des Himmlischen Jerusalem (oder zumindest als Allusion darauf) angesehen wird,[25] so wird zum einen klar, weshalb die (katholische) Kirche den Gedanken des reichen Kirchenschmucks nicht aufgeben kann, zum anderen werden auch die Versuche der Dichter verständlich, die unbewegten Bildwerke zu handelnden Ensembles umzudeuten: im Kirchenraum vollzieht sich, in einer Vorwegnahme überirdischen Glanzes,[26] sakrales Geschehen neu. Bei der Verteidigung des Kirchenschmuckes durch die katholischen Festdichter und -prediger[27] handelt es sich deshalb nicht allein um ein Traditionsargument, obwohl auch dieser Aspekt in einer Situation, in der beide Konfessionen die Übereinstimmung ihrer Auffassungen mit den Anfängen der Kirche zu beweisen suchten, sehr wichtig war.

Die Vergegenwärtigung himmlischen Geschehens im irdischen Kirchenraum führt dazu, daß die bildlichen Darstellungen insbesondere im Altar- bzw. Chorbereich wie auf einer Schaubühne erscheinen. Ob es sich um den Kampf Michaels gegen Luzifer handelt (St. Michael in München) oder den scheinbaren Auftritt eines tragischen Chors aus Engeln mit Leidenswerkzeugen (St. Pankratius in Gügel):[28] das vorgestellte materielle Bild wandelt sich in seiner Sinnfälligkeit zur bewegten Handlung, deren unmittelbare Wirkung wiederum darin besteht, die Seele des Betrachters zu ergreifen. Auch hier steht das Sehen am Anfang des Weges zu einem gläubigen Verstehen des heiligen Ortes und seiner Ausstattung.

Die Wahrnehmungstheorie, die hinter diesem Umgang mit den Bildern immer wieder greifbar wird,[29] unterscheidet sich in ihrer Herkunft durchaus, in ihren Folgerungen jedoch nur unwesentlich von jener, die wir im Zusammenhang mit den Theoretikern der antiken Redekunst angesprochen haben. Mit einer gewissen Zuspitzung ließe sich demnach sagen, daß die Kirchen-Ekphraseis in ihrer literarischen Form das Erbe der antiken rhetorischen Theorie adaptieren, wie wir sie in den Forderungen der Lehr-

---

25 Dazu z. B. Hawel 1987, 275–281.

26 So z. B. bei der Herabkunft der Engel bei der Eucharistie (s. u., III.5).

27 Vgl z. B. S. 235 (zu den Würzburger *carmina minora* 9–10); S. 245 f. (Predigt Philipps v. Wittelsbach); S. 320 Anm. 79 (Coccius' *Apologeticus* in Molsheim).

28 S. S. 259 f. (München); S. 298 f. (Gügel).

29 Sie ist detailliert beschrieben worden von Jean-Marie Valentin (1978, I 182–186).

bücher nach Anschaulichkeit der Darstellung kennengelernt haben, daß sie aber im Umgang mit ihrem spezifischen Thema, der Beschreibung und Deutung kirchlicher Kunst, zugleich den aktuellen Tendenzen der theologischen Diskussion folgen. Die Dichter erklären – abgesehen von der rahmenbildenden Architekturskizze – die Kirche im wesentlichen aus ihren Bildern heraus; dabei demonstrieren sie zugleich, auf welche Weise man mit den Bildern umgehen habe: indem man sie intensiv auf die Seele wirken läßt. Das literarische Kunstmittel der Beseelung von Bildern, der Illusionismus, wird so gewissermaßen für die religiöse Zielsetzung der Texte funktionalisiert. Wie und in welchen verschiedenen Schritten dies geschehen kann, wie damit eine „Leseempfehlung" für die sakralen Bilder entsteht, die dann im größeren Zusammenhang zu einer Verstehenshilfe für das ganze Heiligtum in seinen verschiedenen Bedeutungsebenen kumuliert, soll nun erläutert werden.

III. Emotionale Kunstbetrachtung und compassio
Die Descriptio templi als Spiegel zeitgenössischer Andachts- und Meditationspraktiken

Das theologische Anliegen der *Descriptio-templi*-Autoren besteht in erster Linie darin, die Konfrontation des Gläubigen mit den Wahrheiten der Heils-, insbesondere der Leidensgeschichte Jesu zu befördern und auf ihre persönliche Bedeutung für jeden Einzelnen zu verweisen. Die Autoren bedienen sich dazu im Angesicht der Bilder – besonders der Passionsdarstellungen – spezifischer Betrachtungsformen und Argumentationsmuster, die unmittelbar mit der Praxis der spätmittelalterlichen und frühneuzeitlichen Bildmeditation im Zusammenhang stehen. Dies gilt in besonderem Maße für die Jesuiten, da die Meditation im Orden durch die *Exercitia spiritualia* eine starke Rolle spielt.[30] Daneben darf aber das Weiterwirken der Tradition auch im Protestantismus keineswegs übersehen werden.[31]

An dieser Stelle ist festzuhalten, daß in keines der Gedichte, sei es katholisch oder protestantisch ausgerichtet, vollständige Meditationen eingefügt sind. Dies liegt jedoch nicht daran, daß sich die Meditationskonzepte nicht in Dichtung umsetzen ließen: Beispiele dafür lassen sich in Lyrik und Epigrammdichtung der frühen Neuzeit genügend finden.[32] Vielmehr ist die Vielfalt der Anforderungen an den Festdichter bei der Kirchenweihe so groß, daß die kontemplativ-meditativen Passagen lediglich ein Teil der *Descriptio templi* unter vielen sein konnten. Damit ist zugleich eine Gefahr

---

30 Zum Aufbau der *Exercitia Spiritualia* (ed. princ. 1548) vgl. Cusson 1971, bes. 1306 f. u. 1316 f.

31 Ein Beispiel dafür bietet das Ulmer Festgedicht, s. u. S. 499–502 (m. Lit.).

32 Vgl. die vorzügliche Analyse von Marc Föcking (1994), bes. 167–199 zur meditativen Dichtung Angelo Grillos. Zur Epigrammatik der Jesuiten und ihrem engen Verhältnis zu den *Exercitia spiritualia* s. Hess 1990, 188–190.

gemindert, die Klára ERDEI in der Finalisierung von Kunst und Literatur im konfessionellen Zeitalter und besonders bei den Jesuiten erkannt hat:

> Sie (sc. die Meditation als offizielle Devotionspraxis) wurde endgültig ein wirksames und einflußreiches Kampfmittel der Gegenreformation, aber solchermaßen „kanonisiert" und rationalisiert, konnte sie der Dichtung nur wenig Inspiration geben. Sie konnte keine literarische Gattung der Individualisation, des persönlichen Ausdrucks, werden. Keine authentische Literatur kann mit solchen Einschränkungen leben. Die jesuitischen Meditationen erfüllten von dieser Zeit an eher einen pragmatischen oder propagandistischen Zweck.[33]

Mit einer nur selektiven Hereinnahme devotionaler Betrachtungsformen in das Festgedicht ist dagegen die Wahrung einer gewissen Individualität des Verfassers möglich; zur formalen Gestalt der *Descriptio templi* tragen die Konventionen der humanistischen Literaturtradition insgesamt weit mehr bei als die Theologie. Über die inhaltliche Gewichtung beider Bereiche ist damit aber nicht von vornherein entschieden.

1. Applicatio sensuum

Die besonders ausgefeilte Meditationstechnik der Societas Jesu legt es nahe, hier vor allem die im Orden geübte Praxis zu betrachten; auf ein Beispiel für die protestantische Tradition wird an Ort und Stelle hingewiesen.

Ignatius hat in den *Exercitia spiritualia* den Begriff der *applicatio sensuum* eingeführt[34] und damit eine (Gebets-)Technik bezeichnet, die in einer Meditation bedachten Szenen und Ereignisse vor dem geistigen Auge plastisch zu reproduzieren und mit allen Sinnen zu erfahren:

> Quinta contemplatio est applicatio sensuum ad praedictas. – Post orationem praeparatoriam cum tribus iam dictis praeludiis apprime conducit, quinque imaginarios sensus circa primam et secundam contemplationem eo, qui sequitur, modo exercere (…). Punctum primum erit, secundum imaginationem respicere personas omnes, et notatis, quae circa eas occurrent, circunstantiis, utilitatem nostram elicere. 2° Velut audiendo quid loquantur aut loqui eas deceat, omnia in usum nostrum attrahere. 3° Interiore quodam gustu et olfactu sentire, quanta sit suauitas et dulcedo animae, diuinis donis ac uirtutibus imbutae, iuxta rationem personae, quam consideramus; adaptando nobis ea, quae fructum aliquem adferre possint. 4° Per internum tactum attrectare ac deosculari uestimenta, loca, uestigia, caeteraque personis talibus coniuncta, unde fiat nobis deuotionis uel boni cuiuslibet spiritualis maior accessio.[35]

---

33 Erdei 1992, 102.
34 Maréchal 1937; Valentin 1978, I 194–199.
35 *Exerc.* 121–125 = p. 232–235 de Dalmases. Vgl. auch *Exerc.* 65–70 (*contemplatio de inferno*, p. 200–203 de D.).

Der Mailänder Jesuit Achille Gagliardi (1537–1607), einer der ersten Kommentatoren des Exerzitienbuches, hebt anschaulich hervor, welches der Nutzen dieser Betrachtungsweise ist, und erinnert daran, wie verschiedene Heilige in ihrer Liebe zu Gott bestärkt wurden, weil sie sich selbst in den Szenen der Geschichte Christi gegenwärtig glaubten:

> Cette manière de faire (*sc.* l'application de l'imagination ou des cinq sens) est de loin plus efficace pour éveiller les affections dans la volonté, puisque la scène étant, en effet, comme présente et placée sous les yeux, nous sommes beaucoup plus fortement enclins à la piété, au respect, à l'amour, à la soumission et attitudes similaires. (…) Cette modalité ressemble fort en effet à la présence réelle, perçue par les sens externes, qui contribue tant à eveiller les sentiments. C'est pourquoi nous lisons que pour des saints, comme sainte Brigitte, saint François et d'autres, le Seigneur s'est souvent révélé en plaçant sous leurs yeux les mystères du Christ, comme s'ils étaient présents, pour les entraîner par là d'une manière beaucoup plus élévée à un très saint amour de Dieu.[36]

Die Verfasser der Kirchen-Ekphraseis bedienen sich an vielen Stellen einer vergleichbaren Betrachtungsmethode. Zwar stehen hier nicht imaginäre Bilder im Mittelpunkt, deren Gehalt unter Aufbietung aller Sinne mit Leben erfüllt werden soll. In den Gedichten geht es vielmehr darum, die Aussage der materiell bereits gegenwärtigen Bilder zu erschließen und sie für Leser und Erklärer gleichermaßen mit Leben zu erfüllen. Für den Leser ist dabei zunächst wichtig, daß er eine anschauliche Vorstellung des Kunstwerks entwickeln kann, der Erklärer hingegen, unmittelbar mit dem Bild konfrontiert, kann bereits einen Schritt weiter gehen und das solchermaßen „erlebte" Bild als Anreiz zu vertiefter Kontemplation heranziehen. Jakob Pontanus beschreibt in seinen *Progymnasmata Latinitatis* den Vorgang, nachdem er zuvor das alte Argument von den Bildern als „Bibel der Ungebildeten" (*imagines templorum esse libros rusticorum*) angeführt hat:

> Est et tertia utilitas (*sc.* imaginum): ut intuendis huiuscemodi sanctorum simulacris, eorum ueniamus in memoriam, qui partim laboribus durissimis partim suppliciis immanissimis sublime et aureum illud templum petiuerunt: atque ita de imitatione cogitemus. (…) Quis autem nostrum ita ferreo pectore, ut si super aram, ante quam procumbit, luctuosissime uel pictum uel sculptum Saluatorem in cruce morientem uideat, ipse queat siccis oculis et inauditae charitatis eius et suorum scelerum, quibus expiandis dei filius se ultro dilaniandum obtulit, recordari? Quoties dum Laurentii picturam intuerer, fieri me optaui Laurentium? Quoties Franciscum?[37]

Bisweilen gelingt es so dem Betrachter, tatsächlich Teil der Szene zu werden. So tritt beispielsweise der Molsheimer Dichter an einer Stelle seine Rolle an einen Engelschor ab, um währenddessen „dem Christusknaben in Demut Küsse zu geben":

---

36 Gagliardi edd. Legrand et al. 1996, 48.
37 Pontanus 1594b, 130f.

Pandite uos, Genii, caelestem in carmina uocem,
Qua miranda olim magni cunabula partus
Diuinae Soboli cantu cecinistis honoro.
Interea infanti pia supplex oscula figam ...[38]

Noch einmal sei betont, daß diese Art des sinnlichen Umgangs mit den Bildern nur in *Analogie* zur Praxis der *applicatio sensuum* gesehen werden sollte, da dieser durch den ignatianischen Gebrauch recht eng umschrieben ist. So sieht der zitierte Passus aus den Exerzitien vor, daß sich der Exerzitant der *applicatio* erst zum Schluß seiner Meditation bedient. Und auch Empfehlungen wie die Nicolas Caussins, man solle sich während der Messe zu den einzelnen Teilen der Zeremonie gedanklich passende, lebendige Szenen vor Augen stellen,[39] sind situativ etwas anderes als die in den Gedichten praktizierte *sub oculos subiectio*. Die angewandten Mittel allerdings sind in beiden Fällen dieselben, und auch die angestrebten Ergebnisse ähneln sich. In jedem Fall ist es Ziel der Übung, eine größtmögliche Nähe zum (Heils-)Geschehen zu erlangen und dadurch im eigenen Glauben gestärkt zu werden.

2. Compositio loci als Meditationsgrundlage

Idealerweise erlangt man die Nähe zum Geschehen, indem man sich vollständig in dasselbe hineinversetzt. Dazu muß man es in einem klar umgrenzten Rahmen wie in einer Szene einzufassen suchen. Der Aufbau eines solchen Rahmens wird als *compositio loci* bezeichnet.[40]

Der zitierte Vorschlag Caussins zeigt, wie man dabei vorgehen kann. Die „Einrichtung des Schauplatzes" bezieht sich insbesondere auf die Szenen der Lebensgeschichte Christi, die der Meditierende sich vor Augen führen soll, um die Umstände und Örtlichkeiten des historischen Geschehens genau zu erkennen. Für die Betrachtungen über Christi Menschwerdung und Geburt gibt Ignatius präzise Hinweise zur Form der *compositio loci*:

> Secundum (*sc.* praeambulum) pertinet ad loci compositionem, quae erit uisio imaginaria, perinde ac si oculis pateret terrae uniuersae ambitus, quam habitant tot diuersae gentes. Deinde ad certam mundi partem domuncula spectetur beatae Virginis apud Nazareth, in prouincia Galilaeae sita.
> Secundum (*sc.* praeambulum) deducendum erit ex consideratione itineris (*sc.* a Nazareth usque Bethleem), aestimata eius longitudine, obliquitate, lenitate uel asperitate passim occurrente.

---

38 INAUGURALIA COLLEGII SOCIETATIS IESU MOLSHEMENSIS, *Descriptio templi Molshemensis* V. 417–420.
39 Valentin 1978, I 198 f.
40 Olphe-Galliard 1953.

deinceps, etiam Natiuitatis locum rimabimur, speluncae similem, latum uel angustum, planum uel erectum, commode uel incommode paratum.[41]

Auch hier bedarf es einer Anwendung der Sinne und der Phantasie, doch ist das angestrebte Ziel eine präzise Orientierung auf der Szene – so, daß sich der Betrachter selbst auf ihr zurechtfinden würde. Die „Einrichtung des Schauplatzes" soll helfen, die fernen Geschehnisse leichter erfahrbar zu machen, und durch die Konkretisierung der Situation eine Konzentrationshilfe sein, wie der erste offiziöse Kommentar des Ordens, das *Directorium* (Rom 1591), erläutert. Seine Autoren verweisen dabei auf das Meditationsbuch des Pseudo-Bonaventura, eines italienischen Franziskaners aus dem 14. Jahrhundert, womit die lange Tradition erkennbar wird, in der die jesuitische Praxis steht:

> Hac enim loci compositione ualde iuuamur ad attentionem et motionem animae, quae hoc modo quasi alligata phantasia rei illi certae alligatur ipsa quoque quodammodo ne evagetur, aut si quando diuertat, habet ad manum, quo se facile colligat, et reuocet in situm illum suum, in quo se ab initio composuit. Unde S. Bonaventura in Prooemio de uita Christi: Tu inquit si fructum ex his sumere cupis, ita te praesentem exhibeas iis, quae per D. N. Iesum Christum dicta et facta narrantur, ac si tuis oculis ita uideres, et tuis auribus audires toto mentis affectu diligenter, delectabiliter, et morose omnibus aliis curis et solicitudinibus tuis omissis.[42]

Anders als bei der *applicatio sensuum*, die am Ende einer Betrachtung stehen und gleichsam deren Essenz in vertiefter Form erfassen soll, handelt es sich bei der *compositio loci* prinzipiell um eine vorbereitende Phase der eigentlichen Meditation. Die Veranschaulichung des Ortes ist dabei weder Selbstzweck noch will sie diesen etwa mit historischer Genauigkeit rekonstruieren. Ihr ganzes Ziel ist, dem biblischen Geschehen persönlich so nahe wie möglich zu kommen, sogar selbst daran teilzuhaben – hierin drückt sich bildlich das Verlangen und zugleich die Gewißheit aus, daß das Heilsgeschehen den Exerzitanten unmittelbar persönlich betrifft. Dazu zählt insbesondere die Erkenntnis der eigenen Schuldhaftigkeit im Angesicht der Leiden Christi:

> In compositione loci debet qui meditatur ita se constituere, quasi praesens esset mysterio illi dum ageretur, et quidem **ac si gestum esset propter se solum** iuxta formam illam Apostoli, ‚Qui dilexit me, et tradidit semetipsum pro me.' (Gal 2,20). **Itaque debet anima ita se respicere, quasi ipsa causa fuerit tantorum dolorum, et ignominiarum, quas Dei filius perpessus est**, deinde uidere, quidquid bonorum spiritualium, quidquid gratiae, et quod ab aeternis malis liberata sit, quod aeterna bona se consecuturam speret, haec omnia ex Christi meritis sibi prouenisse. immo etiam considerare Christum dum illa pateretur, habuisse ante oculos et

---

41 *Exerc.* 103. 112 = p. 224. 228 de Dalmases. Ähnlich schon *Exerc.* 47 = p. 186 de D.: *effingendus erit nobis secundum uisionem quandam imaginariam locus corporeus id quod contemplamur repraesentans* (…).
42 Directoria 1955, 652 und 654 (§ 122).

nos, et nostra peccata in particulari omnia, et pro iis orasse, eorumque remissionem, et gratiam nobis impetrasse.[43]

Genau diese Erkenntnis fassen die Sprecher der Kirchen-Ekphraseis immer wieder in Worte.[44] Es zeigt sich darin aber nicht nur der stark religiöse Zug dieser Gedichte im allgemeinen, sondern es wird auch augenfällig, daß die Sprecher bzw. ihre Autoren auf einem Weg zu diesen Äußerungen kommen, der ganz der eben beschriebenen Praxis entspricht. Denn sie versetzen sich ihrerseits ins Geschehen hinein – mit Hilfe der Bilder, vor denen sie betrachtend einhalten. Die Zuhilfenahme von Bildern bzw. das Erinnern an Gesehenes wird in den Kommentaren zu den Exerzitien ausdrücklich als nützlich empfohlen:

> Ad haec autem loca commodius et facilius sibi fingenda, **iuuat adhibere species seu imagines similium locorum quae alias uidimus**, ut alicuius stabuli aut aulae aut montis, addendo aut detrahendo quae oportet. potest autem hoc dupliciter fieri: uel quasi transferendo nos ad locum ubi res gesta sit, uel quasi transferendo rem gestam ad locum ubi nos sumus. Utroque enim modo efficitur quod hac compositione loci quaeritur, ut quasi nos praesentes constituamus illi mysterio aut actioni, quam meditamur ...[45]

Das *Breue directorium*, das bereits in den 80er Jahren des 16. Jahrhunderts entstand, erläutert diese Praxis eindrücklich am Beispiel einer Meditation über Christus am Ölberg und führt die imaginierte Szene bis ins Detail vor:

> Porro quia multi in compositione loci multum laborant, et uim magnam capiti inferunt, moneantur, qui minus ad eam apti comperiantur, ut reuocent sibi in mentem historiam aliquam pictam, quam aliquando in altaribus, uel aliis locis uiderint; ut uerbi gratia picturam iudicii uel inferni; item passionis Christi etc., exempli causa: **meditaturus mysterium orationis Christi in horto et detentionis eiusdem, repraesentet imaginationi pictam imaginem, quam aliquando uiderit**, in qua uidit Christum in una parte orantem ab apostolis seiunctum; apostolos alibi dormientes; proditorem aliunde cum militibus, facibus et armis in hortum prosilientem, alibi eundem Christum osculantem; deinde Petrum abscindentem Malcho auriculam, et Christum eandem ei restituentem; item alibi milites retrorsum cadentes, postremo Christum capi, ligari etc. Hoc enim praesidio facilius loci compositionem imaginariam conficere poterit, ex qua postea meditationis argumenta depromat.[46]

Der Unterschied zwischen der hier beschriebenen *compositio loci* und dem Sprecher der Ekphrasis-Gedichte, der vor einem Bild einhält, dieses auf sich wirken läßt und zu-

---

43 *Directorium anni 1591*, § 242, zit. nach Directoria 1955, 728. Die 1599 in Florenz erschienene endgültige Fassung übernimmt den Text in diesem Anschnitt unverändert: Directoria 1955, 729 (§ 242).

44 S. z. B. S. 225 f. (Würzburg); S. 268 (München); S. 350–352 (Molsheim).

45 *Directorium variorum* (Entwurf von 1590), zit. nach Directoria 1955, 652. Wichtige Hinweise zur spätmittelalterlichen Tradition solcher Praktiken jetzt bei Müller 1998, 554–557.

46 Reichsarchiv Brüssel, Archives des jésuites, 1070 n° 7, zit. nach Directoria 1955, 449 (§ 41).

gleich in die Bildhandlung eintritt – um nichts anderes handelt es sich ja, wenn der Sprecher einen Dialog mit den dargestellten Personen beginnt[47] – besteht lediglich darin, daß im letzteren Fall die Bilder real sind. Für die Art der Betrachtung macht dies keinen Unterschied, wie Marc Föcking am Beispiel meditativer lyrischer Gedichte auf reale und fiktive Gegenstände gezeigt hat:

> Das Objekt der Betrachtung liegt wie bei jeder Meditation außerhalb des Wahrnehmungssubjekts, so daß es für die schauende Haltung des lyrischen Ich gleichgültig ist, ob das Objekt als imaginiert oder als religiöses Kunstwerk (Heiligenbild, Kruzifix aus Elfenbein etc.) dargestellt wird. Beiden Formen gemeinsam ist, daß der Meditierende die Objekte nicht als Abbilder wahrnimmt, sondern stets die Präsenz des Abgebildeten imaginiert.[48]

Schließlich lassen sich gerade in einer Kirche mit ihrem baulichen Rahmen und ihrer Bilderwelt im Inneren die beiden oben genannten Möglichkeiten durchaus kombinieren: daß sich der Betrachter entweder mit Hilfe der Bilder an den Ort der Handlung versetzt oder aber die Handlung zu sich, an den schon „eingerichteten" Ort, herbeiholt: beim Rundgang durch das Gebäude ist dieses als „Schauplatz" schon weitgehend eingerichtet, und doch bedarf es der Bilder, um die Bedeutung des Ortes ganz zu erfassen.

3. Die kontemplative „Einrichtung des Schauplatzes Kirche" als Strategie der Descriptio templi

Dieser gegenseitigen Ergänzung der genannten Perspektiven entspricht es, daß in einigen Passagen der Ekphraseis vor allem der Vorgang eines *locum componere* mit Hilfe der Bilder greifbar wird, andere Stellen dagegen bereits das Ergebnis, die fertige Szene, erkennen lassen. Am deutlichsten tritt dies im Gedicht des Bamberger Kollegs über die Gügelkirche zutage, das ausdrücklich Begriffe der Theatersprache verwendet. So erfährt der Besucher eine Ölberggruppe als „auf einer Bühne" (*proscenia*) vorgestellt, und später wird der Kirchenraum zu *orchestra et scena*, in der die Passion als tragisches *theatrum* vor das Auge des Zuschauers tritt.[49] Die Kirche wird als Bühne interpretiert; dabei stellt der Raum das Theater dar, welches mit Figuren der Imagination belebt wird bzw. dessen vorhandene Bilder (wie im zitierten Beispiel) mit der Kraft der Vorstellung zu Handelnden gemacht werden. Es ist dies nur eine von verschiedenen Möglichkeiten in einem von den Jesuiten vielseitig umgesetzten Wechselverhältnis von szenischer Imagination und dramatischer Realisation: wenn in unserem Beispiel der Raum den Rahmen für eine imaginierte Handlung abgibt, so findet sich daneben ebenso die umgekehrte Praxis, bei der die Bilder der Vorstellung für die Gestaltung des

---

47 S. u. S. 218–220 (Würzburg: Kilian, Geilana); S. 344 (Molsheim: Christus).
48 Föcking 1994, 175 f.
49 S. u. S. 293, 298 f.

Raumes selbst verwendet werden. Das Ergebnis können regelrechte Bühnenkulissen sein, auf denen z. B. felsige Wüstengegenden als „Andachtsorte" erscheinen, in denen agiert wird und in die der Zuschauer selbst hineingezogen wird.[50]

In den Kirchen-Ekphraseis geht somit die Deutung und Bedeutung des sakralen Gebäudes über die eines Bildersaales voller (heils-)geschichtlicher Erinnerungen weit hinaus. Allerdings ist dies die erste Ebene, auf der die Sprecher und durch sie ihre Leser das Bauwerk erfahren. Dabei entsteht ein orientierender Überblick, der oben versuchsweise als „spirituelle Topographie" bezeichnet worden ist. In einem zweiten Schritt geht der Sprecher dann direkt auf die einzelnen Bilder zu und konstruiert nach der eben beschriebenen Weise die Kirche als Ort des *theatrum sacrum*. Dabei ist der psychologische Nutzen eines solchen Vorgehens von großer Bedeutung: häufig finden wir in den zeitgenössischen Diskussionen die Schwierigkeit der Exerzitanten erwähnt, sich die biblischen Orte zu imaginieren. Neben der schon zitierten Empfehlung des *Directorium*, sich der Hilfe bekannter Bilder zu bedienen, finden wir auch die Notiz, manch einer behelfe sich damit, die eigene Kirche als Schauplatz einzurichten:

> Aliqui enim locum sibi fingunt in Palaestina aut circa Hierosolymam, ubi res gesta est. Et hoc in omnibus fere contemplationibus trium ultimarum hebdomadarum uidetur uelle P. Ignatius. Alii locum sibi cognitum et uisum imaginantur. Alii locum faciunt ibi, ubi meditantur. **Alii templum accipiunt pro loco, aut sacellum aliquod.** Alii in corde suo uel in capite locum sibi faciunt. Alii alium modum sequuntur. Et forte, quot sunt capita, tot fere modi diuersi inueniuntur.[51]

Nichts anderes tun die Dichter der Kirchen-Ekphraseis, und sie tun es mit voller Berechtigung: Wie in unzähligen Bildern mit Darstellungen biblischer Themen die Nähe zum Betrachter dadurch hergestellt wird, daß die abgebildeten Personen, Bauten usw. der jeweils eigenen Zeit und Kultursphäre entstammen, und wie auf diese Weise unübersehbar deutlich wird, daß es sich nicht um ein bloß historisches, sondern ein alle Zeiten und Orte betreffendes Geschehen handelt, so wird mit der Konzeption der Kirche als *theatrum* das sich in ihr immer neu wiederholende heilige Geschehen dem Besucher als unmittelbar ihn betreffend vor Augen geführt.[52] Die hohe Bedeutung, die dabei dem Bauwerk als Architektur beigemessen wird und ohne die diese Dichtungen so nicht geschrieben worden wären, erklärt sich dabei aus dem Bestreben, das materielle Bauwerk in neuer Intensität als *tabernaculum* und dessen Erbauung als eine *compositio loci* im Großen zu begreifen.[53]

---

50 Pagnier 1995, 335 f. – Zur Veranschaulichung der kirchlichen Unterweisung zog man besonders in der Barockzeit gerne szenische Darstellungen zur Predigt hinzu; s. dazu Herzog 1991, 58–79.

51 Fabiano Quadrantini, *Notata in Directorium Exercitiorum* (um 1591/93), BN Roma, fondo Gesuitico, 1353 n° 15, zit. nach Directoria 1955, 759 (§ 10).

52 Im Extremfall ist dies bis zur visionären Schau der Letzten Dinge gesteigert, s. u., 5.

53 Pagnier 1995, 338: „Le procédé de la composition de lieu s'infléchit donc vers l'appareil architectural et, partant, la scène, qui, en accueillant l'apparition de l'Eucharistie, sont promus au rang d'un gigantesque taber-

Ein weiterer Aspekt scheint bedenkenswert. Die Autoren siedeln ihre Rundgänge durch die Kirchen zeitlich stets *vor* der Einweihungszeremonie und *vor* der Belebung der – architektonisch betrachtet schon fertig aufgebauten – Szene (!) durch die Festgemeinde an. Mit einer gewissen Kühnheit wird man deshalb die Kirchen-Ekphraseis selbst als überdimensionale *compositiones loci* ansehen können, die die Kirche als einen Gebets- und Meditationsort „einrichten". Die Gedichte würden damit ihrerseits in ihrer Gänze als meditativ gehaltene Vorbereitungen zur eigentlichen, rein theologischen Betrachtung der Kirche und zu ihrer Nutzung im Gottesdienst verstehbar.

4. Die Tradition der Bildmeditation tribus potentiis bei den Jesuiten

Manche Stellen der Ekphraseis schließlich lassen sich besser verstehen, wenn man ihre Gedankenführung mit einer weiteren typisch ignatianischen, allerdings auf älteren Vorbildern aufbauenden Andachtsmethode vergleicht. Es handelt sich um die sogenannte „Übung mit den drei Seelenkräften" *(Exercitium meditandi secundum tres animae potentias)*,[54] deren theoretische Beschreibung in einer ebenso logischen wie psychologisch vernünftigen Reihenfolge die Potenzen *memoria, intellectus* und *affectus* (oder *uoluntas*) nacheinander am Meditationsvorgang beteiligt sieht. Es geht somit zuerst darum, sich das biblische Geschehen durch Erinnern zu vergegenwärtigen. In einem zweiten Schritt muß es gründlich durchdacht und besonders seine Relevanz für die eigene Person erkannt werden. Diese Erkenntnis der eigenen großen Nähe und Betroffenheit soll dazu führen, mit „ganzem Herzen" *(affectu)* die Wahrheiten des Heilsgeschehens zu bejahen. Ignatius erläutert die Methode anläßlich der „Meditation über die Sünde" in der ersten Exerzitienwoche, bei der die Selbsterkenntnis eine besonders starke Rolle spielt:

> Primum punctum erit, ut exerceatur memoria mea circa primum peccatorum omnium, quod fuit ab angelis commissum; adhibito statim discursu intellectus, atque uoluntatis motu instigante me ad uoluenda et intelligenda ea, per quae erubescam et confundar totus, facta unius tantum peccati angelorum cum tot meis comparatione. (…) In **memoriam** itaque dicimus trahendum esse, quo pacto angeli creati primum in statu gratiae, sed (quod necesse erat ad beatitudinis consummationem) non uolentes per arbitrii libertatem Creatori suo reuerentiam et obsequium praestare, at contra eum ipsum insolescentes, conuersi fuerint ex gratia in malitiam, et de caelo ad infernum praecipitati. Consequenter discurrendum erit per officium **intellectus** circa haec pensiculatius, necnon concitandis simul uoluntatis **affectionibus** acrius insi-

---

nacle." – Nachtrag: Neue Überlegungen zum Zusammenhang der *Exercitia spiritualia* und der Architektur deutscher Jesuitenkirchen, darunter insbesondere St. Michael in München, s. jetzt bei Smith 1999.

54 Claßen 1956; M. Sauvage 1980. Wichtige Hinweise auf die Herkunft dieses Schemas gibt Goossens 1980, bes. 918 zum *Rosetum exercitiorum spiritualium* des Jean Mombaer (1460–1501) und zu der darin verwendeten *Scala meditationis* Wessel Gansforts (1420–89). Zum Aufbau von (literarischen) Meditationen vgl. jetzt prägnant Föcking 1994, 170 und HUMANISTISCHE LYRIK 1289–1292.

stendum. (51) Secundum est punctum, easdem potentias tres circa peccatum primorum parentum … exercere … (52) Tertium est, ut exerceamur pari modo circa peccatum mortale et particulare quodlibet … (53) Colloquium fiet imaginando Iesum Christum coram me adesse in cruce fixum …[55]

In den Kirchen-Ekphraseis wird nun dieses Modell den Gegebenheiten der Situation angepaßt. Das bedeutet vor allem, daß das materielle Bild als Auslöser der Meditationsgedanken einbezogen werden muß. Wenn nach dem Text der Exerzitien bei dieser Andachtsmethode das Bedenken der Sünde und die Erlösung durch den Gekreuzigten eng miteinander verbunden werden sollen,[56] so lag es nahe, im ekphrastisch-meditativen Gedicht entsprechende Gedanken vorzugsweise vor einer Kreuzesdarstellung zur Sprache zu bringen. Genau dies finden wir mehrfach: vor dem Kreuzigungsbild am Würzburger Hochaltar und angesichts des altarbekrönenden Crucifixus am Altar in Molsheim (mit sprachlicher Anlehnung an den älteren Text), ähnlich auch vor dem Kreuzreliquiar von St. Michael in München.[57]

Eine geschickte Abwandlung des gleichen Schemas ist es, wenn der Molsheimer Dichter angesichts einer zweiten Kreuzigungsdarstellung zwar die historische Erinnerung an das Geschehen und dessen theologische Erklärung selbst formuliert, dann jedoch mit Hilfe einer Prosopopoiie einen Dialog zwischen der Mater dolorosa und ihrem Sohn am Kreuz folgen läßt.[58] In diesem Zwiegespräch steht der Autor formal abseits, doch entspricht der in immer neuen Varianten wiederholte Wunsch Mariens, die Leiden des Sohnes in gleicher Weise zu erfahren –

> Parata tecum, quod pateris, pati.
> Nil triste, nil durum recuso:
> Me rape in omnia acerba tecum[59] –

ganz dem vom Meditierenden angestrebten Grad der Teilhabe am Geschehen, der ihm letzten Endes die „Kreuzesnachfolge" sichern soll:

---

55 *Exerc.* 50–53 = p. 188. 190. 192 de Dalmases (Hervorhebungen U. S.). Vgl. das Resumé bei Claßen 1956, 269: „Wir sollen uns zunächst die göttliche Wahrheit, hier die gottgeoffenbarte Wahrheit von der Engelsünde, von der Menschheitssünde in den Stammeltern und von der persönlichen Sünde eines einzelnen Menschen vergegenwärtigen, möglichst anschaulich und lebendig; sollen sie dann überdenken und durchdenken, gründlich und allseitig, und sie endlich mit dem Herzen umfassen, uns zu ihr bekennen, sie in unser Leben hineinnehmen, innig und mit ganzer Hingabe", sowie den Kommentar Achille Gagliardis (edd. Legrand et al. 1996, 41–46).

56 Vgl. M. Sauvage 1980, 919: „… la méthode des trois puissances … fait appliquer mémoire, intelligence et volonté aux réalités du péché, de la mort et de l'enfer, liées entre elles et méditées à la lumière de la Croix salvifique."

57 S. u. S. 225 f. (Würzburg); S. 351 f. (Molsheim); S. 268 (München).

58 INAUGURALIA COLLEGII SOCIETATIS IESU MOLSHEMENSIS, *Descriptio templi Molshemensis* V. 553–663.

59 INAUGURALIA COLLEGII SOCIETATIS IESU MOLSHEMENSIS, *Descriptio templi Molshemensis* V. 578–580.

Die septima inter noctu et mane passionem totam reuoluemus (…). Item, quae fuerit beatae Mariae matris solitudo, desolatio qualis, et quanta afflictio; quam acerbus quoque discipulorum maeror extiterit.[60]

Wie sehr an dieser Stelle, nach Erinnerung und Erklärung, der Affekt die Sprecher der Kirchen-Ekphraseis bestimmt, zeigen die emphatischen Worte des Würzburger Textes:

Hic tecum mihi dulce foret, moestissima Virgo,
Sub prolis cruce stare tuae …[61]

5. Totus descendit Olympus
Visionen und Verwandtes

In einigen der Kirchen-Ekphraseis sind die Autoren schließlich bei der Verlebendigung von Bildern und der Inszenierung des sakralen Geschehens noch eine Stufe weitergegangen. Während in der Regel die materiellen Bilder und Skulpturen nur als Anregung des imaginatorischen Prozesses dienen, ohne daß ihre Bildhaftigkeit grundsätzlich in Zweifel gezogen wird – noch der stärkste Illusionismus-Topos wird durch Anspielungen wie die auf die Starrheit des Materials aufgefangen – treten in einigen Fällen Bildsequenzen auf, die visionäre Züge tragen. Sie ohne weiteres als „Visionen" zu bezeichnen wäre voreilig, zumal es sich um mehrere inhaltlich unterschiedliche und dementsprechend auch sprachlich unterschiedlich gekennzeichnete Vorgänge handelt. Im einzelnen sind dies: das Herabsteigen der Engel und ihre sicht- und hörbare Gegenwart am Altar (Würzburg, Molsheim u. ö.)[62], der triumphale Einzug Mariens und zahlreicher Heiliger in ihre neue Kirche (Porrentruy) und schließlich die Herabkunft der Ecclesia als Apokalyptisches Weib im Zusammenhang mit dem Drachenkampf Michaels (München).

Zum ersten Beispiel: Ernst BENZ hat den wichtigen Umstand betont, daß die Liturgie, insbesondere für die beständig mit ihr befaßten Ordensangehörigen, „eine unablässige Erziehung zum religiösen Bilddenken" bedeutet.[63] Insofern wäre es übertrie-

---

60 *Exerc.* 208 f. = p. 290. 292 de Dalmases. Vgl. Kiechle 1996, 120: „Indem der Exerzitant die Schmerzensmutter betrachtet, empfindet er ihren Schmerz nach und stellt sich damit ausdrücklich mit ihr unter das Kreuz. Sein betrachtendes und betendes ‚Nachfolgen' des Gekreuzigten kommt so an einen vorläufigen Höhe- und Schlußpunkt."

61 ENCAENISTICA POEMATIA, *Nouae aedis adumbratio* V. 502 f.

62 ENCAENISTICA POEMATIA, *Terribilis est locus iste* (fol. D2ʳ), V. 6 *Huc ad sacra acies aethere missa uenit*; INAUGURALIA COLLEGII SOCIETATIS IESU MOLSHEMENSIS, *Descriptio templi Molshemensis* V. 359 *Crediderim coelestem aciem se fundere ab astris.*

63 Benz 1969, 467–470 (Zitat 468).

ben, von einer Vision zu sprechen, sobald der Teilnehmer am Gottesdienst bei dessen Höhepunkt angibt, die Himmlischen am Altar zu erblicken: er setzt damit vielmehr konsequent die grundsätzliche Überzeugung der Kirche vom „Einswerden von himmlischer und irdischer Liturgie"[64] im Augenblick des Opfers in die Sprache der bildlichen Beschreibung um.

Anders verhält es sich in den beiden anderen Fällen. Der Einzug der Heiligen in Porrentruy[65] ist deshalb kein gewöhnliches Beispiel für literarischen Illusionismus, weil der Leser im unklaren gelassen wird, ob die Beschreibung von realen Bildwerken inspiriert ist oder nicht. Auf den ersten Blick könnte man versucht sein, dies als bloßen Kunstgriff zu verstehen, durch den der Leser näher ans Geschehen herangerückt werden soll – ähnlich wie die häufige Verwendung der 2. Person Singular in den Kirchenführungen, durch die der Autor seinen Leser gleichsam zum Begleiter wählt,[66] oder wie das „Ausblenden" des Ekphrasis-Autors schon in Catulls 64. Gedicht, wenn die Ariadneszenen auf der gestickten Decke über eine lange Passage hinweg als *Geschehen* erzählt werden, ohne daß darauf hingewiesen würde, daß es sich um ein *Bild des Geschehens* handelt.[67] Tatsächlich steckt jedoch mehr dahinter, vor allem eine Reminiszenz an Ovid, der in seinen *Fasti* den Einzug der Gottheit in ihren neuen Tempel dichterisch vorgeprägt und mit übernatürlichen Begleiterscheinungen ausgestattet hat.[68]

Die Pruntruter Festschrift, die in vielerlei Beziehung den sieben Jahre älteren *Trophaea Bavarica* verpflichtet ist, hat auch die Idee einer „visionären" Dichtung mit größter Wahrscheinlichkeit von dort entlehnt. Gegenüber der Münchner Dichtung sind jedoch die *Encaenia Collegii Bruntrutani* und ihre „Vision" vergleichsweise konservativ – wird hier doch die Möglichkeit eines Rückbezuges auf vorhandene Bildwerke als Auslöser der Bildfolge zumindest stillschweigend offengehalten.

Der Münchner Dichter entwickelt als einziger – unter dem Eindruck des dramatischen Geschehens auf dem Altarbild, das den Kampf Michaels mit Luzifer zeigt – das Gesehene weiter und ergänzt es visionär um Bilder, die in der Kirche nicht sichtbar sind. Eine Verknüpfung des Luziferkampfes mit dem zweiten Kampf gegen den apokalyptischen Drachen führt auf das Thema der Letzten Dinge, die in den Münchner Festschriften von 1597 insgesamt eine dominierende Rolle spielten;[69] daraus resultiert die Schau der *sponsa Solyma descendens*, die zugleich Himmlisches Jerusalem und Neue

---

64 Dazu vgl. Benz 1969, 419f., der besonders an Gregors d. Gr. Bemerkung erinnert: *quis enim fidelium habere dubium possit ipsa immolationis hora ad sacerdotis uocem caelos aperiri, in illo Iesu Christi mysterio angelorum choros adesse, summis ima sociari, terram caelestibus iungi, unum quid ex uisibilibus atque inuisibilibus fieri?* (dial. 4,60,3, zit. nach: Gregor ed. de Vogüé 1980, 202).

65 ENCAENIA COLLEGII BRUNTRUTANI, *Diui tutelares templum inuisunt*, fol. Bᵛ; s. im einzelnen S. 442–452.

66 S. II. Teil, A., Einleitung, 2.

67 Catull. 64,52–264, aufgelöst erst 265 *talibus amplifice uestis decorata figuris*. Vgl. Friedländer 1912, 16f.; Ravenna 1974, 23.

68 Ov. fast. 5,545–552; zu Einzelheiten s. u. S. 443f.

69 Triumphus edd. Bauer – Leonhardt 53–66.

Kirche wie auch Apokalyptisches Weib ist. Nur in diesem Fall läßt sich von einer echten Vision sprechen, bei der reale Bildanschauung eine Kette weiterer, nur dem geistigen Auge des Visionärs sichtbarer Bilder evoziert. Zugleich wird der Leser – und dies verbindet den Münchner Text wiederum mit seinem Nachfolger aus Porrentruy – auch hier lange im unklaren gelassen, ob wenigstens dem Beginn der Schau ein Bild zugrundeliegt. Aus dieser Kombination von Bildeindrücken mit dem Wissen um die theologische und eschatologische Bedeutung der Encaenia resultiert also eine neue Qualität der Schau, die bereits auf die Bildgedichte und „Enthusiasmen" eines Jacob Balde vorausweist.[70]

---

70 Zu den Bildgedichten vgl. Hess 1987; Hess 1990, 190 f.; zu den Enthusiasmen Schäfer 1976, 178–195.

Zweiter Teil:
Texte und Kommentare

A. Kirchenrundgänge und -führungen

Einleitung

1. Ἔκφρασίς ἐστι λόγος περιηγηματικός
Die Beschreibung als Periegese

Einige der poetischen Kirchenekphraseis präsentieren sich als Führungen oder Rund-gänge einer Sprecherfigur durch das Bauwerk. Diese Texte folgen damit aller Wahr-scheinlichkeit nach einer im 16. Jahrhundert aufgekommenen Neuinterpretation der antiken Ekphrasis-Definition aus den rhetorischen Handbüchern des Theon, Hermo-genes und Aphthonios.

Bei Aphthonios, dessen Werk in der frühen Neuzeit die größte Wirkung hatte, lau-tet die Definition: Ἔκφρασίς ἐστι λόγος περιηγηματικὸς ὑπ᾽ ὄψιν ἄγων ἐναργῶς τὸ δηλούμενον.[1] Die lateinische Übersetzung der weitgehend gleichlautenden Defi-nition der Hermogenes-Progymnasmata durch den spätantiken Grammatiker Priscian gibt die Worte λόγος περιηγηματικός als *oratio colligens*[2] wieder, also etwa als „um-fassende Darstellung". Die genaue Bedeutung des in der griechischen Literatur nur in diesem Kontext begegnenden Begriffes περιηγηματικός ist jedoch nicht gesichert. Die meisten modernen Interpretationen tendieren dazu, diese aus dem darauf folgen-den Teil des Satzes zu erschließen, der die verdeutlichende Redetechnik der ἐνάργεια und ihre Wirkung, das Vor-Augen-Stellen des Dargestellten, thematisiert. So versteht A. W. Halsall den Ausdruck λόγος π. bei Aphthonios als eine „erläuternde Rede"[3], und Claude Calame hat das (neben der Anschaulichkeit) zweite der ἐνάργεια zuge-schriebene Charakteristikum, die „Detailliertheit", auf den Beginn der Definition übertragen und übersetzt somit λόγος περιηγηματικός als „énoncé détaillé".[4] Diese Übersetzungen sind problematisch, weil sie dem Ausdruck λόγος περιηγηματικός im Satz keine eigene Aussage zubilligen, sondern ihn mit dem Rest der Definition nahezu tautologisch gleichsetzen.

---

1   Aphth. prog. 12 (p. 36,21–22 Rabe). Aphthonios folgt wörtlich Theon, prog. 7 (p. 66 Patillon); Hermog. prog. 10 (p. 22,7–8 Rabe) formuliert um: λόγος ἐναργὴς καὶ ὑπ᾽ ὄψιν ἄγων τὸ δ. (s. dazu Dubel 1997, 252 Anm. 11); der spätantike Rhetor Nikolaos ersetzt schließlich περιηγηματικός durch ἀφηγηματικός (Nikol. prog. p. 68,8 Felten; vgl. o. S. 35 f.)

2   Priscian 10 (p. 558 Halm).

3   Halsall – Gondos 1994, 550.

4   Calame 1991, 13 Anm. 22: „Théon Prog. 11 qui définit l'ἔκφρασις comme un λόγος περιηγηματικὸς, c'est-à-dire un ‹ énoncé détaillé › plaçant avec évidence sous le regard l'objet ‹ montré › (δηλούμενον)." Dieser Auf-fassung ist auch M. Patillon in seiner neuen Theon-Ausgabe gefolgt (1997, 149 Anm. 323). Noch blasser bleibt der Terminus in der Übersetzung von A. Manieri (1998, 151) als *passo narrativo*; vgl. dazu Anm. 6.

Demgegenüber hat – nach einigen weitgehend unbeachtet gebliebenen Anmerkungen Jonas PALMs aus dem Jahr 1965[5] – kürzlich Sandrine DUBEL eine Neuinterpretation vorgeschlagen, die den Eigenwert des Terminus περιηγηματικός hervorhebt und damit den Definitionssatz als drei- statt zweiteilig versteht: τὸ δηλούμενον bezeichne „le résultat visuel de la description", ἐναργῶς ὑπ' ὄψιν ἄγων bezeichne die Wirkung aus Hörersicht, und λόγος περιηγηματικός definiere eine bestimmte „forme d'écriture", eine Darstellungsweise.[6] Diese Definition lehnt sich an den aus der griechischen Literatur bekannten Begriff der Periegese (περιήγησις) an, der diejenigen Autoren bzw. ihre Werke bezeichnet, deren Ziel „die Beschreibung der in einem räumlich fest begrenzten Gebiete vorhandenen antiquarisch wichtigen Gegenstände ... nach ihrer örtlichen Aufeinanderfolge"[7] war; dies freilich zu dem ganz anderen Zweck antiquarisch-historischer Studien. Somit ist die Wendung als Ausdruck für eine „herumführende Redeweise" zu verstehen, die dem Leser, der durch die Mittel der anschaulichen Darstellung zum Zuschauer gemacht werden soll, das Objekt der Beschreibung von allen Seiten zeigt, wie es ein Cicerone vor Ort mit den Sehenswürdigkeiten tut. In einer Situation, die sich nicht *in situ*, sondern zwischen Autor und Leser bzw. Redner und Zuhörer abspielt, kann sich dieser „Rundgang" indes auch ausschließlich in der Imagination vollziehen[8] oder ein bloßes (gelenktes) Umherwandern des *Blicks* bedeuten.[9] Solide untermauert wird diese wichtige und klärende Interpretation DUBELs durch eine ähnliche Definition, die schon Johannes von Sardes (10. Jahrhundert?)[10] in seinem Kommentar zu den Aphthonios-Progymnasmata für den fraglichen Terminus bietet:

μεταφορικῶς οὖν καὶ ὁ λόγος ὁ πάντα ἑξῆς καὶ τὰ τοῦ πράγματος καὶ τὰ τοῦ προσώπου ἀφηγούμενος ⟨καὶ⟩ μετὰ ἀκριβείας δεικνὺς περιηγηματικὸς ὀνομάζεται.[11]

Es ist sehr wahrscheinlich, daß diese Erklärung des Ekphrasisbegriffs – vielmehr: ihre Umformung und Neuformulierung in der Renaissance – eine Anregung für die vier „herumführenden" Kirchenbeschreibungen der Jahre um 1600 gegeben hat, welche

---

5   Palm 1965, 114.

6   Dubel 1997, 255: „Il est donc insuffisant – et tautologique – de traduire l'expression, comme on le fait souvent, par ‹discours descriptif›: l'adjectif désigne un *mode* d'expression particulier ..." (Hervorhebung U. S.).

7   Bencker 1890, 38.

8   Dubel 1997, 257: „Définie comme *logos periêgêmatikos*, l'*ekphrasis* peut donc se comprendre comme un parcours textuel."

9   Dubel 1997, 255: „... avec l'adjectif *periêgêmatikos* nous touchons à une forme d'écriture de l'évidence (*sc.* = ἐνάργεια) qui ... se déploierait *dans le mouvement d'un regard*." (Hervorhebung U. S.) Vgl. auch ebda. 262. – Dubels Deutung hat auch von byzantinistischer Seite Zustimmung gefunden: Webb 1999b, 65.

10 Vgl. Kazhdan 1991.

11 Ioannis Sardiani Commentarium in Aphthonii Progymnasmata ed. Hugo Rabe, Leipzig 1928 (Rhetores Graeci XV), 216; hier zitiert nach Dubel 1997, 263 („Im weiteren Sinne wird man also auch die Rede, die alles – Ereignisse und Gestalten – der Reihe nach darstellt und präzise aufzeigt, ‚perihegematisch', ‚herumführend' nennen.").

ich in diesem ersten Abschnitt vorstelle. Wie bereits im I. Teil dieser Arbeit gezeigt, knüpften die Herausgeber und Scholiasten, die in der Renaissance die Progymnasmata wieder zugänglich machten, an das Textbeispiel für die Ekphrasis an, das Aphthonios selbst in seinen *Progymnasmata* gab.[12] Wenn man nun hinzunimmt, daß Aphthonios in den Jesuitengymnasien und anderen Schulen als Hilfsbuch gerade bei literarischen Gelegenheitskompositionen weiteste Verbreitung genoß, so spricht einiges dafür, daß sich das hier entwickelte Verständnis des Begriffes λόγος περιηγηματικός auf die Gestaltung von beschreibenden Gedichten wie der *Descriptio templi* ausgewirkt hat.[13]

Deutlich greifbar wird die neue Interpretation in der gängigen Ausgabe der Progymnasmata von Reinhard Lorichius. Der Marburger Humanist geht von Aphthonios' eigenem Beispiel zur *descriptio loci* aus: der Beschreibung der Akropolis von Alexandria. Der Rhetor aus Antiochia hatte diese ausdrücklich wie eine Besichtigung aufgebaut, die ein Besucher unternimmt:

> **Εἰσιόντι δὲ** παρ᾽ αὐτὴν τὴν ἀκρόπολιν τέτρασι πλευραῖς εἰς χῶρος ἴσαις διῄρηται (…) **καὶ πρὶν** εἰς μέσην **διελθεῖν** τὴν αὐλὴν (…) **κατιόντι δὲ** τῆς ἀκροπόλεως τῇ μὲν ὁμαλὸς διαδέχεται χῶρος σταδίῳ προσεοικώς … τῇ δὲ ἕτερος μὲν διῃρημένος πρὸς ὅμοια κτλ.[14]

War damit schon ein deutlicher Hinweis auf eine „periegetische" Beschreibungsmethode gegeben, so unterstrich nun Lorichius die Aussage in seinem Scholion zum Lemma *cliuus quidam*, dem Anfang der alexandrinischen Wegbeschreibung, auch mit eigenen Worten:[15]

---

12 S. o. S. 128.

13 Rat. stud. 1586, *classis humanitatis, diuisio horarum, hora prima*: *aliquando etiam pridie festorum breue aliquod argumentum proponatur Latine ad inuentionem exercendam, quod proximo post festum die reddatur, idque iuxta rationem progymnasmatum Aphthonii.* (zit. nach Lukács V 152). Als Lehrbuch für den regulären Unterricht taucht Aphthonios dagegen nur sporadisch auf (Lukács I 177 [1553]. II 156 [Gandía, 1565]. 463 [Rom, 1561/62]. 624 [Rom, 1564/65]. III 539 [München, 1561]. 553 [Placentia, 1561/63]. IV 415 [prov. Aquitaniae, 1579]). Es ist nicht klar, ob dies möglicherweise mit der ablehnenden Haltung des Ordens gegenüber dem Aphthonios-Übersetzer Agricola zusammenhängt, die ebenfalls in der Rat. stud. 1586 ihren Niederschlag fand (Lukács V 154. 198; dazu Mundt 1994, 102).

14 Aphth. prog. 12 (Ἔκφρασις τοῦ ἱεροῦ τῆς Ἀλεξανδρείας μετὰ τῆς ἀκροπόλεως, p. 38,5–41,11 Rabe; „Wenn man auf diesem Weg die Akropolis betritt, so teilt sich der Platz in vier gleiche Teile (…) Bevor man den mittleren Hof betritt (…) Beim Abstieg von der Akropolis aber schließt sich auf der einen Seite ein flaches Terrain an, das einem Stadion ähnelt …, auf der anderen Seite liegt ein in gleiche Teile aufgeteiltes Gelände …"). Vgl. Dubel 1997, 258. – Das wichtigste Rhetoriklehrbuch der Jesuiten, Cyprian Soarez' *De arte rhetorica*, bezieht seine Beispiele dagegen ausschließlich aus Aristoteles, Cicero und Quintilian (vgl. Bauer 1986, 119–242); zur *descriptio* enthält es keine einschlägigen Passagen.

15 Lorichius 1645, 343. – Auf die Konzeption der Ekphrasis als „visite" und die Hervorhebung dieses Umstandes durch Lorichius hat bereits Meerhoff (1987, 32) hingewiesen.

Cliuus quidam etc.] In locorum regionumque situ describendo diligenter positionem eorum sequi oportet, et **orationem uelut per loca circumferre**: in qua ut primum quodque occurrit, sic aptissime primum dicitur. auctore Rodolpho Agricola lib. 1 cap. 32.

Damit ist erstmals in der Neuzeit ausdrücklich eine Interpretation der Wendung λόγος περιηγηματικός als „Redeweise von der Art eines Periegeten" formuliert. [16] Lorichius hat damit zugleich einen ganz anderen und originelleren Weg eingeschlagen als Agricola, obwohl er diesen als Autorität zitiert: Agricola nämlich untersuchte die *descriptio* lediglich als Vorgang innerhalb der *inuentio* aus der Perspektive der Topik und forderte daher nicht, die einzelnen *loca* (Orte) nacheinander zu behandeln, sondern die *loci* (Gesichtspunkte, „Örter"):

> Proximum est ei, qui diligenter cognitos habet locos, uoletque ex eis inuenire, parare **facultatem** sibi cuiuslibet **rei per locos deducendae, quod uel idem est** uel simile illi, quod solebant qui docebant rhetoricen, inter praeexercitamenta ponere puerorum: **quod Graece** ἔκφρασις latine a plaerisque descriptio **uocatur**. | (...) Fiet descriptio commodissime, si sic instituatur, ut ex eis quae singulis e locis ducimus, et re describenda, pronunciata fiant: sic, ut subiectum res sit quae describitur: id quod ex loco ducitur praedicatum ... [17]

Diese Absetzung des Lorichius von Agricola ist übrigens kein Einzelfall: wie Kees MEERHOFF unterstrichen hat, ist der Marburger Humanist weit weniger von Agricolas rhetorischem System beeinflußt, als es seine häufigen Bezugnahmen auf den Vorgänger vermuten lassen, und folgt beispielsweise beim Thema *descriptio* viel enger der ausführlichen Darstellung, die Erasmus in seinem *De verborum copia commentarius secundus* von der Beschreibung gegeben hatte. [18] Die Bemerkung über die „periegetische" Darstellungsform findet sich dort allerdings nicht, sie scheint demnach auf Lorichius selbst zurückzugehen.

---

16 Die ältere Renaissanceübersetzung der Ekphrasisdefinition von Agricola bzw. Cattaneo schreibt dagegen unauffällig und traditionell: *Descriptio est* **oratio expositiua** *quae narratione id quod propositum est diligenter uelut oculis subiicit.* – Das Scholion zu dieser Definition referiert lediglich die bekannte Übersetzung Priscians (*oratio colligens*) und betrachtet den Begriff περιηγηματικός als nicht weiter erklärungsbedürftig (Lorichius 1645, 333 bzw. 336).

17 Agricola ed. Mundt 1992, 404 und 406 (de inv. dial. 2,28,3–7. 38–41 [Kapitelüberschrift: *Ratio cuiuslibet rei per omnes locos describendae*]). Ein Kapitel 1,32 (auf das das Lorichius-Scholion verweist) gibt es in Agricolas Werk nicht. Zum Thema findet sich ansonsten lediglich in 1,5,51–53 (= ed. Mundt 1992, 40) die gängige, den Progymnasmata entlehnte Forderung: *Descriptio ... rem ..., qualis sit, uelut inspiciendam ante oculos ponat.* Die Unzuverlässigkeit der Verweise Lorichs auf Agricola hat an einem anderen Beispiel bereits Meerhoff konstatiert (1987, 32 m. Anm. 25).

18 Meerhoff 1987, 32. Lorichius 1645, 337 verweist ausdrücklich auf Erasmus. Vgl. Erasmus, de copia ed. Knott 1988, 202–215. Erasmus nennt hier im übrigen die Villengedichte des Statius (ebda. 214) explizit als Beispiele der τοπογραφία oder *loci descriptio*.

Es kann angesichts dieser Umstände kaum zweifelhaft sein, daß die im folgenden untersuchten Gedichte aus vier Jesuitenkollegien eine *formale* Anregung aus den Progymnasmata, d. h. aus der rhetorischen Schulliteratur empfangen haben.[19]

Wenn wir die Kirchenbeschreibungen dieses Typs als „periegetisch" bezeichnen, so muß schließlich betont sein, daß sie hinsichtlich ihrer Ausführung nichts mit den Texten gemein haben, die die Literaturgeschichte als Periegese zusammenfaßt. Übereinstimmend ist lediglich das Verfahren, nicht aber die angewandten Mittel. Insbesondere die Veranschaulichung (ἐνάργεια) ist bei den antiken Periegeten nur sehr wenig ausgeprägt; sie geben zwar sachliche und bisweilen ungewöhnlich präzise Beschreibungen von Gegenständen (besonders Bauten und Kunstwerken) mit dem Ziel, daraus möglichst viele genaue historische Erkenntnisse zu ziehen, doch fehlt ihnen ganz das Bestreben, den Leser über die Sinne und damit über die Emotionen zu erreichen.[20] Will man innerhalb der antiken Literatur Parallelen suchen, so bieten sich dafür letztlich solche Texte am ehesten an, die den Kirchenbeschreibungen auch in ihren Intentionen am nächsten standen. Die Verwendung von Kunst- und Bautenpanegyrik zum Lob von Herrschern oder Bauherren zeigt sich am deutlichsten in zwei Gruppen von Texten: im römischen Villengedicht des Statius und in den Städtelobreden der griechischen Zweiten Sophistik. Beide Textgruppen bedienen sich nicht von ungefähr auch des „periegetischen" Schemas.[21]

2. Führungen und Rundgänge

In den hier zusammengestellten vier Texten ist die Besichtigung der Kirche durch die Sprecherfigur auf zwei verschiedene Weisen gestaltet: als Führung für einen imaginären Begleiter (München, Molsheim) oder als weitgehend auf sich gestellter Rundgang des Sprechers allein (Würzburg, Gügel). Es ist anzunehmen, daß die auch sonst starke Anlehnung der Molsheimer Dichtung an die Münchner *Trophaea Bavarica* einerseits

---

19 Die Nähe zum Rhetorikunterricht zeigt besonders das Bamberger Gedicht von 1616 (dieses vermutlich eine Schülerarbeit) mit der etwas pedantisch anmutenden Verwendung der Zwischentitel *propositio* und *narratio*. Vergleichbar sind die Lehrbüchern entnommenen Marginalien der protestantischen Kirchenbeschreibungen aus Ulm und Regensburg, s. S. 486 und 523 f.

20 Zu dem nur losen Verhältnis von Periegese und Ekphrasis s. bereits Bencker 1890 und Friedländer 1912, 44–46.

21 Für Statius ist der periegetische Charakter der Villenrundgänge bestritten worden durch Palm (1965, 175 Anm. 1), der seine Ansicht nicht begründet, und neuerdings durch Galand-Hallyn (1994, 307), die in den *Silvae* den klar nachvollziehbaren Weg vermißt. Sie faßt damit aber den Begriff Periegese zu eng von seiner ursprünglichen Gattung her auf und zieht die Konsequenzen, die sich aus der anders beschaffenen Gattung und Intention der *Silvae* ergeben, zu wenig in Betracht. Zum Städtelob s. Pernot 1993, 178–216, hier bes. 198 f.: „une lecture du paysage et … du monument associée au regard touristique posé sur la polis (…) La Seconde Sophistique a inventé l'‹éloge-visite›."

und die räumliche Verbundenheit der beiden fränkischen Jesuitenschulen andererseits zu diesen Zusammenhängen beigetragen haben.

Äußerliches Merkmal dieser unterschiedlichen Gestaltung ist vor allem die häufige Verwendung von Apostrophen an die 2. Person bei den Führungen bzw. ihr weitgehendes Fehlen in den Rundgängen. Wenn hier ebenfalls vereinzelte Hinwendungen an einen Begleiter vorkommen, so handelt es sich dabei nur um sporadische Reminiszenzen eines für Beschreibungen typischen Sprachgebrauches, dessen volle Bedeutung als Anrede verblaßt ist.

Der Rollenverteilung entsprechend sind besonders die ekphrasistypischen Formulierungen des Zeigens und Hinweisens in beiden Periegese-Typen voneinander verschieden. So treten bei den Führungen deiktische Aufforderungen und lenkende Richtungsangaben stärker hervor, während sie bei den Rundgängen nur das Mindestmaß an Orientierung gewährleisten. In dieser unterschiedlichen Ausführung zeigt sich auch etwas von jenem Phänomen, das nach den Beobachtungen Bernard SCHOULERS und Sandrine DUBELS charakteristisch für die antike griechische Beschreibung ist. So ist es bei den Führungen im Grunde gar nicht sicher, ob der Sprecher selbst überhaupt eine Bewegung durch den Raum vollzieht; ebenso ist denkbar, daß er lediglich seinen Blick in die Runde wandern läßt[22] und daß vielmehr „der Erzähler den Hörer an seiner Statt den Weg gehen läßt".[23] Anders die Rundgänge: hier ist es der Sprecher selbst, der die optischen Eindrücke der Bilder bei der Annäherung ungefiltert selbst empfängt und auf sie reagiert. Die Gestaltung der Dichtungen geht an dieser Stelle durchaus darüber hinaus, sprachliche Verbrämung zu sein für ein Beschreibungsschema, das nur in einer Aufzählung bestünde:[24] für den Sprecher ist der Rundgang eine leibhaftige Erfahrung mit den eigenen Sinnen.

Beim Vergleich dieser beiden Typen der Kirchenbesichtigung stellt sich der Eindruck ein, der Führende verfüge über eine größere Souveränität oder Distanz zu den Dingen als derjenige, der selbst den Rundgang unternimmt. Tatsächlich sind jedoch beide Figuren nicht weit voneinander entfernt. Dies wird dann deutlich, wenn auch der Führende in manchen Fällen unvermittelt in die Darstellung aus der Perspektive der 1. Person überwechselt. Am augenfälligsten ist dies im Münchner Text zu beobachten, wenn beim Anblick des Gekreuzigten der Sprecher – zum ersten und einzigen Mal – von sich selbst spricht.[25]

---

22 Im Münchner Text ist dies explizit formuliert, s. S. 263.

23 Dubel 1997, 261: „… le narrateur fait voyager à sa place le narrataire: il y a véritablement transfert d'autopsie" (hier bezogen auf Herodots Ägyptenlogos).

24 So Dubel 1997, 262 (mit Bezug auf die oben behandelte Ekphrasisdefinition des Johannes von Sardes): „C'est qu'en réalité le parcours n'est qu'une forme de la liste constitutive de la procédure descriptive (…). En présentant la visite de la ville comme le passage en revue des éléments qui la constituent, Jean de Sardes ‹ouvre› le concept: la description décompose l'objet en ses parties, mais le parcours est mis en forme de l'énumération …"

25 S. u. S. 268 (München) zu V. 246. Sogar bei der machtvollen Vision nach dem Eintreten (V. 54 ff.) hat er sich dagegen strikt an den Geführten (nach der Fiktion des Gedichtes ist dies eigentlich Fama) gewandt. Zur Würzburger Sprecherfigur s. S. 194 f.

Darin zeigt sich schlaglichtartig, was die Szenen der Zwiesprache mit den Bildern immer wieder bestätigen: die Periegeten der Gedichte erklären die Kirchen letztlich vor allem sich selbst, sie deuten den geistlichen Ort für sich als Geistliche aus.

Vor diesem Hintergrund ist auch deutlich zu erkennen, was die Texte nicht anstreben: pragmatische Führer und Inventare zu sein. Ebensowenig sind sie Bauaufnahmen: wenn sie sich *adumbratio* oder *scenographia* nennen, so sind dies Anleihen bei der Sprache der Architektur und Zeichnung, doch bedeuten die Begriffe hier nicht mehr als „Skizze", „Abriß". Was skizziert wird, ist aber eine Interpretation der jeweiligen Kirche und ihrer Bedeutungsebenen in Kunst und Kult, Geschichte und Heilsgeschichte. Unter diesen Bedingungen gewinnt auch die periegetische Darstellungsform noch einen weitergehenden Sinn: der vom Sprecher und Exegeten zurückgelegte Weg durch die Kirche darf durchaus als Empfehlung gelesen werden, wie man als Leser, Gläubiger und Besucher die Kirche sehen soll und in welcher Reihenfolge man die Stationen des Weges in der Kirche, der zugleich Sinnbild des christlichen Lebens ist, absolvieren soll.

Zu den vielfältigen Bedeutungen der Kirche zählt schließlich und nicht zum wenigsten ihre Bedeutung als Monument des fürstlichen Bauherrn, d. h. im Fall der vier Jesuitendichtungen: als Monument und Bollwerk katholischer Gegenreformation. Die Kirchen-Ekphraseis werden dadurch zugleich zu großangelegten Panegyrici anläßlich bedeutender, oft die Landesgrenzen weit überstrahlender Feste der Spätrenaissance und des beginnenden Barock. Dementsprechend groß ist der Raum, der dem Fürsten- und Bischofslob eingeräumt wird.

Endlich ist nicht zu übersehen, daß die prunkvolle Inszenierung immer auch das propagandistische Ziel der konfessionellen Selbstdarstellung verfolgt. Der anonyme Verfasser der gegen die Molsheimer Akademie gerichteten Straßburger Streitschrift *Ein freundlicher Discurs und Gespraech ...* läßt den von ihm aufs Korn genommenen Jesuiten durchaus treffend zu einem Landpfarrer sagen:

> ... es hat aber ein ander meynung / wann wir die Ketzer bey unsern ministeriis und geheimnüssen gegenwärtig sein lassen / dann dasselbige theils zu ihrer bekehrung und besserung / theils auch / daß sie mit sehenden augen nicht sehen / ut audientes non intelligant angesehen / gestaltsam wer ihnen dasselbige in unseren encaeniis und gedruckten panegirico Lobspruchen und Triumphgeschrey / gleichsam in einem verzauberten Spiegel / jüngst vorgehalten ...[26]

---

26 Zit. nach Hipp 1979, 865.

3. Thema mit Variationen
Architektur und Fest in den Kirchweihfestschriften

Die vier großen Festschriften aus Franken, Bayern und dem Elsaß zeigen die Vielfalt, mit der die Elemente der *Descriptio templi* kombiniert werden können:

In der Würzburger *Nouae aedis adumbratio* unternimmt der Dichter/Sprecher eine „Vorbesichtigung" der Kirche, während die ergänzenden *carmina minora* verschiedene Aspekte der Konsekrationsfeier selbst behandeln.

In den Münchner *Trophaea Bavarica* sind durch den größeren Umfang der Gedichtsammlung (drei Teilbände) die in der *Adumbratio* komprimierten Themen Fürstenlob, Baubeschreibung und meditative Betrachtung teilweise voneinander getrennt worden. Zwar ist auch die *Ad Famam templi descriptio* betitelte Ekphrasis von St. Michael im *Trophaeum III* eine panegyrische Huldigung an den Bauherrn Wilhelm V., doch verlagert sich beispielsweise der Inhalt der Würzburger Verse zum Fürstengrab Echters im Münchner Text in das *Trophaeum II*, das mit einer langen Folge epitaphienartiger Stücke die Themen von Fürstenruhm und irdischer Vergänglichkeit behandelt.

Die dritte Festschrift, 1616 in Bamberg zur Kirchenweihe in Gügel (bei Scheßlitz) entstanden, zieht aus der noch weitgehend fehlenden Innenausstattung der Kirche die Konsequenz, sich auf die Baubeschreibung zu konzentrieren, und fällt überdies dadurch auf, daß die Festlichkeiten selbst gar nicht in den Blick treten.

In genau entgegengesetzte Richtung weist unter diesem Aspekt die lange Molsheimer Beschreibung von 1618, die mittels eines Kunstgriffs sogar die leere Kirche vor der Feier (wie in der *Adumbratio*) und das festliche Treiben am Weihetag in ein und demselben Gedicht zu verbinden weiß (vgl. dort V. 868–876). Der Molsheimer Dichter J. Coccius flicht zudem geschickt panegyrische Passagen ein, indem er z. B. das landesfürstliche Wappen in der Kirche behandelt.

I. Iuventus Collegii Societatis Jesu Herbipolensis
Novae apud Herbipolenses Apostolorum aedis adumbratio
(1591)[1]

1. Würzburg am Ende des 16. Jahrhunderts

a. Historische Situation

Die Geschichte des Würzburger Hochstiftes[2] ist im mittleren 16. Jahrhundert von tiefen politischen Krisen geprägt. 1525 war es den aufständischen Bauern Frankens gelungen, die Stadt zu erobern,[3] in den 50er Jahren führte der „Markgräflerkrieg" des Kulmbacher Markgrafen Albrecht Alkibiades mit seinen Plünderungen das Territorium an die Grenze des Ruins, und wenig später brachten die Händel mit dem Ritter Wilhelm von Grumbach neue Gewalt, die in der Ermordung des Bischofs Melchior Zobel (1558) gipfelte. Diese im wesentlichen machtpolitisch motivierten Auseinandersetzungen sind charakteristisch für Franken, ist in ihnen doch das Bestreben zu erkennen, die bereits vorhandene Tendenz zur territorialen Partikularisierung auf Kosten des Hochstiftes noch zu verstärken.

Der seit dem 15. Jahrhundert als „Herzog von Franken" titulierte Würzburger Kirchenfürst gebot auf weltlicher Seite über ein Territorium, das alles andere als homogen war. Neben hennebergischen und reichsstädtischen Enklaven (Schweinfurt) sind besonders die zahlreichen verstreuten ritterschaftlichen Gebiete zu erwähnen. Diese wurden größtenteils protestantisch, und für die Fürstbischöfe als zugleich weltliche und geistliche Machthaber waren sie ein doppeltes Skandalon: Als reichsunmittelbare Herrschaften stellten die Gebiete der Ritter ein Hindernis auf dem Weg zum geschlossenen Territorialstaat dar, den es als provisorische Friedenslösung bis zur erhofften Wiedervereinigung der Konfessionen und Restitution des universellen und katholischen Reiches zu schaffen galt.[4] Zugleich waren diese Gebiete als andersgläubige Inseln in der Diözese dem Würzburger als Bischof ein Dorn im Auge. Die engen verwandtschaftlichen Bindungen zwischen den Ritterherrschaften und dem Würzburger Domkapitel

---

1 Dieses Kapitel ist eine überarbeitete und gekürzte Fassung meiner Staatsexamensarbeit „Katholisch-humanistische Dichtung im fürstbischöflichen Würzburg um 1600. Edition, Übersetzung und Kommentar zu den Festdichtungen der Würzburger Jesuiten anläßlich der Einweihung der Universitätskirche am 8. September 1591" (1995).

2 Eine allgemeine Orientierung für die frühe Neuzeit bieten: Kolb – Krenig (Hgg.) 1995. Kurz und prägnant daneben Press 1992a; speziell zur konfessionellen Entwicklung Ziegler 1992b; zur Bistumsgeschichte insgesamt Wendehorst 1966.

3 Die Niederschlagung des Aufstandes (und die damit verbundene Diskreditierung der evangelischen Lehre) wird unterschiedlich bewertet. Wendehorst (1966, 63) sieht einen Prestigeverlust des Bischofs, Ziegler (1992b, 111) infolge der harten Reaktion dagegen eine Stärkung seiner Position.

4 Heckel 1983, 43–46.

sorgten für zusätzliche Schwierigkeiten,[5] wenngleich zu betonen ist, daß die Kapitulare selbst, anders als in anderen geistlichen Territorien, insgesamt weitgehend der alten Lehre treu blieben.

Im geistlichen Herrschaftsbereich, der Diözese Würzburg, gingen die fremden Landesherren zugehörigen Teile sehr rasch zur evangelischen Lehre über;[6] auch Loslösungsbestrebungen der außerhalb der Hochstiftsgrenzen gelegenen Reichsstädte (Rothenburg, Schwäbisch Hall u. a.) waren nicht zu verkennen. Demgegenüber scheint die Durchdringung des Hochstiftes selbst mit evangelischen Lehren zumindest in der ersten Jahrhunderthälfte kein dominierendes Problem gewesen zu sein. Frühe Versuche, in Würzburg prominente Prediger zu berufen, scheiterten bald; sowohl der Bischof als auch das Domkapitel standen entschieden auf der Seite der Luthergegner, allerdings wohl eher aus einer kaiserlich-reichspolitischen Grundhaltung als aufgrund zunehmender Treue zum Papsttum. Dementsprechend verzeichnete die katholische Seite bis zum Beginn der eigentlichen tridentinischen Gegenreformation keine grundsätzlichen Erfolge: Niedergang der Klöster und konfessionelle Vermischung fügen sich wie anderenorts auch in Franken zum typischen Bild der Jahrhundertmitte.[7]

Seit den späten 50er Jahren sind freilich neue Tendenzen zu erkennen, die den Aufstieg Würzburgs zu dem neben Bayern bedeutendsten katholischen Reichsstand Oberdeutschlands einleiten.[8] Neben der außenpolitischen Neuorientierung (Beitritt zum Landsberger Bund) zeigt sich nun an der Durchführung von Visitationen und der Einrichtung eines Geistlichen Rates eine neue Gangart. Friedrich von Wirsberg (1558–1573) nahm sich mit der Gründung eines Gymnasiums des drängenden Bildungsproblems an und zog – nach einem ersten mit eigenen Kräften unternommenen und in den Grumbach-Unruhen gescheiterten Versuch 1561–1563 – bereits 1567 die Jesuiten hinzu.[9] Diese stießen zwar auf hartnäckigen Widerstand in der Stadt, konnten sich aber behaupten.

Mit der Wahl Julius Echters von Mespelbrunn (1573–1617)[10] entschied man sich in Würzburg für einen energischen Verfechter der tridentinischen Reformen und leitete so den Übergang von der „obrigkeitlich-patriarchalischen" zur „territorialstaatlichen" Gegenreformation ein.[11] Allerdings dauerte es Jahre, bis der neue Bischof sich statt mit

---

5 Pölnitz 1934, 14; Schubert 1968, 282; Spindler – Kraus 1997, 845 (W. Brandmüller) m. Anm. 6 (Lit.!).

6 Das folgende nach Ziegler 1992b, 104–106.

7 Vgl. zu diesen Phänomenen im allgemeinen Zeeden 1965, 68–80. Mit Bezug auf Franken: Schubert 1968, 288 f.; auf Würzburg: Ziegler 1992b, 113 f.; Spindler – Kraus 1997, 846–848 (W. Brandmüller).

8 Specker 1965, hier 44–53.

9 Erste Verhandlungen zwischen Wirsberg und Canisius gehen bis ins Jahr 1559 zurück: Pölnitz 1934, 41–43. Zum Würzburger Jesuitenkolleg Duhr 1907, 120–127; Freudenberger 1981.

10 Zur Biographie: Pölnitz 1934; Schubert 1969 (kritisch); über alle Fragen seiner Regierung informiert detailliert Wendehorst 1978, 162–238. Eine neue Skizze bietet Rudersdorf 1998.

11 Die Begriffe nach Schubert 1968, 278. Weitere Überlegungen zu den Motiven von Echters Vorgehen bei Schubert 1969, der ein deutliches Übergewicht der Territorialpolitik gegenüber dem Glaubenskampf konstatiert.

den bisher üblichen *adhortationes* mit scharfen Maßnahmen einer echten Rekatholisierung seines Landes zuwenden konnte, wobei die Gründe sowohl in Arrondierungsplänen des jungen Fürsten zu suchen sind (Fuldische Händel 1575–77) wie in der noch ausstehenden finanziellen Konsolidierung des Staates. Erhebliche Anstrengungen erforderte aber auch der Umstand, daß inzwischen die protestantische Konfession im Territorium deutlich erstarkt war. Besonders zeigte sich dies während Echters erster großer Visitationsreise 1585–86, bei der ihn Jesuitenpatres tatkräftig unterstützten und gleichwohl Mühe hatten, sich Gehör zu verschaffen. Im Jahre 1586 kam es beim Besuch des Fürsten im vergleichsweise bedeutenden Ort Münnerstadt trotz starker Militärpräsenz fast zum Aufruhr.[12] Die letzten Jahre des Jahrhunderts waren in Würzburg von der immer konsequenteren Anwendung der Bestimmungen von Augsburg und Trient geprägt, die zur Landesverweisung zahlreicher oft wohlhabender Untertanen führten.[13] Für das neue Klima, das nun im Hochstift herrschte, war es bezeichnend, daß auch die zahlreichen in den Behörden tätigen Protestanten aus ihren Ämtern verdrängt wurden.

b. Die neue Landesuniversität und der Würzburger Späthumanismus

Um die Ausbildung einer neuen Generation fähiger Kleriker, aber auch loyaler Landesbeamter zu sichern, bemühte sich Echter seit seinem Regierungsantritt darum, eine universal anerkannte katholische Landesuniversität aufzubauen. Bereits 1575/76 konnten die dafür erforderlichen päpstlichen und kaiserlichen Privilegien erlangt werden, und beim Aufbau der Institution selbst lag der Gedanke nahe, das seit 1567 bestehende Würzburger Jesuitenkolleg einzubinden. An diesem Punkt zeigte sich allerdings, daß Echter keineswegs gewillt war, eine reine Jesuitenuniversität entstehen zu lassen, hätte dies doch bedeutet, die Hochschule – auch wenn ihr Charakter als Landeshochschule unangetastet geblieben wäre – dem jurisdiktionellen Einfluß des Landesherrn weitgehend zu entziehen.[14] Stattdessen führte der Bischof den Aufbau seiner Universität mit hartnäckiger Zielstrebigkeit selbst durch[15] und scheute sich dabei auch nicht, auf Konfrontationskurs mit dem Domkapitel zu gehen, das sowohl wegen der geistlichen Konkurrenz durch die Societas Jesu als auch angesichts selbstherrlicher Entscheidungen des Landesherrn über die Universitätsbauten in Opposition verharrte.

Am 2. Januar 1582 konnte man schließlich die feierliche Eröffnung der *Academia Juliana* begehen. Bei diesem Ereignis traten die Kräfteverhältnisse in der Stadt deutlich

---

12 Pölnitz 1934, 364–366. Anlaß war der Kauf des vierten, bis dahin hennebergischen Viertels der Stadt.

13 Zu den widerstreitenden Positionen Pölnitz 1934, 350–354; Zahlen bei Schubert 1968, 290 f.

14 Hengst 1981, 78 f. und 296.

15 Wegele 1882, I 128–264; Hasenfuß 1973; Hengst 1981, 127–137; Baumgart 1995, 255–268; Spindler – Kraus 1997, 1141–1145 (L. Boehm) sowie die älteren Untersuchungen Peter Baumgarts (1978; 1982).

zutage: während das Domkapitel nahezu geschlossen dem Festakt fernblieb,[16] traten an diesem und den folgenden Tagen mehrfach Schüler des Jesuitengymnasiums auf, um Huldigungsgedichte auf den Landesfürsten vorzutragen.[17] Andererseits suchte Echter in den folgenden Jahren den Ausgleich, indem er akademische Ämter zunächst den Domkapitularen – und nicht den Jesuiten – übertrug. Die Ordensgeistlichen mußten sich auch in der theologischen Fakultät mit dem kleineren Teil der Professuren begnügen.[18]

Durch die enge Verbindung des Jesuitengymnasiums mit der Universität einerseits und den nur zögerlichen Ausbau der juristischen und medizinischen Fakultät andererseits kam – neben der Theologie – den humanistischen Studien in Würzburg eine dominierende Rolle zu. Die Academia Juliana knüpfte damit, wenn auch in stärker konfessionalisierter Form, durchaus an die örtliche Bildungs- und Gelehrtengeschichte des 16. Jahrhunderts an. Als Echter seine Regierung antrat, durfte die Stadt als bedeutendes Zentrum des deutschen Humanismus gelten:[19] um den prominenten Domherrn und zeitweiligen Konkurrenten Echters, Erasmus Neustetter (1522–1594)[20], hatte sich eine Art „Maecenaskreis" gebildet, dem unter anderem die berühmten Neulateiner Franciscus Modius (1556–1597)[21] und Paulus Melissus Schede (1539–1602)[22] zugehörten. Seit 1568 war der Pfälzer Mediziner und Dichter Johannes Posthius Leibarzt des Fürstbischofs,[23] und bereits sieben Jahre zuvor war aus Überlingen der Jurist, Hi-

---

16 *Compendiaria relatio de fundatione collegii S.J.* (…), UB Würzburg M.ch.f. 259, fol. 537^r; noch deutlicher der briefliche Bericht P. Costers nach Rom (ARSI Germ. 159 fol. 261^r): *… praesentibus multis praelatis … et toto Magistratu, nullo tamen ex Canonicis summae aedis (…).* – Anders (ohne Quellenangabe) Hasenfuß 1973, 180; unentschieden, aber eher ein Fernbleiben der Domherren vermutend Wegele 1882, I 196 Anm. 1.

17 Gropp 1741, 58 (zum 2. Jan.): *ubi prius ipsi Celsissimo Uniuersitatis parenti a studiosis adolescentibus Latino Graecoque carmine grates dictae fuerant* (paraphrasierende Übersetzung bei Wegele 1882, I 196f. und Nirschl 1891, 12f.) und 59 (zum 4. Jan.): *Musae collegii Societatis Jesu … Rectori Magnificentissimo Julio uariis uariarum linguarum epigrammatis in plenos resolutae plausus acclamantibus omnibus gratulabantur.* (Übersetzung bei Wegele 1882, I 200) – Gropps Text (*Dissertatio quarta de scholis Wirceburgensibus …*) basiert auf einer 1732 von Maximilian Balthasar Gazen zum 150. Jubiläum der Universität publizierten Disputations- und Festschrift, in der sich die ausführlichste Darstellung der Gründungsfeiern findet. Neben den von Baumgart 1982, 24 Anm. 70 nachgewiesenen Berichten sind noch zu nennen: (1) *Compendiaria relatio de fundatione collegii S.J.* (…), verfaßt wohl um 1727 (Weigand 1975, 394) und in mehreren variierenden Abschriften erhalten (UB Würzburg M.ch.f. 259 fol. 534–538; M.ch.f. 660/1 [Reuß-Kollektaneen I] fol. 13–20; M.ch.f. 660/4 [dass. IV] fol. 203^r–207^v [Abschrift C. G. Scharolds]; Stadtarchiv Mainz 15/110); (2) *Summaria relatio*, UB Würzburg M.ch.f. 660/1 fol. 5–12; (3) Brief des fürstbischöflichen Leibarztes Johannes Posthius an Joachim Camerarius vom Januar 1582, UB Erlangen Trew, Posthius 106 (= Ms. 1819 fol. 686f.), vgl. Karrer 1993, 239f. Nr. 146 mit Regest; (4) eine weitere stichwortartige Aufzählung der Vorgänge in UB Würzburg M.ch.f. 259 fol. 8f.

18 Hengst 1981, 139–141; Baumgart 1995, 263–266.

19 Schubert 1968, 283–285 und 1973, 214f. Das Handbuch der bayerischen Geschichte geht auch in seiner neuesten Auflage (Spindler – Kraus 1997) kaum auf den Würzburger Humanismus ein (vgl. allenfalls S. 1023 [A. Kraus]). Vgl. noch die knappe, aber instruktive Zusammenstellung durch Soder 1981.

20 Schubert 1973, 214f. Anm. 7 (Quellen u. Lit.); Römmelt 2000.

21 Roersch 1897.

22 Schäfer 1993a; Schäfer 1993b. Eine neue Werkauswahl jetzt in HUMANISTISCHE LYRIK 753–861.

23 Karrer 1993.

storiker und Dichter Konrad Dinner[24] nach Würzburg gekommen, wo er als fürstlicher Rat Anstellung fand. Bemerkenswert an diesem Würzburger Späthumanismus ist, daß sowohl Schede als auch Posthius (und wohl auch Dinner) keine Katholiken waren.[25] Allerdings ist der unterschiedliche Grad an Toleranz nicht zu übersehen, der Neustetter und Echter geradezu diametral voneinander trennt und der für das Schicksal der genannten Gelehrten nicht ohne Folgen blieb: Versuche des dem Calvinismus zumindest nahestehenden Melissus, in seine unterfränkische Heimat zurückzukehren, schlugen schon in den 70er Jahren fehl.[26] Die Entscheidung des Posthius, 1585 Würzburg zu verlassen, nachdem er dort noch 1580 seine Gedichtsammlung *Parerga poetica* publizieren konnte, dürfte nicht zuletzt auf die sich verschärfende gegenreformatorische Stimmung zurückzuführen sein.

Die Verhärtung der konfessionellen Fronten im Würzburg Julius Echters hat also sicherlich zur Abwanderung herausragender Persönlichkeiten beigetragen.[27] Und doch muß man sich wohl auch hier vor Verallgemeinerungen hüten, nicht zuletzt angesichts der insgesamt spärlichen und bisweilen widersprüchlichen Informationen. Dies gilt beispielsweise für Modius, der nach seinem Weggang (1585) für längere Zeit (ca. 1591–1593?) erneut nach Würzburg zurückkehrte, wo er sich um eine *professio canonica* bewarb,[28] als auch für Dinner, der sich – obgleich augenscheinlich Protestant – in Würzburg bis weit in die 90er Jahre hinein behauptete. Seine panegyrischen Schriften auf den Benediktinerabt Burckhardt zeigen ihn an den humanistischen Gemeinsamkeiten und nicht an den religiösen Konflikten der Zeit interessiert.[29]

Die bisher geläufige These von der Zerstörung einer Gelehrtenrepublik durch religiöse Intoleranz bedarf also sicherlich der Differenzierung. Dennoch bleibt richtig, daß um 1600 in Würzburg eine Verschiebung des humanistischen Schwerpunktes von den gelehrten Laien zu den Ordensleuten der Julius-Universität vor sich ging. Das Ergebnis war eine nicht minder rege, wenn auch minder freie Beschäftigung mit dem Huma-

---

24 Schubert 1973; Mahr 1998 (ersch. 1999), 34–42; Wiener 2000.

25 Die biographischen Quellen zu Dinner sind spärlich und reichen für eine Klärung der Frage nicht aus: Schubert 1973, 229–231; entschiedener für einen Protestanten Dinner plädiert Mahr 1998 (ersch. 1999), 40.

26 Schäfer 1993b, 242.

27 Dazu mit einiger Deutlichkeit Schubert 1969, 161; zu Posthius und Modius ders. 1973, 229; der Briefwechsel Echters mit verschiedenen Gelehrten (Teilpublikation [aus einem vermutlich 1631 durch die Schweden aus Würzburg entführten und seit etwa 1756 in Livland nachweisbaren Codex]: Freytag 1831, 107–174) kann ebensowenig als Beweis des Gegenteils dienen wie der Versuch einiger der ausgewanderten Literaten, durch Huldigungs- und Widmungsgedichte an Echter das Interesse des Würzburger Fürstbischofs wiederzuerlangen: so verfaßte der abgewiesene Melissus in den 80er Jahren (also kaum als „bestellte Lobrede", wie Wendehorst 1978, 229 vermutet!) eine Ode auf Echter und seine Bauten (Schediasmata I, Paris ²1586, 79–81; ein nicht fehlerfreier Abdruck in: Die Mainlande Nr. 13 [13. Juli 1962] 54–56, angemerkt v. Otto Selzer), und Modius steuerte 1591 zwei Epigramme auf Echter als Bauherrn der Neubaukirche für die unten besprochene Festbeschreibung Daniel Amlings bei (POMPAE IN DEDICATIONE ADUMBRATIO, fol. Aᵛ).

28 Briefe des Modius an den bischöflichen Kanzler Krepser (1.10.1591) und an einen Ungenannten (4.5.1593), erhalten im Abdruck bei Freytag 1831, 188–191.

29 Schubert 1973, 222 und 229f. (Biographisches); Wiener 2000, 18–28 (Schriften).

nismus in Würzburg, insbesondere in den höheren Klassen des Gymnasiums und in der Universität. Hinzu kommt ein weit über die Grundlagen hinausgehendes literarisch-historisches, auch überkonfessionelles Interesse auf seiten der akademischen Lehrer.[30]

Würzburg folgte also nur einer allgemeinen Entwicklung der Zeit, die den schon seit langem entwickelten „Schulhumanismus"[31] besonders in den Vordergrund treten ließ. Deshalb eine „hoffnungslose Lage des Humanismus in der Zeit der Gegenreformation"[32] oder ein „Abdrängen" oder gar „Absinken" der *studia humanitatis* in die Schulen zu konstatieren[33] verkennt den politischen und gesellschaftlichen Wandel seit dem Zeitalter der – von einem solchem Standpunkt aus stillschweigend als Idealfiguren betrachteten – wandernden Humanisten um 1500, die Entstehung des frühmodernen Territorialstaates, der den Menschen enger in ein Beziehungsgeflecht einbindet, seiner Institutionen (auch der Landesuniversitäten) und eines neuen Gelehrtenstandes, auf den Erich Trunz schon vor über 70 Jahren in einem oft zitierten, aber wenig rezipierten Beitrag hingewiesen hat.[34] Umso nachdrücklicher ist auf die Feststellung Anton Schindlings hinzuweisen, daß „gerade auch in Zentren konfessionalisierender Bestrebungen (…) sich seit der Mitte des 16. Jahrhunderts eine *späthumanistische Hofkultur* entfaltete".[35]

Unter den epochenspezifischen Prämissen läßt sich also auch und gerade im gegenreformatorischen Würzburg der Echterzeit von humanistischer Literatur sprechen. Was sie von ihren Vorgängern unterscheidet, ist nicht von vornherein die Qualität, sondern ihre Bindung an konfessionelle Vorstellungen und Ziele. Auch der Gelegenheitsbezug der meisten literarischen Erzeugnisse dieser Epoche ist kein spezifisch „jesuitischer" Zug, sondern ein allgemeines Merkmal der Gelehrtenkultur, freilich verstärkt durch den auf die Barockzeit vorausweisenden herrschaftsnahen Kontext. Ein weitverbreitetes Ressentiment gegenüber „Gelegenheitsdichtung", die lange fehlende Erschließung der Bestände Alter Drucke sowie die teilweise daraus resultierende mangelnde Bereitschaft, zwischen anspruchsvollen und deshalb überzeugenden oder zumindest glaubwürdigen Darstellungen und grobschlächtiger Propaganda in der Literatur des konfes-

---

30 Unter den wenigen erhaltenen (und nachgewiesenen) Bänden aus der Bibliothek des Würzburger Jesuitenkollegs fallen z. B. eine Inkunabel der Filelfo-Briefe (UB Würzburg: Inc.q.64), die Gedichte des protestantischen Neulateiners Georg Sabinus (ebda.: E 7.111) und eine lateinische Skylitzes-Ausgabe (Venedig 1570; ebda.: H.p.f.422) auf. Signifikant ist das völlige Fehlen moderner Arbeiten zur wissenschaftlichen Leistung der Würzburger Jesuiten, von denen Persönlichkeiten wie Nikolaus Serarius an Gelehrsamkeit den berühmten Münchner Vertretern des Ordens wie Jacob Gretser und Matthäus Rader (zu ihnen s. u., II.) nicht nachstehen.

31 Baumgart 1984, 172–180.

32 Hommel 1984, 64.

33 So die etwas unglückliche Formulierung bei Smolinsky 1987, 41. Zweifel an der häufig postulierten „Kluft zwischen Humanismus und Gegenreformation" auch bei Bauer 1986, 31 f.

34 Trunz 1931.

35 Schindling 1997, 29 (Hervorhebung U. S.). Solche Zentren sind u. a. München, Dresden und Heidelberg.

sionellen Zeitalters zu unterscheiden, sind Ursachen dafür, daß die Zeit nach der Mitte des 16. Jahrhunderts bis heute in Überblicksdarstellungen meistens ignoriert wird.[36]

2. Die Universitätskirche: Baugeschichte, Einweihung, Quellen

a. Die Universitätskirche (Neubaukirche)

In den Jahren nach 1582 wuchs der umfangreiche, vierflügelige Baukomplex der Academia Juliana, der noch heute (als Alte Universität) dem akademischen Betrieb dient, rasch in die Höhe. Den Südflügel an der heutigen Neubaustraße nimmt in ganzer Länge die nach den Plänen von Georg (Joris) Robijn errichtete Universitätskirche (heute Festaula) ein.[37]

Anders als andere bedeutende Sakralbauten des konfessionellen Zeitalters, allen voran die Münchner Jesuitenkirche St. Michael (1583–1597), hat die Würzburger Neubaukirche nur sporadisch das Interesse der Forschung auf sich ziehen können. Dieser Umstand ist sicherlich nicht in ihrem kunstgeschichtlichen Rang begründet, der beträchtlich ist und Stefan KUMMER kürzlich zur Einschätzung als (neben St. Michael) „bedeutendsten Sakralbau der deutschen Renaissance" veranlaßt hat.[38] Gründe für das eher geringe Interesse der Forschung dürften eher in den schwer in Traditionen und Schemata einzuordnenden Bauformen zu suchen sein, die in besonders auffälliger Weise („nach-")gotische und Renaissance-Elemente verbinden.[39] Nachdem das in der Vergangenheit öfters verwendete Schlagwort vom „Juliusstil", mit dem der Eindruck von einer spezifisch unterfränkischen Kunstprovinz um 1600 erweckt werden sollte, angesichts der in ganz Deutschland anzutreffenden Mischformen jener Epoche und der an verschiedenen Orten tätigen Baumeister seine Aussagekraft eingebüßt hatte,[40] wurde

---

36 Im fränkischen Bereich gilt dies z.B. für Lehmann 1980, aber auch der Beitrag von Andreas Kraus im Handbuch der bayerischen Geschichte („Gestalten und Bildungskräfte des fränkischen Humanismus") endet um das Jahr 1550 (in Spindler – Kraus 1997 nur um wenige Anm. ergänzt, vgl. o. Anm. 19). Der auch in der 3. Auflage nur wenig veränderte Abschnitt „Literatur und Theater von 1550 bis 1800" von Hans Pörnbacher (S. 1254–1269) will auf die geistlichen Territorien ausdrücklich nicht eingehen (S. 1254f.); wo sich dennoch etwas zum Thema findet (S. 1266–1269), entsteht ein in dieser Weise kaum zutreffender Eindruck vom Übergewicht deutschsprachiger Literatur. Die reiche Dichtung der Echterzeit findet keinerlei Erwähnung. Auch der 1975 erschienene Literaturbericht von O. Herding weist keine Beiträge zum späteren 16. Jahrhundert aus.

37 Zur Anlage s. Rückbrod 1977, 139f. u. Abb. 28f. Zu Robijn, dessen Urheberschaft heute als sicher gilt, vgl. de Ren 1982. Baubeschreibungen der Kirche: Mader 1915, 507–516 (grundlegend); Helm 1976, 11–17; Hipp 1979, 1669f.

38 Kummer 1995, 665. Daneben wäre u.U. noch an die lutherische Hauptkirche Beatae Mariae Virginis zu Wolfenbüttel (erbaut ab 1604) zu denken.

39 Kummer 1995, 671. Über die Schwierigkeiten der kunstgeschichtlichen Forschung bei der stilistischen Einordnung der Bauten aus der Zeit um 1600 informiert exemplarisch Hipp 1979, 32–59.

40 v. Freeden 1951, 6 und 8f.; Kummer 1995, 664. – Bei Bruhns 1923, 106 war „Juliusstil" geradezu zum abschätzigen Ausdruck für die flächendeckende und uniforme Restaurierungswelle der Echterzeit geworden.

in den 70er Jahren durch die Arbeit zur „Nachgotik" von Hermann Hipp nachdrücklich klar, welch große Zahl an Bauten in dieser Epoche entstand.[41] Doch die Würzburger Kirche fand darunter keine wirklichen Nachfolger[42] und bleibt so ein problematisches Unikum.

Nicht ohne Wirkung ist daneben wohl die Entscheidung Joseph Brauns geblieben, die Neubaukirche aus seinem Kompendium der deutschen Jesuitenkirchen mit der Begründung auszunehmen, daß es sich rein formal um einen Bau des Fürsten und nicht des Ordens handle.[43] Braun, der wohl beste und zugleich ein weder voreingenommener noch apologetischer Kenner der Jesuitenarchitektur der Spätrenaissance, hat hier die fehlende Beteiligung des Ordens an der Bauplanung zum einzigen Kriterium gemacht und, indem er den Bau überging, sicherlich dazu beigetragen, daß dieser außerhalb des Blickfeldes der Forschung blieb.

Ein weiterer wichtiger Grund für die weitgehende Vernachlässigung der Neubaukirche in der Forschung liegt indes in der an Katastrophen reichen Geschichte des Bauwerks. So gab die Südwand der Kirche bereits wenige Jahre nach ihrer Vollendung nach und zwang 1627/28 dazu, Teile des Baues abzutragen. Infolge des Dreißigjährigen Krieges blieben die Arbeiten lange unvollendet, so daß das 17. Jahrhundert die Kirche fast nur als Baustelle kannte, bis sie unter Petrini ab 1696 ihre neue Gestalt erhielt.[44] Die abermalige Zerstörung des Gebäudes im Jahre 1945 führte erneut zu einem langen Ruinendasein, das erst mit der Totalrestaurierung in den 70er–80er Jahren endete. In diesem Zusammenhang ist die einzige moderne Monographie zur Neubaukirche entstanden, die auch Grabungen berücksichtigt,[45] die schriftlichen Quellen der Echterzeit aber nicht immer zuverlässig verwendet. Ein Resumé des heutigen Forschungsstandes zur Neubaukirche erschien 1995 in der „Unterfränkischen Geschichte".[46]

Bruhns' Buch über die Würzburger Renaissancebildhauer ist thematisch leider seinerseits ein Einzelgänger geblieben. – Wohl zu einseitig politische Beweggründe (Macht der Tradition) für die gotisierende Baukunst im Hochstift sieht Schock-Werner 1991 (ohne Erwähnung der Neubaukirche). Vgl. zu diesem Problem Sutthoff 1990, 30–33, der eher pragmatische Motive (Orientierung am technisch Bewährten) annehmen möchte; noch größere Zurückhaltung gegenüber Schock-Werners These, die auch Kern ihrer noch ungedruckten Würzburger Habilitationsschrift ist, bei Schneider 1999, 48 (ebda. 336 der vollständige Titel der Arbeit). A. Michel hält dagegen für die ländlichen Kirchenbauten im Bamberger Raum um 1600, darunter die noch zu besprechende Gügelkirche von 1616, historisierende Baukonzeptionen für denkbar (1999, 323 f.).

41 Hipp 1979 (3 Bde.). Dort 87–91 auch ein Forschungsbericht zur „Echter-Gotik".
42 Helm 1976, 62.
43 Braun 1908, 32 Anm. 1.
44 Zu den im einzelnen schlecht dokumentierten Vorgängen ab 1631 vgl. Mader 1915, 508–511; Helm 1976, 74–76; außerdem Hubala 1975, bes. 13–15 (Resumé bei Helm 1976, 128); Korrekturen bei Michel 1999, 325.
45 Helm 1976. In den Kontext der Wiederaufbauplanungen gehören auch v. Freeden 1970 und Hubala 1975.
46 Kummer 1995, 665–671.

b. Die Einweihungsfeierlichkeiten im September 1591 und die zeitgenössischen Quellen

Nach den intensiven Bemühungen zur Rekatholisierung des Hochstiftes und dem 1589 weitgehend abgeschlossenen Aufbau der Landesuniversität lag es für Julius Echter auf der Hand, die Einweihung der neuen Kirche im September 1591 zu einem prächtigen Fest zu machen und das Erreichte zu präsentieren. Dabei war es selbstverständlich, die unermüdlichen Helfer aus dem Jesuitenorden, ohne die das Territorium seine Stärke nicht wiedererlangt hätte, ausgiebig an der Gestaltung der Feiern zu beteiligen. Vier Tage lang, vom 8. bis zum 11. September, wechselten sich Gottesdienste, literarische Darbietungen und Festbankette in der Stadt und auf der landesherrlichen Festung auf dem Marienberg ab.

Über den Verlauf der Feierlichkeiten sind wir aus zwei unabhängigen Quellen unterrichtet, die beide nicht aus dem Jesuitenkolleg stammen. Angesichts des literarischen Engagements der Jesuiten mag dies zunächst verwundern, doch hat die Überprüfung der Ordensgeschichtsschreibung, insbesondere der *Litterae Annuae*, in mehreren ähnlichen Fällen gezeigt, daß die Darbietung von Dichtung und Drama kaum der Erwähnung für wert befunden wurde, sondern offenbar als selbstverständlich galt.[47] Auch die Druckfassung der *Annuae* für 1591, die einige Jahre später in Rom redigiert wurde, vermerkt denkbar knapp nur das am 10. September aufgeführte Drama *Sancta Catharina*.[48]

Letztlich wird man diese Zurückhaltung jedoch auf das Verhältnis der Würzburger Ordensmitglieder zum Fürstbischof zurückzuführen haben, das durchaus nicht störungsfrei war, was der hohe panegyrische Ton der Festdichtung allzu leicht in Vergessenheit geraten läßt. So gab es beispielsweise auch während der Festtage spürbare Differenzen über die zukünftige Nutzung der Neubaukirche: während Wilhelm V. von Bayern Echter davon zu überzeugen suchte, man müsse dem Orden gänzlich freie Hand

---

47 Vgl. z. B. u., III (1616) und B.II (1593). Eine Ausnahme stellt die ausführliche Festbeschreibung in den *Annuae* des Münchner Kollegs dar (1597, s. u., II); die überreiche Dokumentation der Molsheimer Feiern von 1618 geht auf das Engagement eines Einzelnen zurück. – Wenn die Darstellung der Würzburger Festlichkeiten hier relativ ausführlich geschieht, so deshalb, weil bis heute keine zusammenfassende Arbeit zum dortigen Jesuitenkolleg existiert. Eine nicht publizierte Abhandlung Carl Gottfried Scharolds aus dem frühen 19. Jahrhundert, die in zwei weitgehend identischen Entwürfen in der UB Würzburg aufbewahrt wird (M.ch.f. 660/4 [Reuß-Kollektaneen IV], fol. 288–315 und M.ch.q. 183, fol. 1–53^r), endet genau 1591 mit einer kurzen Erwähnung der *Nouae aedis adumbratio*.

48 Litterae Annuae 1594, 356: *In studiorum renouati⟨o⟩ne, antequam distribuerentur praemia, spectabilis uisa actio de patrocinio Angelorum: nec minus celebrata, anno sequenti, de sancta Catharina, cum serenissimus Bauariae Dux Gulielmus in hanc urbem accessisset, cum coniuge ac filijs duobus, inuitatu illustrissimi Principis.* Angesichts des Umstands, daß diese Endfassung von einem Angehörigen einer anderen Ordensprovinz redigiert wurde (Ribadeneira 911 nennt Francesco Benci [für 1586–91] bzw. Joannes Franciscus Carettonius [für 1591]), ist ein Verzicht auf lokale Details leicht verständlich. Allerdings findet sich auch in der heute in Mainz lagernden Kolleggeschichte (Stadtarchiv Mainz 15/402 fol. 29^r–48^r, publiziert durch Theobald Freudenberger [1981, hier S. 204 f.]), die wohl zwischen 1591 und 1593 niedergeschrieben wurde (ebda. 167), kein Eintrag zur Einweihungsfeier.

lassen, beharrte der Fürstbischof darauf, selbst die Gottesdienstordnung zu bestimmen. Tatsächlich kam es dann zum Kompromiß einer fürstlichen, inhaltlich jedoch vom Orden ausgefüllten Satzung, wie P. Jakob Ernfelder wenige Tage nach der Heimreise des Bayernherzogs an Claudio Aquaviva berichtete:

> ... Wilhelmus dux Bavariae, nos pro sua humanitate inuisit, saepius alloquutus est, egitque cum R(euerendissi)mo de dispositione noui templi, et incidenter multis modis o(ste)ndit, expedire ut Societatis Patres secundum suum modum agere sinat, si uelit optatum fructum capere. et quid effectum sit, breui forsan cognoscemus, hisce modo non potero significare si commoditas detur mittendi ante finem dedicationis ... | R(euerendissi)mus petijt sibi modum Diuini cultus in nouo templo consecrato perscribi. Non potui negare; desiderat usum illius accipiamus in eoque n(ost)ro more omnia faciamus. Si aliquam aliam conditionem tentaret, quod non spero, imponere nostris contributiones aduersantem, non inibimus sine R.V. scitu et admonitione ...[49]

Diese und ähnliche Kontroversen zeigen, weshalb Joseph BRAUN von der Neubaukirche als einem Fürstenbau sprechen konnte, und sie könnten auch eine gewisse Zurückhaltung des Ordens bei der Berichterstattung erklären, wie sie bei rein landesherrlichen Bauten (z. B. in Gügel, s. Kapitel III) noch weitaus stärker ausgeprägt ist. Ein abschließendes Urteil läßt sich allerdings nicht fällen, bevor die z.Zt. verschollenen[50] Würzburger *Annuae* des Jahres 1591 ausgewertet sind.

Bei den Quellen zu den Feiern dieses Jahres handelt es sich um:

1. die *Acta Universitatis Herbipolensis*,[51] knappe Notizen, die für den Zeitraum von 1589 bis 1680 in einem Quartband der Würzburger Universitätsbibliothek erhalten sind.

2. Zahlreiche Ergänzungen und wesentlich mehr Details bietet die mit sehr lebendiger Anteilnahme verfaßte Schilderung der Feiern in Hexametern, die der Würzburger Kanzleibeamte Daniel Amling zum Jahreswechsel 1591/92 dem Fürstbischof und seinem Domkapitel unter der Überschrift *Pompae ... in ... dedicatione ... adumbratio*[52] als Erinnerung an die Festtage widmete. Aus beiden Texten zusammen, deren unterschiedliche Herkunft auch die Auswahl des Berichteten stark beeinflußt, ergibt sich folgender Ablauf des Festes:

Am 5. September empfing der Würzburger Dompropst Neithart von Thüngen als Abgesandter Echters den Herzog Wilhelm V. von Bayern, seine Gemahlin Renata von

---

49 ARSI Germ. 169 fol. 263ʳ; 264ʳ. Ein Entwurf Echters und von den Jesuiten vorgeschlagene Modifikationen der *Conditiones templi* sind in ARSI Rh. inf. 74 fol. 31 f. und 35 erhalten.

50 Die Sammlungen der oberrheinischen *Litterae Annuae* in ARSI Rh. inf. 48 bzw. Rh. sup. 29 weisen für die Jahre 1578–1593 bzw. 1591 eine Lücke auf, so daß hier ein Würzburger Bericht nicht zur Verfügung steht.

51 UB Würzburg M.ch.q. 152a. Die hier einschlägigen fol. 9ᵛ–10ᵛ auch bei Wegele 1882, I 257 f. Anm. 4.

52 Vollst. Titel s. Lit.-Verz. Amlings Gedicht ist bei Gropp 1741, 510–515 mit leichten Textänderungen wiederabgedruckt. Helm 1976, 18 Anm. 2 gibt für diesen Abdruck irrtümlich Gropp als Verfasser an.

Lothringen und seine Kinder Maximilian, Maria Anna und Albrecht in Ochsenfurt[53] und führte sie am folgenden Tag unter dem Geleit zahlreicher fränkischer Adliger nach Würzburg, von wo ihnen der Bischof mit seinem Gefolge und die Domherren ein Stück weit entgegengezogen waren. Nach der herzlichen Begrüßung bewegte sich der Zug aus etwa 30 Wagen zur Stadt zurück, die von den Salutschüssen der angetretenen Bürger und der Burgbesatzung, vom Trompetengeschmetter und dem Lärm der neugierigen Menge widerhallte.[54] Die Freude Echters über das Kommen des Herzogs muß umso größer gewesen sein, als die an zahlreiche geistliche und weltliche Reichsfürsten versandten Einladungen[55] weitgehend ohne Resonanz blieben. Zwar trafen am folgenden Tag noch Landgraf Ludwig von Leuchtenberg, der Markgraf von Baden und der Propst von Ellwangen ein, doch vom Mainzer Erzbischof Wolfgang von Dalberg und den benachbarten Bischöfen Ernst von Bamberg und Caspar von Eichstätt mußte Amling vermelden, sie seien leider verhindert gewesen.[56]

Am 8. September weihte der Bamberger Suffragan Johannes Ertlin(g) die Kirche nach den vorgeschriebenen Riten unter dem Patrozinium der Zwölf Apostel ein. Amling, der sich in der Rückschau unter das Publikum in den Straßen zwischen der Marienfestung und der Universität versetzt, vermittelt ein farbiges Bild vom Einzug der Fürsten, die am Morgen in die Stadt hinunterstiegen. Wilhelm V. hatte den Orden des Goldenen Vlieses angelegt, während manche der adligen Frauen Trauer um den im Vorjahr verstorbenen Erzherzog Karl von Innerösterreich trugen:

> Fit nouus interea strepitus procerumque ducumque,
> 245 Nec mora: Wilhelmus princeps mihi uellere cinctus
> Cernitur aurato, quondam Burgundica proles
> Quale ducum meruit rebus uirtute peractis.
> Iulius huic latus et princeps Ludouicus utrumque
> B3ʳ Ornabant, legitque dehinc uestigia natus
> 250 Maximus, Aeneae similis, pulcherrimus heros,
> Cum fratre Alberto, pueri qui imitatus Iuli
> Ascanii formam, genus atque per omnia mentem,
> Principibusque uiris reliquis coetuque sequente,
> Cui nigrante comae – tua, Carole, funera propter,
> 255 Austriaci fueras qui maxima gloria regni –

---

53 POMPAE IN DEDICATIONE ADUMBRATIO V. 61 f. (fol. A4ʳ Z. 6 f.): *Obuius huic patriae ad uicinam mittitur urbem, | Quae de cornigero quondam boue nomen adepta est* (von Gropp 1741, 511 *i.mg.* fälschlich auf Kitzingen bezogen). – Dem Domkapitel kündigte Echter (erst!) am 5. September an, daß Wilhelm mit seinem umfangreichen Gefolge (*ungeverlich mitt 400 pferden*) *heüt abents zu Ochsenfurt einkommen und sein nachtlager aldo nemen werde* (StAWü, WDKP 1591, fol. 164ᵛ–165ʳ).

54 POMPAE IN DEDICATIONE ADUMBRATIO V. 108–160 und 186–202 (fol. A4ᵛ Z. 20–Bᵛ Z. 8; B2ʳ Z. 2–17).

55 Liste bei Nirschl 1891, 13.

56 POMPAE IN DEDICATIONE ADUMBRATIO V. 203–220 (fol. B2ʳ Z. 18–B2ᵛ Z. 4). Der Markgraf wird erst bei der Abschiedszeremonie in V. 488 (fol. C2ᵛ Z. 16) erwähnt. Am Einweihungsgottesdienst nahmen außerdem acht Äbte fränkischer Klöster und andere Geistliche teil (ebda. V. 316–319 = fol. B4ʳ Z. 4–7).

Corporis usque pedes peplo uelantur ad imos,
Foemineo …[57]

Nach dem feierlichen Einzug durch den Innenhof der Universität zelebrierte Echter selbst die erste Messe, bei der den Anwesenden die tiefe Andacht des Bayernherzogs besonders auffiel. Die Eucharistiefeier nimmt Amling zum Anlaß, einen Vergleich mit den heidnischen Opferriten der Antike anzustellen und zugleich gegenüber möglichen Häretikern sein festes Vertrauen in Gottes Wort und seinen Glauben an das Wunder der Wandlung zu betonen.[58] Als die Messe beendet war, zogen sich die Fürsten zu Pferd und in Karossen wieder auf die Festung zurück, wo ein prunkvolles Festmahl vorbereitet war. An zwei langen Tafeln wurden die Fürsten und anderen Adligen bewirtet, und man darf Daniel Amling glauben, wenn er konstatiert:

> … ego quibus ullo tempore uidi
> Splendidius nihil – ut fatear –, neque uiderit ipse
> Forte senex, quem multa ferunt uidisse, Menalcas.[59]

Zur dritten Nachmittagsstunde besuchte man einen Gottesdienst in der alten Marien-Rundkirche der Festung.

Der zweite Festtag brachte eine Versammlung der Festgäste in der *Kilianea aula*, dem großen Universitätssaal, wo zwei Theologen promoviert wurden: der Kanoniker Eucharius Sang und Nicolaus Serarius SJ.[60] Der Schauplatz des Festmahls war an diesem Tag das neue Juliusspital.

Am 10. September ließ es sich der Fürstbischof dann nicht nehmen, im Dom ein gegenreformatorisches Schaustück besonderer Art zu inszenieren: im Rahmen der heiligen Messe wurde ein Türke, den Neithart von Thüngen im Christentum unterwiesen hatte, im Beisein des Bayernherzogs getauft und legte vor diesem ein Glaubensbekenntnis ab.[61] Bei dem anschließenden Bankett, das in der Universitätsaula stattfand, wurden nach Amlings Zeugnis lateinische Gedichte zu Ehren der auswärtigen Gäste vorgetragen:

---

57 In den *Acta Universitatis* ist präzisiert, um wen es sich handelte: *itemque serenissima archiducis Caroli filia, quae serenissimo Transyluaniae principi Sigismundo* (sc. Báthory) *postmodum nupsit* (zit. nach Wegele 1882, I 257). Erzherzog Karl hatte 1571 Maria, die Schwester Wilhelms V., geheiratet.

58 POMPAE IN DEDICATIONE ADUMBRATIO V. 295–306 (fol. B3ᵛ Z. 15–26). Auffällig ist, daß der Laie Amling nicht, wie bei den geistlichen Dichtern üblich, den Vergleich mit der *umbra* aller Kirchen, dem Tempel Salomos, und seinen Brandopfern zieht. – Zur verfehlten Deutung des V. 262 (Nordtür) auf das Westportal bei Helm 1976, 31 s. Bulst 1982, 75.

59 POMPAE IN DEDICATIONE ADUMBRATIO V. 355–357 (fol. B4ᵛ Z. 11–13).

60 POMPAE IN DEDICATIONE ADUMBRATIO V. 367–389 (fol. B4ᵛ Z. 23–Cʳ Z. 13). Die Namen in den *Acta Universitatis* (wie Anm. 51) – Ob die *sondere(n) Actus bey der neuen Universität*, die Gropp 1748b, 348 für die Tage nach dem 8.9. verzeichnet, eine Umschreibung für die Promotionsfeier sind, muß zweifelhaft bleiben.

61 POMPAE IN DEDICATIONE ADUMBRATIO V. 402–409 (fol. Cʳ Z. 26–Cᵛ Z. 1). Die *Acta Universitatis* berichten nicht über dieses Schauspiel.

>   … quot ibi doctas resonare sorores
>   Carmina! quam uarios Latii sermonis honores
> 415 Vidimus hospitibus peregrinis uoce dicari!

Anschließend führte das Jesuitenkolleg auf einer improvisierten Bühne eine mehrstündige *Comoedia* über das Martyrium der hl. Katharina auf,[62] bei der man sich auch die Verwendung pyrotechnischer Effekte nicht entgehen ließ.

Am 11. September besuchten schließlich die Fürsten, diesmal ohne großes Gefolge, eine Messe in der durch die Jesuiten übernommenen St.-Agnes-Kirche. Daran schloß sich ein Rundgang durch das *Seminarium Kilianeum* an, wobei die Gäste am Eingangsportal von den Schülern wiederum mit Gedichten, diesmal sogar in drei Sprachen, begrüßt wurden:

>   Prima sed ingressi proceres ubi limina portae,
>   En, pueri Aoniis quibus ora fluentia lymphis
>   Ordine iucundo recitantes carmina stabant
> 460 Ora resoluentes uariae atque idiomate linguae
>   Cuncta precabantur parili felicia uoce.
>   Pars Latiis sonuere modis, pars altera Graiis,
>   Tertia Abrahamicis doctissima uerba loquelis
>   In numerum alternis pedibus cecinere coacta.

Anschließend hörte man in der Aula eine theologische Disputation *de nostri temporis controuersiarum parte*.[63]

Am folgenden Morgen rüsteten sich die Gäste zur Heimreise. Nach dem Morgengebet versammelte Echter sie im Burghof und verschenkte neun reich geschmückte Pferde, zunächst an die wittelsbachischen Gäste, dann an andere Adlige sowie an Joachim Fugger. Auch Geldgeschenke wurden verteilt, worauf sich Wilhelm V. mit goldenen Ketten für Julius Echter und seine Brüder, Pokalen für die Inhaber der Hofämter und der Verteilung von insgesamt 400 Talern an die übrigen Hofbediensteten revanchierte.[64] Nach dem Mittagsmahl brachen die Gäste auf. Der Würzburger Bischof nahm in der Karosse Wilhelms V. Platz und begleitete diesen bis nach Dettelbach, wo die Fürsten zwei Tage blieben[65] und sich dann „wie Nisus und Euryalus" (Amling) trennten.

---

62 Vgl. den o. (Anm. 48) zitierten Eintrag in den gedruckten *Litterae Annuae*. Das Drama, zu dem Amling V. 423–442 (fol. C^v Z. 15–C2^r Z. 2) einen kurzen Inhaltsüberblick liefert, ist bei Valentin nicht verzeichnet. Der Text des Stückes muß als verschollen gelten.

63 *Acta Universitatis*, zit. nach Wegele 1882, I 258 Anm. 4. Daß Amling davon nicht berichtet, erhöht die Glaubwürdigkeit seiner mehrfachen Beteuerung, nur wiederzugeben, was er selbst gesehen hat (vgl. u. Anm. 65 zu Dettelbach). Zur Disputation s. auch u. Anm. 93, zu Katharina als Patronin der Hochschulen Bulst 1982, 52 f.

64 POMPAE IN DEDICATIONE ADUMBRATIO V. 473–511 (fol. C2^v Z. 1–C3^r Z. 7).

65 Während Daniel Amling nur vom Besuch der Wallfahrtskirche als Anlaß des Aufenthaltes weiß oder berichtet, kennt Gropp (1748b, 348) den Hintergrund des Verzugs: *Bey dem Hoff Wolleried wurde der Hertzog* (d. h.

a. Die *Encaenistica poematia* – Keimzelle einer neuen literarischen Gattung?

Während die poetische Darstellung Daniel Amlings die Feiern von 1591 aus der Rückschau betrachtet, präsentieren sich die vielleicht schon zum 8. September, sicherlich aber wenig später gedruckten *Encaenistica poematia* des Würzburger Jesuitenkollegs als direkter Beitrag zur Einweihungsfeier der neuen Kirche.[66] Die Sammlung, deren Titel sich als „Kleine Dichtungen anläßlich der Kirchenweihe" wiedergeben läßt, besteht aus einem umfangreichen Gedicht (622 Hexameter) mit dem Titel *Nouae apud Herbipolenses Apostolorum aedis adumbratio*, weiteren 24 kurzen (zwischen 3 und 36 Verse langen) Stücken in verschiedenen Metren und fünf Chronogramm-Distichen. Illustrationen sind mit Ausnahme eines Stiches des Echterwappens (fol. A^v) nicht enthalten; ein in den letzten Jahrzehnten häufig reproduzierter Stich Johann Leypolds, der Universität und Kirche zeigt, erschien separat und 1603 nochmals in den *Encaenia et tricennalia Juliana (Abb.1)*.[67] Während die Kirchenbeschreibung (*adumbratio*) und die Chronogramme in der Sammlung würzburgischer Geschichtsquellen des Benediktiners Ignatius GROPP (1741) einen – allerdings nicht fehlerfreien, z. T. auch eigenmächtig „verbessernden"[68] – Nachdruck erfahren haben und seitdem stets in dieser Fassung zitiert und benutzt worden sind, haben sich die anderen Gedichte (im folgenden als *carmina minora* bezeichnet) nur im Erstdruck erhalten und sind bisher nicht ausgewertet worden. Dies ist wohl dem Umstand zuzuschreiben, daß das einzige in Würzburg erhaltene Exemplar des Drucks in einer Sammelhandschrift mit Materialien zur Universitätsgeschichte eingebunden ist und erst 1993 bei den Vorarbeiten zum Band 5 des Würzburger Handschriftenkataloges durch Hans THURN wiederaufgefunden wurde.[69]

Wilhelm V.) *schwach, daß man ihne daselbst zur Wärm bringen muste, und nahme solche Schwachheit also zu, daß er die folgende drey Tag zu Dettelbach bliebe, und der Aertzte Cur pflegte; auch wurde seinethalb bey der Kirchen Intercession gesuchet.*

66 Zum genauen Titel des Druckes (erschienen *apud haeredes Henrici Aquensis*, also des 1578–90 tätigen Hof- und ersten Universitätsdruckers [Wendehorst 1978, 225]) vgl. das Lit.-Verz. – Der Begriff *Encaenia* geht auf Io 10, 22 Ἐγένετο τότε τὰ ἐγκαίνια ἐν τοῖς Ἱεροσολύμοις zurück; vgl. o. S. 25 Anm. 28. Das Diminutiv *poemation* findet sich bereits im antiken Latein als Bezeichnung für Gelegenheitsgedichte (Plin. epist. 4,14,9; 4,27,1), im Neulatein z. B. bei Caspar Bruschius (1518–1559) als Titel eines Gedichtbuchs. – In der Würzburger lokalgeschichtlichen Literatur finden sich häufig falsche Titelwiedergaben, so „Encaeni*astica* poema*ta*" (Stamminger 1882, 13), „Encaenistica poema*ta*" (Nirschl 1891, 14) und „Encaenia" (ebda. 25).

67 Die Erstfassung von 1591 ist abgebildet bei v. Freeden 1970, 51, ein späterer Nachstich auch in Gropp 1741, nach S. 590.

68 Sinnverändernde Eingriffe Gropps betreffen V. 389 (*Dilecta* statt *Dilectum*) und 413 (*ducibus* statt *dulcibus*).

69 UB Würzburg, M.ch.f. 259 angeb. 39 (= fol. 454–469). Die Gedichtsammlung fehlt demzufolge in der Aufstellung der bei Heinricus Aquensis gedruckten Werke bei Roth 1898, 76–78. Der im Jahre 1764 (vgl. die Indexüberschriften fol. 2–3, 434^r, 525) für die sog. *Bibliotheca historica* des Würzburger Lehrstuhls für Geschichte neu geordnete Codex entstammt vermutlich, wie mehrere gleichartige Folianten mit benachbarten Signaturen, der Kollektaneensammlung der Würzburger Beamtenfamilie Fabricius (dazu Handwerker 1919,

Die *Encaenistica poematia* stellen nach dem Verlust der Dichtungen vom Januar 1582 heute das nahezu einzige Beispiel festlicher Gelegenheitsdichtung aus dem Würzburger Jesuitenkolleg der Echterzeit dar und sind damit ein wichtiges Dokument der örtlichen Literaturgeschichte.

Darüberhinaus aber enthalten sie mit der umfangreichen *Nouae aedis adumbratio* die älteste[70] bisher bekannte panegyrisch-religiöse Kirchenbeschreibung im Rahmen einer Festschrift. Trotz der schon erwähnten Vorläufer, unter denen besonders an Martin Lochanders zeitlich und örtlich benachbarte Beschreibung des Juliusspitals erinnert werden muß, treffen im Festgedicht *Nouae aedis adumbratio* von 1591 mehrere Elemente erstmals in einer charakteristischen Konstellation zusammen: ein festlicher Anlaß – die Kirchenweihe – und seine Einbeziehung in ein *gleichzeitig* verfaßtes Gedicht, eine ausführliche Gebäudebeschreibung in Hexametern unter Verwendung antiker und humanistischer dichterischer Vorbilder, ein theologischer Betrachtungsansatz, der sich besonders in der meditativen Auseinandersetzung mit Heiligenbildern, aber auch in Bezugnahmen auf die Rolle der Kirche im Streit der Konfessionen äußert, und ein panegyrisches Element, das die Verbindung von Bauten- und Herrscherlob unter den Bedingungen des frühmodernen Fürstenstaates wiederaufgreift.

Mit diesem umfangreichen neuen Bestandteil vermittelt der Würzburger Jesuitendruck einen deutlich anderen Eindruck als die sieben Jahre ältere Gedichtsammlung des Jakob Pontanus anläßlich der Kirchenweihe zu Augsburg.[71] Dort finden sich zahlreiche Stücke verschiedenen Umfangs teils nach Metren *(Heroica, Elegidia, Epigrammata)*, teils nach Gattungen *(Hymni, Panegyres)* geordnet. Auch die Würzburger Festschrift von 1591 kann aber die Verwandtschaft mit dem Pontan-Druck nicht verleugnen: die 24 *carmina minora* gehen in einer z. T. ganz ähnlichen Weise auf die Weihriten und Gebete, auf das Gebäude und seine theologische Bedeutung, auf einschlägige Schriftzitate, die heiligen Patrone und die beteiligten Geistlichen oder auf die fürst(bischöf)liche Stifterpersönlichkeit ein.

Wenn nun in Würzburg zum ersten Mal *zusätzlich* zu diesen Stücken ein großes beschreibendes Gebäudegedicht auftaucht, so stellt sich die Frage nach den Gründen für diese Neuerung, zumal die Würzburger Universitätskirche zwar einer der frühen, nicht aber der erste Neubau der zweiten Hälfte des 16. Jahrhunderts war: zumindest in Innsbruck, Landsberg, Augsburg und Luzern existierten bereits neue Jesuitenkir-

---

72; Thurn 1994, 82–90). Allerdings wurden im gleichen Jahr 1764 auch die ins Würzburger Kolleg gelangten Reste der Materialsammlung von Johannes Gamans SJ (dazu Falk 1875/77; Meyer 1983) zu Bänden zusammengefaßt.

70 BADESIS Beschreibung der Cappella Sistina erschien bereits 1588, hat jedoch anderen Charakter. S. u., D.II.2.a.

71 S. I. Teil, C.III.5.

chen.[72] Ein Grund für das Fehlen von Beschreibungen mag in dem relativ geringen künstlerischen und monumentalen Rang dieser frühen Bauten liegen,[73] im Vergleich zu denen das fürstliche Projekt in Würzburg eine neue Dimension bedeutete. Wichtiger aber dürfte sein, daß die Hinwendung des Jesuitenordens zur Literatur in der ersten Generation (der des Ignatius und seiner Gefährten, aber auch des Canisius) noch kaum begonnen hatte.[74] Da jedoch auch in Pontanus' *Encaenia* noch die große Kirchen-Ekphrasis fehlt, wendet sich die Fragestellung erneut nach Würzburg: denn gerade weil die *Nouae aedis adumbratio* in einer später selten erreichten eleganten Weise Anregungen aus antiker und zeitgenössischer Dichtung – insbesondere aus den Villenbeschreibungen des Statius und dem Christusepos des Girolamo Vida – verwendet und daraus ein Neues macht, ist die Tatsache, daß die Motive für diese Schöpfung nicht erkennbar werden, wenig befriedigend. Auch über den Verfasser ist uns nichts bekannt.

b. Zur Verfasserfrage

Im Titel des Würzburger Druckes liest man, es handele sich um Gedichte, *quae studiosa Societatis Iesu collegii iuuentus ... pangebat*. Ob dies tatsächlich für alle Stücke oder aber nur für die *carmina minora* zutrifft, darf bezweifelt werden: während die kleinen Gedichte mit ihrer sehr unterschiedlichen Gestaltung und ebenso wechselnden Qualität eine Art Querschnitt durch die poetische Produktion der Jesuitenschüler darstellen dürften, aus der sich das letzte Stück, eine Marienode, vielleicht deshalb heraushebt, weil es von Mitgliedern der akademischen *sodalitas Annunciata* und damit von Fortgeschrittenen stammt,[75] scheint es für die *Novae aedis adumbratio* beinahe zwingend, die Abfassung durch einen poetisch versierten Dozenten anzunehmen. Zu einheitlich erscheint die sprachliche Gestaltung, der Rückgriff auf die Vorbildautoren, vor allem aber der durchdachte Aufbau des Ganzen, als daß es sich hier um eine nachträgliche Komposition von Einzelbeiträgen handeln könnte. Bruchstellen, die bei einem derartigen Verfahren wohl auch mit der rigorosesten Überarbeitung durch einen Einzelnen nicht wirklich zu kaschieren wären, lassen sich nicht ausmachen. Schließlich deuten der stark theologisch geprägte Blick des Autors, besonders in den Bildmeditationen,

---

72 Vgl. den allgemeinen Überblick zur Entstehung der Jesuitenkirchen bei Braun 1908, 1–8. Zu Innsbruck (1571) Braun 1910, 11–14; zu Landsberg (1584) Dietrich 1997; zu Luzern (1588) Braun 1910, 24–26.

73 Braun 1910, 2: „Übrigens waren auch die Jesuitenkirchen, welche bis 1600 entstanden, wenn wir die St.-Michaelskirche zu München ausnehmen, Bauten ohne besondere architektonische Bedeutung, ja selbst ohne einheitlich durchgeführten Stil, nicht viel mehr als schlichte Nutzbauten, die je nach den äußeren Umständen und Beeinflussungen bald mehr bald weniger auf dem Boden der alteinheimischen gotischen Traditionen standen und ebenso hier mehr, dort weniger der in der Profanarchitektur bereits stark zur Geltung gelangten Renaissance ihren Tribut zollten."

74 S. I. Teil, D.III.

75 ENCAENISTICA POEMATIA, *Sodalitas Herbipolensis Annunciata ad Deiparam semper uirginem Mariam pro Iulio* (fol. D3ᵛ–D4ʳ).

wie auch der uneingeschränkte Lobeshymnus auf die Societas Jesu am Schluß des Textes doch wohl eher auf einen Angehörigen des Ordens als einen seiner Schüler hin.

Das anonyme Zurücktreten hinter den eigenen poetischen und z. T. auch den dramatischen Produkten wäre, wenn unsere Hypothese zutrifft, durchaus kein Einzelfall. Parallelen lassen sich in anderen Festschriften ähnlichen Zuschnitts (München 1597, Gügel 1616, aber auch bereits bei Pontanus' Augsburger *Encaenia*!) ebenso beobachten wie in der oben erwähnten Tendenz der Jesuiten, dergleichen Aktivitäten in ihren Tätigkeitsberichten als Akzidentia zu unterschlagen – in der Regel zugunsten der Bereiche Seelsorge und Mission. Darüber hinaus kann eine andere Festschrift des Ordens – freilich nur im Sinne eines Indizienbeweises – zeigen, wie zurückhaltend man auch noch in der Mitte des 17. Jahrhunderts mit der namentlichen Publikation eigener Dichtung verfuhr. Als 1643 das Collège de Clermont in Paris die Errichtung der neuen Franz-Xaver-Basilika feierte, erschien zu diesem Anlaß eine Festschrift in der Art der Augsburger Sammlung des Pontanus, bestehend aus dreizehn Gedichten auf Anlaß, Auftraggeber und verschiedene Bau- und Austattungsteile der Kirche.[76] Während nun der Titel des Druckes ausdrücklich konstatiert, die neue Kirche sei *a Collegii Claromontani* **alumnis** *SJ laudata et descripta*, hat Carlos SOMMERVOGEL durch kundige Auflösung der beigeschriebenen Initialen entdeckt, daß es sich bei den Autoren in Wirklichkeit um die Jesuiten selbst handelte, darunter den bekannten Denis Petau.[77]

Wenn man den Verfasser der *Nouae aedis adumbratio* unter den Professoren der Academia Juliana sucht, so führt dies bisher lediglich zu Vermutungen. Deshalb sollen zunächst zwei bisher unternommene Zuschreibungen kritisch untersucht werden.

Leo BRUHNS hat in seinem Buch zur würzburgischen Bildhauerkunst die Vermutung geäußert, der Autor sei „wohl jener selbe Professor Christophorus Marianus von Augsburg, der auch die Prosalobschrift verfaßt hat"[78] – d. h. die *Encaenia et Tricennalia Juliana*, einen umfangreichen Panegyrikus auf Echters Herrschaft und seine Bauten, der zum dreißigjährigen Regierungsjubiläum des Fürstbischofs im Jahre 1604 erschien.[79] Bei Reinhard HELM ist aus BRUHNS' Vermutung bereits Gewißheit geworden.[80] Diese Zuschreibung muß jedoch mit größter Wahrscheinlichkeit aufgegeben werden: Marianus, mit ursprünglichem Namen Daniel Mattsberger,[81] war erst seit 1599 Professor für Moraltheologie in Würzburg. Zu diesem Zeitpunkt hatte er bereits

76 S. u., D. I. 2.
77 Sommervogel II 156, n° 2 (s. v. Philippe Briet): „Les pièces, au nombre de treize, sont toutes signées d'initiales, qui ne sont pas celles des élèves, mais de Jésuites."
78 Bruhns 1923, 505 Anm. 291.
79 Vollst. Titel s. Lit.-Verz. Zu dieser Schrift s. auch Bulst 1982, 57–60.
80 Helm 1976, 9: „die Monographie (!) des Theologen C. Marianus". Helms Standpunkt ist ungeprüft übernommen bei de Ren 1982, passim (vgl. Register s. v. Marianus). De Rens Arbeit folgt auch sonst unkritisch Helms Angaben und fügt ihnen z. T. noch weitere Fehler hinzu (s. u. zum Grabmal Julius Echters). – Abgelehnt wurde die Zuschreibung der Gedichte an Marianus bereits (ohne Begründung) von W. A. Bulst in seiner Untersuchung zum Westportal der Kirche (1982, 74 f.).
81 Über Marianus und seine Schriften immer noch Ruland 1835, 36–42 (in Anlehnung an Veith I 117–128).

ein bewegtes Leben hinter sich: geboren 1563 in einer protestantischen Familie in Augsburg, trat er (angeblich in Landsberg, nach den Ordensquellen jedoch in Dillingen[82]) früh in den Jesuitenorden ein und erlangte bereits ab 1588 Professuren für Ethik, Griechisch und Moraltheologie in Ingolstadt. Auf dem Höhepunkt seiner Karriere wurde er auf ausdrücklichen Wunsch Wilhelms V. Rektor des Münchner Kollegs und (von September bis 13. November 1595) Präfekt des dortigen Gymnasiums.[83] Bereits 1597 erwirkte er jedoch überraschend die Erlaubnis zum Austritt aus dem Orden – angeblich aufgrund einer moralischen Verfehlung[84] – und wurde Pfarrer in Oberscheinfeld. Aufgrund seines Interesses an der Wissenschaft und seiner Erfolge bei der Rückführung abgefallener Gläubiger zur katholischen Lehre wurde Julius Echter auf ihn aufmerksam und berief ihn 1599 an seine Universität. Im gleichen Jahr wurde er Kanoniker am Neumünster und erhielt dort eine Doktorpfründe.[85] Marianus blieb bis zu seinem Tode am 27. August 1607 als angesehener Lehrer an der Würzburger Universität. Über seine Selbsteinschätzung als Dichter sind wir aus einem Brief des Marianus an Echter unterrichtet, ohne daß sich daraus wirklich Schlüsse ziehen ließen. Worum es sich bei den darin erwähnten „Kirchenbeschreibungen" handelt, ist nicht klar; am wahrscheinlichsten ist es, daß die unter Echter allenthalben angebrachten (deutschen) Bauinschriften gemeint sind:

> … descriptiones aliquas templorum et programma de instituendo Nobilium Collegio, simul mitto. in illis, si aliae requirantur aut mutandae sint; conabor, quod possum. sed non sum felix poeta, imo nullus.[86]

Angesichts dieser Fakten ist es jedenfalls unwahrscheinlich, daß der damals 28jährige Marianus den Löwenanteil an der Festschrift des Würzburger Kollegs bestritten haben soll, zu dem er wohl noch keinerlei Verbindung hatte.[87] Völlig abzulehnen ist eine

---

82 ARSI Germ. sup. 20 fol. 79^r (Personalkatalog München 1597): *anno 1578 Dilingae receptus.*

83 Rektorat: Ruland 1835, 37; Präfektur: Bauer 1878, 29.

84 ARSI Germ. sup. 119 S. 4. Aus Marianus' im folgenden Jahr erschienener Rechtfertigungsschrift, in die er ein hymnisches Lob des Jesuitenordens als der Idealform menschlichen Zusammenlebens eingefügt hat (1598, 51–65), sind über die Ursachen des Vorgangs keine Schlüsse möglich. Marianus betont dazu lediglich (62): *… sciant Ministri hanc separationem nisi legitimam futuram non fuisse, neque ex odio, inimicitiis, simultate aut eiusmodi aliqua caussa, quam isti maxime optarent, natam.* Vgl. u. S. 240 Anm. 17.

85 Wegele 1882, I 281; Wendehorst (Bearb.) 1989, 601–603. Braun 1889, 324 Anm. 1 und noch Hengst 1981, 138 Anm. 188 geben irrtümlich 1597 als Jahr der Berufung nach Würzburg an.

86 Marianus an Bischof Julius, 22. September 1606. Text: Freytag 1831, 174.

87 Die seit Bruhns etablierte Verbindung der *Encaenistica poematia* mit Marianus hat außerdem zur Folge gehabt, daß die Gedichte von 1591 und die Festrede *Encaenia* von 1603 immer wieder verwechselt worden sind. Aber auch Joseph Nirschl sprach schon von einem „Dichter der *Encaenia*" (1891, 16 Anm. 25) und meinte damit die Festschrift von 1591, zitierte aber zugleich aus der Festrede mit der Bemerkung, diese sei „zu den Einweihungsfeierlichkeiten der Kirche" gehalten (S. 18). Dabei handelte es sich jedoch um die Marienkirche auf der Festung, die nach dem großen Brand von 1600 restauriert worden war (v. Freeden 1951, 25–31; richtige Zuordnung zur Festungskirche bei Hipp 1979, 424 f.). Die Bezeichnung *aureum templum* dagegen, die

andere, von G. H. Lockner aufgebrachte Hypothese, nach der Adam Kahl (1539–1594), Sekretär Friedrichs von Wirsberg und seit 1582 Bauleiter Julius Echters, der Verfasser sein sollte.[88] Für diese Vermutung gibt es keinerlei Anhaltspunkte.

Mindestens ebenso schwierig ist es jedoch, einen der Jesuiten als Verfasser zu bestimmen. Von den in Würzburg um 1591 tätigen Patres, deren Namen uns in Personalkatalogen recht gut überliefert sind,[89] läßt sich keiner mit der nötigen Sicherheit als Autor benennen. So bleiben auch hier nur Vermutungen: Petrus Thyraeus (1546–1601), der seit 1590 in Würzburg lehrte, kommt aufgrund einer von ihm geschriebenen Widmung auf dem Würzburger Exemplar der *Poematia* in die engere Auswahl,[90] ist aber sonst nur als Verfasser dämonologischer Schriften bekannt. Eher wird man vielleicht an einen der drei Geistlichen denken, die während der Feiern 1591 ohnehin im Rampenlicht standen: die Jesuiten Nicolaus Serarius (1555–1609)[91] und Balthasar Hager (geb. 1572) und der spätere Weihbischof Eucharius Sang († 1620).[92] Sang und Serarius waren die beiden am 9. September promovierten Doctores, während Hager nach einer Notiz Rulands die öffentliche Thesenverteidigung vom 11. September bestritt.[93] Serarius war schon unter seinen Zeitgenossen als Festredner sowie aufgrund seiner großen Gelehrsamkeit besonders angesehen und steht – neben einer schon 1584 gehaltenen Disputation über die zwölf Apostel[94] – vor allem mit seiner 1598 in Mainz erschienenen Abhandlung über St. Kilian dem Gedicht sehr nah, stützt sich doch auch diese ausgiebig auf die *Passio minor*, die Serarius neu herausgab, und kündigt dessen Verfasser überdies ein (allerdings poetisches) Werk über den Würzburger Heiligen ausdrücklich an.[95] Eucharius Sang trat als Hofprediger Echters regelmäßig zu festlichen Anlässen in Erscheinung und könnte damit auch hier in Frage kommen. Dagegen spricht allerdings, daß er kein Jesuit war. Ein weiterer Kandidat könnte Heinrich Putz (1568–1596) sein, der Bruder des Mathias Putz (1569–1595), der zwei Jahre später im Mainzer Kolleg die Ekphrasis des neuen Hochaltars in ganz ähnlicher Weise dichtete. Leider ist über die beiden jung Verstorbenen nur wenig bekannt; immerhin weiß man jedoch, daß Mathias auf dem Gebiet der Meditationsliteratur literarische Erfahrungen gesammelt hatte: er übersetzte die umfangreichen, 1585 auf Italienisch erschienenen

---

R. Helm seiner Monographie programmatisch voranstellte, stammt zwar tatsächlich von Marianus und gilt der Neubaukirche, ist aber nicht dem „Festgedicht" (Helm 1976, 8), sondern dem 139. Kapitel der Festrede entnommen. Einen weiteren Irrtum stellt schließlich die Zuschreibung der *Poematia* an Ignatius Gropp dar (Engelhorn, S. 6 n° 64).

88 Sedlmaier 1926 (Hinweis bei de Ren 1982, 82 Anm. 115)

89 Freudenberger 1981, 208–216.

90 *D. Wolfgango Jeger tandem Petrus Thy. ami: d. d.* – Zu Thyraeus s. Ruland 1835, 25–30; Duhr 1907, 662 f.

91 Wegele 1882, I 277; Duhr 1907, 664 f.

92 Ruland 1835, 21–24.

93 Ruland 1835, 57 Anm. 47: *Jam 1591 post solemnem templi Academici consecrationem defendebat una cum Petro Hepen Novesiensi, praeside Petro Roestio prof., theses ethicas ad augendam diei solemnitatem.*

94 Serarius 1584.

95 S. u. S. 220 f.

Meditationen des P. Vincenzo Bruno ins Lateinische; nach seinem Tode wurden sie von Heinrich zum Druck gebracht.[96] Sicherheit ist auch hier nicht zu gewinnen, so daß die *Encaenistica poematia* bis auf weiteres anepigraph bleiben müssen.

c. Zur Frage einer Rezitation der *Encaenistica poematia* im Rahmen der Festlichkeiten

Daniel Amling eröffnet in seiner *Pompae ... adumbratio* die Schilderung des 8. September 1591 mit einem kurzen Blick auf das Westportal der neuen Kirche. Die Verse lehnen sich sehr eng an Formulierungen der entsprechenden Partie in der *Nouae aedis adumbratio* an und weisen mit einiger Sicherheit darauf hin, daß Amling beim Verfassen seines Gedichtes (im Winter 1591/92) die *Encaenistica poematia* bereits benutzen konnte:

225   Porta dat ingressus primos, ubi limina surgunt
      Saxea bis senis gradibus. fundamina turris
      Aereae, radiis Phoebi quae aduersa cadentis,
      Artificis bene sculpta manu, sanctisque figuris
      Gentis Apostolicae depicta abeuntis in orbem.[97]

Ohne weiter auf das Bauwerk einzugehen, gibt er nun eine Umschreibung des Weiheritus in Form eines Fragenkatalogs, der auch von einem nicht damit Vertrauten oder Zweifler stammen könnte,[98] kommt dann noch einmal auf die Kirche und das Universitätsgebäude zu sprechen und wendet sich schließlich an die Schüler des Kilianeums:

230   Hic quid clausa uelit primo, quid aperta deinceps
      Ianua pulsa manu mitramque pedumque gerentis?
      Sparsio quid laticum? quid inuncti Chrismatis usus
      Sublimesue cruces? quid cerea lumina in altis
      Thureque odorifero signent fumantibus aris?
235   Quo templiue sient laquearia structa nitore

---

96 *Meditationes de praecipuis mysteriis vitae et passionis D. N. Jesu Christi*, 3 Bde. Köln 1598 (Sommervogel VI 1314 f.). Zu Heinrich Putz' Lehrtätigkeit im Würzburger Kolleg (nicht bei Ribadeneira 330) s. den Personalkatalog von 1592 (Stadtarchiv Mainz 15/110 dd 2, Kopie in ARSI Rh. inf. 37 fol. 22e–f, Abdruck bei Freudenberger 1981, 211); zum Mainzer Gedicht des Matthias Putz s. u., B.II.

97 Vgl. *Nouae aedis adumbratio*, V. 104–107. 111 f.: *Ingressum dat porta triplex, sed prima, cadentis | Quae radios aduersa capit pulcerrima solis, | Artifici reliquas supereminet ipsa labore. | Saxea nam gradibus consurgunt limina senis | (...) | Harum* (sc. *columnarum*) *utrumque caput sacris animata figuris | Signa premunt patronorum referentia uultus.* Die Übereinstimmungen bleiben auch dann auffällig, wenn man die Bezugnahmen beider Gedichte auf antike Vorbildstellen beachtet (Verg. Aen. 1,448 *aerea cui gradibus surgebant limina*; 5,120 *terno consurgunt limine remi*; Stat. Theb. 3,224 *terrificis monstrorum animata figuris*; vgl. 6,269). Zur korrekten Deutung der Stellen s. u. S. 202–205.

98 Vgl. TROPHAEA BAVARICA, fol. G2ᵛ–G4ʳ: *Templi consecrandi ritus et inauguratio. Theomachus, Eusebius.*

Et quadrata sacris adiuncta palatia Musis,
Sit Kilianiadum, tibi, dicere, turba, relictum:
Muneris hoc uestri est, nostris sed uiribus impar.

Aus dem Überblick über die in den *Encaenistica poematia* enthaltenen *carmina minora*, den wir unten anschließen, wird deutlich werden, daß sich Amling mit den Versen 230–234 auf die Ausdeutung der Weihe und des begleitenden Prunks in diesen Gedichten bezieht. Die folgenden Verse (235 f.) resümieren dagegen die *Nouae aedis adumbratio*, die die Pracht der Kirche lobt und auch das Universitätsgebäude beschreibt. Wenn nun Amling die Aufgabe, diese Dinge zu beschreiben, ausdrücklich an die *Kilianiadum turba* abtritt, so handelt es sich dabei lediglich um einen Hinweis an den Leser auf das, was in dem anderen Beitrag zur Feier bereits – durch die Kollegschüler als die dazu Berufenen – dargestellt worden ist und deshalb in der *Pompae in dedicatione adumbratio* nicht noch einmal erläutert werden muß.[99] Daß Amling im Vers 237 auf eine echte Rezitation der *Encaenistica poematia* hindeuten wollte, ist dagegen nicht anzunehmen: zum einen wäre eine solche nur vor dem versammelten fürstlichen Publikum denkbar und sinnvoll gewesen – dieses aber war zur Konsekration noch gar nicht anwesend, wie weiter aus Amling (V. 239 f.) hervorgeht: *His ita praemissis, duodenis uoce dicantur | Templa uiris*. Erst *nach* dem (frühmorgendlichen) Weiheritus traf der Festzug, von der Burg kommend, an der Kirche ein, um die erste Messe zu feiern.[100] Ebenso unwahrscheinlich ist es, daß bei den Rezitationen der folgenden Tage nochmals die Kirche thematisiert wurde; vielmehr ist davon auszugehen, daß gemäß den Anweisungen der *Ratio studiorum* insgesamt eine große Vielfalt von poetischen Erzeugnissen im Kolleg entstand. Auch mit *affixiones* (vielleicht sogar der *Encaenistica poematia*) ist sicher zu rechnen, doch sind wir darüber aus den Quellen nicht unterrichtet.

4. Ekphrasis und Kunstforschung
Notwendige Vorbemerkungen zu einer Kommentierung der Descriptio-templi-Gedichte (Exkurs)

Bevor wir die Würzburger Kirchenbeschreibung im einzelnen untersuchen, bedarf es noch einer grundsätzlichen Vorbemerkung, die für die anderen Festgedichte sinngemäß ebenso gilt. Sie betrifft die Frage nach dem kunsthistorischen Quellenwert die-

---

99 Die Bezeichnung *Kilianiadum turba* darf hier nicht zu eng interpretiert werden. Sie bezieht sich bei Amling wie bei anderen seiner Zeitgenossen (dazu Braun 1889, 296 Anm. 1) ohne genauere Differenzierung allgemein auf die Universität (vgl. V. 368 = fol. B4ᵛ Z. 24 *Kilianea … in aula*), nicht allein auf das *Seminarium Kilianeum*. Auch für die Diskussion um die Autorschaft der *Poematia* gibt Amlings Bemerkung m. E. nichts her: *K. t.* ist hier lediglich Umschreibung für *studiosa iuuentus* und damit dem Titelblatt des Druckes entnommen; über die einzelnen Verfasser war Amling als Nichtmitglied des Kollegs ebensowenig unterrichtet wie wir heute.

100 S. die o. S. 181 f. zitierten V. 244–257 Amlings. – Ebenso *Acta Uniuersitatis* (zit. nach Wegele 1882, I 257 f. Anm. 4): *Ante uero quam ad altare ipse Reuerendissimus accederet, totam dedicationis | ceremoniam horis matutinis obierat Reuerendissimus dominus Johannes Ertling suffraganius Bambergensis.*

ser Texte und ihre Auswertung durch die Kunstforschung. Die Schwierigkeiten, die hier entstehen, lassen sich an zwei Beispielen illustrieren: zum einen an dem umfangreichen Unternehmen Hermann Hipps, aus dem zeitgenössischen Schrifttum Aufschlüsse darüber zu gewinnen, weshalb eine Epoche – in diesem Fall die Zeit der deutschen „Nachgotik" – ihre Kirchenbauten so und nicht anders errichtet,[101] zum anderen an dem mißlungenen Versuch Reinhard Helms, die Festdichtungen als wertneutrale Sammlung kunstgeschichtlicher Fachinformationen zu lesen.[102]

Hipps Studien zur Nachgotik befragen das Gelegenheitsschrifttum ausgiebig nach den Gründen für die Beliebtheit gotischer Formen in der Renaissance, wie wir sie z.B. in der Würzburger Neubaukirche oder in Molsheim finden. Vor allem jedoch hat er die Aussagen der verschiedenen Konfessionen zum Kirchengebäude als solchem und zu seiner Idealform gründlich geprüft.[103] Dabei ergibt sich, daß in beiden großen Konfessionen an fundamentalen Anforderungen an ein Gotteshaus (von Profanbauten abstechende Form, rechteckiger Grundriß, Ostung und – bei den Katholiken – reicher Schmuck) festgehalten wird,[104] ansonsten aber nur sehr wenige detaillierte Äußerungen zu künstlerischen Vorgaben oder stilistischen Präferenzen nachweisbar sind. Völlig zu Recht konstatiert Hipp daher für die kirchliche Architektur und die Äußerungen über sie eine sehr starke Verwurzelung in Traditionsvorstellungen.[105] Theoretische Erörterungen über Baustile und verwandte Themen werden daher nicht etwa abgelehnt, sondern man bedarf ihrer nicht, zumal nicht auf katholischer Seite: war man doch in der konfessionellen Auseinandersetzung aus strikter Opposition gegen das *sola scriptura* der Lutheraner auf allen Gebieten kirchlichen Lebens darum bemüht, den Eigenwert der ungebrochenen Kontinuität seit der Spätantike unter Beweis zu stellen. Auch das Bestreben des Tridentinums lag ja nicht in Neuerungen, sondern in einer besseren und von Fehlentwicklungen befreiten *Erneuerung des Bewährten*. Es wäre demnach geradezu erklärungsbedürftig, wenn im katholischen Bereich völlig neue Kirchenbaukonzepte aufgestellt worden wären, da dies ja ein Indiz gegen den Wert des Traditionskontinuums dargestellt hätte.[106] Es bestand also aus katholisch-kirchlicher

---

101 Hipp 1979.

102 Helm 1976.

103 Hipp 1979, 407–593.

104 Ebda. 427 f. (Katholiken), 433–439 (Lutheraner), 509–515 (Vergleich).

105 Ebda. 519.

106 Aus eben diesen Gründen bleibt wohl auch die immer wieder versuchte Bestimmung eines „Jesuitenstils" ein letztlich unlösbares Problem: selbst wenn man die durchaus vorhandenen Diskussionen innerhalb des Ordens über einen *modo nostro* einbezieht, geht es dabei nicht in erster Linie um die Herausbildung eines einheitlichen Baustils (dies trifft allenfalls *innerhalb* einzelner Regionen, wie etwa Italien oder Spanien, zu, doch sind die dortigen Jesuitenbauten ebenso wie ihre mehrheitlich „nachgotischen" Pendants nördlich der Alpen wohl weniger vorsätzlich stilbildend als vielmehr zeittypisch – und allenfalls ihrer großen Zahl zufolge bildbestimmend; daß dem Orden mit Il Gesù ein *faktisch* stilbildendes Monument gelang, ist dadurch nicht berührt), sondern um die optische Umsetzung geistiger bzw. geistlicher Grundprinzipien wie z.B. Demut oder Bescheidenheit. Allgemeingültige Vorschriften zur Gestaltung von Jesuitenkirchen hat das Generalat des Or-

Sicht gar nicht die Notwendigkeit, sich zur Beschaffenheit oder künstlerischen Gestalt der eigenen Kirchen zu äußern. Dies zeigt nicht zuletzt HIPPS eigene Beobachtung, daß die von ihm untersuchten grundsätzlichen Überlegungen des Molsheimer Panegyrikers von 1618 über Würde und Schmuck kirchlicher Bauten ein Unikum darstellen.[107] Es kann nicht genug betont werden, daß selbst dieser Traktat vor allem deshalb geschrieben wurde, weil die Polemik der Straßburger Lutheraner gegen das nahe Molsheim übermächtig zu werden drohte, kaum dagegen aus eigenem Antrieb.

Problematischer als die fehlenden Aussagen zum Wesen der Kirchenbauten ist für die kunstgeschichtliche Forschung zweifellos das oft konstatierte fehlende Bewußtsein der erhaltenen Schriftquellen für bauliche Details. Allerdings kollidieren an diesem Punkt diametral voneinander verschiedene Interessen der zeitgenössischen Autoren und der modernen, gerade im Bereich der um 1600 errichteten Kirchen oftmals auf Rekonstruktion angewiesenen Forschung. Hermann HIPPS Bestreben, auch poetische Texte in die Untersuchung einzubeziehen, ist in diesem Zusammenhang ausdrücklich zu loben, wenngleich er mit der Feststellung, im deutschen Bereich seien allein in Molsheim schriftliche Quellen mit Erfolg nutzbar,[108] das Gewicht zu sehr auf den schon erwähnten apologetischen Traktat legt und außerdem die 1618 publizierte Prosabeschreibung der Kirche zwar als detailliert lobt,[109] in der Enttäuschung über das fehlende Bewußtsein ihres Autors für die gotischen Stilelemente der Kirche aber die eigentliche Intention der Beschreibung doch etwas verkennt. Dabei ist zuzugeben, daß gerade bei den Molsheimer Texten das persönliche Interesse ihres Autors J. Coccius an architektonischer Fachterminologie höher ist als bei anderen Beschreibungen, doch will eben auch Coccius – genau wie die Dichter aus Würzburg, München und Bamberg – im Grunde sein *templum* nicht als Baudenkmal, sondern als Gotteshaus preisen, und ein Titelwort wie *adumbratio* darf im Würzburger Beispiel nicht als „präzise Ab-Zeichnung" mißverstanden werden, sondern bedeutet eine – durchaus subjektive – „Skizze", die manches hervorhebt und manches ausläßt.

In einem weitaus ungünstigeren Maß als neutrale Quelle regelrecht mißverstanden hat Reinhard HELM die Würzburger *Nouae aedis adumbratio* in seiner Monographie zur

---

dens nie erlassen, und die oftmals zu beobachtende Abänderung oder Ablehnung vorgelegter Baupläne durch die römische Zentrale kann nicht durchgehend auf die Anwendung eines unveränderlichen Kanons bautheoretischer Grundsätze – der allein den Begriff des „Jesuitenstils" wirklich rechtfertigen würde – zurückgeführt werden. Daß sich aus bestimmten Vorstellungen von der erwünschten Wirkung von Architektur gleichwohl „typische" Züge ergeben konnten, zeigt neben einer Überschau über die eben erwähnten Fragestellungen die vorsichtig abwägende Studie von Johannes Terhalle (1997), bes. 88 (keine ordenseigene Theorie) und 101 f. (Stellungnahmen Aquavivas gegen Einheitsstil; Vorschläge des Vf. zur Bestimmung des *modo nostro*). Vgl. auch schon de Dainville 1955, der strikt zwischen einem „‹style jésuite› inexistant" und einer von rein funktionalen Überlegungen geleiteten Bauweise *modo proprio* unterscheidet, und Sutthoff 1990, 38–40. Wichtiger neuer Forschungsbericht zum Thema: Bailey 1999.

107 Hipp 1979, 425–427 und 1002 Anm. 779.
108 Ebda. 859. Die Würzburger Gedichte ernten (S. 424) eine ähnliche Kritik an fehlenden Grundaussagen.
109 Ebda. 861.

Neubaukirche. Die poetische Beschreibung dient hier als Steinbruch, aus dem alles, was für die minutiöse Rekonstruktion des Bauwerks im Urzustand nicht tauglich erscheint, als sogenannter „unbrauchbarer Fülltext"[110] ausgeschlossen wird. Das Ergebnis ist eine bereits optisch schmerzhafte Fragmentsammlung aus teilweise einzelnen Wörtern,[111] Resten einer ursprünglich von Carl-Joachim CLASSEN und Gerhard HENN angefertigten, außer in einzelnen Details zuverlässigen Übersetzung (von HELM mit dem bemerkenswerten Begriff „Klartext" bedacht[112]), die zudem in der Bearbeitung durch HELM einige Male reine Willkür erfahren hat, wo sie nicht mit der erarbeiteten Rekonstruktion im Einklang schien.[113] Von den Intentionen des Gedichtes bleibt unter solchen Prämissen nichts mehr übrig.

5. Kommentar zur Würzburger Kirchenbeschreibung

Aufbau, Sprecherfigur und Zeitpunkt der Kirchenführung

Am Beginn der *Adumbratio* sehen wir den Sprecher – ganz ähnlich wie Daniel Amling in seinem Gedicht – unter den Zuschauern in Würzburgs Straßen, die den Weg der Fürsten zur Kirche säumen und ihnen zujubeln:

> Adspice, tempus adest, et summas Iulius arces,
> 15   Iulius – o qualis quantusque! – relinquit et alti
>   Sanguinis heroum graditur stipante corona
>   Structa Deo sacrare Deo noua templa paratus.
>   Ipsa mihi grato sancte concussa tumultu
>   Mens ouat atque nouos cum principe tollere plausus
> 20   Molitur …[114]

---

110 Helm 1976, 9.

111 Helm 1976, 156–162. Den Höhepunkt dieser Zerstörung eines literarischen Textes dürfte ein Passus wie „Arbeit in unendlicher Vielfalt" darstellen: mit diesen Worten skizziert nach Helm (S. 158) der Dichter den Marienaltar.

112 Helm 1976, 156 Anm. 1.

113 Diese Übersetzung, die nur die Verse 91–586 der *Adumbratio* umfaßt, liegt nur in einem Exemplar vor (Bibliothek des Instituts für Kunstgeschichte der Universität Würzburg, T 1073–39/4, ohne Verfasser- und Datumsangabe). Ich danke Dr. G. Henn (Höchberg) herzlich für die Überlassung einer Kopie und weiterer Materialien. – Zu einzelnen Punkten s. die folgende Skizze zum Gedichtaufbau.

114 Vorbild für die Szene ist der – passenderweise auch vor einem Tempel stattfindende – Auftritt Didos und ihres Gefolges, Verg. Aen. 1,496 f. *Regina ad templum, forma pulcherrima Dido, | Incessit magna iuuenum stipante caterua.* Weitere Parallelen: Lucr. 3,834 *omnia cum belli trepido concussa tumultu*; Sil. 3,239 *gratoque tumultu*; Stat. Theb. 8,295 f. *hilari per castra tumultu | Vadit ouans.* Der ungewöhnliche Reichtum des Würzburger Gedichtes an antiken und neulateinischen Anklängen und Zitaten kann in den Anmerkungen zu diesem Kapitel nur in Auswahl angedeutet werden.

Die Exposition mit ihrer Entscheidung, aus der Fülle der Ereignisse und Bilder nur die neue Kirche herauszugreifen (V. 25 f. *satis una superque* | *Templa mihi*), bestimmt das weitere Vorgehen. Die vorgeschaltete Beschreibung des Universitätsgebäudes (V. 30– 99) bereitet dabei auf das Gotteshaus als künstlerischen Höhepunkt und zugleich ideell wichtigsten Bestandteil des Baukomplexes vor, in dessen Einweihung auch die Echter-sche Hochschulgründung ihren Abschluß findet.

Mit dem Eintritt in die Kirche (V. 130–132) übernimmt der Sprecher eine neue Rolle: die eines Fremdenführers. Er bittet den Leser, ihm zu folgen:

> At prima segnes quid adhuc in fronte moramur?
> Intus maior honos, facies pulcerrima rerum.
> **Monstrantem sequere**, et uisu tibi cuncta patescent

– und lenkt dessen Blick mit deiktischen Anweisungen.[115] Allerdings „vergißt" der Erklärer relativ bald, diese zu geben (zuletzt V. 165 *uiden' ut …*): als er auf seinem Gang bis zur Kanzel gelangt ist (V. 173), betrachtet er selbst die darauf angebrachten Reliefbilder und – legt diese aus. Hier gewinnt erstmals eine theologische Sichtweise die Oberhand über die reine Kunstbeschreibung.

Mit dem Beginn des Abschnittes über das Juliusgrab (V. 236) ist eine neue Veränderung festzustellen. Dabei gerät der Sprecher immer mehr in die Rolle dessen, der selbst von den entdeckten Kunstwerken überrascht ist – wie der Villenbesucher in Statius' *Silvae* (besonders deutlich in 1,3,53: *calcabam necopinus opes*), auf deren Formulierungen der Dichter denn auch zurückgreift:

> 236   Vnde autem signis uariatus et asper eburno
>   Marmore sub media tumulus testudine surgit?[116]

Darüberhinaus legt er sich in der zusätzlich eingeführten Figur eines *Viator* (V. 257) eine Art Maske zu, unter der letztlich er selbst ein Enkomion auf den Fürstbischof singt.[117]

Die Betrachtung der Seitenaltäre (V. 318–390) verdichtet die Atmosphäre des Gedichtes weiter: es handelt sich nun nur noch um eine Zwiesprache des Kirchenführers mit den Bildern. Hier nimmt die *Adumbratio* einen zunehmend exklusiven Zug an: die Bildmeditation ist nicht für jedermann geeignet. So jedenfalls ließe es sich verstehen, wenn beim Eintritt in den Altarbereich mit Emphase alle *profani* fortgewiesen werden (V. 395). Zwar ist der Sprecher, Kirchenführer und -deuter selbst Geistlicher, und auch daraus ist die Betonung der Exklusivität des Altarraums zu begreifen, doch zugleich ist

---

115 V. 132. 133 f. 142. 157. 165 und 171 *(Pergimus)*.

116 Stat. silv. 3,1,37 f. *hic tibi Sidonio celsum puluinar acantho* | *texitur et signis crescit torus asper eburnis.*

117 Vgl. den Nachsatz V. 270 f. *Haec olim, o utinam post saecula mille canantur,* | *Hoc ego, et hoc mecum tua Franconis ora precatur.*

seine zunehmende Entrückung aus der Sphäre der Kunst in die Sphäre der Bilderinhalte – und der Betrachtungen über diese – deutlich genug zu erkennen.

Den Höhepunkt der Beschreibung bildet der Hochaltar. Seine Bedeutung für den Sprecher (und seinen Autor) wird klar aus der Betrachtung der Passionsbilder, die – ganz im Sinne des Ignatius – zur Erkenntnis der eigenen Schuldhaftigkeit führen (V. 488–493).[118] Entsprechend knapp fällt nach diesem zentralen Abschnitt die noch ausgesparte Schilderung von Emporen und Gewölbe aus (V. 541–575).

Die Wandlungen der Sprecher- und Betrachterfigur in der *Adumbratio* sind weniger in einer Unsicherheit des Autors in der Formung seines Textes begründet, für den es keine unmittelbaren Vorläufer gab, sondern eher in der Absicht, den verschiedenen darin verknüpften Aspekten mit einer jeweiligen Anpassung jener Figur in bestmöglicher Weise gerecht zu werden. Etwas problematisch ist dagegen die zeitliche Ansiedlung der Ekphrasis im Rahmen der Festlichkeiten. Der Würzburger Sprecher unternimmt eine „Vorbesichtigung" der Kirche, doch ist diese nur mit einiger Phantasie zwischen dem Herankommen des fürstlichen Festzuges (V. 14–17) und seinem unmittelbar danach zu erwartenden Einzug in die Kirche unterzubringen. Genau diese Situation legt der Autor aber zugrunde, wenn angesichts der Kanzelreliefs (V. 233–235) und nochmals am Altar (V. 425–432) ausdrücklich betont wird, daß bisher noch kein Gottesdienst stattgefunden hat.[119] Man wird also nur soviel sicher sagen können, daß der Rundgang am Festtag, aber vor der Messe stattfindet.

Exposition. Bitte um Beistand (V. 1–29)

Mit einem Makarismos auf die Stadt Würzburg setzt der Sprecher ein: Die von alters her berühmte Stadt steht an der Schwelle zu einer neuen Epoche, in der der Glaube dominiert. Unüberhörbar ist dabei die aus der antiken Panegyrik bekannte Tendenz, das Alte als überlebt und minder wichtig als das Neue und Kommende abzutun:[120]

1   Visa diu foelix, iam foelicissima tandem
      Nomen habe, Eoae mediis sita Francidos oris
      Vrbs: non Herbipolis, qualem ueneranda uetustas
      Dixit, eris, sed Theiopolis gratissima caelo.

---

118 Vgl. *Exerc.* 53 = p. 192 de Dalmases: *Colloquium fiet imaginando Iesum Christum coram me adesse in cruce fixum. itaque exquiram mecum rationem, qua Creator ipse infinitus fieri creatura, et ab aeterna uita ad temporariam mortem uenire pro peccatis meis dignatus sit. Arguam insuper me ipsum percontans, quid hactenus dignum memoratu egerim pro Christo, quid agam tandem aut agere debeam; et in eum intuens sic cruci affixum, ea proloquar, quae suggeret mens et affectus (…).*

119 V. 233–235 (fol. B^v Z. 13–15): *Tempus erit, cum uiua eadem penetrabit ad aures | Concio, nunc tantum cathedra, ut caelestia paruos | Semina dent fructus, tabula quadruplice fatur* (Gleichnis vom Sämann).

120 Beispiele in Trophaea Bavarica 1997, 162 Anm. 172 (S. Schneider – C. Wiener); besonders deutlich ist Claud. 3 (= in Rufin. 1), 283 f. *taceat superata uetustas.* Vgl. Curtius 1984, 171–174 („Überbietung").

Der Blick weitet sich wie in einer zeitgenössischen Stadtvedute, die Fluß und Himmel, aber auch mythische und allegorische Gestalten einbezieht. So wird der *Maenus pater* aufgefordert, sein Haupt aus den Fluten zu heben und vor dem neuen Heiligtum zu neigen, und ihm zugleich ein himmlisches Schauspiel versprochen:

11 En iam – quanta fuit uel quanta nepotibus olim
    Accessura – uenit Pietas, tibi surget in urbe,
    Diuinamque auram caelo adspirare uidebis.

Diese Betrachtungen werden jedoch sogleich durch das Eintreffen des Festzuges von der Burg unterbrochen, anläßlich dessen der Sprecher in seiner Rolle als Festbesucher kenntlich wird. Mit der Bitte um gnädige Aufnahme des Gedichtes wendet er sich – nun aus der Rolle des Dichters selbst – an den Fürsten:

27   Tu Iuli haec ad caepta ueni, tu nostra serenus
      Orsa iuues; Kilianiadum, quae scribere gestit
A2ᵛ   Mens,[121] delubra locas, tua carmine templa canentur.

Beschreibung des Universitätsgebäudes (V. 30–99)

Eine kunstvolle Verschmelzung prominenter Zitate aus dem Repertoire antiker Epiker steht am Beginn der Beschreibung. Der mit Vergil und Ovid vertraute Leser erkennt Reminiszenzen an die *Regia* des Picus, aber auch an das Weltgebäude der Metamorphosen, und wird mit den Wendungen *regalia palatia* und *cunctis studiis* überdies auf den baulichen und bildungspolitischen (Vor-)Rang – als *Studium Generale* – der neuen Hochschule hingewiesen.

30   Vrbe fere summa statuit regalia primus
      Ille pater patriae studiis pallatia cunctis.
      Stat moles operosa, ingens et limite secto
      Quattuor ipsa pares circum quadratur in oras.[122]

Diese Verknüpfung von Zitaten und Anklängen aus mehreren klassischen Texten oder Autoren zu neuen Versen ist bei der Würzburger Ekphrasis besonders stark ausgeprägt; auffällig ist zudem – wie an dieser Stelle – das Bemühen, thematisch gleichartige Szenen im Vorbild heranzuziehen.

---

121 Val. Fl. 1,20 *nunc nostra serenus* | *Orsa iuues, haec ut Latias uox impleat urbes*; Sil. 15,347 *gestit mens*.
122 Verg. Aen. 7,170 f. *Tectum augustum, ingens, centum sublime columnis* | *Vrbe fuit summa* …; Ov. met. 1,258 *mundi moles operosa*; außerdem Verg. georg. 2,277 *arboribus positis secto uia limite quadret*.

Die anschließenden Verse behandeln zunächst den Ostflügel des Gebäudes mit den Wohnräumen der Schüler und dem Seminarium Kilianeum (V. 35–43), dann den Nordflügel als Hörsaalgebäude insbesondere der dem Dichter nahestehenden Theologen (V. 44–55). Die Verse 36–52 bieten zugleich eine Aufzählung der verschiedenen in der Universität betriebenen Wissenschaften, womit ein älteres, aus dem poetischen Städtelob bekanntes Motiv wiederaufgenommen ist.[123] Zum Schluß des Überblickes ist die große Aula im Westflügel behandelt (V. 56–77), die auch während der Festtage 1591 Schauplatz einer Promotionsfeier war.[124] Wenn allerdings der Sprecher bemerkt:

61   Vidimus excelsa sacrorum arcana librorum
       Mente superuectos uictorum fronte coronas
       Accipere et magna doctores uoce creari,

so kann er, der doch aus der Perspektive des 8. September berichtet, nicht die Feier für Sang und Serarius am folgenden Tag meinen, sondern bezeichnet damit lediglich den üblichen Usus.

Es folgt eine kurze, relativ vage erscheinende Beschreibung der Aula, die aber doch als Einstimmung auf die große Gebäude-Ekphrasis im weiteren Verlauf des Gedichts verstanden werden kann. Immerhin erfährt man, daß die Decke, ohne Stützpfeiler ausgeführt, zu schweben schien und daß der Saal kostbar getäfelt war:

70   Ipse locus uaria arte nitet laquearia nusquam
       Fulta, trabes nullae, tantum tabulata uidentur,
       Et pendere putes nullis innixa columnis.[125]
       Vermiculata[126] manu, titulis decreta ferendis
       Luxuriat sedes. tali stant ordine postes,
75   Vt possint croceis simulare coloribus aurum.

Anschließend gibt der Sprecher einen ersten Eindruck vom Südflügel, also der Kirche (V. 78–99). Dabei stellt er sich mit der Verwendung eines Zitates ausdrücklich in die Tradition der berühmtesten Ekphrasis der lateinischen Antike: der Schildbeschreibung im 8. Buch der Aeneis.

---

123 Vgl. z. B. das Freiburg-Lob des Engentinus von 1515, hier V. 289–340: Neff (Hg.) 1896, 67–69.

124 S. o. S. 182. – Aus einer im 19. Jahrhundert angefertigten (eigenen?) metrischen Übersetzung der *Adumbratio* hat Braun 1889, 296 f. leider nur die Verse 30–77 über das Kollegiengebäude veröffentlicht.

125 Stat. silv. 1,2,152 *pendent innumeris fastigia nixa columnis* (nach Mart. 2,14,9 *centum pendentia tecta columnis*); die Vorlage wird also ins Gegenteil gewendet. Vgl. auch Lygd. 3,3,13: *Phrygiis innixa columnis*.

126 Der bereits seit Lucilius (V. 85 Marx) geläufige und wohl durch Plinius (nat. 36,185) in der Kunstliteratur etablierte Begriff kann hier nicht, wie sonst üblich, mit Mosaiken in Verbindung gebracht werden, sondern muß allgemeiner für kleine oder fein gegliederte Ornamente (Intarsien?) stehen.

Inde latus, medii qua solem in culmina mundi
Tollit anhela dies,[127] summi penetrale Tonantis
80   Ostentat, **nullis templum enarrabile uerbis**.

Was wie eine Variation des klassischen „Unsagbarkeitstopos" wirken könnte,[128] erhält durch das Vorbild *clipei non enarrabile textum* (Aen. 8,625) ein ganz anderes Gewicht. Die Wendung legt für den gebildeten Leser die epische Gattung der folgenden Dichtung eindeutig fest, zeigt aber vor allem das Selbstbewußtsein des Autors – denn mag eine Anlehnung an Vergil, den *poetarum Plato* (Jakob Pontanus), für einen Dichter um 1600 auch selbstverständlich sein, so bedeutet doch der Anspruch, in die Nachfolge der Schildbeschreibung zu treten, etwas Besonderes.

Die folgenden Verse 81 f. zeigen deutlich, daß der Dichter die Worte *nullis … enarrabile uerbis* in erster Linie auf den überwältigenden Reichtum der baulichen und künstlerischen Gestaltung der Kirche bezieht:

Vinci artem pretio, pretium superare laborem
Dixeris, usque adeo nil non mirabile in illo est.

Doch darüber hinaus geht aus der Formulierung in V. 80 auch ein weiterer Grundgedanke der *Adumbratio* hervor, der mit ihrem Bezug auf einen Sakralbau zusammenhängt: das *templum* als heilige Stätte kann niemals mit Worten allein ganz erfaßt werden, sondern dem Bau und dem Text über diesen kommt stets der Charakter eines Verweises auf Höheres zu.[129] Nur unter dieser Prämisse läßt sich verstehen, weshalb dem Lob der Architektur so große Bedeutung beigemessen wird: einerseits dient sie als materielle Verherrlichung des Sakralen, andererseits steht jede Kirche in einer Traditionslinie des als Urbild interpretierten *templum Salomonis*.[130] Der Würzburger Dichter läßt diese Assoziation zwar weniger mit Blick auf das Gebäude als auf den biblischen Bericht von der Tempelweihe (V. 412–415 zu II Par 5–7) anklingen, doch ist die Bezugnahme auch damit gesichert.

In seinem ersten allgemeinen Eindruck vom Kirchengebäude gibt der Dichter keine baulichen Einzelheiten wieder, sondern die Gesamtwirkung, die sich bei der ersten Konfrontation im Betrachter einstellt. Er greift an dieser Stelle zum ersten Mal aus-

---

127 Stat. Theb. 4,680 f. *Tempus erat, medii cum solem in culmina mundi | Tollit anhela dies*.
128 Zu diesem panegyrischen Topos vgl. grundlegend Curtius 1984, 168–171.
129 In ähnlicher Weise relativiert der Dichter der Kirchenbeschreibung von St. Michael in München (TROPHAEA BAVARICA, fol. F3ʳ [*Ad Famam, templi descriptio*]) die Aussagekraft seiner Worte: *Accipe quae referant testes miracula chartas, | In quibus est operis facies et corporis umbra, | Vmbra leuis: nec enim tantae succedere moli | Aonidum tenerae uires sine uiribus audent*. S. dazu Trophaea ed. Hess 1997, 203 Anm. 7 (J. Robert).
130 Tessari 1992; v. Naredi-Rainer 1994. – Zu einer dritten Bezugslinie (auf das Himmlische Jerusalem) vgl. u., II (München).

führlich auf die Villenbeschreibungen in den *Silvae* des Statius zurück, die die gleiche Situation kennen. Zugleich wird aus der Art der Adaptation deutlich, daß der Umgang mit dem antiken Vorbild souverän ist: indem der Würzburger Dichter zwar die syntaktische und lautliche Struktur des Vorbildes an vielen Stellen übernimmt, die architektonischen Begriffe jedoch in konkreter Bezugnahme auf das individuelle Gebäude Neubaukirche abwandelt, entgeht er der Gefahr, das Versatzstück lediglich als ein sprachliches Glanzlicht in seinen Text zu montieren.

Adumbratio, V. 83–90   Stat. silv. 1,3,34–37 *(Villa Tiburtina Manili Vopisci)*

Singula quam nitide uellem depingere! uerum
Quid primum, quid deinde sequar? quo fine quiescam?   Quid primum mediumue canam? quo fine quiescam?
Quid sileam? urgentem numeros labor urget iniquus,
Mergit onus. quid enim, aeriae fastigia turris
Primum, an inaurato pendentia fornice tecta,   Auratasne trabes an Mauros undique postes
Anne ter impositos lunatis flexibus arcus[131]   An picturata lucentia marmora uena
Mirer? an euectos aeterno robore postes   Mirer an emissas per cuncta cubilia nymphas?
Atque alta solidas excisa rupe columnas?[132]

Mit der Orientierung an Statius als Vorlage für die Gebäudebeschreibung ist eine Entscheidung getroffen, die nicht nur für die inhaltliche Ausgestaltung der *Adumbratio*, sondern auch für ihren Stil bestimmend wird: dieser hat einen pretiösen Zug und teilt die aus den *Silvae* bekannte Vorliebe für kostbare Materialien, Glanz- und Lichteffekte.[133] Nicht aus Statius übernommen ist dagegen die relativ geringe Präzision der Beschreibung, die in seinen Villengedichten auffällt und wohl mit dem Bestreben zu erklären ist, vor allem Fülle und Reichtum der Ausstattung zu verherrlichen, nicht aber ihre genaue Disposition darzustellen.[134]

---

131 Gemeint ist die spektakuläre dreifache Arkatur der Kirche, die dem Eintretenden als erstes ins Auge fällt (vgl. **Abb. 2**). Dies belegt auch V. 145 … *octonos curuatis flexibus arcus | Hinc atque inde parant* (sc. *columnae*), der mit fast identischen Worten die Arkaden schildert. Vers 88 auf Einzelheiten der Gewölbetechnik zu beziehen, wie es Helm (1976, 36 und 156) vorschlägt (mit *ter* = „mehrfach" und *arcus* = „Gewölberippe"), ignoriert den Charakter der Verse 83–90 als Aufzählung der besonders hervorragenden und sofort augenfälligen Elemente des Bauwerks: Turm, Golddekoration, Arkatur, Pfeiler und Säulen; nur V. 558–561 (s. d.) sind auf die Gewölbeform zu beziehen.

132 Vorbild ist wiederum Vergils Karthago, Aen. 1,428 f.: *immanisque columnas | rupibus excidunt*.

133 Cancik 1965, 78 f. Vor diesem Hintergrund ist auch die o. zitierte Beschreibung der Universitätsaula zu verstehen. Wenn dabei gerade die im folgenden erwähnte Präzision der Ortsbeschreibung fehlt, so muß man dafür eher den kursorischen Prologcharakter der V. 30–99 als eine Anlehnung an Statius' Darstellungsweise als Ursache annehmen. Eine gute Übersicht über Lichter, Schatten und Reflexe bei Statius gibt Van Dam 1984, 223 f.; zu ähnlichen Motiven bei anderen Autoren vgl. Ravenna 1974, 14–16.

134 Perrine Galand-Hallyn hat das Fehlen einer systematischen Periegese in Statius' Villengedichten mit den sehr präzisen Beschreibungen des Plinius kontrastiert (1994, 307) und – in Anlehnung an Beobachtungen Harm-Jan Van Dams (1984, 188–90) – die sprachliche Umsetzung dieses Konzeptes beschrieben (296): „Cependant, la façon dont Stace représente ces joyaux de la τέχνη humaine, leur confère une certaine distance. Le

Der Abschluß des ersten Teils der *Adumbratio* gibt noch einmal Gelegenheit, die geschickte Verflechtung mehrerer Vorbildstellen zu einem Text zu studieren:

Adumbratio, V. 91–99

Non ego, Castalios quamuis mihi Phoebus Apollo
Sponderet latices, non si mihi tempora fronde
Cingeret et triplici mea pectora tangeret oestro,
Sperarem minimam laudum contingere partem.

Stat. silv. 2,2,36–42a *(Villa Surrentina Polli Felicis)*

Non, mihi si cunctos Helicon indulgeat amnes
Et superet Piplea sitim largeque uolantis
Vngula sedet equi reseretque arcana pudicos
Phemonoe fontes uel quos meus auspice Phoebo
altius immersa turbauit Pollius urna,
Innumeras ualeam species cultusque locorum
Pieriis aequare modis.

Verg. Aen. 5,17 f. (Rede des Steuermanns Palinurus[135])

‚Magnanime Aenea, non si mihi Iuppiter auctor
Spondeat, hoc sperem Italiam contingere caelo (…)‘

Stat. silv. 2,2,42b–44 *(Villa Surrentina)*

Namque acie lustranti aedem uix ordine longo
Suffecere oculi; uix dum noto singula, lassae
Suffecere manus; uix dum fastigia prenso,
Suffecere gradus. pro rerum turba! suprema,
Infima cum mediis mentem per plurima uoluunt.[136]

                    uix ordine longo
Suffecere oculi, uix, dum per singula ducor,

Suffecere gradus. quae rerum turba!

---

lecteur est d'abord frappé par l'absence presque totale de précision descriptive. Rien dans le texte (ni dans le contexte) ne permet d'assigner aux œuvres évoquées une place déterminée dans la villa; Stace suggère de la sorte au lecteur qu'elles sont dispersées, en grand nombre, à travers toutes les pièces. L'emploi systématique du pluriel, le choix de termes génériques assez flous, (…) la multiplication des indéfinis accentuent l'effet de nombre et procurent à ces collections (sc. von Kunstwerken) une aura mystérieuse." – Die Objektivität der Pliniusbriefe ist allerdings jüngst durch U. Egelhaaf (1997, 949) in Zweifel gezogen worden.

135 Mit Schiffahrtsmetaphorik endet auch die Beschreibung (*Adumbratio* V. 599–601): *Quo feror? immensum rursus mihi panditur aequor. | Ast ego, ne timida uectus super alta phaselo | Naufragus eiciar, uersis lego carbasa uelis.* Zu dieser Bildlichkeit vgl. Curtius 1984, 138–141; Lieberg 1969; Drux 1979.

136 Die Artikulation der – bisweilen die Sinne verwirrenden – Wirkung eines Kirchenraums auf den Eintreten-den ist traditioneller Bestandteil schon der byzantinischen Ekphrasis (vgl. Wulff 1929/30; Cancik 1965, 88 f.), zugleich aber eine natürliche Reaktion jedes Besuchers, wie Marianus' Bemerkung von 1603 zur Neu-baukirche exemplarisch zeigt (ENCAENIA ET TRICENNALIA JULIANA, S. 103): *(porta) interiora omnia obtutui appropinquantibus … repraesentat indistincta … sed tamen miram gratiam et lucem … effundentia: aut, ut ipsorum spectatorum praesertim simpliciorum uerbis utar, ‚tamquam quis coelum introspiceret‘.* Erstaunlich an dieser Äußerung ist allenfalls der abschätzig wirkende Verweis auf die *simplicitas* einer solchen Sichtweise, entsprach sie doch vollkommen den Forderungen der nachtridentinischen Traktate zur kirchlichen Kunst. So fordert Johannes Molanus explizit: *Cogitet ergo Christianus quando in templum ingreditur, se in coelum quoddam terrestre ingredi …* (Molanus 1617, 140, zit. nach Schneider 1997, 194 Anm. 76).

Die Kirchenportale
„Ekphrasis in der Ekphrasis" und „spirituelle Topographie"

Der Dichter, soeben noch von der Vielfalt der Eindrücke bedrängt, gibt sich nun einen
Stoß (V. 100: *Ordior!*) und kündigt eine systematische, ausschließlich an der äußerlichen Baugestalt orientierte Behandlung des Gebäudes an:

<blockquote>
100   … a primo laterum fundamine surget
      Carminis ordo mei[137], et paulatim euectus, in ipsis
      Parietibus quae sint magis admiranda, recludens
      Aurata capiam subter testudine finem.
</blockquote>

Geplant ist also, die Einzelheiten in einer Aufwärtsbewegung vom Boden der Kirche
bis zum Gewölbe darzustellen. Mit der detaillierten Schilderung des Westportals und
der Erwähnung zweier weiterer Eingangstüren in der Nord- und Südwand setzt der
Rundgang nach den Vorblenden der Verse 86–99 ganz neu ein. Durch das westliche
Portal mit seinen vier Säulen, deren Aussehen ein Kartuschenbild des Jahres 1603 bewahrt,[138] wird später auch der Weg des besichtigenden Sprechers in die Kirche führen.
An einer bislang nicht geklärten Stelle im oberen Bereich der Portalzone befand sich
eine Darstellung der Zwölf Apostel als Patrone der neuen Kirche:

<blockquote>
      Vestibulique aditum tereti molimine ad auras
      Eductae binae immanes altaeque columnae
110   Obsedere, opere a terris ad summa striato.
      Harum utrumque caput sacris animata figuris
      Signa premunt patronorum referentia uultus.
</blockquote>

Bereits 1982 hat Wolfger BULST völlig zu Recht darauf hingewiesen, daß die übliche
Interpretation der Verse 111 f. als ein Hinweis auf Figuren*kapitelle*[139] weder vom Text
her noch von der kunstgeschichtlichen Situation um 1600 möglich ist. Mit BULST ist
auch eine Übersetzung der Angabe *supra portam et ad utrumque latus*, mit der die Prosa-
Beschreibung des Marianus von 1603 den Ort der Darstellung angibt, als „*jenseits des*

---

137 Laus Pis. 1 f. *Vnde prius coepti surgat mihi carminis ordo* | *Quosue canam titulos, dubius feror …*

138 Auf dem Titelblatt der ENCAENIA ET TRICENNALIA JULIANA, erstmals zur Rekonstruktion herangezogen von
    R. Helm (1976, 19 und 26 sowie Abb. 10). Das Bild ermöglicht den Nachweis, daß es sich bei den im
    Gedicht genannten *binae columnae* (V. 109) nicht um zwei, sondern vier Säulen handelte. Auch Helms Verweis
    (S. 26) auf die bei Amling (POMPAE IN DEDICATIONE ADUMBRATIO V. 226 = fol. B2ᵛ Z. 10) genannte Zwölf
    zahl der Stufen trifft wohl gegenüber den „sechs Stufen" in *Nouae aedis adumbratio* V. 107 das Richtige.

139 So Nirschl 1891, 16; v. Freeden 1970, 45; Helm 1976, 26–29; de Ren 1982, 86 (nach Helm).

Portals und zu beiden Seiten"[140] abzulehnen, da so das Apostelbild ins Innere der Kirche (wohl in die Vorhalle) verlegt würde. Wie die Aposteldarstellung über dem Portal wirklich aussah, ist jedoch weiterhin ungeklärt. Auf dem erwähnten Kartuschenbild der Echterzeit meint man ein Reliefband – wie von BULST vorgeschlagen – über der Tür zu erkennen, doch ist Leo BRUHNS' Skepsis gegenüber der Haltbarkeit eines Alabasterfrieses an der Außenseite eines Gebäudes[141] bis heute nicht entkräftet worden. Unter Umständen wäre auch daran zu denken, daß die immer wieder (nach Marianus' Rede) zitierten *zophori* (Friese) nicht mit dem Apostelbild identisch sein müssen: auch über manche anderen Dekorationselemente der Eingangszone, z. B. Statuen in den beiden auf der Kartusche deutlich erkennbaren seitlichen Nischen, berichtet keine der schriftlichen Quellen.

Der Dichter der *Adumbratio* gibt seinerseits ebenfalls keine konkreten Hinweise auf das Aussehen der *diuisio Apostolorum*, sondern setzt das Abgebildete in Handlung und Sprache um, wobei er den Aposteln unter Verwendung verschiedener literarischer Vorlagen verschiedene Länder zuweist (V. 121–124):

115 Olli inter sese, quid agant, quoue ordine uitam
     Instituant, quaerunt, et cum res acta per altos
     Sermones multum, tandem melioribus orbem
     Exiguo numero monitis conuertere cernunt.
     Ergo profecturi lacrymis se affantur obortis
120 Amplexuque animi longum testantur amorem.
     Hunc nullo infoelix recti Germania cultu
     Accipit, hunc fidei sedes, urbs alta Quirini.
     Ille uiam gaudens nigros meditatur ad Indos,
     Aut ardens si quem dirimit plaga solis iniqui.[142]
125 Omnibus idem animus, mundo noua sacra nouosque
     Ponere sacrorum ritus Christumque fateri.

Die Umwandlung von Bild in Sprache greift hier auf narrative Hilfsmittel zurück, indem durch Hinweise auf die verstreichende Zeit (V. 116 *cum*, 117 *tandem*, auch 119 *profecturi … se affantur*) Handlung dargestellt wird. Die Belebung des Würzburger Reliefbildes bleibt aber nicht bei der Umsetzung in Handlung stehen, sondern nimmt auch ein imaginäres akustisches Element hinzu: *quid agant, quaerunt*. Die dargestellten

---

140 Henn (wie Anm. 113), Auszug aus den ENCAENIA ET TRICENNALIA JULIANA, S. 2; übernommen bei Helm 1976, 161.

141 Bruhns 1923, 146 (über das Material s. ENCAENIA ET TRICENNALIA JULIANA 102: *zophori ex alabastrite*).

142 Der Bezug auf die Kilianspassio ist deshalb wahrscheinlich, weil an der zitierten Stelle das Schema der *diuisio Apostolorum* (in umgekehrter Richtung) wiederaufgenommen wird. Auch die enge Verbindung Würzburgs zu Kilian spricht eher für dessen Erwähnung in der Aufzählung als für den sonst häufig als Apostel Deutschlands angesehenen Bonifatius.

Figuren sprechen miteinander – hier freilich nur in der Phantasie bzw. den Worten des Dichters; zu einer wörtlichen Rede, also echter Prosopopoiie, kommt es nicht.[143]

Ob neben der Abschiedsszene (V. 119 f.) auch die eigentliche *diuisio* und damit der Auszug in die verschiedenen Länder[144] zu sehen war, ist aus dem Text nicht sicher abzuleiten. Wahrscheinlicher ist, daß der Autor an dieser Stelle literarischen Reminiszenzen gefolgt ist. Für die Umschreibungen und Charakterisierungen der genannten Länder sind die poetischen Vorbilder leicht erkennbar;[145] schwieriger ist zu entscheiden, ob die Ausmalung der *diuisio* als Ganzes ebenfalls auf eine literarische Anregung zurückgeht. Zu denken wäre u. U. an einen Text, der – neben den apokryphen Apostelakten[146] – den Beginn der Tradition über die *diuisio Apostolorum* darstellt: Eusebius' Bericht über die Verstreuung der Glaubensboten in die Welt (hist. eccl. 3,1,1–3) und besonders die erweiterte Übersetzung der Stelle ins Lateinische durch Rufinus von Aquileia, der der Aufzählung den Indienapostel Bartholomaeus hinzufügt. Rufinus' seinerzeit sehr weitverbreitete Version des Eusebius lautet:

> igitur Iudaei debitis cladibus perurgebantur. sancti uero apostoli domini et saluatoris nostri ceterique discipuli ad praedicandum uerbum dei per singulas quasque orbis terrae prouincias diriguntur. Thomas, sicut nobis traditum est, sortitus est Parthos, Matthaeus Aethiopiam, Bartholomaeus Indiam citeriorem, Andreas Scythiam, Iohannes Asiam …[147]

Vorsicht ist hier insofern geboten, als der Würzburger Dichter nicht wie Eusebius fünf Apostel[148] kennt, sondern nur drei (oder möglicherweise vier, wenn man V. 124 separat zählt). Auch die ganz anders aufgebaute Länder-Reihe, die in der *adumbratio* im wesentlichen von der Verfügbarkeit der antiken Vorlagen diktiert zu sein scheint, trennt das Gedicht deutlich von dem Passus der *Historia ecclesiastica*. Weiter ist nach dem Hintergrund der V. 121 f. *Hunc … accipit* zu fragen, die offenkundig einen Anachronismus darstellen. Nachdem ein Bezug zu dem sonst häufig als „Apostel Deutschlands" angesehenen Bonifatius nicht zu erkennen ist, bleiben zwei Möglichkeiten abzuwägen: Aus lokaler Würzburger Tradition wäre an Kilian zu denken, dessen Biograph seine Aus-

---

143 Heffernan 1993, 21 betrachtet bereits die Erwähnung von „sounds emanating from the figures" auch ohne wörtliche Rede als Prosopopoiie, betont aber gleichwohl den qualitativen Unterschied der beiden Gestaltungsmittel.

144 Zur Beliebtheit des *diuisio*-Themas in der Kunst der katholischen Reform s. Schneider 1999, 165 f.

145 Ov. Pont. 2,8,39 *pauido Germania uultu*; Ov. trist. 1,3,33 *dique relinquendi quos urbs habet alta Quirini*; Prop. 3,4,1 *arma deus Caesar dites meditatur ad Indos*; Verg. Aen. 7,226 f. *si quem … | dirimit plaga solis iniqui*.

146 Katzenellenbogen 1949, 82–87; Verdier 1967, bes. 685 f.; Myslivec 1968.

147 Rufin. hist. 3,1,1 (p. 189 Mommsen). Die Wirkungsgeschichte des übersetzten Eusebius ist bisher nicht zusammenhängend behandelt worden; daß der Rufin-Text in Würzburg bekannt war, zeigen jedenfalls eine noch heute vorhandene (Hagenau: Rynman, 1506; UB Würzburg: H.p.f. 70 angeb. 3) sowie eine jetzt in Schweden befindliche Ausgabe (Paris 1580; UB Uppsala, vgl. Wittmann 1891, 152 nᵒ 422).

148 Bienert 1989, 19: „Es werden (*sc.* bei Origenes–Eusebius) nicht zwölf, sondern nur fünf Apostel genannt, *ohne Hinweis darauf, daß die Liste unvollständig ist*." (Hervorhebung U. S.)

sendung ausdrücklich nach dem Schema der *diuisio Apostolorum* gestaltet hat: *Ad iudicium namque Domino ueniente … ceterique secum diuersa regna trahent, inter quos beatus Kylianus Teutonicam Franciam ducet.*[149] Andererseits liegt angesichts der Wendung *nullo infelix recti cultu* auch ein zeitgenössischer Bezug nahe, der dann z. B. auf Petrus Canisius, den „zweiten Apostel Deutschlands", führen könnte. In beiden Fällen wird man annehmen müssen, daß der Dichter hier zum Zweck der Veranschaulichung über das auf dem Relief Sichtbare hinausgegangen ist; ob es darauf immerhin – wie auch sonst zuweilen[150] – Beischriften von Ländernamen gab, läßt sich heute nicht mehr bestimmen.

Welche Funktion erfüllen Beschreibungen von Einzelkunstwerken wie diese im Rahmen der Gebäudebeschreibungen? Wie ihre Pendants im antiken Epos sind sie keine bloßen schmückenden Einlagen in Erzählpausen, sondern sind im weitesten Sinne programmatisch. Als „Ekphraseis in Ekphraseis"[151] liefern sie interpretierende Details, die sich aus dem architektonischen Rahmen nicht ableiten lassen. Das Würzburger Apostelbild setzt am Beginn der Ekphrasis einen solchen programmatischen Akzent. Dieser wird nicht sofort ersichtlich, befindet sich doch das Bild zunächst deshalb über dem Portal der Kirche, um dem Eintretenden ihr Patrozinium (vgl. V. 127 f.: *haec nos signa monent, quorum sint templa, patronos | Scilicet*) und daneben auch die Verbreitung der Lehre als christliches Grundprinzip anzuzeigen. Im weiteren Verlauf jedoch ergibt sich in der Zusammenschau mit anderen Ekphraseis und Deutungen von Einzelheiten (im wesentlichen sind dies die Altäre und ihre Bilder bzw. Reliefs) ein Netz aus theologischen Orientierungspunkten, die das tragende Gerüst der ansonsten weit weniger detaillierten Kirchenbeschreibung darstellen. Diese „spirituelle Topographie" tritt dann zunächst hinter dem in V. 100 ff. angekündigten, stärker kunstorientierten Beschreibungsschema, welches die Sehenswürdigkeiten der Kirche systematisch von unten nach oben durchzugehen verspricht, als zweitem, darübergelagertem Erklärungsmodell zurück. Dann aber schließt, wie schon Leo DE REN richtig gesehen hat,[152] die Wiederaufnahme des Pfingst- und Aussendungsthemas im obersten Relief des Hochaltars (V. 519–522) im ikonographischen Bezugssystem der Würzburger Kirche jene am Portal geöffnete Klammer, so daß nunmehr das gesamte Bauwerk unter dem Gedanken der Aussendung zusammengefaßt ist.[153]

---

149 Passio maior S. Kyliani 9 (p. 16 Emmerich).

150 Katzenellenbogen 1949, 96 f. (m. Abb. 9).

151 Zum Begriff s. o. S. 52 mit Anm. 80.

152 1982, 104.

153 Hinsichtlich des von uns gewählten Begriffs der „spirituellen Topographie" ist zu betonen, daß die Errichtung eines *allegorischen* Gebildes mit der Struktur eines (Kirchen-) Gebäudes, wie sie sich besonders im Barock findet (George Herbert, *The Temple*), bei den Kirchen-Ekphraseis des Würzburger Typus nicht im Interesse der Autoren liegt: die spirituelle Topographie setzt sich ausschließlich aus den Elementen der *realen* Kirchenausstattung zusammen.

Eintritt in die Kirche: Vorhalle und Fußboden (V. 130–141)

Das staunende Verharren vor dem Portal unterbricht die Aufforderung des Sprechers, ihm nun ins Innere zu folgen. Der auf Hochglanz polierte Fußboden wird dabei weitgehend mit Worten des Statius beschrieben, in denen dieser ebenfalls den ersten überraschten Eindruck beim Eintreten in die Villa des Vopiscus schildert. Da die Statius-Verse unverändert übernommen sind, muß man sehr bezweifeln, ob die von kunsthistorischer Seite aus V. 137 erschlossenen Bodenplatten mit Mosaikarbeit je existiert haben.[154] Dagegen ist in V. 135 f. der Solnhofer Marmor ansprechend geschildert. Wie die Erwähnung berühmter antiker Künstler in den folgenden Versen zeigt, geht es jedoch nicht allein um Präzision der Darstellung, sondern auch um das Lob der aufwendigen Materialien. Schließlich ist die Adaptation von Catull 22,8 *et pumice omnia aequata*, dort auf Pergament bezogen, kaum wörtlich zu nehmen.

Adumbratio, V. 132–141	Stat. silv. 1,3,52–56
Monstrantem sequere, et uisu tibi cuncta patescent.	
Nec longe aspectum ducas, quia protinus intrans	Dum uagor aspectu uisusque per omnia duco,
Calcabis nec opinus opes. en despice primum	Calcabam necopinus opes. nam splendor ab alto
Strata pauimenti: niueo interiecta colore 135	Defluus et nitidum referentes aera testae
Marmora caeruleis uariant, et picta per artem	Monstrauere solum, uarias ubi picta per artes
Gaudet humus, tum quadra nouis asarota figuris	Gaudet humus superatque nouis asarota figuris.
Laeuia Phidiaco possint certare metallo.	
Qua coeunt, nullis commissa latuscula rimis	
Hiscunt, aere putes solido constare, polito, 140	
Sic sibi respondent aequati pumice fines.	

Die Architektur des Kirchenschiffs (V. 142–155)

Gemäß der Aufforderung an den Besucher *oculos deflecte parumper* (V. 142) rückt nun die dreifache Arkadenarchitektur in den Blick. Ohne auf ihre künstlerische Ausgestaltung, z. B. die drei verschiedenen Kapitellformen in den drei Etagen, weiter einzugehen, vermerkt der Sprecher nur einige grundsätzliche Aspekte: acht Säulen sind es auf jeder Seite, mit ebensovielen Bögen, und zwei auf ihnen ruhende Emporen (V. 147 *impositi ... circuitus*). Wichtiger als die Einzelheiten ist ihm offenbar der mächtige Eindruck, den die Säulen und die von ihnen getragene Last vermitteln. Das häufige Motiv der vom Neuen besiegten antiken Wunderbauten findet auch hier Verwendung:

---

154 v. Freeden 1970, 45; Helm 1976, 51.

Robore Pyramides uincunt, sed mole minores
150   Maiorem proprio sustentant pondere molem.
      Non illis equidem Capitoli immobile saxum
      Anteferam, non templa Iouis, non templa Dianae,
      Longinqua haec iam dudum aeui conuulsa ruina,[155]
      Ast hoc eductum rigidis adamante columnis
155   Aeternum multis stabit durabile saeclis.

An V. 154 läßt sich eine gewisse Unbekümmertheit im Umgang mit den antiken Vorlagen ablesen: die – sachlich auf die Würzburger Kirche nicht zutreffende – Wendung *rigidis adamante columnis* ist immerhin Vergils Palast des Unterweltsfürsten Dis und damit dem exakten Gegenbild einer christlichen Kirche entlehnt (Aen. 6,552 *solidoque adamante columnae*).

Der Passionszyklus in den Südfenstern (V. 156–170)

Von diesen Bildern ist heutzutage nichts mehr erhalten, ebensowenig die vermutlich dazugehörigen Entwürfe Jost Ammans.[156] Neben dem *uirtutis opus* des Bauwerks, das also den (Fürsten-)Tugenden des Bauherrn zu verdanken ist,[157] ragen die Malereien mit dem Leiden Christi als Zeugnis der *pietas* hervor und tragen damit zum Lob ihres Auftraggebers bei (V. 157 f.).

Die Reihe der Bilder, deren genaue Anzahl aus der Beschreibung nicht zu erschließen ist, wird nacheinander abgeschritten. Für den Verfasser einer Ekphrasis ist diese Situation sehr günstig, da die Bilder in ihrem Nacheinander die gleiche Struktur aufweisen wie seine Erzählung. Die Notwendigkeit, das Bild „aufzutauen" und in eine Geschichte umzusetzen, entfällt damit. Dementsprechend kann der Sprecher auch feststellen:

      Hic **oculis** Christi innumeras **ex ordine** poenas
160   **Perlegis** ac horrenda necis tormenta nefandae.

---

155 Verg. Aen. 9,448 *Capitoli immobile saxum*; 3,414 *haec loca ui quondam et uasta conuulsa ruina*. Der ursprünglich auf die Landbrücke von Messina bezogene Vers hat schon in der Romelegik Du Bellays eine Übertragung auf die Bauten der Antike erlebt: *Moenia quae uastis passim conuulsa ruinis* | *Antiquas spirant imperiosa minas* (eleg. 1,2,19 f. = ed. Demerson 1984, 37). – De Ren 1982, 92 f. sieht im Bezug auf Kapitol und antike Tempel dagegen ein Indiz für den Willen zur Nachahmung antiker Säulenformen; dies scheint zweifelhaft.

156 Helm 1976, 51 bezieht eine entsprechende Rechnung für Amman auf die Kirchenfenster, während Braun 1889, 300 an die Universitätsaula dachte. Fritz Knapp hat dagegen die Aula-Bilder Elias Dietwar zugewiesen (1933, [9]). Alle in Frage kommenden Rechnungen sind heute verloren.

157 Nach Verg. Aen. 10,468 f. *sed famam extendere factis,* | *Hoc uirtutis opus.*

Die Formulierung ist wiederum in Anlehnung an eine der prominenten Ekphraseis Vergils gewählt: bevor Aeneas die cumaeische Sibylle aufsucht, stößt er im Hain auf den von Daedalus errichteten Tempel mit seinen Türbildern. Achates unterbricht die Betrachtung (Aen. 6,33–35):

> … quin protinus omnia
> **Perlegerent oculis**, ni iam praemissus Achates
> Adforet atque una Phoebi Triuiaeque sacerdos.

Und auch in den Bildbeschreibungen selbst ist Aeneas das Vorbild des Betrachters. Hier sind es wiederum die Bilder am karthagischen Tempel, die die sprachliche Vorlage liefern.[158] Zugleich ist damit das Geschick des Dichters aufs neue bewiesen, auf die Ähnlichkeit der Situation in Vorlage und Imitation zu achten: der Betrachter der Passionsbilder tritt in die Nachfolge des Betrachters Aeneas, der seine eigene Geschichte dargestellt findet. Nicht anders als den trojanischen Helden betrifft die Folge der Bilder von Christi Leiden den christlichen Betrachter des Jahres 1591 unmittelbar in seinem Innersten. Wie sehr der Dichter mit einer emotionalen Reaktion auf die Darstellungen in den Fenstern rechnet, zeigen seine eigenen emphatischen Ausrufe: *quis furor* (V. 162), *heu* (V. 169) und die Erwartung, der Betrachter werde vor der Geißelung in Tränen ausbrechen (V. 165) – wiederum wie der mitleidende Aeneas.

Für die Beschreibung von Teilen der Passion, die mit den Worten Vergils nicht oder nur teilweise wiederzugeben waren, hat der Autor hier erstmals in seinem Gedicht zusätzlich die bedeutendste epische Darstellung des Lebens Christi, die *Christiados libri VI* des Girolamo Vida (ca. 1485–1566), herangezogen, die ihrerseits in vielfältiger Weise auf Vergil aufbauen.[159]

Adumbratio, V. 161–170	Verg. Aen. 1	
En Solymas procul obscura sub nocte cohortes –	En Priamus! …	461
Quis furor! – ut terra ceruixque comaeque trahuntur.	… huic ceruixque comaeque trahuntur	477
	Per terram …	478
	Namque uidebat, uti bellantes Pergama circum	466
Hac fugiunt socii, hac instat scelerata iuuentus.	Hac fugerent Grai, premeret Troiana iuuentus …	467
Nec procul hinc saeuos in uulnera stringere fasces	Nec procul hinc Rhesi niueis tentoria uelis	469
Agnoscis lachrymans, uiden' ut conuitia linguis 165	Agnoscit lacrimans … (*sc.* Aeneas)	470
Ingeminent capitique parent intexere uepres?		
Parte alia caedem uultu, caedem ore minantur.	Parte alia fugiens amissis Troilus armis …	474

---

158 Schon in *Adumbratio* V. 159 klingt neben dem zitierten Aen. 6,33 zugleich Aen. 1,455 *miratur, uidet Iliacas ex ordine pugnas* an.
159 Grundlegend: Di Cesare 1964.

	… propiusque in uertice conspicitur crux 813
Ingentem, infabricatum et iniquo pondere malum	<u>Ingens, infabricata et iniquis</u> aspera <u>nodis.</u> 814
Iniciunt humeris. heu, fletibus ora madescant	
Hic, ubi demittens lassum caput exspirauit.	Supremamque auram <u>ponens caput</u> expirauit. 995

Die Kanzel und ihre Reliefbilder (V. 171–235)

Mit dem Passionszyklus sind der Sprecher und der von ihm geführte Leser bereits auf eine zunehmend theologische Betrachtung der neuen Kirche eingestimmt. Deshalb drängt der Sprecher geradezu voran (V. 171 *Pergimus!*) und gelangt „gegenüber in der Mitte" (*mediā e regione* V. 171 ist schwer verständlich[160]) zur Kanzel, die auf einem schlanken Pfeiler ruht. An diesem befanden sich, möglicherweise in Nischen angeordnet, die Statuen der vier Evangelisten.[161] Die vier vom Himmelsfeuer Erleuchteten werden in einem eleganten Wortspiel gepriesen und dann im einzelnen vorgestellt. Dabei beginnt der Sprecher vermutlich auf der Südseite, da er auf seinem Rundgang von dort gekommen ist. In welcher Richtung er dann die Kanzel umkreist, ist dem Text nicht zu entnehmen.[162] Ein reizvoller Zug in der Beschreibung des Markus ist die Bemerkung, er blicke „unverwandt" in sein Buch (V. 178): das Dilemma zwischen unbeweglicher Statue und der Beschreibung ihres bewegten Handelns wird so unterbunden.

> Qua coniuncta solo tenui columella paratu
> Dependens sustentat onus, hanc lumina circum
> 175 Quattuor accepere locum, quae luminis haustu
> Aetherei aethereis lustrarunt omnia flammis.[163]
> Stat primus defixa acie nec lumina libro

---

160 Zu einem möglichen Standort der Kanzel vgl. auch Helm 1976, 45 mit Plan 5. Auch die Angabe des Marianus (ENCAENIA ET TRICENNALIA IULIANA 140, S. 104) *ex aduerso sepulchri suggestum* hilft nur wenig weiter.

161 Über die Anordnung der Statuen in Nischen oder als freistehende Figuren gibt weder die *Adumbratio* noch Amlings POMPAE IN DEDICATIONE ADUMBRATIO (V. 269 = fol. B3ʳ Z. 21 *fultaque Euangelicis totidem* [sc. *quattuor*] *suggesta Patronis*) Aufschluß.

162 Helm (1976, 46) nimmt an, daß die Beschreibung an der Westseite beginne, da ein Besucher der Kirche diese zuerst sehe. Er ignoriert damit aber das Gesamtkonzept des Gedichtes als Rundgang. Zudem läßt sich aus V. 188 f. kein Hinweis entnehmen, daß „Johannes nach Norden, d. h. zum Himmelslicht" (sic!) blickte (ebda.).

163 Dieser Abschnitt ist von Helm (und wohl schon von Classen – Henn [wie Anm. 113]) ganz mißverstanden worden. Statt V. 175 f. auf die Evangelisten zu beziehen, postuliert er zusätzlich vier Leuchter rings um die Kanzel, die zu allem Überfluß auch noch „auf dem Bord des Kanzelkorpus" gestanden haben sollen (1976, 46; entsprechend auch de Ren 1982, 105). Über die Art der Evangelistendarstellung scheint im übrigen schon bei Gropp Unklarheit geherrscht zu haben, wenn er (1741, 506 *i.mg.*) vermerkt: *4 Evangelistarum **statuae vel imagines** circa pulpitum descriptae.*

     Vsquam auersa tenens Marcus, iuxta accubat olli
     Magnanimus placido ore Leo, diffusa per armos
180   It iuba, maiestasque animo generosa superbit.[164]
     Grata illi facies et qua non dignior ulla,
     Quae doceat resonare sacris rugitibus orbem.
     Alter Ioannes iuuenili fronte serenus
     Mente stat erecta secum argumenta uolutans
185   Grandia seque poli supera ad fastigia tollit.
     Haud aliter, quam pone sedens super aethera penna
     Flammiger ales abit nebulasque hominesque relinquens,
     Sic ille obtutu caeli defixus in uno
B^r   Oblitus sese liquidas superexit in auras. (…)

Als nächstes wendet sich der Dichter der Kanzel zu. An ihrer Brüstung befanden sich vier Reliefs, die in V. 205–235 ausführlich beschrieben und ausgelegt werden. Die Bilder illustrieren das Gleichnis vom Sämann,[165] also ein für die Kanzel bestens geeignetes und in dieser Zeit häufiges[166] Bildmotiv, versinnbildlicht es doch die Verbreitung des Wortes Gottes. Die vier Bilder werden nacheinander vorgestellt, indem der Sprecher jeweils zunächst den Bildinhalt referiert und danach auf den zugehörigen Bibeltext eingeht. Als Beispiel sei das erste Bild (die Saat fällt auf den Weg und verdirbt) genannt, das zugleich besonders deutlich das Gotteswort zitiert:

205   Stat celsa in puppi Christus caetumque secutum
     Multa patris seruare docet mandata, sed aurae
     Omnia discerpunt. inaratis condita sulcis
     Semina nuda iacent et, qua uia ducit euntes,
     Conculcantur et alituum sunt praeda nigrantum.[167]

Der Sinn der ausführlichen Behandlung der Sämann-Reliefs für den Dichter und seinen Sprecher ergibt sich am Schluß der Beschreibung: die Bilder an der Kanzeltreppe sprechen, solange in der Kirche noch nicht gepredigt wird, und weisen so auf die eine Bestimmung des neuen Bauwerks voraus (V. 233–235).[168] Die zweite erläutert das Gedicht ausführlich in den folgenden Versen.

---

164 Verg. Aen. 6,605 f. *Furiarum maxima iuxta* | *Accubat*; 11,497 *luduntque iubae per colla, per armos.*
165 Mt 13,1–8. 18–23; Mc 4,1–8. 14–20; Lc 8,4–8. 11–15.
166 In Bibelausgaben des 15.–16. Jahrhunderts findet sich oft ein Holzschnitt zu diesem Thema: Osteneck 1970.
167 Verg. Aen. 8,680 *Stans celsa in puppi*; 9,312 f. *multa patri mandata dabat portanda, sed aurae* | *Omnia discerpunt*; Lc 8,5 *cecidit secus uiam et* *conculcatum est.* – Die Mahnrede Christi und die eigentliche *semina*-Episode waren hier offenbar nebeneinander auf einer Tafel zu sehen. Bruhns (1923, 145) nahm an, daß nur die eigentlichen Sämann-Passagen „als Landschaften" dargestellt waren. Dagegen spricht die lebhaft-eindringliche Beschreibung des predigenden Christus ebenso wie die des 2. Bildes, das nach *Adumbratio* 211–214 die kreuztragende Patientia als von den Kleingläubigen verlassene Glaubensstreiterin (ein Anklang an Prudentius' *Psychomachia*?) darstellte.
168 S. o. Anm. 119.

Das Kenotaph des Fürstbischofs Julius Echter (V. 236–315)

In der Mitte des Kirchenschiffs stand weithin sichtbar das Freigrab Julius Echters, das sich dieser nach zeitgenössischer Sitte bereits lange vor seinem Tod hatte errichten lassen. Das *templum Academicum* als Teil seines neben dem Spital größten Bauwerks in Würzburg versprach dem Landesfürsten dauerhaften irdischen Ruhm und bot sich daher als Ort eines Prunkgrabmals besonders an. Zugleich war damit gesichert, daß der Fürstbischof der von ihm gegründeten Hochschule auch über den Tod hinaus nahe blieb:[169] durch die Bestimmung, sein Herz in der Universitätskirche bestatten zu lassen, brach Echter sogar mit der seit 1151 bestehenden Tradition, nach der die Herzgrablege der Würzburger Fürstbischöfe die Zisterzienserkirche in Ebrach war.

Der Sprecher des Gedichtes beschreibt das eindrucksvolle Kunstwerk nicht nur ausgiebig und liebevoll, sondern stattet dem Fürsten auch in raffinierter Weise gebührenden Dank für die neue Kirche ab: er läßt einen *uiator*, die klassische Gestalt der Grabepigrammatik, auftreten und einen panegyrischen Threnos (V. 258–269) auf die Alabasterfigur des Fürsten auf dem Grabmal anstimmen, deren täuschende Ähnlichkeit mit dem Lebenden begeistert betont wird (V. 245–256).[170] So ist der Dank in eleganter Weise ausgesprochen und ein größeres, weil aus der Sicht der Allgemeinheit gesprochenes Enkomion formuliert.

Die besondere Bedeutung des Monumentes, das nicht zufällig genau in der Mitte des Gedichtes ebenso wie der Kirche steht, rechtfertigt eine genauere Behandlung dieses Textabschnittes. Außerdem hat die bisherige (kunsthistorische) Forschung durch unkritische Verwendung der Quellen und falsche Übersetzung der *Adumbratio* eine in zahlreichen Punkten unhaltbare Rekonstruktion des Monuments geliefert, die durch eine sorgfältige Untersuchung des Gedichts von 1591 in mehreren Punkten korrigiert werden kann.

Die einleitenden Verse, die der begeisterte Sprecher im Angesicht des Kunstwerks ausruft, wirken durch panegyrische Formeln wie *mille species, mille figurae* und durch den

---

169 Marianus geht in den ENCAENIA ET TRICENNALIA JULIANA nicht auf die Ausstattung des (zu diesem Zeitpunkt schon über 15 Jahre bestehenden) Monuments ein, sondern schließt daran eine Betrachtung über die richtige Einstellung zum Sterben an. Am Ende deutet er die Bauten und Leistungen Echters als dessen eigentliches Denkmal (Kap. 139, S. 104): *sed quid ego de conditorio Principis tam diu disputo? quasi uero haec angusta et breuis sepulchri moles tanti Principis memoriae et gloriae sufficiat! totum illud templum et collegium et Academia et reliqua magna opera a Principe Nostro perfecta, immo tota ipsa Franconia, quam totam illustrauit, ornamentum et memoriam Principi praestabit sempiternam.*

170 Ein echtes *Grab*gedicht ist dagegen die Elegie *De statuis et sepulchris in templo urbis S. Dionysii spectandis prope Lutetiam* (1532) des *uiator* Janus Secundus (1511–1536). Dieser spielt zwar ebenso mit der Vorstellung des „lebendigen Marmors", hebt daneben aber in weit höherem Maße das Makabre des Verfalls hervor, da dieser in den Skulpturen zu St-Denis auch drastisch dargestellt ist. Vgl. z. B. V. 93 f. über die *gîsants* Ludwigs XII. und seiner Gemahlin Anne de Bretagne: *et tumuli quae uiua uirent in uertice saxa, | arida iam morti succubuere suae* (zit. nach dem Teilabdruck in RENAISSANCE LATIN VERSE 486–488, hier 488).

Katalog antiker Künstler stark topisch – tatsächlich handelt es sich wiederum um eine Adaptation aus Statius' *Silvae*, wie die folgende Gegenüberstellung zeigt.

Adumbratio, V. 236–244	Stat. silv.	
	Hic tibi Sidonio celsum puluinar acantho	3,1,37 f.
Vnde autem signis uariatus et asper eburno	Texitur et signis crescit torus asper eburnis	
Marmore sub media tumulus testudine surgit?		
	Nox et Erythraeis Thetidis signanda lapillis	4,6,18 ff.
O diuina manus genio uictura perenni,	Et memoranda diu geniumque habitura perennem!	
Mille mihi species monstrans et mille figuras!	Mille ibi tunc species aerisque eborisque uetusti	
	Atque locuturas mentito corpore[171] ceras	
	Edidici. quis namque oculis certauerit usquam	
Tu potes artificum ueteres ostendere ductus	Vindicis, artificum ueteres agnoscere ductus	
Et me Pierio stupefactum abducere fonte.	Et non inscriptis auctorem reddere signis?	
Ite, laborifero multum uigilata Myroni	Hic tibi quae docto multum uigilata Myroni	
Aera et Praxiteli debentia marmora nomen,	Aera, laboriferi uiuant quae marmora caelo	
Quaerite …	Praxitelis … (sc. monstrabit)	

Der einzige nicht nach Statius gebildete Vers (237) enthält die klare Aussage, daß das Grabmal sich in der Mitte des Kirchenschiffs befand: *sub media … testudine*. Mit einiger Überraschung liest man deshalb bei Reinhard HELM, das Grabmal sei mit einer „runden Bedachung" *(testudo)* versehen gewesen.[172] Diese Behauptung erklärt sich aus den von HELM zusätzlich herangezogenen, aber mißverstandenen Quellen. Diese geben nach seiner Auffassung zwei verschiedene Höhen des Grabdenkmals an: 1,30 m und 5,22 m. Der Unterschied erkläre sich – so HELM – daraus, daß das bei der größeren Angabe (aus dem Jahr 1617) mitgerechnete Dach zum Zeitpunkt der zweiten, kleineren Angabe (nämlich 1701) „längst abgetragen war".[173] Mit einer vermeintlichen Überdachung des Echtergrabes hat jedoch die Angabe von über 5 Metern Höhe gar nichts zu tun: die für diese Angabe herangezogene Notiz aus Ignatius Gropps *Wirtzburgischer Chronick* bezieht sich durchaus nicht auf das Kenotaph, sondern auf das Schaugerüst im Dom, auf dem der nunmehr wirklich verstorbene Fürst 1617 aufgebahrt wurde: unter der Überschrift *Leich-Conduct* ist hier ausdrücklich vom *Castrum doloris* die Rede.[174] Der Wortlaut der Groppschen Notiz gibt weitere Hinweise, die den Bezug auf das relativ kleine Alabasterdenkmal als unmöglich erweisen. So soll das *castrum doloris* „mit 600. Wachs-Kertzen bésteckt" gewesen sein, und die zu seiner Errich-

---

171 Vgl. *Adumbratio* V. 252 f. *quae uiuos potuit mentito corpore uultus | Fingere.*
172 Helm 1976, 157. Die Übersetzung von Classen – Henn (wie Anm. 113, S. 6) ist dagegen korrekt: „Inmitten des Gebäudes erhebt sich ein Grabmal." – Vgl. im übrigen Verg. Aen. 1,505 *media testudine templi.*
173 Helm 1976, 48.
174 Gropp 1748a, 368 (zitiert bei Helm 1976, 162); zutreffend auf den Katafalk bezogen dagegen bei Stamminger 1882, 15. – Zu den im Barock sehr beliebten *castra doloris* vgl. Popelka 1966/67; Brix 1973.

tung verwendeten Handwerker waren „Zimmer-Leuthe, Schreiner und Mahler". All dies paßt nicht zum Kenotaph. Die Feststellung Helms, für die Säulen des „Schilddachs" gebe es keinen Anhaltspunkt, erweist sich als zutreffend, denn es hat nie welche gegeben.[175]

Mit dem Lobpreis der steinernen Echter-Statue ist der so oft in Ekphraseis verwandte Lebensechtheits-Topos an einer besonders geeigneten Stelle angewandt: handelt es sich doch hier nicht um eine beliebige Statue mit natürlicher Wirkung, sondern tatsächlich das Abbild eines Lebenden als Toten. Angesichts dieser Situation gelangt der Sprecher zu einem Paradox, ruft sich dann aber selbst – wohl aus Pietät – zur Ordnung:

> Foelix, o nimium foelix, si dextera tantum,
> Quae uiuos potuit mentito corpore uultus
> Fingere, caelestem potuisset fingere mentem:
> Alter enim nobis atque alter Iulius esset.
> 255   At satis illa tamen …

Trotz dieser Unmöglichkeit, den Geist des Fürsten wirklich nachzubilden, besteht für den Sprecher angesichts der nach dem Leben gebildeten Juliusstatue Hoffnung, daß man in ferner Zukunft aus ihr auch die geistige Haltung und Bedeutung des Fürsten wird ablesen können. Wiederum ausgehend von der „Lebendigkeit" des Abbilds widmet er ihm einen Threnos, der von einem Wanderer gesprochen wird (V. 258–269). Dieser befolgt damit genau die Aufforderung, die Echter in Goldbuchstaben am Grab hatte anbringen lassen[176] und die am Ende der Kenotaphbeschreibung wiedergegeben ist (V. 308–311):

---

175 Helm 1976, 48. Dementsprechend wird die Rekonstruktion auf Plan 7 zum Phantom. – Bei dem geheimnisvollen „oberen Stein", dessen „Ausdehnung" Helm S. 47 mitteilt, handelt es sich doch wohl um die Bedeckungsplatte, auf der die Echterstatue lag. Daß aus dessen Länge von neuneinhalb Schuh (so noch richtig bei Nirschl 1891, 18 Anm. 31) bei de Ren (1982, 105) die Höhe (!) des „uitspringend middendeel" und aus der Breite desselben von 4 Schuh 10 Zoll (Nirschl) wiederum die Höhe (!) der „bekroning" des Grabmals geworden ist, läßt erkennen, daß sich de Ren nicht nur auf Helms Spekulation einläßt, sondern sie auch noch mißversteht. – Unsinnig ist auch bereits die Angabe bei Ullrich (1897, 275), das Grab (!) sei 1,30 m *lang* gewesen.

176 Ob diese Verse auf einer Bronzetafel an der Westseite des Grabes angebracht waren, wie Helm vermutet (1976, 49), muß unsicher bleiben. Mindestens ebenso gut ist eine umlaufende Inschrift vorstellbar, wie sie ein Floris'scher Grabmalsentwurf zeigt (in: Veelderley niewe inventien van antycksche sepultueren …, Antwerpen 1557; Abb.: Huysmans 1987, 100 Abb. 3). Die Annahme Stammingers (1882, 14), daß die Verse nicht den Wortlaut der Inschrift wiedergeben, sondern eine „in Hexameter gezwängte" abweichende Form darstellen, ist angesichts der einleitenden Bemerkung (V. 307) *auratis expicta notis te uerba docebunt* nicht sehr wahrscheinlich; sie ist vermutlich von der Beobachtung angeregt, daß V. 313 *Cordis ubi thesaurus, ibi cor iure quiescit* den Text der Herzkapsel verändert, doch ist dieser Vers anders als 308–311 nicht ausdrücklich als Zitat gekennzeichnet (V. 312: *Nec tanti ueniat facti admiratio, namque:*).

FRANCONIÆ PRINCEPS ET PRÆSVL IVLIVS ISTVD
CORDE PIO VIVVS TEMPLVM MORIENSQ: SEPVLCHRVM
CORDIS HABERE SVI STATVIT : TV VOTA REPENDE
CORDE PIO : DVM BVSTA VIDES : ET PERGE VIATOR

Das Grabgedicht setzt sich zusammen aus der Nennung des Toten (beim Lesen der Aufschrift), der Beschreibung der Plastik und – wiederum dank ihrer ἐνάργεια – ihrer Belebung mit dem Geist, den nur der Dichter, nicht aber der bildende Künstler zu fassen vermag, dann dem Lob der Taten des Fürsten und endlich den Klage- und Schlußformeln. Wieder sind vielfältige Zitate aus Vergil verarbeitet, und die letzte Zeile (V. 269) fügt der Epitaph-Thematik eine weitere Variation hinzu: der getrennte Verbleib von Leib und Seele ist selbst eine typische Schlußformel der Renaissance-Grabinschriften. Man darf also vermuten, daß der fiktive *uiator* sein Lied beendet, wie er es begann: mit dem lauten Lesen der letzten Zeile einer idealen Grabinschrift.

> ... sic membra modis uiuentia miris,[177]
> Vt quecat illacrymans olim exclamare uiator:
> „Quis locus in terris Iulii non plenus honore?
> En tumulum. capit hic etiam sua praemia uirtus.[178]

260 Hoc magnis natum imperiis caput, illa parandis
Consiliis mens apta, manus dedit illa sacratum
Chrisma, sed hoc pietas ingens sub corde latebat,
Quae potuit sola haereseων superare procellas
Atque serenatum fidei reparare nitorem,

265 Quae noua templa Deo, miseris noua tecta locauit.
Heu summis par dextra uiris, mens numinis auctu
Plena sacri, patriae te talem inimica tulerunt
Fata immature![179] sed habent tua nomina laudem,
Viuis enim uirtute tua post fata superstes.“[180]

270 Haec olim, o utinam post saecula mille canantur,
Hoc ego, et hoc mecum tua Franconis ora precatur.

Die Beschreibung des figürlichen Schmucks am Kenotaph (V. 272–299) reicht für eine genaue Rekonstruktion nicht aus, ist aber ausführlicher als bei Daniel Amling, der lediglich die vier trauernden Engel (hier V. 274–281) erwähnt.[181] Zwei von ihnen

---

177 Verg. Aen. 7,89 *multa modis simulacra uidet uolitantia miris.*
178 Verg. Aen. 1,459–461 (Aeneas am Tempel) *Constitit et lacrimans „quis iam locus,“ inquit, „Achate, | Quae regio in terris nostri non plena laboris? | En Priamus. sunt et hic etiam sua praemia laudi (...)“*
179 Verg. Aen. 1,605 f. *quae te tam laeta tulerunt | Saecula? qui tanti talem genuere parentes?* und Verg. ecl. 5,34 f. (Klage um Daphnis) *postquam te fata tulerunt, | Ipsa Pales agros atque ipse reliquit Apollo.*
180 Verg. Aen. 11,160 f. *contra ego uiuendo uici mea fata, superstes | Restarem ut genitor.*
181 POMPAE IN DEDICATIONE ADUMBRATIO V. 267 f. (fol. B3ʳ Z. 19 f.) *Iulei in medio monumenta sepulchri, | Quattuor Angelicis ex marmore cincta ministris.* Die *niuea de gente ministri* (Adumbratio V. 275) sind bei v. Freeden (1970,

standen zu Häupten des Fürsten, zwei zu seinen Füßen, also an den äußeren Ecken des Grabmals; eine im 19. Jahrhundert angenommene Aufstellung in Nischen am Grabmalsockel ist mit dem Gedicht nicht zu vereinbaren.[182] Besonders groß ist in der bisherigen Forschung die Verwirrung über die Tugendfiguren am Grabmal: ihre Zahl wird unterschiedlich mit drei, vier, fünf oder acht angegeben.[183] Tatsächlich ergeben sich aus dem Gedicht vielmehr *sechs* Statuen – eine Komposition, die weitreichende Parallelen in der Fürstengrabarchitektur der Floris-Schule hat:[184] Sechs große Tugendstatuen mit Attributen weist auch das von Cornelis Floris um 1552 geschaffene Grabmal König Friedrichs I. von Dänemark († 1533) im Dom zu Schleswig auf *(Abb.3)*,[185] und ganz ähnlich tragen sechs Tugenden als Karyatiden den Sarkophag des Edo Wiemken († 1511), dessen Monumentalgrab Heinrich Hagart, wie Robijn ein Floris-Schüler, 1564 für die Stadtkirche zu Jever schuf *(Abb.4)*.[186]

Die Anordnung der Figuren am Würzburger Grabmal ist im einzelnen nicht gesichert ist, ihre Identifikation wird aber durch die Nennung der Attribute erleichtert, da sie den damals ikonographisch allgemein üblichen entsprechen:

... hinc me speculo **Prudentia** sumpto	I. Prudentia mit Spiegel
285 Abripit, hinc aequam librans **Astraea** bilancem.	II. Iustitia mit Waage[187]
Iam **quae** praecipuo **capis a moderamine nomen,**	III. Modestia mit Weinschale[188]
Virgo, manuque tenes pateris spumantia uina,	

---

45) unzutreffend als „Sklaven- und Jünglingsfiguren", bei Classen – Henn (wie Anm. 113, 6; wieder bei Helm 1976, 158) unspezifisch als „Diener" gedeutet. Vgl. Vida, Christ. 6,427 *aligeros caeli de gente ministros.*

182 Die Aufstellung rings um die Figur akzeptiert auch Helm (1976, 49); Stamminger (1882, 14) gibt – unter Berufung auf eine Notiz in den Registraturakten – an, der Sockel des Grabmals habe je eine Nische in den Quer- und je drei in den Längsseiten gehabt, und verteilt die Genien auf die jeweils äußeren Nischen der Längsseiten, die (vier, s. aber u.) Tugenden auf die verbleibenden Nischen. Dies widerspricht deutlich *Adumbratio* V. 272 f. *decurrere partes | Accingor supra circumque ex ordine stantes* und 278 f. *Auersa unanimes a principis ore iacentis | Ora tenent.* Bei einer Aufstellung am Sockel wäre dies überflüssig zu bemerken, da die Statuen in jedem Fall nach außen blicken müßten. Eine heute nur noch bei Braun 1889, 386 bewahrte Beschreibung des Grabmals, die anläßlich der Entfernung der Herzkapsel 1701 entstand, ist entweder nicht mit Stammingers Quelle identisch oder verkürzt wiedergegeben: über die Statuen und ihren Standort ist darin nichts gesagt. Braun selbst hielt (ebda.) das in seiner Quelle beschriebene Grabmal für nicht identisch mit dem ursprünglichen Julius-Kenotaph.

183 Drei: Nirschl 1891, 14; vier: Stamminger 1882, 14; fünf: Helm 1976, 49; acht: Bruhns 1923, 144 und danach unverändert noch Schneider 1999, 173; ohne Zahlangabe: v. Freeden 1970, 45 (wohl vier, da „Kardinaltugenden") und ENCAENISTICA POEMATIA, fol. Dᵛ *In eundem,* V. 5 f. *Virtutum quid signa uolunt astantia circum? – Talia uirtutum Iulius arma gerit.*

184 Vgl. Huysmans 1987, 98–100.

185 Huysmans 1987, 106–108; Brand 1997. Die links in der Mitte stehende Caritasstatue mit zwei kleinen Knaben ist sehr gut zu erkennen bei Smith 1994, 179 fig. 139.

186 Huysmans 1987, 108.

187 Die Spekulation über „Astraea als Unglücksgöttin" bei Helm (1976, 50 Anm. 87) ist ohne jede Grundlage.

188 Vgl. Henkel – Schöne 1387 f. *(Ne quid nimis).* Bruhns bezeichnet sie wohl zu Unrecht als „Wein mit Wasser mischend" (1923, 144), Helm bezeichnet sie als Temperantia (1976, 50).

Te canerem, sed me duri **Patientia** uictrix	IV. Patientia (ohne Attribut)[189]
Non sinit, **elisamque ostentans uirgo columnam**	V. Fortitudo mit geborstener Säule[190]
290 Aut uires iubet ipsa suas cantare uel ingens	
Artis opus: sed magna breuis mendacia formae	
Ingenium excellunt, et quos terit ipsa colossos	
Exiguo spatio, exiguo uix carmine dicam.	
At qui transierim te, **sancti mater amoris**,	VI. Caritas–Amor mit Knäblein[191]
295 Tam dulci amplexu studiose cara fouentem	
Pignora, quam blandus niueae se pusio dextrae	
Implicat et sequitur ducentem passibus aequis?[192]	
Hic amor ille, pater patriae quo Iulius arsit,	
Pignora quo tandem sua caeli induceret astris.	

Die von Leo BRUHNS als siebte und achte Figur angenommenen Tugenden Fides und Spes waren dagegen nach dem Gedichttext nicht gesondert dargestellt. Beide sind nämlich nach zeitgenössischer Auffassung in der Allegorie der Caritas mit Kind schon enthalten. So jedenfalls erläutert es Cesare Ripa, der die Caritas zwar mit drei Kindern – aber eben nur die Caritas – abbildet: *I tre fanciulli dimostrano, che se bene la carità è una sola virtù, ha nondimeno triplicata potenza, essendo senz'essa, et la **fede**, et la **speranza** di nissun momento.*[193] Daß der Dichter nach seinem ausführlichen Katalog zwei Tugenden nicht beschrieben hätte, ist schließlich auch unwahrscheinlich; die Praeteritio der beiden folgenden Verse

300 Prosequar an sileam? si, quae miranda putantur,
Cuncta canam, cum uera canam, uix credere possis.

wird sich eher auf weitere Ornamente am Grabmal (vgl. V. 239) beziehen.

---

189 Die Formulierung *duri uictrix* läßt vermuten, daß sie eine schwere Last trug. Cesare Ripa schlägt als Attribut ein Joch auf den Schultern vor (ed. Buscaroli 1992, 338). Zu einer anderen, kreuztragenden Patientia an der Kanzel s. o. Anm. 167. – Classen – Henn (wie Anm. 113, S. 7) haben V. 289 *elisamque* wie *elisam* übersetzt und damit die Trennung zwischen der vierten und fünften Tugendfigur übersehen, so daß Helm (1976, 50) eine Patientia-Figur mit Fortitudo-Attribut konstatiert bzw. dem Dichter der *Adumbratio* („Marianus") ein Mißverständnis unterstellt. Richtig geschieden sind die beiden Figuren dagegen bei Leo Bruhns (1923, 144).
190 Zum Attribut vgl. Evans 1970, 377.
191 Zum Attribut vgl. Ripa ed. Buscaroli 1992, 48 f. *terrà nel braccio destro un fanciullo, al quale dia il latte.*
192 Prud. cath. 11,13 f. *Emerge, dulcis pusio,* | *Quem mater edit Castitas!*; Verg. Aen. 2,723 f. (Iulus-Ascanius) *dextrae se paruus Iulius* | *Implicuit sequiturque* patrem non *passibus aequis.* Wie neben dem Heros Aeneas die „ungleichen Schritte" des kleinen Iulus angemessen sind, so hier die „gleichen": erst durch das Kind wird die Allegorie der Caritas vollständig.
193 Ripa ed. Buscaroli 1992, 49.

Die Kenotaphbeschreibung beschließt der Sprecher mit der schon zitierten Wiedergabe der Aufschrift[194] und wendet sich, da die Zeit dränge (V. 316), sogleich den beiden Altären in den Seitenapsiden zu.

Die Altäre für Kilian und Maria (V. 316–389)

Kilian und die Muttergottes werden als die wichtigsten Schutzheiligen der neuen Kirche begrüßt. In die Freude des Sprechers über die neuen Kunstwerke mischt sich jedoch alsbald jäher Schmerz, als er die auf dem Kiliansaltar abgebildete Passionsgeschichte des Heiligen mit heftiger Anteilnahme mitempfindet. Dabei spricht er die Figuren voller Mitleid und Zorn direkt an und erzählt doch zugleich die Geschichte in ihrem Ablauf. Reizvoll an dieser Bild-Ekphrasis ist zudem die gleichzeitige Benutzung der *Passio sancti Kyliani* als literarische Quelle.

Das beschriebene, heute verlorene Altarbild war nach den Rechnungen (vielleicht nur teilweise) eine Arbeit des Bartholomäus Klosser.[195] In der kunsthistorischen Forschung zur Kiliansthematik hat es bisher keine Beachtung erfahren, obwohl die Angaben der *Adumbratio* zumindest eine Einordnung in die Traditionen ermöglichen, die von Hanswernfried MUTH eingehend untersucht worden sind.[196] Dabei ergibt sich, daß die Gemälde sich prinzipiell an der jüngeren und ausführlicheren der beiden Kilianslegenden *(Passio maior)* orientieren, in einigen Punkten aber davon abweichen. MUTH hat deshalb zur Erklärung dieser Abweichungen vom Legendentext zusätzlich mündliche Traditionen (z. B. über den Beruf der Mörder des Heiligen) und ein nicht mehr bekanntes „Urbild" als Quelle einer ganzen Gruppe von Darstellungen des 15. Jahrhunderts angenommen. Der Würzburger Altar hat sich ein Jahrhundert später von der spätmittelalterlichen Manier der Darstellung mehrerer nacheinander zu denkender Szenen auf einer einzigen Tafel gelöst[197] – wir erfahren aus der *Adumbratio*, daß es sich um mehrere Tafeln handelte.[198] Neben den beiden obligatorischen Hauptszenen

---

194 Die auf einer Tafel am Grab angebrachte Inschrift UBI EST THESAURUS TUUS IBI EST ET COR TUUM brachte nicht, wie v. Freeden (1970, 44) meinte, Echters Nachfolger an, sondern sie befand sich bereits zu dessen Lebzeiten an Ort und Stelle, wie aus Maximilian Sandaeus' SJ Leichenrede hervorgeht (1618, 12): *fuerat enim in optatis, augustissimo templo Sapientiae cultoribus erecto, in eadem post decretorium diem cordis repositorium habere. itaque multis ante fatalem lucem annis uiuens florensque, sortis humanae haud immemor, quod uere magnorum, cenotaphium illi inaedificari iusserat adfixaeque tabulae insculpi uncialibus litteris: UBI EST (…)*

195 Nirschl 1891, 21 Anm. 30. Im Lexikon von Thieme – Becker fehlt Klosser ganz.

196 Muth 1957; Muth 1989. Eine hundertjährige Lücke in der Behandlung des Themas seit 1520, wie sie von Urban Rapp (1952, 91) vertreten wurde, ist angesichts dieses Bildes an prominenter Stelle Würzburgs jedenfalls nicht festzustellen. Bei Schneider 1999, 169–172 findet das Würzburger Bild keine Erwähnung.

197 Ein prägnantes Beispiel stellt das Kiliansbild aus Nürnberg (ca. 1475) bei Erichsen (Hg.) 1989, Abb. 94 dar.

198 V. 353 (fol. B3ᵛ Z. 5) *leuibus in tabulis.* Helm 1976, Plan 6 verwechselt beide Seitenaltäre und versieht den Kilianaltar aufgrund *Adumbratio* V. 370 (ebda. Z. 22) *uolubilibus picta tabellis* (zum Marienaltar!) mit Flügeln. Über die Zuverlässigkeit des Abbildungsteils bei Helm vgl. auch Soder 1989a, 231 Anm. 45.

(Martyrium und Bestrafung der Herzogin Geilana und der Mörder) enthielt das Bild nach der Beschreibung die Beauftragung der Mörder durch die Herzogin und das Verscharren der Toten (zwei selten dargestellte Szenen), außerdem die Wiederauffindung der Märtyrer und ihre Bestattung auf der Burg. Demgegenüber fehlten – sofern nicht im Gedicht übergangen, was jedoch unwahrscheinlich ist – die ansonsten öfters vorkommende Predigt vor Herzog Gozbert, dessen Taufe und der Auszug des herzoglichen Heeres. Das Gemälde scheint sich also stärker auf das eigentliche Martyriumsgeschehen konzentriert zu haben.

Die literarische Bildbeschreibung wirft trotz dieser klaren Aussagen einige Probleme auf, da sie offenkundig verschiedene Ziele miteinander zu verbinden sucht: einerseits gibt sie die Bildinhalte wieder, andererseits die Bildwirkung und damit die leidenschaftliche Anteilnahme des Sprechers.

326   Heu dolor, heu tristes inter mea gaudia luctus!
        Nam quis enim, dum te, crudelis uulnere lethi
        Confossum, Kiliane, unaque in imagine binos
        Praeterea socios mortem expectare tuetur,
330   Temperet a lachrymis? medius, pater optime, prona
        Nudatus ceruice sedes et tendis utrasque
        Ad caelum palmas; lictor flammantibus adstat
        Trux oculis, ferrumque humeris fatale coruscat.
        Hic pietatis honos? haec praemia digna labore?[199]

Die Hinrichtung der drei Missionare war auf dem zentralen Bild dargestellt und fällt daher dem Sprecher auch zuerst ins Auge. Von Schmerz erfaßt, ist er doch zugleich bemüht, die Szene genau zu erfassen. Die Gruppe aus Kilian und *lictor* tritt dabei aber so deutlich und ausschließlich hervor – erstmals im Gedicht findet ein Zwiegespräch zwischen Betrachter und Bild statt – daß die zweifellos auch abgebildeten zwei Begleiter Kilians ebenso wie ein zweiter (und dritter?) Mörder[200] hier ganz unsichtbar bleiben.

335   Fraus, Geilana, tua est, huc te tua traxit amoris
        Effera uis, notumque furens quid foemina possit.

---

199 Verg. Aen. 12,919 (Schlußszene!) *Cunctanti* (sc. *Turno*) *telum* Aeneas *fatale coruscat*; 1,253 *hic pietatis honos?*; 1,461 *sunt hic etiam sua praemia laudi*. Vgl. den gegenüber V. 60 ins Gegenteil gewendeten Tenor dieser Verse.

200 Die Bezeichnung *lictor* für den (einzigen) Mörder ist sehr auffällig, findet sie sich doch nur in der *Passio minor* (c. 10, p. 725 sq. Levison): *accessit lictor ad eos ense acuto* … Der *Passio minor* folgten die früh- und hochmittelalterlichen Martyriumsdarstellungen, u. a. auf dem Einband des Würzburger Kilians-Evangeliars. Zwar zeigen die Verse 339 und 349 f. der *Adumbratio*, daß sich auf dem Bild doch mehrere Mörder befanden; trotzdem könnte die Verwendung des Wortes *lictor* ein Indiz dafür sein, daß zumindest der Dichter die *Passio minor* als zusätzliche Anregung herangezogen hat. Diese wurde erst 1603 erstmals gedruckt, dürfte aber in Würzburg leicht zugänglich gewesen sein. Die *Passio maior* lag dagegen in der Ausgabe des Laurentius Surius (1573) vor. – Zu beiden Passionen zuletzt Goetz 1989.

Nam Princeps Gosbertus ubi seruare pudici
Iura thori statuit, te soeua tabe peredit
Dira Venus,[201] nec passa moram de nocte ministros
340   Foelici infoelix mandas[202] demittere letho
Consilii authorem Kilianum. protinus olli
Ad caedis mandata uolant, et trina uirorum
Corpora contemptim uili tumulantur arena.

Nach der Versenkung in die Martyriumsszene beschleunigt sich die Betrachtung – man könnte auch sagen: das Geschehen. Die Begründung für das Verbrechen wird nachgeliefert und auf kürzestem Raum sowohl die Vorgeschichte des Mordes als auch das folgende Verscharren der Körper wiedergegeben. Wie die Szenen angeordnet waren, erfährt der Leser nicht, denn der Sprecher verzichtet auf deiktische Bemerkungen. Immerhin lassen sich Zeitangaben wie *nec passa moram* und *protinus* durchaus als Indizien für das Einsetzen einer neuen Szene annehmen, denn der der Ekphrasis eigene Zwang, nebeneinander Abgebildetes im Medium Sprache nacheinander anzuordnen, führt nicht notwendigerweise zu Ortsadverbien, sondern kann auch Zeitbestimmungen zu Hilfe nehmen, um die Illusion des geschichtlichen Ablaufes nicht vollends zu zerstören.[203] Demnach waren um die Martyriumsszene abgebildet: 1. Gozbert und Kilian im Disput über die Scheidung, 2. Aussendung *mehrerer* Mörder (s. o.) durch Geilana, 3. Verscharren der Leichen.

Ah pellex insana, tuum tellure sub ima
345   Posse latere scelus? sedet et uidet omnia summus
Arbiter,[204] horribilis iam te manet exitus, atrae
Tota cohors Stygis abreptam atque immane ululantem[205]
Aere discerpet secumque inuoluet Auerno.
At socii scelerum furiis immanibus acti
350   In sua fata ruent, ferrum in sua uiscera condent.[206]
Iamque adeo haec fiunt: cunctas ex ordine poenas

---

201 Verg. Aen. 10,897 f. *„ubi nunc Mezentius* (!) *acer et illa | Effera uis animi?"*; 5,6 *notumque furens quid femina possit* (Dido); 6,442 *hic quos durus amor crudeli tabe peredit* (Orcus).

202 Passio maior S. Kyliani 13 (p. 18 sq. Emmerich) *inuenti sunt duo ministri crudelitatis, qui promitterent, se satisfacturos Geilanae desideriis, datis | sibi muneribus miserrimae executionis.*

203 Vgl. I. Teil, B.II.1.a. – Hierin besteht in unserem Beispiel auch gerade die Schwierigkeit zu entscheiden, ob der Dichter nicht doch nur seine Kenntnis der Texte ausspielt. Die Zweifel Helms über die dargestellten Szenen (1976, 44 f.) sind daher nicht völlig unberechtigt.

204 Prop. 3,19,27 *Minos sedet arbiter Orci.*

205 Passio maior S. Kyliani 17 (p. 21 Emmerich) *daemonibus arrepta, quanta poterat uoce clamabat: „iuste torqueor, quae sanctis uiris tortores adhibui; recte crucior, quae cruciatus paraui (…)".*

206 Passio maior S. Kyliani 16 (p. 21 Emmerich) *Quis, Geilana, tibi cernenti talia, sensus | Tunc erat? infelix cruciatibus aucta* (acta v.l.) *furebas*; Vida, Christ. 1,224 f. *ruentes iussa facessunt | Auctores scelerum*; 6,531 *Ecce Palaestini furiis immanibus acti*; Ov. met. 6,51 (Arachne) *in sua fata ruit*; 15,88 *in uiscera uiscera condi.* – Weshalb Helm das Gottesgericht unter die nicht nachgewiesenen Bildszenen rechnet (1976, 45), ist unklar.

Aspicio, seriemque rei uariante colore
Leuibus in tabulis nouus illustrauit Apelles.

Hier ist genau zu beobachten, wie der Sprecher seine Augen lenkt: während sie noch immer auf den Leichnamen ruhen (und vielleicht im Hintergrund den thronenden Gottvater entdecken[207]), weiß er schon – z. B. aus der *Passio* – was als nächstes geschehen wird (V. 346 *iam te manet …*) und sagt es voraus. Erst dann (V. 351 *fiunt*) läßt er den Blick – mit deutlich spürbarer Genugtuung – auf die Szene mit dem Gottesgericht hinübergleiten.

Non procul hinc alta sancti tria corpora caetus
355 Effodiuntur humo, summa ut condantur in arce.
Nigrantes in equis proceres longo ordine collem
Ascendunt tecti faciem, tecti ora manusque,
Aut ipsos lugent uere, aut lugere uidentur.
Sic pergunt, sic relliquias reuerenter honorant.
360 Fortunati omnes,[208] quos ultro occumbere morti
Impulit alma Fides: uestrae hic solennia mystes
Arae dona feret, plebs in sua uota uocabit.
Ipse equidem insolito uestras quoque carmine laudes
Exsequerer, sed tempus erit.

Mit der Wendung *non procul hinc*, die die Erzählung der dargestellten Handlung unterbricht und den Sprecher wieder auf die Bildebene zurückbringt, behilft sich schon Vergil in der Schildbeschreibung (Aen. 8,635). Der anschließende Finalsatz (V. 355) ist in Wirklichkeit von der folgenden Szene angeregt: der Betrachter hat bereits den Leichenzug zur Burg erblickt und kann nur deshalb die erste Szene (Ausgraben der Toten) richtig deuten. Die Bestattung der Märtyrer auf der Burg und der Trauerzug der Adligen gehören nicht zur üblicherweise dargestellten Szenenfolge. Die Abbildung der Festung Marienberg allerdings verbindet das Gemälde wieder mit den erhaltenen spätmittelalterlichen Kiliansbildern.[209]

Die Beschreibung schließt mit einer Seligpreisung der Märtyrer und erweist sich damit im Ganzen als eine Art Hymnus: die Bekehrung des Herzogs und die Bestrafung der Feinde stellen dabei gleichsam den Tatenkatalog dar. Auf den Makarismos folgt

---

207 Auch hier ist nicht ganz sicher, ob er dargestellt war. Die engen Anklänge an den Text der Passion lassen ebenso die Annahme einer rein literarischen Anspielung zu: *credulus itaque uerbis coniugis princeps aliquantulum coepta ab inquisitione quieuit. sed enim iuxta dominicam uocem nihil opertum* (vgl. Mt 10,26!), *quod non reueletur et occultum, quod non scietur* bzw. *uiderit ipse, quem nullum latet secretum* (Passio maior S. Kyliani 15. 18 [p. 20. 22 Emmerich]).

208 Verg. Aen. 9,446 *Fortunati ambo* (Nisus und Euryalus!).

209 Muth 1989, 351. Für die Anbringung des Trauerzuges in einem gesonderten, bogenförmig abgeschlossenen Bildfeld (Helm 1976, Plan 6) gibt es keinen Anhaltspunkt.

recht überraschend die Ankündigung eines größeren Gedichtes auf die Frankenapostel, dessen Ausführung mit knappen Worten aufgeschoben wird (V. 363 f.). Man ist versucht, hier eine Verbindung zu der bedeutenden historischen Studie *Historia diui Kiliani* des Würzburger Professors Nikolaus Serarius zu sehen, die dieser 1598 in Mainz, seinem neuen Wirkungsort, publizierte. Allerdings enthält dieses Werk keine Dichtungen, und auch sonst ist aus der Zeit zwischen 1571 und 1625 kein Kilian-Gedicht bekannt.[210] Somit wird man die Verse 363 f. eher im Sinne antiker Hymnenschlüsse zu deuten haben, die den beständigen Lobpreis des soeben Besungenen versprechen.[211]

Die Hinwendung zum Bild der Muttergottes, die dem Dichter „zunickt" (V. 364), und die Bitte um Beistand eröffnet die Beschreibung des zweiten Seitenaltars. Sie ist recht summarisch durchgeführt und scheint beinahe nur als Proömium zu der Darstellung des Hochaltars verstanden zu sein, die fast den ganzen verbleibenden Rest des Textes umfaßt (V. 390–541). Maria nimmt hier die Rolle der Muse ein, die neue Inspiration verleihen soll:

366   … uenientem suscipe uatem,
      O summi regina Dei,[212] et qui plurimus urget,
      Vrgentem mecum (si fas) decurre laborem.

Der Altaraufbau war offenbar relativ einfach in drei übereinanderliegende Bilder (Marientod, Himmelfahrt, Marienkrönung) unterteilt, die keine weiteren Nebenszenen zeigten. Dies zumindest ergibt sich aus den einfachen Angaben, mit denen der Sprecher die Szenen voneinander scheidet:

373   **primum** ante oculos morientis imago
      Virginis occursat. **tollenti lumina** rerum
      Laetior offertur species …
      (…)
386   … **super omnia tandem**
      Stat caeli Regina caput cincta undique stellis.

Ganz läßt er sich aber auch hier nicht die Möglichkeiten der Ekphrasis entgehen, so daß – in der gleichen Weise wie beim Relief am Kirchenportal – die Apostel angesichts der Entrückung Mariens selbst sprechen, wenn auch nur in indirekter Rede:

---

210 Soder 1989b.

211 Vgl. den in den Homerischen Hymnen wiederkehrenden Schlußvers αὐτὰρ ἐγὼ καὶ σεῖο καὶ ἄλλης μνήσομ' ἀοιδῆς („Ich aber will deiner in neuen Hymnen gedenken."). Jakob Pontanus schließt seinen Katharinahymnus mit den Versen (1594a, 337): *Nox erit ante dies, et lux imitabitur umbras | Destituent uolucres aera, piscis aquas, | Astra prius fruges, dabit aurea sydera tellus, | Quam nos, uirgo, tui captat obliuia, quam nos | Vnquam paeniteat commeminisse tui.*

212 Nach Sannaz. P. V. 2,342 f. *Accipe uatem, | Diua, tuum, rege, diua, tuum.*

380   Lintea sola uident, crebroque haec una recursat
       Cura animo: quis? ubi? quando subuecta fuisset?
       (subuectam dubitabat enim super aethera nemo)

Die etwas unbeholfen klingende Praeteritio *nunc altius irem,* | *Si quid matre Dei aut nato sublimius esset* (V. 389 f.) zeigt recht deutlich die Eile des Sprechers, nun seinen Schritt zum Hochaltar zu lenken, vor dem er emphatisch alle Ungläubigen (oder Unberufenen?) in die Schranken weist: *Ite, profanati coetus, absistite, curae* | *Degeneres, stat ferre pedem per sancta locorum* (V. 395 f.).[213]

Das Allerheiligste (V. 395–537)

Aus der Reihenfolge, in der der Sprecher die einzelnen Aspekte von Chorraum und Hochaltar behandelt, geht eindeutig hervor, wie er ihre Rangfolge beurteilt und welche Assoziationen sich für ihn als Geistlichen an die Kunstwerke und Heiligtümer knüpfen. Zuerst ziehen Chorschranke und Gestühl die Aufmerksamkeit auf sich. Dabei gibt die Verzierung der Sitzreihen Anlaß zu Reminiszenzen an das *templum Salomonis*, das Urbild der Kirchenweihe (V. 398–418).[214] Liturgisches Gerät und kostbare Meßgewänder (V. 419–436) bereiten als unerläßliche Ausstattung der Abendmahlsfeier die Betrachtung des Passah- und Abendmahlsbildes am Altarsockel (?) vor, die auch Gelegenheit gibt, den Glauben an die Realpräsenz Christi *sub imagine panis* zu betonen (V. 437–465). Erst nach dieser theologischen Ortsbestimmung wendet sich das Gedicht in einer großen Aufwärtsbewegung den Alabasterreliefs und Figuren des Jan Robijn mit der Leidensgeschichte Christi zu, die auf diese Weise den krönenden Abschluß der Darstellung bilden und zugleich die Begründung des gesamten kirchlichen Geschehens liefern. Die Passionsbilder geben vielfältigen Anlaß zu emphatischer Klage, entrückter Betrachtung und Apostrophen an die Figuren auf den Bildern, so daß dieser Abschnitt der *Adumbratio* (V. 466–532) am deutlichsten kontemplative Züge trägt. Ein Ausblick auf den zukünftigen Glanz des Altars im Licht einer von Julius persönlich zelebrierten Messe (V. 533–541) wirkt beim Lesen zunächst wie die von den „sprechenden" Kanzelreliefs inspirierte Vorblende. Tatsächlich verbirgt sich dahinter aber mehr: mit dieser Anspielung auf den vom Fürstbischof gehaltenen Eröffnungsgottesdienst versucht der Dichter, aus der selbstgewählten Situation der „Vorbesichtigung" der leeren Kirche zurückzulenken in das Geschehen des Festtages. Diese Überleitung bleibt

---

213 Nach Sannaz. P. V. 2,346 f. *absistite, curae* | *Degeneres, dum sacra cano.*

214 In den 1580er Jahren plädierten sowohl Roberto Bellarmino als auch Cesare Baronio für eine enge Anlehnung neuer Kirchenbauten an den Salomonischen Tempel und suchten zugleich nachzuweisen, daß dessen Struktur in der altchristlichen Basilika fortgelebt habe. Nicht zufällig verweist der Dichter auf Salomo gerade hier, wo er die *sancta sanctorum* betritt, den wie im Typus durch eine Schranke abgetrennten Teil des Heiligtums. Zur Diskussion um die Verwendbarkeit des *templum Salomonis* als Vorbild um 1600 s. Tessari 1992.

allerdings im Rest des Gedichtes folgenlos, da es eine weitere Schilderung der Ereignisse nicht gibt und somit die Rückkehr in die Ebene der Anfangsszene, die den Sprecher inmitten der Volksmenge zeigte, nicht stattfindet.

Auf dem Chorgestühl standen zahlreiche musizierende (Engels-?)Figuren. Bei ihrem Anblick fällt dem Sprecher der biblische Bericht von der Weihe des salomonischen Tempels ein, der von Musik und Gesang widerhallte. Anläßlich dieses Vergleiches mit der *umbra* aller christlichen Kirchen darf allerdings ein Verweis auf die grundsätzlichen Unterschiede zwischen neu- und alttestamentlichem Gotteshaus nicht fehlen. Im Würzburger Gedicht wird die Andersartigkeit der salomonischen Tieropfer (II Par 7,5) und des christlichen, unblutigen Opfers als trennendes Merkmal unterstrichen und damit ein bereits seit der christlichen Literatur der Spätantike gängiges Argument wiederaufgegriffen:

> Diuersa summum tenues sub imagine formae
> Obsedere apicem: haec tangit resonantia fila,
410   Illa stat altisono motans caua cornua cantu,
> Cuique suus standi modus est et cuique canendi.
> Hic animum meminisse iuuat: cum templa dicaret
B4ᵛ   Structa Deo Salomon, cum dulcibus ipsa sonarent
> Plena modis, stabant elata uoce chorauli
415   Mutaque concentus animabant saxa lepore.[215]
> Talis et haec species, uiuens ubi uictima fertur,
> Victima non uapido surgens nidore per auras,
> At tristi liquido purgans caeli atria nube.[216]

Hinter Gestühl und Altar befand sich die niedrige, gewölbte Sakristei (V. 419f. *densa clausum testudine circum | Est opus*) mit ihren Schränken und Regalen für Heiligenbilder, Kruzifixe, Kelche, Weihrauch, liturgische Gewänder und Tücher. Der Sprecher zählt die bewegliche Ausstattung nur kurz auf und tritt dann vor den Altar, um die beiden Reliefs zu seiten des Tabernakels genauer zu betrachten. Hier wie auch im weiteren Verlauf der Altarbetrachtung ist Vidas *Christias* immer häufiger als Vorlage benutzt. So geht beispielsweise die Begründung, weshalb das Abendmahl nun zu betrachten sei, auf eine in der *Christias* wörtlich wiedergegebene Rede des Erlösers zurück:

---

215 II Par 5,12f. *tam Leuitae quam cantores (…) cymbalis et psalteriis et citharis concrepabant | stantes ad orientalem plagam altaris | cumque eis sacerdotes centum uiginti canentes tubis (13) igitur cunctis pariter et tubis et uoce et cymbalis et organis et diuersi generis musicorum concinentibus | et uocem in sublime tollentibus longe sonitus audiebatur.* Das Klingen der Steine ist hier allerdings nicht erwähnt.

216 Vgl. schon Ven. Fort. carm. 2,10,1 f. *Si Salomoniaci memoretur machina templi | Arte licet par sit, pulchrior ista fide.* Ähnlich carm. 3,6,1–8. Mittelalterliche Beispiele bei Emonds 1956, 55; zur Verwendung dieses Motivs in der Kirche des konfessionellen Zeitalters s. u. S. 366.

Adumbratio, V. 437–440	Vida, Christ. 2,659–662 (Rede Christi beim Abendmahl)
Huc potior me cura trahit, spectare figuras,	„Vos ideo, quoties positas accedere mensas
Quas deceat sacris operantem agitare frequenter.	Contigerit sacrasque dapes libamina iussa,
Christus enim, positas quoties accedere mensas	Funeris his nostris moestum referetis honorem,
Contigerit, meminisse sui nos funeris optat.	Et nunquam istius abolescet gloria facti."

Auch das Abendmahlsrelief selbst ist nach der entsprechenden Szene in der *Christias* gebildet, die ihrerseits auf das Mahl des Aeneas und seiner Gefährten nach dem Seesturm (Aen. 1,208 ff.) zurückgeht:

Adumbratio, V. 441–447	Vida, Christ. 2,648–652 (Letztes Abendmahl)
Laeua ergo cunctis factum memorabile saeclis	
Cernitur, extrema ut caena dapibusque paratis	… dapibusque paratis
Discumbant, medius socios Deus inter Iudam	Discubuere omnes. una inter dirus Iudas
Dissimulans sedet et premit altum corde dolorem.	Dissimulans sedet et uultu mentitur amorem.
Nec tamen impietas immensum laedit amorem.	
Ipse manu puras fruges synceraque liba	Iamque heros puras fruges properataque liba
Accipiens sacrat et cuncti iubet ordine sumant.[217]	Accipiens frangensque manu partitur in omnes.

Das rechte Relief zeigte mit dem Passahmahl die *facti umbra* (V. 448), das alttestamentliche Schattenbild des Abendmahles. Hierfür gab es in der *Christias* keine Vorlage, so daß sich der Würzburger Dichter mit einer Kombination aus Bibel- und Vergilzitaten behalf:

> Dextra autem facti umbra patet, ceu lege uetusta
> Agnellum Isacidae iussi mactare, parati
> 450 Constiterint ad iter. longam lateque fluentem
> Contrahit et lumbis subnectit fibula uestem,
> Quisque tenens manibus baculum uestigia firmat.[218]

Zwischen den beiden Reliefs befand sich das Tabernakel. Angesichts der Kontroversen des 16. Jahrhunderts über die Präsenz Christi in der Eucharistie ist es nicht erstaunlich, daß der katholische Dichter dezidiert feststellt:

> 455 Illic **uiuus** enim niuei sub imagine panis
> **Christus adest**, calicis solido radiantis ab auro

---

217 Verg. Aen. 7,276 f. *omnibus extemplo Teucris iubet ordine duci | Instratos ostro alipedes.*

218 Ex 12,11 *sic autem comedetis illum* (sc. *agnum*) *| renes uestros accingetis | calciamenta habebitis in pedibus | tenentes baculos in manibus | et comedetis festinantes*; Verg. Aen. 4,139 *aurea purpuream subnectit fibula uestem*; 3,659 (Polyphem!) *trunca manum* (in älteren Ausgaben: *manu*) *pinus regit et uestigia firmat.*

Tegmine dignatus condi. quis credere posset?
Et tamen est. o magna Dei miseratio nostri![219]

An den Dank über die erfahrene Gnade schließt sich ein kurzes, aber eindringliches Gebet für den Glaubenseifer der fränkischen Bevölkerung an; dann wendet der Sprecher sich wieder dem Altar zu. Die links (V. 467 *hinc*) und rechts (V. 470 *inde*) vom zentralen Kreuzigungsbild sichtbare Annagelung und Kreuzabnahme würdigt er dabei nur einiger kurzer Bemerkungen, die nicht über eine Inhaltsangabe hinausgehen. Stattdessen steht die Kreuzigung ganz im Mittelpunkt der Aufmerksamkeit (V. 478– 503) und wird dazu mit einem eigenen Proöm über den restlichen Text herausgehoben (V. 472 f.: *Maior at in medio species maioreque digna | Carmine*), das an den Neueinsatz Vergils in der zweiten Hälfte der Aeneis erinnert (7,44 f.): *maior rerum mihi nascitur ordo, | Maius opus moueo.* Ähnlich wie bei der Betrachtung der Kiliansmarter bleibt das Gedicht nicht bei der Wiedergabe des Bildes stehen, sondern betont auch dessen Wirkung auf den gläubigen Betrachter. Dieses Nebeneinander von Kunstbetrachtung und mitempfindendem Umgang mit dem Bild tritt im Begriffspaar *decor – maeror* anschaulich zutage:

Hoc fuit artis opus, nec constitit ista labore
Effigies paruo: tantus **decor** undique, tantus
480   Vndique **maeror** adest.

In dem Ausruf *Quam pulcre super impositi figuntur eodem | Aere pedes!* (V. 484 f.) zeigt sich nicht allein Anerkennung für den Künstler, sondern zugleich die intensive Vergegenwärtigung des Geschehens. Damit rückt die Betrachtung der Kreuzigung in die Nähe der Meditationspraxis. Das Exerzitienbuch des Ignatius sieht beispielsweise für die erste Woche der Übungen „Betrachtungen über die Sünde" (Nr. 45–51. 55–61: *cogitationes de peccatis*) vor. Genau eine solche ist die emphatische Apostrophe des Sprechenden an den Gekreuzigten und seine reuevolle Selbstbezichtigung. Charakteristisch für die humanistisch-literarische Prägung des Textes ist aber zugleich, wie dieser sich wieder an eine berühmte Stelle der Aeneis anlehnt. Die Selbstanklage folgt der Rede des Nisus, der sich, das drohende Ende seines Freundes Euryalus vor Augen, den Feinden stellt:

---

219 Noch deutlicher unterstreicht diese Überzeugung das ENCAENISTICUM COLLEGII MOGUNTINI (1593), dessen Autor Mathias Putz SJ zugleich eine Anspielung auf die hölzernen Relieftafeln des Altars einflicht (V. 54– 57): *Hic locus adsurgit, quo non augustior alter: | Christus adest habitatque; haud ille e robore fictus | uiuentem mentitur: adest uiuensque uidensque, | ast hominum panis frustratur imagine uisus.* – Vgl. Io 6,51 *ego sum panis uiuus qui de caelo descendi.*

Adumbratio, V. 485–493	Verg. Aen. 9,427–430

… Christum media uel morte teneri
Vel iam iam expirasse putes, sic omnia lugent,
Ora, manus, facies traiectaque pectora ferro.   (vgl. Verg. Aen. 1,355)
Quae tantum mens ausa scelus, quae causa malorum?   (vgl. Verg. Aen. 11,361)
Dic mihi, quis laceros faedauit turpiter artus?
Quis tibi tam lato patefecit pectus hiatu?   „Me, me, adsum qui feci, in me conuertite ferrum,
Fraus nostra et **nostrum scelus** est. nihil ipse   O Rutuli! mea fraus omnis, nihil iste nec ausus
                 patrauit
Nec potuit, caelum hoc et sidera conscia norunt.   Nec potuit; caelum hoc et conscia sidera testor;
Tantum infelices nimium dilexit amicos.   Tantum infelicem nimium dilexit amicum.“

Die Würzburger Ausgestaltung der Szene wurde offensichtlich als vorbildlich empfunden: noch 1618 verwendete sie J. Coccius in seinem Festgedicht zur Einweihung der Molsheimer Jesuitenkirche erneut und fügte ihr einige weitere Gedanken hinzu.[220]

Gegenüber den eindringlichen Worten, die der Sprecher angesichts des Kreuzes findet, bleibt die folgende Szene (Klage Mariens unter dem Kreuz) wieder mehr im Rahmen konventioneller Bildbeschreibung. Allerdings sucht diese gerade aus dem Antlitz der vor Schmerz verstummenden Gottesmutter (V. 497 f. *singultantia pectora uocem | Abrumpunt*) ihre Empfindungen und Gedanken zu erkennen (V. 498 f.): *quid mens tamen aegra uolutet, | Vdi fletu oculi pallentiaque ora loquuntur.* Der Wunsch, die Leiden mitzuempfinden –

502   Hic tecum mihi dulce foret, moestissima Virgo,
      Sub prolis cruce stare tuae … –

erinnert an das Stabat Mater:

     Pia mater, fons amoris,
     Me sentire uim doloris
     Fac, ut tecum lugeam![221]

In der *Adumbratio* bleibt es dann aber bei dieser etwas beiläufig wirkenden Apostrophe, weil der Sprecher sich ganz auf die weiteren Altarbilder konzentrieren will, die über der Kreuzigung zu sehen sind.

Sie zeigten die Auferstehung (mit den schreckensstarren Wächtern, aber auch dem Engel und weiteren Gestalten) und ihre Präfiguration, den vom Wal ausgespieenen Jonas. Dieser innere Zusammenhang ließe vermuten, daß beide Bilder nebeneinander

---

220 S. u. S. 351 f.
221 Zit. nach Langosch (Hg.) 1954, 44.

angebracht waren, wenn dies nicht durch eine Formulierung des Gedichtes – V. 514 beginnt die Jonas-Szene mit *Dum moror, adspectu **supremo** in marmore cerno …* – etwas unsicher erschiene. Da jedoch die Worte *dum moror* wiederum erkennen lassen, daß sich die der gesamten Altarbeschreibung zugrundegelegte Aufwärts-Bewegung hier nicht fortsetzt, darf man *supremo* nicht als „auf der obersten Tafel" verstehen und die Jonasdarstellung demnach nicht *über* der Auferstehung vermuten. Eine Deutung von *supremo* als „auf dem letzten Relief" verbietet sich ebenfalls, denn es folgt noch das Pfingstbild (V. 519–522). Deshalb wird vermutlich *supremo in marmore* im Sinne von „am Rand der Tafel" zu erklären sein, so daß die *umbra* möglicherweise nur im Hintergrund der Auferstehung angedeutet war.[222] Sprachlich orientiert sich die Jonas-Szene erneut an Vida: Dort erblickt Maria am leeren Grab ein Bild der Jonasgeschichte, das sie als Voraussage der Auferstehung Christi erkennt. Am Rande sei bemerkt, daß die unveränderte Übernahme des Zitates nicht zu der Annahme berechtigt, am alabasternen Altar habe sich auch eine Marmortafel befunden.

Adumbratio, V. 514–518	Vida, Christ. 6,351–358
	Namque morae impatiens atque acri saucia amore
	<u>Dum</u> uirgo sedet ac miratur inane sepulcrum,
Dum moror, adspectu supremo in marmore cerno	Artificumque manus, <u>uidet ipso in marmore</u> fictum
Littus arenosum latoque ex aequore piscem	<u>Litus arenosum</u> porrectum in litore <u>piscem</u>
Fluctiuagum, ingentem, trinos uasto oris hiatu	<u>Fluctiuomum, ingentem,</u> nant aequore qualia in alto
	Mole noua ignaros nautas terrentia cete.
	Monstrum turpe, atrum, spaciosi bellua ponti,
Exceptum ante dies reuomentem e pectore uatem.[223]	<u>Cuius ab undiuomo uates imperditus ore</u>
Res et causa patet manifestaque signa uidentur.	<u>Redditus aëreas rursum ueniebat ad auras.</u>

Das oberste der Reliefs zeigte die Ausgießung des heiligen Geistes und nicht, wie oft angenommen wurde, eine „Schar der Christen im Himmel".[224] Es ist auch gar nicht zu erkennen, welche Bedeutung eine solche haben sollte. Demgegenüber fügt sich die Pfingstszene (Act 2,3) in das Gesamtkonzept der Universitätskirche bestens ein, greift es doch das Patrozinium der *Diuisio Apostolorum* wieder auf, das auch am Westportal seine bildliche Darstellung gefunden hatte.[225] Auch am Hofportal der Universität war

---

222 Vgl. zu diesem Problem auch die Überlegungen bei Helm 1976, 43 m. Anm. 66.

223 Verg. Aen. 5,182 *et salsos rident reuomentem pectore fluctus.*

224 So zuletzt Helm 1976, 43. Vgl. Nirschl 1891, 20: „die Schaar der Seligen in der himmlischen Glorie" (Skepsis gegenüber dieser „sehr seltenen Darstellung" schon bei Bruhns 1923, 143). Anlaß zu dieser Deutung gaben die wenig naheliegende Übersetzung von V. 520 *supra caput radius* als „Nimbus" und das allzu wörtlich verstandene Patronymikon *Christiadae.* Dieses findet sich bei Vida, Christ. 6,985 in der Bedeutung „Völker christlichen Glaubens". *Coetum* (Sing.!) bezeichnet aber in *Adumbratio* V. 519 nicht große Scharen, sondern eine klar definierte Gruppe und damit die Jünger.

225 So bereits Helm 1976, 43, trotz der in der vorigen Anm. erwähnten Fehldeutung.

ja das Kommen des heiligen Geistes in einem großen, heute noch sichtbaren Relief dargestellt. Völlige Klarheit über das Thema des Reliefbildes gibt ein weiteres Mal Vidas Epos als Ausgangstext der *imitatio*:

Adumbratio, V. 519–522	Vida, Christ. 6,916–929 (Pfingstwunder)
	Suspiciunt. noua lux oculis diffulsit, et ingens
	Visus ab aethereo descendere uertice nimbus
	Lucis inardescens maculis, tectumque per omne
Altius ergo oculis ferimur coetumque sedentem	Diuersi rumpunt radii. tum innoxius ignis
Christiadum aspicimus; supra caput omnibus adstat	Omnibus exemplo supra caput astitit ingens,
Scintillans radius. caeli sese aurea flamma	Et circum rutilis incanduit aura fauillis,
Insinuat gratoque mouet pia corda calore.	Stricturis ueluti crebrae crepitantibus olim
	Dissiliunt scintillae, acres dum incudibus ictus
	Alternant Chalybes robustaque brachia tollunt
	Candentem curua uersantes forcipe massam.
	Nam pater omnipotens superaque aequaeuus ab arce
	Filius aspirant una omnipotentibus auris
	Infunduntque uiris numen.

Auf der Spitze des Altaraufbaues stand eine Statue Christi als Weltenherrscher, umgeben von den Figuren der Apostel. Man hat sie sich auf den verschiedenen Simsen und Vorsprüngen stehend zu denken (vgl. V. 530 f.), ähnlich wie auf dem 1593 eingeweihten und von Mathias Putz beschriebenen Hochaltar der Mainzer Jesuitenkirche.[226] Dem ehrerbietigen Gruß, mit dem der Sprecher die Altarbeschreibung abschließt, fügt er noch einmal einen Verweis auf die bevorstehende erste Messe des Fürstbischofs an: erst dadurch wird der *ornatus* vollkommen.

> 530 At longa serie socii cernuntur ab imo
>   Ad summum adstantes, ueluti mandata parati
>   Accipere et toti rursum diffundere mundo. –
>   Salue, o ara Dei, nitidis celata figuris,
>   Digna Deo, superum digna in pallatia ferri,
> 535 Nunc ornata quidem, sed mox ornatior ibis,
>   In te cum peraget sacri mysteria praesul
>   Iulius officii et soluet solennia uota.

---

226 ENCAENISTICUM COLLEGII MOGUNTINI (1593); vgl. unsere **Abb. 22–23**. – Helm vermischt leider (1976, 43) die Standfiguren des Würzburger Altars und das darunter befindliche Pfingstrelief.

Die oberen Etagen und das Deckengewölbe (V. 538–586)

Der Schlußteil der Kirchenbeschreibung folgt genau dem in V. 100–103 angekündigten Konzept, wirkt aber durch die überproportionale Länge des Abschnitts über die
Altäre etwas anhangartig. Dies war auch dem Dichter wohl bewußt, denn für die Überleitung verwendete er jenen Vers, mit denen Horaz den Schluß seiner ersten Oden-
publikation markiert hatte: *Hactenus exegi partem monumenta per imam, | Nunc mediam
summamque peto ...*[227] Trotzdem hat er es verstanden, auch bei kursorischer Betrachtungsweise dem Gedicht eine ansprechende Form zu geben – nicht zuletzt durch neuerliche geschickte Verarbeitung literarischer Vorbilder.

Die Emporen *(pegmata)* und ihre Überbietung der antiken Bauten beispielsweise
sind in würdevoll-getragenen Versen gezeichnet:

> ... excisis stant pegmata bina columnis[228]
> 542 (Non quae prisca solent ueterum iactare theatra,
> At solido e lapide), et templum ducta undique circum
> Longa columnarum series latera omnia cingit.

Es folgt eine kurze Bemerkung zur Lichtfülle des Raumes, die die mannigfaltigen Deu-
tungsmöglichkeiten des Lichtes im kirchlichen Bereich in Erinnerung ruft. Heller als
hundert Flammen scheint es, so daß man denken könnte, es falle ungehindert durch ein
Dach von oben in den Raum: ein übernatürliches Licht, das seinerseits „Quelle des
Lichts" ist und „rosenfarbigen Schein seines Antlitzes" verströmt. Die Kirche wird
damit zur *facies Christi*, doch spielt der Vers in raffinierter Doppeldeutigkeit auch auf
das Leuchten der rot gefärbten Säulen und Arkaden an:

> 556   ... Lux lucis origo
> Hic habitat roseumque sui iubar explicat oris.[229]

Die Angaben zum Gewölbe, die der Sprecher macht, sind relativ ungenau. Dies ist
zweifellos auf die besonderen terminologischen Schwierigkeiten in diesem Gebiet zurückzuführen. Angesichts dieser Bedingungen darf man die Umschreibung der Gewölberippen, die den First „abschließen" (V. 558–560), nicht zu kritisch beurteilen, ihr

---

227 V. 538 f. nach Hor. carm. 3,30,1 *Exegi monumentum aere perennius.*

228 Ähnlich Stat. silv. 1,2,152 (zit. o. Anm. 125) und 3,5,90 *templaque et innumeris spatia* (Säulenhallen) *interstincta columnis.*

229 Vgl. Mt 17,2 (Verklärung) *et resplenduit facies eius sicut sol.* – Die Vorstellung von der Kirche als Wohnstatt des
Lichtes ist alt (vgl. Wulff 1929/30). Von einer Kuppelkirche als φωτὸς οἰκτήριον spricht schon Gregor von
Nazianz in einer Predigt (PG 35, 103). Auch Prokop bemerkt zu Justinians Bauten, ohne allerdings den
theologischen Gedanken auszuführen (aed. 1,1,29): φαίης ἂν οὐκ ἔξωθεν καταλάμπεσθαι ἡλίῳ τὸν
χῶρόν, ἀλλὰ τὴν αἴγλην ἐν αὐτῷ φύεσθαι („Man möchte sagen, daß der Raum nicht von außen durch die
Sonne erleuchtet wird, sondern der Glanz in seinem Inneren entstehe.").

allerdings auch nicht mehr Inhalt unterstellen als sie objektiv bietet;[230] sie besagt nur, daß sich von beiden Seiten des Kirchenschiffs vergoldete Rippen zum First hinaufzogen:

Hinc iam summa gradum subter fastigia tollam,
Quae nexorum inter sese lapidum aureus ordo
560   Partibus a uariis subuectus claudit et uno
Copulat in gyro (...)

Das Gewölbe, d. h. die Zwischenräume der Rippen, war nach der Aussage des Gedichtes mit Blumen- und Efeuranken ausgemalt; dazwischen leuchtete – vermutlich an einem Schlußstein – das Echter-Wappen in Silber und Blau. Schwierig ist es dagegen, den genauen Ort der dritten Aposteldarstellung in der Kirche zu bestimmen, die alle zwölf Glaubensboten mit den Attributen ihres Todes zeigte:

576   Dein ubi conuexi se curuatura remittit
Fornicis, hic signa in spatiis duodena senatus
Cernis Apostolici, uultus potes ipse notare
Et mortis genus: ecce gerunt necis arma cruentae.

Das „Nachlassen der Krümmung" (V. 576f.) kann sich sowohl auf die Apsiskalotte[231] als auch die Firstzone[232] beziehen. Die erste Möglichkeit würde zu einer sehr gedrängten Darstellung der doch recht groß zu denkenden Figuren (vgl. *uultus potes ipse notare!*)

---

230 Die von Max v. Freeden (1970, 46) vorgeschlagene Deutung als Netzgewölbe hat Reinhard Helm (1976, 36–38) zu der eines Schleifensterngewölbes (vgl. unsere **Abb. 2**) weiterentwickelt. Dies scheint im Hinblick auf regionale und zeitgenössische Parallelen nicht unwahrscheinlich, doch muß auf einige Unzulänglichkeiten der Quelleninterpretation hingewiesen werden. (1) Das Gewölbe ist nur in V. 559–561 beschrieben; der von Helm herangezogene V. 88 ist hier nicht einschlägig (s. o. Anm. 131). (2) Der Ausdruck *nexorum lapidum ... ordo* bezeichnet zunächst nur die zu Rippen aneinandergefügten Steine (so auch Classen – Henn [wie Anm. 113] 19: „ein regelmäßiges Geflecht"), gibt aber keinen Hinweis auf verschlungene Rippen (so Helm 1976, 36). (3) Der Ausdruck *uno copulat in gyro* bleibt problematisch: *copulare* als intransitives Verb (also etwa „in einem Kreis sich vereinen", so auch Helm ebda.) ist nicht belegbar, *copulare fastigia* („das Gewölbe miteinander verbinden = schließen") wäre mit dem voraufgehenden *claudit* tautologisch und läßt außerdem offen, was *uno gyro* bedeutet. (4) Über die charakteristischen überstehenden Enden sich kreuzender Gewölberippen sagt V. 562 nichts aus (Classen – Henn [wie Anm. 113] 19 haben hier *gramina* irrtümlich mit „Rippen" wiedergegeben, ebenso Helm 1976, 161), wohl aber die ENCAENIA ET TRICENNALIA JULIANA, die dafür sogar den Fachterminus *proiectura* bringen (Kap. 139, S. 104): *fornices ... uarie decussatis* (überkreuzt) *commissuris et proiecturis, lepide compositis, marginatis et auro oblitis, fulgore grato micant.* Das nach Helm 1976, 37 bei den Grabungen der 70er Jahre in der Kirche gefundene Rippenfragment hat leider keinen Eingang in den Abbildungsteil seines Buches gefunden; angesichts der Verwechslungen, die dort mehrfach auftreten, ist zu fragen, ob es sich nicht um das Gewölberippenfragment aus der Würzburger Michaelskirche (erb. 1610) handelt, das Soder 1989a, 244 abbildet.

231 So v. Freeden 1970, 46.

232 So Helm 1976, 37–39. Die Argumentation ist an dieser Stelle besonders verworren.

führen und diese womöglich teilweise hinter dem Hochaltar verdeckt sein lassen. Dies ist zwar nicht ausgeschlossen (man denke an die von Christoph Schwarz' Altar in St. Michael in München verdeckten Chorstatuen), doch ist erst ab V. 580 ausdrücklich von der Chorzone die Rede *(Parte illa uero, qua maxima uisitur ara)*. Die von R. HELM vorgeschlagene Lösung, die Apostel in den „Vollkreisen" des Gewölbes anzuordnen, leidet unter der nicht beweisbaren Form der Gewölberippen ebenso wie unter der durch einen solchen Ort erzwungenen Kleinheit der Bilder, der mit der ausdrücklich betonten guten Erkennbarkeit von Details schlecht zusammenpaßt. Vor allem aber ist übersehen, daß der Dichter nicht „von dem Wappen Julius Echters … aus(geht)",[233] sondern – nach den Versen 570–575 über das Wappen – mit *Dein ubi …* offenkundig an einer neuen Stelle einsetzt, also gerade nicht sagen will, daß Wappen und Apostel etwa in einer Reihe entlang dem First abgebildet waren. Schließlich blieben bei dieser Deutung die Worte *in spatiis* (V. 577) unerklärt.

Daher dürfte die *curuatura se remittens* keine der beiden bisher angenommenen Zonen bezeichnen, sondern den Bereich der vom Sims über der 2. Empore aufsteigenden Bogenrippen an den *Längsseiten* der Kirche. Hier stehen – auch dies im Unterschied zur Apsis – auf jeder Seite infolge der acht Joche genügend Zwischenräume zwischen den aufsteigenden Rippen zur Verfügung.[234]

Auch die weinenden Engel mit den Leidenswerkzeugen (V. 580–583) dürften sich eher in den Bereichen der Chorwölbung befunden haben, die vor bzw. seitlich des Altars lagen, als hinter diesem, da sie so nur aus weiterer Entfernung oder möglicherweise gar nicht hinter dem Altaraufbau zu sehen gewesen wären, der fast bis zum Gewölbe reichte.

Der Turm (V. 587–598)

Der Turm an der Westseite, über dessen stark von der heutigen abweichende Gestalt wir aus dem Leypoldschen Stich *(Abb. 1)* unterrichtet sind, erfährt im Gegensatz zur Kirche nur eine sehr kursorische Behandlung. Betont sind vor allem die mächtige Größe und das Lasten des Bauwerks auf dem Untergrund, wiederum unter Verwendung von – in der Bedeutung geschickt modifizierten – Zitaten aus Statius:

Adumbratio, V. 587–593	Stat. Theb. 5,351 f.
Quid dicam aereae munimina saxea turris?	Moenia, qua longe pelago despectus aperto,
Tellurem est ingens ab ea despectus in imam.	Scandimus et celsas turres …[235]

---

233 Helm 1976, 39.

234 Zu Apostelbilderfolgen in Kirchenräumen der Echterzeit vgl. jetzt Schneider 1999, 106–109 und 218 (Abb.).

235 Vgl. aber zugleich silv. 1,1,87 f.: *uix lumine fesso | explores quam longus in hunc despectus ab illo.*

Quae moles! haeret lapidi lapis, ipsa crepido	Stat. silv. 1,1,56–58
Indeprensa latet, nec ferro aut aere laborat,	
Iuncturis uerum ipsa suis genioque tenetur.	<u>Vix</u> sola sufficiunt incessaque <u>pondere tanto</u>
Vix oneri tellus satis est, et pondere tanto	<u>Subter anhelat humus; nec ferro aut aere laborat,</u>
Subter anhelat humus. stat ad ipsas machina nubes. [236]	Sed <u>genio</u>[237], teneat quamuis aeterna <u>crepido</u> …

Wenn schließlich die Glocken des Kirchturms mit einer Adaptation des berühmten *At tuba terribilem sonitum procul aere canoro | Increpuit* (Verg. Aen. 9,503 f. nach Ennius) vorgestellt werden:

597   Scilicet ad templum populos ciet aere canoro,

so ist damit nicht allein ein weiteres berühmtes Zitat eingeflochten, sondern zugleich erneut bedeutungsvoll auf die Überbietung des salomonischen Tempels durch die Kirchen des Neuen Bundes verwiesen: die Glocken haben die Rolle der *tubae* übernommen, die bei Salomos Tempelweihe zu Hunderten erklangen.[238] Mit diesem auch theologisch bedeutsamen Verweis scheint der Dichter zugleich der Schwierigkeit begegnet zu sein, noch keinen Lobpreis auf eine Orgel singen zu können. Da alle Quellen des Jahres 1591 in dieser Hinsicht schweigen, darf man annehmen, daß die 1627 aus der einsturzgefährdeten Kirche geborgene Orgel zum Zeitpunkt der Einweihung noch nicht fertiggestellt war.[239]

Abschluß der Beschreibung und Preis der Societas Jesu (V. 599–622)

Mit dem schon zu Beginn der Kirchenführung angeklungenen Motiv des poetischen Werkes als Seefahrt[240] schließt diese auch ab. Daß der Dichter sie nicht als Gelegenheitsgedicht ohne Bedeutung über den Tag hinaus verstanden wissen wollte, unterstreichen die Schlußverse: Auch die *bona posteritas* (V. 602) möge erfahren, wie segensreich sich der (natürlich katholische) Glaube auf die Zustände in Franken ausgewirkt hat. Den Beweis liefert eine drastische Gegenüberstellung von Vergangenheit und Gegenwart: Ketzerei, Bildersturm, Aufruhr und beinahe geglückter Sieg der Reformation

---

236 Verg. Aen. 4,89 *aequataque machina caelo.*

237 So die Lesart der zeitgenössischen Statius-Ausgaben, die die Adaptation leichter verständlich macht als der heute etablierte Text *nec ferro aut aere, laborat | Sub genio* (ed. Courtney, Oxford 1990). Vgl. z. B. Statius ed. Cruceus 1618, 34: SED GENIO. *nam, inquit, libenter ferunt Domitianum, quem loci genium et nomen putant.*

238 Vgl. o. Anm. 215. – Zur traditionellen Gleichsetzung von *tubae* und *campanae* s. Sauer 1924, 146f.

239 POMPAE IN DEDICATIONE ADUMBRATIO V. 323 f. (fol. B4ʳ): *Alta petentis adhuc sub opaco fornice turris | Organicae ora locus monstrabat musica turbae* bezieht sich nicht auf die Orgel, sondern einen Chor. In der einschlägigen Übersicht (Fischer 1965) fehlt jeder Hinweis auf eine Orgel in der Universitätskirche. Zur Nachricht vom Ausbau 1627 s. Helm 1976, 131 (Nr. 54, nach einer von Felix Mader bewahrten Aktennotiz).

240 S. o. Anm. 135.

kennzeichnen die Vergangenheit. Umso glänzender läßt sich das Rettungswerk Echters und der Jesuiten darstellen: die *duplices militis alae* (V. 614) der Priester und Professoren, im Glaubenskampf bewaffnet mit Gelübden, Gebeten und *prouida uirtus* (V. 619), sichern die Zukunft des Landes. Der selbst dem Orden angehörige Dichter läßt als letzte Bemerkung (V. 621 f.) in eigener Sache unmißverständlich einfließen, daß so – und man darf verstehen: nur so – auf Dauer das Glück des fränkischen Hochstiftes gesichert werden könne:

> Temporis ergo memor uarii sortisque futurae
> Castra locat (*sc.* Dux), duplices superaddens militis alas.
> 615 Pars exstructa colit templa et seruare iubetur
> Excubias Diuum aeternas; hos candidus armat
> Mentis amor, sunt tela illis sua uota precesque.
> Pars studiis edocta bonis nutantia rerum
> Consilio momenta regit; queis prouida uirtus
> 620 Suggerit ingentes animos et ferrea corda.
> Vtraque dum seruet legio, quod cuique tenendum est,
> Francia perpetuo celebrabere nomine foelix.

6. *Die carmina minora*

Die 24 kleinen Gedichte, die auf die Kirchenbeschreibung folgen,[241] nehmen Anregungen aus Jakob Pontanus' *Encaenia* von 1584 auf. So entspricht Nr. ⟨1.⟩ *Invitatio ad dedicationem* thematisch dem *Elegidion VI – Invitatio ad Augustanos* (Pontanus, S. 18),[242] und Nr. ⟨2.⟩ *Viator* greift mit der Schilderung der Empfindungen eines Wanderers im Angesicht der Kirche Pontans *Heroica ad templum nouum salutatio* (dort S. 1 f.) auf. Dabei ist allerdings keine allzu enge Kopie beabsichtigt: während Pontanus die Bedeutung des neuen Bauwerks mit dem beliebten Motiv des Sieben-Weltwunder-Vergleichs hervorhebt, klingt in dem kurzen Würzburger Stück, das die Atemlosigkeit des Staunenden schön hervorhebt, bereits das *templum Salomonis* an:

---

241 Vollständiger Text: III. Teil, A.I.

242 Das Würzburger Gedicht mit seiner an Caesars Stämmekatalog (Gall. 1,51,2) angelehnten Aufzählung der aus verschiedenen Teilen (Süd-)Deutschlands kommenden Festbesucher fordert Apoll auf, diese herbeizurufen. Nachgeahmt ist das Stück unter dem Titel *Ad Famam, ut inuitet ad templi consecrationem caeteramque diei celebritatem* in der Paderborner Einweihungsfestschrift des Jahres 1604 (ENCAENISTICA THEODORO PADERBORNENSI EPISCOPO, fol. C3^rv: sechs alkäische Strophen mit einem der Region angepaßten Katalog).

⟨2.⟩   VIATOR.

Templi conspiciens noui nitorem
Mirari, attonito stupere uultu,
Tandem, cuius opus, rogare. dictum:
Iulii. Salomonis, arbitrabar.[243]

In Nr. ⟨3.–4.⟩ ist der Einzug Christi in sein neues Haus zunächst mit dessen Worten aus der Zachaeus-Geschichte (*Descende, Iuli, concitus! | Oportet hoc die domi | Manere me tuae …*, nach Lc 19,5) und anschließend aus der Sicht Echters (Nr. ⟨4.⟩, V. 3 f.: *poli | Gaudens excipio coloque regem*, nach Lc 19,6) als Dialog gestaltet. Diese Art der Dramatisierung des Geschehens ist neu und variiert originell Pontans *Elegidion I – Templum commendatur Salvatori* (dort S. 13 f.), in dem Christus lediglich zum Einzug in sein Heiligtum aufgefordert wird. Nr. ⟨5.⟩ singt das Lob des fürstlichen Bauherrn und bischöflichen Zelebranten am Tag der Weihe, Nr. ⟨6.⟩ adaptiert in einer raffinierten *parodia* ein Gedicht Martials, in der Echters Bauten zugleich die der antiken Kaiser überbieten und sich als in irdischem Lohn nicht entgeltbar erweisen:

D[r] Ad Iulium	Martial 9,3
Quantum iam Francis, Iuli, superisque dedisti	Quantum iam superis, Caesar, caeloque dedisti
Si repetas et si creditor esse uelis,	Si repetas et si creditor esse uelis,
Grandis ab aethereo cumulus debetur Olympo:	Grandis in aetherio licet auctio fiat Olympo,
Francica, quod soluat, non habet ora tibi.	Coganturque dei uendere quidquid habent,
	5 Conturbabit Atlans et non erit uncia tota
	Decidat tecum qua pater ipse deum:
Pro Kilianea quid enim tibi pendere mole, 5	Pro Capitolinis quid enim tibi soluere templis,
Quid pro Pierii collis honore potest?	Quid pro Tarpeiae frondis honore potest?
Quid pro magnifica miserorum sede cibisque	Quid pro culminibus geminis matrona Tonantis?
Et geminis domibus? munera praetereo.	10 Pallada praetereo: res agit illa tuas.
Quid loquar antiquae fidei redeuntia secla, 9	Quid loquar Alciden Phoebumque piosque Laconas?
Condita Apostolico splendida templa choro?	Addita quid Latio Flauia templa polo?
Sustineas superi pro Francis aera resoluent:	Expectes et sustineas, Auguste, necesse est:
Pro superis referet tergeminata Deus.	Nam tibi quod soluat non habet arca Iouis.[244]

Neben der Vers für Vers durchgeführten Kontrafaktur fällt – bei gleicher Grundlage eines *do ut des*-Schemas – sofort der scharfe thematische Kontrast zwischen Vorbild und Parodia auf: während Martial beinahe im Stil einer Götterburleske auf die Aussage hinsteuert, daß Domitians Ehrungen der Götter von *deren* Seite nicht zu entgelten sind,

---

243 Die Antithese des Schlußverses ist nach Mart. 9,44,6 Λυσίππου *lego, Phidiae putaui* gebildet.

244 Die folgende Analyse orientiert sich an den von E. Schäfer aufgestellten Regeln der *parodia* (1976, 94 f.). – Eine etwas freiere *parodia* des gleichen Martial-Epigramms findet sich auch in der Pruntruter Festschrift von 1604 (ENCAENIA COLLEGII BRUNTRUTANI, fol. E5[v], inc. *Si quantum patribus, Praesul uenerande, dedisti*).

sind es hier die Untertanen Echters, denen dies unmöglich ist – der Himmel wird sich umso dankbarer zeigen. Damit ist zugleich das Hauptargument angeführt: die himmelweite Überlegenheit der christlich motivierten Baukunst gegenüber dem vanitären Prunk der alten Kaiser. Ein Ersatz von Wörtern der Vorlage findet nicht durchgehend statt; einigermaßen konsequent haben die Würzburger Autoren dies nur auf die heidnischen Gottheiten und mythischen Gestalten angewandt (Fortfall von Martials V. 5 f.!; sogar *Pallas*, obwohl bei der Universität durchaus passend, muß weichen; einzelne stehengebliebene Wörter der Vorlage sind etwas unmotiviert[245]). Die Syntax und metrische Form sind weitgehend beibehalten, und sogar für die Konservierung der Lautfolge finden sich gelungene Beispiele: Mart. 9,3,11 →*Alciden antiquae* und Mart. 9,3,12 →*Latio Flauia templa polo Apostolico splendida templa choro*.

Die folgenden vier Gedichte wenden sich an Pilger und Kirchenbesucher – auch hierfür bietet Pontanus bereits Anregungen (*Elegidion V – Quid cogitandum in templo* [S. 18 f.]). Nr. ⟨7.⟩ betont die Bedeutung der Kirche als Stätte des Verweilens für Seele und Auge und leitet daraus nicht ohne Witz die Berechtigung ab, im Stil eines Epitaphs – letztlich als Aufschrift an der Kirche als Julius-Schrein – aufzutreten:

⟨7.⟩ AD PEREGRINVM.
Hospes, siste gradum: species pulcerrima templi
     Inuitat, Diuis tecta dicata subi.
Pasce animum prece, pasce oculos: tibi numen Iuli
     Propitium, tibi sint secula longa. uale.

Nr. ⟨9.–10.⟩ betonen die Wichtigkeit einer würdigen Ausstattung der Kirche und greifen damit ein Standardthema der katholischen Polemik *in sacri ornatus reprehensores* (so der Titel) auf,[246] Nr. ⟨11.–12.⟩ bestätigen Echters Entscheidung, sich frühzeitig ein Grabmal zu errichten, bzw. erklären in einem kurzen Dialog zweier Kirchenbesucher dessen Figurenschmuck. Anschließend tritt die Einweihungsfeier in den Mittelpunkt: Nr. ⟨13.⟩ ist überschrieben *Requies mea, quia elegi eam* (nach Ps 131,13 f.), Nr. ⟨14.⟩ *Terribilis est locus iste*. Mit Jakobs Traum (Gn 28,17) ist hier die Urerzählung der Gründung eines Heiligtums in Erinnerung gerufen, wie sie auch schon Pontanus verwendet (*Elegidion III – Adumbratio quaedam templorum et altarium dedicandorum ex Geneseos cap. 28* [S. 20]). Drei weitere Stücke betonen die Würde der Religion und die Bedeutung der Kirche: Nr. ⟨16.⟩ *Duo minuta* (vgl. Mc 12,41–44), Nr. ⟨17.⟩ *Domus mea domus orationis* (Vertreibung der Händler), Nr. ⟨18.⟩ *Templum uiuum*. Dieses kleine Gedicht basiert auf dem traditionellen Kirchweihhymnus *Urbs Hierusalem beata* und thematisiert das Verhältnis der Gemeinde (als *lapides uiui*) zu Christus als Eckstein des Kirchengebäudes:[247]

---

245 V. 8 *geminis domibus*, V. 11 *sustineas*.

246 Vgl. S. 320 m. Anm. 79.

247 Aus der Vielzahl der einschlägigen Bibelstellen (s. dazu Schoenen 1956) seien herausgehoben I Cor 3,10 f. *ut sapiens architectus fundamentum posui | (…) | fundamentum enim aliud nemo potest ponere praeter id quod positum est*

Angularis ipse Christus   est domus suae lapis,
Colligantur inde firmo   Christiani foedere.
Angelorum castra circum   muniunt custodiis.
Tutus optas esse? Christi in domo fias lapis.

Nr. ⟨19.–20.⟩ sind St. Kilian als Patron der Stadt Würzburg, der Universität und der neuen Kirche gewidmet; diese Einbeziehung der angestammten Ortsheiligen findet sich ebenfalls schon bei Pontanus (*Hymnus V – In SS. Vdalricum et Affram* [S. 27 f.]). Kilian hat die heidnischen Bewohner vom Kult der steinernen Götzenbilder abgebracht; dieselben Steine werden nun zur christlichen Kirche gefügt – ein Vorgang, der zugleich im übertragenen Sinne als die Vereinigung der Einzelnen zum Ganzen der christlichen Kirche interpretierbar ist:

⟨19.⟩ IN DEDICATIONEM TEMPLI KILIANEI.
Quae, Kiliane, tuum pertentant gaudia pectus,
    Surgere cum laeta semina fruge uides?
Gens, quae diuinos saxis adolebat honores,
    In sacra saxa Deo fana coire facit.

Nr. ⟨21.–23.⟩ behandeln die religiöse und bauliche Erneuerung Würzburgs und kontrastieren aufs neue Ruhmsucht und *Religio* als Auslöser fürstlicher Bautätigkeit – dargestellt am Beispiel zweier *Iulii*:

⟨21.⟩ IN TEMPLVM.
Quod Caesar diuis erexit Iulius aedes,
    Artis opumque fuit, non pietatis opus:
Ille quod ad laudem et uentosae nomina famae,
    Pro uera noster religione facit.
Ergo Franconiae, quis te, moderator, Iuli,
    Romulidum Iulii non putet esse parem?[248]

Das letzte Gedicht, eine Ode in alkäischen Strophen, ist zugleich eine Fürbitte für den Bischof bei der von ihm besonders verehrten Gottesmutter und ein Hymnus auf Maria selbst, daneben ein nochmaliges Lob der fürstlichen Bauten.

---

qui est Christus Iesus; ebda. 17 *templum enim Dei sanctum est quod estis uos* und Eph 2,19–21 *ergo iam non estis hospites et aduenae | sed estis ciues sanctorum et domestici Dei* (20) *superaedificati super fundamentum apostolorum et prophetarum | ipso summo angulari lapide Christo Iesu* (21) *in quo omnis aedificatio constructa crescit in templum sanctum in Domino* (22) *in quo et uos coaedificamini in habitaculum Dei in Spiritu.* Vgl. Sauer 1924, 112–115; Binding 1998, 245–348 (zu *architectus*, *fundamentum* und *lapides uiui*).

248 V. 6 verbessert aus *Iulii*. – V. 2 nach Mart. epigr. 16,2 *non fuit hoc artis, sed pietatis opus*. Der panegyrische Vers auf Domitian ist im Würzburger Gedicht ins Gegenteil gewendet.

II. Jacob Gretser – Matthäus Rader (u. a.)
Trophaeum Bavaricum III: Ad Famam, templi descriptio
(1597)[1]

1. Das Herzogtum Bayern im Jahre 1597

Wenige Jahre nach seinem Besuch in Würzburg konnte Herzog Wilhelm V. von Bayern selbst in seiner Residenzstadt München eine noch prächtigere Kirchenweihe feiern: die bereits 1583 begonnene Jesuitenkirche St. Michael im Zentrum der Stadt war im Juli 1597 endlich vollendet.

Das Ereignis markiert einen wichtigen Einschnitt in der bayerischen Landesgeschichte: es steht am Ende der Herrschaft Wilhelms, der noch im selben Jahr zugunsten seines ältesten Sohnes Maximilian abdankte, und beschließt zugleich ein von strikter Gegnerschaft der Wittelsbacher gegen das Luthertum geprägtes Jahrhundert, an dessen Ende Bayern dem abgeschlossenen Konfessionsstaat, wie er sich aus dem Religionsfrieden von Augsburg für die verschiedenen Glaubensrichtungen als eine Art Idealkompromiß und zugleich als eines der stärksten Mittel zum Landesausbau ergab,[2] näher gekommen war als wohl alle anderen Reichsstände.[3]

Zwar hatten Herzog Wilhelm IV. (1508–1550) und sein Bruder Ludwig X. (1514–1545) sich zunächst in der Luthersache abwartend verhalten, dann aber nach dem Wormser Edikt unverzüglich (Mai 1521) die Bannandrohungsbulle *Exsurge Domine* in ihrem Herzogtum publiziert. Mit dem Ingolstädter Theologen Johann Eck, der die wichtige Rolle der seit 1472 bestehenden katholischen Landesuniversität geradezu in persona verkörpert, und dem bayerischen Kanzler Leonhard v. Eck besaß das Herzogtum von Anfang an zwei überzeugte Luthergegner auf kirchen- und landespolitischer Ebene.

Anders als andere Reichsstände ergriffen vor allem die bayerischen Herzöge selbst energische Maßnahmen zur kirchlichen Reform ihres Staates.[4] Infolge der frühzeitigen

---

1   Für die in diesem Kapitel behandelte Münchner Festschrift sei von vornherein auf die 1997 erschienene kommentierte Faksimile-Ausgabe verwiesen: Trophaea ed. Hess 1997. Zitiert wird stets nach dem dort reproduzierten „Prachtexemplar" der BSB (Res 2 Bavar. 836). Textabweichungen in den verschiedenen Druckzuständen verzeichnet Hess 1997, 285. Der hier vorrangig behandelte Text *Ad Famam, templi descriptio* findet sich in der Neuausgabe mit Übersetzung auf den S. 94–107 und ist deshalb in den Textanhang zu dieser Arbeit nicht noch einmal aufgenommen worden. Bewußt ausführlich gehaltene Querverweise sollen auf den folgenden Seiten dazu beitragen, die besondere Bedeutung der *Trophaea Bavarica* für die Gesamttradition der Kirchweihfestschriften – sowohl als Weiterentwicklung bereits gegebener Anregungen als auch als Vorbild späterer Drucke – genauer zu beleuchten.

2   Heckel 1983, 65.

3   Zur Geschichte Bayerns im konfessionellen Zeitalter vgl. die verschiedenen Beiträge im Kat. München 1980, I 13–132; Spindler – Kraus 1988, 322–457 (H. Lutz – W. Ziegler – D. Albrecht) und 702–735 (D. Albrecht); Ziegler 1992a; daneben auch Kraus 1992, 81–99.

4   Albrecht 1980.

Verbote des Luthertums – bereits am 3. März 1522 erging ein Religionsmandat, das die Landesbeamten zum Eingreifen gegen Andersgläubige aufforderte – kam es nie zu einem mehrheitlichen Umschwung zugunsten der Lehre Luthers, so daß innerhalb Bayerns (mit Ausnahme des wie in allen anderen Territorien erbarmungslosen Vorgehens gegen die Täufer) nur in geringerem Ausmaß eine eigentliche Gegenreformation erforderlich wurde.[5] In der Wahl der Mittel zur Befestigung der katholischen Religion durch eine weltliche Obrigkeit unterscheidet sich allerdings das Land nicht von anderen, die sie nach dem Konzil weitgehend neu aufbauen mußten:[6] Visitationen, Bücherzensur, Religionsmandate, Heranziehung der neuen Orden, besonders der Jesuiten, später die Gründung des Geistlichen Rates als herzogliche Kirchenaufsichtsbehörde (1570) und die Verpflichtung der Untertanen auf die tridentinische *Professio fidei* (1598) machten Bayern zum wichtigsten Schauplatz der katholischen Reform.

Nicht unerwähnt bleiben darf ein wichtiger Unterschied, der das Herzogtum deutlich von anderen verbliebenen katholischen Reichsständen abhob: In den geistlichen Fürstentümern führte die Doppelregierung aus Bischof und Domkapitel zu vielerlei inneren Rivalitäten, und besonders das traditionelle Selbstverständnis der adligen Kapitulare verhinderte oft noch lange nach dem Tridentinum die geforderte enge Zusammenarbeit mit Rom[7] und damit eine wirksame Umsetzung der Reformdekrete. In Bayern dagegen war bereits vor der Reformation das landesherrliche Kirchenregiment als Basis einer territorialen Religionspolitik weit entwickelt, und schon zu Beginn des 16. Jahrhunderts bestand eine enge Kooperation zwischen dem herzoglichen Hof und der römischen Kurie, die sich beide Vorteile vom kirchenpolitischen Eingreifen der staatlichen Seite versprechen durften.[8] Die Vereinbarungen sicherten den Herzögen weitreichende kirchenpolitische Rechte zu, so z. B. bei Visitationen. In solchen Bestimmungen ist eine klare Tendenz zur Stärkung der zentralen Landesregierung und zur Unterordnung älterer, partikularer Gewalten – in diesem Fall der Bischöfe – zu erkennen. Daß auch das Papsttum ganz auf die Wittelsbacher als eine der wenigen zuverlässigen Stützen des Katholizismus im Reich setzte, zeigen die seinerzeit sehr ungewöhnlichen Ergebnisse direkter Verhandlungen in Rom, die 1523 geführt wurden: mit dem Recht zur Besteuerung und Gerichtshoheit über den Klerus erhielten die weltlichen Herrscher weitreichende Einflußmöglichkeiten.[9] Schließlich belegen die

---

5 In diesem Sinne bemerkt auch Dieter Albrecht (Spindler – Kraus 1988, 715): „Von Gegenreformation im eigentlichen Sinne kann *innerhalb des Herzogtums* Bayern nur sehr bedingt gesprochen werden"; der Begriff trifft eher auf die Rekatholisierung der Enklaven Ortenburg, Haag und Hohenwaldeck durch Albrecht V. zu, der diese Gebiete anders als ihre Herren als nicht reichsunmittelbar ansah und daher aus Verantwortung für die Einheitlichkeit der Landeskirche eingriff.

6 Ein Unterschied besteht allenfalls in der Durchsetzbarkeit dieser Maßnahmen; in Bayern sorgte die starke Regierungsgewalt für hohe Effektivität bei ihrer Umsetzung. Vgl. Ziegler 1997, 82.

7 Vgl. die Bemerkungen zu Bamberg im nächsten Kapitel. Die ganz unterschiedlichen Reaktionsweisen der Landesherren auf die Reformation hat kürzlich Walter Ziegler (1997, 74–77) anschaulich differenziert.

8 Spindler – Kraus 1988, 341 (H. Lutz – W. Ziegler).

9 Kraus 1992, 73. Diese Bestimmungen wurden 1583 im Münchner Konkordat großenteils bestätigt.

Duldung und Förderung der bayerischen Bistumspolitik seitens der Kurie, insbesondere der Karriere Ernsts von Wittelsbach – der im Jahre 1585 nicht weniger als fünf Bistümer besaß (Freising, Hildesheim, Lüttich, Köln, Münster), obwohl genau dies einer der vom Tridentinum untersagten Mißstände war[10] – ebenso wie die Errichtung zweier Nuntiaturen im wittelsbachischen Gebiet (Süddeutschland 1573, Köln 1584), welche Bedeutung man in Rom der Dynastie für die Wiederherstellung eines katholischen Übergewichts im Reich beimaß. Die Möglichkeit, mit Hilfe eines Wittelsbachers in Köln die katholische Mehrheit im Kurfürstenkollegium zu wahren und damit die Wahl eines protestantischen Reichsoberhauptes zu verhindern, dürfte nicht unbeträchtlich zu der römischen Haltung beigetragen haben.

Als Wilhelm V. (1548–1626, reg. 1579–1597) nach zwölfjähriger Kronprinzenzeit in Landshut die Nachfolge seines Vaters Albrecht (V.) antrat, konnte er also ein an reichspolitischer Bedeutung erheblich gewachsenes und innerlich gefestigtes Staatswesen übernehmen, in dem es nach den Irritationen der 60er Jahre (Kelchbewegung und sog. Adelsverschwörung[11]) keine nennenswerten konfessionellen Auseinandersetzungen mehr gab[12] und sich zudem der Adel zeitweise selbst seiner Mitwirkungsmöglichkeiten beraubt hatte.[13]

Die innere Festigung des Herzogtums konnte indes nicht darüber hinwegtäuschen, daß Bayerns Position in Süddeutschland unter einem anderen Aspekt keineswegs unangefochten war. Auch die mehrfachen Eheschließungen zwischen Wittelsbachern und Habsburgern im 16. Jahrhundert konnten eine grundsätzliche Rivalität mit Österreich[14] nicht dauerhaft abbauen, so daß sich Bayern um 1600 in einem wachsenden Dilemma zwischen einer gemeinsam mit den Habsburgern verfochtenen Religionspolitik einerseits und einer reichsständisch geprägten, gegen die Kaisermacht tendierenden Machtpolitik befand. Noch während der Herrschaft Herzog Wilhelms zeigte der Zerfall des seit 1556 bestehenden Landsberger Bundes, einer Defensiveinung auf reichsständischer Ebene, die komplizierte Lage an: nachdem bereits Albrecht V. als Bundeshauptmann versucht hatte, das Bündnis zu einem Pakt katholischer Kräfte und Instrument der wittelsbachischen Bistumspolitik umzugestalten,[15] blieb am Jahrhundertende nur noch eine kleine Gruppe oberdeutscher katholischer Bündner übrig, denen die Habsburger (Ferdinand II. von Tirol und Kaiser Rudolf) ihre Unterstützung infolge der wachsenden Spannungen mit den Wittelsbachern versagten. Diese zum großen Teil hausgemachte Isolierung zu überwinden gelang erst Maximilian I., der mit der 1609 gegründeten Liga ein neues, allerdings nun – ebenso wie die im Vorjahr begründete protestantische Union – scharf polarisierendes Bündnis ins Leben rief.

---

10 Weitlauff 1980, bes. 50–58; Spindler – Kraus 1988, 396–400 (D. Albrecht); Rabe 1989, 374–376.

11 Spindler – Kraus 1988, 375–385 (H. Lutz – W. Ziegler); Ziegler 1992a, 62f.

12 Zu einer kurzen Episode am Anfang der 80er Jahre vgl. Spindler – Kraus 1988, 711 (D. Albrecht).

13 1575 bat der Landtag Herzog Albrecht, auf seine Einberufung in Zukunft zu verzichten: Kraus 1992, 77.

14 Press 1980.

15 Endres 1982, hier 207f.

Die Abdankung Wilhelms V. im Oktober 1597[16] war zwar ein spektakulärer, aber kein einmaliger Vorgang; auch kam sie nicht unerwartet. Schon 1593/94 hatte er eine „Eventualhuldigung" der Landstände für seinen Sohn herbeigeführt und diesen am Neujahrstag 1595 zu seinem Stellvertreter ernannt. Es kam daraufhin, wie es scheint, eher zu einer Parallel- als einer Mitregierung Maximilians, die zu Verwirrung in den Etats und wohl auch zu Streit in Personalentscheidungen führte.[17] Daß der Herzog schließlich auf Drängen der Landstände seine Herrschaft niederlegte, dürfte nicht zuletzt mit dem für alle Seiten unerfreulichen Nebeneinander zu erklären sein. Daneben haben sicherlich finanzielle Schwierigkeiten, aber auch ein wachsendes religiöses Rückzugsbedürfnis bei Wilhelm Anlaß für den Wechsel gegeben.

2. Die Jesuiten in Bayern und der Bau von St. Michael

a. Das Münchner Kolleg und seine Kirche

Früher als andere deutsche Landesfürsten hatten sich die Wittelsbacher um den Jesuitenorden bemüht.[18] Schon 1549 kam es zu Verhandlungen zwischen Wilhelm IV. und Petrus Canisius, wobei der Herzog dringenden Bedarf an Professoren für die fast verfallene Ingolstädter Landesuniversität hatte, der Orden aber ein Kolleg zur Ausbildung des eigenen Nachwuchses, und dies möglichst an einer bestehenden Universität, anstrebte. Auf bayerischer Seite verstand man den Begriff des Kollegs eigentlich ganz anders, nämlich im Sinne eines Landesseminars, um dessen Gründung man sich wegen des Priestermangels im Herzogtum ohnehin gerade bemühte – so daß die Jesuiten gerade in Bayern zunächst gegen ihre eigene Konzeption in die Rolle eines Schulordens gelangten, als dessen Archetyp sie in den kommenden Jahrhunderten gelten sollten.[19] Streitigkeiten um die Finanzierung der 1548 neubelebten Universität führten indes

---

16 Spindler – Kraus 1988, 404–406 (D. Albrecht).

17 Vom Willen Maximilians, noch während der Mitregierung eine eigene strenge Hand zu entwickeln, zeugen Dokumente bei Ziegler (Bearb.) 1992, 594–598 Nr. 123 f. und 602–605 Nr. 126. Vgl. auch das vielsagende Generalmandat des neuen Herzogs von 1598, ebda. 611–627 Nr. 130. Im Zusammenhang mit Personalentscheidungen am oder um den Hof ist zu erinnern z. B. an den herzoglichen Archivar Michael Arrodenius, der jahrelang an dem so intimen Projekt der Planung des wittelsbachischen Familiengrabes maßgeblich beteiligt war, dann aber dem Kompetenz- und Machtstreit der beiden Herrscher zum Opfer gefallen zu sein scheint. Auch die sprunghaften Veränderungen in der Biographie des Christophorus Marianus (s. o. S. 188 Anm. 84), der kurz nach seiner von Wilhelm veranlaßten Bestallung zum Rektor des Jesuitengymnasiums 1597 München wieder verließ, könnten mit dem Machtwechsel im Zusammenhang stehen. Sowohl die Formulierung *P. Christoph. Marianus rector Monachii fugit* 30. Sept. a. 1597 (ARSI Germ. sup. 119, S. 4) als auch das Datum (einen Tag nach dem Geburtstag des Herzogs und zwei Wochen vor dessen Abdankung) sind mehr als auffällig.

18 Zu den Anfängen vgl. Buxbaum 1973; zur gesamten Entwicklung jetzt Glaser 1997.

19 Seifert 1980; zur unterschiedlichen und folgenreichen Auffassung von *collegium* ebda. 127.

schon 1552 zum Abzug der Patres, doch konnte das Kolleg schließlich im Winter 1555 gegründet werden – zwar an der Universität, an der die Patres einige Professuren übernahmen, aber doch als Ordenseinrichtung. 1559 folgte ein zweites Kolleg in München, zunächst in ebenso provisorischer Form und nicht mit einem eigenen Gebäude ausgestattet, sondern im Augustinerkloster.[20] Aus den Ende der 60er Jahre energisch eingetriebenen „Geistlichen Gefällen" wurden dann zwei Neubauten finanziert, der eine in Ingolstadt, der zweite auf dem Grundstück neben dem Augustinerkloster im Zentrum Münchens. Aufgrund neuer Auseinandersetzungen mit dem weltlichen Teil der Landesuniversität wurde das Münchner Kolleg schon 1573 Schauplatz des dorthin verlegten jesuitischen Philosophieunterrichts.

Unter Wilhelm V., der erklärtermaßen den Jesuiten besonders nahestand, gewannen die Einrichtungen des Ordens dominierenden Rang: in Ingolstadt wurde ihm die gesamte untere (Artisten-)Fakultät übertragen[21] und das Kolleg baulich und organisatorisch erheblich erweitert. Daß das herzogliche Alumnat, der einzige Ansatz zu einem echten Landesseminar, dabei dem Orden unterstellt wurde,[22] vermag angesichts des fast blinden Vertrauens, das der Herzog in die Jesuiten hegte, kaum zu erstaunen. In München aber entstand der um ein Mehrfaches vergrößerte Bau, der heute noch bzw. wieder ein beträchtliches Stück der Neuhauser Straße einnimmt,[23] und daneben die für ihre Zeit beispiellos aufwendig geplante und im Laufe der 14jährigen Bauarbeiten nochmals vergrößerte Kirche St. Michael.[24]

Die Baugeschichte der Kirche ist in letzter Zeit durch zahlreiche neue Archivfunde erhellt worden, die Gabriele DISCHINGER publiziert hat.[25] Allerdings betreffen die zahlreichen Klärungen hinsichtlich der Autorschaft der Pläne, unterschiedlicher Konzepte von Herzog und Orden und der Beteiligung von Architekten und Baumeistern fast ausschließlich die erste Bauphase, die von 1582 bis in den Winter 1589/90 reicht und mit der feierlichen Einweihung am 21. Oktober 1589 besiegelt werden sollte. Diese Pläne wurden in doppelter Hinsicht vereitelt: zuerst mußte Wilhelm V. wegen einer hartnäckigen Erkrankung die Feiern verschieben,[26] dann stürzte am 10. Mai 1590 der eben fertiggestellte Turm ein und beschädigte den Chor erheblich.

Die darauffolgende Bauphase bis 1597 ist bisher wesentlich schlechter aufgearbeitet.

---

20 Zum Münchner Kolleg s. Duhr 1907, 183–188 und 373–379.

21 Hengst 1981, 95–99.

22 Seifert 1980, 131.

23 Einen Eindruck vom Aussehen der Anlage vermittelt der undatierte Stich Johann Smisseks (vor 1644), zuletzt abgeb. im Kat. München 1997, 388 Nr. 88 (m. Komm. v. J. Terhalle).

24 Allgemeine Literatur zur Michaelskirche: Duhr 1907, 625–635 (Jos. Braun); Braun 1910, 49–95 (dort 61–70 eine detaillierte Baubeschreibung); Sauermost – Friedel 1973; Hubala 1980; Spindler – Kraus 1988, 1064f. 1069f. (S. Benker); Smith 1999, 568–581 (zu Beziehungen zwischen der Architektur und Kirchenausstattung und den *Exercitia spiritualia*). Die beeindruckende Gesamtdeutung des Bildprogramms von Helmut Friedel (Sauermost – Friedel 1973, 98–100) wurde von Lothar Altmann weiter ausgebaut (1976; 1983).

25 Dischinger 1980; dies. 1983, bes. 220–229; vgl. jetzt auch Terhalle 1997, 108–112. 131–137.

26 Dischinger 1980, 156f.

Zwar sind die großen Linien der weiteren Entwicklung heute zu erkennen: Friedrich Sustris, der wohl auch zuvor in vielerlei Weise an der Gesamtplanung beteiligt gewesen war, aber in den Akten nur selten erkennbar hervortritt,[27] wurde nun mit einem neuen Modell beauftragt. Der Chor wurde provisorisch vermauert, die Kapellenaltäre am 29. September 1590 geweiht und so eine gottesdienstliche Nutzung der Kirche durch die Jesuiten ermöglicht.[28] Seit 1591 war neben Sustris und den Bauleuten des Hofes zusätzlich der Ordensbaumeister Giuseppe Valeriano für längere Zeit in München, und schließlich wurden auch noch der Kollegrektor Simon Hiendl und ein wenig bekannter Andreas Gundelfinger[29] hinzugezogen. Relativ schnell, zwischen 1593 und 1597, konnte schließlich der veränderte und verlängerte Bau fertiggestellt werden. Wie diese Arbeiten im einzelnen verliefen, ist allerdings weitgehend unbekannt.[30] Dabei kommt erschwerend hinzu, daß es gerade in dieser zweiten Bauphase erheblich voneinander abweichende Gesamtkonzepte gab: so scheint es zeitweise (wann?) darum gegangen zu sein, ob die Jesuitenkirche durch den vorher nie geplanten Einbau einer großen Vierungskuppel – ohne Tambour, d. h. von außen nicht sichtbar! – gänzlich verändert werden würde. Woher dieses nicht realisierte Kuppelprojekt stammte, ist bis heute ebensowenig sicher geklärt wie seine Zweckbestimmung. Die einzige Planzeichnung, auf der das Projekt überliefert ist,[31] hat wegen der unter der Kuppel einge-

---

27 S. dazu zuletzt Spindler – Kraus 1988, 1065 (S. Benker).

28 Nach einer *Epitome historica Collegij Monachiensis* (ARSI Germ. sup. 95 fol. 140–143) fallen die Einziehung der Trennmauer und der Einzug in die Kirche erst ins Jahr 1591 (fol. 140ᵛ): *Ab ea templi parte, qua aedificandum adhuc erat, murus ductus copiam fecit reliquo interim templo utendi. Pridie D. Michaelis, cum iam ante altaria cum omni sacro apparatu consecrata essent, in nouum templum solennissime immigratum, indeque in nouum collegium itum, in quod exeunte Octobri omnino nos transtulimus.*

29 Zu ihm Braun 1910, 75 Anm. 1.

30 Erkennbar sind bisher allenfalls einzelne Folgen der Grundrißveränderung. So hat D. Diemer auf gewisse Unstimmigkeiten im Figurenprogramm hingewiesen, die aus der erweiterten Zahl von Statuennischen resultieren könnten (1988, 78–80). Diese zweifellos wichtigen Hinweise sind jedoch als Ort einer Polemik gegen die *Trophaea Bavarica* unglücklich gewählt: die Autoren der Festschrift sind uns Heutigen gegenüber immerhin darin im Vorteil, daß sie das Gebäude als Zeitgenossen deuten, so daß Diemers Einwand nicht verständlich ist, „für das tatsächlich intendierte Programm" der Kirche finde man in ihnen keine „authentischen Aussagen" – gerade das Gegenteil ist der Fall. Am Beispiel der Engel am Hochaltar, die eine Veränderung des ersten Konzeptes darstellen, und ihrer Deutung im Gedicht (TROPHAEA BAVARICA fol. F4ʳ, s. dazu Trophaea ed. Hess 1997, 206 f. Anm. 51) zeigt sich, daß die Dichter den Sinn des Bauwerks und seines Schmuckes aufs genaueste erfaßten und somit die „authentischsten" Aussagen zur ursprünglichen Gestalt von St. Michael liefern. Eine von Diemer als Beweis für den rein „rhetorischen" (sic) Charakter der Festschrift herangezogene Äußerung Ernst Gombrichs, der Herrschaftsbauten ihren Propagandacharakter abspricht (!; zit. ebda. 138 Anm. 153), wird man ohnehin sehr vorsichtig bewerten; auf die *Trophaea* angewandt ergibt sie keinen Sinn. Wenn eine panegyrische Baubeschreibung wie diese nicht die Intention des Bauwerks wiedergibt, muß man nicht nur fragen, welche Bedeutung die Ausgestaltung von St. Michael stattdessen gehabt haben soll, sondern ebenso, weshalb die Panegyriker diese verschwiegen haben sollten, und weshalb und worauf sie überhaupt eine Lobschrift verfaßt haben.

31 München, Stadtmuseum 36/1888 (o.Dat.), zuletzt abgeb. im Kat. München 1997, 384 f. Nr. 85 (m. Komm. v. J. Terhalle). Der Plan wird in der Regel Friedrich Sustris zugeschrieben; abweichend Dischinger 1980, 164 (da zeichnerisch von Sustris' Gepflogenheiten abweichend) und 1983, 227 (Nähe zu Valeriano). Als Möglichkeit

---

zeichneten *sepultura* zu der Vermutung geführt, daß das von Wilhelm V. über Jahre hinweg akribisch geplante Stiftergrabmal hier seinen Platz in einem zum Mausoleum überhöhten besonderen Teil der Kirche finden sollte.[32] Die Zusammenhänge sind jedoch nicht sicher, denn bereits während der noch laufenden, für die Jahre 1592–97 belegten Planungen zum Grabmal[33] wurde die Kuppel wieder aufgegeben, und es ist außerdem keineswegs ausgemacht, welches der beiden Projekte zuerst entstand. Hinsichtlich der verworfenen Kuppelidee besagt eine These, daß der Orden sich gegenüber Wilhelm mit Einwänden gegen eine Veränderung des Konzeptes einer Kollegkirche zum Herrschermausoleum durchgesetzt habe.[34] Das Grabmalsprojekt, trotz reicher Quellen ebenfalls noch mit einer Fülle von Unklarheiten behaftet, verlief überdies gerade im Jahr der Vollendung der Kirche (1597) aus ebensowenig geklärten Gründen im Sande; daß sie, wie meist angenommen, rein finanzieller Natur waren, ist nicht zu beweisen und mutet angesichts des Umstandes, daß der größte Teil der besonders kostspieligen Großbronzen bereits fertiggestellt war, eher unwahrscheinlich an.[35]

---

wird dies erwähnt auch von D. Diemer im Kat. München 1980, II 92 Nr. 130, deutlicher in diesem Sinne Diemer 1986, 164 Anm. 6. Die Verbindung mit Valeriano ist jedoch nicht sehr plausibel, da man dann annehmen müßte, der Orden habe das Stiftergrabprojekt ausdrücklich befürwortet und in die Bauplanung einbezogen. Über eine Beteiligung der Jesuiten am Grabmal ist jedoch nichts bekannt. Vgl. ähnlich Terhalle 1997, 134.

32 Vgl. Feulner 1921/22, 66–69; Sauermost 1980, 169f. Der Aufriß des Planes im Stadtmuseum verzeichnet die *sepultura*, anders als der Grundriß, nicht, so daß alle Vermutungen über die Figurenaufstellung auf der von D. Diemer aus Beständen der BSB publizierten *Descriptio totius monumenti* (1980, 10–12 und 51 [Q 21 *Supra monumentum*] sowie Kat. München 1980, II 92 Nr. 131) beruhen. Hans Weihrauch hat (1980, 181–183) eine andere Reihenfolge der Konzepte vermutet (Diemers Q 26 und 27 seien früher zu datieren als Q 21), seine Argumente für eine Spätdatierung von Q 21 (ebda. 183) beruhen jedoch auf unzutreffenden Voraussetzungen: 1. der Abschnitt *Supra monumentum* ist nicht „unvorbereitet" angefügt, sondern schließt die von außen nach innen systematisch verfahrende Beschreibung sinnvoll ab. Er kann also durchaus schon 1592 Teil des Dokuments gewesen sein. Daß die erst 1594–96 aufgestellte Kruzifix-Magdalena-Gruppe dann bereits konzipiert gewesen wäre, stellt keine Schwierigkeit dar. – 2. Die Herzogsstatue („Otto von Wittelsbach") wurde wohl nicht „später" in „Theodo" umbenannt (ebda. 183), sondern vielmehr im Gegenteil die Theodo-Statue zugunsten Ottos aufgegeben (Diemer 1980, 21, die freilich die Bezeichnung als „Theodo" in der Pallago-Rechnung von 1597 nicht abschließend erklären kann). Weder Weihrauch noch Diemer haben schließlich den überraschenden Umstand zu deuten versucht, daß das Konzept in Clm 27243 (Diemer 1980, 59 = Q 27; vgl. dies. im Kat. München 1980, II 87 Nr. 125) eindeutig von einer Otto- *und* einer Theodo-Statue (wenngleich zur Disposition gestellt zugunsten des Engels) ausgeht.

33 Diemer 1980. Archivalische Ergänzungen s. Schlegelmilch 2001, 305–310.

34 Feulner 1921/22, 68f. „Als es aber den Jesuiten gelungen war, das Denkmal aus ihrer Kirche hinauszudrängen …"; ähnlich, aber mit der Annahme einer Verständigung zwischen Sustris und Valeriano über die Beilegung des Kuppelplans, Terhalle 1997, 134–136. Ein derartig starker Einfluß des Ordens auf dynastische Entscheidungen des Herzogs ist aber zu Recht in Frage gestellt bei Diemer 1980, 32 Anm. 88.

35 Weihrauch (1980, 177) erinnert an den wichtigen Umstand, daß mit der Mitregentschaft Maximilians 1594 auch die führenden Künstler entlassen bzw. teilweise in dessen Hofstaat übernommen wurden (vgl. beispielsweise die bei Diemer 1980, 32 Anm. 90 gesammelten Angaben, deren Widersprüchlichkeit mit der doppelten Regentschaft im Zusammenhang stehen dürfte). Die o. in Anm. 17 angedeuteten Spannungen dürften sich auch hier ausgewirkt und womöglich sogar zum Scheitern des ganzen Unternehmens beigetragen haben. Das von Weihrauch (ebda. 178) wiedergegebene Schreiben Wilhelms vom Sommer 1597 (BayHStA Kurbayern

b. Die Einweihungsfeierlichkeiten im Juli 1597

Zur Einweihung am 6. Juli 1597 präsentierte sich ungeachtet dieser Hindernisse und partiellen Mißerfolge die Michaelskirche als der prunkvollste Großbau seiner Zeit in Stadt und Herzogtum und zugleich als Auftakt einer neuen Welle von Kirchenbauten in Bayern. Die ungeheuren Dimensionen des Baukomplexes aus Kolleg und Kirche, die die städtische Bebauung der Zeit weit überragten, lassen sich aus einem zeitgenössischen Stadtmodell von Jakob Sandtner gut ablesen.[36]

Über die Feierlichkeiten, die über mehrere Tage hinweg als Triumph der katholischen Kirche inszeniert wurden, sind wir aus den Aufzeichnungen des Jesuitenordens selbst in ungewöhnlich präziser Form unterrichtet. Während in anderen Fällen die Berichterstattung der *Litterae Annuae* und sogar der kolleginternen Chroniken Kirchweihen allenfalls kursorisch, literarische und dramatische Aktivitäten dagegen kaum überhaupt erwähnt,[37] hat die prunkvolle Weihe von St. Michael samt einer detaillierten Beschreibung des neuen Gotteshauses sogar in der Druckfassung der *Litterae Annuae* auf sechs Seiten ihren Niederschlag gefunden.[38] Zweifellos ist dieser besondere Umstand darauf zurückzuführen, daß es sich beim Münchner Kolleg um einen auch von Rom als besonders wichtig angesehenen Stützpunkt der wiedererstarkten Kirche handelte. Der bisher nicht gekannte Aufwand beim Bau von Kolleg und Kirche, der Umstand, daß es sich (nach Landsberg) um die erste bedeutende neue Ordenskirche in Deutschland handelte – in Würzburg hatte der Orden lediglich aufgrund seiner Präsenz an der Universität die Rolle des Panegyrikers für einen Fürstenbau übernommen – und nicht zuletzt die jeden bisherigen Usus sprengende Dimension der Festveranstaltungen haben ein übriges getan. Schließlich ist darauf hinzuweisen, daß im Jahr 1597 mit Matthäus Rader ein literarisch überragender Ordensmann zur Verfügung stand, der die Festschrift *Trophaea Bavarica* zu großen Teilen verfaßt hat.[39]

Daneben existieren noch mindestens zwei weitere handschriftliche Aufzeichnungen

---

Äußeres Archiv 1980 fol. 561ᵛ, als Q 68 abgedruckt auch bei Diemer 1980, 80) zeigt gerade in seinem beschwörenden Ton, daß der Herzog bereits ahnte, wie es um das Projekt nach seiner Abdankung bestellt sein würde. Daß das Grabmalprojekt schon 1632 in St. Michael nicht mehr bekannt gewesen sei, geht entgegen Diemer 1980, 8 aus dem von ihm zitierten Bericht (ebda. 7) nicht hervor; auch kann das großangelegte Unternehmen in ihrer eigenen Kirche den Jesuiten wohl kaum nur deshalb entgangen sein, weil sie es nicht selbst ausführten (ebda. 8).

36 Abb. und Ausführungen zur Wirkung des Baues bei Terhalle 1997, 102–104 (Abb. 18–20).

37 Vgl. das in Kapitel I bzw. III zu Würzburg und Bamberg Gesagte. Mit der Münchner Berichterstattung ist nur noch die breite Dokumentation der Molsheimer Feiern von 1618 vergleichbar, die aber auch eigenständig neben den offiziellen Ordensquellen steht. Jodocus Coccius, der Verfasser der Molsheimer Festschriften, benutzte die TROPHAEA BAVARICA ausgiebig und könnte daraus auch den Anspruch abgeleitet haben, dem bayerischen Prestigeprojekt eine ebenbürtige Dokumentation der habsburgischen Akademie im Elsaß an die Seite zu stellen.

38 Litterae Annuae 1607, 161–167 (zu Münchner Ereignissen des Jahres 1597 insgesamt 153–167).

39 Nach neuesten Untersuchungen jedoch nicht das Michaelsdrama: Triumphus edd. Bauer – Leonhardt 2000, 93 und 105 f.

über den Verlauf der Weihefeiern, von denen die handschriftliche Originalfassung der *Litterae Annuae* die ausführlichere ist.[40] Großenteils identisch damit ist der einschlägige Abschnitt einer *Historia Collegij Monacensis Societatis Jesu* im Bayerischen Hauptstaatsarchiv.[41] Zur Rekonstruktion der Ereignisse ist außerdem die Geschichte der Oberdeutschen Provinz von Ignatius AGRICOLA (1729) heranzuziehen, da manche Einzelinformationen nur hier überliefert sind. Der Verfasser dürfte sich auf weitere, heute unbekannte oder aber noch in den Beständen des AMSJ befindliche Quellen gestützt haben.[42] Auch der Bericht Felix LIPOWSKYs von 1816 liefert einige zusätzliche Einzelheiten.[43] Aus den Quellen ergibt sich in Kürze folgender Verlauf der Feiern:[44]

Am Sonntag, dem 6. Juli 1597, kündigten am frühen Morgen Glockengeläut und Böllerschüsse den Festtag an.[45] Weihbischof Bartholomäus Scholl vollzog in der noch nicht zugänglichen Kirche den Weiheritus. Später, bevor die Menge der geladenen Gäste hereinströmte, hielt die Geistlichkeit eine Bittprozession *(supplicatio)* zur Kreuzkapelle ab. Wegen schlechten Wetters war sie kurzfristig vom Platz in die Kirche verlegt worden.[46] Die *Annales* des Kollegs schildern dann ausgiebig den Einzug der Geistlichen und Fürsten zur ersten Messe. Besonders werden zwei Jesuiten genannt, die die Reliquien des hl. Caius in einem Schrein trugen, und die österreichischen und bayerischen Fürsten, die mit Fackeln oder Kerzen in den Händen eintraten. Die von Scholl zelebrierte Messe wurde begleitet von vier- und fünfstimmiger Chormusik, und der junge Kardinal Philipp von Wittelsbach, Bischof von Regensburg, hielt eine mehr als einstündige Predigt über die Bedeutung der Kirchweihe und die Berechtigung, ja Pflicht, die neuen Gotteshäuser aufs prächtigste zu schmücken. Nach dem Hochamt wurde von verschiedenen Welt- und Ordensgeistlichen an allen anderen Altären der Kirche die Messe gelesen und die Kirche öffentlich zugänglich gemacht.[47] Währenddessen fand ein vom Herzog gestiftetes Mittagsmahl für über 1700 Gäste in den verschiedenen Räumen des Jesuitenkollegs statt, die zur Feier des Tages mit *affixiones* reich dekoriert waren.[48] Die Fürsten, insgesamt einundzwanzig, tafelten im *hypocau-*

---

40 AMSJ O I 45 *(Annales Collegij Monacensis 1574–1708)*, S. 50–54; bis auf einzelne Wortumstellungen identisch ist ARSI Germ. sup. 65 fol. 184ʳ–189ʳ.

41 BayHStA Jesuitica 2268. Die *Historia* umfaßt den Zeitraum 1587–1632 und befindet sich auf den S. 64–96 eines dem eigentlichen Archivale *(Compendium historiae Collegij Monacensis)* beigelegten Faszikels.

42 Agricola 1729, 151–177 (zu 1597) bzw. 170–177 (zu St. Michael).

43 Lipowsky 1816, 294–302.

44 Vgl. auch Schneider 1997, 175 f. m. den Anm. (Lit.!) und jetzt Triumphus edd. Bauer – Leonhardt 2000, 16–40.

45 AMSJ O I 45 S. 52 = ARSI Germ. sup. 65 fol. 188ʳ *Mane hora 4ᵃ media aere campano maximo signum datum*; Agricola 1729, 170: *secunda post noctem dimidiam signum e Templo … longe lateque insonuit.*

46 AMSJ O I 45 S. 52 = ARSI Germ. sup. 65 fol. 188ʳ *qua* (sc. *consecratione*) *ad medium 8uae perfecta supplicatio instituta est intra templum (non extra) ob pluuiam tempestatem … per Sacrarium ad* (ARSI ebda.: *et*) *aedicu[cu]lam S. Crucis.*

47 Lipowsky 1816, 298.

48 AMSJ O I 45 S. 53 = ARSI Germ. sup. 65 fol. 188ᵛ: *qui locus* (sc. der Speisesaal der Fürsten, s. folg. Anm.), *uti*

stum recreationis,[49] wo der Hofprediger Melchior Degenhard eine *oratio eucharistica* hielt. Im Speisesaal des Kollegs *(commune triclinium)* versammelten sich die übrigen Adligen und die Jesuiten; die geistige Seite der Mahlzeit wurde von vier Ordensangehörigen gestaltet, die in allen drei heiligen Sprachen predigten und ein Gedicht vortrugen.[50] Die übrigen Gäste, darunter auch die Hofbeamten, verteilten sich auf verschiedene Räume des Kollegs und die Arkaden des Hofes. Nach dem Festmahl überreichte Wilhelm dem Rektor des Kollegs die prächtig verzierte endgültige Fundationsurkunde.[51] Ein feierlicher Vespergottesdienst, wiederum mit erlesener musikalischer Begleitung, beendete das Festprogramm des ersten Tages.

Am folgenden Morgen mußte das geplante Drama, der *Triumphus Diui Michaelis Archangeli Bavarici*, wegen eines Unwetters abgesagt werden. Ein zweiter Versuch am 8. Juli endete mit dem Abbruch im 1. Akt, und erst am Freitag, dem 11. Juli, konnte das Stück, das wohl aufwendigste je aufgeführte Jesuitendrama Deutschlands, in beinahe zehnstündiger Aufführung und mit vielen Hunderten von Darstellern über die Bühne gehen.[52] Mit der Wahl des Themas knüpfte man an das Patrozinium der Kirche, besonders aber an das im Hochaltarbild präsente Thema vom Kampf des Erzengels gegen den Teufel an, dessen Suggestivkraft vor dem Hintergrund des Konfessionskampfes nicht zu überbieten war. Mit Hilfe von Feuerwerkskörpern ließ man den „stygischen Drachen", selbst funkensprühend, zur flammenspeienden Hölle stürzen, sorgte aber mit einer ausführlichen deutschen Perioche auch für ein genaueres Verständnis des Inhaltes bei der Masse der Zuschauer.[53] In den Schlußszenen[54] überträgt der Genius des Landes *(Angelus Bavariae)* vor der Fassade der Michaelskirche dem Erzengel seine besondere Schutzfunktion für Herzogtum, Herrscher und Heiligtum, Michael aber läßt in einem Finale, das an das Jüngste Gericht denken läßt, die Märtyrer der Kirche von Angesicht zu Angesicht über ihre Peiniger und deren Vergänglichkeit triumphieren und verkündet dem Land und seinen Fürsten seinen immerwährenden Beistand. Er geht ab und nimmt seine Kirche in Besitz – womit sich der Bogen zur liturgischen Einweihung des voraufgegangenen Sonntags schließt.

---

  et ingressus scholarum, hierogliphicis, emblematis, et omnis generis carminibus Latinis, graecis, Hebraicis conuestitus fuit. Diese *affixiones* und die TROPHAEA BAVARICA sind voneinander zu unterscheiden, s. u.

49 AMSJ O I 45 S. 53. Die Übernahme der Bezeichnung bei Agricola 1729, 171 *(in hypocausto relaxationi ceteroquin post mensam destinato)* und ihr Fehlen im gedruckten Bericht von 1607 deutet darauf hin, daß Ignatius Agricola sich bei seiner Darstellung vornehmlich an den kollegeigenen Münchner Quellen orientierte.

50 ARSI Germ. sup. 65 fol. 188[v] *Ad hospites in triclinio alius hebraicam, graecam alius, Latinam orationem, et carmen alij duo, e Nostris omnes* (sc. *habuerunt*); Litterae Annuae 1607, 166: *ad conuiuas ceteros Socij quatuor Hebraice unus, alter Graece, Latine tertius, quartus carmen dixere.*

51 Agricola 1729, 158–169; Lipowsky 1816, 299f.; Kat. München 1997, 402–404 Nr. 103 (J. Wild).

52 Jetzt erstmals nach der einzigen Handschrift publiziert: Triumphus edd. Bauer – Leonhardt 2000.

53 Triumph unnd Frewdenfest / Zu Ehren dem Heiligen Ertzengel Michael / als Schutzfürsten und Patron / der Newgeweychten Herrlichen Kirchen. Vor und von dem Gymnasio der Societet Jesu angerichtet und gehalten / auff den Sibenden Tag Julij. Zu München / MDXCVII. Edition: Szarota 1983, 417–438.

54 Hier V, 5 und 10; s. Triumphus edd. Bauer – Leonhardt 2000, 280–283. 290–297.

3. Die Festschrift Trophaea Bavarica D. Michaeli archangelo dicata

a. Eine poetische Triumpharchitektur

Stärker als alle anderen bekannten Einweihungsschriften und in konsequenter Analogie zur Thematik des Schauspiels ist der dreiteilige Gedichtband *Trophaea Bavarica Sancto Michaeli Archangelo in templo et gymnasio Societatis Jesu dicata Monachij* auf eine zentrale Gestalt, die des Erzengels und Kirchenpatrons, ausgerichtet. Das zeigt sich schon im Titel: hier wird nicht, wie sonst zu beobachten, in der höfischen, ein wenig umständlich wirkenden Art der Zeit eine Gedichtsammlung dem Landes- oder Bauherrn dankbar zugeeignet, sondern in lapidarer Kürze ein Siegesmonument geweiht. Der Empfänger ist ein Landesherr ganz anderer, übermächtiger Art: jener Erzengel Michael, dessen Zweikampf mit dem Drachen im 12. Kapitel der Johannesapokalypse sich wie keine andere Szene als Sinn- und Vorbild der kämpfenden Kirche in den Jahren des brüchig werdenden Augsburger Friedens und des von den Wittelsbachern geführten Kölner Krieges interpretieren ließ. Mit dieser Inanspruchnahme des himmlischen Streiters für die eigene und als die einzig wahre angesehene Religion standen indes weder die oberdeutschen Jesuiten Matthaeus Rader und Jacob Gretser, die Autoren von Teilen der *Trophaea*,[55] noch auch nur die katholische Seite allein. Vielmehr läßt sich im ausgehenden 16. Jahrhundert eine geradezu inflationäre Beliebtheit des *proelium factum in coelo* auch bei protestantischen Autoren feststellen – das Schema des bewaffneten Kampfes zwischen Gut und Böse, zwischen richtigem und falschem Glauben und zwischen Bewahrern und Abgefallenen ließ sich von beiden Seiten der konfessionellen Frontlinie aus ebensogut verwenden.[56]

---

55 Ihre Namen nennt nur Agricola 1729, 173; der u. zitierte Bericht der handschriftlichen *Annuae* läßt erkennen, daß noch weitere Mitarbeiter beteiligt waren (s. Anm. 62). Dies wird durch die Mitteilung C. Sommervogels bestätigt, daß Gretser lediglich zwölf der Stücke verfaßte (III 1759; nach einem handschriftlichen Verzeichnis der Werke Gretsers von Hugo Roth SJ [1570–1636] und Georg Heser SJ; vgl. Sommervogel VII 212, B). Die biographische Literatur zu den beiden Patres verzeichnet Hess 1997, 284 Anm. 7 f.

56 Ein Sammelband der SUB Göttingen (Sign.: 8 P.lat.rec. I,60), in dem der Sammler M. Richey im Jahre 1729 100 Einzeldrucke mit christlicher Dichtung des 16. und frühen 17. Jahrhunderts vereinigt hat, enthält allein elf „Michaelitica" der Jahre 1557–1640 von norddeutschen, also zweifellos protestantischen Autoren (Nr. 68–78: Ioannes Placaeus, *Elegia de excubiis ... angelorum*, Wittenberg 1557; Sigismundus Strophius, *Carmen de beneficijs quibus Deus per ... angelos ... suam ecclesiam ... defendit*, Wittenberg 1560; Nicolaus Sigfridus Melissus, *Causa omnis mali lapsus prauorum angelorum*, 1582; Ernestus Drallius, *Carmen de assiduis ... angelorum ... beneficijs*, Helmstedt 1586; Martinus Schwartzbach, *Carmen de ministerio ... angelorum*, Danzig 1586; Christianus Furecherus, *Carmen de sacrosanctis angelis*, Königsberg 1587; Balthasar Finow, *Elegia de sanctis angelis*, Stettin 1589; *Carmen elegiacum in festum Michaelis Archangeli*, Hamburg 1612 und insbesondere: Wolfgangus Finckelshusius, *Aggelodrakontomachia* (lat. v. Johann Dedekind), Wittenberg 1608; Ioachim Pomarius, *Exercitationum sacrarum missus tertius turmas angelicas in aciem producens ...*, Magdeburg 1614; Christian Woldenberg, Μέτρον *... περιέχων Μάχην Μιχαῆλος Ἀρ⟨χ⟩άγγελον σὺν Δράκοντι μεγάλῳ ἐν οὐρανῷ πεποιημένην* (griech. u. lat.), Hamburg 1640). – Vgl. auch: Adam Eniccelius, *Triumphus Sancti Michaelis, quem ex facto cum Diabolo, et eius socijs praelio deportauit*, Leipzig 1590 (HAB: 68.7 Poet. [5]).

Die drei *Trophaea* des Bandes fügen sich darüberhinaus in einer ansonsten nicht ge-
kannten, höchst raffinierten Weise zu einer „Triumpharchitektur" (G. HESS) zusammen, die den katholischen Glaubenskampf, seine Verknüpfung mit dem bayerischen
Herzogshaus – den Garanten und irdischen Pendants des *archistrategus Michael*, durch
deren Handeln erst der Titel „*Bayerische* Siegeszeichen" gerechtfertigt ist – und den
Lobpreis des neuen Bauwerks, seiner Reliquienschätze und religiösen Kunstwerke vereint. Neben dem himmlischen Patron ist dabei die Kirche und ihr Schmuck das verbindende Element: so ist das *Trophaeum I* vom Hochaltargemälde, dem Engelssturz des
Christoph Schwarz, beherrscht, das *Trophaeum II* nimmt Anregungen der Fassade mit
ihren Herrscherstatuen auf, und *Trophaeum III* setzt mit einer Führung durch das Gotteshaus das Bauwerk in seiner Gesamtheit in Sprache um. Die Errichtung eines derart
beschaffenen *Trophaeum* bedeutet Monumentalisierung von Sprache oder Architektur
auf dem Papier einerseits – ein schon barock anmutender Zug der Festschrift, von
dem es nicht mehr weit ist zu Buchtiteln wie *Templum honoris* als Bezeichnung allegorischer Bauwerke[57] – und andererseits Umsetzung der steinernen Architektur und der
starren Bildwerke in eine Schautafel aus Sprache, die sich vor dem im Text fortschreitenden Leser als lebendes Bild wieder in Einzelszenen auseinanderfaltet.[58] Damit nicht
genug, sind der Ausgabe auch noch mehrere Kupferstiche beigegeben, so daß die Bezüge des zwischen bewegter Sprachkunst und erstarrter Bildkunst changierenden Textes im Optischen noch ein weiteres Mal gespiegelt werden.[59]

Das angedeutete innere Beziehungsgeflecht der *Trophaea Bavarica* bringt es mit sich,
daß die im dritten Teil enthaltene Kirchenbeschreibung, auch sie wie in Würzburg als
Führung gestaltet, nicht isoliert betrachtet werden kann. Angesichts der ausführlichen
Kommentierung, die die Festschrift durch die Bearbeiter der 1997 erschienenen Faksi-
simileausgabe erfahren hat, und der Gesamtinterpretationen durch Sabine SCHNEIDER
und Günter HESS, die dem zeitgenössischen Bildverständnis und den poetisch-theo-
logischen Ambitionen des Werkes mit einem Rader und Gretser kongenialen Sinn für
feine Beobachtung und Anspielung bis ins Detail nachgegangen sind,[60] gebe ich lediglich eine Inhaltsübersicht, aus der die beherrschenden Themen und damit ein Gesamteindruck abzulesen sind.

Zuvor jedoch noch eine Anmerkung zur Entstehungsgeschichte der *Trophaea Bava-*

---

57 Als Beispiel aus dem Umkreis des Münchner Herzogshofes sei genannt: *Templum honoris Bavarici Nominis
Aeternitati sacrum in Collegio Soc(ietatis) Jesu Maximiliano Bavariae Duci dicatum*, Lüttich 1629. Die gleiche
Tendenz verraten die im 17. und auch noch im 18. Jahrhundert populären *elogia*, fiktive Ehreninschriften auf
Papier statt Stein, aber unter Wahrung des „Lapidarstils" (vgl. Sparrow 1969, 101–131; Kajanto 1994; ein
Beispiel s. u. S. 554), und auch die Wiederentdeckung des Figurengedichts im Barock gehört hierher.

58 Im Gegenzug beanspruchte das Michaelsdrama, die Vielzahl der ihm zugrundegelegten historischen Szenen
mit überwältigender Gleichzeitigkeit „gleich als in *einer* gemalten Tafel" (Hervorhebung: U. S.) vor dem Zuschauer zu versammeln: Schneider 1997, 175 (nach der deutschen Perioche).

59 Zur Beschreibung und Deutung der Stiche s. Hess 1997, 272–276.

60 Schneider 1997; Hess 1997.

rica. Gestützt auf die Angaben der gedruckten *Litterae Annuae* war bisher davon auszugehen, daß es sich bei dem Druck um die Wiedergabe der *affixiones* handele, die in
den Festsälen des Kollegs die Wände zierten.[61] Die Texte hätten dann tatsächlich eine
Art Architektur gebildet bzw. – wie seinerzeit die bei fürstlichen Triumph- und Einzügen beliebten Devisen und Gedichtplakate an ephemeren Architekturen entlang des
Weges – das Kolleg und die Kirche (vgl. den Titel: *Trophaea ... in templo et gymnasio ...
dicata*) im Sinne bleibender Triumphalbauten geschmückt. Tatsächlich scheint es sich
jedoch anders verhalten zu haben. Nach der Auskunft des handschriftlichen, in München und Rom erhaltenen Jahresberichtes sind die Gedichte der *Trophaea*-Festschrift
vielmehr noch *zusätzlich* zu den Affixiones in den Kollegsälen entstanden:

> **Praeter haec alia plurima**, eademque selectissima, et accuratissime a Nostris cum hic, tum
> alibi conscripta **carmina; Elegiae; Epigrammata tribus quasi tomis distincta regali folio,
> grandioribus typis, et iconibus aliquot in aes incisis**, lineis ad ornatum insertis – sc. D. Mi-
> chaelis de superbissimo hoste reportatam uictoriam (id quod dictae Tragicomoediae, quae post
> templi consecrationem peracta est, argumentum fuit) uel augustissimam primam templi fron-
> tem, uel denique carminum illorum argumenta exprimentibus – pulcherrime excusa, in
> Ser(enissi)mos primum Principes dein in primarios quosque amicos et fautores nostros, uiros
> doctos et graues honorarij muneris loco distributa, qui ingenium, artem, numeros, elegantiam
> ad sidera sustulerunt.[62]

Die Bemerkungen des Chronisten zur Form des Werkes und die Beschreibung der drei
Stiche machen eine Identifikation mit den *Trophaea* unbezweifelbar. Zwar fällt es zunächst schwer, sich für die Glaubwürdigkeit eines der Berichterstatter zu entscheiden,
da beide insgesamt gut unterrichtet sind. Doch der Umstand, daß die den gedruckten
Annuae zugrundeliegende Relation gar nicht aus dem Jahr 1597 stammte, sondern erst
um 1602 oder 1603 geschrieben wurde,[63] dürfte eher für die handschriftlich überlieferte Variante sprechen. Deren Aussage wird dann auch durch eine Passage aus dem
ebenfalls erhaltenen *Diarium* des Münchner Kollegs bestärkt, die ebenso die *affixiones*
und die *Trophaea* voneinander unterscheidet:

---

61 Litterae Annuae 1607, 166: *Cum inter haec* **loca omnia mira carminum copia** *argumentorumque aliorum uarietate*
   reniderent, *quibus admiranda inuentionum abundantia praestantissima ingenia ad luxuriam usque se effudere,* **ea
   omnia typis excusa**, *ac tribus uoluminibus digesta, honorarij muneris loco Principibus uiris distributa, admirationem
   habuere*. Im oben genannten Sinn interpretierte auch Günter Hess (1997, 290) die Stelle.
62 AMSJ O I 45 S. 53 = ARSI Germ. sup. 65 fol. 188ᵛ (unmittelbar an den o. Anm. 48 zitierten Text anschließend). Die Bemerkung über externe Autoren trifft sowohl auf Gretser (Ingolstadt) als auch Rader (Augsburg)
   zu, so daß weitere Mitarbeiter aus München angenommen werden müssen.
63 Litterae Annuae 1607, 158 spielt auf die Bischofsweihe Philipps von Wittelsbach (geb. 1576) in St. Michael
   (2.2.1597) und dessen frühen Tod (1598) mit der Bemerkung an: *Sed est acerba prius rei laetissimae, sed breuis-
   simae felicitatis memoria pertractanda, et cum maerore incerta rerum in inconstanti prosperitate aestimanda. eoque magis,
   quod laeta initia tanto post tempore litteris damus,* **quae sexennio prope iam ante conciderunt**.

Non solum a discipulis et a Nostris affixa multa et uaria genera carminum, sed impressa quam plurima in folio, praefixis pulcherrimis imaginibus.[64]

Einhellig ist schließlich der Überlieferung zu entnehmen, daß die Drucke am Nachmittag des 6. Juli zunächst dem Herzog und dann weiteren Adligen, Geistlichen und Förderern der Gesellschaft Jesu überreicht wurden.[65] Dabei wurden eine Prachtausgabe und eine normale Fassung des Druckes verteilt,[66] wobei besonders hochrangige Empfänger durch die Beigabe einer bereits 1589, also vor dem Turmeinsturz, von Johann Sadeler d. Ä. gestochenen Ansicht der Kirche zusätzlich geehrt wurden.[67]

b. Die ersten beiden *Trophaea*

Die Rolle einer Praefatio zu den *Trophaea* (fol. Aᵛ) übernimmt ein Auszug aus der Kirchengeschichte des Nikephoros Kallistos Xanthopoulos, in der von einer Erscheinung Michaels vor Kaiser Konstantin im kleinasiatischen Sosthenium berichtet wird, einem Ort, an dem er bereits den Argonauten in Gestalt eines *Ignotus adiutor* beigestanden hatte. Jasons Männer errichteten diesem eine Ehrenstatue, Konstantin aber eine prachtvolle Kirche. Wenn nun diese Episode in der Münchner Festschrift an programmatischer Stelle auftaucht, so sind damit Traditionslinien von Konstantin, dem frühchristlichen Idealkaiser der katholischen Kirchengeschichtsschreibung und Urbild aller fürstlichen Kirchenbauherren, zu Wilhelm V. als Erbauer von St. Michael ebenso gezogen, wie dieser über den ihm kurz zuvor verliehenen Goldenen-Vlies-Orden an die Tradition der Argonautensage aus grauer Vorzeit angeschlossen wird.[68] Durch die im ganzen ersten Teil der Festschrift dominierende Michaelsthematik bildet der kurze

---

64 Clm 1550, fol. 16ᵛ. *Affixiones* und *Trophaea* sind auch in: Triumphus edd. Bauer – Leonhardt 2000, 27 (Übersetzung aus BayHStA Jesuitica 2268) richtig geschieden.

65 AMSJ O I 45 S. 53 = ARSI Germ. sup. 65 fol. 188ᵛ; Litterae Annuae 1607, 166 (zit. in Anm. 61); Agricola 1729, 172f. (m. ausführlicher Beschreibung insbesondere der einleitenden Passage aus Nikephoros Kallistos); Lipowsky 1816, 301 (im Detail abweichend und wohl ohne Autopsie der *Trophaea*, vgl. Hess 1997, 283).

66 Hess 1997, 284–288. Die ebda. 284 Anm. 10 gesammelten Korrekturen gegenüber der Druckbeschreibung bei Gerhard Dünnhaupt sind zu ergänzen: der dort (S. 1776 Nr. 29.1) genannte „Neudruck" der Trophaea Bavarica in (!) Johann Casimir von Carmers Schul-Reglement für die Universität in Breslau (Breslau 1774) ist vielmehr ein diesem beigebundenes Exemplar des Druckes von 1597 (ÖNB Cod. ser. n. 28053, V, fol. 20–58, früher ÖNB 658.141–D.H = Hess 1997, 285 Nr. 8). Für Auskünfte hierzu danke ich Dr. Christoph Steiner (ÖNB). – Zum heute nicht mehr nachweisbaren Exemplar Erzherzog Leopolds V., des Erbauers von Jesuitenkirche und -universität in Molsheim, s. Sepp 1998, 169 n° 21.

67 Hess 1997, 286f. Ob der Stich ursprünglich Teil einer für 1589 geplanten Festschrift war – eine Vermutung, die schon Joseph Braun anstellte (1910, 84 Anm. 2) –, muß vorerst offen bleiben, da von einem solchen Unternehmen bisher keine literarischen Spuren bekanntgeworden sind. Der Abdruck des Sadeler-Stiches bei Duhr 1907, 186 als „Titel der Festschrift" legt zu Unrecht nahe, daß der Stich in jedem Fall Bestandteil des Druckes war.

68 Im einzelnen vgl. dazu Wiener 2001; s. auch Schneider 1997, 178.

Text somit nicht allein eine Vorbemerkung, sondern stellt zugleich einen Deutungswegweiser für die folgenden poetischen Stücke auf.

Volle vier Seiten (fol. A2^r–A3^v) umfaßt das anschließende Gebet an den Erzengel *(dux angelorum)*, mit dem der irdische *dux* Wilhelm den Kirchenpatron einlädt, in sein neues Gotteshaus einzuziehen. In diesem Text sind vielfältige Elemente zusammengeführt. Ein Passus aus dem Gebet Salomos bei der Tempelweihe steht wohl letztlich als alttestamentarische Anregung hinter dem Ganzen,[69] doch enthält das Stück vor allem einen formal dem Hymnus nahestehenden epischen Lobpreis des Kirchenpatrons, dessen Kampf gegen Luzifer hier zum ersten Mal in der Festschrift rekapituliert wird (= Aretalogie/pars epica, fol. A2^r), um später die von ihm geliebten Orte – hier den Gargano – aufzuzählen (fol. A2^v) und ihnen das eigene neue Heiligtum als ebenbürtig an die Seite zu stellen. Michaels Wohltaten an Bayern wiederum werden mit entsprechenden Schriftzitaten als Voraussetzung dafür interpretiert, daß München in eine Reihe mit Rom gestellt und zugleich als eine Art Abbild des Himmlischen Jerusalem interpretiert werden kann.[70] Die *invitatio ad encaenia* (= ὕμνος κλητικός) richtet sich sodann an weitere Himmelsbewohner: die Engel, Patriarchen und Propheten, Apostel und Märtyrer, Bekenner und Jungfrauen, wie sie größtenteils auch in Gestalt von Skulpturen oder Reliquien in der neuen Kirche versammelt waren.[71]

Insgesamt läßt sich an diesem Gedicht und seinem Pendant am Ende der Festschrift gut ablesen, welche Wege die Umsetzung des Kirchweihritus in Poesie[72] gehen konnte, und der Vergleich mit früheren Festschriften zeigt, wie einmal ins Repertoire gekommene Formen den örtlichen Bedürfnissen entsprechend adaptiert bzw. von besonders kreativen Autoren wie denen in München erweitert wurden: Die Augsburger Gedichtsammlung des Pontanus enthielt vier voneinander deutlich geschiedene Stücke, in denen einzelne Aspekte der Münchner *Invitatio* behandelt waren, darunter auch eine Versifizierung des Salomo-Gebets.[73] Anders als im zweiten Münchner Gebet[74] findet sich jedoch bei Pontanus noch nicht die Identifikation des Stifters oder Bauherrn

---

69 II Par 6, 41 *nunc igitur consurge Domine Deus in requiem tuam | tu et arca fortitudinis tuae.*

70 Trophaea ed. Hess 1997, 154 f. Anm. 29 (C. Wiener – J. Hamm).

71 Ebda. 155 Anm. 42.

72 Neben dem „Gebet Salomos" hat zweifellos die traditionelle *prex dedicationis* als Vorbild gedient (vgl. den zwar gegenüber dem 16. Jh. stark veränderten, aber in den Grundgedanken vergleichbaren Text der heutigen *prex* bei Calabuig 1977, 427 f.). Durch die Übertragung der Sprecherrolle an den Bayernherzog stehen aber die beiden Münchner Texte dem königlichen Gebet des AT sehr viel näher als dem bischöflichen, wie es in der Messe tatsächlich gesprochen wurde. Ein deutlicherer Hinweis auf das Selbstverständnis der Wittelsbacher (bzw. ihrer Lobdichter) von der religiösen Dimension ihres Herrschaftsamtes ist schwer denkbar. – Zur Adaptation der eigentlichen *precatio Salomonis* am Schluß der Festschrift s. u., 6.

73 ENCAENIA IN RELIGIOSISSIMUM TEMPLUM, 6–8: *Precatio Salomonis in Dedicatione Templi, ex Historia Regum lib. 3 cap. 8.*; ebda. 13 f.: *Elegidion I – Templum commendatur Salvatori* (Patron der Augsburger Kirche) und 14 f.: *Elegidion II – Commendatur B. Mariae Virgini, Angelis, et Sanctis, quorum in eo reliquiae asserantur*, ebda. 23: *Hymnus I – In Saluatorem* (gemäß den Empfehlungen Pontans in seiner Dichtungslehre nicht in Hexametern, sondern sapphischen Strophen).

74 Dazu s. u., 6.

mit Salomo. Die Würzburger Festschrift von 1591 hat, wiederum anders, in der *Invitatio ad dedicationem* das Einladungsthema rein auf das irdische Geschehen bezogen[75] – bei Pontanus gab es hierfür wiederum ein separates Stück[76] – und läßt einen nicht genannten Sprecher die menschlichen Festbesucher, nicht aber die Himmlischen einladen. Das Thema der *commendatio* durch den Bischof ist in Würzburg in einem nur drei Verse langen Gedicht lediglich der Vollständigkeit halber abgehandelt.[77] Ein Blick auf die weitere Produktion jesuitischer Festschriften, der später noch zu vertiefen sein wird, weist schließlich Teile der Pruntruter Weihegedichte von 1604 als außerordentlich enge *imitationes* von Vorgängern, insbesondere der *Trophaea Bavarica*, aus. An dieser Stelle sei nur vermerkt, daß auch die Dichter des Pruntruter Kollegs sich ausführlich des Salomo-Gebetes bedienten und es ihrem Kirchen- und Landesfürsten Jakob Christoph Blarer von Wartensee in den Mund legten.[78] Die ursprüngliche Anlehnung der Münchner Autoren an die Sammlung des Pontanus dürfte sich dagegen hinreichend aus dem Umstand erklären, daß Rader dankbar Anregungen seines Ingolstädter Lehrers aufgegriffen hat, welcher wiederum auch mit Gretser in enger Verbindung stand.[79]

Unter dem Titel *Michael Victor et Lucifer Triumphatus* folgt in den *Trophaea Bavarica* unter unverkennbarer Bezugnahme auf das gleichzeitige Ordensdrama eine epische Bearbeitung des dramatischen Engelskampfes, die am Schluß erneut den Patron anruft und ihn bittet, einzutreten (fol. A3^v–B^v). Die auf den anschließenden Seiten (fol. B^v–B2^v) versammelten Epigramme verknüpfen das Michaels-Epyllion aufs engste mit dem Hochaltargemälde und spielen virtuos mit dem Kontrast zwischen der dargestellten bewegten Handlung und der Starrheit des Bildes.[80] Unter dem auch am Hochaltar als Titulus angebrachten Vers der Apokalypse *Michael et angeli eius praeliabantur cum dracone* (Apc 12,7) bringt die Festschrift dann noch ein zweites Kampf-Epos (fol. B2^v–B4^r), das die dem ganzen Kirchenkonzept von St. Michael zugrundeliegende Ineinssetzung des vorzeitlichen Luzifersturzes und des apokalyptischen Drachenkampfes[81] deutlich macht. Eine zweite Epigrammreihe geht erneut auf die Michaels-Bildwerke, darunter auch die Portalstatue, ein, verlegt den Schwerpunkt aber zunehmend auf das Thema des Sieges (zunächst Michaels, dann jedes Kirchenbesuchers über das Böse) und läßt den Erzengel zuletzt mit der Seelenwaage des Jüngsten Gerichtes auftreten (fol. B4^v–C^v). Das erste *Trophaeum* schließt mit einer hochkomplexen Darstellung der Geschichte des Erzengels, seiner Taten und insbesondere – unter intensiver Benutzung

---

75 ENCAENISTICA POEMATIA, fol. C4^r; Text s. u. S. 597.

76 ENCAENIA IN RELIGIOSISSIMUM TEMPLUM, 18: *Elegidion VI – Inuitatio ad Augustanos.* S. o. S. 233.

77 Text s. S. 602, n° 20.

78 ENCAENIA COLLEGII BRUNTRUTANI, fol. A3^v–B^r *(Oratio Episcopi ad Deum)*, nach dem *zweiten* in den Trophaea Bavarica enthaltenen Gebet. S. u. S. 273 f.; einzelnes zu Porrentruy s. S. 439–441.

79 Kat. München 1991, 131 f. Nr. 125 (R. Wimmer).

80 Trophaea ed. Hess 1997, 158 Anm. 111–160 Anm. 131 (S. Schneider – J. Robert); Hess 1997, 272 f.; Schneider 1997, 177.

81 Altmann 1983, 94; Trophaea ed. Hess 1997, 158 f. Anm. 111 (S. Schneider – J. Robert), 161 Anm. 139, 162 Anm. 167 f. (S. Schneider); Schneider 1997, 187 f.; Robert 2001.

byzantinischer Geschichtsschreiber vermutlich durch den Spezialisten dieses Faches, Gretser – seiner wichtigsten Heiligtümer seit der Spätantike. Hier werden die Anregungen der eingangs zitierten Passage aus Nikephoros in erweiterter Form wiederaufgenommen und der direkt angesprochene Wilhelm V. in die Nachfolge der großen kirchenbauenden Fürsten der christlichen Weltgeschichte eingereiht (fol. C^v–C4^r).[82]

Das *Trophaeum II* stellt den bayerischen Herzog in anderer Weise in eine lange Tradition. Als *Domus Bavarica sive Successio Christianorum Bavariae Principum* betitelt, findet man auf den fol. C4^v–E4^v eine lange Reihe aus insgesamt 114 Epigrammen von meist 2 Distichen Länge, mit denen die seit dem Frühmittelalter bestehende Tradition christlicher Landesherrschaft in Bayern illustriert wird. Dabei erhält jeder Herrscher von den sagenhaften Herzögen des 6. Jahrhunderts bis hin zu allen verstorbenen und lebenden Mitgliedern der regierenden Herzogsfamilie ein Epigramm, das zugleich ein Epitaph darstellt und seine Taten und seinen Charakter vorführt.[83] Gleichzeitig arbeitet der Text jedoch mit der Fiktion, die Fürsten der Vergangenheit kehrten zurück, um das (Bau-)Werk ihres großen Nachfahren zu bestaunen.[84] Sie ziehen demnach vor dem Leser nacheinander wie über eine Bühne – es ist zugleich die ihres Lebens –, um beim Abtreten *in hora mortis* ihr resümierendes Epigramm zu sprechen. Wie sehr die über ein Jahrtausend gespannte Reihe von Herrschern als Einheit und Kontinuität unveränderter Zielsetzungen empfunden oder doch konstruiert wurde, zeigt nichts besser als eine Gegenüberstellung der Epigramme Othos I. (gest. 532 nach der chronologischen Randleiste der Festschrift), des „ersten christlichen Fürsten in Bayern", und seines späten Amtsnachfolgers (und, nach der zeitgenössischen genealogischen Verknüpfung der Familien von Scheyern und Wittelsbach, auch Nachkommen), Wilhelms IV. Nur in diesen beiden Epigrammen, die Anfang und Ende der Reihe bilden, kehrt jener Vers wieder, der die Kernaussage des ganzen *Trophaeum II* bildet. Abwehr des Luthertums und Berufung der Jesuiten stehen hier für die Vollendung einer über 1000jährigen Entwicklung:

C4^v Otho I.

Primus Otho Boiae sum rector et auctor Othingae;
   Imperium finis, Ister et Oene, meum.
Primus et aeternum pulso Ioue numen adoro.
   Boia mihi debes astra patere tibi.

E3^r Wilhelmus IV.

Hic ego sum, nostri pietatis imago nepotis,
   Qui duxi Sociam primus ab Vrbe manum:
Opposuique tuo, scelerate Luthere, furori.
   Debes, Boia, mihi, quod tibi Roma dedit.

---

82 Eine ähnliche Einordnung des fürstlichen Bauherrn in die mit Konstantin beginnende Tradition christlicher Großbauten unternahmen die Pruntruter Dichter 1604 (s. S. 434–439) und ebenso 1618 der Molsheimer Jesuit Jodocus Coccius, s. S. 321.

83 Zur literaturgeschichtlichen Einordnung dieser Epigrammfolge und zu ihren historiographischen, politischen und genealogischen Implikationen darf ich neben dem Kommentar in Trophaea ed. Hess 1997, 169–201 auf meine Untersuchung „Successio Christianorum Bavariae principum …" (Vf. 2001) hinweisen.

84 TROPHAEA BAVARICA, fol. C4^v: *Boiugenum quondam Domini, mundique Monarchae | Spectatum ueniunt grande nepotis opus.*

Wilhelm V., der Erbauer der Kirche, vollendet sodann den historischen Auftrag seiner *domus*. Sein „Credo" nimmt die Worte seines Urahnen Otho ebenso wieder auf, wie er sich durch die unüberhörbare Anspielung auf den Traum Jakobs von der Himmelsleiter und damit auf die Errichtung des Altars in Bethel (Gn 28, 17) in die denkbar ehrwürdigste und direkte Nachfolge der alttestamentarischen Stifter von Heiligtümern stellt:

E3ʳ Wilhelmus V.

> Est uirtus sua cuique Duci; **mihi sidera** curae
>> Quae uellem populo semper **aperta** meo.
> Cui domus in coelum regali munere ducta est,
>> **Scandenti** certus quae foret **astra gradus**.

Das zwar stets konkurrierende, aber mit den Wittelsbachern eng verwandte und zudem die Katholizität des Kaisertums garantierende Haus Österreich erhält ein zusätzliches ehrendes Gedicht, und schließlich führt *Elegia: Bavaria ad Serenissimum Guilielmum* (fol. Fʳ–F2ʳ) den glücklichen und fruchtbringenden Frieden auf das segensreiche Wirken Wilhelms V. für sein Land im Sinne der katholischen Reform zurück. Der am Anfang des Faszikels beigebundene Stich zeigt, wie die von den Himmlischen geführte thronende Bavaria die Häretiker im Höllenfeuer an Ketten hält – eine drastische Visualisierung der Kernaussage des *Trophaeum II*.[85] Am Ende des Faszikels nimmt der Aufriß der Kirchenfassade[86] mit ihren Fürstenfiguren, die teilweise denen der Epigrammreihe entsprechen, das Thema von Schutz und Wacht für den Glauben unter einem veränderten Aspekt[87] wieder auf[88] und eröffnet damit das *Trophaeum III*, aus dessen Titel *Dedi-*

---

85 Hess 1997, 273–276.

86 Abgeb. zuletzt in Trophaea ed. Hess 1997, 91 und Kat. München 1997, 387. Forschungen zur Fassade: Schade 1960a; Schade 1960b; Sauermost – Friedel 1973, 98 f. (H. Friedel); Altmann 1976, 13–38; Schade 1983; Schlegelmilch 2001, 283–287.

87 Schlegelmilch 2001, 286 f.

88 Ungeachtet aller weiter ausdeutbaren – und seitdem ausgedeuteten – Details trifft Schade (1960b, 242) einen zentralen Punkt, wenn er konstatiert, die Fassade wirke „wie ein Schild, den ‚der weltliche Arm' vor den religiösen Raum hält". Eine andere wichtige Nuance spricht Altmann (1976, 35) mit der Identifikation der Fassade als *porta coeli* (Gn 28, 17) und damit der im irdischen Kirchengebäude versinnbildlichten *ciuitas caelestis Ierusalem* an. Die Fassade als gleichzeitiges Manifest der Familien-, Landes- und Heilsgeschichte entzieht sich in ihrer „frühbarocken" Vieldeutigkeit womöglich heute mehr als früher dem deutenden Zugriff, doch berechtigt dies keinesfalls dazu, bei ihrer Entstehung „Kriterien … durchaus oberflächlicher Art" zu vermuten und noch dazu Herzog Wilhelm die Fähigkeit zu einem Konzept abzusprechen (Diemer 1988, 94 f.). Diese Kritik geht gänzlich vorbei an der eben um 1600 sich – zunächst noch unsicher tastend – entwickelnden Beschäftigung der Fürstenhäuser mit der eigenen (Landes-)Geschichte und ihrer Verknüpfung mit der aus dem Spätmittelalter überkommenen *memoria*-Tradition sowie dem (nicht zuletzt legitimatorischen) Bedürfnis nach eigener Beteiligung an der Restauration der seit 1517 brüchig gewordenen Traditionen. Gerade der Beziehungsreichtum, den die Fürstenepigramme des *Trophaeum II* und die Einbindung der Fassade in das Gesamtkonzept der Festschrift aufweisen, und die häufigen Veränderungen der Konzeption zeigen – sehr ähn-

catio Templi et Reliquiae Sacrae sich nur zum Teil ablesen läßt, was es dem Leser bieten wird.

c. Das *Trophaeum III*

Zwei Epigramme thematisieren zunächst – aus der Sicht eines Betrachters und dann aus dem Mund der Fassadenfiguren – den grundsätzlichen Unterschied zwischen Außen und Innen. Zwar stehen mit dem Salvator im Giebelfeld und der Bronzegruppe St. Michaels mit dem Drachen auch Himmlische (*numina poli*, fol. F2ᵛ) an dominierenden Stellen unter den fürstlichen Wächtern, doch bleibt die Trennung der Sphären letztlich – zumindest in dieser Welt – unüberwindlich. Eine gespannte Vorahnung von etwas Größerem liegt in der Luft:

F2ᵛ Iidem (*sc.* Principes ac Reges in fronte templi) loquuntur.

> In templo quid erit, templi quia sistimur ipsas,
> Orbis qui spectrum gessimus, ante fores?
> Anne aliquis maior nobis? omnino. tenemus
> Exteriora homines, interiora Deus.

Nach der Lektüre der Würzburger Gedichte wirkt diese Situation bereits vertraut. Durch ein Verharren des Dichters vor Fassade und Portal wurde auch dort die Erwartung auf das Innere des Bauwerks gesteigert[89] und damit auch wohl die seinerzeit übliche Zeremonie der ersten Türöffnung[90] reflektiert. Noch heute schreibt der Dedikationsordo ein Einhalten (*statio*) der Prozession vor der Tür der neuen Kirche vor:[91] die Zeremonie der Einweihungsfeier erhebt die natürliche Form der Annäherung an ein ehrfurchtgebietendes (und dem Betrachter noch unbekanntes!) Bauwerk eingedenk seiner tieferen Bedeutung zum Ritual.

Tatsächlich folgt nun im *Trophaeum III* eine Beschreibung der Kirche und einiger ihrer Kunstwerke (255 Hexameter, fol. F3ʳ–G2ʳ). Sie ist, ebenso wie die Würzburger *Nouae aedis adumbratio*, aufgrund sprachlicher Charakteristika zu den Kirchen*führungen* zu zählen. Dennoch muß gleich zu Beginn unterstrichen werden, daß mit der *Ad Fa-*

---

lich wie beim Stiftergrabmal mit verwandter Funktion – den außergewöhnlichen Ernst der Beschäftigung mit einem Terrain, dessen Grenzen und Möglichkeiten man noch erkunden mußte. – Die fundamentale Bedeutung der fürstlichen Memorialkultur ist in den letzten Jahren verstärkt untersucht worden; exemplarisch sei auf einen außerordentlich gehaltvollen Pariser Kongreßband verwiesen: Grell – Paravicini (Hgg.) 1998.

89 ENCAENISTICA POEMATIA, *Nouae aedis adumbratio* V. 130 f. *At prima segnes quid adhuc in fronte moramur?* | *Intus maior honos, facies pulcerrima rerum.* – Die folgende Überwältigung des Betrachters war ganz im Sinne der nachtridentinischen Kunstauffassung, s. o. S. 201 Anm. 136.

90 Beschrieben bei Calabuig 1977, 403 Anm. 8.

91 Calabuig 1977, 401–403.

mam templi descriptio ein Text vorliegt, dessen gedankliche Struktur in entscheidenden Punkten von der des älteren Würzburger Beispieles abweicht. Zwar verbindet beide Texte das periegetische Schema, und auch die Schaffung eines Beziehungsgeflechtes zwischen den wichtigsten geistlichen Orten des Sakralgebäudes und seine Umsetzung in Sprache darf man als beiden Gedichten grundsätzlich gemeinsamen Wesenszug ansehen. Der Münchner Text ist jedoch in erheblich höherem Grade von der theologischen – und das bedeutet hier: typologischen – Deutung und Bedeutung des Kirchengebäudes bestimmt und läßt das Kunstinteresse spürbar dahinter zurücktreten. Dieses ist zwar auch in der Würzburger Dichtung nicht autonom, doch lassen neben den von uns als meditativ charakterisierten Passagen der *Nouae aedis adumbratio* ihre umfangreichen Anleihen besonders bei den Gebäudegedichten des Statius das Bestreben klar hervortreten, auch dem Bauwerk als solchem zu seinem Recht in Anschauung und Dichtung zu verhelfen. Diese Aufgabe kommt der *Templi descriptio* von St. Michael erst in zweiter Linie zu.[92]

4. Kommentar zu Ad Famam templi descriptio

a. Die Kirche als lebendes Wesen

Der anonym bleibende Sprecher der *Templi descriptio* richtet seine Rede an die Personifikation der Fama und fordert sie auf, den Ruhm des neuen Bauwerks in alle Welt zu tragen. Eine Fülle von topischen Formulierungen – das *crescere uolando* der (ihrer Darstellung durch Vergil nachgebildeten) Fama, die gegen das neue Bauwerk abfallenden Ruhmesbauten der Antike, die Unzulänglichkeit der Rede über die neuen Wunderwerke – kann leicht dazu verleiten, hierin lediglich konventionelle Wendungen des humanistischen Panegyrikers zu erblicken. Tatsächlich darf man jedoch darin eine Parallelisierung mit der Eingangssituation der Apokalypse des Johannes (Apc 1,10f.) erkennen: die ungenannte Stimme, die einen Verkündigungsauftrag gibt, ist dafür nur ein äußerlicher Hinweis,[93] dessen Treffsicherheit sich erweist, wenn im weiteren Verlauf des Textes eine „Inszenierung" der Parusie des Himmlischen Jerusalem im Chor der Michaelskirche stattfindet und somit das gleiche Thema wie im 21. Kapitel der Offenbarung den Mittelpunkt des Geschehens bildet. Mit großem Raffinement ist schon in den ersten Worten, die der Fama als Bekräftigung ihres Lobes das Gedicht

---

92 Für das Verständnis der *Ad Famam templi descriptio* bietet die neue Analyse von Jörg Robert (2001), an der sich der folgende Abschnitt in vielem orientiert, eine ausgezeichnete Grundlage. Zu Einzelheiten vgl. den von J. Robert und S. Schneider erarbeiteten Kommentar in Trophaea ed. Hess 1997, 202–212.

93 Vgl. dazu Robert 2001, 190f.; zum Zusammenhang der Vision auf Patmos und dem christlichen Verständnis vom Kirchenbau: Voelkl 1953, 191; zu dem für Visionen aller Zeiten typischen Phänomen des „himmlischen Diktats" (eine Stimme gebietet aufzuschreiben): Benz 1969, 649.

und den Stich mit der Kirchenfassade anbieten, das Spiel mit den verschiedenen Bedeutungsebenen eingeleitet (fol. F3^r):

> Ne iactare tamen credaris inania, uirgo,
> Accipe, quae referant testes miracula, chartas,
> In quibus est operis facies et corporis umbra,
> 10   Vmbra leuis …

Auf den *chartae* erblickt man die Fassade und eine *umbra* des „Leibes": Wort und Bild sind hier einerseits in der Terminologie der (Architektur-)Zeichnung *ad-umbratio*, Skizze, und somit flüchtig und bloße Abschattung des wirklichen Bauwerks, doch indem das Gedicht mit Hilfe theologischer Interpretation zugleich das Wesen der Kirche abzubilden bestrebt ist, vermittelt es von deren *corpus* – dies ist nicht allein der dreidimensionale steinerne Bau, sondern auch die „lebendige" Kirche der Christen – eine andeutende Vorstellung. In einer weiteren Bedeutungsnuance weist schließlich das materielle Bauwerk *als* schwaches Zeichen *(umbra–τύπος* wie in den Verbindungen zwischen AT und NT) auf die viel prachtvollere im Himmlischen Jerusalem sich vollendende Kirche voraus.[94]

Bevor der Sprecher Fama, die stets die Adressatin seiner Rede und damit Geführte der Periegese bleibt, zum Eintreten auffordert, gibt er eine kurze Skizze der Fassade. Auch hier vermischt sich realistische Architekturbeschreibung mit hintergründiger Deutung, wenn die Front der Kirche als *quasi frontis honor* (V. 14) bezeichnet wird: die Kirche trägt „auf ihrer Stirn" Schmuck und wird so zum lebenden Wesen.[95] Realistisch fällt dagegen die Abbildung der Portale und der Bronzegruppe in ihrer Mitte aus:

> Iamque gradus primos et Diuum limina scande
> 25   Surgentesque uide geminas ex marmore portas
> Hinc atque hinc antis geminaque parastade fixas[96]

---

94 Vgl. Binding 1996, 369–405; Trophaea ed. Hess 1997, 203 Anm. 7 f. Eine ausführliche Literaturübersicht zur Umsetzung des himmlischen Jerusalem in der christlichen Sakralarchitektur gibt v. Naredi-Rainer 1994, 207 Anm. 108.

95 Vgl. Trophaea ed. Hess 1997, 203 Anm. 12.

96 Ob hier zwischen *antae* und *parastades* im Sinne einer präzisen Beschreibung der Portalarchitektur tatsächlich zu unterscheiden ist (so Trophaea ed. Hess 1997, 204 Anm. 18), scheint mir zweifelhaft; *parastas* ist bei Vitruv als Terminus für „Pilaster" nicht verwendet (3,2,1 ναὸς ἐν παραστάσιν bezeichnet einen ausdrücklich mit *templum in antis* gleichgesetzten Bautyp; 10,10,2 *parastas* gehört in die Ballistik). Das Wort taucht erst in den Renaissancekommentaren, und hier als Synonym zu *antae*, auf. Vgl. Philander 1586, 86 (zu Vitr. 3,2,1) … *ipsa tota cella, hoc est interius totius templi spatium, obsepitur. id antis aut columnis perficitur; has ϛύλους Graeci, antas παραϛάδας … uocant.* Für die Verwendung der Begriffe im Zusammenhang mit Portalen sind ebenfalls die Kommentare des 16. Jh. maßgeblich gewesen. Vgl. Philander 1586, 152 (zu Vitr. 4,6,1) *Antepagmenta sunt lapides utrunque ostij latus munientes, qui et antae dicuntur, παραϛάδες a Graecis, siue ϛαθμοὶ nominantur*; Grapaldo 1618, 7 *ipsa uero ostiorum latera antas appellamus, quandoque παραστάδας: a quibus antipagmenta ualuarum ornamenta*; ähnlich auch Pontanus 1594b, 201 *Postes sunt latera ostiorum, seu arrectaria, unde pendent. etiam dicun-*

257

Quas inter medius uictum premit aereus hostem
Dictator templi Michael: tremit et fremit infra
Saeuum immane furens horrendo corpore monstrum,
30 Quod rictu terrent pando sacra signa leones,
Signa Ducum clarae monumenta perennia Boiae.
Ingentes supra stantes agnosce colossos,
Heroumque sacros meditare in marmore uultus.

Wie ein menschlicher Besucher soll Fama vor das Bauwerk treten und den Blick zunächst in Augenhöhe, dann höher hinauf richten. Dabei ist das staunende Aufblicken
freilich zugleich ein Ehrfurchtsgestus vor dem *honor* der aufragenden Fassade und den
sacri uultus der versammelten Fürstenstatuen. Aus ihrer Schar greift der Sprecher, nun
ganz der realen Situation des Weihetages mit der Anwesenheit habsburgischer Gäste
angepaßt, den von beiden Fürstenhäusern als Ahnherrn beanspruchten Karl d. Gr. und
Kaiser Ferdinand I. heraus (V. 36–40). In der unvollständigen Aufzählung sind außerdem die „Othones" als Urväter des christlichen Bayern und der über ihnen stehende
Erlöser genannt. Auf dem goldfunkelnden Kreuz, das den Giebel bekrönt, verharrt der
Blick des Betrachtenden:

50 Suprema templi crux aurea fronte coruscat
Et longe radios iaculatur telaque Phoebi
Lucida uibrantesque nitore reuerberat ictus.

Jenseits der konventionellen Metaphorik, die den Sonnengott der Antike anstelle seines Gestirns nennt, gewinnt an dieser Stelle der Kampf des Kreuzes gegen die Angriffe
der Geschosse Apolls, wie es scheint, eine tiefere Bedeutung: der Orakelgott wird jedenfalls im *Triumphus*-Drama als Artverwandter Luzifers auf die Bühne gebracht, und
so ist auch hier damit zu rechnen, daß das Kreuz auf der Fassade als Apotropaeum in
einer Art Götterkampf verstanden werden soll.[97]

b. *Sponsa Solyma descendens ex alto:* Kirchenführung und Vision

Den überraschendsten Schritt aber vollzieht die *Templi descriptio* beim Betreten des Kirchenraumes; die Verse machen schlagartig deutlich, worin der Unterschied dieser Kirchenbeschreibung zu den anderen besteht (fol. F3^v):

---

tur antae, et ante pagmenta, graece παραςάδες, quo nomine et accipiuntur et lapides utrumque ostij latus munientes.
Demgegenüber bezeichnet das (heute aus den Vitruvausgaben verschwundene!) Wort *parastata* (ae f.) tatsächlich einen Pilaster; s. dazu u. S. 330 Anm. 112 (zu *striis ac parastatis*).
97 S. im einzelnen Trophaea ed. Hess 1997, 205 Anm. 30; Triumphus edd. Bauer – Leonhardt 2000, 337–339.

Intro ferre pedes et perlegere omnia circum
Et signare oculis ardes? en aethere sponsam
55 Ex alto Solymam duce Numine descendentem,
Reginam Diuum coelique Erebique potentem,
Gemmanti cultam palla solisque micanti
Lumine uestitam, totus qua pulchrius orbis
Nil nouit, uiditque unquam. uiden hunc paranymphum
60 Reginae primus qui sese obtutibus offert,
Artifici pictum dextra Martemque cientem
Contra Acheruntaeum regem Stygiumque draconem,
Aeternum Reginae hostem stirpisque uenenum?
Hic ille est Michael, templi dux, uictor Auerni …

Kein erster die Sinne verwirrender Eindruck des Kirchenraumes als Ganzes stellt sich ein. Der Blick richtet sich weder auf den kostbaren Boden noch schweift er zum Gewölbe.[98] Nicht einmal das Eintreten selbst ist zu bemerken (V. 54), da wird der Betrachter bereits ganz gefangengenommen: *en aethere sponsam …* Was an dieser Stelle genau vor sich geht, wird erst einige Verse später klar, wenn das Bild des kämpfenden Erzengels genannt wird (V. 59 f.): unmittelbar nach dem Durchschreiten des Portals ist der Blick des Sprechers durch die gesamte Länge des Kirchenraumes hindurch sofort auf den riesigen Hochaltar gefallen.[99] Im gleichen Moment entwickelt sich vor seinem im eigentlichen Sinn hingerissenen geistigen Auge eine *Vision*:[100] die *sponsa Solyma*, das Himmlische Jerusalem, steigt, geführt vom himmlischen Architstrategen Michael, der zugleich ihr Brautführer *(paranymphus)* ist, herab und erfüllt mit nie gesehener Schönheit und Glanz den Raum. Dieser Glanz geht von ihr selbst aus, die zugleich „Königin der Himmlischen, die Herrscherin über Himmel und Hölle" ist,[101] denn sie ist mit einen schimmerndem Mantel geschmückt, gekleidet aber „mit dem funkelnden Licht der Sonne".

Der Beziehungsreichtum dieser wenigen Verse ist kaum zu überbieten und steht in würdiger Nachfolge der großen biblischen Visionsszenen und -bilder. Grundlage ist die bereits erwähnte Verknüpfung des im Altarbild dargestellten Luziferkampfes

---

98 Wie dies in ENCAENISTICA POEMATIA, *Nouae aedis adumbratio* V. 134–150 geschieht.

99 Die überwältigende Größe des jenseits aller rhetorischen Formeln wirklich bis zum Gewölbe hinaufreichenden Hochaltars und seine beherrschende Wirkung auch auf den fern im Langhaus stehenden Betrachter ist bis heute nachvollziehbar. Vgl. unsere **Abb. 5**. Die Reihenfolge der Bildtafeln I–VI (ebda. 113–118) vollzieht exakt den gleichen Ablauf der Betrachtung wie die besprochenen Verse der *Templi descriptio*, indem auf Bronzegruppe und Fassade (I–II) *nicht* der gesamte Kirchenraum folgt, sondern das in Nahaufnahme gezeigte Gemälde des kämpfenden Erzengels; erst dann tritt der ganze Raum ins Bild. Übrigens beginnen auch noch Adalbert Schulz (1930, 20) und Lothar Altmann (1983) ihre Beschreibungen im Chorbereich.

100 Robert 2001, 195. Zur Funktion des Altars als Tor vgl. Spindler – Kraus 1988, 1065 (S. Benker).

101 Trophaea ed. Hess 1997, 97.

(*Abb. 6*) mit dem in der Zukunft liegenden Sieg über den Drachen der Apokalypse.[102] Infolge dieser Transposition ins Endzeitliche *agiert* der von Christoph Schwarz gemalte Erzengel in einer Schlacht auf der Chor-Bühne eines *theatrum sacrum* und fungiert zugleich als Beistand der vom Drachen bedrohten *mulier amicta sole* (Apc 12,1–4), um dann als Begleiter der neuen endzeitlichen Kirche vom Himmel herabzusteigen (Apc 21,2).[103] Der apokalyptische *paranymphus* Michael ist damit zugleich Gegenbild und Vollender des Erzengels Gabriel, der Maria seinerzeit die göttliche Geburt ankündigte und bereits von Augustinus, aber auch von Baptista Mantuanus den Titel *Paranymphus* erhielt.[104] Auch in dieser Beziehung tritt das zukünftige apokalyptische Geschehen in enge und überbietende Beziehung zur biblischen Historie.

Die visionäre Bevölkerung des Chorraumes, der auch in der zeitgenössischen Beschreibung durch die *Litterae Annuae* als Theater oder Bühne interpretiert wird,[105] mit sich bewegenden Gestalten führt die Möglichkeiten der Ekphrasis und ihres Hauptwerkzeugs, der ἐνάργεια, in ihrer extremen Form vor, wie sie in der Tradition der poetischen Kirchenbeschreibungen nicht mehr übertroffen und höchstens in enger Nachahmung des Münchner Vorbildes, in Porrentruy, nochmals erreicht worden sind. Als ungewöhnlicher Zug ist schließlich die Tatsache hervorzuheben, daß im Gegensatz zur geläufigen ekphrastischen Praxis, die das Nebeneinander der Bilder in das Nacheinander der Sprache umsetzt, in der *Templi descriptio* das genaue Gegenteil eintritt: in ihr treten durch ein einziges auslösendes Bild vor dem Blick des Betrachters weitere hinzu, die nur in seiner Imagination existieren, so daß es sich genaugenommen um eine Beschreibung fiktiver Bilder handelt, die von einem realen Bild ausgelöst wurde.

Die Autoren haben das Fest der Kircheneinweihung und besonders den damit verbundenen ersten Einzug der Gottheit in den Tabernakel zum Anlaß genommen, die johanneische Vision des himmlischen Jerusalem in dieser beeindruckenden Form zu aktualisieren, heißt es doch Apc 21,3: *et audiui uocem magnam de throno dicentem | ecce tabernaculum Dei cum hominibus et habitabit cum eis.* Zwar ist dieser Vorgang nicht ausschließlich an den ersten oder Einweihungsgottesdienst gebunden,[106] doch ist allein aufgrund der Tatsache, daß es sich um eine neue Kirche handelt, die sprachliche und

---

102 S. o. Anm. 81.

103 Zur langen Tradition der Gleichsetzung des apokalyptischen Weibes, der Ecclesia und Mariens s. Robert 2001, 196f. m. Anm. 50.

104 Bruère 1966, 28f. Zur Ineinssetzung von Maria und *sponsa Christi* vgl. Sauer 1924, 306f.

105 AMSJ O I 45 S. 51 = ARSI Germ. sup. 65 fol. 187ᵛ *Altaria ..., quorum illud reliquis et situ, et Maiestate, et ornatu facile eminet, quod editiore chori loco tanquam in theatro quodam collocatum ... est.* Die gedruckten *Annuae* verwenden dagegen den Begriff *tribunal* für den erhöhten Chorraum. Dabei ist allerdings die Bemerkung über ein um den Chor laufendes *odeum* (1607, 162f.: *totum autem tribunal odeum ambit, magnifice ornatum. praestantes symphoniaci, uectigali a Serenissimo constituto, | ad sacrorum cantum iusto numero attributi*) schwer zu verstehen; möglicherweise ist der im Obergeschoß der Apsis eingerichtete Kranz von Oratorien (s. Braun 1910, 62) gemeint.

106 Der Hochaltar ist stets TABERNACVLVM DEI CVM HOMINIBVS (so auch der am Altar in St. Michael angebrachte Titulus).

gedankliche Nähe zur *ciuitas sancta Hierusalem descendens de caelo a Deo* (Apc 21,2) besonders ausgeprägt. Wie Barbara BAUER zeigen konnte, hat sich hier nicht allein die schon seit dem Mittelalter übliche Verknüpfung von Kirchenweihe und Apokalypse ausgewirkt, von der der Hymnus *Vrbs beata Hierusalem* zeugt,[107] sondern die Münchner Autoren haben vielmehr die aktuellsten Apokalypse-Kommentare ihrer Zeit in den *Trophaea* und im *Triumphus* verarbeitet.[108] In der materiellen Kirche, wo gewisse Zeichen für den genauen Betrachter darauf hinweisen, daß die Parusie durchaus noch nicht vollendet ist,[109] wird sie so in dem kurzen Augenblick der Konsekration zur realen Gegenwart.

> Hic arae uultus, facies haec intima: circum
> Veris honor floret, frondesque et semicorollae
> 85 Sculptaque praestantes imitata emblemata formas.
> Aureus altaris uertex laquearia tangit
> Extenditque Dei supremum nomen ad arcum,

Mit diesen Worten, an die sich eine recht detaillierte Behandlung der Altarverzierung anschließt (V. 88–94),[110] ist der Sprecher dann wieder in der irdischen Realität angekommen, nachdem schon mit der Nennung Michaels (V. 64) die Vision nachgelassen und ihm erlaubt hat, nunmehr den wirklich im Altarbild dargestellten Gestalten des fallenden Engels und seiner Gefährten – *illustres formae* heißen sie in V. 69 – die gebührende Aufmerksamkeit zu widmen (V. 64–78).

Es sei noch darauf hingewiesen, daß die besprochenen Verse auch unabhängig von ihrer Stilisierung als visionäre Schau einiges über die Raumwirkung der Kirche aussagen. Das gleichmäßig von allen vier Seiten einströmende Licht wird vom eintretenden Betrachter nur indirekt wahrgenommen. Der einzige Ort, an dem es direkt sichtbar wird, sind die oberen Chorfenster um den Hochaltar. Wirkt schon dieser Umstand magnetisch auf das Auge, so kommt noch hinzu, daß der Durchblick durch den ganzen Bau durch keinerlei Hindernis unterbrochen wird. Damit ist eine Konzentration der Gläubigen auf die liturgisch zentralen Orte im Kirchenraum erreicht, der damit nach einer interessanten Notiz des Ordenschronisten „ganz dem Anliegen unseres Vaters Ignatius" entsprach.[111] Hinzu kommt die strikt lineare Ausrichtung des Langhauses

---

107 Robert 2001, 202–204.

108 Triumphus edd. Bauer – Leonhardt 2000, 57–59 (B. Bauer) zum Apokalypsekommentar des Luis de Alcázar.

109 Altmann 1976, 75 f. weist auf den wohl programmatisch fehlenden Schlußstein im Chorbogen hin.

110 Zu ihrem Symbolgehalt vgl. Trophaea ed. Hess 1997, 206 f. Anm. 47 und 51.

111 Litterae Annuae 1607, 162: *Cella unica est, septuaginta pedum latitudine, ea scilicet forma, quam B. P. N. Ignatius maxime probauit: ne alarum spatia post columnas ambulantibus locum praebeant, ad fidelium mentes a pietate auertendas.* – Vgl. Altmann 1983, 109: „Durch die Architektur des Kirchenschiffs von St. Michael wird unmißverständlich ausgedrückt, daß der Weg zur Vollendung in Christus nur unter der Obhut der ‚einen heiligen Kirche' möglich ist: *eine* Tonne ‚alla Romana' überwölbt den einschiffigen Einheitsraum, in dem der Pilgerweg verläuft." – Zur raumgliedernden Funktion des Lichtes in St. Michael s. bereits Braun 1910, 65 f.

als *uia triumphalis* auf den Chor als Zentrum und Schauplatz *(theatrum)* des heiligen Geschehens, auf der der Einzelne voranschreitet, bei seinem Näherkommen den seinerzeit vor den Chorstufen aufgestellten Kruzifixus des Giambologna sich immer höher über den Luzifer am Altar erheben sah[112] und sich am Ende des („irdischen") Weges, den er als Laie zurücklegen darf, an der Gruppe aus Gekreuzigtem und auferstehender Magdalena vor dem Allerheiligsten befindet.[113]

c. *Aedis pars summa:* Der Tabernakel

V. 95–110 behandeln den Tabernakel. Das preziöse, fast zwei Meter hohe tempietto-förmige Gebilde aus silberverziertem Ebenholz, dessen Aussehen eine farbige Abbildung im Schatzbuch der Kirche festgehalten hat,[114] und das in ihm beschlossene vergoldete *tabernaculum paruum*, die *tumba* (V. 101), die zugleich als Aufbewahrungsort der Hostie und Reliquiar des heiligen Papstes Caius diente, bezeichnet das Gedicht ausdrücklich als *aedis pars summa nouae* (V. 111). Dem entspricht die Präzision der Beschreibung, die zwar für eine Gesamtrekonstruktion sicherlich nicht ausreichen würde, andererseits aber auf sehr kleine Details wie einzelne Statuetten und Reliefplatten eingeht. Die Auswahl der erwähnten Einzelheiten konzentriert sich bei dem inneren Schrein erwartungsgemäß auf die religiösen Bildmotive; der reiche Ornamentschmuck bleibt dagegen unerwähnt. Nur ein Beispiel sei hier hervorgehoben.[115] Zum *tabernaculum paruum* bemerkt der Sprecher, es sei

100   Coelatum artifici dextra signisque decorum.
       Namque supra tumbam Domini redeuntis in auras
       Stat radians auro signum Victoris ab Orco,
       Attonitusque stupet uigil exanimatus in ora.
       Et laterum tristem reuocant caelamina mortem,
105   Argumenta crucis, grauium monumenta laborum.

Über der *tumba*, dem Schrein Christi und seines Dieners Caius,[116] stand nach diesen

---

112 Altmann 1976, 45.

113 Helmut Friedel, in: Sauermost – Friedel 1973, 100; Altmann 1983, 103–107, nach dem die Seitenkapellen als notwendige Stationen auf der *uia* und nicht als „Ablenkung" im Sinne der in den *Litterae Annuae* erwähnten Kritik zu verstehen sind. Vgl. auch Schade 1994, 3 und 6.

114 Beschreibung: Seelig 1997, 202–204; Farbabbildung nach dem Schatzbuch: ebda. 220 (Taf. XIX); s/w auch Trophaea ed. Hess 1997, 260 (Abb. 4).

115 Für die Tabernakelbeschreibung als Ganzes sind die neuen Untersuchungen von Sabine Schneider (1997, 188 f.) und Lorenz Seelig (s. vorige Anm.) sowie der Kommentar in Trophaea ed. Hess 1997, 207 heranzuziehen.

116 In TROPHAEA BAVARICA, fol. H4^v spricht St. Caius in einem Epigramm selbst von sich als *Aemulus aeterni munere pontificis* und betont, auch im Tode in diesem Doppelschrein seinem Herrn nahe zu sein: *... domus*

Worten „die goldfunkelnde Statuette des über die Hölle triumphierenden Herrn, der zum Himmel zurückkehrt",[117] umgeben von den schlafenden Wächtern. Nach der Abbildung im Schatzbuch von St. Michael, die leider an ebendieser Stelle etwas verwischt ist, bekrönte den Deckel des Schreins ein kleines rechteckiges Grab, aus dem der siegreiche Christus hervorstieg. Flankiert wurde er von anbetenden Engeln.[118] Die Wächter aber lagen als silberne Vollfiguren auf einem etwas niedrigeren Sims, das den Erdboden darstellte, neben dem Grab; vier von ihnen sind auf der Abbildung deutlich zu sehen. Geht man von einer maßstäblichen Darstellung aus, so kann die Figur des Auferstandenen kaum 10 cm groß gewesen sein. Ebenso kleine Details registrieren die Verse 114 f. mit den „seitlichen" Reliefs, Szenen der Passion, die auf der Abbildung an der Schmalseite des Caius-Reliquiars im unteren Teil der *tumba* sichtbar sind. Ein umlaufender Bilderfries aus je drei Feldern an den Schmal- und je vier an den Längsseiten scheint denkbar.

d. Rundblick von den Chorstufen

Der Sprecher wendet sich nun von Altar und Tabernakel ab und „zeigt" Fama und damit dem Leser die wichtigsten Teile des übrigen Kirchenraums. Er verläßt dabei allerdings seinen Platz im Chor nicht bzw. fordert dazu nicht auf, sondern lenkt nur den Blick des Angesprochenen auf die verschiedenen benachbarten, dann auf die weiter entfernten Gegenstände. Erst später findet ein Ortswechsel statt (V. 152: *Septenos descende gradus*). Im einzelnen sind genannt: die Gewölbetonne, die statuenbesetzte Chorwand, das Gewölbe und der übrige Dekor des Langhauses, die bemalten Glasfenster der Südseite und schließlich der Marmorboden und die Kirchenbänke auf ihm. Richtungsangaben fehlen hier weitgehend, so daß die Bezüge des Textes nur dem in der Kirche stehenden oder mit dem Bauwerk vertrauten Betrachter völlig verständlich werden – als literarischer Führer durch St. Michael ist zumindest dieser Abschnitt, in dem keine Ortsveränderung stattfindet, nicht geeignet. Wie zum Ausgleich erfährt man eine Fülle von Details. Beim Tonnengewölbe werden beispielsweise nicht nur seine beeindruckenden Abmessungen angegeben, sondern auch der Stuckdekor vorgeführt.

> Aspicis inuisum prius in laquearibus arcum,
> 115 Perpetuum fulcris non sustentantibus orbem
> Suspensum geminis geminique pteromatis alis,
> Centenos latum denos altumque, trecentos
> Porrectumque pedes, decus admirabile templi,

---

argenti celamine fulget et auri | Nostra propinqua Deo, munus ut ante fuit. Auch das folgende Epigramm (fol. I^r)
Quod S. Caii corpus sub ipso sanctissimo Christi corpore situm sit variiert das Thema des zweiteiligen Schreins.
117 So dürfte die 2. Hälfte des V. 101 (entgegen Trophaea ed. Hess 1997, 99) zu beziehen sein.
118 Als solche identifiziert bei Seelig 1997, 203.

Vnde rosae floresque noui puerique uolantes
120 Inuitant oculos spectantum et lumina pascunt.[119]

Unter den vorrangig beschreibenden Versen dieses Teils sticht die Bemerkung zum Gewölbe hervor (V. 135): *Ingenio caelum templi pollente creatum.* Mit der Bezeichnung als Himmel wird hier erneut der Verweischarakter des irdischen Kirchengebäudes auf sein himmlisches Gegenstück nachdrücklich in Erinnerung gerufen.[120] Die Verse 139–145 mit der Beschreibung der Glasfenster, die eine weitere Darstellung des Michaelskampfes, die Stifterwappen und offenbar auch einen heute nicht mehr vorhandenen Gottvater oder Christus (?, s. V. 144) zeigten, setzen dagegen wieder ganz auf die reale Anschauung und das Spiel des Lichtes:[121]

His tamen arte nihil specularia clara fenestrae
140 Multiplicis cedunt, quae cum Phoebi ignea lampas
Illustri splendore intrat, micat aureus ales,
Forma Michaelis, claro pellucida uitro,
Non secus ac flammas imitatus luce pyropus,
Sic patris aeterni tralucida fulget imago
145 Sic quoque Boiaricae fulgentia signa relucent.

Am Gestühl fällt dem Sprecher besonders die feine Ausarbeitung der Engelsköpfe auf, und auch der Marmorboden wird hinsichtlich der sauberen Verarbeitung und des mehrfarbigen Musters gewürdigt:

Ima pauimenti sola marmore strata polito
150 Et tessellato posta ordine quadra peraequant,
Pars nitet una, rubet pars altera mixta nitori.[122]

---

119 „Du erblickst als Decke eine Bogenwölbung, wie man sie noch nie gesehen hat: ein durchgehendes Gewölbe, beiderseits von den Flügeln der Seitentrakte getragen ohne stützende Pfeiler, hundert Fuß weit und hoch, dreihundert lang, die Zierde der Kirche, wo Rosenblüten und fliegende Putti den Blick des Betrachters einladen und das Auge erfreuen."

120 Robert 2001, 212 f.; vgl. auch AMSJ O I 45 S. 51 = ARSI Germ. sup. 65 fol. 187ᵛ *Laquearia, et quasi caelum templi gypsatum unde angelis, et ut paradisus etiam in media hyeme frugibus aspectu gratissimis plenum.* Allerdings ist die Gleichsetzung zwischen der Decke eines Tempels und dem Himmel keine Erfindung der Münchner Dichter oder auch nur der christlichen lateinischen Poesie, sondern findet sich bereits in einer geradezu die *imitatio* herausfordernden Formulierung schon im Werk des Manilius (5, 288 f., über die unter dem Stern Spika besonders häufig geborenen Berufe): *Sculpentem faciet sanctis laquearia templis | Condentemque nouum caelum per tecta Tonantis.* – Altmann 1983, 96 bezieht die Wendung vom *coelum creatum* noch auf den Chor; dagegen spricht die Absatzeinteilung des Druckes, der mit V. 135 einen neuen Abschnitt beginnen läßt (fol. F4ᵛ).

121 Abbildung des Michael bei Wagner – Keller (Hgg.) 1983, 16 (Abb. 3). Die Gottesdarstellung erwähnt Altmann 1983, 102 bei der Besprechung der Fenster nicht. Das Bild könnte sich evtl. an der Stelle des 1697 vergrößerten (Altmann 1976, 88) oberen Rundfensters befunden haben.

122 Vgl. auch AMSJ O I 45 S. 51 = ARSI Germ. sup. 65 fol. 187ᵛ *Pauimentum omne rubro, candidoque marmore tessellato et hexagono pulcherrime stratum, atque distinctum.*

Insgesamt ist zu konstatieren, daß im mittleren Teil der *Templi descriptio* das Interesse für die kunstvolle Ausstattung in ähnlicher Weise die Gedankenführung dominiert, wie dies auch in der Würzburger *adumbratio* der Fall war.

e. Rundgang durch St. Michael

Auch der dritte Teil (V. 152–255), in dem der Sprecher nunmehr zu einem Rundgang durch die Kirche auffordert (beginnend mit dem Verlassen der Chorbühne: *Septenos descende gradus*), enthält nur noch wenige und nicht sehr weit ausgeführte Stellen, an denen die himmlische Bindung der neuen Kirche ausdrücklich thematisiert wird;[123] eine Übersteigerung des Sichtbaren in visionärer Form findet nicht mehr statt. Dafür äußert nun der Sprecher bei mehreren Gelegenheiten lebhafte Anteilnahme beim Anblick einzelner Kunstwerke – Ansätze zu jener meditativen Betrachtung, die uns bereits aus dem Würzburger Gedicht bekannt ist. Auch diese Gedanken bleiben jedoch eher flüchtig; offensichtlich ist es zugleich die Absicht dieses letzten Abschnitts, einen möglichst vollständigen Überblick über die Ausstattung von St. Michael zu geben. Die einzelnen Passagen enden meistens in eher kurzen theologischen Erklärungen, sie können daher als Deutung der „spirituellen Topographie" der Altäre und der Kirche verstanden werden. Als Beispiele für die Darstellung der Kunstwerke können die knappe Erwähnung des Weihwasserengels, der damals an den Chorstufen stand, und die Beschreibung der Kanzel und ihrer Bestimmung dienen:

```
160   Aereus ante basim lustralem sustinet undam
      Aliger, et mentis purgari templa precatur.
      (…)
168   Pyramis has inter suggesti tollitur aras
      Ardua, nobile opus, coelum sublime cathedrae,
170   Vnde tonat uox alma Dei, quam mysta disertus
      Oratorque sacer populis exponit, et urget
      Ad cursum ignauam plebem cursusque tropaeum
      Castigatque moras et noxia pectora culpat.
```

Größere Bedeutung maßen die Dichter offenbar der ursprünglich für das Stiftergrab geschaffenen Bronzegruppe aus Kruzifixus und Magdalena zu. Die das Kreuzesholz Umschlingende wirkte an ihrem zentralen Aufstellungsort auf den Betrachter sicherlich ungemein lebendig, doch begnügt sich die *Templi descriptio* nicht mit dem Illusionismustopos, sondern geht einen Schritt weiter und belebt die Figur wirklich – nicht ohne das gerade geschaffene Paradox selbst zu artikulieren (V. 156). Das poetische Spiel dieser Verse erinnert formal an die verwandten Epigramme über den Erzengel des

---

123 S. u. zu V. 219.

Hochaltarblattes, der „lebt, aber vom Künstler gebannt" ist, im *Trophaeum I*,[124] doch der Schluß (V. 158 f.) zeigt, daß es hier letztlich um etwas anderes geht: der (theologische!) Sprecher beklagt das mangelnde Mitgefühl in den verhärteten Herzen, die nicht auf den Gekreuzigten zugehen wie Magdalena und die – so darf man ergänzen – nicht wie sie bereit und willens sind, das Kreuz auf sich zu nehmen.[125] Was ihnen damit entgeht, läßt der Kommentar zum wenig später beschriebenen Altar der Magdalenenkapelle auf der linken Langhausseite erkennen.

> Septenos descende gradus, mediosque per ipsos
> Excelsum crucis inspice lamentabile signum;
> Quod lachrymans arctis stringit complexa lacertis
> 155 Magdalis ad Dominum rorantia lumina tollens,
> Magdalis aere **rigens** tamen os **rigat** imbre genasque
> G[r] Atque dolens una figi simul optat et ardet.[126]
> Cerea cur hominum, cur mollia corda rigescunt
> Et nullam ueri lachrymam dant indicem amoris?
> (…)
> 180 Hinc sub rupe caua Domini meditatur amores
> Magdalis uda genis, cui maxima flere uoluptas,
> Quam mentes hilarant superae, dum gaudia portant
> Non gustata animis, coelestia gaudia, nostris.

Nimmt man zu diesen Worten den Titulus des Magdalenenaltars (COR CONTRITVM) und die mögliche Deutung des Weges durch das Langhaus zum Hochaltar als *uia poenitentium* hinzu,[127] so leuchtet unmittelbar ein, weshalb der Rundgang der *Templi descriptio* mit der Kreuzigungsgruppe begann: sie signalisiert die Haltung, die der gläubige Besucher der Kirche am Ende seiner *uia* erreichen soll. Anhand der weiteren Altarbilder – die als Kunstwerke nicht behandelt werden – wird dann, gleichsam durch Hinweise auf die Altarpatrone als vorbildliche *imitatores Christi*, dargelegt, wie diese Hinwendung verlaufen soll.[128] Zwar verläuft der Rundgang um das Kirchenschiff

---

124 TROPHAEA BAVARICA, fol. B2[r] *Viuo. sed quod non moueam uestigia, pictor | Caussa est, qui me istis fixit in asseribus.* Vgl. Schneider 1997, 188.

125 Ganz ähnlich ENCAENISTICA POEMATIA, *Nouae aedis adumbratio* V. 584–586 *Sic, o sic incipe tandem, | Cum toties oculis infertur amoris imago, | Auctoris meminisse tuae, gens impia, uitae!*, ausgerufen angesichts der Engel mit Leidenswerkzeugen in der Universitätskirche.

126 Das Gedicht konzentriert sich damit ganz auf eine Deutung der Figurengruppe als Golgatha-Szene, wie sie auch im 18. Jahrhundert bereits üblich war (Altmann 1983, 84). Die von Lothar Altmann vertretene Interpretation, nach der die Statue der „Fürstentochter" Magdalena ihrer Haltung zufolge eine Auferstehende darstellt und im Kontext des Grabmals somit die erhoffte Auferstehung des Stifterpaares angedeutet habe (1976, 46f.; 1983, 85 und 96), findet im *Trophaeum III* keinen Beleg und hätte auch die Botschaft des Textes an dieser Stelle verunklärt, stellt aber eine wichtige Erweiterung des Blicks auf die Denkmäler von St. Michael dar.

127 Altmann 1976, 89–91 (vgl. auch o. Anm. 113); 1983, 103–107.

128 Die Bezüge der Altäre aufeinander (Altmann 1983, 104–106) sind in den Epigrammen, die im *Trophaeum III*

und zu den acht Altären nicht in der Richtung dieser *uia*, sondern führt vom Namen-Christi-Altar im westlichen Querhaus entlang der Westseite des Langhauses bis zum Eingangsbereich, um sich von dort auf der Ostseite wieder dem Querhaus zu nähern – die Konzinnität des Rundgangs im Schema der Gebäudebeschreibung überwiegt also die rein theologische Ausdeutung –, doch steht auf diese Weise der Trinitätsaltar am Ende der Reihe, der nach den Worten des Gedichtes bedeutender als die anderen ist und „demütig das Höchste anbetet", in dem alles andere aufgehoben liegt:

> Grandior hinc fumans sanctos expirat odores[129]
> 205 Ara aduersa olli,[130] quae Christi nomina praefert.
> Haec rerum summam, quae continet omnia, supplex,
> Vnum tergeminumque Deum, almum numen, adorat.

Bevor der Kirchenrundgang mit der separat gelegenen Kreuzkapelle, dem Aufbewahrungsort der wittelsbachischen Reliquiensammlung, seinen End- und Höhepunkt erreicht, wird am wieder erreichten Standort am Chor noch einmal nachdrücklich die Vorstellung von der Kirche als einem lebendigen Wesen evoziert. Dabei überlagern sich von neuem die verschiedenen Bildebenen. Zum einen geben die Krypta und die darin vorbereiteten Grabnischen für das Stifterpaar Anlaß, über die Rolle des Herzogs in Leben und Tod zu reflektieren: er ist sowohl an der Spitze seines Landes als auch im Tode, wenn er das *fundamentum* des Bauwerks bilden wird, in doppeltem Sinn Kirchengründer; der den Grundstein gelegt hat, wird selber zum Grundstein des Werkes – eine kühne Bezugnahme auf den Himmelsherrscher, der ebenso zugleich *culmen* und *lapis angularis* ist. Nicht weniger auffällig ist nach den Versen über die *sponsa Solyma descendens* auch die Formulierung vom *descensus cum coniuge*:

> Hinc atque hinc tumulos in pariete cernis inanes?
> Huc, qui totius conscendit culmina Boiae,
> 215 Descendet quondam cum principe coniuge princeps,
> Nunc supremus apex, post funera fundamentum.

---

auf die Kirchenbeschreibung folgen, präziser verfolgt: Schneider 1997, 189 f. Ebda. auch eine Deutung der literarischen Funktion der Kreuzigungsgruppe in der *Templi descriptio*, deren Ergebnisse sich mit unseren decken.

129 Es verwundert nicht, daß der Autor der Molsheimer Kirchenbeschreibung, J. Coccius SJ, der das *Trophaeum III* ausgiebig für sein Gedicht benutzt, auf die zitierten Verse über den „bedeutendsten" Altar von St. Michael gerade dann zurückgreift, als er einen – schon vor der Kanonisierung des Ordensgründers und daher verborgen auf der Empore aufgestellten – Ignatius-Altar behandelt (*Descriptio noui templi Molshemensis* V. 670–672 *Celsior his fumans similes exspirat honores.* | *Quae nitet in xysto, Sociorum addicta Parenti,* | *Qui Christi exemplum et uestigia magna secutus ...* – S. u. S. 357 Anm. 183.

130 *olli* und *quae ... prefert* bezeichnen zusammen den Nomen-Jesu-Altar, Subjekt des Satzes ist der Trinitätsaltar (Korrektur zu Trophaea ed. Hess 1997, 105).

Zum anderen wandert der Blick resümierend über die prachtvolle Ausstattung des Raumes, darunter viele kostbare Stoffe. Ihre Beschreibung als *amictus templi* läßt noch einmal das visionäre Bild des Gedichtanfangs aufleuchten, ist doch damit die Kirche als *sponsa ornata* und als die in Glanz gekleidete *mulier amicta sole et luna* (Apc 21,1; 12,1) in Erinnerung gebracht. Ihr Anblick ist *delibatio*, Vorgeschmack – *tamquam quis coelum introspiceret*:[131]

> Delibasse putas oculis legisseque cuncta?
> Supremosque arcus, imi fundamina saxi?
> Aureus omnis adhuc immensi restat amictus
> 220 Templi: praetextas auro miraberis aras
> Instratasque sacro cultu, indutaque festis
> Aulaeis latera omnia …

f. St. Michael als Siegesmal, Märtyrer- und Fürstengrab

Die Kreuzkapelle als *optima pars templi*, besonders geheiligt durch die in ihr versammelten Reliquien, bildet den Abschluß der Beschreibung.[132] Neben dem hymnischen Lobpreis der vielen Märtyrer, deren sterbliche Reste das Heiligtum barg, und ihres *aeternus triumphus* (V. 237) nach kurzem Tod, fällt besonders die Reaktion des Sprechers angesichts des Kreuzreliquiars auf, das alle anderen *sacra pignora* an Kostbarkeit und Wert übertrifft:[133] nur an dieser einen Stelle des Gedichtes gibt er seine distanzierte Haltung als Führer Famas auf, und wir sehen ihn selbst in reuevoller Einsicht vor dem Kruzifix und dem in Form eines Christus am Kreuz geschnitzten Holzsplitter des Wahren Kreuzes. Diese Reaktion – als Ergebnis meditativer Vertiefung (*intellectu*) in die Passionsgeschichte (*memoria*) zu lesen – gibt im Zusammenspiel mit den Gedanken des Sprechers vor der Statue der Magdalena (V. 152–159, vgl. V. 180–184) den Hinweis, wie an die Stelle der „Starrheit der Herzen" der mitempfindende *affectus* treten soll, und entspricht im Ablauf der Gedanken durchaus dem ignatianischen Meditationsschema:

> 245 Vna tamen cunctas pretio rarissima uincit
> Crux gemmas, **a qua pro me Deus ipse pependit**,
> In domini formata sui mutataque corpus.

---

131 Vgl. TROPHAEA BAVARICA, fol. G3ᵛ THEOMACHVS: *Quid plausus, quid pompa uolunt populique triumphus | Peracta post encaenia?* | EVSEBIVS: *Gaudia coelestis plebs immortalia templi | Futura praesens inchoat | Et spe **praelibat** dulci, creditque perennes | Sequi suauitudines.*

132 Trophaea ed. Hess 1997, 211 Anm. 112 (J. Robert – S. Schneider); Hamm 2001.

133 Zum Kreuzreliquiar, das zu den wenigen noch erhaltenen Teilen des alten Kirchenschatzes gehört, vgl. Seelig 1997, 206–208; Schneider 1997, 190. Abb.: Kat. München 1997, 221 (Taf. XX) und 359 (Kat. Nr. 61).

Mit der Versammlung der Märtyrer um das als Zeichen des Sieges – nun nicht mehr Michaels, sondern Christi – interpretierte Kreuz[134] erweist sich die Kapelle und mit ihr die ganze Michaelskirche als ein Siegesmonument *(trophaeum)*, parallel zu jenem, das der Erzengel bei seinem vorzeitlichen Kampf gegen die Scharen Luzifers „im hohen Himmel aufgepflanzt" hatte.[135] Sie ist zugleich *Mausoleum* – nun nicht mehr allein Wilhelms, sondern zugleich der Märtyrer, deren segenspendende Überreste in der Kreuzkapelle und, im Falle des hl. Caius, auch nahe bei der Fürstengruft ruhen, wodurch von ihrem *aeternus triumphus* (V. 237) auch etwas Glanz auf den der Auferstehung harrenden Herzog fallen soll.[136] Auf diese Weise reicht die Münchner „Ruhestätte" leicht an das berühmteste und zu den Sieben Weltwundern gezählte Fürstengrab der Antike heran, und es mutet wie eine leise Reverenz vor den Traditionen der griechisch-römischen Welt an, ohne deren Sprache und Dichtung die *Templi descriptio* so nicht hätte geschrieben werden können, wenn die Autoren darauf verzichten, den Topos der Überbietung aller antiken Werke durch die Gegenwart radikal auszusprechen. St. Michael *ist* das Mausoleum ihrer Zeit, so wie jenes das perfekte Herrschermonument der Antike war:[137]

> 250   Tota domus tumba est, superis commune sepulchrum,
>   Cuius Mausoli non cedat gloria busto.

In dieser mehrfachen Bedeutsamkeit findet die mühevoll erbaute neue Kirche ihre Bestimmung und zugleich das unter großen Anstrengungen entstandene Gedicht seinen Schluß: *Hic labor exhaustus templi* (V. 252). Die *Templi descriptio* endet, wie sie begonnen hatte: mit der Aufforderung an Fama, den Ruhm dieser „Anstrengung, die für die Ewigkeit geleistet wurde",[138] und ihres fürstlichen Urhebers durch die Welt zu tragen.

5. Weihezeremonie und Ausstattung der Kirche im Spiegel der Epigramme des Trophaeum III

Nach diesem eindrucksvollen Schluß führt eine Reihe weiterer Gedichte, zumeist in elegischen Distichen, die Gedanken der Kirchenbeschreibung fort und hebt einzelne Aspekte im Detail schärfer heraus.

Das am Ende der *Descriptio* nur zaghaft angesprochene Thema der *aemulatio ueterum* erfährt in drei Stücken (fol. G2[rv]) eine vertiefte Behandlung. Eine Schar berühmter

---

134 V. 231 f. (fol. G[v] Z. 35 f.) *(sacellum …) Signi, quo uictrix Acherusia monstra peremit | Alma Dei ligno sapientia fixa beato …*

135 TROPHAEA BAVARICA, fol. A2[r] *(Sereniss. Dux Guilielmus … Ducem Angelorum Michaelem … inuitat ad Encaenia)*, Z. 14–16 *Tu coelum omne moues, Atamque e culmine coeli | Praecipitem uoluis, primumque per arma triumphum | Victor agis, celsa statuens in sede trophaeum.*

136 Vgl. dazu Schlegelmilch 2001, 284 f.

137 Zur Deutung von St. Michael als *Mausoleum* und *monumentum* vgl. auch Altmann 1976, 12 f.

138 Trophaea ed. Hess 1997, 107.

Künstler der Antike, nicht unähnlich den Fürsten aus *Trophaeum II* in Bewunderung des neuen Bauwerks aus der Schattenwelt heraufgekommen,[139] bestaunt respektvoll die Kirche; das alte Motiv von der Überbietung der Sieben Weltwunder durch das gegenwärtige und „achte" wird nun doch durchgeführt, und schließlich rühmt sich die Kirche selbst, andere Heiligtümer – sowohl der Michaelstradition wie auch ungenannte andere – wenn nicht an Größe (Neu-St. Peter!), so doch an Pracht zu überflügeln:

G2ᵛ   Templum.

> E scopulis excisa Pharos sacraria iactet
> > Et Michaelium Thracia prisca canat.
> Sint et in Ausonia superantia culmina Boia,
> > Sint et in Argolico nobiliora solo.
> 5 Inuideo nulli, sua cuique sit amplior aedes,
> > Vna tamen cunctis pulchrior esse putor.[140]

Die Gruppe aus Kruzifixus und Magdalena behandelt das nächste Stück, das noch intensiver als der entsprechende Passus der *Templi descriptio* religiöses Empfinden und *argutia* des Kunstepigramms miteinander verbindet: der Betrachter sieht den Gekreuzigten im Moment der Betrachtung sterben (V. 1), fast kommt es zum Dialog mit Magdalena (V. 5a) – da siegen, so scheint es, Schmerz und sprachloser *amor* und lassen die Gruppe erstarren (V. 5b–6). Tatsächlich aber erweist sich die belebte Szene als Illusion der Kunst – der Sterbende ist *uiuus* – und läßt den (wie bei der *compositio loci*) ganz in Ort und Geschehen der Szene versunkenen Betrachter in die Realität zurückkehren:

G2ᵛ   D. Magdalena medio in templo Christi crucem complexa

> Aspice funesta **morientem** in stirpe magistrum,
> > Aspice plorantem sub trabe discipulam.
> Hunc dolor inflectit, leuat hanc amor, haeret uterque,
> > Iungi quos optant, hinc amor, inde dolor.
> 5 **Dum**que loqui pariter **cupiunt**, dolor **enecat** illum,
> > Hanc amor **absorbet, uiuus** uterque **riget.**

Die rituellen Handlungen im Verlauf der Weihezeremonie stellt ein polemischer Dialog zwischen dem Zweifler Theomachus und dem Katholiken Eusebius vor (fol. G2ᵛ–G4ʳ). Die aktuellen Streitfragen nach dem Wert von Ritus und Tradition werden

---

139 Schade 1960b, 242: „Die ‚Manen der Könige' tauchen … ähnlich unvermutet auf wie die Schatten antiker Künstler, die nach den *Trophaea Bavarica* das Münchner Bauwerk bewundern oder wie die Heiligen, deren Reliquien in der Kirche ruhen, im Theater der Kirchweihe plötzlich lebendig agieren, um schließlich wieder in den Reliquienschreinen im feierlichen Zug in die Kirche zurückgetragen zu werden."
140 Zur Wiederaufnahme dieses Epigramms in Porrentruy s. u., B.III.6.b.

dabei ausführlich erörtert, wobei die Autorität der Väter und die Notwendigkeit würdiger Gotteshäuser besonders herausgehoben wird.[141] Gefolgt wird der Dialog von einer Reihe kurzer Epigramme auf die zehn Altäre, deren Reihenfolge anders ist als im Kirchenrundgang, aber ebenso mit dem Hochaltar beginnt und in der Kreuzkapelle endet.

Weit ausführlicher noch gehen die folgenden Seiten (fol. G4^v–H^v) unter dem Titel *Instrumentum sacrum* auf alle Einzelheiten der Kirchenausstattung ein. Der Titel ist nicht willkürlich gewählt: er erinnert an den römischen Begriff des *instrumentum domesticum* (Hausrat). Das literarische Vorbild liegt ebenfalls auf der Hand: es ist das 13. und 14. Buch der Epigramme Martials, die sogenannten *Xenia* und *Apophoreta*. Übernommen ist dabei nicht nur die Anlage im Ganzen, sondern auch die charakteristische Eigenheit, daß die Gegenstände selbst sprechen. Neben der allgemeinen Beliebtheit Martials in Renaissance und Barock lassen sich hier die zeitgenössischen Anregungen leicht benennen: zum einen war es Matthäus Rader, der eben in den Jahren um 1600 seine neue Martial-Ausgabe vorbereitete.[142] Zum anderen hat abermals die Augsburger Gedichtsammlung des Pontanus Anregungen gegeben: schon dort gab es Epigramme, die Teile der Salvatorkirche mit eigener Stimme sprechen ließen.[143]

Betrachtet man die Münchner Epigramme im einzelnen, so erweist sich die Reihe als Stellungnahme der geistlichen Dichter *gegen* die Vorbilder bei Martial:[144] was dort als Preis römischen Privatluxus und dekadenter Eitelkeit, von Frivolität und paganem Götter- und Herrscherkult empfunden wurde, gehört hier dem Sakralbereich an und dient einem geheiligten Zweck. Einige Beispiele:

G4v Vinum.	Mart. 13,114 Trifolinum (*sc.* uinum).
Sum modo de teneris expressus uitibus humor.	Non sum de primo, fateor, Trifolina Lyaeo,
Sanguine, si dius mysta, rubebo, uolet.	Inter uina tamen septima uitis ero.
ibid. Aqua uino mixtum.	Mart. 13,108 Mulsum.
Fontis aquae uini laticem sapuere Tonantis	Attica nectareum turbatis mella Falernum.
Iussu: mox ipsum Numen aquae sapient.	Misceri decet hoc a Ganymede merum.
ibid. Vrceoli.[145]	Mart. 14,105 Vrceoli ministratorii.
Vina propinamus, modicamque affundimus undam:	Frigida non deerit, non deerit calda petenti.
Et fiunt uerbo uitis et unda Deus.	Sed tu morosa ludere parce siti.

---

141 Trophaea ed. Hess 1997, 213–215 (J. Robert u.a.). Die Weiheriten erläutert Stiefenhofer 1909, 101–133.

142 Martial ed. Rader 1602.

143 ENCAENIA IN RELIGIOSISSIMUM TEMPLUM, 32 (*In campanas*) und 33 (*Porta lignea*).

144 Erinnert sei an die ganz ähnlich motivierten Kontrafakturen der Würzburger *carmina minora* und an die Umdeutung des Goldenen Vlieses zum Lamm Gottes im *Trophaeum I* (dazu Schneider 1997, 181).

145 Die ungewöhnliche Benennung der Meßkännchen (im Missale üblicherweise als *ampullae* bezeichnet) verweist

H^r Cerei.	Mart. 14,42 Cereus.
Miraris media nos luce accendere lucem? 　Accensum lumen Numen adesse docet.	Hic tibi nocturnos praestabit cereus ignes: 　Subducta est puero namque lucerna tuo.
H^v Thus.	Mart. 13,4 Tus.
Gratus odor coelo meus est, sed gratior ille est, 　Virtus ex animo quem tua spirat, odor.	Serus ut aetheriae Germanicus imperet aulae, 　Vtque diu terris, da pia tura Ioui.
ibid. Zona.	Mart. 14,151 Zona.
Discinctum nolo liturgum cernere: mystae 　Zona sacri lumbos mordeat arcta sacros.	Longa satis nunc sum; dulci sed pondere uenter 　Si tumeat, fiam tunc tibi zona breuis.

Nach den Altären und dem *instrumentum sacrum*, das teilweise bereits Gegenstände aus der Sakristei behandelte, belehrt eine weitere Epigrammfolge anhand der dort aufbewahrten Sakralgewänder über die Bedeutung der liturgischen Farben; dann geht der Weg erneut am Grabmal (fol. H2^r: *Tumulus*, ein einzelnes Epigramm) vorbei ostwärts zur Kreuzkapelle. Hier berichtet ein umfangreiches, nun wieder hexametrisches Stück vom Kreuzeskult unter Konstantin d. Gr. und seinen Kirchenbauten, um sodann Wilhelm V. erneut in die Nachfolge des spätrömischen Kaisers zu stellen (fol. H2^r–H3^r).[146]

Der gesamte letzte Teil der Sammlung (fol. H3^r–I3^v) ist den Heiligen und ihren Reliquien gewidmet. Ihre Sammlung und Bewahrung durch Herzog Wilhelm wird dabei zum heilsgeschichtlich bedeutenden Vorgang überhöht, da auf diese Weise die Pläne des Höllenfürsten durchkreuzt worden seien, mit Hilfe der Häretiker und ihrer Ablehnung des Reliquienkultes für die gänzliche Beseitigung dieser *sacra pignora* zu sorgen. Auf die lange Aufzählung der Heiligen, die sich unter dem Schutz des Erzengels in seiner neuen Kirche versammeln, folgen – in der Reihenfolge ihrer körperlichen Unversehrtheit von den *octo sancti, quorum integra corpora in aede D. Michaelis sunt sita*[147] über Kreuz- und Gewandreliquien bis zu einzelnen Überresten verschiedenster Heiliger – kürzere und längere Epigramme, teils wiederum von den Heiligen selbst gesprochen. Den Schluß dieser ebenso eindrucksvollen wie makabren Liste bilden (fol. I3^v) zwei Lobgedichte auf jene Städte, denen die Münchner Reliquiensammlung ihre größten Schätze verdankte: Rom und Köln, beide den Wittelsbachern durch die Kirchenpolitik auch sonst aufs engste verbunden. Als Kernaussage des ganzen Abschnitts

---

　besonders deutlich auf das Vorbild Martial. Zur gelegentlichen Verwendung des Terminus *urceoli* s. Braun 1932, 420.

146 Trophaea ed. Hess 1997, 218 f. (J. Hamm u. a.).

147 Seelig 1997, 209–212.

über die Reliquien kann jener Vers gelten, den die vor der Entehrung und Verstreuung bewahrten Heiligen an Wilhelm V. gerichtet sprechen, bevor sie dann einzeln zu Wort kommen:

> Aurea das nobis et gemmea signa, Guilelme,
> Nos tibi nostra damus corpora: plusne damus?
> Tu tumulos nobis, tibi nos reseramus Olympum:
> Tu nobis terram; dat Deus astra tibi. [148]

6. *Precatio Salomonis*

Die Festschrift schließt, wie sie begonnen hatte: mit einem Gebet. Noch einmal ist es der Bayernherzog selbst, dem die Worte in den Mund gelegt werden, und weit mehr als die einleitende, an den Erzengel gerichtete *inuitatio ad encaenia* ist es dieser Text, der sich in direkter Linie vom Gebet des Königs Salomo ableitet. Der Wilhelm des Gedichtes beruft sich sogar ausdrücklich darauf, bevor er die Bitten um Beistand gegen Feinde, Dürre, Unwetter und Seuche und um die Befreiung des Volkes von Sünde vorbringt wie einst der alttestamentarische Herrscher (III Rg 8,36f.):

I4ʳ   Ergo Pater summi qui templa immania coeli,
      Alme, tenes, nullis cludi qui moenibus orbis,
      Nulla sede capi potes: aedem hanc aspice nostram,
      Et, quae Iessiadae sapienti munera quondam
      Pollicitus, nobis praestare rogantibus aude …

Neben der unmittelbaren Verwendung des Bibeltextes und der langen Tradition, die eine Berufung auf Salomo im bischöflichen Weihgebet hat,[149] konnten sich an dieser Stelle die Autoren eng an der Versifizierung des *uotum Salomonis* orientieren, die Jacob Pontanus 1584 in der Augsburger Festschrift veröffentlicht hatte und die seit 1594 auch im Beispielanhang zu dessen *Tirocinium Poeticum* in großer Auflage greifbar war.[150] Wie bereits am Anfang dieses Kapitels im Hinblick auf das Fortwirken der Pontanus-Gedichtsammlung bemerkt, hat das Fürstengebet der *Trophaea Bavarica* in späteren Festschriften mehrfach Nachahmer gefunden. Dabei wurde als Vorbild stets das soeben besprochene zweite, enger an der Tradition der Messe orientierte Gebet der

---

148 ᴛʀᴏᴘʜᴀᴇᴀ ʙᴀᴠᴀʀɪᴄᴀ, fol. H4ᵛ. Vgl. die o. S. 253f. zitierten Verse aus *Trophaeum II*, aus deren fast identischem Wortlaut hervorgeht, daß den Fürsten dort eine ähnliche Schutz- und Garantiefunktion zukommt wie hier den Märtyrern.

149 Nachweise für das Pontificale des 10. Jahrhunderts bei Binding 1996, 342.

150 ᴇɴᴄᴀᴇɴɪᴀ ɪɴ ʀᴇʟɪɢɪᴏsɪssɪᴍᴜᴍ ᴛᴇᴍᴘʟᴜᴍ, 6–8 (vgl. o. Anm. 73); Pontanus 1594a, 471–473.

Trophaea verwendet, nicht aber das poetisch und in seinem viele Elemente verschränkenden Aufbau anspruchsvollere erste Stück *(Dux ... ducem ... inuitat ad encaenia)*.

Diese *precatio* ist nur ein Beispiel für die besondere Kreativität der Münchner Dichter und zugleich ein Beweis für den literarischen Rang ihrer Festschrift *Trophaea Bavarica*, die nicht nur in ihrem äußeren Erscheinungsbild, sondern auch in der Reichhaltigkeit und dem Raffinement ihrer Texte die übrigen Drucke deutlich überragt. Sie ist damit allerdings auch nur bedingt repräsentativ im Rahmen ihrer Gattung: ebenso wie Bayern seinerzeit den anderen katholischen Reichsständen in der politisch-religiösen Konsolidierung weit voraus war, ist damals in seiner Hauptstadt eine besondere Kirchenfestschrift und -beschreibung entstanden.

III. Gymnasium S.J. Bambergensis
Scenographica protasis basilicae in Gügel
(1616)

1. Das Bamberger Hochstift um 1616

Wie in den meisten süddeutschen Territorien war auch im geistlichen Fürstentum Bamberg die Reformation im 16. Jahrhundert zunächst erfolgreich gewesen; die Stadt galt der Kurie als besonders stark vom Luthertum gefährdet.[1] In den folgenden Jahrzehnten bestimmten mehr die politischen Bedrohungen von Bauern- und Markgräflerkrieg denn religiöse Reformbestrebungen das Hochstift, und erst Jahre nach Abschluß des Tridentinums gelang es, die katholische Seite zu konsolidieren. Zu der nur langsamen Durchsetzung der Reformideen trug nicht zuletzt eine rasche Folge kurzer Regierungen in den 1580er Jahren bei.

Fürstbischof Ernst von Mengersdorf (1583–1591) gelang es erstmals, die wichtigsten Forderungen des Tridentinums durchzusetzen, darunter die Errichtung eines Gymnasiums mit theologischem Unterricht als Vorstufe eines tridentinischen Priesterseminars.[2] Unter seinem Nachfolger Neithart von Thüngen (1591–1598) kam es zu rigiden Maßnahmen wie der Ausweisung von Prädikanten und der Androhung von Gütereinziehung und Haft gegen nichtkatholische Untertanen, nicht zuletzt unter dem Eindruck der unnachsichtigen Haltung im Nachbarterritorium Würzburg unter Julius Echter und in Bayern. Dagegen gab es nach wie vor erheblichen Widerstand; hinzu kam ein bis weit über die Jahrhundertwende anhaltendes Bestreben des mächtigen Bamberger Domkapitels, den Status quo so weit wie möglich zu wahren und römische Interventionen abzuwenden.[3]

Über die Person Bischof Johann Philipps von Gebsattel (1599–1609) gehen die Meinungen bis heute auseinander. Sicher ist einerseits, daß sein Bild durch Kampagnen Julius Echters und Maximilians I. von Bayern dauerhaft getrübt worden ist, andererseits blieben seine Ansätze zu Reformen tatsächlich eher wirkungslos. Insgesamt fehlte ihm offenbar die Schärfe der neuen Bischofsgeneration vom Schlage Julius Echters, so daß man ihn als „vortridentinischen Reichsbischof" charakterisiert hat.[4] Erst mit Johann Gottfried von Aschhausen (1609–1622),[5] der an der neuen Universität in Würzburg studierte[6] und nach dem Tod Julius Echters (1617) auch Bischof von Würzburg wurde, nahm in Bamberg die konsequente Gegenreformation ihren Lauf. Sicht-

---

1 Das folgende nach Christ 1992, 151–161. Vgl. außerdem Guth 1984, bes. 156–177; Guth 1990, 20–56.
2 Spindler – Kraus 1997, 1157–1159 (L. Boehm); Schieber 1998, 57 (m. weiterer Lit.).
3 Christ 1992, 157; Weiss 1997, 10.
4 Weiss 1997, 20. Vgl. die ebda. S. 169 zitierten Arbeiten L. Bauers sowie Looshorn 1903, 280–363.
5 Zu Aschhausen s. Looshorn 1903, 364–382; Wendehorst 1980; Zimmermann 1993.
6 Zimmermann 1993, 14.

barste Anzeichen dafür waren der unverzügliche Beitritt zur Liga und die Berufung der Jesuiten, die nach mehreren gescheiterten Vorstößen nun rasch (1610) durchgesetzt wurde.[7] Schon im Jahr darauf wurde der Unterricht im Gymnasium und Priesterseminar dem Orden übertragen, letzteres 1613 ganz den Patres übergeben. Mit dem Bau eines Kolleggebäudes entstand bereits 1612 auch äußerlich ein neues geistiges Zentrum in der Stadt, das gleichzeitig durch ein neues Domizil für Gymnasium und Seminar ergänzt wurde.[8] Auch das städtische Spital- und Schulwesen gelangte bald unter die Aufsicht der Jesuiten.[9]

Das Gymnasium setzte, den Studienplänen nach zu urteilen, mit der Aufnahme des Lehrbetriebs nach der *Ratio studiorum* einen bereits zuvor sehr ähnlich strukturierten Unterricht fort. Neben einem gewissen Nachholbedarf, den man bei dem kämpferischen Fürstbischof vermuten kann, erklärt sich wohl auch aus diesen vorhandenen Grundlagen das Bestreben, in Bamberg binnen weniger Jahre eine vollständige Akademie aufzubauen.[10] Diese Ambitionen wurden zwar durch den Ausbruch des Krieges und den Tod des Fürstbischofs gedämpft, doch konnte 1648 die Eröffnung der *Academia Ottoniana* gefeiert werden.[11]

2. Die Wallfahrtskirche St. Pankratius

Als Johann Gottfried von Aschhausen kurz nach dem Antritt seines Amtes beschloß, die Wallfahrtskirche auf dem Gügel-Berg oberhalb von Scheßlitz zu erneuern, stellte er sich damit in eine längere Tradition seiner Amtsvorgänger. Das Terrain war bereits 1390 von Lambert von Brunn für die Bamberger Bischöfe erworben worden, und Anfang des 15. Jahrhunderts wurde hier auf den Resten einer Burganlage der Familie von Truhendingen eine neue Kapelle errichtet, die das Pankratius-Patrozinium von der Burgkapelle übernahm. Dieser Bau ging im Hussitenkrieg verloren, wurde aber bald erneuert (1439). Nach einem Einsturz von Teilen des Gebäudes kam es unter Bischof Heinrich III. Groß v. Trockau (1487–1501) zu einem Wiederaufbau und nach den Wirren des Bauernkrieges zu einer Neueinweihung (1530). Das Unternehmen Aschhausens, im Frühjahr 1610 begonnen, stellt damit die dritte, diesmal grundlegende Erneuerung dar.[12] Der neue Bau ist sogar als „das sakrale Hauptwerk des frühen 17. Jahrhunderts in Oberfranken" bewertet worden.[13]

---

7 Duhr 1913, 164–169; Klausnitzer 1986, 96–100.

8 Zum Jesuitengymnasium: Korth 1998, 386–388.

9 Guth 1984, 193.

10 Schieber 1998, 59f. Zur Entwicklung der Jesuitenschulen: Weber 1879, 82–104; Hengst 1981, 284–294.

11 Duhr 1913, 593–595; Hengst 1981, 293.

12 Unsere Darstellung folgt den (spärlichen) Angaben der älteren Literatur: Looshorn 1900, 149; Hofmann 1916/17; Mayer 1952, 98f.; Pieger 1961, 10–15.

13 Hotz – Maierhöfer 1970, 29.

Aus der Festschrift von 1616 selbst ist zu entnehmen, daß die alte Kirche akut bau-fällig gewesen sein soll.[14] Allerdings war der Zustand der meisten Sakralbauten der Diözese nicht gut, so daß die Motive Aschhausens, gerade hier eine neue Kirche zu errichten, auch noch andere gewesen sein dürften. Neben der Tradition des Ortes als Wallfahrtsziel, die es im Sinne der Gegenreformation wiederzubeleben galt,[15] dürfte ein wesentlicher Antrieb darin bestanden haben, dem nahen Scheßlitz mehr Gewicht zu verleihen. Der Ort war bereits durch die Neueinteilung der Diözese im Jahr 1613 zu einem von insgesamt vier Dekanaten aufgestiegen,[16] so daß trotz des allenthalben herr-schenden Renovierungsbedarfs besonders hier ein sichtbares Zeichen des Wandels an-gezeigt schien. Nicht zu unterschätzen ist daneben auch der Umstand, daß bereits in den Jahren 1602–1607 die Burg Giech, die dem Gügel unmittelbar gegenüberliegt, durch Fürstbischof Gebsattel umfassend restauriert und zu einer Sommerresidenz aus-gebaut worden war. Die Bauten oberhalb von Scheßlitz waren damit bereits seit eini-gen Jahren wieder in den Brennpunkt des Bamberger Interesses gerückt.[17]

Die kleine, aber exponiert gelegene Kirche fällt besonders durch ihre eigenartige Kon-struktion auf, die einen frei zutageliegenden Felsstock auf der Bergkuppe einbezieht und das eigentliche Kirchenschiff teilweise auf diesem aufsitzen läßt *(Abb. 7)*. Auf diese Weise ergibt sich ein zweistöckiger Chor im Osten, dessen Untergeschoß heute eine Lourdesgrotte enthält. Sie ist über ein Portal im Süden zugänglich. Von hier aus führt eine enge Wendeltreppe zunächst auf eine Empore, bevor sich von dort ein nied-riger Gang in westlicher Richtung durch den Felsen unter dem Kirchenschiff zieht und über eine zweite Wendeltreppe in dieses hinaufführt *(Abb. 9)*. Die Höhendifferenz zwischen dem Bergplateau und dem Westportal wird durch eine hohe Freitreppe aus-geglichen *(Abb. 8)*. Eine weitere Konsequenz aus der asymmetrischen Bodenbeschaf-fenheit ist es, daß die Südempore des Kirchenschiffes ebenfalls in den Fels hineinge-schlagen ist.[18]

Über die Entstehungsgeschichte des Bauwerks bleiben auch nach neuesten For-schungen noch Unklarheiten. Zwar hat Angela MICHEL in einem 1997 erschienenen Aufsatz zur Gügelkirche und ausführlicher in ihrer Berliner Dissertation über Giovan-ni Bonalino wahrscheinlich machen können, daß der bisher als Erbauer angesehene

---

14 SYNCHARMATA ENCAENIASTICA, *Scenographica protasis* V. 44–46 (fol. A2ᵛ), verkürzt zitiert bei Michel 1997, 12 Anm. 5. Ähnlich fol. Cʳ *(Syncharmata S. Pancratii ad Diuos XIV Auxiliares) Prisca minabantur celeres monu-menta ruinas.*

15 Zur Bedeutung des Wallfahrtswesens für Aschhausen s. Wendehorst 1980, 180.

16 Zimmermann 1993, 16 f.

17 Weiss 1997, 18; vgl. auch Paschke 1975. Nach Paschke war Aschhausen an einer Fortführung der Förderung für Giech nicht interessiert (S. 342); dagegen betont das Festgedicht ausdrücklich *(Scenographica protasis*, V. 80 f.): *festiua palatia mitrae | nunc Babebergiacae.*

18 Eine ausführliche Baubeschreibung gibt Michel 1997, 7–12 und 1999, 136–141, eine Kurzaufnahme auch Hipp 1979, 1424.

Lazaro Agostino lediglich die ersten Jahre (1610–12) am Gügel tätig war, und dafür die Rolle seines Kollegen Bonalino wieder mehr in das Blickfeld gerückt.[19] Auch dürfte das Datum der Vollendung, gegenüber dem früher meist angegebenen 1618, nunmehr im Jahr 1617 zu fixieren sein.[20] Nicht exakt zu bestimmen bleibt jedoch weiterhin das uns besonders interessierende Datum der Einweihungsfeier, zu der das Bamberger Jesuitengymnasium eine Festschrift beisteuerte: es läßt sich lediglich erschließen, daß sie zwischen dem 5. und 11. Juni 1616 stattgefunden haben muß.[21] Die handschriftlichen Aufzeichnungen des Bamberger Jesuitenkollegs enthalten lediglich eine dürre, undatierte Notiz über die Erneuerung der Kirche.[22]

3. Die Festschrift Syncharmata encaeniastica der Bamberger Jesuiten

Zur Einweihungsfeier im Sommer 1616 verfaßte das Bamberger Jesuitengymnasium unter dem Titel *Syncharmata encaeniastica Reuerendissimo atque Illustrissimo Domino D. Ioanni Godefrido … decantata* eine Reihe lateinischer Gedichte in verschiedenen Versmaßen, die bei Anton Horitz gedruckt wurden. Der bis auf einen beigegebenen Stich eher unscheinbare Oktavdruck mit 16 Blatt Umfang scheint nur in kleiner Auflage und regional verbreitet worden zu sein, denn es sind heute nur zwei erhaltene Exemplare nachweisbar.[23] In der Literaturgeschichte ist der Druck bisher unbeachtet geblieben.[24]

Der Druck enthält insgesamt sieben Gedichte sowie ein abschließendes Chrono-

---

19 Michel 1997, 3–7; dies. 1999, 132–142. – Die ausführlichste neuere Darstellung zur Kunst in Oberfranken geht – mit Ausnahme des Hochaltarbildes, dessen Entstehung fälschlich auf 1630/31 datiert wird – gar nicht auf die Gügelkapelle ein: Korth 1984, hier 426f.

20 Michel 1997, 4; die ältere Angabe bei Mayer 1952, 99.

21 Nach dem 5.: vgl. u. S. 283 zum Chronogramm; vor dem 11.: Michel 1999, 134. Das in späterer Zeit auf den Sonntag nach Jakobi (bis 1954 = 1. Mai) gelegte Kirchweihfest des Gügel (Looshorn 1900, 502) hilft für die Ermittlung des Einweihungsdatums nicht weiter.

22 SBB, Cod. R.B. Msc. 64 (*Historia Collegii*), 7: *bina templa, alterum in honorem S. Pancratij Martyris, in honorem S. Ottonis Ep(iscop)i Bambergensis alterum* (vgl. u. Anm. 26) *aedificare uoluit* und Cod. R.B. Msc. 65/1 (*Litterae Annuae*), 56: *Neque silendum vero quod bina templa annis superioribus a se exstructa, quorum alterum D. Pancratio sacrum, D. Ottoni alterum, hoc eodem solenniori ritu dicavit, sacravitque* (identisch in: ARSI Rh. inf. 48 fol. 211[r]). In der späteren Abschrift der *Litterae Annuae* (SBB, Cod. R.B. Msc. 66; zum Jahr 1616: fol. 9[r]–12[v]) fehlt selbst diese Notiz. Für die Möglichkeit zur Einsichtnahme in Bamberg danke ich Dr. Werner Taegert (SBB).

23 UB Würzburg: 2 an M.ch.q. 93 (Materialsammlung zur Diözese Bamberg), SB Bamberg: R.B. Carm. sol. f. 2; Blattzählung: [1], 1, 4–5, [4], 5–15; Lagenzählung: [A], A2–A4, a5, A4, B1–B4, C1–C4, D, D3.

24 Lehmann 1984 geht auf jesuitische Literatur im oberfränkischen Raum überhaupt nicht ein. Die *Syncharmata encaeniastica* sind bisher nur von Michel 1997 an einzelnen Stellen herangezogen worden. Paschke, der (1975, 343 den Kupferstich auf fol. [A][v] bespricht, datiert den Druck fälschlich auf das Jahr 1620. Selbst unter dieser Prämisse könnte der Stich jedoch nicht, wie von Paschke (ebda.) angenommen, in Anlehnung an das Hochaltarbild Wolf Fugkers entstanden sein, da dieses ebenfalls erst Ende 1620 begonnen wurde (Paschke, ebda.; Michel 1997, 6). Zur Entstehung des – von Paschke dem Nürnberger Künstler Georg Wechter zugeschriebenen – Stiches vgl. auch Baumgärtel-Fleischmann 1990, 90 Anm. 44.

278

gramm. Das erste Stück (fol. A2^r–B^v) mit dem Titel *Scenographica protasis basilicae D. Pancratio sacrae in Gügel apud Bambergenses* bietet eine Beschreibung der neuen Kirche in insgesamt 318 Hexametern. Der vergleichsweise extravagante Titel betont besonders stark das visuelle Element, wird aber nicht durch überdurchschnittliche Anschaulichkeit bestätigt. Möglicherweise war der Bezug auf den Kupferstich auf der gegenüberliegenden Seite intendiert, der allerdings außer über die Westfassade der Kirche und ihre Treppenaufgänge auch keine detaillierten Erkenntnisse vermittelt.

Auf die Kirchenbeschreibung folgt (fol. B^v–B3^r) ein *Encaeniasticon* in alkäischen Strophen, eine poetische Gestaltung des vom Bischof gesprochenen („Salomo-")Gebetes bei der Einweihung. Der Verfasser betont den Unterschied der eigenen Gelübde zu denen der antiken Riten, als man noch den *fabulosi manes* (fol. B2^r Z. 2, nach Hor. carm. 1,4,16: *fabulaeque Manes*) Tieropfer darbrachte. Nach fünfjährigem Bau kann nun die *moles Pancratica* (ebda. Z. 9 f.) Gott und den Heiligen übergeben werden.[25] Weihrauch und Kerzen schaffen eine festliche Atmosphäre, so daß zum vorgeschriebenen Exorzismus geschritten werden kann. In diesen Versen fällt ein ausgeprägter Sinn der Verfasser für die genaue Wiedergabe von optischen Eindrücken und Lichteffekten auf, der insgesamt für die *Syncharmata* zu konstatieren ist:

> B2^r … frequenti nobilitant diem
> 30   Taeda daduchi: singula cereis
>   Hic mille flammescunt; columnae
>   Lumine sub tremulo renident.
>   Fundum superbis cum laquearibus
>   Piaculari perpluimus tibi
> 35   Tethy; hinc dolorum structor ergo
>   Exulet hinc Baalim Dagonque.

Geläut und Musik, die die Feier begleiten, lenken die Gedanken zurück zum Urbild der Szene, der Tempelweihe Salomos. Die Verfasser erhoffen sich, daß Gott ebenso wie damals das Heiligtum mit seiner Gegenwart erfülle und die Gebete der Gläubigen um Gesundheit, Verschonung vor Viehseuche und Unwetter Erhörung finden.

Es folgt als drittes ein *applausus* des heiligen Otto von Bamberg (fol. B3^r–B4^r, Distichen) auf die Einweihung der Pankratiuskirche. Selbst kürzlich mit einer neuen Kirche beschenkt,[26] berichtet Otto von seiner schwierigen Mission in Pommern, die zwar Tausende zur Taufe geführt habe, nun aber durch die Reformation im Nordosten verloren sei. Allein Bamberg bleibe nun noch als sicheres Terrain:

---

25   fol. B2^r: *Quam quinque molem messibus arduas | Moliti in auras Pancraticam sumus.* Genau genommen ergibt sich hieraus ein Baubeginn erst im Jahr 1611.

26   fol. B3^r, Titel: *S. Otto donatus nuper templo applaudit encaeniastico S. Pancratii.* – Gemeint ist die ebenfalls im Sommer 1616 durch Aschhausen konsekrierte Kirche in Reundorf; vgl. Neundorfer 1989; Michel 1999, 142–149.

B3ᵛ   Vna mihi de tot Bamberga laboribus extat,
         Priscam perpetuans obsequiosa fidem.
      Illa Deoque mihique nouos indixit honores,
20   Solenni instaurans templa sacransque manu.

Otto bekundet seine Freude über den Einzug des Pankratius in seine *regna* und malt das jährlich wiederkehrende Fest des Heiligen aus. Dieses liegt günstig im Frühling (12. Mai),[27] so daß es viele Wallfahrer anzieht. Mit einem kurzen topischen Lob des bischöflichen Stifters schließt das Stück:

B4ʳ   Haec tibi Pancratio quis Praesul gaudia fecit?[28]
        Quisue tuas tanto dotat honore domus?
     Stirpe Aschhausana prodit celeberrimus heros,
44   Hunc, te ut nobilitet, plurimus urget amor …

Das vierte Stück (fol. B4ʳ–C2ᵛ, 129 Hexameter) trägt den Titel *Syncharmata S. Pancratii ad Diuos XIV. Auxiliares* und nimmt damit die Überschrift der ganzen Sammlung wieder auf. Der Patron der Kirche wendet sich selbst an die vierzehn Nothelfer, deren Statuen ringsum die Nischen der Pfeiler schmücken,[29] rekapituliert ihre Attribute und fordert sie auf, in den allgemeinen Jubel einzustimmen. Hier spielt der Verfasser mit dem Illusionismus-Topos, indem er mutmaßt, die Heiligenfiguren seien lediglich wegen des ungewohnten Spektakels verstummt:

Cʳ   Ast quorsum faciant haec uestra silentia, nosco:
      Scilicet insuetos mecum spectastis honores
44   Attoniti …

St. Pankratius stimmt nun seinerseits ein Lob auf Gottfried von Aschhausen an, dessen Gestalt allerdings auch hier nur wenig Konturen gewinnt.[30] Den stärksten Eindruck hinterläßt wohl ein Passus, der den Bischof mit an Embleme erinnernden Bildern vorstellt:

---

27   Die Wendung *Quartaue quae Maij Nonas lux ante nitescit* (fol. B3ᵛ, Z. 17) führt fälschlich auf den 4. Mai, so daß *Nonas* in *Idus* zu korrigieren ist.

28   Verg. ecl. 1,6 *O Meliboee, deus nobis haec otia fecit.*

29   Die Alabaster-Statuen von der Hand des Forchtenberger Bildhauers Michael Kern sind vollzählig, allerdings nur in Ausschnitten, abgebildet bei Schmittinger (o. J.), 26 f. u. 30 f., eine Auswahl auch bei Pieger 1961, 13.

30   Anleihen bei antiken Autoren erscheinen dabei zuweilen in etwas unbeholfenen Adaptationen. So wird der Vergil-Vers *forsan et haec olim meminisse iuuabit* (Aen. 1,203) bei der Nennung des Stifters merkwürdig abgewandelt (fol. Cʳ, V. 52 f.): *Ecquis erit, comites? nec enim nescisse clientem | Fasque themisque sinunt: memoris meminisse iuuabit.*

Cʳ	… est Babebergiacae fax aurea terrae,
	Est Patriae columen, summo cui mitra renidet
57	Vertice, Godfridus, coelo gratissimus heros.

Der Bischof hat, so berichtet der Heilige weiter, den vom Verfall bedrohten, aber von den Menschen nicht vergessenen Bau in neuer, schönerer Gestalt wieder auferstehen lassen, eine Tat, über die sich auch die früheren Erbauer Anton von Rotenhan und Heinrich Groß von Trockau freuen würden (fol. Cᵛ). Der Sprecher vergißt auch nicht, auf die Wappen der beiden Bischöfe am Nordportal hinzuweisen, die ihnen Nachruhm sichern. Doch auch für das Wohlergehen der Heiligen in der Kirche ist gesorgt: dank zahlreicher Fenster können sie über das Land blicken, dessen Beschützer sie sind. Wie von einem Wachtturm aus also sollen sie in Zukunft Ausschau halten, während Pankratius zum Dank den Schutz des bischöflichen Hofes übernehmen will:

| C2ʳ | Mens immota mihi perstat uigilantia nusquam |
| 122 | Lumina Godfridi subducere Praesulis aula. |

Auf die Aufforderung an die Vierzehn, sich nun ihrerseits vorzustellen, folgt eine *Diuo-rum Auxiliarium officiosa apocrisis* (fol. C2ᵛ–C3ᵛ). In insgesamt zwölf Epigrammen zu je zwei Distichen kommen die Heiligen dem Ansinnen nach, indem sie von ihrem Martyrium berichten und ihren – meist damit verknüpften – Wirkungsbereich erläutern.[31] Entsprechend drastisch sind manche der Epigramme, so das des Helfers bei Bauchschmerzen St. Erasmus:

C2ᵛ	Viscera crudeli tortor mihi sustulit ausu:
	Te nihil in me iam, quod remoretur, erit.
	Iam tibi iamque tuis patulo disclusus hiatu
	Venter hiat: condi si placet, ecce, licet.

Zugleich makaber wie für heutiges Empfinden in seiner Pointe etwas geschmacklos erscheint der Spruch des heiligen Pantaleon:

---

31 Es ist möglich, daß sich die Verfasser dieser Epigramme an der poetischen Darstellung der Nothelfer durch Johannes Armbruster SJ (†1603; zu ihm vgl. u., B.I) orientierten, von der es bei Ribadeneira 405 heißt: *Descripsit etiam metro Diuos 14. Auxiliares publico cultu celebres in Dioecesi Bambergensi.* Das Fehlen der sonst üblichen Wendung *Exstat eius …* bei dieser Notiz läßt allerdings vermuten, daß schon damals dieser Text Armbrusters nicht mehr zugänglich war. Eine in der UB Würzburg bewahrte Notiz zu Armbruster (Handschriftliche Notizen zu Würzburger Gelehrten, Beilage zum Exemplar Hbh I, 191 von Ruland 1835, Kuvert „Johannes Armbruster") notiert allerdings deutlich abweichend: *Scripsit de XIV Divis in Dioec. Bamberg. in 4 Thl. 1654.* – Das Gedicht *Franciados libri III* des Johannes Cyaneus Sylvanus über die vierzehn Nothelfer (VD 16 C 6499; vgl. dazu Taegert 2000, bes. 146–155), das 1596 ebenfalls bei Horitz erschienen war, hat dagegen nachweislich keinen Einfluß auf die Gestaltung der *Syncharmata* ausgeübt; insbesondere die Beschreibung der Standbilder der Heiligen in der (alten) Kirche zu Frankenthal/Vierzehnheiligen (Cyaneus, fol. B3ʳ) findet in den Texten des Jahres 1616 kein Echo.

C3ᵛ   Implicitas capiti duro mihi uulnere palmas
               Fixerit ut caeco cruda furore manus:
       Non uis ulla tamen ferri chalybisque moratur,
               Quin manus in tantum sit mihi larga uirum.

Auch das folgende Gedicht *Epinicion Pancratianum* (fol. C3ᵛ–C4ᵛ, alkäische Strophen) ist ganz dem Märtyrerkult gewidmet. Es stützt sich offensichtlich auf die – seit Laurentius Surius' Edition (zuerst 1571) leicht zugängliche – Pankratiuslegende, wird doch an mehreren Stellen eine Octavilla angesprochen, die im Legendentext eine wichtige Rolle spielt.[32] Diese wird aufgefordert, nicht zu trauern, sondern vielmehr einen *festus triumphus* angesichts des siegreichen Martyriums zu begehen, das mit einem in der Festschrift mehrfach wiederkehrenden Wortspiel (Pankratius–παγϰράτιον) als Kampf interpretiert wird. Das Gedicht steht damit in der Tradition der spätantiken Märtyrerhymnen, wie sie sich beispielsweise im *Peristephanon liber* des Prudentius finden. Wie die Nothelfer-Epigramme ist auch dieses Siegeslied nicht ohne drastische Formulierungen, so z. B. in der folgenden Strophe, die den Unbesiegten feiert:

C4ʳ   Ancile nullum, nulla panoplia
       Huius strategi fortior impete:
             Caput recisum certa laurus
40   Perpetuique seges triumphi.

Ein weiteres Stück (fol. C4ᵛ–Dᵛ) greift dasselbe Thema in Distichen nochmals auf, allerdings ohne das Kolorit der Legende. Unter dem Titel *S. Pancratius dioecesi Bambergensi Pancration* stellen die Autoren den Bezug zur Gegenwart her, indem sie die Gläubigen ihrer eigenen Stadt auffordern, dem Heiligen nachzueifern. Die Einzigartigkeit des Kampfes für den Glauben wird dabei in mehreren Priamelreihen als höchste Erfüllung gefeiert, der Bischof und einige andere Persönlichkeiten – darunter auch ein Neustetter[33] – als *robora, fulcra, bases* des alle kirchlichen Kräfte erfordenden Glaubens-„Pankrations" gepriesen.

Das letzte Gedicht der Sammlung (fol. D3ʳᵛ) beleuchtet die religiöse Situation in Oberfranken. Bamberg und sein Bischof haben es verstanden, die Kapelle als Wahrzeichen der neuen Zeit an exponierter, weithin sichtbarer Stelle und mit reicher Ausstattung zu errichten. Es bleibt nun zu wünschen, daß auch die Bewohner des Umlandes – genannt sind das Maintal, Kronach, das nahe Thüringen und Teile des Nürnberger Territoriums – das Heiligtum aufsuchen. Der Text schließt mit der nochmaligen Einladung an den Märtyrer Pankratius, seine neue Kirche in Besitz zu nehmen:

---

32 Vgl. Surius 1618, 151: *Octauilla autem corpus eius sublatum noctu occulte, cum aromatibus et dignissimis linteaminibus condidit in sepulchro nouo 4. Idus Maias.* Zum Datum vgl. o. Anm. 27.

33 Es kann sich nur um den Domdekan Johann Christoph Neustetter-Stürmer handeln, der 1609 im ersten Wahlgang zum Bischof gewählt worden war, dann jedoch ablehnte, so daß Aschhausen die zweite Wahl für sich entscheiden konnte.

O purpuratae murice nobili
    Pars magna turbae, maxime Pancrati,
55   Capesse subridente tandem
        Templa tibi laqueata uultu.

Schließlich verdient noch das *Chronologicon* am Ende des Druckes unsere Aufmerksamkeit, da es nicht nur die Jahreszahl 1616 wiederholt, sondern auch den bisher genauesten Hinweis auf das Datum der Einweihung gibt: es dürfte sich um den 6., allenfalls 7. Juni handeln. Das Chronogramm[34] lautet:

IVnIVs eXtVLerat VIX Nonas, PraesVL ab AsChaVsn (!)
    HoC CVM PanCratIo nobILe ponIt opVs.

4. Die Scenographica protasis basilicae in Gügel
Verfasser, Konzeption, Topik

a. Allgemeines

Der Titel des ersten und längsten Stückes der Festschrift verspricht eine dreidimensionale Präsentation des neuen Bauwerkes. Dabei verweist die Verwendung des architektonischen Fachausdrucks *scenographia* auf die einschlägige Definition der verschiedenen Darstellungsperspektiven durch Vitruv.[35] Diese war seit 1594 auch in den *Progymnasmata Latinitatis* des Jakob Pontanus zu finden.[36] Der aus dem Bereich der Logik stammende Terminus πρότασις *(propositio)* dürfte hier vor allem in ganz wörtlichem Sinne als „Vorstellung" zu verstehen sein und nicht als „erster Teil eines (literarischen) Ganzen":[37] zwar bezeichnen die Verfasser das Gedicht am Schluß ausdrücklich als *prolusio,*

---

34 Nicht bei Marschall 1996.

35 Vitr. 1,2,2: *Species dispositionis, quae Graece dicuntur* ἰδέαι, *sunt haec: ichnographia, orthographia, scaenographia. ichnographia est circini regulaeque modice continens usus, e qua capiuntur formarum in solis arearum descriptiones. orthographia autem est erecta frontis imago modiceque picta rationibus operis futuri figura. item scaenographia est frontis et laterum abscendentium adumbratio ad circinique centrum omnium linearum responsus.* Vgl. Cet. Fav. p. 263,4–5 K.: *Scenographia est frontis et totius operis per picturam ostensio;* Übersetzung und Kommentar: Plommer 1973.

36 Pontanus 1594b, 7 f. (die unterstrichenen Passagen finden sich erst in späteren Auflagen; benutzt wurde hier die Ausgabe München: Hertsroy, ⁶1618, 7 f.): *(sciographia seu scenographia) est <u>non iam uestigiaria, nec frontalis, aut aduersaria tantum operis futuri efformatio, sed etiam literalis, id est,</u> frontis et laterum abscendentium adumbratio (…) Seu, est uniuersi tecti (quod Graeci scenam dicunt) deformatio, non frontis tantum, ut orthographia, non areae duntaxat, ut | ichnographia. <u>Breuius, est quasi scenae imaginaria excitatio</u>* (…). Zu Pontanus' Progymnasmen-Abhandlung *De re architectonica* s. besonders Kapitel IV zu Molsheim.

37 Don. de com. 7,4 (p. 27 W.): πρότασις *est primus actus fabulae, quo pars argumenti explicatur, pars reticetur ad populi exspectationem tenendam.* Vgl. ebda. 7,1: *comoedia autem diuiditur in quattuor partes: prologum,* πρότασιν, ἐπίτασιν, καταστροφήν. – Eine Deutung des Begriffes als Hinweis darauf, daß der Text vorrangig eine Verteidigung des Kirchenbaus gegen mögliche Kritik (etwa konfessioneller Gegner) sein soll, ist aus der Anlage

doch mit Bezug auf zukünftige Lobschriften für den Bischof und nicht auf die weiteren Teile der *Syncharmata*.[38]

Die Erwartung eines streng systematisch aufgebauten Textes, die der anspruchsvolle Titel weckt, löst das Gedicht insofern ein, als die einzelnen Teile der Kirche in einer klar gegliederten Reihenfolge behandelt werden. Allerdings orientiert sich der Text, seiner poetischen Natur gemäß, nicht an einem wissenschaftlichen oder kunsttheoretischen Schema, sondern kleidet die Präsentation des Baus in die Form eines Besichtigungsrundganges, den der Dichter bzw. Sprecher selbst unternimmt. Die *Protasis* kommt damit der formalen Gesamtkonzeption der Würzburger Beschreibung der Neubaukirche nahe; das im Münchner *Trophaeum III* entwickelte Konzept einer „Kirchenführung", die sich wiederholt an die in der 2. Person angesprochene Fama wendet, ist dagegen in Bamberg bis auf einzelne Apostrophen nicht verwendet worden.

Trotz der Ähnlichkeit im Aufbau sind die Festgedichte aus Würzburg und Bamberg deutlich voneinander verschieden. Stilistisch auffällig ist bei der *Protasis* dreierlei: die Tendenz zur unkritischen Verwendung antikisierender Motive ohne präzisen Bezug auf das gegenwärtige Bauwerk, das Fehlen der Beschreibung von Bildern und Skulpturen[39] sowie der Verzicht auf meditative, ja weitgehend auf theologische Aussagen ebenso wie auf ein situationsbezogenes, über stereotype Wendungen hinausgehendes Lob des fürstlichen Bauherrn. Alle diese Beobachtungen legen, zumal im Hinblick auf die anonyme Publikation und ihre im Werktitel ausdrücklich betonte Herkunft aus dem Gymnasium des Ordens, die Vermutung nahe, es könnte sich um eine Gemeinschaftsarbeit von Schülern der *Humanitas*, also der Poetikklasse, oder der Oberklasse der *Rhetores* handeln. Allerdings sind etwaige sprachliche oder stilistische Brüche an keiner Stelle so deutlich, daß man daraus die Grenzen der einzelnen Beiträge rekonstruieren könnte; davon abgesehen lag sicherlich auch bei einer solchen Entstehungsweise der *Protasis* die Gesamtkonzeption des Stückes in der Hand eines Lehrers, der dann Überschneidungen oder andere Unstimmigkeiten einer Endredaktion unterziehen konnte. Die bereits diskutierte Frage eines möglichen Zusammenhanges zwischen schulischen Dichtungsübungen in der Tradition der Progymnasmata und den poetischen Kirchenbeschreibungen[40] kann somit bei den *Syncharmata* nicht sicher beantwortet werden.

Schließlich unterscheidet sich die *Protasis* von der Würzburger Beschreibung, aber auch von einer Anzahl späterer Gedichte (Molsheim, Ulm, Regensburg) darin, daß sie

---

des Bamberger Gedichtes nicht zu erkennen (vgl. Knape – Sieber 130: „*protasis* [als Argumentationsform]: Hinweis des Redners auf mögliche Kritik der Gegenseite" und den Verweis auf *prolepsis* ebda.). Andererseits fällt in den Zwischenüberschriften die Gliederung nach den Redeteilen der rhetorischen Theorie ins Auge.

38 *Scenographica protasis*, V. 316–318 *Haec uisenda stylo tenui prolusimus; olim | In tua centenas alij, Illustrissime Princeps, | Aptabunt opus ob tantum praeconia uoces.*

39 Dieser Umstand läßt sich nur teilweise auf den unfertigen Zustand der Kirchenausstattung zum Zeitpunkt der Abfassung des Gedichtes zurückführen.

40 S. I. Teil, D.II.1.

die Schilderung der Einweihungsfeier nicht in das beschreibende Gedicht einbezieht.[41] Der Bamberger Druck steht somit, wie auch unsere Übersicht über die anderen Gedichte der *Syncharmata* gezeigt hat, eher in der Tradition der Gedichtsammlungen, die einzelne Aspekte des festlichen Anlasses in mehreren kleineren Stücken behandeln und letztlich auf die Anregung durch die Augsburger Publikation des Pontanus zurückgehen. Allerdings ist nunmehr – doch wohl unter dem Einfluß der seitdem erschienenen großen Kirchenbeschreibungen (Würzburg 1591, München 1597, Münster 1598)[42] – eine *descriptio* zusätzlicher Bestandteil der Sammlung geworden.

Der Text der *Protasis* ist nicht durch Zwischenüberschriften gegliedert. Im Druck vorhandene Marginalbemerkungen weisen teils auf den Beginn neuer Sinnabschnitte hin, geben teils aber nur Hinweise darauf, an welcher Stelle des Gebäudes der Sprecher sich gerade befindet, und sind daher nicht für eine eindeutige Gliederung des Textes in Abschnitte geeignet. Die im folgenden Überblick angewandte Gliederung soll gleichfalls nur als Orientierungshilfe dienen.

b. Das *Proludium* (V. 1–31)

Mit einer der seinerzeit sehr beliebten Martial-Adaptationen setzt das Gedicht ein. Dieser hatte anläßlich der Einweihung des *Amphitheatrum Flauium* im Jahre 80 konstatiert, der neue Bau übertreffe alle bisherigen Wunder der Architektur,[43] und in einem zweiten Epigramm (epigr. 2) die segensreiche Rückgabe des von Neros Prestigebauten besetzten Areals im Zentrum Roms an die Öffentlichkeit unter Kaiser Titus gepriesen. Der Bamberger Dichter führt in der gleichen panegyrischen Absicht eine ähnliche Reihe von berühmten Bauten vor, allerdings nur, um sie sogleich als Zeugnisse gottloser Ruhmsucht zu verdammen und die reinen Absichten des Bischofs beim Kirchenbau dagegenzusetzen.

---

41 An dieser Stelle muß nochmals daran erinnert werden, daß auch die Würzburger *descriptio* einen Sonderfall darstellt, da sie vor dem eigentlichen Beginn der Feier deren Beschreibung zugunsten der Kirchenbesichtigung beendet (*Novae aedis adumbratio*, V. 14–23). Auch in Würzburg kommt somit hauptsächlich den *carmina minora* die Aufgabe zu, die Einweihung zu illustrieren. – In Molsheim hat J. Coccius Beschreibung und Feier in einem Gedicht verbunden, daneben aber die Einweihung zum Anlaß einer zusätzlichen, unabhängig von der *Descriptio templi* publizierten Sammlung genommen (*Encoenia Basilicae*). Kaum zufällig bleiben damit die beiden protestantischen Kirchenbeschreibungen als die einzigen Texte übrig, die Beschreibung und Festbericht tatsächlich gleiches Gewicht beimessen: die Wiedergabe der lutherischen Predigt und der Feier als Manifestation konfessioneller und städtischer Selbstbehauptung waren in Ulm und Regensburg ungleich wichtiger als in den geistlichen Fürstentümern.

42 Zu Münster s. u., D.II.2.b.

43 Mart. epigr. 1: *Barbara pyramidum sileat miracula Memphis, | Assyrius iactet nec Babylona labor; | Nec Triuiae templo molles laudentur Iones, | Dissimulet Delon cornibus ara frequens; | Aere nec uacuo pendentia Mausolea | Laudibus inmodicis Cares in astra ferant. | Omnis Caesareo cedit labor amphitheatro, | Unum pro cunctis fama loquetur opus.*

Magnifico immensum luxu uulgata per orbem
Pegmata,[44] sideribus raro insultantia cultu
Spintharica sudata manu delubra Phanetis
Miramur seri per postera saecla nepotes.
5   Sic dextrae Iliacos adscripsit fabula muros
Artifici superum; Babylona Semiramis urbem
Attalico infamem luxu molita, perenne
Auspicibus Diuis decus. en ut nubila cono
Pyramidum feriens moles (qua laetus opimat
10   Nilus aquis coelo spectabile Delta sereno)
Attonat ingenii uires aciemque fatigat!
Vt saeui quondam radiabant aurea regis
Atria,[45] Phidiaco caelata toreumate, docta
Signinis opera Pario de marmore sectis!
15   Vt tessellatis crustata asarota sigillis!
Musiuum ut ludebat opus mentita Neronis
Gesta! ut fulgebant Rhodio laeuore Colossi!
Rarum opus, ut culto splendore lacesseret astra. –
Hi uano struxere omnes palatia sumptu,
20   Hi sibi mentiti stulto conamine coelum
In terris, uanae hos rapida uertigine typhon
Gloriae in haec molum praeceps portenta rotauit.
Quam tu disparili, Princeps Godefride, labore
Templa struis, non ut populi mercarier auram
A2ᵛ   Venalemue queas emendicare fauorem …

Neben der Verflechtung der beiden Martial-Gedichte ist an der Weltwunder-Reihe ihre ungewöhnliche Zusammenstellung bemerkenswert. Der in V. 3 an erster Stelle angesprochene delphische Apollo-Tempel ist nicht nur in keiner antiken oder späteren Aufstellung der *miracula*[46] nachzuweisen, sondern zudem in einer sehr gewählten Weise umschrieben. Die Nachricht von dem korinthischen Künstler Spintharos als Erbauer des Heiligtums überliefert nur Pausanias (10,5,13), und die Bezeichnung Apolls als Phanes ist ebenfalls ungewöhnlich.[47] Auch die übrigen Kunstwerke zählen nicht zum kanonischen Bestand oder sind in einer in der antiken Literatur nicht üblichen Weise behandelt: so sind die von Götterhand erbauten Mauern Trojas in keinem Fall Bestandteil der *miracula*-Reihe, und die Notiz über die Pyramiden, man könne von dort bei gutem Wetter das Delta sehen (V. 10), scheint kaum antik zu sein, sondern paßt vielmehr gut in Berichte von Reisenden des 16. Jahrhunderts, die häufig die Pyramiden

44 Vgl. Verg. Aen. 1,457 *bellaque iam fama toto uulgata per orbem* (Tempelbilder in Karthago!); Mart. epigr. 2,1 f. *Hic ubi sidereus propius uidet astra colossus | Et crescunt media pegmata celsa uia* …

45 Vgl. Mart. epigr. 2,3: *Inuidiosa feri radiabant atria regis* …

46 Lediglich in der Pruntruter Festschrift von 1604 (s. u. S. 439) sind kurz die *fana Delphica* erwähnt. Zur Weltwunder-Thematik vgl. Schott 1891; Lanowski 1965; Klecker 1994, 61–63; Brodersen 1997 (Lit.).

47 Macr. Sat. 1,17,34: *Item Φάνητα appellant ἀπὸ τοῦ φαίνειν* (sc. *τὸν Ἀπόλλωνα*) …

bestiegen.[48] Die Verbindung der *Signina* (sc. *opera*), einer besonderen Mörtelart (Plin. nat. 35,165), mit parischem Marmor in V. 14 ist kaum verständlich, die Verbindung der beiden Begriffe *asaroton* (Plin. nat. 36,184) und *tessellatum* für ein Mosaik sinnvoll, aber bisher nicht belegbar. Ein Mosaik mit Neros Taten ist jedenfalls in Suetons Bericht über die *Domus aurea* nicht erwähnt; bei dem genannten Koloß schließlich ist nicht klar, ob hier die berühmte Apollostatue von Rhodos und die Kolossalfigur des Nero in Rom miteinander verbunden sind.

Zugleich fällt der heftige polemische Ton auf, mit dem die antiken Wunderwerke als Zeugnisse gottloser Ruhmsucht angeprangert werden. In einem beinahe dantesken Bild wird gezeigt, wie die Herrscher des Altertums wie von einem Wirbelsturm (*typhon gloriae*) erfaßt[49] zu ihrem Vorhaben getrieben werden, ungeheure Bauwerke zu errichten (*molum portenta*), und doch nur dem Irrglauben erliegen, sich den Himmel auf Erden (*mentiti coelum in terris*) erschaffen zu können.[50]

c. Die *Narratio* (V. 32–82)

Die eigentliche Beschreibung setzt mit einem anschaulichen Tableau der Kirche in der umgebenden Landschaft ein (V. 32–46). Langsam lenkt dann der Betrachter und Sprecher des Textes die Aufmerksamkeit des Lesers auf das Bauwerk (V. 47–65), faßt den Vorplatz auf der Westseite genauer ins Auge (V. 66–72) und läßt, bevor er sich anschickt, die Kirche selbst zu betreten, von dort aus noch einmal den Blick über das Land und in die Umgebung schweifen (V. 73–82). Diese Art der Annäherung an das Objekt der Beschreibung und die nachfolgende systematische Behandlung der einzelnen Gebäudeteile nach der Reihenfolge ihres Betretens entspricht genau der Empfehlung, die Reinhard Lorichius in seinem Kommentar zu den Progymnasmen des Aphthonius gegeben hatte.[51]

Nach einer Präsentation des Ortes und seiner – im Vergleich zur konfessionspolitischen Realität des 16. Jahrhunderts geschönten – Beziehung zu Bamberg (V. 35) stellt der

---

48 Vgl. z. B. Pierre Belon, Les observations de plusieurs singularitez et choses memorables (…), Paris 1555, fol. 114ʳ: *Estants à la sommité, veoyons bien à cler la ville du Caire delà le Nil, du costé de l'Arabie deserte, et de l'autre costé retournants vers le septentrion, veoyons tout le pays d'Egypte …* (zit. n. Madonna 1976, 38).

49 Das Bild vom *typhon gloriae* ist sprachlich (verändert) von Lucan. 4,595 inspiriert: *nec tam iusta fuit terrarum gloria Typhon | aut Tityos Briareusque ferox …*

50 Nur teilweise vergleichbar ist die Polemik, mit der J. B. Villalpando SJ die kanonischen sieben Weltwunder dem *templum Salomonis* unterordnet. Vgl. dazu Brett 1949, 352 und 355; Madonna 1976, 32 Anm. 14; zur Überbietung der *miracula* durch christliche Großbauten Hempel 1971, 80 f. – Die Veränderungen der Weltwundervorstellung unter dem Eindruck von Humanismus und antiquarischen Studien (bes. in Rom und Italien) skizzieren J. & E. Romer 1995, 194–222. Ebda. 205 die Übersetzung eines Gedichtes von Luca Contile, das die Vergänglichkeit der antiken Weltwunder den dauerhaften Bauten des „größten Architekten" gegenüberstellt.

51 S. o. S. 166.

Dichter den Gügel und seine Geschichte vor. Dabei steigt er selbst den baumbestandenen Weg vom nahen Scheßlitz hinauf, wobei die Verse durch Anklänge an Vergils *Georgica* den Charakter einer Pastorale gewinnen.

> Est locus Eoae spatiosa in Francidos ora
> Scheslitium: Arctoo Bambergam spectat ab axe,   i.mg.: Scheslitz
> Tellus messe ferax dulcique uligine laeta,[52]
> 35   Vrbs Babebergiaco semper famulata tiarae.
> Hinc tilias inter, canentia fronde salicta
> Ardua praerupto diuertitur orbita celsam
> In rupem cliuo:[53] Gugeli nomen auita
> Sollicitudo dedit. squarroso in uertice rupis
> 40   Arx habitata olim, demum sacraria Diuo
> Pancratio statuit Princeps Antonius, ortus
> Rottenhaniaco claro de stemmate, fulgens
> In Babebergiaco sceptro sacroque tiara.
> Cum putri carie conuulsa fatisceret aeui,
> 45   Restituit solidam primo a fundamine, dorso
> Immoto stabilem, Godefridus Episcopus aedem.

Als dann das Kirchengebäude in den Blick gerückt wird, geschieht dies in einer sehr ungewöhnlichen Form, wie sie sich in keinem anderen der Einweihungsgedichte findet: die Kirche erscheint als ein lebendes Wesen, das sich sehnsüchtig gen Himmel streckt. Dementsprechend auffällig ist die Wahl der Verben: der Bau ist durch quadratische Steine „belebt" (V. 48), er ist „der Erde überdrüssig", „wendet den Blick (!) himmelwärts" (V. 49) und „drängt sehnlich nach oben" (V. 50). Diese Ausgestaltung geht weit über die Formulierungen hinaus, die unter Einbeziehung des *ecclesia uiua*-Gedankens naheliegen und in der Wendung *saxis animata quadratis* wohl auch anklingen:[54]

> Aethereis substructi operis[55] hinc fabrica in altum
> Porrigitur templi, saxis animata quadratis.
> Exosa has terras collimat[56] in aethera tuto
> 50   Interitusque expers nisu petit arduo Olympum …

Vordergründig wird diese nahezu phantastische Idee, das Bauwerk zu beleben, durch seine exponierte Lage im freien Gelände und den hoch aufragenden spitzen Turm be-

---

52 Verg. georg. 2,184 *at quae pinguis humus dulcique uligine laeta.*
53 Verg. georg. 3,292f. *iuuat ire iugis, qua nulla priorum* | *Castaliam molli deuertitur orbita cliuo.*
54 Vgl. die Deutung Christi als Fundament (z.B. I Cor 3,11) oder *angularis lapis* (Eph 2,20) und der Gemeindemitglieder als Bausteine der lebendigen Kirche. S. dazu Sauer 1924, 103 und 112–115.
55 Die Wendung ist wohl als „durch Hilfe des Himmels gestützt" zu übersetzen.
56 *collimare* „die Augen wenden" findet sich antik nur in Apul. met. 9,42 (vgl. ThLL s.v.), hier dagegen sogar mehrfach, so in V. 119.

stärkt worden sein. Dennoch hinterläßt die Stelle einen befremdlichen Eindruck.[57] Dieser wird noch gesteigert von einer Wendung, mit der die Dauerhaftigkeit des Baues beschworen werden soll:

51   Scilicet est sedes operi par rupis in omne
       Duraturo aeuum, quod non cariosa uetustas
       Ambedat aut saeclis Tithoni effoeta senectus.

Der Bezug auf die mythische Gestalt des Tithonus greift hier eindeutig zu kurz, denn der Zweck seiner Nennung besteht hier ausschließlich darin, das ohnehin berührte Thema des Alter(n)s mit einem antikisierenden Glanzlicht zu illustrieren, dessen Imitatio sich weitgehend im Sprachlichen erschöpft und ansonsten nicht recht mit dem Thema des Gedichtes im Zusammenhang steht. Noch an mehreren anderen Stellen der *Protasis* wird dasselbe Problem erkennbar.[58]

Mit V. 54 wird erstmals der Leser angesprochen, ansonsten jedoch das Thema des allen Unbilden trotzenden Bauwerks weitergeführt. Dabei kommt im Rahmen eines Vergleiches auch die spezielle Konstruktion auf dem Felsstock zur Sprache; ebenso wie einem Feuerbrand können die tobenden Winde auch der Kirche nichts anhaben:

54   Ergo **age nunc** scopulis pendentibus **aspice** molem
       Fundatam, quam non decumana iniuria coeli
56   Vlla ruat …
       (…)
60   … utque apices uentis discordibus ignis
       In tortos surgit delambensque aera uortex
       In coelum exundat,[59] sic haec suffulta lacertis
       Rupisque inuictae costis, exercita quamuis
       Ventorum rabie, solidabitur ardua moles,
65   Moles in seros aeternatura nepotes.

In Betrachtung über die Beständigkeit der Konstruktion ist der Dichter gleichsam das letzte Stück des Weges hinaufgestiegen, der noch heute an der Apsis und der Felsenseite der Kirche (Süden) vorbei auf das grasbewachsene Plateau vor der Westfassade führt. Hier fällt der Blick als erstes auf das Kruzifix, das ähnlich der Kirche auf einem

---

57 Die Verse 47–50 werden in ihrer kuriosen Bildlichkeit noch von den Versen 295f. übertroffen (s.u.).
58 S.u. zu V. 138–142 (wo aber die antiken Gärten zumindest als Idealvorbilder verstanden werden können), zu V. 177 (crassus ridens), 264–266 (Xerxes) und 288 (Sphinx). Ähnlich auch V. 245–250, wo angesichts der Empore nicht allein an Orpheus und Amphion erinnert wird, sondern diese selbst auftreten (245: *odeum sibi uendicat Orpheus*; 247f.: *Seu uelit Amphion uaria in discrimina uocum | Elingues animare tubas …*).
59 Wohl nach Stat. Theb. 12,431f. *exundant diuiso uortice flammae | alternosque apices abrupta luce coruscant*.

Felsen aufgestellt ist.[60] Weit leuchtet es über das Land und wetteifert darin mit der Kapelle:

> Vestibulum ante ipsum primoque in limine templi,
> Emeritos qua Sol fugiens temone supino
> Exautorat equos, natiua in sidera rupes
> Mole[61] abiens stat, cui celsum caput aere septum   i.mg.: Crux in rupe.
> 70   Crux supereffulget: longe uisenda per oram
> Franciados nostrae scopuloso in uertice rupis
> Pellucens certat cliuoso culmine templo.

In den folgenden Versen entwirft der Dichter ein idyllisch wirkendes Bild der fruchtbaren Landschaft mit weitem Tal und sanften Hügeln, um dann die gegenüberliegende Burg Giech zu betrachten, deren Geschichte kurz angedeutet wird (V. 79–81).

5. Kommentar zur Beschreibung der Pankratius-Kapelle (Protasis, V. 83–318)

Die Beschreibung der Kirche ist als Rundgang gestaltet. Dieser wird vom Dichter/ Sprecher fast ausschließlich aus der Perspektive der 1. Person Singular kommentiert. Einzelne verallgemeinernde Wendungen in Form von Partizipien (z. B. V. 109 f. *Post geminis portis adyta interiora* **petenti** | *Delubri patet accessus*) oder Anreden an die 2. Person (V. 130 *Siue artem molis, seu saxa perennia* **spectes**) fallen demgegenüber ebensowenig ins Gewicht wie einige Imperative bzw. Hortative, die für einen kurzen Moment den Eindruck einer Einbeziehung des Lesers erwecken, jedoch stets folgenlos für die weitere Gestaltung bleiben.[62]

Die Kirche als *spectaculum* für die Augen

Neben dieser speziellen Betrachterperspektive fällt eine starke Betonung sinnlicher Eindrücke auf den Sprecher ins Auge. Vor allem ist hier der Topos des von der Fülle der Impressionen überwältigten Betrachters zu nennen, der seinen Ursprung wohl in

---

60 Vgl. Michel 1997, Abb. 1, 2 und 19.

61 Vgl. Ov. her. 5,61: *adspicit immensum* moles natiua *profundum*. Der Bamberger Dichter hat den Vers wenige Zeilen später noch einmal benutzt, um die Aussicht vom Gügel zu beschreiben (V. 73 = fol. A3ʳ Z. 21): *Aspicit immensum moles elata profundum.*

62 V. 115–118 ... † *cornice repandas* | *Praefixa ualuas* **feriamus**, *ut obice rupto* | **Lustremus** *fixo obtutu penetralia Diui.* | **Ingredimur** ...; V. 132 **Suspice**, *qua rutilo ditescens pallet in auro* | *Fornicis exsertum cornu* ...; V. 303 **Aspice**, *ut excelsum caput exserat ardua moles.* – Zur Verwendung der 2. Person und des Partizips Präsens im Dativ in verallgemeinernder oder aber den Leser involvierender Absicht in Beschreibungen vgl. Dubel 1997, 259–261.

einem Passus der *Silvae* des Statius hat und dessen Nachwirkung in der Renaissance-dichtung wir schon am Beispiel der Würzburger Beschreibung festgestellt haben.[63] Der Bamberger Autor schildert in einem Vergleich seine Verfassung angesichts der zahlreichen *spectacula* – ein Begriff, den wir schon aus der Beschreibung des *Trophaeum III* kennen[64] und dessen Bedeutung zwischen der staunenswerten Sehenswürdigkeit und dem Spectaculum einer imaginären Bühne changiert:

> Qualis, ubi in biuio deprensus calle uiator
> Stat mentis dubius, quorsum sit, nutat, eundum:
> Sic ego multifida confusus imagine rerum
> Fluctuo, et ancipites uaria in spectacula multo
> 125 Scinduntur splendore oculi, per plura uagantes.

Auch an mehreren anderen Stellen bestimmt die plötzliche optische Wahrnehmung von Details des Bauganzen die Gestaltung des poetischen Textes.[65] Allerdings geht die *Protasis* an keiner Stelle so weit, infolge solcher unvermittelt auftretender optischer Reize die geordnete Reihenfolge der Beschreibung aufzugeben und den Sprecher tat-sächlich verwirrt erscheinen zu lassen; die Passagen dienen einerseits dazu, seine Ge-genwart und damit den Grundgedanken der Kirchenbesichtigung wieder ins Gedächt-nis zu rufen, andererseits kommt ihnen eine Art Signalfunktion zu, da auf diese Weise der Übergang zum nächsten Abschnitt der Beschreibung besonders auffällig ist. Schließlich variieren sie den Topos der Fülle, der in der panegyrisch-deskriptiven Dich-tung vom Fehlen der Worte bis zum Fehlen hinreichenden Augenlichtes gesteigert werden kann.[66]

Auf die Spitze getrieben ist die Betonung des Sehens, wenn Auge oder *uultus* (so später in V. 218) des Sprechers zum empfindenden Subjekt werden. Hinzu kommt schließlich noch eine auffällige Vorliebe für ausgefallene Ausdrücke aus den Bereichen der Augen und des Sehens. Nur vor diesem Hintergrund versteht man beispielsweise eine Wendung, die sich kurz nach dem Eintritt in das Kirchenschiff findet:

> Ingredimur. sed quo spatiantia lumina primum
> Diuertam, quo postremum collimet[67] ocellus?
> 120 Inter utrumque hirquus dubiis circumuolat alis.

---

63 Stat. silv. 1,3,34–38, bes. 38: *huc oculis, huc mente trahor.* – S. o. S. 200.
64 TROPHAEA BAVARICA, fol. F3ʳ: *Hospes ut attonitus, rerum immemor ipse suarum | Atque sui,* **noua** *miretur* **spectacula mundi**.
65 Vgl. besonders u. zu V. 211–222.
66 V. 181–184: *O mihi centoculi si Iuno accomodet Argi | Lumina … | (…) | Omnia quo liceat uigili percurrere uisu.* Grundsätzlich ist dies eine ins Optische gewendete Variante des Unsagbarkeitstopos (s. o. S. 71 f.).
67 Zur Seltenheit dieses Wortes s. bereits o. Anm. 56.

Der gerade auf einen mit (Vergil-)*imitationes* vertrauten Leser zunächst kurios wirkende V. 120 entpuppt sich bei genauerer Prüfung als eine aufwendige Umschreibung für das unstete Umherwandern der Blicke unter dem ersten, verwirrenden Gesamteindruck des Kircheninneren. Die Verfasser haben sich dazu einer singulären Notiz des Servius bedient, der in seinem Bucolica-Kommentar neben der bis heute gängigen Deutung des Halbverses *transuersa tuentibus hircis* (Verg. ecl. 3,8: „scheel blicken") auch das folgende Scholion liefert:

> alii hoc inprobant et legunt ‚hirquis‘ – hirqui autem sunt oculorum anguli secundum Suetonium Tranquillum in vitiis corporalibus – ut sit sensus: nouimus qui te corruperint, hirquis transuersa tuentibus, ut sit hypallage pro ‚oculis in hirquos retortis‘.

Die penible Übernahme der abweichenden Orthographie *hirquus* durch den *Protasis*-Autor[68] weist klar auf die Herkunft des Verses aus der Servius-Erklärung hin, die auch in zeitgenössischen Kommentaren wörtlich und ausführlich zu lesen war. Besonders ist dabei wohl an den monumentalen Vergilkommentar des Jakob Pontanus zu denken.[69]

Freitreppe, Ölberg, Terrasse (V. 83–117)

Vom westlichen Vorplatz führt der Weg zunächst über die Freitreppe auf die Terrasse vor der Eingangshalle (*hypaethron* oder *xystum,* V. 102 bzw. 105)[70] hinauf. Dabei greift der Dichter erneut den Gedanken vom himmelhoch aufragenden Bauwerk auf und sieht sich schon selbst in höhere Regionen versetzt:

> … mirare, Tonantis
> 85 Regia, uicinum tibi me! tu, rector Olympi,
> Aspice, quo sublimis apex, quo surgat acumen (…)

Dabei vernachlässigt er aber nicht die präzise Beschreibung, die zuerst den verzierten Geländern der Freitreppe (das bedeutet *loricae* in V. 89) gilt und sich dann mit einiger Ausführlichkeit (V. 90–100) einer heute nicht mehr vorhandenen Ölberggruppe zuwendet, die sich nach den Angaben des Textes unter dem brückenbogenartigen Gewölbe der Treppe befunden haben muß:

---

68 Zudem kehrt der Vergil-Halbvers in der Graphie *transuersa tuentibus hirquis* nochmals in *Protasis* V. 179 wieder. Die Wendung findet sich daneben auch schon bei Baptista Mantuanus (Parth. Mar. 2,317 f. = p. 94 Bolisani): *hirquis | Dispiciunt superi obliquis.*

69 Vergil ed. Pontanus 1599; das Servius-Scholion zu ecl. 3,8 findet sich dort auf Sp. 60C.

70 Zu diesen aus Vitruv bekannten Begriffen s. u., IV (Molsheim), bes. S. 358 m. Anm. 188.

```
        ... subter testudo lacunar
Concauat in cameram, fit fornice porticus alto,          i.mg.: Mons Oliveti sub gradibus
Quae tibi gymnasium Christi duramque palaestram                      in alta porticu.
Magnanimi athletae monstrat luctantis in horto ...
```

In diesen Versen zeigt sich ein weiterer charakteristischer Zug des Gügel-Gedichtes: eine Neigung zur Dramatisierung von Bildern und Szenen.[71] Dies ist nicht zu verwechseln mit der Art der Verlebendigung und Vergegenwärtigung von Bildern, wie sie beispielsweise beim Würzburger Kiliansaltar zu beobachten war, und auch nicht mit dem Illusionismus-Topos. Eher ließe sich von einer Art Inszenierung sprechen, die übrigens auf biblische Szenen beschränkt ist – womit sich der Gedanke an die Praxis der *compositio loci* aus den *Exercitia Spiritualia*,[72] aber auch an das Ordensdrama aufdrängt.[73] Den Anstoß zur Ölbergbeschreibung in dieser Art und Weise hat in unserem Fall zwar augenscheinlich die Beschäftigung mit dem Kirchenpatron St. Pankratius gegeben – nur so erklärt sich die an den Gedichten *Epinicion Pancratianum* und *S. Pancratius dioecesi Bambergensi Pancration* orientierte Wortwahl: *gymnasium, palaestra* (V. 92), *athleta, luctari* (V. 93) usw. Daß es dennoch um eine Inszenierung geht, beweist V. 97: *proscenia* bedeutet hier nicht lediglich „Vordergrund" im Kontext der Beschreibung, sondern soll durchaus auf ein theatralisches Element hinweisen.

```
95      ... et extortum diuino e corpore sanguen,
        Quo se ad pancratium ueluti ceromate inungit.
        Circum moerentes agit in proscenia saxum
        Discipulos moesto proflantes pectore somnum.
```

Nach dieser nahezu dramatischen Passage wirkt die Überleitung zum nächsten Abschnitt umso nüchterner: die Beschreibung der Terrasse beginnt mit einem einfachen *post* (V. 101). Diese reihende Art der Darstellung wiederholt sich kurz darauf (V. 109), als sich der Dichter der Kirchentür zuwendet. Sie ist aber nicht ohne Berechtigung, wird doch gerade durch die Verwendung zeitlicher anstatt räumlicher Angaben die Fiktion des Textes vom Rundgang durch die Anlage bekräftigt.

Dieser Rundgang ist ausdrücklich Sache des Sprechers; die Verwendung von Partizipien an beiden genannten Stellen[74] dient nicht der Einbeziehung Anderer, sondern im

---

71 Vgl. u. zu V. 225–227.

72 Die *compositio loci* ist lediglich eine vorbereitende Übung zu den eigentlichen Meditationen der *Exercitia* (vgl. I. Teil, E.III.2 und dazu Olphe-Galliard 1953, 1322 f.); wenn die Ölbergszene am Gügel vor dem Eintritt ins eigentliche Heiligtum betrachtet wird, so könnte darin eine strukturelle Parallele zum Verlauf der „Übungen" liegen, auch wenn die Darstellung der Kirche kaum als meditativ bezeichnet werden kann. – Adolf Haas übersetzt die Wendung *c. l.* treffend mit „Aufbau des *Schauplatzes*" (Ignatius 1967, 68 zu *Exercitia* 192).

73 Zum Zusammenhang zwischen geistiger und realer *compositio loci* auf der Bühne des Theaters s. insbesondere Bauer 1982; vgl. auch Pagnier 1995, 336–338.

74 V. 101 f. *Post ...* | *Emensis **lassos** gradibus percommode hypaethron* | *Excipit*, V. 109 f. *Post geminis portis adyta interiora **petenti** | Delubri patet accessus ...*

wesentlichen der Verallgemeinerung der Aussage. Beim nächsten Schritt, dem Öffnen der Türe und Eintritt in die Vorhalle, macht der Dichter dagegen vom Plural Gebrauch, so daß einen Augenblick lang der Eindruck entsteht, er wolle nun einen Begleiter einbeziehen (V. 115–118). Diese Perspektive wird jedoch nicht durchgehalten, und im Innern der Kirche konzentriert sich der Autor wieder ganz auf seine eigenen Empfindungen. Nach der ersten Verwirrung und Überwältigung durch die verschiedenen einstürmenden Eindrücke[75] bleibt dann der schweifende Blick am Gewölbe haften (V. 126: *Attamen obtutum figit mihi pegmate fornix | Lunato …*), dem sich die Beschreibung nun ausgiebig widmet.

Das Deckengewölbe und seine Malereien (V. 126–171)

Die Beschreibung des Inneren setzt mit einer nochmaligen Betonung der Stabilität und Dauerhaftigkeit des Bauwerks ein, wendet sich aber bald (V. 132) der Gewölbemalerei zu, die aus vielfältigen Blumenmotiven bestand:

132   Suspice qua rutilo ditescens pallet in auro
        Fornicis exsertum cornu, ut laquearia uisum
        Pelliciant refugum Arsacio nictantia cultu
135   Hic, ubi spirantes ridentesque undique flores
        Inserpunt miro per puluinaria ductu,
A4ᵛ   Hic, ubi luteolae pingunt laquearia calthae –
        Quam belle! – ut lyncisque oculusque oculissimus Argi
        Hesperidum croceis halantes floribus isthic
140   Luxuriari hortos biferiue rosaria Paesti
        Alcinoiue putet uernis topiaria sertis
        Paestano hoc templi cultu decorasse lacunar.
        Tanta etenim hic series calycum, tam prodiga florum
        Luxuries, tanto Oebalias testudo lepore
145   Daedala mentitur uiolas calathosque ligustri.
        Aspice, ut exsucci laeta propagine ueris
        Pubescant lapides, ut pupureo ebriet imbre
        Flora rosas: ecce ut uiuo spirantia odore
        Lilia uernanti laquear discrimine sulcent.

Insgesamt kommt es dem Dichter nicht auf eine präzise Wiedergabe von Details, sondern auf eine Vermittlung der Wirkung an, die sich aus realen und fiktiven Elementen zu gleichen Teilen zusammensetzt: zur Hervorhebung von Pracht, strotzender Fülle, Buntheit kommt hier auch der Geruchssinn hinzu (V. 148f.: *spirantia odore | Lilia*). Die Wendungen vom „echten" Garten, dessen Trug nicht einmal ein Argus erkennen

---

75 S.o. S. 291 zu V. 118–120 und 121–125.

könnte (V. 138–142), und vom Duft der Blumen des Bildes erinnern formal stark an die bekannten Enargeia-Episoden aus der antiken Ekphrasistradition, unter denen die von den täuschend echten Weintrauben des Zeuxis am bekanntesten geworden ist, an denen die irritierten Vögel zu picken begannen.[76] Sie tragen aber zugleich auch dem Umstand Rechnung, daß der um 1600 sehr beliebte Blumendekor am Gewölbe Assoziationen an den Garten Eden hervorrufen soll[77] und damit über das materielle Bauwerk entschieden hinausweist. Wenn das komplizierte System der Gewölberippen also – anders als in den Texten aus Würzburg und Molsheim[78] – am Gügel kein Interesse findet und der Dichter an einer Stelle sogar den Eindruck erweckt, die Wölbung werde überhaupt nur durch die Blumenranken gegliedert (V. 148 f.), so ist dies nicht allein poetischer als eine versifizierte Architekturskizze, sondern bedeutet auch einen Verzicht auf präzise Beschreibung zugunsten der subjektiven Deutung des Gesehenen.

Die Passage adaptiert vor allem die Einleitung Vergils zur Erzählung vom corycischen Greis und seinen Gärten,[79] wirkt allerdings durch die ungefilterte Übernahme der antiken Eigennamen innerhalb der *Protasis* inhomogen. Der Verzicht auf übermäßige Antikisierung hat in Würzburg und Molsheim bei der Beschreibung ganz ähnlicher Dekorationen zu Passagen geführt, die sich besser in das Ganze der Beschreibung einfügen.[80] Allerdings bietet auch das Bamberger Gedicht reizvolle Gedanken, beispielsweise wenn in einer Verschmelzung zweier Vorstellungen – der *daedala tellus* (und ihrer Übertragung auf die täuschend ähnliche *testudo*) einerseits und einem Anklang an die *Daedaleae manus* der Künstler andererseits – das Gewölbe gleichsam von selbst zu sprießen beginnt und zugleich die Wendung von der „lügenden Kunst" (V. 145) eingeflochten wird.

Diese florale Begriffswelt setzt sich auch noch fort, als der Dichter die Kirchenväterbildnisse am Gewölbe ins Auge faßt: sie (die *doctorum formae*) sind

> … uelut horti germina uerni
> Protrusa e terrae gremio; dextram occupat ille
> 160 Nectar, et ambrosiae spirans uoce, ore liquores
> Eloquii Ambrosius diuini …

---

76 Plin. nat. 35,65.

77 Vgl. dazu Schneider 1999, 104 und 202 Anm. 783.

78 ENCAENISTICA POEMATIA, *Nouae aedis adumbratio* V. 559–561; INAUGURALIA COLLEGII SOCIETATIS IESU MOLSHEMENSIS, *Descriptio templi Molshemensis* V. 235–238. Eine moderne Beschreibung der Gewölbeformen in der Gügelkapelle findet man bei Michel (1997, 10 und 1999, 139 f.; dort auch kurz – in Anlehnung an die *Protasis* – zu den Dekorationen).

79 Verg. georg. 4,119–125. Eine ausführliche Darstellung des Themas überließ Vergil ausdrücklich anderen (4,148). Diese Anregung griff bereits Columella in seinem 10. Buch auf; im einzelnen: 140 ≈ georg. 4,119 *biferique rosaria Paesti*; 144 *Oebalia* (= Tarent) nach georg. 4,125, die Junktur mit *uiolae* ist neu; 141 *topiaria* als n. pl. ist Neubildung, vermutlich nach Plin. nat. 18, 265 (*topiarium* sc. *opus*, die Gartenmalerei). Cic. ad Q. fr. 3,1,5 findet sich *topiaria* (ae f.) als „Gartenkunst".

80 ENCAENISTICA POEMATIA, *Nouae aedis adumbratio* V. 562–567; INAUGURALIA COLLEGII SOCIETATIS IESU MOLSHEMENSIS, *Descriptio templi Molshemensis* V. 239–244.

Genaue Angaben zur Darstellung finden hier sich nur vereinzelt (so z. B. bei Gregor: *cui tempora rugat | Cana triceps ... tiaras*, V. 166 f.), über die Anordnung der Bildnisse läßt sich dem poetischen Text dagegen nichts Sicheres entnehmen. Nach der Formulierung in V. 157 f. *Quatuor hinc in quincuncem digessit Apelles | Doctorum formas ...* wäre anzunehmen, daß sich die vier Bilder um ein Rechteck gruppierten, das die Gewölberippen über der Mitte des Kirchenschiffes bilden; in diesem würde man dann – als Mittelpunkt der *quincunx* – das vergoldete Christusmonogramm vermuten, das in V. 169 f. erwähnt ist. Allerdings folgt darauf im Text noch ein zweites Monogramm *(MRA)*, das sich „im gegenüberliegenden Kreis" befand:

> Porricit hos inter (*sc.* doctores) radiata in imagine Christi
> 170 Testudo Nomen, Mariaeque (quod aurea uestit
> Bractea) in aduerso tecti interfulgurat orbe.

Damit dürfte die Annahme von A. MICHEL zutreffen,[81] daß sich die Bilder auf die – allerdings recht kleinen – sechs Kreise aus Gewölberippen verteilten, von denen einer den Durchlaß zum Dach umschließt *(Abb. 10)*.

Wände, Pfeiler und Wanddekoration (V. 172–210)

Der Sprecher wendet sich nun den Pilastern an den Seitenwänden zu. Dabei wiederholt sich die schon beobachtete Tendenz, das Gebäude als lebendes Wesen erscheinen zu lassen: die Pilaster werden zu „Riesen", die unter hörbarem Keuchen das Gewölbe schultern (schön der Anklang an die legendären „Hängenden Gärten" in V. 173!), aber auch (V. 179 f.) die Last von sich abzuwälzen suchen. Umso unverständlicher ist es, weshalb dieses zwar phantastische, doch in sich schlüssige Bild im nächsten Satz ins Komische gewendet wird, indem der Dichter die aus verschiedenen Persius-Zitaten konstruierte Gestalt eines Spötters über die Anstrengung der *telamones* lachen läßt: selbst wenn dieser als Stereotyp eines ahnungslosen Besuchers eingeführt sein sollte, wird der Sinn der Szene nicht klar. Außerdem sind mehrere Formulierungen und Bezüge in diesen Versen schwer verständlich, so daß insgesamt der Eindruck eines unzureichend redigierten Abschnittes entsteht. Allenfalls wäre in Betracht zu ziehen, ob es sich um heute verlorene Malereien an den Wänden handeln könnte, die hier beschrieben sind; die sprachlichen Eigentümlichkeiten würden davon allerdings kaum gemildert.

> Ast ne mole labans et pondere lassa suopte
> Pensilis haec florum tellus subsidat, aheno
> Robore substernunt camerae radicibus armos,

---

81 1997, 10; 1999, 140.

175 Qui proceres subeant,[82] flatu Telamones anhelo.[83]   i.mg.: Telamones sustentantes cameram.
Vix tremulos teneat naso crispante cachinnos
Crassus[84] conspiciens, grandi ut sub pondere pressi
Rictibus obstipis os sparsum Atlantes hiulcent
Succubi, et inquirant, transuersa tuentibus hirquis,
180 Queis tantae alternent, humeros, fastigia molis.[85]

Nach diesem eigenartigen Intermezzo kommt wieder der Sprecher zu Wort. Er
wünscht sich nun seinerseits die hundert Augen des Argus (V. 181 f.) und zählt dann
– in einer Praeteritio – einige der Aspekte kurz auf, denen er sich in diesem Fall genauer widmen würde. Daß dabei wiederum die Augen, nicht der ganze Betrachter, das
handelnde Subjekt sind, ist hier nach der Argus-Anspielung ganz folgerichtig: *Nunc
pars* (sc. *oculorum Argi*) *in muros …* | *Pars et in …* | *… pylas …* | *Transiret* (V. 185–188).
In der folgenden knappen Aufzählung fällt der Blick dann auch auf die Nothelfer-Sta-
tuen in den Pfeilernischen, die Gelegenheit geben, den Namen ihres Auftraggebers
Aschhausen zu nennen, der sie „aus dem Himmel herbeigeholt" habe (V. 192 f.: *aula* |
Siderea excitos sacra hac in sede locauit). Bei der Behandlung der Standbilder ist der Vergleich mit berühmten Künstlern der Antike nicht mehr als selbstverständlich (genannt
sind Praxiteles, Alcimedon[86] und Mentor), und auch der Verweis auf die lebensechte
Gestaltung der Figuren darf nicht fehlen:

Sic Phrygio expressi uultus in marmore uiui,[87]
Daedaleae sic naturae manus aemula caelo
200 Saxum animauit iners, ut non simulacra, sed ipsos
Hic simulet reduces rediuiua in corpora Diuos.[88]

Der Dichter bleibt aber nicht bei diesem traditionellen Motiv stehen, sondern zieht
auch die Konsequenz aus dem Wort von den *rediuiua corpora*: alle vierzehn wenden sich
plötzlich aus ihren Nischen heraus ihrem Mittler und Fürsprecher Pankratius zu, preisen sich und ihn glücklich ob ihrer Anwesenheit und ihres neuen Wohnsitzes und
sichern dem Fürsten feierlich ihre Hilfe zu (V. 204–210). Auf diese Weise erreicht

---

82 *proceres* sind hier die Balken des Dachstuhles, vgl. GRF 199, Nr. 32 (Varro = Serv. auct. Aen. 3,58) *proceres qui
    processerunt ante alios; unde et proceres tigna quae alia tigna porro excesserunt;* Serv. Aen. 1,740 *proceres autem ideo
    secundum Varronem principes ciuitatis dicuntur, quia eminent in ea, sicut in aedificiis mutuli quidam, hoc est capita
    trabium, quae proceres nominantur.* Vgl. Ihm 1907.
83 Als *telamones* werden in der Architektur eigentlich nur in menschlicher Gestalt ausgeführte Stützpfeiler be-
    zeichnet, vgl. Vitr. 6,7,6.
84 Aus Pers. 3,87 *ingeminat tremulos naso crispante cachinnos* und 5,190 *continuo crassum ridet Pulfenius ingens.*
85 Zu den *hirqui* (hier allerdings nicht des Betrachters, sondern der *Atlantes!*) s. o. S. 292 – V. 180 *Queis*: sc.
    humeris.
86 Nach Verg. ecl. 3,37.
87 Nach Verg. Aen. 6,848 *uiuos ducent de marmore uultus.*
88 Vgl. bereits die zitierten V. 192 f.

das Bamberger Gedicht, wenn auch zaghaft, eine neue Qualität der Betrachtung, die den Topos von den *uiui uultus* beim Wort nimmt und den Kirchenraum mit lebenden Bildwerken füllt, die konsequenterweise auch selbständig agieren.

Lichteinfall, Fenster, Malereien in der Fensterzone (V. 211–228)

Während der Dichter noch angestrengt seinen Blick um das Kirchenschiff wandern läßt, trifft ihn ein – hochdramatisch beschriebener – blendender Lichtstrahl durch eines der Fenster. Auf diese Weise wird seine Aufmerksamkeit auf die bunten Malereien an den Einfassungen der Fenster[89] gelenkt. Wie schon zuvor ist er auch hier wieder „ganz Auge" (V. 218 ff.). Auch sonst fällt die Dichte der auf das Sehen bezogenen Wörter auf:

211 Hanc ego dum **fixis perlustro obtutibus** aedem,
Paulatim **exoculor, uisum** terebratus acuto
Fulgure: bisseptem, quibus est **oculata,** fenestris
Praestringit fulgore **aciem** …[90]
(…)
217 Credas cum tota Solem influxisse quadriga.
Inde fenestrarum **uultus diuertit** ad antas:
Hic latera, ut uario depicta emblemate, **cernit,**
220 Sole repercussa ut scintillent luce fenestrae,
Vt Phoebi radios pictura reuerberet orbes
In trallucentes …

Eine eigentliche *Beschreibung* der Malereien, die nach den Angaben in V. 225–227 mehrere Engel mit den Leidenswerkzeugen zeigten, gibt der Dichter nicht. Stattdessen widmet er sich kurz dem Spiel des Lichtes auf den Bildern (V. 220–224), bevor er diese auf eine besondere Weise lebendig werden läßt: mit den Engelsfiguren wird aus der Kirche eine Bühne, auf der das Vorspiel zur Tragödie der Passion Christi inszeniert wird, und damit zugleich ein irdisches Theater, in dem der Betrachter steht, und in welchem der Auftakt zum Drama gegeben wird, das in der Ankunft der Neuen Kirche seinen Abschluß finden wird.

225 Cernit (*sc.* uultus), ut aligeri iuuenes **tragica** arma **theatri**
Sortiti pariter pandant ex ordine Christi

---

89 Dies scheint nach den Formulierungen *fenestrarum antae* (V. 218) und *latera* (V. 219) der wahrscheinlichste Ort für die heute verlorenen Malereien zu sein; ob sich Reste davon erhalten haben, ist mir nicht bekannt.
90 Verg. Aen. 3,635 *telo lumen* (sc. *Polyphemi*) *terebramus acuto*; Ven. Fort. carm. 2,10,13 *(De ecclesia Parisiaca) prima capit radios uitreis oculata fenestris* (vgl. Ven. Fort. carm. 3,7,47).

Feralem mortis **protasin**: sub imagine tristi
Omnia **in orchestram et scenam produxit** Apelles.

Altäre, Chor und Empore (V. 229–253)

Diese an den Engeln erprobte, sehr weit gehende Art der Bilddeutung findet allerdings keine Fortsetzung. Stattdessen nimmt der Dichter den noch unfertigen Zustand des Chorraumes (der neue Hochaltar war noch nicht vorhanden)[91] und wohl auch der Seitenaltäre, über deren damaliges Aussehen wir nichts wissen, zum Anlaß, seine Beschreibung der Oberkirche rasch abzuschließen. Deshalb zählt er Altar, Chorgestühl, Chorraum und Seitenaltäre nur kurz auf, um dann lediglich noch einige Bemerkungen zu Sakristei und Empore hinzuzufügen (V. 239–253).

Felsengang und Unterkirche (V. 254–288)

Die *scenographia* der Gügelkapelle wäre nicht vollständig ohne die Unterkirche und die Verbindung der beiden Gebäudeteile. Im Rahmen seiner Kirchenbesichtigung steigt der Dichter deshalb folgerichtig selbst über die Wendeltreppe (V. 257 f.) in den Felsengang hinab, der auf die schmale Empore der Unterkirche mündet.[92] Der niedrige Tunnel im Innern des Felsens und die engen und dunklen Treppenabgänge machen den Abstieg spürbar zum Abenteuer, und so läßt der Dichter seine Leser ausgiebig an seinen Empfindungen an diesem seltsamen Ort teilhaben. Dabei nimmt allerdings das schon mehrfach in der *Protasis* beobachtete Bestreben, die Umgebung mit einem antiken Gewand zu drapieren, ein bedenkliches Ausmaß an, so daß die Situation einiges an Glaubwürdigkeit einbüßt und eher an das pedantische Repetieren einschlägiger Stellen aus gelesenen Schulautoren erinnert. Wenn es in der *Protasis* Indizien für eine gemeinsame Abfassung durch verschiedene Schüler gibt – die sich in der Regel natürlich stark an gelesenen Werken oder Exzerpt- und Epithetasammlungen orientieren mußten –, dann dürften sie in den folgenden Versen zu finden sein, mit denen Tunnel und Unterkirche kommentiert werden. Auffällig ist neben den zum Teil gesucht wirkenden, zum Teil auch amüsanten Höhlen-Vergleichen vor allem der Sprachduktus, der mit seiner sprunghaften Aufgeregtheit kaum zu den anderen Teilen der Beschreibung paßt:

---

91 Man hat zu Recht darauf hingewiesen, daß sich an der Chorstirn ein Wappen Aschhausens befindet, welches durch den Fugker-Altar verdeckt wird (Mayer 1952, 100). Die von Michel (1997, 11) daraus abgeleitete Vermutung, man habe zunächst den niedrigeren Vorgängeraltar wieder aufstellen wollen, kann nach den Aussagen der *Scenographica protasis* insofern bekräftigt werden, als ein solcher Altar – vermutlich der zuvor benutzte – tatsächlich für einige Jahre seinen Platz in der erneuerten Kirche einnahm: der Dichter sieht bei seinem Rundgang 1616 sowohl die *ara* (V. 230) als auch das über ihm an der *exedra* angebrachte Wappen (V. 233 f.).

92 S. die Abb. 6 bei Michel 1997, 5.

Xerxaei sudoris opus, qui pertudit olim
265 Arduum Atho, Siculi Brontae labor improbus antri.
Fallor, an abstrusae Caci in secreta cauernae
Praecipito, retro mea ni uestigia uertam?
Fallor: in excisum duris e cautibus antrum
Emensa rupis spelunca uoluor – in antrum?
270 Erro: sunt saxo sacraria structa quadrato …

In der Unterkirche angekommen, liefert das Gedicht dann wieder eine recht präzise Beschreibung des gewölbten Raumes mit Stuckdecke, Altar und Südtür (V. 271–276). Allein kaum ist der Dichter durch den Gang in die Oberkirche zurückgekehrt (V. 277 f.), bricht es erneut aus ihm heraus: nach der eigenartigen Episode des angesichts der Pilaster in Gelächter ausbrechenden *crassus* (V. 176–180) führt er diesmal eine wild herausfordernde Rede gegen Momus, die in der Renaissanceliteratur beliebte Personifikation des Neides.[93] Die Aussage ist eindeutig: Momus wird nichts an dem Bau zu tadeln finden. Doch einige Wendungen (V. 283!) sorgen zumindest beim heutigen Leser für Erstaunen. Die anschließende Frage an den Bischof über den Sinn der Vierzehnzahl an diesem Ort mutet ebenfalls sehr eigentümlich an, aber mehr noch ihre übermütige Beantwortung:

Qui Paphiae rabido sandalia splene cachinnans,[94]
280 Mome, notas, blattis tineisque nocentior, eia
Huc ades, et si fors patulo in conuitia rictu
Stringere stat linguam, si quid tibi desipit, aude:
Nil hic, quod uitiet, superest, malesana proboscis.
        Sed tamen, o Princeps, quae mens sensusue subegit
285 Bisseptem numerum toties componere in aede,
Bisseptem posuisse pylas totidemque fenestras,
Bisseptem Diuos, totidem subsellia? forsan
Velantur numero hoc caecae mysteria Sphingis …

---

93 Vgl. Erasmus 1540, 183 f. (Adag. 1,5,74): ‚*Momo satisfacere*‘ *et similia*. Für die eigenartige Formulierung der *Protasis* in V. 283 gibt es hier jedoch keine Anhaltspunkte. Die Nase als Sitz des Spottes ist allerdings ein altes Motiv; eine ähnliche Hyperbel (wie hier *proboscis*) zeigt schon Mart. 1,3,5 *et pueri nasum rhinocerotis habent*. Vgl. die Wiederaufnahme bei Bartholomaeus Coloniensis, *epigr. in nequissimum Zoilum* 3: *Zoile, quom doctae praeclaras philosophiae | Artes te memori mente tenere refers, | Tunc docti magnos suspensis naribus edunt | Ronchos et nasum rhinocerotis habent …* (edd. Meckelnborg – Schneider 1995, 30).

94 Die Verspottung der Venus durch Momus findet sich in der antiken Literatur nur bei Aristides (Περὶ τοῦ παραφθέγματος, or. 49 p. 535 Dindorf): Φασὶ γὰρ ὡς ἡ μὲν (sc. Ἀφροδίτη) καθῆστο κεκοσμημένη, ὁ δὲ Μῶμος διερρήγνυτο, οὐκ ἔχων ὅ τι αἰτιάσεται. τελευτῶν δὲ αὐτῆς μὲν ἀπείχετο, τὴν δὲ βλαυτὴν ἔσκωψεν αὐτῆς („Man erzählt nämlich, daß Aphrodite geschmückt dastand und Momos vor Ärger platzen wollte, weil er nichts zu tadeln fand. So ließ er schließlich von ihr ab, nicht ohne jedoch über ihre Sandale zu spotten.").

Verlassen der Kirche und Abstieg ins Tal (V. 289–318)

Durch das Westportal gelangt der Dichter wieder auf die Terrasse vor der Kirche. Noch einmal, wie am Beginn der Besichtigung, rücken der hochaufragende Bau und besonders der Turm in den Mittelpunkt. Auch hier kommt es zu kurios wirkenden Überzeichnungen: der gleichsam „himmelstürmende" Turm weckt dort oben Erinnerungen an die Gigantomachie (ähnlich bereits V. 50) und „fliegt" mit eigener Kraft empor (V. 295); das abschließende Bild, in dem die Sterne *tiefer* stehen als die Turmspitze, scheint geradezu grotesk übertrieben. Allerdings ist dabei zu beachten, daß es sich um eine Formulierung Martials in nochmaliger Zuspitzung handelt, und daß auch das Bild von der Aufwärtsbewegung des Bauwerks bereits in anderen Texten vorgeprägt war – der Eindruck maßloser Lobrednerei wird dadurch allerdings nicht gemindert.

290	… hic, quanto conamine turris	i.mg.: Turris templi.
	Adsurgat, qua mole, uides: stupet Arbiter aethrae	
	Et Pallenaeos coelo capita alta ferentes	
	Formidat fratres Superos in bella ciere,	
	Credit et aereae componere Pelion Ossae –	
295	Sic se remigiis saxorum librat in altum,	
	Sic sublime uolans stat saxea turris ad astra …	
	(…)	
298	Sydera quin turris cono subiecta superba	
	Inuidia exoptant in par excrescere culmen.[95]	

Umso erstaunter liest man nach diesen Zeilen den Schluß des Textes. Der Dichter (ist es derselbe?) verkündet in vollkommen ruhigem Ton, ermüdet vom Umhergehen und Schauen nun die Feder ruhen zu lassen und über die Nordtreppe ins Tal hinabzusteigen (V. 309–313).

Das Schlußwort ist im wesentlichen topisch; es greift noch einmal das Bild von den hundert Mündern auf, derer es zu einem wahren Lobpreis bedürfte und die vielleicht andere Dichter in Zukunft haben mögen. Als bescheidene Vorübung *(prolusio)* versteht sich daher auch die *Protasis*:

316	Haec uisenda stylo tenui prolusimus; olim
	In tua centenas alii, Illustrissime Princeps,
	Aptabunt opus ob tantum praeconia uoces.

---

95 Mart. 8,36,7 f. *Aethera sic intrat, nitidis ut conditus astris | Inferiore tonet nube serenus apex.* – Zu V. 295 f. vgl. Anth. Pal. 1,10,51 f. Οἷος μὲν προβέβηκε βαθυρρίζοισι θεμέτλοις, | νέρθεν ἀναθρώσκων καὶ αἴθερος ἄστρα διώκων. („Wie erhebt sich der Bau vom tief gegründetem Sockel, aufwärts springend im Drang, die Sterne des Himmels zu fassen!") Das Gedicht des 6. Jh. (vgl. o. S. 92) blieb bis zum 18. Jh. ungedruckt.

Nicht topisch ist jedoch die Bemerkung *haec uisenda (... prolusimus)*. Wieder ist das Schauen betont, d.h.: ebenso, wie der Dichter bzw. Sprecher bei seinem Rundgang ganz den optischen Reizen gefolgt ist, soll auch der Leser der *Protasis* sich zum Betrachter verwandeln. Schwieriger zu beantworten ist die sich daraus ergebende Frage, ob die *Protasis* als eine Art Begleiter beim Besuch der Gügelkapelle als Sehenswürdigkeit dienen soll. Dagegen scheint die strikte Verwendung der 1. Person im Text zu sprechen, die einem nachvollziehenden Leser doch allzu eindeutig vorgäbe, was er zu sehen und wie er dabei zu empfinden habe. Oder aber besagt die Formulierung – mit einer gewissen Raffinesse –, daß die Kirche nunmehr im Text des Gedichtes abgebildet ist, so daß man sie beim Lesen „sieht", als Bild im Text? Die Frage läßt sich nicht sicher entscheiden.

IV. *Jodocus Coccius SJ*
Descriptio Templi Molshemensis Societatis Jesu
*(1618/19)**

1. Straßburg und Molsheim um 1618

Die feierliche Eröffnung der *Archiducalis Academia Molshemensis*[1] und die gleichzeitige Weihe der zugehörigen Kirche *(Abb. 11)* brachten in den letzten Augusttagen des Jahres 1618 die Rekatholisierung des Straßburger Hochstiftes zu einem sichtbaren Abschluß.

Wie in den meisten anderen Territorien des Alten Reiches hatte sich auch hier die lutherische Lehre in der ersten Hälfte des 16. Jahrhunderts zunächst weit verbreitet. Überragende Bedeutung kam dabei der Stadt Straßburg zu.[2] Demgegenüber konnten die Bischöfe ab etwa 1540 eine Stärkung ihrer Position im hochstiftischen Gebiet erlangen, wenngleich diese Entwicklung sich zunächst auf eine territoriale Konsolidierung beschränkte. Die Bemühungen zu einer umfassenden Reform der katholischen Kirche dagegen trugen bis in die 1560er Jahre hinein eher bescheidene Früchte und führten in der Reichsstadt zeitweise zu erheblicher Unruhe.[3] Denn hier mußte man neben einer Rekatholisierung auch befürchten, daß Bischof Erasmus von Limburg (1541–1568) mit seinen offen geäußerten Plänen Erfolg haben könnte, die seit 1358 reichsfreie Stadt zurückzugewinnen. Zwar residierten Erasmus und seine Vorgänger seit langem im nördlich gelegenen Zabern, das unter administrativen Gesichtspunkten längst die „eigentliche Hauptstadt" (F. RAPP) geworden war, doch waren das Domkapitel sowie ein Teil der bischöflichen Verwaltung nach wie vor in der Stadt verblieben und bildeten eine Art Brückenkopf.[4] Erst nach dem unlösbaren Streit, der ab 1583/84 das gemischtkonfessionelle Kapitel in der Frage der Nachfolgerwahl entzweite und der nach dem Tode Johanns von Manderscheid 1592 zum offenen Krieg ausartete,[5] wurde endgültig klar, daß die bisherige Gemengelage nicht mehr länger aufrechtzuerhalten war. Daher zog der Bischof, Kardinal Karl von Lothringen (1592 bzw. 1598–1607),

---

* Für ihre Unterstützung bei Recherchen zu diesem Kapitel danke ich den Herren Ernest Eschbach, Pfarrer Émile Heitz und Grégory Oswald (alle Molsheim), besonders herzlich aber Louis Schlaefli (Bischheim), der mir mit außerordentlicher Liebenswürdigkeit nicht nur die Straßburger Seminarbibliothek, sondern auch seine reichhaltige landesgeschichtliche Privatsammlung zugänglich gemacht hat.

1 Grundlegend: Hengst 1981, 205–236 (überarbeitete Fassung von: Hengst 1980).

2 Rapp 1993, 78–83; dort 92–95 auch die z.Zt. ausführlichste Bibliographie. Die konfessionelle Verteilung um 1580 zeigt eine Karte bei Rapp 1982, 347. Einen Überblick von den vorreformatorischen Predigten Geilers von Kaysersberg bis zum Westfälischen Frieden bietet Burg 1945/46, 183–208; zur weiteren Entwicklung bis in die französische Zeit vgl. Châtellier 1982.

3 Rapp 1993, 84f.

4 Thomann 1992. – Allgemein zum verbreiteten Nebeneinander von Bischofsresidenz und Kathedralstadt in der frühen Neuzeit vgl. Press 1992b.

5 Zu Kapitelsstreit und Bischofskrieg vgl. Rabe 1989, 376–378.

seinen Offizial 1597 ebenfalls aus der Stadt ab und siedelte das Amt in dem 17 Kilometer südwestlich gelegenen Molsheim an.[6]

Die Entscheidung war folgerichtig, denn die kleine Landstadt hatte bereits in den Jahrzehnten zuvor eine beständige Aufwertung – gerade auch gegenüber dem zu abgelegenen Zabern – erfahren. Seit 1580 bestand in Molsheim das Jesuitenkolleg, um dessen Einrichtung schon Bischof Erasmus mit Petrus Canisius Verhandlungen geführt hatte.[7] Nach dem Bischofskrieg wurde es durch das schon über ein Jahrzehnt zuvor geplante[8] *Seminarium Carolinum* ergänzt, welches mit theologischen Kursen der Zielvorstellung von einem diözesanen Priesterseminar einen Schritt näher kam, und konkurrierte durch die Hinzunahme philosophischer Vorlesungen ab 1596 auch mit der reichsstädtischen Schule in Straßburg, die allerdings von Kaiser Maximilian II. schon 1566 weitgehende akademische Privilegien erhalten hatte.[9] Die scharfe Abgrenzung des Hochstifts von der Reichsstadt, die in der Überführung des Offizialates ihren sichtbaren Abschluß fand,[10] führte insgesamt dazu, daß sich allmählich alle wichtigen Institutionen des bischöflichen Staates in Molsheim versammelten und den Ort zu einer funktionsfähigen Zentrale der Gegenreformation machten: 1598 ließen sich die vom Krieg aus Straßburg vertriebenen Kartäuser hier nieder; ihnen folgte um das Jahr 1604 der Koadjutor Leopold von Österreich,[11] im Jahr darauf auch die adligen Domherren und der Hohe Chor des Münsters.[12] Um die gleiche Zeit wurde der größtenteils von Erzherzog Leopold finanzierte großangelegte Neubau des Molsheimer Kollegs in Angriff genommen.[13] Dieses wurde durch eine Entscheidung Karls von Lothringen kurz vor seinem Tod (1607) um ein vollwertiges Priesterseminar ergänzt, so daß der Habsburger Leopold bei der Besteigung des Bischofsstuhles 1608 eine funktionierende Studienanstalt vorfand. Von dieser soliden Ausgangsposition aus, die auch durch die Wirren des Jülicher Erbfolgestreits – Molsheim wurde 1610 von Truppen der Union erobert – nicht wirklich erschüttert wurde,[14] konnte Leopold daran gehen, den Aufbau der Molsheimer Schule zu einer vollwertigen Landesuniversität zu vollenden. Karl HENGST hat die einzelnen Schritte von der sukzessiven Einführung der Kurse bis zur

---

6 Allgemeine Literatur zu Molsheim: Gass 1911; Gerlinger 1935; Encyclopédie de l'Alsace 9 (1984), 5209–5218 s. v. Molsheim.

7 Grundlegend zur Geschichte des Kollegs: Duhr 1907, 133–136; Duhr 1913, 187–190; Delattre III 385–429 (P. Delattre; m. ausführl. Verzeichnis d. hs. Quellen; vgl. ergänzend u. Anm. 35); zu den frühen Planungen vgl. Hengst 1981, 211–217 und bereits Gass 1939a, 117–121. Vgl. auch das Resumé: Gass 1939b.

8 Hengst 1981, 221.

9 Grundlegend Schindling 1977, 44–67, außerdem Gass 1939a, 126; Hengst 1981, 208f. Eine neuere Zusammenfassung bei Schindling 1988, 45–53.

10 Rapp 1993, 88.

11 Gass 1939a, 130f. – Delattre III 386 gibt für die Ankunft der Kartäuser das Jahr 1595 an.

12 Hengst 1981, 225 Anm. 360. Vgl. Thomann 1992, 39–41.

13 1604: Gass 1939a, 127; 1605: Hengst 1981, 224.

14 Zu den Vorgängen in und um Molsheim vgl. Schmidlin 1934, 43–48; zum Jülicher Erbfolgestreit Press 1991, 174–184.

militant-selbstbewußten Eröffnung des Studienjahres 1617/18 am 1. November 1617, also einen Tag nach der lutherischen Zentenarfeier zu Straßburg, detailliert und anschaulich beschrieben.[15]

Die Allerheiligenmesse 1617 war zugleich die erste, die in der gerade fertiggestellten Kirche des Jesuitenkollegs gefeiert wurde. Erzherzog Leopold[16] hatte persönlich den Grundstein gelegt (14. Februar 1615) und mit erheblichen finanziellen Zuwendungen dafür gesorgt, daß der Prestigebau in einer – gemessen an seiner Größe – sehr kurzen Zeit vollendet werden konnte. Endgültig wurde das Gotteshaus allerdings erst am 26. August 1618 seiner Bestimmung übergeben, als der Basler Fürstbischof Wilhelm Rinck von Baldenstein gemeinsam mit dem Straßburger Suffragan Adam Pe(e)tz den vorgeschriebenen Exorzismus und den Kirchweiheritus vornahm. Sie bildeten den Auftakt zu den viertägigen Festlichkeiten, bei denen die inzwischen von Papst und Kaiser privilegierte Universität Molsheim als eröffnet verkündet, ihre Insignien den Jesuiten übergeben und die ersten Doktoren und Baccalaurei promoviert wurden.[17]

Zu diesem Zeitpunkt hatte der Krieg im fernen, aber ebenfalls habsburgischen Böhmen schon begonnen. Die düsteren Bemerkungen, die der Molsheimer Jesuit Jodocus Coccius, Bibliothekar und erster Kanzler der neuen Universität und persönlicher Beichtvater des Erzherzogs, in seine Berichterstattung über die Feierlichkeiten einflocht, vermögen, obwohl zunächst ganz auf das Tagesgeschehen bezogen, aus der Distanz wie eine Vorahnung kommenden Unheils zu erscheinen:[18]

> Et sane mirum fuit per hosce dies in tanta populi agminatim affluentis et ultro citroque comeantis frequentia, tamque multiplici nationum, ingeniorum, religionum uarietate, communique hilaritudine, inter angustias uiarum, in pegmatum ascensu descensuque neminem unum obtritum, laesum, aut, quod … optare quam sperare procliuius est, contentiosius quidquam uel

---

15 Hengst 1981, 223–227.

16 Zu Leopold (V.) von Österreich (1586–1632) vgl. v. Krones 1883 und Altmann 1985; zu seiner Rolle im Elsaß insbes. Press 1989, 28 und Schindling 1989, 164–168. Eine knappe Skizze seiner Beziehungen zu Molsheim gibt Schlaefli 1968. Nicht zugänglich war mir die bis heute einzige ausführliche Arbeit: Franz Arnold, Die Außenpolitik Erzherzog Leopolds V. von Tirol, Diss. (masch.) Innsbruck 1932.

17 Ein kurzer Überblick über den Verlauf der Festlichkeiten (nach den zeitgenössischen Festschriften) bei Hengst 1981, 229–235; daneben noch Paulus 1887, 181 f. und 258 f. nach handschriftlichen Quellen (s. u. Anm. 35). Der von Hengst (S. 235) suggestiv beschriebene Auftritt eines Maskierten als Kerberos oder Gorgo findet leider in den Quellen keine Bestätigung; bei Reuss 1898, 323 heißt es lediglich: „Mais en lisant … les vers chantés contre ‹ la cruelle et atroce hérésie › dont le poète fait tour à tour un Cerbère et une Gorgone …". Die Stelle bezieht sich auf teils auf ENCOENIA BASILICAE fol. B3ʳ (Cerberus), teils auf eine Strophe aus Coccius' *Ode dedicatoria*, die der Kirchenbeschreibung vorausgeht (INAUGURALIA COLLEGII SOCIETATIS IESU MOLSHEMENSIS fol. X3ᵛ–X4ᵛ = S. 164–166). – Das von Hengst S. 234 f. Anm. 411 erwähnte Plakat zur Doktorpromotion am 28.8.1618, vermutlich das einzige noch erhaltene Exemplar, befindet sich zusammen mit mehreren anderen Plakatdrucken des gleichen Jahres im Sammelband Bkf 304 der BGSS. Der Band besteht aus den Festschriften ARCHIDUCALIS ACADEMIA und PRIMITIAE ARCHIDUCALIS ACADEMIAE; es handelt sich um das Exemplar aus der Molsheimer Kollegbibliothek. S. auch Schlaefli 1971, 88 nᵒ 7, die anderen Plakate ebda. 89 nᵒˢ 9 ff.

18 Diesen Eindruck gewann auch Reuss 1898, 323.

tumultuosius egisse; cum non raro istis temporibus luctus pro ludis, et pro festis nefasti funestique dies oriri soleant.[19]

Schon seit einem Jahr hatte der erbitterte Austausch polemischer Flugschriften zwischen Molsheim und Straßburg, bei dem sich die Religionsparteien in unversöhnlicher Härte gegenseitig den Untergang prophezeiten, wenig Hoffnung auf einen Ausgleich der Spannungen gelassen.[20] Die Auffassung von Molsheim als einer Art Rammbock der Gegenreformation, mit dessen Hilfe man Straßburg wieder einzunehmen gedachte, kam auch in den Druckschriften des August 1618 unmißverständlich zum Ausdruck.[21]

Ab 1621 erreichte der Krieg das Elsaß. Er beeinträchtigte den erhofften Aufstieg der katholischen Universität ebenso wie die im gleichen Jahr erfolgte Erhebung der Straßburger Hochschule in den gleichen Rang, mit der sich die Reichsstadt ihren Austritt aus der protestantischen Union entgelten ließ.[22] Schließlich führte auch die Übertragung der Österreichischen Vorlande an Leopold im Jahre 1619, derzufolge der niemals zum Bischof geweihte geistliche Landesherr in den weltlichen Fürstenstand zurückkehrte und den Straßburger Episkopat abgab, zu einem Bedeutungsrückgang Molsheims im 17. Jahrhundert.[23] Die Universität bestand noch bis 1684 in der alten Form, konnte dann jedoch mit ihrer habsburgisch-österreichischen Orientierung im französisch gewordenen Elsaß nicht mehr bestehen. Ab 1701 wurde sie in die Stadt Straßburg verlegt und mit dem königlichen Collège und Priesterseminar verschmolzen;[24] seitdem gab es in Molsheim nur noch ein theologisches Studienangebot für die rechtsrheinischen Angehörigen der Straßburger Diözese.[25] Das Jesuitenkolleg bestand noch bis zur Aufhebung des Ordens in Frankreich durch königliches Dekret vom November 1764.

19 INAUGURALIA COLLEGII SOCIETATIS IESU MOLSHEMENSIS, 47 (richtig 49) über den 29. August 1618.
20 Hengst 1981, 225 f.; zu den polemischen Schriften vgl. ebda. 235 Anm. 411 und Schmidlin 1934, X–XII. Schmidlins Liste ist nicht vollständig; vgl. z.B. noch: Christian Niemandt, Wol außgeschnitzeltes und außgepitzeltes Brillenfuter, uber den kurtz verruckter Zeit zu Molßheim außpolierten und klaren jesuitischen Augenspiegel, Utopia 1618 (HAB: 835 Theol. [2]). Das Pamphlet richtet sich offenkundig gegen die 1617 in Molsheim erschienene Schrift *Klarer Augenspiegel* ... (s. Schlaefli 1971, 87 n° 1).
21 In dem an Leopold gerichteten Proömium der ARCHIDUCALIS ACADEMIA z.B. wird die Hochschule als *munitissimum barbariei atque infidelitati retundendae propugnaculum* bezeichnet (fol. ††2ᵛ).
22 Schindling 1977, 72–77; ders. 1988, 151 f.
23 Schindling 1989, 166 f.
24 Delattre III 409 f.; Hengst 1981, 235 f.
25 Reibel 1956, 444; Hengst 1980, 43.

2. Die Quellen zu den Molsheimer Feierlichkeiten von 1618

a. Handschriftliche Quellen zum Molsheimer Jesuitenkolleg
Eine neue Bestandsaufnahme

Die handschriftlichen Quellen über das Jesuitenkolleg und die Universität Molsheim sind seit dem Beginn des 19. Jahrhunderts durch Kriegs- und Brandeinwirkung in dramatischer Weise dezimiert worden. Übriggeblieben sind heute nur noch:

1. die *Synopsis ortus et progressus Collegii Societatis Jesu Molshemii*, ein wohl verkürzter Auszug aus der ursprünglichen *Historia Collegii*, welcher unter verschiedenen Rubriken *(Collegium, Academia/Seminarium, Fundatores, Benefactores, Eventus rariores)* in Tabellenform Notizen aus den Jahren 1569 und 1577–1638 bringt,[26]

2. einige in Rom aufbewahrte *Litterae Annuae*[27] und

3. der zweite Band der *Historia Collegii*, welcher die Ereignisse der Jahre 1704–1765 verzeichnet.[28]

Als weitere Dokumente über die Feiern von 1618 sind noch zu erwähnen:

4. ein kurzer zeitgenössischer Bericht über die feierliche Akademieeröffnung im Straßburger Departementalarchiv[29] sowie

5. ein deutschsprachiger Bericht über die Festtage in einer Wiener Sammelhandschrift.[30]

Im Gegensatz zu diesen Restbeständen sind folgende wichtige Stücke verlorengegangen:

---

26 ABR 2 G 300/6 (früher ABR, AP Molsheim n° 6). Hengst 1981, 208 Anm. 236 gibt eine Übersicht über Provenienz und jüngere Kopien der Handschrift. Dazu ist zu ergänzen, daß die *Synopsis* mehrfach ausdrücklich auf die *Historia Collegii* verweist (z. B. S. 54: Verweis auf *pag. Hist. Coll. 114.*; dies notiert bereits Barth 1931, 362 Anm. 3). Wie stark sich die beiden Texte unterschieden, ist allerdings schwer festzustellen. So setzen sich oft die Einträge der *Synopsis* über mehrere Spalten fort und übernehmen damit vielleicht weitgehend den *Historia*-Text, z. B. beim Bericht über die Festlichkeiten 1618 (S. 66 s. v. *Collegium*, fortgesetzt S. 71 s. v. *Fundatores* und S. 75 s. v. *Fundatores*). Die verblüffende Notiz (S. 77 s. v. *Benefactores*), die eine Liste von Wohltätern mit der Bemerkung *plures alios angustia papyri causa libro uitae aeternae inscribendos committimus* abbricht, kann dagegen sowohl als Hinweis auf Kürzungen durch den *Synopsis*-Schreiber als auch auf die Darstellungsweise der *Historia* interpretiert werden. – Die Handschrift enthält darüber hinaus zwei Einzelblätter mit stichwortartigen Auszügen aus der *Historia Collegii* von Hagenau, betreffend die Jahre 1614–44 bzw. 1640–46 (nach S. 104 bzw. 140).

27 Von den Feierlichkeiten 1618 berichten die *Annuae Soc. Jesu Provinciae Rheni Superioris 1618* in ARSI Rh. Sup. 29 fol. 116[rv]; in ARSI Rh. inf. 48 liegt dagegen für Molsheim eine Berichtslücke von 1616 bis 1625 vor.

28 ABR 2 G 300/7 (früher ABR, AP Molsheim n° 7). Vgl. ebenfalls Hengst 1981, 208 Anm. 236. – Carl Seyfried hat große Teile dieses Textes in Form einer kommentierten Übersetzung publiziert (Seyfried 1897–98; kritisch dazu Barth 1931, 328 Anm. 1).

29 ABR G 1467. Vgl. Hengst 1981, 232 Anm. 398. Der ca. $1^1/_4$ Seiten lange Text trägt von der Hand des Rektors Andreas Hugk SJ den Vermerk *Concordat cum historia universitatis seu libro matriculae.*

30 HHStA, Weiß 292, 922[r]–923[r]: H. Luten, *Aussfierlicher Bericht, was Erzherzog Leopoldus, Bischoff zue Strassburg und Passaw bey einweihung der schönen Jesuiter Kirchen zu Wolfsheim (!) in Elsas anordnen lassen.*

6. der erste Band der *Historia Collegii* über die Jahre bis 1703,[31]

7. die *Litterae annuae* im hauseigenen Exemplar des Molsheimer Jesuitenkollegs,[32]

8. das in der Literatur bisher übersehene *Diarium Collegii*, das Carl SEYFRIED und Joseph BRAUN um 1900 noch in Molsheim benutzen konnten[33] und schließlich

9. der aus einer Teilpublikation von Léon DACHEUX sowie aus Zitaten bei Nikolaus PAULUS und Medard BARTH zumindest noch inhaltlich rekonstruierbare *Recueil des principaux événements et choses les plus remarquables du collège épiscopal de Molsheim (...)*,[34] eine 1780 von einem Exjesuiten verfaßte Zusammenstellung, die sich bis zum 2. Weltkrieg als *Ms. 114* in der Straßburger Seminarbibliothek befand.[35] Auch in diesem

---

31 Sicher ist, daß der Band bereits 1886 nicht mehr auffindbar war: Paulus 1886, 95 Anm. 2. Vgl. auch Seyfried 1897, 367, der den Verlust bereits während der Revolution vermutet, und unsere folgende Anm.

32 Diese kolleginterne Fassung der *Litterae Annuae* ging nach M. Barth schon im Jahre 1815 verloren. Allerdings darf dieses Dokument, wie bereits Hengst 1981, 208 Anm. 236 feststellt, nicht mit dem verschollenen ersten Band der *Historia* gleichgesetzt werden (so jedoch Barth 1931, 328 und wieder 1963, 13 Anm. 27). Für das Jahr 1618 kann ARSI Rh. sup. 29 fol. 116 (s. o. Anm. 27) als Ersatz des verlorenen Molsheimer Exemplars dienen; der Bericht geht allerdings nirgends über Coccius hinaus.

33 In der laut Barth (1963, 22) von Carl Seyfried stammenden, noch in den 1960er Jahren handschriftlich in den Molsheimer AP erhaltenen umfangreichen Arbeit *Précis historique sur Molsheim* waren Informationen aus dem *Diarium* verarbeitet: Barth 1963, 14 Anm. 31 u. passim. Joseph Braun zitiert ebenfalls mehrfach aus dem *Diarium* (1908, 49 Anm. 2. 55. 63. 64), während M. Barth um 1930 nur noch die von uns mit 1. bis 3. bezeichneten Schriftstücke zur Verfügung standen (Barth 1931, 327f.). Die von Seyfried 1897, 367 angekündigte Publikation des *Diarium* – das übrigens die gleichen Rubriken aufwies wie die *Synopsis* (ebda. 366) – im Straßburger Diözesanblatt „Ecclesiasticum Argentinense" bzw. der zugehörigen „Archivalischen Beilage" ist bedauerlicherweise nie erfolgt. Bei meinen Recherchen 1998 war weder über den Verbleib des Seyfriedschen *Précis* noch des *Diarium* etwas in Erfahrung zu bringen. In einem Molsheimer Exemplar von Seyfrieds Kirchenführer (1899), dessen Kopie ich E. Eschbach verdanke, ist indes auf S. 13 am Rand vermerkt: „Diarium (verschollen)". – Nicht identisch mit Seyfrieds Aufzeichnung ist eine in den AMMo aufbewahrte Handschrift mit dem Titel *Précis historique et statistique de la ville de Molsheim* (vgl. Encyclopédie de l'Alsace 9 [1984] 5217), die zur Jesuitenkirche nur wenige Informationen enthält. Sie wurde im Jahr 1846 von dem Zaberner Geistlichen A. Adam († 1905) verfaßt.

34 Vollständiger Titel bei Delattre III 427.

35 Wohl in den Jahren vor 1870 fertigte Léon Dacheux, Pfarrer in Straßburg-Neudorf und später Superior des Grand Séminaire, von den ersten Seiten des *Recueil* eine diplomatische Abschrift an (heute: BGSS Ms. 2199/2). Einen Teil des *Recueil* brachte Dacheux außerdem anonym in redigierter und sprachlich modernisierter Form heraus (Dacheux 1867/69), doch bricht der Bericht im Jahr 1582 ab, da die Zeitschrift 1870 ihr Erscheinen einstellte. Seit dem Verlust des Original-*Ms. 114* sind die Passagen zu den Ereignissen von 1618 damit verloren. Einzelne Details bewahrt immerhin die kurze Zusammenfassung der Feierlichkeiten bei Paulus 1887, 181f. und 257f., die allerdings Informationen aus *Recueil* und *Synopsis* nicht immer genau trennt; eine zweite Arbeit Dacheux' (BGSS Ms. 2199/3) endlich zitiert zu 1618 lediglich aus der *Synopsis*. – Die Abhängigkeit des Abdrucks von 1867/69 vom *Recueil* ist eindeutig, so daß die 1910 von Karl Hahn (246 Anm. 1) geäußerte und 1977 von Hengst wiederaufgegriffene Vermutung (vgl. 1981, 225 Anm. 361), die Quellenpublikation von 1867/69 gehe auf eine andere, bislang nicht aufgefundene Vorlage zurück, als überholt gelten kann. Auch konnte die von beiden Forschern unternommene Suche in Molsheim nicht zum Erfolg führen, da der *Recueil* zumindest seit 1867 stets in Straßburg aufbewahrt wurde: zunächst (1867) im Besitz des Bischofs (Delattre III 427), später in der Obhut des Herausgebers der *Revue catholique d'Alsace*, Pantaléon Mury (Paulus 1886, 95 Anm. 2). Schließlich ist auch der Hinweis Hahns (a. a. O.) auf weitere Auszüge des *Recueil* in derselben Zeitschrift 1875 nicht zutreffend, da die *Revue* zwischen 1870 und 1881 aus politischen Gründen nicht erschien.

(französischen!) Schriftstück hat man einen Auszug aus der verlorenen *Historia Collegii tom. I* sehen wollen.[36]

Angesichts dieser Überlieferungslage ist es ein besonderer Glücksfall, daß eines der bedeutendsten Ereignisse der Molsheimer Geschichte, die gleichzeitige Kirchenweihe und Akademieeröffnung im Sommer 1618, durch gedruckte Festschriften in einer ebenso detaillierten wie literarisch anspruchsvollen Weise für die Nachwelt beschrieben worden ist.

b. Die Festschriften der Molsheimer Jesuiten zur Kirchenweihe und Universitätseröffnung

Jodocus Coccius (1581–1622) muß als die literarische Hauptfigur der Molsheimer Feierlichkeiten im August 1618 gelten.[37] Wohl in Köln geboren und bei den dortigen und den Trierer Jesuiten ausgebildet, kam er zunächst als Grammatik- und Rhetoriklehrer in die Kollegien zu Koblenz und Mainz, danach unterrichtete er in den höheren Klassen (Philosophie und Theologie) in Bamberg und Trier. Seit 1617 war er in Molsheim und neben der Lehre mit zahlreichen anderen Aufgaben im Kolleg und beim Bischof betraut, für den er später auch diplomatische Reisen an den Kaiserhof machte.[38] Am Vortag der Kirchweihe, dem 25. August 1618, wurde er zum Doktor promoviert und hielt zwei Tage später, nun auch mit der Kanzlerwürde ausgestattet, die Inauguralrede.[39] Bei dieser erst 1619 gedruckten Rede handelt es sich um einen sehr stark komprimierten, streckenweise aber auch umgearbeiteten Auszug aus einer vier Bücher umfassenden Lobschrift für Erzherzog Leopold, die trotz fehlender Autorangabe ebenfalls Coccius zugewiesen werden kann.[40]

Zur Übersicht führe ich die einzelnen Drucke der Jahre 1618 und 1619 an, die sämtlich in der Molsheimer Offizin von Johannes Hartmann gedruckt wurden.

---

36 Paulus 1886, 95 Anm. 2; Hengst 1981, 226 Anm. 361. Die tatsächlichen Abhängigkeitsverhältnisse sind heute, ebenso wie bei der *Synopsis* (vgl. Anm. 26), nicht mehr zu klären.

37 Zu ihm s. Beylard 1985 (m. weiterer Lit.). In der älteren Literatur (Sommervogel II 1255; Thoelen 618) wird Trier als sein Geburtsort angegeben.

38 Ribadeneira 517.

39 INAUGURALIA COLLEGII SOCIETATIS IESU MOLSHEMENSIS, 26 (richtig 36)–44. Vgl. Hengst 1981, 232 m. Anm. 398. Zu seinen Aufgaben in Molsheim und am Hof Leopolds s. S. 305.

40 Dies wird nicht nur durch die Identität der Themen beider Panegyrici nahegelegt, sondern auch durch die bio-bibliographische Notiz Ribadeneiras über Coccius bestätigt: *Edidit sub nomine Molshemensis Academiae Panegyricum eruditum, et Academica Inauguralia Serenissimo … Leopoldo … fundatori* (S. 517). Der zweite Titel bezeichnet offenkundig die INAUGURALIA COLLEGII (Nr. 5 unserer untenstehenden Festschriften-Übersicht), der erste somit die ARCHIDUCALIS ACADEMIA. Sommervogel führt nur die INAUGURALIA unter Coccius' Namen an (II 1255).

1. Die soeben erwähnte anonyme, aber mit Sicherheit von Coccius stammende *Archiducalis Academia Molshemensis … explicata panegyrico* im Umfang von 274 Seiten bringt in vier Büchern eine Abhandlung über den vielfachen Nutzen der Hochschulen (I), das Haus Österreich, seine Rolle im Kampf um den wahren Glauben und über den Universitätsgründer Leopold (II), das Elsaß, seine Bevölkerung, Kirchen- und Schulgeschichte (III), die Gesellschaft Jesu, ihre Geschichte im Elsaß vor und seit der Förderung durch Leopold und den Vorbildcharakter der Molsheimer Jesuitenuniversität (IV). Dieser vierte Teil der Lobschrift schließt mit einer ausführlichen Prosabeschreibung der neuen Kirche[41] und einer zusammenfassenden Danksagung an den Erzherzog. Trotz der Angabe im Titel *panegyrico, quem … **dixit** … Collegium Academicum SJ Molshemense* ist kaum damit zu rechnen, daß der ganze Text wirklich vorgetragen wurde, zumal angesichts der bereits erwähnten, tatsächlich gehaltenen kurzen Rede des Coccius zur Inauguration. Der Band erschien 1618 und ist damit eines der ersten in Molsheim gedruckten Bücher.[42]

2. Ebenfalls noch im Jahr 1618 erschienen unter dem Titel *Primitiae Archiducalis Academiae (…)* sechs der sieben Doktordisputationen vom 28. August im Druck.[43]

3. Das Datum 1618 trägt auch eine heute sehr seltene Gedichtsammlung *Encoenia Basilicae et Academiae, ab R^{mo} et S^{mo} Principe ac Domino Leopoldo D.G. Archiduce Austriae etc. … in Collegio Societatis Jesu Molshemensi fundatae, solemni die VII. Kal. Septemb. Templi Noui Deo Deiparaeq(ue) consecrati decantata.*[44]

4. Der spektakulärste literarische Beitrag zu den Molsheimer Feiern war zweifellos das Drama *Carolus Magnus Pius, Sapiens et Triumphans*, das, wie aus Coccius' Bericht hervorgeht, drei Nachmittage lang (26.–28.8.) auf einer Bühne vor der Kirche einer riesigen Zuschauermenge dargeboten wurde. Bedauerlicherweise muß der Text des Stückes, über dessen Verfasser wir keine Angabe besitzen, als verloren gelten; angesichts der ausführlichen lateinischen und deutschen Periochen, die Coccius 1619 –

---

41 Buch 4, Kapitel 7: *Templi noui Molshemensis in Collegio SJ ab Serenissimo Leopoldo positi descriptio, et sub idem tempus Academiae promulgatae, encoenia* (S. 261–266). Text s. III. Teil, B.I.

42 Schlaefli 1971, 88 n° 2; Betz 17 n° 2. – Hengst 1981, 231 Anm. 392 bemerkt zu dem Band: „In langen Gedichten lobte und pries man den Stifter der Hochschule." Vermutlich bezieht sich diese Notiz eher auf den hier als Nr. 3 besprochenen Druck ENCOENIA BASILICAE, denn die ARCHIDUCALIS ACADEMIA enthält lediglich ein kurzes einleitendes Gedicht (8 Distichen) auf das erzherzogliche Wappen (*In Archiducalia … insignia*, fol. †2^r). Ein etwas längeres, an Leopold gerichtetes Stück (16 alkäische Strophen) gibt es sonst nur noch in dem als Nr. 5 besprochenen Band INAUGURALIA COLLEGII auf den Seiten 164–166 (*Ode dedicatoria ad Reverendissimum ac Serenissimum Leopoldum …*, vgl. o. Anm. 17). In der *Descriptio templi* im selben Band geht es nicht vorrangig um den Stifter, sondern um das Kirchengebäude (s. dazu unseren Kommentar im Abschnitt 5).

43 Schlaefli 1971, 88 n° 6; Hengst 1981, 235 Anm. 411.

44 Schlaefli 1971, 88 n° 5. Mir sind bisher nur Exemplare in der BGSS (Bkf 285) und in der Stadtbibliothek Trier (1 an K.III.17 8°) bekannt geworden; der Trierer Band enthält daneben auch die INAUGURALIA COLLEGII sowie Coccius' kirchengeschichtliche Arbeit *Dagobertus Rex* von 1623 (s. Schlaefli 1971, 92 n° 29; Betz 18 n° 15). In der modernen Forschung hat bisher nur Karl Hengst kurz auf den Druck verwiesen (1981, 229 und 231 Anm. 380 und 392; das Zitat ebda. 230 Anm. 384 stammt dagegen nicht wie angegeben aus den ENCOENIA).

wohl als Nachdruck eines bei der Aufführung verteilten Blattes – in seinen Bericht aufnahm, ist es eher unwahrscheinlich, daß das Drama vollständig gedruckt wurde.[45]

Die Wahl Karls des Großen als Hauptfigur des Festspiels lag insofern nahe, als sich an ihm unter den drei Kernbegriffen *pietas, sapientia* und *triumphus* unschwer das glaubenskämpferische Tugendideal der eigenen Zeit vorführen ließ, das man im fürstlichen Landesherren verkörpert sah, welcher in der Rekatholisierung des Elsaß ebenso wie in seinen Molsheimer Bauten und Bildungseinrichtungen tatsächlich Triumphe zu feiern schien: Karls Kämpfe gegen die Ungläubigen wurden dabei im ersten Teil des Dramas ebenso zum Vorbild wie seine Hochschulgründungen im zweiten. Vor allem aber galt damals Karl nicht allein als Gründer des erneuerten Römischen Reiches, sondern auch als Stammvater der habsburgischen Dynastie, wie Coccius dem Erzherzog gegenüber in seiner Festrede ausdrücklich bekräftigte[46] – ein Standpunkt, den man von österreichischer Seite in jenen Jahren umso mehr verteidigte, als etwa seit dem Regierungsantritt Maximilians I. in Bayern (1597) auch in München versucht wurde, die Herzogsfamilie von Karl abzuleiten und so einen Anspruch auf die Kaiserkrone anzumelden.[47] Schließlich bot sich bei der gewählten Epoche die vom Verfasser gern genutzte Möglichkeit, durch die Auswahl der auftretenden Personen auch die lokale Geschichte des Unterelsaß bzw. Molsheims und seiner Heiligtümer in die Handlung einzubeziehen.[48]

Obwohl die Festlichkeiten zu Molsheim durch diese zahlreichen Drucke bereits weitaus detaillierter dokumentiert waren als die meisten Weihefeiern in anderen Städten, erschien im darauffolgenden Frühjahr 1619, wiederum bei Hartmann in Molsheim, ein weiterer Band, der die bisher erschienenen sogar noch an Umfang übertraf.

---

45 Die Periochen erschienen 1619 in den INAUGURALIA COLLEGII SOCIETATIS IESU MOLSHEMENSIS, 18–30 und bereits 1618 als Beiband zur ARCHIDUCALIS ACADEMIA (so im Exemplar der UB Mannheim, Slg. Desbillons, Sign. 100/185 an 2; vgl. Betz 17 n° 1 ohne Exemplarnachweise). Ob es sich bei letzterem um das postulierte Original des Theaterzettels handelt, ist nicht festzustellen. Ebensowenig hat sich bisher eine handschriftliche Fassung des Dramentextes finden lassen; die Bemerkung Karl Hengsts (1981, 230 Anm. 387), Coccius habe das Stück 1619 „ediert", ist irreführend und bezieht sich nur auf die Periochen. Das gleiche dürfte für eine „Textübersetzung in deutscher Sprache" gelten, die nach Thomann (1992, 41) verteilt worden sein soll. – Im übrigen dürfte Coccius selbst auch der Autor des Dramas gewesen sein; Indizien hierfür sind die gedanklichen bzw. thematischen Parallelen (v. a. bzgl. der karlischen Kirchenstiftungen) am Anfang der *Descriptio noui templi* (s. u., Nr. 5).

46 INAUGURALIA COLLEGII SOCIETATIS IESU MOLSHEMENSIS, 38 = ARCHIDUCALIS ACADEMIA, 260: *Carolum … Habsburgiaci uestri stemmatis conditorem.* Ebenso deutlich am Ende der Dramenperioche (*Carolus triumphans*, 3. Akt; INAUGURALIA S. 23): *ex quo tempore* (sc. um das Jahr 800) *Augusta illa dignitas a Graecis ad Germanos magno consensu fructuque translata est hodieque feliciter per Serenissimam Domum Austriacam apud eosdem perennat.*

47 Ein kurzer Verweis auf diese Zusammenhänge auch bei Hengst 1981, 231. Über die historiographische Verarbeitung der wittelsbachisch-habsburgischen Rivalität vgl. Schmid 1980, 333.

48 So im zweiten Akt des ersten Dramenteils *Carolus Pius*, wo das Auftreten Hugos von Burgund es erlaubte, die Legende des Kreuzes von Niedermünster, der bedeutendsten Reliquie Molsheims, zu dramatisieren (INAUGURALIA COLLEGII SOCIETATIS IESU MOLSHEMENSIS, 19 f.). Vgl. u. Anm. 174.

5. Unter dem Titel *Inauguralia Collegii Societatis Jesu Molshemensis ... anno MDCXIIX ... celebrata* hat Jodocus Coccius einen ausführlichen Bericht über die Festtage verfaßt und ihn durch dokumentarische Einlagen angereichert.[49] Im einzelnen sind dies: vor dem eigentlichen Bericht das Einladungsschreiben Leopolds aus Zabern vom 19.6.1618,[50] zum ersten Festtag die Dramenperiochen sowie ein Verzeichnis der Schauspieler,[51] zum zweiten Festtag der Text der panegyrischen Inauguralrede[52] sowie – als Beilage – zum dritten Festtag ein erweiterter Neudruck der Doktordisputationen, die im Vorjahr schon unter dem Titel *Primitiae* erschienen waren.

Für den vierten Tag, den 29.8., bot Coccius keinen weiteren Quellentext an, sondern rekapitulierte nur die Tagesereignisse: die Verleihung des Baccalaureats, Abschied und Heimreise des Basler Bischofs und eine Truppenparade Leopolds vor den Toren der Stadt. Stattdessen wandte er sich in einem weiteren Faszikel des Bandes (S. 163–278) ausführlich der neuen Kirche zu, die sowohl in ihrer religiösen Funktion als auch als Bauwerk bisher unzureichend gewürdigt schien. In den Gedichten der *Encoenia*, dem einzigen unmittelbar auf die Kirche bezogenen Druck des Vorjahres, hatte die Architektur und Kunst des Baues kaum eine Rolle gespielt.[53] Da aber der Zweck der *Inauguralia* ausdrücklich darin lag, den hohen Gästen der Feierlichkeiten eine Erinnerung an die Tage im Elsaß zu überreichen,[54] durfte der neue Bau als die augenfälligste Sensation nicht fehlen. Coccius entschloß sich daher zu einer poetischen Huldigung an Bauwerk und Bauherrn und verfaßte eine *Descriptio noui templi* in beinahe 1000 Versen, größtenteils Hexametern – vielleicht auch aus dem Bestreben, das neue Gotteshaus über das Elsaß hinaus bekannt zu machen. Die bei der Feier anwesenden Fürsten und Edlen nämlich kamen ausnahmslos aus der näheren Umgebung, von den mächtigen katholischen Reichsfürsten war dagegen kein einziger erschienen. So mochte es sinnvoll erscheinen, diesen das neue „Bollwerk" der habsburgischen Gegenreformation zumindest in schriftlicher Form zu präsentieren. Recht zahlreich sind dann auch die heute noch an verschiedenen Orten erhaltenen Exemplare der *Inauguralia*, unter denen sich durch einen glücklichen Zufall auch das persönliche Dedika-

---

49 Schlaefli 1971, 90 n° 16; Betz 17 n° 6.

50 INAUGURALIA COLLEGII SOCIETATIS IESU MOLSHEMENSIS, 6–13, wieder abgedruckt bei Hengst 1981, 349 bis 352.

51 Vgl. o. Anm. 45. Die Besetzungsliste wurde 1618 natürlich auch einzeln gedruckt; ein Exemplar hat sich in der BSB erhalten (4 Polem. 2520 Beibd. 1a).

52 Vgl. o. Anm. 39.

53 Dazu u., 4.a.

54 Der Band ist als *apophoreton* dem Basler Bischof Wilhelm Rinck von Baldenstein dediziert, der in „löblicher Nachahmung" seines Amtsvorgängers Blarer, des Kollegründers von Porrentruy, seine Sympathie für die Jesuiten unter Beweis gestellt und sich als wahrer φίλος καὶ ξένος gezeigt habe: vgl. die *Epistula dedicatoria* Johannes Hartmanns vom 5.5.1619, fol.):(–[A].

tionsexemplar des Jodocus Coccius an den Basler Fürstbischof Wilhelm Rinck befindet.[55]

Auffällig ist auf der anderen Seite das Fehlen der *Inauguralia* in der ansonsten vollständig erhaltenen Reihe der Molsheimer Festschriften, die der Bibliothek des Kollegs selbst einverleibt wurden und sich heute in der des Straßburger Priesterseminars befinden.[56] Damit ist – nach der fatalen Vernichtung der alten Straßburger Stadtbibliothek infolge des deutschen Bombardements vom 24.8.1870 – nur noch in zwei elsässischen Bibliotheken der Text der *Inauguralia* greifbar[57] – ein Umstand, der vielleicht erklärt, warum die Kirchenbeschreibung des Coccius bis heute fast nicht für die Forschung über die Molsheimer Jesuitenkirche herangezogen worden ist.

3. Die Molsheimer Jesuitenkirche

Die 1615–1617 im Auftrag des Bischofs Leopold erbaute Jesuitenkirche zu Molsheim nimmt als zweitgrößte Kirche des Elsaß (L 61 m, B 21 m, H 20 m) und als bedeutendes Beispiel eines nachgotischen Sakralbaus eine wichtige Rolle in der Architekturlandschaft des Oberrheins ein. Errichtet wurde der bis heute gut erhaltene und nunmehr als Pfarrkirche St-Georges genutzte Bau von dem badischen Zimmermeister und Architekten Christoph Wamser (ca. 1575–1649).[58] Überregionale Bedeutung kommt der Molsheimer Kirche zu, weil Wamser den hier verwirklichten Entwurf mit geringen Abweichungen in der Kölner Jesuitenkirche Mariae Himmelfahrt[59] erneut umsetzte, die heute, nach langwierigen Restaurierungen, zu einem Schmuckstück der vom Krieg verwüsteten Domstadt geworden ist und mit ihrer reichen Innendekoration zudem eine Ahnung davon vermitteln kann, wie die heute im Innern recht nüchterne Molsheimer Kirche zu Beginn des 17. Jahrhunderts gewirkt haben mag. Auf den weiteren Einfluß, der von der Kölner Kirche auf Jesuitenkirchen im nördlichen Deutschland ausging, kann hier nur hingewiesen werden.[60]

Die Molsheimer Kirche ist von der Kunstforschung zwar nicht regelmäßig, aber in wichtigen Untersuchungen beachtet worden. Eine kurze stilistische Einordnung des

---

55 BiCJ (fa) 29/74 (cote Balmer). Im neuesten Katalog der historischen Pruntruter Buchbestände (Crevoisier – Hurley 1999) fehlt der Band, da die Arbeit nur die Regierungszeit von Fürstbischof Blarer († 1608) umfaßt. Der Band selbst war im Sommer 1998 in der BiCJ leider nicht auffindbar. – Das Begleitschreiben des Coccius an Rinck vom 10.5.1619 hat sich zusammen mit anderen Molsheimer Korrespondenzen im Altbasler Bistumsarchiv erhalten: AAEB, A 38–40/2, Faszikel „1594–1766".

56 Zur Geschichte der beiden Bibliotheken vgl. Gass 1902 und neuerdings Schlaefli 1995b; zu den in der BGSS erhaltenen Bänden s.o. Anm. 17 und 44.

57 In Colmar und Schlettstadt, s. Betz 17 n° 6.

58 Zu Wamser grundsätzlich Thieme – Becker 35 (1942) 139f.; zur Biographie jetzt Schlaefli 1995c; Schlaefli 1996.

59 Braun 1908, 64–104; Hipp 1979, 867–871; Festschrift Köln 1982.

60 Näheres bei Schmitt 1979.

Baues, die für Einzelheiten der Innendekoration auch das Gedicht des Coccius verwendet, hat bereits 1906 Ernst POLACZEK unternommen;[61] einen ausführlichen Abschnitt widmete ihm dann Joseph BRAUN in seiner bis heute fundamentalen Studie zu den rheinischen Jesuitenkirchen.[62] Die Verwendung handschriftlicher Quellen und einzelner Informationen aus dem Festgedicht machen BRAUNs Studie bis heute besonders nützlich. Daneben sind Kirchenführer von C. SEYFRIED, M. BARTH und E. ESCHBACH zu nennen.[63] Jüngst hat nun Théodore RIEGER die Molsheimer Kirche als ein „typenbildendes Werk der mitteleuropäischen Architektur" neu gewürdigt, mit deren Kompositstil der Manierismus Einzug in die Kunstlandschaft Elsaß gehalten habe.[64]

4. Die Dichtungen zur Kircheneinweihung

a. Die *Encoenia Basilicae* von 1618

Diese Sammlung eröffnet (fol. [A]^v) eine fiktive oder auch auf eine *affixio* zurückgehende Inschrift, in der die *clientes seruuli Molshemenses*, also vermutlich die Mitglieder der Marianischen Kongregation, stellvertretend für den Bischof und Erzherzog der Gottesmutter einen „Altar" (d. h.: den Text selbst als Lapidarinschrift in der Form eines Altartisches) geloben und errichten. Ähnlich wie bei einem Hymnus, in dem die Aretalogie die Macht der Gottheit illustriert, wird hier die überragende Bedeutung Mariens durch die lange Reihe derer verdeutlicht, die sie anrufen: D. MARIAE S. … *quam … principes honorant, diuites requirunt, pauperes inuocant, liberi inclamant, serui deprecantur …* Für eine Entstehung als *affixio* spricht die Beschreibung, die Coccius in seinem Bericht über den 26. August, den Tag der Kirchweihe, von der Festdekoration des Gotteshauses gibt:[65]

> Porro, ut templi chorus tapetis et aulaeis precio atque arte exquisitis, ita propylaeum, et in templo ad s. Crucis sacrarium, parietes uario carminum et inscriptionum ex locuplete antiquitatis et eruditionis penu depromptarum, emblematum item aenigmatumque ac picturarum stemmate conuestiti, Gymnasio quinque classium, quae urbaniore literatura per nostros professores expoliuntur, curam prompte et perliberaliter exhauriente.

Die Reihe der eigentlichen poetischen Beiträge eröffnet ein fast 7 Seiten umfassendes *Epos propempticon in solemnes ferias encoeniorum noui templi … et Archiducalis Academiae publicatae* (fol. A2^r–B^v). Das Stück wendet sich an die personifizierte Fama und nimmt

61 Polaczek 1906, 94 f.
62 Braun 1908, 49–64 und Taf. 2–4.
63 Seyfried 1899; Barth 1963; Eschbach 1990. Eine kurze Baubeschreibung auch bei Hipp 1979, 1514 f.
64 Rieger 1996, 263.
65 INAUGURALIA COLLEGII SOCIETATIS IESU MOLSHEMENSIS, 14–17, hier 16.

damit einen aus anderen Encaenia-Festschriften bekannten Gedanken auf (ohne sich deshalb – wenigstens an dieser Stelle – wörtlich an diese anzulehnen): die Aufforderung an ein übermenschliches Wesen, die Kunde von der staunenswerten Neuigkeit in die Welt hinaus zu tragen. So forderte im ersten der *carmina minora* der Würzburger Festschrift der Verfasser den Apoll auf, alle Völkerstämme Deutschlands zur Feier zu laden, und die Beschreibung von St. Michael in München begann ebenfalls mit der Aufforderung an Fama, von dem neuen wunderbaren Bau zu künden[66] und zu diesem Zweck selbst den Bau in Augenschein zu nehmen.

Das Molsheimer Gedicht konstatiert sogar überbietend, mit seinem *geminatum opus*, der Errichtung von Kirche und Akademie, übertreffe Leopold die Fama selbst (fol. A2^r, V. 3–5). Ohne Umschweife folgt das Lob der neuen Hochschule, deren Aufgabe, die Ausbildung der neuen Gelehrten- und Klerikerschicht des Landes, ebenso pragmatisch wie dramatisch (*mille animas Orco eripiet, mille inferet Astris* [sc. *Academia*]) herausgestellt wird. Eine Mahnung an die leidgeprüfte Alsatia, angesichts des Festtages und der überragenden Fähigkeiten des Bischofs – Leopold und Pallas werden dem klassischen weisen Herrscherpaar Numa und Egeria an die Seite gestellt – neuen Mut zu schöpfen, bekräftigt ein prophetischer Ausblick auf die Zukunft, die mit allen Zeichen der Goldenen Zeit erscheint.[67] Den Hauptteil des *Epos* nimmt eine Szene ein, die schon 1598 in einer Münsteraner Festschrift[68] verwendet wurde und die die Venus-Iuppiter-Szene des 1. Aeneis-Buches in ein Gespräch zwischen Gottvater und Religio verwandelt, die durch die konfessionellen Auseinandersetzungen von der Erde vertrieben wurde. Zu Religio, die sich selbstbewußt als *proles certissima ueri* bezeichnet (fol. A3^r Z. 17), kommt eine schmutz- und blutbespritzte, aber in Purpur gekleidete zweite Bittstellerin hinzu: die Personifikation des Elsaß.[69] In seiner Trostrede (fol. A3^v–B^r) enthüllt Gottvater die Zukunft: die *Iesu Socii* werden dem geplagten Land ihre Hilfe zuteil werden lassen. Wie ein strahlender Phoenix aber werde aus dem Osten der Fürst und Bischof Leopold einziehen, unter dem Felder, Weinberge und Vieh ebenso wieder gedeihen wie gottgefälliger Frieden und Rechtlichkeit. Zwar werde es noch einmal eine Heimsuchung durch die Geißel der Häresie geben,[70] doch sei angesichts der mächtig emporwachsenden neuen Kirche kein bleibender Schaden zu befürchten, da die heilige Jungfrau, Schutzpatronin des Landes wie der Kirche, die Geschosse der Angreifer auf

---

66 Vgl. Trophaea ed. Hess 1997, 94 f. mit Komm., besonders S. 202 Anm. 4.

67 ENCOENIA BASILICAE fol. A2^v, Zitat Z. 8.

68 ENCAENISTICA WESTFALIAE COLUMINIBUS DEDICATA fol. A2^{rv}; weiteres zu diesem Druck u., D.II.2.b.

69 Damit steht die Szene dem Iuppiter-Roma-Gespräch bei Claud. 15,17–212 *(In Gildonem)* wesentlich näher als dessen ursprünglicher Vorlage Verg. Aen. 1,227–297.

70 ENCOENIA BASILICAE fol. A4^v. Gemeint ist vermutlich der Einmarsch von Unionstruppen im Frühjahr 1610 als Reaktion auf Leopolds Anstalten, auf Geheiß Kaiser Rudolfs II. mit einem Heer nach Jülich zu ziehen (vgl. Schmidlin 1934, 44). Die Szene wäre demnach zeitlich vorher, vielleicht beim Amtsantritt Leopolds im Jahre 1608, angesiedelt.

diese zurücklenken werde. Auch die Akademie, zukunftsweisendes und -sicherndes Werk des frommen Herrschers, stellt Gott den beiden Flehenden in Aussicht.

Die himmlische Szenerie wird nun vom strahlenden Licht des Festtages abgelöst, das den Dichter zum Jubelgesang und frommen Gelübden an die Gottesmutter inspiriert. Die Gewißheit gnädiger Erhörung leitet unmittelbar über zum Ritus der Kirchweihe, also zum tatsächlichen Geschehen des 26. August 1618.[71] Nun wird auch die Schutzpatronin Maria eingeladen, das neue Heiligtum in Besitz zu nehmen. Das Gedicht schließt mit einer Adaptation des Gebets um Abwendung vielfältigen Schadens, das sich auch hier wieder an das Gebet Salomos bei der Tempelweihe anlehnt. Hier wird es allerdings nicht vom Stifter und Erbauer der Kirche gesprochen, sondern vom Dichter selbst.[72]

Neben dem *Epos propempticon* enthält die Sammlung eine *Epaenodia ad dioecesin Argentoratensem de Serenissimo templi et Academiae Fundatore* (fol. B^v–B3^v) im alkäischen Versmaß. Noch einmal wird hier das Bild des zerrütteten Landes drastisch gezeichnet: Staub liegt auf den Altären, baufällige Kirchendächer drohen einzustürzen (fol. B2^r). Gewaltiger noch als im ersten Stück fällt auch die Überhöhung des fürstlichen Retters aus: Leopold ergreift persönlich das *Felicitatis aureae vexillum* und führt die Wissenschaften, im Lichtglanz voranschreitend, ins Elsaß hinein (fol. B2^v). Die Themen des Ruhms und der vor solcher Entschlossenheit zurückweichenden Unterwelt klingen erneut an, bevor sich der Dichter beschwörend an die Elsässer wendet, das Feuer ihres Herrn, eines *alter Prometheus*[73] in Glaube und Gelehrsamkeit, zur eigenen Sache zu machen und für dessen langes Erdenleben und endliche Aufnahme im Himmel zu bitten.

Ein *Prosphonema dioecesis Argentinensis ad S(erenissi)mum Leopoldum* (fol. B4^{rv}, Elfsilbler) variiert den Lobpreis des vierfach – als *pastor, medicus, vindex* und *pater patriae* – zum Ideal erklärten Fürsten, ebenso das Stück *Melior et mitior Alsatiae facies per Sereniss(imu)m Fundatorem* (fol. C^v–C2^r, alkäische Strophen), das die Wendung des Landes vom tapfer bestandenen kriegerischen Geschäft zu den schöneren Werken des Friedens thematisiert.

Das abschließende Gebet, diesmal dem Bischof in den Mund gelegt (*Votum Reuerendissimi … ad Deum … templi tutelarem*, fol. C2^{rv}, Hexameter), ist eine knappe Variation des schon zuvor verwendeten salomonischen Gebetes, was sich aus dem eingeflochtenen Hinweis auf den Zeitpunkt – während der Weihefeier – erkennen läßt: *Molshema dum sacris lucent laquearia flammis | Et plausum ingeminant agrique urbesque uiaeque …*[74]

---

71 ENCOENIA BASILICAE fol. B^r Z. 22–24: *Sacer Antistes … | … Assyrio cum irrorat oliuo | Bissenas per templa cruces.* Vgl. dazu Trophaea ed. Hess 1997, 214 Anm. 149.

72 Der Katalog der Bitten folgt teilweise wörtlich dem Gebet Wilhelms V. in der Münchner Festschrift: ENCOENIA BASILICAE fol. B^r Z. 31–B^v Z. 2≈ TROPHAEA BAVARICA fol. I4^r Z. 34. 39 und fol. I4^v Z. 2 f.

73 ENCOENIA BASILICAE fol. B2^v Z. 19.

74 ENCOENIA BASILICAE fol. C2^v Z. 1–2. Die ersten fünf Verse entsprechen wörtlich den V. 19–23 des Gebetes Wilhelms V. im *Trophaeum Bavaricum III* (fol. I4^r), doch der traditionelle Katalog der Bitten gegen Feinde, Seuchen usw. ist bei Coccius – wohl weil er schon im *Epos propempticon* ausgesprochen war – ausschließlich

Das für uns interessanteste Gedicht der Sammlung, welches wir bisher ausgespart haben, trägt den Titel *In augustam nouae Basilicae Marianae speciem* (fol. B4ᵛ–Cᵛ). Hier wird in wenigen Strophen ein typischer Zug der Festdichtungen deutlich, den wir auch in den anderen Dichtungen immer wieder bemerkt haben: das Neben- und Miteinander von objektiver Beschreibung und subjektiven Eindrücken des Betrachters, die auch übersinnlicher Natur sein können.

B4ᵛ	Qualis errantes media inter ignes
	Axe caelesti rota purpurascens
	Temperat Soles tenebrasque puro
	Sidere pellit:
Cʳ	Talis Augusta noua mole prostat
6	Fabrica, et laetos imitatur ignes
	Sideris magni, iaculante flammas
	Triplice nodo.
	Adspice, ut fuluo radiosa in auro
10	Vertici insistens supero Patrona
	Igneos circum radios amico
	Lumine fundit!
	Iamque damnato glacialis Ursae
	Nubilo caelo tenebrisque lucem
15	Auream reddens Patriae ominatur
	Aurea saecla.
	Ambiunt illam numeris poloque
	Concinunt laeti Proceres et alis
	Personant motis, uaga discolori
20	Agmina gyro.
	Alsatas posthac niueo reclusos
	Proteget templo, et uigilace cura
	Rebus aduersis scelerosa, Victrix
	Castra retundet.
25	Non Amorrhaeis clypeata signis
	Irruet pubes Solymam hic precantem
	Nec Philistaei quatient Gigantes
	Regna Sionis.
Cᵛ	Gaudiis ergo date corda iustis
30	Alsatae laeti ueteresque luctus
	Mittite, errorum tenebras serena
	Pellite luce.

Den glanzvollen Eindruck der weißgetünchten Kirche steigert das Funkeln der vergoldeten Bekrönungen der drei Turmspitzen. Am höchsten Punkt des Gebäudes aber steht

---

durch die Bitte um Beistand gegen die Häresie ersetzt. Neu ist auch hier die Einbeziehung Mariens als Adressatin.

die Schutzpatronin Maria, umgeben von den musizierenden Chören der Engel. Tatsächlich befand sich auf der Spitze des Hauptturms eine Marienfigur in einer Aureole, die auch der Stich von 1618 erkennen läßt,[75] doch geht das Gedicht über eine Beschreibung hinaus: die Szene wird belebt und trägt fast den Charakter einer Erscheinung. Sie mag von den Reflexen der Sonnenstrahlen inspiriert sein, die sich auf den Ornamentkränzen um das Christusmonogramm und die Marienfigur bildeten; eine neue Dimension erreicht der Text aber dadurch, daß die bildliche Phantasie auch von Tönen begleitet ist: dem Gesang der Engel und ihrem Flügelschlag.

b. Die *Descriptio templi Molshemensis* von 1619

Unter den von uns als „Kirchenführungen" zusammengefaßten Gedichten nimmt Coccius' *Descriptio* unter mehreren Aspekten einen besonderen Platz ein. Sie ist mit ihren 947 Hexametern nicht nur das mit Abstand längste unter den bisher bekannten Stücken ihres Typs,[76] sondern auch das einzige, bei dem uns gewisse Einblicke in Art und Weise seiner Entstehung möglich sind.

Diese besondere Situation ergibt sich daraus, daß der Autor – wie bereits im Überblick über die Molsheimer Festpublikationen erwähnt – schon im voraufgegangenen Jahr 1618 eine ausführliche Beschreibung des Kirchengebäudes geliefert hatte, damals jedoch in Prosa. Ein Vergleich der beiden Texte zeigt,[77] daß Coccius abgesehen von der unterschiedlichen Einleitung, die dort der panegyrischen Rede, hier dem Gedicht angepaßt werden mußte, zu sehr weiten Teilen seinen ursprünglichen Text weiter benutzte. Abweichungen lassen sich hauptsächlich in zwei Punkten ausmachen.

1. Coccius hat in der Prosarede eine außergewöhnlich präzise Beschreibung geliefert, die auf die Benutzung von architekturtheoretischen Abhandlungen der Renaissance und entsprechenden Glossaren schließen läßt. Ihre Weiterverwendung im Metrum schuf z. T. erhebliche Probleme, so daß manches verändert werden mußte, anderes mit Hilfe der offensichtlich als vorbildlich angesehenen Ekphrasis der *Trophaea Bavarica* adaptiert wurde.

2. Die poetische Beschreibung hat Coccius „dynamisiert", indem er wie die anderen Ekphrasis-Dichter vor ihm eine sprechende Wegweiser-Figur einführt und den Leser

---

75 Das Original dieser Kolleg- und Kirchenansicht hat sich nur in einigen Exemplaren der ARCHIDUCALIS ACADEMIA als Beilage erhalten; in der Literatur abgebildet ist häufig (so bei Gerlinger 1935, 57 und Barth 1963, Abb. 4) eine vergröberte Kopie wohl des 17. Jahrhunders (erkennbar an der fehlerhaften Perspektive der Chorfenster und einigen mißverstandenen Details), das Original dagegen bei Gass 1911, Taf. XXX (fälschlich ins 18. Jahrhundert datiert) und Duhr 1913, 187; s. unsere **Abb. 11**. Der nach Delattre III 398 in den INAUGURALIA COLLEGII SOCIETATIS IESU MOLSHEMENSIS am Schluß enthaltene *plan de la nouvelle église* ist bisher nicht nachzuweisen; er könnte mit dem erwähnten Stich identisch sein.

76 Sie wird nur übertroffen vom – jedoch anders strukturierten – OLIVETUM SPIRENSE mit 1349 Versen.

77 Sie sind deshalb beide in den Anhang aufgenommen: III. Teil, A.III und B.I.

bzw. Geführten durch Apostrophen wie *Scande ...* oder *Vis nunc ...?* lenkt; zugleich ist die Reihenfolge der Beschreibung im hinteren Teil des Gedichtes gegenüber der Prosarede verändert.

Insgesamt erlauben damit die Molsheimer *descriptiones* einen jener seltenen Einblicke in die Dichterwerkstatt, die man sich in der antiken Literatur so oft vergeblich wünscht. Dazu sei das Gedicht in einer kommentierten Auswahl wichtiger Passagen vorgestellt. Coccius hat, wie einige andere Autoren von *descriptiones* auch, seinem Text Zwischenüberschriften – Marginalien entsprechend – hinzugefügt, die eine einfachere Orientierung über Inhalt und Aufbau ermöglichen.[78]

Unter dem einleitenden Titel *Argumentum operis et rudis adumbratio* ist in den Versen 1–63 verschiedenes zusammengefaßt: eine allgemeine Ankündigung des Themas, eine Kette von Vergleichen, eine Art Musenanruf, ein kurzer Bezug auf die Einweihungsfeier und, in einem zusammenfassenden Passus, eine nochmalige Benennung des Themas. In einer Art Ringkomposition werden damit bereits alle wichtigen Hauptaspekte des Gedichtes gestreift: der prächtige Bau selbst, der im Mittelpunkt des Interesses steht – und zwar zunächst durchaus als Kunstwerk, nicht in erster Linie als Sakralbau –, die überragende Rolle des geistlichen Fürsten und Wohltäters Leopold von Österreich im besonderen Fall der Molsheimer Kirchengründung, aber zugleich auch als Fortsetzer einer langen habsburgischen Tradition, der *pietas Austriaca*. Ein an Maria gewendeter Musenanruf bezieht die Schutzpatronin des Landes und Herrin des neuen Bauwerks ein, welches schließlich in der Weihe durch Bischof Wilhelm Rinck seine eigentliche Bestimmung gefunden hat: über das prunkvolle Erscheinungsbild hinaus seine religiöse Aufgabe zu erfüllen.

Coccius sucht also die Schwierigkeit, die Kirche in ihrer ganzen Komplexität als Bauwerk, Gotteshaus und heiligen Ort erfassen zu müssen, in einer Weise zu beheben, wie wir sie ähnlich schon im Würzburger Weihegedicht gesehen haben: durch eine weitgehende Trennung der architektonischen Bestandsaufnahme von der Schilderung des belebten Gebäudes nach dem Beginn seiner gottesdienstlichen Nutzung. Mit anderen Worten: im ersten Teil, der die Kunst zum Thema hat (V. 64–868), ist es der Betrachter, der sich an den Gegenständen entlangbewegt (hier im Zuge einer „Kirchenführung"), während sich im zweiten Teil (V. 869–947) Kirche und Szene beleben und der Betrachter die bewegten Bilder der Feierlichkeiten an sich vorbeiziehen läßt. Im Molsheimer Gedicht hat der Autor dafür eine sehr raffinierte Verbindungsstelle gefunden, indem er die eigentliche Gebäudebeschreibung mit der Darstellung der astronomischen Uhr beendet. Hier ergab sich für ihn die Möglichkeit, nach einigen technischen Details das Typische des Zeitmessers für die eigenen Zwecke einzusetzen: die Bewegung. Indem Coccius das Räderwerk sich in Gang setzen und zugleich die Glocke läuten läßt, mit der zur Weihefeier gerufen wird (V. 869–871), vollzieht sich

---

78 Dieser Gliederung folgt auch unser Kommentar (s. u., 5).

der Übergang zur bewegten Szene der Kirchenweihe und des anschließenden Volks-festes.

Dieses nur von einem sehr kurzen Scharnier verbundene, absichtlich strikte Neben-einander von Bau und Bestimmung ist aber nicht allein aus dichterischen Notwendig-keiten abzuleiten. Vielmehr dürfte im Gegenteil die Doppelnatur der Kirche als schmuckvolles Gebäude und als Heiligtum dazu geführt haben, daß gar kein anderer Tag als der der Encaenia für eine poetische Abbildung denkbar war: beide Seiten des *templum*, die künstlerisch-architektonische und die sakrale, erreichten hier ein Höchst-maß an Schönheit und Würde, denn hier vollzog sich im Gepränge der Feier sinnfällig ihre gegenseitige Überhöhung: einerseits die des Heiligtums durch seinen kostbaren Schmuck und durch die Aufwertung des Bauwerks zu einem Schrein, der das Heilige schützt, andererseits die des Bauwerks durch die Erfüllung mit seinem eigentlichen Sinn: dem Heiligen als würdige Behausung zu dienen und dessen Rang durch die Aus-stattung mit wertvollen und schönen Kunstwerken seinerseits sinnfällig zu machen.[79] Vor diesem Tag des Zusammentreffens und Ineinandergreifens beider Sphären mußte eine bloße Abbildung der versammelten Kunst- und Wertobjekte zumal einem geist-lichen Dichter als Lob eitler Pracht erscheinen. Ein späterer Zeitpunkt kam dagegen wohl i.d.R. einfach deshalb nicht in Frage, weil eine solche Dichtung unbedingt an den Festtag (und natürlich an den Reiz des Neuen) gebunden war.[80]

Coccius führt das Bauwerk ein, indem er es wie in einem Objektiv ins Bild rückt:

>   Haec moles mihi carmen erit, quam laudibus effert,
> 10   Quisquis adit, seu frugiferis quando eminus aruis
>   Prospicit igniuomum uibrare sub astra cacumen,
>   Seu picturatis propior penetralibus hospes
>   Succedat pascatque animos atque ora tuendo,
>   Phidiacum miratus opus, miratus et artem et
> 15   Formam operis faciemque intestinumque nitorem.

Mit dem Funkeln der vergoldeten Turmspitzen, durch das sich die Kirche auch dem fernen Wanderer ankündigt, greift der Dichter ein zugleich realistisches und – mit

---

79 Besonders im *Apologeticus pro basilica Mariana* … (INAUGURALIA COLLEGII SOCIETATIS IESU MOLSHEMENSIS, 207–271) geht Coccius ausführlich auf die verschiedenen Vorwürfe gegen Heiligenkult, katholischen Ritus und die von den Gegnern befürchtete „Bilderverehrung" ein. Prunkvolle Ausstattung von Kirchen verteidigt er mit dem Verweis auf die Kirche als Wohnstatt Gottes unter Berufung auf Jesaias Wort von der Erde als Fußschemel Gottes (Is 66,1, bei Coccius hebr.). Zudem verweist er auf etymologische Bemerkungen Philos (ναὸς παρὰ τὸ ἐνναίειν ἐν αὐτῷ τὸν Θεόν) und Varros (*templum quasi tectum amplum*), aus denen sich die Notwendigkeit großer Prachtbauten erschließen lasse (250). Zu der apologetischen Abhandlung vgl. Hipp 1979, 425–427 und 860–867. Vgl. die positive Haltung des Panegyrikers Coccius zu Karls d. Gr. Prachtent-faltung in Aachen, s. u. Anm. 83.

80 Die einzige bekannte Ausnahme von dieser Regel stellt bisher Johann Armbrusters OLIVETUM SPIRENSE dar: der Speyerer Ölberg stammt aus den Jahren 1506–12, das Gedicht erschien 1593. Zur ausgiebigen Benutzung des OLIVETUM durch Coccius vgl. u. S. 343–363 passim.

seinem Lichtglanz – auch auf die überirdische Natur des „Bewohners" jenes Bauwerks verweisendes Motiv auf, das er schon in der Ode *Ad basilicae… speciem* in der Festschrift des Vorjahres verarbeitet hatte. Der näher Hinzutretende aber nimmt neben diesem Himmelslicht auch die *picturata penetralia* wahr und tritt hinein, um sie zu erkunden. Er findet ein Wunderwerk an Kunst (*Phidiacum opus*) und Pracht (*nitor*), eine „Augenweide" – und zugleich eine für die Seele: *pascatque **animos** atque ora*, doch das Schauen (*tueri*) ist der entscheidende Weg dahin. Auf diese Weise soll der Bau sinnlich erfahren und in seiner Vielschichtigkeit erkannt werden.

Die Verse des Proömiums sorgen dafür, daß die Betrachtung der Kunstwerke nicht zum bloßen Kunstgenuß wird, indem Coccius den sakralen Charakter des Baues ebenso unmißverständlich hervorhebt wie das Lob des fürstlichen Stifters, Bauherrn, Mäzens und Landesherrn, der zudem noch der herrschenden Kaiserfamilie entstammte: Leopolds von Habsburg.

> Ardua quae caelo tollit fastigia moles
> Aeternum sacrata Deo, sacrata Parenti
> Diuiparae, Augusti quam stemmatis inclytus haeres,
> Inclytus Archiducum sanguis, stirps regia, magnis
> 5   Ortus Caesaribus, maiorum exempla secutus
> Austrius eduxit Praesul Leopoldus, habenas
> Cui Deus Alsatiae nutu ductuque secundo
> Prosperat …

In welcher ruhmreichen Tradition Leopold mit seinem Bau steht, belegen drei Beispiele, die sich formal als epischer Vergleich präsentieren (*Quale … aut quale … aut qualem*: V. 16. 22. 33). Als erster dieser fürstlichen Kirchengründer wird Kaiser Konstantin[81] und die von ihm in Thrakien (Chonai, hier umschrieben mit *Bistoniis aruis*) errichtete christliche Kirche genannt: der Kampf des bekehrten römischen Herrschers gegen wilde Völkerschaften und heidnische Kultstätten ließ sich im weiteren Sinne als Parallele zur Rekatholisierung des Elsaß interpretieren. Karls des Großen Marienkapelle zu Aachen, die als zweite zum Vergleich herangezogen wird, ist dann ein viel eindeutigeres Vorbild: schon das Karlsdrama hatte ja unter den Schlagworten *Pietas, Sapientia* und *Magnanimitas* signalisiert, welche Verbindungslinien sich von diesem Kaiser zum Straßburger Fürstbischof ziehen ließen. Hier ergab sich in der Übereinstimmung des Marienpatroziniums in Aachen wie in Molsheim ein neuer Vergleichspunkt, mit dem man den habsburgischen Fürsten seinem vermeintlichen Vorfahren an die Seite stellen konnte. Dementsprechend war die Einweihung der Aachener Pfalzkapelle auch im Schlußakt des am ersten Festtag gegebenen *Carolus Pius* auf die Bühne gebracht wor-

---

81 V. 16–21 (INAUGURALIA, 168 Z. 1–6). Zur Herkunft des Exempels s. Anm. 89.

den.[82] In sehr kurzer, voraussetzungsreicher Formulierung nahm sie Coccius nun auch in das Gedicht auf:

> Carolus, augustali animo magna omnia uoluens,
> Qui, ut meritis terram et meritis impleuit Olympum,
> 25   Sic terris fama, et fama est super aethera notus,
> (…)
> Post fractos Latiis minitantes faucibus hostes,
> 30   Post Sophiae inductas Germanis finibus artes,
> Conciliare parans coelum coelique satorem
> Parthenicum ingenti posuit molimine templum.[83]

Wenn Coccius an dieser Stelle, anders als in der Prosafassung, auf den expliziten Hinweis auf die Verwandtschaft seines Landesherrn mit Karl verzichtete, so geschah dies wohl weniger wegen der gebotenen Kürze als zu dem Zweck, den genuin österreichischen Traditionsstrang stärker hervorzuheben. Denn im Mittelpunkt des dritten Vergleichs (V. 33–40) steht die Gründung einer Marienkirche durch den Markgrafen Leopold den Frommen (= St. Leopold, ca. 1075–1136),[84] den frommen und tapferen Schutzpatron Österreichs und Namensvetter des Straßburger Bischofs. Aus seiner Person und Coccius' Festrede ergibt sich, daß es sich um Klosterneuburg handelt;[85] die Gründung des großen Konvents vor den Toren Wiens wird hier zumal dadurch als vorbildhafter Akt in den Mittelpunkt des landes- und dynastiegeschichtlichen Interesses gerückt, daß die Grundsteinlegung zur Molsheimer Kirche exakt am 500. Jahrestag der Klosterneuburger Gründung erfolgt sein sollte.[86]

---

82 INAUGURALIA COLLEGII SOCIETATIS IESU MOLSHEMENSIS, 20 (Perioche).

83 Vgl. ausführlicher auch ARCHIDUCALIS ACADEMIA, 260: *sic Carolum vere Magnum … tot clarum uictoriis, literas maiestati Imperii aequantem, religionem etiam praeferentem, basilicis ac Diuorum aedibus ornandis ac publicis operibus ad decorem Deique cultum propagandum exstruendis animum curasque commodasse accepimus. cumque uehementer loci amaenitate caperetur, qui Rhenum inter et Mosam calentium lympharum scatebris hilarescit atque idcirco Aquarum siue Aquisgrani ad hanc diem nomenclationem tulit, augustam basilicam ibi magnifici operis ac regali sumptu Deiparae Matris nomini posuit. cui exornandae perpoliendaeque tantum adhibuit studium, ut non e finitimis locis duntaxat, quidquid prisci operis marmorisue e ruinis suppeteret, sed et Roma Rauennaque magnam partem aduehendam curarit.*

84 Dienst 1991; zu seinem Beinamen Eheim 1955, 156 nº 10.

85 INAUGURALIA COLLEGII SOCIETATIS IESU MOLSHEMENSIS, 39: *at poterone silentio praeterire eiusdem inter marchiones ordinis, cuius tu inter archiduces, id est, Quintum, eundemque cognomento Pium? qui multorum conditor atque ampliator caenobiorum (…) prodigioso per flammeolum Agnetis pientissimae coniugis indicio, fundum basilicae Marianæ octauo ab Vienna lapide construendae diuinitus oblatum reperit, cui etiam Caenobium, quod* **Claustriburgum** *nominant, amplissima dote in Dei cultores profusa, inaedificauit. quem sicut uiuum ob ingentia in remp(ublicam) Christianam merita Innocentius II. ,B(eati) Petri Filium' appellatum reuerenter coluit; ita Innocentius eiusdem nominis VIII. uita functum, quod Sanctitas tot miraculis contestata merebatur, in Diuorum apotheosin retulit, atque inter senos Austriae Patronos religiose colendum publicis tabulis pronunciauit.*

86 ARCHIDUCALIS ACADEMIA, 261: *atque ut sensim ad Te propius adeamus: annon Tui gratiosissimi sanguinis, nominis, et eiusdem inter marchiones hoc nomine, ordinis, cuius Tu, Serenissime Fundator, inter archiduces, id est quintum, eundemque cognomento Pium (quem etiam supra coelo assertum memoraui) Tuam hanc Templi Mariani fabricam parissimam suae,*

Coccius hat aber seine Reihe vorbildhafter Fürsten für das Gedicht nicht nur in Details modifiziert, sondern gegenüber den beiden Reden des Vorjahres völlig neu zusammengestellt. Wie stark die jeweilige Situation die Auswahl diktierte, läßt sich gut erkennen: In der *Archiducalis Academia* war mit Karl dem Großen, dem habsburgverwandten Bischof Werner I. von Straßburg († 1028)[87] und St. Leopold eine ausgewogene Mischung aus echter und vermeintlicher habsburgischer Familientradition und elsässischer Landesgeschichte getroffen. Als aber Coccius dann die Rede tatsächlich in Anwesenheit des Fürstbischofs hielt, weitete er diesen Abschnitt zu einer großangelegten Überschau der kirchlichen Wohltäter aus dem *Habspurgiacum stemma* aus. Auf Karl d. Gr. folgen hier nicht weniger als vier Leopolde (*Fortis*, *Pulcher*, *Virtuosus* und *Pius*[88]) als Kirchengründer sowie drei bedeutende, mit den Habsburgern verwandte elsässische Geistliche des Mittelalters (Etto von Ettenheimmünster, Werner I. von Straßburg, Bischof Berthold I.).

Wie in diesen beiden Texten ist auch die Auswahl in der *Descriptio* durchaus nicht beliebig: da das Gedicht, wie schon angedeutet, nicht bloß Lobpreis, sondern auch Ausdruck selbstbewußter Verteidigung der althergebrachten kirchlichen Auffassungen sein soll, nahm der Dichter das Konstantin-Exempel hinzu, um mit Hilfe dieses für die Argumentationsstrukturen der Gegenreformation typischen Rückgriffes auf die altchristliche Tradition die gesamte Kirchengeschichte als selbstverständlich katholisches Kontinuum erscheinen zu lassen.[89] Vom spätantiken christlichen Kaisertum führt so über das Mittelalter eine ungebrochene Linie in die eigene Gegenwart, in der diese imperiale Tradition und habsburgische Frömmigkeit zu einer neuen *pietas* zusammenfließen:

33 Aut qualem Austriacis longe celeberrimus aruis
     Felix ante alios, gemino praecinctus honore,
35 Quam **pius** in Superos, tam formidabilis hosti,
     Regificam Mariae **Leopoldus** condidit aedem

---

eidem Virgini Tutelari **annis abhinc quadringentis** *positae, non sine accessoriae cuiusdam laetitiae incremento, ex illa sempiternae felicitatis aula prospectare arbitraris? idque uel maxime, tum quod* **die illi anniuersario**, *id est,* **XV. Nouemb. A. MDCXIV.** *primum Te noui templi lapidem, auspicati ominis ergo meminerit posuisse?* Coccius unterlaufen also zwei Datierungsfehler: 1. Seit der Gründung von Klosterneuburg (Grundsteinlegung wohl am 12.6.1114, vgl. Röhrig 1985, 29) sind nicht 400, sondern 500 Jahre verstrichen; in der im August 1618 gehaltenen Rede (INAUGURALIA COLLEGII SOCIETATIS IESU MOLSHEMENSIS, 39f.) taucht die Angabe nicht mehr auf. – 2. Am 15.11. (Leopoldstag) 1614 fand lediglich die Entscheidung über den Kirchenneubau statt (Barth 1963, 5), die Grundsteinlegung dagegen Mitte Februar 1615 (Hengst 1981, 225 Anm. 355 nach der *Synopsis*). Coccius hat jedoch auch in der 2. Rede (INAUGURALIA ebda.) wie auch im Gedicht (V. 83) an seinem Konstrukt *ad maiorem Leopoldi gloriam* festgehalten.

87 E. Scherer 1923; Scheibelreiter 1998.
88 Eheim 1955, 155 nᵒ 5; nᵒ 8; 158 nᵒ 15; 156 nᵒ 10 (*Pius = Sanctus*, s.o.).
89 Angesichts der zahlreichen Anleihen, die Coccius im weiteren Verlauf des Gedichtes bei den TROPHAEA BAVARICA gemacht hat, darf man davon ausgehen, daß auch das Konstantin-Exempel von dort übernommen ist. – Zum Interesse der gegenreformatorischen Kirche an Konstantin vgl. Wiener 2001.

Marchio, sideriam irradians uirtutibus aulam,
Multa prole pater seroque nepote beatus
In terris, cui cana fides et auita parentum
40   Ausa et laudandorum operum uestigia cordi.

Der Dichter versichert sich nun für die weitere Darstellung des Beistandes Mariens, der Patronin des Landes, der Kirche und seiner persönlichen Beschützerin[90] und lenkt zum Abschluß des einleitenden Teils wieder zur Kirche zurück, die seit der Weihe durch den Basler Bischof und die Vertreibung der bösen Geister erst ihren wahren Rang erhalten habe. Diesen in vier Jahren aufgeführten Bau „in wenigen Tagen" zu besingen sei nun sein Ziel (V. 41–63).

5. Kommentar zur Molsheimer Kirchenbeschreibung

Die nun beginnende eigentliche Kirchenbeschreibung faßt zunächst das Gebäude als Ganzes ins Auge und präzisiert dann einzelne architektonische und künstlerische Aspekte in der Außensicht. Nach diesem Überblick, der mit einem Rundblick vom Hauptturm aus endet (V. 189–195), setzt mit dem Eintreten durch das Nordportal die Erläuterung des Kircheninneren ein (V. 201 ff.). Diese vollzieht sich in Form eines Rundganges, den der Sprecher des Gedichtes unternimmt bzw. dem Leser mit an diesen gerichteten Apostrophen vorschlägt. Ohne daß die Reihenfolge der Betrachtung ausdrücklich einem Schema unterworfen würde,[91] ergibt sich doch ein weitgehend nachvollziehbarer Verlauf: zuerst werden architektonische Sehenswürdigkeiten im Kirchenschiff behandelt, dann (im Anschluß an den Triumphbogen) der Chorraum und sein Schmuck. Einen beträchtlichen Teil der Beschreibung (V. 333–520) nimmt erwartungsgemäß der Hochaltar ein, der dem Leser systematisch vor Augen geführt wird. Ein kürzerer Abschnitt führt durch die Seitenkapellen und zu weiteren Altären im Kirchenschiff. Ein zweiter Musenanruf (V. 686) leitet die Führung auf die Emporen ein, die vor allem eine ausführliche Aufzählung des Bilderzyklus an der Brüstung enthält. Über das technische Kunstwerk der Orgel gleitet der Blick schließlich auf die astronomische Uhr, mit deren Ingangsetzung die Überleitung zur Schilderung der Einweihungsfeier gelingt (V. 869). In die Beschreibung sind zwei Gedichte in lyrischen Metren eingelegt, in denen bildliche Darstellungen verlebendigt werden.

Besonders auffällig an Coccius' Beschreibung ist die Verwendung umfangreicher

---

90 Vgl. Ribadeneira 517 über Coccius: *singulari in B. Virginem Deiparam affectu, ad quam in omni difficultate etiam litteraria fidenter pro auxilio perfugiebat.* – Zu V. 41 *Grande opus aggredimur* vgl. Verg. Aen. 7,45 *maius opus moueo* und Stat. silv. 1,5,29: *uestrum opus adgredimur.*

91 Wie dies in der Würzburger Kirchenbeschreibung geschieht: ENCAENISTICA POEMATIA, *Nouae aedis adumbratio* V. 100–103 *… a primo laterum fundamine surget | Carminis ordo mei, et paulatim euectus, in ipsis | Parietibus quae sint magis admiranda, recludens | Aurata capiam subter testudine finem.*

Passagen aus mehreren zuvor im Druck erschienenen jesuitischen Kirchen- und Kunstbeschreibungen (Würzburg, Speyer, München). Dieser Umstand läßt einerseits einen gewissen Pragmatismus des Autors erkennen, der sich zur Bewältigung seiner Aufgabe – war sie selbstgewählt? – passende Versatzstücke suchte, oft ohne sie zu variieren oder auch nur der neuen Situation vollständig anzupassen. Es kommt so an einigen Stellen zu schwer verständlichen Formulierungen, die sich nur aus der nicht ganz geglückten Adaptation der Vorlage erklären lassen. Andererseits kann das Molsheimer Gedicht als deutlichstes Indiz dafür angesehen werden, daß es nach wenigen Jahren bereits eine Art Gattungsempfinden hinsichtlich solcher Texte gegeben hat.

Weitere literarische Anregungen hat Coccius, abgesehen von einer Anzahl antiker Reminiszenzen ohne erkennbare Vorliebe für bestimmte Autoren, durch die neulateinische Dichtung erfahren. So schwierig es bei der mangelhaften Texterschließung ist und auf absehbare Zeit bleiben wird, vollständige Nachweise zu erbringen, so leicht wird man doch fündig, wenn man sich der gleichen Methode bedient wie der Autor selbst: die Suche richtet sich nicht so sehr auf einzelne Wendungen und Verse, die nachahmenswert wären, sondern bemüht sich, ganze Szenen ausfindig zu machen, die sich für die eigenen Zwecke adaptieren lassen. Dabei geht Coccius recht pragmatisch vor, indem er eigene Szenen an inhaltlich identische Vorbilder anschließt;[92] nur in Ausnahmefällen werden Formulierungen der Vorlage auf ein anderes Sujet projiziert.[93]

Situs, fundamenta, et species extima (V. 64–101)

Die Annäherung an das Bauwerk geschieht in einer Mischung aus Gebäudebeschreibung, topischem Lob und historischem Bericht. Zuerst wird seine Lage in der Nähe der Stadtmauer vorgeführt und die West-Ost-Ausrichtung angedeutet:

> Principio in longum spaciis porrecta quadratis
> 65 It templi facies, uicinisque adsita muris
> Fabrica Molshemicis late protenditur. illam
> Sol oriens saluere iubet moriensque ualere.

Der folgende Vergleich mit dem *templum Salomonis* (V. 69–76) variiert zwar ein Standardmotiv, gewinnt ihm aber eine weniger übliche Facette ab, indem Salomos Tempel ausdrücklich in seinem Ruinenzustand erwähnt wird[94] – dazu ist als Kontrast wohl der Gedanke vom ewigen Bestand der neuen Kirche zu ergänzen. Auf eine konkrete Be-

---

92 So z.B. Christi Geburt V. 387–389 nach der gleichen Szene bei Sannazaro, die Uhr V. 846–876 nach N. Frischlins Uhrenbeschreibung.

93 So z.B. die Personenbeschreibungen Leopolds und Mariens (V. 471 f. bzw. 490–492) nach der Gabriel-Figur des OLIVETUM SPIRENSE (s. u.).

94 Zu einem ähnlichen Beispiel in den Udineser Escorial-Gedichten des Jahres 1592 s. Hempel 1971, 87.

schreibung des alttestamentarischen Baus ist dagegen ebenso verzichtet wie auf die Formulierung des Überbietungsgedankens.

Der Gedanke an das *templum Salomonis* steht im Molsheimer Gedicht recht isoliert zwischen der allgemeinen Lagebeschreibung und der sich nun anschließenden Behandlung der Fundamente (V. 77–84), mit der eine Erinnerung an die Grundsteinlegung durch Leopold und seinen Bruder im Jahr 1615 verknüpft wird. Über die allgemeine Parallele der Gründungssituation eines Heiligtums hinaus kann man deshalb die Verse 69–76 am besten als Folge einer subjektiven Assoziation des Dichters begreifen, der, beim ersten summarischen Blick auf die Kirche, von ihrer bloßen Größe überwältigt Zuflucht nimmt zu der ihm als Geistlichen vertrautesten *umbra*, dem Tempel zu Jerusalem.

Wie die bisher besprochenen Passagen ist auch der letzte Teil (V. 85–101) dieses *species-extima*-Abschnitts stärker von historischen und typologischen Assoziationen als von Informationen zur Molsheimer Realität bestimmt. Diese treten sogar so stark zurück, daß sich bei bloßem Lesen des Textes (also ohne Anschauung oder Ortskenntnis) so gut wie kein konkretes Bild des Bauwerks einzustellen vermag. Allerdings darf man diesen Sachverhalt nicht vorschnell als Mangel der Dichtung verbuchen, wird doch auf solche Weise der Bau erst einmal in seinem historischen und geistigen Rahmen präsentiert. Dabei kommt Coccius unter dem offensichtlich stark empfundenen Druck, das Lob des Hauses Österreich nie länger aus den Augen zu lassen, zu erstaunlichen Gedankenverbindungen: so löst an dieser Stelle die denkbar knappe Sachinformation, daß die Kirche einen kreuzförmigen Grundriß besitze (V. 85: *Forma salutiferae speciem Crucis extima praefert*), eine regelrechte historische Abhandlung darüber aus, daß das Kreuzessymbol ein genuin habsburgisches Zeichen sei, seitdem Rudolf von Habsburg die Königswürde errungen und in seinem Zeichen Kriege geführt habe.[95]

Vestibulum, Parietes, Fenestrae (V. 102–149)
Zur Benutzung architektonischer Fachterminologie

Die detaillierte Beschreibung setzt mit einer kurzen Aufzählung des bisher Behandelten ein, dann wendet sich der Dichter der Kirchentür zu. Zu diesem Zeitpunkt ist allerdings noch nicht sicher erkennbar, welche Rolle er im weiteren Verlauf des Textes einnehmen wird, denn die Formulierung *nunc ... adgredimur* kann als Selbstaussage des Dichters gelesen werden und muß nicht besagen, daß an dieser Stelle ein „Rundgang" beginnt:

---

95 Die Notiz über einen Türkenkrieg Rudolfs paßt eher auf Rudolf II., doch sind die anderen Angaben der V. 87–91 eindeutig auf den mittelalterlichen König gemünzt.

> Vidimus externos augustae frontis honores
> Extremosque aedis ductus, fundamina, formam;
> Nunc primos reserare aditus atque ostia templi
> 105 Adgredimur geminis sese pandentia ualuis …

Das Fehlen von Richtungsangaben, von Blick oder Bewegung lenkenden Verben und Hinwendungen zum Leser verleiht dem Abschnitt über die Baustruktur und die Fenster der Molsheimer Kirche einen weitgehend sachlichen, zum Teil fast nüchternen Charakter: Die erste der genannten Türen öffnet sich zur Platzseite hin;[96] zwei Säulen mit schmückenden Basen und Kannelüren tragen ein Vordach (wobei in V. 107 dies umgekehrt ausgedrückt ist). Der Text assoziiert die beiden Säulen nicht mit den Vorbildern Jachin und Booz am *templum Salomonis*,[97] obwohl diese in Molsheim wie bei den meisten Kirchen den gedanklichen Hintergrund gebildet haben dürften.[98] Darüber befindet sich – an nicht weiter spezifizierter Stelle (*his superincumbit* V. 108) – eine Muttergottesfigur mit dem Jesusknaben. Unter dem Vordach, nahe bei der eisenbeschlagenen Tür, strahlt das in Erz gegossene österreichische Wappen, bekrönt von Erzherzogshut und Mitra (V. 110–115).

Die folgenden Verse sind noch vor dem Eintreten ins Kirchenschiff gesprochen, beschreiben also die staunende Betrachtung der Außenwände. Im Mittelpunkt steht die unerschütterbare Stabilität der Konstruktion, die ohne jede Überhöhung pragmatisch mit der festen Bauweise, den Strebepfeilern und dem soliden Material (Feldstein) begründet wird:

> 116 Quis nunc omne citra uitium atque extra omne periclum
> Tantam stare domum haud stupeat ? quae nixa recumbit
> Parietibus firmis solidaque **parastade** fixis,
> Victura aeternum campestri condita saxo.

An diesem kurzen Ausschnitt läßt sich zeigen, wie sich die Kirchenbeschreibung in der Prosafassung 1618 und die des Gedichtes unterscheiden. Für die zweifache Darstellung des Bauwerks, die über weite Strecken dem gleichen Aufbau folgt, hat Coccius bisweilen verschiedene Quellen verwendet: für die Prosafassung zog er Vitruv und auch die zeitgenössischen Kommentare heran, während er an schwierigen Stellen der poetischen Darstellung gerne auf Vorläufer im gleichen Genre – besonders die Münchner *Templi descriptio* – zurückgriff. Die Wände des Bauwerks finden in der Prosafassung folgende Darstellung:

---

96 Der heutige Haupteingang auf der Nordseite.
97 II Par 3,17: *ipsas quoque columnas posuit in uestibulo templi unam a dextris et alteram a sinistris | eam quae a dextris erat uocauit Iachin et quae ad leuam Booz.* Vgl. dazu zuletzt Zwickel 1999, 113–125.
98 Sauer 1924, 135; v. Naredi-Rainer 1994, 146–154 (m. Lit.).

Nec sua operi deest firmitas, **adminiculis** forinsecus illud aduersus aeuum et iniurias probe fulcientibus. (…) Parietes ad perpendiculum erecti inte⟨r⟩gerini et mediani e lapide uiuo solidoque, quales ad aeternitatem architecti postulant, loricatione et tectorio ad uenustatem inducti sunt.[99]

Eine Fülle von Termini ist hier ausgebreitet, um den relativ einfachen Sachverhalt auszudrücken, daß die Wände lotrecht, aus Naturstein gefügt und verputzt sind. Hinzu kommt die Erwähnung der Stützpfeiler, allerdings nur mit dem nicht der Fachsprache angehörenden Wort *adminiculum*. Bis auf den Verputz sind alle diese Informationen auch in den Versen 116–119 komprimiert. Zwei Spezialausdrücke aber lassen einen Einblick in die Art der Umarbeitung zu: der nur in der Prosafassung genannte *intergerinus paries* (etwa „Verbindungsmauer"), ein sehr seltener und bis heute umstrittener Terminus, und die *parastas*, der einzige fachterminologische Neuzugang im Gedicht, der aber kurzerhand aus den *Trophaea Bavarica* übernommen ist.

Für die Beschreibung in Prosa hat Coccius neben dem Werk des Vitruv offenkundig auch zeitgenössische Kommentare und andere Hilfsbücher benutzt. An der zitierten Stelle wird dies am Begriff *intergerinus paries* deutlich: die Bezeichnung kommt bei Vitruv nicht vor und findet sich – in der Form *intergeriuus paries* – lediglich in der Festus-Epitome und bei dem älteren Plinius.[100] Die Renaissancekommentare dagegen arbeiten damit ausgiebig und zudem in der von Coccius benutzten Wortform. Längere wörtliche Zitate lassen sich zwar nicht nachweisen, so daß sich kaum entscheiden läßt, welche Werke der Molsheimer Autor im einzelnen zu Rate gezogen hat. Große Wahrscheinlichkeit darf aber das Kapitel *De re architectonica* aus den *Progymnasmata Latinitatis* des Jakob Pontanus für sich beanspruchen.[101] Der Augsburger Ordensgelehrte berichtet in seiner Vorrede von seiner Beschämung angesichts der zahlreichen ihm unbekannten Ausdrücke in den Schriften der Architekturtheoretiker und mahnt – ungeachtet des höheren Wertes der Klassiker – zu deren Lektüre:

Veruntamen a principe omnium latinorum Cicerone, a Sallustio, Caesare, Liuio, a Virgilio, Horatio, Plauto, Terentio et alijs probatissimae notae haud quisquam ita locupletatus instructusque recesserit, ut ei nullo in genere sit defutura oratio. id nos manifestius cum alias, tum praeterea in hisce dialogis quodammodo fabricandis, experiundo comperimus. (…) sic, cum de architecturae rationibus, accomodate scilicet consilio meo, disputare meditarer, **Vitruuium** prius, ⟨et nonnihil eius explanatorem **Philandrum,**⟩ et Leonem Baptistam **Alberti** euolui, quam accederem ad scribendum (…) In iisdem tantum offendi uerborum simplicium, coniunctorumque a nobis ignoratorum, et tamen locutioni quotidianae pernecessariorum, ut nesciam magisne inscitiae summae misertus, an foedissimae socordiae indignatus fuerim. quotusquisque ianuam saltem, per quam assidue ingreditur et regreditur explicare, et eius partibus debita ac propria uocabula tribuere didicit? cui notus **intergerinus paries**, quem in die aspicit uel decies? quis

---

99 ARCHIDUCALIS ACADEMIA, 262.

100 Paul. Fest. p. 98 L. *intergeriui parietes dicuntur, qui inter confines struuntur et quasi intergeruntur*; Plin. nat. 35,173; vgl. ThLL 7.1 (1934–54) 2197, 57 ff.

101 Pontanus 1594b, α8ʳ–βᵛ *(Lectori)* und 1–208. Vgl. dazu auch kurz Hipp 1979, 483–485.

nouit displuuium tectum, lapidem quadratum, rediuiuum, suggrundia, podium, arenatum, mille alia?[102] (…) eodem modo si de columnis, porticibus, gymnasiis quippiam apud eum (*sc.* Ciceronem) reperero, non idcirco uendam Vitruuium, Leonem Baptistam, Serlinum (!) et alios, quorum de architectura feruntur commentarii. ueruntamen non utar his quae legi ut ii utuntur apud quos legi, sed ut Cicero, id est, ut oratorem decet: ostendere nimirum se non esse illarum artium rudem.[103]

Mit Guillaume Philandrier (Philander, 1505–1565) ist hier der verbreitetste Vitruvkommentar des 16. Jahrhunderts genannt,[104] mit Albertis *De re aedificatoria* (ed. princ. 1485) der beherrschende lateinische Architekturtraktat der Renaissance.

Albertis Werk scheint Coccius nicht direkt benutzt zu haben; es ist auch nicht bekannt, ob seinerzeit ein Exemplar in Molsheim zur Verfügung stand. Die Termini der Prosabeschreibung, die sich nicht aus Vitruv erklären, sind in der Regel eher aus Philander abzuleiten bzw. bei Alberti nur in abweichender Formulierung oder Bedeutung nachweisbar (zu einer möglichen Ausnahme in V. 187 s. u.). Somit dürfte das Buch des Pontanus – eben 1618 in sechster Auflage erneut gedruckt – die erste Anregung vermittelt haben, sich näher mit diesem Fachgebiet zu befassen, und Coccius dazu veranlaßt haben, Vitruv und Philander für Einzelheiten hinzuzuziehen.

Schließlich ist noch auf das 1488 entstandene *Onomasticon* oder *De partibus aedium* des Parmenser Humanisten Francesco Mario Grapaldo hinzuweisen,[105] eine glossarartige Zusammenstellung von Begriffen, die entgegen dem Titel nicht allein die Baukunst, sondern das gesamte Hauswesen eines Gutshofes betreffen, wie wir ihn aus der Renaissance oder aus den Villenbriefen des Plinius kennen. Für einen Autor wie Coccius konnte der systematische Aufbau von *De partibus aedium* eine wertvolle Hilfe beim Nachschlagen einzelner Begriffe sein, und auch die hohe Auflagenzahl des Buches läßt es plausibel erscheinen, daß es in Molsheim vorhanden war. Im Jahr 1618 erschien eine Ausgabe in Dordrecht.[106] Die oben zitierte Prosabeschreibung der Kirchenmauern durch Coccius findet in diesem Werk eine besonders nahe Parallele in der Formulierung: *Inter parietes <u>architectorum omnium sententia</u> lateritii praeferuntur, ut pote si <u>ad perpendiculum fiant aeterni</u> (…) Parietes dicuntur <u>Intergerini et Mediani</u>.*[107]

---

102 Pontanus 1594b, α8ᵛ–βʳ. – Der in spitze Klammern gesetzte Zusatz findet sich erst in späteren Auflagen (hier München: Hertsroy, ⁶1618, fol. βʳ).

103 Pontanus 1594b, 31. Die gleiche Argumentation findet sich schon einige Jahrzehnte zuvor in Juan Luis Vives' *De disciplinis*: Schuler 1999, 100 f.

104 Ciapponi 1976, 403–406; Pagliara 1986, 74–81; Kat. Wolfenbüttel 1994, 23 f. Nr. 1.5 (M. Daly Davis); Callebat 1994, 11.

105 Das Entstehungsdatum nach der Praefatio zum 2. Buch in Grapaldo 1618, 172. – Zu Grapaldo vgl. Kat. Wolfenbüttel 1994, 28 Nr. 1.9 (M. Daly Davis); die ältere Literatur ist jetzt in Kopie zusammengestellt im Archivio Biografico Italiano, Teil I, Mikrofiche 507, Felder 131–186.

106 Postum erschien noch ein ausführlicheres Lexikon auf der Basis des älteren Werkes, vgl. Archivio Biografico Italiano (wie Anm. 105) 153 f. (aus: Ireneo Affò, Memorie degli scrittori e letterati parmigiani III, 1791).

107 Grapaldo 1618, 2 und 3. Pontans Worterklärung (1594b, 49) *Concraticius (sc. paries), qui inter duos confines constituitur, quodammodo intergestus seu intergerinus …* folgt dagegen der Festus-Epitome (zit. in Anm. 100). –

Für die poetische Fassung der Beschreibung reduzierte Coccius den terminologischen Aufwand erheblich, führte aber in V. 118 den Begriff *parastas* neu ein. Dieser stammt aus der Münchner Kirchenbeschreibung, wo er auf die Portalzone bezogen ist:

> ... Diuum limina scande
> Surgentesque uide geminas ex marmore portas
> Hinc atque hinc antis geminaque parastade fixas ...[108]

Das Erstaunliche an dieser Übernahme, die als solche nur eine von vielen in der Molsheimer *Descriptio* ist, liegt in der veränderten Anwendung des Fachbegriffes *parastas*. Nun nämlich bezeichnet das Wort nicht mehr das griechische Synonym zu lat. *antae* (Türpfeiler) wie in München,[109] sondern ersetzt *adminicula*: für diese Stützpfeiler, die nichts mit dem Portaldekor zu tun haben, sondern als Contreforts der Bauaußenwände fungieren, gab es in den genannten Hilfsbüchern in der Regel keinen Terminus, da sie auf gotische Bauelemente nicht eingehen.[110]

Die frühneuzeitlichen Architekturkommentare wie Philander und Grapaldo zeigen indes große Sensibilität für eine terminologische Unterscheidung zwischen *parastata* (*-ae, f.*) (Pilaster) und *parastas*.[111] Wenn Coccius also den weniger passenden Begriff in sein Gedicht einführte, während er an einer anderen Stelle (in der Prosabeschreibung) sehr wohl genau die Unterscheidung beider Termini beachtete,[112] so zeigt dies, wie schwierig die Aufgabe der poetischen Umsetzung der Gebäudebeschreibung war und wie bereitwillig vorhandene Versatzstücke, obgleich nicht völlig passend, zu Hilfe genommen wurden.[113]

Daß der Begriff schon in Coccius' Prosarede zu *integerini* verdruckt wurde, hat bei Hipp (1979, 861 und 1088 Anm. 1756) zu einer falschen Konjektur und Übersetzung als „durch und durch" feste Wände (also wohl = *integerrimi*) geführt.

108 TROPHAEA BAVARICA fol. F3ʳ. Coccius hat diese Verse kurz zuvor, bei der Beschreibung des Wappens (V. 110 ff.), schon einmal verwendet: *Hac ad ... portas* | *Hinc atque hinc antis solidoque adamante rigentes* | *Praelucent foribus solerti exsculpta labore* | *Austriacae monumenta Domus.*

109 S. dazu die Nachweise S. 257 Anm. 96. Zu παραστάς „Türpfeiler" s. auch Ebert 1910, 18.

110 Zu einem Versuch des Kölner Jesuiten Hermann Crombach (1598–1680), vitruvianische und gotische Terminologie miteinander zu verbinden, s. Frankl 1960, 332 f.

111 Philander 1586, 152: *Antepagmenta sunt lapides utrunque ostij latus munientes, qui et antae dicuntur,* παραϛάδες *a Graecis ... nam parastatas aliud esse dicemus lib.V. cap.I.* An der entsprechenden Stelle (S. 171, zu Vitr. 5,1,6 *habentes post se parastaticas* [in der Philander-Ausgabe: *parastatas*]) heißt es dann: *... sunt alias parastatae pilae quadratae, aut lapides pilarum modo ad columnarum latera appositi* (mit Verweis auf Plin. nat. 33,52 *et columnae et parastatae* [in heutigen Ausgaben: *parastaticae*]). Ebenso Grapaldo 1618, 379: *Parastatae uero proprie, ut quidam uolunt, lapides pilarum fere modo appositi columnis ...* Der Vitruv-Lexikograph Baldi schließlich wirft Vitruv sogar ausdrücklich die Verwechslung beider Begriffe vor (1612, 118).

112 ARCHIDUCALIS ACADEMIA, 262 f.: *Ternae ... turres assurgunt, e quibus illa, quae ad occiduam templi plagam est, ... striis ac* **parastatis** *distincta prominet* (...).

113 Es sei hierbei jedoch nicht verschwiegen, daß sich schon in den Kommentaren auch Verwechslungen der beiden Begriffe und Unschärfen einstellen. So druckt die Straßburger Grapaldus-Ausgabe von 1508 im Kapitel über die Portale fälschlich *parastatas* (1618, 7 richtig: παραστάδας). Im Gegenzug verknüpft der Vi-

Weitere Veränderungen gegenüber der Prosafassung könnten von Rücksichtnahme auf die unterschiedlichen Textgattungen bestimmt sein. So entfiel beispielsweise die – metrisch durchaus praktikable – Umsetzung der präzisen Höhen-, Längen- und Breitenangaben in Verse, die der Prosatext enthält.[114] Stattdessen bot das *Victura aeternum ...* (V. 119) die Gelegenheit, in einem kühnen Vergleich die Kirche zu einem neuen – diesmal nicht stürzenden – Koloß von Rhodos zu erklären und sie der Häresie trotzen zu lassen, die hier in mancherlei aus der augusteischen Dichtung bekannten Verbrämungen auftritt:

120	Scilicet hic est ille Rhodi flammata Colossus
	Sidera tangentem caelo quem gloria tollet
	Magna Leopoldi, cuius de uertice Virgo
	Aurescens crocea radiorum ardente corona
	Fulget et Alsaticum complet fulgoribus orbem:
125	Hunc neque sors aeui instabilis neque Martius horror
	Subruet, aeratis neque uis inimica pharetris.
	Incassum Scythicis Garamantica tela sagittis,
	Haeresis atra, paras, ductis nil irrita neruis
	Spicula, lunatis nil prosunt cornibus arcus:
130	Patrona fretus Leopoldus Virgine, Virgo
	Freta Leopoldo tela in caput acta furentis
	Missa retorquebunt nocituraque uulnera figent.

Die anschließende Behandlung der von Anfang an nicht bemalten Kirchenfenster (V. 133–139) konzentriert sich ganz auf die große Lichtfülle, die diese „selbst bei Mondlicht" (V. 138) spenden; danach kommt die Außenbetrachtung mit einer nochmaligen Betonung der Stabilität des Bauwerks in Unwetter und Sturm zum Abschluß (V. 142–149).

---

truvkommentator Daniele Barbaro (vgl. zu ihm Ciapponi 1976, 406–409; Kat. Wolfenbüttel 1994, 26 f. Nr. 1.7 [M. Daly Davis]; Callebat 1994, 11 f.) in seiner Ausgabe von 1567 die Probleme der Portalzone kurzerhand mit den Pilastern und schreibt (S. 95, zu Vitr. 3,2,2 *In antis erit aedes*): *Antae, quas Graeci parastadas dicunt, pilae sunt adpactae,* **quas contrafortes uel pilastros nostri uocant;** *has in angulis parietum collocari certum est ...* Ebert 1910, 19 schließlich notiert unter Berufung auf Hesych, daß „freistehende ... Pfeiler die Bezeichnung παραστάς führen, wenn sie sich nur in der Nähe einer Wand befinden". Ebendies gilt in weiterem Sinn auch für Contreforts, so daß sowohl Barbaros als auch Eberts Argumentationen Coccius' Bezeichnung der Contreforts als *parastades* nachvollziehbar machen. – Weitere Nachweise zu den beiden Termini: Promis 1876, 355; Vitruv ed. Gros 1990, 78 Anm. 3 (zu regional verschiedenen Bedeutungen schon in der Antike!).

114 ARCHIDUCALIS ACADEMIA, 262: *Structura templi ... Crucis figuram exprimit ... spacio in longitudinem ad CCXXIV. pedes protenso; latitudo LXXXIII. pedibus traducitur, et septenis supra LXX. ad usque templi fornicem altitudo.*

Tectum, podia, turres (V. 150–195)

Auf die Außenmauern folgen nun Dach, Dachstuhl und Türme. Zum ersten Mal im Gedicht bedient sich Coccius hier einer Apostrophe, um den Leser in das Schauen einzubeziehen:

150   Euibrare oculos iuuat in sublimia templi
        Culmina, uicinis bipatentia culmina campis?
        Fissilibus tectum hic **cernes** spectabile saxis …

In dieser Form hat die Apostrophe zunächst noch wenig mit einer „Kirchenführung" zu tun, denn die Ansprache ist nicht viel mehr als eine personalisierte Umschreibung von Wendungen wie „wir wenden uns nun dem Dach zu". Dennoch bereitet nun die zunehmend häufige Hinwendung mit Formulierungen wie *hic cernes* (V. 152), *cernes* (V. 159), *Anne uides … ?* (V. 174) den tatsächlichen Rundgang durch das Innere der Kirche vor, der durch Richtungsangaben und Regieanweisungen weitgehend nachvollziehbar gestaltet ist.

Neben der außerordentlich detaillierten Beschreibung der großen Säulen im Kirchenschiff (s. u. zu V. 218–229) gehört die Beschreibung des Daches zu den terminologisch anspruchsvollsten Passagen des Textes. Coccius hat hier wiederum die architektonische Fachliteratur zu Rate gezogen.

        Fissilibus tectum hic cernes spectabile saxis
        Pectine deuexum duplicato[115] oecisque decorum
        Et plumbi lamnis passim impenetrabile, densos
155   Si quando imbricitor nimbos deuoluit aquarum,
        Quas ore accipiunt patulo tubuli aere rigentes
        Et citra noxam aut terrai in uiscera condunt
        Aut horti areolas faecunda aspergine inundant.
         Cernes conspicuum gemina procurrere parte
160   Ordinibus certis, aequalibus interuallis
        Bis senis sectum podiis, quae didita late
        Conciliant decus atque diem tectumque coronant.

Auch hier ist im übrigen der Vergleich mit der Prosafassung des Jahres 1618 aufschlußreich, denn abgesehen von typischen genrebedingten Veränderungen (z. B.

---

115 Fest. p. 232 L. *pectenatum tectum dicitur a similitudine pectinis in duas partis deuexum, ut testudinatum in quattuor*; Philander 1586, 226 (zu Vitr. 6,3,2): *tecta displuuiata, ut interpretor, fiunt trabium iunctis capitibus, mutuo innixu, paribusque contra se ponderibus, imis partibus diuaricatis. ea, nisi fallor, Sextus Pompeius pectinata appellat, sicut testudinata in quatuor partes deuexa*; Pontanus 1594b, 203: *tectum aliud est pectinatum seu displuuiatum, aliud testudinatum. illud fit trabium iunctis capitibus mutuo innixu, paribusque contra se ponderibus imis partibus [contra se] diuaricatis*; Grapaldo 1618, 381: *pectinatum tectum dicimus in duas partes deuexum a similitudine pectinis, quemadmodum testudinatum in quatuor.* Vgl. auch Promis 1876, 402.

V. 155 statt *caelestis iniuria* in der Prosa) ist wiederum der größere terminologische Aufwand der Prosa festzustellen:

> Tectum podiis ad ornatum illustribus interstinctum, fulcris, trabibus, canteriis tignisque adprobe munitum ac pectinatum, tegulis e fissili petra inducitur additisque ad necessitatem capreolis omnem praestat a caelesti iniuria securitatem, tubulis e cupro, qui et stillas cadentes a parietibus cauedioue prohibent et aquam extra impluuium deriuant, prominentibus.[116]

Außer durch das teilweise ausgefallene Vokabular ergeben sich für den heutigen Leser der *Descriptio* bisweilen dadurch Verständnisprobleme, daß seitdem bauliche Veränderungen am Kirchengebäude vorgenommen wurden. Charakteristisch hierfür sind die zwölf *podia*, die mit größter Wahrscheinlichkeit die heute verschwundenen großen Erker bezeichnen, die das Dach knapp oberhalb der Trauflinie gliederten.[117] Ähnliche Schwierigkeiten begegnen weiter unten im Text mehrfach bei der Behandlung der heute fast völlig verschwundenen Innenausstattung.

Die zum Zeitpunkt der Erbauung vorhandenen drei Türme (der noch erhaltene St.-Michaels-Turm und zwei Dachreiter) werden in ihrer optischen Wirkung ebenso wie in ihrer Hauptfunktion als Glockenträger behandelt (V. 163–185). Architektur und Zierat kommen allerdings nur bei dem St. Michael geweihten Hauptturm kurz zur Sprache (V. 186–188):

> Prominet hic turrita pharos quadro edita saxo,
> Qua *cochleis*[118] patet ascensus, suspensaque duplex
> Pergula, cui podium circum undique pensile prostat.[119]

---

116 ARCHIDUCALIS ACADEMIA, 262. Vgl. Pontanus 1594b, 204: *Tegulae incuruatae dicuntur inbrices: unde tectum inbricatum. ad quorum imum est stillicidium, quod uel in impluuium decidit, uel in tubulos teretes canalesue semirotundos colligitur, ut extra impluuium decidat, ne stillae cadentes laterititium marmoreumue cauaedii pauimentum corrumpant*; Grapaldo 1618, 383: *Tubuli per diminutionem a tubis dici possunt canaliculi, siue potius ligna canaliculata, quae sub stillicidiis ponuntur, imbrium gratia ad cisternas colligendorum, siue in una tantum impluii parte, aut extra impluuium deriuandorum, ne stillae cadentes laterititium marmoreumue cauedii pauimentum corrumpant.*

117 Vgl. **Abb. 11.** In den Renaissancekommentaren steht *podium* in der Regel für einen Balkon (s. Anm. 119); – Die in V. 153 genannten *oeci*, von denen in der Prosabeschreibung keine Rede ist, dürften die zahlreichen kleinen Erker des Kirchendaches bezeichnen.

118 Bei dem überlieferten *trochleis* (Flaschenzüge!) muß es sich um einen Irrtum handeln. Die häufigere Bezeichnung für Wendeltreppen lautet *(scalae) cochlides* (*Descriptio noui templi*, Zwischentitel vor V. 686; Pontanus 1594b, 203), daneben findet sich *cochlidia* (Philander 1586, 352). Vgl. ARCHIDUCALIS ACADEMIA, 262f. *ad has (sc. Maenianas) | per scalas cochlides ascenditur.* Zur Formulierung des Gedichts vgl. Alberti de re aedif. 3,6 = p. 195 Orlandi – Portoghesi): *... uastis quidem in aedificiis, ubi crassior futura murorum moles est, ab ipsis fundamentis medium per opus ad summum usque relinquenda sunt aperta extuaria spiramentaque, ... inde siquid uaporis ... moueatur, libere possit exalare. ueteres huiusmodi nonnullis in locis cum istius ipsius rei gratia tum et commoditatis, quo in summum opus ascensus pateat, ... scalam cochleam intimum perducebant.*

119 Philander 1586, 192 (zu Vitr. 5,6,6 *podii altitudo*): *podium menianorum habet speciem, locus scilicet ad spectandum habilis, cuius pars, quae magis prouehitur, pulpitum est, ueluti pergula quaedam*; Pontanus 1594b, 201: *exteriores (sc.*

Ansonsten beschränkt sich Coccius auf die Erwähnung der vergoldeten, funkelnden Turmspitzen und des daran angebrachten Schmuckes – ein Motiv, das in der *Descriptio* und in den *Encoenia Basilicae* schon mehrfach aufgetaucht war:

> Anne uides, medio ut nodus circumligat auro
> 175 Luce repercussus turres et nubila uincat?
> Hinc multo locuples radio stat nomen JESV
> Molshemicosque facem auricomam dispensat in agros,
> Ceu iubar, Oceani cum laetum ex aequore uultum
> Sustulit et uasto lucem dispescit Olympo.
> 180 Turre super media Crucis aurea symbola fulgent,
> Ceu cum discussis coelo radiante tenebris
> Ostentat croceos coniux Titonia crines.
> At qua sub finem erecto temone supinat
> Emeritum occiduus currum Sol, alma patrona
> 185 Effigiata micat solaribus indita taedis.[120]

Die Erwähnung der Turmtreppe und der umlaufenden Galerie gibt zum Schluß der Außenbetrachtung Gelegenheit, die Aussicht von dort oben zu rühmen und die Felder, Rebenhügel und Gärten im Tal der Breusch in arkadisch-mythologischer Verkleidung Revue passieren zu lassen (V. 189–195).

Pavimentum, Columnae, Fornices (V. 196–244)

Coccius leitet seine Darstellung des Kircheninneren mit einem Resumé des bisher Betrachteten ein, wie er dies schon bei der Annäherung an das Portal getan hatte. Anders, vertrauter, ist jedoch nun der Umgang mit dem Leser. Hatte es zuvor eher unbestimmt geheißen *uidimus …,* so wird das Gegenüber nun – unter der Bezeichnung *spectator* – direkt angesprochen. Diese Hervorhebung des Sehens entspricht ganz der klassischen Ekphrasis-Forderung des ὑπ' ὄψιν ἄγειν τὸ δηλούμενον und findet ihre Bestätigung in der Charakterisierung des Textes als Bild:

> **Vidisti**, quae prima foris tibi machina pandat
> Atria, uestibulum, tectum, podia, ostia, turres,
> **Spectator**: ne siste oculos, perge **inspice** porro

---

partes parietum) sunt podia pensilia seu pergulae, et exedrae. podium pensile definitur locus ad spectandum extra parietem instar suggesti, uel pulpiti proiectus, et mutuli suspensus. Moenianum alias. Pergula a pergendo; Grapaldo 1618, 6: *porrigitur autem saepicule extra parietem in facie domus, mu[l]t⟨ul⟩is e marmore suppositis, locus ad spectandum, instar suggestus uel pulpiti, quem podium aut podiolum per diminutionem rectissime dicemus.* Vgl. auch Baldi 1612, 131.

120 V. 174 *circumligat auro* = Iuv. 7,89; zu V. 183 *erecto … supinat* vgl. Stat. Theb. 3,413 f. … *pars meritos uertunt ad molle iugales* | *gramen et erecto currum temone supinant.* Der auffällige Gebrauch von *dispescere* in V. 179 ist in der antiken Latinität nicht nachzuweisen.

Xysta, odea, sacella, choros, sacraria et aras
200   Et uastum breuibus templum metire **tabellis**.

Der erste, noch undifferenzierte Eindruck des Innenraumes, der sich dem Eintretenden am Nordportal bietet, ist von Pracht und Größe bestimmt. Entsprechend ähneln die Verse eher den Beschreibungen großartiger (fiktiver) Bauten im Epos, ohne allerdings etwa unzutreffende (z. B. rein antike) Einzelheiten zu übernehmen:

201   Intus amaena, ingens, praegrandibus alta columnis
        Arcubus incumbit uastis amplissima moles
        Fornicis, ac celsis nitidam specularibus haurit
        Ampla domus lucem et multo splendore coruscat.

Danach zeigt die Behandlung einzelner Teile der Ausstattung wieder das schon bekannte Interesse an der Fachterminologie, ohne doch auf poetische Ausschmückung zu verzichten: Nach einigen eher allgemeinen Bemerkungen zu den geschnitzten Kirchenbänken, angesichts deren sich der Dichter das belebte Kirchenschiff und die dort betenden Bewohner der Stadt ausmalt,[121] wendet er sich den Arkaturen der Seitenschiffe zu:

        Fulta quater denis incumbunt xysta columnis,
        Quas alti circum ualidis compagibus arcus
220   Corripiunt fidoque gerunt conamine, quidquid
        Porticuum aut mediis intermeat interuallis
        Aut testudineo supra praetenditur arcu;
        Subnixaeque pylis[122] scitoque toreumate scalpri
        Arte Corinthiaca spiris torulisque striisque
225   Firmatae solidant sacram circumsecus aream.

Interessant ist auch hier wieder der Vergleich mit dem Prosatext von 1618. Auch das Gedicht wartet diesmal mit einer großen Menge an Detailbezeichnungen auf, doch stellt sich ein wirklich genaues Bild vor dem Auge nur schwer ein. Hier sind allerdings, anders als an den bisher untersuchten Stellen, auch metrische Schwierigkeiten der Grund: so weist *subnixaeque pylis* (V. 223) auf „Pfeiler unter den Säulen" hin und ist nur dann verständlich, wenn man den Prosatext konsultiert, der dafür *stereobata* („Sokkel")[123] benutzt.

---

121 V. 210–217. Der Abschnitt ist zwar im Präsens gehalten, doch handelt es sich um eine Vorblende – wie bei den Überlegungen des Würzburger Dichters angesichts der Kanzel (ENCAENISTICA POEMATIA, *Nouae aedis adumbratio* V. 233–235) – und nicht etwa um eine Überleitung in die zur Weihefeier vollbesetzte Kirche.

122 sc. *pilis.*

123 Philander 1586, 114 (zu Vitr. 3,4,1 = einziger Beleg für *stereobates*): *Ii parietes modo stereobatae uocantur, postea stylobatae, uulgo pedestala, supra quos bases collocantur.* Pontanus 1594b, 50 läßt den „Tiro" des Dialogs die Erklärung Vitruvs zu *stereobata* (3,4,1) wörtlich zitieren.

Andere Unstimmigkeiten erklären sich, wie ebenfalls schon weiter oben zu beobachten war, aus Coccius' bisweilen etwas sorglosen Übernahmen aus der Münchner *Templi descriptio*. *Striae*, Kannelüren (V. 224), gibt es an den Molsheimer Rundpfeilern nicht, und auch die Wendung *arte Corinthiaca* wirkt, zumal in Verbindung mit *toreuma*, auf Stein angewendet eigentümlich. Die Lösung des Rätsels findet sich in der Beschreibung der Kolossalpfeiler von St. Michael, wo *arte Corinthiaca* die Kapitellform anzeigt:

> Adde his artificum ludos artisque lepores
> Atque Corinthiaca fabricatas arte columnas
> Parietibus fixas extremis atque decoras
> Vertice, mirificum decus aedi conciliantes ...[124]

Wesentlich realitätsnäher als im Gedicht spricht Coccius in seiner Prosa von der (heute verlorenen) Verzierung der Rundpfeiler:

> Auget admirationem praegrandium columnarum series et ordo ad opticam mensuram aequabili ratione quindenum cubitorum interuallo dissitarum, quae, fulciendae testudini xystisque et Odeo sustinendis, basibus rotundis circumsecus insidentes, porticibusque insertae ac suis stereobatis, scapis, capitulis, epistyliis, zophoris et uolutarum ornamentis ad amussim instructae atque per artificem pictorum manum maculis uariis intermeantibus auroque splendescentes Ophites marmor repraesentant et latera ipsa colligentes, insigni mole atque amplitudine, arcubus uariis in loco affabre se decussantibus, eximium basilicae splendorem conciliant.[125]

Manche Neuerungen in der dichterischen Fassung wiederum lassen sich aus den Anforderungen der Ekphrasistradition erklären, so die Betonung der authentischen Wirkung durch marmorierte Bemalung (V. 227–229). Wodurch genau allerdings diese Wirkung hervorgerufen wird, läßt sich dem Gedicht gar nicht entnehmen, da der Effekt nur allgemein auf *pictorum ludi* und *artis lepores* zurückgeführt wird. Um den Sachverhalt präzise zu verstehen, ist wieder der Blick in die Prosarede hilfreich (S. 264: *per artificem pictorum manum ... repraesentant*).

Ein letztes Beispiel betrifft die Beschreibung der Gewölbe, vielleicht eines der anspruchsvollsten Sujets der Literatur über Architektur. Hier bringt das Gedicht viel stärker die Spannung zwischen lasttragenden Pfeilern und lastenden Bogen zum Ausdruck (V. 218ff. **incumbunt** *xysta columnis,* | *Quas alti ... arcus* | **Corripiunt**); in der Rede dagegen wird nur die stützende Funktion angesprochen (S. 264: *fulciendae testudini ... et Odeo sustinendis ... et latera ipsa colligentes*).

---

124 TROPHAEA BAVARICA fol. F4ᵛ Z. 14–17.
125 ARCHIDUCALIS ACADEMIA, 264.

Nach einem kurzen Blick auf die Beichtstühle in den Seitenschiffen (V. 230–234)[126] wendet sich das Gedicht dem Gewölbe des Hauptschiffs und des Chores zu. Besonders auf die sich überschneidenden (decussare), scheinbar gebrochenen Schlußstücke[127] der Bogenrippen wird das Augenmerk gelenkt, die ähnlich wie die gemalte Marmorierung der Rundpfeiler durch Sinnestäuschung Aufsehen erregen:

235   Hinc decussato sursum pertexitur arcu
       (…)
237   Testudo …
238   Et miro obtutus saxorum fragmine fallit.

Daneben findet die aus Blumenranken, Engeln auf Goldgrund und Sternen gebildete Gewölbebemalung Erwähnung, ohne daß jedoch Einzelheiten der Dekoration genauer behandelt wären.

Arcus intermedius, Chorus, Lipsanothecae (V. 245–332)
Wappen- und Reliquiendichtung

Der fiktive Rundgang durch die Kirche wird nun mit zunehmend genauen Regie-anweisungen fortgesetzt. War auf die Betrachtung des Baus von außen der Eindruck der Gesamtwirkung im Inneren gefolgt, so geht es Coccius jetzt um Einzelheiten und – in langsamer Annäherung an Chor und Hochaltar – um bedeutende religiöse Aspekte der Kirche.

Dabei fällt auf, daß der Dichter Coccius eine andere Gesamtanordnung der Beschrei-bung trifft als der Redner. Die Behandlung der Seiten- und der Orgelempore, der Orgel selbst und der Treppentürme, die auf die Emporen führen, folgt in der Prosarede un-mittelbar auf die der Säulenstellungen und wird ihrerseits von der Schilderung des Deckengewölbes und seiner Malereien abgelöst. Coccius bespricht also in der Rede zunächst das Kirchenschiff in einer von unten nach oben führenden Bewegung voll-ständig, bevor er sich dem Chor und den Seitenkapellen, also gleichsam dem heiligen „Haupt" des kreuzförmigen Gebäudes zuwendet. Diese Reihenfolge erscheint für ihn als geistlichen Autor auch durchaus angemessen. Es stellt sich deshalb die Frage, war-um er einige Monate später in seinem Gedicht ein anderes Schema anlegte: Chor, Altar

---

126 Nach Barth 1963, 14 Anm. 33, der sich auf das verlorene *Diarium Collegii* beruft, wurden die Beichtstühle allerdings erst 1630 aufgestellt. Möglicherweise benutzte man 1618/19 provisorisch von anderswo übernom-menes Mobiliar.

127 Der Terminus technicus hierfür wäre *proiectura*, vgl. ENCAENIA ET TRICENNALIA JULIANA, 104 (zit. o. S. 230 Anm. 230). Zu diesem Motiv in Molsheim kurz und treffend Braun 1908, 55: „An Zimmerwerk gemahnt es, wenn die Rippenenden in Weise von Balkenköpfen einander überschneiden oder wie in eine andere Rippe eingefügt aussehen – ein Motiv der Holzarchitektur, das hier in die Steinarchitektur übertragen wurde."

und Kapellen (V. 281–685) folgen auf das Kirchenschiff einschließlich Gewölbe (V. 196–234); die Emporen und die Orgelbühne, also gewissermaßen die mittlere Ebene, werden am Schluß der ganzen Beschreibung hinzugefügt (V. 815–869). Auch so ergibt sich zwar ein Rundgang durch das Gebäude, doch mit einer weniger einheitlichen Entwicklungslinie.[128]

Am Triumphbogen, der als *immanis*, aber ohne Größenangaben vorgestellt wird,[129] befindet sich ein IHS-Monogramm, der im Himmel und auf Erden verehrte und von der Hölle gefürchtete Name. Der zähneklappernde Schrecken der Unterwelt kommt deutlich zu Gehör:

248 Nomen, quod mundo uitam dedit atque salutem,
    Quod coelum atque solum omne colit, bara**thri antra tre**miscunt …

Um das Monogramm fliegen Scharen von Engeln und Seligen; wohl darunter – es heißt lediglich *huic … supplicat* (V. 252 f.) – sah man eine Darstellung des kniefällig betenden Ignatius in Kontemplation des Christuszeichens. Zu beiden Seiten des Bogenscheitels[130] waren große Wappen aufgemalt: zur Rechten das des Bischofs und Erzherzogs Leopold, zur Linken das des Molsheimer Kollegs. Die ausführliche Beschreibung des vielteiligen Wappenschildes des Habsburgers verdient Beachtung als repräsentatives Beispiel für Wappendichtung der frühen Neuzeit, zumal die Darstellungen am Triumphbogen heute nicht mehr vorhanden sind.[131]

---

128 Zu einer möglichen Erklärung s. u. S. 364 f.

129 Vgl. dagegen ARCHIDUCALIS ACADEMIA, 265: *arcus sese offert medius structurae solidae atque elegantis, Hetrusci operis* [sic!]*, e uiuo et quadro saxo, LXVI. pedibus sublimi, XXXV. in latitudinem protensus.*

130 Die von Braun 1908, 59 erwähnte, mittig am Bogenscheitel plazierte Vorkragung ist bei Gass 1911, Taf. IX gut zu erkennen, sie kann aber nach dem Wortlaut des Gedichtes nicht, wie Braun ebda. notiert, das Wappen getragen haben. Der Prosatext hat hier das in der Antike nicht belegbare Wort *coronix*, „Bekrönung", das in unterschiedlichem Kontext verwendet wird. Vgl. z. B. Alberti de re aedif. 7,9 = p. 587 Orlandi – Portoghesi (zu Säule, Kapitell und Fries) *Coronices appellamus partes eas supremas, quae supra tignum promineant*; Philander 1586, 98 (*Digressio …, qua … uniuersam columnationis et trabeationis rationem … explicat*): *Summum trabeationis sibi uendicat coronix, qua pauimentum, aut subtensum potius tectum existimo …*

131 Das Gedicht deutet die Wappenmotive nicht allegorisch-emblematisch aus; nur die eigenartige Umschreibung in V. 266 fällt etwas aus dem ansonsten sachlichen Duktus heraus. Die beschriebenen Wappenelemente sind großenteils klar zu identifizieren: Tirol (V. 259a), Krain (V. 259b–260), Lothringen (?, V. 261), Habsburg (V. 262), Böhmen (?, V. 263), Habsburger Löwe und Kärnten (?, V. 264), Alt-Ungarn (V. 266), Elsaß (V. 267), (Neu-)Österreich (Bindenschild, V. 268) und das sog. altösterreichische Lerchenwappen (V. 269). Unklar ist V. 265; hier kann kaum das Passauer Bistumswappen gemeint sein, da es einen Wolf, keinen Greif zeigt. Wie stark Coccius auswählte (vgl. V. 270 f.), zeigt das um vieles reichere Wappen Leopolds, das heute (wieder?) in der nördlichen Kapelle zu sehen ist (Abb. bei Eschbach 1990, 20), und das – deutlich abweichende – Wappen im Vorspann der ARCHIDUCALIS ACADEMIA von 1618 (fol. †1ᵛ). Die noch 1911 am Triumphbogen vorhandenen, heute verschwundenen Malereien (s. Gass 1911, Taf. IX) waren offenkundig nicht die ursprünglichen, die das Gedicht beschreibt, und enthielten keine Wappen mehr.

Purpurat hic roseus, mox caerulus occupat aequor,
260   Cornigeramque alibi inuoluit lunam armiger ales,
       Coccum auro hic bicolor uariat distinctio, auorum
       Hic Hapspurgiadum lato aurea moenia campo,
       Hic leo sanguineo exalbescit in aequore, at inde
       Irrubuit, cui se terni iunxere leones,
265   Hinc gryphs expansas in latum porrigit alas
       Hic niueum os roseo dea Pannonis induit ore,
       Hic sex gemmato radiant diademata scuto,
       Austria candorem hic generosa rubore maritat,
       Coeruleum auricomae hic percurrunt aequor alaudae,
270   Caeteraque Austriacam monumenta ornantia Gentem
       Praestringunt splendore oculos aciemque fatigant.

Demgegenüber war das Kollegwappen (V. 272–280)[132] lediglich in Rot–Silber–Rot gehalten (also ein österreichischer Bindenschild), bekrönt von einer thronenden Maria mit dem Jesusknaben in einer Aureole.

Der Leser und Betrachter wird nun nachdrücklich aufgefordert, die Stufen zum Chor hinaufzusteigen und den Blick zuerst auf die acht großen steinernen, bunt bemalten[133] Statuen an den Chorseitenwänden zu lenken. Diese stellten die vier Evangelisten und die lateinischen Kirchenväter dar und sind seit längerer Zeit (wohl seit der Revolution) nicht mehr vorhanden.[134] Auffälligerweise wird der Topos der täuschenden Lebensechtheit hier nicht konsequent ausgeführt, wenn es heißt:

283   … saxa hominum uiuos *imitantia* uultus.

Dafür erfährt man einige Details über die einzelnen Statuen: Johannes war als Jüngling im ersten Bartflaum dargestellt und begleitet vom aufwärts blickenden Adler (V. 285–287), Matthäus mit Redegestus, zugleich dem Engel lauschend, der zu ihm tritt

---

132 Möglicherweise handelt es sich nicht um das Wappen des Kollegs, sondern des Straßburger Hohen Chors. Darauf deutet eine Bemerkung des Coccius im Prosapanegyrikus hin, wo er das Wappen am Triumphbogen als *illustris collegii Argentoratensis* (sc. *insigne*) bezeichnet. S. ARCHIDUCALIS ACADEMIA, 265 = u. S. 747.

133 ARCHIDUCALIS ACADEMIA, 265: *fictae pictaeque statuae*.

134 Vgl. Barth 1963, 10. Sie sind nicht zu verwechseln mit den vier Evangelisten und vier Mönchen rund um die Sockel des Triumphbogens (Barth 1963, Abb. 30–33 und 35), die dem heutigen Betrachter wohl nur deshalb so stark auffallen, weil nahezu das ganze sonstige alte Inventar der Kirche verlorengegangen ist. Ihr Stil und der Umstand, daß sie aus demselben Stein sind wie der Bogen, lassen die Annahme zu, daß sie zur Originalausstattung gehörten, ohne daß ihnen jedoch eine besondere Rolle zukam. Dementsprechend sind sie in keinem der zeitgenössischen (Coccius'schen) Texte je erwähnt. – Um wen es sich bei den vier „Mönchen" handelt, ist nicht festzustellen: die Identifikation als St. Ignatius, Franz Xaver, Aloysius Gonzaga und Stanislaus Kostka, die Jos. Braun (1908, 53; nach einer ungenannten Quelle?) vornahm, kann weder im Hinblick auf die Tracht noch auf die ganze Haltung der sitzenden Figuren überzeugen.

(V. 289–291). Über Markus und Lukas ist dagegen nur bemerkt, daß auch sie von ihren Attributtieren begleitet waren.

Anspruchsvoller sind die Kirchenväter eingeführt, denn Coccius betont ihre dreifache Funktion als Schutzpatrone des Baues, als schöne Kunstwerke und als religiöse Vorbilder:

> 292 Partem aliam oppositi pulcro discrimine uallant
> Illustres Patres, quorum pulcerrimus ordo
> Phidiaca arte chorum, at uirtute illuminat Orbem.

Die vier Statuen dagegen werden als solche nicht beschrieben – eine Ausnahme bildet Hieronymus, dessen rotes Gewand Erwähnung findet –; Coccius geht es hier mehr um ihre gelehrten bzw. theologischen Qualitäten. So wird Gregor I. in einer Etymologisierung seines Namens[135] zum *uigili clarus de nomine*, Ambrosius ist *potens fandi torrente*, und Augustin empfing durch Ambrosius die Taufe (V. 297). Als Kriterium für die Reihenfolge der Nennung dient die der Aufstellung – allerdings ist nicht ganz klar, von wo man auszugehen hat: die Wendung *sublimi e scammate* (V. 299) verweist jedoch wohl auf das Chorgestühl,[136] so daß Hieronymus, von dem es heißt: *occupat extremas sublimi e scammate sedes*, am wahrscheinlichsten besonders weit vom Chorbogen entfernt und damit dem Hochaltar am nächsten stand. Da die Aufzählung der Evangelisten an der Chorsüdwand am Altar begonnen hatte (V. 284 f.), ergäbe sich eine Art Rundgang, der am Altar einsetzt und endet.

Zwischen den Statuen befanden sich sitzende Engel, die Fruchtkörbe und -girlanden trugen. Ob sie als Vollfiguren oder als Wandmalerei ausgeführt waren, geht weder aus der Prosarede noch aus dem Gedicht klar hervor. Aber auch in dem, was Coccius jeweils für erwähnenswert hielt, unterscheiden sich die beiden Texte wieder signifikant. So legt er in der Rede Wert auf Anschaulichkeit und erklärt, wo sich die florale Dekoration befindet:

> angeli calathos omnigenis fructibus onustos praeferentes (…), ubi etiam florum frondiumque et pomorum implexus contextusque (encarpa Vitruuius uocat), coronario luxu exuberantes haudquaquam indecori sunt.[137]

Die ausdrückliche Berufung auf Vitruv[138] unterstreicht den Anspruch auf Genauigkeit noch zusätzlich. Ganz anders die Dichtung: hier gilt das Interesse ganz dem unmittel-

---

135 Wohl nach Surius' *Historiae Sanctorum* (*Graece* γρεγορέος *Latine Vigilantius*; vgl. Trophaea ed. Hess 1997, 225 Anm. 292).

136 Vgl. HEBENSTREIT, SYLVA V. 317 über das Gestühl: *fabrefactaque scamna*.

137 ARCHIDUCALIS ACADEMIA, 266.

138 *encarpa* findet sich in der antiken Literatur nur bei Vitr. 4,1,7. Vgl. Philander 1586, 129 *Encarpus Graecis fructuosum significat. hoc loco ornamentum est, hoc est florum frondiumque et pomorum implexus, atque contextus, coro-*

baren sinnlichen Eindruck der Szenerie. Deshalb „überstrahlen" die Engelsfiguren die „duftenden" Lilien, deren Ort durch ein *circum* nur ganz ungefähr angegeben wird. Coccius entwickelt vor dem Leser einen bunten und duftenden Garten, der mancherlei Reminiszenzen an antike Vorbilder bietet[139] und mit ewig sanftem Frühlingswind nicht zuletzt Assoziationen eines Paradieses erwecken soll. Dies erscheint umso sinnvoller, als der darauffolgende Abschnitt mit den Reliquien der Heiligen (V. 311–332) ein Thema behandeln wird, das mit den kirchlich ebenso wie dynastisch symbolträchtigen Farben Weiß und Rot eng verbunden ist.

> Aligeri arrident iuuenes, fragrantia circum
> Lilia, Paestanis nuper selecta rosetis,
> Purpureasque rosas immortalesque amaranthos,
> Quos neque flammatis torrens ardoribus aestas
> 305 Nec gelidi Boreae penetrabile frigus adurit.
> Hic tepidas semper Zephyris afflantibus auras
> Crediderim ...

Nach den Blumen wendet sich Coccius noch kurz den Fruchtgirlanden zu. Hier treibt er das schon eingeleitete Motiv des ewigen Frühlings auf die Spitze und erlaubt sich ein mehrdeutiges Spiel mit Realität und Phantasie:

> ... nunquam baccae, nunquam aurea desunt
> Mala, nec effracto turgentia cortice poma
> Punica, nec pendens apricis frondibus uua
> 310 Sole coloratos uarie mentita racemos.

Daß die Früchte niemals fehlen, versteht sich einerseits innerhalb des Tableaus vom ewigen Frühling. Andererseits aber fehlen sie natürlich deshalb nie, weil sie nur nachgebildet sind und dadurch unwandelbar an ihrem Ort an der Molsheimer Chorwand verbleiben! Daß ein solcher Gedanke tatsächlich mitschwingt, zeigt V. 310: die Rebe täuscht das von den Sonnenstrahlen bunt gefärbte Laub vor (*mentita*), ist also „nur" gemalt. Coccius hat hier, von der Farbigkeit der Malerei begeistert, auf originelle Weise das traditionelle Illusionismusmotiv variiert, indem er es mit literarischen Anklängen an das *ver perpetuum* kombinierte und erst am Ende der Passage durchblicken läßt, daß der sinnlich berückende Paradiesgarten nur eine blühende Phantasie ist.

Wie die knabenhaften Figuren der Engel ihren Glanz verbreiten, so geht von den

---

nario luxu folijs flores et fructus intercursantibus, et loro siue fascia circumcinctis et aduolutis. cuiusmodi sunt, quae serta et corollas triumphales nostri uocant, Itali ghirlandas et festones a festiuitate appellant.

139 Zu 301–302 *fragrantia circum | Lilia* vgl. Verg. georg. 4,130f. *albaque circum | Lilia*; zu 303 *immortalesque amaranthos* Colum. 10,175 *immortalesque amaranthi*.

Reliquien der Heiligen, die am Hochaltar ihren Platz haben, strahlendes Licht aus. Und auch hier spielt Coccius virtuos mit Doppelbedeutungen:

> Circum aram radiant Diuorum lipsana, stellis
> Aemula, quae Phrygio sanctis addicta labore
> Dextra laborauit. quid enim est augustius illis
> Artubus, eximio quos munere Numen amicum
> 315 Mactauit? …

Auf den ersten Blick sind es die Reliquien (*lipsana* = λείψανα), die hier wie Sterne aufstrahlen, und sicher ist für den Theologen Coccius auch dies gemeint. Doch die folgenden Verse (312 f.) verraten, daß es in Wirklichkeit um die Reliquiare (üblicherweise: *lipsanothecae*) geht, deren Kristallglas Ursache des funkelnden Lichtes ist, Kunstwerke, zu deren Erschaffung es eines *Phrygius labor* – also einer zehnjährigen Arbeit wie der Trojanische Krieg? – bedurfte.

Der Dichter entbietet dann den Reliquien seinen Gruß und preist die Heiligen:

> Saluete, o sacrae exuuiae, illustrissima Diuum
> 320 Pignora, templa Dei quondam uiuentia, rursum
> Templa futura Dei, postquam cinefacta resument
> Immortalem animam, redhibente Tonante uigorem.[140]

Es folgt eine lange Reihe von Todesarten der Märtyrer, denen gegen alle Widerstände von Häresie und Hölle die verdienten Ehren erwiesen werden (V. 323–332).[141]

Ara primaria (V. 333–519)
Andachtsübungen, christliche Lyrik und *imitatio auctorum*

Mit der in die Beschreibung eingeflochtenen Betrachtung über die Heiligen und mit ihrem Lobpreis ist ein neues Element in das Gedicht einbezogen worden: die religiöse Betrachtung. Erwartungsgemäß verstärkt sich diese Tendenz im nun anschließenden, sehr ausführlichen Teil, der dem Hochaltar gewidmet ist. Dieser ist wegen der Anwesenheit der Hostie (V. 334–339) und als Ort der Eucharistie (V. 352–358), aber nicht weniger wegen seiner künstlerischen Ausgestaltung (V. 365 ff.) der wichtigste Teil der Kirche und erfährt schon deshalb eine weit ausführlichere Behandlung als alles andere zuvor.

---

140 Nach TROPHAEA BAVARICA fol. H4ᵛ Z. 9 f. *Saluete o sacri cineres, o dulcia iustis* | *Pignora, templa Dei quondam uiuentia uiui,* | *Templa futura iterum uiui uiuentia!*

141 V. 332 = TROPHAEA BAVARICA fol. H3ᵛ Z. 20 *quamuis fremat Haeresis et gemat Orcus.*

Coccius leitet den Abschnitt mit einer an den Leser gerichteten Aufforderung zum Gebet ein: kein Tag vergehe ja, ohne daß der Priester an diesem Ort die heilige Hostie zeige (V. 336–339).[142] Der Hinweis, dies folge schließlich nur dem Gebot Christi zur Wiederholung des Abendmahls, gibt Gelegenheit, die Szene des Letzten Abendmahls kurz in Erinnerung zu rufen:

> … inde stupente
> Bisseno Procerum comitatu, arcana profatus
> 345 Verba, quibus frugis Cerealia dona sacrauit,
> Continuo (uis tanta Dei), quem gesserat ante,
> Desiit esse ultra panis, quodque ille iubebat
> Esse Dei coepit diuino munere corpus.

Das Wunder der Wandlung kommentiert Coccius ohne Scheu mit jenen Worten, die in Vergils *Aeneis* das Erscheinen des weissagenden Apoll in der Orakelgrotte der Sibylle zu Cumae begleiten – als beiden Vorgängen gemeinsam konnte immerhin das Wunderbare und Übermächtige des Vorgangs angesehen werden:

> Vt simul appositi farris laticisque sacerdos
> 355 Munera lustrarit sacratis uocibus, adsit
> Extemplo Deus, ille Deus …[143]

Dieser Textabschnitt übernimmt eine Aufgabe, die bisher im Gedicht nicht von Bedeutung gewesen ist: er beschreibt einen Teil der Kirche nicht nach seinem Äußeren, sondern nach seiner Funktion. Es versteht sich von selbst, daß dies nicht unter ästhetischem Aspekt geschehen kann, sondern nur unter theologischem. Coccius verliert damit allerdings durchaus nicht den Fortgang der *descriptio* aus den Augen, sondern erweitert den bislang ganz auf die Beschreibung konzentrierten Text nun um eine Deutung. Zu diesem Zweck bezieht eine neue Apostrophe wieder ein Gegenüber in die Gedankengänge ein, doch diesmal wird nicht der Leser angesprochen, sondern Christus. Mit dieser Hinwendung kommt ein meditatives Element in das Kirchengedicht; ein ausführliches inneres Gespräch kommt zu diesem Zeitpunkt im Gedicht allerdings noch nicht zustande. Coccius beläßt es vorläufig bei der Anrede an Christus, doch durch die gleichzeitige Erwähnung der Passion blitzt vor dem Auge des Lesers für einen Moment ein Bild des Gemarterten auf, eine Art Vorbote der späteren ausgiebigen Beschäftigung mit dem Thema in den Versen 543–663.

---

142 Diese Verse sind nahezu wörtlich übernommen aus OLIVETUM SPIRENSE V. 1213–1216.

143 Verg. Aen. 6,45 f.: *uentum erat ad limen, cum uirgo ‚poscere fata | tempus‘ ait, ‚deus ecce deus!‘.* Vielleicht dachte Coccius aber auch an das Lied der Hirten bei Christi Geburt, aus dem Sannaz. P. V. 3,232 den (natürlich vergilischen) Passus *Deus, deus ille, Menalca!* „überliefert“ (Hinweis L. Braun).

343

356   … Deus, ille Deus, qui corporis artus
        Induit atque epulis corpus cum sanguine praebet,
        Pignora, **Christe, tua** et saeui monimenta doloris.

Obwohl die Betrachtung nicht unmittelbar fortgeführt wird, setzt Coccius doch nicht sofort die unterbrochene Kunstbeschreibung fort. Stattdessen scheint er, durch die Hinwendung zu Christus im noch unbelebten, stillen Kirchenraum ein wenig entrückt, in dieser kontemplativen Haltung weiterzusprechen. Die folgenden Verse führen in die Nähe eines visionären Gesichtes:

        Crediderim coelestem aciem se fundere ab astris,
360   Cum uidet aetherei Patris descendere Prolem
        Et miscere Deum coeli commercia terris:
        Mille illi obsequium dextra laeuaque supinant,
        Mille iacent proni, Domino mille orgia dicunt,
        Mille sacerdotem pulcro agmine circumsistunt.

Die Szene belebt sich, und himmlische Scharen erfüllen mit Lobgesängen den Raum, knien vor dem Sohn Gottes und umgeben ihn von allen Seiten. Handelt es sich um reine Phantasie des Dichters, oder hat Coccius hier bildliche Darstellungen im Kirchenraum – beispielsweise Engelsfiguren am Altaraufbau – als Grundlage einer durch Bewegung und Klang belebten Darstellung verwendet? Das zweifelnde *crediderim* zu Beginn des Passus erinnert freilich auch an das plötzliche und verwirrende Einsetzen einer Vision. Wir kennen von Coccius selbst bereits ein Beispiel dafür, wie reale Elemente und übernatürliche Belebung der Szene ineinanderfließen können: in den *Encoenia Basilicae* hatte er das goldene Blitzen der Marienstatue auf der Turmspitze durch einen Engelschor in den Lüften ergänzt.

Auch die zitierte Szene der *Descriptio* ist als visionäre Schau verstehbar. Nur dann nämlich ergibt V. 364, den wir bisher außer acht gelassen haben, einen Sinn: wenn die Engelsscharen sich um den Priester versammeln, dann ist offenbar nicht einfach ein Bild am Altar zu beliebigem Zeitpunkt das Thema dieser Verse, sondern der präzise Moment der Wandlung, in dem der Zelebrierende in besonderem Maße den Himmlischen nahe steht. Wenn dies so ist, dann handelt es sich um einen Vorgriff des Dichters auf die Zeiten, in denen die Kirche zum Gottesdienst benutzt werden wird, und eine überhöhte Umschreibung des sich stets wiederholenden rituellen Vorgangs der Vereinigung von irdischem und himmlischem Geschehen beim Opfer.[144]

Nach dieser Szene setzt die Beschreibung des Altars im gewohnten Duktus wieder ein, wobei bewundernde Topoi die Einleitung bilden (der Altar ist eine *praegrandis structura* [V. 365], ein *durum, excelsum, ingens … molis opus* [V. 367–369]). Anders als in den

---

144 Darauf deutet auch das iterativ zu verstehende *cum uidet* in V. 360 hin. Vgl. auch o. S. 157 f.

Gedanken zur Eucharistie und ihren übernatürlichen Begleiterscheinungen kommt den Bildern des Altars, denen sich der Dichter nun zuwendet, nur eine scheinbare Lebendigkeit zu. Coccius drückt sie mit dem bekannten Topos der täuschenden Naturähnlichkeit aus, der zum Grundbestand der Ekphrasis gehört – und löst den irritierenden Sachverhalt obendrein gleich wieder auf. Daß es sich wirklich nur um (Ab)bilder handelt, wird ausdrücklich hinzugefügt:

>   … uiua
> 370   Omnia quis neget esse? tamen sunt omnia saxum.[145]
>   Sacra figurantur ueterum hic mysteria rerum …

Das Molsheimer Hochaltarbild von 1618, dessen Künstler nicht mehr bekannt ist, stellte Christi Geburt dar[146]. Nichts lag hier für den Dichter näher, als sich an der seinerzeit berühmtesten poetischen Bearbeitung des Themas zu orientieren: Jacopo Sannazaros *De partu Virginis libri III*. Deutlichstes Signal für diese Anlehnung ist der Satz, mit dem Coccius die Geburt selbst beschreibt; er ist gegenüber der Vorlage nur unwesentlich verändert:

> 387   Coelo euecta oculos Virgo hic faecunda sub auras
>   Mortales mirante solo, mirantibus astris
>   Siderium deponit onus …[147]

Ebenso an Sannazaros Gedicht orientiert ist die Beschreibung der Geburtsgrotte zu Bethlehem. Joseph, der sich gerade erst von seinem Schrecken angesichts der wunderbaren Vorgänge zu erholen beginnt, spricht dort unter Tränen einen ihm von Gott eingegebenen Gruß an den Jesusknaben. Dabei vergleicht er die Paläste der Könige und Fürsten und ihren Gold- und Purpurglanz mit dem elenden Stall – aber nicht, um darüber zu klagen (er ist *afflatus Deo*!). Joseph begreift in diesem Augenblick, daß Christus kein König in irdischem Glanz sein soll und sein wird:

> „Sancte puer, non te Pariis operosa columnis
> Atria, non uariata Phrygum uelamina textu
> Excepere (iaces nullo spectabilis auro),
> Angustum sed uix stabulum, male commoda sedes
> Et fragiles calami lectaeque paludibus herbae

---

145 Hier variiert Coccius sein Vorbild Armbruster und beweist dabei deutlich mehr Sinn für die Möglichkeiten sprachlichen Spiels: OLIVETUM SPIRENSE V. 426f. *Lignum | Omnia quis neget esse? tamen sunt omnia saxum.*

146 Die beiden Beschreibungen durch Coccius in der Prosarede (ARCHIDUCALIS ACADEMIA, 265) und im Gedicht sind die einzigen Quellen zum Aussehen des Altars. Sie sind mehrfach kurz referiert worden: Seyfried 1899, 16 (nach der Rede); Braun 1908, 64 (nach der *Descriptio*) und in Anlehnung daran Barth 1963, 14.

147 Sannaz. P. V. 2,358–360: *sicut erat foliis stipulaque innixa rigenti, | Diuinum, spectante polo, spectantibus astris | edit onus.*

Fortuitum dant ecce torum. Laqueata tyrannos
Tecta et regifico capiant aulaea paratu:
Te pater aeterno superum ditauit honore
Illustrans, tibi siderei domus aurea coeli
Plaudit inextinctosque parat natura triumphos.
Et tandem hanc sedem reges, haec undique magni
Antra petent populi …"[148]

Coccius übernimmt den Vergleich zwischen prächtigen Palästen und ärmlicher Felsen-
höhle und gestaltet ihn mit verschiedenen Adaptationen aus mehreren antiken Autoren
weiter aus. Sannazaros Pointe allerdings, daß die Höhle zu Bethlehem gar keine äußere
Pracht besitzen sollte, kommt (in den V. 382–386) nur in recht abgeschwächter und
impliziter Form vor. Offensichtlich lag dem Molsheimer Dichter weit mehr daran, eine
Probe seines imitatorischen Könnens zu geben und ein möglichst großartiges Tableau
aus Versatzstücken antiker Prachtarchitektur zu konstruieren:

376   Non hic Taenariis stant illi fulta columnis
      Robora, non caelatum alte laquearia subter
      Ridet ebur, postemue silex asaroticus ornat.
      Non Maurusiacos pulcrae testudinis orbes
380   Delphica sustentant, nec docto expicta Myroni
      Limina multiplici florent radiantia gemma:
      Verum qua cauus exesum testudinat antrum
      Pumex quaque leui casa frondea nisa tigillo
      Suntque Ephrataeis composta mapalia terris,
385   Haec tunc coelorum Domino rerumque Monarchae
      Hospitium, et magnae dederunt cunabula Stirpi.

Die von Coccius entworfene Szenerie basiert auf Zitaten aus Properz, Martial, vielleicht
auch Sidonius.[149] Bei der Adaptation einer Martialstelle ist ihm ein kurioses Mißverständnis unterlaufen: aus Martials *Delphica* (sc. *tabula*), der Bezeichnung für eine besondere Art von Tisch, ist hier ein nicht weiter erklärter Plural geworden.[150] Es dürfte
sich hier nicht um eine von zeitgenössischen Ausgaben oder Kommentaren beeinflußte
Uminterpretation der Vorlage handeln, sondern um einen eigenen, etwas gewaltsamen
Versuch des Coccius, aus der ohne Erklärung schwer verständlichen Martialstelle etwas
Neues zu schaffen.[151] Auch die in V. 379 auftauchenden *Maurusiaci orbes* sind kaum zu

---

148 Sannaz. P. V. 2,444–455.
149 Zu V. 376 f. vgl. Prop. 3,2,9 f. *Quod non Taenariis domus est mihi fulta columnis | nec camera auratas inter eburna
trabes*; zu V. 378 *silex asaroticus* vgl. Sidon. carm. 23,58 *lapillus asaroticus*. Vom Gedanken her (fehlender
Luxus) steht auch Hor. carm. 2,18,1 f. *Non ebur, neque aureum | mea renidet in domo lacunar* nahe.
150 Mit V. 379 f. vgl. Mart. 12,66,5–7: *Gemmantes prima fulgent testudine lecti | Et Maurusiaci pondera rara citri; |
Argentum atque aurum non simplex Delphica portat.*
151 Diese Festellung beruht im wesentlichen auf der Tatsache, daß die damals führende Martialausgabe Mat-

verstehen. Letztlich bleibt unklar, warum Coccius gerade diesen Passus aus Martial als Vorlage wählte, aus dem sich schließlich nur einzelne und dazu noch uminterpretierte Wörter verwenden ließen. Für die Beschreibung luxuriöser Innenräume jedenfalls hätten sich andere Autoren viel eher angeboten, so der von Zeitgenossen des Coccius in ihren *descriptiones* herangezogene Statius mit den Villengedichten der *Silvae*.

Die Beschreibung des Altarbildes bietet zahlreiche Details zum Inhalt. So erfahren wir weiter, daß Joseph voll Staunen den lichterfüllten Raum und die englischen Scharen betrachtet, daß von einem nahegelegenen Hügel (V. 395: *ab colle propinquo*) die Hirten mit ihren ländlichen Gaben herbeikommen oder daß einer ihrer Hunde ohne zu bellen das Kind anstaunt (V. 401). Wie die einzelnen Szenen angeordnet waren, erfährt der Leser dagegen nicht: zur gesamten Geburtsszene gibt Coccius nur die mehrfache – und damit eigentlich die Anschauung des Bildes selbst voraussetzende – Ortsangabe *hic* (V. 371. 376. 387. 392). An einer anderen Stelle des Bildes werden Flöten geblasen und Lieder nach dem Vorbild des schafehütenden David angestimmt: auch hier lautet die Ortsangabe lediglich *parte alia* (V. 403). Solche Beobachtungen lassen erkennen, daß es dem Dichter trotz aller Liebe zum Detail nicht vorrangig um eine authentisch rekonstruierbare Bildbeschreibung ging, weniger noch um die lückenlose Darstellung für mögliche Leser, die das Bauwerk selbst nicht kannten, sondern um ein zwar möglichst vollständiges, aber subjektives Gesamtbild. Dieser Eindruck wird bestärkt, wenn Coccius außerbildliche Elemente einbezieht wie in der erwähnten Szene der Musizierenden. Indem er die Aufmerksamkeit ganz auf einen imaginierten *Klang* richtet, belebt er das Bild in einer sehr subjektiven Weise. Und so erfahren wir nichts Genaues über die malerische Anordnung der Wälder und Haine auf dem Bild, aber wir können sie „hören“:

403 Parte alia calamos inflant et carmina pangunt
    (…)
407 Auia responsant nemorum pictaeque uolucres
    Condensas inter corylos …[152]

Schließlich fällt der Blick noch einmal auf die Scharen der Engel, die vermutlich an vielen Stellen des Bildes zu sehen waren (auf diese Weise ließe sich die unklare Ortsangabe *inde* [V. 408] verstehen) und ihren Lobgesang anstimmten. Hier hat sich Coccius eine Besonderheit einfallen lassen, die es in den anderen *descriptiones* nicht gibt: der Dichter verzichtet ausdrücklich darauf, den Gesang der Engel selbst wiederzugeben – die *agrestis musa* sei dafür ungeeignet, heißt es V. 416: einen solchen Gesang könne er

---

thäus Raders das Gedicht 12,66 nicht komplett abdruckt (1602, 756): aus moralischen Vorbehalten gegenüber dem Vers 8 fehlen dort gerade die uns interessierenden Verse 7 f.

152 Vgl. Val. Fl. 4,286 *auia responsant gemitu iuga*; Lucr. 2,145 *nemora auia*; Verg. ecl. 1,14 *hic inter densas corylos*; georg. 3,243 = Aen. 4,525 *pictaeque uolucres*.

selbst erst im Himmel anstimmen[153] – und bittet stattdessen die Engel selbst, ihren Lobgesang der Heiligen Nacht erneut ertönen zu lassen.[154] Damit verstummt der Hexameter-Dichter, und der Text wird mit einem *Hymnus Angelorum* überschriebenen Gedicht aus acht alkäischen Strophen fortgesetzt (V. 421–452). Eingerahmt von Strophen des Gotteslobes (V. 421–424) und der Hoffnung auf Errettung der Menschheit durch die Liebe (V. 449–452), entwickelt er viele der bekannten Paradoxa, die im Zusammenhang mit Christi Geburt Traditionsgut geworden sind (z. B. V. 431 f.: *Celsaeque fabrefactor aulae | E supera uenit exsul aula* oder V. 439 f.: *Seruire non horret, qui Olympo | Imperitat famulisque terris*). Anklänge an horazische Oden sind im Text ebenso zu finden wie Anleihen bei nichtlyrischen Vorlagen.[155]

Als der Hexameter-Dichter danach seine Beschreibung wieder aufnimmt, fühlt er sich neu inspiriert (V. 453: *Iam propiore Deo*) und wendet sich wieder an den Leser (V. 455). Langsam wandert der Blick am Altaraufbau nach oben: *Lumina circumfer* (V. 455) weist auf die Apostel- und Heiligenstatuen zur Seite des Altarbildes hin, *at supra* (V. 485) leitet die Darstellung der Himmelfahrt und Krönung Mariens ein (V. 485–494),[156] die über dem Weihnachtsbild angebracht war. Im oberen Bereich befanden sich zwei vergoldete IHS- und MRA-Monogramme (V. 495–497). Nicht genau lokalisiert werden zwei große Statuen des Ignatius und des Franciscus Xaverius (V. 498–509); aus der Prosarede, in der der Altar ebenfalls in einer aufsteigenden Linie vorgeführt wird, ergibt sich aber, daß sie zu Seiten der Marienkrönung und zwischen den Monogrammtafeln standen.[157] Die Aufzählung schließt mit dem Gekreuzigten auf der Spitze des Altaraufbaues (V. 510: *supremo in cono*), der eine kurze Reflexion über die Passion auslöst (V. 513–517). Der Abschnitt geht mit einer Erwähnung des floralen und ornamentalen Dekors zu Ende. Einige Passagen seien nun im einzelnen herausgegriffen.

---

153 Nicht recht verständlich ist dagegen die in V. 414 gegebene Begründung, wegen der bildlichen Darstellung des Engelschores auf eine weitere Darstellung zu verzichten. Vgl. V. 414–416: *At quia quadratis sunt iubila picta tabellis, | Nos ea non canimus, uerum expectanda supernis | Sedibus: agrestem hic metuo interponere Musam.*

154 Allerdings ist zu fragen, ob die Idee von Coccius selbst stammt – sind doch Einlagen anderer Versmaße gerade in Epen mit biblischer Thematik schon früher nachzuweisen. L. Braun weist mich besonders auf den sogenannten „Heptateuchdichter" (nach 400) sowie auf *De uita et gestis Christi* des Jacobus Bonus (1526) hin.

155 Zu V. 421 f. *Dignam polorum Principe gloriam | Pacemque terris dicimus Alites* vgl. Hor. carm. 1,21,1 f. *Dianam tenerae dicite uirgines, | intonsum, pueri, dicite Cynthium*; zu V. 425 f. *Pacem sequestrâ prole ter optimus | Pater cum Adamo sancit amabilem* dagegen Stat. Theb. 7,542 f. *ubi tunc fidei pacisque sequestra, | Mater, eras?*

156 Die Beschreibung Mariens übernimmt mit geringen Veränderungen die des Erzengels Gabriel aus OLIVETUM SPIRENSE V. 365–368, zwei weitere dort unmittelbar folgende, ebenfalls auf Gabriel bezogene Verse benutzte Coccius erneut für die Leopoldstatue in V. 471 f.

157 ARCHIDUCALIS ACADEMIA, 265: *Pars supera Virginem Matrem coelo assumptam, eandemque Augustam Reginam ab Sanctissima Triade coronatam, et tum caelestium spirituum choro, tum Societatis nostrae Diuorum Tutelarium B. P. Ignatii Fundatoris, et B. Francisci Xaverii Fidei per Indias Propagatoris, augusta specie uallatam exhibet; sacratissimis nominibus utrimque … appositis (…).*

Die Statuen des heiligen Maternus und Leopold (V. 462–484) geben Coccius erneut Gelegenheit zu einem panegyrischen Exkurs auf das Haus Habsburg. Besonders der Namensvetter des Bauherrn wird rühmend hervorgehoben, einerseits durch seine vorbildhafte Kirchengründung (wiederum Klosterneuburg),[158] andererseits als Begründer einer langen Reihe heldenhafter österreichischer Fürsten, an deren vorläufigem Abschluß Leopold V. selbst steht. In der sprachlichen Gestaltung orientiert sich Coccius an Vergils patriotischen *Laudes Italiae* im 2. Buch der Georgica, überbietet diese aber noch durch die mehrfache eindringliche Wiederholung des Landesnamens (V. 476. 478–480). *Austria* erscheint hier wie in der antiken Vorlage als segenspendende *tellus*, die Helden allerdings kommen anders als in Vergils Italien nur aus einem einzigen Stamm. Inhaltlich kulminiert das Lob in der Verbindung von *pietas* und *sapientia*, Attributen, die sowohl als Fürstenideal des 16. Jahrhunderts als auch als Verweis auf Salomo verstehbar sind:

> Valle hic (*sc.* Leopoldus) liligera Marianam condidit aedem,
> 475 Aedem caelesti consignatam omine.[159] tales
> Antiqua de stirpe ducum dedit Austria felix
> Paciferae insignes studio uirtutis et armis,
> Austria, magnorum genitrix faecunda uirorum,
> Austria, spes, decus et Germani gloria sceptri,
> 480 Austria, quae Albertos, Rudolphos non modo Magnos,
> Sed magnos animis, magnos uirtutibus, auso
> Extulit et magno Leopoldos: excipit illos

---

158 Die Wendung *Valle liligera* in V. 474 weist zunächst in eine andere Richtung, nämlich auf die Gründung der bedeutenden niederösterreichischen Zisterze *Lilienfeld* durch Markgraf Leopold VI. den Glorreichen im Jahr 1202. Tatsächlich handelt es sich aber um einen Irrtum des Coccius, denn am Molsheimer Altar war selbstverständlich der Heilige Leopold (V. 470 *diuus ... Leopoldus*) und damit, wie auch V. 475 andeutet (s. die folgende Anm.), die Gründung von Klosterneuburg dargestellt. – Zu Lilienfeld: Mussbacher 1991; Seeger 1997, 79–83 (Lit.); zum Gründer: Scheibelreiter 1991; Eheim 1955, 158 n° 17.

159 Dies ist in Coccius' Dichtungen die einzige Anspielung auf die Klosterneuburger Gründungslegende, nach der St. Leopold als Ort des Kirchenbaues jene Stelle bestimmte, an der er einen neun Jahre zuvor seiner Gemahlin Agnes vom Wind entrissenen Schleier unversehrt in einem Dornengebüsch wiederfand. Breiter ausgeführt ist die Erzählung in den österreichischen Leopoldsdichtungen des 16. Jahrhunderts, unter denen der *Leopoldus seu Paean in diuum Leopoldum Austriae principem et tutelare numen* des Caspar Ursinus Velius (ca. 1493–1539) am bekanntesten wurde: Velius 1522, fol. d3ʳ–eᵛ (= silv. 1,3). Ein Neudruck des Gedichtes erschien 1591 unter der Überschrift *Carmen hexametrum in honorem piissimi principis Sancti Leopoldi* (Polzmann 1591, fol. 47ʳ–50ʳ). Dieser Band enthält auf fol. 35 ff. auch das entscheidende Plädoyer für die Heiligsprechung Leopolds, die *Oratio de Divo Leopoldo* (1485) des Johannes Franciscus de Pavinis. Für Coccius, selbst Lobredner eines Leopold, dürfte Polzmanns Werk daher eine willkommene Hilfe gewesen sein. Tatsächlich hat sich der Molsheimer Jesuit stellenweise an Johannes de Pavinis angelehnt (INAUGURALIA COLLEGII SOCIETATIS IESU MOLSHEMENSIS, 39), ohne ihn jedoch wörtlich zu zitieren. Daher ist nicht endgültig zu klären, ob es ein Exemplar des Polzmann-Druckes in Molsheim gab oder ob Coccius nur dessen Vorlage (nach Bieler 1936, 11 war dies die weitverbreitete Sammlung *De probatis Sanctorum historiis* des Kölner Kartäusers Laurentius Surius) zur Verfügung stand. – Zur österreichischen lateinischsprachigen Dichtung auf St. Leopold vgl. Wacha 1985, 39.

Antistes noster, qui facta domestica auorum
Et pius et sapiens factis ingentibus aequat.[160]

Die Statue des Ignatius gibt dem Dichter Gelegenheit zu einem bei den Jesuiten öfters wiederkehrenden Gedankenspiel, der Assoziation mit dem Feuer *(ignis)* des Glaubens.[161] Das Funkeln der Lichtstrahlen auf dem Blattgold der Monogramme ließ sich als Überleitung gut verwenden. Durch das Licht werden die Statuen belebt und scheinen zu atmen:

495   Circum terna nitent Latiis elementa figuris
         Hinc JESV, hinc MARIÆ augustum signantia nomen
         Aureaque effundunt caelestis fulgura **flammae.**
         Sed nec fronte tegit **flammati** pectoris aestus
         Sindone sericea fuluoque Ignatius auro
500   Conspicuus, Sociosque monet, quos aemula uirtus
         Exstimulat, uerae zelo pietatis, et una
         Lege Dei sociauit honos ac foedere iunxit,
         Mundum omnem **inflammant** radiis …
         (…)
         Talia stant simulacra uirum, quos uiuere dicas,
507   Quandoquidem aut spirant uitam aut spirare uidentur.[162]

Auf der Spitze des Altaraufbaues befand sich ein Kruzifixus (V. 511: *Iesus patiens*). Die kurze, von Selbstanklagen geprägte Betrachtung, die Coccius an seine Erwähnung anschließt, ist zwar recht unvermittelt in das Gedicht eingefügt und endet gleichermaßen abrupt in der zusammenfassenden Wendung (V. 518) *Hic arae uultus.*[163] Nichtstenoweniger läßt sich daran beispielhaft die dreiteilige Struktur der Meditationen erkennen, wie sie z. B. in Ignatius' *Exerc.* 45 ff. vorliegt:[164] Am Anfang steht die Wahrnehmung des historischen Geschehens über das Bild *(memoriā)* und damit das Registrieren seines schmerzlichen Inhaltes: Christus ist gekreuzigt und geschunden (V. 512). Es folgt eine theologische Erklärung *(intellectu)*: Es war der Wille des Sohnes Gottes, un-

---

160 Verg. georg. 2,167 und 169–174 *haec (sc.Italia) genus acre uirum, Marsos pubemque Sabellam* | *(…)* | <u>*Extulit, haec*</u> <u>*Decios Marios magnosque Camillos,*</u> | *Scipiadas duros bello et te, maxime Caesar,* | <u>*Qui nunc extremis Asiae iam uictor in*</u> *oris* | *Imbellem auertis Romanis arcibus Indum.* | *Salue, magna parens frugum, Saturnia tellus,* | *Magna uirum …* – Vgl. auch den Vers, mit dem Ursinus Velius sein Leopoldgedicht (s. Anm. 159) beginnt: *Alma parens regum o nutrix domus Austria centum.* Auffällig ist die unterschiedliche Gewichtung von *domus/stirps* und *Austria* (Land) in beiden Gedichten.

161 Vgl. die TEMPLI BIDGOSTIENSIS PANEGYRIS (1650), fol. D^{rv}, wo das Wortspiel mit *ignis* selbst durchgeführt ist (s. u. S. 554). Bei Coccius ist dieses Motiv auf Francisco Xavier übertragen (s. u. zu V. 680–683).

162 Nach ENCAENISTICA POEMATIA, *Nouae aedis adumbratio* V. 358 *Aut ipsos lugent uere, aut lugere uidentur* bzw. V. 566 f. *et quicquid odoriferum uer* | *Spirat hians, templum illud idem spirare uidetur.*

163 Vgl. u. Anm. 167.

164 S. I. Teil, E.III.4. Über das „Gespräch im Angesicht des Gekreuzigten" vgl. die o. S. 196 Anm. 118 zitierte Passage aus *Exerc.* 53.

schuldig für die Schuldigen Schmerzen zu leiden (V. 513 f.). Doch diese Erklärung bezieht den Betrachter nicht wirklich ein – dies gelingt erst, wenn sich dieser selbst als einer der Schuldigen begreift. Genau dies geschieht nun, und der Weg wird frei für die reuevolle Einsicht des Betrachters (*affectu*, V. 515–517):

... fastigia summi
Occupat altaris Iesu patientis imago,
510   Indignis lacerata modis et stipite fixa.[165]
Nimirum tantos quondam perferre dolores
Vera Dei Soboles uoluit, pro sontibus insons:
Frausque nefasque fuit **nostrum**. nihil iste patrauit
Nec potuit, coelum hoc et conscia sidera norunt.
515   Tantum infelices nimium dilexit amicos.

Diese Passage ist auch deshalb interessant, weil sie aus der Würzburger *Nouae aedis adumbratio* von 1591 mehrere Verse wörtlich übernimmt.[166] Zwar hat die übereinstimmende Stelle (Coccius V. 514–516 ≈ *Adumbratio* V. 491–493) eine prominente gemeinsame Vorlage in der Nisus-und-Euryalus-Episode der *Aeneis*, doch ist die Übernahme ebenso wie in den häufigen Fällen der Anleihe bei Armbrusters *Oliuetum* dadurch unbezweifelbar, daß die Situation in beiden Texten identisch ist: auch in Würzburg meditiert der Dichter-Kirchenführer vor dem Hochaltar. Hier noch einmal die beiden Parallelstellen:

Verg. Aen. 9,427–430 (Letzte Worte des Nisus)	*Adumbratio*, V. 490–493 (Kruzifixus am Hochaltar)
‚me, me adsum qui feci, in me conuertite ferrum,	Quis tibi tam lato patefecit pectus hiatu?
o Rutuli! mea fraus omnis, nihil iste nec ausus	Fraus nostra et nostrum scelus est. nihil ipse patrauit
nec potuit; caelum hoc et conscia sidera testor;	Nec potuit, caelum hoc et sidera conscia norunt.
tantum infelicem nimium dilexit amicum.'	Tantum infelices nimium dilexit amicos.[167]

Über die Würzburger Ausarbeitung des Meditationsgespräches geht Coccius insofern hinaus, als er in V. 513 f. viel deutlicher die verstandesbestimmte Einsicht (*intellectu*) in das Geschehen ausdrückt. Der Würzburger Dichter war stattdessen unmittelbar von

---

165 Nach OLIVETUM SPIRENSE V. 1171–1173 *Festiui altaris similant fastigia tectum* | *Sub quo se ostentat Iesu patientis imago* | *Indignis lacerata modis et uulnere multo.*

166 Von den Würzburger ENCAENISTICA POEMATIA des Jahres 1591 besaß das Molsheimer Kolleg gleich zwei Exemplare, die heute noch in einem Sammelband mit zumeist südwestdeutschen *Poëtae recent(iores)* (so der Rückentitel) der Jahre 1564–1605 in der BGSS aufbewahrt werden (1 Lb 24/8 und /11; vgl. Schlaefli 1995a, 222 Nr. 1085).

167 Auch das Ende der Altarbeschreibung (V. 518–520) ist eine übernommene Passage. Vgl. TROPHAEA BAVARICA fol. F4ʳ (*Ad Famam templi descriptio*; Ende der Hochaltarbeschreibung und Tabernakel): *Hic arae uultus, facies haec intima, circum* | *Veris honor floret, frondesque et semicorollae* | *Sculptaque praestantes imitata emblemata formas* | (14 Verse) | *Coelatum artifici dextra signisque decorum* (sc. *opus*).

der sinnlichen Bildwahrnehmung *(memoria)* zu einer lebhaften Selbstanklage *(affectus*, V. 491) übergegangen.

Sacella, sacraria, altaria (V. 521–685)

Coccius führt seinen Leser nun zu den Seitenkapellen und Altären, läßt ihn aber auch einen Blick in die südliche Sakristei werfen. Um Anschaulichkeit zu erreichen, verwendet er hier besonders viele Richtungsangaben, so daß dieser Abschnitt der *Descriptio* am ehesten als ein gelenkter Rundgang gelten kann. Allerdings ist sein Verlauf etwas sprunghaft.

Die erste Station ist die Marienkapelle im südlichen Querschiff, von deren Ausstattung der Dichter zwei Bischofsgräber, einen Altar und die bemalte Decke heraushebt (V. 523 f.). Der im Gedicht beschriebene Zustand ist heute stark verändert: Zwar hat nach einer Restaurierung der eindrucksvolle *gîsant* des Straßburger Bischofs Johann von Dürbheim (1306–1328) wieder seinen Platz in der Marienkapelle eingenommen,[168] doch das Grab seines 1439 verstorbenen Nachfolgers Wilhelm von Diest ist schon lange nicht mehr kenntlich.[169] Ebenso sind Altar und Bemalung der Kapelle nicht mehr die ursprünglichen, spätestens seitdem Weihbischof Haug im ausgehenden 17. Jahrhundert eine Umgestaltung vornahm. Leider sind genauere Aussagen über die ursprüngliche Ausstattung aus Coccius' Text nicht zu gewinnen, da eine Beschreibung des Inventars völlig fehlt. Der einzige Kommentar zur Marienkapelle, den das Gedicht bietet, besteht in einer kurzen allgemeinen Betrachtung über die Unumgänglichkeit des Todes und die davon nicht angetastete *inclyta uirtutum ... fama* (V. 530–534).

Als nächstes lenkt Coccius den Leser zu der südwestlich an die Marienkapelle angrenzenden Sakristei, hebt ihre dicken Mauern hervor und berichtet, daß von hier der prächtig gekleidete Zelebrant zum Altar schreite (V. 535–537). Etwas irritierend ist es daher, wenn danach nochmals die Marienkapelle zur Sprache kommt, diesmal mit ihrem Altar der Mater dolorosa. Es ergibt sich so eine etwas sprunghafte Hin- und Herbewegung, doch die einleitende Richtungsangabe läßt keinen Zweifel zu.

> **Verte gradum** et specta Marianam cominus aram,
> Aram qua patrona Parens tristissima saxo
> 540 Insidet et grauibus sub corde doloribus ardet.

---

168 Eine Photographie der Statue vor der Restaurierung findet man bei Gass 1911, Taf. IV (wieder bei Barth 1963 Abb. 39), während die Abbildung bei Eschbach 1990, 12 (dort auch knappe Information zur Person Johanns) den am Ende der 80er Jahre wiederhergestellten *gîsant* in der Marienkapelle zeigt. Vgl. auch Seyfried 1899, 28 f.

169 An Diest erinnert in Molsheim heute nur noch eine Inschrift anläßlich seiner Bischofswahl (1394), die sich an der Wand der gegenüberliegenden Ignatiuskapelle befindet. Vgl. Oswald 1987; Eschbach 1990, 24 Abb. 36.

Hinc liquidis coepere oculis turgescere gemmae[170]
Ac sese in lacrymas, sese in suspiria mergunt.

Nach wenigen Versen folgt erneut ein Ortswechsel. Hinter der Angabe *inde sinistrorsum* (V. 543) verbirgt sich immerhin eine Durchquerung des gesamten Bauwerks, denn die weitere Beschreibung betrifft die andere der beiden Seitenkapellen im nördlichen Querschiff. Es ergibt sich damit eine Reihenfolge: Chor und Hochaltar – Marienkapelle – Sakristei – Marienkapelle – Nordkapelle. Eigenartig an diesem Verlauf ist zudem, daß die Richtungsangaben nicht konsequent aus der Perspektive des Führenden (oder auch des Geführten) gesehen werden. Wenn nämlich Coccius den Weg vom Chor zur Marienkapelle mit den Worten angibt

523   Flecte retro et refer ad **dextram** uestigia: sculptos
        Hinc tumulos, aram ac pictum laqueare subibis,

so bezeichnet er die Lage der Kapelle als „im *rechten* Seitenschiff" aus der Sicht eines, der das Kirchenschiff in West-Ost-Richtung, gleichsam mit Hilfe eines Grundrißplanes, betrachtet, nicht aber aus der des Geführten, der aus dem Chor zurück ins Hauptschiff und, um die Marienkapelle zu erreichen, vielmehr nach *links* gehen muß. Hier bleibt Coccius' Gedicht in der Klarheit hinter seiner Prosabeschreibung zurück, wo alle Angaben konsequent von dem Punkt im Chor aus gesagt sind, an dem sich der Beschreibende gerade befindet. Entsprechend heißt es dort zuerst zur nördlichen, dann zur Marienkapelle: *Porro sub ipsum chori aditum ad* **dexterae** *alae caput sacrarium est ... cui* **parte altera** *aliud item Virginis Matris tutelae dicatum obiacet.*[171]

Die bereits mehrfach erwähnte nördliche Kapelle enthielt zum Zeitpunkt der Beschreibung einen Altar, auf dem sich eine Kreuzigungsgruppe mit Maria und Johannes befand. Die Kapelle war aber nicht nur dem heiligen Kreuz geweiht, sondern neben anderen auch St. Leopold, und diente dem Fürstbischof als Privat- und Familienkapelle.[172] Erst

---

170 Nach OLIVETUM SPIRENSE V. 1142f. *mater tristissima saxo | Insidet et grauibus sub corde doloribus ardet* sowie V. 1156–1158 *dixit gelidoque simillima saxo | Abrupit uocem: tum uero rursus honestae | Virgineis caepere oculis turgescere gemmae.* Coccius hat Armbrusters Vers 1156 in seinem Vers 613 nochmals aufgegriffen.

171 ARCHIDUCALIS ACADEMIA, 266. Anders als im Gedicht unterscheidet Coccius in der Prosabeschreibung terminologisch nicht zwischen *sacella* (Kapellen) und *sacraria* (Sakristeien), sondern benutzt durchweg den zweiten Begriff. Nur im Prosatext findet im übrigen die zweite, größere Sakristei östlich der Chorapsis Erwähnung, die nach Coccius' Worten zur Aufbewahrung von Reliquien und besonders wertvollen Festgewändern benutzt wurde, wie sie nach der Notiz der *Synopsis* (wie Anm. 26, S. 95 s. v. *Benefactores*) von Leopolds Schwester Magdalena gestiftet wurden. Der niedrige Anbau mit seinen auffälligen Ovalfenstern, der durch ein *pseudothyron* (ARCHIDUCALIS ACADEMIA, 266; vgl. Pontanus 1594b, 202: *pseudothyrum est posticum, in parte uidelicet aedium posteriore, falsum ostium ad uerbum*) hinter dem Altar zugänglich war, ist heute noch vorhanden.

172 ARCHIDUCALIS ACADEMIA, 266: *sacrarium ..., quod tute, Serenissime Princeps, ceu pietatis tuae proprium et familiare asceterium destinasti.* – Diese Kapelle ist nicht zu verwechseln mit der heute nicht mehr vorhandenen Ignatiuskapelle des Kollegs. Vgl. ARCHIDUCALIS ACADEMIA, 263: *nec procul inde* (d. h. von der Nordfassade der

1622 wurde sie anläßlich der Heiligsprechung des Ignatius dem Ordensgründer geweiht und mit den heute noch sichtbaren Gemäldezyklen dekoriert,[173] so daß Coccius noch keine weiteren Angaben zur Ausstattung machen konnte. Leider läßt sich aus dem Gedicht nicht einmal entnehmen, ob sich 1619 auch das berühmte mittelalterliche Reliquienkreuz von Niedermünster in der Kapelle befand; die wenigen Andeutungen des Textes lassen hier keine Schlüsse zu. Immerhin finden sich weder im Gedicht noch in der Prosabeschreibung explizite Hinweise auf das doch sehr auffällige und große Kunstwerk; es sei denn, man wollte die Ausführlichkeit (V. 542–662), mit der Coccius die Gruppe behandelt, als hinreichendes Indiz dafür ansehen, daß es hier tatsächlich um das berühmte Reliquiar geht.[174]

Der Dichter lädt seinen Leser nun zum Gebet vor der Kreuzigungsgruppe ein. Er erwähnt kurz, aber eindringlich, was zu sehen ist, und gibt – ähnlich wie beim Crucifixus am Hochaltar – eine Erklärung:

> 545 Quadrifida fixum trabe distentumque per artus
> Exhibet ara Deum. hic sortem miseratus acerbam
> Elegit bonus immeritas exsoluere poenas …

Anstatt aber nun die einzelnen Figuren in Hexametern zu beschreiben, schaltet er zum zweiten Mal ein lyrisches Gedicht in die *descriptio* ein. Es verbindet die Marienklage unter dem Kreuz und – nach einer kurzen hexametrischen Überleitung – die Antwort des Gekreuzigten, in der er seinen Opfertod erklärt, Trost spendet, Maria und Johannes

---

Kirche) *ad extimam collegii partem oratorium est domesticum B. P. N. Ignatii, Societatis fundatoris, patrocinio celebre (…)*. Zur baulichen Situation des Kollegs vor dem Ende des 18. Jahrhunderts vgl. die Pläne bei Gass 1911, Taf. 29 und Barth 1963, Abb. 5 (beide leider ohne Provenienzangabe).

173 Seyfried 1899, 31–33; Bercher 1983.

174 Gegen die Identifikation mit dem Kreuz von Niedermünster spricht aber schon am Beginn der Passage V. 548 *(Deum …)* | *Quem cum discipulo circumstans Mater …* | *(Respicit)*. Nach den erhaltenen Abbildungen des Kreuzes aus dem späteren 17. Jahrhundert (Will 1988, 150) sind Maria- und Johannes-Figuren nicht Teil des Kunstwerks gewesen. – Zur (legendären) Geschichte des Kreuzes von Niedermünster vgl. Seyfried 1899, 34–43; Walter 1931. Auch im Molsheimer Karlsdrama von 1618 wurde diese Legende eingeflochten (vgl. Anm. 48); Coccius hätte sich eine Anspielung auf das Thema bei der Kirchenbeschreibung kaum entgehen lassen. Zusätzlich zu diesen Unklarheiten finden sich in der modernen Literatur widersprüchliche Angaben zur Molsheimer Geschichte des Reliquiars. Während Eschbach 1990, 24–26 die Ansicht vertritt, das bereits seit 1580 in Molsheim befindliche Reliquiar habe sich in der alten Hospitalkapelle befunden und sei erst 1622 auf den Kreuzaltar (im Seitenschiff, nicht in der Seitenkapelle) verlegt worden, hat Robert Will (1988, 142) darauf verwiesen, daß der heutige Kreuzaltar erst im ausgehenden 18. Jh. eingerichtet wurde und daß das – erst 1587 nach Molsheim überführte – Kreuz in der „erzherzoglichen", also der Nord- oder Kreuzkapelle ausgestellt war. Eine Aufstellung auf dem Altar im Seitenschiff sei (S. 144) wegen der Größe des Kreuzes (ca. 2,76 x 1,78 m) gar nicht möglich gewesen. Bezüglich des Aufstellungsortes verdient Wills Ansicht den Vorzug; allerdings ist ihm (S. 142 m. Anm. 25 [richtig: 35]) der folgende Nachtrag eines zweiten Schreibers in der *Synopsis* (wie Anm. 26, s. v. *Fundatores. 1587*) entgangen: *Anno 1580 donata nostro templo. Anno 1587 moniti ut custodiretur nec ab Haereticis interciperetur. Vide Historiam.*

einander anempfiehlt und seine Auferstehung voraussagt. Damit steht der Text formal in einer langen, bereits im Mittelalter etablierten Tradition von Maria-Christus-Dialogen, die sich in lateinischen *versus Leonini* (in Handschriftenillustrationen) ebenso wie griechischen Zwölfsilblern (auf Ikonen) finden.[175] Auch in der frühen Neuzeit, als man nach neuen Möglichkeiten geistlicher Dichtung in humanistischen Formen suchte, bleibt das Thema populär. So eröffnete Sebastian Brant 1498 seine Sammlung *Varia carmina* mit zwei elegischen Gedichten *Querimonia virginis in passionem Christi* und *Consolatio Christi ad matrem*, die zusammen einen Dialog ergeben.[176] Später wird das Thema auch in lyrischen Metren aufgegriffen: als Beispiel sei eine 1621 erstmals publizierte Ode *Christi Domini mox morituri cum beatissima Maria Matre Colloquium* aus der Feder Maffeo Barberinis, des späteren Papstes Urban VIII., erwähnt.[177] Allerdings ergeben sich im Vergleich mit Coccius' Gestaltung des Themas auch Unterschiede. Der erste und offensichtlichste ist die Verteilung des Textes auf seine Sprecher. Während Barberini von seiner Vorlage, der Horaz-Ode *Donec gratus eram tibi* (carm. 3,9), den Sprecherwechsel nach jeder Strophe übernahm, läßt Coccius Maria volle 15 vierzeilige Strophen sprechen (V. 553–612), um dann nach seiner eigenen Zwischenbemerkung (V. 613–619) weitere elf Strophen aus dem Mund Christi folgen zu lassen (V. 620–663). Das alte Thema des Zwiegesprächs auf Golgatha hat damit alle Knappheit der Antilabai verloren, wie sie noch die mittelalterlichen Passionsverse kennzeichneten:

> Fili! – Quid, mater? – Deus es. – Sum. – Cur ita pendes? –
> Sic uolo. – Cur ita uis? – Ut redimatur homo.[178]

Zugleich sind neue Gedanken in den Dialog hineingekommen. Die Bitten Mariens, an den Leiden ihres Sohnes teilzuhaben (V. 590–612), verleihen dem Ganzen einen ebenso dramatischen Klang, wie sie dem Leser, der die Passion mitempfindet, eine Identifikation mit den Worten der Mutter ermöglichen (bes. V. 580 *me rape in omnia acerba tecum*).

Coccius hat auch an dieser Stelle nicht völlig selbständig gestaltet, sondern auf poetische Vorlagen zurückgegriffen. Dafür nur zwei Beispiele:

Maria begründet ihren Wunsch, Christus in den Tod folgen zu wollen, mit dem Handeln einer anderen Mutter, die nach dem Verlust einer zahlreichen Kinderschar nicht mehr leben wollte:

> 585 Septena stirpis corcula floridae
> Depasta quondam funere contuens
>   Cordata mater se relictam
>   Nolle uocat sobole interempta.

---

175 Bischoff 1981b.
176 Brant 1498, fol. b^rv bzw. b^v–b2^r.
177 Sparrow 1954, 360.
178 Bischoff 1981b, 274.

Man denkt hier zunächst wohl an die Gestalt der Niobe; für die vor Schmerz erstarrte Maria wäre sie tatsächlich eine geeignete Parallele. Doch Coccius denkt hier vermutlich – streng genommen ist dies aus dem Mund Mariens ein Anachronismus – an eine andere Heilige, deren Schicksal schon die Dichter der *Trophaea Bavarica* in einem ähnlichlautenden Epigramm behandelt hatten:

> De S. Felicitate M(artyre)
> Adspexit septem genitrix occumbere natos,
>   Et demum octaua haec uictima laeta fuit.[179]

Die Bitten Mariens, Christus begleiten zu dürfen, finden darüberhinaus eine enge Entsprechung in der älteren Darstellung bei Jacopo Sannazaro (P. V. 1,362–367):

> „Vel tu, si tanti est hominum genus, eripe matrem,
> quae rogat et Stygias tecum duc, nate, sub umbras!
> Ipsa ego te per dura locorum inamoenaque uiuis
> 365 regna sequar; liceat rumpentem cernere portas
> aeratas, liceat pulchro sudore madentem
> euersorem Erebi materna abstergere dextra.“

Nach dem Schluß der Christus-Ode fährt Coccius recht unvermittelt in seiner Beschreibung fort und weist in knapper Form noch auf vier weitere in der Kirche aufgestellte Altäre hin, ohne allerdings ihren Ort im einzelnen anzugeben. Das Führungsschema, das den Aufbau des Gedichtes streckenweise bestimmt, ist hier zugunsten eines vagen Hinweises *Quattuor inde aliis sub tutelaribus aras | Vise* (V. 664 f.) aufgegeben. Genannt sind:

1. der Altar der zwölf Apostel (V. 666–670). Er befand sich nach einer im September 1618 von Weihbischof Peetz ausgestellten Urkunde[180] im linken Seitenschiff; nach einer Forschungsmeinung wäre er 1622 wegen der Versetzung des Kreuzes von Niedermünster in die Jesuitenkirche zum Kreuzaltar umgewidmet worden.[181]

2. der Johannes dem Evangelisten geweihte Altar im rechten Seitenschiff. Coccius beschreibt ihn ebensowenig wie die anderen, sondern beschränkt sich auf seine Erwähnung (V. 670) mit den Worten *Altera discipulo est sacra, quem dilexit Iesus.*[182]

3. ein dem (damals zwar selig-, aber noch nicht heiliggesprochenen) Ordensgründer Ignatius geweihter, größerer Altar, der sich vielleicht ebenfalls unter den Seitenarkaden

---

179 TROPHAEA BAVARICA fol. 13ʳ. Daneben wäre auch eine Anspielung auf das Schicksal der sieben makkabäischen Brüder und ihrer Mutter (2 und 4 Makk) möglich.

180 ABR D 4: *Patroni quattuor altarium in templo Soc. Jesu Molshemen. consecratorum Aᵒ D. 1618.* Das Dokument führt die beiden Altäre in den Seitenkapellen und unsere Nr. 1 und 2 auf. Eine Übersetzung gibt Seyfried 1899, 13 f.

181 Eschbach 1990, 24 (vgl. Anm. 174).

182 Nach Io 13,23 *erat ergo recumbens unus ex discipulis eius in sinu Iesu quem diligebat Iesus.*

befand.[183] Dieser Altar, der Coccius zu einigen Äußerungen über die Christusnachfolge und Lehre Loyolas inspiriert (V. 672–678), fehlt erwartungsgemäß in Peetz' Urkunde, ebenso wie

4. ein auf der gegenüberliegenden Seite aufgestellter Altar für Francisco Xavier, dessen Statue Coccius als vom Feuer des Glaubens strahlend darstellt und damit das bei den Jesuiten beliebte *ignis*-Wortspiel[184] von Ignatius auf die Missionsbemühungen seines Ordensbruders überträgt. Zugleich gelingt ihm hier eine variierende Adaptation verschiedener antiker Verse:

> 681 cui mentem infusus coelo uigor, **ignea** frontis
> Gloria, et **ardentes** obtutibus acribus orbes
> **Feruorem** exspirant, caecis quo decolor Indus
> Ereptus tenebris fidei **radiauit** Eoo.[185]

Mit der resümierenden Feststellung, die Kirche besitze somit sieben Altäre, beendet Coccius diesen längsten Abschnitt der Dichtung (V. 685).

Scalae cochlides, xysti et xystorum emblemata (V. 686–814)
Nacherleben der Vita Christi

Ein neuer Musenanruf unterstreicht den Einschnitt und zeigt an, daß mit der Beschreibung der Altäre ein Hauptteil der Kirchenbeschreibung abgeschlossen ist. Wenn Coccius dennoch ausdrücklich zu einer weiteren „Anstrengung" ansetzt (V. 686 *Eia iterum, mea Musa, alium perrumpe laborem*), so hat es zunächst den Anschein, als geschehe dies nur deshalb, weil nun der Weg auf einer – architektonisch – höheren Ebene, der der Emporen, fortgesetzt wird. Tatsächlich besteht der folgende Abschnitt jedoch fast ausschließlich in einer weiteren religiösen Bildbetrachtung, die in diesem Fall das gesamte

---

183 Nicht unmöglich erscheint aber auch eine Aufstellung oben auf der Empore, die sich aus V. 671 f. ***Celsior his*** *fumans similes exspirat honores,* | *Quae nitet in xysto* ebenfalls herauslesen ließe. Es wäre denkbar, daß die beiden Altäre der noch nicht von Rom kanonisierten Ordenspatrone in diesem üblicherweise nur den Kollegmitgliedern zugänglichen Teil der Kirche gleichsam separiert waren. Für diese Sachlage spricht neben dem Fehlen der beiden Altäre Nr. 3 und 4 im genannten Dokument ABR D 4 auch der Umstand, daß sie auf der frühen Zeichnung des Kirchengrundrisses fehlen, die Barth 1963 Abb. 5 (ohne Quellenangabe) abgedruckt hat. Vgl. zum Phänomen Roesch 1938, 22: „So wurde die Empore für die Patres und Professen der Ort für ihre individuellen und privaten Andachten" (mit – ungenauem – Verweis auf Joseph Braun). – V. 670 entspricht TROPHAEA BAVARICA fol. Gᵛ (*Ad Famam templi descriptio*): <u>*Grandior*</u> <u>*hinc*</u> <u>*fumans sanctos expirat odores*</u> | *Ara aduersa olli* …
184 S. o. Anm. 161.
185 Vgl. besonders Prop. 4,3,10 *ustus et* <u>*Eoa decolor Indus aqua*</u> (weitere antike Parallelen s. Prop. ed. Fedeli 1984, 230). Von der Bildlichkeit nahestehend auch Sil. 9,179 f. <u>*sensimque abeuntibus umbris*</u> | *conscia nox sceleris roseo cedebat* <u>*Eoo*</u>. – Coccius scheint hier mit *Indus* den Fluß zu meinen, während das Wort in den Vorbildstellen den Bewohner bezeichnet.

Leben Jesu mit Passions- und Auferstehungsgeschehen zum Thema hat. Es handelt sich also auch inhaltlich um eine höhere Ebene.

Über den Weg der weiteren Kirchenführung bleiben bei der Lektüre einige Zweifel. Zwar heißt es eingangs:

> 687 Scande laboratos lato sub fornice xystos,
> Et pia ne illibata oculis monimenta relinque;
> Quin trahe continuo sensim uestigia passu,
> Et tardis metam xystorum ambagibus imple.

Es folgt demnach ein Rundgang auf der Empore (V. 687 *scande*) und die Betrachtung von Kunstwerken, die sich dort befanden. Der Aufstieg dorthin muß über eine der nur im Zwischentitel genannten, aber nicht weiter beschriebenen Wendeltreppen in den quadratischen Treppentürmen der Nord- und Südseite vor sich gehen. Irritierend ist es jedoch, wenn nach der Darstellung des Leben-Christi-Zyklus, der sich jedenfalls um die ganze Empore gezogen haben muß,[186] noch ein zweites Mal das Wort *scandere* fällt (V. 816), diesmal bezogen auf die Sänger- und Orgelempore (V. 815 *odeum*) am West-ende der Kirche. Diese ist aber nicht höher als die Seitenemporen.[187]

Eine schlüssige Erklärung wird durch die Verwendung des Begriffes *xystus* durch Coccius erschwert, dessen genaue Bedeutung nicht sicher ist. Das Wort bezeichnet in der Antike einen gedeckten Säulen- oder Wandelgang,[188] und es ist offenkundig, daß im Molsheimer Gedicht die Arkaturen der Seitenschiffe gemeint sind. Unklar bleibt aber, ob es sich um die untere Etage, also die Pfeilerarkade der Seitenschiffe und ihren kassettierten Architrav, handelt, oder ob man an die Empore selbst und ihre Gewölbe und Dekorationen zu denken hat.[189] Dies ist sehr bedauerlich, denn der Gedicht-abschnitt über die *xysti* und ihre Bilder erlaubt es, einen Zyklus mit Darstellungen

---

186 Zu den Bildern s. u.

187 Gass 1911, Tafel X.

188 Coccius benutzt nebeneinander die Form *xystus* (S. 196 [Zwischentitel vor V. 684], V. 686, V. 814 [nicht sicher, da Ablativ], und *xystum* (V. 199 u. 218). Anders bei der Unterscheidung zwischen *parastades* und *parastatae* sind hier ausschließlich metrische Gründe für die Variation anzunehmen, da alle Stellen gleicher-maßen auf die Seitenschiffe und damit auf das Kircheninnere bezogen sind. Vitr. 5,11,4 unterscheidet dage-gen mit den beiden Termini überdachte Säulenhallen und offene (Säulen-?)höfe: *haec autem porticus* ξυστὸς *apud Graecos uocitatur, quod athletae per hiberna tempora in tectis stadiis exercentur. proxime autem xystum et duplicem porticum designentur hypaethroe ambulationes, quos Graeci* παραδρομίδας, *nostri* **xysta** *appellant, in quas per hie-mem ex xysto sereno caelo athletae prodeuntes exercentur.* Vgl. Vitr. 6,7,5 (dass.); Barbaro 1567, 201; Philander 1586, 211 und 245; Alberti de re aedif. 8,10 = p. 773 Orlandi – Portoghesi *ex itione istac sese offert area subdiualis, quam xistum appello, circumsepta porticibus* (ebda. 772 wohl unzutreffend als *xystus* übersetzt und unter dieser Form auch von Lücke 1491 eingeordnet). Genau unterschieden sind die beiden (lateinischen) Begriffe wiederum bei Baldi (1612, 197 f., mit Verweis auf Guillaume Budé und Philander).

189 In ARCHIDUCALIS ACADEMIA, 263 f. unterscheidet Coccius zwischen *ambulationes e quibus in cellam prospicitur et commodum est diuinae Liturgiae ac concioni interesse* – dies sind eindeutig die Emporen – und dem auch hier nicht

des Lebens Christi zu rekonstruieren, von dem die kunsthistorische Forschung bisher so gut wie keine Notiz genommen hat.[190] Nach der Gestaltung der Emporenbrüstung zu urteilen, die insgesamt 34 mit Muschelnischen abwechselnde rechteckige Kassettenfelder aufweist, wird sich der Bilderzyklus am ehesten in diesen Feldern befunden haben.[191] Für diese Lokalisierung sprechen auch weitere Gründe: Als erstes ist die Einleitung des *xysti*-Abschnittes noch einmal zu nennen. Anders nämlich als in den früheren Passagen, in denen Coccius das Schema einer Kirchenführung anklingen ließ und dabei seinen Leser als Geführten ansprach, richtet er hier (V. 687) die Aufforderung *scande* an seine Muse. Wenn dies stimmt,[192] so bedeutet *scande … xystos* nicht mehr unbedingt, über die Treppe hinauf auf die Empore zu steigen, sondern kann auch heißen „steige an der Galerie(wand) empor". Somit würde nur der Blick nach oben gleiten; damit aber fällt er zuerst auf die Felderreihe an der Brüstung und nicht auf Bilder an den Emporengewölben. Mit dieser Leseweise verstehen wir auch besser den Verlauf des Weges, der im Gedicht zurückgelegt wird. Ohne daß wir heute genau anzugeben wüßten, in welcher Richtung der Bilderzyklus angebracht war, ist es doch wahrscheinlich, daß er einmal rund um die Galerie lief (vgl. V. 690 *et tardis metam xystorum ambagibus imple*) und so an einem der beiden ans Querschiff anstoßenden Enden der Emporen zum Schluß gelangte. Wenn nun nicht der Besucher die Runde abschreitet, sondern (mit der *Musa*) nur der Blick wandert, so kann der Dichter an einem Ort im Kirchenschiff verharren, und der Aufstieg zur Orgelbühne (V. 816), die sich ja am entgegengesetzten Ende des Kirchenschiffes befindet, stellt einen weniger harten Bruch in der Reihenfolge der Beschreibung dar. Außerdem ist zu bedenken, daß ein auf der Galerie befindlicher Betrachter stets die ihm gegenüberliegenden Bilder, nicht die an der Brüstung vor ihm sichtbaren, im Blick hätte und damit die Bilderfolge „seitenverkehrt" wiedergäbe.

Ein zweiter Grund, der für die Emporenbrüstung als Ort der Vita Christi spricht, ist die große Anzahl der nach Aussage des Gedichtes dargestellten Szenen. Zwar läßt sich aus Coccius' Worten nicht überall zweifelsfrei ablesen, wo ein neues Bild ins Auge gefaßt wird, zumal die Übergänge oft nicht durch Orts-, sondern Zeitangaben markiert sind, doch kommt man bei Beachtung sämtlicher solcher Hinweise auf etwa 28 kurze

---

präzise beziehbaren Begriff Vitruvs: *columnarum series …, quae fulciendae testudini xystisque et Odeo sustinendis … Basilicae splendorem conciliant.*

190 Die Ausnahme bilden kurze Bemerkungen bei Polaczek 1906, 94 und Braun 1908, 53; beide Autoren berufen sich auf die Beschreibung von 1619.

191 Braun (1908, 53) nimmt dies als sicher an, während Polaczek (1906, 94) die Vieldeutigkeit des Wortes „Galerien" (also *xysti*) betont und sich nur unter diesem Vorbehalt für die Brüstungswände ausspricht.

192 Der Vers 686 *Eia iterum mea Musa alium perrumpe laborem* endet im Molsheimer Druck mit einem Komma. Wenn Coccius im folgenden Vers *Scande laboratos lato sub fornice sedes* nunmehr den Leser anspräche – nach heutiger Interpunktion also am Ende von V. 686 ein Punkt zu stehen hätte –, so wäre dies jedenfalls ein sehr abrupter Wechsel und vom Leser kaum zu erkennen. Ich möchte daher die weitere Rede als an *Musa* gerichtet verstehen und setze dementsprechend am Ende von V. 686 einen Doppelpunkt.

Abschnitte zu Einzelepisoden.[193] Dabei ist die Trennung der Bilder besonders am Schluß (Passion) nicht immer sicher zu erkennen, denn entsprechend seinem Ausruf (V. 763): *Caetera quis fando memoret?* beschleunigt sich das Tempo von Coccius' Betrachtung, so daß auf Signalworte, die Bildgrenzen erkennen ließen, immer wieder verzichtet wird. Nichtsdestoweniger paßt die jedenfalls recht große Zahl von Bildern sehr gut zu der Gesamtzahl von 34 Feldern an der Emporenbrüstung (2×14, also 28, an den Längsseiten, und weitere 6 an der Orgelempore).

Drittens weist auch die in den folgenden Versen (806–814) anschließende Erwähnung von Engelsstatuetten mit den Passionswerkzeugen

806   Haec inter stant coeli acies atque arma nefandi
       Supplicii diraeque gerunt insignia mortis

auf die Emporenbrüstung hin, denn die heute leeren Muschelnischen zwischen den Kassetten wirken wie geschaffen für solche Figuren.[194] Wenn sich auch hier gewisse Schwierigkeiten hinsichtlich der Anzahl ergeben – das Gedicht zählt 12 Engel auf, gegenüber 19 Muschelnischen (2×7 an den Längsseiten, 5 an der Orgelempore) –, so sollte dies nicht allzusehr gewichtet werden, zumal andere mögliche Orte für Statuen sich im oberen Teil der Kirche schwerlich finden ließen.

Ein viertes und womöglich entscheidendes Argument ergibt sich aus dem heutigen Zustand der Molsheimer Kirche. Nicht alle Bildfelder sind nämlich tatsächlich völlig leer: so sind in einem Feld Reste eines Bildes (ein Engel, mit Leidenswerkzeugen?, s. *Abb. 12*) zu erkennen.[195] Wenn es sich auch bei einem gewöhnlichen Rundgang durch das Gebäude nicht feststellen läßt, ob die anderen Felder nur überdeckt oder aber zerschlagen wurden, so wäre es m. E. doch lohnend, eine Überprüfung an Ort und Stelle zu unternehmen. Coccius' Gedicht könnte, sofern sich noch Bildreste finden lassen, in

---

193 I: V. 696–699 (Verkündigung), II: V. 700f. (Heimsuchung), III: V. 702–706 (Christi Geburt), IV: V. 707–708 (Beschneidung), V: V. 709–710 (Darstellung im Tempel), VI: V. 711–712 (Flucht nach Ägypten), VII: V. 713–714 (Lehre im Tempel), VIII: V. 715–722 (Christi Taufe), IX: V. 723–725 (Versuchung), X: V. 726–727 (Vertreibung der Händler), XI: V. 728–730a (Magdalena), XII: V. 730b–733 (Verklärung), XIII: V. 734–740 (Palmsonntag), XIV: V. 741–747 (Abschiedsreden und Fußwaschung), XV: V. 748–752 (Letztes Abendmahl), XVI: V. 753–755 (Engel des Herrn im Ölberg), XVII: V. 756–762 (Eindringen der Häscher [noch zum Vorigen?]), XVIII: V. 763–766 (Verhaftung, Gericht [= zwei Bilder?]), XIX: V. 767–768 (Golgatha [?]), XX: V. 769–772a (Schmerzensmann), XXI: V. 772b–776 (Verspottung), XXII: V. 777–780 (Kreuzschlagung), XXIII: V. 781–783 (Tod am Kreuz), XXIV: V. 784–785 (Kreuzabnahme), XXV: V. 786–793a (Höllenfahrt, Befreiung der Patriarchen), XXVI: V. 793b–795 (Auferstehung), XXVII: V. 796–797b (Himmelfahrt), XXVIII: V. 797b–800 (Christus als Weltenherrscher). Ob der in V. 801–805 formulierte Katalog christlicher Völker in irgendeiner Form darstellbar war, scheint mir zweifelhaft.

194 Auch Braun vermutete (1908, 53) die Muschelnischen als Standort der Engelsfiguren.

195 Das bei Eschbach 1990, 6 abgebildete kleine Fresko mit Tod und Stundenglas gehört m. W. nicht in die Reihe an der Empore, kann aber eine Vorstellung von der stilistischen Machart der Vita Christi bieten. Wie der Engel in unserer Abbildung, der im Gedicht nicht erwähnt ist, in die Vita Christi paßt, bliebe zu überlegen. Handelt es sich um Gabriel?

einem ganz anderen als dem von ihm beabsichtigten Sinne als – nunmehr archäologischer – Kirchenführer dienen.

Neben diesem kunstgeschichtlichen Aspekt der Beschreibung der Bilderreihe ist die sprachliche Gestaltung gleichermaßen von Interesse. Wie schon bei anderen Texten ähnlicher Prägung[196] wird auch hier das örtliche Nebeneinander der Szenen zumindest teilweise in ein zeitliches Nacheinander umgewandelt. Damit ist ein gängiges Standardmittel der literarischen Bildbeschreibung in einem besonders sinnvollen Kontext eingesetzt worden, denn bei der bildlichen Darstellung handelt es sich ja in der Tat um eine zeitlich fortschreitende Handlung – das Leben Christi. Deshalb ist es ganz folgerichtig, wenn Coccius zwar die erste Szene mit einem deiktischen *hic* einleitet (V. 696), dann jedoch zu erzählen beginnt: *mox ...* (V. 700):

> **Hic** croceis Gabriel alis per inania uectus
> Promicat ante oculos Mariae formosaque tendens
> Lilia progeniem cecinit (!) Genitoris ab alto
> Venturam humanae fragili sub carnis amictu.[197]
> 700   **Mox** celeri excelsos superans molimine montes
> Plena Deo mater cognatam inuisit Elisam.
> **En!** Diuum Soboles imbelles corporis artus
> Induit et rigido proiectus cespite membra
> Paruulus in stabulo uilis sub fornice tecti
> 705   Fasciolis (mirum dictu) faenoque recumbens
> Pauperie superauit opes, praesepibus aulas.

Unser Textausschnitt zeigt auch, wie Coccius mit der Sprechsituation umgeht. Das einleitende *En!* des dritten Bildes hat noch stärker deiktischen Charakter als das Ortsadverb *hic* am Beginn der Reihe und nimmt in gewissem Grade die Kirchenführungssituation wieder auf. Im weiteren Verlauf der Bilderreihe fällt besonders der emphatische Hinweis auf den Hügel Golgatha durch eine vergleichbare Formulierung ins Auge:

> 767   **Specta** etiam, Solymae qui proximus imminet urbi,
> Collem infelicem, tristem super omnia collem (...)!

---

196 Vgl. bes. die Beschreibung der Kilians-Altartafel in den Würzburger ENCAENISTICA POEMATIA (*Nouae aedis adumbratio*, V. 326–362) und das ENCAENISTICUM COLLEGII MOGUNTINI (Altarbeschreibung, 1593).

197 Nochmals ist hier auf das OLIVETUM SPIRENSE zurückgegriffen (V. 375–380): *talique est uisus amictu | Fulgere, dum auratis alis per inania uectus | Substitit ante oculos Mariae, formosaque tendens | Lilia, uirginei cecinit laetissima partus | Nuncia, et aeterni sobolem Genitoris ab alto | Venturam humanae fragili sub carnis amictu.* Das nicht verständliche *cecinit* bei Coccius (V. 698) erklärt sich nur aus der unveränderten Übernahme dessen, was bei Armbruster eine Rückblende aus dem Blickwinkel der Nacht am Ölberg ist. – Fast wörtlich aus Armbrusters Gedicht übernommen sind auch die Kreuzabnahme und Christi Höllenfahrt (V. 784–788. 793–795 nach OLIVETUM SPIRENSE V. 1190f. 1194–1200).

Zweifellos ist hier der Betrachter bzw. Leser direkt aufgefordert, das Bild in sich aufzunehmen; Coccius hat also die vorübergehende Anrede an die *Musa* wieder aufgegeben.

Allerdings sind damit die Möglichkeiten des Umgangs mit den Bildern noch nicht ausgeschöpft. An vielen Stellen sehen wir, wie der Dichter sich nicht etwa an einen äußeren Betrachter, sondern an die Bilder selbst wendet. Dabei geht er in seinen Kommentaren mehrfach über das Dargestellte hinaus, indem er, aus seinem Wissen über die historischen und biblischen Ereignisse, in die Zukunft blickt und gleichsam prophetisch spricht. Gut erkennbar ist diese Praxis beim 9. Bild (Versuchung):

> **Dire Satan, absiste** tuum tentare Satorem!
> Ille tuas fauces impresso tot pede calcans
> 725 Elisum caput aeternos **dabit** ultor in ignes.

Ebenso beim 13. Bild, dem Einzug in Jerusalem:

> **Ecce** Sionaeus rex tardo mitis asello,
> 735 **Vrbs** ingrata, **tibi** accelerat, quem **tu impia** tristi
> Dedecore afficies ferali stipite fixum

Über die Art der Szenengestaltung auf den Bildern dagegen erfährt der Leser aus den Versen recht wenig: Gabriel tritt, wie in Verkündigungsszenen üblich, mit goldenen Schwingen und Lilie vor Maria hin, aber wir können nicht sagen, wie die Umgebung der Szene ausgestaltet war. Über den Gang Marias zu Elisabeth läßt sich keinerlei Aussage machen, ebenso über viele andere der Bilder. Es liegt daher auf der Hand, daß es Coccius hier nicht primär auf eine kunstgeschichtliche oder ästhetische Betrachtung ankam, sondern auf eine theologische. Dies wird durch die Beobachtung bestärkt, daß zu manchen der Bilder ausschließlich das biblische Geschehen memoriert wird. Die Verklärung auf dem Berg Tabor kommentiert Coccius so:

> 730   … hinc ad iuga montis
> Celsa Taborini socium comitante corona
> Concedens, niueus tua, Titan, tela lacessit
> Aurea, et ardenti face solis adaestuat ignes.[198]

Ähnlich verhält es sich mit der Ölbergszene:

---

198 Vgl. bes. Mt 17,1 f. *et post dies sex adsumpsit Iesus Petrum et Iacobum et Iohannem fratrem eius et ducit illos in montem excelsum seorsum | et transfiguratus est ante eos et resplenduit facies eius sicut sol, uestimenta autem eius facta sunt alba sicut nix …*

Mox horto mortis trepidum multoque pauentem
Horrore ac positis genibus prolixa precantem
755   Sanguineum coelesti ales solamine fulcit.[199]

Werfen wir noch einen Blick auf die anschließende Szene, in der die Häscher, geführt von Judas, in den Ölberg eindringen. Sie ist sowohl örtlich als auch inhaltlich präziser umschrieben als die meisten anderen:

Parte alia innocuum effundens sese effera in Agnum
Turba animo atque oculis furialem spirat Erinnyn,[200]
Arma ensesque facesque ferens funesque retortos
Hirsutisque horrens gladiis quassansque minaces
760   Vertice barbarico galeas. quos criminis autor
Totum animo Phlegethonta uomens furibundus Iudas
Anteit appellans simulata fraude Magistrum.

Es ist nicht sicher zu entscheiden, ob die auffallende Formel *parte alia* darauf verweist, daß das Ölbergbild – wie auf vielen Darstellungen – auf der einen Seite den betenden Christus, im Hintergrund dagegen die hereinbrechende Schar zeigte,[201] oder ob damit lediglich eine anschauliche *Vorstellung* der Szenerie bewirkt werden soll. Die ausführliche Beschreibung der Häscher fällt unabhängig davon stark ins Auge. Einerseits ist es nach den bisherigen Beobachtungen zur Benutzung des *Oliuetum Spirense* deutlich, daß sich Coccius an Johannes Armbrusters Präzision orientierte (und auch messen lassen mußte). Andererseits geht die Häscher-Ekphrasis über bloße *imitatio* wohl hinaus: man darf darin zugleich Züge der *compositio loci* sehen, der intensiven Vergegenwärtigung der biblischen Örtlichkeit und der diese „Szene" bevölkernden Personen.[202]

Darauf deutet beispielsweise die hohe innere Anteilnahme des Sprechers hin, die sich gegenüber den oben angeführten Dialogbeispielen (Jerusalem, Satan) im Passionsabschnitt und in der anschließenden Aufzählung der Engel mit den Leidenswerkzeugen noch steigert:

---

199 Lc 22,43 f. *apparuit autem illi angelus de caelo confortans eum, et factus in agonia prolixius orabat | et factus est sudor eius sicut guttae sanguinis decurrentis in terram.* – Das sprachlich unbefriedigende *sanguineum* resultiert aus einer hier mißglückten Übernahme von Versen aus dem OLIVETUM SPIRENSE (V. 384–387): *Sanguineum defert calicem simul atque minatur | Funera luctificaeque necis tormenta propinat. | Denique anhelantem multo solamine fulcit | Flagrantesque leuat curas mulcetque pauentem …*

200 Nach OLIVETUM SPIRENSE V. 183–185 *En autem turba (nefandum) | Effera paullatim emergit Dominoque propinquat, | Ore oculisque iram et furialem spirat Erinnyn.*

201 Vgl. Anm. 193.

202 Olphe-Galliard 1953. – Eine *Compositio loci* des Ölbergs sieht auch Ignatius (*Exerc.* 202 = p. 286b de Dalmases) vor: *secundum* (sc. *praeludium*) *est pro construendo loco, uiam intueri decliuem, planam et arduam; item hortum certa magnitudine, figura et habitudine depingendum* (!).

763   **Caetera quis fando memoret?** ceu raptus in urbem
        Per fora perque domos, sub iniquo teste nec uno
765   Iudice **dulcem** animam posuit, quo acquirere **nostram**
        Depositam posset deploratamque periclis …
        (…)
781   **Heu dolor! heu** species miseranda! uidere per auras
        Pendentem rerum Autorem, nec iam amplius esse,
        Quo lassum caput inclinet moriensque quiescat.
        (…)
796   Denique bissena Procerum admirante corona
        Susceptus coelorum adytis bipatentibus, almos
        In plausus ueniente choro, Deus aurea condit
        Saecula et in uasto late dominabitur Orbe
        Gloria, Christe, tua, haud ulli delebilis aeuo.
        (…)
806   Haec inter stant coeli acies atque arma nefandi
        Supplicii diraeque gerunt insignia mortis
        (…)
811   Hic flagra, hic clauos, roseis turgentia gemmis
        Hic monimenta Crucis, grauium argumenta dolorum
        Ostentans, **deflere magis quam dicere suadet**
        Luctificos casus et lamentabile fatum.

Schließlich sei mit der gebotenen Vorsicht auf mögliche Verbindungen zwischen der Bilderfolge, ihrer Beschreibung und den *Exercitia spiritualia* hingewiesen. Das Exerzitienbuch besteht im Kern aus Meditationsanweisungen, die sich über einen Zeitraum von etwa vier Wochen erstrecken sollen. Die erste Woche (c. 45–90) konzentriert sich auf die Auseinandersetzung mit der Sünde; die zugehörige Meditation über die Hölle (c. 65–72) ist durch die ausführliche Beschreibung der *applicatio sensuum* (c. 66–70) besonders bekannt geworden. Die zweite „Woche", tatsächlich etwa 12–14 Tage, befaßt sich intensiv mit den Ereignissen der Kindheit Jesu und den Jahren seines irdischen Wirkens (c. 101–134, 158–163), die dritte mit der Passion (c. 190–209) und die vierte mit der Auferstehung (c. 218–229). Nach einigen Anleitungen zur Gebetspraxis folgt in einer Art Resumé schließlich ein weiterer Durchgang durch das gesamte Leben und Sterben Jesu (c. 261–312). Diese Betrachtung, die sich eng an den Evangelientexten orientiert, ist wesentlich detaillierter als die Reihe der Christusbilder im Molsheimer Gedicht, könnte aber dennoch einen wichtigen Orientierungspunkt für die Gestaltung des Textes geliefert haben. Auf diese Weise ließe sich nämlich die bisher unerklärte Umstellung der Reihenfolge besser verstehen, die Coccius gegenüber der Prosarede vorgenommen hat, indem er die Emporen und Bilder ganz ans Ende seiner Beschreibung verlegte:[203] die Rekapitulation des Lebens Christi stünde dann, in An-

---

203 S. o. S. 337 f.

lehnung an den Aufbau der *Exercitia*, herausgehoben am Schluß und würde nur noch gefolgt von der Orgel, deren Klang mit seinen Assoziationen an König Davids Gesang (V. 826–834) den Übergang zur Beschreibung der Einweihungsfeier ebenso vorbereitet wie die astronomische Uhr und ihr sich in Gang setzendes Räderwerk. Die Abweichung vom Aufbau der Prosarede, welche zuerst die gesamte Baustruktur in Augenschein nimmt und mit dem Allerheiligsten (Chor und Altäre) endet, fände dann eine Erklärung in einem neuen Konzept, das Gebäude zu begreifen: essentiell von den Bildern her, die sich in ihm befinden. Das mehrfache Verweilen vor Bildern innerhalb der Beschreibung (erinnert sei an die kurze Kruzifix-Betrachtung V. 356–358, die Selbstanklage V. 509 ff., die mitempfindende Inszenierung des Maria-Christus-Dialoges in den lyrischen Einlagen) läßt auch in seiner zunehmenden Ausführlichkeit und Intensität darauf schließen, daß der Dichter diesen Passagen besonderes Gewicht zumaß. Die rund um das ganze Kirchenschiff laufende, es also gleichsam resümierende Bildergalerie der Vita Christi bot sich in der Fortsetzung dieses Konzeptes an, um den wahren Grund für die Existenz des Bauwerks abschließend noch einmal ins Bewußtsein zu rufen.

Odeum, organum, horologium (V. 815–877)
Probleme und literarische Vorläufer bei der Ekphrasis technischer Gegenstände

Dem abschließenden Teil der Beschreibung kann, wie es zunächst scheint, vor dem geschilderten nur noch eine ergänzende Rolle zukommen. In der einleitenden Frage des Dichters[204] meint man sogar eine gewisse Ungeduld wahrzunehmen:

815 Fors iuuat odeum paribus sublime columnis
     Scandere? ibi accipies, quae te symphonia captet …

Tatsächlich erfüllt aber auch dieser Abschnitt, in dessen Mittelpunkt die prächtige Orgel auf der Westempore steht, eine wichtige Funktion im Gesamtkonzept der poetischen Darstellung. Pointiert läßt sich sagen, daß Coccius nach der Vergewisserung über die Wurzel der Kirche als Gotteshaus – in Form der Rekapitulation des Lebens Christi – nun die Verankerung der neuen Kirche in der Tradition zu vervollständigen sucht, indem er die Perspektive in die alttestamentarische Geschichte verlängert. Ebenso wie schon am Anfang des Gedichtes, als er den neuen Bau mit anderen hervorragenden Kirchen großer Herrscher verglich (V. 16–37), ist Coccius auch jetzt bemüht, nicht bei immer wieder gebrauchten Vergleichsbildern (wie dem *templum Salomonis*, das freilich V. 69 ff. auch genannt wird) zu verweilen, sondern auch solchen

---

204 Nach TROPHAEA BAVARICA fol. Gʳ *Si iuuat odaeum paribus sublime columnis | Scandere, spectabis quae te symphonia captet.*

Passagen einen individuellen und markanten Klang zu verleihen. Dieser Anspruch erforderte einiges Geschick, denn gerade hier waren die situationsbedingten Zwänge besonders stark, unter denen der Redner bzw. Dichter agierte: der theologisch und kirchengeschichtlich geforderte Bezug auf das Urbild des Tempels einerseits und die Erwartungen der Erbauer an den Panegyriker ihrer eigenen Taten und ihres Hauses andererseits mußten zugleich erfüllt werden. Die ungeschriebene Regel, daß das neue Bauwerk aus dem Wettstreit mit seinen großen Vorbildern als Sieger und Verkörperung einer neuen Qualität hervorzugehen hatte, führte hier für den loyalen Geistlichen leicht zu einem Dilemma, wenn er behaupten mußte, das neue Werk seines Fürsten übertreffe wahrhaftig den Tempel Salomos. Die kirchliche Panegyrik suchte daher verschiedene Auswege aus dem Dilemma. Deren geläufigster ist wohl das Argument, die neuen christlichen Kirchen überträfen das *templum* tatsächlich deshalb, weil erst in ihnen die richtige – unblutige – Art des gottgefälligen Opfers dargebracht werde. Der Salomonische Tempel erscheint in diesem Gedankengang als ehrwürdige *umbra*, deren christliche Erfüllung sich nun in den Kirchenbauten manifestiert.[205] Bereits hier war Coccius jedoch einen anderen, einfallsreicheren Weg gegangen. Er verband Molsheim mit der Tradition fürstlicher Kirchengründungen durch Herrscher, die durch ihre hervorragenden Eigenschaften *pietas* und *sapientia* in der Nachfolge des alttestamentarischen Königs standen, und umging so den unmittelbaren Rekurs auf dessen Bau; zugleich beachtete die von ihm getroffene Auswahl von Herrscherfiguren gleichermaßen die Interessen der Kirche (Konstantin) und des Hauses Österreich (Karl, Leopold).

Vor die Aufgabe gestellt, die Kirchenbeschreibung möglichst konzise mit der Schilderung des Einweihungsfestes zu verknüpfen, gelang Coccius erneut eine raffinierte Kombination aus theologischer Deutung und Kunstpanegyrik. Als Urbild der Zeremonie bot sich natürlich die Schilderung der Salomonischen Tempelweihung an, in der Gesang und Musik eine wichtige Rolle spielen,[206] und der Dichter stellt die neue Molsheimer Orgel[207] ausdrücklich in diese Tradition:

> Spectandum tamen eximiis ante omnia cannis
> Pneumaticum insinuat sese organon, arte magistra
> Dispensans melicos anima exspirante sonores.

---

205 Dieses Argument führte auch Coccius am Schluß der Prosabeschreibung an (ARCHIDUCALIS ACADEMIA, 266 f.): *si tantam in Veteri Lege apud Deum immortalem gratiam iniit Sapientissimus Regum Salomon, quando Templum Hierosolymitanum tanta quondam Religione inclytum condidit: quos non Diuini Numinis fauores huic Tuae munificae pietati, Serenissime Princeps, conciliandos aestimemus? ubi in Tua illa magnis impendiis Augusta Basilica ad unius Dei gloriam excitata non, ut olim, e uictimis holocau\stum, sed e purissimo Corpore et Sanguine Christi immaculatus Agnus ad Sacrosanctam Aram ab Religiosis Sacerdotibus quotidie immolatur?*

206 II Par 5,2–7,11; Musik: 5,12 f. und 7,6.

207 Zu dieser ersten Orgel und zur Kirchenmusik der Zeit vgl. Gass 1921. Die Stifterin der Orgel, Gräfin Johanna von Hanau, findet in Coccius' Gedicht auffälligerweise keine Erwähnung.

825   Nempe Dei ad laudem sancti admouere parentes
      Nablia, plectra, cheles, sistra, organa, cymbala, cannas.[208]

Der eindrucksvolle Schlußvers der zitierten Passage kombiniert mehrere biblische Auf-
zählungen von Musikinstrumenten, worauf insbesondere das seltene Wort *nablia* – die
Bezeichnung für eine Art von Harfen – hinweist. Dieses findet sich in einer anderen
wichtigen Festbeschreibung, die für die weitere Gestaltung des Gedichtes als Anregung gedient hat: die Überführung der Bundeslade nach Jerusalem durch David und
der Tanz des als Priester gekleideten Königs im Festzug.[209] Die Heranziehung gerade
dieser Szene ist geschickt, denn sie berücksichtigt auch die zeitliche Struktur der Feierlichkeiten recht genau: die Beschreibung der Kirche findet, wie erwähnt, vor der
Feier statt, so daß die salomonische Zeremonie hier als ein Vorgriff gestört hätte. Die
Einholung der Bundeslade durch David stellt dagegen das Urbild des Festzuges dar,
dessen christliche Überbietung und Erfüllung Coccius ausdrücklich thematisiert: nicht
mehr die *mannae ueteris monimenta*, sondern der wahre Gott wird nunmehr der Mittelpunkt des Heiligtums sein. Die prachtvolle Ausstattung der Kirche aber dient allein zu
seinem Lobpreis:

827   Ecquid enim reuocem Iessaei **exempla Dauidis?**
      Ille sacram ductans Arca subeunte cateruam,
      Et regni et sceptri uelut immemor, omnia late
830   Complebat sonitu cantus lituisque tubisque,
      Et modulans rex ipse pia noua carmina uoce,
      Dum percussa sonant tereti psalteria plectro,
      Effusa populi circum plaudente corona,
      Sese alacer uario saltu iactabat in orbem:
835   Tanta piam stimulis ursit ueneratio mentem.
      At nos nil maius conabimur? **amplius haud iam**
      Vectantur curru fuluo laqueata metallo
      Ligna, quibus mannae ueteris monimenta latebant:
      Illa modo umbra fuit; uerus latet hic Deus: ille,
840   Cui merito laudes caelo, inque solo omnia festis
      Carminibus resonent urbesque agrique uiaeque.
      Quid moror? omne hominum genus, **huc ars confluat omnis,**
      Ingenii uis omnis, habet magnum hostia Numen.

---

208 II Par 5,13: *igitur cunctis pariter et tubis et uoce et cymbalis et organis et diuersi generis musicorum concinentibus ...* Die
     organa psalterii in I Par 16,5 dürften hier kaum als Vorlage gedient haben.
209 I Par 15,1–16,6, insbesondere 15,27–29: *porro Dauid erat indutus stola byssina et uniuersi Leuitae qui portabant
     arcam | cantoresque et Chonenias princeps prophetiae inter cantores | Dauid autem indutus erat etiam ephod lineo* (28)
     *uniuersusque Israel deducebant arcam foederis Domini | in iubilo et sonitu hucinae et tubis et cymbalis et nablis et citharis
     concrepantes* (29) *cumque peruenisset arca foederis Domini usque ad ciuitatem Dauid Michol filia Saul prospiciens per
     fenestram | uidit regem Dauid saltantem atque ludentem et despexit eum in corde suo.* Daß der Begriff *nablia* mit den
     Szenen um David und Salomo assoziiert wurde, belegt auch HEBENSTREIT, SYLUA V. 285 f. (Beschreibung der
     Tempelweihe Salomos) *lituique tubaeque | Et male nota aeuo psalteria, nablia, nostro.*

Die Beschreibung der astronomischen Uhr, mit der die *descriptio* endet, ist die einzige Quelle für deren Aussehen. Leider gewinnt man aus dem Gedicht keine genauen Angaben über den Ort ihrer Aufstellung, doch wird sie vermutlich an einem der Pfeiler im Langhaus gestanden haben.[210] Das nicht allzu große, aber kunstreich gestaltete Werk (V. 846 f. *non magna mole, sed arte | Multa*), dessen Erbauer nicht genannt ist, wies eine Vielzahl von Zeigern und Figuren auf und stand damit in der Tradition zeitgenössischer repräsentativer Uhren, wie sie besonders in Hanse- und Reichsstädten verbreitet waren.[211]

Coccius hatte mit der Uhr einen sehr komplexen Gegenstand zu beschreiben, für den das gewöhnliche Instrumentarium und Vokabular der klassischen Ekphrasis nicht überall ausreichte. Es erstaunt daher nicht, daß er bei einem Text Anleihen machte, der sich sowohl thematisch als auch räumlich in der Nähe Straßburgs geradezu aufdrängte: bei der großen hexametrischen Beschreibung, die Nikodemus Frischlin 1574 von der astronomischen Uhr des Konrad Dasypodius im Straßburger Münster verfaßt hatte.[212] Das Werk war zunächst als Einzeldruck erschienen, der neben verschiedenen *carmina adoptiva* auch eine zweite, kürzere (und weniger klare) Beschreibung Wilhelm Xylanders enthielt,[213] wurde aber 1598 auch in die Ausgabe der gesammelten Gedichte aufgenommen.[214] Frischlin, der sich in seinem Gedicht an mehreren Stellen programmatisch zu den Schwierigkeiten äußert, vor die die neue Materie den Dichter wegen ihrer Komplexität und wegen des ungewöhnlichen, dem Vers nur mit Mühe gefügigen Vokabulars stellt,[215] darf als erfolgreicher Pionier der poetischen Technikbeschreibung angesehen werden,[216] und ungeachtet der protestantischen Konfession und des nicht gerade konformistisch zu nennenden Lebenslaufes Frischlins hat sich der Molsheimer Jesuit seiner Dichtung dankbar bedient.

Coccius nennt im einzelnen: eine Kalenderanzeige (V. 847–848a), einen zweiten

---

210 Gass 1921, 154 zitiert die Notiz der *Synopsis* zur Schenkung und vermutet ebenfalls eine Aufstellung „dans la nef".

211 Ungerer 1925; Tanner 1984.

212 Kurz erwähnt bei Kühlmann 1982, 170; ders. 1993 geht dagegen auf die nichtszenische Dichtung Frischlins nur sehr flüchtig ein und nennt z. B. auch das Straßburger Gedicht nicht. Bei Schade 1993 fehlt der Band *Operum poeticorum … pars epica* sogar im Quellenverzeichnis; in der neuen Anthologie HUMANISTISCHE LYRIK sucht man Frischlin vergeblich.

213 Frischlin 1575; benutztes Ex.: SUB Göttingen, 8° Astr. I, 2266. S. auch Kat. Basel 1984, 108 f. Nr. 25 (P. Tanner).

214 Frischlin 1598. S. auch Kat. Basel 1984, 108 Nr. 24a (P. Tanner).

215 Frischlin 1575, fol. A iij^{rv} (*Praefatio*), D iiij^{v} (*Astrolabium*; zu den sprachlichen Herausforderungen), E ij^{v} (Zurückbleiben der eigenen Kunst hinter den astronomischen Dichtern der Antike).

216 Schade 1984 hat Frischlins Gedicht sicher nicht zu Unrecht als Versuch interpretiert, in der blühenden Stadt Straßburg selbst Fuß zu fassen, und das Stück damit in die Tradition der humanistischen *laudes urbium* gestellt; dennoch scheint mir seine Einschätzung des *Carmen* als „nicht ganz gelungen" (S. 113) die technischen Schwierigkeiten des Unterfangens zu gering zu veranschlagen. – Zu ergänzen ist, daß 1625, also wenige Jahre nach Coccius, auch Paulus Melissus Schede ein Gedicht auf die Straßburger Uhr verfaßte: Kühlmann 1982, 170.

Zeiger, der wohl die Tage angab (V. 848b–849), eine Anzeige des Sonnenstandes (V. 850–852), ein Zifferblatt mit Viertelstundenanzeige (V. 853–854a), weiterhin eine Scheibe, auf der die Wendekreise, der Äquator und die Tierkreiszeichen dargestellt waren (V. 854a–859).[217] Die Uhr bot aber neben den präzisen astronomisch-kalendarischen Anzeigen zugleich ein Figuren-Schauspiel, das – wohl gleichfalls in enger motivischer Anlehnung an das große Vorbild in Straßburg *(Abb. 13)* – die verstreichende Zeit aus christlicher Sicht interpretierte. Während in Straßburg Christus und der glockenschlagende Tod zu jeder Viertelstunde im Kampf um die Menschen liegen, versinnbildlicht in den vorbeiziehenden Figuren der vier Lebensalter, so scheint in Molsheim (V. 860–868) dieser Kampf im Minutenrhythmus zwischen einer lebensbedrohenden Parze und einem mit Schild und Schwert gerüsteten (!) *Christus triumphans* dargestellt worden zu sein. Die Szene ist fast völlig mit denselben Worten gestaltet, mit denen Frischlin seinen Abschnitt *Imagines Christi et mortis* beginnt. Angesichts der sehr weitgehenden Anleihen bei Frischlin soll hier der gesamte Textabschnitt des Coccius-Stückes stehen; inwieweit die Authentizität der – allerdings ohnehin nicht photographisch genauen – Molsheimer Beschreibung durch die *imitatio* des Straßburger Textes gemindert worden ist, läßt sich nur vermuten.

… hic continuas sinuoso linea gyro
Signat ephemerides;[218] teretes hic dissecat arcus
Altera[219] et auratum numerum cyclosque recenset,[220]

850   Hic spacia et Phoebi metas, seu longius absit
Cernere erit, nobis seu coelo hiemante propinquet,
Seu per solstitium luces cum noctibus aequet.
Proxima quadrantem consignat regula certo
Tramite;[221] multiplici micat indice signifer axis,

855   Alter ad octipedis declinat brachia Cancri,[222]
Alter Hyperborei petit algida limina Capri,[223]
Tertius aequali discriminat aequore campum.
Iuxtim alia irradiat bissenis orbita signis,
Quorum flexipedes Phoebus sibi poscit habenas.[224]

---

217 Kalender-, Sonnen- und Mond-, Uhrzeit- und Tierkreisanzeige (Astrolab) waren auch die Hauptbestandteile der alten Straßburger Uhr, vgl. Lehni 1997, 6f.

218 Frischlin 1575, fol. C iiij[r] *(Duae rotae cum regula immobili)*: Sic tibi totius mirabile munus hic orbis | Signat Ephemeridis …

219 Frischlin, ebda.: *teretesque arcus et linea sectrix.*

220 Frischlin, ebda.: *Aureus hic fulget numerus, cyclique notantur | Solares …*

221 Frischlin 1575, fol. D iij[r] *(Index quartarum horae et minutorum cum duobus angelis duobusque leonibus)*: Proxima nunc se offert supra ipsam Regula coelum | Aurea, quae quartas horarum tramite certo | Metitur partes …

222 Frischlin 1575, fol. E[r] *(Astrolabium cum septem Planetarum indicibus et Dracone)*: Alter ad octipedis deflectens brachia Cancri.

223 Frischlin, ebda.: *Alter Hyperborei uergens ad sidera Capri.*

224 Frischlin 1575, fol. E[v]: *Omnia reflexi plano signa addita gyri, | Æthereas per quae Phoebus moderatur habenas.*

860 Ecce autem tacito adrepit pede quolibet horae
Momento informis Parcae insidiantis imago,[225]
Cuius in oppositum uultuque habituque decoro
Se Christi effigies armis uictricibus infert.
Hic mortem et populos debellaturus Auernos
865 Non aquilas, non pila manu, non spicula torsit,
Sed clypeum imbellem[226] luteumque accinctus in ensem
Aeterna uictor retulit de morte triumphum,[227]
Venit et excidio Stygia regnantibus aula.

Die letzten Verse der Beschreibung bilden zugleich die Überleitung zur bewegten
Schilderung der Einweihungsfeier. Coccius bedient sich an dieser Stelle der klingenden
Teile der Uhr: des Stundenschlages, eines Glockenspiels im oberen Teil des Aufbaues,
auf dem Choräle erklingen, und sogar eines künstlichen Hahnenschreis. Diese Elemente entsprechen nun sowohl in ihrer baulichen Anordnung als auch in ihrer dichterischen Darstellung exakt dem Carillon und dem berühmten Hahn der Straßburger
Uhr und ihrer Beschreibung durch Frischlin. Wäre nicht die Genauigkeit der Coccius'schen Beschreibung in den anderen Teilen des Gedichtes über jeden Zweifel erhaben,
so könnte man hier beinahe an eine Fiktion denken. Coccius' eigener Einfall bleibt in
jedem Fall der Vers 869, mit dem die Szenerie in Bewegung versetzt wird:

At iam certa rotis crepitantibus insonat hora.
870 Fallor? an eximiae subter fastigia molis
Cymbala tinnitum et uocum simulacra figurant?[228]
Quae uel psalmocharis repetant psalteria regis,
Aut Christo infanti solennia carmina pangant
Aut celebrent cantu reducis de morte trophaeum?[229]
875 Omnia Marmaricis metuenda leonibus ales,[230]
Ales quae uigili lucem uocat ore morantem,
Curcuriens rauco claudit plausu et ferit auras.[231]

---

225 Frischlin 1575, fol. F ij[r] (*Imagines Christi et mortis*): *Atque ecce ut tacito serpit pede, quolibet horae* | *Momento, informis lethi insidiantis imago?*

226 Frischlin 1575, fol. F iij[v] (dgl.): *O fidum humanae custodem dulceque uitae* | *Praesidium, nostros quod parma protegit annos!*

227 Frischlin 1575, fol. F iij[v]–F iiij[r] (dgl.): *Solus enim Christus superata morte beatam* | *Restituit uitam: solus de morte triumphum* ‖ *Æterna retulit* …

228 Frischlin 1575, fol. G[r] (*Cymbalum*): *Fallor? an excelsi subter fastigia coni* | … | … | *Cymbala tinnitum et uocum simulacra dedere?*

229 Frischlin 1575, fol. G[v] (dgl.): *Haec* (sc. *tinnula*) *aut Psalmographi regalia carmina pulsa* | *Voce canunt aut, cum ueniunt natalia Christi* | *Tempora, de nato peragunt praeconia Christo:* | *Aut cantu celebrant redeuntem ad lumina uitae* | *Ætheriae, et crudi surgentem e faucibus Orci.*

230 Hier ist durch Verkürzung das Frischlin-Zitat (1575, fol. G ij[v]) verundeutlicht: *Erecto stat rubra in vertice crista,* | *Atque uncum rostrum, curuique sub unguibus hami* | *Caudaque falcata et saeuo metuenda leoni.* Der Marmari-cus leo bei Coccius stammt möglicherweise aus Sen. Ag. 739.

231 Vgl. Frischlin 1575, fol. G iij[v]: *insonat et plausis euerberat aëra pennis.* | *Bis plaudit pennis, et consonus exit in auras* |

6. Die Molsheimer Festbeschreibung (Descriptio templi Molshemensis, V. 878–947)

Coccius eröffnet den Festbericht mit einem Chronogramm auf das Jahr 1618, wie es sich auch in anderen Festschriften häufig – meist allerdings im Rahmen von zusätzlichen *carmina minora* – findet. Im Mittelpunkt der Darstellung steht aber der Weiheritus, den der am Vortag aus der Basler Bischofsresidenz Pruntrut (Porrentruy) angereiste Bischof Wilhelm Rinck und der Straßburger Suffragan Peetz vollzogen. Mit großer Genauigkeit zählt Coccius zunächst – wie in Rüstungsszenen des Epos – auf, wie der Bischof die liturgischen Gewänder anlegt (V. 885–898). Dann beginnt die Zeremonie mit der dreifachen Anrufung des heiligen Geistes:

> Hoc habitu, his Princeps praefulgidus ornamentis
> 900 Aeternum Numen, labentem desuper auram,
> Sanctam auram, diuinam auram auspiciumque precatur.

Es folgen die Anrufung Gottes, des Sohnes, Mariens und eine Litanei im Wechsel mit dem Chor:

> 902 Moxque Deum Genitumque Deo sanctamque Parentem
> Voce uocat coeloque animas mentesque receptas,
> Ordine quamque suo: uocem chorus omnis eandem
> Vna iterans implorat opem.

Auch die rituellen Handlungen der Weihung werden angedeutet: Coccius nennt das dreifache Umschreiten der Kirche und das dreifache Schlagen an die Tür, gibt allerdings keine vollständige Übersicht, wie es beispielsweise das einschlägige Stück der Münchner Festschrift tut – dessen Formulierungen übrigens wiederum dem Molsheimer Dichter als Vorbild gedient haben:

> 905   ritu ille uetusto
> Ter lustrabundus uastum templi ambiit orbem.[232]
> Terque pedo pultans sacri arietat ostia claustri,[233]
> Vni addicta Deo ut pateant, Stygio hoste fugato,
> Exercetque alios arcano e codice ritus.

Coccius sah offenbar das Gedicht nicht als den richtigen Ort an, um die traditionellen Riten ausführlich darzustellen und zu verteidigen. Dafür konnte der eigens dafür ge-

---

Bis plangor, totumque implet clamoribus aedem. Der Molsheimer Hahn schlug demnach nicht mit den Flügeln wie der in Straßburg.

232 TROPHAEA BAVARICA fol. G3ʳ *(Templi consecrandi ritus et inauguratio: Theomachus – Eusebius)*: *Cur lustrabundus templi ter circuit orbem … ?*

233 Ebda.: *Antistes quid clausa pedo ter limina pultat | Frustra fores quid arietat?*

schriebene *Apologeticus* am Ende der Festschrift bessere Dienste leisten, bot er doch die Möglichkeit, die Einwände der Gegenseite detailliert und ohne die Einschränkungen der dichterischen Form zu behandeln.[234] Stattdessen suchte er wie schon in seinem Prosa-Bericht über die Feierlichkeiten auch hier einen lebendigen Eindruck von der Atmosphäre des Tages zu vermitteln; mit der folgenden, von Geräusch und Bewegung erfüllten Szene ist ihm dies zweifellos gelungen:

915 Vndique concurrit plebes confusaque plebe
     Nobilitas, lucent armis angusta uiarum,
     Obsessumque forum atque aerato milite templum.
   · Haec inter festus multo molimine clangor
     Turribus et laetas obscurant tympana uoces.
920 Obstupuere animi et nunquam satiata uidendo
     Lumina, praecelerant alii, compendia cursu
     Nota legunt, omnes caro stant Principe uultus
     Deuotique animi ...

Zum Schluß wendet sich der Blick gen Himmel: dort wird in hellem Licht die Muttergottes erkennbar (V. 928), die ihre neue Kirche annimmt und bei Gott für Leopold bittet, daß er einstmals – in der typischen Wendung *post sera ... funera* (V. 933 f.) klingt die Stimme des Panegyrikers Coccius durch – selbst in den Himmel aufgenommen werde, jenen Ort, von dem der Dichter mit geschicktem Wortspiel sagt:

                    ... ubi omnes
935 Nunquam interrupto celebrant **Encoenia** plausu.

Die irdische Einweihungsfeier ist damit als eine Vorwegnahme der himmlischen Freuden gedeutet, eine Sichtweise, die ganz den gegenreformatorischen Traktaten über die kirchlichen Feste entspricht.[235]

Coccius schließt an diese Überlegung noch ein persönliches Gebet für den Fürsten und das Wohlergehen des Elsaß an. Hier sind Themen wiederaufgegriffen, die schon in den Gedichten der *Encoenia Basilicae* zur Sprache kamen: der Fürst als Garant für den Wiederaufstieg seines Landes aus bedrohter Lage, eine neue Blüte im Kirchenbau und die Verteidigung des Glaubens gegen die *lupi* (V. 940) der gegnerischen Konfession.

Das letzte Wort gilt der Gestalt der Fama, die ähnlich wie zu Beginn der *Encoenia Basilicae* aufgefordert wird, dem Bau in Ewigkeit ein Gedächtnis zu bewahren. Es versteht sich von selbst, daß in dieses pathetische Schlußgebet auch der Landesfürst aus-

---

234 INAUGURALIA COLLEGII SOCIETATIS IESU MOLSHEMENSIS, 207–271: *Apologeticus pro basilica Mariana ... contra impios hieromastigas et huius aeui Antidicomarianos.* Vgl. o. Anm. 79.
235 Trophaea ed. Hess 1997, 214 Anm. 156.

drücklich einbezogen wird, um den alle Molsheimer Festschriften wie um einen *Sol Austriacus* immer wieder kreisen:

Hic labor exhaustus Templi. tu, Fama, laborem
945 Aeternum aeternumque opus aeternumque parentem
Atque autorem operis Leopoldum laude perenni
Commemora, nullum senio interitura per aeuum![236]

---

236 Dem tut keinen Abbruch, daß die Verse exakt den Schluß der Münchner Kirchenbeschreibung *(ad Famam)* übernehmen. S. TROPHAEA BAVARICA fol. G2ʳ: *Hic labor exhaustus templi: tu, fama, laborem | Aeternum aeternumque opus aeternumque parentem | Atque auctorem operis Gulielmum laude perenni | Commemora nullum senio casura per aeuum.*

B. Erlebte Bilder

Einleitung

1. Ekphrasis von Einzelkunstwerken

In einigen beschreibenden Gedichten der Jahre um 1600 stehen nicht neue Kirchen als ganze im Mittelpunkt der Darstellung, sondern lediglich ihre sowohl künstlerisch als auch theologisch bedeutendsten Ausstattungsstücke. Dabei handelt es sich zumeist um den (Hoch-)Altar, aber auch um andere spektakuläre Kunstwerke, die mit einer Vielzahl von Bildern oder Statuen zu einer Ekphrasis einluden. In diesen Texten fehlt also jener äußere Rahmen, der in den Kirchenführungen und -rundgängen in Gestalt der Gebäudebeschreibung die Einzelekphraseis der „geistlichen Wegmarken" umschließt;[1] die Autoren konzentrieren sich hier auf nur jeweils eine dieser Wegmarken.

Die Motive für diese Art der Kunstekphrasis, deren Verfasser ebenfalls dem Jesuitenorden angehören, sind unterschiedlich. In zwei der hier vorgestellten Gedichte (Mainz, Porrentruy) war der Umstand bestimmend, daß die Kirche des jeweiligen Kollegs einer detaillierten Beschreibung nicht oder noch nicht würdig schien – handelte es sich doch am Rhein um eine ehemalige Bettelordenskirche, auf deren Tradition man keinen Wert legte, während in der neuen Kirche der Basler Residenzstadt zum Zeitpunkt der Weihe außer drei Schnitzaltären noch keine weitere Ausstattung vorhanden war. Bei der Ekphrasis des Ölbergs zu Speyer dagegen erkennen wir dem Anfang einer anderen Traditionslinie: der seinerzeit vielgelesene Text ist ein frühes Beispiel der poetischen Übung (Progymnasma), bei dem sich der Autor ein naheliegendes geeignetes Objekt für eine Beschreibung gewählt hat – in diesem Fall die monumentale Plastik im Hof des Domkreuzganges.[2]

Mit Ausnahme des *Olivetum Spirense* sind auch die hier vorgestellten Ekphraseis an die Situation der feierlichen Einweihung gebunden. Dadurch ergeben sich trotz der abweichenden Gesamtstruktur weitreichende Gemeinsamkeiten mit den als Kirchenführungen gestalteten Dichtungen. So versetzt der Autor des Mainzer Gedichtes von 1593 seine Leser zu Beginn in die lärmende und bewegte Menge des Festtages und greift damit – möglicherweise in direkter Anlehnung – einen Gedanken auf, der zwei Jahre zuvor die Würzburger Dichtungen Daniel Amlings und der Jesuiten geprägt hatte;[3] die Verfasser der *Encaenia Collegii Bruntrutani* haben in vielfacher Weise Anregungen des Jakob Pontanus und besonders der Münchner *Trophaea Bavarica* weiterent-

---

1 S. I. Teil, A.III.5.
2 Zur Tradition der Kunstekphrasis in Schule und Schulbuch s. I. Teil, D.II.4.
3 S. u. S. 404.

wickelt. Auch in Porrentruy ergibt sich aus der Einzelanalyse, daß der Dichter-Sprecher als aktiver Teilnehmer der Feiern zu denken ist.

Trotz der fehlenden Gebäude-Ekphrasis stehen die Autoren vor einer ähnlichen Schwierigkeit wie die Verfasser der Kirchenführungen: sie müssen ihre Aufmerksamkeit zwischen der literarischen Kunstbeschreibung und dem Erleben des Dargestellten als gläubige Christen und Theologen teilen. In Mainz und Porrentruy kommt die Situation der Einweihungsfeier und damit die Notwendigkeit panegyrischer Verherrlichung des Auftraggebers bzw. Landesherrn hinzu.

Es ist daher nur folgerichtig, wenn die Gewichtung der einzelnen Ziele und Aspekte bei jedem der Texte unterschiedlich ausfällt: Johannes Armbruster gibt im *Olivetum Spirense* einerseits die denkbar genaueste Beschreibung des Monumentes, betont aber zugleich, daß der Ruhm Christi und fromme Gläubigkeit sein eigentlicher Antrieb beim Dichten waren. Andachts- und Meditationsgedanken angesichts des leidenden Christus lassen dementsprechend deutlich – wie schon in den periegetischen Beschreibungen – die persönliche Stimme des Dichters vernehmen. In diesem Zusammenhang ist auch eine Bemerkung zu sehen, mit der Armbruster seine eigene Dichtung gegenüber dem Monument selbst relativiert, das Schaubild und mahnende Aufforderung für jedermann sein solle.[4] In Mainz stattet Mathias Putz den Dank des Kollegs für den neuen Altar in Form einer systematischen Beschreibung ab, die sogar einzelne Bildtafeln numeriert und auf diese Weise Anschaulichkeit zu erzeugen sucht. Dennoch kommt es nicht zu einer nüchternen Aufzählung, da der Autor immer wieder Bildszenen belebt und die Zwiesprache mit den Bildern sucht. In den Pruntruter *Encaenia*-Gedichten schließlich sind die Schwerpunkte, ähnlich wie in den als Vorbild empfundenen Münchner *Trophaea*, auf die verschiedenen Gattungen bzw. Metren verteilt: die Panegyrik auf den Fürstbischof ist Thema hauptsächlich der hexametrischen Stücke, in den Epigrammen wird die gattungstypische *argutia* auf Kirche und Kunstwerke angewandt, während sich die theologische Ortsbestimmung und poetische Umsetzung des Weiheritus in der visionären Schau der herabsteigenden Himmlischen konzentriert.

2. Erlebte Bilder

Hinter der literarischen, durch die Gepflogenheiten der Ekphrasis motivierten Belebung der Bilder steht das bewußte Mit-Erleben der dargestellten Szenen durch den gläubigen Betrachter. In Mainz und Speyer liegt dabei eine nahezu idealtypische Situation vor, da die Passion Christi und insbesondere die Nacht am Ölberg traditionell als die geeignetsten Grundlagen der Meditation galten.[5] Wenn die Ölberge an den Kirchen das Bedürfnis nach enger Verbindung des einzelnen Gläubigen zum biblischen

---

4 OLIVETUM SPIRENSE V. 1221 f.
5 Zur Bedeutung der Ölbergszene für die Praxis der *compositio loci* s. o. S. 152.

Geschehen erfüllen, indem sie der schwierigen Imagination durch ihre reale, dreidimensionale und bewußt lebensnahe Gestaltung zu Hilfe kommen, so darf dies besonders für das Speyerer Exemplar gelten: weithin sichtbar in der Mitte des Kreuzganges aufgestellt und hoch über die Köpfe der bewegten Menge aufragend, mußten seine steinernen Figuren im unsteten nächtlichen Fackelschein und in der gespannt-andächtigen Stimmung der Karwoche in einem schmerzhaften Grad als lebend empfunden werden:

> ... simul insontem uenerantur Iesum (*sc.* fideles),
> Quem **sub marmorea** speculantur **imagine** flexo
> Implorare genu patrii solamina caeli
> Et uoluentem animo mortis tam dira propinquae
> Supplicia, ubertim roseum **sudare cruorem**. [6]

Der steinerne Ölberg ist Ort der *memoria*, der Erinnerung an die Geschehnisse als Vorbereitung zur Andacht und zur Meditation. Mit seinen Figuren ist er aber zugleich Bühne, auf der eine Szene zu sehen ist. Der in den Skulpturen eingefangene einzelne Moment hat die gleiche Funktion wie ein von Menschen dargestelltes Lebendes Bild, das sich mit Hilfe der Vorstellungskraft jederzeit in die fortlaufende Handlung der *passio* wandeln kann und soll. Auf diese Weise wird der Betrachter des Kunstwerks zum Zuschauer und Mitspieler im *theatrum*. Diese Einbindung des Gläubigen in das Geschehen um Christus bedeutet zugleich eine – nicht nur moralische, sondern gebieterische – Aufforderung zum eigenen Handeln, d. h.: zur *compassio* und letztlich zur Nachfolge. Sehr deutlich zeigt sich dieser Zusammenhang z. B. in einer Altarinschrift der Trierer Liebfrauenkirche:

> ASPICE QVI TRANSIS QVIA TV MIHI CAVSA DOLORIS.

Was zunächst wie ein klassisches Grabepigramm erscheint – der Stein spricht den *uiator* an –, erweist sich bei näherem Hinsehen als eine aufs Äußerste komprimierte Synthese des meditativen Dialogs zwischen Christus am Kreuz und dem Gläubigen als Betrachter und Mitleidenden. Dieser Dialog kommt zustande, sobald der *uiator* die Worte laut liest und damit den Schuldvorwurf selbst zum Eingeständnis der Schuld verwandelt. Seine Fortsetzung findet das Zwiegespräch, wenn beispielsweise der Pruntruter Dichter *ad Christum in cruce suffixum* ausruft:

> Ah parce et miserere, parce Christe,
> Adsum caussa tui doloris: adsum ... [7]

---

6 OLIVETUM SPIRENSE, *Prooemium*, V. 33–37. Ähnlich V. 203, wo Armbruster betont, daß sich unter der *imago* der Figuren die *clades uera* verbirgt: s. u. S. 384.

7 ENCAENIA COLLEGII BRUNTRUTANI, *Ad Christum in cruce suffixum* (fol. C4ʳ) V. 9 f.

Zur sinnlichen Erfahrung und zum Erleben der Bilder tragen die Dichter aber nicht nur durch solche ausdrücklichen Verweise bei, sondern bereits durch die Art der Kunstbeschreibung, die auch hier vor allem das Kriterium der ἐνάργεια beachtet. Erzielt wird sie durch größtmögliche Detailgenauigkeit, die nicht Selbstzweck, sondern geradezu Seh-Hilfe für den ist, der „das sprechende Bild mit den Augen liest" (Armbruster). Allerdings werden die Autoren diesem Anspruch in unterschiedlichem Maße gerecht: während die detailgenaue Vorführung des Speyerer Ölbergs im Ganzen eher ermüdend wirkt, versteht es M. Putz in Mainz, durch geschickt eingestreute Bemerkungen die Spannung zwischen Kunstwerk und Leben aufrechtzuerhalten. In seinem Gedicht ist es die vorsichtige Verlebendigung von Einzelszenen durch Bewegung und Klang, mit der die nötige Nähe zum dargestellten Geschehen erreicht wird.

Um ein erlebtes Bild ganz anderer Art handelt es sich im Pruntruter Gedicht *Diui tutelares templum inuisunt* über die Herabkunft der Heiligen. Der als visionäre Schau gestaltete Text läßt zunächst keinerlei Schluß darüber zu, ob ihm überhaupt ein bestimmtes materielles Bildwerk zugrundeliegt, da er weder in eine Periegese eingebettet ist (wie in München) noch ausdrücklich eine Auflösung angeboten wird wie in der Ode Jakob Baldes auf das Freisinger Marien-Altarblatt des Peter Paul Rubens (1639), in der der Dichter erst nach dem Ende seiner Vision *(mentis excessus)* das wirkliche (und, wie wir wissen, Vor-) Bild gesehen haben will:

> Post ea forte illuc summam delatus in aedem
> Arae fruor spectaculo.
> Obiectos animo uultus, habitumque coloremque,
> En, penicillus exhibet,
> Qualiter artifici radio miracula ducit
> Rubens Apelles Teutonum.
> **Protinus exclamo: „talem suspeximus olim,**
> **Diuina passi, Virginem."**[8]

In Porrentruy erlaubt erst der Vergleich mit anderen Teilen der gleichen Festschrift und den erhaltenen Werkverträgen für die Altäre die begründete Annahme, daß deren Figurenwerk die Inspiration des Gedichtes darstellte. Das Erleben des Bildes ist hier also kein Wieder-Erleben biblischer Geschichte durch den Zeitgenossen, sondern unmittelbare Überwältigung des Autors selbst im Geschehen der Weihezeremonie.

---

8   Epod. 15, 81–88, zit. nach Hess 1987, 209.

I. Johannes Armbruster SJ
Olivetum Spirense
(1593)

1. Ein vielgelesenes Gedicht auf ein berühmtes Kunstwerk

Das Gedicht des Speyerer Jesuiten Johannes Armbruster (1553–1603) auf die monumentale Ölbergdarstellung im Kreuzgang des dortigen Domes stellt eine Besonderheit unter den Texten unserer Untersuchung dar. Es handelt sich hier nicht um ein Gedicht, das anläßlich der Einweihung eines neuen Bau- oder Kunstwerkes entstand, also nicht um eine „Festschrift". Vielmehr preist der Verfasser ausgiebig – das *Olivetum* ist mit über 1300 Hexametern das längste aller bisher bekannten ekphrastischen Stücke – ein bereits lange vor seiner Zeit entstandenes Kunstwerk: der Speyerer Ölberg entstand im ersten Jahrzehnt des 16. Jahrhunderts. Die große, weit über die Region hinausreichende Berühmtheit, die das Werk seinerzeit genoß und bis zur Katastrophe Speyers im Pfälzischen Erbfolgekrieg (1689) behielt, hat hier offenbar den Anlaß für Armbruster gegeben, sich an einer poetischen Darstellung zu versuchen. Zugleich bot das Kunstwerk für den Dozenten der Poesis am Speyerer Kolleg[1] eine willkommene Gelegenheit zum Experiment im Metier der *descriptio*. Daß die Wahl dabei auf den Ölberg und nicht beispielsweise auf den Dom fiel, hat einen sehr naheliegenden Grund: die Schulräume des Kollegs befanden sich lange Jahre im Domkreuzgang,[2] so daß die Skulpturen des Hans und Lienhart S(e)yfer den Blick aus dem Fenster als erstes fesselten. Armbruster trat mit dem *Olivetum* aber auch mit älteren panegyrischen Gedichten aus Speyer in Konkurrenz, wie sie Jakob Wimpheling und Theodor Reysmann verfaßt hatten. Diese Autoren hatten den Dom als Schwerpunkt ihrer Darstellung gewählt, so daß es sich anbot, nunmehr den noch nicht gewürdigten Ölberg zu behandeln.[3]

Wenn das *Olivetum Spirense* trotz dieser abweichenden Entstehungssituation unser Interesse verdient, so aus zwei Gründen. Erstens stellt der Text einen weiteren Baustein im Mosaik der untereinander durch Zitationen eng verknüpften jesuitischen Festschriften der Folgejahre dar: wie bereits oben dargestellt, übernahm 1618/19 der Molsheimer Jesuit Jodocus Coccius für seine Kirchenbeschreibung mehrfach ganze Passagen

---

1   Ribadeneira 405: *Qui Spirae linguam Graecam, Poesim, et politiores litteras (quibus ab initio delectatus est) aliquot annos professus, atque in ijsdem studijs mortuus est Spirae 27. Martij anno salutis 1603. aetatis 50.*

2   Duhr 1907, 118. – Zu den Jesuiten in Speyer vgl. Stamer 1955; Ammerich 1985, 305–309; ders. 1989, 91–94; ders. 1993.

3   Jakob Wimpheling, Laudes ecclesie Spirensis et cerimoniarum, [Basel 1486]; Pulcherrimae Spirae summique in ea templi enchromata per Theodorum Reysman, [Tübingen 1531]. Moderne Ausgaben: Wimpheling: edd. Düchting – Kohnle 1999; Reysmann: edd. Bossert – Kennel 1907 (Text nach dem heute verlorenen Exemplar der BSB, Übersetzung und Anmerkungen); vgl. Harthausen 1989, 373f. – Armbruster hat aus keinem der beiden Texte Material übernommen, sondern war augenscheinlich bestrebt, die knappe Besprechung des Ölbergs durch Reysmann (dort V. 828–879) zu ersetzen.

aus dem älteren Gedicht. Es ist daher geeignet, unsere These von einer regelrechten Gattung der deskriptiven Festschrift konfessionell-humanistischer Prägung zu bekräftigen. Zweitens ist Armbrusters Dichtung als einzigem der hier behandelten Texte die Ehre zuteil geworden, am Ende der von uns betrachteten Epoche in die Sammlung *Parnassus Societatis Iesu* aufgenommen zu werden. Die emphatische Begeisterung vieler Zeitgenossen für das beschriebene Kunstwerk dürfte ihren Teil dazu beigetragen haben, daß gerade dem *Olivetum* die Ehre eines Neudrucks widerfuhr.

2. Der Speyerer Ölberg

Am südlichen Seitenschiff des Speyerer Doms befand sich seit der Mitte des 15. Jahrhunderts ein großer quadratischer Kreuzgang.[4] Er überstand die Verwüstungen von 1689, wurde aber 1820 abgebrochen. In seiner Mitte wurde dank einer Stiftung des Domherrn Wypert von Finsterlohe von den Bildhauern Hans und Lienhart S(e)yfer sowie dem pfälzischen Hofbaumeister Lorenz Lechler in den Jahren 1504–1511 ein großer Ölberg auf sechseckigem Grundriß mit zahlreichen lebensgroßen Statuen errichtet, von dem heute nur noch wenige Reste erhalten sind.[5] Die Anlage ist nicht allein sämtlicher Originalfiguren, sondern ebenso ihrer ursprünglichen ornamentenreichen Bedachung beraubt, so daß die viel zu massiv ausgeführte neuzeitliche Dachkonstruktion auf etwa zwei Drittel der ursprünglichen Höhe direkt über dem betenden Christus lastet.[6] Erhalten ist lediglich der steinerne Berg selbst, in dessen Innerem sich ein früher St. Michael geweihter Kapellenraum befindet,[7] sowie Teile der Pflanzen- und Tierdekoration. Fragmente einiger Statuen und geringe Reste der Kapellenausstattung werden – teilweise unzugänglich – an verschiedenen Orten in Speyer aufbewahrt.[8] Ein schwacher Eindruck von der Art der Figuren läßt sich – außer aus einer Serie noch zu betrachtender Göttinger Zeichnungen – aus einigen offenbar vom Speyerer Vorbild abhängigen Ölberggruppen gewinnen, die allerdings weder die Disposition der Szenen in einem Rundbau übernehmen noch die detailliert-sarkastische Darstellung der Einzelfiguren erkennen lassen. Unverkennbar ist immerhin die Übernahme der Gabriel-, Christus- und Apostelfiguren sowie des Pflanzen- und Tierdekors am Ölberg zu Zeutern (Lkr. Karlsruhe), der in einer großen Rundnische mit gewundener Treppe die Häscher aber weniger dynamisch und sämtlich zum Betrachter gewandt aufstellt.[9]

---

4 Kubach – Haas 1972, 461.

5 Schnellbach 1929; ders. 1931, 31–34. 42f. 162f. Die ältere Literatur zum Ölberg ist gesammelt auch bei Röttger 1934, 390; besonders wichtig seitdem Seeliger-Zeiss 1967, 100–137; Munk 1968, 34–52 (allgemein zur Bedeutung der Ölbergplastiken) und 289–291 (zu Speyer); kurz auch Harthausen 1989, 414f.

6 Vgl. Seeliger-Zeiss 1967, Tafel XXI Abb. 52.

7 Zur Abhängigkeit der Ölberggestaltung von der Kapelle s. Seeliger-Zeiss 1967, 114.

8 Seeliger-Zeiss 1967, 110. 126–135; vgl. auch Munk 1968, 290.

9 Der Hinweis auf die Abhängigkeit erstmals bei Koepf 1959, 236; nicht erwähnt bei Munk 1968, 324. Gute

Die Einschätzung des Speyerer Ölberges selbst ist in der Kunstwissenschaft heute nüchterner als im 16. oder 17. Jahrhundert. Bei der Betrachtung des Gedichtes wird auch die entsprechende Frage zu stellen sein, ob die Berühmtheit des Armbrusterschen Textes dem Vergleich mit anderen ähnlichen Produkten seiner Zeit standhält.

3. Das Olivetum Spirense als literarischer Text

a. Zur Entstehungszeit und Überlieferung des Gedichtes

Johannes Armbrusters Gedicht auf das *Olivetum Spirense* erschien erstmals im Jahre 1593 als Quartbändchen (28 Bl.) bei Lambert Andreae in Köln. Über den Zeitpunkt seiner Entstehung ist darüber hinaus nichts bekannt,[10] doch besteht kein Anlaß, eine längere Verzögerung der Drucklegung anzunehmen. Im Gegensatz zu vielen anderen Kunst- und Baubeschreibungen der frühen Neuzeit, die erst jetzt wiederentdeckt und für die lokale Literatur- und Kunstgeschichte ausgewertet werden konnten,[11] blieb der Text aus Speyer eine bekannte Größe. Dies ist ohne Zweifel auf den Neudruck im *Parnassus Societatis Iesu* von 1654 zurückzuführen, dessen bedeutendes Format ihm, anders als einem Einzeldruck, einen Platz in den Bibliotheken sicherte.[12] Die Aufnahme des Gedichtes in die weitverbreitete Anthologie führte aber auch dazu, daß die Kölner Originalausgabe bald in Vergessenheit geriet: schon in der gutunterrichteten Ordensbibliographie von Ribadeneira und Sotwell taucht ihr Erscheinungsjahr nicht mehr auf.[13] Die zahlreichen Erwähnungen und Zitate, die sich in der einschlägigen Speyerer Literatur des 19. und 20. Jahrhunderts finden, sind ebensowenig über das Entstehungsjahr des Textes im Bilde und verweisen ausnahmslos auf den *Parnassus*;[14] erst 1989 hat Hartmut HARTHAUSEN das richtige Entstehungsjahr wieder in die wissenschaftliche Diskussion eingeführt.[15]

Ein Vergleich beider Ausgaben ergibt, daß die anonymen Herausgeber des *Parnassus* einen weitestgehend zuverlässigen Text bieten. Bei den meisten Abweichungen han-

---

Abb. bei Rott 1913, Tafel XXXVI. – Seeliger-Zeiss 1967, 126 Anm. 409 verweist auf Repliken der Speyerer Figuren in Ersingen (Lkr. Pforzheim); differenzierend dazu Munk 1968, 182.

10 Vgl. aber Anm. 20 sowie die Bemerkung *recens … decantatum* im Werktitel.

11 Unter den hier behandelten sind dies die Texte aus Mainz, Porrentruy, Bromberg und Bologna.

12 PARNASSUS SOCIETATIS IESU, 2. Faszikel (*Classis I. pars II.*), 395–410.

13 Ribadeneira 405.

14 Geissel 1876, 255 Anm. 1 (bereits 1828 verfaßt); Remling 1854, 225 Anm. 758; Schwartzenberger 1866, 18; Geissel 1876, XIX Nr. 12 (Nachtrag von K. Th. Dumont, offenkundig ohne Kenntnis des Textes: Dumont behauptet, bei Geissel [ebda. 255–264] sei „der größte Theil dieses Gedichtes abgedruckt"; tatsächlich handelt es sich um Auszüge im Umfang von ca. 200 Versen); Baumgarten 1897, 32 („Eine poetische Schilderung …, welche der Jesuit Armbruster im Jahre 1654 … herausgab […]"); Rauch 1909, 517; Röttger 1934, 390; Munk 1968, 290.

15 1989, 374.

delt es sich um bloße Druckfehler, einmal ist allerdings auch ein Vers ausgefallen.[16] Außerdem scheint sprachliche Unsicherheit dazu geführt zu haben, daß man sich in Frankfurt zuweilen am bloßen optischen Erscheinungsbild des Kölner Druckes orientierte, so daß satzbedingte halbe Spatien zwischen zwei Buchstaben falsch interpretiert wurden:

Köln 1593, fol. C^r Z. 1–3 (= V. 324–326)   Frankfurt 1654, S. 399

Transeat iste calix, aut saltem dulcius illum   Transeat iste calix, aut saltem dulcius illum
Verte mihi: **quod si stet** ineluctabile mortis   Verte mihi: **quod sistet** ineluctabile mortis
Decretum …   Decretum …

Ein zweites Beispiel: in V. 50 (1593: fol. A4^r Z. 24) ist der letzte Buchstabe samt Kürzungszeichen sehr weit an den rechten Rand gerückt ist und erscheint daher nur teilweise auf dem Papier: *Iamprideē hunc populis cecinit uaga fama per orbę.* Der *Parnassus* macht daraus kurzerhand *Iampridem hunc populis cecinit uaga fama per orbi* (S. 397).

Schließlich wird die Qualität des Neudrucks durch Fehler beeinträchtigt, die sich m. E. kaum anders als durch mündliches Diktat erklären lassen:

Vers   Lesart 1593   Lesart 1654

210   In terram procul, et saxo aedificata perenni   →   In terram procul, et sax**ae** aedificata perenni;
245   Inque iugi auratum tandem finitur acumen   →   Inque iugi auratum tandem finit**ura** acumen;
428   Huc autem ruit (infandum) turba impete caeco   →   Huc **cautem** ruit (infandum) turba impete caeco.

Insgesamt muß daher der Erstdruck von 1593 als die zuverlässigere Edition bezeichnet werden.

b. Armbrusters Beschreibung als Ergänzung der Bildquellen

Trotz der weitgehenden Zerstörung des Ölberges im Pfälzischen Erbfolgekrieg und in den Revolutionsjahren 1793/94 sind wir über dessen Aussehen besser unterrichtet, als dies bei den meisten anderen hier behandelten untergegangenen Bauten der Fall ist. Die Grundlage dafür sind sieben detaillierte Federzeichnungen des 17. Jahrhunderts in den Sammlungen der Universität Göttingen, aus denen sich ein anschauliches Bild des Kunstwerks gewinnen läßt. Sie sind – zunächst nur in Umzeichnungen des Jahres 1850 – mehrfach von der kunsthistorischen Forschung herangezogen und abgebildet worden.[17]

---

16 Vgl. im einzelnen den Apparat zu unserer Edition: III. Teil, A.IV.
17 Schwartzenberger 1866, Beilage und Zimmern 1889, 14–17 (Umzeichnungen); Baumgarten 1897, 29–31;

Dieses wichtige Bildmaterial hat allerdings auch dazu geführt, daß die mindestens ebenso detaillierte Beschreibung des *Olivetum* immer weniger beachtet wurde; in der ausführlichsten jüngeren Studie zum Speyerer Ölberg ist auf seine Auswertung erstmals ganz verzichtet worden.[18] Dies scheint umso weniger gerechtfertigt, als daraus auch weitere Einzelheiten für die Identifikation der erhaltenen Fragmente sowie Aufschlüsse über die Farbfassung des Kunstwerks kurz vor 1600 gewonnen werden können.

Bevor diese Hinweise ausgewertet werden, soll jedoch eine kurze Inhaltsübersicht über das Gedicht folgen, an die sich einige Überlegungen zur literarischen Einordnung des Stückes anschließen.

c. Aufbau und Inhalt des *Olivetum Spirense*

Armbruster widmet sein Gedicht in einem Proömium (60 Verse) dem Bischof von Speyer, Eberhard von Dienheim, und den Kanonikern des Domkapitels, also den Verfechtern des katholischen Glaubens in einer Stadt, die gegen die Einführung der Jesuiten die größten Widerstände gezeigt hatte.[19] Er beschreibt die feierliche Illumination des Ölbergs in der Karwoche[20] als eine Szene, die es mit dem Glanz der „alten", d.h. vorreformatorischen Zeit aufnehmen könne: *ueteris species erat aemula saecli* (prooem. 19). In großer Zahl strömten Beter zur reuevollen Andacht herbei und schufen im nächtlichen Kreuzgang eine ebenso pittoreske wie bewegende Szene: *Et studium sincerum oculis humentibus hausi* (prooem. 55).

Nicht literarischen Ruhm, sondern frommen Sinn und die Verherrlichung des leidenden Christus nennt der Dichter daher auch zu Beginn des *Olivetum* als Motive seines Schreibens: *passi gloria Christi | Et pietas egit pulcrum tentare laborem* (V. 19f.). Ziel seiner Bemühungen aber sei eine so anschauliche Beschreibung des Kunstwerks, daß die Leser es geradezu sehen (und hören) könnten (V. 24–27):

> … nostro **spectent in carmine** gentes
> Luctifici simulacrum horti, turbaeque furentis
> Arma, faces, uncos, funes, **stridentia** ferro
> Vincla …

---

18 Rauch 1909, 512–515 (Auswahl, beste Wiedergabe); Schnellbach 1931, Abb. 39f.; Röttger 1934, 391 und 401 (nur zwei Abb.); Seeliger-Zeiss 1967, Tafel XVIII–XX Abb. 43–49 (erstmals vollständig).

18 Seeliger-Zeiss 1967.

19 Duhr 1907, 115–120. Ein detailliertes Bild der politischen und konfessionellen Geschichte Speyers vom 15. Jahrhundert bis zum Ende des Alten Reiches zeichnet Press 1985. Zu Bischof Dienheim vgl. Gatz – Brodkorb 124–126 (H. Ammerich).

20 Die in prooem. 25 erwähnten *sublimes taedae* gab es erst seit dem Jahr 1587: Schwartzenberger 1903, 428. Vgl. aber auch V. 696–699 über die Figur des sechsten Häschers, der eine (anzündbare?) Fackel trug.

Das gleiche Anliegen ist nach dem „Musenanruf" an alle Heiligen Speyers und an die Dompatronin Maria (V. 28–44) noch einmal formuliert, wenn Armbruster in metaphorischer Form der eigenen Dichtung das Zeichen zum Beginn gibt:

72   Sed, mea Musa, sat est prolusum: accingere tandem
      Seria, scande iugum montis, fer lumina circum …
      (…)
76   Pange sacrandum aeuo quiddam, sentique calorem
      Desuper illapsum, diuino percita flatu
      Pieriis miram depinge coloribus artem
      Horridi oliueti: **legat** omnis terra **loquentem**
      Sinceris **picturam oculis** …

Der Leser wird auf die Szenerie mit einer kursorischen Schilderung des Doms (V. 87–132) und des Kreuzganges (V. 133–140) eingestimmt und so gleichsam an den Ölberg herangeführt. Dort angekommen, beginnt nun trotz der Einleitung *in illius* (sc. *peristylii*) *medio iacet inclyta montis* | *Fabrica* (V. 140 f.) zunächst nicht die Ekphrasis des Felsens und seiner Skulpturen, sondern Armbruster schickt eine Nacherzählung des biblischen Berichtes von Christi Todesangst und Verhaftung voraus (V. 141–200). Dies wirkt zunächst etwas überraschend, da es sich um eine der bekanntesten Episoden der gesamten Schrift handelt und zudem die Gefahr besteht, daß es bei der folgenden Beschreibung und Erläuterung der Szenen zu Wiederholungen kommt. Man kann jedoch die vorausgestellte Erzählung mit dem ersten Erkenntnisschritt – der *memoria* – aus der religiösen Betrachtung vergleichen, mit dem einleitend die Vertrautheit mit den historischen Begebenheiten wiederaufgefrischt werden soll. So vorbereitet, kann der Betrachter nun an den Ölberg herantreten, auf dem das Geschehen „wie auf einer Bühne" vor Augen steht und zugleich im Bild real gegenwärtig ist:

201   Quis cladem hanc irasque truces et uerbera fando
      Explicet, aut querulis pressuram fletibus aequet?[21]
      Si tamen est animus **cladem sub imagine ueram**
      Cernere, oliuiferi monumentum sculptile montis
205   Suspice: nam **tanquam festiui scena theatri**
      Exhibet ad uiuum praestantique arte figurat.

Den Auftakt bildet das zierliche Gehäuse aus sechs Pfeilern und einem schiefergedeckten Dach, das kleine Gauben mit bunten Fenstern besaß.[22] Das Gewölbe zeigte die

---

21 Nach Verg. Aen. 2,361 *quis cladem illius noctis, quis funera fando* | *Explicit aut possit lacrimis aequare labores?* (Bericht des Aeneas vom Untergang Trojas).

22 Vgl. die Göttinger Gesamtansicht (z. B. Seeliger-Zeiss 1967, Taf. XVIII Abb. 43; unsere **Abb. 14**) und die – oft recht phantasievolle – Beschreibung, die Schwartzenberger 1903, 421–423 nach der Zeichnung gegeben hat. Eine unzutreffende Interpretation der einschlägigen Passage des *Olivetum* (V. 243–261) durch den Kardi-

Gottesmutter inmitten von Blumenranken (V. 207–265). Daraufhin rückt der obere Teil des Berges – der eigentliche Olivenhain – mit seinem täuschend echt aus Stein gestalteten Holzzaun in den Blick und mit ihm der kniefällig bittende Christus (V. 297–328). Armbruster fordert angesichts dieser Szene ausdrücklich das Mitleid des Betrachters und unterstreicht dazu die Authentizität der Darstellung. Ähnlich wie schon in der Nacherzählung der Ölbergszene (V. 141–200) blendet er hier erneut in die historische Situation zurück, indem er das Gebet Christi in wörtlicher Rede referiert:

308   Ecquis ad aspectum signi uenerabilis imo
        Pectore non gemat atque inter suspiria fundat
310   Rorantes lacrymas? etenim sic ora ferebat,
        Sic oculos[23] sanctumque caput genuina parentis
        Aeterni soboles et nostrae gentis amator,
        Dum ualida prece subsidium caeleste uocaret
        (…)
316   „Omnipotens genitor, qui nutu simplice mundum
        Aeternum regis …
        (…)
323   … si, Pater alme, ferat tua sancta uoluntas,
        Transeat iste calix, aut saltem in dulcius illum
325   Verte mihi …“

Das Ergebnis ist jedoch nicht, wie bei der echten Prosopopoiie, eine Verlebendigung des Bildwerkes selbst, sondern das Gebet bleibt durch die einleitende Bemerkung „so sprach er damals, als …“ ein Kommentar des Autors. Er verschafft dem Bild selbst keine zusätzliche Plastizität, sondern steuert eher im Stil eines konventionellen Erklärers den einschlägigen Hintergrund bei. Wesentlich geschickter ist die folgende Rückblende, mit der der Kreuz und Kelch tragende Engel auf der Höhe des Felsens identifiziert wird: es muß sich – argumentiert Armbruster – um Gabriel handeln, weil dieser seinerzeit, als er Maria die Geburt ihres Sohnes ankündigte, genau so aussah wie der Todesbote am Ölberg. Das Nebeneinander von Geburt und Tod Christi, die Lilie und

---

nal v. Geissel (1876, 255 Anm. 1) sowie eine schwer deutbare Abbildung des Ölbergs vom Jahr 1681, die eine durchbrochene, erheblich niedrigere Maßwerkkonstruktion als Dach zeigt (Litzel 1825, nach S. 146; unsere **Abb. 15**) haben über das Aussehen des Ganzen Verwirrung angerichtet. Schwartzenberger suchte hier bereits 1866 mit polemischer Schärfe Klarheit zu schaffen (S. 18–20), indem er die bei Litzel publizierte Zeichnung als „Stümperwerk" abtat (ebda. 19), druckte aber kurioserweise dann (1866, 30; 1903, 423) die zuvor angegriffene Vermutung Geissels über ein durchbrochenes Gewölbe nahezu wörtlich ab. Baumgarten (1897, 32), dessen Beschreibung auch sonst sehr unzuverlässig ist, verkehrt noch zusätzlich die (vermeintliche) chronologische Reihenfolge beider Dachkonstruktionen. Klarheit ist in der Frage schwerlich zu erwarten: Provenienz und Bedeutung der Zeichnung sind nicht geklärt, und leider ist eine immer wieder erwähnte Beschreibung durch Johann Hoffmann aus dem Jahre 1683 heute in keinem Exemplar nachzuweisen.

23 Verg. Aen. 3,490 *sic oculos, sic ille manus, sic ora ferebat* (Andromache über Ascanius und Astyanax).

das Kreuz als dramatisch kontrastierte Kerykeia des Himmelsboten und der verhäng-
nisvolle Beiklang, den das Wort vom vergänglichen Erdendasein (V. 380) im dargestellten Augenblick annimmt, hinterlassen einen starken Eindruck. Es verwundert
nicht, daß die Stelle zumindest auszugsweise gerne von anderen Autoren adaptiert
wurde:[24]

372   … Gabrielem credere fas est.
        Nam tales Gabriel inter tot milia milium
        Agmina totque acies caeli pulcerrimus olim
375   Induerat uultus talique est uisus amictu
        Fulgere, dum auratis alis per inania uectus
        Substitit ante oculos Mariae, **formosa**que tendens
        Lilia, uirginei cecinit laetissima partus
        Nuncia et aeterni sobolem genitoris ab alto
380   Venturam humanae fragili sub carnis amictu.
         Ille iugum scopuli insistens crucis **horrida** gestat
        Robora fatalemque trabem Dominoque ferendam
        Edicit: sic esse ratum, sic uelle necessum.

Die schlafenden Jünger Petrus, Jacobus und Johannes finden als nächstes die Aufmerksamkeit des Dichters, der nun das Sechseck umschreitet und dabei mit der Nordseite
beginnt (V. 389–419). Besonderes Interesse gilt dem Petrus, der sein Christus gegebe-
nes Treueversprechen so offenkundig vernachlässigt, daß Armbruster sich in einer Mischung aus Empörung und Resignation über die menschliche Schwäche in einer kurzen
Apostrophe direkt an ihn wendet. In der gleichen Weise folgt dann ein Blick auf die
Ostseite (V. 420–522), wo der als erster in den Garten tretende Judas und Malchus ins
Auge fallen, welcher dem Verräter auf dem Fuße folgt. Hier wendet sich der Dichter in
einer neuen Apostrophe dem Judas zu, um diesem sein schreckliches Ende drastisch vor
Augen zu halten (V. 463–475). Malchus, der in großer Ausführlichkeit geschildert
und dabei als ein häßlich-stumpfer *semiuir* (V. 487) charakterisiert wird, findet neben
seinem Äußeren vor allem wegen der Episode vom Schwerthieb des Petrus Interesse,
das von Spott und Schadenfreude zeugt (vgl. V. 513 *flaccam Malchi praecideret aurem*).

Der weitaus größte Teil des verbleibenden Textes (V. 566–960) ist den Figuren der
jüdischen Häscher und römischen Soldaten gewidmet, die auf einem spiralförmig umlaufenden Weg hintereinander zum Eingangstor des Gartens hinaufstiegen.[25] Die bunt

---

24 S. o. S. 361–363.

25 Der Weg steigt von Nordwesten über Südwesten und Süden stetig an, mündet im Südosten in den Torbogen
   des oben gelegenen Ölgartens und verläuft dann im Nordosten wieder abwärts, um im Norden ebenerdig bei
   der Eingangs-Freitreppe zu enden. Die Beschreibung der Figuren beginnt dagegen oben mit Judas und Malchus, die den Garten bereits betreten haben, und führt abwärts bis zu der Gruppe der fünf noch teilweise
   außerhalb des Sechsecks stehenden Römer auf der Nordseite.

zusammengewürfelte Schar, ihr teilweise zerlumptes und zumeist rohes Auftreten zieht reichlich Spott auf sich, und Armbruster faßt am Ende höhnisch zusammen: *Talem aciem ductat secum crudelis Iudas* (V. 959). Zugleich erscheinen sie aber als Schauspieler einer Tragödie, die in dem gotischen *sublime theatrum* (V. 1245) vor unseren Augen gespielt wird, starr und doch erschreckend lebendig:

580 Asperat incensos feritas nimis impia uultus,
   Et toto tragicos efformant corpore gestus.
   Talia stant simulacra uirum, quos uiuere dicas,
   Quandoquidem aut halant auram aut halare uidentur.

Die Beschreibung des Berges wäre nicht vollständig ohne die Pflanzen- und Tierdekoration, die sich in Speyer in außergewöhnlichem Reichtum fand. Einen schwachen Abglanz davon zeigt noch heute der mit – steinernen – Efeuranken kunstvoll überzogene Fels, während von den Tieren nur wenige Reste erkennbar blieben. Armbruster umrundet den Sockel des Ölbergs noch einmal und führt anhand der drei Fenster der Michaelskapelle die Flora und Fauna an, die diese jeweils umgibt. Er verzichtet dabei ganz darauf, die Tiergestalten als mögliche Sinnbilder auszudeuten, sondern ist lediglich an einer lückenlosen Bestandsaufnahme interessiert (V. 961–1070). Eine kurze Skizze des schmiedeeisernen Gitters, das den Ölberg auf niedrigem Steinsockel umgab, beschließt die Darstellung (V. 1071–1088).

Die folgenden Passagen sind heute vor allem deshalb interessant, weil sie Einzelheiten über das Interieur der im Souterrain gelegenen Kapelle bewahren (V. 1089–1216). Unter dem Gesichtspunkt der religiösen Dichtung ist daneben ein Abschnitt von Bedeutung, der den am Altar dargestellten vom Kreuz abgenommenen Christus – der Altar zeigte die *depositio* anstelle der Kreuzigung, da die Kapelle als Hl. Grab zu verstehen war[26] – wie ein Andachtsbild behandelt. Dementsprechend wird hier deutlicher als sonst an die Empfindungen des Lesers appelliert:

   Hac alii uero iuuenes sub imagine bini
   Sidereis alis sese per inane ferentes
   Vepribus horrendis consertum et sanguine multo
1170 Rorantem – **heu!** – Domini uultum uelamine tendunt.
    Festiui altaris similant fastigia tectum,
   Sub quo se ostentat Iesu patientis imago
   Indignis lacerata modis et uulnere multo.
   Ecce, Redemptoris nostri miserabile corpus
1175 Vt tumeat plagis totum et natet amne cruoris!
   Ecce, caput sanctum horrescit diademate saeuo

---

26 Vgl. Seeliger-Zeiss 1967, 112–114.

Spinarum inque humeros laceros exangue recumbit!
Ecce, manus sanctumque latus traiecta cruoris
Flumen agunt circumque immani uulnere liuent!

Zwei Säulen des Altars scheinen nach dem Gedicht von Medaillons bekrönt gewesen zu sein, auf denen Christi Höllenfahrt und Auferstehung zu sehen waren. Ähnlich wie schon am Beginn der Dichtung nimmt dies Armbruster zum Anlaß, vom *descensus* eine kurze Erzählung zu liefern (V. 1190–1206) und so erneut die Rolle eines Erklärers einzunehmen.[27] Mit einer kurzen Bemerkung über weiteren Altarschmuck und seine regelmäßige Benutzung zum Gottesdienst schließt die Ekphrasis des Ölberges ab.

Anders als die anderen beschreibenden Gedichte gibt das *Olivetum Spirense* im folgenden Schlußteil (V. 1221–1349) zu erkennen, daß der Autor nicht den Anspruch erhebt, mit seinem Gedicht die Anschauung des realen Kunstwerks ersetzen zu können. Als entscheidend wird die (massenhafte) Präsenz der Betrachter angesehen, womit auch die Überzeugung verbunden sein dürfte, mit der Dichtung letztlich nur ein artistisches Abbild eines Monumentes gegeben zu haben, dessen tieferer Sinn erst in der religiösen Betrachtung erkennbar wird:

1217 Eia meum carmen supremi a culmine tecti
     Per montis sublime iugum, per saxa recurui
     Descensus hortique imum spectabilis orbem
1220 Vsque solum deuoti adyti et fundamina duxi.
     Res est digna quidem lectu, dignissima uero,
     Quam coram arguto collustret lumine uulgus:
     Idque facit fecitque diu …

Durchaus folgerichtig interessiert sich Armbruster deshalb auch für das vielgestaltige Verhältnis von Kunstwerk und Betrachter:

1260 Hic ego quid potius mirer, quo lumina primum
     Coniciam? an magis est uisu miserabile Christi
     Captiui monumentum et saxea montis imago,
     An uarii aspectus et dispare corpora gestu
     Spectantum? nec enim simili ratione mouentur.

Das Ergebnis der so angekündigten Betrachtung ist jedoch enttäuschend. Nur zwei Typen von Betrachtern faßt der Dichter ins Auge, dies allerdings umso wortreicher: den ganz in der Schau Versunkenen, der stumm seine Augen wandern läßt und darüber seine Begleiter vergißt (V. 1271–1281), und andererseits den lebhaft Begeisterten, der

---

27 Sowohl Teile der Passionsbetrachtung als auch die Descensus-Erzählung fanden eine neue Verwendung in der Molsheimer Festschrift des J. Coccius; s. o. S. 361 m. Anm. 197.

um das Monument herumgeht, bald hier-, bald dorthin weist, alle Einzelheiten fixiert und zufrieden lächelt, wenn er etwas Neues entdeckt, das er vielleicht nur mit Hilfe einer Brille (V. 1315) hat erkennen können, bis er sich endlich erschöpft am Gitter der Umfriedung festhält oder gar auf den Eingangsstufen ausruhen muß (V. 1281–1344). An diesem Punkt bricht Armbruster sehr knapp mit der Begründung ab, die Schilderung weiterer Besucher werde bis in die Nacht dauern (V. 1345–1349), und beendet damit zugleich das Gedicht.

d. Stilistische und inhaltliche Besonderheiten

Mit der zuletzt genannten Beobachtung ist ein durchaus typischer Zug des *Olivetum* genannt, der die Lektüre streckenweise mühsam werden läßt: Armbruster hat sich zum Ziel gesetzt, das Monument in zeichnerischer Genauigkeit in Sprache umzusetzen und bemüht sich daher, kein noch so geringes Detail auszulassen. Diese penible Darstellung erreicht ihre Höhepunkte bei der Aufzählung der Tiere und Pflanzen, wirkt aber auch bei der Schilderung der sieben Häscher und ebensovielen römischen Soldaten mit ihrer vielgestaltigen Ausrüstung mehr ermüdend als instruktiv; der Anspruch einer vollkommenen Anschaulichkeit läßt sich auf diese Weise offenbar nicht recht befriedigend umsetzen.

Eher störend wirkt daneben auch der häufig wiederholte Versuch des Dichters, selbst Einzelheiten, die an sich klar bzw. nicht erklärungsbedürftig sind, wortreich zu erläutern und ihnen oftmals eine (banale) Vorgeschichte beizulegen. Aus zahlreichen Beispielen für diese Tendenz, nichts ungesagt lassen zu wollen, seien die Verse herausgegriffen, in denen das bartlose Gesicht des zweiten Römers beschrieben wird:

807   … nec apparet tenui seges hispida mento:
        Nuper enim cecidit ferro demessa corusco,
        Cum forte ad uinum stertenti et mira uidenti
810   Somnia ludibrio sociorum ambusta fuisset.

Einen ähnlichen, beinahe geschwätzigen Eindruck hinterläßt die Präsentation des prachtvoll gekleideten römischen Soldaten auf der Freitreppe:

        Cassidis impatiens et cono figere cristas
        Vix unquam solitus petaso caput integit alter,
925   Texendi quem gnara manus fors coniugis ipsi
        Finxerat ex iuncis aut flaui mergite farris.
        (…)
941   Implicuit manicas post tergum simplice nodo,
        Scilicet aut ritu patrio uel amore decoris,
        Vel quia pendentes remorantur brachia ferro

Libera tractando manibusque uibrantibus hastam
945 Incumbunt et molle lutum uel puluere terram
Squalentem lambunt …

In V. 1076 f. bemerkt Armbruster bündig, das schmiedeeiserne Gitter schütze den Ölberg vor allzu neugierigen Zeitgenossen. Dies hindert ihn aber nicht, wenig später
breit auszuführen:

> … si nunc transmittere quisquam
> 1085 Ausit et illapsus uenerandum tangere montem
> Optet, non impune feret neque rursus abibit
> Integer: excelsi septi laceratus acutis
> Cuspidibus gemet atque diu mala uulnera flebit.

Weiterhin ist bei Armbruster eine gewisse Vorliebe für drastische Bilder zu konstatieren. Ebenso wortreich wie prägnant führt er beispielsweise vor, weshalb der Weg in den
Garten Gethsemane mit einem Zaun begrenzt sei:

540 Praecingitque (*sc.* saepes) uiam, titubans ne forte uiator
Tramite deliret stricto facilique ruina
In praeceps eat et dirum per membra fragorem
Rupta det inque caput uento sufflante rotatus
Sanguineum elidat fracta ceruice cerebrum.[28]

Noch drastischer ist die ausgiebige Beschreibung der eiternden Wunde, die der fünfte,
mit einer Muskete bewaffnete Häscher am Knie aufwies; in beinahe zwanzig Versen
wird das ekelhafte Bild in immer neuen Details vorgeführt (V. 647–665). Dabei ist
allerdings zu bedenken, daß es sich bei der derb-realistischen Figur seinerzeit um eine
der Hauptattraktionen des Ölbergs handelte, ohne deren Besichtigung ein Besuch der
Stadt Speyer als unvollständig angesehen wurde.[29]

Im Kontext des *Olivetum* fügt sich die abstoßende Beschreibung des Häschers bruchlos ein in die sehr dezidierte Gegenüberstellung der jüdischen Verfolger Christi einerseits und der römischen Soldaten andererseits. Erstere erscheinen großenteils als töl-
pelhafte, grobe Gestalten, als blutrünstiges Gefolge des Judas, die Christus zur
Schlachtbank führen wie Metzger (V. 611 *lanii*) den Ochsen[30] und – hier setzt Arm-

---

28 Möglicherweise handelt es sich um eine Anspielung auf den kleinen Speyerer Ölberg an der Kirchhofkapelle
(Munk 1968, 291), an dem dieser tödliche Absturz eines Häschers zu sehen ist (Schwartzenberger 1866, 56).

29 V. 675. 677 f. (fol. D4ʳ Z. 1; 3 f.) *Muscam autem fluitans potantem e uulnere tabum* | (…) | *Alleget, Nemetum quicun-
que inspexerit urbem:* | *Haec etenim uisae certa argumenta petuntur.* Vgl. Schwartzenberger 1866, 43.

30 Nur zwei, der an einer Phrygermütze kenntliche und mit einer Art Keule bewehrte vierte Häscher (V. 631–
643) und der großgewachsene Dreizackträger (V. 715–745) werden als tapfere Männer, letzterer sogar von
ursprünglich gutem Charakter, bezeichnet.

bruster einen umfangreichen epischen Vergleich zwischen der Rotte und einer Meute von Jagdhunden ein (V. 754–784) – erbarmungslos ihr Opfer zur Strecke bringen. Daß es sich bei den Römern um eine ganz andere Art von Bewaffneten handelt, macht die Überleitung zwischen beiden Gruppen augenfällig:

745 **Crudeles** sudato carmine tandem
  Absolui **Hebrigenas**; sequitur nunc **Itala uirtus**.
  Res satis elucet, satis est discrimen apertum:
  Mitior aspectus faciesque serenior, amplum
  Barbarum decus et uariorum gloria maior
750 Armorum, uestique magis pretiosa sequentes
  Insignit, gressu neque praecipitante feruntur …

Die folgende Erklärung ist ebenso traditionell wie im Rahmen dieser Tradition schlüssig: die Römer waren nur Ausführende im verräterischen Spiel des Judas und seiner Leute. Dementsprechend unbeteiligt sind sie (oder geben sie sich nach Ansicht des Dichters), und dementsprechend konzentriert sich Armbruster ganz darauf, ihren militärischen Mut in heroischen Bildern zu skizzieren.

Bedenklich ist diese scharfe Trennung in Böse und prinzipiell Gute dennoch, wenn man die Göttinger Zeichnungen hinzuzieht, die nach allgemeinem Konsens aus der Zeit um 1600 stammen sollen. Hier ist nämlich keineswegs festzustellen, daß – abgesehen von ihren bunt zusammengewürfelten Ausrüstungen und Waffen, die sie eher als Bauern des beginnenden 16. Jahrhunderts ausweisen – die Leute des Judas etwa grundsätzlich abstoßend dargestellt gewesen wären.[31] Auch ein Unterschied in der Gangart, etwa ein wütendes Vorwärtsstürmen der Juden gegenüber dem gemessenen Auftreten der Römer (V. 751), läßt sich mitnichten feststellen. Bei dem hohen Grad an Präzision, der den Zeichnungen eigen ist, gibt es für diese Diskrepanzen nur zwei Erklärungsmöglichkeiten. Entweder hat der Zeichner der Göttinger Blätter die Figuren erheblich idealisiert (oder doch entdramatisiert), wofür zunächst – außer zeitgebundenem Stilempfinden – kein Motiv erkennbar ist, oder aber das *Olivetum* sieht die beiden Personengruppen sehr dezidiert mit den Augen des gläubigen Christen, den die Auslieferung des Erlösers schmerzhaft persönlich betrifft und der daher seinen Haß auf die Schuldigen der Szenerie lenkt. Zwar lassen die Häscherfiguren der erhaltenen Nachahmungen, so die am Zeuterner Ölberg, auch die Vermutung zu, daß zwischen den beiden Gruppen der Verfolger doch drastischere Unterschiede bestanden, als es die Zeichnungen zeigen; auch müssen die Speyerer Figuren durch ihre Farbigkeit (s. u.) seinerzeit einen dramatischeren und wilderen Eindruck gemacht haben. Dennoch ist mindestens ebenso damit zu rechnen, daß Vorstellungen und Emotionen des Dichters

---

31 Allenfalls können der verwundete Alte und der ihm nachfolgende Fackelträger (Rauch 1909, 515 Abb. 4) als etwas einfältig dargestellt gelten.

zur Art der Darstellung beigetragen haben.[32] Dies gilt besonders für die zentralen Figuren des Judas (V. 437–448), der geradezu als Schreckgestalt vorgeführt wird, und des Malchus. Die Beschreibung des Judas ist unverkennbar subjektiv und findet in den beiden Zeichnungen, die ihn gut erkennen lassen,[33] schwerlich Rückhalt:

437   quis uero aspectus, quam inuisa scelesti
           Forma uiri? ex humeris pendet sinuosus amictus
           Vsque pedes, terramque udam circumflua lambit
440   Fimbria; stat capiti indignus uirtute capillus
           Horridus et densis inculte aggestus in altum
           Cincinnis; haud absimili faeda ora rigescunt
           Barbitio, obscurisque coit frons turbida rugis.
           Inuidiae flagrat facies ardoribus, haurit
445   Triste genas tabum, squalent rubigine dentes:
           Torua acies oculorum, atque alta foramina signant
           Exitiale nefas et faedum in pectore crimen
           Versari.

4. Das Olivetum Spirense *als kunsthistorische Quelle*

Ungeachtet der streckenweise subjektiven Färbung des Textes kann dieser mit Gewinn für die Rekonstruktion einiger Teile des zerstörten Kunstwerks verwendet werden. Die folgenden Hinweise können selbstverständlich eine kunsthistorische bzw. restauratorische Analyse nicht ersetzen, sondern sollen lediglich daran erinnern, daß den lateinischen Kunstbeschreibungen der Zeit um 1600 ein wesentlich höherer Quellenwert zukommt als ihnen die Kunstwissenschaft häufig zubilligt.

Armbruster legt großen Wert auf die Feststellung, daß die bildhauerische Darstellung der Szenen von höchster Authentizität ist. Dabei geht es nicht allein um den traditionellen Enargeia-Topos der Naturähnlichkeit, sondern zugleich um den in der Renaissance immer wieder diskutierten Wettstreit zwischen Natur und Kunst. Dieser ursprünglich aus dem Mimesis-Konzept hervorgegangene „Paragone"-Gedanke wurde im späten 15. und besonders im 16. Jahrhundert bis zu der extremen Form weiterentwickelt, die Kunst müsse geradezu die Natur übertreffen.[34] Eine Vorstufe dazu, der – unentschiedene! – Wettstreit beider, ist auch im *Olivetum* mehrfach formuliert, so z. B. angesichts der fünf „lebendigen" Römer auf der Eingangstreppe:

---

32 Die deutlich pejorative, gnomenhafte Darstellung dreier (allerdings nicht identifizierbarer) Verfolger auf der Abbildung von 1681 (**Abb. 15**) ist bemerkenswert, hilft aber nicht bei der Beantwortung unserer Frage.

33 S. u. Anm. 40.

34 Vgl. Tatarkiewicz 1973, bes. 229; ders. 1987, 219–221.

825 „Vitan' inest illis aut uitae illustris imago?
     Si uiuunt, ubinam uitalis signa uigoris?
     Estne soporatus, uel ad intima uiscera fugit
     Spiritus, et rursum sese diffundet in artus?
     Si sunt exanimes, cur ars naturaque formas
     Tam similes fingunt?"[35]

Dementsprechend ist auch der Dichter, der sich als getreu Abbildender versteht,[36] auf seinem Gebiet in erster Linie auf Genauigkeit bedacht – diese schließt, wie gesehen, einen subjektiven Blickwinkel nicht völlig aus –, und demzufolge darf man das *Olivetum* durchaus für die materielle Rekonstruktion zu Hilfe nehmen. Von Interesse ist das Gedicht vor allem bei drei Fragestellungen: der Identifikation zweier erhaltener Statuenköpfe, der ursprünglichen Ausstattung der Michaelskapelle und der zeitgenössischen Farbfassung des Ölberges.

a. Reste von Statuen des Ölbergs

Anneliese SEELIGER-ZEISS hat 1967 zwei Kopffragmente aus dem Historischen Museum der Pfalz veröffentlicht, die mit großer Wahrscheinlichkeit vom Ölberg stammen,[37] und diese als Judas- bzw. Häscherkopf (wohl des zweiten, ein Seil zum Binden des Gefangenen tragenden Verfolgers) gedeutet.

Allerdings zeigt die Gegenüberstellung von Statuenfragment, Zeichnung und Gedicht, daß die Darstellungen sowohl des anonymen Illustrators als auch Armbrusters kleinere Ungenauigkeiten aufweisen. Der „Häscher"-Kopf *(Abb. 20)* ist mit *zwei* Kappen bedeckt, einer rundum anliegenden aus Leder und einer darauf sitzenden mit angedeuteten Schuppen und Krempe. Die Haube des zweiten Häschers auf der Zeichnung *(Abb. 16)* ist dagegen nicht identisch. Man ist daher versucht, den Kopf als den des *Malchus* zu bezeichnen.[38] Dieser ist zwar – als einzige Figur des Ölbergs! – auf

---

35 Vgl. V. 702 *Ars tentauit enim naturam aequare potentem.*

36 V. 79 f. *legat omnis terra loquentem | Sinceris picturam oculis.*

37 Seeliger-Zeiss 1967, 129 f. mit Taf. XXV Abb. 63 (HMP Inv. HM 0/1091); ebda. 130 mit Taf. XXV Abb. 64 (HMP Inv. HM 0/1019); unsere **Abb. 20** und 21.

38 Nur am Rande sei bemerkt, daß bereits in den Beschreibungen Baumgartens (1897, 32) und Schwartzenbergers (1903, 426) fälschlich der 2. Häscher mit Seil und Malchus zu *einer* Person kontaminiert sind: „ein kräftiger Mann mit einer Laterne an einer Stange, welche er auf der linken Schulter trägt, während ein Bündel zusammengerollter Stricke vom rechten Unterarm herabhängt. An dessen linker Seite baumelt ein hänfener Sack [dies ist dem Gedicht, nicht aber dem Bild zu entnehmen, U. S.], strotzend von Lauch, Knoblauch und Zwiebeln. Der Helm, welcher das Haupt des Mannes bedeckt, hat besondere Wulste zum Schutze der Ohren [sic!], es ist Malchus, welcher vor uns steht." (Schwartzenberger). Zimmern (1889, 19) erwähnt den Namen des Malchus überhaupt nicht, Baumgarten erkannte immerhin zu Recht die trommelförmige Laterne in der Rechten des (echten) Malchus, stattete aber den von ihm „Malchus" genannten 2. Häscher zusätzlich mit einer nirgends sichtbaren „Laterne an hoher Stange" aus (S. 32); vielleicht war hier die Fackel des sechsten Häschers

keiner der Zeichnungen vollständig sichtbar: nur die Ansicht mit den fünf Römern im Vordergrund zeigt ihn zur Hälfte am linken oberen Rand hinter Judas, der sich zu ihm wendet *(Abb. 17 und 18)*, während er bei seinem Schritt durch das Gartentor lediglich aus der Rückansicht zu sehen ist *(Abb. 19)*. Beides zusammen genügt aber, um immerhin zu erkennen, daß er ein auffallend rundliches Gesicht besaß und mit einer Art schuppenbesetzter Kappe seinen Kopf bedeckte. Dieser Identifizierung stehen allerdings die Verse entgegen, in denen Armbruster vom grinsenden Mund des Malchus und seiner Zahnlücke spricht (V. 497 f.) – der Kopf zeigt einen geschlossenen Mund.

Kehrt man nun zur ersten Hypothese zurück, so zeigt sich, daß auch hier Gedicht und Statue differieren: keineswegs ist am Porträtkopf erkennbar, daß der Mann „seine Augen verdreht, um den Säumigen hinter ihm zu mahnen" (V. 606 f.). Wir müssen deshalb in Betracht ziehen, daß Armbruster nicht immer so präzise beschreibt, wie es scheint, sondern die Figuren zuweilen interpretiert. Anderenfalls bleibt nur die Möglichkeit, daß der Statuenkopf nicht vom Ölberg stammt. Eine Zuordnung beispielsweise zur Michaelskapelle ist allerdings wegen der Größe des Fragments (Höhe: 30 cm) nicht plausibel.

Ebenso schwierig ist die Zuweisung des anderen Kopfes *(Abb. 21)* an Judas zu beurteilen. Immerhin scheint mir aber die Feststellung der Bearbeiterin, die „Einzelheiten stimm(t)en mit dem Judasbild der Göttinger Zeichnungen überein",[39] kaum zuzutreffen: Judas erscheint dreimal[40] als relativ junger Mann in lebhafter Bewegung. Auch die Haarfrisur wirkt ganz anders: lockig und ausladend auf den Bildern, üppig, aber eher flach liegend am Statuenrest. Schließlich hält Judas seinen Kopf stark nach rechts gedreht, da er den hinter ihm gehenden Malchus anspricht. All dies kontrastiert beträchtlich mit dem zwar streng, aber eher sorgenvoll geradeausblickenden Kopf aus Speyer, in dem man am ehesten Petrus erkennen möchte,[41] wenn dies nicht dadurch ausgeschlossen wäre, daß der erhaltene Kopf ein Gesicht mit geöffneten Augen zeigt. Armbrusters Beschreibung des Judas untermauert bei aller bereits erörterten Subjektivität im einzelnen durchaus den Eindruck, den die Zeichnungen vermitteln:

440   … stat capiti indignus uirtute capillus
       Horridus et densis inculte aggestus in altum
       Cincinnis …
       (…)

(Seeliger–Zeiss 1967, Taf. XIX Abb. 46) gemeint. – Zur Verbindung von Malchus und Laterne s. Munk 1968, 55.

39 Seeliger-Zeiss 1967, 130.

40 (1) Rauch 1909, 513 Abb. 2 = unsere **Abb. 17** (die Nachzeichnung in der Beilage zu Schwartzenberger 1866 und bei Zimmern 1889, 17 Fig. 24 = unsere **Abb. 18** läßt demgegenüber exemplarisch den verfälschenden oder doch idealisierenden Zug dieser Serie erkennen); (2 und 3) Seeliger-Zeiss 1967, Taf. XX Abb. 48 (= unsere **Abb. 19**) und 49.

41 Er ähnelt stark dem Petrus der Göttinger Zeichnung (Rauch 1909, 513 Abb. 2).

445   … squalent rubigine dentes:
       Torua acies oculorum …

Der Speyerer Kopf aber hält den Mund geschlossen und blickt ruhig geradeaus. Ob er doch schläft? Die Frage soll hier nicht entschieden werden, doch daß es sich kaum um Judas handeln kann, scheint mir unzweifelhaft; für eine Figur aus der Michaelskapelle dürfte indes auch dieses Fragment zu groß sein.

b. Die Ausstattung der Michaelskapelle

Kaum beachtet worden sind bisher auch die Angaben des *Olivetum* zu Schmuck und Ausstattung der Michaelskapelle unter dem Ölberg. Dabei ist einzuschränken, daß Armbruster in diesem Abschnitt seines Textes keine vollständige Aufzählung der sichtbaren Kunstwerke gibt. Offensichtlich wird dies am Beispiel zweier Wächterreliefs, deren Provenienz aus der Kapelle als sicher gilt,[42] die jedoch im Text nicht vorkommen. Da wir wissen, daß der Altar selbst die Kreuzabnahme bzw. Grablegung zeigte, müßten sich die Wächter dann an einer darunter befindlichen Nachbildung des Felsengrabes befunden haben, von dessen Existenz aber nichts bekannt ist. Allerdings deuten mehrere Richtungsangaben darauf hin, daß es sich um eine mehrteilige Darstellung gehandelt hat:

1160 Oscula dat manibus pia Magdalena cruentis.	Grablegung und Beweinung
Circumstant alii tundentes pectora crebris	
Ictibus, et lacrymis humectant grandibus ora.	
Hanc supra effigiem niuea inter nubila pendent	Klagende Engel in den Lüften
Alituum caelestum acies atque arma nefandi	
1165 Supplicii et dirae sortiti insignia mortis	
Insontis Domini nigra funera lamentantur.	
Hac alii **uero** iuuenes **sub imagine** bini	Engel mit Schweißtuch Christi
Sidereis alis sese per inane ferentes	
Vepribus horrendis consertum et sanguine multo	
1170 Rorantem, heu! Domini uultum uelamine tendunt.	

Die folgenden Passagen geben weitere Auskunft über Engelsfiguren um den Gekreuzigten (V. 1180 f.) und solche mit Leidenswerkzeugen, die auf *clypei* (also wohl Tondi, V. 1183–1185) dargestellt waren. Die ebenso auf runden Reliefs sichtbare Himmelfahrts- und Auferstehungsszene oberhalb der äußeren Säulen (V. 1188 f.) haben wir bereits erwähnt, hinzu kamen weitere Engel in der gleichen Zone, die wohl vorwiegend dekorative Funktion besaßen (V. 1207–1210). Nicht zu vernachlässigen sind auch die

---

42 Seeliger-Zeiss 1967, 109 mit Taf. XXIV Abb. 61–62. Die Reliefs befinden sich heute in der Domkrypta.

recht ausführlichen Bemerkungen über die heute ganz verlorene Ausmalung des Gewölbes, bei der Blumen- und Obstranken abwechselten, zwischen denen kleine musizierende Engel saßen (V. 1123–1135). Für ein vollständigeres Bild des Ölbergs, wie er
sich vor 1689 darstellte, sind diese Details durchaus beachtenswert.

c. Farbfassung

Im *Olivetum* finden sich schließlich zahlreiche Hinweise darauf, daß die Statuen und
wohl auch die Pflanzen und Tiere des Ölbergs früher bunt bemalt waren. Einen ersten
Hinweis gab bereits SCHWARTZENBERGER, der von Resten grüner Farbe an den Efeuranken berichtet,[43] andererseits aus dem Fehlen solcher Reste an den Standfiguren eher
auf deren Belassung in der Farbe des Natursteins schließen wollte. Nach dem Gedicht
waren zumindest die Zähne und Augen mancher Figuren hervorgehoben sowie deren
Kleidung wenn nicht farbig, so doch mit farbigen (in diesem Fall goldenen) Ornamen-
ten geziert. Genannt sind u. a. die häßlich-dunklen Zähne des Judas,[44] die blasse Ge-
sichtsfarbe des Malchus,[45] die leuchtend weißen Augen des ersten Häschers,[46] die Zähne und der Umhang des Römers mit Hut auf der Treppe;[47] bei den Tieren der *draco*
(d. h. das am Felsen hinter Gabriel aus einer Spalte hervorkriechende hundsköpfige
Mischwesen)[48] und besonders das auf einer Zeichnung erkennbare, im Text ebenfalls
draco genannte geflügelte Tier[49]

> Sicut ebur niueum **candet** densum agmen acuti
> 1025 Dentis, inardescit crudelis gloria frontis
> **Aurea**, suffusique oculi stant igne feroci.
> Percitus oblongas aures reclinat in armos
> Iamque uolaturo similis lumenque reflectens
> In latus auroram aspectu designat et alas
> 1030 Horrifico clangore quatit: **rubet** utraque cocci
> Sanguine, **caeruleis** guttis maculosa, notatur
> Totum etiam corpus **uario fulgore colorum**.

---

43 Schwartzenberger 1866, 55 f.
44 V. 445 *squalent rubigine dentes.*
45 V. 494 *diducit labia ardelio pallentia risu.* Hier kann allerdings auch die Steinfarbe ausgedeutet sein.
46 V. 590 f. *ast orbes oculorum albo fulgore micantes | In Dominum obliquat.*
47 V. 933 *os hiat atque aciem dentum recludit eburnam*; V. 939 f. *super tunicam castrensis abolla refulget | Totaque collucet flauentibus aspera bullis.*
48 Beschrieben in V. 346–356; vgl. besonders 348 *terga micant uiridi squamarum horrore* und 350 f. *Agmine stant dentes rabido linguaque rubenti | Fulgurat …*
49 Seeliger-Zeiss 1967, Taf. XX Abb. 48 (links neben dem Kapellenfenster).

Doch nicht nur dieses Fabeltier, bei dem die Phantasie des Dichters einiges zu seiner Lebendigkeit beigesteuert hat, sondern beispielsweise auch eine Schildkröte am Abhang des Berges zeigte bunte Farben,[50] so daß man insgesamt davon ausgehen kann, daß der Speyerer Ölberg auch wegen dieser naturgetreuen Buntheit die Besucher seiner Zeit in seinen Bann zog.

---

50 V. 1106 f. *quadrupes testudo, nigraque pellem | Et maculosa croco …*

1. Die Jesuiten in Mainz

Mit der Vollendung des Hochaltars von Jakob Major im Jahre 1593 und seiner Einweihung durch den Auftraggeber, den Weihbischof *in partibus Rheni* Stephan Weber,
erfuhr die künstlerische Ausstattung der Mainzer Jesuitenniederlassung einen ersten
sichtbaren Abschluß und Höhepunkt.

Der Orden war hier schon früher als in den meisten anderen deutschen Städten prä-
sent: bereits 1542 übernahm Petrus Faber für kurze Zeit einen Lehrauftrag an der Universität. Dies blieb zwar Episode, da die Ordensleitung seinerzeit eine Beteiligung am
akademischen Lehrbetrieb nicht befürwortete, doch gewann Fabers Mainzer Aufenthalt
insofern bleibende Bedeutung für die Geschichte der deutschen Jesuiten, als damals
Petrus Canisius den Entschluß zum Eintritt in den Orden faßte.[2]

In den folgenden Jahrzehnten wurde die Stadt des Reichserzkanzlers für die Jesuiten
zu einem wichtigen und vielversprechenden Wirkungsort. Eine entscheidende Rolle
kam dabei dem bereits 1561 gegründeten und von Anfang an sehr erfolgreichen Gymnasium am Kolleg zu, dessen finanzielle Grundlagen durch den Erzbischof Daniel
Brendel von Homburg gelegt wurden.[3] Als oberster Reichsfürst nahm er in der Frage
der Kirchenreform eine diplomatischere, aber auch aktivere Haltung ein als viele der
deutschen Territorialfürsten seiner Generation. In den Jahren nach 1555 war er sorg-
sam darauf bedacht, den eben mühsam erreichten Reichsreligionsfrieden nicht durch
radikales Vorgehen oder polarisierende Bündnisse zu gefährden, so daß er zu Beginn
seiner Amtszeit (1555–1582) bei manchen den Anschein erwecken konnte, innerlich
den Protestanten zuzuneigen. Auch die territoriale Angreifbarkeit des Erzstiftes, die
sich zuletzt beim Einfall des Markgrafen Albrecht Alkibiades erneut erwiesen hatte,
das gespannte Verhältnis zum benachbarten Hessen und die seit der Glaubensspaltung
und Parteienbildung im Reich immer schwierigere Einflußnahme auf die weit entfernten mainzischen Territorien Eichsfeld und Erfurt verlangten zu gleichen Teilen Um-
sicht und energisches Eingreifen.

Die Mainzer Bischöfe des 16. Jahrhunderts waren sich ihrer besonderen Verantwortung für die Reichskirchenpolitik durchaus bewußt. So nahm der Mainzer als einziger
deutscher Bischof an der Eröffnung des Tridentinums teil. Bemerkenswert ist aber

---

1   Die für dieses Kapitel besonders wichtige Beigabe der Illustrationen wäre nicht ohne die Hilfe von Horst
    Eisenhuth (Münstersarmsheim) möglich gewesen, wofür ich ihm herzlich danke.
2   Zur Mainzer Jesuitenniederlassung vgl. Duhr 1907, 103–109; Duhr 1913, 143–145; Fritsch 1962; Hengst
    1981, 81 f.; Jürgensmeier 1992, 82 f.
3   Zu den Verhandlungen über das Kolleg s. Fritsch 1962, 13–16; Hengst 1981, 116–120.

auch, daß bereits in der Jahrhundertmitte Bemühungen zur Kirchenreform gemacht wurden (Visitation des Erzstiftes seit 1548), als in anderen Territorien weitgehend Tatenlosigkeit herrschte. Wenn bei den Mainzer Maßnahmen das Fehlen jenes scharfen Zwanges auffällt, der sonst zumeist die Gegenreformation charakterisiert, so wird man dies nur zu einem Teil auf eine spezifisch mainzische Tradition zurückführen dürfen:[4] ebenso ist zu bedenken, daß die Frontstellung der Konfessionen in jener Zeit noch nicht voll ausgeprägt war. Ein Unterschied zu anderen Reichsständen besteht somit eher darin, daß Mainz überhaupt rasch zum obrigkeitlichen Handeln zurückfand, als in der relativen Milde seines Vorgehens. Für diese Einschätzung spricht auch die spätere Entwicklung: Die Rekatholisierung gewann um die Wende zum 17. Jahrhundert auch im Erzstift deutlich an Schärfe (1599 *Agenda ecclesiae Moguntinae*, 1603 konfessioneller Abschluß des Hofes usw.), also zur gleichen Zeit, als sich auch in den anderen süddeutschen geistlichen Territorien mit der ersten Generation nachtridentinischer Kirchenfürsten ein Wandel zeigte.

Die Etablierung der Jesuiten in Mainz ist unter den gleichen Prämissen zu beurteilen. Zwar gab es anfangs in Mainz wie fast überall starke Vorbehalte gegen den neuen Orden, doch scheinen diese vor allem aus der Sorge vor unliebsamer Konkurrenz im Lehrbetrieb erwachsen zu sein. Dabei war es zunächst nur um die Einrichtung von Gymnasialklassen durch den Orden gegangen, doch die Frage, wie das neue Institut mit der seit 1477 bestehenden Universität zu verbinden sei, erhob sich sehr rasch. Kurfürst Daniel stellte sich in dieser Auseinandersetzung so dezidiert auf die Seite des Ordens, daß dessen Kurse schon 1562 durch Inkorporation Teil des bestehenden Universitätsgefüges wurden. Insgesamt scheint nach anfänglichen Konflikten eine gegenseitige Anerkennung von Ordens- und anderen Professoren funktioniert zu haben; außerordentlich hohe Schülerzahlen weisen auf die Beliebtheit der Schule hin, die zu einem überregionalen Vorbild wurde.[5]

2. Die alte Mainzer Jesuitenkirche und der Hochaltar des Jakob Major
Neue Quellen

Wie in vielen anderen Städten, in denen die Jesuiten eine Niederlassung gründeten, bestand auch in Mainz ein Mangel an geeigneten Gebäuden. Wiederum war es Erzbischof Daniel, der die Initiative ergriff und in den 1560er Jahren mehrere einzelne Häuser kaufte, um sie dem Orden zu schenken. Durch den unerwarteten Zustrom an Schülern stellte sich jedoch sehr bald die Frage nach einem größeren Bau. In dieser Situation besann man sich auf die verschiedenen Klöster der Stadt, die seit der Reformation nur noch von einigen wenigen Mönchen bewohnt wurden. Ähnlich wie Julius

---

4 So begründet bei Jürgensmeier 1992, 84.
5 Fritsch 1962, 17–19; Hengst 1981, 121–125.

Echter in Würzburg bei der Suche nach einem geeigneten Bauplatz für Kolleg und Universität wenig Rücksicht auf bestehende Bauten und Eigentumsverhältnisse zeigte, suchte auch Daniel rasch zu einem Ergebnis zu kommen. Binnen zweier Jahre (1576–78) gelang es, den Jesuiten das bisherige Franziskanerkloster zu übertragen, dessen zwei letzte Bewohner anderweitig untergebracht wurden.

Über die Kirche des Franziskanerkonvents, in der 1593 der große Hochaltar aufgestellt wurde, sind wir nur unzureichend informiert; aus der vorjesuitischen Zeit sind lediglich das Datum der Grundsteinlegung zum Kloster (1253) und ein Wiederaufbau nach einem Feuer im Jahr 1330 bekannt.[6] Sicher ist, daß es sich um eine typische Hallenkirche ohne Turm nach der Art der Bettelorden gehandelt hat, deren Ausmaße recht bedeutend waren (Länge 66 m, Breite 21 m). Heute ist von dem ganzen Baukomplex nichts mehr übriggeblieben (die erhaltene Domus Universitatis entstand erst 1615–1617). Zudem hat das Schicksal des 1742–1746 an gleicher Stelle nach Plänen von Balthasar Neumann errichteten Nachfolgebaus, der „eigentlichen" Mainzer Jesuitenkirche, die Geschichte des älteren Gotteshauses etwas in den Hintergrund treten lassen: 1773 durch die Aufhebung des Ordens funktionslos geworden, sollte der Barockbau als Bibliothek weiterverwendet werden, erlitt aber 1793 bei der Belagerung von Mainz schwere Brandschäden und wurde 1804/05 abgebrochen.[7]

Schwieriger noch als bei Baugeschichte und äußerer Gestalt stellt sich die Situation dar, wenn man etwas über das Aussehen der Innenausstattung der ersten Kirche zu erfahren sucht. Zwar wurden durch umfangreiche Grabungen Anfang der 30er Jahre unseres Jahrhunderts zahlreiche Gräber und die Lage der Fundamente nachgewiesen, andere materielle Überreste kamen jedoch nicht zutage.[8] Eine Reihe von Aufzeichnungen des Ordens aus der Zeit nach 1577, die noch im Mainzer Stadtarchiv erhalten sind, betreffen vor allem die radikale Umgestaltung der Kirche für die Zwecke der Jesuiten (Abbruch der vorhandenen Altäre, Abschlagen von Wappen),[9] enthalten jedoch auch die wenigen überhaupt brauchbaren Aussagen zum neuen Interieur. Diese Materialien sind bisher nicht für die Forschung ausgewertet worden.[10]

Auch das bedeutendste Stück der neuen Kirchenausstattung, ein von Weihbischof Stephan Weber in Auftrag gegebener monumentaler Schnitzaltar, ist bisher außer-

6   Arens 1961, 270 f. und 276 (Baugeschichte); 280 f. (Baubeschreibung nach Grabungen der Jahre 1931/32).
7   Das Innere dieser zweiten Jesuitenkirche ist in Teilen ebenfalls durch ein Festgedicht (aus dem Jahr 1746) bekannt, vgl. Bösken 1965/66; dazu u., D.III.b.
8   Ruppel 1937.
9   Arens 1961, 271 (nach Georg Helwichs *Chronicon Moguntinum* [1615]).
10 Der von Ruppel 1937, 52 für die Mainzer Zeitschrift 1938 angekündigte zweite Teil seines Beitrages, der die Innenausstattung der Franziskanerkirche behandeln sollte, ist nicht erschienen; Fritz Arens konnte seinerzeit für den Kunstdenkmäler-Band nicht auf die Archivalien (v. a. Stadtarchiv Mainz 14/10) zurückgreifen, da diese nach kriegsbedingter Auslagerung auf dem Gebiet der DDR verblieben waren. Die *Litterae Annuae* des Mainzer Kollegs schließlich, die möglicherweise Einzelheiten zur Herrichtung der Kirche enthalten, sind entgegen Fritsch 1962, 45 Anm. 47 nicht im StAWü nachzuweisen; für Nachforschungen dazu danke ich Herrn Archivdirektor Dr. Wunschel. Vgl. aber den S. 403 wiedergegebenen Bericht aus den Beständen des ARSI.

ordentlich lückenhaft dokumentiert. Über sein ursprüngliches Aussehen läßt sich der spärlichen Überlieferung nicht mehr entnehmen, als daß er eine Passionsdarstellung (angeblich „in Stein"[11]) sowie eine „eichene Tafel" enthielt, für die der Bildhauer Jakob Major († 1593/94)[12] die auffallend hohe Summe von vier- oder (!) fünftausend Gulden erhalten haben soll.[13] Nikolaus Serarius, Jesuit und mainzischer Geschichtsschreiber, trägt den ergänzenden Hinweis bei, daß neben der Passion auch ein Leben Christi zu sehen war: *Princeps hic ara perinsignem habet Dominicae vitae ac Passionis tabulam.*[14] Außer vereinzelten Notizen über Renovierungen bzw. Veränderungen (1626, 1678 und [?][15] 1718) erfahren wir nichts mehr über den Altar,[16] bis er 1748, also einige Jahre nach dem Abbruch der Kirche, im damals noch mainzischen Münster a. d. Nahe (heute Münstersarmsheim) in der Pfarrkirche St. Peter und Paul wieder aufgestellt wurde.[17] Der Transport, über dessen Hintergründe und Umstände bisher kaum etwas bekannt ist, dürfte zu Schiff erfolgt sein, denn „nach dem Volksmund kam (der Altar) die Nahe heraufgeschwommen".[18]

Nun sind vor einiger Zeit Zweifel daran angemeldet worden, ob es sich bei dem Altar in Münster tatsächlich um den Mainzer Jesuitenaltar handelte. Diese skeptische Einschätzung der Lage basiert indes auf einer ungesicherten Datierung des Münsterer Kunstwerkes ins 17. Jahrhundert und auf dem ebenso problematischen Versuch, den Altar dem Jakob Major aus stilistischen Gründen abzusprechen. Josef HEINZELMANN hat hier, wenngleich mit ein wenig übertriebener Schärfe, zu korrigieren versucht und darauf hingewiesen, daß dem Künstler bisher kaum ein Werk sicher zugeschrieben wurde,[19] so daß auch die Basis für eine Aberkennung kaum gegeben ist.

Die Situation wird noch komplizierter durch den Umstand, daß der Altar in der Zeit seiner Aufstellung in Münster mindestens einmal umgebaut und zugleich verkleinert worden ist. Dies ist durch eine Reihe historischer Photographien (Postkarten) dokumentiert, die 1989 erstmals aus Privatbesitz publiziert wurden.[20] Diese Abbildungen waren bisher die einzigen Hilfsmittel für die Beschäftigung mit dem Kunstwerk, denn

---

11 Arens 1961, 284 (offenbar nach G. Helwich, *Chronicon Moguntinum* [1615]); so wieder Heinzelmann 1989/90, 93. Eine Verifizierung der Angaben an der Helwichschen Handschrift war mir leider angesichts der Benutzungsbedingungen der Gräflich Schönbornschen Bibliothek in Schloß Weißenstein (Pommersfelden) nicht möglich.

12 Zum Sterbedatum vgl. Heinzelmann 1987, 59.

13 Arens 1961, 284 (wohl ebenfalls nach Helwich).

14 Serarius 1604, 121. Die Aussage wird durch das *Carmen* jedoch nicht bestätigt.

15 Arens 1961, 271 (nach Darmstädter Archivalien).

16 Auch das bekannte Reisediarium der Jesuiten Papebroch und Henschen aus dem Jahre 1660 gibt über die Gestaltung des Altars keine weiterführende Auskunft, außer daß dieser vergoldet war (Papebroch ed. Kindermann 2002, 320: *altare maius uetusti est operis et inauratum*). Vgl. Arens 1961, 284.

17 Wagner 1931, 35. Zur Kirche im allgemeinen: Lehfeldt 1886, 312f.; Zimmermann 1935, 302–308.

18 Zimmermann 1935, 305.

19 Zweifel an der Identität der beiden Altäre: Arens 1961, 284 (m. Lit.); Stilfrage: Heinzelmann 1989/90, 93.

20 Eisenhuth 1989, 111. 117 (und 290, identisch). Eine erste Analyse der Umbauten bei Heinzelmann 1989/90, 93f.; vgl. unsere Tabelle S. 418f.!

die Pfarrkirche in Münster wurde am 19. Oktober 1944 durch einen Luftangriff zerstört. Dabei ging die gesamte Inneneinrichtung verloren, einschließlich der im Turm deponierten wertvolleren Stücke.[21] Heute sind von der Fülle der Altarfiguren, welche selbst die Aufnahmen des bereits stark verkleinerten Aufbaues aus den 30er Jahren noch zeigen, lediglich zwei Engel mit starken Brandspuren erhalten *(Abb. 24)*.

In der Frage nach der Identität des verlorengegangenen Reliefaltars von Münster läßt sich nur mit Hilfe weiterer, bisher unbenutzter Quellen weiterkommen. Glücklicherweise ist hier die Situation weitaus günstiger als bisher angenommen. So ist der detaillierte Werkvertrag für den Mainzer Altar mit einiger Wahrscheinlichkeit erhalten, vor allem aber das umfangreiche beschreibende Gedicht des Mathias Putz aus dem Jahre 1593. Außerdem enthalten die *Litterae Annuae 1593* des Mainzer Kollegs eine detaillierte Beschreibung des neuen Altars, die sich sowohl mit der poetischen Darstellung durch Putz als auch mit den bekannten Abbildungen des Altars von Münster deckt, so daß die Identität des Kunstwerkes nunmehr als sicher gelten darf. Im einzelnen stellen sich die genannten Quellen folgendermaßen dar.

1. Im Stadtarchiv Mainz findet sich in einem Aktenband aus dem Jesuitenarchiv der Hinweis auf den *Contractus R(euerendi)ss(i)mi D(omini) Suffraganei Weberi cum Statuario, de faciendo Summo altari in templo nostro – in pergameno*.[22] Leider war der Vertrag selbst im Winter 1998 nicht an der Stelle aufzufinden, auf die dieser Eintrag (eine Art Registratur) verweist,[23] doch könnte eine systematische Durchsicht des gesamten ehemaligen Jesuitenarchives (Bestände 14 und 15) das Dokument wieder zugänglich werden lassen.

2. Noch 1961 mußte Fritz Arens davon ausgehen, daß das aus der Bibliographie Sommervogels bekannte *Encaenisticum* des Jesuiten Mathias Putz verloren sei, da sich seinerzeit keine Exemplare dieses Mainzer Druckes mehr nachweisen ließen. Seitdem ist das Gedicht ganz in Vergessenheit geraten; auch Josef Heinzelmann hat bei seinen Recherchen zum Major-Altar den Text nicht zu Hilfe genommen.[24]

Tatsächlich sind jedoch heute vom *Encaenisticum* mindestens vier Exemplare nachzuweisen – allerdings keines davon in Mainz[25] –, so daß mit einer Fülle neuer Informationen die ursprüngliche Form des Mainzer Altars rekonstruiert und auch die Frage nach der Identität des Münsterer Altars neu untersucht werden kann. An dieser Stelle

---

21 Eisenhuth 1989, 140.

22 Stadtarchiv Mainz, 15/130, Konvolut mit Foliierung 005–022, hier fol. 020[r], *Nro. 2 Aedificium et templum Collegij, Litera A.*

23 Grundsätzlich ist das alte Register durchaus noch verwendbar: eine an der gleichen Stelle wie der Werkvertrag registrierte *Ichnographia templi* (= skizzenhafte Prosabeschreibung) findet man heute unter der Signatur 14/20 (Materialien zu Kolleggebäude und Kirche 1580–1710), die der zeitgenössischen Bezeichnung *(Litera) A. 2* entspricht.

24 Arens 1961, 284; Heinzelmann 1989/90. Exemplare des Druckes sind seit 1986 über das VD 16 nachweisbar.

25 BSB: Res 4 P.o.lat. 744,31; WULB: 2 an X 1125; BGSS: 1 Lb 24/5 (Schlaefli 1995a, 222 n° 1086); StB Trier: 5 an Rh 1350 8°.

kann bereits gesagt werden, daß angesichts der Beschreibung des *Encaenisticum carmen* kein Zweifel mehr darüber bestehen kann, daß es sich bei beiden Stücken um ein und dasselbe Kunstwerk handelte.

3. Während die im Mainzer Stadtarchiv aufbewahrten oberrheinischen *Litterae Annuae*[26] im Jahr 1592 abbrechen, befindet sich im römischen Archiv des Jesuitenordens ein ausführlicher Bericht zum Folgejahr aus der Feder des auch aus Würzburg bekannten Franciscus Rapedius, in dem u. a. der von Weihbischof Weber gestiftete Altar präzise beschrieben ist:[27]

Ad templi splendorem duo hoc anno accesserunt altaria. alterum plurium largitas emblematis, columellis, pictura multoque auro et marmore uoluit esse magnificum, alterum, quod summum est, R(eueren)dus D(ominus) Stephanus Weberus n(ost)ri Archiep(iscop)i suffraganeus, qui peramanter sane et perofficiose Societatem colit ac diligit, duorum fere milium impensa[28] erexit, erectam postridie Kal(endas) Maios, effusa ad sacrum spectaculum Moguntia, sollemni apparatu, praesentibus ex uniuersa Prou(incia) Patribus, qui ad id tempus ad Pro(uincia)lem Congregationem huc conuenerant, dedicauit.

Forma structurae chori altitudinem latitudinemque exaequat: opus trienni fere (?) labore praeclare **sculptum e robore**.

pars intima (tres enim sunt maxime) augustum S(anctissi)mo S(acrame)nto tabernaculum medio introrsum sinu praebet: circumstant a lateribus angelorum sigilla cubitalia, qui crucem, clauos, flagra ceteraque Christi supplicia partitis inter se muneribus ostendunt. inter haec mediis interuallis in fornicis speciem modice recedentibus Doctores uisuntur Eccl(es)iae: supra, qua medium, Virg(i)nis matris: qua latera, D(iui) Petri et Paulli effigies eminent.

altera pars, situ media, amplissima magnitudine, quadrata forma, geminas, quibus se operiat, abdatque expandit alas. ipsa **nouem internis loculis** Christi patientis historiam e pedum lotione ad crucis gestationem mirifice refert, distinguentibus ipsa loculorum spatia insignibus duodecim apostol(o)rum statuis.

pars suprema primum **in arcum** sculpto operi latitudine respondentem **assurgit**, in quo Christi e cruce pendentis luctuosa species toto templo ob altitudinem conspicua apparet. dein fastigium bini e lateribus Euangelistae columellis impositi sic eminent, ut summus in medio triumphator Christus ipsum prope tholum attingat. en altare non uulgare hominibus, idque exprimitur uirtutis diuinique cultus incitamentum.

3. Das Encaenisticum von 1593

Angesichts der beschriebenen Quellenlage kommt dem 1593 zur Einweihung des Mainzer Altars gedruckten Festgedicht eine doppelte Bedeutung zu. Der Text kann zur Rekonstruktion des verlorenen Kunstwerks ebenso dienen wie als ein weiteres Bei-

---

26 Stadtarchiv Mainz 15/402.
27 ARSI Rh. inf. 48 fol. 26ʳ–30ʳ (Mainz, 20. 1. 1594). Der zitierte Abschnitt findet sich auf fol. 27ʳ.
28 Vom Schreiber aus *impensam* verbessert.

spiel für die poetische Kunstbeschreibung, wobei hier statt der ganzen Kirche nur ihr bedeutendster Teil zum Thema der Darstellung gemacht worden ist.

Der in der Offizin Breem erschienene unauffällige Druck im üblichen Kleinquartformat umfaßt nur sechs Blätter. Die Rückseite des Deckblattes (A^v) zeigt das Wappen des Weihbischofs, das mit einem Epigramm ausgedeutet wird. Den gesamten übrigen Raum (fol. A2^r–B2^v) nimmt das *Encaenisticum carmen* ein. Sein Verfasser ist nicht angegeben und kann nur aus den Angaben der Ordensbibliographien erschlossen werden: es ist der damals 24jährige Mathias Putz (Pütz).[29] Das Gedicht ist zugleich das einzige zu Lebzeiten veröffentlichte Werk des Autors, denn die umfangreiche Übersetzung ins Lateinische, die er von den italienischen Marien- und Christusmeditationen des Vincenzo Bruno anfertigte, bereitete erst sein Bruder Heinrich (1568–1596), ebenfalls Jesuit, zum Druck vor. Das Werk erschien schließlich 1598 in vier Bänden in Köln.[30]

Das *Encaenisticum carmen* umfaßt 257 Hexameter. In der gleichen Weise, wie sie uns schon aus den Kirchenführungen bekannt ist, versetzt sich der Sprecher des Textes anfangs in die Situation des Einweihungstages und in das Gedränge der festlichen Menge, die „wie die Frühlingsfluten des Rheins" herbeiströmt, um das neue Wunderwerk zu bestaunen:

```
6     … uidi ipse oculis, ut prima sonori
      Aeris signa sequens posui uestigia templo.
      Namque hic cernere erat turbam iuuenumque senumque
      Castarumque pedem tetulisse ad limina matrum
10    Sanctaque laetanti praepandere gaudia uultu.
      Scilicet una omnes ad sacram exciuerat aedem
      Fama uolans: uenisse optato tempore lucem,
      Qua Praesul mitraque caput cingente pedoque
      Sustentante manum, texto conspectus in auro,
15    Mole atque arte noua mirandam dedicet aram,
      Aram, quam sumtu Praesul construxerat idem.
      Ergo tecta sua et sua linquens compita, templi
      Atria conuentu Moguntia tota frequentat.
      Sicut, ubi uerno placidissima flumina Rheni
20    Incipiunt zephyro clementes tollere fluctus,
      Labitur unda feritque leui uicina cachinno
      Littora et usque ruens undae subit unda ruenti,
      Sic ueniens portis uulgus bipatentibus intro
      Accipitur semperque abiens semperque reuertens
      Et pleno semper trepidat templum omne tumultu.
```

---

29 Geb. 1569 in Düren, 1586 Eintritt in den Orden, Lehrer für Rhetorik und Artes in Köln, dann Lehrer der bayerischen Prinzen Ferdinand und Philipp in Köln und Mainz, gest. am 22.2.1595 in Mainz. Zu ihm vgl. Ribadeneira 601; Sommervogel VI 1314f.; Thoelen 122. Nicht bei Krafft.

30 S.o. S. 190 m. Anm. 96.

Ziel der staunenden Betrachter ist natürlich der geschmückte Chor der Kirche, in dem genau im Moment der Beschreibung die Weihehandlung vor sich geht:

28 Stat turba immoto perlustrans singula uultu,
     Nunc aulaea sacris mire uariata figuris,
30 Queis hinc inde latet paries (...),
     (...)
35 Nunc te sublimi radiantem, Praesul, honore,
     Siue aram sacro perfunderet unguine dextra,
     Seu lustraret aqua, seu uerba arcana sonares ...

Wirklich gefangengenommen werden die Blicke jedoch vom Altar selbst. Die Formulierungen des Dichters, der in Anlehnung an Vergil[31] die *uiuo spirantia robore signa* (V. 39) preist und konstatiert, der Altar rage gewaltig bis zum First des Gebäudes auf (V. 40 *Et summi eductam templi ad fastigia molem*), wirken dabei zunächst stereotyp. Sie finden jedoch in der Art der weiteren Beschreibung des Kunstwerks ihre Berechtigung, denn Putz ist immer wieder bestrebt, die dargestellten Szenen zu beleben. Zudem ergibt sich aus dem Ganzen, daß es sich bei dem Altar tatsächlich um ein ungewöhnlich reich ausgestattetes und groß angelegtes Meisterwerk gehandelt hat, von dessen Konzept die nach Münster geretteten Reste kaum noch einen Eindruck zu geben vermochten.

4. Kommentar zur Mainzer Altarbeschreibung

a. Der untere Teil des Altars

In einem ersten Teil (V. 48–81) stellt der Dichter sehr systematisch, in einer von unten nach oben führenden Bewegung, den Aufbau des Altarsockels und seiner Dekoration dar. Demnach war die unterste Ebene von jenen zwei Engelsfiguren mit Weihrauchbehältern flankiert, die noch bis 1895 die gleiche Funktion hatten[32] und danach für ein Kriegerdenkmal weiterverwendet wurden, das beschädigt den Bombenangriff von 1944 überstand. Diese beiden Engel sind heute der einzige (bekannte) erhaltene Teil des Altars.[33]

---

31 Aen. 6,847 f. *excudent alii spirantia mollius aera | ... uiuos ducent de marmore uultus.*
32 Eisenhuth 1989, 111 = Heinzelmann 1989/90, 92 Abb. 23 = unsere **Abb. 22**. Ob sie damals allerdings in ihren usprünglichen Nischen standen, darf bezweifelt werden, denn diese scheinen für die Statuen etwas zu klein gewesen zu sein. In jedem Fall waren sie in Münster seitenverkehrt montiert, wie Heinzelmann bereits festhielt (1989/90, 94).
33 Heinzelmann 1989/90, 94. Vgl. unsere **Abb. 24**.

Die erste Arkade um den Tabernakel

> Principio, in saxum moles qua tota residit,
> Hinc atque hinc oneri subeunt duo firma ferendo
> 50   Corpora pennigerum iuuenum, sed uertice solo
> Pondera sustentant: manibus dant turis honores.
> Qua medium procurrit opus, quinosque per arcus
> Sublatos pilis, portas imitatur apertas,
> Hic locus adsurgit, quo non augustior alter:
> 55   Christus adest habitatque, haud ille e robore fictus
> Viuentem mentitur: adest uiuensque uidensque,
> Ast hominum panis frustratur imagine uisus.
> Hunc supra ambitam binis hinc inde columnis
> Diuiparam cernas, ludat cui natus in ulnis.
> 60   Hinc Stephanus stat, et hinc Laurentius: inde columnas
> Orbiculatus apex una testudine iungit.

Nach dem Wortlaut des Gedichtes ist es wahrscheinlich, daß die unterste Ebene aus einer fünffachen Bogenarkade bestand, in deren mittlerer Nische die Hostie aufbewahrt wurde. Darüber befand sich eine Darstellung Mariens mit dem Jesusknaben, über die nichts Genaueres bekannt ist. Umgeben wurde die Mittelnische von den Heiligen Stephan (dem Namenspatron des Auftraggebers) und Laurentius sowie den beiden Engeln. Die Angaben der V. 52 und 61 lassen allerdings keine präzisen Aussagen über die Gestaltung der Arkade zu; fraglich ist auch, ob die V. 58 erwähnten Doppelsäulen mit den gedrehten Säulen um die Münsterer Kruzifix-Nische gleichgesetzt werden dürfen. Die Breite von fünf Arkadenbögen schließlich übertrifft die des Münsterer Retabels erheblich. Daraus ist bei der derzeitigen Quellenlage jedoch noch nicht zu entscheiden, ob die barocke Säulenarchitektur erst in Münster zur Dezimierung der Mainzer Ausstattung führte oder bereits einer der früheren Rekonstruktionen am alten Standort entstammt.[34]

Die zweite Arkade mit Statuen

Über dieser Figurenreihe befand sich eine zweite Arkade, die ebenfalls aus fünf Bögen bestand. Der mittlere Bogen war mit einer besonderen Bekrönung nach Art eines Tores versehen (V. 63); in ihm befand sich ein Pelikan. In den umgebenden vier Bogenöffnungen standen Statuen der vier *doctores ecclesiae*, also wohl der Kirchenväter. Die ins-

---

34 Ähnlich schon Heinzelmann 1989/90, 94, allerdings mit Bezug auf die im Photo von 1895 am Chorbogen separat aufgestellten Säulen. Nach dem *Encaenisticum carmen* können sie kaum dem alten Altar angehört haben. Vgl. aber u. Anm. 58 zu dem auf der linken Säule abgestellten Leuchterengel.

gesamt sechs Pfeiler der Arkade waren ebenfalls mit Statuen besetzt: hier befanden sich sechs weinende Engel mit den Leidenswerkzeugen der Passion Christi.

Keine der hier beschriebenen Figuren scheint den Weg nach Münster angetreten zu haben, vielmehr ist an dieser Stelle aus dem Ensemble des Werks zum ersten Mal und zu einem nicht genau bestimmbaren Zeitpunkt eine ganze Ebene herausgetrennt worden. Über den Verbleib der Figuren wissen wir nichts; die 1886 von Paul LEHFELDT registrierten „3 Figuren im Obergeschoß der Kapelle (unter altem Gerümpel), Apostel und Heilige, ebenfalls vom alten Altar und trefflich geschnitzt, leider verstümmelt"[35] sind nicht eindeutig zu identifizieren und könnten ebenso von den höhergelegenen Teilen des Altars abgenommen worden sein (s. u.). Putz beschreibt die zweite Arkade knapp und eher nüchtern, ohne auf mögliche emotionale Wirkungen der Figuren einzugehen:

> Quam super (sc. testudinem) ales amans rostro sibi pectora tundit.
> Haec mediae insistunt turrita cacumina portae.
> Ast latus inferius qua sese utrinque reducens
> 65 Fornicibus binis quater ostia libera pandit,
> Quatuor, ingenii queis olim nomina lumen
> Doctorum attribuit, diuersi uultibus adstant
> Diuersique habitu: cunctos tamen insita prodit
> Maiestas senii; cunctos, quae cura librorum
> 70 Vixerat, illa eadem sequitur iam robore sculptos.
> Nec, qui uestibulis ponunt discrimina postes,
> Arte uacant: seni, turgentes lumina fletu,
> Caelestes iuuenes totidem texere columnas.
> Illi inter sese partiti munera Christi
> 75 Tristia funestae gestant insignia mortis.

Statuen des Petrus und Paulus

Seitlich oberhalb, an nicht genau präzisierter Stelle, standen über der Bogenreihe die Statuen der Apostelfürsten:

> 76 Ipsa super laterum scandunt fastigia Diui,
> Hinc Petrus clauimque gerens pansumque uolumen
> Hinc Paullus, cui ceruices substrauerat, ensem.

Es scheint unzweifelhaft, daß es sich um die beiden auch in Münster an prominenter Stelle aufgestellten Statuen handelt. Eine Übernahme der Figuren an den neuen Stand-

---

35 Lehfeldt 1886, 313. Vgl. u. zu V. 180–184 (zwölf Apostelfiguren).

ort ist umso plausibler, als die Pfarrkirche die beiden zu Patronen hat;[36] sie standen bis 1895 auf dem obersten Sims zu Seiten des IHS-Monogramms, wodurch Paulus mit dem in der Rechten geschwungenen Schwert weithin auffiel *(Abb. 22)*. Nach der Verkleinerung des Altars stellte man sie im unteren Bereich des Retabels seitlich auf *(Abb. 23)*, wobei vermutlich wegen des weit herausragenden Schwertes Paulus nunmehr (vom Betrachter gesehen) links zu stehen kam. Nicht übernommen hat man dagegen eine Reihe von schwebenden Engeln, die in nicht näher präzisierter Form um den Ort des Sakraments angeordnet waren:

> Quid memorem uarias caelestum induta figuras
> 80   Robora, quae circum supraque palatia magni
> Apparent sparsim uolitantia Sacramenti?

Möglicherweise handelte es sich um Putti oder die in der zeitgenössischen Kunst beliebten geflügelten Puttenköpfe. Vielleicht darf man sie sich ähnlich vorstellen wie die Rosette um das bekrönende IHS-Monogramm, die auf den alten Photoaufnahmen zu erkennen ist.

b. Die mittlere Ebene des Altars
Das neunteilige Passionsrelief

Der Blick des beschreibenden Betrachters wandert am Altaraufbau weiter nach oben, und die einleitende Bemerkung (V. 82) *Maior cura uocat* macht deutlich, daß nun ein weitaus bedeutenderer Teil des Kunstwerks behandelt werden soll. Schon vor einigen Jahren wurde die plausible Vermutung geäußert, daß die beiden in Münster sichtbaren Reliefszenen (Gefangennahme Christi und Christus vor Kaiphas) nur Teile eines größeren Ensembles darstellten;[37] durch Putz' Beschreibung (und ebenso durch den Bericht der *Litterae Annuae*) wird dies nun bestätigt. Mit großer Genauigkeit führen die Verse vor Augen, daß es sich um eine quadratische, insgesamt über zwei Mann hohe, von dreimal vier kleinen Säulen unterteilte und somit aus neun Relieffeldern bestehende Tafel mit Szenen aus der Passion handelte:

> (…) quadrata machina mole
> Scandit in excelsum, quantum duo longa uirorum
> Corpora uix aequent: circum compage quaternae

---

36 De Lorenzi 1887, 288; Zimmermann 1935, 303. Lehfeldt 1886, 312 nennt wohl irrtümlich St. Joseph als Patron.

37 Heinzelmann 1989/90, 94: „Es ist völlig ausgeschlossen, daß sich der Altar ursprünglich auf diese beiden Darstellungen aus der Passionsgeschichte beschränkt hätte." Detailaufnahmen der Reliefs ebda. 96 Abb. 27 f. = unsere **Abb. 25**.

85   Inclusere trabes ualida firmamque dedere.
       Ast uariis intus distinguitur interuallis.
       Namque ima teretes surgunt de parte columnae
       Quattuor, et totidem mediae, totidemque supremae,
       Transuersis trabibus quarum distinguitur ordo.
90   Area sic ternis surgit ter structa locellis.

Es kann kein Zweifel darüber bestehen, daß wir hier die von Fritz ARENS erwähnte –
und im Bericht des Rapedius beschriebene – „eichene Tafel" vor uns haben, für die der
Bildhauer mit einer sehr hohen Summe entlohnt wurde: schon die Fülle der Figuren
auf den zuletzt noch übrigen zwei Tafeln läßt den Reichtum des gesamten Reliefs erahnen. Mit den beiden kleinen Säulen, die in Münster nach dem Altarumbau (1895) die
nach unten versetzten Passionsreliefs an der Außenseite flankierten[38] und die exakt
dieselbe Höhe aufwiesen wie die Bildtafeln, dürften zwei der insgesamt zwölf *teretes
columnae*, die die Bildfelder ursprünglich voneinander trennten, noch bis in die Mitte
unseres Jahrhunderts vorhanden gewesen sein.

Die folgenden Verse 91–185 bilden mit ihrer Beschreibung der Passionsreliefs das
eigentliche Kernstück des *carmen*. Sorgfältig hat der Dichter seinen Text in neun nu-
merierte (!) Abschnitte gegliedert, so daß über die Verteilung der Szenen anders als bei
nahezu allen anderen poetischen Kirchenbeschreibungen der Zeit keine Zweifel möglich sind. Die hohe Detailgenauigkeit der Darstellung erlaubt somit nicht nur eine
minutiöse Rekonstruktion der Tafel, sondern kann auch zum Beweis dafür dienen,
daß der Münsterer Altar tatsächlich der ursprünglich in Mainz aufgestellte war. Diese
Identifizierung wird durch die 1990 erstmals veröffentlichten Detailaufnahmen der
beiden zuletzt noch erhaltenen Reliefs möglich, die eindeutig mit den Tafeln Nr. 4
und 5 des Gedichtes übereinstimmen.

    Die Beschreibung der Reliefs ist jedoch nicht nur für die Kunstgeschichte von Be-
deutung. An die Stelle der nüchtern-präzisen Aufzählung der Figuren und Dekorationen im ersten Teil des Gedichtes tritt nun ein viel intensiveres Betrachten, das sich
nicht allein aus dem überwältigenden Figurenreichtum der Passionsbilder erklärt.
Das Geschehen betrifft vielmehr jeden einzelnen Betrachter als Gläubigen:

91   His (*sc.* locellis) manus artificum **nostrae monimenta salutis**
       Digessit finxitque locis diuersa figurisque.

Damit aber ist ein genaues Hinsehen und die Beachtung jedes Details wichtig, mag es
sich auch nur um den Wasserkrug in der Hand des Johannes oder um die Lampe handeln, die die erste Szene mit unsichtbarem Schein erleuchtet:

---

38 Gut zu erkennen auf **Abb. 23**.

101 Mirabunda cohors circumstat cetera: soli
    Ioanni a tergo lymphae grauat amphora dextram.
    At lychnus supra, inuisis laquearibus aptus,
    Quamquam luce caret, simulat curuamine flammas.

Die Verse lassen an die Empfehlungen des Ignatius denken, bei der *compositio loci* gerade auch unscheinbare Details, wie z. B. die Länge und die Neigung des Weges nach Bethlehem, zu memorieren, um sich in eine wirklich realistische, mehrdimensionale Szenerie hineinversetzen zu können. Putz sucht so auch für den Leser, der die Mainzer Passionsbilder nicht kennt, einen nahezu plastischen Vorstellungsrahmen zu schaffen, in dem das Leiden Christi wie auf einer Schaubühne seinen Lauf nimmt. Besonders eindringlich ist hier die Überleitung von der 2. (Abendmahls-) zur 3. Relieftafel mit der Ölbergszene. Wenn Putz deren Beschreibung mit dem Satz beginnt (V. 122) *Insequitur tristem caenam funestior hortus*, so weist das Verb nur auf einer vordergründigen (Gliederungs-)Ebene auf das Voranschreiten des Betrachters zur nächsten Tafel hin. Wichtiger ist seine nachdrückliche Mahnung daran, daß sich vor unseren Augen eine *Geschichte* von unerbittlicher Konsequenz abspielt.

Allerdings handelt es sich bei der zitierten Überleitung eher um eine prägnante Ausnahme, denn mehrheitlich finden sich am Anfang einer neuen Bildtafel die stereotypen Verweisformeln der literarischen Ekphrasis (V. 105 zu Tafel 2: *Ast alibi ...*, V. 151 zu Tafel 5: *Nec longe hinc ...* usw.), die überdies eine genaue Aussage über die Anordnung der Tafeln zueinander schuldig bleiben. Aus der einzigen verwertbaren Angabe *At si aciem tendas paullo altius* (V. 138 zu Tafel 4) läßt sich gerade so viel entnehmen, daß die drei übereinanderliegenden Tafelreihen von unten nach oben beschrieben werden.

Mehrfach eingestreute Bemerkungen wie *Extudit hic ...* (V. 93, Tafel 1), *Fecit et hic ars mira Petrum ...* (V. 145, Tafel 4) oder *Talia per totum uaria disperserat arte | Ingeniosa manus* (V. 179 f., Resumé), mit denen der Dichter dem bildenden Künstler seinen Respekt zollt, wirken zunächst etwas problematisch, scheinen sie doch den Versuch einer lebendigen Wiedergabe der Bilder durch den Verweis auf die Künstlichkeit zu beeinträchtigen. Putz steht damit jedoch fest in der dichterischen Tradition: so verweist z. B. auch Vergil bei der Beschreibung des Aeneas-Schildes wiederholt darauf, daß er ein Kunstprodukt und nicht die Ereignisse selbst vorführe.

Im *Encaenisticum carmen* konkurrieren demnach zwei Zielsetzungen des Autors miteinander: die detailgetreue Beschreibung des Kunstwerkes und der Versuch einer religiösen Deutung. Es sind die gleichen Grundgedanken, wie sie uns in den Kirchenführungen begegnet sind, doch treffen sie hier genau deshalb auf Schwierigkeiten, weil es sich beim Objekt der Beschreibung nicht um eine Kirche, sondern um ein Einzelkunstwerk handelt: jenes Nacheinander von detaillierter Gebäude-Beschreibung (Rahmen-Ekphrasis) und Deutung einzelner Ausstattungsstücke („Ekphraseis in der Ekphrasis"), zweier Teile also, die je für sich abgeschlossen sind und sich erst in der

Gesamtschau synthetisch zusammenfügen, muß hier, weil das Objekt in beiden Fällen dasselbe ist, weitgehend gleichzeitig durchgeführt werden.

Umso überzeugender gelingt dem Autor die Verlebendigung *innerhalb* der einzelnen Tafeln. Durch Zeitadverbien entsteht ein Nacheinander, durch Verben der Bewegung Dynamik, und an einigen Stellen beginnen die Figuren sogar miteinander zu sprechen. Zunächst handelt es sich nur um die Auslegung ihrer Gesten (V. 100):

Tafel 1 (Fußwaschung)

> Extudit hic uultu peragentem extrema sereno
> Officia Vnigenam summi Patris: ipse uolutus
> 95 Ante pedes cubitoque tenus sua brachia nudans
> More lauaturi **iam** Petro **admouit** ahenum,
> **Iam** dextram blande **inflectens**, iam lumine blando
> **Adspectans** tacito, quidnam uelit, indicat ore.
> At senior promtusque pedem promtusque sinistram
> 100 Porrigit, et **dextra**: „caput hoc" ait „ablue lymphis."[39]

In der zweiten Szene haben sich die Jünger auf „Stühlen aus Eichenholz" zum Letzten Abendmahl niedergelassen.[40] In ihrer Vorahnung des Verrates scheinen sie stumm dazusitzen, doch ist sich der Dichter dessen keineswegs ganz sicher:

> Cetera turba sedent muti inter seque tuentur,
> Siue atrox scelus et caeca admiratio uocem
> Inclusit, nostras seu non satis excitat aures
> 120 Exsilis sonitus: certe duo murmura, solis
> Nota ipsis, capita admoti, miscere putantur.

Putz belebt das Relief hier in einer ähnlichen Weise durch Sprache, wie es der Würzburger Dichter angesichts der *Diuisio Apostolorum* über dem Kirchenportal getan hat, setzt aber zugleich in einer eigentümlichen Weise seinen Kunstgriff der Nachfrage des Lesers aus: changierend zwischen der Gewißheit *(certe)*, die „sehr leisen Stimmen" der Figuren seien lediglich jenseits menschlicher Hörweite, und dem überraschenden *putantur* am Ende des Satzes, mit dem der Dialog zum Geistergespräch im faszinierten Betrachter umgedeutet wird. Nicht ohne Raffinesse sind hier die Konsequenzen aus dem Enargeia-Motiv der Lebensechtheit gezogen, wird die Beschreibung in die Nähe der Kunstepigramme mit ihren paradoxen Motiven des Belebt-Starren gerückt.

---

39 Io 13,9 *dicit ei Simon Petrus | Domine non tantum pedes meos sed et manus et caput.*

40 V. 105 f. *Ast alibi ilignis flexerunt sedibus artus | Discipuli, duodena cohors.* Diese und andere Formulierungen des *carmen*, darunter V. 158 *roboream ... uestem*, können im übrigen die noch von Heinzelmann (1989/90, 94) geäußerten Zweifel über das Material der Relieftafeln zerstreuen.

In der 3. Tafel (Gefangennahme im Ölberg) finden wir einen ganz ähnlichen Gedanken: der angstvoll zu seinem Vater betende Christus schwitzt *wirklich* Blut, und nur sein Gewand läßt es uns nicht sehen:

> Nempe iacet supplex incuruo poplite Christus,
> Vix tum, cum exanimi manaret corpore sanguis,
> 125 (Sanguis, ab adspectu uestis quem sola remouit)
> Vix tamen ex alto iuuenem ad solamina cernens.

Dem Blick des solchermaßen vorbereiteten Betrachters entgehen auch unscheinbare Details nicht: die noch im Schlaf den Schwertknauf umschließende Hand Petri, die brüchige Brücke über den Kedron, auf der Judas herbeieilt, die Laterne seines Begleiters Malchus oder die im Schatten hinter dem Zaun des Ölbergs verharrenden Bewaffneten:

> 130 Et quamquam capiti cura est substernere laeuam,
> Dextra (*sc.* Simonis) tamen digitos capulo memor implicat ensis.
> At qua porta patens nimbos metuentia fingit
> Ostia, semiruto fert se loculatus Iudas
> Ponte super riuum: seruat uestigia Malchus
> 135 Et noctem modico laternae discutit igni.
> Mox reliquos, caput exstantes, circumdata uillae
> Lignea septa tegunt; cernas tamen arma ferentes.

Manche der hervorgehobenen Gegenstände spielen in der folgenden Szene (4.: Judaskuß; *Abb. 25a*) nochmals eine Rolle; für den Bildhauer stellen sie wichtige Bindeglieder dar, mit deren Hilfe die Bilderfolge zur Geschichte wird, und Putz hat sehr genau auf diese kleinen Hinweise geachtet, mit denen der wachsame Petrus und der auf bloßes Entkommen bedachte Malchus charakterisiert werden. Zugleich setzt mit der Verratsszene eine zunehmende innere Anteilnahme des Dichters an der sich abzeichnenden Passion ein, die auch einen mitleidvollen Ausblick auf das (nicht dargestellte) Ende des Judas einschließt:

> At si aciem tendas paullo altius: ecce furentes
> Hastisque gladiisque et tortis funibus **unum,**
> 140 **Vnum omnes sine more** petunt in uincula Christum.
> Ipse serenatus suffert insuauia Iudae
> Suauia, quem sanctum nomen non mollit amici.
> Ah miser! necdum a tergo deformia leti
> Vincula respectat profusaque uiscera terrae.[41]
> 145 Fecit et hic ars mira Petrum, qui iam pede presso

---

41 Act 1,18 *et suspensus crepuit medius | et diffusa sunt omnia uiscera eius.*

Et rigidam prenso barbam, ni falleret ictus,
In partes Malcho sectum caput auferat aequas.[42]
Illum eluctanti similem similemque uocanti
Nequidquam socios (nec iam cura ulla lucernae est)
150 Adspiceres: at tu haud Christum, scelerate, petisses!

Die fünfte Szene zeigte Christus vor Kaiphas, umgeben von Soldaten und Schriftge-lehrten. Auch hier ist es dank einer erhaltenen Abbildung *(Abb. 25b)* möglich, Relief und Gedicht zu vergleichen:

Nec longe hinc miles Christum ferus ante tribunal
Pontifici sistit: iuxta (si uera cucullus
Dependens loquitur) diuina uolumina doctus
Computat in digitis, quot Christo crimina fingat.
155 Quin et ferratos miles truculentior alter
Colligit in nodum digitos alapamque minatur.
Ipse adeo Caiphas, iram mentitus i⟨n⟩anem,
Roboream frustra certat disrumpere uestem.

Während der anklagende Schriftgelehrte gut zu erkennen ist und man den drohend zum Schlag ausholenden Soldaten am linken Bildrand *(Abb.25a)* erkennen möchte, tritt Kaiphas nach der Aufnahme zwar grimmig, aber doch voll Majestät auf den ge-bundenen Christus zu. Es ist jener Moment, von dem das Evangelium berichtet (Mt 26):

(62) et surgens princeps sacerdotum ait illi: nihil respondes ad ea quae isti aduersum te testifi-cantur (63) Iesus autem tacebat et princeps sacerdotum ait illi: adiuro te per Deum uiuum ut dicas nobis si tu es Christus Filius Dei.

Der Dichter dagegen sucht die Passion als Geschichte zu erzählen und geht daher zwangsläufig über die Beschreibung des Moments hinaus. Er bezieht das unmittelbar folgende, aber nicht mehr dargestellte Geschehen mit ein, das ihm aus dem Evange-lium geläufig ist:

(64) dicit illi Iesus tu dixisti (…) (65) Tunc princeps sacerdotum scidit uestimenta sua dicens: blasphemauit (…) (67) Tunc expuerunt in faciem eius et colaphis eum ceciderunt: alii autem palmas in faciem ei dederunt (…)

Daß die wutentbrannte Geste des Hohenpriesters auf Majors Tafel nicht zu sehen ist, überspielt Putz mit einer ebenso witzigen wie durchdachten Formulierung (V. 158),

---

42 Io 18,10 *Simon ergo Petrus habens gladium eduxit eum | et percussit pontificis seruum et abscidit eius auriculam dextram | erat autem nomen seruo Malchus.*

die an das Gedankenspiel über die „stumme Sprache" des Abendmahlreliefs erinnert: das Zerreißen des Gewandes könnte schließlich auch nur deshalb dem Betrachter unsichtbar bleiben, weil es – aus Holz ist!

Waren Dichter und Leser bisher vor allem aufmerksame Beobachter des Geschehens,[43] so werden sie angesichts der steigenden Dramatik der Ereignisse auch zu Mitleidenden. Als Christus gebunden und gegeißelt wird, bricht es aus dem Dichter heraus: er wendet sich direkt an die Henkersknechte, die in diesem Moment nicht mehr Teil eines Bildes, sondern grausam lebendige Realität sind (V. 163). Das seltsame Schwanken zwischen Bildebene und Miterleben setzt sich jedoch selbst in dieser dramatischen Situation fort, und der Dichter erkennt bald – erleichtert, wie es scheint –, daß es sich nur um ein täuschend echtes Bild handelt (V. 168):

161 At quis non gemitus, quis non suspiria ducat,
      Cum uideat toto religari corpore nudum?
      Parcite, carnifices! uiden' ut cinxere corona
      Insontem? terni uirgarum fasce cruento
165 Impleuere manus et pasti sanguine gaudent.
      Iamque elata nouos ictus, noua uulnera Christo
      Brachia fecissent (tanta est truculentia uultus),
      Ni manus artificis uitamque animamque negasset.

Die beiden letzten Reliefs zeigten die Verspottung (V. 169–173) sowie die Kreuztragung (V. 174–178). Noch ist aber das Ensemble der Passionstafel nicht vollständig behandelt: Jakob Major hatte überdies noch zwölf große Apostelstatuen geschaffen und diese vor den zwölf Säulen aufgestellt, die die Relieftafeln voneinander trennten (V. 180–184). Alle trugen als Attribut das Werkzeug ihres Martyriums – ein wichtiger Hinweis, der es erlaubt, beispielsweise die Herkunft des Andreas (erkennbar am schrägen Kreuz auf seinem Rücken) zu klären, der sich bis 1895 auf der obersten Spitze des Münsterer Altaraufbaus befand und danach vom Betrachter aus gesehen rechts auf dem mittleren Sims, hinter einer weiteren nicht identifizierbaren Apostelfigur, zu stehen kam. Weshalb er in der Peter-Pauls-Kirche einst eine so dominierende Stelle einnahm, ist allerdings nicht ohne weiteres verständlich.

---

43 Die sechste Szene (Christus vor dem *praes*, wie Pilatus Mt 27,2 heißt) scheint der vorhergehenden sehr geähnelt zu haben, da Putz hier nur bemerkt (V. 159 f.): *Nec multum absimilis facies, ubi Praesidis ante | Ora stetit, manibus, pro turpe! ad terga reuinctis.* Christus war auch auf der 5. Tafel bereits mit gebundenen Händen dargestellt, s. **Abb. 25b.**

c. Das kleeblattförmige Kreuzigungsrelief

Mit der Beschreibung des Kreuzigungsreliefs, das den Major-Altar in seiner ursprünglichen Gestalt oberhalb der Passionsbilder fortsetzte, kann der endgültige Beweis erbracht werden, daß es sich bei dem Altar in Münster wirklich um das Mainzer Kunstwerk handelte: die unverwechselbare Kleeblattform der Tafel ebenso wie die präzisen Angaben über die abgebildeten Personen lassen darüber keinen Zweifel zu. Auf den erhaltenen Vorkriegsaufnahmen *(Abb. 22–23)* erkennen wir deutlich die von Putz beschriebenen Gruppen: den Christus zugewandten und den zornig abgewandten Schächer, Johannes und Maria unter dem Kreuz, Magdalena, die das Kreuz umarmt, würfelnde Soldaten, grimmige Reiter und Fußvolk:[44]

> At super hanc molem magno fastigia gyro
> Exsurgunt, **formam ingentis** mentita **triphylli**.
> Quippe aequant, quantum in latum se fabrica pandit.
> Hic dubites, artemne magis mirere probesque,
> 190 An doles moestos cernens in robore[45] sensus.
> Cruda petit caelum medio crux aequore, Christum
> Paene gerens uiuum, totam conspecta per aedem.[46]
> Et gemini – pro turpe nefas! – hinc inde latrones
> Haud simili specie: dexter, ceu labra mouveret
> 195 Exposcens ueniam, uultus adspectat Iesu,
> Laeuus, adhuc feritatis amans, auertitur ora.
> Hos circum uacuo pendentes aere turba
> Circumfusa strepit, uario plena omnia motu.
> Hic tibi, moesta parens, ingenti saucia luctu,
> 200 Tristia Ioannes praesens solatia praebet.
> Hic affusa cruci flet Magdalis, alea pugnax
> Luditur hic de ueste Dei: quid cetera dicam?
> Tela, uel extincti Iesu saturata cruore,
> Iactaque mordaci nimium conuicia lingua
> 205 Et saeuos equitum uultus peditumque cohortes?
> Turba ingens: uidisse licet, describere longum est.

---

44 Heinzelmann 1989/90, 95 Abb. 25 (Johannes, Maria, Magdalena), 26 (Würfelspieler); 97 Abb. 29 (Golgatha).

45 Das Relief bestand also wie die Passionstafel aus (Eichen-)Holz; dafür, daß Teile des Altars aus Alabaster gefertigt waren – eine von Heinzelmann (1989/90, 94) erwogene Möglichkeit –, gibt es keine Anhaltspunkte.

46 Das Kreuzigungsrelief war demnach vom Kirchenschiff aus über den (1708 entfernten: Arens 1961, 271) Lettner hinweg zu sehen, was auch ohne präzise Maßangaben die bedeutenden Dimensionen des Major-Altars erkennen läßt.

d. Der *Christus triumphans* und die Evangelisten

Den Altar bekrönte eine Statue des siegreich Auferstandenen, den Fuß auf die überwundene Welt und die alte Schlange gesetzt und mit der Rechten segnend.[47] Um ihn
standen die vier Evangelisten mit ihren Attributen, allesamt als Schreibende dargestellt – am Anfang des 20. Jahrhunderts hatte man ihnen, die alle vier in Münster
wiederum den obersten Altarsims einnahmen, sogar große Federkiele in die Hände
gegeben, die ein eigenartiges Pendant zum geschwungenen Schwert des unten stehenden Paulus bildeten. Die Christusfigur dagegen könnte in Mainz verblieben oder verlorengegangen sein.[48]

Die fünf Statuen stehen am Schluß der Altarbeschreibung, der Putz noch einige
panegyrische Verse auf den *auctor* des Werkes angeschlossen hat. Gemeint ist nicht
der Künstler, dessen Name nicht fällt, sondern sein Auftraggeber, der keine Mittel
gescheut hat, um das großartige Monument ausführen zu lassen und sich damit in eine
illustre Tradition zu stellen. Natürlich vergißt Putz nicht das bekannte Argument,
demzufolge christliches Mäzenatentum in ganz anderer Weise durch seine lauteren
Motive legitimiert ist als das der antiken Bauherren:

> Quod si opere in tanto fortasse inquiritur auctor,
> Ecce in sublimi praelustria symbola fulgent,
> 225   Symbola, quae tacitis non sint passura tenebris
> Inuolui clarum auctoris nomenque decusque.
> Hic ille est Stephanus, titulum cui Mysia[49] mitrae
> Imposuit, quem Moganicae longe inclytus orae
> Antistes de more iubet sua munera fungi.
> 230   Non illum profundere opes aut blanda uoluptas
> Allicit, aut tantum tumidas ambita per artes
> Gloria persuasit comitem structoribus esse
> Pyramidum: magis illa uiget sub pectore cura,
> Subiecisse hominum diuinos mentibus ignes.
> 235   Hoc labor, hoc studium, hoc purae uestigia uitae,
> Hoc magno constructa petunt altaria sumtu.

Dem festlichen Anlaß entsprechend endet Putz mit der Fürbitte, Christus, den das
neue Werk aus Holz gebildet und dennoch lebendig zeigt, und die Apostelfürsten *(lumina mundi)* möchten dem Bischof ein langes Leben schenken. Der an eine Sphragis

---

47 Ein nahezu identisches Arrangement – mit dem *Mundus* als stilisierter Reliefscheibe am Piedestal des Auferstandenen – findet man auf dem Grabmal des Erzbischofs Daniel Brendel in Mainzer Dom, als dessen Schöp-
fer teils Nikolaus Dickhart vermutet, teils aber auch Jakob Major angegeben wird (Major: Heinzelmann 1989/
90, 94; Dickhart: Schuchert – Jung 1984, 40. Eine Abbildung des Epitaphs ebda. 121).

48 S. aber u. Anm. 56.

49 Eubel 3, 264; 4, 251; Gatz – Brodkorb 739 f. (F. Jürgensmeier).

erinnernde Schluß mit seiner Erwähnung des Peter-und-Paul-Festes scheint zunächst einen Hinweis auf das Datum der Altarweihe zu geben, die demnach am 29. Juni 1593 stattgefunden hätte. Dies widerspricht jedoch der Angabe im Titel des Druckes, nach der die Feier am 2. Mai *(6. Non. Maii)* stattfand.[50]

> Interea, quoties festis haec sacra diebus
> Annus aget, sanctos Diuis referemus honores,
> Scriptaque postgenitis breuiter rem littera dicet:
> 255   Christe, tibi Stephanus pro Praesule principe Praesul
> Moganidum, Diuos merito ueneratus honore,
> Petrumque et Paullum, facit hanc et dedicat aram.

e. Zusammenfassung

Die Altarbeschreibung aus Mainz zeigt in exemplarischer Weise die Schwierigkeiten, die die gleichzeitige anschauliche Beschreibung und Deutung eines religiösen Kunstwerks für den Dichter mit sich bringt. Zugleich ist es offenkundig, daß es Putz in erster Linie um die vollständige Darstellung des Sichtbaren ging, die er dann mit den sprachlichen Mitteln der Ekphrasis (Belebung von Szenen, Auflösung von Einzelbildern zu Handlung usw.) anschaulicher gestaltete. Eine eher untergeordnete Rolle scheint im *Encaenisticum carmen*, zumal im Vergleich mit den kontemplativ-meditativen Abschnitten der Kirchenführungen, der religiösen Betrachtung der Bilder zuzukommen, doch zeigen die mehrmals unternommenen Ansätze zu solchem Erleben des Gesehenen, daß auch der Mainzer Jesuit durchaus mit der Praxis seines Zeitalters vertraut war.

Aus heutiger Sicht kann das *Carmen* vor allem wegen seiner präzisen Darstellung des historischen Altars von Jakob Major Aufmerksamkeit beanspruchen. Es zeigt sich nicht nur, daß alle Statuen, die in Münstersarmsheim den wiederaufgebauten Altar zierten, tatsächlich einheitlicher Herkunft waren;[51] mehr noch: der Altar erweist sich als ein Kunstwerk von bisher unerwarteten Dimensionen, der mit insgesamt 35 großen Statuen, einer unbekannten Zahl kleinerer Figuren oder Ornamente und nicht weniger als zehn Schnitzreliefs zu den bedeutenden seiner Zeit gehört haben muß. Mit der gebotenen Vorsicht darf man aus den erhaltenen Detailaufnahmen und der poetischen Darstellung ein Gesamtbild rekonstruieren, das auch Vergleiche mit gänzlich verlorenen Altären der gleichen Epoche – z.B. dem Würzburger Alabasteraltar Robijns – ermöglicht. Dies scheint umso eher gerechtfertigt, als Jakob Major mit großer Wahrscheinlichkeit ebenso wie die beiden Robijn der flämischen Kunstregion entstammt.[52]

---

50 Dies bestätigt der zitierte Bericht des Rapedius (ARSI Rh. inf. 48 fol. 27ʳ).
51 Unsicher ist dies nur bei den beiden Leuchterengeln (s. u. Anm. 58).
52 Major stammte vermutlich aus Cambrai: Bruhns 1929; Heinzelmann 1987, 58.

Zur besseren Übersicht sei abschließend der Aufbau des Major-Altars in seinen drei bisher nachweisbaren Zuständen – zum Zeitpunkt der Aufstellung in Mainz, in Münster bis 1895[53] und schließlich um 1930 – vergleichend nebeneinandergestellt. Leider ergaben Recherchen bezüglich der von J. WAGNER erwähnten Akten des Stephansstiftes keine weiteren Informationen über den Ab- und Umbau im 18. Jahrhundert;[54] und auch eine Durchsicht der Münstersarmsheimer Akten im Bistumsarchiv Trier[55] und der älteren Literatur zu den Kunstdenkmälern des Naheortes erbrachte nicht die erhoffte Verbesserung der Quellenlage.

Nr.	Statue bzw. Bild	Standort in Mainz 1593 *vgl. Gedichttext*	in Münster bis 1895 *vgl. Abb. 22*	in Münster um 1930 *vgl. Abb. 23*
A: Statuen				
1	St. Stephan	untere Arkade	–	–
2	St. Lorenz	untere Arkade	–	–
3	Pietà (Plastik?)	untere Arkade Mitte	–	–
4,5	Weihrauchengel	unten links bzw. rechts	unten in Nischen	Denkmal
6	Pelikan	obere Arkade Mitte	–	–
7–10	Kirchenväter	obere Arkade	–	–
11–16	Sechs Engel mit			
	Leidenswerkzeugen	Pfeiler der oberen Arkade	–	–
17	Apostel Petrus	Sims neben der Passion	Sims oben links	unten rechts außen
18	Apostel Paulus	Sims neben der Passion	Sims oben rechts	unten links außen

---

53 Der Figurenbestand scheint fünfzig Jahre zuvor identisch gewesen zu sein. In seinem Rheinreise-Bericht von 1841 notiert Franz Kugler (1854, 70–353, hier 282) zu Münster: „Grosser Schnitzaltar im Barockstyle (!) des 17. Jahrhunderts; Kreuzigung und andre Scenen der Passion, nebst einzelnen Figuren und dekorative Sculptur." Kuglers Hinweis „Ursprünglich bemalt und vergoldet, jetzt mit monochromer Steinfarbe überstrichen." (ebda.) bestätigt die oben (Anm. 16) zitierte Notiz des Jahres 1660 über die Vergoldung. Bei Putz ist eine solche allerdings nicht erwähnt.

54 Die von Wagner (1931, passim) zitierten Akten befinden sich heute unter der Bezeichnung D 82 im Landesarchiv Speyer (zuvor im Landeshauptarchiv Koblenz), bieten aber außer einer Bittschrift der Pfarrgemeinde Münster an das Stiftskapitel um Gewährung eines Zuschusses für die Anschaffung eines neuen Hochaltars (Bd. 2, fol. 117 f., präsentiert im Dezember 1748) keine weiteren Aufschlüsse (frdl. Auskunft Dr. Maier, LA Speyer).

55 Die Angaben der jeweiligen Pfarrer zu den *Quaestiones synodales* (Visitationsakten) sind außerordentlich spärlich; zum Major-Altar finden sich überhaupt nur zwei – unbedeutende – Notizen: BA Trier Abt. 40, No. 215, fol. 50ʳ: „Ein in Figuren prachtvoll geschnitzter Altar" (5.5.1869); ebda. No. 296, fol. 329ᵛ *altare majus cum magno* (!) *imagine ligneo D. N. J. C. crucifixi* (1900). Ein Schreiben der Visitationskommission von 1825 weist lediglich auf den schlechten Zustand des Altars hin und fordert, daß „dieser Altar wieder verputzt und in Steinfarben neu angestrichen werde" – wobei letzteres kaum auf die hölzernen Teile zu beziehen sein dürfte. (BA Trier, Abt. 70, Nr. 4069, S. 5; für die Mitteilung der Information sowie freundliche Unterstützung im BA Trier danke ich Frau Archivarin Marita Kohl).

Nr.	Statue bzw. Bild	Standort in Mainz 1593 *vgl. Gedichttext*	in Münster bis 1895 *vgl. **Abb. 22***	in Münster um 1930 *vgl. **Abb. 23***
19–30	Zwölf Apostel mit Marterwerkzeugen	vor den Säulen des Passionsreliefs	drei am Altar: Andreas im Apex; zwei auf dem mittleren Sims außen stehend; weitere beschädigt[56]	Andreas: mittl. Sims re. an 2. Stelle: dort drei weitere; mind. drei weitere an verschied. Stellen der Kirche aufgestellt[57]
31–34	Evangelisten	oben um Christus	Mt: mittl. Sims re. innen Mc: Fensterkonsole li. Lc: Fensterkonsole re. Io: mittl. Sims li. innen	Mt: ob. Sims li. außen Mc: ob. Sims li. innen Lc: ob. Sims re. innen Io: ob. Sims re. außen
35	Christus Victor	Apex	–	–
(36–37)	Zwei Engel mit Leuchtern	zugehörig?	einer am Seitenaltar links vor dem Chor	vermutlich mittl. Sims li. u. re. ganz außen[58]

B: Reliefs

Nr.	Statue bzw. Bild	Standort in Mainz 1593	in Münster bis 1895	in Münster um 1930
1–9	Passionstafel			
	1: Fußwaschung	untere Reihe	–	–
	2: Abendmahl	untere Reihe	–	–
	3: Ölberg	untere Reihe	–	–
	4: Verrat	mittlere Reihe	Auszug (links)	unten rechts
	5: Vor Kaiphas	mittlere Reihe	Auszug (rechts)	unten links
	6: Vor Pilatus	mittlere Reihe	–	–
	7: Geißelung	obere Reihe	–	–
	8: Verspottung	obere Reihe	–	–
	9: Kreuzweg	obere Reihe	–	–
10	Kreuzigung	oberster Teil des Alt.	mittlerer Teil des Altars	oberster Teil des Altars
11	Christusbüste	zugehörig?	unter dem li. Fenster	Altartisch
12	Marienbüste?	zugehörig?	unter dem re. Fenster	–

---

56 Lehfeldt 1886, 313. Vgl. ebda.: „Figuren auf Consolen an den Wänden des Langhauses, verschiedener Zeit und Grösse, einige in der Renaissance prächtig geschnitzt; auf der Nordseite Christus 2mal, dazwischen h. Bartholomäus, wohl vom alten Altar stammend (…)".

57 Die Figur mit Hellebarde in der Rechten und Buch in der Linken (1895: mittleres Sims links außen) steht nun auf einer Konsole neben dem (vom Betrachter aus) linken Fenster, ihr Pendant am rechten Fenster ist 1895 nicht zu erkennen. Vor Andreas steht eine weitere unidentifizierbare Figur (mglw. 1895 auf dem mittleren Sims rechts außen); auf dem linken Sims befindet sich mindestens eine weitere unbekannte Figur.

58 Von ihnen ist auf **Abb. 23** nur der rechte erkennbar; es ist der früher auf der Säule des linken Seitenaltars aufgestellte. Weitaus besser sind die Engel, ebenso wie die vier anderen Figuren auf dem mittleren Sims, auf der undatierten Abbildung bei Wagner 1931, 33 zu sehen. Aus ihr geht zugleich hervor, daß die Engel noch ein weiteres Mal ihren Ort gewechselt haben: sie stehen hier auf hervorstehenden Simsstücken über den gedrehten Säulen im unteren Altarbereich.

III. Die Festschrift zur Einweihung der Jesuitenkirche in Porrentruy (1604)*

1. Reformation und Gegenreformation im Bistum Basel

Am 9. Februar 1529 erreichte die Reformation in der Stadt Basel ihren Höhepunkt. Während die Regierung noch zwischen den Forderungen der alt- und der neugläubigen Bürger verzweifelt zu lavieren suchte, um einen mit der Kirchenreform einhergehenden politischen Umsturz zu vermeiden, drangen fanatisierte Bürgerhaufen in die Kirchen der Stadt ein und zerschlugen binnen einem Tag nahezu sämtliche Kunstwerke, Glasfenster und alles Kirchengerät. Aus dem blindwütigen Bildersturm ging Basel als rein evangelische Stadt hervor, die sich in den folgenden Jahrzehnten mit ihrer Universität und einem beispiellos florierenden Buchdruckgewerbe neuen Ruhm erwerben konnte.[1]

Der spektakuläre konfessionelle Umbruch in der Stadt bedeutete jedoch nur einen weiteren Schritt unter vielen politischen Veränderungen, die Basel seit der Wende zum 16. Jahrhundert erfahren hatte. Nach der politischen Emanzipation von ihrem bischöflichen Stadtherrn und der Übernahme der Regierung durch Rat und Zünfte im 15. Jahrhundert war die Handelsstadt in exponierter geographischer Lage immer mehr in eine Umklammerung durch die Habsburger geraten, die einerseits in der Person des Kaisers formal die Obrigkeit der Reichsstadt darstellten,[2] andererseits aber als Herren der Österreichischen Vorlande im Oberelsaß das Stadtgebiet an drei Seiten umschlossen hielten.[3] Die Folge war, daß Basel, der „geographische Eckpfeiler" (V. PRESS) des vorderösterreichischen Raums, im Jahre 1501 der aus dem Reichsverband hinausstrebenden Eidgenossenschaft beitrat. Mit diesem Schritt hörten allerdings die Probleme für die Stadt nicht auf, da innerhalb des Schweizer Bundes alsbald die konfessionellen Frontlinien zutagetraten. Die Spannungen entluden sich im Kappeler Krieg (1531), an dessen Ende der Sieg der katholischen Innerschweizer stand. So geriet das weiterhin reichsnah lavierende Basel erneut in die Isolation.[4] Gleichwohl blieb als Staatsform

---

* Für ihre Hilfe bei den Recherchen zu diesem Kapitel danke ich Philippe Froidevaux u. Kollegen vom Altbasler Hochstiftsarchiv (AAEB), Porrentruy, ebenso herzlich wie B. Girard und F. Noirjean, beide BiCJ Porrentruy. Zahlreiche Hinweise zur Geschichte der Pruntruter Jesuiten verdanke ich insbesondere Nicolas Barré (Courrendlin JU), der mir schon 1998 Auszüge aus seiner bald darauf erschienenen, mir aber erst seit 2001 zugänglichen Arbeit zum Thema (Barré 1999) zur Verfügung stellte.

1 Zum Bildersturm von 1529 und seinen Folgen für die Stadt s. Burckhardt 1942, 16–20.

2 Basel suchte sich dagegen stets als Freie Stadt darzustellen, die nur in Ausnahmefällen dem Reichsoberhaupt Dienste zu leisten bereit war und sich dazu – mit der gleichen Distanz – auf ihre Untertanenschaft unter den Bischof berief; vgl. Burckhardt 1942, 1. Zum Verhältnis zwischen Basel und dem Kaiser s. auch Press 1989, 3 f.

3 Umgekehrt gehörte ein beträchtlicher Teil des Oberelsaß kirchlich zur Diözese Basel. Karten bieten: Brotschi 1956; Dictionnaire d'histoire et de géographie ecclésiastique 6 (1932) 349 fig. 51; Rapp 1993, 72.

4 Burckhardt 1942, 27–31; Gauß 1982.

die rein evangelische Republik bestehen, deren Aufrichtung in den Unruhen von 1529 endgültig dazu führte, daß Bischof, Domkapitel und Kirchenbehörden die Stadt mieden und sich in verschiedenen Orten der Umgebung ansiedelten.

Eine Trennung der Basler Bischofsresidenz von ihrer Kathedralstadt hatte es schon in früheren Zeiten gegeben. Die Auseinandersetzungen mit der Stadt führten bereits um 1395 dazu, daß die Bischöfe ihren Sitz nach Delsberg/Delémont oder Pruntrut/Porrentruy verlagerten.[5] Als indes 1521 die Mitwirkung des geistlichen Stadtherrn bei innerstädtischen Angelegenheiten durch Ratsbeschluß kurzerhand für aufgehoben erklärt wurde, war es klar, daß an eine Restitution der von bischöflicher Seite eingeklagten Rechte vorerst nicht mehr zu denken war. 1528 zog der Bischof die Konsequenz und verlegte die Residenz endgültig nach Porrentruy. Das Domkapitel, das durch den erzwungenen Konfessionswechsel im Münster seine Wirkungsstätte nicht mehr betreten konnte, entschloß sich – anders als in anderen Kathedralstädten[6] – ebenfalls zum radikalen Bruch: die Kapitulare brachten noch mit Erfolg den Kirchenschatz in sichere Verwahrung innerhalb der Stadt, wo er ihnen allerdings in Zukunft nicht mehr zugänglich sein sollte, und exilierten dann nach Freiburg im Breisgau, das weder auf Diözesan- noch Hochstiftsgebiet lag. Das Offizialat dagegen wurde ins sundgauische, politisch also zu Habsburg gehörende Altkirch verlegt, der Weihbischof wiederum residierte in Isenheim,[7] also in unmittelbarer Nachbarschaft zum österreichischen Regiment in Ensisheim. Es ergab sich damit auf seiten des bischöflichen Basler Staates eine ähnlich komplizierte politische Situation wie in der Stadtrepublik.

Das etwas abseits in den Bergen des Jura gelegene Porrentruy war seinerzeit ein Ort von höchstens 2000 Einwohnern,[8] der im späten 16. Jahrhundert zu einer vollwertigen fürstbischöflichen Residenz mit Schloß, Jesuitenkolleg und Schulen ausgebaut wurde. Angesichts der politischen Entwicklungen der Zeit ist die Wahl des Ortes, also die Tatsache, daß Porrentruy der Vorzug gegenüber dem größeren und günstiger gelegenen, ebenfalls seit langem bischöflichen Delsberg gegeben wurde,[9] wohl nur aus der alten Pruntruter Tradition als Residenzort zu erklären. Während nämlich Delsberg sowohl in kirchlicher wie weltlicher Hinsicht dem Basler Bischof unterstand als auch beim katholischen Glauben blieb, war die Situation in Porrentruy weitaus komplexer und widriger: als Hauptort der Herrschaft Elsgau (Seigneurie d'Ajoie) unterstand die Stadt zwar weltlich dem (im Vergleich zum Bistum sehr kleinen) Hochstift, doch gehörte der obere Teil dieser Landschaft mit Porrentruy nicht zugleich kirchlich zum Dekanat Elsgau und damit zur Diözese Basel, sondern unmittelbar zum Erzbistum

---

5   Köbler 39 s. v. Basel (Fürstbistum, Hochstift).

6   Vgl. Press 1992b, 17.

7   Gfrörer 1903, 93 f.; Chèvre 1963, 183. Nach Chèvre 1905, 139 befand sich der Sitz des Suffragans dagegen in Thann i. Sundgau. – Zu Weihbischof Bär vgl. auch Bruckner (Red.) 1972, 231 f. (W. Kundert).

8   Eine Zählung von 1770 ergab etwa 2400 Personen in Hof und Stadt: Barré 1991, 100 m. Anm. 54.

9   In Delsberg entstand erst später (zwischen 1716 und 1721) ein neues Schloß für die Basler Bischöfe.

Besançon,[10] war also dem Zugriff des Basler Kirchenfürsten in religiösen Fragen entzogen. Hinzu kam, daß die Reformation zwar nicht in der ländlichen Umgebung, wohl aber in Porrentruy selbst einen raschen Gewinn an Anhängern zu verbuchen hatte. Zeitweise scheint es schließlich sogar Versuche gegeben zu haben, sich auch politisch vom Hochstift zu lösen und ähnlich wie das elsässische Colmar einen freistädtischen Status zu erlangen.[11]

Wie in den meisten Territorien des Reiches blieb auch im konfessionell gemischten Bistum Basel die Lage bis weit in die zweite Hälfte des 16. Jahrhunderts weitgehend unentschieden. An eine Durchsetzung des alten Glaubens, gar an eine Rückgewinnung der Kathedralstadt war vorerst nicht zu denken. Die mangelnde finanzielle Ausstattung des Hochstiftes zwang wiederholt zu Anleihen bei der Stadt Basel, die mit Verpfändungen zahlreicher Ortschaften verbunden waren und dazu führten, daß Basel seinen reformatorischen Einfluß weiträumig ausdehnen konnte.[12] Dies begann sich mit der Wahl des jungen Domkapitulars Jakob Christoph Blarer von Wartensee zum neuen Fürstbischof zu ändern, die am 22. Juni 1575 in Delsberg stattfand.[13] Allerdings konnte der Plan, das Territorium zum alten Glauben zurückzuführen, nur mit fremder Hilfe gelingen. Bereits vier Jahre nach seiner Wahl, am 19. November 1579, schloß Blarer in Luzern ein Bündnis zur Sicherung des alten Glaubens mit den katholischen Schweizerorten ab, welches im folgenden Januar in Porrentruy feierlich beschworen wurde.[14] Eine wirkliche Gegenreformation im Hochstift konnte damit jedoch noch lange nicht erreicht werden, da durch die Pfandverträge der voraufgegangenen Zeit dem Bischof nach Basler Ansicht kein Recht auf die betroffenen Territorien mehr zustand. Über mehrere Jahre bestand ein von diplomatischem Hin und Her geprägtes Patt zwischen den reformierten Stadtkantonen und den katholischen Orten, das aus Sorge vor militärischen Weiterungen von beiden Seiten nicht grundlegend in Frage gestellt wurde. Insgesamt scheiterte der erste Versuch der Rekatholisierung in den südlich Basels gelegenen Orten des Birstals (1581/82) an der Rückendeckung, die die dortigen Protestanten durch die nahe Stadt erhielten. Erst nach langen Verhandlungen

---

10 Das Bistum Basel ist bereits seit dem Hochmittelalter der Erzdiözese Besançon unterstellt. Zu den Zusammenhängen mit der burgundischen Politik König Rudolfs und Kaiser Heinrichs II. s. Pfaff 1963, hier bes. 14–20. Die territorialen Verhältnisse sind auf zwei Karten bei Brotschi 1956 (nach S. 158) klar erkennbar. Allgemein zum alten Bistum Basel: Boner 1968; Bruckner (Red.) 1972, 127–362 (versch. Vf.). Eine gute Einführung in die Pruntruter Situation um 1600 gibt Debard 1984.

11 Barré 1991, 90.

12 Burckhardt 1942, 39; Brotschi 1956, 7–10.

13 Die Geschichte des Hochstiftes (évêché) Basel hat seit langem keine zusammenfassende Darstellung mehr gefunden. Neben der schematischen Behandlung durch die Helvetia Sacra (Bruckner [Red.] 1972) und zahlreichen Einzelarbeiten, die für die ältere Zeit bei Amweg 1928 und Brotschi 1956, XVII–XXI zusammengestellt sind, ist weiterhin grundlegend Vautrey 1884/86; zur Epoche Fürstbischof Blarers ebda. II 121–176. Biographisches zu Blarer (1542–1608) bieten ausführlich Brotschi 1956 und Chèvre 1963; s. auch Bruckner (Red.) 1972, 204 f. (M. Welti); Debard 1984, bes. 124–128; Gatz – Brodkorb 57–60 (P. L. Surchat).

14 Brotschi 1956, 11–17; Barré 1991, 90 m. Anm. 9.

vor einem eidgenössischen Schiedsgericht in Baden, in deren Verlauf Blarer zugleich möglichst viele bischöfliche Rechtstitel in Basel selbst einzuklagen versuchte, verzeichnete der Bischof 1585 einen Teilerfolg. Basel erhielt die seinerzeit verpfändeten Teile des Bistums als Besitz zugesprochen, mußte dafür aber eine erhebliche Summe an den Bischof zahlen. Da das Hochstift, besonders aber die Ajoie, seit Jahren unter durchziehenden Truppen zu leiden hatte und völlig verarmt war,[15] bedeutete die Basler Entschädigung eine Art Wendepunkt für Blarers politische Pläne. Er gewann seine diplomatische und landesherrliche Handlungsfreiheit zurück und gab sich daher auch zufrieden, nur eine konfessionelle Parität in den Orten an der Birs (v. a. Laufen/Laufon) erreicht und alle Ansprüche des Bischofs und des Domkapitels auf kirchlichen Besitz in Basel sogar gegen eine einmalige Zahlung für alle Zeit aufgegeben zu haben.[16]

Auf der Suche nach geeigneten Predigern für die Rekatholisierung wandte sich Blarer seit 1588 zunächst an die Kapuziner (für Porrentruy), zugleich aber auch an die Luzerner Jesuiten (für Laufen). Als sich im Sommer 1589 abzeichnete, daß ein Kapuzinerkloster in der Residenzstadt nicht zustandekommen würde, hatte der Bischof bereits mit dem ebenfalls in Luzern residierenden Nuntius Paravicini Verhandlungen zur Gründung eines Jesuitenkollegs in Porrentruy aufgenommen.[17] Eigene positive Erfahrungen mit dem neuen Orden – Blarer unterzog sich 1589 in Luzern persönlich den Exerzitien,[18] und im Sommer 1590 waren zwei Patres erfolgreich als Prediger in der Ajoie tätig – bestärkten den Bischof in der Entscheidung für ein Kolleg. Durch rasches Handeln der Stadt, die den Jesuiten mehrere auf eigene Kosten renovierte Häuser zur Verfügung stellte, und die Hinzuziehung eines französischsprachigen Paters waren bereits wenig später die Grundlagen für eine Aufnahme des Schulbetriebs gelegt. Dieser konnte, nachdem die Stiftungsurkunde am 9. Mai 1591 ausgestellt worden war, schon am 3. November desselben Jahres mit zunächst 60 Schülern beginnen.[19] Ihre Zahl vervielfachte sich binnen weniger Jahre und ließ erkennen, welchen Nachholbedarf an Bildungsstätten das Hochstift hatte; zugleich reichte der Einzugsbereich des *Collegium Bruntrutanum* aber weit über die Grenzen hinaus in die angrenzenden Gebiete Bur-

---

15 Debard 1984, 117 f.

16 Zu den diplomatischen Vorgängen s. Burckhardt 1942, 38–42 und detaillierter Brotschi 1956, 37–51. – Die Tradition der Bischofsresidenz außerhalb Basels besteht bis heute (bis 1792 in Porrentruy, heute in Solothurn).

17 Eine erste Anregung dieser Art war bereits 1576 von Paravicinis Vorgänger Portia geäußert worden (Strobel – Sommer-Ramer 1976, 203). Zu den Hintergründen des Rückzugs der Kapuziner (fehlender Unterhalt in der armen Region) s. Brotschi 1956, 106. Dagegen vermutet Barré 1991, 92 Rivalitäten zwischen den Orden; dies bestritten bereits Strobel – Sommer-Ramer 1976, 214 Anm. 12. Zu den Anfängen des Jesuitenkollegs in Porrentruy weiterhin auch Vautrey 1866, 4 f.; Duhr 1907, 222–226; ders. 1913, 294.

18 Chèvre 1963, 376.

19 Das Datum samt archivalischen Nachweisen bei Brotschi 1956, 109 m. Anm. 1. Geplant war ursprünglich der 30. Oktober, wie das Ankündigungsplakat zeigt: Barré 1991, 102–104; ders. 1999, 317–319. Seit Claude Sudan SJ (*Basilea Sacra*, 1668) findet sich oft die Datumsangabe 11. Oktober (so noch bei Chèvre 1963, 380; Maillat 1991, 15; Barré 1991, 96 [richtig dagegen ebda. 100]; Barré 1999, 317 m. Anm. 858); dies ist jedoch weder den zeitgenössischen Quellen (*Annales, Litterae Annuae*) zu entnehmen noch mit dem Plakat vereinbar.

gunds und des Elsaß. Dies änderte sich erst, als 1599 in Besançon ein eigenes Jesuiten-kolleg für die Freigrafschaft entstand.[20]

2. Die neuen Kollegbauten in Porrentruy und die Jesuitenkirche (1597–1604)

Das Anwachsen der Schule erforderte nach kurzer Zeit die Errichtung neuer, größerer Gebäude. Um dafür die bestmögliche Lösung zu finden, entschloß sich Bischof Blarer zu einem ungewöhnlichen Schritt: in Begleitung eines Jesuitenpaters begab er sich auf eine mehrmonatige Studienreise durch verschiedene oberdeutsche Kollegien, um ihre Baulichkeiten in Augenschein zu nehmen. Besonders die Anlagen in Augsburg und Landsberg scheinen dabei einen positiven Eindruck hinterlassen zu haben, wie aus im Pruntruter Archiv erhaltenen *Considerationes quaedam circa nouum collegij aedificium* hervorgeht.[21]

Bis zur Errichtung des Neubaues, wie er teilweise noch heute zu sehen ist, vergingen allerdings noch mehrere Jahre. Sie brachten ein steigendes Renommée der Institution im oberdeutschen Raum wie in der Region, verzeichnete doch das Kolleg allein im Jahre 1595 unter seinen Gästen sowohl Paulus Hoffaeus (in seiner Funktion als Visita-tor[22]) als auch den Kardinal Andreas von Österreich, der in der typischen Form eines „Einzugs Großer Herren"[23] empfangen und mit polyglotten Gedichtrezitationen be-grüßt wurde. Besondere Genugtuung dürfte es Blarer jedoch verschafft haben, daß auch der Erzbischof von Besançon das Kolleg eines Besuches würdigte.[24]

Am 12. März 1597 kam es zum Abschluß des Vertrages zwischen Bischof Blarer und dem Ulmer Baumeister Nikolaus Frick über die Aufführung von Kolleg und Kirche,[25]

---

20 Barré 1991, 100. Diese Maßnahme des Erzbischofs könnte – außer von den tridentinischen Seminardekreten – auch durch die fortdauernden Rivalitäten zwischen Besançon und Blarer um die kirchliche Hoheit in der Ajoie befördert worden sein, die W. Brotschi (1956, 95–102. 110–112) anschaulich beschrieben hat.

21 AAEB A 37/2 n° 2, S. 5–7. Das Dokument stammt wohl aus dem Jahr 1596. Sein Kontext ist allerdings nicht vollkommen eindeutig, zumal sich der Verfasser am Ende für *potius conuictorium quam collegium* (S. 6) aus-spricht. Die unpublizierte Arbeit von Horst Nising (Die Jesuitenkollegien der Oberdeutschen Provinz des Ordens und ihre städtebauliche Lage im 16.–18. Jahrhundert, Diss. masch. Frankfurt 1990), die auch das Kolleg in Porrentruy behandelt, konnte ich nicht einsehen.

22 Duhr 1907, 775.

23 So die Rubrik von AAEB B 122: *Ankunft grosser Herren am bischöflichen Hofe.*

24 BiCJ (fa), *ms. De origine Collegii Bruntrutani*, fol. [2]ʳᵛ n° 5 *Anno 1595 duo nobilissimi hospites Celsissimum Prin-cipem visitaturi Bruntrutum adveniunt, nempe Andreas Cardinalis Austriacus Episcopus Brixinensis et Constantiensis, dein Archiepiscopus | Bisuntinus urbis Bruntrutanae ordinarius. Ambo scholas Societatis visitant et Archiepiscopus alum-nos Gymnasii ad pietatis et doctrinae progressus habitâ eleganti oratione exhortatur.* Die Kenntnis dieser Handschrift verdanke ich N. Barré. Sie stellt allem Anschein nach Auszüge oder eine Redaktion Louis Vautreys nach heute verschollenen Aufzeichnungen des Kollegs dar – möglicherweise nach dem *Diarium*, von dem nur noch ein Band für die Jahre 1657–1670 vorhanden ist (BiCJ [fa], Ms. n. c. 65).

25 Zur Kirche im ganzen vgl. Braun 1910, 27–30; Gerster 1971 (im Detail zuweilen ungenau); ders. 1972 (Kurz-fassung ohne Anm.); Hauser 1991, 149–155. Der Vertrag vom März 1597 ist erhalten in AAEB A 37/2 n° 7, S. 29–46 und publiziert bei Gerster 1971, 116–118.

die feierliche Grundsteinlegung folgte am 27. August desselben Jahres.[26] Die Arbeiten kamen zunächst rasch voran, so daß 1599 der Dachstuhl auf die Kirche *(Abb. 26)* gesetzt werden konnte. Der Auftrag dazu ging an den einheimischen Zimmermeister Hans Hugo.[27] Seit 1600 stand der Rohbau dann fertig da, doch die Nutzung ließ noch auf sich warten. Vielleicht schon am 21. Dezember 1603 wurde erstmals Gottesdienst gehalten,[28] also noch vor der offiziellen Inbesitznahme des Kollegs. Diese wurde vom 26.–29. August 1604 feierlich begangen und mit einem fürstlichen Gastmahl und poetischen Darbietungen beschlossen:

> Tandem aliquando post tredecim annorum tolerantiam, quam in summis antiqui collegii angustiis sustinuimus, immigrauimus in Collegium nouum uigesimo sexto Augusti, Anni millesimi sexcentesimi quarti, a Reuerendissimo atque Illustrissimo Antistite nostro ac fundatore aedificatum, una cum templo scholisque. Tertio post immigrationem die Reuerendissimus noster una cum duobus Canonicis Basiliensibus, necnon Consiliariis omnibus, tribus praeterea Consulibus et Clero apud nos prandit. Inter prandendum a quinque patribus actae gratiae sunt Reuerendissimo Fundatori, pro tam magnifico et sumptuoso Societati nostrae extructo Collegio, idque Latino, Graeco, Haebraico, Italico, Gallico idiomatis, solutis atque ligatis.[29]

Nach diesem Inaugurationsakt fehlte nun nur noch die Konsekration der Kollegkirche, in der aber spätestens seit dem St.-Lukas-Tag (18. Oktober) die Messe gelesen wurde.[30]

---

26 Nicht 1596, wie Gerster (1971, 97) und nach ihm Hipp (1979, 1571) angibt. Anläßlich des Einzugs in den fertigen Bau am 27. 8. 1604 betont der Geschichtsschreiber des Kollegs ausdrücklich: *quo die ante **septennium** a R(everendissi)mo Templi novi primus lapis positus fuerat* (BiCJ [fa], MP 4, S. 17, zit. nach Eschenlohr-Bombail I 92).

27 AAEB A 37/2 n° 14, S. 85–91 vom 14. Dezember 1598; vgl. Gerster 1971, 100.

28 Vautrey 1866, 15. Hauser 1991, 152 gibt unbestimmt „au début de 1604" an; in BiCJ (fa) *ms. De origine Collegii Bruntutani*, fol. [3]ʳ n° 7 notiert Vautrey: *die vigesima prima decembris ejusdem anni 1604* (!) *studiosi primo in Ecclesia nova missam* (!) *audiunt.* Beide Angaben Vautreys sind problematisch; vgl. Anm. 30.

29 Litterae Annuae 1618, 576–582 *(Collegium Bruntrutense)*, hier 582. Der etwas ausführlichere, mit zahlreichen Korrekturen versehene handschriftliche Entwurf dieses von Gregorius Roseffius abgefaßten Berichts ist in ARSI Germ. sup. 66 fol. 16ʳ–17ᵛ erhalten. Ein weiteres Konzept unter dem Titel *Annuae Collegij Bruntani* (!) *1604.* befindet sich im gleichen Band auf fol. 24ʳ–25ᵛ; dieser Text geht weder auf die Kolleg- noch auf die Kircheneinweihung ein. Zur *Encaenia*-Feier schweigen auch die Altbasler Akten: die *Acta consecrationum … ab episcopo Basileensi factarum* (AAEB A 45) verzeichnen das Ereignis nicht, und in der Akte *Suffraganeus Basileensis* (AAEB A 102/1) finden sich für die Zeit vom 8. 3. 1602–11. 3. 1607 keine Dokumente.

30 Litterae Annuae 1618, 582 = ARSI Germ. sup. 66 fol. 17ᵛ: *Festo D. Lucae sacro coepimus omnes primum facere rem sacram in templo nouo.* Barré 1999, 141 will angesichts der verschiedenen Daten den ersten Gottesdienst von der ersten hl. Messe unterscheiden, kann jedoch damit die Widersprüche zwischen den zeitgenössischen Quellen nicht ausräumen. Im bereits zitierten *ms. De origine Collegii Bruntrutani*, fol. [2]ᵛ n° 7 heißt es nämlich gleichzeitig: *… et die decima octava Octobris* (sc. *anni 1604*) *prima missa* (!) *lecta est.* Ein Versehen ist schließlich die Angabe des 18. September 1604 bei Barré, ebda.

3. Die Konsekrationsfeier der Pruntruter Kirche am 12. Dezember 1604

Obwohl wir über die frühe Periode des Pruntruter Kollegs überdurchschnittlich reiche Quellen besitzen, die zudem noch heute einen geschlossenen Archivbestand bilden,[31] sind eindeutige Aussagen zur Chronologie selbst überregional bedeutender Ereignisse nicht immer einfach zu treffen. Dies gilt in besonders auffälliger Weise für das Datum der feierlichen Konsekration der unter dem Patrozinium Circumcisio Domini[32] stehenden Kirche.

Da weder die handschriftlichen[33] noch die gedruckten *Litterae Annuae* für das Jahr 1604 Angaben über die Feier der *Encaenia* in Porrentruy enthalten, war man bei den zeitgenössischen Quellen lange Zeit ganz auf die *Annales sive Historia Collegii Bruntrutani 1588–1771* angewiesen, die Corinne ESCHENLOHR kürzlich ediert hat.[34] Allerdings ist die Angabe des Weihedatums in den *Annales* (12. November 1604), die auch von allen bisherigen Forschern übernommen wurde, mit Sicherheit falsch. Dies ergibt sich, wenn man die im Archiv des Hochstifts erhaltenen Korrespondenzen des Fürstbischofs hinzuzieht: erst wenige Tage vor diesem Datum setzen nämlich die Einladungsschreiben an die hohen Gäste ein und dauerten bis in den Dezember fort: am 2. Dezember schließlich forderte Blarer seinen Suffragan Franz Bär (Ber) auf den 10. des Monats nach Porrentruy, um die Weihehandlung vorzubereiten.[35]

Von Bedeutung ist die um einen Monat spätere Datierung des Ereignisses (also am 12. Dezember) deshalb, weil sie das Vorgehen Blarers in geistlichen Fragen der Ajoie in ein anderes Licht rückt. Sowohl Louis VAUTREY als auch jüngst Nicolas BARRÉ sind – Vautrey stillschweigend, Barré explizit – davon ausgegangen, daß es sich bei dem Gesuch Blarers an Besançon, ihm die Genehmigung zur Konsekration zu erteilen, lediglich um eine Formsache gehandelt habe, deren Ausgang der Basler Bischof jedenfalls keine große Bedeutung beigemessen hätte: traf doch nach der Darstellung der beiden genannten Forscher, ungeachtet einer unterschiedlichen Datierung der *Encaenia*, die erzbischöfliche Zustimmung in jedem Fall erst *nach* dem Ereignis ein. Damit wäre

---

31 Kurzübersicht: Fournier 1991; weiteres Material (insbesondere die erzählenden Quellen, d. h. die Kolleggeschichten) verzeichnen Eschenlohr-Bombail I 18–20 und Barré 1999, 13–24.

32 Strobel – Sommer-Ramer 1976, 202. Die Motive für dieses ungewöhnliche Patrozinium sind nicht erkennbar; ein Bezug zum kirchlichen Festtag der Beschneidung (1. Januar) ist nirgends bezeugt. Mehrere Epigramme der unten besprochenen Pruntruter Festschrift lassen jedoch keinen Zweifel an der Wahl des Patroziniums zu.

33 S. o. Anm. 29.

34 BiCJ (fa), MP 4, ausführlich beschrieben bei Eschenlohr-Bombail I 12–17. Die häufig für MP 4 verwendete Bezeichnung A 2597 gibt lediglich die Titelzählung der Regionalbibliographie von G. Amweg (1928) wieder.

35 AAEB A 37/1 n° 72, S. 355–358: Einladung an den Nuntius (vom 10.11.), Cod. 357 fol. 173ᵛ–174ʳ *An die sieben catholischen Orte ein jedes zusonderheit* (10.11.), ebda. fol. 174ᵛ–175ᵛ an das Basler Domkapitel (18.11.), ebda. fol. 175ᵛ–176ʳ an den österreichischen Landvogt Baron v. Bollweiler (19.11.), A 37/1 n° 78, S. 369f. (und Cod. 357 fol. 178) an den Abt von St. Blasien (26.11.), ebda. n° 79, S. 371f. an Ber (2.12.).

die Weihefeier in Porrentruy zu einer Demonstration des Unabhängigkeit Blarers von der Erzdiözese geworden.[36]

Tatsächlich kann davon keine Rede sein, wie der Schriftverkehr zeigt. Schon VAUTREY fand in den Materialien, die er – offensichtlich erst nach Erscheinen seiner „Histoire du Collége de Porrentruy" (1866) – in seinem Pruntruter Exzerpt verarbeitete, das richtige Datum des 12. Dezember, zog aber keine Konsequenzen daraus:

> In Ecclesia nova quae solemniter Omnipotentis Dei Cultui dedicata est die duodecima decembris cum celsissimo Principe praesentibus decem canonicis Ecclesiae Basileensis, illustrissimo Domino Barrone | de Bolweiler Alsaciae pro Caesare regulo multaque tum ex Helvetia, tum ex Alsacia nobilitate.[37]

Es bleibt damit die Frage, wie der Chronist des Kollegs in den *Annales* zu dem falschen Datum kam. Am wahrscheinlichsten ist ein einfacher Schreibfehler, denn der Autor ist sehr wohl darauf bedacht mitzuteilen, daß das Einvernehmen mit Besançon gewahrt wurde:

> Summum Altare hoc anno | perfectum et Dedicatio celebrata 12. Novembris, consecrante R(everendissim)o Domino Francisco Berio Suffraganeo Basileensi et sacris operante R(everendissim)o ac Ill(ustrissim)o, **obtenta ad id facultate ab Ordinario Archiepiscopo Vesontinense**, praesentibus multis primariis viris, septem Cantonibus Helveticis Catholicis et Gubernatore Alsatiae Caesareo, Generoso Domino Rodolpho Barone in Polweil etc. aliisque nobilibus non paucis. Primo Dedicationis die nullus in Collegio prandium sumpsit, sed in Arce triduo magnifice hospites tractati.[38]

Auch weisen die identischen Umstände der Feier in beiden Berichten, insbesondere die Aufzählung der illustren Gäste, eindeutig darauf hin, daß es sich um ein und dieselbe Festveranstaltung handelte. Man wird also nicht aufgrund der Bemerkung der *Annales*, (nur?) der Hochaltar sei geweiht worden, die Weihe der gesamten Kirche hiervon abtrennen dürfen. Schließlich weist auch die in München erhaltene *Historia Collegii*, in der neben verschiedenen ergänzenden Informationen auch die Nachricht von der Auf-

---

36 Als Daten der Weihe und der erfolgten Genehmigung durch Besançon nennt Vautrey (1866, 15 und ebda. Anm. 3) den 12. und 13. November, Barré (1999, 143 f.) den 12. und 13. Dezember. Barré führt damit erstmals (aufgrund des *ms. De origine Collegii Bruntrutani*) das richtige Weihedatum ein, seine zweite Angabe beruht jedoch auf einem Irrtum, da das erhaltene Schreiben aus Besançon (AAEB A 37/1 n° 81, S. 375) das Datum *xiij. Nouembris* trägt und lediglich von einem Registrator – ob mit Absicht, muß offen bleiben – den Vermerk *N. 81. 1604. 13. xbris* erhielt. Das Schreiben Blarers nach Besançon ist vom 9. 11. 1604 (ebda. n° 73, S. 359 und Cod. 348 fol. 103ʳ) und wäre bei einer für den 12. 11. geplanten Weihe einem Affront gleichgekommen. – Gerster (1971, 97) gibt irrtümlich an, die Weihe habe am 12. 11. 1603 stattgefunden; vgl. dazu auch o. Anm. 26.

37 BiCJ (fa), *ms. De origine Collegii Bruntrutani*, fol. [2]ᵛ–[3]ʳ, n° 7.

38 BiCJ (fa) MP 4, S. 17 f. (*Annales* für 1604, § 8), zit. nach Eschenlohr-Bombail I 94.

führung eines Dramas *Sanctus Pantalus* bewahrt ist,[39] eindeutig auf die Dezembertage als Zeitpunkt der Festlichkeiten hin.

4. Die Festschrift Encaenia *des Pruntruter Jesuitenkollegs*

a. Ein bisher unbekannter Druck der Pruntruter Offizin

Bisher völlig unbeachtet geblieben ist die poetische Festschrift, die die Pruntruter Jesuiten zur Einweihung der Kirche *pridie Idus Decembris*[40] drucken ließen. Es handelt sich um eine vergleichsweise umfangreiche Sammlung (22 Bl.) von epischen, elegisch-epigrammatischen und elfsilbigen Versen, die dem Fürstbischof *observantiae causa* gewidmet sind. Die bisherige Vernachlässigung der Texte, die nicht nur die literarischen Verflechtungen zwischen den oberdeutschen Jesuitenkollegien beleuchten, sondern auch als Quelle für die Ausstattung der Kirche dienen können, muß – wie schon in anderen Fällen – in erster Linie dem Fehlen eines Exemplars in Porrentruy selbst zugeschrieben werden; nachweisbar sind bisher nur außerhalb der Schweiz vier Exemplare, die alle aus Kollegien der oberdeutschen Provinz stammen.[41]

Die *Encaenia*-Sammlung ist wohl deshalb auch der ebenso traditionsreichen wie detaillierten Forschung zur Geschichte des Pruntruter Druckereiwesens entgangen. Sie fällt in einen Zeitraum, der bisher wegen mangelnder Quellen nicht erhellt werden konnte und auch nach der Wiederauffindung der *Encaenia* noch Unklarheiten aufweist. Die Untersuchungen von Joseph TROUILLAT und Gustave AMWEG hatten ergeben, daß mit Jean Fai(b)vre / Faber / Schmidt 1595 zum ersten Mal ein Drucker von Jakob Christoph Blarer privilegiert worden war, aus dessen seit 1592 bestehender Pruntruter Werkstatt einige Titel bekannt und erhalten sind. Faber starb Anfang 1600.[42] Während TROUILLAT noch davon ausging, daß danach in Porrentruy eine längere Unterbrechung des Druckgewerbes eintrat,[43] konnte AMWEG nachweisen, daß Fabers Witwe und Söhne die Werkstatt weiterführten, fand aber außer der Petition eines Druckers an Blarer ebenfalls kein Produkt der Jahre bis 1609, als die Werkstatt in die Hände Christoph Krakaus überging.[44]

---

39 BayHStA Jesuitica 1265; einzelnes aus dieser Hs. notiert Barré 1999, passim (zum Pantalusdrama: 144).

40 Diese ebenfalls den 12. Dezember bezeichnende Angabe findet sich im Titel des Druckes (s. Lit.-Verz.).

41 Studienbibliothek Dillingen: XI 487, 8; BSB: Res 4 P.o.lat. 744,30; UB München: 4 P.lat.rec. 496; BGSS: 1 Lb 24/4.

42 Trouillat 1849, 82; Amweg 1915, 214–219. Nach André Chèvre (1963, 395) bestand bereits seit 1590 – vor Fabers Ankunft – ein apostolisches Druckprivileg für zweisprachige Schulbücher in Porrentruy.

43 Trouillat 1849, 82: „De 1600 à 1611, nous rencontrons une lacune que nos éditions ne nous permettent pas de combler." Trouillat stützte sich nur auf die Bestände der Kollegbibliothek (Amweg 1915, 212).

44 Amweg 1915, 219–221. Andere Pruntruter Drucke der Jahre 1604–1605 erwähnt bereits Brotschi 1956, 113 f.

Umso überraschender ist es, daß das Titelblatt der *Encaenia* nicht allein die Jahreszahl *Bruntruti M.D.CIV* trägt, sondern überdies die Angabe *ex officina typographica Ioannis Fabri*. Die Festschrift steht somit am Anfang einer Reihe von Pruntruter Drukken, bei denen ohne Rücksicht auf die tatsächlichen Besitzverhältnisse auf den Namen und z. T. sogar auf die persönliche Vignette des Gründers der Druckerei zurückgegriffen wurde, bezeichnenderweise stets in solchen Jahren, in denen die Werkstatt nach bisherigem Kenntnisstand als verwaist galt. Zu nennen ist eine Ausgabe von Jean Gersons *De l'imitation de Jésus Christ livres IV* (Porrentruy: Jean Faivbre, *1616*), die 1949 aus dem Nachlaß von G. AMWEG auftauchte.[45] Weiterhin gelangte die Vignette Fabers sogar in den Jahren *1623–1628* noch mehrfach zum Einsatz.[46] Übereinstimmungen der Schmuckränder des *Encaenia*-Druckes, eines Schlußornaments (fol. C3^r) und wohl auch der Majuskeln der Titelseite mit Bestandteilen des Schriftprobe-Blattes, das Faibvre 1600 druckte, lassen die Kontinuität des benutzten Materials auch in der Zeit nach seinem Tode deutlich erkennen,[47] so daß die *Encaenia* mit Sicherheit als Erzeugnis der *haeredes Fabri* eingeordnet werden können.

Mindestens ebenso wichtig wie die Neuentdeckung der *Encaenia* für die Pruntruter Druckgeschichte ist der Umstand, daß mit dieser Festschrift das früheste heute noch greifbare literarische Erzeugnis der Blarer-Epoche aus der Residenzstadt Porrentruy wieder ans Licht gekommen ist (eine ältere Sammlung in den Archives de la Bourgeoisie muß als verschollen gelten[48]).

b. Eine Festschrift der „zweiten Generation"
Zu Inhalt und literarischen Vorbildern der *Encaenia*

Der folgende Überblick über Form und Inhalt der Pruntruter *Encaenia*-Dichtungen wird zeigen, daß bereits wenige Jahre nach dem Einsetzen der jesuitischen Kirchweihfestschriften diese Art poetischer Dankesbezeigung eine festumrissene Form gewonnen hatte, angesichts derer man ohne Bedenken das Bewußtsein von einer literarischen Gattung bei den Autoren konstatieren kann. Grundlage der engen Verbindungen zwischen

---

45 BiCJ, Repertorium „Porrentruy: Archives de la Bourgeoisie", Inventaire de la collection de feu Dr. Gustave Amweg, Aufstellung über die Privatbibliothek (S. 39–50), Nr. 76. Das Buch gehört heute zu den Sammlungen des Musée de l'Hôtel-Dieu, war mir dort aber im Sommer 1998 leider nicht zugänglich. Eine kleine Ausstellung zur Pruntruter Druckgeschichte im Musée gibt für die Jahre 1600–1608 „Faivre héritiers" und für 1614–23 „sans titulaire" an (nach Amweg 1915, 227), zeigt aber aus der Faber-Werkstatt ausschließlich Bände der Zeit vor 1600.

46 Amweg 1915, 229 Nr. 1–3.

47 Der Musterbogen ist abgebildet bei Amweg 1915, 215. Aus ihm geht auch hervor, daß Faber griechische Lettern besaß, wie man sie in den Texten der *Encaenia*-Gedichte vereinzelt findet.

48 „Pièces de théâtre et de poésie anciennes représentées et débitées à Porrentruy, vers 1598", Abteilung Principauté épiscopale (= I.), Signatur II.24. Diese Materialien sind erstmals 1976 als fehlend vermerkt (in der Kopie des Inventars in den AAEB), ebenso einige Faszikel, die das Jesuitenkolleg betrafen.

den dichterischen Erzeugnissen der verschiedenen Kollegien ist dabei nicht so sehr die weitgehend parallele historische Situation des Bauten- und Fürstenlobs im katholisch reformierten Territorium, sondern vielmehr die einfache Tatsache eines außerordentlich regen Austausches der jeweiligen Druckerzeugnisse unter den Kollegien.[49] Dieser wurde nicht nur durch Schenkungen, sondern auch durch den kurzen Rhythmus, in dem die Patres ihren Wirkungsort wechselten, entscheidend begünstigt. Auf diese Weise konnte es dazu kommen, daß man bei den Vorbereitungen zur Festschrift in Porrentruy ganz selbstverständlich auf bereits vorhandene Beispiele zurückgriff und somit bereits zwanzig Jahre nach der ersten derartigen Publikation, der Augsburger *Encaenia*-Sammlung des Pontanus, die typischen Züge wetteifernder Rezeption erkennbar werden. Einschränkend ist zu sagen, daß diese gegenseitigen Bezugnahmen die Grenzen der oberdeutschen Ordensprovinz bzw. ihrer geographischen Nachbargebiete nicht überschreiten; mit den bereits behandelten Dichtungen aus dem oberrheinischen Molsheim erlebt diese Gruppe von Schriften zugleich einen Höhepunkt und Abschluß.

Die Dichter der Pruntruter Sammlung haben sich nachweislich eng an zwei der hier schon vorgestellten Drucke orientiert: an Pontans Augsburger Sammlung von 1584 und an den *Trophaea Bavarica*. Letzteres verbindet sie wiederum mit den Molsheimer Texten von 1618 und läßt die beiden Festschriften aus dem Südwesten als Vertreter einer „zweiten Generation" der Gattung erscheinen, die die Anregungen der bayerischen Vorgänger aufnehmen und verwandeln.

Die *Encaenia Collegii Bruntrutani* folgen in ihrem Aufbau Anregungen der Pontanus-Sammlung, indem sie mehrere umfangreiche Stücke in epischem Versmaß an den Anfang stellen (fol. A2^r–B4^r), denen zwei Elegien (fol. B4^v–C3^r) und schließlich eine lange Reihe von Epigrammen folgen (fol. C3^v–E5^v). Damit ist zwar die Vielfalt der von Pontanus vorgeschlagenen Gedichttypen etwas reduziert (es fehlen *hymni* und *panegyres*), doch ist zu beachten, daß die Textgruppen inhaltlich den lokalen Gegebenheiten angepaßt sind. So hat man in Porrentruy die Epigramme, die Pontanus auf die Teile der Kirchenausstattung verfaßt und die bereits in München reiche Nachahmung gefunden hatten, kurzerhand ausgelassen, da die Einrichtung der Kirche 1604 mit Ausnahme der Altäre noch nicht vorhanden war. An ihrer Stelle finden sich Epigramme auf Christus und verschiedene auf den Altären gezeigte Heilige, also jene Themen, die in Augsburg in der Abteilung *hymni* behandelt worden waren. Die Augsburger Abteilung *panegyres*, die der Familie Fugger und der Stadtregierung Tribut und Dank zollte, war in Porrentruy nicht von Bedeutung, da alles Lob sich auf die eine Person des konsekrierenden Bischofs und Landesherrn konzentrierte und schon in den epischen und elegischen Versen am Anfang der Sammlung zur Sprache gekommen war.

Die enge Verwandtschaft der beiden Drucke in Konzeption und Aufbau zeigt sich

---

49 Einen Eindruck davon vermittelt die Sammlung *Dedicationes variae Principi Episcopo Basil(ien)si facta 1570–1789*, die zumeist Begleitschreiben zu Geschenken und Empfangsbestätigungen enthält (AAEB A 48₁).

nicht nur in den Texten, sondern auch in der Typographie. Am augenfälligsten ist das Bestreben der Faber-Werkstatt, die Titelseite des Drucks so weit wie möglich der des Augsburger Bändchens anzugleichen *(Abb. 27/28)*. Mag die in beiden Fällen verwendete (unterschiedliche) Vignette mit dem IHS-Symbol noch als allgemein genretypisch anzusehen sein, so sticht bei beiden Titeln die obere Schmuckleiste hervor: hier wie dort findet sich innerhalb der Bordüre ein rechteckiges Feld mit dem Wort ENCAENIA, in Augsburg von *hederae*, in Porrentruy von zwölf Sternen eingefaßt. Nach dem bisherigen Erschließungsstand ist ein derartiges verbindendes Merkmal nur im Fall dieser beiden genannten Festschriften festzustellen. Sprachlich lehnt sich der jüngere Druck mit einer Kontrafaktur des zweiten Augsburger Hymnus *(Ad Christum in cruce suffixum)*, die sowohl Metrum als auch Einzelheiten des Textes verändert, an Pontans Texte an.

Unter den zahlreichen Reminiszenzen an die *Trophaea Bavarica* wiederum ragt zweifellos das Gedicht *Diui tutelares templum inuisunt* heraus, das als Variation der Münchner Vision vom Herabsteigen der Neuen Kirche noch genauer zu betrachten sein wird. Daneben treten aber auch Stücke wie das Gebet des Herrschers und ein Epigramm aus dem *Trophaeum III* in Porrentruy in verwandelter Gestalt erneut auf.

c. *Ad Fundatorem*
Der Kirchengründer als Wächter des Friedens und als neuer Salomon

Die Reihe der Dichtungen setzt mit drei Distichen auf das Wappen des Bischofs ein. Dieses zeigte im viergeteilten Schild je zweimal den roten Basler Krummstab und den roten Hahn als Familienwappen der Blarer. In der Interpretation des kleinen Gedichtes wird der Hahn zugleich zum wachsamen Mahner und Boten des kommenden Lichtes wie zum kampfesfreudigen Bezwinger widriger Gegner (fol. A^v):

> Terrificas tollant cristas Mauortis alumni,
>> Quas animant ursi, gryps, leo, pardus, aper:
> Pastorem populi lucis praenuncius ales
>> Et curare suos et uigilare monet.
> Excute, galle, alas, et uoce silentia rumpe:
>> De somno surget plebs, leo terga dabit.

Die Aufzählung der feindlichen Tiere dürfte, wie im Kontext der heraldischen Dichtung üblich, auf Territorien verweisen, die in Opposition zum katholischen Hochstift Basel standen: darauf deuten zumindest der Bär als Wappentier des protestantischen Bern sowie der *gryps* hin, der als eine Umschreibung des Basilisken das Zeichen der Stadt Basel sein könnte.[50] Der Keiler *(aper)* hingegen ist zwar das Wappentier der Stadt

---

50 Knuchel 1944, 38: „Der Greif hat wohl rein heraldischen Ursprung, da er einfach ein personifiziertes Hausschild darstellt. Als Basilisk ist er der Hüter des Basler Wappens." Zum Basiliskenwappen der Stadt Basel vgl.

Porrentruy, doch dürfte diese Identifikation kaum mit der Situation zu vereinbaren sein. Deshalb sei auch nicht vergessen, daß der Vers 2 zugleich ein Zitat darstellt (Boeth. cons. 4 m. 4,5 f. *quos serpens, leo, tigris, ursus, aper | dente petunt*), das vielleicht nur teilweise der neuen Verwendung angepaßt wurde.

Dergestalt als Landesfürst begrüßt, wird Blarer nun im ersten Gedicht als Gründerbischof in die Kirchengeschichte eingeordnet. Der Dichter[51] verknüpft unter dem Titel *Ad eundem R(euerendissi)mum episcopum fundatorem* (fol. A2^r–A3^v, 65 Hexameter) in einem kühnen und nicht ganz einheitlichen Versuch das lokale Thema mit Anleihen aus antiker Epik und anderen Quellen. Der Titel des Stückes verweist dem Wortlaut nach zwar auf Pontanus,[52] doch ist die Genese des neuen Textes insgesamt komplizierter.

Im ersten Teil der *Trophaea Bavarica* findet sich das gleichfalls epische Stück *Ad Serenissimum Guilielmum, de Templis amplissimis olim Diuo Michaeli exstructis*, in dem die Münchner Autoren nach einer panegyrischen, an Herzog Wilhelm V. gerichteten Einleitung in Anlehnung an die Kirchengeschichte des Xanthopoulos eine mit Konstantin d. Gr. beginnende Überschau über frühere Michaelsheiligtümer gaben und den Bayernherzog in diese Tradition einreihten.[53] Die Jesuiten von Porrentruy trennten für ihre *aemulatio* die beiden Teile dieser Vorlage voneinander. Die panegyrische Einleitung rückte, zunächst fast wörtlich übernommen, dann jedoch anders weiterentwickelt, als selbständiges Gedicht unter die *Epigrammata* am Ende der Festschrift.[54] Die Darstellung des Landesfürsten als Teil der Tradition fürstlicher Kirchengründer erhielt eine neue, auf Blarer und die Pruntruter Verhältnisse zugeschnittene Einleitung *Ad R.mum episcopum fundatorem*, die als erstes unsere Betrachtung verdient.

A2^r Iam tandem ex ulnis magni Simeonis adultum
  Surgit opus gaudetque suo fulgetque patrono:
  Tandem, sancta domus pompae praediuitis, effers
  Clara caput, priscis aris augustior ara.
5   Nunc te, magne senex, cernunt haec templa, quia ipse
  Praeclaris gazis onerata uidere uolebas.
  En curis extructa tuis: ecce hospita Christi
  Tecta struis, gestasque Deum felicibus ulnis,

Pfaff 1963, 34f. – Anders als mit der Verschmelzung von Greif und Basilisk läßt sich die Anspielung kaum erklären, denn der „Vogel Gryff" selbst war stets nur Zeichen des rechtsrheinischen Kleinbasel, welches zudem (bis 1978!) kirchlich nicht zu Basel, sondern zu Konstanz gehörte (Meier 1986, 8 und 147).

51 Auch bei der Pruntruter Gedichtsammlung sind Aussagen zu dem oder den Verfassern nicht möglich. Die Epigramme und einfacheren Kontrafakturen lassen, wie schon öfter, auch an die Beteiligung von Schülern denken.

52 ENCAENIA IN RELIGIOSISSIMUM TEMPLUM, fol. E^r *Ad Reuerendissimum Michaelem Dornvogel episcopum consecrantem* (es folgen zehn Elfsilber).

53 S. o. S. 250f.

54 ENCAENIA COLLEGII BRUNTRUTANI, fol. E4^v–E5^r (*Ad Reuerendissimum et illu⟨s⟩trissimum episcopum fundatorem*), inc. *Stemmate quod longo proauos atauosque recenses | Maiorum fulgens, Praesul, imaginibus.* Vgl. TROPHAEA BAVARICA, fol. C^v *Maxime Boiugenum Princeps, sate sanguine regum | Sanguis auis atauisque potens, et stemmate longo | Maiorum …*

Dum te Numen alit, dum firmat stamina uitae
10　Ipse tua, et longum te seruat ποιμένα λαῶν.
　　Tu puerum gestas ulnis, te gestat in ulnis
　　Ipse puer, pueroque placent fastigia templi
　　Introgressa tui, ferme in tonitralia caeli
　　Templa. Deum cur non teneant tua cygnea uota,
15　Quae grandi affectu te canis aera pennis
　　Persultare docent? nec mirum, talia uota
A2ᵛ　Eliciunt nunc, magne pater, bella, horrida bella.
　　At prius hos artus nolebas ponere, quam stent
　　In terris noua tecta Deo, noua limina Diuis,
20　Et nobis contra Ditem noua maenia surgant.

Blarer, zum Zeitpunkt der Kirchenweihe 62 Jahre alt, also selbst *senex*, tritt hier in der Maske des alten Simeon auf, der dem Lukasevangelium zufolge im Jesusknaben den Heiland erkannte, als dieser von seinen Eltern zur Beschneidung in den Tempel gebracht wurde (Lc 2):

> (25) et ecce homo erat in Hierusalem cui nomen Symeon / et homo iste iustus et timoratus / expectans consolationem Israhel / et Spiritus Sanctus erat in eo (26) et responsum acceperat ab Spiritu Sancto / non uisurum se mortem nisi prius uideret Christum Domini (27) et uenit in Spiritu in templum / et cum inducerent puerum Iesum parentes eius ut facerent secundum consuetudinem legis pro eo (28) et ipse accepit eum in ulnas suas et benedixit Deum et dixit (29) ‚nunc dimittis seruum tuum Domine secundum uerbum tuum in pace (30) quia uiderunt oculi mei salutare tuum (31) quod parasti ante faciem omnium populorum (32) lumen ad reuelationem gentium et gloriam plebis tuae Israhel.‘

In einer eigentümlichen Überlagerung der Bildebenen ist nun an die Stelle des kleinen Jesus zugleich die neue, im Laufe der sieben Baujahre „erwachsene" Kirche getreten, die Blarer-Simeon jetzt aus seinen schützenden Armen entlassen kann (V. 1–6) und die ihr eigenes segensreiches Tun beginnt. Ebenso aber bedeuten die neuen *hospita tecta* wiederum einen Schutz und würdige Wohnung *für* Christus, den Blarer somit weiterhin trägt und schirmt – und dafür seinerseits den besonderen Schutz Christi erfährt (V. 11). Hintergrund dieses ungewöhnlichen poetischen Auftaktes ist das Patrozinium Circumcisio Domini der neuen Kirche.

Schon in den ersten Versen werden aber auch Anklänge an andere traditionelle Themen hörbar, so in V. 4 *priscis aris augustior ara*. Damit ist weniger auf lokale Umstände angespielt als das Motiv der Überbietung ausgesprochen; daß es sich bei den „alten" Altären um die des Salomonischen Tempels handelt, wird in den nachfolgenden Versen deutlich werden. Auch das Aufragen des Bauwerks bis zum Himmel (V. 13 f.) ist in seiner panegyrischen Überhöhung ein beliebter Topos. Auf das Feld der strittigen Religion führen die V. 14–20: zwar besteht für die Verfechter der katholischen Reform kein Zweifel, daß die rechtgläubigen Kirchen(neu)bauten gottgefällig sind,[55] doch weiß der Verfasser sehr wohl um die Gefährlichkeit der gegenwärtigen Situation (V. 17). Dabei ist wohl weniger an die konkrete Gefahr eines Religionskrieges zu denken – Blarer war im Gegenteil stets bemüht, konfessionelle Streitigkeiten auf jeden Fall friedlich zu lösen und notfalls jahrelang in der Defensive zu bleiben – als an die theologische Deutung der neuen Kirche als *contra Ditem noua maenia* (V. 20), um die sich zwischen dem an der Stätte gegenwärtigen Bösen und dem mit der Weihe eingezogenen Guten ein Kampf entspinnen wird, zu dessen Beilegung die ganze Kraft des Bischofs vonnöten ist (V. 18 f.).

Der zweite Teil des Gedichtes sucht Blarer in die ehrwürdige Tradition Salomos und Konstantins zu stellen, nicht ohne zugleich zu betonen, daß der neue Kirchengründer die Bauten beider Herrscher ebenso übertroffen habe wie die Sieben Weltwunder. Mag dieser Gedankengang angesichts des kleinen und – wenigstens heute – schmucklosen Bauwerks[56] in Porrentruy auch als panegyrische Maßlosigkeit erscheinen, so lohnt doch ein Blick auf Argumentationsweise und Quellen, und zwar zunächst auf den ersten Abschnitt über Salomo:

21 Erecta est caelo moles Salomonia centum
    Atque iterum centum caeli quasi nixa columnis,[57]
    In qua perfusus fibris ludentibus ingens
    Calcabatur onyx, Tmoli pretiosa fluenta
25 Exilis pretii (*sc.* erat): templum sic condita in unum
    Visa est et collecta πανήγυρις ὀφθαλμῶιν (!).

Das Zitat (V. 24) aus Lukans Beschreibung des Kleopatra-Palastes[58] und eine Anspielung auf die überreiche Ausstattung des salomonischen Tempels,[59] in dem das Gold „mit Füßen getreten" wurde, ergeben ein durchaus zwiespältiges Lob als (bloßes) Au-

---

55 V. 14–16. Die *cygnea uota* könnten als Anspielung auf einen Teil des Blarerschen Familienwappens – zwei Flügel (vgl. V. 15 *canis … pennis*), also wohl die eines Schwanes – zu verstehen sein, die sich z. B. auch auf dem Wappenbild fol. Aᵛ finden (als Helmzier, vom Betrachter aus rechts). Denkbar ist aber auch ein Verständnis der Wendung als „Schwanengesang", d. h. hier: als Vollendung des Lebenswerks; das Bild findet sich z. B. in Frischlins *Hebraeis* V (1599, 169), wo Davids letztes Gebet *cygnea cantio* heißt. Für eine solche Deutung spricht vielleicht auch V. 53 *ore cygneo* im hier besprochenen Gedicht an Blarer.

56 Zu den Stuckresten, die bei der Restaurierung gefunden wurden, vgl. Gerster 1971.

57 Stat. silv. 4,2,18–20 *Tectum augustum, ingens, non centum insigne columnis, | Sed quantae superos caelumque Atlante remisso | Sustentare queant.* Statius' V. 18 ist zugleich eine Überbietung von Verg. Aen. 7,170 *Tectum augustum, ingens, centum sublime columnis.*

58 Lucan. 10,111–126, hier 117 f. *… totaque effusus in aula | Calcabatur onyx …*; im gleichen Sinn weiterentwickelt bei Claud. 10, 90f. (*epithal. Honor. et Mariae*, Palast der Venus) *… iaspide lubrica surgunt | Limina despectusque solo calcatur achates.*

59 III Rg 6,30 *sed et pauimentum domus texit auro intrinsecus et extrinsecus.*

genfest;[60] das *templum Salomonis* ist selbstverständlicher Ausgangspunkt der Traditionskette, aber noch nicht vom richtigen Glauben erfüllt.

Wesentlich ausführlicher wendet sich der Dichter einem zweiten Vorgängerbau zu: der Hagia Sophia. Gemeint ist allerdings nicht der justinianische Kuppelbau, der in den Gedichten des Paulos Silentiarios und anderer Byzantiner beschrieben worden war, sondern die erste Kirche dieses Namens, deren Bau hier Kaiser Konstantin zugeschrieben wird. Der Grund für diese Wahl des Vorbilds ist zweifellos in der Person des christlichen Musterherrschers Konstantin zu sehen – Justinian ist niemals Teil dieser Traditionskette –, doch die entsprechende Verlagerung des Interesses auf die erste Sophienkirche ist auch für sich gesehen interessant:

A2ᵛ   Haec tamen augusta et propiantia culmina caelo
       Vicisti aeternis, o Constantine, triumphis,
       Dum templum Sophiae cunctis mirabile templis
30   Arte Syracusii plus quam scite constructum
       Mole sua stetit et multorum robora fregit
       Praxitelum. templi nam totis arcubus amplis
       Vndabant gemmae, trepidaeque in marmore flammae
       Abstiterant, et plus quam dena redibat imago
35   Vocis percussae totaque effusus in aede
       Visus erat cyanus. carbunculus atque hyacynthus
       Lychnitas onychasque et iaspidas obfuscarunt.

Die Auffassung, die Sophienkirche sei von Konstantin vollendet und geweiht worden, wird heute nicht mehr vertreten (der Bau wurde im Jahre 326 begonnen, aber erst 360 geweiht[61]) und ist auch in der byzantinischen Geschichtsschreibung nur selten zu finden;[62] sie findet sich aber bei zwei Autoren, die bei Erscheinen der Pruntruter Festschrift bereits ediert waren und sogar in lateinischen Übersetzungen vorlagen. Bei dem ersten Text handelt es sich um die 1566 von Wilhelm Xylander in Basel zweisprachig herausgegebene[63] Σύνοψις ἱστοριῶν des Georgios Kedrenos (11./12. Jahrhundert), in der es heißt:

---

60 Der Ausdruck πανήγυρις ὀφθαλμῶν ist bei Ael. var. hist. 3,1 und Lib. or. 59,145 Foerster belegt (LSJ). – V. 25 f. ist wohl zu ordnen *templum condita et in unum collecta panegyris visa est.*

61 Downey 1959b, 40 m. Anm. 24; zusammenfassend zur Diskussion um Konstantin und Constantius s. Leeb 1992, 73 m. Anm. 18.

62 Janin 1969, 456; Restle 1990, 368.

63 Auftraggeber der Edition waren, ebenso wie bei dem in München verwendeten Xanthopoulos, Johann und Marx Fugger in Augsburg. Zu den byzantinistischen Interessen der Fugger vgl. Reinsch 1994, 50–57.

Eodem tempore Constantinus aedem S. Sophiae … exstruxit. (…) quin et aurea euangeliorum uolumina unionibus et pretiosis lapidibus ornata confecit inque Magno Templo posuit, digna admiratione.[64]

Naheliegender scheint es jedoch, eine andere Quelle anzunehmen, zumal im Hinblick auf die enge Anlehnung der *Encaenia* an die *Trophaea Bavarica*. Gretser und Rader hatten dort die Geschichte der Michaelskirchen nach Nikephoros Kallistos Xanthopoulos dargestellt und dabei zum ersten Mal in einer Kirchweihfestschrift auf Konstantin als Begründer der Tradition herrscherlichen Kirchenbaus hingewiesen. Wie es scheint, haben die Pruntruter Verfasser genau hier eingesetzt: zwar war es wegen des abweichenden Patroziniums nicht sinnvoll, die Michaelslegenden zu übernehmen, doch wurde man in nächster Nähe dieses Abschnittes ebenfalls fündig. Wenige Zeilen nämlich vor dem in München verwendeten[65] Kapitel 7,50 schreibt Xanthopoulos:

Tria quoque Constantinopoli maxima templa Seruatori Christo constructa dedicauit (*sc.* Constantinus): sanctae Sophiae siue Sapientiae, sanctae Pacis et sanctae Virtutis. insuper celeberrimis Apostolis templum quoque suum condidit. Eaque omnia deinceps etiam a successoribus imperatoribus magnifice sunt instructa atque ornata.[66]

Für die Verwendung des Xanthopoulos spricht auch, daß für die Kollegbibliothek ein Exemplar des Werkes nachgewiesen ist, welches sich noch heute in Porrentruy befindet;[67] eine von der zitierten Passage deutlich abweichende Äußerung desselben Historikers, die die Sophienkirche vielmehr Constantius (II.) zuspricht und damit der historiographischen Vulgata eigentlich nähersteht, haben die Verfasser der Festschrift entweder übersehen oder ignoriert.[68]

Wenn nun die Entlehnung des Hagia-Sophia-Motivs aus Xanthopoulos als wahrscheinlich gelten kann, so sind damit noch nicht alle Schwierigkeiten des Pruntruter Textes geklärt. Dies gilt in besonderer Weise für die Herkunft der Kirchenbeschreibung, die eine differenzierte Beobachtungsgabe und vor allem eine sonst kaum anzutreffende Tendenz verrät, das Innere des Kirchenraumes als Schauplatz bewegten Lichtes und Klanges zu erfahren: an den Arkadenbögen „bewegen sich Edelsteine in Wellen

---

64 PG 121, 543 A. 562 D (Abdruck der Xylander-Übersetzung). Die Sophienkirche wurde erst ab etwa 404 mit diesem Namen bezeichnet und hieß zuvor allgemein ἡ Μεγάλη Ἐκκλησία.

65 Xanthopoulos 1576, 349; s. dazu Trophaea ed. Hess 1997, [8]. 42. 153 Anm. 1. 165 Anm. 210.

66 Xanthopoulos 7,49 (1576, 349 E, wieder in PG 145, 1327 B). Die Übersetzung stammt von Johannes Lang (16. Jahrhundert), in der PG ist sie in der von Fronton du Duc SJ überarbeiteten Fassung von 1630 abgedruckt.

67 BiCJ (fa) 21/86 (cote Balmer; nicht bei Crevoisier – Hurley 1999): Xanthopoulos und Cassiodor, beide 1588.

68 Xanthopoulos 9,9 (1576, 462 F, wieder in PG 146, 247 A) *Obseruandum illud, eo tempore quo Macedonius episcopatum recepit,* **Constantium** *magnam ecclesiam absoluisse, quae* σοφία, *Sapientia nominata est …* Vgl. auch die Marginalie (ed. 1576) *Sapientiae Dei templum, quod Constantinus* **non** *perfecit. supr. lib. 7. cap. 49.* Auch bei Kedrenos finden sich im übrigen beide Versionen nebeneinander, wenn dieser anläßlich der zweiten Einweihung (ἐγκαινισμός) der Sophienkirche an die erste Feier dieser Art unter Constantius erinnert (PG 121, 577 A).

auf und ab" (V. 32 f.),[69] aus den Marmorflächen „sprühen zitternde Funken" (V. 33 f.),[70] Lapislazuli ist „über den ganzen Raum ausgegossen" (V. 35 f.), die anderen Edelsteine verdunkeln sich gegenseitig ebenso, wie sie das Leuchten des Marmors (λυχνίτης) überstrahlen (V. 37), und die Stimme wird in vielfachem Echo zurückgeworfen (V. 34 f.). Es erscheint mir unwahrscheinlich, daß diese Passage mit ihren gleichermaßen phantastisch wie präzise wirkenden Angaben ein eigenes Erzeugnis der Pruntruter Dichter ist; möglicherweise handelt es sich sogar um eine Übersetzung, deren (griechische?) Vorlage allerdings bisher nicht identifiziert werden konnte.

Als ebensowenig gesichert muß vorläufig gelten, wie die Verfasser die Verbindung zwischen Salomos Ruhm und Konstantin als dessen Überwinder (s. bereits V. 27 f.) im Detail herstellten. Nach dem Abschluß der Ekphrasis wird der Kaiser nämlich mit den Worten zitiert „Ich habe dich übertroffen, Salomo" (V. 44), mit jenem Ausruf also, den nach der Überlieferung nicht Konstantin, sondern vielmehr Justinian angesichts der vollendeten und noch heute in Istanbul – als „Ayasofya" – vorhandenen zweiten Sophienkirche tat:

	Hinc timido pede, ne temerent, a plebe petitum est
A3ʳ	Saepe solum, gemmam elusi calcare columnae,
40	Namque per anfractus fibrarum in marmore docte
	Absorpti fuerant splendores diuitis arae.
	Sic radii *lapidum* reflexo lumine stabant
	Endo pauimento, donec uox illa sonabat,
	Constantine, tuos plausus: ‚uici Salomona',
45	Quae uicibus ternis per maxima persultabat
	Atria templorum: ‚uici Salomona aeternum.'[71]

Das Wort Justinians ist im Zusammenhang mit der Hagia Sophia immer wieder zitiert worden, häufig indes ohne Quellenangabe. Der zugrundeliegende Passus findet sich in der anonym überlieferten Διήγησις περὶ τῆς Ἁγίας Σοφίας *(Narratio de aedificatione templi s. Sophiae)* und lautet:

Καὶ ἀποδράσας ταῖς χερσὶ τοῦ πατριάρχου ἀπὸ τῶν βασιλικῶν πυλῶν *(sc.* ὁ βασιλεὺς Ἰουστινιανὸς) ἔδραμε μόνος μέχρι τοῦ ἄμβωνος καὶ ἐκτείνας τὰς χεῖρας αὐτοῦ εἶπε·

---

69 Im Zusammenhang mit der Verwendung von *arcus*, v.a. aber im Hinblick auf die dynamischen Bilder der folgenden Verse scheint mir eine ‚statische' Übersetzung von *undabant gemmae* als „an den Bögen gab es Edelsteine im Überfluß" als nicht zureichend.

70 Gemeint sind Lichtreflexe von Kerzen oder Fackeln; vgl. die folgenden Verse 40–43 über Lichteffekte.

71 V. 38–43: „Daher betrat das Volk aus Sorge zu freveln oft nur zögernd den Boden der Kirche, denn sie glaubten auf die Zierde der Säulen zu treten: durch die Maserung des Marmors wurde nämlich der Glanz des reichgeschmückten Altars raffiniert aufgefangen, und so fiel der von den Steinen herkommende Lichtschein gespiegelt auf den Fußboden."

Δόξα τῷ θεῷ τῷ καταξιώσαντί με τοιοῦτον ἔργον ἀποτελέσαι· **ἐνίκησά σε, Σολομών.**[72]

In der lateinischen Dichtung der Spätantike und des Frühmittelalters ist dieser Wettstreit der Erbauer von Hagia Sophia und Templum Salomonis schon bald zu einem geläufigen Topos geworden.[73] Der griechische Originaltext der Διήγησις und mit ihm das Diktum des Kaisers erschien jedoch erst 1664 erstmals selbständig im Druck (ed. COMBEFIS); die früh nachweisbaren Übersetzungen der Διήγησις in zahlreiche Sprachen[74] schließen zwar auch eine lateinische Fassung des Hochmittelalters ein, doch wurde diese nie gedruckt.[75] Gegen Ende des 16. Jahrhunderts konnte man die Anekdote dann aber an gleich zwei anderen Stellen in lateinischer Übersetzung finden: in der 1572 publizierten lateinischen Fassung der Weltchronik des Michael Glykas durch Johann Leunclavius[76] und in der vom jüngeren Dousa bearbeiteten, 1596 in Heidelberg gedruckten zweisprachigen Ausgabe der seinerzeit als Werk des Georgios Kodinos angesehenen anekdotisch-topographischen Schrift Πάτρια Κωνσταντινουπόλεως. In diesem Bändchen findet sich, wiederum dem Kodinos zugeschrieben, auch die Διήγησις wieder, hier unter dem Titel Περὶ τῆς οἰκοδομίας τοῦ ναοῦ τῆς ἁγίας Σοφίας; der oben zitierte Abschnitt lautet hier in Dousas Worten folgendermaßen:

> Imperator itaque ex Palatio usque ad portam Augustaei quadrigis discedebat. et ingressus cum cruce et Patriarcha Eutychio, currebat ex Basilica (*sc.* porta) usque ad suggestum, extensisque ibi manibus ibi dicebat: Gloria sit Deo, cui placuit ut tale opus ad finem perducerem. **uici te Solomon.**[77]

Das eigentliche Problem im Zusammenhang mit den *Encaenia* löst der Nachweis dieser möglichen Quellen allerdings nicht: auch in Dousas Fassung ist es natürlich Justinian

---

72 Διήγησις 27 p. 105,1–5 Preger („Und der Kaiser löste sich vom Patriarchen, lief allein von der Kaiserlichen Pforte zum Ambo, streckte die Hände aus und rief: ‚Ehre sei Gott, dem es gefallen hat, mich dieses Werk vollenden zu lassen! Salomon, ich habe dich übertroffen!‛"). Vgl. auch v. Naredi-Rainer 1994, 117–120, bes. 117; Berger 1998, 15 f. und 20 f. – Zu ἀποδράσας ταῖς χερσὶ τοῦ πατριάρχου vgl. Const. Porph. de caerim. 1,1,14 (p. 11 Vogt) εἰσέρχονται (*sc.* οἱ δεσπόται) πρὸς τὸν πατριάρχην ... καὶ ἀσπάζονται αὐτόν, καὶ ἀπέρχονται ἕως τῶν βασιλικῶν πυλῶν („die Majestäten treten vor den Patriarchen ... sie umarmen ihn und schreiten dann zur Kaiserlichen Pforte").

73 Z. B. Sidon. epist. 4,18,5 V. 13 (erstmals 1552 gedruckt); Ven. Fort. carm. 2,10,1 f. (zitiert o. S. 223 Anm. 216); Coripp. laus 4,280 f. (erstmals 1581). Vgl. dazu Scheja 1962, bes. 47 f.; Stache 1976, 539–542; Koder 1994, bes. 138.

74 Mango 1993, 45.

75 Einige Bruchstücke druckt Preger im Apparat seiner *Scriptores originum Constantinopolitanarum*; vgl. die Einleitung ebda. S. XII. Zur Überlieferung s. auch Preger 1901, 455–457.

76 Glycas ed. Leunclavius 1572, 374 f.: *Templum uniuersum annis XVII absolutum est. Itaque Iustinianus uenisse de Palatio perhibetur ad Augustionem usque, (loci hoc nomen est) quadriga uectus: unaque cum Euthymio patriarcha templum ingressus, egisse Deo gratias, cuius ope tam praeclarum opus inter caetera perfecisset, ac huiusmodi denique uerba subiecisset:* **Vici te Salomo.** – Ob Glykas' Bericht direkt von der Διήγησις abhängt, vermag ich nicht zu sagen.

77 Kodinos ed. Dousa 1596, 66–103 (Διήγησις) bzw. 93 (Zitat; griech. hier [92]: νενίκηκα σε Σολομών).

und nicht Konstantin, der das geflügelte Wort ausspricht.[78] Die Übertragung der Anekdote auf Konstantin bleibt somit vorläufig ein Novum der *Encaenia*. Wie schon bei der Ekphrasis der alten Sophienkirche möchte ich auch hier die Verwendung einer bisher unerkannten Zwischenquelle, vermutlich einer zeitgenössischen Arbeit aus dem Umkreis der „gegenreformatorischen Byzantinistik" (H.-G. Beck) annehmen.

In einem dritten Schritt gehen nun die Pruntruter Dichter über das Salomo- und Konstantin-Thema hinaus und konstatieren, der Bau Blarers sei eine neuerliche Überbietung der genannten architektonischen Wunder – und nicht nur dieser, sondern überhaupt der Weltwunder.[79] Genannt sind der delphische Apollotempel,[80] der Dianatempel in Ephesus und wiederum das *templum Salomonis*. Noch einmal erklingt, nun aus dem Mund des Basler Kirchenfürsten, das bekannte Diktum vom überbotenen Glanz Salomos:

51	Nil Iudaeorum recutita sacraria nostris
	Aequiparant templis, ualeat Salomonia pompa!
	,Vici te, o Salomon' quantum potes ore cygneo
	Exclama, ,uici. non te millena caterua
55	Grande ministerium, non Numen: me decorauit.
	Incerta tu nube Deum de fornice templi,
	Illum ego candentis uideo sub imagine frugis,
	Non quando, recutite, uacant tua Sabbatha, non ut
	Laeticiis undant populosa encaenia suetis:
60	*Semper* in hac aula nos inter uiuit, et addo:
	In nobis, multaque facit se prole parentem.'
	Sic igitur uictor restas aetate suprema,
	Macte senex pietate sacris sub fascibus …

d. *Precatio Salomonis*
Variationen der Münchner Festgedichte in Porrentruy

Im zweiten hexametrischen und im ersten distichischen Gedicht aus Porrentruy kehrt das aus den älteren Festschriften bereits bekannte Thema des Gebetes Salomos bei der Tempelweihe wieder. Die *Encaenia* folgen auch an dieser Stelle eng den *Trophaea Bavarica*, indem sie wie der Münchner Text die Einladung an den Patron zum Eintritt in die Kirche von der eigentlichen Fürbitte des Fürsten trennen. Die *Oratio Episcopi ad Deum*

---

78 Auch die neueste und ausführlichste Behandlung des Problems (Koder 1994) kennt keine Präzedenzfälle einer Zuschreibung des Diktums an Konstantin.

79 Dies erinnert stark an Coripp. Laus 4, 283 f. *iam Salomoniaci sileat descriptio templi,* | *Cedant cunctorum miracula nota locorum* (dazu Koder 1994, 137).

80 V. 48 f. *Cedite fana* | *Delphica …* Vgl. o. S. 286 m. Anm. 46.

(fol. A3^v–B^r, 73 Hexameter), die sich unmittelbar an das besprochene Stück über Salomo und Konstantin anschließt, ist eine neue Version des Gebetes aus III Rg bzw. II Par. Wie Herzog Wilhelm V. gibt Blarer als Sprecher zunächst Rechenschaft über sein bisheriges kirchenpolitisches Handeln, und er tut dies vielfach mit den gleichen Worten. Neu ist nur der demutsvolle Vorspruch, dessen Beginn an das zentrale Gedicht der *Consolatio philosophiae* des Boethius erinnert (fol. A3^v):

Encaenia Collegii Bruntrutani: *Oratio Episcopi ad Deum*   Trophaea Bavarica, fol. I4^r Z. 1–23

1   O Rex, perpetuis qui fraenas legibus orbem,
     Arbitrio qui corda ducum regumque gubernas:[81]
3   Da mihi te facilem, Iesu bonus annue uotis.
     (…)
7   Paucis pauca precor, ne respue uerba precantis.
         Cum draco Tartareus passim florentia regna   Tot draco Tartareus tam florida regna uenenat
     Pestifero inficeret flatu, Stygiaque palude   Atque Acherontaeum serit in praecordia uirus,
10   Exortum haereseos furiale malum incrementa   Ac teneras iuuenum mentes, et cerea mentis
     Sumeret, unde hominum faciles in crimina mentes   In uitium flecti deflexaque pectora cascat.
     A trito pedibus maiorum tramite recti   Mobile dum uulgus studia in contraria uertit
     Ibant in peius, iamque obseruantia iuris   Atque sequi suadet deserto tramite recti
     Antiqui, superumque omnis reuerentia terras   Inuia Caucasei saltus et inhospita saxa
15   Desereret: multum pro commissa mihi gente   Vnde gelat praeceps Chaos irremeabile Ditis:
     Sollicitus, toto pastor me opponere nisu   Sollicitus pro gente mea serieque nepotum
     Pesti Acheronteae statui sociosque laborum   Veridicos ex urbe orbis domina atque parente
     Doctores priscae fidei fidosque magistros   (Regnat ubi ueri praeses sapientia numen)
     Asciui, iuuenum qui cerea corda docendo   Vulgi rectores fidos morumque magistros
20   Artibus ingenuis et moribus informarent,   Pro patriae cura populique salute citaui.
     Vt populus sensim studia in contraria uersus   Atque domum patribus moliri, tecta iuuentae
     Disceret esse nefas Romana relinquere sacra.   Musica, coelitibus sacraria condere coepi.
     Vnde nouas patribus sedes templique locare   Plebs ubi diuinam posset pia discere legem
     Fundamenta tuo caepi de munere, mentis   Et mores formare bonos, dediscere prauos
25   Argumenta meae rem lapsam restituendi.   Assiduisque Dei mollire precatibus iras.
     Ergo, magne Deus, qui caeli immania templa   Ergo Pater summi qui templa immania coeli
     Terrarumque plagas immenso numine comples,[82]   Alme tenes, nullis cludi qui moenibus orbis
     Nec claudi spatiis potis es nec maenibus orbis,   Nulla sede capi potes, aedem hanc aspice nostram
     Caelesti e solio conatus aspice nostros.   Et quae Iessiadae sapienti munera quondam
30   Quae perfecta uides tibi, templa piaeque parenti   Pollicitus, nobis praestare rogantibus aude.
     Consecraturus uenio: descende uocatus
     In mea uota, Deus, si quid pietate meremur.

---

81 Boeth. cons. 3 m. 9,1 f. *O qui perpetua mundum ratione gubernas,* | *Terrarum caelique sator …*
82 Vgl. auch bereits Pontans ENCAENIA IN RELIGIOSISSIMUM TEMPLUM, S. 7 *(Precatio Salomonis in dedicatione templi) Ergone, qui per cuncta meas, quique omnia comples* | *Climata terrarum et caelum camposque liquentes,* | *Qui nullis spatiis nec limite clauderis ullo …* Gemeinsame Quelle der Wendungen ist III Rg 8, 27.

Nach dieser umfangreichen *parodia* schließt sich im Pruntruter Text der eigentliche Katalog der Bitten *(preces)* an, der keiner der voraufgegangenen Bearbeitungen direkt folgt. Stattdessen haben die Verfasser die Reihe um einige Glieder erweitert, so um eine Bitte für die Kranken und für die Ruhe der Verstorbenen. Auch die Sorge vor Viehseuchen, Wölfen und Hagelschlag nimmt in der ländlichen Region erwartungsgemäß breiteren Raum ein;[83] in den Versen *Praesidio da quisque tuo securus ut hostis | Vitet peruigilesque dolos oculumque minacem* scheinen aber auch Aberglaube und Hexenangst ihre Schatten zu werfen.

Der andere Teil des fürstlichen Gebetes, die Einladung an den Kirchenpatron, folgt erst einige Seiten später – nach dem bereits erwähnten und noch zu besprechenden Stück *Diui tutelares templum inuisunt* – unter der Überschrift *Templum commendatur D. Virgini* (fol. B4^v–B2^r [richtig C2^r], 34 Distichen). Einerseits verweist dies erneut zurück auf die Augsburger Sammlung;[84] wenn andererseits die Invokation selbst – als Sprecher ist Blarer zu denken – mit der im antiken Hymnus typischen Aufzählung der Lieblingsorte Mariens einsetzt, so ist dies ein Element, das wir aus der Münchner „Einladung an St. Michael" kennen. Nicht zufällig ist neben Loreto der zweite genannte Ort das gerade unter Wilhelm V. aufblühende Altötting (V. 5 f.):

> Diua poli terraeque potens, cui surgit Olympus,
>   Quam nigrae trepidant horrida monstra Stygis,
> Siue tenes sacrum Piceno in littore tectum,
>   Quod tibi quodque Deo praebuit hospitium,
> 5   Seu mage Boiugenum pietas te deuocat astris,
>   Vt tueare Oeno proxima templa prece,
> Siue piis alias spectas obtutibus aras
>   Et loca caelicolum concelebrata choris:
> Diua ueni facilisque aris nascentibus adsis,
> 10   Conatus nostros diua fauore proba.

Der gesamte übrige Text ist eine Preces-Reihe im Stil der *precatio Salomonis*, die sich von der an Gott gerichteten ersten nur unwesentlich unterscheidet.

---

83 Vgl. aber bereits III Rg 8, 37 sowie Pontans ENCAENIA IN RELIGIOSISSIMUM TEMPLUM, S. 8: *Arboribusue aut seminibus si serpserit ulla | Forte lues, diri aut populent animantia morbi …* (sc. *fer opem).*
84 ENCAENIA IN RELIGIOSISSIMUM TEMPLUM, S. 13 f.: *Templum commendatur Saluatori.*

5. Der Einzug der Heiligen als Epiphanie
Diui tutelares templum inuisunt

Am Ende des Jahres 1604 bot die neue Kollegkirche in ihrem Inneren noch einen recht kargen Anblick: außer den drei Altären fehlte die gesamte geplante Ausstattung, die erst im Laufe der folgenden Jahre vervollständigt wurde. Möglicherweise ist hierin der Grund dafür zu suchen, daß die *Encaenia*-Gedichte keine Kirchenbeschreibung der uns schon bekannten Art enthalten. Stattdessen bot es sich an, die vorhandenen Altäre und damit den Kern des Gotteshauses zu behandeln. Dabei entstand jedoch keine detaillierte Ekphrasis wie 1593 in Mainz, sondern ein neuerlich auf Anregungen der *Trophaea Bavarica* basierendes Gedicht mit dem Titel *Diui tutelares templum inuisunt* (fol. B^v–B4^r, 116 Hexameter).

In der Münchner Festschrift wurde der Sprecher an zentraler Stelle der *Templi descriptio* – beim Überschreiten der Schwelle zwischen Außen und Innen – in eine vom Engelskampf auf dem Altarblatt ausgelöste visionäre Schau der Herabkunft der Neuen Kirche versetzt. In Porrentruy beginnt das entsprechende Stück mit folgenden Versen:

> Fallor, an immani caelum discedit hiatu,
> Auricomumque iubar longe lateque coruscans
> Spicula diffundit fragiles hebetantia uisus,
> Qualis ubi e caeco conspectus carcere Phaebus
> 5   Vrit in aduersum directos luminis orbes?
> Quem procul intueor caetum per inane uolantem
> Caelestesque domos et lucida linquere regna?

Der ungenannte Sprecher des Textes wird Zeuge, wie sich unter blendendem Lichtglanz der Himmel auftut und eine große Zahl von Heiligen herabsteigt. Mond und Sterne verblassen vor dem neuen Licht, das somit zugleich die Ankunft eines neuen Tages bedeutet – des Tages der Kirchenweihe. Himmlische Musik begleitet das Geschehen, vor dem der Sprecher nur mühsam die Fassung bewahrt, seinen Blick jedoch auf keinen Fall abwenden will:

> Sit mihi fas oculis uenienti occurrere turmae,
> 15   Siue Deus nostra repetis sub imagine terras,
> Seu te, diua parens, mortalia uisere tecta
> B2^r Praesentique iuuat nascentia templa replere
> Numine, fac tantae patientia lumina flammae!

Langsam beginnen sich nun aus dem sinneverwirrenden Ansturm des Lichtes und der Klänge deutliche Bilder zu formen, und immer noch ungläubig erkennt der Schauende, wie Maria im Glanz der Sterne und einer strahlenden Aureole in die Kirche herabsteigt. Ihr voraus eilt St. Michael, der Geleiter und Kämpfer, und vertreibt – wie es bei der Einweihung der Weihbischof als Mensch tut – die bösen Mächte aus der neuen Wohnstatt der Himmlischen:

> Fallor, an insignem bisseno sidere frontem[85]
> 20 Virgineumque latus radiantibus undique telis
> Incinctum uideo? uarii circumque supraque
> Aligeri iuuenes mulcent concentibus auras.
> Princeps anteuolat Michael cruce fortis et hasta
> Infernasque fugat uitiantes aera laruas.

Nun erst wird dem ehrfürchtig Staunenden klar, daß tatsächlich der zuvor erflehte Einzug der Heiligen in die neue Kirche vor sich geht, und in den Scharen, die der Gottesmutter nachfolgen, erkennt er, nunmehr völlig klaren Sinnes, diejenigen Heiligen, deren Reliquien man bereits als schützende Garanten verwahrt:

> 25 Agnosco speciem: caelo manifesta sereno
> Ipsa Dei genetrix nostris allabitur oris
> Fulgentesque trahit secum longo ordine pompae
> Caelestum cuneos, quorum simul[u]acra, sacrasque
> Relliquias, Stygiae contra regionis alumnos
> 30 Seruati colimus meritoque nouamus honore.

Dieser erste Teil des Gedichtes zeigt wie keine andere Passage einer Kirchweihfestschrift, wie sich in den poetischen Konzeptionen der frühneuzeitlichen Dichter antike Literaturtradition und christliche Gedankenwelt verbinden.

Was sich in den zitierten Versen ereignet, ist die Epiphanie der zuvor herbeigerufenen Gottheit unter übernatürlichen Begleiterscheinungen wie Licht und Klang. Eindrucksvoll ausgemalt ist diese Situation bereits in der mimetischen Anfangsszene des kallimacheischen Apollonhymnus (V. 1–8), wenn der Gott unter numinosen Windstößen und Erschütterung der Kultstätte geräuschvoll Einlaß in seinen Tempel verlangt;[86] noch näher an die Situation der *Encaenia* führt es indes heran, wenn in Ovids *Fasti* Mars Ultor unter ihm gemäßen Klängen und in besonderes Licht getaucht seinen neuen Tempel auf dem römischen Augustusforum bezieht (5,545–552):

> Sed quid et Orion et cetera sidera mundo
>   Cedere festinant, noxque coartat iter?
> Quid solito citius liquido iubar aequore tollit
>   Candida, Lucifero praeueniente, dies?

---

85 Apc 12,1 *et signum magnum paruit in caelo | mulier amicta sole et luna sub pedibus eius | et in capite eius corona stellarum duodecim.* Vgl. die zwölf Sterne auf dem Titelblatt des Druckes (s. **Abb. 28**)!

86 Weinreich 1968, 67–74.

Fallor, an arma sonant? non fallimur, arma sonabant:[87]
Mars uenit et ueniens bellica signa dedit.
Vltor ad ipse suos caelo descendit honores
Templaque in Augusto conspicienda foro.

Claudia KLODT hat diese Verse zu Recht als *Vision* des *uates* Ovid bezeichnet.[88] In ihnen zeigen sich eben jene Phänomene, die typischerweise eine visionäre Schau einleiten:

> In der Regel beginnt eine Vision mit der Schau eines blendenden Lichts, entweder in der Form, daß sich der Seher in eine höhere lichte Sphäre entrafft fühlt, oder in der Form der Herabkunft einer himmlischen Aura an den Ort des Sehers. In dieser ersten Phase ist auch das geistige Auge des Sehers so geblendet, daß er zunächst gar keine Einzelheiten unterscheiden kann. (...) Häufig aber entfalten sich dann allmählich aus dem Lichtkern einzelne Figuren, Bewegungen, Farben, Gruppen und Szenen und kristallisieren sich zu festen Anschauungsbildern aus, die sich oft in einem längeren szenischen Ablauf wie auf einer himmlischen Bühne abspielen.[89]

Wenn man beachtet, daß sich diese Sätze von Ernst BENZ auf *christliche* Visionen beziehen, so wird offensichtlich, wie leicht sich an dieser Stelle der Festschrift das Vorbild Ovid mit dem neuen, auf Maria bezogenen Inhalt verknüpfen ließ.

Einzelne Formulierungen hatte die christliche Renaissanceepik dafür bereits vorgeprägt. Wenn der Pruntruter Dichter einige Seiten später den übernatürlichen Vorgang mit den Worten resümiert *ad nos totus descendit Olympus, | Aurea gens aulae sidereae omnis adest*,[90] so konnte er dabei auf Sannazaros Beschreibung einer visionären Entrückkung zurückgreifen (P. V. 2,342–345):

> ... quis me rapit? accipe uatem,
> Diua, tuum, rege, Diua, tuum: feror arduus altas
> In nubes, uideo totum descendere caelum
> Spectandi excitum studio ...

Der Grundgedanke, den Vorgang der Kirchenweihe in einer visionären Schau der himmlischen Seite des Geschehens zu repräsentieren, ist den Pruntruter Autoren je-

---

87 Eine ähnliche Rolle als *Zeichen* der beginnenden *Encaenia* spielt im übrigen das Uhrwerk in Coccius' Molsheimer Festgedicht: das plötzliche Einsetzen von Klang und Bewegung ist dort (V. 870f.) wie in Coccius' Vorlage (Frischlin) nach dem gleichen Ovid-Vers modelliert: *Fallor? an eximiae subter fastigia molis | Cymbala tinnitum et uocum simulacra figurant?* (vgl. S. 370 m. Anm. 228)

88 Klodt 1998, 17 (nur zu V. 549–552; die Lichtphänomene gehören jedoch untrennbar dazu). Franz Bömer spricht in bezug auf diese Stelle nur von einer *ekphrasis templi* (Ov. fast. ed. Bömer 1957, 48; auf V. 550 ff. bezogen); trotz dieses für unser Thema vielversprechenden Ausdrucks ist das sehr ungewöhnliche Phänomen der Epiphanievision hier gar nicht beachtet. Ganz unzureichend sind die Bemerkungen zur Stelle bei Newlands 1995, 114 Anm. 105.

89 Benz 1969, 339f. („Das himmlische Licht").

90 ENCAENIA COLLEGII BRUNTRUTANI, *Ad Episcopum templi initiatorem* (fol. C3ʳ) V. 23 f.

doch mit ziemlicher Sicherheit durch die Münchner *Templi descriptio* nahegebracht worden. Das charakteristische unvermittelte Einsetzen von Helligkeit, Bildern und Klängen korrespondiert im *Trophaeum III* ebenso wie in *Diui ... templum inuisunt* mit dem unmerklichen bzw. nicht erwähnten Eintreten des Schauenden in die Kirche. Dabei ist angesichts der noch kargen Pruntruter Kirche das Visionsbild weniger eine poetische Umsetzung des schon mehrfach zitierten, von den zeitgenössischen Theoretikern geforderten überwältigenden Eindrucks *tamquam quis coelum introspiceret*, sondern erwächst vielmehr aus dem sicheren Wissen des Gläubigen um die materielle Kirche als Schauplatz übernatürlichen Geschehens: das Überschreiten der Schwelle bedeutet demnach auch das Eintreten in eine grundsätzlich andere Sphäre, in der sich das draußen Unmögliche ereignen kann.

Gegenüber diesen allgemeinen Entstehungsbedingungen der Visions-Dichtungen ist nun nicht zu übersehen, daß sich die beiden Stücke in wichtigen Punkten voneinander unterscheiden. So haben die Autoren in Porrentruy die im *Trophaeum III* überreichen eschatologischen Verweise und Interpretationen weitgehend beiseitegelassen, wohl weil sie mit dem Patrozinium der Kirche in einer weniger zwingenden Verbindung standen, als dies bei der Michaelskirche der Fall war. Ein verbindendes Element der beiden Texte ist jedoch, daß Michael in Porrentruy überhaupt auftritt – und zwar ebenfalls als Begleiter Mariens. Verändert ist allerdings die Art seines Auftretens: war er in München der glänzende *paranymphus*, der die Himmelskönigin und Kirche in sein eigenes Haus geleitete, so gewinnt er in Porrentruy keine wirklichen Konturen, sondern wird lediglich in der traditionellen Rolle als Lanzenkämpfer gegen die Larven der Hölle genannt. Ein Kampf findet nicht statt, vielmehr scheint Michael die lästigen Geschöpfe der Unterwelt durch den bloßen Anblick der Kreuzeslanze ohne Widerstand zu vertreiben.[91] Dies hängt natürlich damit zusammen, daß Michael in Porrentruy nicht Patron der Kirche war und daher nur eine Nebenrolle spielt.

Daraus folgt, daß das Gedicht andere Ziele verfolgt als sein Münchner Vorläufer. Es geht in Porrentruy nicht um ein großartig-furchterregendes Endzeitgemälde, sondern um die Sicherung des in jahrelanger konfessioneller Auseinandersetzung Gewonnenen und um seine materielle Versinnbildlichung im Bau der vollendeten Kollegkirche. In die kämpferisch-dynamische Betrachtungsweise der Zeitgenossen übersetzt bedeutet dies die Feier eines kirchlichen *Triumphes*, und sehr folgerichtig ziehen deshalb, nachdem die himmlische Patronin und ihr Leibwächter Michael die neue Wohnstatt betreten haben, Gestalten der biblischen Geschichte, Heilige und Schutzpatrone, die zugleich selbst Triumphatoren im Kampf der Konfessionen[92] als auch Troß der Himmelskönigin sind, in langer Reihe unter das schützende Dach ein, das ihnen über-

---

91 V. 24. – Michael im Kampf mit dem Drachen bildete auch die Bekrönung des Allerheiligenaltars: *und zue Oberst auf den Ertzengel S. Michael mit dem Drachen* (Vertrag vom 22.1.1600, AAEB A 37/2 n° 19, zit. nach Gerster 1971, 119).

92 Vgl. bes. u. zu Kaiser Heinrich II.

dies nach langer Irrfahrt – seit der Vertreibung aus der Kathedralstadt durch die Reformation – eine neue Heimat zu werden verspricht.

Die Auswahl der genannten Gestalten ist alles andere als zufällig, zeigt doch die weitere Lektüre der Festschrift – genauer: der Epigramme auf fol. C4^v–E^v –, daß sie sich auf die geschnitzten Figuren an den drei Altären gründet. Dies bedeutet nun keinesfalls, daß es sich deshalb um eine bloße Beschreibung des Realen handelt. Christian HECHT hat in seiner wichtigen Studie zum Umgang mit den Bildern betont, daß „bei Visionen *regelmäßig* die Rede davon ist, daß Heilige in der Gestalt auftreten, die sie normalerweise auf Bildern haben."[93] Die Vision vom Einzug der Heiligen liefert auf diese Weise zugleich Hinweise auf die tatsächliche Erstausstattung der Kirche mit Skulpturen; allerdings dürfen die Hinweise des Visionärs nicht als vollständiger Statuenkatalog mißverstanden werden.

Darüber hinaus kommt dem Gedicht *Diui tutelares templum inuisunt* im Rahmen der Festschrift noch eine weitere Rolle zu: es liefert einen Kommentar des Geschehens am Einweihungstag, der allerdings strikt nur dessen überirdische Aspekte berücksichtigt. Hier bedienen sich die Autoren eines besonderen Kunstgriffes: nacheinander gelesen, bilden nämlich die beiden hexametrischen Gedichte *Oratio Episcopi ad Deum* und *Diui tutelares templum inuisunt*, fol. A3^v–B4^r) einerseits und die Elfsilbler von *Templum commendatur D. Virgini* und *Ad Episcopum templi initiatorem* andererseits (fol. C2^v–C3^r) zwei Paare, die jeweils den gleichen Zeitpunkt des Geschehens von zweierlei Warte aus betrachten. Den beiden streng an der historischen und liturgischen Tradition orientierten Gebeten des Bischofs stehen zwei Texte jenes Sprechers und Visionärs gegenüber, dessen Auge mehr als die sichtbare Realität erblickt und der deshalb als ein *uates* bezeichnet werden darf:

I. Oratio Episcopi ad Deum	→	II. Diui tutelares templum inuisunt
(A3^r–B^r)	löst	(B^v–B4^r)
Sprecher: Bischof (handelnd)	aus	Sprecher: Dichter (beobachtend)
Adressat: Gottvater		Adressat: Bischof (bes. V. 108–116)
Zeitpunkt: Vor der Dedikation		Zeitpunkt: Vor der Dedikation
⌐		⌐ Ankunft Mariens löst aus
III. Templum commendatur D. Virgini	→	IV. Ad Episcopum templi initiatorem
(B4^v–C2^r)	gleich-	(C2^v–C3^r)
Sprecher: Bischof (handelnd)	zeitig	Sprecher: Dichter (beobachtend)
Adressatin: Maria		Adressat: Bischof
Zeitpunkt: Dedicatio		Zeitpunkt: Dedicatio

---

93 Hecht 1997, 57 (Hervorhebung U. S.). Beispiele aus der Visionsliteratur findet man bei Benz 1969, z. B. 495 (Christus erscheint wie auf einem Münzbild). Vgl. ebda. 646f. §§ 1 und 3 zur Wechselwirkung von Visionen und bildender Kunst.

Die Anrufung Gottes durch den Kirchengründer gibt das Stichwort für den folgenden *descensus* Mariens und der Heiligen (**I**), der *descensus* selbst aber spielt sich vor dem visionären Blick des Sprechers ab (**II**). Im nächsten Stück richtet dann der Bischof sein Gebet erneut an Maria, die den Altar in Besitz nimmt (**III**), um dann noch einmal *(Ad episcopum templi initiatorem)* dem Sprecher das Wort zu überlassen. Dieser fordert nun den Bischof auf, die einzelnen Schritte des Weiheritus zu vollziehen, da ja die himmlischen Bewohner des Heiligtums soeben einträfen (**IV**). Besonders zu beachten ist nun, daß von dem wunderbaren Vorgang stets im Präsens die Rede ist – der Sprecher befindet sich also nach der Logik der Festschrift bereits als Beobachter des Geschehens *in* der Kirche und gehört zu denen, die den Bischof (V. 25 f.) von innen zum Eintreten auffordern:[94]

	Magne pater, sacra redimitus tempora mitra,
	Qui lustraturus pollice templa uenis:
	Templi pande fores, altaria Pallade sudent,
	Saxa pauimenti lustrica lympha piet.
5	Suffimen caelo gratum pia thura uaporent,
	Organicusque sonor pectora commoueat.
	Ingenio uocum distinguant carmina cantum:
	Laudari propria Numen in aede cupit.
	Iam ter sancta Trias Christi comitata parente
10	Aedificata sibi templa habitare **uenit**,
	Integra **iam** pubes, terris quae nuntia pernix
	E caelo defert, aethere missa **uenit**,
	Abramidum patres priscique **encaenia** uates
	Visuri ueniunt carminibusque fauent.
C3^r	Bisseni hinc patres uitae fideique magistri,
16	Audire in terris qui meruere Deum,
	Purpurei inde chori testati sanguine Christum
	Esse Deum, passi uulnera, probra, neces,
	Mitratique patres, quorum doctrina fidesque
20	In terris nituit, nunc super astra micat,
	Virgineusque chorus, qui nulli imitabile carmen
	Caelesti sponso nocte dieque canit:
	Quid multis? ad nos **totus descendit Olympus**,
	Aurea gens aulae sidereae **omnis adest**.
25	Magne pater, templum lustra, terraeque polique
	Gaudia ne differ maxima, magne pater.

---

94 Vgl. die Anmerkungen zur Weihezeremonie o. S. 255.

Anders als der Bischof, der außen den Türöffnungsritus vollzieht, blickt also der Dichter/Sprecher hinter die Kulissen der Kirchenfassade und erklärt den Hintergrund des Geschehens – ein ähnliches Unterfangen wie die Bemühungen des Eusebius im *Trophaeum III*, den Ritus selbst verständlich zu machen. Der Bischof betritt die Bühne des Geschehens erst, als das *theatrum sacrum* mit dem Einzug seiner Akteure drinnen längst begonnen hat. Der beschreibende Sprecher aber unternimmt hier nicht, wie bei anderen Ekphraseis, eine Vorbesichtigung der Kirche, sondern befindet sich im Augenblick des *descensus* als Beobachter im Innern des Gebäudes. Auf das Gebet Blarers vor dem Portal hin ereignet sich vor dem geblendeten Dichter das Unglaubliche, die Vision vom Einzug der Heiligen, der wir uns jetzt noch einmal zuwenden.

Aus dem erhaltenen Werkvertrag[95] mit Melchior und Heinrich Fischer vom 22. Januar 1600 (hiervon abweichend berichten die *Annales* von einer Auftragsvergabe bereits im Jahr 1599)[96] sind wir über den Figurenschmuck der drei von ihnen für Porrentruy geschnitzten, heute indes wie die gesamte übrige Ausstattung verlorenen Altäre detailliert unterrichtet. Die Angaben dieser Verträge decken sich vollständig mit denen der Festschrift, allerdings finden nicht alle seinerzeit vorhandenen Figuren auch in den Gedichten Erwähnung. Man kann somit sicher davon ausgehen, daß sich die Gedichte der *Encaenia Collegii Bruntrutani* auf die Fischer-Altäre beziehen, die nach den Angaben der *Annales* gerade erst im Jahre 1604 vollendet worden waren,[97] daß die Autoren aber frei mit dem vorhandenen Anschauungsmaterial verfuhren und daraus eine Auswahl trafen.

Wie stark sich in der „Vision" Sichtbares und Imaginäres vermischen, zeigt nichts besser als der Auftakt des festlichen Zuges. König David, der harfespielend an der Spitze der Heiligen schreitet, war nach den beschreibenden Quellen auf keinem der

---

95 AAEB A 37/2 n° 16, S. 95–97 (Konzepte) und n° 17, S. 99–101 *(Verdingzedel der Bildhauwer)*. Die endgültige Fassung (n° 19), die in einigen Details vom Konzept abweicht – so wurde dieses z. B. nur als Vereinbarung zwischen Melchior und dem Bischof aufgesetzt – ist publiziert bei Gerster 1971, 118 f. (Anh. 3); die Angaben zum Figurenschmuck hatte auch schon Braun (1910, 28 Anm. 1) zusammengestellt. Das Wirken der Brüder Fischer in Porrentruy ist somit nicht, wie Gerster ebda. 119 Anm. 11 vermerkte, bislang unbekannt geblieben; vgl. auch Thieme – Becker 12 (1916) 37 f. s. v. Fischer (Melchior und Heinrich), m. Lit. Zum Bürgerrecht der Brüder in *Pforzen* hat Hauser 1991, 162 Anm. 13 eine plausible Identifizierung mit der Stadt Pforzheim vorgeschlagen.

96 BiCJ (fa) MP 4, S. 9 (zit. nach Eschenlohr-Bombail I 72) *summum altare, quod D. Virgini sacrum erit, iam ut fiat sculptoribus est quadringentis florenis locatum* (zum Jahr 1599; nach dem Werkvertrag bekamen die Künstler 800 Gulden).

97 BiCJ (fa) MP 4, S. 17 f. (Eschenlohr-Bombail I 94). Rechnungen sind erhalten in AAEB A 37/2 n° 28, S. 163 f. (Zahlungen vom 10. 2. 1600–15. 2. 1601) und ebda. n° 27, S. 135–149 (ohne namentliche Nennung der *Bildhauwer* und der Kunstwerke, vom 21. 2. 1601 bis 3. 4. 1602). Ob es bei der für 1618 belegten Veränderung der Seitenaltäre bereits zu einem Teilersatz der Bilder kam oder ob ihnen lediglich neue hinzugefügt wurden, ist bisher nicht sicher zu klären. Die *Annales* vermerken dazu (S. 45 = Eschenlohr-Bombail I 158/160): *Arae insuper geminae laterales nouis tabulis et | emblematis de integro sunt exornatae.* Auch der Tabernakel wurde damals bereits durch einen neuen ersetzt.

Altäre abgebildet, doch konnte es keinen sinnvolleren Anführer des Triumphzugs geben, hatte doch der alttestamentarische Herrscher seinerzeit musizierend und tanzend die feierliche Übertragung der Bundeslade nach Jerusalem begleitet.[98] Dementsprechend erscheint er in *Diui tutelares templum inuisunt*:

31   Ecce inter primos cinctus diademate crines
         Ingreditur Dauid; digitisque et pectine eburno
         Personat aurata cithara.[99] quem pone sequuntur
         Isacidum patres, dignati Numinis olim
35   Alloquio, uatesque sacri, uatumque nepotes.[100]
         Zachariae proles, hirsuti pelle cameli
         Horrida, iam uenisse Deum praenunciat, agnum
         Ostentans digito mundi delicta piantem.

Auf die Gruppe der Propheten folgt Johannes der Täufer als Künder Christi und zugleich als erste nachweislich auch am Hochaltar sichtbare Gestalt:

> unden am Fueß einen Tabernacul, über denselbigen in den erstentheyl drey Bilder sieben Schue hoch, das ein in der Mitte Maria mit dem Khindtlin sampt vier Engelin darumb. Das ander auf der Rechten syten S. Johannes Baptistae, und das dritt auf der Linckhen syten S. Johannes Evangelistae sein sollen ...[101]

Doch die Einziehenden haben sich noch nicht in der gleichen Weise angeordnet, wie sie später ihre Plätze auf den Altären einnehmen werden, sondern wahren vielmehr eine streng an Heils- und Kirchengeschichte orientierte Hierarchie. So kommt es, daß auf die Propheten nun die Apostel folgen, von denen wahrscheinlich nur die drei genauer beschriebenen wirklich als Relieffiguren[102] vorhanden waren (sie bildeten die untere Bildzone des ersten Seitenaltars, dessen Patronat sie gemeinsam mit St. Ursula und St. Katharina innehatten[103]):

---

98 Vgl. o. S. 367 m. Anm. 209.
99 Vgl. Verg. Aen. 6,647 *iamque eadem digits, iam pectine pulsat eburno.*
100 Vgl. TROPHAEA BAVARICA, fol. A3ʳ (*Sereniss. Dux Guilielmus ... Michaelem ... inuitat ad Encaenia*) *Isacidae prisci uates uatumque parentes | Alloquio quondam dignati Numinis.*
101 Werkvertrag vom 22.1.1600, AAEB A 37/2 nᵒ 19, zit. nach Gerster 1971, 119. Vgl. das Epigramm *In S. Ioannem Baptistam* (fol. D2ᵛ) *Horret in hirsuta uir sanctus pelle cameli, | Cui terris genuit faemina nulla parem. | Ecce salutiferum mundo praenunciat agnum, | Cui praebet potum lympha, locusta cibum. | Hic sacrum nullo uiolatum crimine corpus | Macerat, ut discas membra domare tua.*
102 Vgl. das Epigramm *In aram S.S. Apostolorum Pauli, Petri et Andreae* (fol. D4ᵛ) *Quos Christi coniunxit amor, dum uita manebat, | Hos sculptor pariter finxit **in hac tabula:** | Territat ense malos Paulus; Petrus ardua spondet | Regna bonis; frater uincere dura docet.*
103 ... *im erstentheyl drey Bilder, jedes sechs Schue hoch, welches das ein in der mitte S. Petter, auf der einen, der rechten seiten S. Paulus und auf der linckhen seiten S. Andreas.* (Vertrag vom 22.1.1600, wie Anm. 101).

B2ᵛ Bissenos agnosco patres fideique magistros:
      Emicat ante alios Petrus, cui rector Olympi
40   Et reserare dedit caelos et claudere uerbo.
      Laeuam frater habet crucis insignitus honore,
      A dextris Paulus districto fulgurat ense.

Die hieran anschließenden Verse 46–53 behandeln eine Darstellung des Christophorus und des Jesusknaben mit der Weltkugel, die vermutlich mit dem Bild an der Außenseite des Hochaltars zu identifizieren ist.[104] Der Auftritt der Lokalheiligen Pantalus und Heinrich in V. 54–68 läßt über die Aufstellung ihrer Bilder gar keine Aussage zu. Auch im Werkvertrag sind sie nicht genannt, und doch läßt die detaillierte Beschreibung insbesondere des ersten Basler Bischofs auf eine bildliche Darstellung schließen:

      Cerno Pontificem radiantem uestibus aureis:
55   Fulget apex capiti gemmis auroque decorus
      Terrenosque hebetat uisus, fert dext⟨e⟩ra gemmis
      Auroque insignem baculum, crux aurea lucis
      E collo fundit radios – fallor, ni Panthalus hic est,[105]
      Ille pater patriae, qui te, gens Rauraca, quondam
60   In Christo genuit, Romanaque sacra tueri
B3ʳ   Exemplo docuit, quando comes ire per Alpes
      Virginibus gaudet sacrorum uisere regem
      Postesque exuuiis et diuum sanguine sacros,
      Pulchram pro Christo properans per uulnera mortem.[106]
65   Proximus Henricus, Romani maximus olim
      Imperii dominus, uinctam diademate frontem
      Extollens „Basilea tibi concredita quondam
      Pignora redde meis uirtutum haeredibus!" infit.

Vom sicheren Boden der neugewonnenen Bleibe aus richtet der heilige Kaiser Heinrich II., der seit 1347/48 Schutzpatron des Hochstifts Basel mit einem eigenen Feiertag war,[107] ernste Mahnworte an die Stadt Basel. Er greift damit in die seit der Reformation zwischen dem Bischof und der Stadt schwelende Kontroverse um die Herausgabe des Münsterschatzes und der Reliquien ein, die erst im 19. Jahrhundert mit einem Teil-

---

104 Dafür spricht, daß dieses Bild später (fol. Dʳᵛ) in zwei Epigrammen näher betrachtet wird, auf welche sodann Gedichte auf Jakobus folgen. Dieser aber war auf dem gegenüberliegenden Altarflügel zu sehen. Barré hat sicher zu Recht auf die Kombination der Namenspatrone des Bischofs Blarer hingewiesen (1999, 146).

105 Der Vers ist irrtümlich sieben- statt sechshebig.

106 Zur Gestalt des hl. Pantalus, der erst im Hochmittelalter durch eine Kontamination mit dem Kölner hl. Pantaleon aus der Ursulalegende eine eigene Geschichte bekam, s. Pfaff 1963, 9 f. (m. Lit.). Pantalus galt als erster Bischof von Basel.

107 Pfaff 1963, 27 f. 68–71. 102.

kompromiß – der Abgabe der Reliquien an das Kloster Mariastein – ein für das Hochstift unbefriedigendes Ende nehmen sollte.[108] Basel, das sich seit etwa der Mitte des 15. Jahrhunderts seinerseits auf den Kaiser als Schutzherrn berufen hatte,[109] schaffte 1529 mit dem Verbot der Heiligenverehrung auch die besondere Rolle Heinrichs II. ab. Umsomehr mußte die Stadt aus der Sicht Blarers und damit auch der Jesuiten von Porrentruy als unrechtmäßige Besitzerin der wichtigen Unterpfänder gelten. Die deutliche landes- und kirchenpolitische Stellungnahme des Kaisers im Festgedicht zeigt, wie man sich im katholischen Teil des Bistums gerade um 1600 bemühte, den kaiserlichen Patron wieder stärker zur Geltung zu bringen.[110]

Auf die Patrone (V. 69 *post hos*) folgt der Zug der Märtyrer (V. 69f. *agmen | purpureum*), und aufs neue sind es teils solche Gestalten, die wir auch aus den Altarbeschreibungen kennen (St. Stephan, St. Laurentius, St. Sebastian, dargestellt in der oberen Bildzone des zweiten Seitenaltars), teils aber auch andere, die dort nicht auftauchen und über deren bildliche Darstellung in der Kirche wir nichts Genaueres wissen, so hier (V. 73–76) der thebäische Märtyrer Ursus, von dem man allerdings Reliquien besaß.[111]

Mit den vier Kirchenlehrern, deren Brustbilder laut Werkvertrag an der Predella des zweiten Seitenaltars zu sehen waren, kehrt wieder stärkere Bewegung in die Szene ein, da nicht nur ihr eigener Einzug, sondern auch das Hereinschweben des englischen Gefolges und vor allem die begleitenden Klänge des Geschehens sehr sorgfältig vermerkt werden (fol. B3ʳ):

> Parte alia **paribus procedunt passibus** orbis
> Doctores niueumque **trahunt per inania** caetum,
> Virgineas laudes et magnae facta parentis
> 80   **Versibus alternis memorant**; uox grata per auras
> Discursat, suaui **responsant murmure siluae**.

Angesichts dieser reizvollen, auch landschaftliche Elemente (zumindest als Topos) einbeziehenden Darstellung ist es bedauerlich, daß wir aus dem Werkvertrag zwar von einem Triumphus-Ecclesiae-Relief erfahren, das sich am zweiten Seitenaltar oberhalb der Kirchenlehrer und unterhalb der genannten drei Märtyrer befand, jedoch nichts Genaueres darüber wissen, was auf der Tafel dargestellt war.

Mit den Heiligen Ursula, Katharina (V. 89f. *regia Costi | progenies*) und Maria Magdalena ist dagegen wieder eine Orientierung an der Ikonographie der Altäre festzustellen: alle drei befanden sich am ersten Seitenaltar, oberhalb der drei bereits erwähnten Apostel Peter, Paul und Andreas.

---

108 Burckhardt 1942, 42.
109 Pfaff 1963, 104–106.
110 Zu diesen Bestrebungen vgl. Pfaff 1963, 109 Anm. 31.
111 Barré 1999, 279. In den Epigrammen der Festschrift ist St. Ursus nicht nochmals behandelt.

Die Schau des Dichters schließt mit einem emphatischen Willkommensgruß an die neuen Bewohner der Stätte, die einen einst wüsten Ort den himmlischen Wohnsitzen vorziehen –

103   O ingens pietas! sterili loca nuper arena
        Hirsutisque rubis et acutis horrida saxis
B4ʳ   Cerno coelicolum choreis et carmine sacro
        Posthabitis celebrari astris, diamque parentem
        Hanc sibi prae reliquis tutandam sumere sedem –

um dann in einer panegyrischen Schlußwendung an den Erbauer der Kirche diesen ein weiteres Mal in typologische Zusammenhänge zu stellen. Blarer ist hier der würdige Nachfolger des Patriarchen Abraham, in dessen Hütte zu Mamre ebenfalls – wie nun bei der Einweihung zu Porrentruy – die Himmlischen einkehrten (fol. B4ʳ):

        Fortunate senex, nimium dilecte Tonanti,
        Cuius auita fides et mens ignara malorum
110   Hospitibus struxit Superis gratissima tecta,
        Tecta habitanda Deo, diuaeque habitanda parenti.
        Isacidum genitor cunctis celebratur in oris,
        Qui tres hospitio peregrina in ueste beatos
        Accepit coeli ciues: te secula nostra,
115   Te uentura canent, sacram qui construis aedem,
        Quam Deus ipse habitat, quam totus uisitat aether.

6. Die Epigramme auf die Altäre und zur Kirchweihe

a. Weitere Anleihen bei Pontanus und den *Trophaea Bauarica*

Aus den Epigrammen auf Johannes den Täufer und den Apostelaltar, die wir schon zitiert haben, wurde ein wichtiges Anliegen des dritten Teiles der *Encaenia Collegii Bruntrutani* deutlich: die moralische Interpretation der abgebildeten Gestalten und ihre mahnende Wirkung auf den Betrachter. Das Spektrum der insgesamt 36 Stücke unterschiedlicher Länge reicht jedoch viel weiter. Wenn auch die ganze Sammlung hier nicht vorgestellt werden kann, so verdient sie doch deshalb einige Bemerkungen, weil die Epigramme zu einem großen Teil Einzelheiten der Altäre behandeln und somit als Ergänzung der Vision vom Einzug der Heiligen anzusehen sind, gegenüber der sie die Möglichkeiten von Ekphrasis und Kunstepigramm intensiver ausschöpfen.

    Nach zwei allgemein auf die Einweihungssituation bezogenen Stücken, die ihre Titel aus den einschlägigen Bibelabschnitten beziehen (*Fundata est super firmam petram* und *Vere Dominus est in loco isto*), fällt besonders das Gedicht *Ad Christum in cruce suffi-*

xum ins Auge. Es handelt sich um eine fast vollständige *parodia* des gleichnamigen zweiten Hymnus aus Pontanus' Augsburger Sammlung, der unter weitgehender Bewahrung des Textes und Anleihen bei Catull in ein neues, nicht zuletzt für Catull typisches Versmaß, den Hendekasyllabus, transponiert worden ist – ein anschauliches Beispiel nicht zuletzt für die typischen Übungen der Gymnasialklassen, die hier möglicherweise beteiligt waren:

Encaenia Collegii Bruntrutani fol. C4ʳᵛ

Ad Christum in cruce suffixum.

O pulcherrime Christe filiorum,
Qui sunt quique aliis fuere saeclis,[112]
Quae te bellua saeuior leone
Carpsit dentibus unguibusque saeuis?
5 Qui te carnifices cruci dederunt?
Qui ferro latus impie forarunt?
Spinis uulnificis quis asperauit
Ipsis Caelitibus caput uerendum?

Ah parce et miserere, parce Christe,
10 **Adsum** caussa tui doloris: **adsum**
Quouis bellua saeuior leone.

Frustra carnificis manum cruentam,
Frustra Abramigenum scelus *reprendo*,
Nam teterrima facta, quae patraui,
15 Sentes atque crucem tibi pararunt.
C4ᵛ Heu peccasse pudet pigetque multum,
Imbres ex oculis fluunt tepentes,
Irrorant faciem, genas, sinumque,
Nec culpas tamen eluunt edaces:
20 Has tu purpureo laua cruore.

Encaenia in religiosissimum templum, S. 24f.

Ad Christum in cruce suffixum. Hymnus II.

Eheu quod hic spectaculum
Se offert meis obtutibus?
Funestius, crudelius
Quo cogitari non potest.
5 Qui te leones aut lupi,
Pulcherrime o mortalium,
Fame subacti asperrima
Carpsere acutis dentibus?
Quis tam cruentus carnifex
10 Cingit corona spinea
Caput uerendum? quis trabi
Affigit immanissime?
Ah Christe miserere, ah, **ego**
Sic uulneraui, sanguinem
15 **Ego** tuum fudi, et tibi
Fui *lupus, leo*[113], carnifex.
Commissa mea teterrima
Hanc fabricauerunt crucem.
Peccaui ego, en agnus luit,
20 Soluendo quod non abstulit.
Iam poenitet me criminum,
Cadunt tepentes lacrymae,
S. 25 Ignosce, culpas eluens
24 Hoc purpurato sanguine.

Auffällig an der neuen Behandlung des Themas ist besonders die kräftige Steigerung der Affekte und der Selbstanklage. Der Sprecher weist mit vermehrter Emphase auf sich selbst (*adsum ... adsum*), da er erkennt, daß die Schuld nicht bei den zunächst offensichtlichen Tätern zu suchen ist (V. 12f.). Dementsprechend heftig sind die Trä-

---

112 Catull 49,1–3 *Disertissime Romuli nepotum,* | *Quot sunt quotque fuere, Marce Tulli,* | *Quotque post aliis erunt in annis.*
113 So ist aus metrischen Gründen statt *Fui leo, lupus, carnifex* zu lesen.

nen der Reue (V. 17 f.) und die – im Vergleich zu Pontan deutlicher ausgesprochene – Gewißheit, daß sie allein keine Lösung von der Schuld zu bringen vermögen (V. 19).

Auch das folgende Epigramm *De nomine Iesu* nimmt eine Anregung Pontans auf (dort S. 25: *In nomen Iesu hymnus III*), bevor dann mit *In circumcisum puerum Iesum* eine lange Reihe von Stücken auf die an den Pruntruter Altären dargestellten Gestalten beginnt (Hauptaltar: Maria mit dem Jesusknaben, Jacobus maior, die beiden Johannes, dazwischen eingeschaltet zwei Epigramme auf Christophorus; Allerheiligenaltar: der Altar als Ganzes, St. Michael, St. Sebastian, St. Stephan, St. Lorenz; Apostelaltar: zunächst wieder der Altar als Ganzes, dann St. Ursula, Maria Magdalena, St. Katharina und der bekrönende auferstehende Christus).

Zwischen Haupt- und Allerheiligenaltar kommen erneut die Bistumsheiligen Pantalus und Heinrich zu ihrem Recht. Dabei erhält der Kaiser einen epitaphartigen Nachruf, wie er in den Herrscherserien der zeitgenössischen Dichtung beliebt war und ähnlich auch im Münchner *Trophaeum II* zu lesen war[114] (fol. D2ᵛ):

DIVVS HENRICVS IMPERATOR.

> Insignis bello, pietate insignior heros
>   Armatus Mauros expulit Ausonia.
> Pannonios Christo felici Marte subegit,
>   Coniux intacta coniuge sancte obiit:
> 5   Hunc si uidisses orbem, Luthere, regentem,
>   Dixisses: „genio displicet ille meo."
> Hoc si Lutherus uixisset Caesare, nulla
>   Inter Germanos haeresis orta foret.

Der heilige Gründerbischof Pantalus aber verläßt klagend das verwüstete Basler Münster und nimmt neuen Wohnsitz in Porrentruy, wo ihn der Dichter eindringlich um Hilfe im Reliquienstreit bittet (fol. D3ʳᵛ):

AD S. PANTALUM, RAVRACORVM EPISCOPUM.

> Pantale, qui princeps rexisti Rauraca templa,
>   Testatus Christum laurea serta geris:
> Rauraca Metropolis monitorum oblita tuorum
>   Nec te nec Diuos debito honore colit:
> 5   Cur tua tot lustris pateris sine luce cauernis
>   Lipsana concludi, lipsana digna polo?
> D3ᵛ   Construit, ecce, tuae fideique et muneris haeres
>   Christophorus templum, huic lipsana trade tua.

---

114 Vgl. dazu Schlegelmilch 2001, 274–281.

In einer letzten Gruppe von Epigrammen (fol. E2^r–E4^r) greifen die Pruntruter Jesuiten noch einmal ein typisches Thema gegenreformatorischer Apologetik auf: die Berechtigung der Heiligenbilder und die damit verbundene Polemik gegen die Bilderstürmer der Gegenseite.

Während in diesen Versen, ebenso wie in der anschließenden theologischen Erklärung des Bauwerks (*Ad viatorem*, fol. E3^r–E4^r), lediglich bekannte Argumente neu formuliert werden, sei im Hinblick auf die Beziehungen der Jesuitenfestschriften untereinander schließlich auf eine weitere *imitatio* eines Stückes aus den *Trophaea Bavarica* hingewiesen.

b. „Rom in Bayern"

Das Epigramm mit der Überschrift *TEMPLVM* ist besonders bemerkenswert, weil es einerseits das Pruntruter Selbstbewußtsein anzeigt, mit dem sich die als Sprecherin auftretende Kirche unter andere – und anders als im *Trophaeum*: auch moderne – berühmte Bauten einreiht, und weil es andererseits in V. 3 f. ausdrücklich zu erkennen gibt, daß München sowohl mit seiner Festschrift als auch mit seinen Bauten das große oberdeutsche Vorbild der Zeit war. Wohl zum ersten Mal taucht hier in einem zeitgenössischen Text auch die Vorstellung von München als einem „Rom in Bayern" auf:

Encaenia Collegii Bruntrutani fol. E2^r

TEMPLVM.

> Decantet Rhodanus scopulosam Mâgdalis aedem[115]
> > Et Iacobe tuas cantet Iberus opes:[116]
> Sint et in Ausoniâ, Michaëlia culmina, Boiâ
> > Et teneat palmas altera Roma suas,
> Nil moror, inuidiae nulla est mihi flammula, sacras
> > Laudo aedes, dum me canto perenne potens.

Trophaea Bavarica fol. G2^v

Templum.

> E scopulis excisa Pharos sacraria jactet
> > Et Michaëlium Thracia prisca canat.
> Sint et in Ausonia superantia culmina Boia.
> > Sint et in Argolico nobiliora solo.
> Inuideo nulli, sua cuique sit amplior aedes,
> > Vna tamen cunctis pulchrior esse putor.

Liest man V. 3 wie abgedruckt, also unter Beachtung der Längenzeichen, so wäre zu übersetzen: „Mag es auch im bayerischen Ausonien eine Michaelskirche geben, und mag ein zweites Rom seine Siegespalmen tragen …" Dabei bleibt sowohl der Ausdruck *Ausonia Boia* unscharf als auch V. 4 vage. Es empfiehlt sich daher, vielmehr zu schreiben:

---

115 Vgl. Hor. carm. 1,7,1 *Laudabunt alii claram Rhodon aut Mitylenen.* Gemeint ist vermutlich die unmittelbar am Meer (daher *scopulosa*) gelegene Wallfahrtskirche in Saintes-Maries-de-la-Mer.

116 Santiago de Compostela.

Sint et in Ausoniâ Michaelia culmina, Boia
Et teneat palmas altera Roma suas,

so daß sich ergibt: „Mag es auch in Italien Michaelskirchen geben, und mag ein zweites, bayerisches Rom seine Siegespalmen tragen …“. Mit der Erwähnung einer dritten Wallfahrtskirche, vermutlich S. Michele del Gargano, wäre dann das Thema von V. 1 f. weitergeführt, zugleich aber das Münchner Patrozinium in Erinnerung gebracht. Damit wäre auch ein weiteres Mal angeklungen, daß die *Encaenia Collegii Bruntrutani* einen Tribut an die Dichtungen zur Einweihung der Michaelskirche darstellen. Die Festschrift ordnet sich damit trotz ihres bescheidenen Äußeren schlüssig in die Reihe der oberdeutschen Festdichtungen ein. Für die Pruntruter Jesuiten freilich sind es weniger die eigenen Verse, denen sie den dauerhaften Bestand siegreicher *trophaea* zutrauen. Zwar hoffen auch sie: *transferet ad seros te pagina multa nepotes*,[117] doch bleibt vor allem das Bauwerk selbst – bis heute – mit unübersehbaren „Lettern aus Stein“ der Landschaft eingeschrieben:

Facta tuae uitae CollegI saxa loquentur:
Grandia saxorum grammata quisque leget.

---

117 fol. E5ʳ *Aliud ad eundem* (sc. *Reverendissimum fundatorem*), V. 3. Das folgende Zitat ebda. V. 7 f.

C. Kirchenbeschreibungen im protestantischen Deutschland

I. Festdichtung auf neue Kirchen im Luthertum

1. Zur Einführung

Wenn wir nach der Bedeutung lateinischer Dichtung für das protestantische Deutschland fragen, so ist zweierlei zu unterscheiden: die allgemeine und sehr bedeutende Rolle des protestantischen Humanismus einerseits und die geminderte Bedeutung des Lateinischen im kirchlichen und Gemeindeleben andererseits. In unserem Zusammenhang wird beides eine Rolle spielen, denn die protestantische *Descriptio templi* verbindet in ihrer voll ausgeprägten Form den humanistisch-gelehrten Anspruch der Dichter mit der Einbeziehung der muttersprachlichen Festpredigten.

Die intensive Pflege der lateinischen, griechischen und auch der hebräischen Sprache ist dauerhaft mit dem Namen Philipp Melanchthons verbunden. Von der Universität Wittenberg aus legte er in seinen Schriften und mit seiner Lehre die Grundlagen des protestantischen Humanismus.[1] Auch Luthers Verhältnis zum Humanismus muß nach den Forschungen der letzten Jahre deutlich positiver als bisher bewertet werden,[2] doch Melanchthons Bedeutung als Reorganisator der Artes-Studien bleibt dadurch ungeschmälert. Zahlreiche bekannte Dichter, Theologen und andere Gelehrte sind aus der Schule Melanchthons hervorgegangen, von denen hier nur der Verfasser der *Magdeburger Centurien*, Matthias Flacius, als bedeutendster protestantischer Kirchenhistoriker des konfessionellen Zeitalters und die Dichter Johann Stigel, Georg Sabinus und Johann Bocer genannt seien.[3] Die Vorbildfunktion Stigels für die Tradition poetischer Beiträge zu Kirchweihen protestantischer Reichsstände wird anhand seiner Torgauer Einweihungsgedichte gleich noch genauer zu betrachten sein.

Zwei Texte, die an gelehrten Schulen der evangelischen Reichsstädte Ulm und Regensburg entstanden, repräsentieren in unserer Übersicht die protestantische *Descriptio templi* des 17. Jahrhunderts.[4] Hier ergeben sich deutliche Parallelen zu den jesuitischen Dichtungen, deren Nähe zu den Kollegien des Ordens bereits gezeigt wurde: Die beiden Gedichte lassen nicht nur erkennen, welch hohe Bedeutung praktischen Übungen in lateinischer Rede und Dichtung auch in den Schulen der Protestanten zukam,[5] son-

---

1 Scheible 1989; Beyer – Wartenberg (Hgg.) 1996; Scheible 1997a, 28–56.

2 Wichtige Korrekturen des traditionellen Lutherbildes bes. bei Scheible 1989, 241 f.

3 Scheible 1997b. Eine Sammlung biographischer Porträts von 16 bedeutenden Schülern des Reformators bietet Scheible (Hg.) 1997. Weitere wichtige neulateinische Dichter protestantischen Glaubens stellt die Anthologie HUMANISTISCHE LYRIK vor.

4 S. Kap. II–III.

5 Zu einem Beispiel für öffentliche protestantische Festdichtung s. o. S. 124 Anm. 22; einige kurze Bemerkun-

dern auch, daß der Humanismus beider Konfessionen zumindest im Grundsatz ähnliche Strukturen aufwies. Desweiteren hat auch die protestantische Festdichtung stark panegyrische Tendenz, wobei das Rühmen der Landesherren – auch im Hinblick auf ihre von Luther propagierte Funktion als Notbischöfe – bzw. des Stadtregiments sowie der örtlichen Geistlichkeit (Superintendenten, Prediger) an die Stelle des katholischen Fürsten- und Bischofslobes tritt.

Jenseits dieser gemeinsamen Grundlagen gehen jedoch die evangelischen und die katholischen Dichter unterschiedliche Wege. Die gegensätzlichen Positionen hinsichtlich der Bedeutung von Kirchen als Sakralbauten wirken sich hier ebenso spürbar aus wie die abweichenden Auffassungen der Protestanten über Sinn und Form der Einweihungsfeier und von der Rolle der Predigt im Gottesdienst. Hierin dürfte ein wichtiger Grund dafür liegen, daß – zumindest nach dem derzeitigen Erschließungsstand der Drucke – bis weit ins 17. Jahrhundert hinein in den protestantischen Gebieten keine lateinischen Kunstbeschreibungen in der Art der bisher vorgestellten *Descriptiones* entstehen.

Insgesamt jedoch erscheinen – anders geartete – Gedichte auf neue Kirchen im Luthertum sogar deutlich früher als in der erst nach dem Tridentinum langsam wiedererstarkenden katholischen Kirche. Mit der Einweihung der Torgauer Schloßkapelle (1544) und dem Wiederaufbau des zugleich in einen evangelischen Schulkonvent umgewandelten Klosters Berge vor Magdeburg (1565) finden zwei prominente, wenn nicht archetypische Ereignisse des Reformationsgeschehens in Mitteldeutschland ihre poetische Kommentierung durch J. Stigel und J. Pomarius. Ihre Gedichte enthalten keine Baubeschreibung, sondern gehen lediglich auf die religiöse Bedeutung der Kirche, auf Landesfürsten und Reformatoren ein und können daher eher als versifizierte Beiträge zur Selbstdarstellung des Luthertums eingestuft werden.

Vielleicht erst unter dem Einfluß der katholischen Einweihungsfestschriften – eine Vermutung, die sich allerdings bisher nicht mit der einfachen Methode des Nachweises von Zitat oder *parodia* belegen läßt –, gewiß aber in einer Zeit, in der auch die Protestanten die Bedeutung auffälliger Sakralbauten schon im Interesse der Selbstbehauptung wieder höher einstufen mußten, entstehen dann die *Descriptiones templi* der beiden süddeutschen Reichsstädte. Angesichts des Umstandes, daß der Krieg 1621 bzw. 1631 die Protestanten in Ulm wie in Regensburg aufs äußerste gefährdete, kommt den Festschriften auch eine verstärkte affirmative Propagandafunktion zu.

Charakteristisch bei beiden Texten ist die Verknüpfung von Baubeschreibung und Festbericht. Dies verbindet ihre Dichtungen einerseits mit vielen der Jesuitendrucke, hebt sie aber zugleich über jene hinaus: daß die Darstellung des festlichen Ereignisses den eigentlichen Auslöser und zugleich die Rechtfertigung für die Produktion der Ge-

---

gen zu evangelischer und katholischer Casualpoesie finden sich bei Marschall 1996, 15–19. – Über Dichtung im protestantischen Schulwesen vgl. u. S. 485 zum Ulmer Lehrplan.

dichte abgab, wird man umso mehr annehmen dürfen, als die eigentlichen deskriptiven Partien über die beiden Trinitätskirchen im Vergleich mit den raffinierten *imitationes* und Adaptationen der katholischen Autoren eher spröde wirken. Umso mehr Raum wird der Weihefeier gegeben. Dabei steht entsprechend der maßgeblichen Auffassung Luthers keine komplexe Liturgie im Mittelpunkt, wie sie bei den Jesuiten häufig in den kleinen ergänzenden Gedichten behandelt wird. An die Stelle der von den Reformatoren abgelehnten Zeremonie treten die Versammlung der Volksmenge als Gemeinde zum Wortgottesdienst und besonders die Predigten selbst: sowohl in Ulm als auch in Regensburg haben die Dichter ausführliche lateinische Versifikationen der deutschen Prosapredigten angefertigt und sie in ihre Gedichte einbezogen. Die Bedeutung des Gotteswortes kommt hierin augenfällig zum Ausdruck, und zugleich wird damit der lateinische Text, der *gemeinsam* mit den deutschen Predigttexten im Druck erscheint, zu einer Art Flugschrift für die gelehrte Leserschaft erweitert, in der Ereignis und konfessionelle Deutung kombiniert werden. Mit anderen Mitteln wird hier somit Ähnliches erreicht wie in den jesuitischen Drucken, die in Schilderung und meditativer Betrachtung allerdings stärker das individuelle Erleben des Kirchenraums und seiner Zeichen zu betonen scheinen.

Inwieweit die beiden Drucke aus Ulm und Regensburg repräsentativ für eine größere Zahl protestantischer Kirchen- und Fest-Ekphraseis sind, läßt sich derzeit noch nicht genau beurteilen. Die Erschließung ist hier schwieriger als im katholischen Bereich, nicht zuletzt weil protestantische lateinische Festdichtungen auch als Appendix deutschsprachiger Gelegenheitsschriften erscheinen.[6] Eine weiterführende Recherche müßte hier auch die – im Gegensatz zu den Werken der Ordensangehörigen – bekannten Verfassernamen einschließen, etwa in Form einer systematischen Überprüfung der Werkverzeichnisse prominenter Schulmänner oder Pastoren der Epoche.

Einschränkend ist zugleich zu sagen, daß weder die Zahl der Neubauten evangelischer Kirchen – wenigstens solcher von bedeutenden Dimensionen – die der in katholischen Gebieten während der Gegenreformation entstandenen erreicht haben dürfte, noch daß mit der Errichtung einer Kirche stets eine größere (oder wenigstens: lateinische Stücke enthaltende) Festschrift erschienen wäre. Von den bedeutenden Großbauten des Protestantismus in Deutschland um 1600[7] erhielten allem Anschein nach nur die hier behandelten zwei eine große lateinische Festschrift, während man die Fertigstellung der Hauptkirche B.M.V. zu Wolfenbüttel 1625 lediglich mit der Herausgabe eines großen Holzschnittes feierte, der einige deutsche und lateinische Begleitverse

---

6 Vorwiegend deutschsprachige Schriften aus dem 17. Jahrhundert, deren Titel *prima vista* nicht auf Gedicht-
   beigaben schließen lassen, verzeichnen die verschiedenen zeitgenössischen Fachbibliographien des Lipenius,
   auf die H. Hipp (1979, 1013 f. Anm. 869) hingewiesen hat. Von den hier behandelten Festgedichten wiederum ist dort kein einziges verzeichnet.

7 Überblicke zum protestantischen Kirchenbau z. B. bei Möseneder 1983, 175–177 (= ders. 1992, 112 f.) und
   Hammer-Schenk 1989, 460–468.

enthält.[8] Für die neuen Kirchen in Hanau und Bückeburg[9] wurden nach derzeitigem Kenntnisstand keine Festschriften verfaßt.[10]

2. Die Torgauer Schloßkapelle
und Johann Stigels Einweihungsgedichte

Unter dem sächsischen Kurfürsten Johann Friedrich (dem Großmütigen) wurde das wettinische Residenzschloß Hartenfels in Torgau seit 1533 grundlegend erneuert. Der Landesherr ließ den Südostflügel mit dem berühmten Großen Wendelstein komplett neu errichten, während in den umgestalteten elbseitigen Nordostflügel eine neue Schloßkapelle eingebaut wurde. Sie entstand 1543/44 und ist damit der erste protestantische Kirchenneubau in Deutschland überhaupt. Diesem Umstand sowie der Tatsache, daß Martin Luther selbst die Einweihungspredigt am 5. Oktober 1544 hielt, verdankt die Kapelle ihre Bekanntheit, aber auch die sorgfältigen Restaurierungen nach dem Zweiten Weltkrieg und zuletzt am Beginn der 90er Jahre.[11]

Diese Kirchweihe und ihre theologische Konzeption sind literarisch ungewöhnlich gut dokumentiert: Neben der Predigt des Reformators, die in einer Mitschrift sowie – in ausführlicherer Form – in einem 1546 publizierten Druck vorliegt,[12] sind drei Gedichte zu diesem Anlaß erhalten. Neben einem deutschen Festgedicht des älteren Caspar Cruciger, das auch als Bildbeischrift in der Kirche zu lesen war,[13] sind dies die lateinische Versinschrift (12 Distichen) auf der bronzenen Dedikationstafel von 1545 *(Abb. 29)*[14] und die darauf aufbauenden 25 Distichen *In dedicatione templi … in arce*

---

8 Abb. bei Thies 1987, 42.

9 Vgl. z. B. Hammer-Schenk 1989, 464 f.; die monumentale Fassadeninschrift EXEMPLVM RELIGIONIS NON STRVCTVRÆ an der – baulich im übrigen recht aufwendigen – Bückeburger Stadtkirche kann als typisch für den frühen Protestantismus angesehen werden; möglicherweise verzichtete man sogar aus dieser Haltung heraus auf Festpublikationen.

10 Dies gilt im übrigen auch für manchen prominenten Bau in katholischen Territorien: das beste Beispiel dürfte hier die für den protestantischen Gottesdienst errichtete, aber nach der Konversion des Landesfürsten katholisch geweihte Hofkirche im pfälzischen Neuburg sein. Das den Jesuiten fast unverhofft zugefallene „Geschenk" wurde zwar gebührend inauguriert und die Feiern mit einer dramatischen Aufführung bereichert, doch eine Festschrift erschien offenbar nicht. Vgl. Hauser 1981, bes. 45–47.

11 Krause 1970, 1–11; Findeisen – Magirius 1976, 109–111 (Lit.). 188–195; Badstübner-Gröger – Findeisen 1983, 240–243; Festschrift Torgau 1994; Hancke 1995, 133 f.; Delang 1997.

12 Martin Luther, *Einweyhung eines Newen Hauses zum Predigampt Göttlichs Worts erbawet Im Churfürstlichen Schloß zu Torgaw*, WA 49 (1913, ND 1970) XL–XLV. 585–614 (Nr. 35).

13 Verschiedene Textfassungen in WA 49 (1913) XLI (Druckfassung von 1546; danach wird im folgenden zitiert) und WA Tischreden 5 (1919, ND 1967) 640 f. Nr. 6396. Zur Autorschaft vgl. Mai 1994, 12; daneben die u. S. 509 zitierte Passage aus der Kirchweihpredigt des Ulmer Superintendenten Conrad Dieterich.

14 Vgl. Bethe 1931; abgeb. jetzt auch im Sammelwerk von Smith 1994, 93 fig. 64. Die Inschrift ist transkribiert bei Findeisen – Magirius 1976, 193 (mit kleineren Ungenauigkeiten in Fürstentitulatur und Einleitungsformel); eine ansprechende deutsche Nachdichtung bieten Badstübner-Gröger – Findeisen 1983, 242. Kurze Bemerkungen auch bei Rothe 1994, 26 und Krause 1994, 38 f.

Torgensi exstructi, beides Werke des humanistischen Dichters, Inhabers des Wittenberger Poesielehrstuhls und späteren Jenaer Universitätsrektors Johann Stigel.[15] An der ersten Fassung des lateinischen Gedichtes, das dann auf der Bronzetafel verzeichnet wurde, war nachweislich auch Philipp Melanchthon als Redaktor und Vermittler zwischen Stigel und dem Kurfürsten beteiligt, ohne daß sein Anteil heute genau zu bestimmen wäre.[16]

Luther hatte in seiner Torgauer Predigt daran erinnert, daß es nach seinem Kirchenverständnis eigentlich keines speziellen Kirchengebäudes für den Gottesdienst bedürfe, denn nicht auf den Ort des Gottesdienstes komme es an, wie bereits dem Alten Testament zu entnehmen sei:

> Also sol dis Haus solcher freiheit nach gebawet und geordent sein für die, so alhie im Schlos und zu Hofe sind, oder die sonst herein gehen wollen, Nicht das man daraus ein sondere Kirchen mache, als were sie besser denn andere heuser, do man Gottes wort predigt, Fiele aber die not fur, das man nicht wolte oder kündte hierin zusamen komen, so möcht man wol draussen beim Brunnen oder anders wo predigen. Denn die Propheten haben auch den Tempel zu Jerusalem nicht so gros geachtet (sonderlich weil sie die Hohenpriester nicht daselbs leiden wolten) noch allzeit darinne gepredigt, Sondern hie und da, wie und wo sichs zugetragen hat, als in jren Schrifften wol zu sehen ist.[17]

Zugleich sei es grundsätzlich sinnvoll, einen gemeinsamen Versammlungsort beizubehalten, da so das Gebet kräftiger sei; allerdings sei daraus nichts über eine besondere Heiligkeit des Ortes abzuleiten. Die Argumentation entspricht Luthers Auslegung des Evangeliums zum 17. Trinitatissonntag: am Exempel der Heilung des Wassersüchtigen am Sabbat (Lc 14) wird gezeigt, daß nicht die starre Festlegung durch Ritus und Festkalender, sondern die rechte Haltung des Gläubigen den christlichen Feiertag ausmache:

> ... daß wir nicht an die zeit, stedte, haus odder Personen gebunden, sondern dieselben dazu nemen und gebrauchen nach unser gelegenheit und notdurfft, das wir miteinander Gottes Wort hören, miteinander Beten und dancken, welches am besten in der Samlung geschiht, da man allein umb des willen zusamen kompt, und hertz und gedancken weniger zurstrewet sind weder sonst, da ein jeder fur sich selb odder mit andern zuthuen hat, Also und darzu sol auch jtzt dieses Haus geweihet sein, nicht umb sein, sondern umb unsern willen, das wir selb durch

15 Zu Stigel s. jetzt Rhein 1997; Schäfer 1997; HUMANISTISCHE LYRIK 1286–1288 (m. Lit. bis 1994). Werke: VD 16 S 9028–S 9129.

16 Brief Melanchthons an Kurfürst Johann Friedrich, Wittenberg 26.11.1544 (Druck in: Corpus Reformatorum 5 [1838] 540 f. Nr. 3084); vgl. Krause 1994, 39 und Rhein 1997, 36 f.

17 WA 49 (1913) 592 f. – Zu diesem Abschnitt vgl. ergänzend die Erläuterungen K. Möseneders zum evangelischen Kirchenverständnis (1983, 172–175. 182–185 = ders. 1992, 110–112. 117–120).

Gottes wort geheiligt werden und bleiben, Also das wir dasselbe, so uns Gott gnediglich gegeben, auch helffen erhalten und ausbreiten.[18]

Die letzten Sätze dieses Zitates lassen einen weiteren reformatorischen Grundgedanken
anklingen, wenn Luther mit Nachdruck die Kirche als „Haus" bezeichnet: der Begriff
bezeichnet tatsächlich nicht mehr, als er auf den ersten Blick sagt, denn keinesfalls
handelt es sich bei der Kirche um ein „Gotteshaus" in dem Sinne, wie sie im katholischen Verständnis als „Wohnstatt Gottes" (vor allem aufgrund der ständigen Präsenz
des Allerheiligsten) interpretiert wird, sondern nur um eine Stätte der Verkündigung
und des Gebets, in der sich nur *in actu*, während der gemeinsamen gottesdienstlichen
Handlung, das Heilige manifestiert.[19]

Luther sprach nicht allen symbolischen Bestandteilen der Liturgie prinzipiell ihre
Bedeutung ab, stufte aber vieles des aus der alten Kirche Vertrauten und nicht ausdrücklich Verworfenen als Adiaphoron ohne praktischen Wert ein.[20] Diese relativ tole-
rante Haltung erstreckte sich jedoch ausdrücklich nicht auf jene Zeremonien, die traditionell die Kirchenweihe begleiten bzw. durch die sie als vollzogen gilt. Der strikten
Reduktion des Heiligen auf die *sola scriptura* und der damit verbundenen Definition
des Gottesdienstes als Dreiheit aus „Hören des Gotteswortes, Empfang des Sakramen-
tes und dankender Rühmung"[21] entspricht Luthers Ablehnung von *Chresem und reuchern* bei der Weihe und seine metaphorische Deutung der Rolle von Prediger und
Gemeinde: Das gemeinsame Hören des Gotteswortes und das Gebet nehmen die Stelle
des Räucherwerks und des Weihwassers ein:

> Mein lieben Freunde, Wir sollen jtzt dis newe Haus einsegnen und weihen unserm HERrn
> Jhesu CHRisto, Welches mir nicht allein gebürt und zustehet, Sondern jr solt auch zu gleich
> an den Sprengel und Reuchfaß greiffen, auff das dis newe Haus dahin gericht werde, das nichts
> anders darin geschehe, denn das unser lieber Herr selbs mit uns rede durch sein heiliges Wort,
> und wir widerumb mit jm reden durch Gebet und Lobgesang, Darumb, damit es recht und
> Christlich eingeweiht und gesegnet werde, nicht wie der Papisten Kirchen mit jrem Bischoffs
> Chresem und reuchern, sondern nach Gottes befehl und willen, Wollen wir anfahen Gottes
> wort zu hören und zu handlen …
> Dergleichen, das die andern Gottes wort hören und lernen und dazu helffen, das es rein gepre-
> digt und erhalten werde, Das ist recht feirtag halten und die stet oder Kirchen weihen und
> heiligen, wie wir (Gott lob) dieses Haus einweihen, Ja, dis predigampt ist der Sprengel, daran
> wir alle zu gleich sollen greiffen, uns und andere damit zu segenen und zu heiligen. Zum
> anderen, das wir Gottes wort, so wir gehöret, in unser hertz fassen und uns also damit bespren-

18 WA 49 (1913) 604.
19 Vgl. Luthers Äußerung in einer 1524 gehaltenen Predigt: … *wie man denn gewönlich die kirchen ein Gottshaus
    heisset, nicht das da Gott were, sondern das da Gottes wort gehöret und gepredigt wird (…) Wo nu das ist* (d. h.: das
    göttliche Wort), *daselbst ist auch sein Haus, und da wil Gott geehret sein* (zit. nach Hipp 1979, 434 f.). Vgl.
    Möseneder 1983, 182 (= ders. 1992, 117 f.).
20 Vgl. Goldammer 1960, 14–16. 33 f.
21 Goldammer 1960, 98 (K. Wessel).

gen … Zum dritten, so wir Gottes wort gehöret haben, das wir auch ein gemein Weyrauch oder Reuchwerck hinauff fur Gott bringen, nemlich das wir mit einander jn anruffen und beten … [22]

Aus den angeführten Predigtzitaten wird deutlich, daß ein Festgedicht auf das Ereignis keine Zeremonie traditioneller Art zum Thema haben kann. Wenn wir nun noch die künstlerische Gestaltung und Ausstattung der Torgauer Schloßkapelle hinzunehmen, so entfällt auch die Möglichkeit einer ausgiebigen Bauekphrasis weitgehend: abgesehen von der ambitionierten Konstruktion gleich zweier übereinanderliegender Emporen und der komplexen Gestaltung der Gewölberippen ist der Bau denkbar schlicht, und die Ausstattung war ganz an die evangelische Liturgie angepaßt und beschränkte sich auf die mit drei Reliefs geschmückte Kanzel [23] und einen einfachen Altartisch. Dieser wurde allerdings ein Jahr später mit einem großen Cranach-Retabel geschmückt; [24] die lange Zeit vertretene Auffassung, Luther selbst habe die Rückführung der Altarform auf die schlichte, nach allen Seiten hin sichtbare Mensa veranlaßt, läßt sich also nach den Quellenfunden der letzten Jahre nicht mehr aufrechterhalten. [25] Deshalb darf die heutige Form des Torgauer Altars nicht etwa als Beleg für die vermeintlich aus Prinzip karge lutherische Kirchenausstattung angesehen werden: Zum einen war die Torgauer Ausstattung im Herbst 1544 einfach noch nicht fertig, [26] und zum anderen war die Position des Reformators in dieser Frage nicht dogmatisch. Anders sah es bei der Frage nach dem Bau von Kirchen und dem dafür angemessenen Aufwand aus. In der Torgauer Predigt bekräftigte Luther seine Überzeugung, *das wir jm keine sondere Kirchen noch Tempel dürffen bawen mit grosser kost und beschwerung.* [27] Die Errichtung von Kirchen ist ausschließlich zweckgebunden, und da Luther die Werkgerechtigkeit ablehnt, nützt ihre reiche Ausschmückung ihrem Auftraggeber nichts. Wenn daher von Luther der Ausspruch überliefert ist, *Salomon hat niergent so einen schönen tempel gebauet, als itzunder Torga hat,* [28] so ist darin eher eine Mischung aus panegyrischem Topos und Genugtuung über den geglückten ersten „reinen" Kirchenbau zu sehen, kaum jedoch ein ästhetisches Urteil. Später ändert sich die protestantische Haltung zum Kirchenbau

22 WA 49 (1913) 588. 599. Vgl. ebda. 613 (das gemeinsame Schlußgebet als *Reuchfas*). Zur lutherischen Auffassung vom Weiheakt einige knappe Bemerkungen bei Goldammer 1960, 54f.

23 Vor einigen Jahren hat sie Andreas Rothe in einer Interpretation beschrieben, die mit ihrer Kombination von Kunstbeschreibung, Bildbetrachtung und verlebendigtem Nachvollzug des biblischen Geschehens dem Charakter der religiösen Bildekphraseis in der *Descriptio templi* verblüffend nahe kommt. Rothes Deutung (1994, 14–23) basiert auf der plausiblen Vermutung, Luther habe selbst die drei Bildthemen gewählt, und auf ihrer Verknüpfung mit den reformatorischen Grundsätzen *sola scriptura, sola gratia, sola fide.*

24 Krause 1994, 37 (ohne Nachweis), damals noch von A. Rothe bezweifelt (1994, 25), aber fast gleichzeitig aus Weimarer Archivalien belegt von Hancke 1995, 133.

25 Durchgehend wurde sie im ernestinischen Sachsen sogar erst um 1555 üblich (Klein 1992, 18).

26 Besonders betont hat dies jetzt Krause 1994, 37–39, nicht zuletzt um vor weitergehenden Schlüssen auf ein „bilderarmes" Gesamtkonzept zu warnen.

27 WA 49 (1913) 594.

28 WA Tischreden 5 (1919) 533 Nr. 6197.

merklich: auch eine würdige Ausstattung ist erwünscht, allerdings nicht zur Anbetung, sondern allenfalls als Hilfe für die *memoria*;[29] der älteren Haltung der Lutherzeit dagegen entspricht es, daß in Torgau auch die poetischen Quellen zu den künstlerischen Aspekten des Bauwerks schweigen. In den beiden Festgedichten von 1544 ebenso wie in Stigels überarbeitetem und erweiterten Gedicht *In dedicatione templi* finden wir stattdessen die von Luther in der Predigt entwickelten Gedanken fast identisch wieder:

1. Die Kirche ist zu Ehren Gottes bzw. Christi und sonst niemandes errichtet.[30]
2. Dies ist der erste Kirchenbau, der *unbeschmeisset funden wer | Vom Bapst und seiner Grewel gifft*;[31] Stigel führt später genauer aus, es gebe zwar manch andere lutherische Kirche, doch seien diese alle erst nach der Austreibung des falschen Kultes – *exploso Baale* – Christi würdig geworden.[32]
3. Aller falsche Schmuck möge fortbleiben, und nur das *wordt allein* werde hörbar.[33] Stigels Inschrift geht hierauf nicht im einzelnen ein; erst in seinem späteren Gedicht findet sich dazu eine längere neue Passage (*In dedicatione* ..., V. 33–40). Stigel faßt darin auch genauer, welche Rolle dem Glauben und Christus zukommt:

37   Traditur hic simplex uerae doctrina salutis,
           Solius ingenuo fulta timore Dei,
       Totius hic uitae monstratur regula Christus,
40   Quaeque Deo acceptos nos facit esse, Fides.

4. Kurfürst Johann Friedrich wird als Erbauer gepriesen.[34]
5. Das Datum 1544 wird in einer dem Metrum angepaßten Weise genannt.[35]
6. Die Weihepredigt Luthers wird als Ruhmestitel in der Geschichte des Baus genannt. Hier hebt der deutsche Text stärker die von Luther selbst angesprochene Umdeutung der Zeremonie hervor (Cruciger V. 16–22):

---

29 Zu protestantischen Kirchenbautheoretikern vgl. Hipp 1979; Hammer-Schenk 1989, 461 f. 474 ff.; Mai 1994. Die sich wandelnden Auffassungen spiegeln sich indirekt auch darin wieder, daß im 17. Jahrhundert kunstbeschreibende Dichtungen auf protestantische Kirchen verfaßt werden wie in Ulm und Regensburg.
30 Cruciger V. 1–2; Dedikationstafel V. 7; Stigel, *In dedicatione* ... (Textvorlage: Stigel 1566, fol. O4ʳ–O5ʳ), V. 15. 37–39.
31 Cruciger V. 3–6 (Zitat V. 4 f.); ähnlich Dedikationstafel V. 11–14.
32 *In dedicatione* ..., V. 25–32. Die Gegenüberstellung des rechten und des falschen Gottesdienstes, versinnbildlicht durch die evangelische Feier einerseits und den Baalskult andererseits, ist ein geläufiges Thema der evangelischen (Bild-)Propaganda. Das in der Torgauer Kapelle seit 1545 aufgestellte Cranachsche Tafelbild zeigte Elias und die Baalspriester, das deutsche Festgedicht Crucigers war ihm mit der Funktion eines Titulus zugeordnet. Vgl. Findeisen – Magirius 1976, 194 f.; Badstübner-Gröger – Findeisen 1983, 242; Abb. des Gemäldes jetzt bei Krause 1994, 38.
33 Cruciger V. 7–8.
34 Cruciger V. 9–13; Dedikationstafel V. 5–8; *In dedicatione* ..., V. 10–16.
35 Cruciger V. 14–15; *In dedicatione* ..., V. 17–18; auf der Tafel ist das Datum bereits zuvor genannt.

Doctor Martin, der Gottes Man,
Die erst Predigt darinne that,
Damit dis Haus geweyhet hat.
Kein Cresam, Weyhwasser er braucht,
Kein Kertzen, Fahnen noch Weyrauch,
Das Göttlich Wort und sein Gebet
Sampt der Gleubigen dazu thet.

Johann Stigel hält in der Inschrift dagegen zunächst nur knapp das reine Ereignis fest (Dedikationstafel, V. 17 f.):

Primus uera docens habito hic sermone Lutherus
    Principium a Christi dogmate dulce dedit,

um dann in der späteren Fassung den Reformator umso ausführlicher und als bereits historische Persönlichkeit zu loben (*In dedicatione* ..., V. 19–24):

Primus in hoc habito ad populum sermone Lutherus
    Exposuit summi uerba timenda Dei,
Per quem uera Dei mundo doctrina renata est
    Versaque Pontificis gloria falsa iacet.
Sit tibi laus patriae pater optime, ad ardua coeli,
    Et patriam et patriae prouehis astra domum.

Zu diesen in allen drei Gedichten vorhandenen Elementen treten bei Stigel, insbesondere in der Langfassung *In dedicatione* ..., noch zwei weitere Gedanken hinzu, die für die Gesamtform dieses, zum Teil aber auch späterer evangelischer Festgedichte von Interesse sind. Zum einen geht es darum, das spezifische Verhältnis von Religion und evangelischem Landesfürstentum zu unterstreichen, zum anderen (nur in der Langfassung) um die Erhöhung der Anschaulichkeit für denjenigen Leser, der nicht in der Lage ist, *in situ* die Tafel zu studieren:

1. Seinem Charakter als Bauinschrift entsprechend enthält der ältere Gedichttext Angaben zu Erbauer, Bauwerk und Absicht. Das spätere Gedicht verleugnet stilistisch nicht seine Herkunft aus diesem Titulus, doch sind die teils neu hinzugefügten, teils geänderten Verse 13–16 der neuen politischen Lage angepaßt: 1547 hatte Johann Friedrich erhebliche Landesteile und dazu die Kurwürde eingebüßt, und sein Nachfolger, Johann Friedrich der Mittlere, konnte das Verlorene nicht wiedererlangen, sondern verspielte durch verzweifelte Unternehmungen weiteres Vertrauen und persönliche Macht.[36] Der vormalige Landesfürst hat seine *urbs* verloren (V. 16):

---

36 Klein 1992, 13 f. Die Vorgänge leiten die immer weitergehende Zersplitterung des Territoriums ein, die bis ins 20. Jahrhundert fortdauerte (Köbler 524 f.).

Dedikationstafel		*In dedicatione templi ... in arce Torgensi extructi*

<table>
<tr><td>5</td><td>Ioannes ideo princeps Fridericus ab alto
    Nobile Saxonico sanguine stemma trahens,</td><td>11</td><td>Hinc quoque Iohannes, Princeps Friderichus ab alto
    Nobile Saxonico sanguine stemma trahens,
    Qui ueluti scopulus mediis immotus in undis
    Contra omnes seruat dogmata uera minas,</td></tr>
<tr><td></td><td>Possit ut hic etiam Christi doctrina doceri
    Hoc templum patria iussit in **urbe** strui.</td><td>15</td><td>Posset ut hic etiam Christi doctrina doceri,
    Hoc templum patria fecit in arce strui.</td></tr>
</table>

Um der Inschrift mehr Würde und Gewicht zu verleihen, hat nun Stigel diesen Versen – in beiden Fassungen – noch eine Einleitung vorgeschaltet, die das Verhalten des Fürsten begründet. Dieser Teil erinnert stark an die aus dem Urkundenwesen geläufigen Einleitungsformeln (Arengen), mit denen die nachfolgend beurkundete Handlung unter Berufung auf allgemeine moralische Satzungen oder Rechtsgewohnheiten motiviert wird. Tatsächlich kann ja die Dedikationstafel in gewisser Weise den Charakter einer Gründungsurkunde beanspruchen, wozu nicht zuletzt das von Engeln gehaltene Wappen des Fürsten und sein Medaillonbildnis, einem Siegel nicht unähnlich, beitragen. In der überarbeiteten Fassung weitet Stigel den zuvor eng umgrenzten Wunsch des Fürsten, dem Gotteswort eine Verkündigungsstätte zu schaffen, zu einer weitgespannten Argumentation über die von Gott bestimmte menschliche Natur und über die Pflichten des christlichen Fürsten aus:

Dedikationstafel		*In dedicatione templi ... in arce Torgensi extructi*

<table>
<tr><td>1</td><td>Qua Deus aeternae dat nobis gaudia uitae,
    Vult Euangelii uox ut ubique sonet,
Ac hominum mandat coetus in templa uocari,
    Addant ut studiis uota ibi uera piis,</td><td>1</td><td>Cum Deus humanis diuinum mentibus ignem
    Inserat, ut per se recta uidere queant,
Ipse etiam humani consortia mutua coetus
    Instituens, socium nos cupit esse genus,</td></tr>
<tr><td></td><td></td><td>5</td><td>Vt doceant alios alii de cultibus illis,
    Quos pia scit soli uita placere Deo.
Nec tantum ad simplex haec spectat functio uulgus,
    Praecipue heroes sed decet illa Duces,
Quos idem ingeniis auctos praefecit, ut essent</td></tr>
<tr><td></td><td></td><td>10</td><td>   Qui regere ad coelum uulgus inane queant.</td></tr>
<tr><td>5</td><td>Ioannes ideo ...</td><td></td><td>Hinc quoque Iohannes ...</td></tr>
</table>

2. Schließlich hat Stigel für die veränderte Fassung *In dedicatione ...* auch einen neuen Schluß geschaffen, der mit dem vom Titel nahegelegten Anspruch korrespondiert, das Stück beziehe sich unmittelbar auf die Weihefeier. Der Dichter fügt hier geschickt eine Adaptation des Gebetes an, mit dem Luther nach der Predigt den Einweihungsgottesdienst beendet hatte. Seine Bitten um Erhaltung der heiligen Kirche und des Gotteswortes, für *alle Regiment und gemeinen fride in Deudschen Landen* und Bewahrung

gegen Teufel und Papst, für Landesherrn und Untertanen[37] faßt Stigel in einer lateinischen Variation des 1542 entstandenen Lutherliedes „Erhalt uns Herr bei deinem Wort" zusammen (*In dedicatione*, V. 45–50):

> Adsere nos uerbumque tuum, Deus optime, serua,
> Et rabiem Turcae Pontificisque preme,
> Qui tecum aequali regnantem numine Christum
> Conantur patrio praecipitare throno.
> Da pacem, defende tuos, tibi semper ut omnis
> Posteritas laudes hic et ubique canat.

An dieser Stelle ist noch einmal an die poetischen Adaptationen der *Precatio Salomonis* zu erinnern, wie wir sie in den über ein halbes Jahrhundert später entstandenen jesuitischen Festschriften kennengelernt haben. Mit Stigels und dem folgenden Stück des Pomarius, aber auch mit den Einweihungsgebeten der Superintendenten aus Ulm und Regensburg zusammengestellt, zeigen diese Gedichte mit ihren zum Teil direkt gegeneinander gerichteten Bitten wie in einem Brennglas das verzweifelte Neben- und Gegeneinander zweier mit fast identischen Mitteln kämpfender Parteien, deren jede von ihrem „Einheitsverlangen" (M. HECKEL) nicht lassen konnte.

3. Die Wiederherstellung von Kloster Berge vor Magdeburg und das Festgedicht des Pomarius

Ein zweites Beispiel früher protestantischer Festdichtung zu einer Kirchenweihe soll genannt sein. Unter dem Titel *ΠΑΝΗΓΥΡΙΚΟΝ in instaurationem noui templi Bergensis apud Magdeburgam*[38] pries der Magdeburger Pastor Johannes Pomarius (Baumgarten) die im Sommer 1563 wiederhergestellte Klosterkirche des Konvents Berge(n)[39] und den Initiator der Restaurierung, den zum evangelischen Glauben konvertierten letzten Abt Peter Ulner.[40]

Das am Südrand der Magdeburger Altstadt über der Elbe gelegene Benediktinerkloster, an dessen Stelle nach der Zerstörung aller Bauten (1813) in den Jahren 1824–29 ein Landschaftspark nach Entwurf P. J. Lennés angelegt wurde, war im 15. Jahrhundert der Bursfelder Reformkongregation beigetreten, doch die Ereignisse des frühen

---

37 WA 49 (1913) 613 f.

38 Vollst. Titel s. Lit.-Verz.

39 Grundlegend: Hoffmann u. a. 1885, passim; Schrader 1973, 85–89; ders. 1977, 33–37. Zur Kirchengeschichte Magdeburgs im konfessionellen Zeitalter s. jetzt Schrader 1993; in den Wertungen dem Zeitgeist verpflichtet, doch als ereignisgeschichtlicher Abriß noch nützlich Gericke 1975, 70–88. Für weitere briefliche Informationen danke ich herzlich Frau M. Gehrmann (Landesarchiv Magdeburg).

40 Zu Ulner (1523–1595) s. Hoffmann u. a. 1885, II 41; Holstein 1885, 511–514.

16. Jahrhunderts stellten sein Weiterbestehen in Frage: 1525 wurde die Anlage durch eine Abteilung Magdeburger Bürger, die eigentlich zum Schutz im Bauernkrieg angefordert worden war, geplündert (die Altstadt war schon im Jahr zuvor evangelisch geworden) und die Einrichtung bis hin zur Orgel abgebrochen. Gut zwanzig Jahre später folgte eine neuerliche, diesmal mit regulärem Militär durchgeführte Besetzung des Konvents von seiten des Stadtrates, die mit fortifikatorischen Bedürfnissen im Zuge des Schmalkaldischen Krieges begründet wurde und zum völligen Abriß der Baulichkeiten führte.[41] Erst mit der Berufung Ulners zum Koadjutor von Berge (1559) und seiner Nachfolge im Amt des Abtes (1561) schien eine Wende möglich, doch verlief sie anders als erwartet: zwar kam der Wiederaufbau rasch voran (abgeschlossen bis 1563), doch in der ersten Predigt, die Ulner 1565 in der neuen Kirche hielt,[42] erklärte er seine und der etwa vier verbliebenen Klosterinsassen Abkehr von der katholischen Kirche, stellte sich also gegen das ihm vorgesetzte Domkapitel. In den darauffolgenden Jahren betrieb Ulner mit Erfolg die Umwandlung von Berge in ein „Schulkloster“, in dem ein Dutzend Schüler von Predigeramtskandidaten unterrichtet wurden.

Peter Ulners Einweihungspredigt ist heute nicht mehr auffindbar; wir dürfen aber annehmen, daß sich Johannes Pomarius zumindest teilweise an ihr orientiert hat. Der auch sonst schriftstellerisch und poetisch tätige Pastor, von dem auch eine Beschreibung des neuen Magdeburger Jakobikirchturms in lateinischer und deutscher Sprache bekannt ist,[43] hat in seinem Πανηγυρικόν, das insgesamt 346 Verse (in Distichen) umfaßt, auf mehrere prominente Ereignisse bzw. Dokumente der Reformationsgeschichte Bezug genommen.

Das Gedicht beginnt mit einem breit ausgeführten Vergleich, in dem die Fürsorge einer Mutter für ihr Kind von dessen ersten Regungen im Mutterleib bis zum Erwachsenwerden mit der Sorge Gottes für seine Tochter Ecclesia verglichen wird. Diese äußert sich besonders in der Einsetzung von Königen und anderen Herrschern als Beschützern der Kirche. Zu ihren Aufgaben gehört nun nach Pomarius ausdrücklich auch der Bau von Kirchen: *et statuant laudi templa dicata Dei* (V. 12, fol. A2^r). Bereits hier wird sichtbar, daß Pomarius nicht (mehr?) strikt der erwähnten Ansicht Luthers folgt, nach der die Kirche ein temporärer Zweckbau und notfalls auch entbehrlich ist. Mit dem Argument (fol. A2^v)

---

41 Hoffmann u. a. 1885, I 389f. 481f. II 13 Anm. 2.

42 Am 17. Sonntag nach Trinitatis (= 14. Oktober): Holstein 1885, 510. Die gleiche Angabe macht das „Weiße Buch des Klosters Berge" (ms. s. XVII im LA Magdeburg, S. 307); unzutreffend ist demnach wohl das Datum bei Hoffmann u. a. 1885, II 41 (25. August = 10. Sonntag nach Trinitatis). Nach dem „Weißen Buch" nahm Ulner die Reformation des Klosters am 9. September (12. Sonntag nach Trinitatis) vor.

43 Pomarius 1583a; ders. 1583b; vgl. Hoffmann u. a. 1885, II 196. Nach einem handschriftlichen Eintrag auf dem Wolfenbütteler Exemplar des Πανηγυρικόν starb der jüngere Pomarius im Jahre 1588; das Zedlersche Lexikon (Bd. 28 [1741] 1351f.) hat bei dem zweiten dort behandelten Pomarius, der wohl mit unserem Dichter identisch ist, fälschlich die Notiz über den Sterbetag seines älteren Namensvetters (* 1514, † 18. 3. 1578) wiederholt, ist also für die Biographie unbrauchbar.

Nam genus ad tales humanum condidit usus (*sc.* Deus),
     Vt celebret merito laudis honore Deum
15 Extruat atque aedes et certa **habitacula**, quae sint
     Doctrinae sedes **hospitiumque Dei**,
In quo uersetur, precibus quaeratur et in quo
     A sera possit **posteritate** coli,

führt er sowohl die Vorstellung von der Wohnstatt Gottes als auch den Anspruch auf einen dauerhaften Bestand des Bauwerkes wieder ein. Einiges davon erklärt sich aus der festlichen Entstehungssituation des Gedichtes, und der Wunsch nach langem Bestehen mag auch aus Rücksicht auf die an Katastrophen reiche Vorgeschichte von Berge in dieser Form geäußert worden sein. Insgesamt ist jedoch eine weniger strikte Haltung zur Frage des Kirchenbaus festzustellen, die sich auch im weiteren Verlauf des Πανηγυρικόν wiederholt zeigt.

Ähnlich verhält es sich mit der nun folgenden theologischen Rechtfertigung. Unter Zuhilfenahme einer langen Reihe von Beispielen, die dem Alten Testament entnommen sind, demonstriert Pomarius, daß die Errichtung von Altären und Predigtstätten von den Anfängen an üblich war – ein wichtiger Punkt in der konfessionellen Kontroverse, mußte doch stets der Nachweis geführt werden, daß ein kirchliches Institut nicht etwa spätere Zutat und damit Verunreinigung der reinen Lehre war. Gewissenhaft verzeichnet daher Pomarius das erste Beispiel solcher Einrichtungen noch *vor* dem Sündenfall (fol. A2ᵛ) –

21   … ante suum gens faelicissima lapsum
     Ceu templum incoluit te, Paradise, sacrum,
   In quo suggestus fuit arbor et ara precantum
     hoc lignum, uetuit quod uiolare Deus –

und benennt Adam als ersten Erbauer steinerner Altäre und ersten Prediger. Die Reihe setzt sich über Noah, Abraham, Jakob, Samuel und Moses fort bis zu Salomo, der auch hier als Bauherr des bedeutendsten Tempels figuriert (V. 47 f. = fol. A3ʳ Z. 9 f.: *sublimibus alta columnis | … templa*); entscheidend ist jedoch die direkte Traditionslinie bis auf die Heutigen, durch die die Legitimität der Tradition gesichert ist:

53 Haec et plura quidem, qui dia uolumina uatum
     Inspicit, a **nostris** facta uidebit **auis**,
   Qui **tanquam manibus** uerae documenta salutis
     Nobis filiolis exhibuere **suis**.

Wo solche *nutrices* (V. 57; vgl. die Bildlichkeit des Gedichtanfanges!) fehlen, droht dagegen die Religion durch *fera barbaries et deprauatio recti* (V. 61) verdrängt zu werden. Pomarius baut nun geschickt eine Polemik gegen die alte Kirche auf, indem er zunächst beispielshalber auf den Islam und auf Indien verweist, wo die Anrufung von *brutae ferae* (V. 66), die Anbetung von „Holz, Metall und Erz" (V. 67 f. = fol. A3^v Z. 1 f.) zum Alltag gehöre. Mit der pointierten Wendung

> 71   Nulla ex parte iuuant et **non sunt numina, tantum**
>   **Nomina**, quae certe nil rationis habent

ist dann die eigentliche Zielrichtung klar: die nächsten Verse bilden eine scharfe Invektive gegen den Heiligenkult des Katholizismus, der von der „Hyäne in Latium" (V. 77 f.) propagiert werde. Hier bricht die ganze Schärfe der antipäpstlichen Flugschriften aus der ersten Jahrhunderthälfte noch einmal hervor (das Tridentinum ist soeben abgeschlossen); einen ersten Höhepunkt erreicht die Tirade in der – nach dem Vorhergehenden immerhin konsequenten – Behauptung, das Papsttum habe die zuvor von den Vorfahren (der vom Autor vertretenen Rechtgläubigen!) errichteten Kirchen nachträglich entstellt:

>   Templaque, quae **nostri quondam fecere parentes**,
> 90   Ausi sunt nugis commaculare suis.

Mehrmals noch dringt der Autor im Invektivenstil mit direkter Anrede auf seine Gegner ein (V. 93 f.; 107 f.), um ihnen Bestrafung zu prophezeien. Nicht zufällig erinnert er dabei besonders an die Episode von der Vertreibung der Händler aus dem Tempel, die auch eines der drei Reliefs an der Torgauer Kanzel zeigt: von hier aus ließ sich vorzüglich eine weitere Invektive gegen den Ablaßhandel anschließen (V. 113–132 = fol. A4^r Z. 19–A4^v Z. 10). Dies wirkt, ähnlich wie die antirömischen Scheltworte zuvor, im Jahr 1565 etwas verspätet, doch wird beim weiteren Lesen des Πανηγυρικόν klar, daß Pomarius eine Art Siegesgeschichte des Luthertums in bedeutenden Episoden geben will. Auf die alttestamentarische Begründung von Kanzel und Altar und auf ihre anschließende Depravation folgen das Auftreten des Reformators als Wiederherstellung des rechten Zustandes und die Erleuchtung evangelisch gesinnter Fürsten:

>   Sancta Deus mens est, sancta uult mente uicissim
>   Et purus pura relligione coli,
> 135   Idcirco ornatum diuina luce Lutherum
>   Atque pios nobis siuit adesse duces.

Als segensreicher Herrscher wird, ungeachtet der dramatischen Niederlagen, Titel- und Landverluste im Jahr 1547, besonders der (gewesene) sächsische Kurfürst herausgehoben. An dieser Stelle kontaminiert Pomarius allerdings, wie es scheint, zwei Herrscherfiguren (V. 165–174): der von ihm nur als *Fridericus* Angesprochene vereint die Großtaten Johann Friedrichs (Bau des neuen Hartenfels) und Friedrichs des Weisen (Gründung der Wittenberger Universität) in seltsamer Weise miteinander. Wichtiger als diese Unklarheit dürfte indes der Rückgriff auf die Torgauer Kapelleneinweihung und Luthers Predigt von 1544 sein, die Pomarius so in den Rang eines evangelischen Fundamentaldokuments erheben will:

```
        Vt reliquos taceam: quos non, Friderice, subisti
160         Casus? o saecli luxque decusque tui.
        Quas non insidias, quos non expertus es astus,
            Quae non gessisti pro grege bella Dei?
        Pace uigente sacram non paruis sumptibus aedem
            Extruxti, fidei ceu monimenta tuae,
165     Torga ubi dicta iacet Mysorum nomine gentis,
            Quam circa fluidis labitur Albis aquis.
        Hanc consecrauit sanctis sermonibus ipse
            Lutherus, primus dogma salubre docens.
        Non dicam quanta spretas bonitate camaenas
170         Iuueris, ad sacras quae dederisue domos.
        An non est flauim per te Schola condita ad Albim
            Mons ubi VuitKindi nomen adeptus habet?
        Vnde Euangelii primum doctrina refulgens
            Deterso coepit clara nitere situ.
175     Nulla tuas igitur uirtutes opprimet aetas,
            Sed potius nomen tollet ad astra tuum.
```

Daß fürstliche Tatkraft und Überzeugung allein nicht ausreichten, hatte indes seit 1547 kein anderes Land dramatischer erfahren als das ernestinische Sachsen. Aus der Sicht des Magdeburger Autors mußte das Schicksal des benachbarten evangelischen Fürstentums umso bedrohlicher erscheinen, als dort seit Jahren auch die Ruhe innerhalb der augsburgischen Konfession dahin war: insbesondere seit dem Eingreifen des Flacius Illyricus war in Sachsen eine Kette erbitterter dogmatischer Streitigkeiten ausgebrochen.[44] Vor diesem Hintergrund dürfte Pomarius' Gedanke (V. 179 ff.) zu lesen sein, daß nur in Christus, in seiner Verkündigung und in seinem Lob eine friedliche, „halcyonische" Zeit für die Kirche möglich sei. In Vers 189 scheint „Ein feste Burg ist unser Gott" anzuklingen; neben der sinnbildlichen Bedeutung klingt aber auch hier wieder Pomarius' persönliche Hochschätzung von Sakralbauten an, die die eigentliche Heimstatt des frommen Christen seien (V. 197):

```
        Hinc etiam apparet mitis clementia Christi
            Seruantis miris agmen in orbe modis.
        Qui uelut in paruis rabiosa per aequora nidis
180         Halcyone pullos seruat alitque suos,
        Sic et in aduersis sua sustinet agmina rebus,
```

---

44 Klein 1992, 20 f.

> Solus et est populi portus et aura sui.
> Nam licet in scopulis durisque Ecclesia saxis
> > Fluctuet a saeuis exagitata notis,
> 185 Huic tranquilla tamen Deus Halcedonia praestat
> > Et rabido placidos praebet in orbe locos.
> Quid maius meliusue precor, quid gratius unquam
> > Hoc posset nobis munere ferre Deus?
> Nulla domus, non ulla piis iucundior arx est,
> 190 Quam qua doctrinae uox sonat ampla sacrae.
> Faelix in tali quisquis uersabitur aula,
> > Laudet ut haud ficta relligione Deum
> Et dominum Sabaoth faelicibus inuocet hymnis
> > Et gratum grato concinet ore melos.
> 195 Vera piis patria est Ecclesia, **templa penates**,
> > Quosque colant patrii sunt sacra tecta lares.

Daß eine solche Kirche ausschließlich zur Verkündigung des Wortes dienen darf und in ihr nur die Sakramente von Taufe und Abendmahl gespendet werden dürfen, ist selbstverständlich (V. 199–203).

Mit diesen Überlegungen findet das Gedicht des Pomarius inhaltlich einen ersten Abschluß. Durch die Rekapitulation von Reformationsgeschichte und evangelischem Kirchenverständnis ist der Hintergrund geschaffen, vor dem der Dichter nun unmittelbar auf den feierlichen Anlaß des Jahres 1565 eingehen will. Auch hierfür wird wieder recht weit ausgeholt: Pomarius ergänzt die Forderungen an eine ideale evangelische Kirche noch um den Lobgesang zur Ehre Gottes (V. 207 ff.) und begründet dann, man müsse Gott dafür danken, daß er fromme Beschützer des Glaubens erwähle. Zu diesen gehört auch Peter Ulner, an den sich nun das Gedicht wendet (V. 221 f.). Wiederaufbau der Klostergebäude und Hinwendung zum evangelischen Bekenntnis sind sein Verdienst; dabei wird die Konversion recht drastisch als Abkehr vom „Kult für Verstorbene" umschrieben (fol. A6ʳ):

> … templa Dei tristem perpessa ruinam
> > Curas expensis aedificare tuis;
> 225 Antea quae sanctis sacrata fuere patronis,
> > haec uero curas esse dicata Deo.
> Fama fidem fecit uestra haec delubra Iohanni
> > Baptistae atque aliis sacra fuisse uiris
> Et de Mauritii uel Petri aut nomine Pauli
> 230 Dicta, sed haud aequis sunt ea facta modis.
> Rectius in Christi (si uera fatemur) honorem
> > Sunt quam defunctis templa dicanda uiris.

Es folgen Überlegungen über Berechtigung und Wert der Kirchenweihe. Wie schon mehrfach zu beobachten war, mißt Pomarius dem Vorgang ebenso wie seiner Bindung an das Bauwerk mehr Bedeutung zu, als dies in Torgau der Fall war. So heißt es hier ausdrücklich:

237   **Grata** Deo res est, si quis delubra sacratum
           ad finem nato consecrat ampla Dei,

und angesichts der historischen Situation in Berge muß Pomarius auch der Umwidmung einer zuvor durch die Altgläubigen „befleckten" Stätte Positives abgewinnen. Dies geschieht wiederum mit Hilfe des typologischen Verweises auf den Baalkult, hier jedoch in provokanter Zuspitzung: als Vorlage dient die blutige Vernichtung des Kultes und aller seiner Priester durch den alttestamentarischen König Jehu. Zwar wird aus den folgenden Versen klar, daß niemand an eine derart gewaltsame Verfolgung der Katholiken denken soll, doch allein die Wahl des Vergleiches und die latente Identifikation des Heiligenkultes mit dem Götzendienst der Baal-Religion lassen die Schärfe der Konfrontation hinreichend erkennen:[45]

241   Cum Iehu celebres ascribant Biblia laudes,
           Quod uertit ficto templa dicata Deo,
       Fecit et hinc foedam multorum caede cloacam,
           Ne qua foret cultus quaerere causa nouos:
245   Quanta futura tibi laus est, qui templa redacta
           In cinerem et lapsas erigis ipse domos,
       Et non latrinam, sed diis cultibus aptos
           Extruis haud paruis sumptibus inde focos?

Wichtiger als diese insgesamt eher zum panegyrischen Aspekt des Gedichtes zu zählenden Gedanken ist nun aber die ausführliche Auslegung des Kirchengebäudes in V. 251–310 (fol. A6ᵛ Z. 21–A7ᵛ Ende). Sie ist aus zwei Gründen interessant: zum einen stützt sich Pomarius hier auf ein allegorisches Deutungsmodell Martin Luthers, zum anderen entwickelt er dieses (selbständig?) in anderer Richtung weiter.

In einer schon 1521 gehaltenen und noch im Sommer des gleichen Jahres gedruckten Predigt mit dem Titel *Sermon von dreierlei gutem Leben, das Gewissen zu unterrichten* hatte Luther eine Analogie hergestellt zwischen dem Tabernakel oder Bundeszelt Mose (im Luthertum später oft Stiftshütte genannt) in ihrem dreiteiligen Aufbau und der Gliederung des christlichen Kirchengebäudes in *atrium, sanctum, sanctum sanctorum* bzw. *kirchhoff, kirch* und *chor*.[46] Während nun aber Luthers allegorisierende Deutung darin besteht, daß er „diejenigen, die die Gerechtigkeit in der Erfüllung äußerer Vorschriften zu finden meinen, als *atrienses sancti* bezeichnet, die, die Gottes Gebote zu tun streben, als im *sanctum* Stehende, die aber, die an Christus glauben und den Heiligen Geist

---

45 Vgl. o. Anm. 32.
46 WA 7 (1897, ND 1966) 792–802; dazu Goldammer 1960, 89–91 (K. Wessel).

473

erhalten haben, als das *sanctum sanctorum* Betretende",[47] setzt Johannes Pomarius die Akzente anders. Für ihn ist das Kirchengebäude mit seinen verschiedenen Teilen Sinnbild des religiösen Lebens, in dem die einzelnen Teile aufeinander angewiesen sind. Diese Interpretation räumt der Architektur des Bauwerks wesentlich mehr Bedeutung ein als die Luthers; sie erinnert an die Allegorese in Eusebius' Predigt zu Tyros (hist. eccl. 10,4). Zugleich wird die abwertende Einschätzung des *atrium* als Ort rein äußerlicher Religionsausübung ganz aufgegeben, vielmehr gerade das Atrium (offensichtlich mit einer Reminiszenz an altchristliche Säulen-Vorhallen) als Ausgangspunkt der Deutung genommen, in der die *tecta* das Ganze bedeuten, zu dessen Wahrung und Gedeihen *patroni* wie die Kurfürsten oder der Abt von Berge als stützende *columnae* dienen müssen. Sie wiederum gründen auf dem festen Fundament *(bases, fundamina)* der Heiligen Schrift:

Atria marmoreis ornata fuere columnis,
260   Quas iterum bases sustinuere graues.
Fallor an illa tuum signant, Ecclesia, caetum
       Doctoresque docent quos decet esse tuos?
Tecta uelut solidis nequeunt caruisse columnis,
       Quas iterum fultas basibus esse iuuat,
265 Sic nequit eximiis caruisse Ecclesia Christi
       Patronis, curam qui pietatis agant,
Vt, quos optatis fortuna arrisit ocellis
       Et primum in mundo fecit habere locum,
Hi curent, ut sint bene firmis templa columnis
270   Fulta, ruat purus ne pietatis honor,
Constituant fidos in relligione ministros,
       Quorum opera Domini stet sine labe domus.
Et ueluti solidae non sunt sine base columnae,
       Sic fundamentis stent maneantque bonis,
275 Firma prophetarum cum sint fundamina uerae
       Doctrinae, sacri quos cecinere libri,
His innitendum est, ne quis pietatis ab usu
       Deuiet a uero deficiatue scopo.

Das Atrium dient hier also als Versinnbildlichung des funktionierenden Kirchengefüges. Welche Rolle kommt in dieser Interpretation den beiden anderen Teilen zu? Sie werden deutlicher als das allegorisierte Atrium direkt auf die Gestaltung des realen Kirchengebäudes bezogen: das Sanctum (V. 279–296) ist für Pomarius der Ort von Altar und Opferhandlung. Christus, „wie ein Lämmchen am Altar des Kreuzes geschlachtet" (V. 285), gebietet mit der Einsetzung des Abendmahles den Gläubigen,

---

47 Goldammer 1960, 89f. (K. Wessel).

ihre Seelen an ihm zu nähren; Aufgabe des Geistlichen ist es daher, Gebet und Abendmahl regelmäßig abzuhalten. Dabei ist seine Reichung *sub utraque* selbstverständlich:[48]

> Saepius ac animas, occiso in stipite, nostras
>> Corpore et effuso sanguine mandat ali.
> Quisquis es ergo sacros electus pastor ad usus
> 290 Cuique ministerii est cura gerenda Dei:
> Funde preces positis intercessanter in aris
>> Munus et hoc populis porrige utrumque piis.

Die Aufbewahrung der Bundeslade im Allerheiligsten *(sanctum sanctorum)* der „Stiftshütte" schließlich interpretiert der Dichter als Vorbild für Christi Gegenwart in der Kirche, neben der es nichts gleichermaßen Geehrtes geben dürfe (V. 297–302), und faßt abschließend zusammen:

> 303 Hac ratione sacrae fabricantur Numinis aedes;
>> Structura est talis grata placetque Deo.

Die noch verbleibenden rund 40 Verse fügen sich daran nicht ganz bruchlos an, da sie einiges des schon Gesagten wiederholen. Noch einmal betont Pomarius die ausschließliche Ausrichtung der Kirche auf Gott allein, noch einmal wird die Notwendigkeit geeigneter Hirten (V. 307 f. *ministri,* | *Qui pascant tenerum grata per arua gregem*) unterstrichen. In dieser Schlußpassage geht es jedoch darum, vor dem gelobten Abt Ulner ein eindringliches Bild des Pastorenamtes in der Nachfolge Christi zu entwerfen:[49] er soll seinen Beruf in Analogie zum Lamm (sowohl dem Opfertier als auch dem *agnus Dei*) als Opferdienst verstehen, aus dem ihm auch die Pflicht zum Bekennertum erwächst, in dessen Gefahren ihn jedoch Christus selbst beschützen werde. Auf die Segenswünsche des Panegyrikers, die gleichsam Teil eines Schlußgebetes sind, folgt die Bitte um stetes Wachsen und Gedeihen der Gemeinde (V. 341 f.), durch welches die neue Kirche erst ihre Berechtigung erfahre. Hier ist Pomarius der lutherischen Auffassung von der Kirche als (u. U. nur temporärem) Zweckbau zweifellos am nächsten gekommen:

> 341 Vt noua templa suae sint conuenientia laudi,
>> Christiadum magnus crescat et inde chorus.

Das Magdeburger Festgedicht kann unter literarischen Gesichtspunkten nicht als besonders gelungen oder anspruchsvoll bezeichnet werden; insbesondere das zeitgenössische Grundprinzip der *imitatio auctorum* ist nur wenig angewandt. Zwar finden sich

---

48 Zum lutherischen Abendmahlsverständnis vgl. Lohse 1995, 324–332.
49 Zu Luthers Auffassung vom geistlichen Amt vgl. Lohse 1995, 310–314.

einzelne Anklänge an Lehrgedicht,[50] Invektive[51] und an weitere isolierte Dichterverse,[52] doch im ganzen ist unübersehbar, daß der politische Inhalt wichtiger ist als die poetische Form. Reizvoll ist immerhin die panegyrische Passage über Kurfürst Friedrich, die auch als Inschrift eines Denk- oder Grabmals denkbar wäre. Die Gesamtkonzeption, die Weihe von Berge in eine konsequent entwickelte Kirchen- und Reformationsgeschichte einzuordnen, ist demgegenüber, trotz einiger Längen, recht überzeugend; die zahlreichen angesprochenen Themen bieten einen guten Überblick über die evangelische Kircheninterpretation der Zeit. Besonders die allegorische Deutung des dreiteiligen *templum* ist ein wertvolles Dokument, an dem erkennbar wird, weshalb eine *Descriptio templi* des uns von den Jesuitenfestschriften geläufigen Zuschnittes in dieser Sphäre kaum erwartet werden darf. Die grundsätzliche Reserve des evangelischen Theologen gegenüber dem geschmückten Bau, die bei aller Hochachtung vor dem Bauherrn und seiner Leistung auch im Πανηγυρικόν stets spürbar bleibt, läßt eine Darstellung architektonischer Details, aber auch möglicher Besonderheiten der Innenausstattung nicht zu.

Demgegenüber ist die reichere Baubeschreibung durch die nun zu betrachtenden reichsstädtischen Autoren aus Ulm und Regensburg umso auffälliger. In gewisser Weise vereinigen Johann Baptist Hebenstreit und Aegidius Schenthel die evangelische Kircheninterpretation früherer Autoren wie Pomarius mit deskriptiven Elementen, die aus anderen Traditionen stammen können. Hier ist, scheinbar im Widerspruch zum bisher Gesagten, auch mit detaillierten Beschreibungen evangelischer Kirchen bereits im 16. Jahrhundert zu rechnen, für die die kürzlich wiederveröffentlichten *Aeglogae* (1563) des Melanchthonschülers, *poeta laureatus* und Rostocker Poetiklehrers Johann Bocer (1526–1565) ein bemerkenswertes Beispiel bieten: Im sechsten dieser Gedichte,[53] die, wie in der pastoralen Dichtung üblich, sowohl echt bukolische als auch zeitgeschichtliche Themen durch den Mund „vergilischer" Hirtenfiguren behandeln,[54] preist Corydon vor seinem Gegenüber Lycidas ausführlich die soeben fertiggestellte Schloßkirche der mecklenburgischen Herzöge zu Schwerin. Die wohlgegliederte und sprachlich überzeugende Beschreibung von Außenansicht, Portalzone, Altar, Kanzel, Taufstein und weiterer Ausstattung zeigt indes bei aller Genauigkeit, worauf es dem Laien Bocer nicht ankam: eine Deutung des Bauwerks findet nicht statt; die konfessionelle Parteinahme beschränkt sich darauf, die neue Kirche pauschal gegen solche mit katholischem Ritus abzusetzen und den regierenden Fürsten als fürsorglichen Oberhirten zu glorifizieren.

---

50 Zu V. 13 *nam genus ad tales humanum condidit usus* vgl. Lucr. 5,1145 f. *nam genus humanum ... languebat.*
51 Z. B. V. 107 *auribus arrectis aduertite quaeso.*
52 Zu V. 267 *quos optatis Fortuna arrisit ocellis* vgl. Prop. 1,1,1 *Cynthia prima suis miserum me cepit ocellis.*
53 Bocer ed. Mundt 1999, bes. 58–71 (lat./dt.) und 156–162 (Kommentar).
54 Grundlegend: Grant 1965; vgl. auch Effe – Binder 2001, bes. 176–184.

Wenn daher im Dreißigjährigen Krieg die süddeutschen Reichsstädte eine Blüte der protestantischen *descriptio templi* erleben, so scheint es denkbar, daß die dortigen Autoren ihre Anregungen weniger Texten wie der Bocer-Ekloge verdanken, die bereits über ein halbes Jahrhundert zuvor weitab der Donau erschienen war, sondern daß vielmehr die relativ neuen Dichtungen auch der gegnerischen Konfession zu ihren Vorlagen zu zählen sind, ohne daß freilich hierfür bislang ein philologischer Beweis geführt werden könnte. Alternativ wäre u. U. an Beeinflussung durch Städtelobdichtungen zu denken, die allerdings, wie im ersten Teil dieser Arbeit gezeigt wurde, der Beschreibung von Einzelbauten kaum eine dominierende Rolle zugestehen.

II. Johann Baptist Hebenstreits Beschreibung
von Bau und Einweihung der Dreifaltigkeitskirche zu Ulm
(1621)

1. Die evangelisch-paritätische Reichsstadt Ulm am Anfang des 17. Jahrhunderts

Ulm[1] hatte im Jahre 1531 eine evangelische Kirchenordnung eingeführt, die von den oberrheinischen Reformatoren Ambrosius Blarer, Martin Bucer und Johann Oekolampad ausgearbeitet worden war. Damit erfuhr das Luthertum in der Reichsstadt zunächst eine von zwinglianischen Gedanken bestimmte Ausprägung. Noch im gleichen Jahr verließen Augustiner, Dominikaner und Franziskaner die Stadt. Von einer einheitlichen Konfessionsbildung kann jedoch für diese Zeit noch nicht gesprochen werden. Die Wendung Ulms zum Luthertum erfuhr, ebenso wie die fast aller anderen schwäbischen Reichsstädte, einen Rückschlag, als Karl V. 1548 per Dekret die Verfassung änderte und das auf Rat und Zünfte gegründete Stadtregiment durch ein patrizisches ersetzte.[2] Da die städtischen Oberschichten fast überall zu großen Teilen am katholischen Glauben festhielten, sollten nun altgläubige Minderheitsregierungen entstehen. Allerdings ist einzuschränken, daß die gemeinsame Zugehörigkeit zur ratsfähigen Schicht die Diskrepanzen zwischen Patriziern und Zunftvertretern oft nivellierte,[3] so daß der kaiserliche Reformversuch in sozialer Hinsicht zum Teil ins Leere ging; hinzu kam, daß vielerorts gar nicht mehr genug katholische Ratsfamilien vorhanden waren, um die Protestanten dauerhaft zu majorisieren. Zu einem wirklichen Umsturz der Verhältnisse kam es nur in Konstanz, das, rekatholisiert und mediatisiert, zur vorderösterreichischen Landstadt degradiert wurde.

In Ulm dagegen blieben die Katholiken im Rat dauerhaft in der Minderheit und wurden am Ende des 16. Jahrhunderts sogar völlig aus diesem hinausgedrängt. Die Stadt hielt jedoch am geduldeten Nebeneinander von protestantischer Bevölkerungsmehrheit und katholischer Minderheit fest und ist daher zu den „paritätischen" Reichsstädten zu zählen.[4] Zugleich bezog sie aber im rauher werdenden politischen Klima seit der Jahrhundertwende deutlich Position und trat 1609 der Union bei. Segensreich sollte für Ulm der rechtzeitige Ausbau eines starken Festungsringes werden, der seit 1617 entstand und die Stadt während des Dreißigjährigen Krieges vor Katastrophen bewahrte.

---

1 Das folgende nach Enderle 1993; zur Territorialgeschichte s. auch Köbler 639. Allgemein zu Ulm in der Frühen Neuzeit s. Specker 1977a, 107–198. Zahlreiche weitere Hinweise, insbesondere auch auf lokale Presseberichte, verdanke ich Dr. Gebhard Weig (Stadtarchiv Ulm).

2 Rabe 1989, 280 f.

3 Enderle 1993, 196 f.

4 Warmbrunn 1983, 11–15, bes. 13.

478

2. Die Dreifaltigkeitskirche
Baugeschichte und Einweihung

a. Baugeschichte und weitere Schicksale der Kirche

Die Errichtung der evangelischen Dreifaltigkeitskirche in den Jahren 1617–1621 markiert in baugeschichtlicher Hinsicht das Ende einer langen Übergangszeit in der schwäbischen Reichsstadt. Ein volles Jahrhundert nach dem Auftreten Luthers und über 80 Jahre nach dem Sieg der Reformation in Ulm begonnen, war sie der erste Kirchenneubau seit dem Konfessionswechsel überhaupt und zugleich die erste neue evangelische Kirche in der Stadt.[5]

Diese langen Zeiträume sind allerdings nicht ungewöhnlich. Erwin RALL wies bereits 1922 darauf hin, daß die unsichere politische Lage während des 16. Jahrhunderts den Protestanten den Bau von Kirchen stark erschwerte;[6] eine Ausnahme von dieser Regel bilden eigentlich nur die Schloßkapellen protestantischer Fürsten (Torgau, Stuttgart u.dgl.), die als Bestandteile der landesherrlichen Bauten und als private Andachtsräume einen besonderen Status besitzen. Zudem ist zu bedenken, daß vielerorts der unmittelbare Bedarf an evangelischen Predigtstätten zunächst durch die Übernahme der vorhandenen katholischen Kirchen gedeckt werden konnte. Um die Wende zum 17. Jahrhundert und bis zum Ausbruch des Krieges setzte dann in den protestantischen Territorien eine sehr intensive Kirchenbautätigkeit ein. Dabei handelte es sich nur zum Teil um echte Neubauten, wie sie zur gleichen Zeit in den katholischen Territorien im Zuge der Gegenreformation entstanden, häufiger um Erweiterungs- und Umbauten.[7]

In Ulm vermochte der sehr große Kirchenraum des Münsters über längere Zeit den Bedarf zu decken; hinzu kam die seit der Reformation von den Protestanten benutzte Kirche des Heiliggeistspitals, die allerdings nach Struktur, Akustik und Zustand für Predigtgottesdienste kaum geeignet war: die Belegung eines Teils der Kirche durch die Bettlägerigen des Spitals, mehrere Sicht und Gehör beeinträchtigende Querwände sowie die allgemeine Baufälligkeit des mehrere Jahrhunderte alten Baus ließen Abhilfe als dringend notwendig erscheinen.[8] Im Jahr 1615 wurde ein grundlegender Umbau erwogen, doch nach dem Einsturz einer Wand im Spital im folgenden Jahr nicht weiter verfolgt. Stattdessen setzten sich der Superintendent und Münsterprediger Conrad Dieterich und andere Geistliche mit einer ausführlichen Denkschrift an den Rat durch, in der sie im April 1616, einen älteren Plan wieder aufnehmend, empfahlen, die seit

---

5 Literatur zur Dreifaltigkeitskirche: Keppler 1888, 359 (Kurzaufnahme, Architektenangabe falsch); Endriß 1911 (grundlegend); Rall 1922, 31–33; Wortmann 1975; Hipp 1979, 1638 (Kurzaufnahme); Rieber 1984.
6 Rall 1922, 8.
7 Als Beispiel kann die Aufstellung für den schwäbischen Raum bei Rall 1922, 8f. dienen.
8 Zur Spitalkirche s. Endriß 1911, 331–340.

mehr als acht Jahrzehnten verwaiste Kirche des früheren Dominikanerklosters („Predigerkirche"), einen gotischen Bau des frühen 14. Jahrhunderts, als zweite evangelische Pfarrkirche der Stadt herzurichten. Das Kloster war nach so langer Zeit des Leerstands jedoch ebenfalls weitgehend ruiniert, die Kirche seit den 1550er Jahren nicht mehr benutzt worden; Pläne zu einer Wiederherstellung als evangelisches Predigerhaus waren im Sande verlaufen. Das Gutachten der Kirchenvertreter kam daher in letzter Minute: schon fehlten Dach und Turm, und es lagen erste Anträge auf eine Nutzung der Ruine als Steinbruch vor.[9] Diese wurden nun allerdings strikt abgelehnt, und die Argumente Dieterichs und seiner Mitstreiter für eine Wiedererrichtung der Kirche bieten über den lokalen Rahmen hinaus exemplarische Einblicke in die Überlegungen der Zeit. Neben allgemeinen Grundsätzen wie der Fürsorgepflicht der Obrigkeit, aber auch der Pflicht zur dankbaren Erhaltung überkommener Bauten[10] bildet insbesondere die schwelende konfessionelle Kontroverse den Hintergrund. So wird gefordert, den Katholiken keinen Anhaltspunkt zu der Verleumdung zu bieten, die Protestanten vernachlässigten systematisch die ihnen von der alten Kirche zugefallenen Baulichkeiten. Auch dürfe man nicht zu augenfällig hinter dem von der Gegenseite betriebenen Aufwand bei Kirchenneubauten zurückstehen, mit dem diese den *Jesuiten, Mönchen und Pfaffen königliche Kirchen, Paläste und Sacellen … mehr denn willig aufzurichten* pflege. Schließlich ist die Befürchtung bezeichnend, ein weiteres Brachliegenlassen des Klosterareals könne mit einer Besetzung desselben durch die Jesuiten oder einen anderen Orden enden.[11] Ein expliziter Zusammenhang mit dem 100jährigen Reformationsjubiläum 1617 ist dagegen weder aus den über diese Feierlichkeit erhaltenen Quellen noch aus den Bauakten nachweisbar; dieser von ENDRISS[12] geäußerte Befund findet seine Bestätigung auch in der eher beiläufigen Art und Weise, wie der Festdichter Hebenstreit das Jubiläum erwähnt. Allerdings hatte die Erwähnung des Lutherjahres in Dieterichs Predigt[13] vermutlich zur Folge, daß in der lokalen Überlieferung ein Zusammenhang konstruiert wurde und sich allmählich durchsetzte.

Das Gutachten wurde vom Rat umgehend akzeptiert und bereits wenige Wochen später in die Tat umgesetzt. Unter der Leitung von Martin Bantzenmacher entstand unter Einbeziehung des alten Chors und der Sakristei und unter Verwendung der vor-

---

9 Endriß 1911, 346 f.

10 Dieser durchaus modern wirkende Gedanke findet sich auch in anderen Publikationen Dieterichs, so in der Münsterpredigt von 1615, in der der Prediger darin erinnert, daß das Münster nicht nur Gottes Ehre diene, sondern auch die Schönheit der Stadt mehre. Überdies trage der Bau die Kunde von *unser Religion unnd gottesdienst* billigerweise über die Grenzen hinaus zu *meniglichen Außländischen* (zit. nach Hipp 1979, 468). Zu solchem vormodernen denkmalpflegerischen Denken und Handeln vgl. Götz 1956 (frdl. Hinweis v. Stephan Reinert, Dresden).

11 Endriß 1911, 358 f. – Das Dokument ist (nach Endriß) auch bei Hipp 1979, 477 f. ausgeschrieben.

12 1911, 366.

13 ULMISCHE KIRCHWEYH PREDIGTE S. 25: … *hat jhnen Gott der Allmächtig jhre Hertzen gerühret, daß sie ein newen Kirchenbaw auffzuführen gedacht, dessen Anfang sie in Gottes Nahmen inn unserem nechst verflossenen Evangelischen Jubel Jahr, als inn Anno 1617, gemacht.*

handenen Grundmauern ein neuer Saalbau mit hölzerner Empore und ornamentverzierter Flachdecke, der binnen kurzer Zeit emporwuchs. Schon im Herbst 1618 war der Dachstuhl errichtet, das folgende Jahr brachte hauptsächlich Arbeiten an der „Borkirche" (Empore),[14] und bei der Einweihung im September 1621 war auch der größte Teil der Innenausstattung vollendet. Im Nordosten entstand ein neuer Turm mit Zwiebelhaube *(Abb. 30).*[15]

Anders als bei einigen der bisher vorgestellten katholischen Kirchen (Würzburg, Mainz, Porrentruy, Molsheim) sind wir über die ursprüngliche Ausstattung der Ulmer Dreifaltigkeitskirche auch noch aus moderner Zeit gut unterrichtet. Der schon zitierten Behandlung des Gebäudes durch J. ENDRISS vom Jahre 1911 verdanken wir eine genaue Übersicht über die damals noch fast vollständig erhaltene Erstausstattung aus dem 17. Jahrhundert. Dies ist umso wichtiger, als nur wenige Jahrzehnte nach dieser Bestandsaufnahme, am 17. Dezember 1944, die Kirche und mit ihr das gesamte Inventar dem ersten Vernichtungsbombardement auf Ulm zum Opfer fiel.

Auf die Zerstörung folgte erneut ein lange Jahre währendes Ruinendasein. Das 1956 notdürftig überdachte Gebäude diente als Lagerraum, der Turm verfiel dagegen weiter und wurde erst 1977 durch das Aufsetzen einer neuen Haube gerettet. Für die Kirche selbst fiel 1979 die Entscheidung, sie zu einer evangelischen Begegnungsstätte umzubauen. Durch Einziehen einer Zwischendecke wurde der ehemalige Kirchenraum grundlegend verändert, einige Teile des ursprünglichen Dekors konnten jedoch erhalten werden. Seit 1984 firmiert die ehemalige Dreifaltigkeitskirche als „Haus der Begegnung".[16]

b. Die Einweihungsfeier am 16. September 1621

Anders als die großen Kirchweihfeiern der katholischen Landesfürsten stellte sich die Inauguration der Dreifaltigkeitskirche als städtisches Ereignis dar. Am Morgen des 16. September 1621 (alten Stils) versammelte man sich zunächst zum Frühgottesdienst im Münster, der städtischen Hauptkirche. Danach zogen Rat und Geistlichkeit feierlich in die neue Kirche ein, bevor auch der sehr großen Volksmenge Zutritt gewährt wurde, für die der Platz aber nicht ausreichte. Bewaffnete Wachen traten dem Ansturm der Schaulustigen entgegen, ohne des Tumultes ganz Herr zu werden. Über auswärtige Ehrengäste geben dagegen die zeitgenössischen Berichte keine Auskunft.[17]

Dem protestantischen Usus gemäß machte auch in Ulm die Verkündigung der Heiligen Schrift den eigentlichen Einweihungsakt aus. Nach einer Festmusik sprach Su-

---

14 Zum Begriff vgl. Schmeller I/1, 266 s. v. *Die Bor (Bar, Bàr).*
15 Der Bauverlauf ist nach den Ulmer Ratsprotokollen dargestellt bei Endriß 1911, 360–365.
16 Kurze Hinweise und Außenansicht des heutigen Baues bei Specker 1985, 26 und 28; vgl. auch Rieber 1984.
17 Eine kurze Beschreibung der Zeremonie aus den Quellen gibt Endriß 1911, 375 f.

perintendent Conrad Dieterich ausführlich über 1. Kön. 8,63: *Und Salomo opferte Dankopfer, die er dem* HERRN *opferte, zweiundzwanzigtausend Rinder und hundertzwanzigtausend Schafe. So weihten sie das Haus des* HERRN *ein, der König und ganz Israel.* Auch in Ulm diente also wiederum der Salomonische Tempel als *figura* des Kirchenbaus, doch nutzte Dieterich in seiner Auslegung die Gelegenheit, die unterschiedlichen Folgerungen zu vergleichen, die die Zeiten und Konfessionen aus dem alttestamentarischen Vorbild abgeleitet hatten. Es verwundert nicht, daß Dieterich zu diesem Zweck dieselbe dreiteilige Chronologie zugrundelegte wie schon Johannes Pomarius: am Anfang stand die *rechtglaubige* Kirchenweihe,[18] welche dann in der Papstkirche zum Spektakel verkommen sei.[19] Erst jetzt sei mit Luther der richtige Weg wiedergefunden, den man nun auch in Ulm gehe.[20]

Dieterichs Predigt, wiewohl sie eine der ausführlichsten erhaltenen Darlegungen lutherischen Verständnisses vom Kirchenbau sein dürfte, soll hier zunächst nicht genauer behandelt werden: zum einen hat bereits Hermann HIPP den Text in seiner Untersuchung zum lutherischen Kirchenverständnis ausgewertet,[21] zum anderen ist bei der Besprechung des lateinischen Festgedichts zur Dreifaltigkeitskirche noch auf ihn zurückzukommen.[22]

Der Vormittagsgottesdienst schloß mit einer weiteren musikalischen Darbietung und einem gemeinsamen Gebet; nach Mittag folgte – auch dies ein typischer Festablauf[23] – ein zweiter Gottesdienst, den nun der Gemeindepfarrer Balthasar Gockel abhielt. Auch seine Predigt behandelte die Tempelweihe Salomos, Gockel wählte jedoch als Ausgangspunkt die Verse 1. Kön. 9,1–9, die Mahnung Gottes an Salomo, die gottesfürchtige Haltung seines Vaters David auch selbst zu wahren, da sich Gott sonst von Israel abwenden, Verderben über das Land und Zerstörung über den Tempel bringen werde. Der Ulmer Geistliche leitete daraus eine „Apologie der Einweihung" (H. HIPP) ab und bezog so wiederum im konfessionellen Streit Position: die Passage aus dem Buch der Könige dient dabei als Beleg dafür, daß ein in der rechten Haltung geweihter Tempel das Wohlgefallen Gottes finden werde und durchaus nicht etwa als Adiaphoron zu betrachten sei:

> … ausserhalb dem Heyden- und Pabstumb so haben je und allwegen fromme gottsförchtige und eyferige Leuth dem Herren … Häußer Tempel und Kirchen erbawet und aufgerichtet (…) Es sein aber nicht allein von frommen und eyferigen Leuthen die Gotteshäußer Tempel und

---

18 ULMISCHE KIRCHWEYH PREDIGTE S. 4–10: *Wie und welcher gestalt die Kirchen vor uhralten Zeiten von den rechtglaubigen eingeweihet.*

19 ULMISCHE KIRCHWEYH PREDIGTE S. 11–24: *Wie und welcher gestalt die Kirchen im Pabstumb eingewyhet werden.*

20 ULMISCHE KIRCHWEYH PREDIGTE S. 25–36: *Wie und welcher Gestalt unser Newe Kirch einzuweyhen.*

21 Hipp 1979, 461 f. sowie ebda. 467–470 (über eine programmatische Münsterpredigt Dieterichs zum Thema Kirchenbau aus dem Jahre 1615; vgl. o. Anm. 10).

22 S. u., 5.

23 S. u., III (Regensburg).

Kirchen erbawen unnd in dem Baw erhalten worden unnd hette doch Gott ihrer nichts nicht geachtet: sondern ... Gott der Herr ein gnädiges und Vätterliches wolgefallen darob getragen ...[24]

Gekennzeichnet ist die *gottsförchtige* Art, eine Kirche zu weihen, aus Ulmer Sicht natürlich durch den Verzicht auf das zeremonielle Beiwerk der Katholiken und durch die ausschließliche Bestimmung der Kirche zum Gottesdienst. Zu beachten ist wieder die programmatische Verwendung des Begriffes *Haus*, weder im Sinne eines Profanbaues noch als eine Wohnstatt Gottes, sondern, gleichsam zwischen beiden Extremen, eines festen Ortes zur Feier des Gottesdienstes:

... nit zwar dergestalt, daß er mit Oel und Chrisam diesem Haus besondere qualiteten krafft und würckungen verliehen hette, sondern also und auff diese weiß hat der Herr das Haus geheyliget, daß es kein gemeines Haus solte sein, darinnen man hausen, essen, trincken, kauffen und verkauffen möchte, sondern es solle dem Gottesdienst gewidmet und verordnet sein.[25]

3. Das lateinische Festgedicht des Schulrektors Hebenstreit

a. Zum Autor

Die Dokumentation der Ulmer Kirchweihe wird vervollständigt durch ein umfangreiches lateinisches Hexametergedicht (413 Verse) aus der Feder des Ulmer Gymnasialrektors Johann Baptist Hebenstreit. Diese *Sylua extructionem dedicationemque templi SS. Trinitatis ... exhibens* erschien, wie der Titelzusatz *deproperata dictante M. J.-B. Hebenstreitto* (etwa „eilends verfertigt") andeutet, schon kurz nach den Feierlichkeiten und wurde wahrscheinlich gemeinsam mit den beiden ebenfalls bei Johann Meder erschienenen Predigtdrucken zum Kauf angeboten;[26] allerdings sind die Faszikel nicht, wie im Fall der in Kapitel III behandelten Regensburger Festschriften von 1631/33, durchgehend foliiert; dementsprechend fehlt ein gemeinsamer Obertitel.

Die *Sylua* übernimmt im Rahmen der Ulmer Festdokumentation, zu der neben den drei genannten Drucken auch ein kürzerer handschriftlicher Bericht zu zählen ist,[27] die Rolle eines Kommentars von humanistischer Seite. Während die evangelische Kirche die Inaugurationsfeier ganz auf Deutsch abhielt, hatte Hebenstreit Gelegenheit, sein Metier mit einem lateinischen Gedicht standesgemäß zu präsentieren. Ähnlich wie bei

---

24 Balthasar Gockel, Eine christliche Dedication- oder Einweihungs-Predigt, bei Einweihung der neuerbauten Dreifaltigkeits-Kirche gehalten zu Ulm, Ulm 1621, 12f., zit. nach Hipp 1979, 459.

25 Gockel (wie vor. Anm.) 9, zit. nach Hipp 1979, 463.

26 Das Wolfenbütteler Exemplar der SYLVA ist gemeinsam mit Dieterichs Predigt in einen Sammelband eingebunden: 184.22 Theol. (12) [KIRCHWEIH PREDIGTE] und (13) [SYLVA].

27 Cgm 3090 fol. 318ᵛ–319ʳ.

den Festschriften der Jesuiten läßt sich auch bei der Ulmer *Sylua* eine Verbreitung über den engen städtischen Horizont hinaus feststellen, so daß der Druck in gewissem Maße den Charakter einer „Zeitung" hat. Durch die geschickte Einbeziehung der lateinisch adaptierten Predigten in den Gedichttext wird die *Sylua* zu einer vollwertigen Berichterstattung über das festliche reichsstädtische Ereignis.

Über den Autor sind wir vor allem aufgrund der wichtigen Rolle, die Hebenstreit über lange Jahre bei der Neuordnung der von ihm geleiteten Ulmer Schule spielte, recht gut unterrichtet. Geboren in Augsburg als Sohn eines alsbald nach Lauingen versetzten Predigers, erwarb er an der Tübinger Universität den Magistertitel und wurde, wenigstens nach der Angabe seines Ulmer Biographen, auch mit dem Dichterlorbeer gekrönt.[28] Nach kurzer Tätigkeit an der Lindauer Schule wurde er 1610 als Rektor des Ulmer Gymnasiums berufen.[29] Dieses bestand seit seiner Lösung aus klösterlichem Patronat am Ende des 14. Jahrhunderts als Stadtschule und erfuhr seit 1557 unter dem Einfluß des aus Straßburg zugewanderten Martin Rabus eine starke humanistische Prägung. Am Beginn des 17. Jahrhunderts waren dann die Bemühungen unübersehbar, den Rang der Institution zu heben. Neue Fächer wie Dialektik und Rhetorik, aber auch für die Handelsstadt Ulm wichtige Fremdsprachen kamen hinzu, und in die Zeit von Hebenstreits Rektorat (bis 1623) fallen erste Pläne, das Gymnasium in akademischen Rang zu erheben und damit auch dem kleinen reichsstädtischen Territorium eine eigene, vorrangig praxisorientierte Ausbildungsstätte für Geistliche und Lehrer zur Verfügung zu stellen. Treibende Kraft hinter diesen Plänen, die 1622 verwirklicht wurden, war wiederum der Superintendent Conrad Dieterich.

Wie schon im ersten Teil dieser Arbeit erläutert, spielte die literarische Gelegenheitsproduktion zu feierlichen Ereignissen auch an protestantischen Schulen eine Rolle. Von der Ulmer Kirchweihe ist zwar nicht bekannt, daß zu diesem Anlaß die Schüler mit eigenen Beiträgen hervorgetreten wären – möglicherweise war man auch in dieser Hinsicht darauf bedacht, den kirchlichen Charakter des Ereignisses nicht zu verwässern.[30] Hebenstreit selbst kam es, nach der Widmungsadresse an den Rat der Stadt zu urteilen, vor allem darauf an, sich nach einigen Querelen um seine Person als zuverlässig und

---

28 Weyermann 291. Zwar ist der Titel des *Poeta Laureatus* um 1600 längst inflationär, doch wird er immerhin im Namen des Kaisers verliehen; insofern ist zu überlegen, ob Hebenstreit als Inhaber dieser Auszeichnung nicht darauf bestanden hätte, sie der Titelei der SYLVA hinzuzufügen, wo sie fehlt.

29 Specker 1977b.

30 Bei der zwölf Jahre später gefeierten Regensburger Kirchweihe gab es dagegen außer dem offiziellen Festgedicht noch weitere *carmina*, wie aus einer Notiz in dem handschriftlich erhaltenen Entwurf zur Festschrift hervorgeht; s. S. 513 m. Anm. 1. Inwieweit die häufig aufwendig inszenierten (vgl. z. B. für Regensburg Möseneder [Hg.] 1986, 27 f. [P. Lorey-Nimsch]) und für Ulm auch in Hebenstreits SYLVA als denkwürdig erwähnten Festlichkeiten zum Luther-Jubiläum 1617 unter literarischem Blickwinkel ein anderes Bild aufwiesen, wurde hier nicht im einzelnen überprüft. Vgl. u. Anm. 54.

amtseifrig in Erinnerung zu rufen.[31] Gleichwohl läßt ein Blick in den erhaltenen Lehrplan der Ulmer Schule die Vermutung zu, daß die *Sylua* zumindest in zweiter Linie auch mit Blick auf Schule und Unterricht entworfen sein könnte. Ein anderes Beispiel aus Hebenstreits Schaffen kann dafür zum Vergleich dienen: hier findet sich unter dem Jahr 1621 ein Daniel-Drama, das zunächst für das Schultheater konzipiert gewesen sein muß.[32] Augenscheinlich zog er den Text dann aber in späteren Jahren auch als Unterrichtsgrundlage heran, wie ein nachgereichter Kommentar zeigt.[33] Dies ist zum einen vergleichbar mit der Weiterverwendung von Beschreibungen aus älteren Festschriften im Rahmen von Schulbüchern (Exempelsammlungen), wie sie im Jesuitenorden praktiziert wurden;[34] zum andern ist an die übliche Abfassung von Musterreden und -gedichten durch die Verfasser von *Institutiones* zu erinnern.[35] Wie die Praxis am Ulmer Gymnasium im frühen 17. Jahrhundert aussah, können wir dank den erhaltenen Schulordnungen und Lehrplänen gut erkennen. Nach der von Hebenstreit maßgeblich mitbearbeiteten neuen Ulmer Schulordnung von 1613 war ausdrücklich vorgesehen, daß in der von ihm geleiteten VI. (= obersten) Klasse unter den Stilübungstexten auch Beschreibungen sein sollten:

> Jetzt taugt etwan teutsch ins latein, das latein ins griechisch zu versetzen; ein andermal ist es gut, das es geschehe modo inuerso; **bald gebe man ein pulchram ἔκφρασιν,** conformationem aut aliam figuram für, bald ein materiam, quae dilatetur ex regulis de copia uerborum et rerum, sententiae, chriae, apophtegmata, fabulae et similia progymnasmata adornentur, bis der tiro ein epistulam oder declamatiunculam proprio Marte angreiffen darff.[36]

Diese explizit auf die Progymnasmen-Tradition verweisende Passage umfaßt zwar nur Stücke in Prosa, doch ist der Unterschied von Prosa und Vers auf diesem Sektor eben kein grundsätzlicher, so daß man die *Sylua* ohne weiteres in den beschriebenen Zusammenhang einordnen darf. Sicherer Beleg hierfür sind die *Institutiones oratoriae* des Conrad Dieterich, die dieser bereits während seines Wirkens in Gießen verfaßt hatte und die an der Ulmer Schule die Grundlage des Rhetorikunterrichtes bildeten.[37] Aus dem Untertitel *De conscribendis orationibus* geht hervor, daß es sich nicht allein um eine Systematik, sondern vor allem um eine praktische Anleitung handelt. Dementsprechend

---

31 fol. Aᵛ: *Syluam hanc dedicatoriam atque alia omnia clientis et bene rem scholicam gerere satagentis ministeria dicat consecratque M. Johan-Baptista Hebenstreittus.*

32 Weyermann 294 Nr. 22. Weitere Ulmer *comoediae* dieser Zeit mit biblischen Themen verzeichnet Greiner 1912, 27.

33 Hebenstreit 1634.

34 S. o. S. 133.

35 S. o. S. 129 f. (zu C. Dieterich) und 134 f. (zu F. Neumayr).

36 *Des ganzen lateinischen schulwesens allhier in Ulm reformiert ernewerte ordnung und bestellung 1613, Sexta Classis,* zit. nach Greiner 1912, 56 f.

37 Zur Übernahme der Dieterichschen Lehrbücher in Ulm, wo auch Neuauflagen erschienen, s. Greiner 1912, 32 (wo die *Institutiones oratoriae* selbst fehlen). Vgl. ebda. 21 zur Verwendung weiterer Gießener Bücher in Ulm.

finden sich hier neben einer genauen Aufstellung der rhetorischen Formen und Kunstmittel auch verschiedene Musterreden. Beides hat den Entstehungsprozeß der Hebenstreitschen *Sylua* nachweislich beeinflußt: in den Marginalien, die die Gliederung seines Gedichtes veranschaulichen sollen, nimmt der Autor – wie übrigens später auch
sein Imitator in Regensburg – Dieterichs systematische Behandlung der Redeteile
wörtlich auf, und die Behandlung der dortigen Dreieinigkeitskirche in einem ekphrastischen Progymnasma entspricht der anspruchsvollen Ulmer Gebäudebeschreibung
des Münsterpredigers. Da ein derart enger Zusammenhang nicht häufig zu beobachten
ist, lohnt ein Blick aufs Detail.

Bei der Angabe der Gründe zum Bau der Kirche benennt Hebenstreit in seinen
Marginalnotizen den großen Andrang der Gläubigen zu den Gottesdiensten als *causa*
προηγουμένη sowie den Ratsbeschluß, das *große und hochärgerliche Auslaufen* der Bürger wegen Platzmangels zu unterbinden, als *causa* προκαταρκτική. Was hier genau
gemeint ist, lehrt der Blick in Dieterichs *Institutiones*. Dort heißt es im III., dem Ex-
ordium gewidmeten Kapitel:

> 6. Causae exordiorum desumi possunt ab omnibus argumentis logicis, potissimum uero … 3. a
> causa impulsiua, quae nos uel ad dicendum uel scribendum impulerit. est autem causa im-
> pulsiua duplex, uel προηγουμένη interior animi affectio, ut cum ostendimus nos beneuolentia
> aut charitate adductos scribere uel agere aliquid, uel προκαταρκτική exterior, obiecto aliquo
> exteriori suasionem ad agendum praebens.[38]

Das X. Kapitel der *Institutiones* behandelt in großer Breite das *genus demonstratiuum*.
Unter den verschiedenen Unterabteilungen finden wir an fünfter Stelle die epideik-
tisch-panegyrische Ekphrasis von Städten und Bauwerken.[39] Das ideale Bautenlob hat,
wie Dieterich mit einer selbst verfaßten *Commendatio Collegii Ludouiciani Giessensis* demonstriert,[40] folgende Punkte zu berücksichtigen:

> Aedificia – arces, templa, sacella, collegia aliaeque domus – commendantur 1. ab auctore, 2. a
> situ et prospectu siue figura, 3. a forma et amplitudine, 4. ab usu cui dicata, 5. a partibus.

Hinsichtlich der *partes*, die auch für die Kirchenbeschreibungen besonders wichtig
sind, ist sodann folgende Reihenfolge und Vorgehensweise zu beachten:

> A partibus commendantur, si singula eius conclauia enumerentur; ubi ordine enumeranda sin-
> gula, prout se offerunt, incipiendo a uestibulo et atrio, et progrediendo per omnia penetralia,
> officinas, conclauia, cubicula, aulaea, triclinia eorundemque ornamenta usque ad fastigium et
> speculas. adiuncti etiam horti et fontes non praetereundi.

---

38 Dieterich 1626, 17. Zu entsprechenden Entlehnungen von Fachbegriffen im Regensburger Gedicht s. S. 403.
39 Dieterich 1626, 102: *V. Vrbes, arces, castella etc. laudantur.*
40 Dieterich 1626, 112–118, die folgenden zwei Zitate S. 111. Zur Gießener Musterrede s. o. S. 129 f.; Text:
    III. Teil, B.II.

Es versteht sich von selbst, daß Hebenstreit bei einer Kirche eine andere Reihenfolge und andere Schwerpunkte wählte. Der generelle Zusammenhang zwischen Lehrbuch und Gedicht-Marginalien dürfte dennoch unbestreitbar sein.

b. Zum Titel

Das Ulmer Festgedicht ist das einzige in der Reihe der hier untersuchten Stücke, das von seinem Autor unter einen antiken Werktitel gestellt wird *(Sylua)*. Zu denken ist hier nicht an die gängige Bezeichnung des 17. und 18. Jahrhunderts für vermischte Gelegenheitsdichtung *(siluae,* auch dt. *Wälder),*[41] sondern vielmehr an die singularische Verwendung des Begriffes in Antike und Humanismus:[42] Aus dem rhetorischen Terminus *silua* („im Feuereifer angelegte Stoffsammlung für eine Rede", Quint. 10,3,17)[43] war im 15. Jahrhundert die gleichlautende Bezeichnung für ein Einzelgedicht abgeleitet worden, dessen Ausarbeitung tatsächlich oder – gemäß der Bescheidenheitstopik – vorgeblich noch nicht vervollkommnet war. Dieser Bezug zur Rhetorik ist im Ulmer Gedicht sowohl durch das typisch epideiktische Thema des Festes als auch durch die schon erwähnte Anlehnung des Autors an die Redelehre hergestellt. Mit seiner Titelwahl nimmt Hebenstreit also mehr auf die humanistische *silua*-Diskussion Bezug als auf ein einzelnes konkretes Vorbild, etwa Statius' *Hercules Surrentinus* (silv. 3,1) mit seiner Kombination von Bau- und Festschilderung. Überhaupt ist zu betonen, daß Hebenstreit zwar im ersten Vers seiner *Sylua* ausdrücklich auf Statius anspielt, ansonsten jedoch weder konzeptionelle noch sprachliche Anleihen bei dessen Gedichten macht, wie er überhaupt mit Adaptationen und *imitatio* antiker Vorbilder sparsamer umgeht als die anderen bisher untersuchten Texte.

---

41 Adam 1988, bes. 57–71.

42 Klecker 1994, 16–20; vgl. auch Adam 1988, 119–121.

43 Hierher gehört auch die Verknüpfung von *silua* und ὕλη, wie sie sich besonders prominent in Scaligers Poetik (III, 99 = Scaliger ed. Deitz 1995, 62) findet: *Materiam* ὕλην *dixerunt Graeci, inde sylua nobis; innumeris enim paene uel operibus uel officiis suppeditatur a lignis materia. grammatici recentiores, quod inuenissent in libris uetustioribus alia uocali quam Graeca scriptum, a silendo deductum maluere, sane ridicule. nusquam enim minus quam in syluis silentium: minima nanque aura maximi strepitus excitantur. poematia ergo quaedam, ut docet Quintilianus, subito excussa calore syluas nominarunt ueteres, uel a multiplici materia, uel a frequentia rerum inculcatarum, uel ab ipsis rudimentis: rudia namque poemata et sane effusa postea castigabant.* Diese Überlegungen und mit ihnen die etymologisierende Schreibweise *sylua* hat auch Hebenstreit in diesem Kontext übernommen. Beleg dafür sind die Verse 14 f., in denen der Dichter mit dem *sylua*-Begriff spielt: Ziel seiner Bemühungen ist es, „Unkraut" aus dem „Wald auszureißen" (V. 14), also den vielgestaltigen Stoff zu ordnen. – Vgl. Adam 1988, 64 mit Hinweisen auf *silua* im Sinne eines säuberlich angelegten Parks.

c. Inhaltlicher Überblick

Die im Titel der Festschrift eingeführte Unterteilung in *extructio* und *dedicatio* findet sich auch im Gedicht wieder. Hebenstreit hat den Text durch Marginalien übersichtlich gestaltet. Sie sind auch in unserem Neudruck wiedergegeben, zumal sich an einigen Stellen Hinweise auf vom Autor benutzte Quellen finden. In einer ersten Skizze läßt sich der Inhalt folgendermaßen darstellen.

Der Dichter führt sich nicht ohne eine gewisse Selbstironie als Schulmann ein, den die poetische Herausforderung des Festes unerwartet und unvorbereitet treffe (V. 1–11). Dankbarkeit gegenüber der zur zweiten Heimat gewordenen Stadt gebiete jedoch, einen Beitrag zu leisten (V. 12–20). Nach dem Lutherjubiläum und dem Beginn des Festungsbaus (V. 21–38) feiert die Stadt nun mit der Vollendung der Dreifaltigkeitskirche binnen kurzer Zeit zum dritten Mal ein bedeutendes kommunales Ereignis.

Dem Bauwerk ist der erste Teil der *Sylua* gewidmet, die *descriptio nouae aedis S. Trinitatis*. Sie nimmt mit den Versen 39–181 etwas mehr als ein Drittel des Ganzen ein. Zu Beginn erläutert der Dichter die Gründe für den Bau, die dem Schulgebrauch folgend in äußere und innere geschieden werden,[44] und zählt dann die anderen, für die Zuhörermenge nicht mehr hinreichenden Ulmer Kirchen auf (V. 46–60). Es folgt eine genaue Beschreibung der Lage des neuen Gebäudes in der Stadt (V. 61–73: *Situs areae noui templi*). Diese Passage entspricht ihrer Funktion nach ungefähr dem gemeinsamen Herantreten von Erklärer und Leser in den Kirchenführungen, ohne daß in Ulm jedoch eine vergleichbar enge Beziehung zwischen diesen beiden Personen entstünde.

Die Behandlung des Gebäudes selbst (V. 74–181 *Partes n. templi*) ist konsequent aufgebaut; die beiden Aspekte, die wir bei den katholischen Bauten kennengelernt haben, zeigen sich auch hier: eine stärker am Bauwerk orientierte, meist von außen nach innen fortschreitende Reihenfolge der Darstellung einerseits und die Konzentration auf „geistliche Wegmarken" andererseits. Es ergeben sich aber auch Unterschiede: Zur eigentlichen Baubeschreibung ist zu bemerken, daß diese lediglich einzelne auffällige Teile in eher tableauartigen Abschnitten behandelt (Turm, Decke, Empore), nicht aber einen zusammenhängenden Rundgang und damit auch kein sehr anschauliches Bild entwickelt. Anders als bei den Jesuitenkirchen überlagert sich dieser Teil auch nicht mit den „Wegmarken", sondern schließt mit V. 91 ab; inwieweit dies intendiert ist, sei dahingestellt. Immerhin ist zu bedenken, daß der Betrachter in einer evangelischen Kirche auf seinem Weg zum Altar- und Chorraum eben nicht an vorausweisenden Bildern und Zeichen vorbeikommt, wie es bei den verschiedenen Altargemälden im katholischen Kirchenraum der Fall ist.

Die sparsame Ausstattung der evangelischen Kirche spiegelt sich auch im zweiten Teil von Hebenstreits *descriptio* wider: geschildert werden nur Kanzel und Altar. Ihre hervorragende Bedeutung für den protestantischen Gottesdienst wird jedoch aus der

---

44 S. o. S. 486.

Länge und Intensität der Beschreibung deutlich erfahrbar, nehmen doch beide Gegenstände zusammen (V. 91–169) weit mehr als die Hälfte der Kirchenbeschreibung ein. Die reiche Ausstattung sowohl der Kanzel als auch des Altaraufbaus mit geschnitzten Figuren geben dabei vielfache Gelegenheit zu Erklärungen, aber auch zu Gedanken andächtig-meditativer Prägung. Mit einigen Angaben zur Größe der Kirche und einer Praeteritio nicht beschriebener Gegenstände schließt die Beschreibung.

Der zweite Teil (V. 182 ff.) behandelt die *Templi solennis dedicatio*, versteht sich also als Festbericht. Ein gelehrter Exkurs über Datum, zugehörige Sternkonstellation und Witterung (V. 191–212) leitet zum Morgen des Festtages über, der erfüllt ist vom Lärm der ungeduldigen Menge (V. 213–230). Auf den Einzug von Rat und Geistlichen (V. 231–240) folgt die Beschreibung der Festmusik, bei der sich Hebenstreit einige scherzhafte Bemerkungen und Komplimente über seine am Festakt beteiligten Kollegen erlaubt (V. 241–266). Das Kernstück des zweiten Teils bildet dann (V. 277–391) eine detaillierte *periocha* der von Conrad Dieterich gehaltenen Einweihungspredigt und des Schlußgebetes, zunächst in indirekter Rede, dann in direkte übergehend.[45] Nach einer kurzen Überleitung berichtet die *Sylua* noch knapp über den nachmittäglichen zweiten Gottesdienst (V. 403–408); Hebenstreit schließt mit dem Wunsch nach langem Bestehen der neuen Kirche.

Auf der letzten Seite des Druckes (S. 14 = fol. B4ᵛ) folgt dann noch ein als Inschrift (Blocksatz und Versalien) gestalteter Text aus 21 iambischen Trimetern, die von einem Chronogramm beschlossen werden. Sie sind als Worte auf einer Tafel in der Kirche zu denken, deren Name sich zugleich als Akrostichon ergibt (TEMPLVM S. TRINITATIS VLMÆ). Es war bisher nicht zu erschließen, ob ein solches Monument, das stark an die Torgauer Dedikationstafel erinnert, in der Dreifaltigkeitskirche existiert hat.

d. Sprache und Stil

Hebenstreits Verhältnis zur *imitatio auctorum*

Hebenstreit eröffnet seine *Sylua* mit einer Mischung aus Bescheidenheitstopoi und Selbstironie. Ihn, der gewöhnlich „in der Schule fröstelt" und wenig Glück bei den Musen hatte, ergreift plötzlich poetisches Feuer.[46] Doch die (gespielte?) Unsicherheit bleibt: wird irgendjemand zuhören? Die Frage nach den Lesern erinnert an Persius' grundsätzliche Skepsis *Quis leget haec?* (1,2); zu dieser Tonlage paßt es auch, daß mit dem Wort *auricula* der satirentypische Diminutiv erscheint (V. 4 f.): *cuius in auriculas*

---

45 Der Ulmer Druck setzt den Predigttext auch optisch ab, indem dieser in Antiqua erscheint, während die übrigen Gedichtpartien in der üblichen Kursivtype gesetzt sind. Innerhalb der Predigt sind die eigentlichen Dedikationsworte an die *sancta Trias* (V. 330–345) nochmals durch Verwendung von Versalien abgesetzt.

46 *Quis calor, aut quae me subito uertigo poetam | Efficit … ?* Vgl. Stat. silv. praef. 1: *hos libellos, qui mihi subito calore et quadam festinandi uoluptate fluxerunt …*, dazu Klecker 1994, 17 m. Anm. 17.

stillabo madorem | Insuauem? quis cruda feret? Allerdings sind es nicht wie bei Persius oder Juvenal die ungeliebten Themen der moralphilosophischen Invektive, die den Leser abschrecken könnten, sondern nach Hebenstreits eigenem Eingeständnis vielmehr die rohen Verse, der wertlose Text, nur einer Arachne, nicht aber einer Pallas würdig (V. 6). Dementsprechend kleinlaut schickt der Dichter seinem Versuch einen merkwürdig verfremdeten „Musenanruf" voraus, der sich an die wahrhaft großen, in die himmlische Ruhmeshalle aufgestiegenen Geister mit der Bitte wendet, ihn nachsichtig zu behandeln (V. 8–11).

Der Dichter läßt eine Art Inhaltsangabe seiner *Sylua* folgen, die sich allerdings, bei teils an Lukrez erinnernden Formulierungen, seltsam verklausuliert ausnimmt (V. 12 f.):

> Scribo tamen cupidi succensus imagine sensus,
> Quem feriunt obiecta, et rerum primordia, causae.[47]

Immerhin wird soviel deutlich, daß es um die poetische Verarbeitung optischer Eindrücke geht, die auf den Dichter eindringen – eine ähnlicher Grundgedanke also, wie er in der *Protasis* der Bamberger Jesuiten zur Gügelkirche formuliert war. Zugleich dürfte in der zweiten Verszeile eine Aufzählung der geplanten Themen liegen, wobei *obiecta* die unmittelbaren Eindrücke von Architektur und Fest, *rerum primordia* und *causae* aber die im Gedicht ebenfalls behandelte Vorgeschichte des Kirchenbaus bezeichnet.

Hebenstreit schreibt nicht nur in diesen Versen, sondern auch an einigen anderen Stellen ein schwieriges Latein. Probleme bereiten insbesondere Wortstellung und Gedankengang, seltener auch ausgefallener oder in der vorliegenden Form nicht anderweitig belegbarer Wortgebrauch. Ein Beispiel für eine mißglückte Wortstellung bietet der Beginn der eigentlichen *Descriptio templi* (V. 42 f.); es entsteht der Eindruck, als habe der Dichter zuviele Gedanken gleichzeitig kombinieren wollen, für die aber im Vers kein Platz war. Hebenstreit kündigt an:

> Hanc (*sc.* molem) canimus niueis dignam quae scripta poetis
> Emineat, sero miranda nepotibus aeuo.

Hier wird zwar ohne weiteres verständlich, daß die Kirche ihrer Bedeutung angemessen gepriesen und ihr damit ein bleibendes literarisches Denkmal gesetzt werden soll, doch ist in diesen Gedanken noch ein zweiter eingelegt, der besagt, der Bau sei es wert, beschrieben zu werden und damit unter den Schriften der *niuei poetae* hervorzustechen. Abgesehen davon, daß ganz unklar bleibt, wer diese Dichter sein sollen, ist so gewissermaßen ineinander verschränkt zweimal dasselbe ausgedrückt.

---

47 Metrisch fehlerhaft, aber auch durch Umstellung nicht heilbar.

Der Gerechtigkeit halber muß aber betont werden, daß es sich um Ausnahmen handelt. Die weitaus meisten der über 400 Verse sind geglückt, insbesondere die beschreibenden Partien sind klar strukturiert und übersichtlich. Auch die versifizierte Predigt des C. Dieterich kann durchaus überzeugen. Hebenstreits *Sylua* ist kein übermäßig fesselndes, aber ein solides Produkt lateinischer Gelegenheitsdichtung. Gerade die Leistung ihres Autors, ohne weitläufige Adaptationen klassischer Vorbild-Szenen seine Darstellung zu liefern, darf man bei einer Gesamtbewertung nicht unterschlagen. Anstelle der variierenden Übernahme größerer Partien oder Gedankengänge, wie sie z. B. im Würzburger Festgedicht gut zu verfolgen war, deuten sich in der *Sylua* andere Tendenzen im Umgang mit den Vorbildern an: neben einem beinahe selbstverständlichen Grundbestand an vornehmlich vergilischen Floskeln, Halbversen und Wendungen stehen gezieltere Verweise auf verschiedene andere Autoren je nach behandeltem Thema, so daß diese Passagen ein eigenes Kolorit erhalten. Für beide Verfahren seien einige Beispiele gegeben.

Hebenstreits Anleihen bei den meistgelesenen klassischen Autoren Vergil und Ovid beschränken sich in der Regel auf gängige Halbverse, deren Verwendung kein weiteres Sich-Einlassen auf den ursprünglichen Kontext bedeutet. So beschreiben V. 27–29 den „weltweiten" und unvergänglichen Ruhm des Luther-Zentenarfestes unter Verwendung eines Verses aus Ovids Sphragis am Ende der Metamorphosen:

> 27   Haec fama in tractus omnes habitabilis orbis
> Se diffudit, edax quam non abolere uetustas,[48]
> Non hostes lucis poterunt sepelire tenebris.

Dieser immerhin sinnvollen Adaptation stehen Verse wie die folgenden gegenüber, in denen ein vergilischer Halbvers als reines Versatzstück figuriert. Erklärt wird, daß das Ulmer Münster, früher in besonderer Weise Maria geweiht, die große Zahl der Gottesdienstbesucher schon seit einigen Jahren nicht mehr fassen konnte:

> 52   Cum coetus caperet neque templum augustius illud,
> Virgineis Mariae sacrum quod honoribus olim
> Esse aetas uoluit pietate insignis et armis,[49]
> 55   Altera nec delubra angusta pariete clausa …

V. 54b dient hier lediglich als Füllsel. Ähnliche Anklänge insbesondere an Vergil lassen sich auch an einigen weiteren Stellen ausmachen, ohne daß sie jedoch die Gesamtwirkung der *Sylua* merklich prägten.[50]

---

48 Ov. met. 15,871 f. *Iamque opus exegi quod nec Iouis ira nec ignis | Nec poterit ferrum nec edax abolere uetustas.*
49 Verg. Aen. 6,403 *Troius Aeneas pietate insignis et armis.*
50 Vgl. z. B. V. 79 f. *At non in reliquis segnis manus: improbus urget | Artifices labor* (nach Verg. georg. 1,145 f.); V. 85 *oculos spectantum plurima* (sc. *rosa*) *pascit* (nach Verg. Aen. 1,464); V. 134 *Heu mihi! quae supra sequitur, quam*

Interessanter als diese gelegentlichen Reminiszenzen ist die zweite erwähnte Tendenz Hebenstreits: sich im Sprachgebrauch je unterschiedlich den wechselnden Situationen anzupassen – auch dies ein Weg, der Vielfalt der Eindrücke und Themen gerecht zu werden, aus denen sich das facettenreiche Ganze der *Sylua* ergibt. Als Beispiel war schon die an Lukrez erinnernde Passage V. 12 f. angeführt, und ein ganz ähnliches Vorgehen finden wir bei der Schilderung der Unwetter, die dem Einweihungstag voraufgingen. Die Kombination von Naturbildern, Bedrohung der Menschen (hier: durch das Wetter) und Angstgefühlen vereint einige Hauptzüge aus Lukrez' Gedicht, ohne daß sich die Verse im einzelnen auf das Vorbild zurückführen ließen. Stattdessen ergibt sich ein „lukrezisches" Kolorit:

> Et pluuiae et uenti tempestatisque sonorae
> Stridor per soles aliquot mortalibus aegris[51]
> 200 Nescio quod monstrum minitari; denique brumam
> Sensimus ante diem: uicinas horror in Alpes
> Saeuiit ex niuibus nimbisque feraque pruina.

Sehr gut eigneten sich lukrezische Gedanken auch zur Versifizierung eines Argumentes aus Dieterichs Festpredigt. Die Depravation der Kirche unter dem Papsttum drückte sich nach protestantischer Ansicht besonders in der steten Vermehrung pomphafter Riten und Zeremonien aus, wie sie auch bei der Kirchenweihe angewandt wurden. Gegen diesen Mißbrauch der *religio* wandte sich Dieterich im zweiten Teil der Predigt,[52] und Hebenstreit formuliert:

> Tum (*sc.* docuit), qui uirgineum donis euecta decorem
> Exuerit sensim decepta Ecclesia pompis
> 295 Sacrorum nimiis, quas nomine relligionis
> Post alias alias alius Pap-Episcopus auxit …

Religio wird aus dieser Sicht zu einem bloßen Vorwand für die Einführung schädlicher Neuerungen und zur Ursache für die Verderbnis des (christlichen) Lebens; diese Sichtweise erinnert an Lukrez' Wort *Tanta religio potuit suadere malorum*.[53]

---

tristis imago! (nach Aen. 6,695); V. 157 *fremit Pluto manibus post terga reuinctis* (nach Aen. 2,57; vgl. auch Ov. met. 3,575 *manibus post terga ligatis* u. ä.); V. 198 *tempestatisque sonorae* (nach Aen. 1,53); V. 236 *et nigrum simile et populantibus agmen* nach Aen. 4,404 *it nigrum campis agmen*; V. 346 f. *Conuertimur ad uos,* | *O fortunatos nimium* (nach Verg. georg. 2,458); V. 395 f. *Ipse ego sim saxum, rigeam Marpesia cautes,* | *Ni …* (nach Verg. Aen. 6,471). Zu V. 349 s. u. Anm. 80.

51 Vgl. Lucr. 6,1 *mortalibus aegris* (aber auch Verg. georg. 1,237; Aen. 2,268; 10,274; 12,850); zu V. 198 *tempestatisque sonorae* s. o. Anm. 50.

52 ULMISCHE KIRCHWEYH PREDIGTE S. 16–24.

53 Lucr. 1,101.

e. Das Festgedicht als gelehrte Ekphrasis und Reportage

Die Behandlung von Vorgeschichte, Bauwerk, Feststimmung, Zeremonie und Predigten, die Hebenstreit in ein zusammenhängendes Gedicht zu bringen suchte, erforderte einen steten Wechsel der Perspektive. Wichtigstes Ziel mußte dabei die Erzielung von Anschaulichkeit sein, doch waren dazu je nach Thema verschiedene Wege einzuschlagen. Dazu einige Beispiele: Bei den ausführlichen Erläuterungen zur Vorgeschichte und zur Lage der neuen Kirche (V. 46–65) waren vor allem die fehlenden Ortskenntnisse auswärtiger Leser zu berücksichtigen, also Angaben über den Bedarf des Ulmer Publikums hinaus einzuflechten. Die Ekphrasis des Gebäudes und der Kunstwerke dagegen mußte Anschaulichkeit durch Detailfülle erzeugen, ohne in Aufzählung zu verfallen. Es lag daher nahe, die sachliche Beschreibung durch eigene Gedanken und Empfindungen zu ergänzen. Für eine lebendigere Schilderung des Festtages wiederum bot es sich an, aus dem bunten Treiben einige Szenen direkt herauszugreifen, also Dialoge oder andere wörtliche Reden wiederzugeben. Auch in diesen Passagen wechseln Tonlage und Stil des Gedichtes, zumal auch mit Kritik nicht gespart wird (vgl. V. 185–188. 213–230). In dieser realistischen Wiedergabe des Beobachteten liegt durchaus eine von Hebenstreits Stärken, zu der noch eine Vorliebe für kuriose Details und humorvolle Wortspiele hinzukommt. Auch damit wird jedoch nicht wahllos, sondern ebenso sparsam wie bedacht nur dann gearbeitet, wenn von den am Festakt beteiligten Berufskollegen und persönlichen Bekannten die Rede ist (V. 243–266); ganz undenkbar wäre es dagegen gewesen, in dieser Weise über den Rat, über die Kirchenbehörde oder den Prediger Dieterich zu sprechen. Dessen Predigt wird vielmehr ausführlich und in würdevollen, zum Teil das Pathos streifenden Versen wiedergegeben (vgl. das Lob der Stadt Ulm in V. 347–361 oder die Adaptation der *prex Salomonis* in V. 374–391).

Insgesamt ergibt sich, daß der Dichter der Ulmer *Sylua* nicht etwa eine undifferenzierte Bilderfolge liefert, sondern die Art seines Berichtes mit Gespür den sehr disparaten Themen anpaßt, die sein „Wald" enthält. Ob dieses Verfahren im Vergleich mit den bisher vorgestellten, insgesamt eher einem einheitlich hohen Stil verpflichteten Gedichten der Jesuiten als besser geeignet oder aber als fragwürdiges Experiment zu bewerten ist, soll hier nicht abschließend entschieden werden; für eine zuverlässige Bewertung wäre auch ein Vergleich mit weiteren Texten Hebenstreits zu erwägen.[54] Unabhängig davon kann man jedoch festhalten, daß die Form eines Festgedichtes nicht

---

54 In der *Sylua* selbst erwähnt er seinen poetischen Beitrag zum Lutherjubiläum 1617 (V. 30 f.): *et nostra manebunt | Quae tunc edidimus syluestri prodita canna.* Der Ausdruck *syluestris* weist, wie in V. 14 f., auch an dieser Stelle eher auf die *Sylua*-Mode hin als auf ein bukolisches Gedicht. Von Hebenstreit erschienen zur Zentenarfeier zwei Dichtungen, das *Panegyricon pro iubilaeo saeculari Lutherano de Megalandri Lutheri ortu studiis et euentibus ...,* Ulm: Meder, 1618 (UB München; SuStB Augsburg) und ein poetischer Beitrag in Conrad Dieterichs *Zwo ulmischen Jubel- und Danckpredigten bei dem ... evangelischen Jubelfest daselbsten im Münster gehalten,* Ulm: Meder, 1618 (auch Mikrofiche-Edition New Haven 1973).

nur vom individuellen Stil des Autors, sondern auch von der Art der Festlichkeit abhängt. Ein Fest wie die Ulmer Kirchweihe von 1621 ist, bei aller unleugbaren Bedeutung für den Stadtstaat und darüber hinaus für das protestantische Schwaben und Süddeutschland, doch deutlich von den katholischen *Encaenia* unterschieden, die mit ihrem möglichst großen Aufgebot an „internationaler" fürstlicher und geistlicher Prominenz und mit der Tendenz, das kirchliche Fest durch geschickte Regie um weitere Veranstaltungen zu erweitern und so zu einer auch landespolitischen Wende zu stilisieren, einem Berichterstatter wenig Raum für persönliche Vorlieben oder Abschweifungen ließen. Daß solche Faktoren eine wichtige Rolle für die endgültige Gestalt des Festgedichtes haben, machte unsere Betrachtung des Gedichtes über die Gügelkirche wahrscheinlich. Unabhängig davon, wie man die Frage nach der Beteiligung von Schülern an dem etwas inhomogen erscheinenden Bamberger Text beantworten mag, könnten die Brüche oder Schwankungen der *Protasis* in Tonlage und Stilhöhe außer auf verschiedene Verfasser auch darauf zurückzuführen sein, daß man sich in Bamberg fernab einer aufwendigen fürstlichen Inszenierung der Weihe auch im Gedicht ein geringeres Maß an Pathos und epischer Diktion erlauben konnte.

Einige der stilistisch wie thematisch in sich geschlossenen Abschnitte der Hebenstreitschen *Sylua* verdienen eine nähere Betrachtung. Der Übersichtlichkeit halber soll die Reihenfolge der Themen im Gedicht beibehalten werden, so daß wir zunächst die Gebäude- und Kunstekphrasis sowie die „Volksszenen" des Einweihungstages betrachten, um schließlich noch einen Blick auf die versifizierte Festpredigt und die zugehörigen Gebete zu werfen.

4. Kommentar zur Ulmer Kirchenbeschreibung

a. Die Beschreibung als Ganzes

Hebenstreits Kirchenbeschreibung konzentriert sich auf einzelne auffällige Gebäudeteile, die jeweils in einem kurzen Abschnitt von etwa fünf bis sechs Versen vorgestellt werden (V. 74–91). Dieser erste Teil der *Descriptio templi* ist eher als Einleitung zu den wichtigeren Bestandteilen Kanzel und Altar zu verstehen denn als gleichwertige Architektur-Ekphrasis; diese Gewichtung wird nicht nur aus der unterschiedlichen Länge der Abschnitte, sondern auch aus dem geringen Interesse an Details im ersten Teil deutlich. So bleiben die einleitenden Verse über den Kirchturm ganz unpräzise, und wir erfahren über sein Aussehen so gut wie nichts, außer daß er ein Kupferdach trug. Wichtig ist dem Dichter allein seine Funktion als Wahrzeichen, das dank seiner großen Höhe das Stadtbild bis weit jenseits der Mauern prägte, und als Träger zweier Glocken:[55]

---

55 Aus V. 75 f. ist also zu sehen, daß die dritte, 1621 gegossene Glocke (Endriß 1911, 409) zum Zeitpunkt der
    Weihe noch nicht an ihrem Platz im Turm hing.

Prima capit finem, templi sublimior index,
75   Meta pedum ferme bis centum, binaque tecto
Corpora sub cyprio campani sustinet aeris.
Haec circumcirca trans Istri nobile flumen
Proicit aspectum et muris supereminet alte.

Die Formulierung *prima capit finem ... meta* (wörtlich: „nimmt ein Ende") ist schwer
verständlich; sie soll wohl darauf hinweisen, daß der Turm zu einem frühen Zeitpunkt
fertiggestellt war. Zwar ergibt sich aus den Bauakten, daß die als nächstes beschriebene
Stuckdecke zumindest gleichzeitig (1618) mit dem Turm in Arbeit war, doch scheint
der unmittelbar folgende Satz *At non in reliquis segnis manus ...* (V. 79) darauf hinzudeu-
ten, daß hier tatsächlich der Verlauf des Baues gemeint ist, der mit der Auswahl des
Platzes (V. 64) begonnen hatte.

Etwas genauer befaßt sich die *Sylua* mit der verzierten Flachdecke (V. 80–86). Besonderes Aufsehen erregte das völlige Fehlen stützender Pfeiler oder Säulen, das ganz
der protestantischen Konzeption eines einheitlichen Predigtsaales entsprach:

80   ... en! celsis suspensa uidentur
Paulatim tabulata tholis, quae nulla columnae
Fulcra tenent, solidata satis ...

Die Beschreibung wird hier etwas anschaulicher als beim Turm, birgt jedoch im einzelnen einige Schwierigkeiten. So wirkt der Begriff *tholi* („Kuppeln") angesichts der
flachen Decke zunächst etwas irritierend, bis man ahnt, daß Hebenstreit ihn als Terminus für den (gleichsam hohlen) Dachstuhl verwendet, an dem die Decke von unten
betrachtet hängt. Ähnlich verhält es sich mit den fehlenden *fulcra*, was mit „Pfeiler"
oder „Stützen" wiederzugeben ist: diese erweiterte Bedeutung des Wortes ist selten und
erst spät belegt.[56] Schließlich bleibt unklar, was genau mit *paulatim* („allmählich,
schrittweise") gemeint ist; möglicherweise ist daran gedacht, daß die einzelnen Relieffelder nacheinander ins Blickfeld kommen. Von einem Umherschauen oder -gehen des
Dichters war jedoch nicht die Rede, und angesichts der Gleichartigkeit der Relieffelder
hätte darin auch kein besonderer Reiz gelegen. Aus der Anschauung des Gebäudes läßt
sich die Frage nicht klären; stattdessen sei an die 30 Jahre ältere Beschreibung eines
anderen stützenlosen Saals im Gedicht auf die Würzburger Universität und ihre Kirche
erinnert, deren Text dem des Ulmer Gedichtes ähnelt:

Ipse locus uaria arte nitet: laquearia nusquam
Fulta, trabes nullae, tantum tabulata uidentur,
Et pendere putes nullis innixa columnis.[57]

---

56 Belege: ThLL VI.1 (1912–26) 1507, 26–34 s. v. *fulcrum latiore sensu quoduis adminiculum.*
57 ENCAENISTICA POEMATIA, *Nouae aedis adumbratio,* V. 70–72.

Da die Formulierungen nur zum Teil identisch und weitere Parallelen zwischen der *Nouae aedis adumbratio* (1591) und der *Sylua* (1621) nicht festzustellen sind, sollte man in diesem Fall nicht von einem direkten Zitat ausgehen. Die Passagen scheinen jedoch ähnlich genug, um eine – bisher nicht erkannte – gemeinsame Vorlage zu postulieren, die dann von den beiden *Descriptio-templi*-Autoren mit unterschiedlichem Geschick weiterentwickelt wurde.

Über gelegentlichen sprachlichen Unschärfen der *Sylua* sollte man jedoch nicht übersehen, daß ihr Verfasser mit genauem Blick auch manches kleine Detail erfaßte. Das Rosettenmuster etwa und die „ein wenig erhöhten Grate" der Stuckfelder werden bei der Lektüre von V. 82–85 gut vorstellbar:

> ... uerum aequor amoenum
> Gypsato tinctu, et spaciis ex arte notatis
> Septo prominulo[58], medium rosa ubi aurea semper
> 85   Occupat atque oculos spectantum lumina pascit.

Der dritte kurze Abschnitt zum Gebäude befaßt sich mit der Empore. Die hölzerne „Borkirche", welche sich an der Südseite über die ganze Länge des Kirchenschiffs erstreckte, wird mit mehreren bautechnischen Fachausdrücken bedacht (*asseres* „Querbalken", *styli* „Pfeiler", *lorica* „Brüstung"); recht genau ist auch die Dekoration mit stukkierten und vergoldeten Engeln besprochen. Die Umschreibung der Stuckmasse in V. 90 erfordert allerdings einige Vorkenntnisse beim Leser:

> Mox paries medius, pluuium qui uergit ad Austrum,
> Compagem, fanum quam longum est, accipit aptam
> Asseribus fultamque stylis cinctamque nitenti
> Lorica, auratum caput unde Cherubica tollit
> 90   Factio, confractis cretarum condita testis.

b. Beschreibung und Deutung von Kanzel und Altar

Die Kanzel als wichtigster Ort der Dreifaltigkeitskirche fordert den Dichter zu einer wesentlich ausführlicheren Behandlung heraus als die Architektur, läßt ihn aber auch vorsorglich feststellen, seine Dichtkunst könne dem Werk kaum gerecht werden (V. 93–97). Wie um die eigenen Worte zu entkräften, liefert Hebenstreit dann eine vollkommen klare und übersichtliche Schilderung der Kanzel, ergänzt sie bisweilen durch persönliche Bemerkungen, erinnert am Schluß aber auch daran, daß es sich bei

---

58 *prominulus* „leicht vorstehend" findet sich klassisch nur in einem der Villenbriefe des Plinius (ep. 5,6,15 *porticus lata et prominula*).

ihren Bildern nicht nur um Kunstwerke handelt, sondern vor allem um stete Mahnungen an die Pflichten des Kanzelredners (V. 117–119).

An der Kanzel wandert der Blick von unten nach oben. Dabei erscheint die Engelsfigur, die den Kanzelkorb stützt, nur in einer flüchtigen Wendung als *facies iuuenilis* (V. 99 f.); die eigentliche Aufmerksamkeit gilt den Evangelistenfiguren an der Brüstung, welche ein Paulusbild, damals prominent in der Mitte angebracht,[59] ergänzte. Die Charakterisierung der Evangelisten als *scriptores Christi uitae, necis atque triumfi* und des Paulus als *os illud sanctum, delectus Apostolus ille* (V. 102. 104) zeigt aber auch deutlich die Ziele und Grenzen der *Sylua*: Blick und Gedanke sind auf die Bedeutung der Figuren, kaum auf ihre künstlerische Form im einzelnen gerichtet, so daß man z. B. gar nicht erfährt, daß es sich um Statuen an den Ecken des Kanzelkorbes handelte *(Abb. 31)*. Die artistische Seite wird erst am Schluß (V. 120–123) mit einem antikisierenden Künstlerlob berührt, aus dem nicht mehr zu entnehmen ist, als daß die Kanzel hölzern und mit weißem Stuck verziert war.

Der Blick gleitet weiter aufwärts zum reichgeschmückten Schalldeckel. Wie schon beim Übergang vom tragenden Engel zum Kanzelkorb deutet auch hier ein *at* (V. 100) sowohl Überleitung als auch Steigerung der Eindrücke an. Dies zeigt sich auch in der erstmaligen, indes sehr flüchtigen und nicht weiterverfolgten Äußerung persönlicher Empfindungen beim Anblick der Statuengruppe aus Moses als Gesetzgeber und Johannes dem Täufer, der auf das Lamm Gottes weist:

> Summus apex Mosen infert tabulasque decemque
> Verba inculcantem. grauis, heu! mihi legifer ille est,
> Hunc sed Ioannis minuit structura timorem.
> 110 Hic signat digitis dictisque salubribus Agnum.

Die Geste des Täufers wurde an einer anderen, vom Dichter nicht näher präzisierten Stelle der Kanzel durch eine Darstellung mit der Aufrichtung der Ehernen Schlange durch Moses ergänzt,[60] wie sie Nm 21,4–9 beschrieben ist:

> (4) et taedere coepit populum itineris ac laboris (5) locutusque contra Deum et Mosen ait: cur eduxisti nos de Aegypto ut moreremur in solitudine … (6) quam ob rem misit Dominus in populum ignitos serpentes ad quorum plagas et mortes plurimorum … (7) … orauit Moses pro populo (8) et locutus est Dominus ad eum: fac serpentem et pone eum pro signo: qui percussus aspexerit eum uiuet (9) fecit ergo Moses serpentem aeneum et posuit pro signo: quem cum percussi aspicerent sanabantur.

Für eine poetische Bearbeitung der Stelle bot sich ein Rückgriff auf die von Lukan

---

59 Das folgende nach der Kanzelbeschreibung bei Endriß 1911, 402.
60 Die Wollaib-Chronik (zit. nach Endriß 1911, 403) gibt an, die Schlange sei *im Innern angebracht* gewesen, also vielleicht an der Kanzelrückwand. Zur Ehernen Schlange in der Kunst vgl. Graepler-Diehl 1968.

beschriebene libysche Schlangenplage an. Ihr entnimmt Hebenstreit aber nur ein Wort – den Gattungsnamen *seps* – und deutet so mit wohl unübertreffbarer Kürze seine literarischen Kenntnisse an. Die Bezeichnung des Schlangenleibes durch das seltene griechische Wort λεβηρίς verstärkt den gelehrten Eindruck (V. 112).[61]

Theologisch sind die beiden Szenen traditionell durch ein Wort im Johannesevangelium verbunden, mit dem Jesus den Nikodemus über die Bedeutung seiner „Erhöhung" – gemeint ist die Kreuzigung – als rettenden Anblick in der Not belehrt (Io 3):

> (14) et sicut Moses exaltauit serpentem in deserto ita exaltari oportet Filium hominis (15) ut omnis qui credit in ipso non pereat sed habeat uitam aeternam.

Die beiden in der Rede Jesu aufeinander bezogenen Ereignisse aus zwei verschiedenen Weltepochen rücken in bildlichen Darstellungen oft nebeneinander. Das bekannteste Beispiel dürfte die Cranachsche Altartafel von 1555 in der Weimarer Stadtkirche sein: im Vordergrund sieht man links den über die Hölle triumphierenden Christus, in der Mitte den Gekreuzigten. Zu seinen Füßen, neben Cranach selbst und Luther, steht der Täufer, mit der Rechten auf das T-förmige Kreuz und zugleich mit der Linken auf das unter dem Kreuz stehende Lamm weisend. Im Hintergrund aber erhebt sich in der von den Schlangen heimgesuchten Zeltstadt der Israeliten die Eherne Schlange an einem gleichartigen Kreuzbaum. In Ulm war die Situation anders, da in dem Figurenensemble an der Kanzel ein Kreuzigungsbild fehlte. Auf diese Weise war die genaue Entsprechung der Szenen aufgehoben, denn die Figur des Johannes im *Ecce Agnus Dei*-Gestus war eigentlich das Pendant zur Mosesstatue, nicht aber zur Ehernen Schlange. Hebenstreit versucht diese Schwierigkeit zu überspielen, indem er ausdrücklich einen Zusammenhang zwischen dem Opferlamm (V. 111) und der Ehernen Schlange herstellt, also eigentlich den Vergleich aus dem Jesuswort selbst neu artikuliert und dazu noch die Bezeichnung *crux* explizit auch auf den Sockel des ehernen Schlangenbildes ausweitet:

111 Agnum, anima cuius Legique Deoque litatum est.
    Notius hoc fiet, cruce quando leberida sepis
    Pendentem cernes: quem qui respexerat olim,
    Mortibus in mediis uitai dona recepit.

Auch der Verfasser der Ulmer Wollaib-Chronik hatte im übrigen einige Schwierigkeiten, die Bezüge zwischen den Bildwerken zu präzisieren: richtig heißt es dort zwar, daß durch die Moses- und die Johannesfigur *die Prediger auf der Kanzel erinnert werden, daß sie das Gesetz und Evangelium fleißig treiben sollen ...*, doch der Zusatz bleibt auffällig vage: *... und gibt dessen auch ein Anzeig die eherne Schlange an dem Kreuz hangend*.[62]

---

61 Woher Hebenstreit den Begriff entlehnte, war nicht sicher zu ermitteln.
62 Zit. nach Endriß 1911, 403. Die von Endriß mitgeteilten Auszüge aus der Chronik stehen der *Sylua* oft sehr nahe; die Zusammenhänge zwischen beiden Texten bedürften noch einer Klärung.

An verschiedenen Stellen um die Kanzel waren schließlich posaunenblasende und Palmenzweige tragende Engel angebracht. Während die zitierte Chronik vermerkt, sie seien *hin und wieder zu sehen*, vermittelt die *Sylua* den Eindruck, als sei ihre Zahl außerordentlich groß gewesen. Zugleich versucht Hebenstreit hier erstmals zaghaft, die Kunstwerke zu beleben, indem er die Engel von den zuvor beschriebenen Episoden „singen" läßt:

115 Hoc canit Angelicus chorus undique et undique sparsus
Atque tubas inflat et iactat ad aethera palmas.

Mit diesen Versen schließt die Ekphrasis und mündet in eine etwas trockene Erklärung des Ganzen, in der es nicht um die Auslegung, sondern – wiederum der Chronik vergleichbar – nur um die Funktion der Bildwerke als mahnenden Ansporn für den Prediger geht. Diese entschiedene Betonung einer Zweckgebundenheit der Bilder darf dahingehend interpretiert werden, daß diese eigentlich nicht für die Gemeinde bestimmt waren. Eine gewisse distanzierte Haltung scheint schließlich auch darin zum Ausdruck zu kommen, daß die Kanzel als Kunstwerk erst am Schluß und recht kurz gewürdigt wird. Das Lob des im Gedicht namentlich nicht genannten Meisters (Hans Wörtz) differenziert zudem bei dem Hinweis auf die weiße Stukkatur nicht zwischen Korpus und Statuenschmuck, so daß zumindest aus dieser Quelle über die farbliche Gestaltung im einzelnen keine Aufschlüsse zu gewinnen sind.

Wie bei der Kanzel folgt die Beschreibung auch beim Altar der von den bildlichen Darstellungen nahegelegten Leserichtung: auf das Abendmahlsbild im unteren Bereich folgen Kreuzigung (Gemälde) und Triumph Christi (Holzskulptur) mit dem jeweils umgebenden Figurendekor. Hebenstreit spricht den Altaraufbau als eine Bildwand an, die gleichsam drei Akte des Welttheaters zeige (V. 126 f.): *Panditur hic paries triplicem distinctus in actum | Gestorum rerumque ducum.* Über die Beschaffenheit der Bildwerke erhält der Leser nur sehr vage Auskunft, denn der Dichter beschränkt sich auf die Mitteilung, daß Gemaltes am Altar das Schnitzwerk überwiege (V. 125: *Hic etiam Alcimedon, sed plus spectetur Apelles*); nur vom unteren Bild, das Abendmahls- und Ölbergszene vereinte, heißt es *Christi conuiuia **pingit** | Vltima* (V. 128 f.), womit aber zugleich ein *Be*schreiben gemeint ist. Keinerlei genaue Angaben gibt es über die seitlich angebrachten Passah- und Manna-Bilder auf Medaillons, es sei denn, man wollte in der auffälligen Formulierung *latus ast **defendit** utrumque* (V. 132) einen versteckten Hinweis auf die Schildform der Bilder sehen *(Abb. 33)*.

Wesentlich genauer und eindringlicher tritt die Kreuzigung in den Blick (V. 134– 140). Doch die Aufzählung der Einzelheiten darf, wie schon bei den meisten anderen betrachteten Texten, nicht zu der Annahme verleiten, es gehe dem Autor primär um Kunstbeschreibung. Ziel ist vielmehr auch in der Ulmer *Sylua* eine möglichst eindringliche Vergegenwärtigung des Bildgehaltes vor dem Auge des Lesers, die der

Dichter durch Detailfülle und zugleich durch die Betonung der eigenen Emotionen erreichen will. Deutlichstes Indiz für die Intention, allein den leidenden Christus zu zeigen, ist dessen Isolierung aus der umgebenden Kreuzigungsszene: das Gedicht erwähnt kein einziges Detail außer dem Kreuz selbst und dem gemarterten Körper, diesen aber in extremer Nahansicht. Man erkennt die Kreuzesnägel, besonders aber die Seitenwunde wirkt riesengroß: *nosco ... ingens lateris uulnus*.[63] Der Betrachter steht in diesem Augenblick unmittelbar „unter dem Kreuz" und sieht über sich den *fluor sangineus*, der vielleicht nach Art des Weimarer Cranach-Bildes das Gemälde in einem Bogen schnitt:

137   Nosco manus clauis fixas tensosque lacertos
       Atque ingens lateris uulnus, suspecto fluorem
       Sanguineum ferroque pedes (miserabile!) fixos.

Man darf an dieser Stelle wohl von einer Andachtshaltung des Dichters sprechen, der sich in die Anschauung der Passion versenkt. Dabei bewirkt die starke Isolierung der Szene deren Heraustreten aus dem Gefüge von Kirche und Altar; der Crucifixus verselbständigt sich gleichsam, während beim Dichter eine Konzentration auf die eigenen Sinne stattfindet: *cerno ... nosco ... suspecto*. Die Szene erinnert stark an die meditativen Passagen, die wir in der *Descriptio templi* jesuitischer Verfasser fanden. Dies ist nicht überraschend, da die Passionsbetrachtung, die im Spätmittelalter neue Popularität erlangte und durch Buchdruck und -illustration beträchtlich gefördert wurde, eine auch in der frühen Neuzeit allgemeine und in beiden Konfessionen weitverbreitete Andachtsform war.[64]

Von einer ausgeformten Meditation läßt sich bei der kurzen Szene der *Sylua* zweifellos nicht sprechen. Die insistierende Nennung der Wunden Christi erfüllt im wesentlichen die Funktion einer *rememoratio*, ohne daß im Gedicht der nächste Schritt, die *compassio*, folgt. Auch die folgenden Verse gehen nämlich nicht über den Schritt des *intellectus* hinaus: anders als die jesuitischen Autoren in Würzburg und Molsheim, die im Angesicht des Gekreuzigten in Selbstbezichtigungen ihrer Schuld ausbrechen, besagt der auf den ersten Blick ähnlich klingende V. 140 *hoc amor obtinuit, nostrae et miseratio cladis* nichts Derartiges, sondern gibt eine theologische Erklärung, weshalb Jesus so und nicht anders handelte. Die ergänzenden Bemerkungen über Pelikan und Phönix (V. 141 f.) – beide typologisch bedeutsamen Tiere waren am Altar seitlich zu sehen *(Abb. 33)* – bestätigen dies in ihrem nüchternen Duktus. Der Autor ist von der kurzen persönlichen Ergriffenheit bereits zu der systematischen Betrachtung zurückgekehrt,

---

63 Zu diesem ebenfalls traditionellen Motiv der „Seitenwundenverehrung" vgl. Satzinger – Ziegeler 1993, 271–273 m. Abb. 8.

64 Elze 1966, bes. 136–151 zur Übernahme und – im Ulmer Beispiel allerdings kaum nachwirkenden – Weiterentwicklung der traditionellen Formen durch Luther; Schuppisser 1993; vgl. auch Kolb 1996.

zu der auch die Aufzählung der Wunden zählt. Wenn nun die ebenfalls zu Seiten der Kreuzigung sichtbaren Engel mit den Leidenswerkzeugen in den Blick treten (V. 143–148), wird die wiedergewonnene Fassung noch einmal erschüttert: *nimis, heu! turbant ... ingrato.* Wieder sucht der Dichter über die eindringliche und lückenlose Nennung der *instrumenta* die Situation zu memorieren und damit genau den gewünschten Ziel dieser Bilddarstellung zu entsprechen.[65]

Doch schon erblickt er im oberen Drittel des Altars den triumphierenden Erlöser, dessen Statue einen bizarren Knoten aus Knochenmann, Teufel und Schlange mit Füßen trat *(Abb. 32)*.[66] Die Erleichterung ist Hebenstreit deutlich anzumerken:

> Altius extollas oculos: iam funera dices
> 150 In uitam conuersa nouam laetosque triumfos.
> Infandis quem humana modis quemque infera uexant
> Supplicia, elapsus mediis ex hostibus extat
> Celsior et pedibus uictor monstra omnia calcat.

Anstelle einer bloßen Beschreibung der Engel bzw. Putti, die die Nische mit dem Erlöser umgaben, greift die *Sylua* zum Kunstmittel der Verlebendigung. Ein Chor von Engeln stimmt einen Siegeschor an, schwingt lorbeer- und palmzweiggeschmückte Fahnen und preist den wiederhergestellten Frieden der Welt (V. 154–160). Für den Leser bliebe bei diesem Chor zunächst ganz unklar, ob es sich um eine Fiktion oder um dargestellte Bilder handelt, wenn nicht am Beginn des Chores die Engel durch eine Marginalie als *uexilliferi* bezeichnet wären und damit ihr Vorhandensein am Altaraufbau gesichert ist. Erst damit erweist sich auch V. 158 *Vibremus labarum lauro et spadice refulgens* als detaillierte, aber in der wörtlichen Rede versteckte Beschreibung. Schließlich zeigt der Vergleich mit einer zeitgenössischen Zeichnung *(Abb. 33)*, daß die Schriftzüge VICTORIA auf den *labara* der Engel und PAX auf dem Schriftband des mittig angebrachten Putto die Auslöser des poetischen Chores waren. Damit findet auch der Kapitälchen-Druck der beiden Wörter in der *Sylua* seine Erklärung.

Mit dem Engelchor endet die Beschreibung des Altars. In der Vergegenwärtigung der himmlischen Siegesrufe ist auch in dieser Passage der Versuch des Dichters zu erkennen, dem dargestellten Geschehen um Passion und Auferstehung nahe zu kommen. Wie schon an anderen Stellen versteht es Hebenstreit auch hier mit einem außerordentlich knappen, fast versteckten Hinweis, diese Verständnisrichtung seines Gedichtes

---

65 Die insistierende Aufzählung der *arma Christi* erfolgt vermutlich immer mit einer mahnenden Intention; vgl. in unserem Textcorpus ganz ähnlich die V. 807–814 der Molsheimer *Descriptio templi*.

66 Bei Wortmann 1975 ist vermutungsweise der Bildhauer Siegmund Heschler aus Memmingen als Künstler der eigentlichen Schnitzarbeiten benannt, während zuvor der Schreiner Hans Wörtz als Urheber sowohl der Kanzel und des Gestühls als auch der Feinarbeiten galt. Wortmanns These war auch schon früher vertreten worden, ohne daß bisher Belege gefunden werden konnten (Chr. Scherer 1923); A. Rieber hat sich ihr nicht angeschlossen (1984, 10).

anzuzeigen, wenn er zusammenfaßt (V. 161): *Haec equidem uisenda reponit nobilis ara.*
Das Verb *reponere* ist aus Horaz' Ars poetica (V. 120 und 190) entlehnt, wo es „wieder
aufführen" bedeutet – die Charakterisierung des christlichen Altarbildes als miterleb-
bare Neuinszenierung des Heilsgeschehens könnte nicht zielsicherer ausgedrückt werden.

Vor diesem Hintergrund erscheint auch die zunächst als rein kunstkritisch erscheinende Schlußbemerkung Hebenstreits zum Ulmer Altar (V. 164–169) in einem neuen
Licht. Nach einigen Worten zur altarbekrönenden Sonne mit dem Jahwe-Tetragramm
stimmt er ein Künstlerlob an, das besonders den Gedanken der lebensechten Darstellung hervorhebt:

… bis bina elementa tremendi
Nominis, igniuomae radiis circundata flammae,
Horridulum candent spectaclum. o denique nobis
165 Suspicienda nimis fabrica! o manus enthea docti
Artificis, Parium lapidem qui credere cogit,
Quod tamen est lignum: quin muta expromere uocem
Fingit, et affectus, quasi gestam contuar in rem,
Prolicit aut laetos aut presso corde dolentis.

Doch mit dem Illusionstopos ist es in diesem Fall nicht getan. Mit der Verknüpfung
von Sehen und Empfinden, vermittelt durch die Authentizität des Abgebildeten, formuliert Hebenstreit in einem einzigen kurzen Satz – *quasi gestam contuar in rem* – ebenso das Prinzip der ihm aus dem Schulbetrieb wohlbekannten *uisiones*-Lehre Quintilians[67] wie das Funktionsprinzip der Ekphrasis und schließlich auch den Anspruch der
Passionsmeditationen, die ausdrücklich zur Vergegenwärtigung der historischen Situation aufrufen: *lege ergo quae facta sunt, tamquam fiant.*[68] An keiner anderen Stelle ist
derart deutlich zu erkennen, wie die literarische und die theologische Seite der *Descriptio templi* miteinander zusammenhängen.

An die Altarskizze schließt der Dichter noch einige kürzere Angaben an, die ihm neben
den religiösen Bildwerken offensichtlich weniger wichtig erschienen. Dies geschieht in
Form eines raschen Rundblicks vom Altarbereich aus, was aber nicht ausdrücklich gesagt wird, so daß die Übergänge zwischen den kurz angeschnittenen Themen sprunghaft wirken. Die nochmalige Erwähnung der Kanzel ist dabei durchaus sinnvoll, da sie,
an einem besonderen Pfeiler ins Kirchenschiff hineinragend, auch vom Altar aus gut zu
sehen war; die weiteren Verse über Maßangaben und Beleuchtung sind unvermittelt
angeschlossen und vermitteln keine klaren Eindrücke. Aus V. 175 etwa erfährt ein
Ortsunkundiger lediglich, daß im Chor anders als im Kirchenschiff ein Gewölbe exi-

---

67 S. I. Teil, B.I.5.b.
68 Ludolf von Sachsen, *Vita Christi* (Proömium), zit. nach Schuppisser 1993, 180.

stierte; über die Geschichte dieses um drei Jahrhunderte älteren Chorraums als Relikt der Predigerkirche hören wir dagegen nichts:

> 170   Haec super et cathedra et super almae postibus arae.
>   Prominet e muro templi borealior illa:
>   Qui longus centumque pedes septemque quater stat,
>   Surrigitur decies quinis, si quatuor abdas.
>   Istam purpurea sol ortus luce colorat,
> 175   Qua chorus, editior templi pars fornice iuncta.

Die unter *VI. Aliae templi partes* (V. 176–181) schließlich zusammengefaßten sonstigen Ausstattungsteile – Gestühl für die Männer und Frauen, Chor- bzw. Orgelempore, Türen, Fenster – werden in einem Fülletopos nur in einer Reihe von Fragen des Typs *quid nunc dicam …?* erwähnt, jedoch nicht weiter ausgeführt. Der Fülletopos dient vielmehr dazu, zum zweiten Teil der *Sylua* überzuleiten, liefert eine Begründung für die von manchen als zu lang empfundene Bauzeit und leitet so die Berichterstattung über die Fertigstellung und Einweihung der Dreifaltigkeitskirche ein.

c. Volksszenen

Keine andere *Descriptio templi* erlaubt dem Leser so authentische Einblicke in die Stimmung des Kirchweihtages wie die Ulmer *Sylua*. Hebenstreit zeichnet nicht einfach einen glänzenden Festtag, sondern achtet wahrheitsgemäß ebenso auch auf Zwischen-, ja Mißtöne im Geschehen. Dazu gehörte auch die Ungeduld mancher Kirchgänger, denen der Bau nicht rasch genug voranging, obwohl, wie der Dichter betont (V. 182–184), Krieg herrschte und die Bauzeit von vier Jahren ohnehin nicht als besonders lang gelten kann. Die *Sylua* charakterisiert diese Reden der Unzufriedenen mit einer gewissen Schärfe als *tumultus* (V. 189), der allerdings dezidiert mit typischen protestantischen Argumenten vorgebracht wird, wenn z. B. *usus* und *conspectus* des Bauwerks gegeneinander ausgespielt werden. Neben dem „Affront" des verschlossenen Baus, den man nur ansehen kann, klingt hier auch die Überzeugung durch, die Nutzbarkeit, nicht aber das Aussehen sei für eine Kirche entscheidend. Die gleiche Haltung drückt in V. 188 *unanimes* aus: Die Gemeinde soll als Ganze endlich in den Genuß des neuen Hauses kommen.

>   … nec abest, quin more recepto
> 185   Nonnemo inclamet: „primordia cernimus aedis:
>   Quo mihi conspectus, si non conceditur usus?
>   Quando erit, ut summa uoti gaudere foresque
>   Intrare unanimes ad sacra nouata queamus?"

Deutlich rauhere Töne waren am Morgen des Festtages selbst zu hören. Wir gewinnen den Eindruck von einer beinahe aufgebrachten Volksmenge, die wenig von dem feierlichen Einzugsspektakel von Rat und Geistlichkeit zu halten scheint, tumultuarisch Einlaß begehrt und gegen den schwachen Widerstand bewaffneter Wachen auch durchsetzt:

> „Pandite nunc templum, in speciem omnipatentis Olympi,
> Pandite" uulgus ait, tendens denso agmine circum:
> 215 „Et noster Deus est: non solis Numina uobis
> Inuigilant; reserate fores: intremus, amicum
> Est animus placare Deum festasque Camoenas
> Cantantum, tum uota sacri concepta ministri
> Audire, et quosnam referant Encaenia ritus."
> 220 Fit uia ui, rumpunt aditus,[69] et quisque sedile,
> Quod primum capit, inuadit: uox omnia frustra
> Custodum tentat: nil pugnus, arundo, bipennis,
> Nil monitus ualuere: cupido ualentior armis.

Die kritischen Stimmen angesichts des Gedränges verarbeitet Hebenstreit in einem Wortwechsel zweier Festteilnehmer. Der erste, hilflos von der Menge vorwärtsgeschoben, zieht ausdrücklich die religiöse Motivation des Ansturms in Zweifel (V. 224f.), und sein Widerpart bestätigt ihm, nach einigen Tagen gemeindlichen Alltages werde das Bild deutlich anders aussehen. Aus seinen Worten klingt dabei eine Mischung aus Resignation (V. 229f.) und leichter Geringschätzung (V. 227 *agilem faciunt noua uisa popellum*). Man wird hierin die auch vom Dichter vertretene Ansicht vermuten dürfen. Der gleichzeitige Einzug der Amtsträger hebt den Kontrast zwischen Getümmel (236 *nigrum simile et populantibus agmen*) und gemessen Schreitenden (237 *Parte alia accedunt longis talaribus octo*) auch rhythmisch anschaulich hervor.

d. Persönliche Kommentare des Verfassers: Lob der Freunde

Als alle ihren Platz eingenommen haben, setzt eine festliche Musik ein, bei deren Beschreibung mehrfach Perspektive und Stilhöhe wechselt. Zunächst rückt eine gelehrte Assoziation den als *Byrsobates* angesprochenen Organisten Steigleder in den Rang eines zweiten Orpheus (V. 242–245) – wobei der Vergleich nicht recht aufgeht, da der Organist eben keine *plectra* benutzt, so daß Hebenstreit eine Umschreibung des Orgelspiels nachliefert, die nun eher an Pan und seine Flöte denken läßt.

---

69 Verg. Aen. 2,494 (Erstürmung des Palastes des Priamus).

504

Musicus argutis digitis plectra attigit Orpheus,
Orpheus Byrsobates, quo non praestantior alter
Seu finxisse modos fictosue afflare cauernis
245   Syringum, qua stat cannarum argenteus ordo.

Wichtig ist der Abschnitt aber dennoch, erfahren wir doch aus ihm, daß bereits 1621 eine Orgel in der Dreifaltigkeitskirche vorhanden war. Im Gegensatz zur traditionellen Forschungsmeinung, nach der eine Orgel erst im Jahre 1640 eingebaut wurde,[70] ist nun mit der Möglichkeit zu rechnen, daß ein älteres Instrument mangels anderer Quellen bisher übersehen worden ist.

Verblüffend wirkt der zweite Teil des geschilderten Konzerts. Hebenstreit versetzt sich hier in die Rolle der *rustica pubes* (die wohl gerade in den Kirchenbänken sitzt) und betrachtet die Posaunen- und Holzbläser mit komisch verfremdeter Naivität:

Vna alii modo uoce, modo organicis inuentis
Erupere, et (opinatur quod rustica pubes)
Aenea candelabra uorans reuomensque Tobias,
Vnde ruit tonitru latumque per aera clangit:
250   Quique nigrum incuruum commordet dente bacillum,
Vnde alte exiliat tenuis uox tortula grylli.

Wieder anders, aber ebenso zu Scherzen aufgelegt stellt er schließlich die Sänger vor, die während der Feier besonders durch Diskantpartien glänzten. Einer von ihnen bot dank seinem Namen Nachtigall eine naheliegende Handhabe für Wortspielereien, die der Dichter mit vertraulichen Bemerkungen an seine Leser würzt.[71] Die harmlosen, aber in einer *Descriptio templi* zunächst doch überraschenden Kommentare über die ebenfalls als Lehrer des Gymnasiums tätigen Sänger beschließt ein Kompliment, das sie wiederum mit Hilfe eines Wortspiels über die Musikanten eines französischen Hoforchesters stellt, das kurz zuvor in Ulm zu hören gewesen war:

Hoc par alituum foueas tibi largius, Vlma!
Hoc possit dubiam facere, immo euertere palmam
Ausoniae: Ausonias extollunt omnia uoces.
265   Nam Galli, quales dedit aestas proxima, galli
Sint contra has uolucres diuinaque guttura contra.

---

70 Endriß 1911, 404. 407 f.; Rieber 1978: „Eine Orgel fehlte zunächst, wurde aber 1640 durch Spenden von Bürgern und Stiftungen erstellt." Ebenso ders. 1984, 11.

71 V. 255 *tibi, lector, in aurem.*

Den dreiteiligen Aufbau der Dieterichschen Predigt zeichnet Hebenstreit im wesentlichen unverändert nach, faßt sich allerdings erheblich kürzer (V. 277–391 gegenüber knapp 40 Seiten Predigttext). Der Dichter referiert zunächst Dieterichs Darstellung der Salomonischen Tempelweihe nach 1. Kön./2. Chron., die in der Predigt den Abschnitt *Wie ... die Kirchen vor uhralten Zeiten von den rechtglaubigen eingeweihet* eröffnete. Salomo fungiert demnach in der schon bekannten Weise als Typus für eine angemessene christliche Weihehandlung (V. 277–286). Die voraufgehenden Bemerkungen Dieterichs, in denen er die genaue Bedeutung des Wortes *Weyhen* erklärte, hat Hebenstreit dagegen übergangen. Ein Punkt daraus verdient jedoch Erwähnung, weil aus ihm deutlich wird, wie der Prediger von Anbeginn seine Zuhörer auf den Kontrast zur katholischen Zeremonie und ihre Riten hinwies:

> Weyhen heißt soviel als Heyligen, denn eben darumb wirdt der Tempel von Salomo geweihet, daß er dem HERREN heylig sey. Nicht zwar der meynung, als ob entweder der ort, darauff der Tempel gebawet, oder das Gebäw deß Tempels an unnd vor sich vor der Einweihung unheylig gewesen, daß sie mit sonderlichen Ceremonien müssen erst heylig gemacht werden: Nein, die Gedancken soll ihnen hie keiner machen, denn alle Erde und aller ort der Erden ist dem HERREN heylig ... Psal.24,1.[72]

Dieterich ließ dem biblischen Bericht von Salomo unter dem Titel *Lehr und Erinnerung* einen zweiten Teil folgen, der die eigentlichen Anfänge der christlichen Weihefeiern darstellte. Nach einer Skizze der weiteren Geschichte des Tempels, die auch Gelegenheit zur Erläuterung des *Encaenia*-Begriffs gab, lieferte er eine Fülle von Nachrichten aus Kirchenvätern und Kirchenhistorikern über die frühchristliche Zeit;[73] Hebenstreit handelt diesen Passus sehr kurz ab (V. 287–292).

Wesentlich ausführlicher ist bei beiden Autoren der zweite Abschnitt ausgeführt, der die katholischen Zeremonien untersucht und sie einer gründlichen Kritik unterzieht (V. 293–307; Dieterich S. 11–25). Auffällig ist bei aller überzeugten Ablehnung der alten Kirche seitens der beiden Autoren, wie wenig polemisch der Prediger vorgeht, während bei Hebenstreit stellenweise eine größere Schärfe anklingt.[74] Dieterich ist sehr darauf bedacht, seinen Zuhörern zuerst eine ganz genaue Vorstellung des alten Kirchweihritus zu geben, und zieht dafür ausdrücklich die offiziellen Vorschriften des *Pontificale Romanum* von 1572 und des traditionsprägenden mittelalterlichen Liturgikers Durandus, aber auch die Abhandlung *De origine progressu usu et abusu templorum* des reformierten Zürcher Theologen Rudolph Hospinian (1587) heran.[75] In der wiederum

---

72 ULMISCHE KIRCHWEYH PREDIGTE S. 4. Vgl. dazu auch bereits Hipp 1979, 462f.
73 ULMISCHE KIRCHWEYH PREDIGTE S. 6–10.
74 S. die S. 492 schon zitierten Verse 293–296.
75 Dies belegen Marginalien in ULMISCHE KIRCHWEYH PREDIGTE S. 11.

zugehörenden *Lehr und Erinnerung* widerlegt der Prediger die römischen Riten als nicht mit der alleinigen Autorität der Schrift vereinbar: Weihbischöfe, Exorzismen und Heiligenpatronate seien weder für die salomonische noch die frühchristliche Zeit belegt. Ohne boshafte Schärfe, aber mit entschiedenem Ernst stellt Dieterich die aus seiner Sicht entlarvenden Fragen:

> Zwar daß die Kirchen von uhralten Zeiten hero im Volck Gottes geweyhet, das finden wir wohl und gebens gern nach. Daß sie aber auff die Päbstische Manier unnd Spiel geweyhet, wo findet man da auch nur ein einiges Wort von? Wo stehet, daß Salomo zu dem Hohenpriester zu Jerusalem geschickt und von ihm begehrt, daß *er* den Tempel weyhen wolle? Hat er nicht *vor sich* die Einweyhung angestellet …? (…) Wo stehts, daß sie (*sc.* die frühen Christen) oder andere zu ihrer Zeit bey ihren Kirchenweyhungen ein solch Gauckelspiel und Phantasey mit processioniren, mit Thür anklopffen, mit Aschen bestrewung (…) unnd dergleichen mehr getrieben? (…) Wo stehet, das (!) Salomo seinen Newgebauten Tempel entweder inn Abrahams, Isaacs, Jacobs, Mosis oder eines andern Patriarchen unnd Propheten Nahmen und Ehren eingeweihet? (…) Wo stehet, daß Constantinus Magnus und andere zu seiner Zeit die geweiheten Kirchen einigem Engel oder verstorbenen Heyligen dediciret? (…)[76]

Hebenstreit greift diese Art der Argumentation auf, verwandelt sie aber in eine deutlich schärfer artikulierte Polemik. Er kleidet kritische Fragen in die Form einer Apostrophe an Petrus; die Kritik an der politischen Macht Roms überwiegt dabei deutlich die Ablehnung der Riten:

<blockquote>

           sanctissime Petre,
  Hic ubi nulla fuit, rara aut ueneratio Christi,
  Tune ibi fanorum solio sublimis in alto
300 Iura dabas ducibus? tune in populoque Quirini
  Christigenisque aliis uelut induperator amictu
  Regifico triplicique nitens diademate uisus
  Indugredi coelumque solo miscere? negabis.
  Tune hos absurdos ritus, haec sacra piorum
305 Sanxisti seruare gregem, cum templa dicantur
  Coelitibus matrique Dei sanctisque uirorum
  Femineique chori? numne haec tua iussa? negabis.

</blockquote>

Wenig attraktiv erschien dem Dichter offenbar die weitere Argumentation Dieterichs, in der dieser sehr detailliert die Berechtigung der Weihriten zu widerlegen suchte und bei dieser Gelegenheit auch weitere konfessionelle Streitfragen, darunter die von der Natur des Meßopfers, aufgriff. Dabei ging er in drei Schritten vor: zuerst führte er zahlreiche biblische Stellen an, die den beschriebenen Riten widersprächen, wandte sich sodann gegen eine allegorische Ausdeutung der einzelnen Weihehandlungen, wie

---

76 ULMISCHE KIRCHWEYH PREDIGTE S. 16f. (Hervorhebungen U. S.)

sie bei Durandus vorlag, und griff schließlich in die noch immer schwelende Kontroverse über Kardinal Bellarmins Werk zum Heiligenkult ein, wobei er mit dem scharfen Blick des geschulten Theologen, niemals aber grob seine Position vertrat. Den unterschiedlichen Ton beider Texte kann der Vergleich von V. 304 ff. mit der entsprechenden Predigtstelle zeigen, die sich mit der Ursprünglichkeit der Kirchenpatronate von Märtyrern und Heiligen befaßt. Durch die Nennung der *absurdi ritus* im gleichen Satz und die aufgeregte Nachfrage *numne haec tua iussa?* nimmt bei Hebenstreit auch die Frage nach den Heiligenpatronaten einen gereizten Klang an. Dieterich dagegen setzt seine Worte ruhig und selbstsicher:

> Daß den Kirchen dero Apostel und anderer H. Märterer Namen bey der Einweyhung geben, das fächten wir nicht an, und es ficht uns auch nicht an. Daß aber diß ersten Anfangs deßwegen geschehen, daß sie der Kirchen Dii Tutelares … seyen und man sie in den Kirchen als Patronen anruffen und verehren solle, wie lang hernach auffkommen und Bellarmin haben will, das bestreiten wir und sagen, daß diß erstens nur zu deren immerwehrenden Gedächtnuß geschehen.[77]

Auch in der Adaption des dritten Predigtteils, der nun die Ulmer Weihe genauer erläuterte, nimmt Hebenstreit nochmals die protestantische Polemik gegen den Heiligenkult auf und läßt auch das für diese typische Bild von der Besiegung des „Baalskultes" durch Luther nicht unerwähnt:

320 Iam quis erit porro, in quem tutelare recumbat
Munus? an e Diuis aliquis, coeloque locatis?
Quod Salomon, quod tu, pie Constantine, uolebas,
Qui Ihouae, qui Soteri noua templa sacrastis,
Hoc nostri patres, Vlmae fastigia nostrae
325 Exoptant: non ignari quippe ante-malorum,
Quae pepulit precibus fracti clementia Ihouae,
Quando post tenebras cultus reparata Baalis
Relligio magni feruore eluta Lutheri est …

Nach einigen einführenden Worten vollzog dann Dieterich die eigentliche Weihe, indem er die Kirche nacheinander feierlich zu *deß Herren Hauß*, zu *eim Predig- und Lehr Hauß*, *zum Bethauß*, *zum Sacramenthauß*, *zum Beicht- und Trosthauß* und *zum Opferhauß* erklärte.[78] In diesem Weihespruch ist Hebenstreit seiner Vorlage besonders nahe, wie die Passage über die Opfer zeigt. Der Prediger beeilt sich, der lutherischen Lehre gemäß das Verständnis des Opferbegriffes zu präzisieren, und der Dichter folgt seiner Rede:

---

77 ULMISCHE KIRCHWEYH PREDIGTE S. 23 f.
78 ULMISCHE KIRCHWEYH PREDIGTE S. 27 f.

Dieterich, *Ulmische Kirchweyh Predigte,* S. 28	Hebenstreit, *Sylua* V. 339–343
Weyhe sie ein zum Opferhauß, daß wir darinn unserm HERRN und GOtt unsere Opfer bringen, nicht Levitische Judenopfer, nicht Papistische Meßopfer, sondern die geängstigten Geistopfer, die zerbrochenen und zerschlagenen Hertzensopfer – Psal. 51,19 – Die Lippenopfer dadurch wir deß HERREN Nahmen bekennen – Ose. 14,3 Hebr. 13,15 –	… sede hac nostra cadat hostia dextra Crebrius, haud ritu Mosis rituue papali, Sed uere interno ac humilis purgamine cordis.
Als da sind die Lob und Danckopfer, daß wir mit Loben mit Dancken mit Psalmen und Geistlichen Liedern deß HERREN Namen rühmen, loben und preysen.	Vnde boni fructus crescant, sese ora resoluant In laudes Triados
Die Stewr und Allmosenopfer, daß wir den Armen und Nothdürfftigen hierin ihre Opfferpfennig bringen und einlegen (…) – 1. Cor. 16,2 ⟨2.⟩ Cor. 8,3 –	benefactaque carpat egenus.

Nicht übernommen hat der Dichter dagegen die nächste Partie der Predigt, obwohl sie als Dokument protestantischer Traditionsbildung erwähnenswert ist. Dieterich fügte hier einige eigene Verse in deutschen Paarreimen ein und berief sich dabei ausdrücklich auf die Torgauer Schloßkapelle als Vorbild; eine Marginalie weist darauf hin, daß Dieterichs Verse in der Kirche als Inschrift zu sehen waren:[79]

> Und demnach aller Orten ublich und Christlichen herkommens, daß in denen newerbawten Kirchen monumenten und memorial ihrer Baw- und Einweyhung offentlich auffgericht [S. 30] und beschrieben worden, wie denn, da Herr D. Luther Christseeligen andenckens zu Turgaw Anno. 1544 den 14. Sontag nach Trinitatis die vom H. Churfürsten zu Sachsen damahlen erbawete Newe Schloßkirche eingeweyhet, der Alte D. Caspar Cruciger die Jahrzeit und Ceremonien solcher Einweyhung in besondere Teutsch Reymen gefaßet, so noch in den Tomis Lutheri zu finden, so hab ich dieser unser Newen Dreyfaltigkeit Kirchen auch etliche Weyhungs Reymen machen, deren zum offenen monument unnd memorial hiemit auffrichten unnd anschreiben wöllen …

Die wiederum anschließende *Lehr und Erinnerung* preist die *Seeligkeit unserer Ulmer,* gekennzeichnet vom bewahrten Frieden und garantiert durch die vorbildliche Regierung. Hier nun ist zu beobachten, wie der gelehrte Prediger eine bekannte Vergilstelle ins Deutsche setzt, bevor der Dichter in seiner Version das lateinische Original wieder einfügt:

---

79 ULMISCHE KIRCHWEYH PREDIGTE S. 29 i.mg.: *Inscription dieser unser newen Dreyfaltigkeit Kirchen.* Ob die Verse tatsächlich *in situ* angebracht wurden, ist m. W. nicht gesichert. Als Faksimile aus dem Druck von 1621 sind die Verse jetzt bei Rieber 1984, 12 zu lesen. Eine deutlich abweichende Fassung des Textes gibt die „Gundelfinger-Chronik" (Cgm 3090 fol. 319ᵛ–320ʳ); die Ursache der Abweichungen ist nicht ersichtlich.

Dieterich, *Ulmische Kirchweyh Predigte,* S. 30	Hebenstreit, *Sylua* V. 346–350
Was wolt jhr mehr, jhr lieben Ulmer? Ach, wie Seelige, Seelige Leuth seydt jhr, wann jhr es nur glauben unnd diese ewere Seeligkeit erkennen woltet?[80] Sagt mir, wo ist ein Volck, dem der HERR deßgleichen gethan habe unnd noch thue? Wie viel tausend unnd aber tausend sind, die sich seeliger nich pryßen, als wann sie dergleichen Gnade haben möchten?	... Conuertimur ad uos, O fortunatos nimium! nam attendite paullo: Quae merita his meritis possint diuinitus addi? Quae gens, quae regio est uestrorum ignara bonorum?[81] Quaenam urbs muneribus maior? ...

Mit Ermahnungen zum rechten Gebrauch des Bauwerks und dem Hinweis, der Bau von Kirchen sei jedenfalls ein *recht löbliches, gutes und rümliches Christliches Werck,*[82] schloß Dieterich seine Predigt. Im Hinblick auf den zeitgenössischen Toposgebrauch in panegyrischer Rede verdient darüberhinaus sein Versuch Erwähnung, zwischen dem festlichen Anlaß und dem strahlenden Sonnenschein des Festtages eine kausale Beziehung herzustellen. Für den Ulmer Prediger ist der leuchtende Himmel über der Stadt Zeugnis göttlicher Gnade und zugleich ein überbietendes Gegenbild zu der Wolke, die seinerzeit den Salomonischen Tempel erfüllte:

> Und ob sie schon ihre Gegenwarth und herrligkeit nicht mit einer finstern dicken Wolcken jetzmahls under uns bezeuget, wie sie dieselbig weyland im Tempel Salomo bezeuget – 1. Reg. 10 –, so bezeuget sie doch dieselbige mit dem gegenwertigen frewdigen, lustigen, anmütigen Sonnenschein. Denn uns disen morgen ein so schöner, lustiger, frewdiger tag anblicket, dergleichen uns in dem nechsten vorgehenden Monat niemals erschienen: O habt ein gut hertz und fröhlichen Muth! Es ist alles gut, die H. Dreyfaltigkeit ist mit, bey und under uns und lest jhr seliges Gnadenzeichen gegen diß jhr newes Hauß vom Himmel erscheinen uber uns ...[83]

Ganz anders argumentierte Hebenstreit, als er in die *Sylua* seine Schilderung der voraufgehenden Unwetter und des hellen Festtages einflocht (V. 197–209). Anstelle theologischer Erwägungen führte er den Wandel auf den eigenen Einspruch zurück: *„Non, Arcture, tamen toto furiabis in anno",* | *Inquam. Vota ualent* ... Liest man den ganzen Abschnitt, so wird hinter der poetischen Figur das astronomische Wissen sichtbar, von dem der Dichter ausgig. Zur Umschreibung des Datums bearbeitete er Angaben aus dem Kalenderwerk des Nürnberger Astronomen Georg Caesius, scheint aber auch antiker literarischer Tradition zu folgen: so wird z. B. dem Arkturus im Sternbild Bootes

---

80 Verg. georg. 2,458 *o fortunatos nimium, sua si bona norint!*
81 Verg. Aen. 1,460 *quae regio in terris nostri non plena laboris?*
82 ULMISCHE KIRCHWEYH PREDIGTE S. 35. Natürlich ist damit kein Rückgriff auf die vom Luthertum strikt abgelehnte Auffassung von den „guten Werken" beabsichtigt. Dieterich stellt vielmehr den Kirchen- über den Städtebau, wie überhaupt die Wahrung des ewigen über die des zeitlichen Gutes. Vgl. auch Hipp 1979, 479–481.
83 ULMISCHE KIRCHWEYH PREDIGTE S. 34.

die Verantwortung für die turbulenten meteorologischen Vorgänge des September zugeschrieben, was sich schon bei Plin. nat. 18,69,1 finden ließ.

Erst nach dieser gelehrten Einlage schließt sich die *Sylua* dann äußerlich der theologischen Argumentation an. Doch wenn Gott rechtzeitig zum Festtag heitere Ruhe am Himmel schafft –

205   … fama reserante nouella
             Liminaque sedesque Dei, Deus ipse fragorem
             Aeris obiurgat lateque attemperat orbem
             Collectasque fugat nubes lucemque reducit:
             Gratum opus agricolis, sed longe gratius urbi, –

so ist nicht so sehr der christliche Gott, sondern eher Neptun am Werk, wie er aus der Schlußszene des Sturms in Aen. 1,142 f. bekannt ist: … *dicto citius tumida aequora placat | Collectasque fugat nubes solemque reducit.*

Dieterichs Schlußgebet[84] folgte ebenso wie die Gebete der katholischen Kirchenweihen grundsätzlich dem Vorbild der *precatio Salomonis* (1. Kön. 8). Auch in Ulm ist die Zweiteilung in Dankgebet und Bittenkatalog beibehalten. Im einzelnen wählte der Prediger jedoch teilweise freiere Formulierungen gegenüber dem biblischen Text. Ein Beispiel dafür ist die einleitende Lobesformel, die in der Vulgata lautet: *Domine Deus Israhel non est similis tui Deus in caelo desuper et super terra deorsum* (III Rg 8,23). In der Predigt ist sie entfallen; Hebenstreit dagegen behält den traditionellen Auftakt im Hymnenstil bei (V. 368 f.): *O benedicta Trias, Deus Optime Maxime, quaenam | Lingua tuas ualeat meritorum exponere laudes?* Eine solche Gestaltung legte der Bibeltext selbst nahe, der Salomos Gebet als *hymnus* bezeichnet (8,28). Auch die Frage des Kirchenpatronates griff Dieterich nach seiner ausführlichen Ablehnung des Heiligenkultes nicht noch einmal auf; die *Sylua* aber betont aufs neue die Einzigartigkeit Gottes (V. 374 f.): *Hanc* (sc. *aedem*) *tibi sacramus: nec enim te fortior alter | Aedituens.*

Der Katalog der Bitten ist gegenüber der Predigt deutlich gestrafft. Dies gelingt Hebenstreit indes nicht nur durch Auslassen einiger Punkte, sondern auch durch die Verwendung typischer Schlagworte aus der zeitgenössischen Polemik. Dieterichs Bitte um Schutz vor *falschen Propheten und Lehrern, durch welche verderbliche Secten eingeführet unnd der Weg der Warheit verlästert wirdt,* damit *wir uns nicht wägen und wiegen lassen von allerley Wind der Lehre, durch Schalckheit der Menschen unnd Teuscherey, damit unsere Sinne in Christo mögten verruckt werden, sondern daß wir standhafftiglich und unverruckt bey deinem Wort verharren,* zeigt eine barocke, zugleich mit juristischer Sorgfalt jede Nuance des Sachverhaltes einzeln artikulierende Sprache; das Gedicht aber nennt die Dinge hart

---

84 ULMISCHE KIRCHWEYH PREDIGTE S. 37–40.

und knapp beim Namen: die Häresie bedroht die christliche Schafherde mit dem Ra-
chen der Wölfe und zerstört das bestellte Feld mit Unkraut:

375 … procul hinc rictus arceto luporum;
  Haereseos lolium nunquam istis pullulet agris.

Nach der Predigt, die die Gemeinde und auch den anwesenden Dichter zu Tränen
rührte (V. 392–397), beschloß eine zweite Festmusik den Gottesdienst. Das Festmahl
am Mittag und der Vespergottesdienst des Spitalpfarrers Gockel finden in der *Sylua* nur
noch kursorisch Erwähnung. Einen für evangelische Kirchweihen charakteristischen
Schlußakzent setzt Hebenstreit, der in seiner Schlußformel der neuen Kirche einen
langen und glücklichen Bestand wünscht, dann im letzten Vers. Mit der Hoffnung,
die Stadt Ulm möge ihre Dreifaltigkeitskirche stets pflegen und dort *„aufrichtige
Weihrauchopfer darbringen"* (V. 413 *colat longum ac sincero thure uaporet*), verwendet er
eine antike Formulierung,[85] die bestens zu seinem literarischen Hintergrund paßt, zugleich aber die konfessionelle Situation betont: nur in der metaphorischen Gestalt des
Gebetes hat der Weihrauch noch eine Berechtigung; das unnütze *chresem und reuchern*
(Luther) ist nicht mehr akzeptabel.

---

85 Z. B. Verg. Aen. 11,481 *ture uaporant*.

III. Anton Aegid Schenthels Beschreibung
von Bau und Einweihung der Dreieinigkeitskirche zu Regensburg
(1631/33)

1. Eine Festschrift im Dreißigjährigen Krieg

Anders als alle anderen hier behandelten Kirchweihfestschriften erschienen die deutschsprachigen *Encaenia Ratisbonensia* und die beigedruckte lateinische Dichtung *Ara Dei immortalis* des Regensburger Schulrektors Aegid Schenthel erst mit zweijähriger Verspätung nach dem festlichen Ereignis, der Weihe der neuen protestantischen Dreieinigkeitskirche *(Abb. 34)* im Dezember 1631. Schuld daran war der Krieg, der der Reichsstadt ab dem folgenden Jahr wechselnde Besatzungen und den Gläubigen beider Konfessionen entsprechend wechselnde Bedrohungen und Verfolgungen brachte. Der Notsituation entspricht es auch, daß die Festschrift gegenüber den ursprünglichen Planungen in einer reduzierten Form erschien: wie aus den noch erhaltenen handschriftlichen Entwürfen zu den *Encaenia* hervorgeht, sollte der Druck noch weitere Gedichte sowie die Notensätze der Festmusiken enthalten.[1]

Gedruckt wurden die beiden Schriften 1633, in jenem Jahr also, in dem Regensburg in die Hände der schwedischen Truppen und damit der protestantischen Vormacht fiel, und so könnte die nun endlich publizierte Festschrift als ein siegesgewisses Lebenszeichen der Protestanten verstanden werden. Es ist allerdings auch nicht auszuschließen, daß der Druck schon vor der Besetzung im November erfolgte, als noch eine kaiserliche Besatzung in der Stadt lag: die sehr zurückhaltend formulierte Vorrede der *Encaenia* erweckt nämlich eher den Eindruck, als habe man mit der Schrift vor allem neue Mißverständnisse verhindern und die eigene protestantische Position darlegen wollen. Die *Encaenia* wären dann ein Dokument jener auf gegenseitige Duldung der Konfessionen bedachten Haltung, die für Regensburg überlebensnotwendig, aber auch zu einer mit Überzeugung verfochtenen Tradition geworden war.[2] Der anonyme Verfasser des Jahres 1633 bemerkt, daß der Rat seine Druckerlaubnis gegeben habe *der lieben Posteritet zur*

---

1   Die Akte EKAR 251 enthält als 1. Faszikel die stark redigierten Einleitungs- und Zwischentexte der ENCAE-
    NIA sowie die dort als No. 1–4 bezeichneten Dokumente; ab fol. [10] nur noch die Zwischentexte, während
    auf weitere Dokumente (Predigttext usw.) nur mit roten Nummern verwiesen wird. Einige der Dokumente
    sind in der gleichen Akte handschriftlich erhalten: No. 3–7 und 10–11 als 2. Faszikel; No. 7 (Antwort des
    Salomon Lentz auf die Rede des J. J. Wolff) nochmals als 10. Faszikel; Textanfang der Lentzschen Festpredigt
    ebda.; Vesperpredigt des J. Seitz als 11. Faszikel. Bedauerlicherweise fehlt eine Manuskriptfassung des lateini-
    schen Festgedichtes ARA DEI IMMORTALIS. Ein Hinweis auf eine ursprünglich geplante umfangreichere Fest-
    schrift findet sich in Rot (also als redaktioneller Vermerk) am Schluß des 2. Faszikels: *Danach folgt die descriptio
    actus Latina ligata Herrn Rectoris* (d. i. Schenthel), *Item die gemachte carmina* (= doch wohl Schülergedichte),
    letzlich die Stückh so herr Cantor componirt. Ein Aufschluß über den Redaktor ist weder aus dem Druck noch
    aus der Akte zu gewinnen.

2   Zum Verhältnis der Konfessionen in der Reichsstadt vgl. Hausberger 1992. Dort auch Hinweise auf ältere
    Arbeiten zum Thema, unter denen die Beiträge von Jürgen Sydow besonders zu nennen sind.

nachrichtung und zu verhütung allerseits ungleichen gedancken und discursen (welche bey diesen gefährlichen Zeiten fast gemein seynd, und da offt gute, wolbefugte Christliche intentiones ungleich außgelegt werden).[3]

Der Bedeutung der *Encaenia* und der *Ara Dei* würde indes weder eine Einschätzung als rein apologetische Schrift noch als eine irenisch gestimmte Selbstdarstellung vollauf gerecht. Ungeachtet der fehlenden exakten Datierung bleibt der zweiteilige Druck Dokument jener Phase um das Jahr 1630, in der sich für die (dominierende!) augsburgische Konfession in der Stadt der Reichstage die Lage aufs äußerste zuspitzte, und stellt somit in jedem Fall ein deutliches Signal an alle Protestanten im Reich dar. Um sowohl die Entstehung der Dreieinigkeitskirche als auch die ihrer Festschrift zu verstehen, bedarf es daher eines Blickes auf die politische und religiöse Situation in Regensburg in der frühen Neuzeit.

2. Regensburg im 16. und frühen 17. Jahrhundert

Regensburg, einstige bayerische Herzogsresidenz und bedeutende mittelalterliche Handelsstadt, geriet zu Beginn der frühen Neuzeit sowohl territorial als auch wirtschaftlich und konfessionell in eine bedrängte Lage. Die Reichsstadt war nicht nur vom Herzogtum Bayern an allen Seiten umgeben, sondern auch innerhalb der Stadtmauern kein homogenes Gebilde: neben dem Rat waren mit dem Bischof, der Abtei St. Emmeram und den Reichsstiften Ober- und Niedermünster nicht weniger als vier weitere Reichsstände in der Stadt zu verzeichnen. Aus dieser speziellen Situation ergaben sich für Regensburgs Fortbestand als reichsunmittelbare Stadt Probleme, die indes schon im spürbaren wirtschaftlichen Niedergang der Kommune im Spätmittelalter ihre Wurzeln hatten.[4] Bereits 1486 war es Albrecht IV. von Bayern gelungen, daraus Kapital zu schlagen und den Rat zum Verzicht auf die Reichsfreiheit zu bewegen, was jedoch sechs Jahre später durch Kaiser Friedrich III. rückgängig gemacht wurde. Die wiederhergestellte Reichsunmittelbarkeit, staatsrechtlich bis zum Ende des Dalbergschen Fürstentums im Jahr 1810 bewahrt, erfuhr schon bald eine Modifikation durch verfassungsrechtliche Eingriffe Kaiser Maximilians I. sowie durch den sog. Erbschutzvertrag (1521), der Regensburg stärker als alle anderen Orte des Reiches mit den Habsburgern verband. Nicht zuletzt hieraus erklärt sich auch die immer wichtigere Rolle als – seit 1594 einziger – Tagungsort des Reichstages.

Die kaiserliche Protektion wirkte sich auch mehrfach als hilfreiche Gegenkraft ge-

---

3 Viel zu wenig berücksichtigt ist die aktuelle politische Situation bei Renate Staudinger, die die Publikation nach zwei Jahren lediglich damit erklären will, der Rat habe „der Vergänglichkeit der Einweihungsfeier ... entgegenzuwirken" gesucht (Kat. Regensburg 1992, 320 Nr. 111). Die von uns zitierte Passage der ENCAENIA-Vorrede fällt dementsprechend in ihrem Katalogbeitrag der Kürzung zum Opfer.

4 Zum Folgenden s. Schmid 1995, 312–315; Nemitz 2000, 248 f.

genüber den benachbarten wittelsbachischen Herzögen aus, die nach dem gescheiterten Versuch von 1486 immer wieder ihren Einfluß in Regensburg geltend zu machen suchten. Dies konnte durch einfache Blockade der Versorgungswege, durch Einflußnahme auf den Bischof und die anderen katholischen Einrichtungen in der Stadt geschehen, doch drohte z. B. auch die Besetzung vom April 1632, offiziell als Schutzmaßnahme des Reiches und mit – bayerischen! – Kreistruppen durchgeführt, dem Wunsch Kurfürst Maximilians nach einer Rückkehr der Stadt ins Herzogtum Vorschub zu leisten. Kaiser Ferdinand II. wußte eine solche Verfestigung der Ansprüche zu verhindern.[5]

Mit einigen Einschränkungen läßt sich sogar sagen, daß die Durchsetzung der Reformation in der Reichsstadt nur mit Hilfe der Habsburger möglich geworden ist. Zunächst gebot indes die doppelte Einengung durch Habsburg und Bayern dem Rat, jede Hinwendung zum Luthertum zu vermeiden und auch der Confessio Augustana fernzubleiben.[6] Nichtsdestoweniger waren die Sympathien der Bevölkerung spätestens in den 1530er Jahren mehrheitlich klar auf seiten Luthers, und 1542 kam es endlich zur offiziellen Einführung der Reformation. Dieser Vorgang wurde von zweierlei Umständen begünstigt. Das mit Vertretern höchsten Ranges (Karl V. als Vorsitzender, Contarini, Eck, Melanchthon, Bucer u. a.) ausgetragene Religionsgespräch von 1541 scheiterte zwar an den mittlerweile unüberbrückbaren Differenzen, doch räumte der Kaiser den protestantischen Reichsständen erstmals das Recht zur Reformation landsässiger Kirchen ein. Die Regensburger Forschung sieht hierin den eigentlichen Schlüssel für die Öffnung der Stadtregierung gegenüber dem Luthertum.[7] Allerdings hat Horst RABE darauf hingewiesen, daß es sich bei der Deklaration des Kaisers nicht nur um ein außenpolitisch bedingtes Zugeständnis an die Reichsstände, sondern auch um ein Geheimdokument von begrenztem juristischen Wert handelte.[8] Insofern sollte man anderen Faktoren wie dem Übertritt des Regensburg benachbarten Pfalz-Neuburg zum Luthertum im Juli 1542 etwas mehr Bedeutung auch für die Entscheidung des Stadtrates beimessen, als dies zumeist geschieht, denn der Beschluß zur Reformation wurde erst danach, im Herbst 1542, gefaßt, während man zuvor lediglich einen Prediger bestellt hatte.

Wie wenig die kaiserliche Erklärung wert war, zeigten wenige Tage nach dem Ratsbeschluß eine Aufforderung König Ferdinands (!) zu dessen Aufhebung und eine über mehr als drei Jahre währende bayerische Wirtschaftsblockade.[9] Doch dies war erst der Anfang: das Augsburger Interim (1548) warf die Entwicklung empfindlich zurück.

---

5 Schmid 1995, 321.

6 Vgl. Schmid 1996, 43.

7 Vgl. z. B. Volkert 1983, hier 118 (mit der überspitzten Formulierung, Karl habe „den protestantischen Ständen *den* Anschluß an die CA freigestellt"); ähnlich Lorey-Nimsch 1986, 121; Schmid 1996, 44.

8 Rabe 1989, 251. Text der Deklaration: Corpus Reformatorum 4 (1837) 623–625; Kohler 1990, 264–266 Nr. 76.

9 Schmid 1995, 317.

Erst seit den 50er Jahren gelang es dank der kaisertreuen Politik im Fürstenaufstand, mit Duldung Ferdinands die protestantische Kirche in der Stadt langsam auszubauen. Nach heftigen internen Auseinandersetzungen, die u. a. mit dem Regensburger Aufenthalt des Flacius Illyricus (1562–1566) zusammenhingen, etablierte sich zum Ende des Jahrhunderts die lutherische Gemeinde als „Rückhalt des Protestantismus im südostdeutschen Raum".[10]

Ein einmaliges und bis heute nicht vollständig erklärtes Kuriosum stellt es dar, daß Regensburg trotz seiner überwältigenden protestantischen Einwohnermehrheit (zeitweise ca. 95 % in der Reichsstadt, ca. 75 % im Stadtbereich einschließlich der Reichsstifter) stets das Erscheinungsbild einer katholischen Stadt wahrte: die Schließung oder Übernahme der alten Klöster und Kirchen, wie beispielsweise in Ulm, fand hier nicht statt; stets standen einer Fülle katholischer Einrichtungen lediglich zwei bis drei protestantische Kirchen gegenüber, ja es wurden – zunächst auf bayerische, später auch auf kaiserliche Initiative – sogar neue Ordensniederlassungen (Jesuitenkolleg, Kapuziner, Karmeliten) gegründet. Vorsicht und Rücksicht in der schwierigen Situation des konfessionellen Zusammenlebens und im Angesicht mächtiger katholischer Schutz- und Nachbarmächte war das oberste Gebot für den Rat, und doch bleibt die Entwicklung erstaunlich. Sie führte auch dazu, daß sich die reformierte Stadt erst 1651, also nach fast 110 Jahren, durch die Beschränkung des Bürgerrechts auf Protestanten tatsächlich konfessionell abschloß. Da bis zu diesem Zeitpunkt auch kein formeller Ausschluß der Katholiken vom Rat nachweisbar ist, muß Regensburg von 1542 bis 1651 wohl zumindest *de facto* als *gemischte* Reichsstadt bezeichnet werden.[11] Schwieriger ist die Feststellung des juristischen Status; da der katholische Gottesdienst nicht einmal während des Interims ausdrücklich seitens des Rates (wieder)eingeführt worden war,[12] hat auch die Bezeichnung als evangelische Stadt eine gewisse Berechtigung.

Ungeachtet aller Konflikte im damaligen Alltag und aller Unklarheiten der heutigen Forschungslage läßt sich die Regensburger Haltung im 16.–17. Jahrhundert als

---

10 Schmid 1996, 46.

11 Anders Landau 1985, 30, jedoch mit ganz ungeeigneten, da aus der Zeit *nach* 1651 herangezogenen Belegen. Erst mit diesem Jahr entstand ja die von Landau (aus J. J. Moser) angeführte Diskrepanz von faktischer („physischer") Bikonfessionalität und juristisch „pur evangelischem" Charakter Regensburgs. Zu Recht dagegen (trotz Landau 1985, 31 Anm. 27) hat Walter Ziegler (1979, 1434 m. Anm. 6) auf ein Dokument hingewiesen, in dem sich die Stadt noch 1594 vor dem Kaiser darauf berief, gemäß dem Augsburger Reichsabschied von 1555 gar keine einheitliche Konfession herstellen zu dürfen (Gumpelzhaimer 1837, 1006). Eher als Landau kann man daher Dieter Albrecht zustimmen, dem zufolge Regensburg „in begrenztem Sinne" schon seit dem 16. Jh. als evangelische Reichsstadt bezeichnet werden könne (zit. nach Hausberger 1992, 155). Weitere Lit. zum Problem bei Schmid 1995, 318 Anm. 41. Einen Anhaltspunkt für eine allmähliche Wandlung des Regensburger Selbstverständnisses in der Mitte des 17. Jahrhunderts bietet bereits das Fehlen der Stadt in den Paritätsbestimmungen des Friedensvertrages von 1648 (Art. V §§ 3–11 IPO; Zeumer 404 f.).

12 Schlichting 1980, 465–467. Eine offizielle Einführung beider Konfessionen durch die Obrigkeit macht nach Landau 1985, 30 die juristische Grundlage einer gemischten Stadt aus. Allerdings spricht der Reichsstädteparagraph (§ 27 des Reichsabschieds von 1555) lediglich davon, daß „in vielen Frey- und Reichs-Städten die beede Religionen ... *ein zeithero im Gang und Gebrauch* gewesen" (Zeumer 347).

Musterbeispiel für die Befolgung des § 27 des Augsburger Religionsfriedens verstehen: dieser nahm ja die gemischten Reichsstädte ausdrücklich vom *ius reformandi* aus, so daß vorläufig – mangels besserer Quellen – der Verzicht des Rates auf ausschließliche Durchsetzung der einen Konfession jedenfalls als deutliches Indiz gewertet werden kann, daß man sich in gewisser Weise als „paritätisch" *empfand*. Bei einer solchen Betrachtungsweise wird aus der oft konstatierten Merkwürdigkeit, daß es den Protestanten nur in einem einzigen Fall, und auch dies nur zeitweise, gelang, bestehende Kirchen für die eigenen Zwecke in Besitz zu nehmen, eine Selbstverständlichkeit: man hütete sich vor Vertragsverletzungen und nahm einen kaum begreiflichen extremen Platzmangel der evangelischen Gemeinden offenbar in Kauf. Nur die als katholische Wallfahrtskirche Zur Schönen Maria geplante und gebaute Neupfarrkirche und die städtische Spitalkirche St. Oswald standen zur Verfügung, während die 1563 in einem singulären Akt gewaltsam besetzte Dominikanerkirche auf ein Mandat des Reichshofrates hin 1626 dem Orden restituiert werden mußte.

3. Die Dreieinigkeitskirche: Baugeschichte, Einweihung, Quellen

a. Der Bau der Kirche 1627–1631

Auf den Entzug der Dominikanerkirche und den dadurch drohenden akuten Platzmangel reagierte der Rat unverzüglich. Bis 1630 ließ man sich die Nutzung der alten Kirche einräumen und begann zugleich mit den Planungen für einen Neubau.[13] Da man aufgrund der Kriegssituation unter allen Umständen vermeiden mußte, mit dem Kaiser oder anderen katholischen Parteien in einen zusätzlichen lokalen Konflikt zu geraten, kam dafür nur ein stadteigenes Grundstück in Frage. Man wählte daher ein Areal an der heutigen Gesandtenstraße aus, auf dem ein erst wenige Jahre zuvor errichtetes kommunales Gebäude stand, welches nach einigen als Zeughaus, nach anderen als Fechtschule und für „Spiele" gedient haben soll.[14] Tatsächlich ist darunter eine Schauspielbühne zu verstehen, wie eine Passage des Festgedichtes *Ara Dei immortalis* über die Vorgeschichte des Bauplatzes eindeutig belegt.[15] Nach der Grundsteinlegung, die am 4. Juli 1627 mit einer festlichen Zeremonie begangen wurde, entstand binnen vier Jahren nach den Plänen des Nürnberger Militärarchitekten Johann Carl die Kirche der Hl. Dreifaltigkeit, später Dreieinigkeitskirche genannt.[16]

Bis zur Weihe am 15. Dezember 1631 (5. Dezember alten Stils) waren allerdings

---

13 Zu den Verhandlungen bes. Wölfel 1991, 163.
14 Zeughaus: Pfeiffer 1967a, 4; Fechtschule und Spiele: Möseneder 1983, 171 (in Anlehnung an eine Notiz bei Gumpelzhaimer 1838, 1111).
15 ARA DEI IMMORTALIS V. 63–71.
16 Grundlegende Denkmalaufnahme: Mader (Bearb.) 1933, 114–127.

einige bedrohliche Situationen zu meistern. Schon 1615 hatte sich mit der Konversion Wolfgang Wilhelms von Pfalz-Neuburg zum Katholizismus der Ring altgläubiger Territorien um die Stadt wieder enger geschlossen, und seit Ausbruch des Krieges war die Stellung Bayerns durch die Besetzung der Oberpfalz (1623) mächtig verstärkt worden. Der Regensburger Bischof Albert von Törring (1613–1649), als Herr eines vergleichsweise kleinen geistlichen Staates auf engen Kontakt mit Maximilian, dem Landesherrn eines Großteils seiner Diözesanen, ebenso bedacht wie angewiesen, sorgte kurz nach Baubeginn dafür, daß die Zufuhr des Baumaterials von außerhalb der Stadt unterbunden wurde. Noch gefährlicher wurde die Situation, als Törring im gleichen Jahr ein grundsätzliches Ersuchen auf Rekatholisierung der Reichsstadt an Kaiser Ferdinand II. richtete.[17]

Entspannung brachte hier zunächst der schwedische Vormarsch in Deutschland, doch kam es in seiner Folge auch zur Besetzung der Stadt durch Truppen des bayerischen Reichskreises (April 1632).[18] Die Vollendung der Dreieinigkeitskirche, insbesondere ihrer Innenausstattung, des zweiten Turms und des Figurenschmucks an den Portalen, kam darüber zum Erliegen. Auch das Ende der Besatzung brachte nicht mehr die nötige Ruhe für den Abschluß des Baus: im November 1633 rückten nach einer Belagerung schwedische Truppen ein,[19] 1634 kaiserliche. Erst 1637 konnte schließlich der Altar aufgestellt werden; ebenso wie der Südturm wurde der äußere Bauschmuck nicht mehr vervollständigt, nachdem der Bildhauer Leonhard Kern (ein Bruder des am Gügel tätigen Michael Kern) unter ungeklärten Umständen etwa 1632 seine Arbeit einstellen mußte.

b. Die Einweihungsfeier: Quellen und Forschungsstand

Dank dem regen wissenschaftlichen Interesse an Regensburgs Geschichte in der frühen Neuzeit ist die Einweihung der Dreieinigkeitskirche heute eines der am besten dokumentierten und untersuchten Ereignisse jener Epoche. Das von Karl MÖSENEDER geleitete, für die Erforschung städtischer Festkultur vorbildliche Projekt „Feste in Regensburg" erbrachte 1986 die Zusammenstellung der handschriftlichen und gedruckten Quellen durch Petra LOREY-NIMSCH.[20] Hermann HIPP und wiederum Karl MÖSENEDER werteten bereits 1979 und 1983 die Einweihungspredigt des Superintendenten Lentz in ihren Untersuchungen zum protestantischen Kirchenverständnis aus,[21] und

---

17 Hahn 1985/86, I 150–157; Wölfel 1991, 233–235.

18 Zu den Besatzungen seit 1632 s. Hahn 1985/86, II 25–59.

19 Nicht 1632, wie Schmid 1996, 52 versehentlich angibt.

20 Möseneder (Hg.) 1986, 171–174; vgl. ebda. 27–29 (Die Feste der evangelisch-lutherischen Kirchengemeinde).

21 Hipp 1979, 457 f. 463 f. 471; Möseneder 1983. Vgl. auch die Interpretation der Predigt bei Wölfel 1991, 165–167.

1991 konnte Dieter WÖLFEL in seiner Lentz-Biographie die Quellengrundlage durch Hinweise auf Regensburger und Münchner Archivalien zur Dreieinigkeitskirche erheblich erweitern.[22] Im Rahmen der Jubiläumsausstellung der Regensburger Evangelischen Kirche 1992 wurde der weiteren Öffentlichkeit reiches Bildmaterial präsentiert; neue Impulse für die Forschung waren damit jedoch nicht verbunden. Eine Bestandsaufnahme von kunsthistorischer Seite entstand im Rahmen einer Magisterarbeit 1993.[23]

Angesichts dieser häufigen Beschäftigung mit dem Bauwerk und seiner Geschichte ist es umso auffälliger, daß unter den reichen Quellen eine bisher kaum herangezogen wurde: das lateinische Festgedicht *Ara Dei immortalis*. Die einzige Ausnahme stellen Wolfgang PFEIFFERs Forschungen zur Erstausstattung der Kirche dar, die im Jahr 1967 erschienen.[24] PFEIFFER konnte dabei wichtige Erkenntnisse über die ursprüngliche Kanzel, die Statuendekoration und andere ansonsten nicht dokumentierte Einzelheiten gewinnen. Alle späteren Bearbeiter gehen nicht auf den Gedichttext ein bzw. kennen ihn teilweise nicht, wie Lücken und Fehler in den entsprechenden Bibliographien zeigen.[25]

Diese Zurückhaltung gegenüber der *Ara Dei* mag zum Teil daraus resultieren, daß die Kirche besser als manche andere Neubauten ihrer Art durch zeitgenössische Abbildungen von hoher Qualität (Merian-Stich zu den *Encaenia*, Idealansicht Hüpschmanns von 1636 u. a.) dokumentiert ist. Hinzu kommt der besonders in Deutschland nach 1945 selten gewordene Umstand, daß noch der heutige Besucher die Erstausstattung fast vollständig vorfindet. Die immerhin einzige existierende literarische Beschreibung – die deutschen *Encaenia* geben so gut wie keine Erläuterungen zum Bau – erscheint demgegenüber offensichtlich als vernachlässigbar.

---

22 Wölfel 1991, 370f. Anm. 213.

23 Walczak 1993. Trotz der Benutzung von Archivalien des EKAR folgt die Autorin bei ihrer Deutung der Innenausstattung fast durchweg der Interpretation K. Möseneders (s. u. Anm. 57. 59); eigene Ansätze sind bisweilen (S. 62f. zu den Portalfiguren, S. 80 zum Gewölbe) gedanklich recht unscharf. Die zeitgenössischen Druckschriften ENCAENIA und ARA DEI sind aufgrund eines zu engen Quellenbegriffs nicht berücksichtigt.

24 Pfeiffer 1967b.

25 In der Regensburger Quellenkunde von Herbert Wurster fehlt das Gedicht (1980, 193 f.). Möseneder 1983 bezieht sich zwar mehrfach auf Pfeiffers Ergebnisse (1967b), vermeidet aber geradezu jeden Bezug auf das Gedicht und kommt dadurch z. T. zu Fehleinschätzungen (vgl. u. Anm. 57. 59). Alois Schmid (1988, 40 m. Anm. 114) zitiert den Titel in der – nur in J. G. Gölg(e)ls handschriftlich erhaltener Schulgeschichte von 1714 belegbaren – Form „Andreas Schenthel, *Encaenia Ratisbonensia carminice descripta*" (vgl. Kleinstäuber 1881, 183 Anm. 1) und vermutet darin aus mir nicht ersichtlichen Gründen ein Lobgedicht des Regensburgers Schenthel auf seine Heimatstadt. Die buchgeschichtliche Dokumentation der deutschen ENCAENIA (Kat. Regensburg 1992, 319–321 Nr. 111 [R. Staudinger]) erwähnt den lateinischen Teil nicht. Es sei deshalb betont, daß es sich bei der ARA nicht um einen fakultativen Beiband handelt, sondern daß beide Drucke eine fortlaufende Foliierung besitzen: ENCAENIA = fol. A–P (zugl. paginiert 1–113); ARA = fol. P2–S[r]. Der jüngste Beitrag zur Regensburger Literatur der Frühen Neuzeit (A. Schmid 2000) geht auf das Gelegenheitsschrifttum der Epoche mit keinem Wort ein.

4. Die Regensburger Festschrift
und die Tradition der protestantischen Descriptio Templi

a. Zum Inhalt der *Ara Dei* und zu ihrem Ort in der literarischen Tradition

Literaturgeschichtlich interessant ist die Regensburger Festdichtung aus zwei Gründen, die eng miteinander zusammenhängen. Schenthels Text setzt die zehn Jahre zuvor in Ulm begonnene Tradition protestantischer lateinischer Kirchenbeschreibung fort, und er tut dies in expliziter Anlehnung an seinen Vorgänger Hebenstreit: nicht nur in Aufbau und Inhalt sind sehr weitgehende Parallelen zwischen *Sylua* und *Ara Dei* zu konstatieren (wobei z. T. auch eine Gleichartigkeit der Festabläufe zu bedenken ist), sondern der Regensburger Rektor geht auch unmittelbar auf Details des Ulmer Gedichtes ein. Dabei lassen sich wiederum die imitierende Behandlung ganzer Szenen oder Themen einerseits und die häufige Verwendung wörtlicher Zitate aus der *Sylua* andererseits unterscheiden. Was bei Schenthel nahezu ganz fehlt, sind die persönlichen, teilweise launigen Kommentare und Einschübe seines Vorbilds. Der Regensburger ist deutlich mehr als Hebenstreit einer einheitlichen Stilhöhe verpflichtet, die in einer engeren bzw. ausschließlicheren Anlehnung an epische Diktion und Motivik erkennbar wird. Abweichungen gibt es außerdem bei der Art der Deutung einzelner Bestandteile der Kirchenausstattung, die bei Schenthel weniger emotional gestaltet ist.

Nahezu identisch dagegen sind beide Gedichte im Aufbau. Dieser ist streng systematisiert, was auf die Vertrautheit der beiden Schulmänner mit Dichtungslehren und -übungen hindeutet. Die schon in Ulm beobachtete schematische Gliederung in einzelne Schritte und Unteraspekte, wie sie durch die Marginalien verdeutlicht wird, ist in der *Ara Dei* ebenfalls angewandt. Vor einem vergleichenden Blick auf einzelne Aspekte des Regensburger Textes soll jedoch ein kurzer Inhaltsüberblick stehen.

Schenthel eröffnet sein Gedicht mit dem traditionellen Motiv einer *recusatio*. Als Hexameterdichter weist er dabei die traditionellen Epenstoffe von sich (V. 1–4). Diese Art des Auftaktes zeigt recht augenfällig ein Bestreben Schenthels, „klassisch" zu dichten; zahlreiche Anklänge an antike Vorbilder belegen dies auch im weiteren Verlauf des Textes.[26] Vertrauter als der Bezug auf die alten Epiker wirkt dann die zweite Ablehnung eines Themas: nicht um die Weltwunder soll es gehen, von denen einige aufgezählt werden. Als Argument dient der Umstand, daß die antiken Bauten dem Autor nicht hinreichend bekannt seien, was wiederum auf ihren partiellen Untergang zurückgeführt wird. Literarisch wie materiell dem Schweigen anheimgefallen, erweisen sie sich gleich-

---

26 Der allergrößte Teil dieser Anklänge geht nicht über die Länge eines Verses, einer Junktur oder eines Versschlusses hinaus. Nahezu alle Zitate haben ihre Vorlage in Vergils Aeneis. Zur episierenden Aufwertung größerer Szenen in der ARA vgl. u. Anm. 43. 49. 75. Zuweilen kommt es zu problematischen Versuchen wie im V. 16 *sterilique mea dignabor auena*, wo Schenthel wohl den bukolisierenden Anstrich des Hebenstreitschen Prooemiums (bes. SYLVA V. 14f.) zu imitieren sucht, aber durch die Wahl des Adjektivs (*sterilis* statt z. B. *tenuis*) aus einer „bescheidenen Flöte" eine „taube Ähre" wird.

sam als *tacens et superata uetustas*. Stattdessen soll Regensburgs neue Kirche das Thema sein (V. 5–30). Ein Musenanruf an die Heilige Dreifaltigkeit, deren Namen die Kirche trägt, bittet um Beistand, und mit der Versicherung, nur das Wichtigste besingen zu wollen (V. 43 f. *fastigia tantum* | ... *monstrabo suprema*) schließt der Vorspann (V. 31–46).

Der Hauptteil der *Ara Dei* ist, wie in Ulm und auch bei anderen *Descriptio-templi*-Gedichten, in zwei Abschnitte geteilt: zunächst folgt die eigentliche Kirchenbeschreibung, dann die Schilderung des Festes. Dem protestantischen Interesse am Wort entsprechend steht dabei auch in Regensburg die Festpredigt im Mittelpunkt.

Mit etwas über 250 Versen Länge ist der vom Dichter selbst als *Descriptio templi* bezeichnete erste Abschnitt recht umfangreich (V. 47–300). Davon entfallen jedoch weniger als die Hälfte der Verse (ab V. 174) auf die eigentliche Gebäude- und Kunstekphrasis. Ihr gehen ausführliche Erläuterungen zum Standort des Neubaus und zu seiner Geschichte voraus (V. 47–115), gefolgt von den Ursachen für die Errichtung (V. 116–148) und einem Seitenblick auf die Ungeduld in der Bevölkerung vor dessen Vollendung (V. 149–163). Die Darstellung des Bauwerks nähert sich, wenigstens auf den ersten Blick und im Vergleich zur Ulmer Festschrift, wieder etwas mehr dem bekannten Muster des Kirchenrundgangs bzw. der Kirchenführung an. Äußeres Kennzeichen hierfür sind gelegentliche Aufforderungen und lenkende Bemerkungen an Leser oder Betrachter, die allerdings nach kurzer Zeit wieder aufhören (V. 203–207. 211 f. 215–221). Sie dienen vor allem einer orientierenden Gliederung beim Eintritt ins Innere, ohne daß es dann zu einer echten Besichtigungstour kommt.[27] Dafür lassen sich mehrere Gründe benennen: zum ersten ist der Innenraum der Dreieinigkeitskirche so beschaffen, daß alle wesentlichen Bestandteile ohne weiteres vom Eingangsbereich aus zu sehen sind *(Abb. 35)*. Dementsprechend genügt es, allein den Blick wandern zu lassen, was in den erwähnten Versen immer wieder angesprochen ist. Zum zweiten wirkt sich auch in Regensburg die sparsame Dekoration der protestantischen Kirche aus. Der Dichter transportiert seinen Leser nach dem ersten Gesamteindruck daher sogleich vor die Kanzel am Chorbogen, der er den größten Teil seiner Beschreibung und dazu eine ausgiebige Deutung widmet (V. 233–281). Mit einem bedauernden Verweis auf den noch unfertigen, durch ein nicht genauer dargestelltes Provisorium vertretenen Altar schließt der erste Abschnitt.

Durch einen Zwischentitel auch optisch abgesetzt, folgt nun der längere zweite Abschnitt *Encoenia templi prima*. Schenthel gibt zunächst das Datum des Festes, aber auch Einzelheiten zum Wetter jenes Dezembertages an – eine besonders auffällige Bezug-

---

27 Bei genauerem Hinsehen besteht die Ähnlichkeit mit den Kirchenführungen, in denen der Dichter seinem jeweiligen individuellen Leser eine Anleitung gibt, lediglich in den soeben erwähnten deiktischen Hinweisen. Angesprochen sind nämlich in der ARA seit V. 155 ausdrücklich die Einwohner Regensburgs (ebda. *incola chare*), und es gibt keinen Hinweis darauf, daß bei den späteren Hinwendungen an die 2. Person Singular diese Situation, eine Art erklärender Rede des kundigen Dichters an seine Mitbürger, nicht mehr mitzudenken wäre; vielmehr verstärkt eine Anrede wie *Christiadum legio* (V. 251 und wieder in Lentz' Predigt [!] V. 493) den Eindruck einer Mahnrede, ohne daß sich Schenthel dazu explizit etwa als *uates* zu bezeichnen brauchte.

nahme auf die Ulmer *Sylua* (V. 301–316). Ähnlich wie dort erleben wir nun auch in Regensburg die vorbereitende Morgenandacht (V. 324–330), den feierlichen Einzug der Honoratioren (V. 346–374) und das Einsetzen der Festmusik, welche mit einem weniger humorvollen Blick als bei Hebenstreit, aber nicht minder genau und lebendig geschildert ist (V. 375–394). Auf eine Übersetzung des einleitend gesprochenen Gebetes (V. 395–408)[28] folgt die Version der Festansprache, die der Ratskonsulent Johann Jacob Wolff von Todtenwart, der führende Diplomat seiner Stadt,[29] seitens der Stadtregierung hielt (V. 409–469). Nach einer kurzen Erwiderung durch Salomon Lentz (V. 470–477)[30] begann der eigentliche Festgottesdienst, eingeleitet von Johann Georg Rüd *(Ridius)* mit der Lesung der einschlägigen Tempelweihe-Passagen aus 1. Kön. Es folgen Lentzens Predigt mit dem deutschen Titel *Über den geistlichen Kirchenschmuck*, hier *De ornatu templorum* überschrieben, sein Weihspruch, eine Ermahnung an das Volk samt Preis des (seinerzeit noch) in der Stadt gewahrten Friedens sowie das Schlußgebet (V. 484–634).[31] Schenthel ergänzt seinen Bericht noch um kurze Bemerkungen über das folgende Abendmahl und den vom Diakon Johann Seitz gehaltenen Vespergottesdienst, um dann mit einem persönlichen Gebet um langen Bestand der Dreieinigkeitskirche zu schließen (V. 635–661).

b. Zu Autor und Hintergrund der *Ara Dei immortalis*

Über Anton Aegid Schenthels Biographie sind wir nur sehr lückenhaft unterrichtet. Daß er in Regensburg geboren war, geht aus dem Titel der Festschrift hervor. Darüber hinaus ist lediglich bekannt, daß er 1627 Konrektor und 1631 Rektor des Gymnasium Poeticum[32] wurde. Sein Amt übte er bis zum Dezember 1633 aus, um dann Prediger zu werden. Bereits im folgenden Jahr erlag er der Pest, die infolge des Krieges grassierte, und wurde am 7. November 1634 begraben.[33]

Daß die *Descriptio templi* für Schenthel nicht nur Gelegenheit zu einer humanistischen Publikation und einer Lobschrift an den Rat und die Geistlichkeit bot, sondern

---

28 ENCAENIA RATISBONENSIA S. 31–33: *Gebett so nach der collect von dem Herrn Pfarrer gleich zu Anfang deß actus, der Christlichen Gemein fürgelesen worden.*

29 Vgl. zu ihm Hahn 1985/86, I 100–108 u. ö. – ENCAENIA RATISBONENSIA S. 33–40: *Inhalt deß Fürtrags, so der geheime Syndicus offentlich abgelegt.* Es handelt sich also nicht um eine wörtliche Wiedergabe; vgl. u.

30 ENCAENIA RATISBONENSIA S. 40–48: *Deß Herrn Pfarrers Antwort auff vorgesetzten Fürtrag.* Vgl. Anm. 1.

31 ENCAENIA RATISBONENSIA S. 49–80: *Herrn Pfarrers Predigt ordentlich und gründtlich verzeichnet.* EKAR 251, 10. Faszikel, o. Fol.: *Geistlicher Kirchenschmuck, das ist: Wie alle Kirchen und Tempell innerlich müßen gezieret seyn, daß sie rechte wahre Gottesheuser seyn können. Bey Einweyhung der Newen Kirchen (…) zubereitet und öffentlich geprediget Durch M. Salomonem Lentzium (…).* Da es sich hierbei um das Konzept eines Titelblattes handelt, ist zu folgern, daß die Predigt auch als Einzeldruck erscheinen sollte. Zum Archivale vgl. Anm. 1; ein wenige Tage nach der Einweihungsfeier entstandenes Porträt Lentzens im Kat. Regensburg 1992, 415 Nr. 214.

32 Zur Geschichte der Schule: Schmid 1988, mit der älteren Lit.

33 Kleinstäuber 1881, 182 f.; Schmid 1988, 38 f.

zugleich eine Umsetzung rhetorischer Gliederungsprinzipien darstellte, wie sie ihm aus den Lehrbüchern vertraut waren, zeigen die bis ins Detail gehenden, streng hierarchisch angeordneten Aufbauschritte in den Marginalien. Wie schon im Fall der Ulmer *Sylua* kann es auch in Regensburg als sicher gelten, daß die *Institutiones* des Conrad Dieterich eine maßgebliche Rolle bei der Konzeption der *Ara Dei* gespielt haben. Dieterichs Lehrbücher waren auch am Gymnasium Poeticum als Grundlage des fortgeschrittenen Unterrichts eingeführt, wie erhaltene Lektions- und Hilfsbücherkataloge zeigen.[34] Zwar lassen sich nicht alle von Schenthel in den Marginalien verwendeten Termini in den *Institutiones oratoriae* nachweisen,[35] doch die im folgenden verwendeten Begriffe sind umso eindeutiger. Wenn etwa Schenthel die nur zwei Verse lange Anrede an den Leser (V. 41 f.) als *Attentio* deklariert, so lesen wir dazu bei Dieterich:

> Secundus finis exordii est attentio, ἡ προσοχὴ seu φιλήκοια [*sc.* φιληκοΐα], diligens audiendi studium. quae captatur praecipue in causa ualde necessaria et magna, et 1. quidem ὑποσχέσει seu ἐπαγγελίᾳ hoc est promissione, cum significamus nos de rebus magni⟨s⟩, necessariis, utilibus, mirabilibus, iucundis et ad rempublicam, religionem, salutem denique auditorum pertinentibus dicturos; 2. ἀξιώσει καὶ δεήσει idest petitione, cum petimus et rogamus auditores, ut nos attente et bona cum uenia audire uelint.[36]

Und wenn Schenthel die folgende Selbstbeschränkung mit dem etwas überraschenden Begriff *Docilitas* bezeichnet, wird dies vollends nur mit der Erklärung des Lehrbuchs verständlich:

> Tertius finis (*sc.* exordii) est docilitas, ἡ εὐμάθεια, quae comparatur ex rebus ipsis, cum scilicet orationem neque nimis alte repetimus neque cum expositione rerum peregrinarum coniungimus, sed summam rei, de qua dicturi sumus, breuiter, diserte et perspicue proponimus, ut quam facilime ab auditoribus intelligi et memoria comprehendi possit.[37]

Noch deutlicher wird das formale Gerüst der Dichtung in der eigentlichen Kirchenbeschreibung (V. 47–300). Diese wird *1. a situ et conditione loci* angegangen, also historisch-topographisch. Es ist deshalb nur naheliegend, daß Schenthel mit der typischen Eingangsformel der Topothesie beginnt: *Est locus antiquis praedictae in moenibus urbis*

---

34 Im 1654 überarbeiteten Regensburger Lektionsplan (ursprünglich 1610 aufgestellt) wurden Dieterichs *Rhetorica* und *Oratoria* (sc. *institutio*) neben der anderer Autoren als Grundlage für die VI. Klasse festgelegt: Lurz 1908, 461. Die Rhetorik ist auch in der Erstfassung bereits genannt (ebda. 460), während Dieterichs Schriften in einer anderen Aufstellung aus dem Jahr 1615 fehlen (ebda. 494. 496). Weitere Hinweise auf verwendete Lehrbücher bietet Kleinstäuber 1881, 30–66.

35 So etwa die Umschreibung von einleitender Recusatio und folgender Themenstellung als *propositio* κατ᾽ ἄρσιν („Ablehnung") bzw. κατὰ θέσιν („Zustimmung").

36 Dieterich 1626, 22. Die Quellen der *Institutiones* wären noch zu untersuchen; die zitierten Passagen berühren sich mit Rhet. Her. 1,7 sowie in den griechischen Begriffen mit Aristoteles und den anonymen *Rhetorica ad Alexandrum*. Vgl. Rhet. Her. ed. Achard 1989, 6 Anm. 27.

37 Ebda.

(V. 47). Der Bericht über die früheren Nutzungen des Areals mündet in den Versuch, deren Funktion als Sinnbilder der späteren sakralen Bestimmung zu deuten; dieser Teil ist als *Applicatio respectu diuersorum usuum*, also etwa als „Anwendung (des zuvor Erfahrenen)" klassifiziert.

Diese schematisierende Darstellungsweise setzt sich auch in den folgenden Partien fort. So unterscheidet Schenthel, als er zur eigentlichen Baugeschichte der Dreieinigkeitskirche gelangt ist *(2. a causa)*, streng zwischen der *causa efficiens* – nämlich dem Wunsch des Rates, das Reich Christi zu mehren – und der *causa externa*, der durch den Entzug der Dominikanerkirche entstandenen Enge, die der Rat zu mindern suchen muß, damit nicht immer mehr Bürger dem Gottesdienst fernbleiben. Die Argumente entsprechen mit einer kleinen Ausnahme[38] genau den von Johann Hebenstreit in Ulm genannten – doch nicht nur dies: auch die augenfällige Zweiteilung der *causae* war bereits dort zu bemerken.[39] Weiter gegliedert wird die *Descriptio templi* in einen Abschnitt über Abmessungen *(3. a quantitate)* und die eigentliche Ekphrasis *(4. a partibus)*, diese wiederum unterteilt in *exteriores* und *internae*.

Nach dieser starken Schematisierung fällt in der Festschilderung – auch diese ließ sich ja als ein klassisches Progymnasmen-Thema begreifen – das weitgehende Fehlen solcher Gliederungsversuche auf; Schenthel folgt hier, auch darin Hebenstreit ähnlich, ganz dem Ablauf der Ereignisse. Insgesamt unterstreicht der Aufbau des Gedichtes die Nähe seines Autors zur Schule mit ihren rhetorischen und poetischen Lehrfächern und Lehrbüchern sehr augenfällig.

c. Die Regensburger Kirchenbeschreibung und ihr Ulmer Vorbild

Die Lage der Dreieinigkeitskirche gegenüber dem Gymnasium Poeticum, die ähnlich wie im Fall des Speyerer Ölbergs[40] das Ihre zur Abfassung der *Ara Dei* beigetragen haben wird, erlaubt es Schenthel zu Beginn, einen kurzen Seitenblick auf seine Schule zu lenken. Ihrem Namen entsprechend wird sie zum Musensitz stilisiert (V. 49–52); auch aus der Sicht ihres Rektors war sie also, obgleich sie seit 1615 in Richtung auf ein Gymnasium illustre ausgebaut wurde,[41] eine in erster Linie literarisch-philologische Bildungsstätte. In dieser Nachbarschaft entstand die Kirche an der Stelle jenes Gebäudes, das zuvor als Werkstätte zur Zementherstellung (V. 56–62), als Theater (V. 63–71) und Fechtboden (V. 72–81) gedient hatte. Es scheint nicht, als seien diese verschiedenen Nutzungen nacheinander erfolgt, denn Schenthel schließt sie lediglich mit *etiam* und *praeterea* aneinander.

---

38 In Ulm war v. a. das „Auslaufen" der Protestanten in umliegende Gemeinden zu verhindern.
39 HEBENSTREIT, SYLVA fol. A2ᵛ in marg. zu V. 46 ff.
40 S. o. S. 379.
41 Schmid 1988, 35.

Die Passage gibt anschauliche Schilderungen der genannten Tätigkeiten: im ersten Bild wird Kalk gebrannt, im zweiten nimmt Alexander der Große prunkvoll auf dem Thron Platz, „um die Welt zu beherrschen", wird jedoch von einem Widersacher *(Afer)* gefährlich bedrängt, bis göttliches Eingreifen ihn aus der Notlage rettet. Es ist sehr wahrscheinlich, daß wir hier Einblick in ein wohl nur kurze Zeit zurückliegendes Regensburger Schuldrama über Alexander in Africa gewinnen, von dem Schenthel noch ganz erfüllt war: Nur so erklärt sich, daß auch in der *propositio* unter den untergegangenen Bauten früherer Zeiten neben dem Dianatempel und dem *Templum Salomonis* auch *Ammonis Iouis festiua palatia* begegnen – ein Bauwerk, das sonst weder in der Weltwunder-Tradition eine Rolle spielt noch ernsthaft mit dem Salomonischen Tempel in eine Kategorie zu bringen war.[42] Bei der Darstellung der Fechtübungen greift Schenthel dagegen auf antike Vorbilder zurück und zeichnet ein von vergilischen Wendungen bestimmtes Bild heroischer Zweikämpfe.[43]

Diese lebhafte Darstellung der Vorgeschichte hat der Dichter indes nicht um ihrer selbst willen entworfen. Vielmehr dienen ihm alle drei Szenen als Antworten auf die von ihm selbst vorweggenommene Frage, weshalb der Rat ausgerechnet dieses profanierte Areal für die neue Kirche ausgewählt habe. Dabei ist es nicht von Belang, daß die Stadtregierung möglicherweise kaum eine andere Wahl hatte. Gerade weil dies so gewesen zu sein scheint, mußte der denkbare Vorwurf des unwürdigen Bauplatzes umso mehr entkräftet werden. An dieser Stelle sei an die Bemühungen des J. Pomarius in Kloster Berge erinnert, die altgläubige Vergangenheit des Ortes und ihre Überwindung innerhalb seines Lobgedichtes neu zu interpretieren. Schenthels Ausgangslage war damit verglichen sogar günstiger: eine profane Nutzung mußte dem protestantischen Autor nicht nur als weniger bedrohlich erscheinen als eine katholische sakrale, sondern sie ließ sich überdies mit etwas Phantasie als geradezu notwendig und sinnbildlich darstellen. Auf diese Weise wird aus der Werkstatt, die die Grundlage aller Bauten herstellt (V. 60–62), eine Art Typus für die Erbauung der Himmelsstadt. Wie das Wasser die Steine, so erweicht der heilige Geist die Herzen: *saxea hominum corda a S. Spiritu emolliuntur*,[44] und Gott schafft, als himmlischer Bauherr, so den Stoff für die *caelestis* οἰϰοδομή:[45]

> Hic calcem fabricat coementaque dia ministrat
> Coelesti Solymae sacer Architectus Olympi,
> 100 Et saxis almae sanctam sibi construit urbem

---

42 Die spärlichen Notizen über Schultheater am Gymnasium Poeticum, die Kleinstäuber gesammelt hat (1881, 141–143), geben keine Aufschlüsse für eine Aufführung der vermuteten Art.

43 V. 76 *sudibusque praeustis* (nach Verg. Aen. 7,524); 78 f. *manibusque manus atque oribus ora | Innectunt* (nach Aen. 8,486; unpassend bis sorglos, da der Mezentius-Szene entnommen!); 79 *malae crepitant* (nach Aen. 5,436) und *fremit ictibus auras* (nach Aen. 5,377).

44 ARA DEI IMMORTALIS fol. P4ᵛ i. mg.

45 Ebda.

Iustitiae, quam nulla manus, non ulla potestas
Daemonis euertet, licet infremat orbis et Orcus.[46]

In entsprechender Weise steht das Bühnendrama sinnbildlich für die Wechselfälle des Erdenlebens, das einem Schauspiel gleiche, die Kämpfe der Fechtenden aber finden in dem bekannten Bild vom *certamen Christi* und seiner Gläubigen ihre Entsprechung:

111   Hic etiam sacri seriem Certaminis Author
      Coelestis pangit, quae postulet arma, quis hostis,
      Praelia quanta gregem miserum quantique furores
      Christigenas maneant, quoties Pater improbus Orci
115   Fulminat et Furiae magno se murmure tollunt.

Wenn nun die Kirche, wie sich Schenthel überzeugt zeigt, auf höheres Geheiß ihren Platz einnimmt, so erfordern Anlaß und Adressaten der Dichtung doch, auch die irdischen Urheber dieser Entscheidung gebührend vorzustellen. Dabei hat sich der Dichter offenkundig an der Darstellung der Ulmer Verhältnisse durch Johann Hebenstreit orientiert. Als erstes ist das Bestreben des Rates der jeweiligen Stadt genannt, Christi Botschaft verbreiten zu helfen. Dies gilt beiden Autoren als *efficiens,* als leitendes Prinzip. Der religiöse Eifer wurde aber in beiden Städten durch Raumnot behindert, die als *causa externa* hinzukommt. Schenthel verwendet damit genau dieselben Argumente wie Hebenstreit und gruppiert sie lediglich den örtlichen Verhältnissen entsprechend etwas um:[47]

Hebenstreit, *Sylua* V. 46–52

Atque quid hic primum dicam: [a]magnumne sacrorum
Perficiendorum, populus quo feruet, amorem[a] ?
Anne [b]magistratus studium de uoce merendi
Diuina, qui multorum bene compleat aures[b] ?
Scilicet huc curae traxerunt, ciuica passim
Plebs ut oberrandi praecisam sentiat ansam,
[c]Cum coetus caperet neque templum augustius[c] …

Schenthel, *Ara Dei immortalis* V. 121–124. 130 f.

Scilicet [b]haec proceres secum sub corde uolutant
Perpetuo, haec animis pia cura subinde recurrit
Ante alias, Christi late producere regnum
Qui ualeant celsoque Deo sua munera praestent[b]:
[c]Hinc, simulac nostris sacris sua fana sacerdos
Vicinus clausit[c] …
Nec … [a]ingenti, populus quo plurimus ardet,
Sacrorum studio[a] duo relliqua templa fauerent …

---

46 Vers 102 nimmt eine Wendung auf, die in sehr ähnlicher Form bisher sonst nur in der Beschreibung von St. Michael in München (TROPHAEA BAVARICA, fol. H3[v] Z. 20) und der davon abhängigen *Descriptio noui templi Molshemensis* nachweisbar ist (V. 332): *quamuis fremat haeresis, et gemat Orcus.* Eine direkte Übernahme kann aber angesichts dieses Einzelfalls kaum angenommen werden, wie sie auch aus politisch-konfessionellen Gründen schwerlich glaubhaft ist. (Zu einem ähnlichen Fall einzelner sich berührender Formulierungen der Gedichte aus Ulm und Würzburg s. o. S. 495 f.).
47 Sie sind zur Verdeutlichung in der folgenden Synopse mit Kleinbuchstaben a–c bezeichnet.

Binnen kurzem entschied sich der Regensburger Rat für den genannten Platz, um so rasch wie möglich eine echte evangelische Kirche eröffnen zu können. Wie der Gottesdienst darin aussehen sollte, umschreibt Schenthel mit einer Formulierung, die mit ihrer metaphorischen Umschreibung des Gebetes als „Räucherwerk der Münder" sehr stark an Luthers Torgauer Festpredigt erinnert: *hic locus Excelso labiorum fumet acerra*.[48] Die folgende Beschreibung der Bauarbeiten unterstreicht dann in ihrer radikalen Kürze den Nachdruck, mit dem der Rat das Projekt in die Tat umsetzte. In nur sechs Versen, die mit Anklängen an den Bau Karthagos im ersten Aeneis-Buch nobilitiert werden, sind der Abriß des alten Hauses und die Errichtung der Kirche behandelt.

> Interea magnis operi conatibus instant
> 150 Artifices celerique manu laqueare refringunt
> Antiquum foueamque nouis mox rupibus aequant,
> Saxis saxa tegunt, nec longum tempus, et ingens
> Exiit ad coelum tectis sublimibus aedes:
> Miratur molem uulgus, magalia quondam.[49]

Zur lebendigeren Gestaltung seines Gedichtes bedient sich Schenthel, ebenso wie vor ihm Hebenstreit, auch journalistisch zu nennender Mittel und führt die Gedanken und Erwartungen der Gläubigen angesichts des neuen Baus in wörtlicher Rede vor. Das bereits in der Ulmer *Sylua* vorgeprägte Repertoire an Szenen wird auch hier in eine neue Reihenfolge gebracht, im Bestand aber kaum verändert. Hebenstreit hatte zuerst die vollendete Kirche beschrieben und erst dann, zu Beginn der Festschilderung, von der Ungeduld der Ulmer in der Zeit vor der Einweihung berichtet (*Sylua* V. 184–188). Schenthel verlegt die Klagerede der Zuschauer in den ersten Teil der *Ara* und stellt sie *vor* die Gebäudebeschreibung. Sie ist dabei Teil einer Rede des Dichters an die Regensburger Bürger (V. 155–173; 156 *incola chare*), in der er sie an die Zeit des Baus mit ihren Ungewißheiten erinnert. Wie zur beruhigenden Gewißheit folgt erst danach die Ekphrasis der nunmehr fertig dastehenden Kirche.

Beide *uox populi*-Passagen entsprechen einander weitgehend: man registriert die Anfänge des Baus, sorgt sich aber um seine Vollendung – in Ulm wegen der langen Dauer, aber auch wegen der latenten Kriegsgefahr,[50] während man in Regensburg besonders die handstreichartige Inbesitznahme durch die Katholiken befürchtete. Auch dieses Argument ist uns bereits aus Ulm bekannt.[51] Stellt man nun beide Gedichtausschnitte

---

48 ARA DEI IMMORTALIS V. 148. Zu Luthers Wort vom Gebet als *gemein weyrauch* s.o. S. 463. Vgl. auch die entsprechende Umschreibung als *sincerum tus* bei Hebenstreit (s. S. 512)!

49 Verg. Aen. 1,423 *instant ardentes Tyrii*; 1,421 *miratur molem Aeneas, magalia quondam* (Bau Karthagos).

50 Während des Ulmer Unionstages im Sommer 1620 stand das etwa 35000 Mann starke Ligaheer Maximilians von Bayern drohend im keine 30 Kilometer entfernten Lauingen; s. Hurter 1857, 463.

51 S.o. S. 479f. zum Ulmer Kirchengutachten von 1616.

gegenüber, so wird aus den sprachlichen Parallelen vollends deutlich, wie Schenthel auf die *Sylua* zurückgriff.

Hebenstreit, *Sylua* V. 184–190	Schenthel, *Ara Dei immortalis* V. 159–166
	… nam quisque futuri
Creuerunt operae. nec abest, quin more recepto	Nescius haec secum tacito sub pectore uoluit:
Nonnemo inclamet: „primordia cernimus aedis:	"Prima quidem cerno templi fundamina, uerum
Quo mihi conspectus, si non conceditur usus?	Me quoque supremi finem metamque laboris
Quando erit, ut summa uoti gaudere foresque	Lustraturum oculis, et onustas cultibus aras:
Intrare unanimes ad sacra nouata queamus?"	Quis mihi sponsor erit? quid, si sacra prima sacerdos
	Romanus faciat, quo tum labor iste recurret?"
Abstulit hunc tandem linguis lux sera tumultum	Abstulit hunc animo tandem lux sera timorem …
Iudicioque fabros soluit fabrumque magistros.	

Die gleiche Art der Adaptation von Hebenstreit vorgeprägter Szenen zeigt sich bei der zweiten Volksszene, dem Andrang am Portal zu Beginn der Einweihungsfeier. Schenthel verzichtet hier zwar auf eine zweite *uox populi* (wie sie sich in der *Sylua* V. 213–219 findet), doch die weiteren Bestandteile stimmen überein: man streift um den verschlossenen Bau und sucht hineinzugelangen, es werden Wachen aufgestellt, die Sperre wird binnen kurzem tumultuarisch durchbrochen, scheltende Worte werden laut, die in Ulm wirkungslos verhallen, in Regensburg aber eine gewisse Ordnung wiederherstellen. Auch ohne die hier fehlenden wörtlichen Übernahmen ist der Modellcharakter der Ulmer Szene kaum zu übersehen:

Hebenstreit, *Sylua* V. 213 f. 220–225	Schenthel, *Ara Dei immortalis* V. 321–323. 331–342
„Pandite nunc templum, in speciem omnipatentis Olympi,	Quisque fores ambit, uoto uult quilibet aris
Pandite" uulgus ait, tendens denso agmine circum:	Proximus esse suo. frustra: namque ostia templi
(…)	Nec summis statim ad uotum patuere nec imis,
	(…)
	Interea uigiles habituque armisque tremendi
	Obsident ualuas, uotis de more peractis,
	Nec quenquam admittunt, nisi sint iusto ordine cuncta
Fit uia ui, rumpunt aditus, et quisque sedile,	Dispensata prius: toto tamen impete uulgus
Quod primum capit, inuadit: uox omnia frustra	Perrumpit ualuas, tum Legifer inclytus olli
Custodum tentat: nil pugnus, arundo, bipennis,	Marctalerus ait: „Quae te uesana libido,
Nil monitus ualuere: cupido ualentior armis.	Improba turba, agitat, quo se tuus ille tumultus?
Atque aliquis medio compressus in agmine: „tantus	Non foris assiduo stabis, mox omnia cernes
Relligionis amor uobis?" …	Luminibus subiecta tuis; te differ in horam!"
	Sic memorans populi rabiem dum uoce repressit,
	Panduntur portae, intrandi datur aequa potestas
	Omnibus …

Schließlich deuten auch die Verse Schenthels zum Wetter des Festtages auf seine Orientierung am Ulmer Vorbild. Ohne auf die astronomisch-meteorologischen Kombinationen der *Sylua* – eine persönliche Spezialität des mit Johannes Kepler befreundeten Hebenstreit[52] – im einzelnen einzugehen, nimmt er doch auf die Schilderung der September-Unwetter von 1621 unverkennbar Bezug, wenn er den Dezembertag in Regensburg nicht allein von Sturm und Regen, sondern auch vom schlechten Einfluß der Sterne frei sein läßt (V. 312–315):

> Non illam uenti rabies, non astra, nec ulli
> Turbabant imbres, non frigoris ulla potestas
> Obstiterat rebus, quin Cynthius aere toto
> Riserat et laeto compleuerat omnia uultu.

Weitere Entsprechungen zwischen beiden Texten lassen sich beim Einzug der Honoratioren in die Kirche und bei der Beschreibung der Festmusik bzw. der Musiker feststellen. Auch hier gibt es keine wörtlichen Zitate, sondern das variierende Aufgreifen von Bildern und Motiven, so beim Auftritt der beiden Superintendenten und Festprediger:

Hebenstreit, *Sylua* V. 237–240	Schenthel, *Ara Dei immortalis* V. 366–371
Parte alia accedunt longis talaribus octo,	At sacer ingressos patres post excipit ordo,
Qui curant animas et uita et uoce, ministri,	Turba undena uirum, quos Spiritus almus Olympi
Dispensantque sacras merces.	Messores Christi instituit, qui mitia uerbi
	Semina dispergunt, et frugibus horrea complent.
quos eminet inter	Lenzius inter eos tanto se culmine profert,
Dietrichus, uelut inter amoena salicta cupressus.	Quanto prae reliquis tollit se Cynthius astris.

5. Himmelsgewölbe und Jüngstes Gericht
Die Regensburger Kirchenbeschreibung

Schenthels Beschreibung der Dreieinigkeitskirche, ihrer Abmessungen und ihrer Ausstattung (V. 174–300) liefert gleich zu Beginn weitere handgreifliche Belege für die Benutzung der Ulmer *Sylua*. Für die Angabe der Wandhöhe und die Darstellung des Glockenturms sind Verse Hebenstreits nahezu wörtlich benutzt, im zweiten Fall allerdings verbunden mit einer Neuinterpretation, bei der das Kupfer der Ulmer Turmbedachung zum Material der (tatsächlich doch wohl bronzenen) Regensburger Glocken verändert wird:

---

52 Zu lateinischen astronomischen Texten Hebenstreits und anderer zeitgenössischer Autoren bereitet Marion Gindhart (Augsburg) eine größere Studie vor.

Hebenstreit, *Sylua* V. 172f. 75f.	Schenthel, *Ara Dei immortalis* V. 175–177. 180–183
Qui (*sc.* murus) longus centumque pedes septemque	Vegrandi moles saxo sublimia primum
quater stat,	Moenia quinquaginta pedes, si quatuor abdas,
Surrigitur decies quinis, si quatuor abdas …	Porrigit ad coelum superasque attollit in auras …
**	**
Meta pedum ferme bis centum, binaque tecto	… at geminae stant uertice turres,
Corpora sub Cyprio campani sustinet aeris.	Quarum, quae dextra est, Cyprio suspensa metallo
	Corpora bina fouet, magno quae impulsa boatu
	Cuncta replent …

Weitere sprachliche Parallelen sind eher allgemeiner Natur, so daß man sie nicht ohne weiteres als Zitate verbuchen sollte.[53] Zudem darf man über der engen Verwandtschaft der beiden Gedichte nicht den durchaus verschiedenen Duktus der beiden Ekphraseis übersehen. Will man eine allgemeine Einschätzung versuchen, so ist Hebenstreits Darstellung von einer Kombination aus intensivem Sehen und meditativen Ansätzen bestimmt, während Schenthel – wenigstens im zentralen Teil der *Ara*, der Deutung der Predigtkanzel – wesentlich stärker dem Wort und seiner erzieherisch-mahnenden Auslegung verpflichtet ist. Daneben ist zwar zu bemerken, daß die Regensburger Ekphrasis insgesamt recht häufig ästhetische Urteile fällt,[54] wirkliche Anschaulichkeit aber nur an wenigen Stellen für sich beanspruchen kann. Ob man in der zurückhaltenden Art und Weise, in der Schenthel auf den Kirchenschmuck eingeht, auch einen Reflex der Einweihungspredigt erkennen darf, erscheint fraglich; sicher ist jedoch, daß neben der relativ ausführlichen, aber wenig präzisen Passage über die Portalsäulen (V. 188–205) lediglich zwei Elemente des Bauwerks das Interesse des Dichters finden: die tonnengewölbte Stuckdecke und die ursprüngliche, bereits 1656 ersetzte Kanzel.

Nach dem Eintritt durch das Westportal öffnet sich der weite Innenraum vor dem Betrachter. Schenthel versteht es, auch in Worten den festlichen Eindruck zu vermitteln, indem er Helligkeit und Größe besonders hervorhebt (V. 207. 212f.). Ohne Anschauung vor Ort wären diese Angaben allerdings nicht hinreichend deutlich, um ein Bild zu erzeugen. Wesentlich Genaueres erfährt der Leser zum Gewölbe: Stuckierung, Tonnenform und weiß-goldene Farbe der mannigfaltigen Rippen (durch *anfractus* ist ihre nicht einheitliche Form bezeichnet), die allenthalben sichtbaren Engelsköpfe und besonders die in der Mitte angebrachte Sonnenscheibe treten klar vor Augen *(Abb. 36)*. Die „Allusion auf den Himmel" (W. PFEIFFER), an den Stucksternen, Engeln und der

---

53 Relativ eindeutig scheint der Bezug noch zwischen HEBENSTREIT, SYLVA V. 86ff. *(paries medius)*, und ARA DEI IMMORTALIS V. 211ff. *(pariete de medio)*.

54 ARA DEI IMMORTALIS V. 188 *pulchras ualuas*, 189 *mira arte*, 207 *niueo pulcherrima saxo*, 217 *egregium coelum*, 229 *magnifici decora ornamentaque templi*, 235 *illustri labore cathedra*, 240f. *praestanti corpore iuuenes*, 290 *insignis amictu*, 293 *stant atria splendida luxu* gegenüber HEBENSTREIT, SYLVA V. 82 *aequor amoenum*, 105 *pulcre resplendet*, 161 *nobilis ara*, 180 *eximii monumenta Tubalis*.

wohl erst im letzten Baustadium hinzugefügten[55] Sonne ohnehin leicht zu erkennen,[56] wird vom Dichter mit dem gezielt doppeldeutigen Begriff *coelum* (also „Himmels-Gewölbe")[57] ausdrücklich bekräftigt. Auch die Dreieinigkeitskirche ist damit ganz selbstverständlich als Bild der Himmelsstadt zu verstehen, ohne daß es dazu etwa weitergehender architektonischer Hinweise bedürfte.[58] Gerade in Anbetracht der dezenten, fast modern wirkenden Zurückhaltung der optischen Verweizeichen in diesem Bauwerk verbieten sich deshalb auch polarisierende Gegenüberstellungen wie die von einer „katholischen Betonung des Sehens" gegenüber einem „protestantischen Primat des Hörens", auch wenn solche Thesen schon früh von Architekturtheoretikern wie Leonhard Christoph STURM (1669–1729) vertreten wurden.[59] Überhaupt zeigen die Kirchenbau-Traktate der Frühen Neuzeit und die gleichzeitig errichteten Neubauten, daß bauliche Unterschiede oft nicht auf die Konfession zurückgeführt werden können. Dies gilt auch für Einzelheiten wie die Ausstattung der Kirchen mit Gestühl für die gesamte Gemeinde, die man nicht mehr ausschließlich als typisch evangelischen Zug

---

55 Ursprüngliche Planung und tatsächliche Ausführung der Stuckdecke lassen sich gut aus der Gegenüberstellung des Carlschen Entwurfes und der modernen Aufnahme bei Möseneder 1983, 212 (Abb. 22–23) erkennen. Vgl. den Bericht über die letzten Zurüstungen für die Einweihungsfeier, ENCAENIA RATISBONENSIA S. 25: *Uber disem allem aber ist die Kirchen auffs best und schönste, als es möglich war, auß gesaubert, Weilen der grosse schöne Altar noch nicht fertig, inmittelst ein anderer auffgericht, durch ein gegitter der vordertheil der Kirchen von dem Chor abgetheilet und ein gute Musica bestellet, mitten aber in der Kirchen, oben an dem gewölb, durch grosse vergüldte messine Buchstaben nachfolgende wordt: Sanctae Trinitati Sacrum geschrieben und verzeichnet worden.*

56 Pfeiffer empfindet sie (1967b, 94; vgl. auch 1967a, 8 f.) wegen fehlender bildlicher Darstellungen als „durchaus abstrakt" und daher typisch protestantisch. Merkwürdig verzeichnet ist der Sachverhalt bei Möseneder (1983, 188), der die Ornamentik als „unverbindlich" ansieht und die zurückhaltende Farbgebung dafür verantwortlich macht, „daß das Gewölbe weder als Laube noch als Abbild des Sternenhimmels gesehen werden kann". Abgesehen davon, daß blau/goldene Himmelsdekorationen, an die Möseneder hier zu denken scheint, im zweiten Drittel des 17. Jahrhunderts ein Anachronismus wären, ist hier ganz übersehen, daß die Stuckrippen sich gerade zu prächtigen Sternen fügen.

57 Zur Verwendung des Begriffes *coelum* für die Decke eines Gebäudes vgl. o. S. 264 Anm. 120.

58 Wenn Möseneder (1983, 187) meint, zu einem Bild des Himmlischen Jerusalem fehle der Dreieinigkeitskirche „nahezu jede formale Voraussetzung, z. B. das edelsteinhafte Leuchten der Wände usw.", so ist hier, wie schon im zuvor genannten Fall, ein Anachronismus zu konstatieren. Natürlich ist die massige Kirche des 17. Jahrhunderts keine „diaphane" Kathedrale, an die der Autor zu denken scheint, doch bedarf es ja nicht der *tatsächlichen* Präsenz der genannten Elemente, sondern lediglich andeutender Verweisungen auf sie. Die Sternendecke und die Fenster der Dreieinigkeitskirche, auf deren Helligkeit Schenthel ausdrücklich hinweist (V. 212), sind solche Verweise. Die gerade von Möseneder herangezogene allegorisierende Schrift *Hortus Ratisbonensium sacrarum deliciarum animi refertissimus* von 1638, in dem die Dreieinigkeitskirche und das Himmlische Jerusalem beständig changierend ineinanderfließen, zeigt doch überdeutlich, wie man nur wenige Jahre nach der Kirchweihe das Bauwerk zu sehen verstand.

59 Zitate aus Möseneder 1983, 184 f. – Sturm versucht mit seiner 1718, also mehrere Generationen später geäußerten These, die Existenz von Emporen aus dem protestantischen Wortgottesdienst zu erklären. An dieser These halten auch noch Möseneder (ebda.) und Wölfel (1991, 166 f.) fest, obwohl Emporen auch in katholischen Kirchen der Frühen Neuzeit ein wichtiges Element der Einrichtung darstellen (vgl. z. B. o. zu Würzburg oder Molsheim). Zur häufigen Diskrepanz zwischen frühem protestantischem Kirchenbau und Theoretikern späterer Zeit vgl. Hipp 1979, 430.

im Zusammenhang mit dem Gedanken vom allgemeinen Priestertum deuten sollte.[60] Das auch künstlerisch bedeutende zeitgenössische Gestühl der Molsheimer Jesuitenkirche steht dem Regensburger in keiner Weise nach, und die besondere Ausprägung des letzteren hat, wie stets gesehen worden ist, mindestens ebensoviel mit einem Abbild der Ständeordnung im besonderen Gemeinwesen Reichsstadt zu tun wie mit dem Protestantismus. Gerade die Dreieinigkeitskirche kann neben ihren kirchlichen Funktionen wie kaum ein anderer Bau der Zeit auch als Ausweis reichsständischen Selbstverständnisses dienen und ist darin vielleicht nur mit dem dynastischen Monument der Michaelskirche in München zu vergleichen.

Begleiten wir nun Schenthel weiter auf seiner Besichtigung. Deutlicher als beim Gebäude als Ganzem tritt eine Marginalisierung der Kunst und eine Konzentration des Verfassers auf das Wort naturgemäß bei der Behandlung der Kanzel hervor. Auch dies liegt allerdings nicht allein an der protestantischen Hochschätzung des Wortes, sondern entspricht einfach dem Umstand, daß die Kanzel in jeder Kirche als Ort der Verkündigung dient. Erinnert sei an die sehr ausführliche Deutung von Kanzel und Predigtamt auch im Gedicht auf die katholische Universitätskirche in Würzburg.[61] Eine andere Frage ist es, ob gegebenenfalls vorhandene Bilder an der Kanzel als Kunstwerke empfunden oder ausschließlich theologisch gedeutet werden. Schenthel wählt in Regensburg den zweiten Weg, wobei allerdings zu beachten ist, daß der Kanzelkorb selbst zum Zeitpunkt der Beschreibung grün verhängt war.[62] Wir mögen dies bedauern, zumal auf dem Merian-Stich von 1631 zu erahnen ist, daß auch der Korb Dekor trug.[63] Gleichzeitig ist der Hinweis jedoch deshalb wertvoll, weil daraus deutlich wird, daß auch Schenthel, wie die *Descriptio-templi*-Autoren vor ihm, als *Zeitpunkt* für seine Ekphrasis wie selbstverständlich den Tag der Einweihungsfeier wählte, als die Kirche bereits zur ersten Benutzung hergerichtet war. Demzufolge sind an der Kanzel nur die drei unter dem Korb angebrachten *iuuenes* (Putti) behandelt, die die Symbole des protestantischen Bekenntnisses – Buch, Kelch und Anker als Sinnbilder für das Schriftprinzip, die Sakramente und den Grundsatz *sola fide* – trugen. Der Stich zeigt, daß es sich um relativ kleine Figuren handelte, die künstlerisch nicht besonders auffällig gewesen sein dürften. Wichtiger war dem Autor jedenfalls die Deutung ihrer Symbole, die ihn streckenweise zum mahnenden Prediger werden läßt, so bei der Interpretation der beiden Tauben in den Händen des ersten Putto, die als Zeichen des heiligen Bundes (V. 245 *coniugium sacrum*) zwischen Christus und den Menschen verstanden werden:

---

60 So Möseneder 1983, 185. Überzeugender formuliert Schneider 1999, 201: „Obligatorisch wurde Gestühl in den (*sc.* katholischen!) Kirchen, um die Gemeinde zu fixieren und das Auslaufen aus den Gottesdiensten zu erschweren. Gleichzeitig spiegelt sich die Sozialstruktur in geordneten Sitzen. Emporen erweiterten dabei das Platzangebot in den durch die Fenster möglichst hell gehaltenen Räumen."

61 ENCAENISTICA POEMATIA, *Nouae aedis adumbratio* V. 201–235.

62 ARA DEI IMMORTALIS V. 271 *Quae medium cingunt, uiridi stant tecta tapete.*

63 Abgeb. z. B. im Kat. Regensburg 1992, 131, Abb. 18.

250   Hac ergo bruta monitricis imaginis umbra,
       Christiadum legio, quoties huc lumina torques,
       Disce tuum simili redamare cupidine Sponsum!
       Ne fugias temere: accipiter secus ungue recuruo
       Te capiet Stygius, nigrisque optata Camoenis
255   Praeda ueheris inops, redeundi ubi nulla potestas.

Mit ganz ähnlichem Ernst deutet Schenthel schließlich auch die musizierenden Engel auf dem Schalldeckel der Kanzel, die noch heute zu sehen sind.[64] Die lebhafte Bewegung der Figuren findet dabei durchaus seine Aufmerksamkeit, doch mündet die Passage in ein eindringliches Memento, das der Darstellung der eher schalmei- als posaunenblasenden kleinen Figuren eigentlich nicht entspricht. Allerdings ist angesichts der Marginalbemerkung, die sich nicht genau mit dem heutigen Bestand deckt, auch damit zu rechnen, daß an den Figuren Veränderungen vorgenommen wurden, obwohl der Schalldeckel als ganzer noch der ursprüngliche ist:

       Ast supra labrum celsoque cacumine tecti   *i.mg.:* Supra tectum uero stant Angeli,
       Alipedes circumsaliunt, pars una uirentes   qui sinistra palmas, dextra uero tubas inflant.
       Extollit manibus ramos, insignia pacis
275   Aeternae, quam praeco Dei, pro more grauatis
       Cordibus instillat solatiaque alma ministrat;
       Pars lituos inflant et cornua flexa tubarum
       Insano simulant stantes animare labore:
       Symbola Iudicii, quo buccina sacra Iehouae
280   Corpora functa suis quondam rediuiua sepulchris
       Prouocat horrendumque Dei citat ante tribunal.

Dieser Schluß entfaltet seine Wirkung umso mehr, als Schenthel wegen des noch nicht vollendeten Altars nur noch knapp auf das an seiner Stelle errichtete Provisorium verweisen kann, über das uns außer dem Merian-Stich keine genauen Hinweise vorliegen. Der erste Teil der *Ara* schließt mit einer ausgiebigen Rechtfertigung, derzufolge eine weitergehende Schilderung die schöpferischen Kräfte des Dichters überstiege. Eine Überleitung zum zweiten Teil, der Festschilderung, gibt es nicht, vielmehr beginnt diese, auch durch Zwischentitel abgesetzt, mit einem Neuansatz unter der Formel *Nunc age* (V. 301).

---

64 Vgl. Möseneder 1983, 214 Abb. 25.

6. Reichsstädtisches Fest und lutherisches Lehrgedicht
Zur Einweihungsfeier

Nicht anders als in Ulm bedeutete auch in Regensburg die Kirchenweihe ein herausragendes Ereignis im Leben der Reichsstadt. Den augenfälligsten Beleg für die ausgeklügelte Selbstinszenierung der Kommune bildete die bis ins kleinste Detail geregelte Sitzordnung der verschiedenen Stände auf den Emporen und im Schiff der Kirche, wie sie von Matthaeus Merian gestochen und mit einer ausführlichen Legende veröffentlicht wurde.[65] Dem feierlichen Einzug der Stände widmet auch Schenthel zu Beginn des Festberichtes seine Aufmerksamkeit: nacheinander nehmen die Schüler seines Gymnasiums (als Chor), dann die Doktoren des Rechts und der Medizin, der Rat und schließlich die Geistlichen ihre Plätze ein. Beim Einzug der letzteren setzt die Festmusik ein, deren Leiter und Komponist, der Stadtkantor Paul Homberger, in einer Marginalie namentlich hervorgehoben wird. Der Dichter wirft einen Blick auf das lebhaft agierende Orchester und seinen Dirigenten:

> Cernis, ut incuruent sua labra, ut guttura late
> Diducant, sese ut tota ceruice supinent.
> 385 Concinit ante alios septem discrimina uocum
> Orpheus ingenio multo praeclarus, et arte
> Cantandi celebris, uiden' ut ui brachia tollens
> Impellat iuuenes? illi concentibus aequis
> Inter se certant, resonat clamoribus aether.

Nach der Ouvertüre begann der Gottesdienst mit einem Gebet des Dankes und um Bewahrung der neuen Kirche im rechten – evangelischen – Geiste. Schenthel gibt dieses Gebet, das in der deutschen Fassung drei Druckseiten einnimmt, nur in knappen Worten wieder (V. 398–407), doch unterscheidet bereits dieser Umstand sein Gedicht von Hebenstreits *Sylua*. Während dieser sich ganz auf die Festpredigt beschränkt hatte, weitet der Regensburger Dichter seine Berichterstattung auf alle während des mehrstündigen Aktes gehaltenen Wortbeiträge aus. Damit gewinnt die *Ara Dei* zweifellos an Authentizität, und der Text sollte offensichtlich auch möglichst geringe Diskrepanzen zum deutschen Teil der Festschrift aufweisen.[66] Andererseits wird der zentrale Beitrag, die Predigt über den *geistlichen Kirchenschmuck*, damit auf eine unter vielen Nachrichten reduziert.

Nach dem Eröffnungsgebet wandte sich Ratssyndikus Johann J. Wolff in einer großen Rede an die Versammelten. Die Rede lag, soweit heute erkennbar, nicht schriftlich vor, denn bereits die *Encaenia* gaben nur eine ungefähre Zusammenfassung, wie es in

---

65 Vgl. auch EKAR 251, 1. Faszikel, fol. [14–16]: *Verzeichnus wie mann in die Neue Kirchen zur inauguration gehen und die stellen und stuel außgetheilt werden sollen.*

66 Vgl. aber u. zur Umgestaltung der Lentz'schen Predigt im Gedicht.

der Historiographie seit jeher Tradition war. Höchstwahrscheinlich diente diese Fassung auch Schenthel als Grundlage, denn seine Dichtung lehnt sich streckenweise fast wörtlich an den deutschen Druck an.[67] Bemerkenswert an der metrischen Version ist vor allem, wie es Schenthel mit zwei Worten gelingt, die barocke deutsche Titulatur des Rates[68] zu verwandeln (V. 416f.): *Me **patriae reges** uerbum simul omnibus unum | Huc perferre iubent, et eandem uoce salutem.* Er zollt damit nicht nur dem reichsstädtischen Selbstbewußtsein Tribut, sondern läßt auch an eine bekannte Anekdote bei Florus denken, nach dessen Darstellung der römische Senat den Gesandten des Königs Pyrrhus als eine Versammlung von Königen erschienen war.[69]

In seiner ausführlichen Antwort auf Wolff gab Salomon Lentz bereits eine Art Kurzpredigt, in der er von Ps 86,9 ausging: „Die Heiden, die du gemacht hast, werden kommen und für dir anbetten, Herr, und deinen Namen ehren."[70] Mit zahlreichen biblischen Belegen wies er nach, daß auch Ungläubige einen Weg zum richtigen Glauben finden könnten,[71] und gab dann einen jener für die lutherische Predigt typischen historischen Rückblicke, in dem er die Kirchengeschichte Regensburgs in drei Phasen unterteilte: *Ratisbona ethnica, pontificia* und *euangelica.* Dem Umstand, daß der Rat, nicht aber das Konsistorium die dedizierende Institution war, trug Lentz mit einer Folge emphatischer Dankesworte Rechnung[72] und leistete im Namen seines Kollegiums ein Bekenntnis zur treuen Pflege des Glaubens. Im Gedicht ist Lentzens Rede so stark reduziert, daß der Zusammenhang seiner Äußerungen kaum mehr erkennbar wird. Insbesondere die Wiedergabe des Psalmverses (V. 471f.), der weder im Text noch marginal als solcher kenntlich gemacht wird, bleibt in ihrer Kürze dem Leser der *Ara Dei* nahezu unverständlich, und auch der Lobpreis der Stadt (V. 473f.) läßt nicht wirklich erkennen, wie dieser in der Vorlage motiviert war. Schenthel nahm hier also zugunsten der zentralen Predigt radikale Verkürzungen in Kauf.

470   Respondens Salomon ueteris praedicta prophetae
          Producit: gentes caeleste ad lumen ituras

---

67 Vgl. bes. V. 418–425 nach ENCAENIA RATISBONENSIA S. 34 (Rückblick auf Grundsteinlegung und Bau), V. 447–454 nach S. 37f. (Aufforderung an die Geistlichkeit, die Einweihung zu vollziehen).

68 ENCAENIA RATISBONENSIA S. 34: *die Edle, Veste, Ehrnveste Fürsichtige und Wolweise Herrn Cammerer und Rath dieser Freyen Reichs Statt Regenspurg.*

69 Flor. 1,18,20 *senatum regum esse* ⟨*consessum*⟩; vgl. auch Liv. 9,17,14. – Die in lateinischen Texten der frühen Neuzeit nicht seltene sakrale Überhöhung von Landesherrschaft oder (hier) Stadtregierung zeigt auch Schenthel, wenn er später den Superintendenten mit der Gebetsformel schließen läßt (V. 628f.) *nostrum tutare Senatum, | Numina magna urbis nostrae.* Auch hier dürfte eine antike Vorlage anklingen: Liv. 5,41,8 (Galliersturm des Jahres 387) *uenerabundi intuebantur in aedium uestibulis sedentes uiros, praeter ornatum habitumque humano augustiorem, maiestate etiam, quam uoltus grauitasque oris prae se ferebat, simillimos dis.*

70 ENCAENIA RATISBONENSIA S. 40.

71 U.a. 1. Kön. 8,43 (Bitte Salomos um Rettung und Bekehrung der Fremden) und Mt 8,10 (Der Hauptmann von Kapernaum).

72 ENCAENIA RATISBONENSIA S. 45: *Ihr eröffnet uns Portam Caeli … ihr eröffnet uns palaestram fidei et uirtutum.*

Esse olim, idolis longe post terga relictis,[73]
Clauigeramque urbem[74] ter praedicat ore beatam
Ob fidei normam: post summis laudibus effert
475   Feruorem patrum, quod talia tecta crearint,
Fortunamque aris et prospera fata precatus,
Qua ducunt mandata Dei, parere recepit.

Der Szene zu Beginn der Predigt hat Schenthel durch die reichliche Verwendung epischer Versatzstücke einen würdigen Charakter verliehen;[75] Lentz erscheint hier als eine Kombination aus antikem Redner und Heros inmitten der Seinen. Überraschender aber und zugleich ein gelungener Griff in den Zitatenschatz ist die Eröffnung. Lentz hatte anfangs die bekannte protestantische Grundhaltung zum Kirchenbau dargelegt, nach der zwar nicht von Gotteshäusern als Wohnstätten des Allmächtigen gesprochen werden dürfe, daß man jedoch die Kirche unter gewissen Umständen so nennen könne, sofern die Gemeinde versammelt sei,[76] und sodann der im rechten Sinn erbauten Dreieinigkeitskirche ihre Ehrwürdigkeit bestätigt. Alle diese Überlegungen fallen im Gedicht völlig fort, das stattdessen folgenden Anfang bietet:

490   „Quid faciat laetos postes, quid templa uenustet,
Dicere fert animus: uos uestram aduertite mentem.
Non tantum exterior fanum commendat imago,
Christiadum legio, maius Deus intus agit rem …“

Durch die wörtliche Übernahme gleich zweier berühmter Anfänge – der vergilischen Georgica und der ovidischen Metamorphosen[77] – wird die deutsche Predigt zum vorbildlichen protestantischen Lehrgedicht lateinischer Sprache stilisiert – sicherlich eines der größten Komplimente, das ein Humanist wie Schenthel zu vergeben hatte.

Lentz nannte insgesamt sieben ἁγιάσματα als Bestandteile des *geistlichen Kirchenschmucks* und behandelte alle unter Beiziehung zahlreicher Schriftzitate in annähernd gleicher Ausführlichkeit: die Dreifaltigkeit, die Heiligkeit von *Christi verdienst*, die des Gotteswortes, die der Sakramente, den rechten, ausschließlich an Gott gerichteten Glauben, den Grundsatz *sola fide* und eine christliche Lebensführung.[78] Das Gedicht berichtet weniger gleichmäßig, widmet Schenthel doch dem ersten Punkt elf Verse

---

73 In der Vulgata Ps 85,9: *omnes gentes quascumque fecisti uenient et adorabunt coram te Domine et glorificabunt nomen tuum.*

74 Das (ursprünglich bischöfliche) Regensburger Wappen zeigt zwei gekreuzte Schlüssel.

75 V. 485 f. *tacitis totumque pererrat | Luminibus populum* (nach Verg. Aen. 4,363 f.); 486 f. *auribus adstat | Arrectis* (nach Aen. 2,303); 487 *oculisque haeret defixus in uno* (nach Aen. 1,495); 489 *dictisque ita fatur amicis* (nach Aen. 2,147).

76 ENCAENIA RATISBONENSIA S. 53–56.

77 Verg. georg. 1,1–5 *Quid faciat laetas segetes* … *| hinc canere incipiam*; Ov. met. 1,1 *In noua fert animus mutatas dicere formas.*

78 Lentz lehnt sich damit an Äußerungen Melanchthons zur Schmuckfrage an; s. Wölfel 1991, 371 Anm. 218.

(494–504), während der sechste und siebte gemeinsam in nur zwei Hexametern genannt sind (531 f.) und in der Marginalie sogar als ein einziger Punkt *(6. Vera fides et uita Christiana)* angeführt werden.

Wenn also nicht zu übersehen ist, daß Schenthel nunmehr zu einem raschen Abschluß gelangen wollte, so sind doch die Aussagen des Predigers im Kern weitgehend referiert. Allerdings sind auch prägnante Ergänzungen zu bemerken, die sich in Lentzens Text nicht wiederfinden. Zu nennen ist hier die Behandlung der *Sanctitas uerbi diuini*, die Lentz zu einer eindringlichen Bekräftigung des Grundsatzes *sola scriptura* ausweitete. Dabei scheute er sich nicht, als Zeugen für die alleinige Maßgeblichkeit des göttlichen Wortes auch den prominentesten Kontroverstheologen der Gegenseite zu zitieren:

> Scripta patrum non sunt regulae nec habent autoritatem obligandi … Bellarmin. lib. 2. de conciliis c. 12. Bleibet derowegen in allen recht Christlichen Tempeln das rechte Heiligthumb Gottes Wort.[79]

Bei Schenthel klingt die Ablehnung deutlich schärfer, da er die Gelegenheit zu einer bei Lentz nicht nachweisbaren antipäpstlichen Polemik ergreift:

> 511   Tertio condecorant aedem purissima Verbi
>   Dogmata, mortalis quae nec figmenta cerebri,
>   Ausonii nec iussa Iouis, quae tresse minuto
>   Non emerem cassoue nucis nec denique Patrum
> 515   Conciliumque statuta sacris contraria scriptis,
>   Sed quae de scatebris Israelitidos undae
>   Promanant, sancti quae dictauere prophetae,
>   Quae Christi comites latum docuere per orbem:
>   Haec mihi sunt fidei Cynosura, his sidera adire
> 520   Possumus et summi perdiscere sensa Tonantis.

Deutliche Abweichungen im Ton lassen sich auch bei der Frage nach dem rechten Gebet beobachten. Wieder ist es Lentz, der zwar in der Sache entschieden auftritt, aber zugleich bereit scheint, das Heiligengebet als eine Art Adiaphoron hinzunehmen. In der Frage der Bilderverehrung *stricto sensu* weiß er sich dagegen erneut mit Kardinal Bellarmin einig:

> So gehöret auch der GOttesdienst der Anbettung allein Gott zu; die ander ehr, so wir den Creaturen thun, sonderlich Engeln und heiligen, gehöret nicht in die erste Taffel deß GOttesdienst, sonder ist honor Secundae Tabulae, eine Ehr der andern Taffel. Wer nun die Creaturen, sonderlich die Bildnuß Gottes deß Vatters Sohns und deß heiligen Geistes anbettet mit der Ehr,

---

79 ENCAENIA RATISBONENSIA S. 65–68 (Zitat S. 68).

damit er Gott anbettet, der ist und bleibet ein Abgötter. Denn die Ehr so Gott gebürt, soll man keiner Creatur geben, wie auch Bellarminus zeuget lib. 2. de imag. sanct. c. 24.[80]

Angesichts dieser maßvollen Formulierungen ist es nicht ganz angemessen, wenn Schenthel seinen Prediger an dieser Stelle kurz und scharf gegen „taube Götzen" wettern läßt, an die man sich nicht wenden dürfe:

> ... quibus adice porro
> Castarum magmenta precum, non perdita surdis
> Numinibus, sed fusa Deo, qui solus inaudit
> 530   Clamantum gemitus et uota rogantibus implet.

Ein weiterer Blick in die poetische Werkstatt versöhnt dann ein Stück weit mit den Ungenauigkeiten der Berichterstattung und läßt zugleich spüren, daß zur Zeit der Niederschrift der *Ara Dei* die Bedrohung durch den Krieg schon sehr nah an die Stadtmauern herangerückt war. Nach der Weiheformel[81] schloß der Prediger mit einem eindringlichen Friedenswunsch:

> O ruffet zu GOtt, in diesem heiligen Tempel, daß er ja ferner unser Burgg und schutz sein wolle. Wünschet dem Evan⟨ge⟩lischen Zion glück ... Es müsse Fride sein inwendig in seinen Mauren und glück in seinen Pallästen.[82]

Der Dichter fügte dagegen noch eine plastische und bewegende Schilderung der Kriegsgreuel hinzu, die sich auf die Jahre 1632/33 beziehen dürfte. Für sie gab es in Lentzens Text keine Vorlage, doch die seither eingetretenen Ereignisse konnte Schenthel nicht verschweigen. Zugleich ist zu bedenken, ob nicht auch gattungsbedingte Unterschiede vorliegen. Die Kriegsszenen fügen sich jedenfalls eher in ein episches Gedicht als in eine Festpredigt ein:

> 575   Vidistis foris immanem sine mente furorem
> Mauortis! quibus excidiis et cladibus omnes
> Ardescant urbes, quam saeua pericula cuncti
> Pertulerint alii: multos cruciamine lento
> Abstulit atra fames: bona pars insueta propinquos
> 580   Spargitur in fluctus rapidisque immergitur undis:
> Ignibus intereunt alii: quis funera fando
> Explicet et tantos queat enarrare labores?
> Nec tamen ad uestros sese traxere Penateis

---

80 ENCAENIA RATISBONENSIA S. 71 f.
81 Sie ist als Kernstück der Predigt im Regensburger Druck ebenso durch eine abweichende Schrifttype abgesetzt wie ihr Pendant im Ulmer Vorbild.
82 ENCAENIA RATISBONENSIA S. 79.

Tot mala. quin potius uobis pax aurea fulsit
585 Hactenus ad uotum: pax, praestantissima rerum
Quas homini nouisse datum est. non praelia Martis,
Non inimica fames, non funera nigra per urbem
Densantur uestram, recto sed tramite cuncta
Incedunt …

Das abschließende Gebet steht sowohl in der Predigt- als auch in der Gedichtfassung (V. 601–633) in der Tradition der *precatio Salomonis* mit ihrer Danksagung und ihrem Katalog der Bitten. Erwähnenswert ist bei Schenthels Version die neuerliche Verwendung eines Zitates aus der Ulmer *Sylua*,[83] aber auch der Umstand, daß der Regensburger Rektor die *precatio* gleich zweimal versifiziert hat. Nach dem Ende des *Ara Dei*-Textes (fol. S^r) folgt nämlich auf den letzten Blättern – ausdrücklich als Lückenfüller deklariert – eine weitere hexametrische Fassung des Gebetes, nun jedoch in strikter Anlehnung an den Text des Alten Testaments. Obwohl diese Verse nicht unmittelbar zur *Ara Dei* gehören, schien es sinnvoll, sie unserem untenstehenden Textabdruck hinzuzufügen, um so den Vergleich mit anderen, bereits besprochenen Adaptationen der *precatio* in der katholischen *Descriptio templi* zu ermöglichen.

---

83 V. 615 *unquam peregrino thure uaporet* nach HEBENSTREIT, SYLVA V. 413 *colat longum ac sincero thure uaporet.*

D. Ausblicke

Die folgenden Ausblicke illustrieren an ausgewählten Beispielen verschiedene literarische Variationsmöglichkeiten der *Descriptio templi*. Zunächst betrachten wir katholische Kirchenbeschreibungen aus den romanischen Ländern und aus Polen; ein zweites Kapitel zeigt Beispiele für die Wiederannäherung der hexametrischen Einzelekphrasis an das Epos; zuletzt sind einige Perspektiven der Entwicklung ekphrastischer Bautendichtung bis zum Abreißen der lateinischen Dichtungstradition im 18. Jahrhundert angedeutet.

I. Panegyrische Kirchenbeschreibungen in Italien, Frankreich und Polen vom Pontifikat Sixtus' V. bis zum späteren 17. Jahrhundert

1. Römisches Bautenlob um 1600

Dank der regen Bautätigkeit seiner päpstlichen Stadtherren und dank ihrer aufwendigen Hofhaltung weist Rom schon lange vor den großen urbanistischen Eingriffen im Zeichen der katholischen Reform eine starke Tradition panegyrischer Dichtung auf. Dabei war es zwar mehr als bloße Topik, wenn beispielsweise die großen Bibliotheksgründungen des 15. Jahrhunderts und andere mäzenatische Entscheidungen der Päpste bereits von den gelehrten Zeitgenossen als Anbruch einer neuen *aurea aetas* gepriesen wurden, doch führte die Dichtung auf Julius II. (1503–1513), begünstigt durch dessen Selbststilisierung, mit ihren Assoziationen an Caesar und die *gens Iulia* zuweilen in schwindelnde Höhen mythisierender Ideenkonstrukte hinauf.[1] In der Epoche Leos X. (1513–1521) erlebte die panegyrische Kunstdichtung eine neue Blüte: in diesen Jahren entstanden u. a. Andrea Fulvios Gedicht auf das alte und das neue Rom (*Antiquaria Vrbis*, 1513) und die bekannte Epigrammsammlung *Coryciana* (gedruckt 1524) auf Statuen Sansovinos, aber auch der literarische Rundgang des Silvanus Germanicus durch den Konservatorenpalast mit einer Beschreibung seiner Fresken.[2] Nach dem Sacco di Roma wurde das „Bündnis zwischen den kulturellen Programmen des Renaissancehumanismus und den Bestrebungen des Heiligen Stuhls" zunehmend instabil.[3] Auch ohne die römische Entwicklung hier im Detail weiterzuverfolgen, läßt sich sagen, daß die zweite große Blütezeit lateinischer Baupanegyrik erst mit dem Pontifikat Gregors XIII. (1572–1585) einsetzte, um dann in der großen, bis heute das Bild

---

1 Dazu Schröter 1980.
2 Silvanus ed. Reineke 1996.
3 Hankins 1999, Zitat S. 305.

der Stadt prägenden Erneuerung Roms durch Sixtus V. (1585–1590) einen Höhepunkt zu erreichen. Dabei entspricht es der stärker werdenden *konfessionellen* Ausrichtung der Autoren, aber selbstverständlich auch dem vorherrschenden Interesse zeitgenössischen Bauens, daß seit den 80er Jahren zum größten Teil kirchliche Bauten Beachtung und Lob im Gelegenheitsschrifttum finden. Auf zwei dieser Texte war im Zusammenhang mit den Anfängen der jesuitischen *Descriptio templi* schon hinzuweisen.[4]

Etwa gleichzeitig mit Antonio Querenghis Lob des Collegio Romano (1582) erschien auch das früheste Beispiel für eine römische Beschreibung eines Kirchenneubaus, das *Sacellum Gregorianum*. Der Text behandelt die Marienkapelle im nordöstlichen Eck des Querhauses von St. Peter im Vatikan und stammt von dem allerdings wenig bekannten vatikanischen Sekretär der Konzilskongregation Lorenzo FRI(Z)ZOLI;[5] bereits 1584 wurde er in Ingolstadt durch Ascanio Valentino erneut herausgegeben.[6] Das *Sacellum* scheint dennoch nur wenig bekannt geworden zu sein, denn bereits 1593 konnte es Antonio Possevino fälschlich in einem empfehlenden Verzeichnis christlicher Dichtung anführen,[7] während es sich in Wirklichkeit um einen Prosatext handelt. Wir finden darin eine sehr genaue Darstellung aller Einzelheiten der neuen Kapelle, die von den Abmessungen über Angaben zu den verwendeten Bau- und Schmuckmaterialien (darunter auch Spolien aus Alt-St. Peter) bis zur detaillierten Auflistung der Fresken und Statuen reicht. Auffällig ist die Beigabe eines lateinisch-italienischen Architekturglossars.[8]

Eine wahre Flut von Gedichten brachte dann der Pontifikat Sixtus' V. hervor. Die von ihm mit Nachdruck betriebene, jedoch wegen der kurzen Dauer seiner Regierung nur in Ansätzen verwirklichte Umgestaltung Roms schuf mit spektakulären Straßendurchbrüchen wie der Via Felice große Blickachsen, während auf zentralen Plätzen kruzifixbekrönte Obelisken als Dokumente der überwundenen Antike und der päpstlichen Macht errichtet wurden.[9] Urbane Errungenschaften und technische Meisterleistungen wie die Einleitung der *Aqua Felix* in die Stadt und die Aufrichtung des vatikanischen Obelisken durch Domenico Fontana erregten Aufsehen und ließen die Zahl der Epigramme und anderen Lobgedichte ebenso anschwellen wie der Bau der Peterskuppel (1588–1590) und besonders der Um- und Ausbau von S. Maria Maggiore: der *Basilica Liberiana* am Esquilin kam als Heiligtum der Krippe von Bethlehem und der

---

4 S. I. Teil, D.III zu A. Querenghi und F. Benci.

5 Frizoli 1582 (29 Seiten, 4°). Der Druck ist mir nur in zwei Exemplaren der BNF (K-2003 [4] und Yc-1029) bekannt, die ich nicht konsultieren konnte. Als Beiträger erscheint Frizoli auch in einer römischen Sammlung des Jahres 1588; s. u. S. 566. Die Bibliographie von Jacob de Saint-Charles kennt ihn nur als Autor des *Sacellum* (1643, 385); eine knappe Skizze aus neuerer Zeit bringt Aubert 1981 (m. Lit.).

6 Frizoli ed. Valentino 1584 (31 Seiten, 4°). Benutztes Exemplar der HAB: 236.11 Theol. (7).

7 Possevino II 301: *Laurentij Frizolij sacellum Gregorianum. est autem additum, uti elegantissimum poema, operibus Gregorij Nazianzeni.*

8 S. 27–31 in der Ingolstädter Ausgabe von 1584; zu einer ähnlichen Glossierung eines Gedichtes s. u. S. 558f.

9 Neuere Lit. zur *Roma sistina*: Schiffmann 1985, bes. 181–191; Gamrath 1987; Fagiolo – Madonna (a c. di) 1992; Kat. Rom 1993.

Gottesmutter eine zentrale Rolle im Stadtprojekt des Franziskaners Sixtus zu, dessen berühmte Villa Montalto nur wenige Schritte hinter der Apsis der Kirche begann.[10] Die Errichtung der Cappella Sistina, der rechten Seitenkapelle, und die damit verbundene Umgestaltung des alten Presepe-Heiligtums fand bei den Zeitgenossen besonders starke Beachtung. Bereits Ludwig von PASTOR hat die Zusammenhänge zwischen sixtinischer Urbanistik und ihren literarischen Spiegelungen sehr eingehend registriert,[11] ohne daß jedoch den panegyrischen Texten bisher eine weitergehende Analyse gewidmet worden wäre. Wenigstens auf zwei der *Descriptio templi* nahestehende Drucke soll deshalb hingewiesen werden.

Ein verbindendes Charakteristikum der sixtinischen Gelegenheitsdrucke besteht darin, daß die Dichtungen vieler verschiedener Autoren in einem Bändchen versammelt werden. Dabei steht ein längeres Hauptstück am Anfang, an das sich Variationen des angeklungenen Themas aus der Feder der übrigen Beiträger anschließen. Das Verfahren erinnert an Gedichtpublikationen literarischer Akademien, wie sie in Italien weitverbreitet waren.[12]

Francesco BENCI SJ kombiniert in seiner Sammlung *De tholo s. Petri in Vaticano* (Rom 1588) dieses Aufbaumodell mit dem ordensüblichen Grundsatz, die Namen seiner Mitautoren nicht zu nennen. Sein einleitendes *Ad Vrbem Romam carmen*[13] ist keine echte Gebäudeekphrasis, etwa der Peterskirche, sondern vereint schwärmerisches Lob der Stadt Rom und des Papstes mit einer eher flüchtigen Skizze der Großbaustelle am Vatikan. Die Epigramme der ungenannten *adolescentes aliquot e Collegio Romano* zeigen die uns schon aus Pontans Augsburger Sammlung von 1584 und aus anderen Beispielen bekannten enkomiastischen Variationen (*Roma loquitur, Ad hospitem* usw.) und typische stadtrömische Panegyrik unter dem Motto der *renouatio Vrbis*.

In dem wesentlich umfangreicheren, im selben Jahr erschienenen Druck *De sacello Sixti V. Pont. Max. in Exquiliis ad Praesepe Domini extructo … carmen* wird ein drei Bücher umfassendes Hexametergedicht des Girolamo BADESI durch Epigramme von über einem Dutzend prominenter Zeitgenossen, darunter auch Benci, begleitet. Da Badesis Gedicht sowohl eine echte Ekphrasis ist als auch im Aufbau interessante Besonderheiten aufweist, werden wir im nächsten Kapitel noch einmal darauf zurückkommen.[14]

Auch nach dem Tod Sixtus' V. begünstigten päpstliche Bauprojekte die Entstehung panegyrischer Dichtungen. Eine besonders reiche Produktion an *carmina* und Epigrammen entstand seit 1614/15, als durch Paul V. Borghese (1605–1621) der Ausbau von

---

10 Neben der Spezialliteratur zu S. Maria Maggiore, die unten genannt ist, s. bes. Fagiolo 1992.

11 Pastor 1926, 413–421.

12 Zu einer Bologneser Kirchweihfestschrift in dieser Form s. u., 4.

13 DE THOLO S. PETRI, fol. 2ʳ–6ᵛ; wieder abgedruckt (mit leichten Textabweichungen) in Benci 1595, 47–55 als Teil des *carminum liber I*. Biographisches zu Benci: Ribadeneira 215 f.; Mazzuchelli II.2 783–787; Narducci 75; Negri 1966.

14 S. u., II.2.a.

S. Maria Maggiore erneut aufgenommen wurde. Der Papst ließ damals eine antike Säule aus der Maxentiusbasilika mit einer Marienstatue bekrönen und als Zeichen der Überwindung des Paganen vor der Kirche aufstellen;[15] vor allem aber entstand im linken Seitenschiff als Pendant zur Cappella Sistina die neue Cappella Paolina mit dem wundertätigen Marienbild *Salus Populi Romani* als Mittelpunkt. Zahlreiche kürzere lateinische und griechische Lobgedichte zu diesen Ereignissen hat der polnische Dominikaner und Papsthistoriker Abraham Bzowski (Bzovius) 1619 in seinem großen Werk über Paul V. und den in ihm erblickten idealen Pontifex Maximus gesammelt.[16] Unter den Verfassern finden wir auch den nunmehr fast 70jährigen Querenghi wieder,[17] vor allem aber Schüler des römischen Collegium Graecorum, darunter Italiener, Griechen, Zyprioten, Polen und Ruthenen.

Neben dieser Masse kleiner Huldigungsgedichte sind drei längere Stücke auf die Kapelle erwähnenswert: *In Sacelli Exquilini exteriorem formam* des Nicolaus Gelder, *Sacelli Exquilini interiores diuitiae* von Mutius Ricietius sowie, separat (und möglicherweise später) publiziert, *Sacellum Exquilinum Virgini Maximae a Paulo V. erectum dicatumque* des aus Siena stammenden Jesuiten Alessandro Donati.[18] Während Gelders Verse (63 Hexameter) kaum genaue Angaben enthalten und stattdessen eine knappe erzählende Skizze des Bauverlaufs geben, können die Texte von Ricietius und Donati (384 bzw. 391 Hexameter) in vieler Hinsicht als echte Ekphraseis angesehen werden, die in vielen – freilich nicht allen – Punkten unserer Definition der *Descriptio templi* entsprechen.

RICIETIUS, der ansonsten nahezu unbekannt zu sein scheint,[19] veranstaltet ausdrücklich eine Führung für den als *spectator* apostrophierten Leser, der immer wieder mit deiktischen Hinweisen und Anreden dirigiert wird. Der Dichter konzentriert sich auf die zahlreichen bildlichen Darstellungen in der Kapelle, so daß *Sacelli ... diuitiae* streckenweise wie eine kommentierte Galeriebesichtigung wirkt. Durch Marginalien sind

---

15 Pastor 1927, 602–609, wo die im folgenden besprochenen Dichtungen allerdings nicht genannt sind. Dazu jetzt einige Anmerkungen (nur zu A. Querenghi) bei Motta 1994, 138–154. 161–169.

16 Bzovius 1619, 553–560.

17 Bzovius 1619, 553: *Antonius Quaerengus (...) de Columna a Paulo V. Pont. Max. ex veteri Pacis templo in Exquilinum translata.* Nach U. Motta (1994, 162) war das Gedicht bereits ein Jahr zuvor in einer Werkausgabe Querenghis erschienen; eine Notiz bei Jacob de Saint-Charles (1643, 357 f.) weist überdies darauf hin, daß die bei Bzovius abgedruckten Gedichte schon zuvor unter dem Titel *In columnam Pauli V. in Exquilijs erectam et in eius Sacellum Borghesianum carmina* durch Ioannes Carolus Potentius (Giovanni Carlo Potenza, † 1623) als Sammlung ediert wurden. Ein Exemplar dieser Sammlung war bisher nicht nachzuweisen.

18 Gelder: Bzovius 1619, 560 f.; Ricietius: ebda., 561–563; Donati: s. u. Anm. 22; hier zitiert nach PARNASSUS SOCIETATIS IESU, 1. Faszikel (*Classis I. pars I.*), 148–152; in Ausschnitten auch bei Ganducci 1698, 298 f. – Zu ergänzen ist *De amplissima aede in basilica S. Mariae Mai. aedificata* (Prosa?) von Brunelli, das ich nur aus dem Hinweis bei Pastor 1927, 604 Anm. 7 kenne.

19 Bereits wenige Jahre später kennt ihn Jacob de Saint-Charles nur als Verfasser des hier behandelten Gedichtes in der bei Bzovius abgedruckten Form (1643, 401); mehrere metrisch unhaltbare Verse deuten indes darauf hin, daß Bzovius' Text eine ursprüngliche Fassung verschlechtert wiedergibt. Ob Riciets Stück in der von Potentius herausgegebenen Sammlung (s. o. Anm. 17) enthalten ist, war bisher nicht zu ermitteln. – Zu einem vermutlich mit unserem Verfasser identischen Mutius *Riccerius* vgl. u. S. 567!

die jeweiligen Szenen zusätzlich erläutert; wiederholt kommt daneben auch die Topik des Illusionismus zum Einsatz und läßt Bilder lebendig werden. An diese Beschreibung schließt sich die Erzählung des Schneewunders (des Aitions der Basilika) an, gefolgt von wunderbaren Errettungen Verunglückter durch Maria. Danach wendet sich Ricietius wieder dem Kapellenschmuck zu und behandelt die zahlreich vorhandenen Statuen, die teilweise wiederum verlebendigt werden. Dies mündet in eine bewegte Szene, in der die Engel vor den Augen des Dichters musizierend hin- und herschweben. Hier überwältigen ihn die Eindrücke förmlich: die Kapelle wird — ganz vergilisch — zum *nullis imitabile textum*, in der der Eindruck entsteht, der Himmel selbst senke sich mit allen seinen Sternen im Goldglanz herab.[20] Mit der Bitte an Maria, ihn nicht vollends zu blenden, wendet sich Ricietius wieder der Patronin zu, um sie zu preisen und mit einer Schilderung ihres segensreichen Eingreifens in der Seeschlacht (von Lepanto?) zu schließen.

Alessandro DONATI, der noch mehrfach als Autor von Kirchenbeschreibungen hervorgetreten ist, wurde vor allem als Ordensdramatiker bekannt.[21] In seiner Interpretation der Cappella Paolina, die leider nicht genau datierbar ist und erst 1625 in seinen *Carmina* erstmals greifbar wird,[22] setzt er andere Schwerpunkte als Ricietius und führt insbesondere die beiden monumentalen Papstgrabmäler für Clemens VIII. (1592–1605) und den Erbauer Paul V. mit ihren historischen Reliefdarstellungen bis ins Detail vor. Daneben gilt sein Interesse bei der Beschreibung des Interieurs, die systematisch die verschiedenen Seiten des quadratischen Baus behandelt, der Vielfalt und Farbenpracht der verwendeten Marmorarten. Ein weiterer Schwerpunkt liegt auf einer „indirekten" Papstpanegyrik, indem Donati bei vielen Gelegenheiten auf die vielerorts angebrachten Wappentiere des Borghese, Adler und Drache, hinweist. Es fällt auf, daß sein *Sacellum Exquilinum* damit ähnliche Präferenzen zeigt wie die 1619 bei Bzovius gesammelten Beiträge zur Paolina, darunter die wohl von Bzovius selbst stammende umfangreiche Prosabeschreibung der Kapelle, mit deren Präzision und Detailreichtum besonders bei der Architekturterminologie und bei den verwendeten Stein- und Marmorsorten es kein anderer Text aufnehmen kann.[23]

---

20 Bzovius 1619, 563 *Rarus honos templi, et nullis imitabile textum,* | *Ficta ubi uiua putes, et respirare colores,* | *Syderibusque suis totum descendere coelum:* | *Tantus honos aris tabulisque pererrat et auro.* Vgl. o. S. 85 f. zu Vergils *non enarrabile textum.*

21 Vita: Formichetti 1992; Werke: Sommervogel III 131–133. – Die beiden schon früher (S. 133) erwähnten Gedichte auf Il Gesù und St. Peter können hier unberücksichtigt bleiben, da die in ihnen enthaltenen Beschreibungen nicht das Hauptanliegen der Stücke darstellen: der Gesù wird innerhalb eines Funeralgedichtes auf den Gründer Alessandro Farnese beleuchtet, das *Templum sancti Petri,* mit dem Donati sein zweites Gedichtbuch schloß und nach eigenem Bekunden krönte, gibt eine Geschichte von Alt- und Neu-St. Peter bis zur ersten Öffnung der Porta santa durch Urban VIII. im Jahre 1625.

22 Carm. 2,4; Sommervogel vermutete aufgrund der üblichen Titelangabe *Carminum liber I* noch: „Le second volume … n'a point paru" (III 132, n° 8). Tatsächlich enthält der 1625 erschienene Band *drei* Bücher Gedichte (Übersicht bei Formichetti 1992, 9).

23 Bzovius 1619, 533–540 (Folio, zweispaltig!).

Schon diese kurzen Skizzen zeigen, wie eng die römischen Gedichte mit der echten *Descriptio templi* verwandt sind. Gerade deshalb sind aber auch die Unterschiede zu betonen: Sie beginnen damit, daß die Texte im Zentrum der katholischen Welt entstanden sind und wohl deshalb kein weitergehendes Interesse an der konfessionellen Kontroverse und demgemäß auch nicht am Disput um die Rolle von Bild und Kunst in der Kirche bekunden. Ob die beiden Dichtungen anläßlich der Einweihungsfeiern für die Cappella Paolina entstanden, ist nicht sicher bekannt, aber jedenfalls nicht dem Text zu entnehmen. Vor allem aber fehlt beiden Texten – trotz der starken illusionistischen Motive bei Ricietius – das kontemplativ-meditative Element, das für die bisher behandelten Dichtungen aus dem alten Reich und seinen Grenzregionen so charakteristisch ist. Ein vorläufiges Resumé zu den Beschreibungen der Paolina muß daher lauten: Ricietius' und Donatis Gedichte sind die bisher eindringlichsten Beispiele für eine Kirchenekphrasis der frühen Neuzeit in Form eines hexametrischen Einzelgedichtes, weisen jedoch nicht alle Merkmale einer *Descriptio templi* des Konfessionellen Zeitalters auf. Durch das Fehlen polemischer wie auch im weitesten Sinne politischer Züge wirken die römischen Texte einheitlicher als die Festdichtungen aus Deutschland. Gerade durch die Verflechtung von Kunst und Politik, von Humanismus und Konfession ist aber nördlich der Alpen jene vielschichtige Art öffentlicher Gelegenheitsdichtung entstanden, die eindrücklicher als die in sich geschlosseneren Beiträge zum *Sacellum Exquilinum* ein Bild ihrer Zeit und deren Anschauungen vermittelt.

2. Kirchen- und Kunstbeschreibungen französischer Jesuiten um 1640

In Toulouse erschien 1641 das umfangreiche Gedicht *Virgo Burgueriana* des Jesuiten Jean-Henri AUBERY (Auberius),[24] eine Geschichte und Besichtigung der Marienkirche von Bruguières.[25] Der Dichter wandert aus Toulouse hinaus, um nach einigen Meilen die Kirche auf einem Hügel über der Garonne zu erblicken, und sendet ein langes Gebet an die Muttergottes um Schutz des Landes und seiner Menschen voraus. Beim Eintritt in die Kirche folgt eine kurze Beschreibung des überwältigenden Eindrucks auf den Betrachter, ohne daß jedoch Einzelnes behandelt würde. Wichtiger sind Aubery zunächst die Gründungsgeschichte des Vorgängerbaus und die Legenden und Wunderberichte, die sich um ein acheiropoetisches Marienbild ranken. Dazu zieht er auch mehrere Votivbilder heran, die im Innern der Kirche hängen. Auf eine kurze Beschreibung des Altaraufbaus folgt als zentraler und längster Teil des Gedichtes eine detail-

---

24 Sommervogel I 619 f. n° 14, wieder in: PARNASSUS SOCIETATIS IESU, 2. Faszikel *(Classis I. pars II.)*, 547–554. Der Text besteht aus 702 Hexametern. – Zu Aubery vgl. Lamalle 1931.

25 Vgl. die kurze Notiz von Victor Allègre, Bruguières (Haute-Garonne), in: Dictionnaire des églises de France III: Sud-Ouest, Paris 1967, S. IIIA35, mit einem allerdings unklaren Verweis auf die Wallfahrtskirche Notre-Dame-de-Grâce.

lierte Aufzählung der Gewölbemalereien, die eine große Zahl alttestamentarischer Szenen sowie Bilder der Propheten und Sibyllen zeigten. Eine vertiefte religiöse Betrachtung findet allerdings nicht statt. Ähnlich ländlich, wie es begonnen hatte, endet das Gedicht: der Dichter kehrt, ermüdet vom Schauen, im nahegelegenen Dominikanerkloster ein und ruht sich in seinen Gärten aus, die Züge eines *locus amoenus* tragen; von hier aus wandert der Blick weit über das Tal der Garonne mit ihren Städten und Burgen und bis hinunter nach Toulouse. Diese Schlußpartie ist vielleicht für den heutigen Leser der attraktivste Teil des Gedichtes. Unter dem Aspekt der Kunstbeschreibung verdient die Beschreibung der Malereien Interesse, obwohl sich für deren künstlerische Gestaltung aus dem Text so gut wie keine Hinweise gewinnen lassen. Insgesamt läßt sich sagen, daß das Gedicht des Tolosaner Jesuiten keine typische *Descriptio templi* ist, aber die Tradition der Kunstdichtung im Orden fortsetzt.

Ein Jahr nach der Erstveröffentlichung der *Virgo Burgueriana* wurde in Paris die neue Kirche St-François-Xavier des Jesuitennoviziates eingeweiht.[26] Den seinerzeit vielbeachteten Bau des Ordensbaumeisters Etienne Martellange und seinen Gründer, den Baron Dangu, feiert eine Gedichtsammlung, die ihrem Titelblatt nach von den Schülern des Pariser Collège de Clermont, tatsächlich aber wohl von den Professoren desselben Kollegs stammt.[27] Diese *Basilica in honorem S. Francisci Xaverii … extructa* ist nicht nur die einzige bisher bekannte Kirchweihfestschrift, die eine zweite Auflage als Einzeldruck erfuhr (Paris 1664), sondern enthält als vielleicht erste Publikation dieser Art auch ein französischsprachiges Sonett.[28] Inhaltlich erinnert die *Basilica* mit ihren Gedichten auf sakrale Gegenstände eher an Sammlungen wie die augsburgische des Pontanus oder auch an die Epigramme des Münchner *Trophaeum III*; eine dominierende Ekphrasis gibt es nicht. Ungewöhnlich genau gehalten sind aber zwei Beschreibungen von Altarbildern, deren Künstler – auch dies ein Novum – namentlich genannt und gepriesen werden;[29] Ansätze zu einer Baubeschreibung finden sich in dem poetischen Bericht von der Besichtigung der Kirche durch den Prinzen Henri de Bourbon am 1. November 1642.[30]

---

26 Delattre III 1307–1319 (A. Brou); Moisy 1958, I 251–253 und Tafeln XXIII/D, LXXIV/B, LXXV/B, LXXXI/A. Die Kirche wurde am Anfang des 19. Jahrhunderts abgebrochen.

27 Vgl. S. 187 Anm. 77.

28 BASILICA IN HONOREM S. FRANCISCI XAVERII EXTRUCTA, 30: *Peinture de Sainct François Xavier ressuscitant un mort: ou Tableau du grand autel. Sonnet.* Der Maler des Bildes ist Poussin, er ist auf S. 2 und 20f. genannt.

29 BASILICA IN HONOREM S. FRANCISCI XAVERII EXTRUCTA, 31–35: *Minoris unius arae tabula quam pinxit Voüet* und *Minoris alterius arae tabula quam pinxit Stella.*

30 BASILICA IN HONOREM S. FRANCISCI XAVERII EXTRUCTA, 19–22: *Princeps laudator templi.*

3. Lob großer Herren und barocke Heilige: Eine Festschrift aus Polen (1650)

Stellen die bisher erwähnten Texte eher Variationen über das Thema Kirchenekphrasis dar, so kann das folgende Beispiel ohne Bedenken als echte Fortsetzung der *Descriptio-templi*-Gattungstradition bezeichnet werden. In der 1650 erschienenen *Panegyris heroica*[31] zur Weihe der neuen Jesuitenkirche in Bydgoszcz (Bromberg, lat. Bidgostia) finden sich – mit Ausnahme der konfessionellen Polemik, die in Polen dank der gegenüber den Protestanten gepflegten Toleranz keine wichtige Rolle spielte – alle typischen Merkmale wieder, insbesondere die Verbindung von Bauherrenpanegyrik und Bautenlob. Die *Panegyris* ist zugleich der erste Text seit der Würzburger Festschrift von 1591, in der wieder die Villengedichte des Statius auf dem Wege der *imitatio* verwendet werden.

Bydgoszcz/Bromberg, das von 1772–1806 und von 1815–1920 eine der wichtigsten Städte des preußischen Netzedistriktes war, gehörte im 17. Jahrhundert zum Königreich Polen-Litauen.[32] Nach einer Blütezeit um 1600 wirkten sich um die Jahrhundertmitte der fortschreitende Zerfall der Staatsstrukturen im Streit zwischen Adel und Krone, der Krieg mit Schweden und der Kosakenaufstand von 1648/49 sehr negativ auf das Leben in Stadt und Land aus, so daß beispielsweise in Bydgoszcz um 1670 nur noch „etwa hundert Gebäude bewohnt" gewesen sein sollen.[33] Nach einer stadtgeschichtlichen Skizze Erich SCHMIDTs waren die Jesuiten im 17. Jahrhundert „die einzigen, deren Wohlstand sich bei dem allgemeinen wirthschaftlichen Niedergange hob".[34] Tatsächlich wird durch die Aufzeichnungen des Kollegs, die sich im römischen Archiv des Ordens erhalten haben, selbst dies zumindest relativiert. 1619 als Residenz gegründet,[35] beherbergte die Bromberger Ordensniederlassung noch 1631 nur drei Patres und zwei Brüder; sieben Jahre später waren vier *presbyteri* und drei *coadiutores* zu verzeichnen. Die *Litterae Annuae* jener Jahre zeichnen ein eher düsteres Bild der Region, die von Mangel und Seuchen geplagt wurde. Zu diesen wechselnden Notlagen kamen –

---

31 Genauer Titel s. Lit.-Verz. – Einziges z.Zt. bek. Exemplar: SUB Göttingen, 4 H.E.O. 208/51 Beibd. 5. Aufgrund der zeitlichen Eingrenzung unseres Themas und der schwierigen Quellenlage können und sollen die folgenden Bemerkungen zur Bromberger Festschrift nur eine vorläufige Skizze sein. Für briefliche Unterstützung sei bereits jetzt herzlich gedankt: Prof. Dr. Jerzy Axer (Warschau), Prof. Dr. Jan Okoń (Krakau), Jutta Reisinger-Weber (Westpreußisches Landesmuseum Münster), Dr. Marek Romaniuk (Archiwum Państwowe, Bydgoszcz) und Mag. Ewa Stelmachowska (Öffentliche Wojewodschafts- und Stadtbibliothek Bydgoszcz).

32 Zur Einführung in die politische und kirchengeschichtliche Situation vgl. Zeeden 1965, 164–172; Jobert 1974, 175–210; Kłoczowski (dir.) 1987, 173–255 (St. Litak / W. Müller); Kłoczowski 1988.

33 Schmidt 1888, 37; ähnlich Ohlhoff 1996 (s. u.), 8f. – Zur für die ältere Zeit nur spärlich dokumentierten Stadtgeschichte außerdem: Kühnast 1837 (m. vorzügl. Stadtplan); Meinhardt (Hg.) 1973, 58–66 (zur Frühen Neuzeit); Biskup (red.) 1991; Ohlhoff 1996.

34 Schmidt 1888, 42.

35 Allgemein zu den Jesuiten in Polen: Jobert 1974, 241–257; zur Bromberger Jesuitenniederlassung: Załęski 1905, 1165–1176; Duhr 1913, 375. 388f.; ders. 1921, 249f.; Meinhardt (Hg.) 1973, 215–217 (W. Volkmann); Biskup (red.) 1991, 150f. 274–278. Ausführlicher jetzt Alabrudzińska 1989; eine neue Zusammenfassung mit bisher unpublizierten Photos von Kolleg und Kirche bei Grzebień 1996, 80f. (poln.).

kaum zufällig – schlimme Hexenverfolgungen hinzu.[36] Allerdings begann man in den 30er Jahren auch bereits mit der Errichtung der Kirche und konnte sich dazu das Patronat des in Culm residierenden Bischofs von Kujawien, Kaspar Dzyiałinski, sichern.[37] Die 40er Jahre brachten den Ausbau des Gymnasiums und (1648) die Erhebung zum Kolleg, die allerdings 1661 wieder rückgängig gemacht wurde. Der Bau der Kirche zog sich, bedingt durch unzureichende Dotierung, über Jahre schleppend hin, bis in dem königlichen Diplomaten und Oberstkanzler Georg Ossoliński, von 1632–1645 zugleich Starost (Burghauptmann) in Bydgoszcz, ein neuer bedeutender Förderer gefunden wurde.[38] Nach längeren Auseinandersetzungen mit dem Bischof erreichte Ossoliński, daß jener auf sein Patronatsrecht verzichtete, und gilt daher in der Ordenstradition als eigentlicher *fundator.*[39]

Die zunächst als Heilig-Kreuz, später als St. Ignatius bezeichnete Kirche wurde im wesentlichen 1648 vollendet.[40] Dzyiałinski plante zunächst, die Konsekration selbst vorzunehmen, allerdings erst nach seiner Rückkehr aus Rom, wohin er anläßlich des Heiligen Jahres 1650 reiste. Schließlich übertrug er das Benediktionsrecht an den Warschauer Archidiakon Kos, der am 27. Mai 1649 in festlicher Zeremonie das *templum Bidgostiense PP. S.I.* einweihte.[41]

1650 wurde die Bromberger Kirche mit zwei schlanken Türmen versehen. Sie diente dem Kolleg bis zu seiner Aufhebung im Jahr 1780, später dann nach Jahren des Leerstandes als Pfarrkirche der Deutschen. Im 19. Jahrhundert wurden die Türme nach einem Unwetter erneuert und die Fassade in klassizistischen Formen verändert. Ein unrühmliches Ende nahm der Bau, als die NS-Kreisleitung 1940 seinen Abriß dekretierte. Nicht zuletzt aufgrund dieser plötzlichen Zerstörung ist die Kirche unter kunstgeschichtlichem Aspekt ungenügend dokumentiert; bei den Photographien dominieren Außenaufnahmen der Fassade und die Dokumentation des Abbruches.[42] Seit

---

36 ARSI Pol. 52 fol. 83ʳ (1631: acht Verbrennungen in diesem Jahr). 145ᵛ–146ʳ (1638).

37 ARSI Pol. 66 fol. 7ʳ: *Sequitur annus 1636 quo materia pro fabrica templi diligentius quam antea præparari coepit.* Baubeginn war 1637; vgl. ARSI Pol. 52 fol. 146ʳ (1638): *Fabricae templi nostri anno superiore inchoatae memorabilis facta accessio.*

38 Über Ossoliński (1595–1650) gibt es keine deutschsprachige Literatur; zur Biographie mit Bezug auf Bydgoszcz s. zuletzt Kutta 1996.

39 Zu den Streitigkeiten um das Patronat s. ausführlich ARSI Pol. 52 fol. 310ʳ–311ʳ (1642–43).

40 ARSI Lith. 39 fol. 156ʳ (1648): *Templum quod annis superioribus aedificabatur, hoc anno ex omni parte perfectum stetit*; ebda. fol. 194ʳ (1648): *Templum hac æstate ex omni parte perfectum, cui tegulae Hollandicæ pro tecto inductæ. Sepulchrum item nostrorum corporibus tumulandis, e latere et lapide adaptatum. Aduentus iam Illmi Episcopi expectatur, qui ritu Pontificio illud consecret …*

41 ARSI Lith. 39 fol. 301ʳ (1649): *Designauit (sc. episcopus) nihilominus eximium virum Adm. Rdm. Dnm. Kos Archidiaconum Varsauiensem, qui post triduum videlicet 27. Maii Templum nostrum benediceret. quod factum est solenni adhibito modo, multis præsentibus primariis uiris, atque adeo Nobilibus et Sacerdotibus Prælatis. Spectare licuit, primores Ciuitatis præsertim, et confertam plebem congredi, expectatam diu ædem sacram iam erectam et perfectam, cum omni pietatis sensu, eosdemque preces fundere, ad lacrymas abreptos prae laetitia. Accepti de more hospites aliquot ad triclinium, prandioque religioso excepti sunt. (…)*

42 Anders als die Jesuitenkirchen Kleinpolens und Litauens, zu denen zahlreiche Studien Jerzy Paszendas in der

einigen Jahren wird in Bydgoszcz allerdings über einen Wiederaufbau in der alten Form diskutiert.[43]

Wie in allen anderen Provinzen nahm auch in Polen der Schulunterricht eine beherrschende Rolle in der Tätigkeit der Jesuiten ein, und so entstanden auch hier an den Kollegien lateinische Publikationen. Aus Bromberg wissen wir allerdings aus der Zeit vor 1649 nur von einer einzigen Sammlung von Texten, in der die Schüler Christus priesen; ob es sich um einen Druck handelte, geht aus den Quellen nicht hervor.[44] Damit ist die *Templi Bidgostiensis panegyris* die bislang älteste dokumentierte echte Publikation des Bromberger Kollegs.[45] Der 1650 ohne Angabe des Verlegers und des Erscheinungsortes veröffentliche Druck umfaßt 10 Blätter in großem Quartformat; er ist weder der Ordensbibliographie von SOMMERVOGEL noch der deutschen und polnischen Bromberg-Forschung bekannt. Hinzuweisen ist im Zusammenhang mit der Kirchenweihe außerdem auf einen nicht weniger als 38 Seiten umfassenden Prosapanegyrikus auf den Stifter Ossoliński, der bereits am 30. April 1649 mit dem im Titel erklärten Ziel gedruckt wurde, die Bromberger Kirche zu einem *aeternum Ossolinii nominis monimentum* zu erhöhen.[46] Nach einer Bemerkung auf der Titelseite dürfte die Schrift bei der Feier Ende Mai überreicht worden sein;[47] sie enthält neben der Lobrede auch einige Gedichte aus dem Bromberger Kolleg, die offenbar als poetische Beischriften seinerzeit ausgestellter Emblem-Schilde dienten. Sie dürften während der Einweihungsfeierlichkeiten als Dekoration des Kollegs gedient haben, um dem Stifter zu huldigen, auf dessen Person und Wappenzeichen sie sich ausschließlich beziehen.[48]

Im Gegensatz zu dieser reinen Huldigungsschrift ist die ein Jahr später erschienene *Panegyris* vielfältiger im Inhalt. Sie richtet sich an Albert Łochowski, den Bürgermei-

Zeitschrift *Kwartalnik architektury i urbanistyki* vorliegen, sind die Bauten anderer Landesteile kaum erschlossen. Lit. zur Bromberger Kirche: Kothe 1897, 13 f. (unzureichend); Ohlhoff 1976; Pastuszewski 1989. Weitere Abb. bei Hojka 1992/94, I 24. 26. II 28 f.

43 Pastuszewski 1989, 206–213; Ohlhoff 1990.
44 ARSI Pol. 52 fol. 310ᵛ–311ʳ (1644): *Exceptus est* (sc. *episcopus Culmensis*) *a studiosis libello de Christo crucifixo (cui id templum dicari uoluit) varÿs qua uincta qua soluta oratione panegyribus referto, eidemque Ill(ustrissi)mo luculenta | praefaciuncula dedicato.* Kurze Erwähnung (unter dem Jahr 1643) auch bei Biskup (red.) 1991, 316. – Zur Bedeutung der lateinischen Literatur bei den polnischen Jesuiten s. jetzt die kurze Skizze von Okoń 1998.
45 Eine panegyrische Publikation des Danziger Kollegs aus dem Jahr 1600 (Sommervogel II 476, n° 1) nennt allerdings Angehörige des Bromberger Kollegs als Mitverfasser.
46 AETERNUM OSSOLINII NOMINIS MONIMENTUM (s. Lit.-Verz.). Der Druck findet sich zusammen mit der PANEGYRIS von 1650 und anderen polnischen akademischen und Jesuitendrucken im bereits genannten Göttinger Sammelband (SUB Göttingen: 4 H.E.O. 208/51, hier Beibd. 4). Alle Teilbände tragen gleichartige alte hs. Foliierung, die auf eine Herkunft aus einer ursprünglich weit größeren Sammlung hinweisen (PANEGYRIS z. B. = fol. 785–793). Unterschiedliche ältere Göttinger Signaturen in einigen Teilbänden zeigen zudem, daß die heutige Zusammenstellung erst hier und wohl nicht vor dem 19. Jahrhundert erfolgte.
47 AETERNUM OSSOLINII NOMINIS MONIMENTUM, Titelblatt o. Z. (hs. fol. 755ʳ): *Memoriam auro Illustrissimi principis in terris exaratam, caelo perennius inscriptam (…) Societas eiusdem Collegii studio grati animi literis contestari uoluit ipso die solennis inaugurationis templi eiusdem Collegii.*
48 AETERNUM OSSOLINII NOMINIS MONIMENTUM, fol. Kᵛ–N2ʳ.

ster (proconsul) und Verfasser einer Stadtchronik, der für die Ausschmückung der Kirche am Festtag gesorgt hatte.[49] Die Praefatio an Łochowski ist mit *dominat(ionis) tuae addictissimus J.S. S.J.* unterzeichnet, doch findet sich in den erhaltenen Personalkatalogen des Bromberger Kollegs[50] niemand mit diesen Initialen. Als Verfasser des ersten Gedichtes, einer überschwenglichen *Acclamatio* an den wiedergewählten Bürgermeister (fol. A2^v), zeichnet dann ein ebensowenig bekannter *Johannes Steinberger Medic(inae) doctor Bidgostii*. Alle weiteren Stücke sind nicht signiert und der üblichen Praxis des Ordens zufolge den Jesuiten zuzuschreiben.

Den größten Teil des Druckes nimmt die eigentliche *Panegyris templi Bidgostiensis* ein (fol. B^r–D2^r, 331 Hexameter). Die große Geste, mit der das Gedicht einsetzt, ist durchaus repräsentativ für die im ganzen Stück gehaltene Stilhöhe:

B^r	Ardua templa canam Bidgostianosque penates,
	Quos Polycletaea Comes Ossolinius arte
	Erexit multoque etiam superinduit auro,
	Hac ubi se medio scindit Bidgostia tractu
5	In medium diuisa forum, grandesque columnae
	Stant ubi, et excelsae surgunt ad sidera turres:
	Digna Deo pariter sedes pariterque locanti
	Digna Ossolinio, qui ingentia tecta superstes
	Miretur cernatque sui fastigia templi
10	Crescere, magnifico procul assurgentia fastu.

Weitaus mehr Raum als sonst üblich widmet die *Panegyris* der Person des Stifters. Nahezu die Hälfte des Textes (V. 1–148, fol. B^r–C^v Z. 2) besingt in immer neuen Varianten die Taten Ossolińskis für Polen und seine Wohltaten für die Stadt. Dabei gipfelt das Lob in der Errichtung einer fiktiven Inschrift, die zunächst den Bezwinger der aufständischen Kosaken meint, sein Tun aber verallgemeinernd im Stil von Vergils „Auftrag Roms" darstellt:

B2^v	Tunc incerta salus! cum deproperata Gradiui
	Non contemnendis tempestas iret in armis,
	Exhaustura Lechos, magno nisi robore mentis,
105	Belligeris ceu sol in nubibus ortus adesses,
	Hinc maiora canam, maioraque marmora tantis
	Inscribam meritis: GENTES FRENARE SVPERBAS
	TVRPIBVS ASSVETOS SEMPERQVE REBELLIBVS ARMIS
	IMPERIIS ARCERE VIROS MAGNIQVE REFVSAM
110	ELVVIEM COHIBERE FRETI, FORMIDINE GENTES

---

49 Über ihn († 1651) vgl. Kutta 1994.
50 ARSI Pol. 11 fol. 231 f.; ARSI Pol. 12 fol. 10 f.

SOLVERE, PORRECTO SIBI LIBERTATIS HONORE,
HOC OSSOLINIVM EST: nil laudibus amplius istis.[51]

Nachdem der Dichter sein Lob auf Ossolińskis Tätigkeit als Gesandter in Italien aus-
gedehnt und ihn als Boten polnischer Kultur und Beredsamkeit dargestellt hat,[52] wendet er sich schließlich der neuen Kirche zu. Dabei stellt sich vorerst nur ein allgemeiner
Eindruck von Pracht und Glanz ein:

Cᵛ   (…) uos singula pandite, Diui:
        Vestrum opus aggredimur, uestra est, quam carmine magno
        Laudo, domus, non unquam aliis fulsistis in aris
155   Pulchrius;[53] hic uariis interlucentia uenis
        Marmora suppositis gestant pia pondera fulcris.
        Effulgent postes, uariaeque in imagine formae
        Apparet uiuis depicta coloribus ara.

Auch das weitere *augusti decus haud imitabile templi*[54] wird in Bildern vorgeführt, die das
Bedeutende des Bauwerks mit allgemeinen Attributen von Größe und Glanz artikulieren, nahezu ohne Aufschluß über Einzelheiten der Ausstattung zu gewähren, wie z. B.
in dieser Passage über den Kirchenboden und die oberen Fenster:

Cᵛ   Argentoque nitet gemmisque auroque coruscat
        Grande pauimentum,[55] distinguunt **nobile** culmen
165   Bis quinque innexo caua prospectacula uitro …

Der hier erweckte Eindruck verwirrenden Glanzes wird durch den Klang himmlischer
Musik gesteigert, mit denen die herabgestiegenen Engel den Raum zu füllen scheinen.[56] Es ist nur folgerichtig, daß der Dichter in diesem hochgestimmten, aber nicht
für eine sachliche Beschreibung geeigneten Zustand auf Statius' *Villa Tiburtina* (silv.
1,3) zurückgreift, in der die Überwältigung der Sinne durch die Fülle der Kunstwerke
musterhaft vorgeprägt war. Dennoch vermeidet der Dichter eine sklavische Übernahme

---

51 Verg. Aen. 6,851–854 *tu regere imperio populos, Romane, memento –* | *haec tibi erunt artes – pacique imponere morem,* |
    parcere subiectis et debellare superbos. (Hervorhebung der „Inschrift" im Gedichttext: U. S.)
52 PANEGYRIS TEMPLI BIDGOSTIENSIS V. 129–131 = fol. Cʳ Z. 13–15: *aurea quando* | *Verba dabas, Itali tunc*
    agnouere: Polonis | *Esse etiam sua rostra oratoresque disertos.*
53 Stat. silv. 1,5,29–31 <u>*uestrum opus aggredimur, uestra est quam carmine molli*</u> | P<u>*ando domus. non umquam aliis habi-*</u>
    <u>*tastis in antris*</u> | *Ditius.*
54 PANEGYRIS TEMPLI BIDGOSTIENSIS V. 169 = fol. Cᵛ Z. 23.
55 Diese eigenartige Junktur findet sich auch im Molsheimer Festgedicht (*Descriptio templi Societatis Iesu Mols-*
    hemensis V. 205 f. *Grande pauimentum totaque lithostroton aede* | *Sternitur e quadro*); die gemeinsame Vorlage war
    bisher nicht zu ermitteln.
56 PANEGYRIS TEMPLI BIDGOSTIENSIS V. 172 f. = fol. Cᵛ Z. 26 f. *huc etiam propriis demigrauisse uidentur* | *Sedibus*
    aligeri … Zum Motiv des *descensus angelorum* s. o. S. 157 f.

der Vorlage, durch die der Raumeindruck allzusehr verfremdet worden wäre, und paßt stattdessen seine Verse den örtlichen Gegebenheiten der Jesuitenkirche an. Das *imi-tatio*-Verfahren erinnert somit stark an die Ekphrasis der Würzburger Universitätskirche, deren Autor ebenfalls von den *Silvae* ausging, ohne dabei die spezifischen Besonderheiten des neuen Baus zu verwischen. Wenn der Gesamteindruck des Bromberger Textes dennoch recht vage bleibt, dann aufgrund der bloßen Erwähnung einzelner Inventarstücke, die nicht weiter vertieft wird – im übrigen eine Technik, die wiederum der der kaiserzeitlichen Vorlage recht genau entspricht:

C2ʳ   Quid primum mediumue canam?[57] nam ad singula tempus
       Deficit inspicienda mihi; uix ordine longo
       Suffecere oculi, uix, dum uagus omnia lustro,
       Suffecere pedes: quae rerum pompa![58] tholumne?
185   Auratasne trabes? grandesne rigere columnas
       Aere Corynthiaco fusas? laquearia nunquid
       Plurima? num lychnos pendentes diuite cera
       Mirer et inductos cunctis altaribus ignes?[59]
       Vidi operum artificumque manus multisque metalla
190   Viua modis, labor est cunctas memorare figuras[60]
       Altaque magnificis attingere culmina uerbis.

Trotz der Faszination durch die Kunstwerke wendet sich der Dichter rasch dem Altar als Mittelpunkt der Kirche zu. Das Vorbild Statius klingt auch hier noch an, wird aber inhaltlich ins Gegenteil gekehrt: an die Stelle der Unschlüssigkeit des Besuchers vor den Schätzen der *Villa Tiburtina* tritt der klare Entschluß des christlichen Autors, sich auf das dargestellte Passionsgeschehen einzulassen. Dabei geht er zwar nicht wie einige andere Autoren bis zur Selbstanklage vor dem Kruzifix, doch ist auch ihm die Bewegung anzumerken, die sich zugleich dem Leser mitteilen soll:

C2ʳ   Dum tamen aspectu uagus erro per atria templi,
       Huc oculis animoque trahor,[61] qua maxima sese
       Ara aperit: Deus, ecce Deus mortalibus adstat
195   Indutus spoliis – potiusne exutus honestis
       Vestibus apparet? pro, quanta insania uulgi!

---

57   Stat. silv. 1,3,34 *Quid primum mediumue canam, quo fine quiescam?*
58   Stat. silv. 2,2,42–44 *uix ordine longo | suffecere oculi, uix, dum per singula ducor, | suffecere gradus. quae rerum turba!*
59   Stat. silv. 1,3,35–37 *auratasne trabes an Mauros undique postes | an picturata lucentia marmora uena | mirer, an emissas per cuncta cubilia nymphas?*
60   Stat. silv. 1,3,47–49 *Vidi artes ueterumque manus uariisque metalla | uiua modis. labor est auri memorare figuras | aut ebur aut dignas digitis contingere gemmas.*
61   Vgl. dagegen Stat. silv. 1,3,38–46 *huc oculis, huc mente trahor. uenerabile dicam | lucorum senium …, te … an, … aula, … an … balnea?*

Vsque adeone Dei placet expoliare decorum
Corpus et immiti, pudor heu! aptare columnae?

Mit diesen Versen ist angedeutet, worin der Schwerpunkt der Bromberger Ekphrasis besteht: in Betrachtungen zu den Bildern der verschiedenen Altäre. Sie können hier nicht im einzelnen vorgestellt werden; wichtig erscheint besonders die Hinwendung zu Maria und dem spielenden Jesusknaben auf ihrem Schoß, die in der prophetischen Aufforderung an das Kind gipfelt, seinen Apfel fortzuwerfen, da ihm ein anderer „Baum" einst Leid bringen werde:

C2^v Proice poma, puer! ni fallor, et illa dolorem
           Incutient aliquando tibi, cum pro arbore molli
224   In crucis excrescent ingentia robora durae.

Neben dieser Partie, die ein starkes Miterleben der gesehenen Bilder bezeugt, nehmen besonders die Darstellungen des Ignatius und des späteren polnischen Nationalheiligen Stanisław Kostka viel Raum in der weiteren Beschreibung ein.[62] Der Ordensgründer wird dabei zum Ausgangspunkt eines Wortspiels gemacht, das sich einerseits aus seiner Darstellung im hellen Gewand (V. 267 = fol. Dr Z. 29 *lumine picta chlamys*), andererseits aus dem *ignis* speist, das der Dichter als Wurzel des Namens Ignatius ausgemacht hat. Kostka, selbst noch *puer* (er starb 1568 mit 18 Jahren), wird zunächst gewarnt, sich mit dem Jesusknaben zu messen, dann jedoch angesichts der Verehrung, die ihm bereits lange vor der Kanonisierung (1726) zuteil wird, und der von ihm gewirkten wunderbaren Heilungen als glücklicher Besitzer der Gaben des Himmels gepriesen, „ohne" (wie der Jesusknabe) „dessen Last tragen zu müssen".

An dieser Stelle endet die Beschreibung und klingt in der typischen Schlußbitte um dauerhaften Bestand der neuen Kirche aus. Da zur gleichen Zeit auch das Kolleg neu gebaut wurde, wirft der Dichter noch einen Blick auf die belebte Baustelle, deren Vollendung er zuversichtlich durch den fürstlichen Stifter gewährleistet sieht. Die letzten Verse gelten jedoch noch einmal Łochowski und dem von ihm gestifteten Blumenschmuck. Dieses Detail, das man als Abschluß für unangemessen leicht halten könnte, steht durchaus nicht zufällig an dieser Stelle, denn auf eine nicht weiter bemerkenswerte alkäische Ode, die den Bürgermeister als Wahrer der Stadt und als Muster an Redlichkeit zeigt, folgt nun noch eine Beschreibung des *Hortus Lochovianus* – doch wohl vom selben Dichter –, in der zahlreiche Blumenarten noch einmal vorgeführt werden. Damit schließen die poetischen Beiträge zur Kirchweihe, gefolgt von einem *elogium*, jenem typisch barocken, im Lapidarstil zentriert gedruckten Lobspruch in Prosa.

Im Vergleich mit den anderen Festschriften früherer Jahrzehnte wirkt die Bromberger *Panegyris* wesentlich „barocker": zu diesem Eindruck trägt vor allem die über-

---

62 PANEGYRIS TEMPLI BIDGOSTIENSIS V. 259–279. 280–303 (fol. Dr Z. 21–D2^r Z. 3).

dimensionale Ausweitung des Fürstenlobes bei, zumal hier anders als beispielsweise in Molsheim dem eigentlichen mäzenatischen Akt der Kirchenstiftung nur ein eher geringer Teil der Lobreden gewidmet wird. Andererseits zeigen Einzelheiten wie die Benutzung des Statius und die Zwiesprache mit den Altarbildern auch deutlich die Kontinuitäten der Gattung, zu deren späten und außergewöhnlichen Vertretern man die *Panegyris* wird zählen dürfen.

4. *Hypotyposis architecturae*
Die Beschreibung von S. Lucia in Bologna (1659)

Eine weitere, die bislang letzte, Variation des Themas *Descriptio templi* findet sich in einer Festschrift aus Bologna. Sie erschien 1659 zur Einweihung der neuen Jesuitenkirche S. Lucia und weist gegenüber den bisher behandelten Gedichten wiederum einige Besonderheiten auf.

Verfasser der *Encaenia a patribus S. J. Bononiae celebrata* sind nicht die Jesuiten, sondern Schüler des – allerdings vom Orden geleiteten – Collegio dei Nobili S. Francesco Saverio.[63] Gemäß den Gepflogenheiten der alten Universitäts- und Wissenschaftsstadt erscheinen sie jedoch auf dem Titel nicht als Kollegiaten, sondern als Mitglieder einer literarischen Vereinigung, der Accademia degli Inanimati.[64] Jede Nennung des Verfassers eines Gedichtes – auch dies eine Abweichung vom Usus der Jesuiten – ist dementsprechend um seinen in der Akademie gebräuchlichen Übernamen erweitert. Dank der genauen Angaben zu den Autoren lassen sich viele von ihnen auch heute leicht identifizieren. Neben Bologna sind Bagnacavallo, Vicenza (zwei Angehörige der Adelsfamilie Piovene), Ferrara, Mantua (ein Gonzaga), Piacenza und Bergamo als Herkunftsorte genannt, bei einigen Beiträgern fehlt die Angabe der Heimatstadt. Die meisten der insgesamt 18 Autoren standen zu Zeitpunkt der Drucklegung der *Encaenia* kurz vor ihrer Promotion in Recht, Medizin oder Philosophie.

Als Publikation der „Inanimati" setzen die *Encaenia*-Gedichte zugleich die Tradition akademischer Gedichtsammlungen wie auch die der im Orden geläufigen *syluae* fort, als deren prägendes Beispiel wir die Augsburger Sammlung von 1584 vorgestellt haben. Auffällig neu ist dagegen der hohe Anteil an volkssprachlicher, also italienischer Dichtung (drei Sonette und eine Ode), der sich nicht zuletzt aus der Natur des Franz-Xaver-Kollegs als „Ritterakademie" erklärt, in der die klassische philologisch-theologische Ausbildung nicht den ersten Platz einnahm.

Mit der Aufteilung der Themen auf die verschiedenen Kollegiaten, aber auch mit

---

63 Orlandi 91; Fantuzzi III 191 f.; Brizzi 1976, 30–130, hier 71–130 (Bologna) und bes. 125 Anm. 90 (Quellen); ders. 1988, 147–149.

64 Sie fehlt in den einschlägigen Bibliographien (Fantuzzi I 3–28 s. v. Accademie; Maylender 1929), bestand also vielleicht nur für kurze Zeit.

dem unvollendeten Zustand des Kirchengebäudes im Jahre 1659 hängt es zusammen, daß sich die *Neoterici templi poetica hypotyposis*, mit der der Bergamasker Antonio Morone („l'Accenso") die Sammlung eröffnet, ausschließlich wie keine andere Kirchenekphrasis auf Architektonisches konzentriert. Bevor wir dieses Stück etwas genauer betrachten, soll ein Blick dem weiteren Inhalt der Festschrift gelten, die bisher nur in einem Exemplar des Archiginnasio bekannt ist:[65] Coriolano Piovene und andere berichten danach unter verschiedenen Gesichtspunkten von der Entstehung der Kirche,[66] Antonius Blanculus vergleicht sie mit den antiken Weltwundern,[67] Floriano Malvezzi widmet wie einige weitere sein Augenmerk der Patronin, der sizilischen Märtyrerin Lucia.[68] Die italienischen Sonette variieren das Thema der *superata uetustas*,[69] kontrastieren die wankelmütige Glücksgöttin Fortuna, der das kriegerische Rom huldigte, mit der *Fortuna migliore*, mit der nun Bologna seine Kirchen baue,[70] bitten S. Lucia um Begünstigung laufender Friedensverhandlungen,[71] aber auch – als eine mit Erdbeben vertraute Heilige Siziliens – um Bestand der neuen Kirche gegen die Naturgewalten.[72]

Morones einleitendes Gedicht dokumentiert den ersten wichtigen Einschnitt in der langen und an Rückschlägen reichen Baugeschichte von S. Lucia.[73] 1623 begonnen,

---

65 Sign.: 17.O.IV. 33 op.3. Für die Vermittlung einer Kopie danke ich M. C. Bacchi (UB Bologna), Maurizio Avanzolini und Pierangelo Bellettini (Biblioteca dell'Archiginnasio).

66 ENCAENIA BONONIAE CELEBRATA, S. 7–10: Conte Coriolano Piovene „l'Ardente": *Recentis templi moles Diuae Luciae statuta* (Hexam.); S. 10f.: Aloysius Picinardus Costa „Inflammatus": *Veteris templi lacrimae abscendente Diua Lucia profusae* (Dist.); S. 11f.: Cristoforo Papazzoni „L'Oscuro": *Diuae Luciae ad uetus templum allocutio* (lyr.); S. 13f.: Gian Filippo Certani „l'Impavido": *Expetita noui templi immortalitas* (alk. Str.); S. 14–16: Luca Tesini „l'Impigre" (vgl. Fantuzzi VIII 107): *Diua Lucia ad templum ei deuotum inuitatur* (sapph. Str.); S. 16–24: Ercole Cuppellini „il Redivivo" (vgl. Fantuzzi III 245): *Templum S. Luciae Virginis et Martyris a Societate Iesu Bononiae recens excitatum* (Hex.).

67 Ebda., S. 25f.: Antonius Blanculus „Impauidus" (!): *Augusta templi moles laudatur* (sapph. Str.).

68 Ebda., S. 26f.: Floriano Malvezzi „l'Illustrato" (vgl. Fantuzzi IX 144): *Diua Lucia Bononiam reuocatur e Sicilia* (alk. Str.); S. 27f.: Thomas Consolinus „Incognitus": *Accersuntur coelestes genii ut struant curulem, qua deuehatur ad recens templum Diua Lucia* (sapph. Str.); S. 29: Maffeo Boncio „l'Ingenuo" (vgl. Orlandi 204; Fantuzzi II 292; Mazzuchelli II.3 1580): *Pompa triumphalis Diuae Luciae deuota* (lyr.); S. 30: Conte Gabriele Piovene „l'Industrioso": *Veteris Diuae Luciae templi in nouum metamorphosis* (alk. Str.). Es folgen zwei allgemeiner gehaltene Lobgedichte: S. 31f.: Conte Domenico Gualandi „l'Indefesso" (vgl. Fantuzzi IV 315f.): *Poetica uota ad templi cultum profusa* (lyr.); S. 32: Achilles Maria Samperius „Peruigil": *Artis prodigium cum nouo templo Diuae Luciae statutum* (Dist.).

69 Ebda., S. 33: *Il tempio eretto all'eternità sotto il patrocinio di S. Lucia. Sonetto del Conte Vincenzo Luigi Manzoli, frà gl'Inanimati il Costante.*

70 Ebda., S. 34: *Il tempio eretto all'adorazione di Santa Lucia nel giorno 25. di Maggio dedicato dai Romani alla Fortuna. Sonetto di Antonio Terzi da Bergamo, frà gl'Inanimati il Risoluto.*

71 Ebda., S. 35: *Il tempio dedicato a S. Lucia ne i trattati della pace. Sonetto di Cristoforo Beccari Ferrarese, frà gl'Inanimati il Risorto.*

72 Ebda., S. 36–38: *Il tempio immortale aperto alle glorie di S. Lucia. Oda del Marchese Francesco Gonzaga Mantovano, frà gl'Inanimati l'Ingegnoso.*

73 Das folgende nach Foschi 1988a; vgl. auch Foschi 1988b (gekürzte und neu illustrierte Fassung). Ein Luftbild, das die unvollendete Apsis gut erkennen läßt, bei Scannavini 1988, 122. Zur Einordnung des Baues in die künstlerische Tradition s. Bösel 1988; Ferrari Agri 1997.

konnte die Kirche nach mehreren durch Epidemien und Geldmangel bewirkten Unterbrechungen im Mai 1659 soweit fertiggestellt werden, daß eine Konsekration vertretbar erschien. Allerdings fehlten noch wesentliche Teile des geplanten Bauwerks, nämlich fast das ganze Querschiff samt Kuppel und der Chor, so daß eine provisorische Abschlußwand eingezogen werden mußte. An diesem Zustand änderte sich lange Zeit wenig, bis man 1729–1732 Querschiff und Chor aufzumauern begann. Die begonnenen Wände wurden jedoch niemals fertiggestellt und stehen noch heute ohne Dach hinter dem bestehenden Abschluß der Kirche. Dieser wurde 1842/43 in Form einer kleinen Apsis an ebenjener Stelle angefügt, wo bereits zum Zeitpunkt der Einweihung das Gebäude in der Notwand geendet hatte; Fassade und Kuppel blieben ganz unausgeführt. Nach langjähriger profaner Nutzung des Raumes, u. a. als Turnhalle, konnte vor wenigen Jahren eine große Restaurierung durchgeführt werden, seit deren Abschluß (1988) S. Lucia der Universität Bologna als „Aula magna" dient.

Zum Zeitpunkt ihrer Einweihung war S. Lucia somit ein zwar hoch aufragender, ansonsten aber äußerlich eher unansehnlicher Ziegelbau, bei dem sich weder eine reichdekorierte Fassade noch z. B. ein Campanile zur Betrachtung – und Beschreibung – anboten. Es ist jedoch offensichtlich, daß man im Rahmen der Festschrift auf keinen Fall auf eine *descriptio* verzichten wollte, zumal die Innenausstattung (Stukkatur) und einige Gemälde bereits vollendet waren. Morone meisterte diese ein wenig prekäre Lage in seiner *hypotyposis* nicht ohne Geschick, indem er von der Bauform, über die sich wenig sagen ließ, geradezu ablenkte und nur Einzelheiten in den Blick faßte, die dem aufmerksamen Betrachter auffallen mußten. Nur aus dieser Ausgangslage erklärt es sich beispielsweise, daß die Bologneser Kirchenbeschreibung mit einer Reihe gewundener Verse über einen (Abwasser)kanal beginnt: zur besseren Erreichbarkeit der Kirche hatte man beschlossen, den in der Mitte der Via Castiglione dahinfließenden „canale di Savena" in Höhe des Vorplatzes zu überbauen.[74] Morone hat auf diese ungewöhnliche Weise zugleich bewiesen, daß auch ein profanes Sujet poetisch gewürdigt werden konnte, und seinen Leser auf den Platz vor der Kirche geführt, der er sich nun zuwendet.

Besonders augenfällig am Baukörper sind die mächtigen Contreforts (ital. *barbacani*), die sich an beiden Längsseiten hinziehen und ebenso wie das Kirchendach selbst mit Ziegeln gedeckt waren. Die *hypotyposis* hebt sie besonders heraus und läßt, abgesehen von dem originellen Bild der *squamea terga*, schon hier das Interesse Morones an präzisen, aber seltenen Fachtermini erkennen. Anders als J. Coccius in Molsheim gibt der Bologneser Dichter an diesen Stellen aber seinem Gedicht eine Erläuterung in Form italienischer Glossen mit:

---

74 ENCAENIA BONONIAE CELEBRATA, *Neoterici templi poetica hypotyposis* V. 1–8 (fol. A2^r). Zu den urbanistischen Umgestaltungen im Zusammenhang mit dem Kirchenbau s. Foschi 1988a, 48 f.

Surgit ab effossis moles longaeua tenebris
(…)
Anteridum * formata toris, queis squammea circum   * ἀντερίδες a uerbo ἀντερίζειν;
Terga supinato flectuntur in aera cliuo.[75]   Barbacani.

Auch die weitere Behandlung der Außenseite konzentriert sich völlig auf die Stützpfeiler. Ähnlich wie schon in Molsheim faszinierte den Dichter besonders das System der Wasserableitung, das an S. Lucia in Form löwenköpfiger Wasserspeier sichtbar war. Nicht weniger als zwölf Verse (von insgesamt 97) werden dafür aufgeboten. Die Glanzpunkte des Gebäudes (V. 31 f. *laterum … molis honores*) werden schließlich noch um die laternenbekrönten Kuppeln der Seitenkapellen erweitert, bevor man noch einmal auf dem Platz vor dem Portal einhält.[76] Eintritt in die Kirche, anfängliches Staunen des Betrachters und formelhaftes Lob der Künstler weichen dann nicht vom Üblichen, aus anderen Gedichten Bekannten ab; interessant ist dagegen die Behandlung der Seitenwände, die durch paarweise angeordnete korinthische Pilaster strukturiert sind, und der über den Kapitellen liegenden Gebälkzone. Morone entfaltet hier ein terminologisches Feuerwerk, das den Text einerseits zu einer recht genauen Dokumentation des vorhandenen Dekors werden läßt, andererseits dessen Verständlichkeit für den durchschnittlichen Leser stark beeinträchtigt, obwohl die Fachsprache nur an den Begriffen selbst, nicht auch an ihren Attributen vorgeführt wird.[77] Wenn der Autor daher seine Beschreibung des Wanddekors mit einer Fülle von Glossen ergänzt, so hat er an dieser Stelle ein klassisches Dilemma der Fachliteratur erkannt, bedarf aber beim Lavieren zwischen Präzision und Verständlichkeit einer externen Zutat, die dem Gedicht im Grunde zuwiderläuft (fol. A3[r]):

55   Nobilior laterum surgit per inania moles,
      Augusto distincta foro, phrygiataque multo
      Flore maritales iactat sub fornice gazas.
      Quadrifidae commissa basi geminata resultat
      Pompa columnarum, * scapumque ⟨*⟩ striata fluentem   * fusto della colonna * scanellato
60   ⟨*⟩ Tyburti reddit depromptum uiscere marmor.   * di color tiburtino
      Ridet * epistylii rediuiuus (!) in orbe Corinthus   * capitello corintio
      Ductaque floriferis sustentat * hyperthyra fulcris.   * architraue
            Hinc ampla excurrit phrygiato margine * zona   * fascia del cornicione
      ⟨*⟩ Arabicis depicta notis, quibus inclyta uirtus   * ornata di rabeschi
65   Implexos foliis flores * geniosque iocantes   * angioletti
      Inserit et passim diglyptica signa maritat.

---

75 ENCAENIA BONONIAE CELEBRATA, *Neoterici templi poetica hypotyposis* V. 10. 13 f. (fol. A2[r]). – ἀντερίδες sc. ἀντηρίδες (Verstärkungen, Contreforts).

76 ENCAENIA BONONIAE CELEBRATA, *Neoterici templi poetica hypotyposis* V. 15–26 (Löwen). 27–32 *(tholi)*. 33–37 *(area)*, sämtlich fol. A2[rv].

77 Morones Text entspricht also dem ersten der von Ph. Hamon postulierten Beschreibungstypen (s. S. 61 Anm. 111), doch reicht die Entschärfung durch „einfache" Attribute offensichtlich nicht in jedem Fall aus.

Eminet * elato producta * corona labore   * di rilieuo * cornicione
Et * mutulis distincta suis insignia calcat   * modioni
Plastica * Paestanos ** gypso referentia flores.   * rose pendenti fra ciascheduno modione
70   Proximus insequitur paries * podiisque superbit   ** di stucco   * poggioli
     Arte laboratis, parilique iugata columnae
     Ornamenta suis uiuunt animata trophaeis.
     Lusit utrinque decor, lusit par dextra figuris,
     Et uario secuit discrimine nupta sacellis
75   Moenia, continuos late diducta per arcus.[78]

Die *hypotyposis* von S. Lucia zeigt deutlich die Grenzen, die poetischer Baubeschreibung gesetzt sind. Zu einer Zeit, als über berühmte Bauten längst umfangreiche Stichsammlungen vorlagen,[79] mußte der Versuch einer rein literarischen Veranschaulichung weit größere Erwartungen an die Genauigkeit erfüllen als zuvor, doch die Möglichkeiten der lateinischen Dichtung reichten dafür nicht in jedem Fall aus. Das Fehlen jenes kontemplativen Elements dagegen, das sich für die *Descriptio templi* des Konfessionellen Zeitalters als so charakteristisch erwies, sollte man nicht ohne weiteres als Indikator einer sich wandelnden Zeit ansehen: mindestens ebensosehr ist zu beachten, daß die Autoren der *Encaenia … Bononiae celebrata* keine Theologen sind. Die Patronin der Kirche und der Patron des Collegio spielen zwar in vielen der übrigen Gedichte eine zentrale Rolle, doch ausgerechnet in der Stadt des Kardinals Paleotti hat sich 1659 keiner der Festschriftautoren an einer Bildinterpretation oder -meditation versucht.

---

78 Zahlreiche Abbildungen der Wandgliederung und ihres Dekors bei Bösel 1988.
79 Z. B.: De Angelis 1621.

II. Kirchenbeschreibungen mit epischer Einkleidung

Mein Ziel war es, in dieser Untersuchung die hexametrische Einzelekphrasis von Kirchen als Gattung zu behandeln. Um das Gesamtbild nicht zu verzeichnen, muß aber daran erinnert werden, daß es sich beim beschreibenden Gedicht um eine poetische Sonderentwicklung handelt, die für uns in den *Silvae* des Statius erstmals greifbar wird. Daneben ist Kunst- und Gebäudeekphrasis auch Teil des antiken wie des mittel- und neulateinischen Epos. Angesichts der Fülle der Texte in dieser Gattung, die kaum erst in Ansätzen überschaubar ist,[1] können und sollen die folgenden Notizen lediglich auf einige Beispiele hinweisen und helfen, die frühneuzeitliche Lücke in G. Kranz' Katalog der Architekturgedichte zu verkleinern.[2]

Wichtiger ist hier eine andere (kleine) Gruppe von Texten, die gleichsam eine Mittelstellung zwischen Epos und separater Beschreibung einnimmt, indem der Vorgang des Beschreibens in eine eigenständige *Handlung* eingebettet wird und sich somit nicht unmittelbar zwischen Dichter (Erklärer) und Betrachter (Leser) vollzieht, sondern unter literarischen Figuren. Zur einfachen Kennzeichnung spreche ich an dieser Stelle von „Kirchenbeschreibungen mit epischem Rahmen"; damit ist nicht impliziert, daß die Rahmenhandlung thematisch den klassischen epischen Sujets des Krieges und des Heroischen verpflichtet ist.

1. Kirchenbeschreibungen im neulateinischen Epos

Ein wichtiges frühes Beispiel für die epische Einbettung der Beschreibung eines Sakralbaus enthält Nikodemus Frischlins *Hebraeis*. Die zwölf Bücher umfassende, 1599 postum von Ulrich Bollinger herausgegebene poetische Version wichtiger Teile des Alten Testaments ragt aus der großen Menge frühneuzeitlicher Bibeldichtung schon deshalb heraus, weil relativ selten derart umfangreiche Teile der Heiligen Schrift poetisch bearbeitet wurden.[3] Gleichwohl hat das Epos bisher, nicht anders als die meiste andere lateinische Hexameterdichtung Frischlins, nahezu keine Beachtung gefunden; dies gilt nach dem heutigen Forschungsstand auch bereits für die frühe Neuzeit, so daß man eine Vorbildfunktion der *Hebraeis* für andere neulateinische Werke nicht ohne weiteres annehmen darf.

Das 7. Buch[4] behandelt zur Gänze den Besuch der Königin von Saba bei König Salomo. Hier bot sich dem Dichter gleich zu Beginn Gelegenheit zur „Errichtung"

---

1 Die neulateinische epische Produktion Frankreichs wird z.Zt. von L. Braun erforscht (s. bisher 1999a; 1999b).
2 S. o. S. 24.
3 Grant 1959 (ohne Nennung Frischlins!).
4 Frischlin 1599, 195–220.

eines epostypischen Herrscherpalastes.[5] Zugleich wird aber deutlich, worin sich Frischlins Baubeschreibungen etwa von denen Vergils unterscheiden: sie zielen nicht auf vage Eindrücke von einem bedeutenden Bau, sondern sind um eine möglichst detaillierte, anschauliche Darstellung bemüht. Grundlage dafür bieten die gerade bei Salomos Bauten sehr genauen Angaben des biblischen Textes. Eindrucksvoller Mittel- und Höhepunkt des 7. Buches ist die gemeinsame Besichtigung des Tempels durch Salomo und die Königin, gewissermaßen eine in die epische Handlung integrierte periegetische Kirchenführung.[6] Der König erklärt dabei immer wieder in wörtlicher Rede Einzelheiten des Gebäudes, im Fall der Bundeslade gibt er sogar eine ausführliche Geschichte des alten Heiligtums.

Andere neulateinische Epiker wenden sich nicht dem alten Tempel, sondern christlichen Kirchen zu. Dabei handelt es sich, im Unterschied zur Mehrzahl der Einzel-*descriptiones*, in der Regel nicht um neue Bauten, was angesichts der meist historischen Thematik der Epen auch zu erwarten ist. Auf diesem Wege widerfährt beispielsweise im Jahr 1623 der Kathedrale von Amiens (erbaut ab 1220) in Abraham RÉMYs Hugenottenkriegsepos *Borbonias* die Ehre einer kurzen, weitgehend topischen (äußerlichen) Beschreibung,[7] als Ludwig XIII. im Winter 1621 auf dem Marsch nach Calais die Stadt durchquert. Ebenfalls kein Neubau mehr war im 17. Jahrhundert die Casa santa in Loreto, die gleich zweimal behandelt wurde: kurz und in eher topischen Wendungen in Alessandro DONATIs Epos *Constantinus Romae liberator* von 1640,[8] ausführlicher und – dem Thema des ganzen Werkes angemessen – mit genauerem Blick in dem bescheiden als *carmen* titulierten, aber fast 700 Seiten langen Epos *Iter Lauretanae domus seu Pax castra mouens* des römischen Jesuiten Carlo Francesco DE LUCA, das 1661 gedruckt wurde.[9]

2. Kirchenbeschreibungen in epischer Einkleidung
Engel und Heilige als „Kirchenführer" in Rom und Münster

a. Girolamo Badesis Gedicht auf die Cappella Sistina in S. Maria Maggiore

DE LUCAs kurze Skizze der Kirche von Loreto ist geeignet, zu einer anderen Gruppe von Texten überzuleiten, die gleichsam eine Mittelstellung zwischen epischer Beschreibung und beschreibendem Einzelgedicht einnehmen. Der römische Autor gibt näm-

---

5   Frischlin 1599, 195 f.: *Palatium regium* nach III Rg 7.

6   Frischlin 1599, 205–215.

7   Remmius 1623, 13 f. – Einige Details zur *Borbonias* bei Braun 1999a, 13. 16 f. und 1999b, 64. 68. 70, dem ich auch den Hinweis auf dieses Epos verdanke.

8   Sommervogel III 133, n° 16. Das gesamte Epos ist wiederabgedruckt im PARNASSUS SOCIETATIS IESU, 1. Faszikel *(Classis I. pars I.)*, 1–96, die Kirchenbeschreibung auch bei Ganducci 1698, 267.

9   Sommervogel V 144, n° 7. Die Beschreibung steht im 24. Buch und wieder bei Ganducci 1698, 267 f.

lich nicht selbst die Skizze des Bauwerks, sondern er läßt sie zu einem früheren Zeitpunkt einen Engel in Form einer *Bauanweisung* aussprechen:

> Templum **conde**, lares quod Virginis **ambiat** *ulnis*,[10]
> Ditis et impositum capiti sub mole furentis
> **Terreat** immensis nigra tartara fundamentis,
> **Sit** sedes formae miranda tricorporis aere
> Ianua suspenso triplex gemat, aeraque signis
> **Spirent** innumeris, artis portenta perennis,
> Alba Paros facem consumptis montibus **ornet**
> Culta manu artificis, ductuque **cohaereat** uno ...[11]

De Luca nimmt damit – wohl nicht zufällig gerade in Rom – ein literarisches Muster auf, für das die Zeit der Stadterneuerung unter Sixtus V. eine wichtige Vorlage geliefert hatte: die Beschreibung der Cappella Sistina an S. Maria Maggiore durch Girolamo BADESI aus dem Jahr 1588. Sein *De sacello Exquilino Sixti Quinti Pont. Max. carmen* in drei Büchern[12] ist nicht nur besonders ausführlich, sondern behandelt auch einen Sakralraum, dessen baulicher und geistiger Assoziationsreichtum in- und außerhalb Roms seinesgleichen sucht.[13] Die Cappella Sistina ist zugleich privilegierte Papstkapelle, Mausoleum zweier Pontifices (Pius' V. und ihres Erbauers Sixtus V.) und Reliquienschrein für eines der ältesten christlichen Heiligtümer überhaupt, die Krippengrotte von Bethlehem. Für Sixtus V. als Franziskaner hatte das *praesaepe*, dessen Verehrung an S. Maria Maggiore mindestens seit dem 6. Jahrhundert belegt ist,[14] eine besonders tiefe Bedeutung: seinem Orden oblag seit Jahrhunderten die Kustodie der heiligen Stätten in Bethlehem, und der Papst interessierte sich auch persönlich für die Topographie der Geburtsstätte Jesu.[15] Mit Recht hat Klaus SCHWAGER von einer „naturalistischen Annäherung der Situation an Bethlehem" gesprochen,[16] die sich in den Einzelheiten der Umgestaltung von S. Maria Maggiore unter Sixtus zeigt: die seit dem Mittelalter in einer Seitenkapelle geborgene Krippengrotte, ein gemauertes Gewölbe, wurde in einer spektakulären Aktion von Domenico Fontana in den Mittelpunkt der neuen Papstkapelle transportiert und dort in Imitation der topographischen Situation in Bethlehem unter das Bodenniveau gesenkt; eine benachbarte Hieronymuskapelle mußte im Gegensatz zu anderen nicht dem Umbau weichen, sondern wurde in Erinnerung an den Kirchenvater, der sein Leben in der Nähe der bethlehemitischen Krippe

---

10 Verbessert aus: *uinis.*
11 Zitiert nach Ganducci 1698, 267.
12 Vollst. Titel s. Lit.-Verz.
13 Schwager 1961; Ost 1978; Schiffmann 1985, 117–120; Ostrow 1987; Pietrangeli (a c. di) 1988, bes. 226–245; Zuccari 1992a, 9–32; Kat. Rom 1993, 136–143 (L. Barroero u.a.). 371–402 (P. Petraroia u.a.).
14 Grisar 1908, 704.
15 Vgl. Schwager 1961, 348f.
16 1961, 343.

beschlossen hatte, neben dem römischen *praesaepe* plaziert;[17] schließlich ließ Sixtus Reliquien der Unschuldigen Kinder aus S. Paolo fuori le mura überführen, um auch darin dem Vorbild nahezukommen. Die Inszenierung zielt natürlich auf eine Steigerung der Devotion; sie erinnert im übrigen stark an die etwa zeitgleiche Entwicklung der *compositio loci* im Jesuitenorden, ja übertrifft diese noch, wird doch in der Cappella del Presepe der historische Ort mit seinen *authentischen* Bestandteilen rekonstruiert.

Die künstlerische Ausgestaltung der Sistina trägt dem besonderen Charakter des Ortes Rechnung. Wenn die Kapelle Bethlehem *ist*, so kann sie gleichsam als Haus Jesu gelten: nichts liegt (zumal in Rom) näher, als sie dann nach alter römischer Manier mit Bildern der Ahnen zu schmücken. Genau diese – die alttestamentarischen Vorfahren – sind Thema der Gemälde, mit denen Wände und Gewölbe der Sistina bedeckt sind. Alessandro ZUCCARI hat darauf hingewiesen, daß die Malereien nicht auf einem „Weg" durch den Raum erfahrbar sind, sondern eine Kreisbewegung des Blickes erfordern.[18] Ursache dafür ist zunächst der Grundriß der Kapelle, doch vermag die rotierende Betrachtung auch das Kreisen des Gedankens um die Geburt Christi zu versinnbildlichen, das bei der traditionell in der Sistina stattfindenden ersten Weihnachtsandacht des Papstes ebenso im Mittelpunkt steht wie es permanent durch die Grabmalsfigur Sixtus' V. vergegenwärtigt ist, denn der Papst ist in Anbetung kniend dargestellt. Er wendet sich dabei, wie Hans OST genau gesehen hat, dem überdimensionalen, als Nachbildung des Felsendoms gestalten Tabernakel zu, der, von lebensgroßen Engeln getragen, über dem Altar in der Kapellenmitte schwebt; da der Altar zugleich über dem *praesepe* steht, ist in der Verehrung des Altarsakraments auch die der Krippe eingeschlossen, zumal beide heilsgeschichtlich untrennbar miteinander verbunden sind.[19]

Girolamo Badesi hat in seinem Gedicht dem Schmuck und den besonderen Gegebenheiten der neuen Kapelle sehr genaue Beachtung geschenkt. Der Bemerkung ZUCCARIS, das *carmen* sei eine „utile guida alla lettura delle immagini della capella",[20] ist durchaus zuzustimmen: Einige Szenen wären ohne die erläuternden Marginalien des Druckes von 1588 kaum identifizierbar,[21] und anders als die Verfasser vieler anderer

---

17 Dazu Zuccari 1992a, 30 m. weiterer Lit.

18 Zuccari 1992b, 650 f.: „La decorazione della Cappella Sistina non è concepita secondo un itinerario percorribile nello spazio, condizionata com'è dall'impianto centrale della struttura architettonica. L'identificarsi del percorso fisico con l'itinerario spirituale, realizzato negli affreschi della Scala Santa, riceve in questo caso una formulazione allo stato embrionale: vi è suggerito un andamento rotatorio, in senso orario, attraverso le storie dell'infanzia di Gesù."

19 Ost 1978, 292: „Das heilsgeschichtliche Ziel der Presepe ist der Opfertod Christi und die Realpräsenz des geopferten Leibes in dieser Welt"; ebda.: „… gleichsam nur im Bewußtsein des Zusammenhangs von Epiphanie und Eucharistie schließt der kniende Papst die Verehrung der Krippe mit ein." Der Tabernakel wurde am 24.12.1589 aufgestellt, war also zum Zeitpunkt der Abfassung des *carmen* noch nicht Teil des Kapellenensembles.

20 Zuccari 1992a, 11. Vgl. dens. 1992b, 656 Anm. 25, wo der Text ebenfalls – nur – als sachliche Quelle betrachtet ist.

21 Beispiele bei Zuccari 1992a, 12 m. Anm. 18.

Kirchenekphraseis, die wir zuvor untersucht haben, liefert Badesi tatsächlich nicht weniger, allerdings auch nicht mehr als ein sorgfältiges Inventarium der Malereien (und darüberhinaus der Grabmonumente) in der Sistina. Die aus der *Descriptio-templi*-Tradition bekannten Aspekte der Architekturschilderung fehlen ebenso wie die charakteristische kontemplativ-meditative Ausrichtung.

Dennoch greift eine Bewertung des *carmen* als bloßer Bildführer zu kurz, wie schon die Eingangsverse zeigen können. Der Dichter betritt die Kirche, als Sixtus „an der Krippe wacht und nach der Messe das Wunder der Jungfrauengeburt bei sich bedenkt".[22] Damit ist, wenn nicht ausgesprochen, so doch nahegelegt, daß der Zeitpunkt des Geschehens die Heilige Nacht ist und daß dieser besondere Moment den Rahmen bildet, in dem sich nun das weitere Geschehen abspielt. Nach der Bitte an den Jesusknaben, sein Lob singen zu dürfen, eröffnet nämlich Badesi einen zweiten Rahmen, indem er fast unmerklich von der historischen Erzählung in die *Gegenwart* (V. 28) der ersten heiligen Nacht hinübergleitet:

S. 6	Pallentis medium caeli taciturna per axem	
	Sidereo comitante choro se luna ferebat,	
1,20	Cum Virgo, aetherei magno dignata Parentis	B. Virgin. partus in praesepe.
	Coniugio, sancti nulla cum labe pudoris	
	Edidit in stabulo diuini gaudia fetus.	
	Huc se posthabito aligerum demisit Olympo	Exercitus Angelorum.
	Haud numeranda cohors: aderant, qui uerba Tonantis	
1,25	Et mandata ferunt, fidas demissa per aures,	
	Quique homines urbesque regunt, quique intima caeli	
	Templa colunt uultuque Deum propiore tuentur.	
	Pars foliis decorant rimosi culmina tecti	
	Et caesos nectunt uitali ex arbore ramos,	Arbor uitae. Gen. 2.
	(…)	
	Pars olea et lauro et bene olentibus integit herbis	
	Putre solum, et uario contextas flore coronas	
1,35	Horrida suspendunt stabuli laquearia circum.	

Wir befinden uns nun im historischen Bethlehem und sehen das Geschehen in der Grotte vor unseren Augen ablaufen: andere Engel steigen herab und schmücken die Grotte mit goldenen, von Gott geschaffenen *aulaea* (Wandbehängen), auf denen Sinnbilder auf Jesus vorausweisen.[23] Daraufhin besingen verschiedene Engel „zum Trost Josephs und Mariens, zu Ehren des Knaben und zur Freude der Welt"[24] zuerst die

---

22 BADESI, DE SACELLO 1,3–7 (S. 5) *Nescio quid magnum moueo; iuuat ire per altas | Exquilias, Christi infantis cunabula circum, | Summus ubi pastor Sixtus summusque sacerdos | Excubat et, sacro perfunctus munere, partus | Virginei secum meditans miracula uoluit.* Gemeint ist nicht etwa die Statue des Sixtus, denn diese wurde erst am 30. 7. 1589 aufgestellt: Kat. Rom 1993, 383 (P. Petraroia).

23 BADESI, DE SACELLO 1,36–89 (S. 6 Z. 21–S. 9 Z. 11).

24 BADESI, DE SACELLO 1,107–112 (S. 10 Z. 8–13).

Schöpfung, dann den Kampf zwischen Michael und Luzifer und schließlich das Schicksal Adams.[25] Schließlich tritt der Erzengel Gabriel auf und wendet sich in prophetischer Rede zuerst an die Hirten, dann an den Jesusknaben und endlich an Maria, der er die Gründung von S. Maria Maggiore (etwa 400 Jahre später!) und auch die ruhmreiche Erneuerung ihrer Kirche durch Sixtus V. vorhersagt.[26] Mit feinem Gespür für die Möglichkeiten raffinierter Panegyrik hat hier Badesi in der Maske des Gabriel sein eigenes Lob auf den Papst eingeflochten. Als Gabriel seine Rede geendet hat, drängt Joseph ihn, mehr über die zukünftige Gestalt der Kirche zu berichten.[27] Damit ist das Stichwort gegeben für die eigentliche Beschreibung der Sistina, die Badesi, der Augenzeuge des Jahres 1588, dem Erzengel in der Nacht der Zeitenwende in den Mund legt:

Illic antiquo Solymum de sanguine reges	Christi genealogia in templo depicta.
Heroasque ducesque omnes longo ordine circum	Matth. 1.
Viuo spirantes uultu spectare licebit …[28]	

Diese Beschreibung aus der Sprecherrolle Gabriels ist bis zum Ende des Gedichtes ohne Brüche durchgehalten; geschickt ist von Badesi mitbedacht worden, daß Joseph und selbstverständlich Maria auch in ferner Zukunft – als Heilige – das römische Bauwerk werden betrachten können. Auf diese Weise werden auf den ersten Blick paradoxe Sätze ermöglicht wie der folgende, in dem Badesi-Gabriel zugleich mit der besagten Fähigkeit Mariens wie auch mit literarischen Reminiszenzen spielt (Vorbild ist wohl Vergil, der den Aeneas seine eigenen Taten auf den Bildern am karthagischen Tempel erblicken läßt[29]):

S. 37   Namque **uidebis, uti** caelestes magna per auras
        Nuncius **attulerim summi tibi iussa Parentis,**
        Qui tua diuino compleuit uiscera fetu:
2,220   Talem te, Virgo, radianti in lumine finget
        Nobilis arte manus, qualem decorauerat ipse
        Omnipotens genitor, caelo cum iussit ab alto
        Me sedes penetrare tuas. quo tempore, diuos
        Vt uidi uultus, fateor: stupefactus inhaesi!
2,225   Tantum uirgineo spirans decus ore nitebat.

Die Beschreibung geht dann zu den beiden Papstgräbern über, von denen das des Sixtus nur gestreift wird, da es 1588 noch nicht vollendet war.[30] Im 3. Buch (402 Hexa-

---

25 BADESI, DE SACELLO 1,113–191 (S. 10 Z. 14–S. 14 Z. 8).
26 Die ganze Rede Gabriels: BADESI, DE SACELLO 1,200–453 (S. 14 Z. 17–S. 26, Ende des 1. Buches)
27 BADESI, DE SACELLO 2,1–15 (S. 27).
28 BADESI, DE SACELLO 2,21–23 (S. 28 Z. 6–8).
29 Aen. 1,488.
30 BADESI, DE SACELLO 2,320–325 (S. 42 Z. 11–16).

meter) wendet sich Gabriel zuerst der Hieronymus- und der Luciakapelle zu, um dann die großen Marmorfiguren des Petrus und Paulus zu seiten des Papstthrones und weitere Statuen vorzustellen. Am Ende seiner prophetischen Rede kehrt Gabriel zu den Beziehungen zwischen Bethlehem und Rom zurück, die der ganzen Anlage zugrundeliegen. An dieser Stelle zeigt sich deutlich, daß man Badesi nicht zu rasch als einen eher vordergründigen Vertreter der „apologetica sistina" einstufen sollte,[31] sondern daß er das beziehungsreiche Konzept des Bauwerks sehr ernst nahm:

S. 58 Et quod adhuc multo multum admireris, Ioseph:
3,330 Romuleas inter quondam sanctissima matres
S. 59 Imperio genitura uirum regina potentem,   *S. Helena Constantini mater.*
     Qui primus tibi Christe palam nomenque animumque
     Sponte dabit meritumque cruci persoluet honorem,
     (…)
     Hic, ubi summota penitus sub rupe cauatum   *Descriptio antri, ubi natus est Christus.*
     Cernitur et saxis horret pendentibus antrum,
     Delubrum condet summoque aequabit Olympo.
     Quod Sixtus licet haud oculis aspexerit umquam,   *Sixti templum diuino instinctu*
3,340 Hanc tamen aeque illi similem, paribusque decoram   *Heleniano persimile.*
     Artificum studiis, et celso culmine sedem
     Eriget atque solo pariter praesepe sub imo
     Depressum secto decorabit marmore circum …

Der Vers 339 und die zugehörige Marginalie – *diuino instinctu persimile* – belegen klar, wie nahe hier der Dichter den Intentionen des Papstes gekommen ist, erklärte doch dieser selbst in der Bulle, mit der er die neue Cappella del Presepe als Kultort institutionalisierte, den Bau *„non humano, sed plane diuino instinctu* als Nachbildung des Gebäudes in Bethlehem".[32]

Badesis Gedicht erntete bei den Zeitgenossen großes Lob, wie die in einem zweiten Faszikel beigefügten kleineren Gedichte von sechzehn hochrangigen Mitgliedern des päpstlichen Hofes belegen.[33] Sie entwickeln zum Teil Themen des *carmen* weiter, wie Francesco Bordini, der eingangs die Nachtwache des Papstes an der Krippe behandelt,[34] greifen aber auch die zeittypischen Gedanken zum Illusionismus und zum Wettstreit von Malerei und Dichtung wieder auf, wie Lorenzo Frizoli, dessen älteren

---

31 Eine solche Einschätzung klingt bei Zuccari 1992a, 9 an.
32 Schiffmann 1985, 118.
33 DE EODEM SACELLO (vollst. Tit. s. Lit.-Verz.). Paginierung: [1–2], 3–19; die Foliierung ist lückenhaft (vermutl. a–a4, b–b6). Das mir zugängliche Exemplar (UB Heidelberg: D 8669 Res.) ist fälschlich gemäß der Foliierung gebunden, so daß sich die Seitenfolge: [1–2], 3, 14–16, 5–11, 4, 13, 12, 17–19 ergibt.
34 DE EODEM SACELLO, S. 3–7: *Sixti Pastoris Excubiae ad Christi infantis cunabula, elegia Io. Francisci Bordini I.C. et presbyteri Romani.* Bordini ist als Verfasser eines Panegyrikus auf die Taten Sixtus' V. bekannt (Jacob de Saint-Charles 1643, 363; Mandosio 188; Mazzuchelli II.3 1700 etc.).

Beitrag zum Sacellum Gregorianum wir schon erwähnten,[35] und Mutius Riccerius, der mit Ricietius, dem Dichter der Cappella Paolina, identisch sein dürfte.[36] Allen Autoren gemeinsam ist, daß sie einen beträchtlichen Teil ihrer Verse dem Lob Badesis widmen; dies gilt auch für die prominentesten unter ihnen, den Jesuiten und Dramendichter Benci,[37] den Augustiner und vatikanischen Bibliothekar Angelo Rocca[38] und den Kardinal Silvio Antoniano, der vielleicht den Bilderzyklus der Sistina entworfen hat.[39] Umso eigentümlicher ist es, daß über Girolamo Badesi weder biographische noch literaturgeschichtliche Nachrichten erhalten sind, die über das *Carmen* von 1588 hinausgehen.[40] Gerade angesichts der insgesamt sehr umfangreichen zeitgenössischen und späteren Dokumentation der *Roma sistina* sollte hier noch weitergeforscht werden.

b. Die Festschrift zur Einweihung der Jesuitenkirche in Münster

Ein zweites Beispiel für das Bestreben, eine Kirchenbeschreibung in einen Handlungsrahmen einzubetten und so der traditionellen Erscheinungsform der Ekphrasis innerhalb eines Epos wieder näherzukommen, findet sich in einer Festschrift, die 1598 zur Einweihung der Jesuitenkirche St. Petri[41] im westfälischen Münster erschien.

Diese *Encaenistica reuerendis … Westfaliae columinibus … consecrata*[42] bieten mit sechs Gedichten namentlich genannter Schüler des Gymnasium Paulinum einen ungewöhnlich offenen Einblick in die Dichtungspraxis der fortgeschrittenen *studiosi*. Das seit 1588 von den Jesuiten übernommene, bis in karolingische Zeit zurückreichende Domgymnasium[43] hatte seinerzeit um die 1000 Schüler; wir treffen also in den *Encaenistica* nur die wirklich begabten Dichter unter ihnen an. Umso mehr gilt, daß das sprachliche

---

35 S. o. S. 542. – DE EODEM SACELLO …, S. 13 f. (ohne Titel).

36 S. o. S. 544. – DE EODEM SACELLO …, S. 17: *Mutii Riccerii ad Hieronymum Badesium*.

37 DE EODEM SACELLO, S. 10–13, wieder (mit einigen Abweichungen) in Benci 1595, 146–150 (als carm. 3,3). Pastors Angabe „Benci, De sacello Esquilano (!) a Sixto V condito, Romae 1592" (1926, 480 Anm. 5; dass. noch bei Schwager 1961, 324 Anm. 3) ist dagegen nicht verifizierbar.

38 DE EODEM SACELLO …, S. 9. Zu Rocca vgl. Jacob de Saint-Charles 1643, 254–257; Kat. Rom 1993, 474–484 (P. Munafò – N. Muratore).

39 Zu dieser Frage s. Zuccari 1992a, 11 Anm. 12; ders. 1992b, 651 f.; Kat. Rom 1993, 138 f. (L. Barroero). Zur Person Antonianos vgl. Jacob de Saint-Charles 1643, 440 f.; Mandosio 256–258; Amati 11 f. etc.

40 Die einzige immer wiederholte Nachricht besteht darin, daß Badesi vom Papst für das *carmen* eine hohe Geldsumme erhielt. Weitere Gedichte (z. T. Epigramme) Badesis werden stets ohne Titel erwähnt. Mandosio 260; Mazzuchelli II.1 21; Narducci 45 (n° 170; erste Beschreibung des *carmen*-Drucks von 1588); Amati 24.

41 Grundlegend: Geisberg 1941, 335–386; daneben Braun 1908, 10–29; Hipp 1979, 1521 (Kurzaufnahme). Die Kirche wurde im Zweiten Weltkrieg bis auf einige Wandpartien zerstört, als Universitätskirche jedoch wieder hergerichtet. Teile der ursprünglichen Ausstattung konnten gerettet werden.

42 Vollst. Titel s. Lit.-Verz. Gemeint sind der Fürstbischof von Münster (Ernst v. Wittelsbach) und die westfälischen Adligen.

43 Schulze 1948; Hengst 1981, 239–241. Übersichten zu handschriftlichen Quellen geben Geisberg 1941, 335 und Hengst 1981, 238–243 (in den Anm.).

Niveau der Stücke Respekt gebietet. Dies trifft besonders auf die beiden griechischen Stücke der Sammlung zu (Nr. 5–6, fol. B3^v–B4^v), eine alkäische Ode Μοναστηρίῳ τᾶς παλαιᾶς Σαξονίας ματροπόλει von Albertus Ernesti und eine weitere Variation des bekannten Themas *Inuitatio ad dedicationem* (Godefridus Ulsius, Φήμης ἐπιτάγματα παρασκελεύστικα πρὸς τοὺς ἁπάσης Οὐεσφαλίας λοιπῆς τε Γερμανίας ἐγχωρίους).

Eröffnet und dominiert wird der Druck durch Gottfried Travelmann, der sich selbst als *in nouo Gymnasio Paulino humanitatis studiosus* vorstellt, mit einem *Carmen*, das epische Szenerie und *Descriptio templi* verbindet (fol. A2^r–B^r, 187 Hexameter). Prunkvoll gekleidet, aber mit finsterer Miene kommt die aus Nordeuropa vertriebene Relligio nach Westfalen und beklagt vor Paulus, dem Patron des Doms und der Stadt Münster, den Verfall ihrer Heiligtümer.[44] Paulus führt sie beschwichtigend an das Ufer der Aa (V. 22 = fol. A2^v Z. 7 *Alphaeas* [!] *ripas*) und zeigt ihr die neu emporgewachsene Petrikirche. Nicht prophetisch wie Gabriel in Badesis römischem Gedicht, sondern als echter Kirchenführer veranstaltet der Apostel mit seiner Besucherin einen Rundgang durch das Bauwerk.

Innerhalb dieses szenischen Rahmens ähnelt die *Descriptio templi* ganz den schon besprochenen Beispielen; panegyrische Vergleiche mit alten Weltwundern (V. 39–41 = fol. A2^v Z. 24–26) stehen neben recht präzise beschreibenden Passagen. Wenn dabei Anreden des Paulus an Relligio zugleich wie Hinwendungen des Dichters an seinen Leser erscheinen (z. B. V. 63 = fol. A3^r Z. 18 *Perlege: res animos, ars uiuida lumina pascet*), so ist dies vollkommen beabsichtigt; die hier anklingende Wertung des Baus als Augen- und Seelenweide findet ihren Abschluß in der bemerkenswerten Wendung von der Kirche als „Buch" (V. 73–75 = fol. A3^r Z. 28–30):

> Talia multa domus moles uenerabilis omni
> Parte tenet: **liber est templum sublime**; loquuntur
> Vitra laboratis Christum florentia formis.

Wenn es kurz darauf heißt, daß Relligio „die Scharen vom Altar wegdrängt" (V. 77 f. = fol. A3^v Z. 2 f.):

> … Relligio tunc turbam altaribus omnem
> Dimouet et uacuo spectat miracula septo,

so wird allerdings die Situation etwas verunklärt – möglicherweise ist hier schon an die staunende Zuschauermenge am Einweihungstag gedacht, während sonst die typische Situation der Vorbesichtigung vorliegt. Die Besichtigung setzt sich jedoch noch fort und berührt die Seitenaltäre sowie die Empore; danach verlassen beide das Kirchen-

---

44 Zur kirchenpolitischen Lage in Münster selbst vgl. v. Oer 1995.

schiff und betrachten das angrenzende Gymnasium Paulinum. Auf eine abschließende Rede des Paulus strömt eine große Volksmenge herbei (zur Einweihungsfeier), begleitet von den Adligen und den himmlischen Heerscharen. In ihrer Mitte aber schreitet Petrus, der als zweiter Stadtpatron von Paulus in die Arme geschlossen wird (V. 179–184 = fol. B^r Z. 14–19):

> Dixerat; agglomerant cum plenis undique uicis
> Vndantes sese populi temploque propinquant,
> Et misti populo proceres, mista agmina gentis
> Aethereae, et medius multa inter millia Petrus.
> Huius in amplexum Paulus festinat et urbis
> Consortem facit esse suae.

Relligio aber erfüllt die Herzen aller mit „himmlischen Gaben" und legt getröstet ihre alte Trauer ab.

Mit Ausnahme der erwähnten Durchbrechung der Situation in V. 77 f. hat Travelmann es verstanden, Baubeschreibung, Festschilderung und Kommentar zur zeitgeschichtlichen Situation in eine einheitliche Form zu bringen. Die Konzeption der bittflehenden Göttin ist dabei wohl nach der Hikesie der Roma bei Claudian (carm. 15 [bell. Gild.], 17 ff.) entworfen, die *Descriptio templi* aber selbständig und mit genauem Blick auch für technische Einzelheiten ausgeführt.

III. Wandel und Auflösung der Tradition
Die Weiterentwicklung der Descriptio templi im 17. und 18. Jahrhundert und die Verlagerung der Ekphrasistradition auf andere Bauten

Auch nach dem Ende der offenen konfessionellen Auseinandersetzung und bis weit ins 18. Jahrhundert hinein werden lateinische Festschriften auf große Bauten publiziert; wie zuvor bleibt die Dichtung weitgehend in den Händen der Jesuiten und ihrer Schüler. Diesen späten Erzeugnissen der neulateinischen Poesie fehlt nun nicht allein die konfessionelle Polemik, die als ein starker Motor die Zahl der Publikationen um das Jahr 1600 emporschnellen ließ: die späten Festschriften enthalten auch nicht mehr in jedem Fall echte *descriptiones*.

a. Barockfestschriften aus Mainz und Mannheim

Im Jahre 1758 wurde der Dom zu Mainz zum ersten Mal seit langer Zeit „von seinem 500jährigen Staub gereinigt und ausgeschweißt".[1] Unter Berufung auf diese *renouatio ecclesiae Moguntinae* brachte das Mainzer Jesuitenkolleg im gleichen Jahr eine Dichtung heraus, die die Kathedrale zum Thema hat. Anlaß der Publikation mit dem Haupttitel *Basilica Metropolis Moguntinae ... renouata ... Decanum ... gratulatur et salutat*[2] war die Einführung des Freiherrn Emmerich Johann von Breidbach in das Amt des Domdekans am 12. Juni des Jahres. Neben einigen Gratulationsoden bildet das hexametrische *Syncharisticon historico-poeticum exultantis ad felicem electionem Basilicae Metropolitanae* den Hauptbestandteil des Druckes (S. 1–8 = fol. A^r–B2^v). Die Domkirche erzählt in diesem Stück selbst ihre Baugeschichte von den Zeiten des Bischofs Willigis bis in die Gegenwart und tritt dabei dem Adressaten mit den Worten entgegen: *adsum sponsa tibi*. Die Idee ist natürlich, den neuen Dekan (der freilich zuvor bereits Domkanoniker war) mit der Geschichte seiner Kirche in ansprechender Weise vertraut zu machen; dieses Konzept hätte allerdings nicht ausgeschlossen, auch eine *descriptio* einzubeziehen, zumal der Mainzer Dom zweifellos eine Fülle von bemerkenswerten Bauformen und Ausstattungsstücken besaß. Tatsächlich geht aber der Schlußteil des Gedichtes, in dem die *Basilica* den Freiherrn bittet *Ergo subi nostros, multum uenerande, recessus* (S. 7), nicht wesentlich über bloße Panegyrik hinaus, wie auch eine Marginalie auf der gleichen Seite des Drucks andeutet: *Describitur magnificentia ecclesiae*. Zwischen den üblichen Formeln bleibt hier kein Raum für eine echte Beschreibung; stattdessen klingt das Gedicht in einer *communis congratulatio* aus.

Auf einen Neubau ist dagegen eine Festschrift aus Mannheim bezogen: im Jahr 1760 erschien in der Kurfürstlichen Hofdruckerei Karl Theodors aus Anlaß der glück-

---

1 Zitat nach Schuchert – Jung 1984, 87.
2 Vollst. Tit. s. Lit.-Verz.

lichen Vollendung der bedeutenden Jesuitenkirche St. Ignatius und Franz Xaver,[3] die seit 1733 im Bau gewesen war, der Folioband *Basilica Carolina*.[4] Hier handelt es sich um einen echten Barockdruck, der in seiner aufwendigen Ausstattung mit acht z. T. doppelseitigen Architekturstichen, sieben Herrscherporträts und zahlreichen Huldigungsgedichten und fiktiven Inschriften im Lapidarstil kaum zu übertreffen ist. Die in vier Abschnitte unterteilte Festschrift huldigt in der *pars I – Conditores* den pfälzischen Fürsten, behandelt dann *(II – structura)* die Architektur, preist in einem dritten Teil die *religiositas* des kurfürstlichen Hauses und feiert schließlich dessen *gloria* mit genealogischen und panegyrischen Beiträgen.

Eine poetische Beschreibung ist in dieser letzten großen Kirchweihfestschrift der Jesuiten vor der Ordensauflösung nicht enthalten. Die Gründe liegen auf der Hand: gegen die Präzision und Anschaulichkeit der Architekturskizzen (nach Zeichnungen des Hofbaumeisters und Vollenders der Kirche, F. Rabaliatti) hätte auch die ausgefeilteste literarische *delineatio* kaum mehr Bestand gehabt. Die Jesuiten konzentrierten sich deshalb in Mannheim ganz auf die panegyrischen Epigramme, die *inscriptiones* und weitere Dankesbezeugungen an die Fürsten in Distichen.

b. Beschreibungen spätbarocker Deckenfresken

Während die Gebäudebeschreibung langsam aus den Kirchweihfestschriften verschwindet, bieten Kunstwerke in den Kirchen auch im 18. Jahrhundert noch Anlaß zur Ekphrasis. Charakteristischerweise wenden sich die Dichter auch hier wieder dem Neuen, dem zeittypischen Ausstattungselement der hoch- und spätbarocken Sakralbauten zu: den großen Deckenfresken. Diese Präferenz kommt nicht von ungefähr; völlig zu Recht hat Wilhelm MRAZEK schon 1953 darauf hingewiesen, wie sich in der barocken Deckenmalerei die dichterische Imagination, der rhetorische Charakter der Darstellung und das „religiös-ethische Fundament" der Predigt vereinen – eben dies sind auch die Bestandteile, aus denen sich die deskriptiv-panegyrische Auslegung der Bilder im Gedicht zusammensetzt.[5]

In einem von Sigrid BÖSKEN erstmals vorgestellten Mainzer Jesuitendruck *Gloria S. Ignatii de Loyola … nouis honoribus illustrata*, erschienen 1746 zur Einweihung der zweiten, von Balthasar Neumann errichteten Mainzer Kirche des Ordens (1793 zerstört), findet sich eine ausführliche Beschreibung der Kuppelfresken J. Appianis.[6] Die Durchführung erinnert sowohl an die „Kirchenführung" des Paulus und der Relligio in

---

3 Braun 1910, 316–328 u. Taf. 16a; Huth 1977.
4 Vollst. Tit. s. Lit.-Verz.
5 Mrazek 1953, hier 17–40.
6 Bösken 1965/66.

Münster[7] als auch an den eben besprochenen Druck zum Mainzer Dom. Im Gedicht von 1746 ist es Relligio, die ihrerseits den einziehenden Erzbischof begrüßt (womit zugleich die übliche Situierung der *descriptio* am Tag der Kirchweihe gegeben ist) und ihm den neuen Bau erklärt:

> Symbola Diuorum uarios imitantia uultus
> Attentis perlustra oculis! – Si lumina sursum
> Euibrare placet, uideas splendescere Nomen,
> Nomen, quod mundo uitam dedit atque salutem ...[8]

Die Mainzer Fresken-Ekphrasis ist kein Einzelstück ihrer Zeit. Bösken hat selbst bereits auf weitere Beispiele aus süddeutschen Barockkirchen hingewiesen.[9] Hier sei nur noch ein Beispiel herausgegriffen, da es auch geeignet scheint, das Ende der neulateinischen Bauten- und Kunstdichtung ein wenig zu beleuchten. 1773, im gleichen Jahr, in dem die Societas Jesu auf Geheiß des Papstes aufgelöst wurde, verfaßte der aus Kempten stammende Ernst Mayer, Pfarrer im schwäbischen Ohmenheim, eine Beschreibung des eben durch Martin Knoller vollendeten Kuppelfreskos im benachbarten Kloster Neresheim, dem berühmten Spätwerk Neumanns. Die Verse dieses *Carmen epicum de cuppa media et maxima basilicae nouae immediati et imperialis monasterii Nereshemensis*[10] geben eine genaue Übersicht über die vielen dargestellten Figuren, weisen den Betrachter durch Zwischenbemerkungen immer wieder auf Neues hin und schließen mit einer theologischen Aufforderung:

> Quid statis coelos ignaui hic aspicientes?   i.mg.: Matth. 7. v. 13.
> Intrare angustam potius contendite portam.

Die Tradition der religiösen Kunstbeschreibung erscheint hier auch zu einem sehr späten Zeitpunkt noch in ihren Grundzügen unverändert. Dennoch sind Texte wie das *Carmen epicum* zu ihrer Zeit bereits seltene Ausnahmen. Die Bautenekphrasis hatte in der Barockzeit vorwiegend andere Entwicklungen genommen, auf die wir nun einen abschließenden Blick werfen.

---

7 S. o., II.b.
8 Zitiert nach Bösken 1965/66, 132.
9 1965/66, 138.
10 Abdruck und dt. Übersetzung in: Barthel (Red.) 1967, 45–54.

c. Die Publikationen des Grazer Jesuitenkollegs zu prominenten Bauten

Eine herausragende Rolle in der Literaturgeschichte der Jesuiten spielt im 17. und 18. Jahrhundert das Grazer Kolleg.[11] Die reiche Produktion ist vor allem auf die Aktivität der Offizin Widmannstetter in Graz zurückzuführen, die zwischen 1586 und 1805 viele hundert Drucke für den Orden herausbrachte.[12] Weit besser als an vielen anderen Orten, an denen Kollegien bestanden, sind daher die mit großer Regelmäßigkeit erschienenen Festdrucke zu Promotionen und ähnlichen schulisch-akademischen Anlässen dokumentiert und zudem in erstaunlicher Anzahl erhalten.

In diesen Gelegenheitsschriften, die üblicherweise von einer *facultas* (Klasse) des Kollegs gemeinsam erstellt und bei der Feier verteilt wurden[13], spielt das Lob bedeutender Bauten eine nicht unerhebliche Rolle. So widmete beispielsweise 1676 die Rhetorikklasse (*facultas oratoria*) den frischgebackenen Magistern der Philosophie die *Hypotyposes Graecenses*, eine Sammlung poetischer Übungs-Ekphraseis, die unter anderem das Kolleggebäude, die Franz-Xaver-Kapelle im Dom, Schloß Eggenberg und die Stadt Graz in jeweils etwa 50 Hexametern behandeln. Die Beiträger sind am Schluß des Druckes zusammengestellt.[14] 1732 war die Reihe an der *Poesis Graecensis*, die neuen Baccalaurei der Philosophie zu ehren. Im *Mausoleum Graecense Ferdinandi II*.[15] stellten die „Poeten" den Rundbau in der Nachbarschaft des Doms systematisch in Prosa und Versen dar. Auf einen ersten Teil, der eine historische Einführung gibt, aber von Gedichten mehrfach unterbrochen wird, folgen *paraphrases metricae super symbola et inscriptiones Mausolei*. Hier sind die nichtmetrischen Grabinschriften des Kaiserpaares sowie die Devisen auf den ringsum aufgestellten Büsten habsburgischer Herrscher zu Gedichten meist im elegischen Versmaß umgearbeitet worden. Es entsteht so eine Reihe von Fürstenepigrammen, die an die Kaiserserien des 16. Jahrhunderts und entfernt auch an das *Trophaeum Bavaricum II* erinnern. Eine weitere Reihe auf Embleme im Kirchenraum schließt sich an; das *Mausoleum* endet mit mehreren *elogia* im Lapidarstil.

1733 übernahm wiederum die *Rhetorica* die Aufgabe, die Festschrift zu gestalten, und beschrieb auf fast 90 Seiten den Grazer Dom St. Ägidius. Dieses *Templum aulicum ... seu Diui Aegidii Vrbis Graecensis patroni Basilica*[16] ist allerdings eher ein auf Vollständigkeit bedachter Führer durch die Kirche als eine literarische Übung: es enthält eine Baugeschichte des Doms in Prosa, die Beschreibung des neuen Hochaltars unter starker Verwendung von Fachbegriffen, eine Erklärung der verschiedenen Kapellen des

---

11 Zahlreiche Hinweise zu diesem und dem folgenden Abschnitt verdanke ich Elisabeth Klecker (Wien), die mir auch mit Geduld und Eifer viele Texte aus den Beständen der ÖNB zugänglich gemacht und bei der Beschaffung von Kopien aus anderen österreichischen Bibliotheken geholfen hat.

12 Vgl. das Gesamtverzeichnis: Graff 1993.

13 Die *nomina offerentium* sind dabei allerdings nicht unbedingt auch die der Autoren. Vgl. Schreiner 2000, 254.

14 Graff 1993, n° 629. – Benutztes Ex. der WLB Stuttgart: Fr.D.oct.7028.

15 Graff 1993, n° 1461. – Benutztes Ex. der ÖNB: 67736-A.

16 Graff 1993, n° 1473. – Benutztes Ex. der ÖNB: MF 3034 (Mikrofilm; Vorlage: 42.Mm.64).

Doms mit ausführlich wiedergegebenen Inschriften sowie weitere Abschnitte über den Domschatz, die Hochfeste, die Grabinschriften, schließlich einen langen *Panegyricus* auf den Titelheiligen.

d. Schlösserdichtung

Zugespitzt läßt sich sagen, daß sich im Gegensatz zu ihren Grazer Ordensbrüdern die Wiener Jesuiten nach 1700 bei poetischen Gebäudebeschreibungen ganz der weltlichen Architektur zuwenden. Dies lag in der Kaiserstadt auch nahe, weil hier in der ersten Hälfte des 18. Jahrhunderts gleich mehrere neue Schlösser entstanden. Zugleich läßt sich hier aufs neue beobachten, daß sich die Gebäudedichtung – infolge ihres panegyrischen Charakters beinahe zwangsläufig – nahezu immer den *neuen* Bauwerken zuwendet und daß somit eine Art Wechselwirkung eintritt: die beherrschenden Neubauten des 18. Jahrhunderts sind zweifellos nicht Kirchen, sondern Schlösser, und die Bautendichtung folgt dieser Tendenz.

Nach den zu Beginn unserer Arbeit schon erwähnten *Regiae Villae* aus Piemont, die 1711 erschienen,[17] kommen wenig später also die Wiener Schlösser zu poetischem Ruhm. 1725 behandelte Franz Höller SJ in einer Festschrift für die Baccalaurei das wenige Jahre zuvor vollendete Belvedere.[18] Seine *Sedes Pacis Martis Austriaci* ist weitgehend im Metrum verfaßt (Distichen, einige Prosaeinschübe) und entwirft eine Reihe von „Verwandlungsgeschichten in ovidischer Manier", deren Grundlage die Rivalität von Minerva und Flora um die Liebe des Mars Austriacus (d. i. Prinz Eugen) bildet. Die am Schloß und im Belvederepark sichtbaren Statuen und Pflanzen werden mit aitiologischen Erzählungen erklärt und so die Gesamtanlage als Einheit vor Augen geführt.

1744 wurde dann Schloß Schönbrunn in ähnlicher Form eine poetische Ehrung zuteil. Als *Tempe regia Mariae Theresiae Augustae carmine adumbrata* erschien, ebenfalls als Festdruck zur Promotionsfeier der Philosophen, eine mehrteilige Dichtung in Distichen. Der nach Schönbrunn zurückkehrenden Königin gibt eine *nympha loci praeses* aitiologische Erklärungen, die allerdings von der im Gefolge Maria Theresias mitreisenden Pietas korrigiert werden. Im Schloß angekommen, begehen verschiedene *Virtutes Regiae* die königlichen Gemächer und richten sie der Herrscherin gemäß ein. Hier sind Ansätze zu einer Beschreibung festzustellen. Wirklich konkret wird diese jedoch nur im § 12: *Fama atrium in sinistro Palatii cornu exornat imaginibus quibus gloriosissimum Serenissimae Reginae triennium adumbratur.* Mit der Entscheidung der Königin, Schönbrunn zur Sommerresidenz zu bestimmen (§ 18), ist Gelegenheit zu einer Einzugsszene gegeben, die mit Segenswünschen des Dichters schließt.

---

17 S. S. 24 Anm. 26.
18 Das folgende nach Schreiner 2000.

Nach diesem zwangsläufig sehr knappen Blick[19] auf die barocke Schlösserdichtung läßt sich vorläufig resümieren: die Elemente der panegyrischen Bautendichtung leben im 18. Jahrhundert in den Beschreibungen großer Profan- und Herrschaftsbauten weiter; die Genauigkeit der Beschreibung der *Descriptio templi* erreichen sie jedoch nicht. Der höfisch-mythologische Geschmack überlagert hier das Interesse am exakten Detail, das in den Kirchenbeschreibungen des Konfessionellen Zeitalters nicht zuletzt deshalb von Bedeutung war, weil die materielle Kirche als Verweis auf eine höhere Sphäre ein besonders genaues Hinsehen von ihrem Erklärer verlangte. Die *Descriptio templi* der Zeit von ca. 1585–1660 bleibt damit unabhängig von ihrer Verankerung im Traditionskontext der poetischen Bautenekphrasis ein spezifisches Phänomen, das nur durch die immense Anspannung und Verschränkung aller Bereiche des kirchlichen, politischen und literarischen Lebens jener Jahre erklärbar wird.

---

19 „jede unbeantwortete frage vergrößert den sternenhimmel." (H. C. Artmann, Register der Sommermonde und Wintersonnen, in: ders., Gesammelte Prosa IV, Salzburg–Wien 1997, 174).

Dritter Teil: Edition

Zur Edition

Der folgende Editionsteil bietet den Text von acht Kirchweihfestschriften der Jahre 1591 bis 1633 und erlaubt somit einen Überblick von den frühen Gedichten des Würzburger Jesuitenkollegs bis zur Fest- und Baubeschreibung aus dem protestantisch dominierten Regensburg. Sofern die eigentliche Kirchen-Ekphrasis von den Dichtern durch weitere Texte (Epigramme u. ä.) ergänzt wurde, sind diese grundsätzlich ebenfalls aufgenommen.

Nicht abgedruckt sind dagegen die umfangreichen Prosabeiträge der Molsheimer Festschriften von 1618 und 1619, desgleichen nicht die separat erschienene Molsheimer Gedichtsammlung *Encoenia Basilicae*. Verzichtet wurde schließlich auf einen Abdruck der Münchner Ekphrasis *Ad Famam, templi descriptio* aus den *Trophaea Bavarica*; hierfür steht seit 1997 eine kommentierte Faksimileausgabe zur Verfügung.[1]

Als Appendix erscheinen außerdem drei Ausschnitte aus Festschriften bzw. Lehrbüchern, die Vergleiche mit den poetischen Beschreibungen und Aufschlüsse über deren Entstehungs- und Gattungsgeschichte erlauben: die parallel zum Festgedicht abgefaßte Prosabeschreibung der Molsheimer Jesuitenkirche, Anweisungen und ein Musterbeispiel des Gießener Rhetorikers C. Dieterich zur Gebäudebeschreibung sowie ein später Beleg für die Verwendung der poetischen Bautenekphrasis als Lehrstoff in den Jesuitenschulen.

Zur Textgestaltung

Eine verbindliche Regelung zur Gestaltung neulateinischer Texteditionen existiert bisher nicht und ist auch in absehbarer Zukunft nicht zu erwarten. Über die Frage „Vereinheitlichung oder diplomatischer Textabdruck" besteht ebensowenig Einigkeit wie über die der Interpunktion.[2]

Wie problematisch die Beibehaltung der ursprünglichen Schreibungen und überdies noch der Interpunktion selbst in einer zweisprachigen Ausgabe sein kann, zeigt an vielen Stellen die neue Anthologie humanistischer Lyrik im Deutschen Klassiker Verlag.[3] Dies muß umso mehr gelten, wenn nur der lateinische Text publiziert wird, der ohne weiteres auch dem nicht mit Alten Drucken vertrauten Leser zugänglich sein muß.[4] Die Edition der Festgedichte basiert daher auf den folgenden Grundsätzen:

---

1 Trophaea ed. Hess 1997, 94–107 m. den Anm.
2 Eine sehr empfehlenswerte Übersicht zum Problem gibt Rabbie 1996, der eigene Positionen ebenso wohlbegründet wie undogmatisch vorträgt.
3 HUMANISTISCHE LYRIK.
4 Vgl. Rabbie 1996, 30 f.

1. Alle Texte werden in moderner Orthographie abgedruckt, wie sie aus den Ausgaben klassischer Autoren insbesondere der Oxford University Press vertraut ist. Das bedeutet im einzelnen:

 a. *u/v* erscheint stets als *u* (Minuskel) bzw. *V* (Majuskel). Ausnahmen ggf. bei der Wiedergabe von Inschriften.
 b. *ij* bzw. *ÿ* wird stets aufgelöst (i. d. R. zu *ii*, in Fällen wie *subijciat* zu *i*, selten zu *î*).
 c. Ligaturen einschließlich *ß* und *ę* werden aufgelöst.
 d. Heute unübliche Wortformen sind oftmals metrisch begründet und in diesen Fällen unverändert belassen.
 e. Akzente sind grundsätzlich getilgt.

2. Großschreibung ist auf *nomina sacra*, Ehrentitel und sonstige Eigennamen beschränkt; eine völlige Einheitlichkeit ist dabei nicht zu erreichen und liegt auch in den Alten Drucken keineswegs vor.

3. Die Interpunktion ist vollständig modernisiert.[5]

4. Offensichtliche Druckfehler der Vorlage sind stillschweigend korrigiert bzw. durch ⟨⟩ oder [] im Text bezeichnet. Dies gilt nicht, wenn durch den Fehler eine grammatisch mögliche Wortform entstanden ist: In diesen Fällen ist die Lesart im Apparat aufgeführt.

5. Der kritische Apparat folgt in seinem Aufbau den Prinizipien der MGH, d. h.:

 a. Ziffern bezeichnen Sachanmerkungen,
 b. Buchstaben bezeichnen Textkritisches.

6. Für den Nachweis von Parallelstellen sei auf die Kommentare im II. Teil verwiesen.

---

5 Vgl. Rabbie 1996, 34 f.

A. Festgedichte

I. *Würzburg*

Encaenistica poematia, quae, cum Reuerendissimus et Illustrissimus Herbipolensis Episcopus et Orientalis Franciae Dux, Dominus Dominus Iulius nouum SS. Apostolorum templum, quod magnificentissime construxerat, foelicissime anno Domini M.D.XCI., VI. Idus Septembres, dedicaret simulque Deo O. M. Academiam suam offerret, studiosa Societatis Iesu collegii iuuentus gratulationis et obseruantiae ergo pangebat. Wirceburgi, apud haeredes Henrici Aquensis.

Vorlageexemplar (**A**): Würzburg, UB, M.ch.f. 259 angeb. 39 (= fol. 454–469)
Weitere Exemplare: München, BSB, 4 P.o.lat. 318 Beibd. 18 (Verlust)
  München, BSB, Res 4 L.eleg.m. 25 Beibd. 2 (Prov.: Jesuitenkolleg München)
  München, UB, 4° H.eccl. 388 # 6
  München, UB, 4° H.eccl. 1140 # 7 (1999 vermißt)
  München, UB, 4° P.lat.rec. 727
  Münster, WULB, X 4350
  Strasbourg, BGSS, 1 Lb 24/8[1]
  Strasbourg, BGSS, 1 Lb 24/11[2]
  Stuttgart, WLB, Fr.D.qt.K.242
  Trier, StB, 12 an Rh 1350 8°
  Trier, StB, 1 an G 818d 8°
  Wolfenbüttel, HAB, 202.20 Quod. (8)

Die Sigle **G** im Apparat verweist auf den partiellen Abdruck der **Encaenistica poematia** bei Gropp 1741, 504–510. Die Marginalien in unserer Ausgabe sind diesem Neudruck entnommen.

[A2ʳ]

NOVAE APVD HERBIPOLENSES APOSTOLORVM AEDIS ADVMBRATIO.

V ISA diu foelix, iam foelicissima tandem
  Nomen habe, Eoae mediis sita Francidos oris
  Vrbs, non Herbipolis, qualem ueneranda uetustas
  Dixit, eris, sed Theiopolis gratissima caelo.
5 Maene pater, qui nostra tuis uicina fluentis
  Arua rigas, quid praecipiti deuolueris unda?

---

1 Schlaefli 1995a, 222 n° 1085.
2 Wie Anm. 1.

Siste tuos cursus placidisque relabere lymphis
Huc, ubi se templi gaudet Kilianus honores
Accepisse nouos. tumidum fas illius aris
10   Inclinare caput pronisque accedere ripis.
En iam – quanta fuit uel quanta nepotibus olim
Accessura – uenit Pietas, tibi surget in urbe,
Diuinamque auram caelo adspirare uidebis.
Adspice, tempus adest, et summas Iulius arces,
15   Iulius – o qualis quantusque! – relinquit et alti
Sanguinis heroum graditur stipante corona
Structa Deo sacrare Deo noua templa paratus.
Ipsa mihi grato sancte concussa tumultu
Mens ouat atque nouos cum principe tollere plausus
20   Molitur[a]. sed qui possim superesse labori?
Templum, Franconiae Princeps et Praesul, in ipsis
Omnia sunt oculis, mihi uis perit omnis in uno,
Vis animi, uis magna uolens, uis ardua uersans.
Singula si nequeo, qua mi datur ire potestas
25   Expediam. nunc tendo chelyn, satis una superque
Templa mihi. o aliquam si possem attingere partem.
Tu Iuli haec ad caepta ueni, tu nostra serenus
Orsa iuues; Kilianiadum quae scribere gestit

[A2ᵛ]

Mens, delubra locas, tua carmine templa canentur.
30   Vrbe fere summa statuit regalia primus   Scholarum Wirceburgensium descriptio.
Ille pater patriae studiis pallatia cunctis.
Stat moles operosa, ingens et limite secto
Quattuor ipsa pares circum quadratur in oras.
Pars ea, quae Phoebi primum surgentis anhelos
35   Cernit equos primumque uidet se tollere solem,
Candida Pieriis sophicisque adscripta iuuentae
Pectora habet signis, hic magno digna Marone
Ingenia Aonios haud segni pectore fontes
Haurire et sacris uideas immergere lymphis.
40   Sunt, quos flexanimae ditat facundia uocis,
Sunt, quos astra iuuent, causasque aperire latentes
Naturae possint, uaria hic commercia linguae
Et Graiae[b] et Latiae et quarum communior usus.
Ast ea[c] Moenaliam facies quae suspicit Arcton,
45   Excipit et prima et sera sub luce docentes
Alta uiros diuinarum mysteria legum.

---

a   Molitor **G**.
b   Gratiae **G**.
c   a **G**.

Hi, quaecunque sacris anceps sententia rebus
Exoritur, ueterum possunt monumenta legentes
Vatum, et quae magnus conscripta reliquit Aquinas,
50 Haereseωv aperire dolos uerumque docere.
Adde quod hic simul Abramidum sanctissima gentis
Lingua sonet, reliquis magnum artibus ornamentum.
Scilicet hoc urbi post tot decora addita nostrae
Deerat adhuc, ut Christiadum, quo tuta^d manet res,
55 Praesidio sese casus firmaret in omneis.
Et locus est, ubi diuersis sancita per orbem
Mandatis gemini iuris decreta feruntur.
Solis ad occasum, deuexo ubi uesper Olympo   Aula Academica Wirceburgensis.
Surgit, in augustos patet ingens aula recessus.
60 Hic uirtutis honos, sua sunt hic praemia laudi.

[A3^r]

Vidimus excelsa sacrorum arcana librorum
Mente superuectos^e uictorum fronte coronas
Accipere et magna doctores uoce creari.
Et sunt, queis peperit post taedia multa laborum
65 Iustitiae antistes meritos Astraea triumphos.
Hic Pallas sophica praecingi tempora lauru
Pubem saepe uidet, quae Stagyraea uolutans
Non segni monumenta manu miracula rerum
Abdita cognouit sensuque inspexit acuto.
70 Ipse locus uaria arte nitet: laquearia nusquam
Fulta, trabes nullae, tantum tabulata uidentur,
Et pendere putes nullis innixa columnis.
Vermiculata manu, titulis decreta ferendis
Luxuriat sedes. tali stant ordine postes,
75 Vt possint croceis simulare coloribus aurum.
Scilicet his animi studiorum afflantur amore,
Vires addit honos laudumque arrecta cupido.
Inde latus, medii qua solem in culmina mundi   Templi Academici Wirceburgensis descriptio.
Tollit anhela dies, summi penetrale Tonantis
80 Ostentat, nullis templum enarrabile uerbis.
Vinci artem pretio, pretium superare laborem
Dixeris, usque adeo nil non mirabile in illo est.
Singula quam nitide uellem depingere! uerum
Quid primum, quid deinde sequar? quo fine quiescam?
85 Quid sileam? urgentem numeros labor urget iniquus,
Mergit onus. quid enim, aeriae fastigia turris
Primum, an inaurato pendentia fornice tecta,

---

d   tota **G**.
e   superfectos **G**.

Anne ter impositos lunatis flexibus arcus
Mirer? an euectos aeterno robore postes
90   Atque alta solidas excisa rupe columnas?
        Non ego, Castalios quamuis mihi Phoebus Apollo
    Sponderet latices, non si mihi tempora fronde

[A3ᵛ]

    Cingeret et triplici mea pectora tangeret oestro,
    Sperarem minimam laudum contingere partem.
95   Namque acie lustranti aedem uix ordine longo
    Suffecere oculi; uix dum noto singula, lassae
    Suffecere manus; uix dum fastigia prenso,
    Suffecere gradus. pro rerum turba! suprema,
    Infima cum mediis mentem per plurima uoluunt.
100   Ordior. a primo laterum fundamine surget
    Carminis ordo mei, et paulatim euectus, in ipsis
    Parietibus quae sint magis admiranda, recludens
    Aurata capiam subter testudine[f] finem.

Ingressum dat porta triplex, sed prima, cadentis	Porta templi occidentalis.

105   Quae radios aduersa capit pulcerrima solis,
    Artifici reliquas supereminet ipsa labore.
    Saxea nam gradibus consurgunt limina senis,
    Vestibulique aditum tereti molimine ad auras
    Eductae binae immanes altaeque columnae
110   Obsedere, opere a terris ad summa striato.
    Harum utrumque caput sacris animata figuris
    Signa premunt patronorum referentia uultus.

Qualis enim toto sese diuiserit orbe	Diuisionem Apostolorum exhibet.

    Bissenum caetus procerum, spectantibus offert.
115   Olli inter sese, quid agant, quoue ordine uitam
    Instituant, quaerunt, et cum res acta per altos
    Sermones multum, tandem melioribus orbem
    Exigui numero monitis conuertere cernunt.
    Ergo profecturi lacrymis se affantur obortis
120   Amplexuque animi longum testantur amorem.
    Hunc nullo infoelix recti Germania cultu
    Accipit, hunc Fidei sedes, urbs alta Quirini.
    Ille uiam gaudens nigros meditatur ad Indos,
    Aut ardens[g] si quem dirimit plaga solis iniqui.

[A4ʳ]

125   Omnibus idem animus, mundo noua sacra nouosque
    Ponere sacrorum ritus Christumque fateri.

---

f   testudine **G**: testitudine **A**.
g   radens **G**.

Haec nos signa monent, quorum sint templa, patronos
Scilicet. haud potuit princeps melioribus uti
Praesidibus, quam queis caelorum credita cura est.

Qui sunt templi patroni.

130   At prima segnes quid adhuc in fronte moramur?
Intus maior honos, facies pulcerrima rerum.
Monstrantem sequere, et uisu tibi cuncta patescent.
Nec longe aspectum ducas, quia protinus intrans
Calcabis nec opinus opes. en despice primum
135 Strata pauimenti: niueo interiecta colore
Marmora caeruleis uariant, et picta per artem
Gaudet humus, tum quadra nouis asarota figuris
Laeuia Phidiaco possint certare metallo.
Qua coeunt, nullis commissa latuscula rimis
140 Hiscunt, aere putes solido constare, polito,
Sic sibi respondent aequati pumice fines.

      Iam dextra laeuaque oculos deflecte parumper:

Columnae templi et circuitus.

Hic tibi se duplici series concinna columnis
Ordine dispositis offert. utrinque uidentur
145 Octonae: octonos curuatis flexibus arcus
Hinc atque inde parant, quorum compagine supra
Impositi duo circuitus nituntur et altis
Distantes spatiis ipsa ad fastigia surgunt.
Robore Pyramides uincunt, sed mole minores
150 Maiorem proprio sustentant pondere molem.
Non illis equidem Capitoli immobile saxum
Anteferam, non templa Iouis, non templa Dianae,
Longinqua haec iam dudum aeui conuulsa ruina,
Ast hoc eductum rigidis adamante columnis
155 Aeternum multis stabit durabile saeclis.
Hoc uirtutis opus, uirtuti proxima sedem

Christi passio depicta.

[A4ᵛ]

Obtinuit iuxta pietas, namque aspice: puris
Qua radiis medium accipiunt specularia solem,
Hic oculis Christi innumeras ex ordine poenas
160 Perlegis ac horrenda necis tormenta nefandae.
En Solymas procul obscura sub nocte cohortes –
Quis furor! – ut terra ceruixque comaeque trahuntur.
Hac fugiunt socii, hac instat scelerata iuuentus.
Nec procul hinc saeuos in uulnera stringere fasces
165 Agnoscis lachrymans; uiden' ut conuitia linguis
Ingeminent capitique parent intexere uepres?
Parte alia caedem uultu, caedem ore minantur.
Ingentem, infabricatum et iniquo pondere malum
Iniciunt humeris. heu, fletibus ora madescant
170 Hic, ubi demittens lassum caput exspirauit.

Pergimus. en media templi e regione columnam

Aspicis: artificem demonstrant pulpita dextram.

Qua coniuncta solo tenui columella paratu

Dependens sustentat onus, hanc lumina circum

175 Quattuor accepere locum, quae luminis haustu

Aetherei aethereis lustrarunt omnia flammis.

Stat primus defixa acie nec lumina libro

Vsquam auersa tenens Marcus. iuxta accubat olli

Magnanimus placido ore Leo, diffusa per armos

180 It iuba, maiestasque animo generosa superbit.

Grata illi facies et qua non dignior ulla,

Quae doceat resonare sacris rugitibus orbem.

Alter Ioannes iuuenili fronte serenus

Mente stat erecta secum argumenta uolutans

185 Grandia seque poli supera ad fastigia tollit.

Haud aliter, quam pone sedens super aethera penna

Flammiger ales abit nebulasque hominesque relinquens,

Sic ille obtutu caeli defixus in uno

[B^r]

Oblitus sese liquidas superexit in auras.

190 Post hos insequitur sacrata uolumina Lucas

Aspiciens, foliisque Deum diuinaque mandat.

Aurata fronte ante pedes procumbit humi bos

Cernuus et domini Dominum scribentis adorat.

Vltimus humano uultuque habituque laborem

195 Matthaeus sociat, cui se puer actus ab alto

Adiunxit comitem et uerbis caelestibus implet.

Quisque hominem uelut oblitus moribundaque membra:

Sic oculos, sic ora ferunt caeloque fruuntur.

Et suus est scalis honor, et suggesta labore

200 Exsuperant, imas quantum alta cacumina ualles.

Namque opus amplexu circundatur omne rotundo

Et tacito uelut ore canit, qua fraude doloque

Insita pectoribus diuini semina uerbi

Intereant nullaque beent caeli horrea messe.

205 Stat celsa in puppi Christus caetumque secutum

Multa patris seruare docet mandata, sed aurae

Omnia discerpunt. inaratis condita sulcis

Semina nuda iacent, et qua uia ducit euntes,

Conculcantur et alituum sunt praeda nigrantum.

210 Excipit effigies non dispare iacta perire

Semina fortuna demonstrans: ardua namque

Opponens armata crucis Patientia signo

Omnes ad sua signa uocat, sed protinus omnes

Aufugiunt, promti rebus perstare secundis:

215 Sicut ubi Cererem praeruptis credit arator

Saxis, illa quidem, donec tener adiuuat^h humor,
Attollit caput ac spectantum lumina pascit,
Ast eadem, quamuis tenui dum carpitur aestu,
Proclinata perit Phoebei insueta caloris.
220   Tertius insequitur, cui dira pecunia mentem

[B^v]

Obsidet et curis misere affligentibus implet.
Ille quidem meliora uidet gaudetque uidere,
Ast auro intentus curisque ingentibus aeger
Pungitur, et lacerant caelestia germina spinae.
225   Tandem inter cunctos postremo cernitur unus,
Cuius ager Domino largo tulit ubere fructum.
Ergo illum passis uenientem amplectitur ulnis
Et meritam pacti mercem dat habere laboris.
Proh dolor, humanis quantum est in rebus inane!
230   Inter tot centena uirum, tam pinguia culti
Rura soli, transit sterilem sementis in herbam,
Et Dominum male gratus ager spe ludit inani.
Tempus erit, cum uiua eadem penetrabit ad aures
Concio, nunc tantum cathedra, ut caelestia paruos
235   Semina dent fructus, tabula quadruplice fatur.
        Vnde autem signis uariatus et asper eburno   Sepulchrum pro Iulii corde olim
Marmore sub media tumulus testudine surgit?   excipiendo paratum.
O diuina manus genio uictura perenni,
Mille mihi species monstrans et mille figuras!
240   Tu potes artificum ueteres ostendere ductus
Et me Pierio stupefactum abducere fonte.
Ite, laborifero multum uigilata Myroni
Aera et Praxiteli debentia marmora nomen,
Quaerite, qui uestros magis admiretur honores:
245   Iulia iam dudum spectantem et abire parantem
Aut tenet aut reuocat uel me mihi tollit imago.
Qualis enim populis princeps dat iura uocatis
Atque pedo sua praesul oues in pascua cogit,
Sic saxo iacet impositus, uenerabilis ore,
250   Aurata niueum caput amplectente tiara.
Foelix, o nimium foelix, si dextera tantum,
Quae uiuos potuit mentito corpore uultus

[B2^r]

Fingere, caelestem potuisset fingere mentem:
Alter enim nobis atque alter Iulius esset.
255   At satis illa tamen, quia tanta infusa per artus

---

h   adiuuat **G**: adiuuit **A**.

Maiestas, sic membra modis uiuentia miris,
Vt queat illacrymans olim exclamare uiator:
„Quis locus in terris Iulii non plenus honore?
En tumulum. capit hic etiam sua praemia uirtus.
260 Hoc magnis natum imperiis caput, illa parandis
Consiliis mens apta, manus dedit illa sacratum
Chrisma, sed hoc pietas ingens sub corde latebat,
Quae potuit sola haereseων superare procellas
Atque serenatum fidei reparare nitorem,
265 Quae noua templa Deo, miseris noua tecta locauit.
Heu summis par dextra uiris, mens numinis auctu
Plena sacri, patriae te talem inimica tulerunt
Fata immature! sed habent tua nomina laudem,
Viuis enim uirtute tua post fata superstes.“
270 Haec olim, o utinam post saecula mille canantur,
Hoc ego, et hoc mecum tua Franconis ora precatur.
Interea reliquas operis decurrere partes
Accingor supra circumque ex ordine stantes.
          Principio assistunt capiti duo bina gerentes
275 Candelabra manu niuea de gente^i ministri,
Ambo colore pares, iuuenes aetatibus ambo.
Sunt totidem et similes extrema mole locati,
Auersa unanimes a principis ore iacentis
Ora tenent obitusque diem lugere uidentur.
280 Quilibet ignito rutilantem uertice taedam
Erigit, occultum caelestis luminis omen.
Sedibus hinc uariis manus undique strenua circum
Formauit decora alta animi mentisque beatae
Finxit opes. hinc me speculo Prudentia sumpto

[B2^v]

285 Abripit, hinc aequam librans Astraea bilancem.
Iam quae praecipuo capis a moderamine nomen,
Virgo, manuque tenes pateris spumantia uina,
Te canerem, sed me duri Patientia uictrix
Non sinit, elisamque ostentans uirgo columnam
290 Aut uires iubet ipsa suas cantare uel ingens
Artis opus: sed magna breuis mendacia formae
Ingenium excellunt, et quos terit ipsa colossos
Exiguo spatio, exiguo uix carmine dicam.
At qui transierim te^j, sancti mater amoris,
295 Tam dulci amplexu studiose cara fouentem
Pignora, quam blandus niueae se pusio dextrae

---

i   degente G.
j   te] se A G.

588

Implicat et sequitur ducentem passibus aequis?
Hic amor ille, pater patriae quo Iulius arsit,
Pignora quo tandem sua caeli induceret astris.
300 Prosequar an sileam? si, quae miranda putantur,
Cuncta canam, cum uera canam, uix credere possis.
At ne parua morae tibi sint dispendia tanti,
Singula quin lustres artis miracula, primos
Sat docuisse aditus, ne caetera quaere moneri.
305 Accipe nunc operis caussas et principis inde
Disce animum. quae sit morienti extrema uoluntas,
Auratis expicta notis te uerba docebunt.
„Franconiae Princeps et Praesul Iulius istud
Corde pio uiuus templum moriensque sepulchrum
310 Cordis habere sui statuit. tu uota repende
Corde pio, dum busta uides, et perge, uiator."
Nec tanti ueniat facti admiratio, namque:
Cordis ubi thesaurus, ibi cor iure quiescit.
O tali uox digna uiro, cui sola uoluptas
315 Musarum Diuumque inter requiescere caetus!
Temporis interea spatium me cogit iniquum

[B3ʳ]

Pergere, nam multus superest labor impendendus.
    En aras ad utrinque latus, duo maxima templi   Ara S. Chiliani.
Ornamenta: tibi dextrum, Kiliane, sinistrum
320 Diua Poli Regina, loci non inuida, seruas.
Saluete, o gemina duo propugnacula turri
Et uestram seruate domum, seruate clientes,
Tantarum impensis curarum operumque repertos.
Inferiora quidem, sed non indebita uestro
325 Aspicio hinc atque hinc euecta altaria honori.
Heu dolor, heu tristes inter mea gaudia luctus!
Nam quis enim, dum te, crudelis uulnere lethi
Confossum, Kiliane, unaque in imagine binos   Eiusdem necis historia.
Praeterea socios mortem expectare tuetur,
330 Temperet a lachrymis? medius, pater optime, prona
Nudatus ceruice sedes et tendis utrasque
Ad caelum palmas; lictor flammantibus adstat
Trux oculis, ferrumque humeris fatale coruscat.
Hic pietatis honos? haec praemia digna labore?
335 Fraus, Geilana, tua est, huc te tua traxit amoris
Effera uis, notumque furens quid foemina possit.
Nam Princeps Gosbertus ubi seruare pudici
Iura thori statuit, te soeua tabe peredit
Dira Venus, nec passa moram de nocte ministros
340 Foelici infoelix mandas demittere letho

589

Consilii authorem Kilianum. protinus olli
Ad caedis mandata uolant, et trina uirorum
Corpora contemptim uili tumulantur arena.
Ah pellex insana, tuum tellure sub ima
345 Posse latere scelus? sedet et uidet omnia summus
Arbiter, horribilis iam te manet exitus, atrae
Tota cohors Stygis abreptam atque immane ululantem
Aere discerpet secumque inuoluet Auerno.

[B3ᵛ]

At socii scelerum furiis immanibus acti
350 In sua fata ruent, ferrum in sua uiscera condent.
Iamque adeo haec fiunt: cunctas ex ordine poenas
Aspicio, seriemque rei uariante colore
Leuibus in tabulis nouus illustrauit Apelles.
Non procul hinc alta sancti tria corpora caetus
355 Effodiuntur humo, summa ut condantur in arce.
Nigrantes in equis proceres longo ordine collem
Ascendunt tecti faciem, tecti ora manusque,
Aut ipsos lugent uere, aut lugere uidentur.
Sic pergunt, sic relliquias reuerenter honorant.
360 Fortunati omnes, quos ultro occumbere morti
Impulit alma Fides: uestrae hic solennia mystes
Arae dona feret, plebs in sua uota uocabit.
Ipse equidem insolito uestras quoque carmine laudes
Exsequerer, sed tempus erit. nunc annuit aris   Ara B.M.Virginis in coelum assumptae
365 Parte alia mihi Virgo suis: parere uocanti
Et decet, et sinitis. uenientem suscipe uatem,
O summi regina Dei, et qui plurimus urget,
Vrgentem mecum (si fas) decurre laborem.
Singula non referam: quis enim, quae plurima circum
370 Signa uolubilibus uisuntur picta tabellis,
Expediat? medio spaciabimur aequore campi.
Hic mala sunt uicina bonis, et gaudia luctu
Miscentur. primum ante oculos morientis imago
Virginis occursat. tollenti lumina rerum   Assumptio B.M.V. describitur
375 Laetior offertur species, quia mortua bissex
Visa parens patribus, caeli stipata maniplis
Regia supremi uehitur super atria regis.
Mirantur proceres uiduatum corpore bustum,
Ferales tantum uittas tumulique per oram
380 Lintea sola uident, crebroque haec una recursat

[B4ʳ]

Cura animo: quis? ubi? quando subuecta fuisset
(subuectam dubitabat enim super aethera nemo).

At Pater interea summoque aequaeua Parenti
Progenies chlamyde argentoque auroque decori
385 Elatam in sua regna ferunt regaleque sponsae
Imponunt diadema suae; super omnia tandem
Stat caeli Regina caput cincta undique stellis.
Praetendit dextra sceptrum gaudensque sinistra
Dilectum^k gerit ipsa suum. nunc altius irem,
390 Si quid matre Dei aut nato sublimius esset.
Ergo oculos submitto, tuum ueneratus honorem,
Diua, prius; tu me, quando penetralia ad ipsa
Peruentum, comitare: tuo sub nomine tutus
Summa paro cantare nouis altaria plectris.

395   Ite, profanati coetus, absistite, curae   Chorus & Sedilia.
Degeneres, stat ferre pedem per sancta locorum,
Maiestatis ubi numen replet omnia late.
Saxeus haud alte surgens aerisque metallo
Impositus populi Diuum a penetralibus obiex
400 Semouet adstantes recto discrimine turbas.
Ad sua per medium sacer ordo munia binis
Ostiolis graditur seseque sedilibus infert
Septenis. ea non paruo studiosa labore
Vermiculata manus: uario sinuamine flexus
405 Maeandri in sese redeunt, uariique ferarum
Insculpti uultus, supraque infraque nitores
Effulgent crocei et spatium funduntur in omne.
Diuersa summum tenues sub imagine formae
Obsedere apicem: haec tangit resonantia fila,
410 Illa stat altisono motans caua cornua cantu,
Cuique suus standi modus est et cuique canendi.
Hic animum meminisse iuuat: cum templa dicaret

[B4^v]

Structa Deo Salomon, cum dulcibus^l ipsa sonarent
Plena modis, stabant elata uoce chorauli
415 Mutaque concentus animabant saxa lepore.
Talis et haec species, iuuens ubi uictima fertur,
Victima non uapido surgens nidore per auras,
At tristi liquido purgans caeli atria nube.
       Post sedes densa clausum testudine circum   Sacristia eiusque figurae.
420 Est opus, ornatus sacri custodia; cellae
Multiplices intus et secto scrinia ligno.
Hic sacrae effigies, Diuum simulacra crucesque
Et paterae et calices et grandes thuris acerrae

---

k   Dilecta **G**.
l   ducibus **G**.

Ponentur, tum quae superum donantur honori.
425 Insuper egrediens sacra ad solennia mystes
Hic prius ex humeris niueos inducet amictus
Plantarum tenus et medio fluitantia texta
Colliget in nodum ac chlamydem superinduet aureis
Insignem radiis, uenerandi insignia nota
430 Muneris ante aras, talique^m in ueste coruscus
Vasa manu sacrata ferens altaria recto
Tramite summa petet, populo sublimior omni.
Non ego bullarum seriem, non pensa recuruis
Dona tholis, non impositos circumque refixos
435 Carbaseos dicam ornatus, nec enim color illis
Vnus inest, prope cuncta suis mutanda diebus:
Huc potior me cura trahit, spectare figuras,
Quas deceat sacris operantem agitare frequenter.
Christus enim, positas quoties accedere mensas | Ara summa.
440 Contigerit, meminisse sui nos funeris optat.
Laeua ergo cunctis factum memorabile saeclis | Figura ultimae coenae circa tabernaculum expressa.
Cernitur, extrema ut caena dapibusque paratis
Discumbant, medius socios Deusⁿ inter Iudam
Dissimulans sedet et premit altum corde dolorem.

[C^r]

445 Nec tamen impietas immensum laedit amorem.
Ipse manu puras fruges synceraque liba
Accipiens sacrat et cuncti iubet ordine sumant.
Dextra autem facti umbra patet, ceu lege uetusta
Agnellum Isacidae iussi mactare, parati
450 Constiterint ad iter. longam lateque fluentem
Contrahit et lumbis subnectit fibula uestem,
Quisque tenens manibus baculum uestigia firmat.
Muta hoc saxa canunt. uerum inter utramque figuram
Est locus et uita et caelesti numine plenus.
455 Illic uiuus enim niuei sub imagine panis
Christus adest, calicis solido radiantis ab auro
Tegmine dignatus condi. quis credere posset?
Et tamen est. o magna Dei miseratio nostri!
Quae gens, quis populus, quem Phoebus utrinque recurrens
460 Aspicit, usque adeo praesentia munia sentit,
Vt Christi gens docta fidem? da, maxime rerum
Auctor, ut has epulas accenso pectore quaerat
Franconidum tellus, uelutique altaribus ornat
Auratis, ita diuinis accedere mensis

---

m talique **G**: taliaque **A**.
n Deos **G**.

465 Saepe uelit cordisque tibi sacraria lustret.
        Altius aspiciens pietatis imagine multa
    Impleor: hinc fractis distendunt brachia neruis   Christus crucifixus in medio altaris.
    Tortorum crudele genus, Christumque parata
    In trabe proiectum triplicata cuspide *figunt*°.
470 Inde illum pia turba uirum cruce tollit ab alta
    Excisoque locat pallentia membra sepulchro.
        Maior at in medio species maioreque digna
    Carmine. nam qui lege polos, qui foedera mundi
    Aeternis regit imperiis, cui subiacet aequor,
475 Quem caelum tremit et Phlegetontia regna pauescunt,
    Ille, heu! desertus, miserabilis, omnium egenus

[C^v]

    Corpore nudato concisus in aere pendet.
    Hoc fuit artis opus, nec constitit ista labore
    Effigies paruo: tantus decor undique, tantus
480 Vndique maeror adest. en sancti gratia uultus.
    Vt fletu madet, ut morientia lumina claudit,
    Marmore sculpta rigent morientia brachia, et artus
    Luxati extentis membris uix ossibus haerent!
    Quam pulcre super impositi figuntur eodem
485 Aere pedes! Christum media uel morte teneri
    Vel iam iam expirasse putes, sic omnia lugent,
    Ora, manus, facies traiectaque pectora ferro.
    Quae tantum mens ausa scelus, quae causa malorum?
    Dic mihi, quis laceros faedauit turpiter artus?
490 Quis tibi tam lato patefecit pectus hiatu?
    Fraus nostra et nostrum scelus est. nihil ipse patrauit
    Nec potuit, caelum hoc et sidera conscia norunt.
    Tantum infelices nimium dilexit amicos.
        At quid moesta parens? stat acerbo fixa dolore   B.V.M. sub cruce dolorosa.
495 Crispantes inter gladios turbamque furentum.
    O quoties notas audire et reddere uoces
    Exoptat, sed singultantia pectora uocem
    Abrumpunt; quid mens intus tamen aegra uolutet,
    Vdi fletu oculi pallentiaque ora loquuntur.
500 Nunc casus dolet ipsa suos, nunc funera nati
    Ingemit et fati sortem miseratur acerbam.
    Hic tecum mihi dulce foret, moestissima Virgo,
    Sub prolis cruce stare tuae, surgente sed illa
    Altius, et sacrae formis surgentibus arae,
505 Surget opus simul, et diuini signa triumphi
    Spectabo, Christum ante omnes uexilla gerentem.

---

o   figunt G: fingunt A.

Solus in aereis^P consistit tractibus, illum
Circumfusa cohors tumulo tremefacta pauescit,

Mirantur decus insolitum frontemque coruscam
510 Sole magis, niuea praecinctum ueste ministrum
Aligera de gente uident in margine busti.
Ergo omnes celerare fugam, timor induit alas,
Quaque datur uia prima ruunt, uolitare putares.
     Dum moror, adspectu supremo in marmore cerno   *Ionas de uentre ceti liberatus.*
515 Littus arenosum latoque ex aequore piscem
Fluctiuagum, ingentem, trinos uasto oris hiatu
Exceptum ante dies reuomentem e pectore uatem.
Res et causa patet manifestaque signa uidentur.
     Altius ergo oculis ferimur coetumque sedentem
520 Christiadum aspicimus: supra caput omnibus adstat
Scintillans radius, caeli sese aurea flamma
Insinuat gratoque mouet pia corda calore.
     Sed nec finis adhuc: operis fastigia summi   *Imago Saluatoris in apice altaris.*
Christus habet, demissa chlamys de pectore pendet.
525 Orbem laeua gerit, pacis dat dextera signum,
Ipse super uigilans cuncta adspectare uidetur,
Quae quis agat, dum sacra facit, dum concipit alta
Mente preces, an cuique sui reuerentia templi,
Atque ita pro meritis poenas et praemia cernit.
530 At longa serie socii cernuntur ab imo
Ad summum adstantes, ueluti mandata parati
Accipere et toti rursum diffundere mundo.
Salue, o ara Dei, nitidis celata figuris,
Digna Deo, superum digna in pallatia ferri,
535 Nunc ornata quidem, sed mox ornatior ibis,
In te cum peraget sacri mysteria praesul
Iulius officii et soluet solennia uota.
     Hactenus exegi partem monumenta per imam,
Nunc mediam summamque peto, sed Cynthius aurem
540 Vellit et exiguo stringi monet omnia fasce.

Obsequor. excisis stant pegmata bina columnis   *Bini circuitus.*
(Non quae prisca solent ueterum iactare theatra,
At solido e lapide), et templum ducta undique circum
Longa columnarum series latera omnia cingit.
545 Si numerare uelim uultus imitantia nostros
Signa uel aurato perfectos limite sulcos

---

p   aereis **G**: aeris **A**.

Et quae multa placent oculis, uel lumina uel me
Dextera deficeret; nunc, quo tenus ire facultas
Mi datur, ibo, sed o si singula dicere possem!
550   Circuitum innumerae surgunt per utrumque fenestrae,   Fenestrae copiosae.
Atque ardens medio Phoebus sese ingerit axe.
Hinc tam clara dies, ceu tecto culmina nullo
Clausa forent, sed se liber diffunderet aer.
Non Vestae si perpetua face Troicus ignis
555 Ardeat et centum lustrent penetralia flammae,
Exuperet lucem. dubitas? Lux lucis origo
Hic habitat roseumque sui iubar explicat oris.
       Hinc iam summa gradum subter fastigia tollam,   Templi laquearia depicta.
Quae nexorum inter sese lapidum aureus ordo
560 Partibus a uariis subuectus claudit et uno
Copulat in gyro; lapidum tamen interuallis
Et suus est honor. en uacuum se gramina fundunt
In spatium (tenuem artificum ne sperne laborem).
Hic graciles serpunt hederae rorisque marini
565 Copia, non desunt candenti lilia flore,
Hic Narcissus adest, et quicquid odoriferum uer
Spirat hians, templum illud idem spirare uidetur.
       Sed quae se medio in circo tam nobilis offert   Insignia Iulii Episcopi.
Effigies, unde ille oculis radiantibus ardor?
570 Nosco signa, suum uentura in saecula nomen
Iulius extollit, uiden' ut sua casside supra
Attollit triplici et phaleris insignia cingit?

[C3^r]

Flexibus in sese terni redeuntibus orbes
Oppositi uibrant^q lucem, ut quicunque uiator
575 Viderit, exclamet^r: „uere haec est Iulia uirtus".
       Dein ubi conuexi se curuatura remittit
Fornicis, hic signa in spatiis duodena senatus
Cernis Apostolici, uultus potes ipse notare
Et mortis genus: ecce gerunt necis arma cruentae.
580 Parte illa uero, qua maxima uisitur ara,
Lassos tolle oculos: summi gens incola caeli
Stat lacrymans. et caussa subest. hic dira flagella,
Ille hastam tenet, et reliqua argumenta salutis
Ostentant alii. sic, o sic incipe tandem,
585 Cum toties oculis infertur amoris imago,
Auctoris meminisse tuae, gens impia, uitae!
       Quid dicam aereae munimina saxea turris?   Turris.

---

q   fibrant **G**.
r   exclamat **G**.

Tellurem est ingens ab ea despectus in imam.
Quae moles! haeret lapidi lapis, ipsa crepido
590 Indeprensa latet, nec ferro aut aere laborat,
Iuncturis uerum ipsa suis genioque tenetur.
Vix oneri tellus satis est, et pondere tanto
Subter anhelat humus. stat ad ipsas machina nubes.
Iam Babylon excelsa sui miracula fastus
595 Ne[s] canat, hic laudum nulla ambitiosa cupido est,
Sola regit pietas summo gratissima caelo.
Scilicet ad templum populos ciet aere canoro,
Posthabitis ut concipiant aeterna caducis.
        Quo feror? immensum rursus mihi panditur aequor,
600 Ast ego, ne timida uectus super alta phaselo
Naufragus eiciar, uersis lego carbasa uelis.
O tantum bona posteritas si discere posset,
Qualia relligio doctis stipata uirorum
Ingeniis fragili det propugnacula sceptro!

[C3ᵛ]

605 Haeresis ingenti totam populata furore   Templa per haeresin uastata.
Franconiam, Diuorum aditis inferre cruentas
Ausa manus, passim erectas euerterat aras,
Iamque putans superasse ipsas conscenderat arces.
Et fors Imperii uictrix cepisset habenas,
610 Ni Dux magnanimus, pietate uirisque peritis   Iulius Episcopus contra haeresin
Eloquio rerumque usu confisus, ad arma   uiros pios & doctos instituit.
Arma uocans, iunctis retudisset uiribus hydram.
Temporis ergo memor uarii sortisque futurae
Castra locat, duplices superaddens militis alas.
615 Pars exstructa colit templa et seruarc iubetur
Excubias Diuum aeternas; hos candidus armat
Mentis amor, sunt tela illis sua uota precesque.
Pars studiis edocta bonis nutantia rerum
Consilio momenta regit; queis prouida uirtus
620 Suggerit ingentes animos et ferrea corda.
Vtraque dum seruet legio, quod cuique tenendum est,
Francia perpetuo celebrabere[t] nomine foelix.

---

s   Nec **G**.
t   celebrabere **G**: celebrare **A**.

⟨ 1. ⟩ INVITATIO AD DEDICATIONEM.

A d nostram, nisi sit nimis molestum,
　　Antiquos, rogo, Tuiscones, Apollo,
　　Inuita mihi dedicationem.
　　Quos uelim, tibi nominabo: primi
5　Sunt, qui Pannoniam colunt priorem.
　　Post hos Boiadum uoca nepotes,
　　Laxo Vangiones sinu deinde,
　　Hinc plebes Athesina Rhetiorum,
　　Omnis cirrigerum manus Sueuum,
10　Omnes Albicolae aduolent Cherusci,
　　Catti, Marcomani ducisque Manni
　　Qui terras habitant remotiores,
　　Hermundurius incola et Trebocci
　　Et gentes Nemetum atque Rauracorum.
15　Demum, ne mora longa, Phoebe, fiat,
　　I uelox, propera uolaque et omnes
　　Templi ad Paeoniae noui uocato
　　Germanos mihi dedicationem!

⟨ 2. ⟩ VIATOR.

Templi conspiciens noui nitorem
Mirari, attonito stupere uultu,
Tandem, cuius opus, rogare. dictum:
Iulii. Salomonis arbitrabar.

⟨ 3. ⟩ CHRISTVS AD IVLIVM.

Descende, Iuli, concitus!
Oportet hoc die domi
Manere me tuae: domi,
Cultu mihi quae splendido
5　Ornata te stat auspice.
Multo Zachaei haec gratior,
Multo beatior: thronus
Perennis ac sedes erit
Mihi, meo semper uigil
10　Huic praesidebo numine.

⟨ 4. ⟩ IVLIVS AD CHRISTVM.

Gaudens en uenio tibi,
Orbis, Christe, caput decusque *rerum*[u],
Gaudens en uenio: poli
Gaudens excipio coloque regem.
5   Sed quid? uerba tenet stupor:
Angustae Omnipotens subire tectum
Haud horret casulae. o nouum,
O mirum, o pietas amorque summus,
O clementia! quo pedes
10   Infers, Christe, tuos, quibus micantum
Axes supprimis orbium,
Quo sacrum caput, ac nimis tremendam
Coelorum faciem incolis?
At quando placet, ecce dexterae nunc
15   Hanc tuae offero, consecro.
Immo restituo lubens: tuorum
Parua haec portio munerum.
Iure debeo cuncta, cuncta reddo.

[Dʳ]

⟨ 5. ⟩ AD IVLIVM.

Templum Iulius exstruit,
Templum nobile, regium.
Templum lustrat idem sacro
Ritu Iulius et prece.
5   Illud Principis, hoc opus
Est Antistitis. o piam
Mentem Praesulis, o Ducis
Pectus nobile Iulii!

⟨ 6. ⟩ AD IVLIVM.

Quantum iam Francis, Iuli, superisque dedisti,
    Si repetas et si creditor esse uelis,
Grandis ab aethereo cumulus debetur Olympo:
    Francica, quod soluat, non habet ora tibi.
5   Pro Kilianea quid enim tibi pendere mole,
    Quid[v] pro Pierii collis honore potest?

---

u   rerum] *suppleui* (*om.* **A**).

v   quid] quia **A**.

Quid pro magnifica miserorum sede cibisque
      Et geminis domibus? munera praetereo.
Quid loquar antiquae fidei redeuntia secla,
10   Condita Apostolico splendida templa choro?
Sustineas superi pro Francis aera resoluent:
      Pro superis referet tergeminata Deus.

⟨ 7. ⟩ AD PEREGRINVM.

Hospes, siste gradum: species pulcerrima templi
      Inuitat, Diuis tecta dicata subi.
Pasce animum prece, pasce oculos: tibi numen Iuli
      Propitium, tibi sint secula longa. uale.

[Dᵛ]

⟨ 8. ⟩ AD EVNDEM.

Ad sacra martyrii quid te penetralia traxit,
      Hospes, ut exsaties lumina? uanus amor.
Vt precibus lachrymisque piis uenereris Olympi
      Et regem et ciues? relligiosus amor.
5   Vt moueant animos, haec dat spectacula; cultum,
      Non ludum superis Iulius esse cupit.

⟨ 9. ⟩ IN SACRI ORNATVS REPREHENSORES.

Ecquid odora iuuat foedis infundere plantis?
      Vnguina nonne piae sunt magis apta rei?
„Vendantur potius pretio et donentur egenis"
      Cum Dominum Iudas uendere uellet, ait.

⟨ 10. ⟩ IN EOSDEM.

Improbe, fragranti spirat tibi corpus odore,
      Cyrrato mollem colligis orbe comam.
Templa inculta iacent. „Deus his non indiget" inquis.
      An non hoc colere est corpora, non superos?

⟨ 11. ⟩ IN TVMVLVM REVERENDISSIMI.

Ioannem, cui larga dedit miseratio nomen,
    Fama refert tumulum constituisse sibi.
Quaerenti causam dixit: „cum cerno sepulcrum,
    Me mors immemorem non sinit esse sui.“
5 Quam rectum sectaris iter, dum marmore, Iuli,
    Busta locas, oculos mors sit ut ante tuos!

⟨ 12. ⟩ IN EVNDEM.

Quis super impositus saxo? dux Iulius. ecquis?
    Iulius, Eoae Francidos arua regens.

[D2ʳ]

Cur pueri gestant, quos portat margo, quaterni
    Lumina? Dux patriae lux cupit esse suae.
5 Virtutum quid signa uolunt astantia circum?
    Talia uirtutum Iulius arma gerit.
Cur medio templo? cernatur ut omnibus. et cur
    Illud? ut Herbipolis sit memor usque sui.

⟨ 13. ⟩ REQVIES MEA, QVIA ELEGI EAM.

Desuper aspectans Kilianica templa repente
    Aligeris placido sic ait ore Deus:
„*Tantane*ʷ tam subito pietas mortalis, ut ausit
    Et queat erigere haec aemula templa meis?
5 Vtra colam potius? caelum hinc, hinc terra: uenite,
    Me meus in terras Iulius ecce trahit.“

⟨ 14. ⟩ TERRIBILIS EST LOCVS ISTE.

Aligeros se nocte uidens dimittere coelo:
    „Terribilis locus est hic“ Iacobus ait.
Ecquis erit, qui terribile hoc templum abnuat esse,
    Quod de supremo Numine numen habet?
5 Huc Deus, huc Natus, caeli huc spirabilis Aura,
    Huc ad sacra acies aethere missa uenit.

---

w tantane] tantam **A**.

Hic Acheron pauet, hic undis Cocytus inhorret:
        Ergo terribilem quis neget esse locum?
Cum Deus hic maneat, cum templum perfida turba
10   Horreat, horribilem quis neget esse locum?

⟨ 15. ⟩ PORTA COELI HIC EST.

Porta coelorum, domus hic supremi
Numinis, multa pietate sedes
Clara: maiestas Domini potentis
        Omnia complet.

[D2ᵛ]

5   Hinc procul crimen, procul hinc malorum
Exulent coetus, animum nouatum
Afferant omnes scelerisque puri
        Ingrediantur!

⟨ 16. ⟩ DVO MINVTA.

Templi gazophylacio minuta
Porto bina, Deus. quid haec? pusillis
Vere sunt atomis minutiora,
At si tu, Pater omnium bonorum,
5   Affundas tua dona gratiamque,
Mox fient ea grandiora coelo,
Quae iam sunt atomis minutiora.

⟨ 17. ⟩ DOMVS MEA DOMVS ORATIONIS.

Quid templum? domus est precationis.
Quid templum? domus ambulationis!
Heu gens caeca, domus precationis
Fit uobis domus ambulationis!
5   Vae uae, funiculis Deus retortis
Quando conficiet sibi flagellum
Erectosque sua repellet aede!

⟨ 18. ⟩ TEMPLVM VIVVM.

Angularis ipse Christus   est domus suae lapis,
Colligantur inde firmo   Christiani foedere.

[D3ʳ]

Angelorum castra circum   muniunt custodiis.
Tutus optas esse? Christi   in domo fias lapis.

⟨ 19. ⟩ IN DEDICATIONEM TEMPLI KILIANEI.

Quae, Kiliane, tuum pertentant gaudia pectus,
    Surgere cum laeta semina fruge uides?
Gens, quae diuinos saxis adolebat honores,
    In sacra saxa Deo fana coire facit.

⟨ 20. ⟩ TEMPLI DATIO REVERENDISSIMI AD D. KILIANVM.

Commendo tibi, Kiliane, nostram,
(Nostram dicere si tamen queamus)
Quae Regi Superum locatur aedes.

⟨ 21. ⟩ IN TEMPLVM.

Quod Caesar Diuis erexit Iulius aedes,
    Artis opumque fuit, non pietatis opus:
Ille quod ad laudem et uentosae nomina famae,
    Pro uera noster relligione facit.
5   Ergo Franconiae, quis te, moderator, Iuli,
    Romulidum Iulii non putet esse parem?

⟨ 22. ⟩ AD NOVAM HERBIPOLIM.

Qualiter Assyrius repetit noua secula flammis
    Ales et ad uitae tempora prima redit,

[D3ᵛ]

Taliter Herbipolis ueterem pertaesa senectam
    Nititur in priscum tota redire decus.
5   Namque ubi diuino claram se Praesule sensit,
    Assumpsit uultus Praesulis ipsa sui.

⟨ 23. ⟩ DEO TER OPT. MAX. VIRGINIQVE MATRI.

Hinc sibi diua Parens, hinc Christus templa petebat,
    Iulius extemplo struxit utrique suum.
Non potuit melius sanctam componere litem:
    O mite egregii principis ingenium!

⟨ 24. ⟩ SODALITAS HERBIPOLENSIS ANNVNCIATA
AD DEIPARAM SEMPER VIRGINEM MARIAM PRO IVLIO.

O Diua Diuis sanctior omnibus,
Regina regum, stemmate nobilis,
    Regina, Mater, sponsa Regis
        Imperio moderantis orbem,
5 O Virgo, coetus parthenii parens,
Patrona, custos, praesidium, decus,
    Aures tuorum da benignas
        Et faciles precibus clientum!
Nostro rogamus pro Duce Iulio
10 Palmasque puro pectore supplices
    Leuamus: hic Francis auitae
        Restituit fidei nitorem,
Hic confouendis hospitium, cibum
Aegris parauit: *quis*[x] studiis duces
15   Praefecit, arces quis locauit?
        Munificus, generosus heros.

[D4ʳ]

Hoc ipse templum magnificum polo
Dicauit, ara tu media emines
    Donanda stellarum corona,
20   Aligerum comitante plausu.
Sic noster ornat Iulius atque amat
Te, Diua: tu, quae munera prodigis
    Laxasque in omnes gratiarum
        Flumina: quippe mare est Maria.
25 Ad uota curris, concita fers opem
Dextramque *porgis*[y] iam pereuntibus,
    Primas amoris uis tenere
        Solicitae similis parenti.
Tu praepotenti protege numine,

---

x   quis] qui **A**.
y   porgis] pergis **A**.

30   Vitae procellis dum quatitur leuis
            Phaselus, affulge aestuanti
                Et placidis Zephiris propelle,
        Donec quieto littore gaudeat
        Vrbis beatae lucraque conuehat.
35   Foelix suo mercatur auro,
                Qui rutilos Superum smaragdos.

DISTICHA CHRONOLOGICA.

AB ORBE CONDITO.

ParthenIaM aCCepIt teLLVs, wIrtzbVrgICVs aLMa
    PraesVL apostoLICVM DVM beat aeDe ChorVM. [3]

AB VRBE CONDITA.

SeXta septeMbreIs soL LVCe praeIVIt Vt IDVs,
    ObtVLIt HerbIpoLIs regIa fana Deo. [4]

AB ORTV D. VIRGINIS.

ChrIstIparae InnoCVos LVX VIrgInIs *InCIpIt* [z] ortVs,
    QVae beat EChterI fana stVpenDa DVCIs. [5]

[D4ᵛ]

A NATIVITATE CHRISTI.

QVa gens LVCe CoLVnt ChrIstI nataLe parentIs
    AeDes VVIrtzbVrgI fIt noVa saCra Deo.

DIEM, MENSEM, ANNVM CONSECRATIONIS, PATRONOS ET FVNDATOREM NOVI TEMPLI KILIANEI CONTINENS.

BIs senos patres ornabat IVLIVs [aa] aeDe
    AnnVVs Vt Magnae VIrgInIs [ab] ortVs erat.

                    F I N I S.

---

3   Die Addition ergibt 6790; als Schöpfungsjahr ist demnach 5200 v. Chr. angesetzt.
4   Die Addition ergibt 2343; unter Abzug der Jahre 753–1 v. Chr. (nicht Null!) ergibt sich 1591.
z   InCIpIt] IncIpIt **A**: IncIPIt **G**.
5   Die korrigierte Addition ergibt 1606; danach gebar Maria Jesus im Alter von 16 Jahren.
aa   IVLIVs] JVLIVs **G**.
ab   VIrgInIs] VirgInIs **G**.

Syncharmata encaeniastica Reuerendissimo atque Illustrissimo Domino D. Ioanni Godefrido Imperialis Ecclesiae Bambergensis episcopo, Cathedralis Herbipolensis praeposito, S. R. I. Principi, Patri Patriae, cum Aedem Deo O. M. B^{mae.} V. S. Pancratio, Diuisque XIV Auxiliaribus, quam insigni magnificentia exaedificauit, solenni ritu consecraret, dedicaret, Patriae totius nomine, summae obseruantiae ac gratulationis ergo decantata a Gymnasio Societatis Jesu Bambergae. Typis Antonii Horitzii. Anno M.DC.XVI.

Vorlageexemplar (**H**): Würzburg, UB, 2 an M.ch.q. 93[1] (fol. 210–225)
Weiteres Exemplar: Bamberg, SBB, R.B. Carm.sol.f. 2

[A^v]

(Abbildung der Kirche, Beischrift: *D. Pancratio Ihm* [!] *Gügell*)

Anno
AntIstes BaMbergensIs
Ioannes GotfrIDVs ab AsChaVsen
erIgIt.
Annum operis quaeris? Ne quaere. En prodidit ipsum
      Auctoris nomen. Prorsus id omen habet.

[A2^r / 1^r]

Scenographica protasis basilicae D. Pancratio sacrae in 𝕲ügel apud Bambergenses.

		Proludium.
	Magnifico immensum luxu uulgata per orbem	
	Pegmata, sideribus raro insultantia cultu	
	Spintharica sudata manu delubra Phanetis,	
	Miramur seri per postera saecla nepotes.	
5	Sic dextrae Iliacos adscripsit fabula muros	
	Artifici Superum; Babylona Semiramis urbem	
	Attalico infamem luxu molita, perenne	
	Auspicibus Diuis decus. en ut nubila cono	
	Pyramidum feriens moles (qua laetus opimat	
10	Nilus aquis coelo spectabile Delta sereno)	
	Attonat ingenii uires aciemque fatigat!	
	Vt saeui quondam radiabant aurea regis	
	Atria Phidiaco caelata toreumate, docta	
	Signinis opera Pario de marmore sectis!	
15	Vt tessellatis crustata asarota sigillis!	
	Musiuum ut ludebat opus mentita Neronis	

---

1 Titel (s. XVII–XVIII): *Parochiae et Ecclesiae Nec non Monasteria Diœceseos Bamb. una cum eorum Fundationibus piis & Privilegiis Cæsareis ac Papalibus.* (gesammelt 1764 für die *Bibliotheca historica Herbipolensis*).

Gesta! ut fulgebant Rhodio laeuore Colossi!
Rarum opus, ut culto splendore lacesseret astra.
Hi uano struxere omnes palatia sumptu,
20   Hi sibi mentiti stulto conamine coelum
In terris, uanae hos rapida uertigine typhon
Gloriae in haec molum praeceps portenta rotauit.
Quam tu disparili, Princeps Godefride, labore
Templa struis, non ut populi mercarier auram,

[A2ᵛ / 1ᵛ]

25   Venalemue queas emendicare fauorem!
Templa struis superi florem testantia cultus.
Tu Diuis dilectam aedem laqueariaque alta,
Artifici detersa manu, sedemque locasti
Pancratio, donis opulentam et Numine Diui,
30   Templum augustum, annis olim decora alta futuris.
Hoc liceat tenui, Princeps, memorare Camoena.   Narratio.
Est locus Eoae spatiosa in Francidos ora
Scheslitium: Arctoo Bambergam spectat ab axe,   Scheslitz.
Tellus messe ferax dulcique uligine laeta,
35   Vrbs Babebergiaco semper famulata tiarae.
Hinc tilias inter, canentia fronde salicta
Ardua praerupto diuertitur orbita celsam
In rupem cliuo: Gugeli nomen auita   Gügel. ᵃ
Sollicitudo dedit. squarroso in uertice rupis
40   Arx habitata olim, demum sacraria Diuo
Pancratio statuit Princeps Antonius, ortus
Rottenhaniaco claro de stemmate, fulgens
In Babebergiaco sceptro sacroque tiara.
Cum putri carie conuulsa fatisceret aeui,
45   Restituit solidam primo a fundamine, dorso
Immoto stabilem, Godefridus Episcopus aedem.
Aethereis substructi operis hinc fabrica in altum
Porrigitur templi, saxis animata quadratis.
Exosa has terras collimat in aethera tuto
50   Interitusque expers nisu petit arduo Olympum.
Scilicet est sedes operi par rupis in omne
Duraturo aeuum, quod non cariosa uetustas

[A3ʳ / 4 (recte 2)ʳ]

Ambedat aut saeclis Tithoni effoeta senectus.
Ergo age nunc scopulis pendentibus aspice molem
55   Fundatam, quam non decumana iniuria coeli
Vlla ruat, non haec ignis delubra procellat

---

a   Im Würzburger Exemplar von Hand nachgetragen.

Tergeminus Iouis irati, non flamina Cauri
Nimborumque faces: iras haec carceris isthic
Aeolii Herculeo sibi conscia roboris ausu
60 Temnent; utque apices uentis discordibus ignis
In tortos surgit delambensque aera uortex
In coelum exundat, sic haec suffulta lacertis
Rupisque inuictae costis, exercita quamuis
Ventorum rabie, solidabitur ardua moles,
65 Moles in seros aeternatura nepotes.
Vestibulum ante ipsum primoque in limine templi,
Emeritos qua Sol fugiens temone supino
Exautorat equos, natiua in sidera rupes
Mole abiens stat, cui celsum caput aere septum   Crux in rupe.
70 Crux supereffulget: longe uisenda per oram
Franciados nostrae scopuloso in uertice rupis
Pellucens certat cliuoso culmine templo.
Aspicit immensum moles elata profundum: Vallis frugifera.
In fundo exerrat uallis longissima, campis
75 Qua nihil uberius; circundant undique colles
Foecundi, Cereri felicia rura secantes.
Istinc Gichanam sublimi in rupe salutat   Arx Gich.
Blande arcem, prisco luxu et splendore recessum
Principis augustum, clara de stirpe Trudingae
80 Sedem olim Comitum, festiua palatia mitrae

[A3ᵛ / 4 (recte 2)ᵛ]

Nunc Babebergiacae, coeli minitata supremis
Tecta cacuminibus, mundi decorata per axem.
Illinc ter denos et quatuor altius imum   Gradus 34 ad templum.
Scando gradus templi ad limen: mirare, Tonantis
85 Regia, uicinum tibi me! tu, rector Olympi,
Aspice, quo sublimis apex, quo surgat acumen,
Quo tandem extremi tendant laquearia tecti,
Cum basis aethereis se nubibus inserat ima.
Haec anabathra obeunt loricae utrimque, decore
90 Compare tanto operi; subter testudo lacunar
Concauat in cameram, fit fornice porticus alto,   Mons Oliueti sub gradibus in alta porticu.
Quae tibi gymnasium Christi duramque palaestram
Magnanimi athletae monstrat luctantis in horto;
Prensantis forti instantem sub imagine mortem
95 Format et extortum diuino e corpore sanguen,
Quo se ad pancratium ueluti ceromate inungit.
Circum moerentes agit in proscenia saxum
Discipulos, moesto proflantes pectore somnum.
Stans iuxta ex acie profugus loculatus Iudas
100 Basia in exitium Domini meditatur alastor.

Post Ioue sub nudo permulto Hyperione diues   *Xystum ante templum.*
Emensis lassos gradibus percommode hypaethron
Excipit, his requiem plantis et pectori anhelo
Exhibiturum. oculis non hic sua pascua desunt:
105 Cinctum lorica xystum, templique pteroma.
Saxa pauimenti tetragona emensa figura
Exerrant reliquam in partem, qua flabra minacis
Bacchantur Boreae, septem subiecta trioni.

[A4ʳ / 5 (recte 3)ʳ]

Post geminis portis adyta interiora petenti   *Duae portae in templum.*
110 Delubri patet accessus; queis stridet ahenus
Cardo, fores ipsae bifido discrimine sectae
Segmentati operis laudant splendore laborem
Artificis, quin et decorant cum postibus antas;
Forma supercilio superadditur arte decora.
115 Ergo spectatum est prothyrum: † cornice repandas
Praefixa ualuas feriamus, ut obice rupto
Lustremus fixo obtutu penetralia Diui.
Ingredimur: sed quo spatiantia lumina primum
Diuertam, quo postremum collimet ocellus?
120 Inter utrumque hirquus dubiis circumuolat alis.
Qualis, ubi in biuio deprensus calle uiator
Stat mentis dubius, quorsum sit, nutat, eundum:
Sic ego multifida confusus imagine rerum
Fluctuo, et ancipites uaria in spectacula multo
125 Scinduntur splendore oculi, per plura uagantes.
Attamen obtutum figit mihi pegmate fornix   *Fornix templi.*
Lunato, artifici dextra, priscaque superbus
Maiestate operis, festiuo splendida luxu
Testudo, non Mulciberis subitura furores:
130 Siue artem molis, seu saxa perennia spectes,
Testudo autori templum inuiolabile spondet.
Suspice, qua rutilo ditescens pallet in auro
Fornicis exsertum cornu, ut laquearia uisum
Pelliciant refugum Arsacio nictantia cultu
135 Hic, ubi spirantes ridentesque undique flores
Inserpunt miro per puluinaria ductu,

[A4ᵛ / 5 (recte 3)ᵛ]

Hic, ubi luteolae pingunt laquearia calthae, –
Quam belle! – ut lyncisque oculusque oculissimus Argi
Hesperidum croceis halantes floribus isthic
140 Luxuriari hortos biferiue rosaria Paesti
Alcinoiue putet uernis topiaria sertis
Paestano hoc templi cultu decorasse lacunar.

Tanta etenim hic series calycum, tam prodiga florum
Luxuries, tanto Oebalias testudo lepore
145 Daedala mentitur uiolas calathosque ligustri.
Aspice, ut exsucci laeta propagine ueris
Pubescant lapides, ut purpureo ebriet imbre
Flora rosas: ecce ut uiuo spirantia odore
Lilia uernanti laquear discrimine sulcent.
150 Iam iam tot florum radiis in plurima sparsos
Mens erat obtutus in centrum cogere, ne tot
Ingenii transfusa tubis gracilescere uena
Occipiat penitusque prius quam incilia roret
Singula, defiat sitiensque exareat undas.
155 Fecissem prorsus, ni multicoloribus icta
Picturis suspendisset mea lumina fornix.
Quatuor hic in quincuncem digessit Apelles   IV Doctorum Ecclesiae in fornice effigies.
Doctorum formas, uelut horti germina uerni
Protrusa e terrae gremio; dextram occupat ille
160 Nectar, et ambrosiae spirans uoce, ore liquores
Eloquii Ambrosius diuini; hunc respicit alter
Pannoniae Stridone satus, praeco ore trilingui
Eliciens flammas diuini semina amoris
Abstrusa in uenis silicis; post proximus isti

[a5^r / ⟨4⟩^{r}]

165 Bifronti mitra antistes Carthagine natus
Augustinus adest; huic is, cui tempora rugat
Cana triceps (clara partus uirtute) tiaras,
Gregorius, cultu et placido uenerabilis ore.
Porricit hos inter radiata in imagine Christi
170 Testudo Nomen, Mariaeque (quod aurea uestit
Bractea) in aduerso tecti interfulgurat orbe.
Ast ne mole labans et pondere lassa suopte
Pensilis haec florum tellus subsidat, aheno
Robore substernunt camerae radicibus armos,
175 Qui proceres subeant, flatu Telamones anhelo.   Telamones sustentantes cameram.
Vix tremulos teneat naso crispante cachinnos
Crassus conspiciens, grandi ut sub pondere pressi
Rictibus obstipis os sparsum Atlantes hiulcent
Succubi, et inquirant, transuersa tuentibus hirquis,
180 Queis tantae alternent, humeros, fastigia molis.^{b}
O mihi centoculi si Iuno accommodet Argi
Lumina (pauonis quae quondam larga superbis
Pinnis insinuans oculata emblemata pinxit),
Omnia quo liceat uigili percurrere uisu!

---

b   humeros *sc.* quod ad humeros spectat.

Nunc pars in muros insueto albore nitentes,   Parietes templi opere albario uestiti.
Pars et in extantes bis septem haud impare cultu   14 pylae^c in pariete extantes.
Fusa pylas, queis incumbit super extima moles,   14 Auxiliares Diui.
Transiret, pars in reduces summo aethere Diuos
Bisseptem, optatum coetum, mitesque Patronos,
190 Auxilium quibus, ac uitae Moderator Olympi
Commisit tutelam hominum, quos prodiga laudum
Virtus Ioannis Godefridi antistitis aula

[a5ᵛ / ⟨4⟩ᵛ]

Siderea excitos sacra hac in sede locauit.
Tu mihi Praxitelis tornum, siue Alcimedontis
195 Iurabis caelum rediuiuum aut Mentora scita
Exsculpsisse manu: sic haec illustria nusquam
A ueterum abludunt splendore toreumata formis.
Sic Phrygio expressi uultus in marmore uiui,
Daedaleae sic naturae manus aemula caelo
200 Saxum animauit iners, ut non simulacra, sed ipsos
Hic simulet reduces rediuiua in corpora Diuos.
Quod tetrico saxo natura nouerca negauit,
Hoc manus artificis tribuit ceu blandula mater.
Quisque suo in loculo positi bifido agmine diuo
205 Pancratio arrident, cuius se munere norunt
Hanc habitare aedem, tum seque illumque beatos
Conclamant sedemque sibi gratantur ouantes;
In certum egregii uotis consentibus omnes
Principis auxilium coniurant; sanguine fuso
210 Praede dato uideas certatim offerre salutem.
Hanc ego dum fixis perlustro obtutibus aedem,
Paulatim exoculor, uisum terebratus acuto
Fulgure: bisseptem, quibus est oculata, fenestris   XIV fenestrae.
Praestringit fulgore aciem, ceu sidere coeli
215 Stellati uario, quouis a cardine Phoebus
Illabens umbram hinc penitus proscribere certat;
Credas cum tota Solem influxisse quadriga.
Inde fenestrarum uultus diuertit ad antas: Latera fenestrarum expicta.
Hic latera, ut uario depicta emblemate, cernit,
220 Sole repercussa ut scintillent luce fenestrae,

[A4ʳ / 5ʳ]

Vt Phoebi radios pictura reuerberet orbes
In trallucentes: Iris Iunonia non tam
Formosum sole aduerso testudinat arcum,
Cum picturato pluuium arcuat aethera gyro.

---

c   *sc.* pilae (*cf. infra v. 286 necnon descript. Molshemens. v. 223*).

225 Cernit, ut aligeri iuuenes tragici arma theatri	Angeli cum armis Passionis.
Sortiti pariter pandant ex ordine Christi	
Feralem mortis protasin: sub imagine tristi	
Omnia in orchestram et scenam produxit Apelles.	
Accedo propius; tandem tua limina calco,	
230 Ara, Sophoclaeo Musis decoranda cothurno.	Altare maius.
Bisseptem subeunt illinc subsellia, pone	14 sedilia.
Insequitur festo superexstans exedra cultu.	Sedes Principis.
Quam supra irradiant auratae insignia mitrae,	
Consuetis incisa notis, et stirpis auitae,	
235 Principis unius plantis calcanda cathedra.	
Binae utrimque arae cultu non impare prostant.	Binae arae laterales.
Quam picturatas festiuo carmine formas	
Effigiare uelim Polyclisque expingere scalprum!	
Sed me uisendi praecox prolectat orexis,	
240 Quae tandem lateant, ubi ianua cardine aheno	
Segmentata crepat. uideo: sacraria gnauus	Sacrarium.
Condendis opifex substruxit uestibus, ultra	
Proiecto in podio muros; Marpesia cautes	
Substat et aeternae moli fundamina spondet.	
245 Haec infra; supra odeum sibi uendicat Orpheus,	Odeum.
Indutum alborem et cancellis undique septum.	
Seu uelit Amphion uaria in discrimina uocum	
Elingues animare tubas, seu pollice suaue	

[A4^v / 5^v]

Carpere ebur, siue ut melicum pandura susurrum	
250 Clangat, ut Orphaeos reboent laquearia pthongos –	
Non ut Lenaei celebrent trieterica Bacchi	
Orgia, nec Lycei peragant Hyacinthia Phoebi,	
Sed templi Indigetes summumque ut Numen adorent.	
Nec minus artificis similis sibi dextera semper	
255 Arte pauimentum coluit, limbisque subactam	Pauimentum.
Compsit humum, sulcans tetragonis tergora rhombis.	
Subter humum in cryptam per apertae uiscera terrae	
Pertusam ducunt sinuato cochlides arcu:	Crypta subterranea in petra excisa,
Septem anabathra decemque leui sinuamine gyrum	in quam 17 gradibus descensus est.
260 Describunt; hinc per uastae interuenia rupis	
Spelaeique imas diducitur orbita fauces.	
Hinc lucem tenebrae noctisque umbraeque tenaces	
Proscribunt aditusque negant solaribus astris.	
Xerxaei sudoris opus, qui pertudit olim	
265 Arduum Atho, Siculi Brontae labor improbus antri.	
Fallor, an abstrusae Caci in secreta cauernae	
Praecipito, retro mea ni uestigia uertam?	
Fallor: in excisum duris e cautibus antrum	

Emensa rupis spelunca uoluor – in antrum?
270 Erro: sunt saxo sacraria structa quadrato   *Sacellum D. V. infra cryptam.*
Coelicolis. arcum laquear testudine curua
Cornuat inflexum, quem loricata superne
Crusta tegit. quadrata infra uestigia uerrunt
Saxa soli; Eoas partes sibi uendicat ara.
275 Pars qua Sol axis medium tenet, ostia pandit   *Porta quae 12 gradibus*
Bis senis gradibus fundum ducentia ad imum.   *ad templi radicem ducit.*

[B^r / 6^r]

Hinc nunc retrogrado relego uestigia gressu
Per rupem rursumque aedis laquearia lustro.
Qui Paphiae rabido sandalia splene cachinnans,
280 Mome, notas, blattis tineisque nocentior, eia
Huc ades, et si fors patulo in conuitia rictu
Stringere stat linguam, si quid tibi desipit, aude:
Nil hic, quod uitiet, superest, malesana proboscis.
Sed tamen, o Princeps, quae mens sensusue subegit
285 Bisseptem numerum toties componere in aede,
Bisseptem posuisse pylas totidemque fenestras,
Bisseptem Diuos, totidem subsellia? forsan
Velantur numero hoc caecae mysteria Sphingis.
Inde, ora qua Phaebus abit, mihi ianua pandit
290 In xystum reditum; hic, quanto conamine turris   *Turris templi.*
Adsurgat, qua mole, uides: stupet Arbiter aethrae
Et Pallenaeos coelo capita alta ferentes
Formidat fratres Superos in bella ciere,
Credit et aereae componere Pelion Ossae –
295 Sic se remigiis saxorum librat in altum,
Sic sublime uolans stat saxea turris ad astra.
Ipse opifex stupuit supra se nubila uectum;
Sydera quin turris cono subiecta superba
Inuidia exoptant in par excrescere culmen.
300 Subiectum attingo deuexo uertice tectum,   *Tectum. Ab utraque tecti ora Crux aurata.*
Lamina quod squamat. duplex utrinque tropaeum
Sacrae insigne Crucis quanto splendore coruscat!
Aspice, ut excelsum caput exserat ardua moles,
Moles, uegrandes quae delassaret Atlantis

[B^v / 6^v]

305 Robore coeliferi suras uiuumque per armos
Diffusum eliceret robur; quin ipsa superbit
Petra onere ingenti, suppressaque pondere tanto
Subter anhelat humus uastis his molibus impar.
Spectatum satis est: fessis per plurima plantis,
310 Fessa oculorum acie, calamum subducere chartae

612

Stat; tantum quinquagenos et quatuor ante Ad septentrionem gradus 54.
Decliues calcare gradus, Erymanthidos Vrsae
Axem ad suppositum stellis, sententia menti est.
Ne nimium excrescat seraque coronide longus
315 Sit liber, en: sisto finemque impono labori.
Haec uisenda stylo tenui prolusimus; olim
In tua centenas alii, Illustrissime Princeps,
Aptabunt opus ob tantum praeconia uoces.

***

Encaeniasticon, quo opus suum R(euerendissi)mus et Ill(ustrissi)mus Princeps D(eo) O(ptimo) M(aximo) sacrat, D.

Affla secundos auxiliantium
Euros fauorum, coelituum Pater,
    Nostros ad usus; uota faxis,
        Quae tibi millia machinamur.
5 Non hic prophano desipientium
Ritu Quiritum florea sagmina,
    Porcasque uerbenasque crudo
        Inferias dabimus tyranno

[B2^r / 7^r]

Aut immolaturi Berecynthiae
10 Aut fabulosis manibus hostias
    Molimur incassum, paratu
        Inuidioso hecatombam ad aras.
O aeuiternum Numen, amabiles
Castasque casto nos tibi uictimas
15   Atque incruentas incruento,
        Obsequioso animo paramus.
Quam quinque molem messibus arduas
Moliti in auras Pancraticam sumus,
    Ollam tuis iam dedicamus
20   Numinibus patriisque Diuis.
Aras corusco marmore nobiles
Afflamus Indi turis odoribus;
    Has gratiosis, Numen, hauri
        Naribus illecebras odorum.
25 Aras Hymetto tingimus unguine,
Aras prophana iam uetitas manu
    Tangi, ast sacris donariorum
        Missibus atque piis beandas
Votis. frequenti nobilitant diem
30 Taeda daduchi: singula cereis

Hic mille flammescunt; columnae
　　Lumine sub tremulo renident.
Fundum superbis cum laquearibus
Piaculari perpluimus tibi
35　　Tethy; hinc dolorum structor ergo
　　　Exulet hinc Baalim Dagonque.

[B2ᵛ / 7ᵛ]

Aeris Corinthî sidera plausibus
Diuerberamus; carmine musico
　　Accendimus coelum, cupitum
40　　　Obsequium tibi praestituri.
Non irretortis luminibus, Deus,
Ausus tuorum temne clientium;
　　Non uota, non festos paratus
　　　Implacido prohibesse uultu.
45　Dum sumptuoso rex Salomonius
Luxu superbi tecta sacrarii
　　Deuotat insuetaque pompa
　　　Mille greges ouium boumque
Armenta uasto mactat in atrio,
50　Cunctos inerti corripuit stupor
　　Sensu tremoris, uim supremi
　　　Numinis indigitans latentem.
Totam replesti Numine fabricam,
Miraculoso Nubis amictulo^d
55　　Pullatus atrae, gratiosos
　　　Innuitans populo fauores.
O nos obumbres si pare Numine,
Numen supremum! Tam prope si tuos
　　Nobis redhostias fauores
60　　　Gratuitamque benignitatem,
Tandem annulatas stellifero manus
Coelo supinamus, prece supplici
　　Deposcitantes, hanc ut aedem
　　　Qui pius ac ueneratus ambit;

[B3ʳ / 8ʳ]

65　Arasque uotis imbuit hostiis,
Aut sacra Diuis auxiliaribus
　　Oscilla ceratasque figit
　　　Pectore candidiore taedas,
Voti facessat protinus hinc reus
70　Multiplicato foenore ditior;

---

d　Im Würzburger Exemplar von Hand aus *amiculo* verbessert.

Seu poscat immortalitatis
  Proemia, seu facilem caduci
Beatitatem corporis, aut boum
Armenta tristi depopulans malum
75 Contagio tolli, Iouisque
   Nimbiferi rabiem refringi.

***

S. Otto donatus nuper templo applaudit encaeniastico S. Pancratii.

Sic est: nostra duos populos industria formans
  Olim, non tenui foenore diues erat.
Sic est: Bambergae Praesul gratissimus Otto
  Spargebam tenero pascua laeta gregi.
5 Mox inhians alii praedae Pomerana petiui
  Oppida, praeceptis erudienda meis.
Lucem Euangelii fundo, gens cruda refundit
  Verbera, conspurcans non rea membra luto.
Emicuit tandem ipsa fides potuitque domari
10 Effera plebs. Vinci quid patiendo nequit?
Plurima sunt hominum lustrata salubribus undis
  Millia, supremo quae data praeda Deo:

[B3ᵛ / 8ᵛ]

Ast fatui cana pro relligione nepotes
  Aures haereticis exposuere tubis.
15 Nunc alios schola nostra fouet pruritque magistros,
  Ac insyncero dogmate uersa perit.
Vna mihi de tot Bamberga laboribus extat,
  Priscam perpetuans obsequiosa fidem.
Illa Deoque mihique nouos indixit honores,
20 Solenni instaurans templa sacransque manu.
Te laudesque tuas obliuia carpere nolens
  Condidit ex ima templa perampla basi.
Gratulor in mea regna tuam peruadere famam:
  A te etiam nostras incola poscet opem.
25 Gratulor et comitem nostris te laudibus addi,
  Subsidium pariter grande patronus eris.
Annua dum tacito labentur tempora fluxu,
  Festa recursabit gloria, festus honos:
Quartaue quae Maii *Idus*ᵉ lux ante nitescit,
30 Illa tibi ritu supplice sancta uacat.
Cur uerno gaudet cultu? cur aere sudo?

---

e Idus] *scripsi (cf. pag. 280 not. 27)*: Nonas **H**.

Cur, dum florenti germine ridet ager?
       Sic multus ueniet uestras peregrinus ad aras,
              Sic plures carpent ad tua tecta uias.
35   Sic tardas nec bruma moras, nec sidera nectent,
              Cum patre quin lentus pusio uoluat iter:
       Sic ordo numerusque tuam densissimus aedem
              Stipabit, uiduus munere nullus erit.
       Sic in finitimos Christi se gloria fundet,
40   Exul coelicolum sic remeabit amor.

[B4^r / 9^r]

       Haec tibi Pancratio quis praesul gaudia fecit?
              Quisue tuas tanto dotat honore domus?
       Stirpe Aschhausana prodit celeberrimus heros,
              Hunc, te ut nobilitet, plurimus urget amor.
45   Illius auspiciis templum tibi mole sua stat
              Sacraturque piis usibus apta domus.
       Posce uiro faustae protendi stamina uitae,
              Ni rerum pigeat te decorisque tui.
       Sis Aschhausanae tutela propaginis, auxit
50   Illa tuum terris sideribusque decus.

                                            ***

Syncharmata S. Pancratii ad Diuos XIV. Auxiliares.

       Quis nouus aethereis Aethon despumat in oris
       Luxuriansque iubis grauido, Titane, triumphat?
       Numquid terrigenum flammans diffulgurat aethra
       Lumina stelliferis nostratibus aemula tectis?
5   Quid mens, quid, socii, praesagit uestra, Quirites?
       Ecce nouis Diuum iam mactor honoribus, auctus
       Sedibus augustis; quantos mihi thuris aceruos
       Exhalant Arae? sic semper honore beanda
       Haec mihi lux. et uos, socii Diuique locorum,
10   Quos Superumque hominumque Parens hac sede morari
       Iussit praesidium patriae populisque futuros:
       Vos eadem sors mecum, eadem uos gloria tangit:
       Vt mihi, sic uobis campano sidera pulsu

[B4^v / 9^v]

       Applaudunt. faustos omnes omnesque beatos!
15   Vos bis septenos, fidissima pectora Diuum,
       Affor Alexicacos, cladumque luumque Patronos,
       In sua quos faciles senserunt uota clientes,
       Aut quos dira fames tristisque exercet Enyo

Aut aliis aerumnarum sors aspera telis.
20 Te face succinctum Blasi, te Vite lebetis
Victorem igniti loquor, et te sorte Georgi
Mactatum pare, quemque caput ceruice reuulsum
Altrices Heliconiadum uenerantur Athenae:
Cyriacum saeuo laqueantem daemona ferro;
25 Teque cathenantem Stygium Margrita tyrannum,
Aegidium caprea insignem adsultante, suoque
Eustachium ceruo; notam te Barbara turri
Teque supinatum sine renibus affor Erasme;
Et te spinoso fodicatum uertice Achati;
30 Pantaleonque, graui transfixum tempora clauo;
Et te Christophorum curuatum pondere Christi,
Teque rota gladioque parem Catharina cruento.
Dicite pomposos ergo, fratresque sororesque,
Applausus inter, quo tanta silentia uobis?
35 „An fas, insolito reboent cum caetera plausu,
Cum prope sidereo splendescant omnia luxu,
Et decus ad nostrum, Diui, laudesque Tonantis
Haec noua festiuum reddant laquearia cantum,
Nos quasi fraenatis unos mutescere linguis?
40 Expertemque diem plausus, iustaeque carentem
Laetitiae, caeco nobis a uespere condi?“

[C^r / 10^r]

Ast quorsum faciant haec uestra silentia, nosco.
Scilicet insuetos mecum spectastis honores
Attoniti, mecum pompas festosque paratus
45 Arsurasque faces et tantos thuris odores
Tantaque raucorum ingenti displosa fragore
Murmura bomborum; uulgique uirumque phalanges,
Magnorumque choros heroum, supplice nostras
Qui pede solicitant aras, uotisque fatigant.
50 O heroa, decusque uirum Diuumque propago,
Hos qui coelestes nobis impertit honores!
Ecquis erit, comites? nec enim nescisse clientem
Fasque themisque sinunt: memoris meminisse iuuabit.
Ast notum notis, scitumque scientibus ultro
55 Eloquor: est Babebergiacae fax aurea terrae,
Est patriae columen, summo cui mitra renidet
Vertice, Godfridus, coelo gratissimus heros.
Hic Primas nostros molem hanc substruxit in usus
Aetheream, hic Diuum nobis conflauit honores.
60 Prisca minabantur celeres monumenta ruinas,
Nec minus interea tacito nostratia morsu
Tempus edax rerum, et caries simulacra uorabant.

Multa tamen populo pietas ardorque terendi
Limina nostra tholisque frequens donaria summis
65   Figendi. hic nostras supplex peregrinus ad aras
Cottidianus erat. pro, quantos inde fauores,
Quae data uota tulit! quo macti pignore nostris
Abscessere adytis! animos haec cognita uulgo
Suggessere uiro pronos tacitisque aluerunt

[C^v / 10^v]

70   Sensim incrementis, nostras decorarier aedes
Vt moliretur: sua stabit gratia facto.
Ergo nouas rerum facies a sedibus imis
Induxit, uultus alios aliosque colores:
Quod prius angustum male culta rupe sacellum
75   Haeserat, augusto nunc surgit in ardua cultu.
Antoni Rotenhan cum Groſs de stemmate Troccau
Babenbergiacae quondam lectissima sedis
Culmina, quam uestros animari posse calore
Optarem reduci cineres coelique sub auras
80   Emitti posto lethi feralis amictu!
Qualia uibrarent oculos spectacula uestros?
Quam pulchram, excusso ueteri lurore, figuram
Multo semirutam seclo, canaque fatiscens
Annorum serie, uestris e sumptibus olim
85   Magnifice exstructum fanum, nobisque dicatum
Coelitibus, rursus sibi festo inducere luxu
Aspectaretis, suspensi animosque oculosque!
Hic Aschhausiades uno conamine molem
Hanc uestram eripuit casu celerique ruina,
90   Et prope quae dederat Gethicis obliuio uentis
Nomina uestra, uirum pronas reuocauit ad aures.
Hic igitur uestri rediuiua perennat imago,
Dum tantum consistit opus, dum insignia laeuas
Vestra fores templi stipant. hic posthuma primos
95   Istius auctores operis uos audiet aetas.
        Sed, uos, o Diui, refero uestigia uorsum.
Hic uos Eoo sculptos e marmore sisti

[C2^r / 11^r]

Sublimes uoluit stelis altaria circum.
Hic est, quem pleno madidum sudore, parique
100   Relligione sacris operantem aspeximus ante;
Corpore qui quantum reliquos supereminet omnes,
Tantundem uirtute praeest, et honore tiarae.
Ast age, quid pretii tanto pro munere tantus
Antistes referet, summae cui gloria curae

105 Nostra est, et nostros tam prodigus urget honores?
Scilicet aethereas est transcribendus in aulas.
Mortali at quando mortalis uescitur aura,
Praesentem experiatur opem nostrosque fauores.
Bis senas binasque locauit in aede fenestras,
110 Queis Babebergiacas oculis describere terras
Et datur, et uolupe est, alti per lumina templi
Hinc blandas nemorum frondes, segetumque uirorem,
Hinc pagos, populosque, urbes arcesque tueri.
Has, reor, ad numerum numero non impare nostrum
115 Disposuit, nostroque suas uult Numine terras
Arcerique malis faustisque bearier annis.
Ergo agedum qua cuique libet statione fenestram
Quisque unam teneat stabilem, insomnique iacentes
Prospectu capiat campos, hominesque ferasque
120 Et lue securet, fatisque minantibus iras.
Mens immota mihi perstat uigilantia nusquam
Lumina Godfridi subducere Praesulis aula.
Perdius et pernox illuc mea cura feretur.
Et datur, illustri dum sto sublimis in ara,
125 Immoto uultus radio pia Principis ora

[C2ᵛ / 11ᵛ]

Visere: nam docto turris se diuidit orbe;
Orbis ad hos miro fabrefactus schemate fines.
Iam uos fautori quo sitis pignore, Diui,
Fauturi, solito nobis placet ordine pandi.

***

Diuorum Auxiliarium officiosa apocrisis.

S. DIONYSIVS.

Vt mihi messuerit crudo caput ense Tyrannus,
  Non ideo auditus clauserit ille poros.
Ergo preces gemitusque uiri cum foenore summi
  Numinis ad gremium fautor et ora feram.

S. VITVS.

Ars mea, Phoebe, tuas ridetque Machaonis artes,
  Sentiet has nostras cum grege Praesul opes.
Seu leuet inflatas generoso sanguine uenas,
  Seu bibat Eoi pharmaca, fautor ero.

S. ERASMVS.

Viscera crudeli tortor mihi sustulit ausu:

Te nihil in me iam, quod remoretur, erit.
Iam tibi iamque tuis patulo disclusus hiatu
　　Venter hiat: condi si placet, ecce, licet.

S. CATHARINA.

Arguar ingrati rea nominis? inque clientem
　　Turpi proclamer crimine parca? nefas.
Hinc labyrinthaeos fidei reserabo recessus,
　　Inde sed hostiles ense fugabo metus.

S. BLASIVS.

Ardet inextinctae nobis fax cerea flammae:
　　Non hanc Caucaseo sopiet ore Notus.

[C3^r / 12^r]

Ergo dum rerum dubiis anfractibus urgent
　　Godfridum curae, Phosphorus alter ero.

S. EVSTACHIVS et S. AEGIDIVS.

Nos capreas ceruosque saginatosque iuuencos
　　In uestras dabimus, praemia grata, plagas.
Fatales pecudum strages cladesque ferarum
　　Pellemus medica, si ferat usus, ope.

S. BARBARA.

Tres ego sum Triadi quondam molita fenestras,
　　Vni unam mihi tu (par pare gaudet) agis.
Ecquid erit pretii? turrim quae stat pede, castris,
　　Huc fors si qua ruant, oppositura forem.

S. CHRISTOPHORVS.

Hunc ego, mortales simul atque excusserit artus,
　　Astra super tollam, coelituumque choros.
Et modo curarum si pondere pressus anhelet,
　　Pars cadet in scapulas dimidiata meas.

S. MARGARITA et S. CYRIACVS.

Vae tibi, qui toto Sathanas baccharis Auerno,
　　Si qua Tartareas struxeris arte strophas!
His Erebi praeceps uolueris in antra cathenis,
　　Expertus nostras, dux Stygis, anti-strophas.

S. ACHATIVS.

Mors, flagra, crux, claui, fel, spinea serta fidelem
　　Me duce pro Christo Christiadisque probent.
Hos iterare magis mens est mihi posse dolores

Quam Babebergiaci spernere uota gregis.

S. GEORGIVS.

Me sacer armatum cataphracta pingit Apelles,
    Tu melius mersum urnae igniuomaeque pici.

[C3ᵛ / 12ᵛ]

Seu nostras igitur bellum seu incendia poscant
    Vires, has metuent ignis et arma manus.

S. PANTALEON.

Implicitas capiti duro mihi uulnere palmas
    Fixerit ut caeco cruda furore manus,
Non uis ulla tamen ferri chalybisque moratur,
    Quin manus in tantum sit mihi larga uirum.

***

Epinicion Pancratianum.

    Feralis ecquae fax tua lumina
    Funestat, artus quis lacrumosior
        Exossat, Octauilla, luror,
            Romulidum decorata fastis!
5   En quod cruentum fletibus irrigas
    Funus, profusos huic Babebergicus
        Sacrat Triumphos Inquilinus,
            Aethereo reboante plausu[f].
    En quod premendum cespite funebri
10   Corpus supremo perluis unguine,
        Huius sacros solenniori
            Tollimus hic cineres theatro.
    En quem uidebas subdere perfidae
    Collum machaerae, quem nece praecoci
15   Raptum gemebas, hic superstes
            Victor agit melioris aeui:

[C4ʳ / 13ʳ]

    Aras Sabaeo lustrat aromate
    Victoriarum foenore nobilis
        Coelique praegnans fruge, palma
20   Pancratii generosioris.
    Non ergo fletus, non lacrumabile
    Funale, nostris degener ignibus,

---

f   Im Würzburger Exemplar von Hand aus *plusu* verbessert.

Offuscet, Octauilla, festos,
       Quos Superis agimus, triumphos.
25 Stent uota nostris consona plausibus,
    Victore dignas tu quoque laureas
          Profer, serenae lucis astro
                Accine palmiferum celeusma.
    Vah Maximini corda tumentia!
30 Vah Inferorum toxica spicula!
          Vah impotentis regna sceptri!
                Vah rabies Diocletiani!
    Haud Martis ulla ui ruit armiger
    Exercitatus puluere coelico,
35   Nec si Cyclopum incude tunsas
                Aegidas obiiciat tyrannus.
    Ancile nullum, nulla panoplia
    Huius strategi fortior impete:
          Caput recisum, certa laurus
40   Perpetuique seges triumphi.
    Sed trina nondum uersat Olympias
    Impuberem, cum diues inebriat
          Murex sacratam uestem, ouatque
                Caelicolum trabeatus aula.

[C4ᵛ / 13ᵛ]

45 O fortis omni puluere Pancrati!
    Mactande summis uictor honoribus!
          Quam ferbuisti, laureato
                Stemmate Pancration decorans!
    Sic, sic cicatrix sanguine roscida
50 Partam cadendo prendit adoream,
          Sic uota feruent militantis
                Sidera uulneribus pacisci.
    Phryx, redde parto iubila semini,
    Profunde laetis cantica plausibus
55   Victricis, Octauilla, Lauri,
                Quam superi recolunt honores.
    Isthoc triumpha, Roma, feracior
    Caeli Quiritum sanguine, pignore
          Isthoc triumpha, purpurata
60   Murice uirginei cruoris.
    Prognata partu filia nobili
    Tecum triumphat nunc Babebergica,
          Victorias cantat perennes
                Pancratii fauitore coelo.

                                    ***

622

S. Pancratius dioecesi Bambergensi Pancration.

Quantum est, horrisono feruentibus aethere nimbis
    Intactum medio fulmine ferre caput!
Quam uolupe, insano uictorem uortice ponti
    Incolumi marmor dissecuisse rate!

[D^r / 14^r]

5   Quam pulcrum, excoctum fornace probatius aurum
      Fulgore irradians pondere stare suo!
Ardua sed quantum est superasse cacumina coeli,
    Et modo terrigenis porgere posse manus!
O Babebergiacae fidissima pignora sedis!
10   Hic mihi iam dio munere cedit honos.
Haec modo coelifluo perfundunt impete mentem
    Gaudia et exilii me memorem esse uetant.
Tanta triumphanti decernitur aethere merces,
    Tantum urgent plenos coelica dona sinus.
15   Huc purae radios sublime intendite mentis,
    Non pigeat superas isse, redisse plagas.
Ecce per aethereos fusi longo ordine tractus
    Victrices laeti prendimus aureolas.
Hic aeterna sonant epinicia, iubila, plausus,
20   Cum lucta aeternum luctus et exul agit.
Hic uelut athlothetae feruenti gymnade caestus
    Cernimus, at rarus puluere uictor abit.
Sunt, quos exstimulat ludi ceroma Nemaei,
    Sunt, queis prae reliquis Isthmia feruet aphe;
25   Hos Panathenaea, hos et Olympica inire conistra
    Clarus agit sudor, Pythius armat honos;
Prouocat hos lucar tenuis, spes ima lucelli –
    Sic uarios uario puluere meta rotat.
Pancratiasta tamen pugilum celeberrimus Atlas
30   Rarus; nam solus praelia uictor agit;
Vni prae cunctis sunt niceteria, et unum
    Inuicti passim nomine fama refert.

[D^v / 14^v]

Hoc in pancratio Babebergica robora sudant,
    Quos pietas patrio firmat auita solo.
35   Hoc pia testantur clarorum facta uirorum,
    Hoc erecta sacris dant monumenta locis.
Nequicquam haereseon uis impia spargit arenas:
    Non in pancratio, ludit in acratio.
Vos modo pancration stabili decurrere meta
40   Pergite: uictores praemia certa manent.

Nec labor insistat, nil citra pulueris haustus
  Dignum laude: suo gemmat honore labor.
Non hic Salmacidum spolium, nam uulnere uirtus
  Virescit, coelo condita palma uiret.
45 Cernite magnanimos Godefridi Antistitis ausus,
  Heroumque quibus feruet arena uiris:
Sic Neustetteri, sic Hectoris; inclyta uestri
  Fulmina pancratii, robora, fulcra, bases.
Currite constantes Christo duce et auspice Christo,
50 Cuius sacrato sanguine trita uia est.
Hac iter est sanctis, hic praemia opima laborum,
  Hic mea nunc requies, hic meus ardet amor.
Quem nisi uictorem comitatur adorea? cuius
  Sidereo rutilant fixa tropaea tholo?
55 Sic qui pancration superauerit, omine certo
  Hunc coelo aeterna fronde beabit honos.

***

Protrepticon ad Franconiae Limitaneos.

[D3ʳ / 15ʳ]

Nescit iubatos uallibus infimis
Locare foetus montiuagus leo:
  Non fulua Diuum Patris ales
   Sceptrigeri struit in supinum
5 Nidos salictum; nec triuialibus
Scit muniorum nobilium insolens
  Prensator arctari synedris:
   Summa cupit monimenta summis
Virtutis extent uerticibus suae.
10 Sic est: sereno labitur aethere,
  Bamberga, Titan axe sudo
   Labitur auspiciis secundis,
Pompaque diues magnifica dies.
Procul facessat sollicitus timor
15 Atraeque curae, adsint Olympo
   Penniferae Superum phalanges.
Viden' salutis, Pancratius, tuae
Pars magna ut imis uallibus in iuga
  Adsurgat, ut sublimis alta
20   Mens iuuenis meditetur astra?
Nam Gugulaeis collibus arduas
Selegit aras, qua radiantibus
  Phoebum micantem Gichianum
   Spectat opus facibus superbum.

25 Lysippus aram marmore diuitat,
Raroque saxo luxuriant tholi:
Diuis feruntur candidati
Liba manu immaculata Mystae.

[D3^v / 15^v]

Huc, quos polorum scandere limina
30 Vna iuuabit, regnaque coelitum,
Seu cum caballus primum Eous
Lumina grata uehet quadrigis;
Seu cum colores auferet ignea
Diana mundo, munera diuite
35 Cornu patrono fusi ad aras
Lecta ferent auidi clientes.
Huc diues orae Francidos incola,
Insigne Moeni spumiferi genus,
Cronacus aeuiterna figet
40 Culminibus monumenta summis.
Huc gnauus agri finibus ultimis
Cultor Thuringi praecipites leget
Gressus, lacertososque quotquot
Noricus altat ager^2 colonos.
45 Dulci ac amica cedere patria
Longae fatigent non animum uiae,
Non saxa, dumosaeque rupes
Liminibus remorentur altis.
Nam nescit heros uertice coelitum
50 Summo locatus uallibus infimis
Terrae immorari, nescit imis
Terrigenum studiis teneri.
O purpuratae murice nobili
Pars magna turbae, maxime Pancrati,
55 Capesse subridente tandem
Templa tibi laqueata uultu.

***

Chronologicon.

IVnIVs eXtVLerat VIX Nonas, PraesVL ab AsChaVsn
HoC CVM PanCratIo nobILe ponIt opVs.

---

2 Dem Titel des Gedichtes entsprechend bezeichnet *Noricus ager* hier nicht Noricum, sondern den bayer. Nord-
gau oder das Nürnberger Gebiet; vgl. Buzás – Junginger 174–176.

III. Molsheim

Jodocus Coccius, Descriptio templi Molshemensis Societatis Iesu. *In:* Inauguralia Collegii Societatis Iesu Molshemensis, solemnibus feriis encoeniorum Templi Deo consecrati, Academiae recens publicatae, et doctoralium honorum, ad Dei O. M. gloriam, Deiparae virginis honorem, publicumque Patriae bonum sub felicibus auspiciis R.mi ac Ser.mi Principis et Domini Leopoldi D. G. Archiducis Austriae etc. Episcopi Argentinensis et Passaviensis, etc. Anno M.DC.XIIX. extremo Augusto celebrata. Quibus accessit Descriptio Metrica Novi Templi, cum eiusdem Apologetico, Autore Iodoco Coccio Societatis Iesu Theologo. Molshemii, Typis Ioannis Hartmanni, Anno M.DC.XIX., fol. Y^r–CC^v = S. 167–206.

Vorlageexemplare (H):	München, BSB, Res 4 Jes. 1 Beibd.
	München, BSB, 4 Jes. 41 f. (Prov.: Seeon)
	Augsburg, SuStB, 4 Bild 3 Beibd. 1 (Prov.: Jesuitenkolleg Augsburg)
Weitere Exemplare:	Colmar, Bibliothèque municipale, Catalogue Chaffour 2401[1]
	Karlsruhe, BLB, p 87 A 75160
	Mannheim, UB, H 820 D 25 (1 an) (= 99/100 [1 an])
	Porrentruy, BiCJ (fa), 29/74 (Prov.: Wilhelm Rinck, Bf. v. Basel)
	Sélestat, Bibliothèque municipale, 1674[2]
	Trier, Stadtbibliothek, 2 an 5/545 8°[3]
	Trier, Stadtbibliothek, 2 an K.III.17 8°
	Weimar, Herzogin Anna Amalia Bibliothek, 4,4:22

[Y^r / S. 167]

ARGVMENTVM OPERIS ET RVDIS ADVMBRATIO.

A rdua quae caelo tollit fastigia moles
Aeternum sacrata Deo, sacrata Parenti
Diuiparae, Augusti quam stemmatis inclytus haeres,
Inclytus Archiducum sanguis, stirps regia, magnis
5 Ortus Caesaribus, maiorum exempla secutus
Austrius eduxit Praesul Leopoldus, habenas
Cui Deus Alsatiae nutu ductuque secundo
Prosperat, auspiciisque nouas Coelestibus addit –
Haec moles mihi carmen erit, quam laudibus effert,
10 Quisquis adit, seu frugiferis quando eminus aruis
Prospicit igniuomum uibrare sub astra cacumen,
Seu picturatis propior penetralibus hospes
Succedat pascatque animos atque ora tuendo,
Phidiacum miratus opus, miratus et artem et
15 Formam operis faciemque intestinumque nitorem:

---

1 Vgl. Betz 17 n° 6.
2 Wie Anm. 1.
3 Unvollständig erhalten (bis inkl. fol. Z4 / S. 182).

Quale salutari uictor Cruce Constantinus
Post Thracum spolia ampla ducum domitosque tyrannos
Et Scythicos arcus et pictis rapta Gelonis
Cingula, ubi Ausonium iustis terroribus orbem
20 Compleuit, lucos scelerataque sacra refringens,
Bistoniis augustum aruis laqueare locauit,
Aut quale Occiduis et Eois magnus in oris
Carolus, augustali animo magna omnia uoluens,
Qui, ut meritis terram et meritis impleuit Olympum,
25 Sic terris fama, et fama est super aethera notus,
Cuius ubi accensam fidei ac pietatis amore
Igneus excelso libratus ab aethere coeli
Ardor agens pleno solidauit numine mentem,
Post fractos Latiis minitantes faucibus hostes,
30 Post Sophiae inductas Germanis finibus artes,
Conciliare parans coelum coelique satorem
Parthenicum ingenti posuit molimine templum,
Aut qualem Austriacis longe celeberrimus aruis
Felix ante alios, gemino praecinctus honore,
35 Quam pius in superos, tam formidabilis hosti,
Regificam Mariae Leopoldus condidit aedem
Marchio, sideriam irradians uirtutibus aulam,
Multa prole pater seroque nepote beatus

In terris, cui cana fides et auita parentum
40 Ausa et laudandorum operum uestigia cordi.
Grande opus adgredimur. Sed tu, frustrata labores
Nunquam, Diua, meos, Virgo Optima Maxima, quondam
Alsatiae toti, et nunc templo adscita patrona,
Ceu tutelari hoc perges circumdare palla,
45 Sic tenui augustos resonantem uoce penates
Semper amore tuo, semper dignabere dextra.
Ex quo etenim princeps et sacratissimus idem
Rauracidum Antistes gemmante decorus amictu,
Solennem ingenti producens ordine pompam
50 Et mitratorum circumsitus agmine patrum
Tecta Deo deuota sacro irrorauit oliuo
Et prisco ritu caelestes imbuit aras
Terribilemque locum Laernaeo praestitit hosti,
Nequidquam haereseon circumlatrantibus umbris
55 Et ructante iras fidei sectore Luthero,
Immensum creuit Mariani gloria templi,
Gloria longaeuos aeternatura per annos.
Ergo quod Archiducis monumentum nobile sumptu

Condidit Alsatico manus instructissima fundo,
60   Hoc calamo rimante sequar, quamque arte quadrima,

[Y2ᵛ / S. 170]

Imposito Colophone, domum, Leopolde, locasti,
Hanc ego pauxillis intusque forisque diebus
Exprimam Apollinea, Phoebo aurigante, papyro.

SITVS, FVNDAMENTA, ET SPECIES EXTIMA.

Principio in longum spaciis porrecta quadratis
65   It templi facies, uicinisque adsita muris
Fabrica Molshemicis late protenditur. illam
Sol oriens saluere iubet moriensque ualere.
Digna domus cedro, et Phoebaea incude recudi:
Talis erat, quam Iessaeus dextro omine rector
70   Colle Sionaeo patris pia iussa secutus
Constituit sacram diuis fauitoribus aedem,
Aedem augustam alto ferientem uertice nubes,
Ornamentum ingens Solymae, quam annosa tot inter,
Artifici coelata manu quae antiqua ruina
75   Signa iacent, ueterem spirantia saxa laborem,
Prisca parentum aetas memori indigitauit honore.
Prima atque ima latent uastae fundamina molis,
Visceribus retrusa, atque indefessa fatigant
Non indignantem decumana haec pondera terram.
80   Illa sacro ritu et solenni imposta precatu
Praesulis Adami, Archiducum duo sidera fratrum,

[Y3ʳ / S. 171]

Ambo domo clari, gemina clari ambo tiara,
Luce Leopoldo sacra[4], coeli omine dextro
Fortunauerunt animoque manuque serena.
85   Forma salutiferae speciem Crucis extima praefert,
Quam Domus Austriadum heroum per templa, per arma
Asseruit, postquam insigni pietate Rodulphus
Habspurgus Sacri Imperii pridem orba capessens
Iura potestatisque decus regumque tiaram,
90   Electorali procerum poscente senatu,
Sceptri obitura uicem sacra haec sibi symbola dixit,
Dixit et infesti depellens praelia Turcae
Et iusto populos compescens Marte rebelles
Hosticaque exsuperans direptis agmina signis

---

4   Zum Problem des Datums der Molsheimer Grundsteinlegung s. S. 322 f. Anm. 86.

95   Et sperata tuens Germanis ocia rebus,
     Nunquam casurae decora immortalia famae,
     Et praeclara operum aeternorum exempla reliquit,
     Quae tibi succendunt sacras in pectore flammas,
     Antistes Leopolde, animosum atque indole dignum
100 Austriaca satagas ut te praebere nepotem,
     Per paria ausa patrum haud decora inferiora secutus.

VESTIBVLVM, PARIETES, FENESTRAE.

       Vidimus externos augustae frontis honores
       Extremosque aedis ductus, fundamina, formam;

[Y3ᵛ / S. 172]

     Nunc primos reserare aditus atque ostia templi
105 Adgredimur geminis sese pandentia ualuis.
     Prima obuertuntur plateae, binasque columnas
     Atria sustentant basibusque striisque decoras:
     His superincumbit patriae fabricaeque patrona,
     Virgineo in gremio cui pusio lusitat infans;
110 Hac ad uestibulum et subter testudine portas
     Hinc atque hinc antis solidoque adamante rigentes
     Praelucent foribus solerti exsculpta labore
     Austriacae monumenta Domus, quis uertice ab alto
     Archiducalis apex succinctus duplice mitra
115 Irradiat, magni notissima signa patroni.
            Quis nunc omne citra uitium atque extra omne periclum
     Tantam stare domum haud stupeat? quae nixa recumbit
     Parietibus firmis solidaque parastade fixis,
     Victura aeternum campestri condita saxo.
120 Scilicet hic est ille Rhodi flammata Colossus
     Sidera tangentem caelo quem gloria tollet
     Magna Leopoldi, cuius de uertice Virgo
     Aurescens crocea radiorum ardente corona
     Fulget et Alsaticum complet fulgoribus orbem:
125 Hunc neque sors aeui instabilis neque Martius horror
     Subruet, aeratis neque uis inimica pharetris.

[Y4ʳ / S. 173]

     Incassum Scythicis Garamantica tela sagittis,
     Haeresis atra, paras, ductis nil irrita neruis
     Spicula, lunatis nil prosunt cornibus arcus:
130 Patrona fretus Leopoldus Virgine, Virgo
     Freta Leopoldo tela in caput acta furentis
     Missa retorquebunt nocituraque uulnera figent.

Interea oblongis specularia clara fenestris,
Queis ferro obsepti connixique orbibus orbes,
135   Interstincta aequis spaciis pulcro ordine lucis
Excipiunt radios et templum luce serenant:
Siue illam Titan per signa uolubilis aethrae,
Seu curru de noctiuago Thaumantias afflat,
Vmbrarum obscuras certant proscribere nubes.
140   Quo ne importunae uolucres irrumpere possint,
Obpacto cohibent ferrata repagula uecte.
Hic impune furit densatis Iupiter Austris,
Hic Eurus tonet, hic Zephyrus fremat omnis ab alto,
Arboribusque aruisque Notus pecorique sinister,
145   Et rapidi fument Iouis acroceraunia telis:
Haec patrocinio moles protecta fideli,
Secura irarum tempestatisque sonorae,
Ceu maris in medio rupes radicibus altis
Fixa, fragore undae frustra latrante, resistet.

TECTVM, PODIA, TVRRES.

150   Euibrare oculos iuuat in sublimia templi

[Y4ᵛ / S. 174]

Culmina, uicinis bipatentia culmina campis?
Fissilibus tectum hic cernes spectabile saxis
Pectine deuexum duplicato oecisque decorum
Et plumbi lamnis passim impenetrabile, densos
155   Si quando imbricitor nimbos deuoluit aquarum,
Quas ore accipiunt patulo tubuli aere rigentes
Et citra noxam aut terrai in uiscera condunt
Aut horti areolas faecunda aspergine inundant.
      Cernes conspicuum gemina procurrere parte,
160   Ordinibus certis, aequalibus interuallis
Bissenis sectum podiis, quae didita late
Conciliant decus atque diem tectumque coronant.
      Edita pinnarum hic molimina turribus altis
Tergemina emergunt, et summi e uertice coni
165   Auratos Phoebi radios iaculantur in agrum.
Pendula sustentant ualidis tinnitibus aera,
Quae ferrugineis chalybum firmata metallis,
Vt primum ex alto resonant, cum pulcra diei
Tela renascuntur, uideas e mollibus, urbe
170   Molshemica, passim ciues exsurgere stratis,
Ante nec ad uarios rurisque urbisque labores
Accingi, quam mente preces et uoce tulissent,

Templi adytis Numen concepta in uota uocantes.
　　　　Anne uides, medio ut nodus circumligat auro
175　Luce repercussus turres et nubila uincat?
　　　Hinc multo locuples radio stat nomen JESV

[Z^r / S. 175]

　　　Molshemicosque facem auricomam dispensat in agros,
　　　Ceu iubar, Oceani cum laetum ex aequore uultum
　　　Sustulit et uasto lucem dispecit Olympo.
180　Turre super media Crucis aurea symbola fulgent,
　　　Ceu cum discussis coelo radiante tenebris
　　　Ostentat croceos coniux Titonia crines.
　　　At qua sub finem erecto temone supinat
　　　Emeritum occiduus currum Sol, alma patrona
185　Effigiata micat solaribus indita taedis.
　　　Prominet hic turrita pharos quadro edita saxo,
　　　Qua *cochleis*^{a} patet ascensus, suspensaque duplex
　　　Pergula, cui podium circum undique pensile prostat:
　　　Cuncta oculis legere hic atque internoscere possis,
190　Quidquid amica Ceres flauentibus exerit aruis,
　　　Quidquid pampineo promittit colle Lyaeus,
　　　Quidquid Hamadryadum Alcinoi uiridantibus hortis
　　　Induit in flores, umbrosis quidquid Oreas
　　　Montibus attollit, uicinis quidquid inundat
195　Brusca uolutus agris, et Molshema tecta salutans.

PAVIMENTVM, COLVMNAE, FORNICES.

　　　Vidisti, quae prima foris tibi machina pandat
　　　Atria, uestibulum, tectum, podia, ostia, turres,

[Z^v / S. 176]

　　　Spectator: ne siste oculos, perge inspice porro
　　　Xysta, odea, sacella, choros, sacraria et aras
200　Et uastum breuibus templum metire tabellis.
　　　Intus amaena, ingens, praegrandibus alta columnis
　　　Arcubus incumbit uastis amplissima moles
　　　Fornicis, ac celsis nitidam specularibus haurit
　　　Ampla domus lucem et multo splendore coruscat.
205　Grande pauimentum totaque lithostroton aede
　　　Sternitur e quadro; huic dextra laeuaque superstant
　　　Daedalea fabrefacta manu subsellia, pinus
　　　Fraxineasque trabes cum robore et abiete multa

─────────

a　cochleis] trochleis **H**.

Siluarum nemorumque potens quibus Ida ministrat.
210 Hic Clerus, ciues studiisque addicta iuuentus,
Matronae, castaeque nurus uernaeque puellae
Procumbunt flexae genibus templumque coronant
Affusae, quoties teretis sub imagine panis
Tollit adorandum Numen de more sacerdos,
215 Attentasque preces sublato ad sidera uultu
Ingeminant et uota pio de pectore promunt
Et crepero implorant miserarum in turbine rerum.
        Fulta quater denis incumbunt xysta columnis,
Quas alti circum ualidis compagibus arcus
220 Corripiunt fidoque gerunt conamine, quidquid

[Z2^r / S. 177]

Porticuum aut mediis intermeat interuallis
Aut testudineo supra praetenditur arcu;
Subnixaeque pylis^b scitoque toreumate scalpri
Arte Corinthiaca spiris torulisque striisque
225 Firmatae solidant sacram circumsecus aream.
Adde his pictorum ludos artisque lepores:
Ollis tantus inest natiuo e marmore laeuor
Et color, ut, ni animum admoueas oculumque fidelem,
Non fictum, at sectum iures de marmore marmor.
230 Acclinant muris exposta sedilia in orbem
Arcano desponsa foro. hic, si crimina quemquam
Exonerare animus stimulat (modo firma fatendi
Vitandique adsit, caelo adspirante, uoluntas),
Sentiet optatae medicosque patresque salutis.
235   Hinc decussato sursum pertexitur arcu,
Qua chorus, et uasti qua porgitur orbita templi,
Testudo, ac uario ludit splendore colorum
Et miro obtutus saxorum fragmine fallit.
Vndique proserpunt florum formosa micantum
240 Germina sublimemque tholum fronde ubere stipant;
Aurata uernant subter testudine ephoebi
Et stellae (multis quasi picta coloribus Iris
In se oculos hominum passim conuertit et ora)
Caeteraque aeternam ornamenta merentia laudem.

[Z2^v / S. 178]

---

b   pylis *pro* pilis *posuit (cf. descript. Bambergens. v. 187)* – Subnixae *sc.* columnae *(cf. v. 218).*

245   Nunc propius contolle gradum et uestigia fige
          Ante arcum, immani qui sese expandit hiatu.
          Supremo uiden' hic splendescere uertice Nomen?
          Nomen, quod mundo uitam dedit atque salutem,
          Quod coelum atque solum omne colit, barathri antra tremiscunt.
250   Huic circumuolitant uectae immortalibus alis
          Pennatorum acies iuuenum mentesque beatae,
          Huic Sociorum Autor septus felice corona
          Supplicat accliuus fixisque obtutibus haerens
          Mellea ab irriguo delibat gaudia fonte,
255   Gaudia, queis penitam speculando pererrat abyssum,
          Nec tamen in penitam speculando penetrat abyssum.
          Dextrorsum gentilitiae stant symbola stirpis
          Et Leopoldina partae uirtute tiarae:
          Purpurat hic roseus, mox caerulus occupat aequor,
260   Cornigeramque alibi inuoluit lunam armiger ales,
          Coccum auro hic bicolor uariat distinctio, auorum
          Hic Hapspurgiadum lato aurea moenia campo,
          Hic leo sanguineo exalbescit in aequore, at inde
          Irrubuit, cui se terni iunxere leones,
265   Hinc gryphs expansas in latum *porrigit*^c alas,
          Hic niueum os roseo dea Pannonis induit ore,

[Z3^r / S. 179]

          Hic sex gemmato radiant diademata scuto,
          Austria candorem hic generosa rubore maritat,
          Coeruleum auricomae hic percurrunt aequor alaudae,
270   Caeteraque Austriacam monumenta ornantia Gentem
          Praestringunt splendore oculos aciemque fatigant.
                Parte his aduersa notissima stemmata fulgent
          Magni collegii, cuius dum fabrica ab imo
          Cresceret, eximiam laudem pietatis opemque
275   Virgo alma, et Socii in cumulum sensere clientes.
          His signis uiuace expicta colore renidens
          Semita purpureos argentea dissecat agros
          Moliturque uiam sursum: his, circumdata luce
          Virgo Parens, ac Verbum infans solio insidet aureo,
280   Et tutelarem patriae testatur amorem.
                Scande chorum ternis gradibus, iace lumina circum,
          Expende octonum hinc atque hinc simulacra uirorum,
          Inspice saxa hominum uiuos imitantia uultus.
          Quattuor ad dextram, quos inter proximus aris

---

c   porrigit] porricit **H**.

285 Adstat Joannes, medio qui flore iuuentae
Vernat et albenti uestit lanugine malas:
Regius hunc ales conuerso ad sidera uultu,
Ceu Lucam taurus, leo Marcum, cingit et ornat.

[Z3ᵛ / S. 180]

At simul effingit gestus sermonibus aptos
290 Matthaeus, simul auscultat submissa loquentem
Aligerum durasque senex accommodat aures.
Partem aliam oppositi pulcro discrimine uallant
Illustres patres, quorum pulcerrimus ordo
Phidiaca arte chorum, at uirtute illuminat Orbem:
295 Gregorius uigili clarus de nomine primas,
Ambrosioque potens fandi torrente secundas,
Quemque unda ille sacra circumtulit, Augustinus,
Denique purpureo radians Hieronymus ostro
Occupat extremas sublimi e scammate sedes.
300 His intermixtim positi sparsimque sedentes
Aligeri arrident iuuenes, fragrantia circum
Lilia, Paestanis nuper selecta rosetis,
Purpureasque rosas immortalesque amaranthos,
Quos neque flammatis torrens ardoribus aestas
305 Nec gelidi Boreae penetrabile frigus adurit.
Hic tepidas semper Zephyris afflantibus auras
Crediderim: hic nunquam baccae, nunquam aurea desunt
Mala, nec effracto turgentia cortice poma
Punica, nec pendens apricis frondibus uua
310 Sole coloratos uarie mentita racemos.
     Circum aram radiant Diuorum lipsana, stellis
Aemula, quae Phrygio sanctis addicta labore
Dextra laborauit. quid enim est augustius illis

[Z4ʳ / S. 181]

Artubus, eximio quos munere Numen amicum
315 Mactauit, certo quos tandem faedere caeli
Empyreae sedes capient, quos tanta per aeuum
Gloria suscipiet, solis quos lumine maior
Vestiet aurifluoque nitor circumfluet imbre?
Saluete, o sacrae exuuiae, illustrissima Diuum
320 Pignora, templa Dei quondam uiuentia, rursum
Templa futura Dei, postquam cinefacta resument
Immortalem animam, redhibente Tonante uigorem.
Vos regum experti rabiem saeuasque secures,
Saxa per et cuneos, rapidaeque incendia flammae,
325 Ferratasque sudes et acuta cuspide contos,
Per gladiorum acies ardentumque ora leonum,

Per laceros artus aequataque uulnera membris,
Membraque uicta malis per uincla, per arma, per uncos,
Pro se quisque uiam celso affectastis Olympo:
330 Nunc emptos paruo aeternos gratamur honores
Et merito exuuiis post tot discrimina uestris
Surgit honos, quamuis fremat haeresis, et gemat Orcus.

ARA PRIMARIA.

Iam penitum peruade chorum atque obnixus ad aram
Procumbe ac teretis clausam sub imagine farris
335 Diuinam Sobolem curuato poplite adora

[Z4ᵛ / S. 182]

Cernuus: haud lampas fundit Tritonia mundo
Purpureum iubar et medium radiantis Olympi
Affectat culmen, quin hic in ueste nitente
Conspicuus faciat[d] coelesti pane sacerdos.
340 Nimirum haec quondam proles aequaeua Parenti
Edocuit repetenda omni mysteria saeclo,
Ex quo triticeam manibus, quam nullus amaror
Fermenti attigerat, cepit massam: inde stupente
Bisseno Procerum comitatu, arcana profatus
345 Verba, quibus frugis Cerealia dona sacrauit.
Continuo (uis tanta Dei), quem gesserat ante,
Desiit esse ultra panis, quodque ille iubebat
Esse Dei coepit diuino munere corpus.
Quid latices memorem uini, quos sanguine uertit
350 Vis eadem et puro libandos praebuit ore?
Ergo ex hoc longe ac late celebratus in Orbem
Mos diuinus iit, tot perpetuandus in annos,
Quot Phoebe reuoluta suo cum Sole feretur,
Vt simul appositi farris laticisque sacerdos
355 Munera lustrarit sacratis uocibus, adsit
Extemplo Deus, ille Deus, qui corporis artus
Induit atque epulis corpus cum sanguine praebet,
Pignora, Christe, tua et saeui monimenta doloris.
Crediderim coelestem aciem se fundere ab astris,
360 Cum uidet aetherei Patris descendere Prolem
Et miscere Deum coeli commercia terris:

[AAʳ / S. 183]

Mille illi obsequium dextra laeuaque supinant,

---

d   *sc.* sacrificium *(cf. ThLL 6 {1912–26} 97, 19–30:* facere absolute i. q. sacrum facere*).*

Mille iacent proni, Domino mille orgia dicunt,
Mille sacerdotem pulcro agmine circumsistunt.
365   Dispice praegrandem structuram principis arae:
Principio geminis Telamonibus illa recumbit,
Quorum Atlantaeos humeros ceruice reflexa
Durum, excelsum, ingens et uix tolerabile lassat
Molis opus, nimioque gemunt sub pondere. uiua
370 Omnia quis neget esse? tamen sunt omnia saxum.
Sacra figurantur ueterum hic mysteria rerum,
Queis Virgo atque eadem Mater castissima prolem
Edidit aetheriam niuei sine labe pudoris,
Cum Latium Ausonius describi iusserat orbem
375 Caesar et indictos populatim pendere census.
Non hic Taenariis stant illi fulta columnis
Robora, non caelatum alte laquearia subter
Ridet ebur postemue silex asaroticus ornat,
Non Maurusiacos pulcrae testudinis orbes
380 Delphica sustentant, nec docto expicta Myroni
Limina multiplici florent radiantia gemma:
Verum qua cauus exesum testudinat antrum
Pumex quaque leui casa frondea nisa tigillo
Suntque Ephrataeis composta mapalia terris,
385 Haec tunc coelorum Domino rerumque Monarchae
Hospitium, et magnae dederunt cunabula Stirpi.
Coelo euecta oculos Virgo hic faecunda sub auras

[AA^v / S. 184]

Mortales mirante solo, mirantibus astris
Siderium deponit onus, mox membra pusilla
390 Vilibus inuoluit pannis faenoque reclinat,
Et faeno incumbit, qui pugno continet Orbem.
Hic quoque dilectum superis caput adstat Ioseph
Augustamque antri lucem et pennata stupescit
Agmina et in duro recubantem cespite natum
395 Agrestesque una uenientum ab colle propinquo
Pastorum coetus, qui genua atque ora reflectunt
Muneraque expediunt supero campestria Regi:
Hic haedum, ille agnum, hic mella, hic munera lactis.
Huc pecoris custos adipato corpore Laelaps
400 Vnicus e multis Dominum comitatus euntem
Adrepit, stupet infantem retrahitque latratus:
Fors puerum esse Deum suggessit odora canum uis.
Parte alia calamos inflant et carmina pangunt,
Qualia Palladias inter meditatus oliuas
405 Iessaeus Pastor, qua Cedron leniter errans
Murmurat, edocuit tereti psalteria plectro.

636

Auia responsant nemorum pictaeque uolucres
Condensas inter corylos. inde omnis ab alto
Coelicolum in terras pulcro agmine funditur ordo,
410   Laeti omnes, rutilaque coma pennisque decori
Ardentesque auro et praecincti pectora zonis
Adueniunt geminare nouo noua gaudia cantu
Laetitiaeque undam torrentem infundere terris.

[AA2ʳ / S. 185]

At quia quadratis sunt iubila picta tabellis,
415   Nos ea non canimus, uerum expectanda supernis
Sedibus: agrestem hic metuo interponere Musam.
Pandite uos, Genii, caelestem in carmina uocem,
Qua miranda olim magni cunabula partus
Diuinae Soboli cantu cecinistis honoro.
420   Interea infanti pia supplex oscula figam.

HYMNVS ANGELORVM.

Dignam polorum Principe gloriam
Pacemque terris dicimus Alites,
        Quotquot beata gaudiorum
                Atria perpetuum obsidemus.
425   Pacem sequestra Prole ter Optimus
Pater cum Adamo sancit amabilem,
        Orbemque lustrans taminatum
                Omne nefas uenit expiare:
Haeres Monarchae siderii unicus
430   Inops et infans regna subit Patris,
        Celsaeque fabrefactor aulae
                E supera uenit exsul aula:
Mundum supremus qui rotat Arbiter,
Pars una mundi nascitur, et luto
435   Indeprehensum Numen abdit
                Terrae opifex luteaeque stirpis.

[AA2ᵛ / S. 186]

Sub iura census it Latii potens
Rex, qui dynastis iura dat omnibus,
        Seruire non horret, qui Olympo
440   Imperitat famulisque terris:
Sub uilis imo fornice cespitis
Inter beatorum agmina cantibus
        Interminatis assuefactam
                Cogit amor recubare Prolem.

445 Euentilantem fulmina dexteram,
Quae sceptra terrae, sceptra quatit poli,
   Cunis reclinatam illigarunt
      Tenuia uincula fasciarum.
Humana plebes, o utinam Deo
450 Tantis quid aequum pendat amoribus!
   Ingrata corda quid retardat?
      Solus amor precium est amoris.

Iam propiore Deo emeritas in carmina uires
Exacui, et laetus coeptum instaurabo laborem.
455   Lumina circumfer: cernes duo sidera Romae,
Sidera bissenum Procerum fideique columnas,
Clauibus augustum Petrum, Paullum ense uerendum,
Quos sibi delectos habuit Patris unica Proles,
Laude pari studioque pari auxiliaribus armis
460 Regnatorem Erebi toto proscribere mundo
Numinis et uastum mandata inferre per Orbem.

[AA3ʳ / S. 187]

Hos iuxta magni Austriadum Alsatiaeque Patroni:
Maternus niueo ad talos uelatus amictu,
Quem medium presso substringunt cingula nodo,
465 Baccatoque humeris pendet chlamys aurea textu.
Dextra pedo armatur mitraque biuertice crines:
Templorum hic primus posuit molimina, primus
Sementem fidei Alsaticis circumtulit aruis.
   Illi ex aduerso Austriacis notissimus oris
470 Castrensi diuus fulget Leopoldus abolla,
Quam mediam nitido sub pectore lata coercet
Zona plicaturis; auratam uertice quassat
Crispato galeam et clarus thoraca renidet.
Valle hic liligera Marianam condidit aedem,
475 Aedem caelesti consignatam omine. tales
Antiqua de stirpe ducum dedit Austria felix
Paciferae insignes studio uirtutis et armis,
Austria, magnorum genitrix faecunda uirorum,
Austria, spes, decus et Germani gloria sceptri,
480 Austria, quae Albertos, Rudolphos non modo Magnos,
Sed magnos animis, magnos uirtutibus, auso
Extulit et magno Leopoldos: excipit illos
Antistes noster, qui facta domestica auorum
Et pius et sapiens factis ingentibus aequat.
485   At supra innumeris legio pulcerrima turmis
Funditur et laeto permulcens aethera cantu
Reginam caeli trabea gemmante coruscam

638

Atque Hyperionia uestitam lampade uallat
Et uehit elatam ad sublime cacumen Olympi.
490 Olli caesaries sese per colla uenustis
Lucida cincinnis uoluit, niueoque uoluta
Vellere ducta fluit promisso syrmate cyclas.
Quae coelum et terras augusto lumine complens
Et coelo et terris sincera est laude colenda.
495 Circum terna nitent Latiis elementa figuris
Hinc JESV, hinc MARIÆ augustum signantia nomen
Aureaque effundunt caelestis fulgura flammae.
      Sed nec fronte tegit flammati pectoris aestus
Sindone sericea fuluoque Ignatius auro
500 Conspicuus, Sociosque monet, quos aemula uirtus
Exstimulat, uerae zelo pietatis, et una
Lege Dei sociauit honos ac foedere iunxit,
Mundum omnem inflamment radiis, quos mittere coelo
Astraeae Titan terrisque accendere uenit.
505 Nec minus et niueo uestitu insignis et ostro
Franciscus caput extollit Xauerius, olim
Si fors quaesitum prospectet defluus Indum.
Talia stant simulacra uirum, quos uiuere dicas,
Quandoquidem aut spirant uitam aut spirare uidentur.
510   Denique supremo in cono fastigia summi
Occupat altaris Iesu patientis imago,

Indignis lacerata modis et stipite fixa.
Nimirum tantos quondam perferre dolores
Vera Dei Soboles uoluit, pro sontibus insons:
515 Frausque nefasque fuit nostrum. nihil iste patrauit
Nec potuit, coelum hoc et conscia sidera norunt.
Tantum infelices nimium dilexit amicos.
      Hic arae uultus, facies haec intima. circum
Veris honor: frondesque uigent florumque parerga
520 Caeteraque artificum caelata emblemata dextris.

SACELLA, SACRARIA, ALTARIA.

      Instigatne animus tecto obliquante sacella
Distincta indugredi atque nouos spectare labores?
Flecte retro et refer ad dextram uestigia: sculptos
Hinc tumulos, aram ac pictum laqueare subibis.
525   Funerio geminos condi prius aspice cippo

Pontifices, genitos atauis praelustribus ambos
Magnorumque satu Comitum, mitraque pedoque
Pastores claros Argentinatis ouilis,
Romulei proceres sceptri Alsatiaeque potentes.
530 Nempe ruit caeco quouis mors improba passu:
Non tamen ungue fero *populauerit*^e omnia lethum:
Inclyta uirtutum stat nescia fama sepulcri.
Haec sedi aetheriae heroas praestantibus ausis
Transscripsit, meritos uita potiore redonans.

[AA4^v / S. 190]

535   Proxima stant ualidis operosa sacraria muris,
Queis sacris operans cinctu instructuque decoro
Progreditur dium ad marmor de more sacerdos.
  Verte gradum et specta Marianam cominus aram,
Aram, qua patrona Parens tristissima saxo
540 Insidet et grauibus sub corde doloribus ardet.
Hinc liquidis coepere oculis turgescere gemmae
Ac sese in lacrymas, sese in suspiria mergunt.
  Inde sinistrorsum Crucis ad praenobile signum
Pronus ades uultusque nouos pro tempore sume.
545 Quadrifida fixum trabe distentumque per artus
Exhibet ara Deum. hic sortem miseratus acerbam
Elegit bonus immeritas exsoluere poenas,
Quem cum discipulo circumstans Mater, at heu! iam
Non Mater, stat multa gemens, stat saucia corde
550 Atque eadem suffixa tenens praecordia ligno
Exsanguem Dominum lacerum crudeliter ora
Respicit ac ferme haec demissa uoce profatur:

  „Heu! matris olim gloria, nunc dolor:
Si Patri amicum est, *dispeream*^f prius
555   Pullata mater; sin recusas,
    Vna uelim urna capessat ambos.

[BB^r / S. 191]

Heu! nate, matris dimidium tuae,
Si mi reuellis flebilium optimam
  Praecordiorum portionem,
560   Altera qui superet? ruinam
Debemus ambo. o! si licet, ibimus,
Quo fata, quo mors duxerit, ibimus:

---

e populauerit] populaturit **H**.
f dispeream] disperiam **H**, *sed cf. ThLL 5 (1909–34) 1405, 16 sqq. 65 sq. 73 sq. de formis* disperiet, -ient *quae in Bibliis sacris inueniuntur.*

Non Caucasus, non Ossa terrent
Herculeaeque fores Columnae,
565 Non, si retorto terrifici aethere
Labantur imbres, uastaque grandine
Densa atterantur saxa, totum
Murmure praecipitante Olympum,
Non, si uel imis Oceanus uadis
570 Refundat aestum totus et omnia
Regnis suis inuoluat, unda
Aerios superante montes:
Nimbos crepantes te duce et aetheris
Illaesa possum spernere turbines
575 Saeuosque possum proruentis
Oceani tolerare fluctus.
Mortem lacesso, prouoco compedes,
Parata tecum, quod pateris, pati.
Nil triste, nil durum recuso:
580 Me rape in omnia acerba tecum.

[BB^v / S. 192]

Neu forma culpam faeminea irroget.
Traxere matrem in funera prodigam
Iniuriosa fata prolis,
Inuidiae properata rictu.
585 Septena stirpis corcula floridae
Depasta quondam funere contuens
Cordata mater se relictam
Nolle uocat sobole interempta.
Quisquamne matris anteuolet Dei
590 Dilectionem? ah! dedecet. insequar
Per Tartarorum inculta tesqua
Barbariemque male hospitalem.
Nihil retracto. sanguine sanguinem
Vitamque uita pendere gestio,
595 Per flagra, per spinas, per uncos
Perque crucem tua fata soluam.
Vi pertinaci decolor attrahat
Ferrata magnes pondera uiribus
Immota magnis. men' morari?
600 Mene, tuo stimulatam amore?
Non, non! laboris nunc precium exigo,
Cum te in remota pauperie tuli
Et uagientem lacte paui
Obsequiis famulata castis.

641

605 Sex lustra laete nonne agitauimus
Per probra, sa⟨n⟩nas, insidias, dolos,
Calumniarum per fragores,
Fronte hilares animoque firmi?
Ocelle! durae transitus horulae
610 Rescindet ista. o! te, mea gaudia,
Te tollit! o! me tollat una!
Viximus, o! moriamur una!‟

Dixit, et illacrymans rigidoque simillima saxo
Substitit, ac uitam exanimi sub marmore finxit.
615 Inde, licet toto sudatum corpore sanguen
Proliceret fugientem animam, tamen intima Matris
Vulnera commorunt moribundi uiscera Nati,
Saxea ut in placidam declinans lumina mortem
Visa sit effigies talem effudisse loquelam:

620 „Amara Mater, desine flebilis
Demum querelae, desine pe⟨r⟩tinax
Ludibriosae dura mortis
Fata graui duplicare luctu.
Obstat seuerum Numen, ut annuam;
625 Extrema quamuis, quae petis, abnuam.
Responsa maiorum reclamant
Vatidicis miniata fastis.

Solus capessam mortis iter graue,
Horrenda solus funera et omnium
630 Opprobriorum acerbitatem et
Dira Crucis mala sustinebo.
Quidquid malorum et flagitii hactenus
Dolosus atris sedibus aduocans
Dis inferorum fraudulenta
635 In populos uafer arte sparsit,
Incumbit uni. me scelerum omnium
Reum innocentem fecit Adam nocens,
Ex quo tremenda incontinente
Pacta Dei uiolauit esca.
640 Hinc toxicatae plebis anhelitu
Conuexa coeli tot querimoniis
Aeuum per omne saeculorum
Pulsa neci immeritum dederunt.
Nunc lacrymosa mitior hostia
645 Parens auito restituet loco

Et pace amicatus tenaci
    Cuncta supercilio refinget.
Compesce luctum, mater, et ultimis
Mi subrogatum agnosce doloribus
650   Castum Ioannem. hunc tute natum,
    Teque suam uocet ille matrem.

[BB3^r / S. 195]

Nostri magistram te statuo gregis:
Turpem, monebis, destituant fugam,
    Morentur una, dum ex Olympo
655   Deproperet Paracletus alter.
Durate tantum his pectora fluctibus
Tempestuosum *infracta*[g] per Africum:
    Quassam phaselum leniores
    Excipient statione uenti.
660 Sic Patri amicum est. quidquid id est, Patri
Totum resigno. fidite: tertia
    Resurget Eos, funeratis
    Laetitiam paritura terris."

Quattuor inde aliis sub tutelaribus aras
665 Vise, quibus tibi propitiet coeli hostia Numen.
Augusto una refert titulo bissena senatus
Sydera Apostolici, toto quae didita mundo
Errorum tetris obductam mentibus umbram
Sole serenarunt fidei et uirtutis auitae.
670 Altera discipulo est sacra, quem dilexit Iesus.
Celsior his fumans similes exspirat honores,
Quae nitet in xysto, Sociorum addicta Parenti,
Qui Christi exemplum et uestigia magna secutus
Per probra perque crucem longis exercitus annis
675 Insanos iustis fregit uirtutibus hostes

[BB3^v / S. 196]

Et Socios docuit ter sanctum nomen Iesu
Fundere per populos teneraeque inferre iuuentae
Ac rabidorum hominum fremitus contemnere inanes.
Demum ex aduerso par illi obtenditur ara
680 Xauerii laudes aeternaque nomina cantans,
Cui mentem infusus coelo uigor, ignea frontis
Gloria, et ardentes obtutibus acribus orbes
Feruorem exspirant, caecis quo decolor Indus
Ereptus tenebris fidei radiauit Eoo.
685 Atque ita septenis templum distenditur aris.

---

g   infracta] inftacta **H**.

SCALAE COCHLIDES, XYSTI ET XYSTORVM EMBLEMATA.

Eia iterum, mea Musa, alium perrumpe laborem:
Scande laboratos lato sub fornice xystos,
Et pia ne illibata oculis monimenta relinque;
Quin trahe continuo sensim uestigia passu,
690 Et tardis metam xystorum ambagibus imple:
Nam Polycletaeis in gyrum sculpta tabellis
Et picturatis fulgentia saxa figuris
(Quae Christi uitam referant longo ordine, quaeque
Gesta resurgentis Domini ac penetrantis Olympum
695 Sacratumque polo mittentem Pneuma) uidebis.
Hic croceis Gabriel alis per inania uectus
Promicat ante oculos Mariae formosaque tendens

[BB4^r / S. 197]

Lilia progeniem cecinit Genitoris ab alto
Venturam humanae fragili sub carnis amictu.
700 Mox celeri excelsos superans molimine montes
Plena Deo mater cognatam inuisit Elisam.
En! Diuum Soboles imbelles corporis artus
Induit et rigido proiectus cespite membra
Paruulus in stabulo uilis sub fornice tecti
705 Fasciolis (mirum dictu) faenoque recumbens
Pauperie superauit opes, praesepibus aulas.
Continuo puer idem infans ante ora Parentis
Illacrymat, teneros dum circumciditur artus.
Exin uirgineae sancta inter brachia Matris
710 Victima libatur fuso sine sanguine Patri.
Rege ab Idumaeo Pharias fugit exul in oras
Cum Nato et sponso Genitrix, Diuum excita iussis.
Inde tener sacra in Solymum sedet aede puellus
Doctores inter, spes et pia cura parentum.
715 Tandem ubi ter denas brumas in paupere cultu
Innocuae exegit tranquilla silentia uitae,
Niliaca lustratur aqua plaudentibus astris
Ac, ueluti Moses tremula iactatus in unda
Elusit regem Pharium dirisque prementem
720 Legibus Hebraeos Erythraea sub aequora mersit,
Sic Iesus fremitu rapidarum agitatus aquarum
Sospes aquis emersit, aquis idem obruit hostes.
Dire Satan, absiste tuum tentare Satorem!

[BB4^v / S. 198]

Ille tuas fauces impresso tot pede calcans
725 Elisum caput aeternos dabit ultor in ignes.

644

Ille in sacrilegos zelo impellente flagellum
Intentans sacris templi penetralibus arcet.
Ast ubi strata solo pia Magdalis oscula figit
Conuiuae Domino, mox indubitata salutis
730 Optatae promissa refert. hinc ad iuga montis
Celsa Taborini socium comitante corona
Concedens, niueus tua, Titan, tela lacessit
Aurea, et ardenti face solis adaestuat ignes.
Ecce Sionaeus rex tardo mitis asello,
735 Vrbs ingrata, tibi accelerat, quem tu impia tristi
Dedecore afficies ferali stipite fixum.
Ille tamen proauis expectatissimus olim
Aduenit superis homines coniungere certo
Foedere, quod prima nascentis origine mundi
740 Foedifragus rupit nimium uir credulus Euae.
Iamque nouum molitur opus: simul arduus alta
Sidera post mortem rediuiuis scandere membris
Aeternumque simul terras habitare iacentes.
Haec meditantem illum comites, ignara futuri
745 Turba, stupent, quorsum plantis se aduolueret ultro
Ablueretque humilis puro uestigia fonte:
Sed Christus, cui fixa animo sua cura sederet,
Tanta paraturus conuiuia, quanta nec orbis
Ante habuit, simul ille idem gestatus, et idem

[CC^r / S. 199]

750 Se manibus gestans, sociis sese omnibus idem
Porrigit exiguae uescendum in imagine frugis
Sanciuitque suae sacra haec renouanda cateruae.
Mox horto mortis trepidum multoque pauentem
Horrore ac positis genibus prolixa precantem
755 Sanguineum coelesti ales solamine fulcit.
Parte alia innocuum effundens sese effera in Agnum
Turba animo atque oculis furialem spirat Erinnyn,
Arma ensesque facesque ferens funesque retortos
Hirsutisque horrens gladiis quassansque minaces
760 Vertice barbarico galeas. quos criminis autor
Totum animo Phlegethonta uomens furibundus Iudas
Anteit appellans simulata fraude Magistrum.
Caetera quis fando memoret? ceu^h raptus in urbem
Per fora perque domos, sub iniquo teste nec uno
765 Iudice dulcem animam posuit, quo acquirere nostram
Depositam posset deploratamque periclis.
Specta etiam, Solymae qui proximus imminet urbi,

---

h   *Cf. ThLL 3 (1906–12) 981, 76–78.*

Collem infelicem, tristem super omnia collem
Et Dominum, largo faedatum sanguine corpus
770   Collaque brachiaque et nudatas uerbere costas!
Vertice Sacrato consertis tegmina sertis
Vt regum diadema gerit! stant agmina saeuis
Inflammata odiis probrisque illudere certant:
Hic manibus uellit fluitantes sanguine crines,
775   Ille in syderios oculos spurco ore saliuam

[CC^v / S. 200]

Euomit et sacrum deturpat frontis honorem.
        Tandem Romulei manus effera praesidis illum
Directum longo properat distendere malo:
Hinc atque inde manus obtusa cuspide ferri
780   Transadigunt, largusque Crucis fluit arbore sanguis.
Heu dolor! heu species miseranda! uidere per auras
Pendentem rerum Autorem, nec iam amplius esse,
Quo lassum caput inclinet moriensque quiescat.
Hic postquam trabe funesta depostus acerbo
785   Funere dam*n*atae gentis scelus omne piasset,
Mox anima infernas coniuncto Numine sedes
Irrumpens tremefecit, et illaetabile Ditis
Vestibulum subiens, nequidquam obstantibus umbris,
Dum tonat Aetnaeo plebs iracunda fragore,
790   Dum pice torrentes atraque uoragine ripae
Flammis et sonitu et piceo fulgore resultant,
Ille fores reserans nigranti carcere manes
Indemnes Patrum educit claroque triumpho
Emicuit superas Acherontis uictor in oras,
795   Tertia cum tenebris lux maestum euolueret orbcm.
Denique bissena Procerum admirante corona
Susceptus coelorum adytis bipatentibus, almos
In plausus ueniente choro, Deus aurea condit
Saecula et in uasto late dominabitur Orbe
800   Gloria, Christe, tua, haud ulli delebilis aeuo.
Ausonius, Germanus, Arabs, Trax, Gallus, Iberus,

[CC2^r / S. 201]

Thessalus, Actiacus, Medus, Scythicusque Britannusque,
Occidui, Nabathaei, Indi et quot maxima tellus
Sustinet, innumeris spoliis ac mille trophaeis
805   Ditabunt terris tua signa et sacra secuti.
Haec inter stant coeli acies atque arma nefandi
Supplicii diraeque gerunt insignia mortis:
Hic uincla, hic taedam, hic calicem, gladium ille minacem,
Hic scalam, ille togam, tinctam ille cruore columnam,

646

810 Hic peplum, hic textum paliuri uimine sertum,
Hic flagra, hic clauos, roseis turgentia gemmis
Hic monimenta Crucis, grauium argumenta dolorum,
Ostentans deflere magis quam dicere suadet
Luctificos casus et lamentabile fatum.

ODEVM, ORGANVM, HOROLOGIVM.

815 Fors iuuat odeum paribus sublime columnis
Scandere? ibi accipies, quae te symphonia captet
Musica, praecelsis uario discrimine xystis
Quam chorus alternat, dum suaue sonantibus hymnis
Iucunde argutas grauibus pressasque sonoris
820 Vocibus admiscet. sacris cantu illice splendor
Additur a cytharis, chelybus, fidibusque tubisque.
Spectandum tamen eximiis ante omnia cannis
Pneumaticum insinuat sese organon, arte magistra
Dispensans melicos anima exspirante sonores.

[CC2ᵛ / S. 202]

825 Nempe Dei ad laudem sancti admouere parentes
Nablia, plectra, cheles, sistra, organa, cymbala, cannas.
Ecquid enim reuocem Iessaei exempla Dauidis?
Ille sacram ductans Arca subeunte cateruam,
Et regni et sceptri uelut immemor, omnia late
830 Complebat sonitu cantus lituisque tubisque,
Et modulans rex ipse pia noua carmina uoce,
Dum percussa sonant tereti psalteria plectro,
Effusa populi circum plaudente corona,
Sese alacer uario saltu iactabat in orbem:
835 Tanta piam stimulis ursit ueneratio mentem.
At nos nil maius conabimur? amplius haud iam
Vectantur curru fuluo laqueata metallo
Ligna, quibus mannae ueteris monimenta latebant:
Illa modo umbra fuit, uerus latet hic Deus: ille,
840 Cui merito laudes caelo, inque solo omnia festis
Carminibus resonent urbesque agrique uiaeque.
Quid moror? omne hominum genus, huc ars confluat omnis,
Ingenii uis omnis, habet magnum hostia Numen.
Hic etiam exactas mortalibus indicat horas
845 Et Phoebes annique uices Solisque labores
Mirum opus ingenio, non magna mole, sed arte
Multa: hic continuas sinuoso linea gyro
Signat ephemerides; teretes hic dissecat arcus
Altera et auratum numerum cyclosque recenset;

850   Hic spacia et Phoebi metas, seu longius absit
        Cernere erit, nobis seu coelo hiemante propinquet,

[CC3^r / S. 203]

        Seu per solstitium luces cum noctibus aequet.
        Proxima quadrantem consignat regula certo
        Tramite; multiplici micat indice signifer axis,
855   Alter ad octipedis declinat brachia Cancri,
        Alter Hyperborei petit algida limina Capri,
        Tertius aequali discriminat aequore campum.
        Iuxtim alia irradiat bissenis orbita signis,
        Quorum flexipedes Phoebus sibi poscit habenas.
860   Ecce autem tacito adrepit pede quolibet horae
        Momento informis Parcae insidiantis imago,
        Cuius in oppositum uultuque habituque decoro
        Se Christi effigies armis uictricibus infert.
        Hic mortem et populos debellaturus Auernos
865   Non aquilas, non pila manu, non spicula torsit,
        Sed clypeum imbellem luteumque accinctus in ensem
        Aeterna uictor retulit de morte triumphum,
        Venit et excidio Stygia regnantibus aula.
        At iam certa rotis crepitantibus insonat hora.
870   Fallor? an eximiae subter fastigia molis
        Cymbala tinnitum et uocum simulacra figurant,
        Quae uel psalmocharis repetant psalteria regis
        Aut Christo infanti solennia carmina pangant
        Aut celebrent cantu reducis de morte trophaeum?
875   Omnia Marmaricis metuenda leonibus ales,
        Ales quae uigili lucem uocat ore morantem,
        Curcuriens rauco claudit plausu et ferit auras.

[CC3^v / S. 204]

ENCOENIA.

        LVX VbI VICtorIs praeCeLso eXspLenDVIt aXe,
        DIVIparae pIetas parat AVstrIa teCta saCrare.
880   Ergo Molshemicam Bruntruto acceptus in urbem
        Rauracus Antistes, roseis simul acta quadrigis
        Accelerans montes camposque Aurora retexit,
        Orditur lustrare Domum precibusque ciere
        Coelo habitans Numen uel templa imitantia coelum.
885   Primum ambas de more manus lauit; induit ambas
        Purpureis plantas soleis; obnubit amictu
        Candenti caput atque augustos contegit armos
        Inque crucem filo pectus super impedit acto;

Cui Pelusiaci talos currentis ad imos
890   Addit[i], et adducta cohibens premit omnia zona.
    Tum uero e collo tactum prius ore labrisque
    Demittit uenerans limbum auro ostroque rigentem,
    Induit et Serum contextam e uellere uestem,
    Mox niueum tegmen, gemino cui uertice surgit
895   Interruptus apex, gemmis radiantibus ardens
    Protinus imponit capiti, quo taenia subter
    Demissa hinc atque hinc pendet breuis; inde subornat
    Pastoris baculo dextram digitosque smaragdo.
    Hoc habitu, his Princeps praefulgidus ornamentis
900   Aeternum Numen, labentem desuper auram,
    Sanctam auram, diuinam auram auspiciumque precatur.

[CC4[r] / S. 205]

    Moxque Deum Genitumque Deo sanctamque Parentem
    Voce uocat coeloque animas mentesque receptas,
    Ordine quamque suo: uocem chorus omnis eandem
905   Vna iterans implorat opem. ritu ille uetusto
    Ter lustrabundus uastum templi ambiit orbem.
    Terque pedo pultans sacri arietat ostia claustri,
    Vni addicta Deo ut pateant, Stygio hoste fugato,
    Exercetque alios arcano e codice ritus.
910   His Praesul Leopoldus adest, templique patronus
    Eminet ante alios Princeps, quem linea uestis
    Circumiens humeros operit candore niuali,
    Quem mitratorum circumdant lumina patrum.
    Adfuit et Comitum uirtus procerumque sacrorum,
915   Vndique concurrit plebes confusaque plebe
    Nobilitas, lucent armis angusta uiarum,
    Obsessumque forum atque aerato milite templum.
    Haec inter festus multo molimine clangor
    Turribus et laetas obscurant tympana uoces.
920   Obstupuere animi et nunquam satiata uidendo
    Lumina, praecelerant alii, compendia cursu
    Nota legunt, omnes caro stant Principe uultus
    Deuotique animi, dum magni pignore sacri
    Diuinum ad marmor Patri cadit hostia Natus.
925   Vota omnes gratesque canunt. ante omnia Princeps

[CC4[v] / S. 206]

    Coelum oculis animoque sequens caelestibus aris
    Sacrum anathema offert, quam condidit ampliter, aedem.
    Annuit oranti coelo affulgente Patrona,

---

i   *sc.* zonam.

Stans nimbo succincta latus, sed candida pallam,
930 Sed radiata comam, celsoque ex aethere spectans
Molshemicam niueis obitat fulgoribus urbem
Imploratque Deum, ut cuius de munere cernit
Templa sibi sacrata, illum post sera receptum
Funera coelorum templis dignetur, ubi omnes
935 Nunquam interrupto celebrant Encoenia plausu.
        Magne Deus, Diuae Matris pius excipe uota!
Tu Leopoldum oculo regum custode guberna,
Perque annos diuturnus eat cumuletque perennes
Aeternorum operum serus post fata corollas.
940 Fac caulis Leopoldo abigas pastore lupum uim;
Sit rediuiuus honos Leopoldo antistite templis;
Alsaticum instaura Leopoldo principe robur,
Primaeuoque gradu rerum inclinata repone!
        Hic labor exhaustus Templi. tu, Fama, laborem
945 Aeternum aeternumque opus aeternumque parentem
Atque autorem operis Leopoldum laude perenni
Commemora, nullum senio interitura per aeuum!

IV. Speyer

Oliuetum Spirense, id est opus rara ac ueteri arte, ad Montis Oliuarum ubi Iesus Nazarenus Dei et Virginis Mariae filius captus est, speciem conformatum, et in urbe Spirensi celebratissimum, recens a Ioanne Armbrustero Societatis Iesu, heroico metro decantatum.

In uiperam stygiam, et sanctam Crucem.

**Quos trux uastatrix dira cum fraude peremit,
Hos crux saluatrix mira cum laude redemit.**

Coloniae Agrippinae excudebat Lambertus Andreae. Anno MDXCIII.

Vorlageexemplar (**A**):   Münster, WULB, X 1125 (Prov.: Jesuitenkolleg Münster 1609)
Weitere Exemplare: Augsburg, SuStB, 4 NL 20
                            München, BSB, 4 P.o.lat. 590 Bbd. 37 (Verlust)
                            München, UB, 4° P.lat.rec. 42 # 8
                            Paris, BNF, Rés-M-451
                            Speyer, PLB, an 11349 Rara

Die Sigle **P** im Apparat verweist auf den Abdruck des *Oliuetum Spirense* im PARNASSUS SOCIETATIS IESU, *classis I, pars II*, S. 395–410. Benutztes Exemplar: Würzburg, UB, L. R. r. q. 54.

[A^v]

Großes Wappen des Eberhard von Dienheim, Bischofs von Speyer, darunter die Kartusche:

Dei gratia Eberhardus Episcopus
Spiren(sis), Praepositus Weissenburgen(sis)
Camerae Imperialis Iudex, etc.[1]

[A2^r]

Ad Reuerendissimum et Illu(stri)ss(imu)m Principem ac Dominum D. Eberardum, Antistitem Spirensem, et Praepositum VVeissenburg(ensem) Imperialis Camerae Iudicem, et Caesareae maiestatis Consiliarium D. clementissimum.

Ad Reuerendos etiam ac nobiles Dominos templi cathedralis apud Spirenses Canonicos.

Antistes, Nemetum fulgenti ornate tiara,
Et proceres, quibus Argiuum dat regula nomen,
Vestra meis, precor, aspiret clementia Musis:
Offero nam uobis parui munuscula libri,
P 5   Quo uestri eximium fani memoramus honorem,

---

1   Das Wappen und seine Beischriften nur in **A**.

Scilicet ad Libyas spectantem, axisque profundi
Sidera, oliueti iucundo in gramine montem:
Nuper eum calamo Musarum in uincla coegi
Attento, atque super Phaebaea incude recudi.
P 10   Mirum opus est montis sculpti, cui plurima circum
Indulget pietas hominum feruorque precantum
Igneus, et murmur Christi nigra funera flentum.
Aethere nimirum cum lux uernante recurrit
Annua, qua magnae sanxit mysteria caenae
P 15   Christus, oliueti monumentum nobile mirum,
Quam pia concelebrent Nemetanae examina gentis.
Vidi egomet stupuique ad relligiosa piorum
Obsequia, et tam diuini certamen honoris
Eximium: ueteris species erat aemula saecli.

[A2ᵛ]

P 20   Vespere, quam primum clausit lugubre sacerdos
Eloquium et duros Christi sudantis agones
Armigeraeque manus fremitum caecosque furores
Expediit, uenerando hominum pars affluit horto
Plurima, oliuiferum cingens multo agmine collem:
P 25   Illico sublimes circum inflammescere taedas
Solenne est flammisque piis accendere noctem.
Tunc ita clarescit sacri uicinia montis
Tamque alte rutilum spargunt funalia lumen,
Vt circum nitidae consurgat imago diei.
P 30   Matronae castaeque nurus uernaeque puellae
Lumina clara tenent manibus dominoque fragrantem
Ceram adolent multisque nigram splendoribus umbram
Profligant: simul insontem uenerantur Iesum,
Quem sub marmorea speculantur imagine flexo
P 35   Implorare genu patrii solamina caeli
Et uoluentem animo mortis tam dira propinquae
Supplicia, ubertim roseum sudare cruorem.
Hic pia turba ciet magnos in pectore motus
Atque graues animi sensus expromere certat,
P 40   Dum tam indigna suum diuino in corpore Regem
Ferre uidet: multo siquidem plangore fatigant
Pectora, dant alto gemitus ex corde petitos
Humectantque genas atque ora precantia rorant
Lacryma inexpleta, uel luctu obsessa modesto
P 45   Lumina deiiciunt geminasque ad pectora pressant
More crucis palmas, et lamentabile funus

[A3ʳ]

Insontis Domini arcano sermone queruntur.

Et quia pro nobis alta crucis arbore fixus
Sponte tulit paenam et probrosae spicula mortis,
P 50   Procumbunt omnes genibus montemque coronant
Affusi et Domini numen miserantis adorant;
Magnificas toto memorant ex pectore grates
Et prece sacratam noctem feruente morantur.
Ipse hunc feruorem (pietas me exegerat illuc)
P 55   Et studium sincerum oculis humentibus hausi
Attentaque preces uigiles et murmura turbae
Supplicis aure bibi; ritus mirabar auitos
Et canae pietatis opus ueterumque parentum
Doctrinam. uestro talis ueneratio monti,
P 60   O proceres sacrati, optatum gliscat in aeuum.

(Kleines Wappen [wohl des Domkapitels])

[A3ᵛ]

OLIVETVM SPIRENSE.

Longaeuae meditor sculpenda in robore cedri
Carmina, oliuiferi quibus in fastigia montis
Deferar, ut noctu raptatum in uincula Christum
Languentemque aegro proflantes pectore somnum
5   Despiciens socios mundo tam nobile prodam
Montis opus, sculptique opus admirabile montis;
Marmoreas rerum effigies artemque stupendam:
Scilicet abstrusi sacrum sub monte sacelli
Horrorem, et senis tectum sublime columnis;
10   Armatamque aciem, nec non simulacra uirorum
Aemula uiuentum et uiuos imitantia uultus;
Multiplices formas atque horrida monstra ferarum,
Arboreasque comas et prosilientia circum
Gramina et excelsi lugubrem uerticis hortum;
15   Difficiles aditus, et quicquid denique uero
Adsimile affinxit duroque exurgere saxo
Daedaleo fecit manus instructissima scalpro.
        Nec uero mihi laudis amor neque uana cupido
Nominis obrepsit, sed passi gloria Christi
20   Et pietas egit pulcrum tentare laborem.
Sat mercedis erit, lucri sat magnus aceruus,
Si litui clangore mei pulcerrima montis
Gloria oliuiferi longas spargatur in oras
Terrarum, et nostro spectent in carmine gentes
25   Luctifici simulacrum horti, turbaeque furentis
Arma, faces, uncos, funes, stridentia ferro

Vincla, laboratas sub lato fornice rupes.

Vos Diui Diuaeque omnes, quibus inclyta sacras
Spira domus posuit, uel quorum dedita laudi
30   Sacrificas stipat festiuis solibus aras:
Este mihi faciles caeptoque fauete labori!

At uero humanae Domina augustissima gentis
Et uasti Regina Orbis, cui gloria floris
Olim uirginei dio stetit integra partu,
35   Nunc etiam aeterno uernat purissimus aeuo
Virginitatis honor: tu nunc sublimia calcas
Sidera et incurui pulsas pede culmen Olympi:
Lucifer et radians candenti sidere stilbon
Ipse etiam astrorum princeps, et luna bicornis
40   Fulgentes, o Diua, tuos mirantur honores,
Mirantur iubar auricomum lumenque decorum:
Te proceres caeli, legio te flammea circum
Suspicit euectam ad sublime cacumen Olympi:
Virgo parens, nostrumᵃ non dedignare laborem!
45   Namque tibi insignem auspicio felice locauit
Spira domum, quam tu affectas magis omnibus unam
Et cultu ueteri gliscentem in saecula seruas:
Huius ad Austrinum latus exhibet area montem
Pinguem oleo et Christi sudato sanguine rubrum.
50   Iampridem hunc populis cecinit uaga fama per orbemᵇ,
Fama uolans circum, quam prouidus Arbiter orbis
Iussit centum oculis uigilem, centumque sonantem
Vocibus, et centum facta atque infecta bibentem

Auribus, instabilem pernici errare uolatu
55   Atque inter populos magnarum nuntia rerum
Spargere et assiduis opera excellentia fari
Laudibus: haec eadem passim sermone recenti
Montis oliuiferi decus admirabile cantat,
Scilicet: „immensis qua se Germania campis
60   Explicat et latis ostentat maenibus urbes,
Vix monumentum ullum spectari augustius illo
Dignius aut uisu, aut maiori laude uehendum.
Olli tantus“ ait „decor est artisque stupendae
Gloria, tam uiuax horti lugubris imago,
65   Vt ueteris possis inter miracula saecli

---

a   nostrorum **P.**
b   orbi **P.** Vgl. dazu S. 382!

Ponere, et artificis diuini opus esse putares."
Haec Dea mirifico sparsim sermone uolutat
Garrula per populos auresque ingentibus implet
Laudibus atque animos augustam uisere molem
70 Instigat sanctique ardentem montis amorem
Suggerit et tristis rapit ad spectacula facti.
   Sed, mea Musa, sat est prolusum: accingere tandem
Seria, scande iugum montis, fer lumina circum,
Inspice Phidiacis munitum sepibus hortum
75 Saxaque uiuentes hominum mentita figuras!
Pange sacrandum aeuo quiddam, sentique calorem
Desuper illapsum, diuino percita flatu
Pieriis miram depinge coloribus artem
Horridi oliueti: legat omnis terra loquentem
80 Sinceris picturam oculis. tamen illue guttur

[Bʳ]

Aetherio latice et largum trahe fortiter haustum,
Vt tua dum fusim Sophocleo carmina ducis
Peniculo, uox mella sonet, decumana fauorum
Fragmina proructet facundi spiritus oris.
85 Nec tibi cantanti strepitent raucedine fauces
Aut hiet incassum sicco pulmone palatum.
   Vndisonae Rheni Nemetana ubi proxima ripae
Vrbs iacet et latis prospectat maenibus Euros,
Stat ueneranda domus saxo constructa uetusto.
90 Tecta graui plumbo sternuntur, nubila turres
Culminibus feriunt, quarum gerit una sonorum
Aere chorum (ficto campanas nomine dicit
Barbarus): ex trabibus pendent caua pondera quernis,
Incita fune uolant et duri uerbere plectri
95 In labrum percussa sonant. cum uero cientur
Cuncta simul, uario clarescit musica pulsu.
Acriter aes paruum tinnit, mediocria fortem
Dant fremitum, horrendo magnum inter murmurat illis
Mugitu: trepidant postes et tecta domorum
100 Succutiturque solum, nubes et stridulus aer
Dissultant. fanum hoc pietas antiqua dicauit
Augustum Reginae Orbis Matrique Tonantis:
Eius adhuc laudes et nomen dulce celebrat
Vocibus altisonis et fusi carmine stanni:
105 Intus opaca, ingens, immanibus alta columnis
Firma nimis grandi murorum robore constat;
Arcubus incumbit uastis altissima moles

Fornicis et circum longaeuo puluere squalet.
Attamen aurai lucentis copia totam
110 Illustrat: nitidam celsis specularibus haurit
Ampla domus lucem et multo splendore repletur.
Hic sese ostendunt aeui monumenta uetusti
Plurima, uel muris extant longoue recumbunt
Saxa pauimento priscis incisa figuris.
115 Est chorus ante chorum summum (crux indidit illi
Nomen) ubi regum cineres uel corpora (sicut
Spira refert) integra iacent, sed flamine tantum
Exiguo in tenues abeant resoluta fauillas.
Hic etiam (sic fama canit notissima) quondam
120 Casta Redemptoris mater, dulcisque piorum
Gloria per statuam Bernhardum affarier ultro
Est audita: probant miram uestigia famam.[2]
Hic demum (nam multa libens intacta relinquo)
Omni ex parte aedis collucet plurima lampas.
125 Effugeret numeranti omnes prolixa diei
Portio: res alibi non usurpata uidentem
Mirari facit atque pias extollere flammas
Laudibus. ista domus nihil est nisi regia moles
Diues opum, diues sacrai uestis et auri,
130 Induperatorum pretiosis inclyta donis:
Armipotentis enim Conradi sumptibus olim
Surrexisse ferunt homines, et scripta loquuntur.
Hic, ubi nimbifero celsum caput obicit Austro,
Circuit herboso spaciosum cespite campum

135 Porticus et lato se porrigit aequore circum.
Et dum respirant elementa a frigore crudo
Aestiuumque iubar squalentem exuscitat orbem,
Lata peristylii flauentibus area ridet
Floribus et uarios pratorum more colores
140 Miscet. in illius medio iacet inclyta montis
Fabrica, funestae spectaclum flebile noctis,
Qua Dominum mortis trepidum multoque pauentem
Horrore et positis genibus prolixa precantem
Corripuit multoque manus in terga reuinxit
145 Fune scelestorum crudelis turba latronum.
Ille quidem (iam lux ueteres discusserat umbras,
Et legalis erat dapibus solennibus agni

---

2 Zu Bernhards v. Clairvaux Besuch in Speyer (1146/47) s. Wimpheling edd. Düchting – Kohnle 1999, 49 f.
55 f. 60 f. (Testim. 8–10).

Finis) ut hymnisono retulerunt murmure grates
Diuum hominumque patri, mensamque epulasque remossent,
150 Carpsit oliuarum colles: ibi namque frequenter
Fusus humi aequabat nocturnis uota tenebris
In lucemque preces diuina uoce ferebat.
　　　Postquam igitur notum sociis stipantibus hortum
Attigit, et suprema dies properaret, acerbum
155 Mente uolutantem funus circumstitit horror
Ferreus, incubuitque animo dolor acer et altus
Tristititae cumulus, formido turbida pectus
Succussit grauiter, pallorque per ora cucurrit
Arida, lugubris stabat sine sanguine uultus.
160 Tunc sociis sese auulsit, uiridesque recessus
Atque horti secreta obiit tentare precando

[B2ᵛ]

Numen, et ardentes supplex ad sidera uoces
Voluere. dum uero socios nox humida crasso
Sternit humi somno crudique oblita doloris
165 Corda sopore ligat pigramque in membra quietem
Diuidit, inuigilant illi cura, angor et ingens
Tempestas animi et lethi crudelis imago.
Corruit in terram pronus genibusque uolutis
Procumbit pauitans, fortique trementia nisu
170 Brachia uel caelo extollit, uel robore cassus
In diuersa iacit, uel tandem lassa remittit.
Fortiter orandi neruos intendit, et acris
Concurrit formido preci, stipata dolorum
Agmina confligunt intus, centumque futuri
175 Tormenti species turbant, naturaque telis
Saucia terrorum pugna luctatur acerba:
Vsque adeo, ut toto proruptum corpore sanguen
Curreret, et sudor flueret per membra cruentus.
　　　Obscuro interea miscetur murmure caelum,
180 Nec mora: clarescunt sonitus, ferri ingruit horror.
Plurima fax piceis incaestat odoribus auras
Et rutilo micat igne procul, strepituque ruentum
Pulsa tremit tellus. en autem turba (nefandum)
Effera paullatim emergit Dominoque propinquat,
185 Ore oculisque iram et furialem spirat Erinnyn.
Atque odiis corda ignescunt, et spumea dirum
Labra fremunt, dentumque ferox collisio stridet.
　　　Indignus calcare solum lumenque tueri

Sideris, hortator sceleris, furibundus Iudas
190 Totum animo Phlegethonta ferens hoc agmen agebat,
Cui Dominum insontem scelerato proderet astu.
　　　Hortus erat sparsus saxis et collibus asper,
Quem lento contexta olim de uimine sepes
Cingebat, quernoque haerebat ianua poste
195 Vnica, et angustam uersato cardine portam
Laxabat: stipata acies intrare nequibat;
Impatiens idcirco morae sese agmine denso
Fundebat, quacunque aliquam conuulsa fenestram
Sepimenta dabant, Iesumque in dura petebant
200 Vincula et in rigidi tandem suspendia ligni.
　　　Quis cladem hanc irasque truces et uerbera fando
Explicet, aut querulis pressuram fletibus aequet?
Si tamen est animus cladem sub imagine ueram
Cernere, oliuiferi monumentum sculptile montis
205 Suspice: nam tanquam festiui scena theatri
Exhibet ad uiuum praestantique arte figurat.
　　　Magnifica existit uiridanti in cespite turris
Non educta adeo sublimi culmine, uerum
Ampla satis, ualidoque sedens fundamine tendit
210 In terram procul, et saxoᶜ aedificata perenni
Vndique perflatur uentis, lucemque serenam
Accipit excelsis ex omni parte fenestris.
Sex etenim incumbit moles antiqua columnis,
Quas alti circum ualidis compagibus arcus
215 Concipiunt nitidisque ferunt latera aspera signis.

Viuidior species signorum aut pulcrior ordo
Nusquam est in Nemetum templis aut turribus altis.
Per laterum fines speciosa toreumata serpunt
Et fasces foliorum et serta tumentia pendent.
220 In medio simulacra sedent pulcerrimaᵈ uisu
Et referunt priscos uates, quibus ignea fandi
Copia, qui tripodas superos et flamen Olympi
Presagum experti, fatorum arcana mouebant
Abramidisque metu posito uentura canebant.
225 　　　Vnumquodque latus (cum sit sexangula turris)
Exponit simulacra duo: ter quatuor ergo
Circum extant et prisca libris oracla uidentur
Voluere, et aetherium terris praedicere Regem.

---

c　saxae **P**.
d　pulcerima **P**.

Qua uero placidus rorante Fauonius ore
230 Sibilat et madidis auram diuerberat alis,
Magnanimus toto prospectat corpore uates
Vtque legat superum monitorum exile uolumen
Clarius et rumpat praesagam pectore uocem,
Lumina praetexit lucenti obtusa specillo,
235 Et uitreis premit orbiculis spiracula uultus.
Hoc autem uidisse iuuat memorabile signum,
Quemcunque urbs Nemetum portis aliquando recepit:
Nam, si digressus uulgo sese asserat urbem
Lustrasse et celebres oculis hausisse plateas,
240 Nullam dicta fidem accipient, nisi protinus illic
Vitrea testetur gestantem ocularia uatem
Et doceat, quanam turris regione moretur.

[B4ʳ]

Hinc tecti assurgit nigricantis squamea moles:
Segmentis etenim lapidum contexitur atris,
245 Inque iugi auratum tandem finitur^e acumen,

Nodus ubi medius fuluo quoque splendet amictu.
In partes autem bis trinas diditur aequis
Tectum ipsum spatiis, et in unoquoque fenestram
Arte laboratam ueteri pictoris opacat
250 Desuper aediculis, quarum pinnacula fulgent
Auro, et nodosis circum mucronibus horrent.
At turris conuexa altum tegit undique montem,
Seruat et arcanum sub montis rupe sacellum:
Scilicet, ut nullam superarum casus aquarum
255 Incutiat labem, pluuiae neque sordidus humor
Proluat, et sacrum populetur funditus hortum:
Quod si tempestas piceo uelamine caelum
Abdat, et infesti fundantur ab aethere nimbi,
Porriciunt ferrata procul suggrundia flumen.
260 Candida perplexis^f subtexitur arcubus intus
Testudo et uario ludit splendore colorum.
Vndique proserpunt florum formosa micantum
Germina sublimemque tholum fronde ubere stipant.
Caelestis Dominae, et purae Genitricis imago
265 Est incisa tholo et uenerandum despicit hortum.
Nunc agedum, pia Musa, animoso enitere uersu,
Et cane oliuiferi figmentum nobile montis.
Primo altum peruade hortum, iace lumen in omnem
Partem, et si Dominum sudantem in agone cruento

---

e finitura **P**.
f per plexis **P**.

270 Videris et pressum crudeli mole dolorum,
Ingeme, tunde manu pectus, dic: „sancte Redemptor,
Qui ueterem nobis diuino sanguine labem
Abluis aeternamque instauras morte salutem,
Hunc tibi supplicibus conatum dedico uotis:
275 Tu mihi propitius firmas in carmina uires
Suffice, caelesti currat ratis incita uelo.“
        Saxeus omnino mons est, neque uirgula ligni
Ferreus aut clauus, uel terrea gleba uidetur:
Et tamen ingenti lapidum sese aggere tollit
280 Innumerosque gerit uultus similacraque rerum.
Hortus inaccesso saxosi in uertice montis
Cingitur antiqui presso munimine septi.
Linea lata quidem uirgis contexta salignis
Percurrit superam partem, uerum infera latis
285 Passim hiat, et uenti transmittit flabra fenestris.
Esse sudes ueras, et in horti margine crebris
Ictibus impactas, etiam uerissima ligni
Vimina iurares, sudibusque implexa uetustis:
Verum aliud nihil est nisi saxea sepis imago.
290 Tubera multa, scaber cortex, et adacta securi
Vulnera, succisae quondam uestigia frondis
Exasprant teretesque sudes, intextaque septo
Vimina subsidit uero fictitia sepes,
Molliter imbriferis ubi mons obuertitur Austris.
295 Hac datur aspectus clausi liberrimus horti,
Cum sepem latere accliui superexeat ipsam.

In tumulum medio tellus obsepta leuatur,
Quem genibus premit incumbens uersatque trementi
Poplite Seruator, iactoque ad sidera uultu
300 In tergum caput arctata ceruice retorquet.
Florida caesaries per collum humerosque decoros
Fluctuat et lucem auricomam de uertice spargit.
Dum sic stelligerum uultu connixus Olympum
Suspicit et patriae claram reminiscitur aulam,
305 Componit niueas palmas et ad aethera tendit
Moliturque preces sursum patriosque fauores
Flagitat in tanto miserarum turbine rerum.
Ecquis ad aspectum signi uenerabilis imo
Pectore non gemat atque inter suspirira fundat
310 Rorantes lacrymas? etenim sic ora ferebat,
Sic oculos sanctumque caput genuina parentis
Aeterni soboles et nostrae gentis amator,

Dum ualida prece subsidium caeleste uocaret
Inter oliueti colles, dumque impius agmen
315 Proditor armisonum scelerato induceret astu:
„Omnipotens genitor, qui nutu simplice mundum
Aeternum regis atque immenso robore polles,
Mitis, o! et precibus miserorum assuete uocari,
Heu mihi! decreti calicis quam dirus amaror,
320 Quam sapor austerus, quam lugubris hora bibendi,
Quam mihi labra trement potu dentesque stupebunt,
Quam diri calicis tandem uis effera franget
Viscera! si, Pater alme, ferat tua sancta uoluntas,

[Cᵛ]

Transeat iste calix, aut saltem in dulcius illum
325 Verte mihi: quod si stet^g ineluctabile mortis

Decretum, tormenta crucis non abnuo, sponte
Proicio hanc animam: tua fiat sola uoluntas."
Dixit, et irrubuit totus sudore cruento.
            Erigitur procera silex ante ora precantis
330 Horrida cuspidibus saxorum exesaque circum
Dente uetustatis, quam sculptilis arbor inumbrat
Plurima: naturam frondes genuisse putares.
Herbarum foliosus honos imam undique rupem
Obsidet, atque cauis erumpunt gramina rimis:
335 In medio lapidem (namque opportuna uolucrum
Dirarum nidis domus est, tetrique colubri
Intus, et obsceni posuere cubilia uermes)
Exerit angustamque super sinuosa cauernam
Pandit, ubi dirus bubo sedet oraque soluit
340 Stridula luctificumque ululat Dominoque cruentum
Nunciat interitum et saeuos in morte dolores.
            Auersam scopuli frontem quanquam implicat altae
Silua hederae, gratusque uiror frondesque comosae
Aspectum exhilarant: tamen anguibus hospita saeuis
345 Dat stabula et passim latebra nigrante dehiscit.
            Supra hederas immane et formidabile monstrum
Crudeli fulgore draco se proripit antro;
Terga micant uiridi squamarum horrore, liquentemque
Aera lambit hians arrecto bestia rostro.
350 Agmine stant dentes rabido linguaque rubenti

[C2ʳ]

Fulgurat et longe exertat scabri asseris instar;
Liuida fax oculis, atque immitissima frontem

---

g   sistet **P**.

Asperitas habitat; uirosis concaua uenis
Colla tument, et iam flaccentes uentilat aures
355 Anguis atrox ambosque pedes ingentibus armat
Vnguibus, et rigido configit acumine saxum.
       Altius horrifico species iucundior angui
Visitur et turpi recreat perterrita monstro
Lumina: namque super scopulosae uertice cautis
360 Formosus iuuenis caeli de gente uolucri
Remigio alarum placida se librat in aura:
Ore, oculis et ueste refert ex aethere lapsum
Nuncium, et angelici dat corpore signa decoris.
Caelesti inprimis calamistro intorta uidetur
365 Caesaries, quae sese etiam per colla uenustis
Lucida cincinnis fundit tenerosque uolutat
Supra humeros, hinc de niueo fulgentis Olympi
Vellere ducta fluit prolixo syrmate cyclas,
Quam mediam nitido sub pectore lata coercet
370 Zona plicaturis. ab eburno denique collo
In longam transuersa crucem stola pendet ad oram
Cycladis extremam: Gabrielem credere fas est.
Nam tales Gabriel inter tot milia milium
Agmina, totque acies caeli pulcerrimus olim
375 Induerat uultus talique est uisus amictu
Fulgere, dum auratis alis per inania uectus
Substitit ante oculos Mariae, formosaque tendens

[C2ᵛ]

Lilia, uirginei cecinit laetissima partus
Nuncia et aeterni sobolem Genitoris ab alto
380 Venturam humanae fragili sub carnis amictu.
       Ille iugum scopuli insistens crucis horrida gestat
Robora fatalemque trabem Dominoque ferendam
Edicit: sic esse ratum, sic uelle necessum.
Sanguineum defert calicem simul atque minatur
385 Funera luctificaeque necis tormenta propinat.
Denique anhelantem multo solamine fulcit
Flagrantesque leuat curas mulcetque pauentem,
Abstergens toto fluidum de corpore rorem.
       Ad boreale latus, procliui ubi ualle residit
390 Hortus et abrupti breuiore crepidine montis
Inclinat, socii procumbunt corpore lasso
Frigida saxa super, durisque laboribus hausti
Non possunt inuictum oculis arcere soporem:
Verum aegris nimium et maesta formidine pressis
395 Lumina mersa natant somno, per membraque serpit
Laeua quies sensusque ligat mentemque coercet.

Diuus Ioannes, medio qui flore iuuentae
Vernat et albenti uestit lanugine malas,
Barbato cum fratre sedet super algida iuxtim
400 Gramina rimosis annixi corpore saxis.
Ille manu uultum prensat titubante labantem
Et fulcro cubiti suffert turgentia somno
Tempora; sed capiti substernit lassa iacenti
Brachia germanus: sic proflat uterque soporem

[C3^r]

405 Ore hebetem, et raucam respirant naribus auram.
       At senior, cui petra Petri uenerabile nomen
Sanxerat, in duram toto proiectus arenam
Corpore furatur uigili compressa dolori
Lumina, et halituum lata trahit aspera nare
410 Pondera, qui casus Domino comes ire per omnes,
Per sonitum armorum, per flammam et saxa uolebat.
Siccine nunc stertis noctem uigilante magistro,
Dure senex, illumque sinis configere solum
Funereo angori? nunquid super aethera dictis
415 Tendebas prius, irritans uentosque procellasque
Et mentem intemeratam, animi quoque robur ahenum
Spondebas turpique metu impenetrabile pectus?
O fragiles tandem sensus, o testea mentis
Proposita humanae, et tenui pendentia filo!
420   Semita consurgens roseum Titanis ad ortum
Paullatim obliquat celsum spectabilis horti
Introitum ad Boreae uultus Arctonque niualem:
Atque ibi quadratos attollit ianua postes
Edita statque sui tuto sub culmine tecti,
425 Ne pluuiis forte illisis attrita fatiscat
Atque humente cadat resoluta putredine. lignum
Omnia quis neget esse? tamen sunt omnia saxum.
      Huc autem^h ruit (infandum) turba impete caeco
Omnis inops animi, furiisque arrepta proteruis
430 Arma quatit piceosque ignes funalibus infert
Et dominum petit, in solo uiolenta moratur.

[C3^v]

His sese comitemque ducemque nefarius addit
Proditor et sceleris tam faedi inuentor Iudas:
Iamque inter patuli ueterator constitit horti
435 Limen, et oranti parat insidiosa magistro
Oscula, pro summo pactus tam uile lucellum

---

h   cautem **P**.

Crimine. quis uero aspectus, quam inuisa scelesti
Forma uiri? ex humeris pendet sinuosus amictus
Vsque pedes, terramque udam circumflua lambit
440   Fimbria; stat capiti indignus uirtute capillus
Horridus et densis inculte aggestus in altum
Cincinnis; haud absimili faeda ora rigescunt
Barbitio, obscurisque coit frons turbida rugis.
Inuidiae flagrat facies ardoribus, haurit
445   Triste genas tabum, squalent rubigine dentes:
Torua acies oculorum, atque alta foramina signant
Exitiale nefas et faedum in pectore crimen
Versari. dextro lateri sicarius astat,
Ad quem respiciens ardentia lumina uoluit
450   Proditor et multum contanti ita turbidus infit:
„Quid ferimus tandem in diuersas lumina partes
Pendemusque animis? eccum, quem quaerimus: ibo,
Ibo et signa dabo toti manifesta cohorti.
Ferte citi gressum meque unum aduortite: figam
455   Oscula; consutam pietatis nomine fraudem
Praetexam: quicumque fuat, raptate ligatum
Funibus, effugiique omnem praecludite rimam!"
Sic fatus tendit transuersam in pectora dextram

[C4^r]

Indice proiecto signans quem mente uolutat
460   Prodendum et morti ferali in stipite dandum.
Laeua autem infandi sceleris mercede tumentes
Comprensat loculos et iniqui pondere gaudet
Argenti. o capient faedum tua gaudia finem,
Perfide, cum aeterni, sed sero, fatebere Patris
465   Progeniem uerumque Deum, quem iam hostibus ultro
Prodis, et insontem tam saeua in funera mittis!
Scilicet hora ruit, cum te scelera impia tangent,
Cum irrisus templo pretium exitiale repones[i]
Et fugiens nectes informem ex arbore funem,
470   Quo tandem infelix eliso gutture rumpes
Spiramenta animae et dissultans ilia uenter
Proruet infami crepitu: mox lurida tabes
Diraque putredo uentis agitabile pondus
Destruet et coruis ponet feralibus escam.
475   Ah satius, uitae si nunquam limen inisses!
        Hunc uero ausculat mussantem et multa putantem
Elatisque oculis obseruat barbarus, ecquem
Destinet in praedam digito monstrante nefandus

---

i   reponens **P.**

Proditor, et uinctum uocet ad crudele macellum.
480 Signa docent, uultusque probat culturaque morum
Decolor, armorum squalor simul arguit ipsum
Esse uirum, cui post ferro precisa cadebat
Auris, et infami currebat sanguine tempus.
Lata illi facies, et agresti nulla sub ore
485 Barba iacet (seu ferri aciem perpessa rigentem

[C4ᵛ]

Deciderit seu non tulerit natura ministri
Semiuiri): tamen ante alios immanior instat.
Terribilis faciem illuuies obsedit agrestem,
Qualis inest, qui furnum obeunt olidamue coquinam,
490 Aut in fumibuli procero stipite sordes
Decutiunt uultumque atra fuligine tingunt.
Turpe supercilium attollit celsumque tuetur
Et torue Dominum orantem speculatur, amaro
Diducit labia ardelio pallentia risu
495 Exemploque canis scabros putredine dentes
Sensim aperit: uerum unius stat concaua sedes
Euulsi anterius turpique hiat ordo lacuna
Osseus. ex squamis autem consertus ahenis
Pileus in frontem pendet mediamque recondit.
500 Quid multa? Andino memoratum carmine Mopsum
Rusticitate refert: etenim captiuus ab oris
Nuper Idumaeis in sanctam uenerat urbem,
Nunc tamen impauidum rigido mentitur amictu
Militem, et agresti sursum fert lumina fastu:
505 Et quamuis nulli fuerit contendere suetus,
Nulli ferre manum, lateri tamen alligat ensem
Sat longum, et capulo laeuam praeturgidus implet.
At laterna grauat, tremulai prodiga lucis,
Dexteram et ambages obscuras praeuia monstrat.
510 Scilicet haec crepuit collisi in fragmina uitri,
Cum praeceps animi Petrus recluderet ensem,
Et super incumbens deformi uulnere tempus

[Dʳ]

Rumperet, et flaccam Malchi praecideret aurem.
Denique suspendit magnam de cannabe peram,
515 (Qualem dimittunt uetulorum laxa uirorum
Cingula) quam uideas olidis turgescere bulbis.
Allia, caeparum fasces et gramina porri
Sectilis impegit flagrio, male olentia tantum
Herbarum capita exposuit, uelletque uideri
520 Omnibus, et dici lautae dapis assecla: uerum

Quis non subsiliat risu pulsetque cachinno
Ilia, lactucam labris cum uiderit aptam?
      Hi duo se intulerunt horto, pars caetera flexo
Ascensu insequitur, nam concita flectit ab Arcto
525   Septum iter, et longo paullatim attollit opaci
Montis circuitu, donec tandem ardua carpat
Et patulam subeat lapidoso in uertice portam.
Non autem recta potis est uia tendere sursum,
Cum latera in preceps abruptis undique saxis
530   Porrigat, accliuesque aditus mons nullibi pandat,
Verum opus est altum spiratim ascendere montem
Atque per ambages longas faucesque uiarum
Horriferas penetrare in latum uerticis aequor.
Semita principium Riphaea ducit ab Arcto
535   Et sensim assurgit circum seseque per auras
Occiduas Austrique plagam reflectit in Eurum,
Atque ubi contingit spatiosi uerticis oram,
Sublimem introitum sursum tendentibus offert.
Circum in praecipiti sistit longissima sepes

540   Praecingitque uiam, titubans ne forte uiator
Tramite deliret stricto facilique ruina
In praeceps eat et dirum per membra fragorem
Rupta det inque caput uento sufflante rotatus
Sanguineum elidat fracta ceruice cerebrum.
545   Et quanquam sudibus quernis seu robore fagi
Depacto et salicum uirgultis texta uidetur,
Attamen ante fuit saxorum informis aceruus,
Quem manus artificis sculpendi gnara redegit
In sepem, et longe calli praetexuit arcto.
550   Vimina transuersum sudibus perplexa uetustis
Nodosaeque sudes, et fissis undique scabri
Corticibus, passique graues aliquando secures
Deludunt oculos, et cum sint saxa, uideri
Ligna uolunt: naturam ars est imitata potentem.
555   Inspice fracturas sudium corruptaque passim
Vimina, nec uitium credas mutabilis aeui,
Nec ui uel studio factum casuue maligno,
Verum opus auctoris, miramque in cautibus artem.
Per fictam sepem, montisque aspreta patentis
560   Confraga, perque uiam uulgo quam plurima repit
Bestia (Phidiaco affinxit manus inclyta scalpro):
Rana tumens limaxque piger uiridisque lacertus,
Vipera, squamosus coluber cornutaque frontem
Cochlea, testudo domiporta, leunculus asper

565 Et lepus, et demum uariarum monstra ferarum.
　　　　Haec uia fert hostes Domini longo ordine montem

[D2^r]

　　Scandentes uinclisque nefas immane parantes:
　　Concita suspendunt tacito uestigia gressu,
　　Ferrumque flammamque ferunt funesque retortos,
570 Et clypeos aptant manibus: seges ampla sagittum
　　Horret in hirsutis pharetris, quassantque minaces
　　Vertice barbarico galeas, uestesque corusco
　　Aere rigent, et amicta graui stant corpora ferro:
　　Hortamenta, acres monitus, et mutua fingunt
575 Murmura, consilii secreti pondera librant.
　　Pallescunt facies rabie, crudelia flagrant
　　Lumina, transuersumque actis sub pectore gliscunt
　　Eumenides furibundae, et uis Acherontica laeuas
　　Irritat mentes stimulisque exercet amaris.
580 Asperat incensos feritas nimis impia uultus,
　　Et toto tragicos efformant corpore gestus.
　　Talia stant simulacra uirum, quos uiuere dicas,
　　Quandoquidem aut halant auram aut halare uidentur.
　　　　　Proximus ad limen praerupto in tramite ficti
585 Getsemani iamiam patulum ruiturus in hortum,
　　Fert humero latam dextra prendente securim,
　　Indignum caput ardelio defendit ab aestu
　　Vulgari petaso, dextrum latus ense recuruo
　　Obligat, intortis uillis barba obsidet ora;
590 Ast orbes oculorum albo fulgore micantes
　　In Dominum obliquat sepemque frutetaque uisu
　　Transmittit. cultris autem uagina duobus
　　Ante femur turget, quibus addit prouidus acrem

[D2^v]

　　Coticulam, et zonae crassam super inguina peram
595 Astringit, qualis lanio solet esse cruento.
　　　　Hunc audax iuuenis retro comitatur euntem
　　Saeuior aspectu: rubet asper sanguine uultus,
　　Sanguineum spirat terrorem, insedit Erinnys
　　Dira oculis: Scythicis nemo truculentior oris
600 Prodiit, aut crudi coluit Busiridis aulam.
　　Fert toruam galeam, duplices cui nexuit alas,
　　Auricomum sicut uolucri sub casside tempus
　　Condit Atlantiades, quando consulta Deorum
　　Nunciat et celeri fertur per inane uolatu.
605 Verum cum rapido cieat uestigia passu
　　Sanguinolentus homo, contorquet acerba retrorsum

Lumina, et increpitat socium post terga morantem.
Immanem funem portat iuuenilia circum
Brachia, quem multos ideo contraxit in orbes.
610 Sica latus, iaculumque humeros crudele fatigat.
Esse duos lanios laniis gestamina crudis
Apta monent: funem gerit hic, latam ille securim:
Indomiti nam fune boues in cornua iacto
Ducuntur mactatum, et fronti impacta feroci
615 Ascia, *prosternit*[j] conuulsam turbine uasto
Bestiam, et elidit stupefacto sanguine uenas.
Descendit lorica bilix in pectus et ambit
Mentum implume, ferunt tumefactam cingula peram.
      Qui uero ipsius lento uestigia gressu
620 Excipit, Eumenidum fastu tumefecit eodem

[D3ʳ]

Pectora: deformi capiti ferrata recumbit,
In petasi morem cassis, mentumque tuetur.
Fert setis faciem nudam, segetemque pilorum
Barbitii secuit peracuta nouacula pridem.
625 Conflato in uestem munitus ad inguina ferro
Desuper, aptauit loricam ex aere rigentem
Vsque genu: axillas, firmis ubi brachia neruis
Existunt, grauibus cernis splendescere bullis.
Subligat et lateri falcatum turbidus ensem
630 Diffractamque manu quassat feruente bipennem.
      Iunior hoc sequitur, cupidoque uirentior aeuo,
Cui fruticans mustax nigris diffunditur alis.
Verum olidas lanugo genas tenuissima uestit.
Promissos capitis oblongo tegmine crines
635 Abdit, et in dorsum filosum flectit acumen.
Ferreus est totus, ferro strepit asper amictus.
Inuius ergo armis praeacutae cuspidis ictus
Despicit atque omnem secludit corde timorem
Vulneris audacique manu iam stringere clauam
640 Nouit, quam ferro circum inspicauit acuto.
Sic grauis armorum gestu molitur in hortum
Arduum iter longosque trahit per scrupea gressus
Saxa, fatigatos quatit aeger anhelitus artus.
      Succedit senior uiroso sanguine teter:
645 Vipereo aspectu lumen crudele retorquet
Aspraque ridenti socio conuicia dicit.
Vrit eum scabies, atque insanabile mordet

---

j   prosternit] posternit **A P**.

Hulcus in auerso femore et remoratur euntem:
In saniem corrupta caro protuberat atro
650 Vulnere nec stillans patitur femoralia pestis,
Nudat eam palletque malo queriturque dolorem.
Attamen, ut nullo moueantur uulnere uiso
Ilia, uel uomitu proructet frusta ciborum,
Applicuit turpi imbutum cataplasmate linum.
655 Sed quanquam latitat uulnus linumque tenaci
Vnguine adhaerescit, tamen atrum sistere tabum
Haud potis est: prorumpit enim guttisque cruentis
Turgescit circum et faedis putoribus humet.
Pars autem carnis scabioso furfure liuet,
660 Pars neruis contracta stupet, pars tubere surgit;
Verum ubi pars fluidis papulis excanduit, acris
Musca sedet super et tabum manabile sorbet.
Ille tamen perstat caecosque in uulnere morsus,
Stridorem alarum et saltus in pelle molestos
665 Bestiolae superans tantillam despicit heros.
Arma reclinauit ualido malefida lacerto,
Arma, quibus nouitas audax imitabile fecit
Nomen, et ad bombos aurem conuersa sonoros
Bombardas dixit: tormentum dicere malo
670 Horrificum crepitans claroque fragore tremendum:
Aenea enim glande et nitrato puluere fartum
Fulmen agit longeque micantem effulgurat ignem.
Ad femur horribilem suspendit denique sicam,
Qua posset medio octennem discindere quercum.

675 Muscam autem fluitans potantem e uulnere tabum
Et stolidi bulbos Malchi peramque nigrantem
Alleget, Nemetum quicunque inspexerit urbem:
Haec etenim uisae certa argumenta petuntur.
          Hinc uenit absimilis dicto – nam corpore pingui
680 Plus adipis quam mentis habet – cui nescia belli
Dextera, quanquam adeo sese dilatet amictu
Militis audacis: capiti stat namque galerus
Bellicus et lato circundat margine crines.
Agrestes humeros et pectus sole perustum
685 Et uentrem lorica tegit securaque reddit
Verberis infesti et iaculi uolitantis ab arcu:
Talia dant speciem bellis audacibus aptam.
Sed campi potius quam dura negotia Martis
Surarum induuiae et triuialis pera secutum
690 Ostendunt, uulgique leuis de fece uocatum:

Namque sub axillam loro breuiore reuinxit
Folliculum raros obducta aerugine numos
Seruantem et potius fragmentum panis olentem.
Ast adeo laxum hirsutis obduxit amictum
695 Cruribus, ut multa subsidat ualle plicarum.
Ipse tenens medium nigras attollit in auras
Igne facem rutilo fulgentem et nube per altas
Fumantem picea rupes, spargitque coruscum
Lumen in ascensum montis tenebrasque resoluit.
700 Iam uero illepidi capitonis respice uultum,
Sique uales, nullo diducas labia risu:

Ars tentauit enim naturam aequare potentem,
Dum sic effinxit dentes et turgida muti
Labra uiri, ut uero credatur soluere risu
705 Ora: ciet magnos per saxum scansile passus
Transuersumque uidet nitido pinguedine uultu.
Nullus honor barbae mento descendit obeso,
Nec germen nascentis inest, nam faeta pilorum
Marcuit in sterili dudum pinguedine radix.
710 Grandia labra rubent in risum tensa modestum,
Sicque mouet risu risum, sed nescio caussam
Ridendi, nisi forte moram post terga sequentum
Rideat aut comitis malesano femine claudi
Putre sub emplastro uulnus muscamque bibentem.
715　　Istum subsequitur procero corpore, uerum
Imberbi mento iuuenis saeuoque tridenti
Terribilis, quem retro gerit ceu rusticus hastam.
Subligat et lateri latum et penetrabile ferrum,
Quale niger sibi cudit Arabs et Turca superbus.
720 Huic animum melior natura in pectore fixit
Humanum atque oleo miti perfudit in ortu:
Innocuas seruare manus nullique periclum
Cudere sinceramque dedit conquirere pacem.
Nunc tamen in saeuae ueniens immania turbae
725 Concilia et tandem sociis adiunctus iniquis
Fit sceleris consors animique effrenis easdem
Induit Eumenides, similem sub corde furorem
Suscitat, et scelere immani pro more latronum

Non metuit temerare manus, iam bellua factus
730 Vi magici laticis, quem ipsi Phlegethontica Circe
Miscuit atque imbre occulto per uiscera fudit.
Comptula turgentes succingit fascia suras,

Attamen ut pauper nudato poplite uadit
Per gelidam noctem: turpi nam labe fatiscunt
735 Et latas pandunt femoralia rupta fenestras,
Hinc illinc fragmenta uolant pendentia circum
Aut abrepta procul ualido rapiuntur ab Austro.
Mucida pera quidem turget, sed nescio quonam
Farserit (exiguum saltem est fas credere numum),
740 Sed reliquis nitet induuiis cultuque decorus
Armorum specimen generosi militis edit.
Forma leonini capitis saeuissima uisu
Cessit in aeratam galeam uanosque timores
Ingerit; haud aliis cernes prodire figuris
745 Brachia. – Crudeles sudato carmine tandem
Absolui Hebrigenas; sequitur nunc Itala uirtus.
Res satis elucet, satis est discrimen apertum:
Mitior aspectus faciesque serenior, amplum
Barbarum decus et uariorum gloria maior
750 Armorum, uestisque magis pretiosa sequentes
Insignit[k], gressu neque praecipitante feruntur[l]:
Non etenim tantis Dominum Regemque supernum
Exercent odiis neque tanto funera poscunt
Dirarum impulsu; uerum rapit igneus ardor
755 Iudaeos in triste scelus Dominique cruentam

Perniciem, saeuique uolunt sibi cedere frontem
Agminis et primas tragici captare laboris.
Implicuit fatuus mentes furor, intus agit uis
Effera. sic umbrosi ad culmen montis anhelant
760 Et tanto ardore excelsum nituntur in hortum,
Vt, si non adeo uia frangeret ardua uires,
Certatim irruerent et proditione nefanda
Obtentum premerent Iesum uinclisque tenerent:
Non secus ac fera turba canum saeuique Molossi
765 Praecipitant cursum, si quando in retia ceruus
Fugit et innexus ramosis cornibus haeret
– Aduolitant saltu rapido, tunc saeuit in auras
Latratus reboatque nemus montesque propinqui:
Haud mora, certatim incumbunt crudele pauenti
770 Exitium incursuque premunt et dente fatigant
Vulnifico poenisque in acerba morte prehensum
Sollicitant, donec ruptis uenabula costis
Hauriat et dulcem effundat cum sanguine uitam –

---

k   Insignis **P**.
l   feruntor **P**.

Crudescunt uultus diro liuore scelestis
775 Hebrigenis, oculisque faces iaculantur amaras
Inuidiae produntque animi crudele uenenum.
Obscenas barbas aut barbae labilis umbras
Ore ferunt, inopesque genas pars multa pilorum
Conqueritur glabrumque pudet sterilescere mentum.
780 Sanguineae increscunt animis ardentibus irae
Transuersosque animos tumidis afflauit echidnis
Alecto: totam eripuit uecordia lucem.
Nigra quidem nox est sceleri decreta nefando,

[E2ʳ]

Pectora sed nubes multo tenebrosior implet.
785   Nunc acies uero sequitur, quam uexerat acer
Pontius, ut malefidam urbem gentemque rebellem
Subderet et nullos sineret feruescere motus.
     Rite laborato primi duo martia ferro
Corpora texerunt ad plantam a uertice summo.
790 Barbam alter nitido promittit ab ore decoram
Et uultu ingenuo uix ullam nuntiat iram:
Est tamen armorum strepitu gestuque minaci
Terribilis, nam Martis amans et sternere ferro
Corpora profusi mersus stetit amne cruoris
795 Saepius, et bello fundi tot milia uidit.
Figit humi audacem dextra stringente securim,
Quae femur aut collum facili praecideret ictu.
Denique sic armis fulgentem balteus ambit
Sat tenuis peramque tenet farragine largi
800 Stipendi tumidam et Plutonis munere fartam.
     Subsequitur macilentus homo, et maturior annis:
Vita labor multus, uigilis tolerantia, Martis
Sicca sitis tristisque fames et frigus et ardor,
Saxea durities strati curaeque uoraces
805 Exedere uirum atque imas hausere medullas.
Collapsa est facies, exilia dentibus haerent
Labia, nec apparet tenui seges hispida mento:
Nuper enim cecidit ferro demessa corusco,
Cum forte ad uinum stertenti et mira uidenti
810 Somnia ludibrio sociorum ambusta fuisset.
Ruga senilis arat faciem maturaque canis

[E2ᵛ]

Tempora candescunt; tamen intus Martia uirtus
Viuit adhuc pugnisque adeo frigescere dextram
Non sinit: ergo humerum saeuo grauat impiger arcu,
815 Quali praecipitem libramus ab aure sagittam

Oppositoque genu neruum contendimus unco
Dentato: quondam multus, nunc rarior usus.
Ast pharetram lateri horrentem grauidamque sagittis
Nexuit et socium auscultat submissa loquentem.

820   Demum ubi pandit iter gradibus mons imus apricis
Sublimisque caput muscosum semita ponit,
Magnorum simulacra uides astare uirorum
Quinque simul: multos ars admiranda fefellit,
Dum lapides ridere et uiuere saxa putarent:

825   „Vitan' inest illis aut uitae illustris imago?
Si uiuunt, ubinam uitalis signa uigoris?
Estne soporatus, uel ad intima uiscera fugit
Spiritus, et rursum sese diffundet in artus?
Si sunt exanimes, cur ars naturaque formas

830   Tam similes fingunt? minimum si uidero *motum*^m,
Viuos esse uiros iurabo per astra, per undas!"
Talia uoce sonant dubio uel pectore uoluunt:
Illi autem, cum sint lapides et fragmina saxi,
Viuere non tantum, uerum quoque bella secuti^n

835   Semper et in castris uitam traxisse uidentur.
Omnes aere latent fulgenti, totaque ferro
Corpora merserunt aduersum cuspidis ictus.
Stant ueluti pinus uirides aut robora fagi,

[E3^r]

Proceri, fortes contemptoresque cruentae
840   Mortis, et in casus audaci pectore pleni.
        Tres illi, quos stare uides sublimius, acri
Iurgia committunt uerborum cuspide; iactant
Scommata, se increpitant probris, conuicia fundunt
Consiliumue ineunt, et rerum pondera pensant

845   Iudicio promuntque graues ex pectore sensus.
        Propter sublimem quem cernis stare columnam:
Quam uultu flagrante ferox, quam dira tuetur!
Incutit horrorem aspectu: uaga lumina circum
Terribiles rugae discurrunt, labraque mustax

850   Barbaricus spumosa tegit: sic Turca cruentus,
Sic Perses, sic fuscus Arabs sub naribus alas
Diducunt. laeua oblongam rapit iste bipennem,
Dextra autem gestus fingit sermonibus aptos.
Vtrinque exurgunt lucenti in casside plumae

855   Terrificae crebrumque tremunt afflantibus auris.
Postremo geminos includit eburnea cultros

---

m motum] notum **A P**.

n *hunc uersum omisit, uersum 831 iterauit* **P**.

673

Vagina atque uiri pulsat femur inter eundum.
      Hunc iuxta lumbis adnectit trusile ferrum
Vagina splendente latens doctissimus armis
860 Centurio roburque manu sceptrumue decorum
Praeualido figit lateri tituloque suo stat
Turgidus imperiumque uiris exercet iniquis,
Quos ferale iuuat in uiscera stringere ferrum
Et tectis inferre faces et uiuere rapto.
865 Arma uirumque uides extremum insistere callem

Gestorum fama et maiorum sanguine clarum:
Marte ferox promptusque manu ferrumque paratus
Proripere et totis in pugnam uiribus ire,
Namque manum capulo generose innectit eburno
870 Intrepidam, et si quis fortasse inimica uolutet
Murmura uel clamose ipsi uerba aspera fundat,
Stricta uel arma uibrat contra pugnamue lacessat,
Irruet et ferrum lethale in uiscera merget
Hostica, uel cerebrum impacta uel lata bipenni
875 Pectora transadiget uictumque in Tartara mittet,
Abramides Italusue siet, discrimine nullo.
Sericea uestes succinxit sindone lumbos
Terribilemque ipsis laeuorsum annexuit ensem.
Alatam° galeam crispato uertice quassat
880 Inductoque auro fulgentem ac arte superbam;
Arma per et tegumen femorum et thoraca uenusti
Discurrunt maeandri et fuluo ardent orichalco,
Passim etiam latis diuersicoloria bullis
Stamina propendent auraque afflante feruntur.
885 Fulminei Martis totum se in pectora fudit
Spiritus, in uultu scintillat bellicus ignis,
Barba decora illi fruticat fortisque iuuentae
Signatrix specioso obducit uellere malas.
      Culmen oliuiferum et maesti lustrauimus horti
890 Iugera per summum late frondentia montem
Aeternoque heroa satum Patre dira pauentem
Supplicia et palmas inter suspiria caelo

Tendentem; curis etiam somnique sepultos
Intuiti socios, rupes, saxa aspera, colles
895 Et ualles tristesque feras atque antra ferarum
Vidimus et caelesti habitu uenerabile spectrum

---

o   alatam] alatum **A P.**

Armatamque aciem et Domini miseranda frementem
Funera iamque iter ingressam sublime per arctum
Circuitum: sed adhuc duo stant in limine primo
900 Iamque leuare pedes et tandem figere colli
Incipiunt, et, quos arcendis undique telis
Ambo tenent, clypei nitidis fulgoribus ardent.
Ambo bipenniferi, pretiosis uestibus ambo
Conspicui, sceleratum et formidabile claudunt
905 Agmen et obiciunt se pulcra in ueste uidendos.
          Casside lucenti austerum caput induit alter
Lumborumque tenus claro thoraca metallo
Conflatum et uario maeandum errore notatum
Promittit, sub quo tunicam bombyce superbam
910 Induitur, quam docta etiam sub genua fluentem
Incidit forfex: pendent segmenta uenustis
Innodata modis et bysso nexa micanti.
Vadentis plangunt moderato uerbere suras;
In gradibus dextrum pressit uultuque reducto
915 Ad socium tempus properum sermone moratur,
Laeuum uero pedem differt sublimius interim
Attollitque genu et tunicam deducit hiantem;
Illa uolans sursum femoralia pulcra reuelat.
Integra barba genas uestit cumulataque mento

[E4ᵛ]

920 Pullulat et iuueni speciem dat plena uirilem.
Felle tamen pallet uultus bilemque ferocem
Exsudat oculisque minas iaculatur acerbas.
          Cassidis impatiens et cono figere cristas
Vix unquam solitus petaso caput integit alter,
925 Texendi quem gnara manus fors coniugis ipsi
Finxerat ex iuncis aut flaui mergite farris.
Plurima ceruici nigrorum silua pilorum
Crispa iacet capitisque globum cohonestat agrestem.
Barba labro tantum supero profusa duarum
930 Alarum effigiem reddit, sed caetera ferro
Secta meras stipulas mentoque genisque reliquit.
In murmur nugasque leues tacitosque susurros
Os hiat atque aciem dentum recludit eburnam.
Compacto exercet ualidas in corpore uires
935 Atque graui pede pulsat humum crassisque lacertis
Arma quatit; florum cultu formisque rosarum
Aeratus uernat clypeus, loricaque panno
Carbasino suffulta riget fortissima circum
Crura. super tunicam castrensis abolla refulget
940 Totaque collucet flauentibus aspera bullis.

Implicuit manicas post tergum simplice nodo,
Scilicet aut ritu patrio uel amore decoris,
Vel quia pendentes remorantur brachia ferro
Libera tractando manibusque uibrantibus hastam
945   Incumbunt et molle lutum uel puluere terram
Squalentem lambunt. uentosa crumena uel auro

[F^r]

Argentoue tumet, quam latae fibula zonae
Fortiter astringit duplici super ilia nexu.
Ipse tenet caudam septum scandentis in hortum
950   Agminis et funesta in Iesum uincla ferentis.
Est prope mentis inops et acuti pectoris expers:
Stat foris, et quando pluuiam dimittit Olympo
Iupiter et *torquet*^p stridentem grandinis imbrem,
Tuta tenent alii et sese sub fornice seruant,
955   Ipse tamen perstat totusque madescit ab undis
Pluuiarum, et dura crepitat sub grandine corpus;
Hinc nigra illuuies et putridus undique squalor
Accreuit fatuo et pretiosum obscurat amictum.
Talem aciem ductat secum crudelis Iudas
960   In Dominum terraeque polique marisque potentem.

     Nunc iuuat in gyro molem lustrare fenestrasque
Ordine dispicere illustres, quibus aura sacello
Lucida suggeritur montis sub mole latenti.
Ardeo et intentis oculis specularia circum
965   Innocuas *seruare*^q feras, immania monstra,
Serpentum genus horrificum, surgentia passim
Gramina, floriferum decus, et sine floribus herbas.
     Non multis ab humo gradibus luciflua distant
Antra fenestrarum: quis enim non antra putaret
970   Hospita reptantum generi et stabula alta ferarum?
Sed uitro seclusa micant neque uermibus ullum
Dant aditum: muscas procul obscenasque uolucres
Sacro arcent adyto, ne uentris ubique refundant

[F^v]

Faedam proluuiem et lutulenta habitacula figant.
975   Conspice nunc primum specular post terga scelesti
Agminis, et uisu circum spatiare uoluto:
Hic etenim gramen spicatum linguaque cerui
Natiuo sine flore uirent: stat caule quadrato

---

p   torquet] torquent **A P**.
q   seruare] uersare **A P**.

Betonica et glaucos emittit uertice flores,
980 Dulcia fraga rubent gracilique trementia filo
Respectant terram. quid uero spectra ferarum
Ludicra commemorem? rupes ubi longius extat,
Subsedit pulcer cauda uibrante sciurus
Exercetque nucem manibus uelletque subactam
985 Dentibus, ut tandem uictu poteretur amato.
Inferius latebra crudelis proruit anguis
Scintillatque oculis et sibila colla tumescit,
Nec mora: pernici corpus reuolubile tractu
Concitat et diros conantem euadere morsus
990 Fulminat in ranam iamque acri uulnere frangit
Mordicus arreptam et protracto crure retentat.
Aspera consequitur geminis quoque pugna lacertis,
Nec furor absistet neque feruida corda resident,
Alteruter donec morsu confectus acuto
995 Concidat et moriens sicca tendatur arena.
            Pluria dat spectanda tibi speculare secundum.
Namque inuisa filix, asarum, plantago, papauer,
Lilia conuallis rigido erumpentia saxo
Luciferum speculare comis uiridantibus ornant.
1000 Hic onerata domo graditur pigra cochlea passim

[F2^r]

Concurruntque duo ancipiti Mauorte lacerti.
Quin etiam non est tumidis concordia ranis:
Ira duas etenim commisit feruida, multo
Pugnatum est ardore, fugam tandem una capessit
1005 Fessaque molitur dura resilire palestra,
Quam tamen assultans ualido tenet altera morsu.
Hic laterum anfractu grandis sinuosa retorquet
Terga solo coluber furuumque cubile uolantis
In morem iaculi excurrit: stant saeua ueneno
1010 Lumina turgentique euibrat sibila collo.
Tergum purpureus limax et candidus aluum
Ignauum geminum protrudit uertice cornu
Atque uiam uisco signat. bona gramina pastus
Hic lepus indulget nullo terrente quieti
1015 Concinnatque manu auriculas mulcetque labellum.
            Postremum (horresco) species inuisa draconis
Insistit scopulo: nitidis splendoribus effert
Pectus et elata tollit ceruice per auras
Turpe caput, maculis ter centum terga notantur,
1020 Ardescunt squamae tremulis fulgoribus auri,
Oris terrifico fauces dispandit hiatu,
Lingua cruenta micat, tumidi stat more ueneni

Spuma uirens uastosque ambit faedissima rictus.
Sicut ebur niueum candet densum agmen acuti
1025 Dentis, inardescit crudelis gloria frontis
Aurea, suffusique oculi stant igne feroci.
Percitus oblongas aures reclinat in armos

[F2ᵛ]

Iamque uolaturo similis lumenque reflectens
In latus auroram aspectu designat et alas
1030 Horrifico clangore quatit: rubet utraque cocci
Sanguine, caeruleis guttis maculosa, notatur
Totum etiam corpus uario fulgore colorum.
Tot maculis nunquam sparguntur tergora pardi
Nec tot Aristoriden stellatum uisibus Argi
1035 Viderunt. grandes stringit crudeliter ungues,
Effera quos tigris ualido uel robore barrus
Horreat; in spiras longam fera bellua caudam
Colligit aut uibrat extendens auramque flagellat.
      Postremum specular memoratis spargitur herbis,
1040 Ast hederae uiuacis honor sublimius inter
Spargitur et laeto fundit se uimine passim,
Hinc folium carpit uiroso uipera morsu
Conuellitque auido frondentia pabula dente,
Hic nigra testudo, scuti uersatilis instar
1045 Tegmen habens, limaxque rubens et cochlea serpit
Plurima, candenti quarum uestigia succo
Post tergum signata iacent. caua saxa rubetas
Accipiunt latebris frigusque umbramque ministrant.
Quattuor in pugnam ardentem coiere lacerti,
1050 Nec mora, funestam properant per uulnera mortem
Mutua: procumbunt alii uitamque relinquunt.
Ast miseris durus uictor morientibus instat
Dentibus et sicco extensos in puluere mactat.
Hic leo terrificus patulo speculatur ab antro,

[F3ʳ]

1055 Ossa super recubans ambesa atque ore cruento
Infrendens aluo spirantia uiscera condit:
Guttur adhuc faucesque tepent et labra ferino
Sanguine, nam trepidis lassatum cursibus aprum
Possedit rigidosque ungues in uiscera mergens
1060 Mandit anhelantem et lethum crudele gementem.
Erecta ceruice seges uillosa iubarum
Fluctuat, et toruis oculis et fronte ferocit
Quadrupedum rex unguipotens et robore gaudet.
      Si mihi lingua foret torrentis prodiga uersus

1065 Venaque Pieriis uberrima fontibus iret,
     Haud omnes possem rerum percurrere formas:
     Tot genera herbarum passim, tam gramina circum
     Multa uirent, tot serpentum discrimina cernis,
     Tam decus eximium, monumenti tanta uetusti
1070 Gloria, tantarum metro patet area laudum.
          Hunc opifex montem fido munimine sepsit,
     Quisquis erat, cui Daedaleam Tritonia mentem
     Infudit tantique operis spectacula quondam
     Moliri edocuit: monumentum peruia sepes
1075 Visibus et docte saxo caelata perenni
     Circuit. ast quoniam facili quisque improbus illam
     Traiceret saltu uetitoque impune subiret
     Hortum aditu, surgit ferratis undique uallis
     Altius et sacri tutatur limina montis.
1080 Stant bifidi circum, quasi tela trabalia, pali
     Alternantque locos stabili discrimine parui;

[F3^v]

     Insertos autem caelato fusile plumbum
     Firmauit muro, rubuerunt denique toti
     Largo cinnabari. si nunc transmittere quisquam
1085 Ausit et illapsus uenerandum tangere montem
     Optet, non impune feret neque rursus abibit
     Integer: excelsi septi laceratus acutis
     Cuspidibus gemet atque diu mala uulnera flebit.
          Hactenus in populi stetimus splendente theatro,
1090 Et tuba nostra crepans uenerandi montis honores
     Vulgo exaudita est. nunc subterranea nobis
     Est ineunda specus, dicendaque carmina sacro
     Murmure, quod uires picto sub fornice sumat
     Rupe repercussum uulgique erumpat in aures.
1095   Ergo ubi structuram uolucer clementibus alis
     Affremit et pluuio Zephyrus spiramine mulcet,
     Faucibus umbrosis montis sub fronte praealti
     Vestibulum apparet, quod duplex ianua paruo
     Includit spatio: ferratis utraque stridet
1100 Cardinibus. super incudem sub uerbere creuit
     Altera: cancellis constat minioque tenaci
     Tincta rubet, mali crispato robore pallet
     Altera. quis posset ualidas conuellere portas
     Aut postes ruere indomitos rupemque cauatam
1105 Indugredi? hic paucis gradibus descendere cernis
     Introitum, hic quadrupes testudo, nigraque pellem
     Et maculosa croco, adnatum cui cornea dorsum
     Tecta premunt, cubat ante fores, hic flexile corpus

       Explicat et lentus producit cornua limax

1110 Lubricus, hic serpens uariaeque animantia formae
       Descensum obseruant timidosque a limine pellunt.
          Protinus, ut uerso striderunt cardine postes
       Et claui patuere fores, radiabile lumen
       Offulget clarumque diem diffundit in antro,

1115 Pristina quod pietas et munificentia lapsi
       Temporis effictum Iesu redimentis honori
       Sanxit et officiis sacris crebrescere fecit.
       Et quanquam caecus paries exurgit ab Arcto,
       Attamen austrini clarescit lumine caeli,

1120 Namque dies solisque iubar sublime fenestris
       Immanat tribus, et splendor quam plurimus intrat.
       Arcubus insedit nitidum laqueare recuruis
       Et picturato iam pridem fornice risit:
       Gramina laeta uirent toto, florumque colores

1125 Illustres uisum exhilarant. hic pruna nigrescunt
       Dulcia, pomorum eximium flauedo ruborem
       Temperat et uentris prolixam irritat orexin.
       Serta reuincta rosis uariis transmittit ad arcum
       Arcus, et herbosi iungunt fastigia thyrsi

1130 Per laquear, quibus imposti sparsimque sedentes
       Aligeri iuuenes exercent gaudia cantu
       Multiplici: laetos dulci pars uoce triumphos
       Concinit, altisonis pars cornua flatibus implet,
       Carmina pars tentat plectro fidibusque canoris,

1135 Pars micat in buxo digitis, pars tympana pulsat.

         Ex tabulis^r autem sunt structa sedilia quernis
       Albentes utrinque adyti tangentia muros
       Et ueteri ritu sacram uenerantibus aram
       Commoda. perstringit spectantum alabastrina lumen

1140 Ara et anhelantem candente repercutit ignem
       Marmore, quod domini exanguis lacrymabile signum
       Exhibet insculptum. mater tristissima saxo
       Insidet et grauibus sub corde doloribus ardet,
       Nam dulcis nati detractum stipite corpus

1145 Ante genitricis uultus in sindone totum
       Sanguineo rubet amne et tetro funere pallet.
       Vtque uidet propius traiectas cuspide plantas
       Infelix fixosque pedes et uulnere grandi
       Conuulsum latus et tabo faedata cruento

---

r   talibus **P.**

1150 Omnia membra simulque genas et tempora, serto
     Vulnifico lacerata, oculosque in morte sepultos
     Oraque nigra modis miris uultusque iacentes,
     Denique lethali stupefactum frigore corpus,
     „Nate, meae quondam uires, mea, nate, uoluptas,
1155 Dulcis, o! et nuper castae spes unica matris,
     Siccine nunc?" dixit gelidoque simillima saxo
     Abrupit uocem: tum uero rursus honestae
     Virgineis caepere oculis turgescere gemmae.
     Vulneribus super incumbit gemitusque frequentans
1160 Oscula dat manibus pia Magdalena cruentis.
     Circumstant alii tundentes pectora crebris
     Ictibus et lacrymis humectant grandibus ora.

[G^r]

          Hanc supra effigiem niuea inter nubila pendent
     Alituum caelestum acies atque arma nefandi
1165 Supplicii et dirae sortiti insignia mortis
     Insontis Domini nigra funera lamentantur.
     Hac alii uero iuuenes sub imagine bini
     Sidereis alis sese per inane ferentes
     Vepribus horrendis consertum et sanguine multo
1170 Rorantem, heu! Domini uultum uelamine tendunt.
     Festiui altaris similant fastigia tectum,
     Sub quo se ostentat Iesu patientis imago
     Indignis lacerata modis et uulnere multo.
     Ecce, Redemptoris nostri miserabile corpus
1175 Vt tumeat plagis totum et natet amne cruoris!
     Ecce, caput sanctum horrescit diademate saeuo
     Spinarum inque humeros laceros exangue recumbit!
     Ecce, manus sanctumque latus traiecta cruoris
     Flumen agunt circumque immani uulnere liuent!
1180 Officio tristi iuuenes utrimque uolucres
     Diducunt tunicam, ut miserandum cernere possis.
     Exterius uero pueri fulgentibus alis
     Instructi et superae delecti ex agmine gentis
     Arma crucis uulgo et diri crudelia lethi
1185 Instrumenta ferunt clypeis incisa duobus.
     Ad latus altaris nitidas utrinque columnas
     Stare uides: albore niues, splendore politum
     Exuperant ebur. exiguos clauduntur in orbes
     Gesta resurgentis Domini et penetrantis Auernum.

[G^v]

1190 Nam postquam trabe funesta depostus acerbo
     Funere damnati mundi scelus omne piasset,

Marmore sub gelido mox lamentabile corpus
Conditur, et tumulum signacula publica firmant,
Ast anima infernas co⟨n⟩iuncto numine sedes
1195 Descensu tremefecit, et illaetabile Ditis
Vestibulum irrumpens nigranti carcere manes
Eduxit patrum indemnes claroque triumpho
Emicuit superas Acherontis uictor in auras.
Cum uero tenebris maerentem euolueret orbem
1200 Tertia lux, Pater omnipotens mortalia nato
Illustrans membra aethereos afflabat honores,
Et quod erat primo corpus uiolabile, tandem
Immortale dedit: mox ille obnoxia morti
Exutus, superam emersit rediuiuus in oram.
1205 Horum operum formas splendenti marmora uultu
Orbiculata gerunt, Pariis inserta columnis.
     Pulcra columnarum pueros fastigia claros
Alarum fulgore leuant: uernantibus illi
Vultibus et blanda rosearum luce genarum
1210 Purpureo diluta imitantur lilia succo.
Antrum tale subest monti, talisque per antrum
Cultus, et albentem uestit tam nobilis aram
Gloria. non fundit lampas Titania mundo
Purpureum iubar et medium radiantis Olympi
1215 Affectat culmen, quin hic in ueste nitenti
Conspicuus faciat diuino pane sacerdos.^s

[G2^r]

     Eia meum carmen supremi a culmine tecti
Per montis sublime iugum, per saxa recurui
Descensus hortique imum spectabilis orbem
1220 Vsque solum deuoti adyti et fundamina duxi.
Res est digna quidem lectu, dignissima uero,
Quam coram arguto collustret lumine uulgus:
Idque facit fecitque diu (mirabile dictu),
Agmina namque hominum diuersis excita terris
1225 Vndatim accurrunt, Germanus, Sarmata, Panno,
Cantaber et Celtes et flauus crine Britannus.
Haud aliter, quam si placidis noua solibus aestas
Frigus iners condit nudamque tepentibus auris
Instaurat mundi faciem – mox ubere uernat
1230 Campus, odoratis stipantur floribus horti,
Exhalat uiolarum odor, et uirgulta rosarum
Flore rubent foliisque uirent, decliuia uero
Herbida camporum siluarumque aequora sternit

---

s   *Cf. notam* d *in textum Molshemensem (v. 339).*

682

Serpillum atque seges late nascentis ericae,
1235 Tunc tiliae ramus florenti turget honore
Arboribusque redit pomorum nuncius albor;
Huc ergo argutis glomerat se plurima pennis
Fingendi studiosa faui gens, omne uiretum
Sedula obit camposque uagis uenatibus omnes
1240 Explorat, quo se distendat nectare florum,
Fragrantesque legat succos dulcemque medullam,
Cuncta strepunt apibus, uenit una, abit altera, flagrat
Omnibus unus amor mellis, studium omnibus unum –

[G2ᵛ]

Sic strepit accursu populus, sic plebis inundat
1245 Colluuio ad sacri montis sublime theatrum.
Non condit nox ulla diem, non exigit horam
Signiferi uertigo orbis, quin aduolet ultro
Plurima pars hominum, fabricam inspectura uerendam[t].
Nunc puer atque senex, nunc dextrae matris inhaerens
1250 Filia, nunc patris insistens uestigia natus,
Nunc mulier comitata uiro, nunc uero uiro uir,
Nunc locuples et inops, iam cum ciue incola pagi,
Nunc multa famulorum herus assectante corona,
Nunc agmen iuuenum, nunc lata caterua uirorum,
1255 Nunc muliebre genus, nunc grex puerilis, et omni
Mista aetate manus uenerando affluctuat horto.
        Vt uero ad montis septum uestigia pressit
Aduena, surrecta tendit ceruice stupentes
Molis in aspectum uultus ardetque uidendo –
1260 Hic ego quid potius mirer, quo lumina primum
Coniciam? an magis est uisu mirabile Christi
Captiui monumentum et saxea montis imago,
An uarii aspectus et dispare corpora gestu
Spectantum? nec enim simili ratione mouentur:
1265 Quidlibet hic primis aspectibus occupat, illo
Haeret inexpletum spectans, stat feruidus ardor
Pectore lustrandi totum, uerum obuia primo
Pars operis decore eximio suspensa moratur
Lumina, quoque magis spectat, magis emicat artis
1270 Gloria Phidiacae et formarum rara uenustas.

[G3ʳ]

        Ille, uelut rigidi simulacrum fusile plumbi
Immotus, structurae operosam suspicit artem
Et par attonito monumenti in marmora torsis

---

t   uerendum **P**.

Luminibus uacua premit alta silentia fauce,
1275 Nec memor esse sui comitis neque reddere uerbis
Verba neque actutum uocem exaudire loquentis
Intuitu abreptus potis est, neque ponere metam
Spectandi satias unquam, sed tempus eundi
Admonet: ille quidem augusti spectacula montis
1280 Deserit abscendens, mox uero reuertier ardet,
Si ferat apta dies, iterumque iterumque tueri.
        Verum ambit monumentum alius lustratque per orbem
Singula, diuerso miratur singula gestu,
Dumque auidum lumen partem defigit in unam
1285 Explerique cupit mentem spectando decorem
Vnius statuae eximium, rapit illico circum
Fortis amor spectandi omnes ex ordine formas.
Ergo auido uisu totam peruoluere molem
Progreditur lentoque mouet uestigia gressu.
1290 Conicit interea casu uaga lumina retro
In statuam, quam non oculis satis ante notarat,
Aut forte aspectum properantem effugerat: illuc
Mox etiam tendit reuoluto corpore gressum,
Vt magis aspiciat formaeque attentius artem
1295 Vestiget: latos oculorum exporrigit orbes
More bouis totoque incumbit lumine spectro
Et, postquam penitus sibi conspexisse uidetur,

[G3ᵛ]

Rursum lento gradus circum uestigia profert
Sollicitosque oculos nunc huc, nunc diuidit illuc,
1300 Fluctuat aspectu, dubio cum lumine iactat
In diuersa caput: namque hoc illouc reponit
Lassum humero aut uultum resupino uertice tollit
Aut oculos sursum prona ceruice retorquet
Aut obliqua uidet, uel fixe aduersa *tuetur*ᵘ
1305 Contrahit interdum defessi luminis orbes
Palpebrisque micat fluidis ictuque *frequenti*ᵛ
Fessam aciem et lumen spectandi suscitat aegrum.
Saepe manum passam rugatae astringere fronti
Cogitur, ut regionem oculi nictantis obumbret,
1310 Ne uisus superas ita dispergatur in auras;
Nunc laeuum occludit, quo se collectius alter
Promat in obiectum et radium iaculetur acutum
Certius. ast oculis uitio si forte senili
Succumbant tenebris aut spargant debile lumen,

---

u   tuetur] tueti (-ti *ex uersus 1306 fine perperam desumptum*) **A**: tueri **P**.
v   frequenti] frequentur (-tur *ex uersus 1304 fine perperam desumptum*) **A P**.

684

1315 Vitrea compresso affigit specularia naso,
Vt sibi clarescant duplicato corpora uisu.
Talia spectantis facies discrimina prodit,
Montis oliuiferi dum latum circuit orbem,
Circuit admirans grandes in marmore formas.
1320 Nec satis est uidisse semel, semel omnia circum
Collustrasse oculis, sed terue quaterue resumpti
Circuitus metam tardis ambagibus implet.
Ergo trahit sensim assiduo uestigia passu
Aut uultum stupefactum extollens arduus astat

[G4ʳ]

1325 Rimaturque auido simulacra ingentia uisu,
Dumque latus monumenti oculis obit omne uolutis,
It modicum modicumque redit crebroque moratur
Lentum iter anfractu, neu quid fortasse relinquat
Illibatum oculis. si rarum uero decorem
1330 Aut gratae nouitatis opus raraque tuetur
Arte laboratum et uisu admirabile signum,
Olli arridet hians, nudo labra dente dehiscunt,
Et succussa strepunt festiuo guttura risu.
Tunc etiam digitum stupefactus in aera gyrat
1335 Elatum, et uarios ciet admiratio gestus.
Quod si genua labent et stando lassa uacillet
Tibia, si ceruix rigeat defessa tuendo,
Ambabus palmis in ferrea septa recumbit,
Septa, quibus circum mons est seclusus ab omni
1340 Accessu propiore: manus his ille tenaces
Implicat et digitis ferrum complexus inhaeret,
Aut in quadra genu figit, quae plurima circum
In latos digesta gradus posuere, uel ipsis
Insidet, ut sensim redeat uis pristina standi.
1345 Ibit tota dies, et prono auectus Olympo
Cynthius obscura inuoluet caligine terras,
Si reliquos etiam properem per carmina gestus,
Queis se spectandum exponit, quicunque praealti
Inclytum opus montis spectat rupesque tuetur.

Laus Deo.

V. Mainz

Encaenisticum, quod Reverendissimo Domino Stephano Webero, Episcopo Mysiensi, Reverendissimi et Illustrissimi Archiepiscopi Moguntini in pontificalibus Vicario etc., cum Altare maximum Collegii Moguntini, a se constructum, feliciter dedicaret, Anno MDXCIII. 6. Non. Maij. idem Collegium Societatis Iesu, gratulationis gratique animi caussa faciebat. Moguntiae ex Officina Typographica Henrici Breem, MDXCIII.

Vorlageexemplar:　　　　　München, BSB, Res 4 P.o.lat. 744,31.
Weitere Exemplare:　　　　Münster, WULB, 2 an X 1125
　　　　　　　　　　　　　Strasbourg, BGSS, 1 Lb 24/5[1]
　　　　　　　　　　　　　Trier, StB, 5 an Rh 1350 8°

[A^v]

(Wappen)

Ad insignia Reverendissimi Domini Stephani Weberi.

Verte procax aut frange rotam, Fortuna: quid ad me?
　　Qui stetit integra, dissiliente cadet.
Ast ego quos metuam casus? cui nixa Deo spes,
　　Sustinet immotos, firma columna, pedes.

[A2^r]

Encaenisticum Carmen.

Sancta dies, quae digna tibi, quae carmina dicam
　　Laeta satis? properata satis, dum nescius axis
　　Stare cito nobis certat te ferre uolatu?
　　Certe equidem tibi laetitiam, tibi proxima Musis
5　　Carmina deberi, uel si quid laetius usquam est
　　Carminibus; uidi ipse oculis, ut prima sonori
　　Aeris signa sequens posui uestigia templo.
　　Namque hic cernere erat turbam iuuenumque senumque
　　Castarumque pedem tetulisse ad limina matrum
10　　Sanctaque laetanti praepandere gaudia uultu.
　　Scilicet una omnes ad sacram exciuerat aedem
　　Fama uolans: uenisse optato tempore lucem,
　　Qua Praesul mitraque caput cingente pedoque
　　Sustentante manum, texto conspectus in auro,
15　　Mole atque arte noua mirandam dedicet aram,
　　Aram, quam sumtu Praesul construxerat idem.
　　Ergo tecta sua et sua linquens compita, templi
　　Atria conuentu Moguntia tota frequentat.
　　Sicut, ubi uerno placidissima flumina Rheni

1　Schlaefli 1995a, 222 n° 1086.

20   Incipiunt zephyro clementes tollere fluctus,
      Labitur unda feritque leui uicina cachinno
      Littora et usque ruens undae subit unda ruenti,
      Sic ueniens portis uulgus bipatentibus intro
      Accipitur semperque abiens semperque reuertens

[A2ᵛ]

25   Et pleno semper trepidat templum omne tumultu.
      At templi penetrale, chorus qua parte recessit,
      Florumque et turis iucundo risit odore;
      Stat turba immoto perlustrans singula uultu,
      Nunc aulaea sacris mire uariata figuris,
30   Queis hinc inde latet paries, nunc candida uela,
      Queis uariasque dedit formas uariosque colores
      Bombycum traductus acu labor – ipsa sacratas
      Vela tegunt mensas, quoties caelestia dona
      Expetit exspectatque genu pia turba residens –,
35   Nunc te sublimi radiantem, Praesul, honore,
      Siue aram sacro perfunderet unguine dextra,
      Seu lustraret aqua, seu uerba arcana sonares.
      Praecipue defixi haerent cupideque morantur
      Spectantes uiuo spirantia robore signa
40   Et summi eductam templi ad fastigia molem.
      Miranturque iterumque uident iterumque propinqui
      Argumenta optant contingere lumine claro.
      Quòd sacra ni iubeant inter mysteria leges
      Hoc agere, et linguis cunctos animisque fauere,
45   Quam uellet, tacito quae pectore mirabundus
      Quisque agitat, digitis monstrare artemque probare?
      Nunc taciti spectant, et erat res digna uideri.
            Principio, in saxum moles qua tota residit,
      Hinc atque hinc oneri subeunt duo firma ferendo
50   Corpora pennigerum iuuenum, sed uertice solo
      Pondera sustentant: manibus dant turis honores.
      Qua medium procurrit opus quinosque per arcus,

[A3ʳ]

      Sublatos pilis, portas imitatur apertas,
      Hic locus adsurgit, quo non augustior alter:
55   Christus adest habitatque, haud ille e robore fictus
      Viuentem mentitur: adest uiuensque uidensque,
      Ast hominum panis frustratur imagine uisus.
      Hunc supra ambitam binis hinc inde columnis
      Diuiparam cernas, ludat cui natus in ulnis.
60   Hinc Stephanus stat, et hinc Laurentius: inde columnas
      Orbiculatus apex una testudine iungit.

Quam super ales amans rostro sibi pectora tundit.
Haec mediae insistunt turrita cacumina portae.
Ast latus inferius qua sese utrinque reducens
65 Fornicibus binis quater ostia libera pandit,
Quatuor, ingenii queis olim nomina lumen
Doctorum attribuit, diuersi uultibus adstant
Diuersique habitu: cunctos tamen insita prodit
Maiestas senii; cunctos, quae cura librorum
70 Vixerat, illa eadem sequitur iam robore sculptos.
Nec, qui uestibulis ponunt discrimina postes,
Arte uacant: seni, turgentes lumina fletu,
Caelestes iuuenes totidem texere columnas.
Illi inter sese partiti munera Christi
75 Tristia funestae gestant insignia mortis.
Ipsa super laterum scandunt fastigia Diui,
Hinc Petrus clauimque gerens pansumque uolumen
Hinc Paullus, cui ceruices substrauerat, ensem.
Quid memorem uarias caelestum induta figuras
80 Robora, quae circum supraque palatia magni

[A3ᵛ]

Apparent sparsim uolitantia Sacramenti?
Maior cura uocat: quadrata machina mole
Scandit in excelsum, quantum duo longa uirorum
Corpora uix aequent: circum compage quaternae
85 Inclusere trabes ualida firmamque dedere.
Ast uariis intus distinguitur interuallis,
Namque ima teretes surgunt de parte columnae
Quattuor, et totidem mediae, totidemque supremae,
Transuersis trabibus quarum distinguitur ordo.
90 Area sic ternis surgit ter structa locellis.
His manus artificum nostrae monimenta salutis
Digessit finxitque locis diuersa figurisque.
1 Extudit hic uultu peragentem extrema sereno
Officia Vnigenam summi Patris: ipse uolutus
95 Ante pedes cubitoque tenus sua brachia nudans
More lauaturi iam Petro admouit ahenum,
Iam dextram blande inflectens, iam lumine blando
Adspectans tacito, quidnam uelit, indicat ore.
At senior promtusque pedem promtusque sinistram
100 Porrigit, et dextra: „caput hoc" ait „ablue lymphis."
Mirabunda cohors circumstat cetera: soli
Ioanni a tergo lymphae grauat amphora dextram.
At lychnus supra, inuisis laquearibus aptus,
Quamquam luce caret, simulat curuamine flammas.
105 2 Ast alibi ilignis flexerunt sedibus artus

688

Discipuli, duodena cohors: sedet ipse tapeto
Fultus terga Dei natus gremioque receptat
Ioannem a laeua, uultu secreta rogantem.

[A4ʳ]

Dextra laboratam frugem protendit: Iudam
110 Anne petens recta, an primum tactura catinum,
Incertum est. contra residens sceleratus Iudas
Submittit mensae loculos atque impia pandens
Ora petit, quam cum Christo simul imbuit, offam.
At Simon digitosque plicat uultumque reflectit
115 Sollicitasque trahit rugas: sic nempe dolorem
Prodit, in incerto quod criminis haereat auctor.
Cetera turba sedent muti inter seque tuentur,
Siue atrox scelus et caeca admiratio uocem
Inclusit, nostras seu non satis excitat aures
120 Exsilis sonitus: certe duo murmura, solis
Nota ipsis, capita admoti, miscere putantur.
3 Insequitur tristem caenam funestior hortus.
Nempe iacet supplex incuruo poplite Christus,
Vix tum, cum exanimi manaret corpore sanguis,
125 (Sanguis, ab adspectu uestis quem sola remouit)
Vix tamen ex alto iuuenem ad solamina cernens.
At comites tristi deuincti lumina somno
Gramine procumbunt: resupinus et immemor ille
Magni animi Simon oculos tegit, ore patente,
130 Et quamquam capiti cura est substernere laeuam,
Dextra tamen digitos capulo memor implicat ensis.
At qua porta patens nimbos metuentia fingit
Ostia, semiruto fert se loculatus Iudas
Ponte super riuum: seruat uestigia Malchus
135 Et noctem modico laternae discutit igni.
Mox reliquos, caput exstantes, circumdata uillae

[A4ᵛ]

Lignea septa tegunt; cernas tamen arma ferentes.
4 At si aciem tendas paullo altius: ecce furentes
Hastisque gladiisque et tortis funibus unum,
140 Vnum omnes sine more petunt in uincula Christum.
Ipse serenatus suffert insuauia Iudae
Suauia, quem sanctum nomen non mollit amici.
Ah miserum! necdum a tergo deformia leti
Vincula respectat profusaque uiscera terrae.
145 Fecit et hic ars mira Petrum, qui iam pede presso
Et rigidam prenso barbam, ni falleret ictus,
In partes Malcho sectum caput auferat aequas.

Illum eluctanti similem similemque uocanti
Nequidquam socios (nec iam cura ulla lucernae est)
150 Adspiceres: at tu haud Christum, scelerate, petisses!
5 Nec longe hinc miles Christum ferus ante tribunal
Pontifici sistit: iuxta (si uera cucullus
Dependens loquitur) diuina uolumina doctus
Computat in digitis, quot Christo crimina fingat.
155 Quin et ferratos miles truculentior alter
Colligit in nodum digitos alapamque minatur.
Ipse adeo Caiphas, iram mentitus i⟨n⟩anem,
Roboream frustra certat disrumpere uestem.
6 Nec multum absimilis facies, ubi Praesidis ante
160 Ora stetit, manibus, pro turpe! ad terga reuinctis.
7 At quis non gemitus, quis non suspiria ducat,
Cum uideat toto religari corpore nudum?
Parcite, carnifices! uiden' ut cinxere corona
Insontem? terni uirgarum fasce cruento

[B^r]

165 Impleuere manus et pasti sanguine gaudent.
Iamque elata nouos ictus, noua uulnera Christo
Brachia fecissent (tanta est truculentia uultus),
Ni manus artificis uitamque animamque negasset.
8 Heu! quoque crudeli miscent ludibria poenae:
170 Pars cerebro mersere uepres, pars sceptra dederunt,
Pars flexere genu proni. queis si modo uocem
Addideris, tollant saeuum sine more cahinnum,
Et „salue" ingeminent, „salue, rex Iudaeorum."
9 At postquam crucis impostae iam pondus iniquum,
175 Viribus exhaustis, terrae dare genua coegit,
Hinc miles duro minitatur uerbera trunco,
Hinc matrona pio tendit sudaria lino.
Hic cuncta armatos uideas miscere tumultu.
Talia per totum uaria disperserat arte
180 Ingeniosa manus: sed ne qua lumina frustra
Inciderent auidorum hominum, qua parte columnae
Effictis diuersa dabant discrimina formis,
Bissenos comites mira fabricauerat arte.
Nec dubites spirare ipsos nec nomina quaeras,
185 Quisque triumphatae dum fert insignia mortis.
At super hanc molem magno fastigia gyro
Exsurgunt, formam ingentis mentita triphylli.
Quippe aequant, quantum in latum se fabrica pandit.
Hic dubites, artemne magis mirere probesque
190 An doleas moestos cernens in robore sensus.
Cruda petit caelum medio crux aequore, Christum

Paene gerens uiuum, totam conspecta per aedem.

[B^v]

Et gemini – pro turpe nefas! – hinc inde latrones
Haud simili specie: dexter, ceu labra moueret
195   Exposcens ueniam, uultus adspectat Iesu,
Laeuus, adhuc feritatis amans, auertitur ora.
Hos circum uacuo pendentes aere turba
Circumfusa strepit, uario plena omnia motu.
Hic tibi, moesta parens, ingenti saucia luctu,
200   Tristia Ioannes praesens solatia praebet.
Hic affusa cruci flet Magdalis, alea pugnax
Luditur hic de ueste Dei: quid cetera dicam?
Tela, uel extincti Iesu saturata cruore,
Iactaque mordaci nimium conuicia lingua
205   Et saeuos equitum uultus peditumque cohortes?
Turba ingens: uidisse licet, describere longum est.
Neu dulci tantum pascantur lumina luctu:
Victor ab inferni claustris et morte peremta
Alta super structae uehitur fastigia molis.
210   Huic celsi adsistunt instincti numine testes
Quattuor; his sua cura manet, felicia caeli
Nuncia perpetuum uicturis tradere chartis.
Ante pedes pro nominibus sacra symbola cernas:
Pennatum iuuenemque aquilamque bouemque leonemque.
215   Ipse leuem ex humeris tantum suspensus amictum
Deuictum sub calce premit mundumque necemque
Et colubrum errantem nequidquam in mille maeandros.
Laeua crucem praefert; tollit se dextera, more
Fausta precaturi: circum, ceu lampade Phoebi,
220   Absistit claro radiatum a corpore lumen.

[B2^r]

Talia per uarias adfabre animata figuras
Robora quis spectans auidos saturaret ocellos?
Quod si opere in tanto fortasse inquiritur auctor,
Ecce in sublimi praelustria symbola fulgent,
225   Symbola, quae tacitis non sint passura tenebris
Inuolui clarum auctoris nomenque decusque.
     Hic ille est Stephanus, titulum cui Mysia mitrae
Imposuit, quem Moganicae longe inclytus orae
Antistes de more iubet sua munera fungi.
230   Non illum profundere opes aut blanda uoluptas
Allicit, aut tantum tumidas ambita per artes
Gloria persuasit comitem structoribus esse
Pyramidum: magis illa uiget sub pectore cura,

Subiecisse hominum diuinos mentibus ignes.
235 Hoc labor, hoc studium, hoc purae uestigia uitae,
Hoc magno constructa petunt altaria sumtu.
Macte animi, Praesul: quamquam infelicia, nondum
Nostra tamen penitus despreuit saecula Numen,
240 Te dedit: et porro serum, o! concedat in aeuum!
At tu, Christe Deus, quem uiuum effingere ligno
Gaudet opus Stephani, cuius sortitur honorem
Ara dicata Deo sub nomine Saluatoris,
Redde uicem: quantisque suum uirtutibus auget,
245 Te uires praebente, animum, uitae adde tot annos.
Et uos, o caeco quondam duo lumina mundo,
Petre et Paulle, sacro quorum sibi rettulit ara,
In memores titulos caelestia nomina ritu:
Hunc precibus seruate uirum, tum praemia digna

[B2ᵛ]

250 Reddite, cum longos olim prolatus in annos
Iam pridem optanti ueniet nouus hospes Olympo.
Interea, quoties festis haec sacra diebus
Annus aget, sanctos Diuis referemus honores,
Scriptaque postgenitis breuiter rem littera dicet:
255 Christe, tibi Stephanus pro Praesule principe Praesul
Moganidum, Diuos merito ueneratus honore
Petrumque et Paullum, facit hanc et dedicat aram.

VI. *Porrentruy*

Encaenia, Reverendissimo et Ill.mo S. R. I. Principi Iacobo Christophoro, Episcopo Basileensi, parenti optimo ben(e) merito, cum templum Collegii Bruntrutani a se constructum ad honorem Deiparae Virginis Deo Opt. Max. feliciter dicaret consecraretque, Anno MDCIV. pridie Idus Decembris, ab eodem Collegio Societatis Iesu obseruantiae causa facta. Bruntruti, ex officina Typographica Ioannis Fabri, MDCIV.

Vorlageexemplare (**F**):	München, BSB, Res 4 P.o.lat. 744,30 (Prov. Jesuitenkolleg München)
	Strasbourg, BGSS, 1 Lb 24/4[1] (Prov. Jesuitenkolleg Molsheim)
Weitere Exemplare:	Dillingen, Studienbibliothek, XI 487,8
	München, UB, 4° P.lat.rec. 496

Die Sigle **F**[2] bezeichnet handschriftliche Korrekturen, die vor der Veröffentlichung von einem Redaktor oder im Verlag vorgenommen wurden.

[A^v]

Ad insignia Reuerendissimi et Illustrissimi S.R.I. Principis Iacobi Christophori Episcopi Basileensis.

(Wappen mit Umschrift: Iacobus Christophorus Dei gratia Episcopus Basiliensis.)

> Terrificas tollant cristas Mauortis alumni,
> > Quas animant ursi, gryps, leo, pardus, aper:
> Pastorem populi lucis praenuncius ales[2]
> > Et curare suos et uigilare monet.
> 5 Excute galle alas et uoce silentia rumpe:
> > De somno surget plebs, leo terga dabit.

[A2^r]

AD EVNDEM R(EVERENDISSI)MVM EPISCOPVM FVNDATOREM.

> Iam tandem ex ulnis magni Simeonis adultum
> Surgit opus gaudetque suo fulgetque patrono:
> Tandem, sancta domus pompae praediuitis, effers
> Clara caput, priscis aris augustior ara.
> 5 Nunc te, magne senex, cernunt haec templa, quia ipse
> Praeclaris gazis onerata uidere uolebas.
> En curis extructa tuis: ecce hospita Christi
> Tecta struis, gestasque Deum felicibus ulnis,
> Dum te Numen alit, dum firmat stamina uitae

---

1 Schlaefli 1995a, 222 n° 1084.
2 Das viergeteilte Wappen zeigt je zweimal den Basler Bischofsstab und einen Hahn.

10   Ipse tua, et longum te seruat ποιμένα λαῶν.
      Tu puerum gestas ulnis, te gestat in ulnis
      Ipse puer, pueroque placent fastigia templi,
      Introgressa tui, ferme in tonitralia caeli
      Templa. Deum cur non teneant tua cygnea uota,
15   Quae grandi affectu te canis aera pennis
      Persultare docent? nec mirum: talia uota

[A2ᵛ]

      Eliciunt nunc, magne pater, bella, horrida bella.
      At prius hos artus nolebas ponere, quam stent
      In terris noua tecta Deo, noua limina Diuis,
20   Et nobis contra Ditem noua maenia surgant.
      Erecta est caelo moles Salomonia centum
      Atque iterum centum caeli quasi nixa columnis,
      In qua perfusus fibris ludentibus ingens
      Calcabatur onyx, Tmoli pretiosa fluenta
25   Exilis pretii: templum sic condita in unum
      Visa est et collecta πανήγυρις ὀφθαλμοῖιν.
      Haec tamen augusta et propiantia culmina caelo
      Vicisti aeternis, o Constantine, triumphis,
      Dum templum Sophiae cunctis mirabile templis
30   Arte Syracusii plus quam scite constructum
      Mole sua stetit et multorum robora fregit
      Praxitelum. templi nam totis arcubus amplis
      Vndabant gemmae, trepidaeque in marmore flammae
      Abstiterant, et plus quam dena redibat imago
35   Vocis percussae totaque effusus in aede
      Visus erat cyanus. carbunculus atque hyacynthus
      Lychnitas onychasque et iaspidas obfuscaruīt.
      Hinc timido pede, ne temerent, a plebe petitum est

[A3ʳ]

      Saepe solum, gemmam elusi calcare columnae,
40   Namque per anfractus fibrarum in marmore docte
      Absorpti fuerant splendores diuitis arae.
      Sic radii *lapidum*ᵃ reflexo lumine stabant
      Endo pauimento, donec uox illa sonabat,
      Constantine, tuos plausus: „uici Salomona",
45   Quae uicibus ternis per maxima persultabat
      Atria templorum: „uici Salomona aeternum".
      Vicisti et tu, Pontificum flos nobilis, illas
      Templorum moles Salomonis. cedite, fana
      Delphica! non Ephesus iactet de more Dianae

---

a   lapidum] rapidum **F.**

50 Delubra, et mendax tripodis sub tegmine murmur,
    Nil Iudaeorum recutita sacraria nostris
    Aequiparant templis, ualeat Salomonia pompa!
    „Vici te, o Salomon", quantum potes ore cygneo
    Exclama, „uici. non te millena caterua,
55 Grande ministerium, non Numen: me decorauit.[b]
    Incerta tu nube Deum de fornice templi,
    Illum ego candentis uideo sub imagine frugis;
    Non quando, recutite, uacant tua Sabbatha, non ut
    Laeticiis undant populosa encaenia suetis:
60 Semper in hac aula nos inter uiuit, et addo:

[A3ᵛ]

    In nobis, multaque facit se prole parentem."
    Sic igitur uictor restas aetate suprema,
    Macte senex pietate sacris sub fascibus: aeuum
    Caelituum ualeas, uiuas non dico. perennis
65 Talem Musa mori uetat et semper prohibebit.

ORATIO EPISCOPI AD DEVM.

    O Rex, perpetuis qui fraenas legibus orbem,
    Arbitrio qui corda ducum regumque gubernas:
    Da mihi te facilem, Iesu bonus annue uotis.
    Hinc mitram, inde pedum te summo Numine coram
5   Pono libens, manibus passis, et poplite terrae
    Defixo, multo perfusus et ora rubore:
    Paucis pauca precor, ne respue uerba precantis.
    Cum draco Tartareus passim florentia regna
    Pestifero inficeret flatu, Stygiaque palude
10 Exortum haereseos furiale malum incrementa
    Sumeret, unde hominum faciles in crimina mentes

[A4ʳ]

    A trito pedibus maiorum tramite recti
    Ibant in peius, iamque obseruantia iuris
    Antiqui, superumque omnis reuerentia terras
15 Desereret: multum pro commissa mihi gente
    Sollicitus, toto pastor me opponere nisu
    Pesti Acheronteae statui sociosque laborum
    Doctores priscae fidei fidosque magistros
    Asciui, iuuenum qui cerea corda docendo
20 Artibus ingenuis et moribus informarent,

---

b   *i. e.* non te, sed me decorauit numen.

Vt populus sensim studia in contraria uersus
Disceret esse nefas Romana relinquere sacra.
Vnde nouas patribus sedes templique locare
Fundamenta tuo caepi de munere, mentis
25   Argumenta meae rem lapsam restituendi.
Ergo, magne Deus, qui caeli immania templa
Terrarumque plagas immenso numine comples,
Nec claudi spatiis potis es nec maenibus orbis,
Caelesti e solio conatus aspice nostros.
30   Quae perfecta uides tibi, templa piaeque parenti
Consecraturus uenio: descende uocatus
In mea uota Deus, si quid pietate meremur.

[A4ᵛ]

Auxilium quicunque tuum oraturus in aedem
Hanc tulerit gressum, uoti reus exeat illa.
35   Seu quem res angusta premat, seu conscia praui
Mens sceleris furiis ultricibus exagitarit,
Huc ueniam poscens mutata mente recurret:
Tu fluctus animi tempestatesque serena.
Hunc urat morbus, quem nulla Epidaurius herba
40   Tollere, quem succi, nullaeque Machaonis artes
Vel parte exigua possint releuare doloris:
Sentiat ille preces plus posse Machaonis arte.
Hic petat, ut caelo labatur largior imber,
Cum canis aut Titan ardentior usserit agros,
45   Ille optet solis faciem post nubila laetam,
Ast alius procul esse uelit contagia tonsis
A gregibus, morsusque feros dentesque luporum
A stabulis, ut nulla lues armenta fatiget.
Clemens da cunctis optata precantibus aequa,
50   Praesidio da quisque tuo securus ut hostis
Vitet peruigilesque dolos oculumque minacem.
Bellicus haec nunquam labefactet maenia bombus,
Non tonitrus, fulgur, fulmen scissa ignibus aethra
Dispergat per tecta faces, quas flumine nullo

[Bʳ]

55   Vndarum non ulla queat restinguere moles.
Non sonitu crepero uis plurima grandinis arua
Deuastet sternatque homines pecudesque per agros.
        Huc ueniet chara uiduatus coniuge coniunx,
Et gnatis uiduata parens, et filius orbus:
60   Aut quicunque alius mortem deflebit amici
Exposcentque suis requiem finemque dolorum:
Fac functos cessent cruciare incendia manes,

Et citius noxis mittantur in astra piatis.
     Sis scutum nobis, liceat quo Regis Auerni
65   Assultus fraudesque malas et mille nocendi
Artes excipere: at socios, quos nomine Iesu
Dignaris proprio, quibus huius creditur omnis
Cura loci, fac constanter tua nomina terris
Didere, fac nullis furiarum cedere monstris.
70   Da mihi, daque meis uitae sic claudere curas,
Sic cultum illustrare tuum, sic uisere templa:
Vt detur magnis caeli succedere templis.
Ne mea, ne patiare Deus uanescere uota.

[B^v]

DIVI TVTELARES TEMPLVM INVISVNT.

Fallor, an immani caelum discedit hiatu,
Auricomumque iubar longe lateque coruscans
Spicula diffundit fragiles hebetantia uisus,
Qualis ubi e caeco conspectus carcere Phaebus
5   Vrit in aduersum directos luminis orbes?
     Quem procul intueor caetum per inane uolantem
Caelestesque domos et lucida linquere regna?
Dat faciles abitus discussis nubibus aer.
Aspera diffugiunt facientes murmura uenti,
10 Cuncta silent, supplex submittit Cynthia cornu,
Astrorumque ignes maiori lumine uicti
Aethere discedunt, suaui modulamine uocum
Impletur tellus, caeli conuexa resultant.
     Sit mihi fas oculis uenienti occurrere turmae,
15 Siue Deus nostra repetis sub imagine terras,
Seu te, diua parens, mortalia uisere tecta

[B3 (recte B2)^r]

Praesentique iuuat nascentia templa replere
Numine, fac tantae patientia lumina flammae!
Fallor, an insignem bisseno sidere frontem
20 Virgineumque latus radiantibus undique telis
Incinctum uideo? uarii circumque supraque
Aligeri iuuenes mulcent concentibus auras.
Princeps anteuolat Michael cruce fortis et hasta
Infernasque fugat uitiantes aera laruas.
25   Agnosco speciem: caelo manifesta sereno
Ipsa Dei genetrix nostris allabitur oris
Fulgentesque trahit secum longo ordine pompae

Caelestum cuneos, quorum simulacra^c sacrasque
Relliquias, Stygiae contra regionis alumnos
30   Seruati colimus meritoque nouamus honore.
        Ecce inter primos cinctus diademate crines
Ingreditur Dauid; digitisque et pectine eburno
Personat aurata cithara. quem pone sequuntur
Isacidum patres, dignati Numinis olim
35   Alloquio, uatesque sacri uatumque nepotes.
Zachariae proles, hirsuti pelle cameli
Horrida, iam uenisse Deum praenunciat, agnum
Ostentans digito mundi delicta piantem.

[B3 (recte B2)^v]

        Bissenos agnosco patres fideique magistros:
40   Emicat ante alios Petrus, cui rector Olympi
Et reserare dedit caelos et claudere uerbo.
Laeuam frater habet crucis insignitus honore,
A dextris Paulus districto fulgurat ense.
        Cerneret hic nimio gnatos splendore coruscos
45   Anxia quae quondam dextram, laeuamque rogabat
In regno Christi[3]. quantum uel uertice toto
Christophorus cunctos super⟨e⟩minet! haeret Iesus
Ex altis humeris, roseo blandissimus ore,
Arridensque nouos matri gratatur honores,
50   Tempus utrumque iubar Phaebi radiantius astro
Ambit, at immensum torquet manus altera caeli
Terrarumque globum: trepidat sub pondere opemque
Poscit Atlas, magnis qui sustinet artubus orbem.
        Cerno Pontificem radiantem uestibus aureis:
55   Fulget apex capiti gemmis auroque decorus
Terrenosque hebetat uisus, fert dext⟨e⟩ra gemmis
Auroque insignem baculum, crux aurea lucis
E collo fundit radios – fallor, ni Panthalus hic est,^d
Ille pater patriae, qui te, gens Rauraca, quondam
60   In Christo genuit Romanaque sacra tueri

[B3^r]

Exemplo docuit, quando comes ire per Alpes
Virginibus gaudet sacrorum uisere regem
Postesque exuuiis et diuum sanguine sacros,
Pulchram pro Christo properans per uulnera mortem.

---

c   *corr. ex* simuluacra **F**².

3   Vgl. Mt 20,20 f. *tunc accessit ad eum mater filiorum Zebedaei cum filiis suis / adorans et petens aliquid ab eo* (21) *qui dixit ei / quid uis / ait illi / dic ut sedeant hii duo filii mei unus ad dexteram tuam et unus ad sinistram in regno tuo.*

d   *quod ad metrum, cf. p. 450 not. 105.*

65   Proximus Henricus Romani maximus olim
            Imperii dominus uinctam diademate frontem
            Extollens „Basilea tibi concredita quondam
            Pignora redde meis uirtutum haeredibus" infit.
            Post hos sacrificis indutus uestibus agmen
70   Purpureum ducit Stephanus, rorantia gestat
            Saxa sinu, crate insignis Laurentius illi
            It comes, et diris traiectus corpora telis
            Histricis in morem: sequitur fortissimus Vrsus
            Thebaeis cinctus sociis in utrumque paratis
75   Seu seruire Deo contemta Caesaris ara,
            Seu mortem uera pro relligione pacisci.
                    Parte alia paribus procedunt passibus orbis
            Doctores niueumque trahunt per inania caetum,
            Virgineas laudes et magnae facta parentis
80   Versibus alternis memorant; uox grata per auras
            Discursat, suaui responsant murmure siluae.
            Quin etiam spectare uenit penetralia templi

[B3ᵛ]

            Virgo Caledoniis ducens a regibus ortum,
            Quam Roma reducem multis cum millibus, oras
85   Dum repetit patrias, Hunnorum barbarus ensis
            Strauit, et innocuo respersit sanguine Rhenum.
            Et comitata uenit: niueas dux ipsa phalanges
            Purpureasque praeit, manibus uictricia signa
            Palmae praetendunt ramos. hinc regia Costi
90   Progenies graditur; laeti monumenta trophaei
            Fert ensem fractasque rotas; pia Magdalis illinc
            Nota ministerii praefert insignia, non iam
            Vda genas lacrymis, et passis faeda capillis,
            Praesenti fruitur domino quem flebat ademptum.
95   O ter felices *animi*ᵉ coelestis Olympi,
            Saluete atque meis uisi feliciter este
            Luminibus; salue atque iterum ter maxima salue
            Virgo parensque Dei, Iesu dulcissime salue,
            Spes hominum atque salus, quae nostri tanta cupido!
100   Quis te cogit amor mortales uisere sedes,
            Innumerosque polo tecum uectare maniplos
            Diuorum? tantumne Deus terrestria curas?
                    O ingens pietas! sterili loca nuper arena
            Hirsutisque rubis et acutis horrida saxis

---

e   animi **F²**: animae **F**.

105 Cerno coelicolum choreis et carmine sacro
    Posthabitis celebrari astris, diamque parentem
    Hanc sibi prae reliquis tutandam sumere sedem.
    Fortunate senex, nimium dilecte Tonanti,
    Cuius auita fides et mens ignara malorum
110 Hospitibus struxit Superis gratissima tecta,
    Tecta habitanda Deo, diuaeque habitanda parenti.
    Isacidum genitor cunctis celebratur in oris,
    Qui tres hospitio peregrina in ueste beatos
    Accepit coeli ciues: te secula nostra,
115 Te uentura canent, sacram qui construis aedem,
    Quam Deus ipse habitat, quam totus uisitat aether.

TEMPLVM COMMENDATVR D. VIRGINI.

Diua poli terraeque potens, cui surgit Olympus,
    Quam nigrae trepidant horrida monstra Stygis,
Siue tenes sacrum Piceno in littore tectum,
    Quod tibi quodque Deo praebuit hospitium[4],
5 Seu mage Boiugenum pietas te deuocat astris,
    Vt tueare Oeno^f proxima templa prece[5],
Siue piis alias spectas obtutibus aras
    Et loca caelicolum concelebrata choris:
Diua ueni facilisque aris nascentibus adsis,
10   Conatus nostros diua fauore proba.
Aram quam posui, tua sit; tibi thure uaporet,
    Praesidium, uirgo, sentiat illa tuum.
Si quando Mauors uicino saeuiat orbe
    Motuque horribili proxima terra fremat

15 Iamque ferox miles ferro populetur et igne
    Obuia, nec sacris aedibus abstineat:
Comprime sanguineam rabiem, compesce furores,
    Liminaque et postes sta uigil ante tuos.
Si male seruatus surgat uiolentus in auras
20   Ignis, et exuperans flumina, tecta uoret,

---

4   Loreto.
f   *corr. ex* Oeneo **F**².
5   Altötting.

Aut caelum inuoluat densa caligine nubes
        Cumque graui tonitru flumen ab axe ruat:
Aspice concursus trepidi miserata popelli,
        Vim cohibe flammae, tecta tuere sacra.
25   Si caeli ardentis uitio sitientibus agris
        Deneget irriguas frigidus imber aquas,
Vnde perusta seges uiridi moriatur in herba,
        Fallatque agricolae uota rigata Ceres,
Ante tuas aras supplex in rebus egenis
30   A te ruricolum turba requiret opem:
Tum tu largifluos resolutis nubibus imbres
        Fundes, et fructus arua rigata ferent.
Quod si dira lues uiduare occaeperit urbem

[C^v]

        Perque uias et agros languida membra cadant,
35   Squaleat ignifero tellus afflata uapore
        Deficiatque pecus deficiente cibo:
Diua uocata aderis, mox caeli purior aura
        Vires corporibus, gramina reddet agris.
Si quando ignotis ueniens regionibus hospes
40   Hic prece sollicita te pius ambierit:
Audi, uirgo, preces tempestatesque serena,
        Vt laetus peragat, quod meditatur, iter.
Hinc aliquis terras peregrino sole calentes
        Forte petet, lucrum, militiamque parans.
45   Siue eat Hesperiam, seu nigros tendat ad Indos,
        Seu Mauris hostis, seu Batauis abeat,
Ante tibi lacrymas et debita munera soluet,
        Tum facilem reditum supplice uoce petet:
Huic patrios fines et dulcia coniugis ora,
50   Re bene confecta, cernere posse dabis.
Ah quotiens uenient, quibus ardens aestuat intus
        Offensis animus, quas aperire pudor

[B2 (recte C2)^r]

Et reticere uetat recti mens conscia: diua
        Turbatum seda pectus, opemque para.
55   Hic crebros edent gemitus, quos creditor urget
        Durus, quosque premit res nimis arcta domi,
Hic alto ducent suspiria corde parentes,
        Queis fera mors gnatos abstulit ante diem,
Innumerique aliis transfixi pectora telis
60   Supplicibus uotis te, tua templa colent.
Da cunctis aurem facilem, ut quicunque subibit
        Hanc aedem, redeat laetior inde domum.

Sic tibi solenni fument altaria thure,
        Luceat in templis sic pia flamma tuis.
65 Sic casti iuuenes, hinc ad maiora uocati,
        Te gnatique tui nomen ad astra ferant.
    Annua sic tua festa colet cum plebe senatus
        Et tibi dulce melos ingeminabit „Aue“.

[B2 (recte C2)ᵛ]

AD EPISCOPVM TEMPLI INITIATOREM.

Magne pater, sacra redimitus tempora mitra,
        Qui lustraturus pollice templa uenis:
Templi pande fores, altaria Pallade sudent,
        Saxa pauimenti lustrica lympha piet.
5 Suffimen caelo gratum pia thura uaporent,
        Organicusque sonor pectora commoueat.
Ingenio uocum distinguant carmina cantum:
        Laudari propria Numen in aede cupit.
Iam ter sancta Trias Christi comitata parente
10   Aedificata sibi templa habitare uenit,
Integra iam pubes, terris quae nuntia pernix
        E caelo defert, aethere missa uenit,
Abramidum patres priscique encaenia uates
        Visuri ueniunt carminibusque fauent.

[C3ʳ]

15 Bisseni hinc patres uitae fideique magistri,
        Audire in terris qui meruere Deum,
Purpurei inde chori testati sanguine Christum
        Esse Deum, passi uulnera, probra, neces,
Mitratique patres, quorum doctrina fidesque
20   In terris nituit, nunc super astra micat,
Virgineusque chorus, qui nulli imitabile carmen
        Caelesti sponso nocte dieque canit:
Quid multis? ad nos totus descendit Olympus,
        Aurea gens aulae siderae omnis adest.
25 Magne pater, templum lustra, terraeque polique
        Gaudia ne differ maxima, magne pater.

[C3ᵛ]

EPIGRAMMATA.

FVNDATA EST SVPRA FIRMAM PETRAM.

Aeole syluifrago prorumpant impete uenti,
    Effracto Boreas carcere bella gerat,
Nigra polum obnubat tempestas, grandine nubes
    Armentur, rupta fulmina nube crepent:
5   Numinis hanc aedem nunquam conuellere flabra
    Possint, nec possunt flammea tela Iouis.
Aeternum aeterni sed stabunt templa Tonantis,
    Templa super firma quae bene structa petra.

VERE DOMINVS EST IN LOCO ISTO.

Tecta palatini regum spectate clientes:
    Sola iuuat Domini uisere templa mei.
Quae bona abesse queunt, quae possunt noxia adesse,
    In templo praesens cum mihi Numen adest?

[C4^r]

AD CHRISTVM IN CRVCE SVFFIXVM.

O pulcherrime Christe filiorum,
Qui sunt quique aliis fuere saeclis,
Quae te bellua saeuior leone
Carpsit dentibus unguibusque saeuis?
5   Qui te carnifices cruci dederunt?
Qui ferro latus impie forarunt?
Spinis uulnificis quis asperauit
Ipsis Caelitibus caput uerendum?
Ah parce et miserere, parce Christe:
10   Adsum caussa tui doloris, adsum
Quouis bellua saeuior leone.
Frustra carnificis manum cruentam,
Frustra Abramigenum scelus *reprendo*^{g},
Nam teterrima facta, quae patraui,
15   Sentes atque crucem tibi pararunt.

[C4^v]

Heu peccasse pudet pigetque multum,
Imbres ex oculis fluunt tepentes,

---

g   reprendo] reprehendo **F.**

Irrorant faciem, genas, sinumque.
Nec culpas tamen eluunt edaces:
20   Has tu purpureo laua cruore.

DE NOMINE IESV.

Tolle oculos, hospes: summa spectabis in ara
    Nomen, quod Gabriel primus ab axe tulit.
Nomen, cui cedunt magnorum nomina regum,
    Nomen, cui supplex flectitur omne genu.
5   Si te pauperies, si sors aduersa fatigat,
    Si mens delicti conscia discrutiat:
Sursum tolle oculos et nomen amabile specta:
    Hoc etenim solo clauditur omne bonum.

IN CIRCVMCISVM PVERVM IESVM.

En, qui siderea felix descendit ab arce,
    Pro te purpureo sanguinis imbre rubet,
Et tenerum nullo uiolatum crimine corpus
    Peccati paenas uulnera dira subit.

[D^r]

5   Tu caue, ne germen uitiorum pullulet in te,
    Quod saxum in Christi corpore desecuit.

IN STATVAM D. VIRGINIS.

Virgineum duro spectas e robore uultum,
    Mollia qui reddit pectora dura hominum.
Aspice: quantumuis te uiderit ipsa Medusa,
    Non tamen hinc referas saxea corda domum.
5   Virginis e collo pendet Deus, annuit omne,
    Quod petit illa: pete, et cuncta petita feres.

AD S. CHRISTOPHORVM.

Cur capite in tergum uerso sua pondera spectat
    Magno spectandus corpore Christophorus?
Quaerit, pontificem, qui tantis sumptibus aram
    Extruit, in coelo praemia quanta manent.

ALIVD AD EVNDEM.

Quam putas humerum grauare molem,
Reflexo quid onus tuere uultu?
Miraris tibi poplitem labare,
Mirarer, tibi ni genu labaret:

[D^v]

5   Tu Numen specie geris puelli,
Tu mundi toleras Atlanta uasti,
Ac stupes tibi poplitem labare?
Mirum, ni tibi poplites labarent.

AD S. IACOBVM MAIOREM.

Si uiuus Iacobe tonas, si mortuus aeque
    Miraclis clares fulgure lucidior,
Si tua uis crebro furiatos fulminat hostes,
    Quam recte tonitru diceris esse satus?

AD EVNDEM.

Cerne laboratum peregrino schemate Diuum:
    Dicitur Hesperias primus adisse plagas.
Christiadum sacris ut gentem adiungere posset,
    Vix potuit uiuus, mortuus id potuit.
5   Et sunt, qui dubitent Superos in uota uocare
    Et uim caelorum ciuibus esse negent?

[D2^r]

IN S. IACOBVM FRATREM DOMINI DOMINO SIMILLIMVM.

Errabat tristisque suum quaerebat Iesum
    Enati dura cuspide fixa parens,
Cum subito maestae species occurrit Jesu,
    In simili similis corpore natus erat:
5   Tum uirgo: „quae saeua exest mihi cura medullas,
    Chare puer, quantum pectore uulnus alo!"
Caecantem sed ubi detersit pollice fletum,
    Hem! nato parilis ore Iacobus eras.
Maesta refert: „heu me deludis imagine nati,
10   Sed uanum: Christi ne puer instar habe.

Vt similis uultu puero sic moribus esto,
   Et cuius speciem corpore, mente geras."

IN STATVAM S. IOANNIS EVANGELISTAE.

Virginei sculptor finxit monumenta pudoris,
   Et placet in ficta uirginitate decus;

[D2ᵛ]

O utinam uiuos potuisset fingere mores:
   Nullum opus in toto pulchrius orbe foret.

IN S. IOANNEM BAPTISTAM.

Horret in hirsuta uir sanctus pelle cameli,
   Cui terris genuit faemina nulla parem.
Ecce salutiferum mundo praenunciat agnum,
   Cui praebet potum lympha, locusta cibum.
5 Hic sacrum nullo uiolatum crimine corpus
   Macerat, ut discas membra domare tua.

DIVVS HENRICVS IMPERATOR.

Insignis bello, pietate insignior heros
   Armatus Mauros expulit Ausonia.
Pannonios Christo felici Marte subegit,
   Coniux intacta coniuge sancte obiit:
5 Hunc si uidisses orbem, Luthere, regentem,
   Dixisses: „genio displicet ille meo."
Hoc si Lutherus uixisset Caesare, nulla
   Inter Germanos haeresis orta foret.

[D3ʳ]

ALIVD DE EODEM.

Lustrabat Diuus, quam quondam ornauerat, aedem,
   Excessisse adytis omnia sacra uidet:
„O mores" ait „o nostris contraria seclis
   Tempora! quam dispar praesidet huic dominus.
5 Deseruere locum Diui, Deus ipse recessit,
   Non si sit caelum, mi domus illa placet."

706

Dixit, et obtutus Bruntruti ad maenia uertit.
    Vt uidit molem surgere in astra nouam,
Caelitibusque nouas aras, noua templa locari:
10   „Hic" ait „hic Deus est, hic mihi tuta quies."

AD S. PANTALVM, RAVRACORVM EPISCOPVM.

Pantale, qui princeps rexisti Rauraca templa,
    Testatus Christum laurea serta geris:
Rauraca Metropolis monitorum oblita tuorum
    Nec te nec Diuos debito honore colit:
5   Cur tua tot lustris pateris sine luce cauernis
    Lipsana concludi, lipsana digna polo?

[D3ᵛ]

Construit, ecce, tuae fideique et muneris haeres
    Christophorus templum, huic lipsana trade tua.

ALIVD DE EODEM.

Rauracidum gentem leges et uerba Tonantis
    Pantalus edocuit; sed modo παντ' alii.

IN ARAM SS. OMNIVM.

Anfractus horres atque aspera saxa uiator;
    Hic Diuos, quotquot claudit Olympus, habes.
Hanc accede aram, non te fiducia fallet,
    Quidlibet a quouis hic pete, et accipies.

IN S. MICHAELEM.

Miraris, cur supra alios spectetur in ara
    Aliger in Stygium tela uibrare canem?
Excubat in terris, ne quem caelestibus oris
    Depulit, inuadat templa dicata Deo.

[D4ʳ]

707

DE S. SEBASTIANO.

Dum fouet alloquio trepidos, dum carcere clausos
    Visit dux bello nobilis atque fide,
Damnatur, milesque arcu grauidaque pharetra
    Affixum trunco corpus inerme petit,
5   Tela uolant, sanguis fluit, innumerisque Sebastes
    Vmbratus telis praedicat ore Deum.
Exonerat pharetras corpusque exangue relinquit
    Hostis, martyr auet pro pietate mori.
Sed maiora manent pugilem certamina: uiuus
10   Linquitur, ut palmae praemia bina ferat.

AD S. STEPHANVM.

Felix, qui dira lapidum sub grandine caelum
    Recludi cernis, stantis et ora Dei!
O iterum felix, qui tingens saxa cruore
    Oras, ne feriat Numinis ira reos.
5   Qui bene uis hosti moriens, nunc incola caeli
    Quid facies illis, qui tibi templa struunt?

[D4ᵛ]

DE S. LAVRENTIO.

Ante alios iuuenis sacrata in ueste coruscus
    Ostentat cratem, nota trophaea necis.
Hic comes est Sixti, diuino tostus ab igne
    Intus, tortorem risit in igne suum.
5   Hunc, si quando faces menti damnata libido
    Suggerit, implora, nec tua damna gemes.

IN ARAM S.S. APOSTOLORVM PAVLI, PETRI ET ANDREAE.

Quos Christi coniunxit amor, dum uita manebat,
    Hos sculptor pariter finxit in hac tabula:
Territat ense malos Paulus; Petrus ardua spondet
    Regna bonis; frater uincere dura docet.

[Eʳ]

AD S. VRSVLAM.

Vrsula, uirginei dux imperterrita caetus,
    Nos cum uirginibus Diua tuere tuis.
Tecum undena thoros mortales millia linquunt,
    Nec dubitant longas ire, redire uias,
5   Donec Agrippinae Scythicos labuntur in hostes,
    Et propter Christum fortiter ense cadunt.
Felices illae, duplici quas fronde decoras
    Vnus caelo infert exitus, una fides.
Tu tamen ante alias felix decorata refulges
10   Tot stellis, tecum quot subiere necem.

MARIA MAGDALENA.

Mendaci quondam pingebam tempora fuco,
    Ornabant unctam myrtea serta comam,
Mollis Achaemenium spirabat uestis odorem,
    In Veneris castris impigra miles eram.
5   Cum tua, Christe, meas penetrauit flamma medullas
    Desipuere statim, quae placuere prius,

[E^v]

Intumuere genae lacrimis, et membra flagellis,
    Exemplo docui crimina flere meo.
O caelestis amor, qui te totum ossibus hausit,
10   Fastidit, quicquid Phaebus ab axe uidet.

AD S. CATHARINAM.

Armati iuuenis cessit Lucretia dextrae,
    Incubuit ferro dedecus ulta suum,
Admissumque nefas miseranda morte piauit:
    Hoc tollunt ueteres impietatis opus.
5   Miramur, Catharina, rotas strictumque mucronem,
    Quae temerare tuum non potuere decus.
Fama uetus sileat, totus te praedicet orbis:
    Vicisti salua uirginitate Deos.

IN CHRISTVM GLORIOSVM.

Post probra, flagra, necem radianti in luce resurgens
    Hoste triumphato tendit ad astra Deus.
Gaude qui pateris mundoque ignobilis aeuum
    Exigis: ad caelum haud tutior ulla uia est.

[E2^r]

TEMPLVM.

Decantet Rhodanus scopulosam Magdalis aedem,
    Et Iacobe tuas cantet Iberus opes:
Sint et in Ausonia Michaëlia culmina, Boia
    Et teneat palmas altera Roma suas,
5   Nil moror, inuidiae nulla est mihi flammula, sacras
    Laudo aedes, dum me canto perenne potens.

IN HAERETICOS.

Fixum conspicua sua stat arte
Templorum decus inclytum perenne:
Vnum tu caue: si manus latronis
Caluini rapiant, statim perîsti;
5   At si te rapiant manus Lutheri,
Fies tu spolium ferumque lustrum.
At Numen prius auferet latrones,
Ipsi quam rapiant sacras columnas.

[E2^v]

ALIVD.

Cur nullum haeretici Deo Parenti
Delubrum aedificant, sed antefacta
A maioribus et pie dicata
Vastant, diripiunt? rogo, quid istuc?
5   Numen haereticis procul recessit:
Quid templis opus est? sine inquilino
Frustra construitur domus peritque.

710

IN EOSDEM DE CVLTV IMAGINVM.

Et Bacchi et Veneris uariatis tecta figuris:
      Pingere cur Christum ducitis esse nefas?
Si pictura mala est, quaeuis pictura nocebit;
      Sin bona: qui Christus pictus obesse potest?

ALIVD.

Si licet absentis spectare in imagine uultus:
      Cur scelus est pictos cernere Caelicolas?

[E3ʳ]

AD VIATOREM.

    Surgere conspicuam miraris in aethera molem:
      Si pateris, causas ordine concipiam.
    Clarus auis Plarer propria mage laude uerendus,
      Cui meritum cingit sacra tiara caput,
5   Haec posuit seris monumenta nepotibus olim
      Et posuit Superis hoc pietatis opus.
    Hic Deus ipse Deo, nostris cadit hostia membris,
      Numinis hic cunas inueniesque crucem:
    Vera cano, fidei sunt haec mysteria diae,
10   Quae ueniunt tacita mente colenda tibi:
    Saepius augusta pius hic in ueste sacerdos
      Supplicat, aeterno fert pia uota Patri.
    Criminibus mentes ac paena uindice soluit;
      Carminibus potis est conciliare Deum.
15   Quin tibi si daemon fraudes in crimina tendit,
      Huc ades: in sacro tegmine tutus eris.
    Teque cupidinea si uulnus arundine mordet,
      Huc ades: in sancto culmine sanus eris.

[E3ᵛ]

    Te sitis exurit gazaeque insana cupido:
20   Tantaleam dabitur, quae leuet unda, sitim.
    Si mens ancipiti curarum fluctuat aestu,
      Pectore abundanti nubila diffugient.
    Virtutem facilis uitiorum exasperat usus
      Et tibi luxuriae libera facta uia est:
25   Arrige sis aures: facili te tramite sistet
      Orator, populo dum pia uerba tonat,

Caelicolas hominum pronos in commoda flecte:
Deuocat is certam qui bene quaerit opem.
In Silo tacitis suspendens uota tabellis
30   Anna, rogata diu praemia matris habet.
Isacidum iuuit crudis aduoluier aris
Et Salomoneo fixa tabella thoro.
At Solymaea super decus est et gloria fanis
Quae noua Christiadum uictima nobilitat.
35   Ne Scythicum ructans immani gutture Numen,
Ebria ne fingas sanguinis ora Dei.

[E4ʳ]

Aethereum iam manna mihi non clauditur arca,
Corporeum claudit nostra sed arca Deum.
Lamna nec est silicis, diuina lege notata
40   Nobilior Christi est nobilis historia.
Si mihi frondosae narrat miracula uirgae,
Frugiferam contra cernat Apella crucem.
Aetherea solium domini regione locatur,
Aetherei caelum regia magna Dei est,
45   Aligerique suum stipantes agmine regem
Numen ibi aeterno carmine concelebrant.
Nos habitata Deo pariter delubra *ciamus*ʰ,
Aligeris etiam nobilitata choris,
Aemulaque odeis homines caelestibus audent
50   Templa, colunt Numen pollice, uoce, fide.
Praesidium salue, salue pietatis asylum
Siderei quantum culminis instar habes.

[E4ᵛ]

AD REVERENDISSIMVM ET ILLV⟨S⟩TRISSIMVM
EPISCOPVM FVNDATOREM.

Stemmate quod longo proauos atauosque recenses
Maiorum fulgens, Praesul, imaginibus,
Nobilis es uulgo, sed non tua facta dederunt
Hanc lucem, uirtus hanc aliena dedit.
5   Aurea quod pleno ditat te copia cornu,
Quod multis magno, Praesul, honore praeis,
Fallacis sunt haec fortunae munera, prisci
Quam uates stultos ludere in orbe ferunt.
Quod maiestatis pleno sis corpore, donum
10   Naturae est, potis hoc carpere febricula.

---

h   ciamus **F²**: ciemus **F**.

Quod mens recta tibi, quae fortiter ardua uincit,
    Quod uirtute uiges, ingeniique bonis,

[E5^r]

Quod longe lateque ardes protendere terris
    Cultum supremi Numinis: haec tua sunt.
15   Nil proaui, nil sors, naturaue detrahit istis,
    Mars et morbus in haec nullum habet imperium.
Haec laudare uelim, Praesul, sed gloria maior
    Est tua, tot factis est mea Musa minor.
Te laudabo tamen, si quis laudasse putetur,
20   Qui stupet ad laudes et tua facta tacet.

ALIVD AD EVNDEM.

Grande decus stirpisque tuae patriaeque columna,
    Inter Rauracidas gloria Pontificum,
Transferet ad seros te pagina multa nepotes,
    Tu clarae lumen posteritatis eris.
5   Quod si qui fuerint, memores qui uoluere chartas,
    Qui uitae nequeant discere facta tuae,
Facta tuae uitae CollegI saxa loquentur:
    Grandia saxorum grammata quisque leget.

[E5^v]

ALIVD AD EVNDEM.

Si quantum patribus, Praesul uenerande, dedisti,
    Pensas et meritum reppetis officium,
Quamuis coniungant uires, et corpore sudent
    Et praestent, quicquid mente animoque queunt,
5   Non tibi pro libra poterunt praestare quadrantem,
    Si non pro nobis spondeat ipse Deus.
Spondet, crede, Deus, cui magnis sumptibus aras
    Ponis, et Aonidum tecta superba choro.
Si nihil in terris reddit, cum faenore soluet
10   In caelo, nulli debitor esse potest.

ALIVD.

Templa arasque dicas Proli magnaeque Parenti:
    Gaudet amore puer, gaudet honore Parens.
Pro templo atque aris, quas terris sumptibus ornas,
    Templa tibi caelo non peritura paras.

FINIS.

[E6ʳ]

Stich: der Gekreuzigte; umflogen von zwei Engeln, die sein Blut in Kelchen auffangen; umgebend Maria, Iohannes Baptista; zu Füßen des Kreuzes Magdalena. Am Kreuzbaum ein Medaillon mit dem Lukas-Stier. Umschrift:

I. PETRI 3.
IVSTVS PRO INIVSTIS MORTVVS VT PECCATIS MORTVI IVSTITIAE VIVAMVS

VII. Ulm

Sylua extructionem dedicationemque templi SS. Trinitatis ab inclyto senatu Reipub. Vlmanorum accuratam solenniterque peractam die XVI. Septembris anno MD.XXI. exhibens, deproperata dictante M. Johan-Baptista Hebenstreitto Augustano, Gymnasii Vlmanorum rectore. Exscripta typis Johannis Mederi, anno M.DC.XXI.

Vorlageexemplar (**M**):   München, UB, 4 P.lat.rec. 44 # 12
Weitere Exemplare: Stuttgart, WLB, W.G.qt.252
                      Tübingen, UB, L II 12 m. 4
                      Wolfenbüttel, HAB, 184.22 Theol. (13)

[A^v]

Viris nobilissimis, prudentissimis, magnificis,
Duumviris, Consulibus, Senatuique inclytae Reipub(licae) Vlmanorum,
D(omi)n(is) et Patronis aeternum obseruandis
Syluam hanc dedicatoriam
Atque alia omnia clientis et bene rem scholicam gerere satagentis ministeria
Dicat consecratque

M. Johan-Baptista Hebenstreittus, Gymnasii Rector.

[1 / A2^r]

SYLVA DE TEMPLO NOVO SS. TRINITATIS VLMAE.

Quis calor, aut quae me subito uertigo poetam
Efficit, in scholicis frigentem ignobilis ocî
Sedibus, et dudum non aequo Helicone repulsum?
Heu mihi! cuius in auriculas stillabo madorem
Insuauem? quis cruda feret, quis inania texta
Laudabit uictae pugnaci a Pallade Arachnes?
Texo tamen: stridet radius: quam tangere metam
Gestiat, ignoro. uos, o! mihi parcite mentes
Aetheriae, quas ad templum sublimis Olympi
10   Fama uehit: propioris humi uestigia carpo,
Miratus longe, premitis quas poplite, nubes.
        Scribo tamen cupidi succensus imagine sensus,
† Quem feriunt obiecta, et rerum primordia, causae. †
Vlma mihi sylua est: stilus hinc uirgulta reuellet:
15   Vlma placet nostri signetur arundine uersus.
Scilicet est largita domum natisque maritaeque
In iam bissenos reuolutis mensibus annos,
Qui dum diffugiunt, una mihi dextera currunt,
Laeuaque: quae mitto. sed non sic acta tacebo

20 Publica, perpetua semper dignissima uita.	Spacio 12. annorum tria Vlmae
Nam tria commemini nostro subsidere corde	memorabilia obseruata.
Altius immensa et uere Megalia benigni	
Nominis, Vlmaeis quae sunt memoranda colonis.	I. Iubileum Lutheranum, anno Christi 1617.
Numinis auspicio magni Jobeleia festa	Formula, apud Briss. l. 8 p. 720.[1]
25 Egimus, in seclo quae nostrum nemo futuro	
Aspiciet, ceu praeterito neque uiderat aeuo.	
Haec fama in tractus omnes habitabilis orbis	

[2 / A2ᵛ]

Se diffudit, edax quam non abolere uetustas,	
Non hostes lucis poterunt sepelire tenebris.	
30 Quod si spes uitae est post fata, et nostra manebunt,	
Quae tunc edidimus syluestri prodita canna.	
Hoc primum. post haec subit admiratio mentem	II. Vrbis circumcirca munitio.
Molis, in extrema quae urbem circumdabit ora,	
Eximiae molis, quam densior agger et altae	
35 Constituunt fossae, et ualidis latera ardua portis,	
Aduentanti hosti (procul at procul hostis abesto!)	
Firmus obex, instructa boantibus instrumentis.	
Crescat opus, uoueo, seros excrescat in usus!	
Sed minor est moles, quam tango, est altera moles,	III. Templi elegantissimi extructio.
40 Tanto clara magis, tanto sublimior illa,	
Quanto clara magis putrida res coelica terra est.	
Hanc canimus niueis dignam quae scripta poetis	Propositio. Prima pars Syluae:
Emineat, sero miranda nep otibus aeuo.	descriptio nouae aedis S. Trinitatis.
Hic caleant numeri, quos spiritus excitet aptos	Eius causa προηγουμένη.[2]
45 Sedibus aetheriis ueniens non simplice flamma.	
Atque quid hic primum dicam: magnumne sacrorum	
Perficiendorum, populus quo feruet, amorem?	
Anne magistratus studium de Voce merendi	
Diuina, qui multorum bene compleat aures?	
50 Scilicet huc curae traxerunt, ciuica passim	προκαταρκτική.
Plebs ut oberrandi praecisam sentiat ansam,	
Cum coetus caperet neque templum augustius illud,	Templum summum: hodie, das Münster.
Virgineis Mariae sacrum quod honoribus olim	
Esse aetas uoluit pietate insignis et armis,	
55 Altera nec delubra angusto pariete clausa,	

---

1   Barnabé Brisson (1531–1591), De formulis et solennibus populi Romani uerbis libri VIII, Paris 1583 (Neu-auflagen bis ins 18. Jahrhundert). – Vgl. C. Dieterichs ULMISCHE KIRCHWEYH PREDIGTE fol. A2ʳ: *Man liset in den alten Historien von den Römern, daß sie alle hundert Jahr einmahl besondere Frewdenspiel und Auffzüge angestellet … welche deswegen zu Latein* ludi seculares *genennt, weil hundert Jahr ein* seculum *machen, wie auß dem 136. Buch deß* T. Livii Censorinus *erwehnet (…) Wenn aber solche volnbracht werden sollen, haben sie dieselbige offentlich durch ihren* praeconem *oder Heroldt außruffen unnd männiglich dazu mit diesen Worten laden lassen:* Conuenite ad ludos spectandos, quos neque spectauit quisquam nec spectaturus est.

2   Vgl. dazu S. 486.

Alueoli exigui, qua corpora et aegra et egena	Templum S. Spiritus, im Spital.
Excipit hospitium, sanctus cui Spiritus heres.	
Et iam pone foros scholicos surrexerat aedes,	Templum ad scholam, olim Fr. Franciscanorum.
Ante occlusa diu, solis nunc luctibus urbis	

[3 / A3^r]

60	Funeribusque dicata, et quos mala uexat egestas.	
	Ergo ut liberius concurrentum agmina praeco	
	Et precibus lustrare queat monitisque docere,	
	Area, quae metaeque capax templique patentis,	Situs areae noui templi.
	Area deligitur, paulo inferiore recessu	
65	Istriacae Portae, pecorum cui nomen ab actu:	Das Herdbruck Thor.
	Area, munificis stricte contermina ualuis,	
	Vnde fluunt num⟨m⟩i, collectae munera sanctae,	Sacrum aerarium pro peregrinis.[3]
	Quoque adeunt nudi, miseraeque catharmata sortis.	
	Scilicet haec etiam laus est Vlmana, uagantes	
70	Per uicos arcere pedes parua aera rogantum,	Ne per uicos urbis errent.
	Ast omnes istam mendicos mittere ad aedem,	
	Quisque ubi pro meritis, pro aetate et robore largis	
	Mactatur donis, atque urbe hinc laetior exit.	
	Prima capit finem, templi sublimior index,	Partes n. templi: I. Meta: alta ad 200. p.
75	Meta pedum ferme bis centum, binaque tecto	
	Corpora sub Cyprio campani sustinet aeris.	
	Haec circumcirca trans Istri nobile flumen	
	Proicit aspectum et muris supereminet alte.	
	At non in reliquis segnis manus: improbus urget	
80	Artifices labor. en! celsis suspensa uidentur	
	Paulatim tabulata tholis, quae nulla columnae	
	Fulcra tenent, solidata satis; uerum aequor amoenum	II. Tabulatum. seu contignatio,
	Gypsato tinctu, et spaciis ex arte notatis	cui tectum incumbit.
	Septo prominulo, medium rosa ubi aurea semper	
85	Occupat atque oculos spectantum plurima pascit.	
	Mox paries medius, pluuium qui uergit ad Austrum,	III. In medio parietis. Fori:
	Compagem, fanum quam longum est, accipit aptam	die Vorkirchen.
	Asseribus fultamque stylis cinctamque nitenti	
	Lorica, auratum caput unde Cherubica tollit	
90	Factio, confractis cretarum condita testis;	
	Ascensu post quae molli subsellia crescunt.	

[4 / A3^v]

	Quid dicam de suggesti meditatus honore?	
	Verba mihi desunt. quod si ars mihi tanta loquendi	IV. Suggesti ornatus.
	Esset, ut artifici fuit ars opera ista creandi,	
95	Tum demum dictis deberes, lector, amorem.	

---

3   Der sog. fremde Almosenkasten in Ulm.

Sed supra ingenii tentabimus ardua uires:
In magnis haesisse probrum non semper habetur.
Totum opus historias sacras reuerendaque signa
Exhibet. ambonem facies iuuenilis, Atlantis
100 More, suo capiti impostum sustentat; at ipsum — *Quae in labro suggesti.*
Exornant uultus dextra laeuaque quaterni
Scriptorum Christi uitae, necis atque triumfi.
Prominet in medio Paulus, mirabile uisu,
Os illud sanctum, delectus Apostolus ille.
105 At pulcre resplendet, inertia lumina nunquam — *Quae in fastigiato tegmine.*
Esse sinens, tegmen statuis spectabile multis.
Summus apex Mosen infert tabulasque decemque — *Moses in summo.*
Verba inculcantem. grauis, heu! mihi legifer ille est,
Hunc sed Ioannis minuit structura timorem.
110 Hic signat digitis dictisque salubribus Agnum, — *Johan. Baptista.*
Agnum, anima cuius Legique Deoque litatum est.
Notius hoc fiet, cruce quando leberida sepis
Pendentem cernes: quem qui respexerat olim, — *Serpens aeneus deserti.*
Mortibus in mediis uitai dona recepit.
115 Hoc canit Angelicus chorus undique et undique sparsus — *Angeli tubicines palmiferi.*
Atque tubas inflat et iactat ad aethera palmas.
Omnia quae memini sunt argumenta ministri
Credentum: quid corde ferat, quae gesta locatum — *Haec sunt symbola ministerii.*
Editiore loco fas ore referre popello.
120 Hoc opus ex sylua Polycletus sculptile torno
Caelauit; sculptis uitam impertiuit Apelles, — *Opus ipsum, sculptum et pictum.*
Singula qui niueo uestita toreumata gypso
Ceu candens marmor poliit uel leue alabastrum.

[5 / A4ʳ]

Mensa sacrae sequitur coenae, quam diximus aram. — *V. Ara cum ornatu.*
125 Hic etiam Alcimedon, sed plus spectetur Apelles.
Panditur hic paries triplicem distinctus in actum
Gestorum rerumque ducum. gradus infimus arae — *Castrum supra aram, eiusque 1. septum.*
Progrediens tergo Christi conuiuia pingit — *Hic coena Domini. Mons oliueti.*
Vltima: tum ad tristes quae sit perpessus oliuas
130 Dira nimis, cum sanguineas de corpore toto
Extorsit guttas moles mundana malorum.
Haec stant in medio; latus ast defendit utrumque — *Historia Phase, et Mannae.*
Hinc Phase Hebraeum, Manna aethere missilis illinc.
Heu mihi! quae supra sequitur, quam tristis imago! — *2. septum: quo Christus Cruci affixus.*
135 Hicne Deum cerno, qui, nostra redemptio solus,
De trabe suspensus rerum infima damna subiuit?
Nosco manus clauis fixas tensosque lacertos
Atque ingens lateris uulnus, suspecto fluorem
Sanguineum ferroque pedes (miserabile!) fixos.

718

140   Hoc amor obtinuit, nostrae et miseratio cladis:

Hoc, Pelecane, tuus typus innuit: innuit alter,

Phoenix mire, tuus, cui sola in morte uoluptas.

At nimis, heu! turbant grauium instrumenta dolorum,

Obiecta Angelicis ingrato[a] signaque dextris:

145   Lancea, scala, feri fasces, et aculeus horrens

Spinarum, tum tristis arundo, spongia, forceps,

Ipsaque crux titulusque crucis, quam scaeua Pilati

Iudicia, attestans: infandi insignia facti.

Altius extollas oculos: iam funera dices

150   In uitam conuersa nouam laetosque triumfos.

Infandis quem humana modis quemque infera uexant

Supplicia, elapsus mediis ex hostibus extat

Celsior et pedibus uictor monstra omnia calcat.

Aligeri acclamant iuuenes: „Victoria parta est:

155   Mortis, io! rigidum ius est ex asse retusum:

[6 / A4ᵛ]

Legis, io! uinclum laxatum: Acherontia fracta est

Porta, fremit Pluto manibus post terga reuinctis.

Vibremus labarum lauro et spadice refulgens!

Vibrantes resonemus: io, pie Christe, triumfas!

160   Pax reuocata omnem recreat, pax aurea, mundum.“

Haec equidem uisenda reponit nobilis ara,

Culmine cui summo bis bina elementa tremendi

Nominis, igniuomae radiis circundata flammae,

Horridulum candent spectaclum. o denique nobis

165   Suspicienda nimis fabrica! o manus enthea docti

Artificis, Parium lapidem qui credere cogit,

Quod tamen est lignum: quin muta expromere uocem

Fingit, et affectus, quasi gestam contuar in rem,

Prolicit aut laetos aut presso corde dolentis.

170   Haec super et cathedra et super almae postibus arae.

Prominet e muro templi borealior illa:

Qui longus centumque pedes septemque quater stat,

Surrigitur decies quinis, si quatuor abdas.

Istam purpurea sol ortus luce colorat,

175   Qua chorus, editior templi pars fornice iuncta.

      Quid nunc commemorem? uario subsellia cultu

Concinnata, uiris sua certa, et certa stolarum

Syrmatibus, tum, qua symphonia concinit hymnos?

Describamne duo ferratis ostia ualuis

180   Praecipua, eximii monumenta aeterna Tubalis

Claraque coeruleas hyalurgi dona, fenestras?

Marginal notes:

Pelecanus.
Phoenix.
Instrumenta passionis,
quae gestant Angeli.

3. septum, quo Christus ἀναδυόμενος,
cum Angelorum comitatu.

Qui uexilliferi.

4. Arae κορυφὴ, qua Tetragrammaton.

Cathedrae seu suggesti situs. –
Longitudo templi usque ad chorum
128 pedum. Altitudo ad tabulatum usq.
46 ped. – Arae situs.

VI. Aliae templi partes.

---

a   *i. e.* homini (?)

719

Non tamen una dies simul extudit omnia, sensim

Casibus in mediis (eheu!) Germanidos orae

Creuerunt operae. nec abest, quin more recepto

185 Nonnemo inclamet: „primordia cernimus aedis:

Quo mihi conspectus, si non conceditur usus?

Quando erit, ut summa uoti gaudere foresque

[7 / Bʳ]

Intrare unanimes ad sacra nouata queamus?"

Abstulit hunc tandem linguis lux sera tumultum

190 Iudicioque fabros soluit fabrumque magistros.

Septimus ingruerat, quo annus prouectior, imber,

Sidus ubi Arcturi Titanis amare regressum

Mane fuit uisum, contra Lyra perdere cantum

Cardine in opposito, Hesperiis placitura colonis:

195 Ipse simul Titan et Chelas inter et astrum

Virginis aequatum totum properarat Olympum;

Heu! quae tum coeli facies! quam tristis imago!

Et pluuiae et uenti tempestatisque sonorae

Stridor per soles aliquot mortalibus aegris

200 Nescio quod monstrum minitari; denique brumam

Sensimus ante diem, uicinas horror in Alpes

Saeuiit ex niuibus nimbisque feraque pruina.

„Non, Arcture, tamen toto furiabis in anno"

Inquam. uota ualent: nam uix dum angustius intrat

205 Sol uicibus binis, fama reserante nouella

Liminaque sedesque Dei, Deus ipse fragorem

Aeris obiurgat lateque attemperat orbem

Collectasque fugat nubes lucemque reducit:

Gratum opus agricolis, sed longe gratius urbi.

210 Scilicet aequato sol tertius orbe refulgens,

Si qua fides, sacrisque fauet plebisque susurros

Accendit, uulgi celerat cursum atque recursum.

„Pandite nunc templum, in speciem omnipatentis Olympi

Pandite" uulgus ait, tendens denso agmine circum:

215 „Et noster Deus est: non solis Numina uobis

Inuigilant; reserate fores: intremus, amicum

Est animus placare Deum festasque Camoenas

Cantantum, tum uota sacri concepta ministri

Audire, et quosnam referant Encaenia ritus."

[8 / Bᵛ]

220 Fit uia ui, rumpunt aditus, et quisque sedile,

Quod primum capit, inuadit: uox omnia frustra

---

4 Georg Caesius, Nürnberger Verfasser astronomisch-kalendarischer Schriften (1542–1604).

Custodum tentat: nil pugnus, arundo, bipennis,
Nil monitus ualuere: cupido ualentior armis.
Atque aliquis medio compressus in agmine: „tantus
225 Relligionis amor uobis?“ mox oggerit alter:
„Quae noua, cor urunt, nemo unquam uidit eorum
Hos actus: agilem faciunt noua uisa popellum.
Durato, et temet quartae seruato diei,
Rursus ubi huc uenient, uenient longe impare coetu:
230 Rarior, o multo (credas!) seges illa futura est.“
      Interea Magni dimissa ut concio Templi: *De Summo templo*
Ecce! urbis capita alta, duumuir tergeminusque   *senatus ordine ad n. aedem procedit.*
Descendit consul, seniorum et lectior ordo,
Quaeque supra dixi suspensa sedilia, fano
235 Occupat in medio totaque ex urbe ruentes
Despicit et nigrum simile et populantibus agmen.
Parte alia accedunt longis talaribus octo,   *Et ministri Ecclesiae.*
Qui curant animas et uita et uoce, ministri,
Dispensantque sacras merces. quos eminet inter
240 Dietrichus, uelut inter amoena salicta cupressus.
Ilicet editiore throno, qua altaria lucent,
Musicus argutis digitis plectra attigit Orpheus,
Orpheus Byrsobates, quo non praestantior alter   *Adam Steigleder organaoedus.*
Seu finxisse modos fictosue afflare cauernis
245 Syringum, qua stat cannarum argenteus ordo.
Vna alii modo uoce, modo organicis inuentis
Erupere, et (opinatur quod rustica pubes)
Aenea candelabra uorans reuomensque Tobias,   *Tubicen.*
Vnde ruit tonitru latumque per aera clangit:
250 Quique nigrum incuruum commordet dente bacillum,   *Cornicen.*
Vnde alte exiliat tenuis uox tortula grylli.

[9 / B2ʳ]

Pars mulsisse fides gaudet neruosque animantum   ⟨C⟩helius.
Extensos: omnes hilari gens orta Iubalo.
Merkiades simul, et dictus Philomela, sed ex re,   *Phonasci Iohan. Cunr. Merckius,*
255 Accinuere labris. olli (tibi, lector, in aurem)   *& Ioh. Georgius Nachtigall, collegae scholici.*
Virginei sunt uoce, at conditione mariti.
Alter legitimo iam septem pignora lecto
Progenuit superatque hodie sua pignora septem
Voce nimis gracili: discantum haec secula dicunt.
260 Quos audire duos quando datur, assero, rursum
Assero, Pierias non omnia posse puellas.
Hoc par alituum foueas tibi largius, Vlma!
Hoc possit dubiam facere, immo euertere palmam
Ausoniae: Ausonias extollunt omnia uoces.

265 Nam Galli, quales dedit aestas proxima, galli

Sint contra has uolucres diuinaque guttura contra.

      Finiit ut cantus, cathedram Myndleria planta

Calcauit primum: fiunt primordia festo.

Proluitur totus sacra promulside caetus,

270 Votaque Myndlero fundunt praeeunte, secunda

Vt coeptum quod agant optato meta sequatur.

Succedunt iterum cantus, cum denique magnus

Ora animumque (atque ecce! repens cuncti ora tenere

Intenti, purgare aures uultumque tueri

275 Augustum, ac largos, quos suada afflauit, honores)

Exurgit Dietrichus, et haec in sensa resoluit

Labra rigata polo, quo ritu sancta uetustas

In certis collecta locis sacra pura Iehouae

Egerit: ut Salomon, postquam delectus adisset

280 Regna patris, magno sumtu pietateque rara

Templum immane, ingens, auro argentoque coruscum

Sacrarit Domino, conceptis uocibus ante

Sanctisque ad populum dictis, tum sanguine fuso

[10 / B2ᵛ]

Taurorum pecudumque: ubi tympana, cornua passim

285 Aethera complebant lituique tubaeque sonorae

Et male nota aeuo psalteria, nablia, nostro;

Foedere deinde nouo, qui post soteria Christi

Christiadum fuerint mores, quos ethnicus olim

Deditus idolis furor arctis sepserat aulis,

290 Non nisi de multa properantes nocte precatum,

Donec amica patris facies et grata refulsit

Mens Constantini, duce qui cruce uicerat hostes.

Tum, qui uirgineum donis euecta decorem

Exuerit sensim decepta Ecclesia pompis

295 Sacrorum nimiis, quas nomine relligionis

Post alias alias alius Pap-Episcopus auxit

Atque Petri praescripsit apex. sanctissime Petre,

Hic ubi nulla fuit, rara aut ueneratio Christi,

Tune ibi fanorum solio sublimis in alto

300 Iura dabas ducibus? tune in populoque Quirini

Christigenisque aliis uelut induperator amictu

Regifico triplicique nitens diademate uisus

Indugredi coelumque solo miscere? negabis.

Marginal notes:

Symphoniaci ducis Angelosmi, legati Regis Galliarum.[5] – M. Georgius Myndler, Diac. Xenodochicus προτέλεια facit.

Concio et actus dedicatorius a Doct. Cunrado Dieterico superatt. peractus.

Periocha sermonis trimembris.

1. Ritus Encaeniorum laudatus. In V. Testamento.

In primitiua ecclesia.

2. Ritus illaudati Ecclesiae deflorescentis.

---

5   Charles, ‹ le bâtard de Valois › (1573–1650), Sohn König Karls IX. von Frankreich und der Marie Touchet, seit 1619 Herzog von Angoulême, führte 1620 eine französische Gesandtschaft an, die auf dem Ulmer Unionstag zwischen Union und Liga vermitteln sollte. Das Gefolge der Diplomaten umfaßte etwa 400 Personen. Lit.: Hurter 1857, 458–465; Ritter 1908, 93–95.

Tune hos absurdos ritus, haec sacra piorum
305 Sanxisti seruare gregem, cum templa dicantur
Coelitibus matrique Dei sanctisque uirorum
Femineique chori? numne haec tua iussa? negabis.
„Vt tandem (pergit Dietrichus) ad ultima festi   3. Ipsa templi n. dedicatio.
Succinctus tendam (noui breuitatis amantes):
310 Quae noua luminibus fani monimenta uidetis
Arte, opere eximio, iussit pia cura senatus
In uestros numero crescentum condier usus.
Iamque inde a magno Jobelaeo haec aurea moles
Coepta, futurarum iacta et fundamina rerum,
315 Vos animi dubios nondum perfecta tenebant:

[11 / B3^r]

Ast hodierna dies cum Phoebo laetior ipsa
En! retegit sacrum ambonem fabrefactaque scamna
Atque tremendam armis, uenerandam dotibus aram,
Totam adeo cunctis compostam partibus aedem.
320 Iam quis erit porro, in quem tutelare recumbat
Munus? an e Diuis aliquis, coeloque locatis?
Quod Salomon, quod tu, pie Constantine, uolebas,
Qui Ihouae, qui Soteri noua templa sacrastis,
Hoc nostri patres, Vlmae fastigia nostrae
325 Exoptant: non ignari quippe ante-malorum,
Quae pepulit precibus fracti clementia Ihouae,
Quando post tenebras cultus reparata Baalis
Relligio magni feruore eluta Lutheri est:
Atque adeo meritis non stet sua gratia tantis?
330 Ergo bonum bonus esse uelit! pius ergo senatus,
Me uerbis praeeunte, dicat donatque sacratque
In Triados Triadi uirtute hanc protinus aedem.
Sit Triadis benedicta domus, quam postea sedem
Multa Vlmana tribus membris animoque frequentet.
335 De Triade hic sermo resonet, sacra uota precesque
Hic caleant, tribuant hic sacramenta ministri
Purius ex iussu supremi tradita testis.
Hic mala deplorare, malis reperire medelam
Discamus, sede hac nostra cadat hostia dextra
340 Crebrius, haud ritu Mosis rituue papali,
Sed uere interno ac humilis purgamine cordis.
Vnde boni fructus crescant, sese ora resoluant
In laudes Triados benefactaque carpat egenus.
Istorum sed quicquid erit, Trias optima sacrum
345 Approbet, huic domui seclis Trias omnibus adsit!
          Hactenus ad sanctam Triadem. Conuertimur ad uos,
O fortunatos nimium! nam attendite paullo:

Quae merita his meritis possint diuinitus addi?

[12 / B3^v]

Beneficia Dei in Rempub. Ulm.

350 Quae gens, quae regio est uestrorum ignara bonorum?
Quaenam urbs muneribus maior? spectate profana:
Aurea pax, clypeum iusto obtendente senatu
Omnibus aduersis, ueluti uigilantior Argus,
Vlmanos intra muros blanditur et extra.
Erigite ad coelos uultus, expendite sacra:
355 Floret ad inuidiam laetissima pastio uobis.
Quod si compellunt Corydon et Thyrsis in unum
Campana reboante greges, non caula, sed aulae
Instar amat domus ista, domus ueneranda reuisi:
Illa hircis ouibusque patens sacra pabula praebet.
360 Erigite hic animos grataque agnoscite mente!
Quae cultus cumulat, spretus Deus ilicet aufert."
      Haec ubi dicta dedit fandi dexterrimus autor,
Assurgunt omnes tacitisque assensibus astant.
Subicit orator: „Triadem placemus ut uno
365 Voto, iam reliquum est: precibusque humilique rogatu

Conceptae preces post concionem.

Coepimus; ut coeptus precibus, sic finiat actus.
Corda Deo purgate atque ora resoluite mecum:
O benedicta Trias, Deus Optime Maxime, quaenam
Lingua tuas ualeat meritorum exponere laudes?
370 Tu nostrum, in gentemque tuam, ac in nomen euntem
Tutaris coetum, uigili custode senatu;
Auspice te, reuerenda Trias, praesentior aether
Hac nobis renitet, qua non formosior, aede.
Hanc tibi sacramus, nec enim te fortior alter
375 Aedituens. procul hinc rictus arceto luporum;
Haereseos lolium nunquam istis pullulet agris.
Si delictorum maculis huc uenerit aeger,
Fac redeat posita faedae porrigine leprae.
Si diuina luem populis immiserit ira,
380 Si fruges obscoena fames absumserit omnes,
Si caedes, si bella ferox spirarit Enyo:

[13 / B4^r]

Quae tibi fundemus subiecto corde precantes
Verba, rata esse sinas, ne auertas tristior aures.
Iura magistratusque pios sanctumque senatum,
385 Patronos aequi, dextra defende potenti;
Imprimis nostros, quorum pietate uocamur
Ad sacras arces, haec *ad lectissima*^{b} septa.

---

b   ad lectissima] ablectissima **M**.

O micet illa dies, aliis ubi gaudia septis
Inter caelicolas aeuo celebrare beato
390 Atque tuos propius uultus spectare licebit!
Hoc fiat! fini huic natos, Trias optima, serues."
      Sic fatus guttis humectat grandibus ora.
Quippe petunt haec gesta animos, et claustra recludunt
Pectoris in rorem uersi, quod lumina produnt.
395 Ipse ego sim saxum, rigeam Marpesia cautes,
Ni simul effundam lacrymarum concitus imbrem.
Ingemuere omnes: mox ora madentia tergunt,
Iubila dum repetit sonituque et uocibus Orpheus.   Sic sacrum & solennia matutina.
Dimissi tandem properant ad prandia laeti
400 Atque nouis saturi saturi noua nuncia spargunt.
Postquam epulis exemta fames mediumque reliquit   Quae continuata post prandium,
Corporis aetherei lampas Phoebea cubile,   uerba faciente M. Balth. Goggelio,
Altera sacra adeunt, ubi se Goggelius aurei   pastore xenodochiali.
Labri opibus dictisque potens sermone diserto
405 Explicat ore ciens, alto quae corde residant
Et matutinis addit non dissona uotis.
Concinuere iterum: nec se tum Schoepfia uirtus   Ioh. Schoepfius cantor & collega Scholae.
Occulit: ille suis concentibus obuiat Orpheo.
      Haec super aede noua. si quid pia numina possunt   Epilogus Syluae: uotum autoris.
410 (Omnia sed possunt), animoque et uocibus oro:
Vlma, uelut multis est auctior ornamentis,
Possideat proprium ut, Triadi quam condidit, aedem,
Ipsa colat longum ac sincero thure uaporet.

D. O. M. S.

Tv, qvisqvis hic vvltv reqvirente, advena,
Et convena, inqviline, civis, restitas,
Memineris ne exeas privsqvam haec legeris.
Plebe in dies Vlmae nvmerosa copia
Legem Dei qvaerente templis in tribvs,
Vidit senatvs ampliore aede esse opvs;
Mvltvm ergo svmptvs et cvras dein ardvas
Svstinvit, vt minori ad Sancti Spiritvs
Templvm novvm eleganti fabrica ac commodvm
Rebvsqve sacris afflvens svccederet.
Inventa voto meta est. en cathedram sacram!
Nota tibi aram! circvmcirca prospice:
Idola nvlla cernes, avdies nihil,
Triadi qvod almae displiceat, sed omnia
Ad illivs directa agentvr gloriam.
Tali ergo templo fiet porro ecclesiae
Inlicivm: et ipsvm tvtandvm Triadi patres
Salvte cvm commvni tradvnt svpplices.
Vides fabricam: nvnc qvae gerantvr inspice,
Lvbenter hic fvisse dices. deniqve
Mecvm precare, et annvm Christi collige:

ÆDis DIV hVIVs esto hereDItas, o sanCta TrInItas!

VIII. Regensburg

Ara Dei immortalis, hoc est templum sacrosanctae et indiuiduae Trinitatis, a magnifico et amplissimo senatu inclytae reipublicae Ratisponensis nuper extructum et immortali gloriae Diuinae Triados piis precibus rituque Christiano *dicatum*[a] et consecratum, die V. Decembris anno M.DC.XXXI., carmine uero deductum a M. Andr(ea) Aegidio Schenthelio Ratisponensi, Gymnasi Patrii Rectore. Ratisponae, typis Christophori Fischeri. M.DC.XXXIII.

Teil (fol. P2ʳ–S2ᵛ) der deutschsprachigen Festschrift ENCAENIA RATISBONENSIA (s. Lit.-Verz.).

[P3ʳ]

Carmen de Templo S. S. Trinitatis, Ratisbonae nuper extructo.

	Non mihi Phasiacae temeraria praelia pubis	Propositio κατ' ἄρσιν
	Aut coniuratos subuertere Pergama reges	
	Thebanasue acies fratrumque immitia bella	
	Dicere fert animus: non fana illustria magnae	
5	Dictynnae, aut niuei moles operosa sepulchri,	
	Barbara quam gelido posuit regina marito,	
	Carminis obsequium mihi nunc numerosque subibunt.	
	Hoc aliis per me decurrere calle licebit,	
	Quando lubet, seges ista meae non apta Thaliae;	
10	Non: quoniam nec uisa mihi nec cognita linguis	
	Sunt satis. ignotas ergo dare uela per undas	
	Quid iuuat et coecis errare per aera pennis?	
	Quin potius, quae nota mihi, quaeque obuia nostros	κατὰ θέσιν
	Extimulant animos sensu propiore, nec ante	
15	Ingenio summi uatis deducta nec imi,	
	Expediam, sterilique mea dignabor auena.	
	Atria sancta canam, tibi quae molimine uasto,	

---

a   dicatum] dictum F.

Trine Deus, sed tergemina ui Numinis Vne,
Nuper in augustis Istrinae moenibus urbis
20 Condiderat sacri la⟨u⟩danda cupido senatus,
Atria non ullo sat decantanda labore,
Queis Latonigenae merito domus ardua Diuae,
Queis Solymae templum (quo non praestantius ullum
Extiterat, quondam fato meliore fruisci
25 Dum licuit populis magno Israele creatis)
Ammonisque Iouis festiua palatia forsan
Cessissent, si pars hodie super ulla fuisset.
Hoc igitur summi templum praelustre Tonantis,

[P3ᵛ]

Has auro illusas aedes radiataque tecta
30 Aptabo numeris. uos, o ter maxima coeli   Inuocatio S. S. Trinitatis.
Numina, confectum senio quae ducitis orbem,
Progenies atque alme Pater, si munere uestro
Magnificum hoc templum coeptis felicibus extat
Splendidaque optatis ostendit culmina terris;
35 Tuque, Patris Natique simul, spirabilis Aura,
Sancta Trias, uario cultu ueneranda Potestas:
Huc ades atque animis illabere plurima nostris.
Munera sacra cano, sacris hic omnia plena
Muneribus, fumant donis coelestibus arae;
40 Quare ades et caeptos meum decurre labores!
Vos tandem, quibus haec ueniet pia cura legendi,   Attentio.
Accipite haec animis leuibusque fauete Camoenis:
Non ego cuncta sequi cupio, fastigia tantum   Docilitas.
Indice contentus digito monstrabo suprema.
45 Maius id esset opus, Musae maioris et ocî,
Quam pote tam densas inter contingere curas.
        Est locus antiquis praedictae in moenibus urbis,   Descriptio Templi.
Hesperiae tractum uersus solemque cadentem,   I. a situ et conditione loci.
Heic, ubi Castalidum blandissima turba sororum
50 E regione sibi tentoria fixa locauit,
Atque Heliconiadum stratus sub uertice Pindi
Grex animum ebriulum diuina Aganippidos unda.
        Hic olim extiterat spacioso limite moles,   Erat enim ibi prius: 1. Domus caementaria
Ampla domus numerique capax atque area diues,
55 Quae licet hospitio sterilis fuit, attamen usu
Non uno foecunda fuit, nam sedulus illuc
Vectabat caementa opifex: durissima primum
Saxa, sed exiguo quando humectaueris imbre,
Concipiunt flammam, et cerae (mirabile uisu)
60 Instar mitescunt, Laribus post apta futuris

[P4ʳ]

Organa suppeditant^b, sine queis tibi nulla cohaerent

Organa suppeditant[b], sine queis tibi nulla cohaerent
Atria, sed *iam*[c] cuncta cadunt sublapsa retrorsum.
      Huc etiam sese mentito insignis amictu
Histrio cum sociis uario discrimine agebat.   2. Domus histrionica.
65 Nunc Macedo sese gemmis auroque superbus
Intulerat medium, magna comitante caterua,
Recturusque orbem solio consedit eburno,
Mox Afer horrendus iaculis leuibusque sagittis
Orchestram subiit, prosternere cuncta furore
70 Insano simulans, melior ni Iuppiter iras
Auertat, fastumque manu uictrice retundat.
      Praeterea crebro uastis hic uiribus audax   3. Domus Palaestrica.
Constitit athletes sociumque ad iusta uocauit
Praelia, si uirtus et mens in pectore praesens
75 Adsit et euinctis ineat certamina palmis:
Tum paribus telis acres sudibusque praeustis
Inter se coiere uiri, pars aequa duello
Insurgunt manibusque manus atque oribus ora
Innectunt, malae crepitant, fremit ictibus aura,
80 Nec pugnae finis, nisi sit pars una duello
Inferior meritamque ferat pars altera palmam.
Hos antiqua domus quondam tibi praestitit usus,   Iam uero domus sacra.
Dum fuerat rebus compago dicata profanis.
      At patriae patres, praedulcia corda senatus
85 Huc templum Superis magno statuere labore,
Templum augustum, ingens, cultuque habituque decorum   Applicatio respectu
Magnifico, ad summos apices a sedibus imis.   diuersorum usuum.
      Miraris forsan dubitans causamque requiris,
Quae mouit patres, quod tam plebeia sacrarint
90 Tecta Deo, toties usu maculata profano?
Solue animum dubiis: non haec sine numine Diuum
Eueniunt, aut humano res ista paratu

[P4^v]

Mortaliue manu constat: Rex magnus Olympi   1. Iam enim saxea hominum corda
Hanc mentem eximiis heroibus indidit ultro: hic a Spiritu S. emolliuntur et
95 Hic etenim deinceps hominum praecordia saxo   ad coelestem οἰκοδομὴν praeparantur.
Dura magis coeli accendit spirabile Numen
Emollitque sacri perfundens flumine uerbi.
Hic calcem fabricat coementaque dia ministrat
Coelesti Solymae sacer Architectus Olympi,
100 Et saxis almae sanctam sibi construit urbem
Iustitiae, quam nulla manus, non ulla potestas

---

b   suppeditant] suppetitant **F**.

c   iam] *suppleui*.

Daemonis euertet, licet infremat orbis et Orcus.
Hic, quam sit similis mortalis homuncio scenae,
Edocet ingenui posthac mens docta Magistri,

2. Hic Comoedia h. e. uicissitudo
rerum humanarum traditur.

105 Qualibus in terris sit circumsepta periclis
Vita hominum, quanto discrimine semper agatur,
Vnica mutatis duntaxat fabula laruis.
Et qua quisque suam Spartam ratione tueri[1]
Coelitus oblatam iusto queat ordine, laudem
110 Quo ferat, extremus uitae cum finiet actus.

Hic etiam sacri seriem certaminis Author
Coelestis pangit, quae postulet arma, quis hostis,
Praelia quanta gregem miserum quantique furores
Christigenas maneant, quoties Pater improbus Orci
115 Fulminat et Furiae magno se murmure tollunt.

⟨3.⟩ Hic spirituale Christianorum
certamen describitur.

Ne dubites ergo fatorum munere templum
Hic positum, quia tantarum praeludia rerum
Iam pridem locus ille *dedit*[d] cultoribus urbis.

II. Templum describitur
a causa efficiente eaque uel
quae est Senatus Ratisb.

Sed ne dissimulem, quae sancta cupido senatum
120 Egerit, haec etiam nostris memoranda Camoenis:

1. principali, cuius causa † impulsiuae

Scilicet haec proceres secum sub corde uolutant
Perpetuo, haec animis pia cura subinde recurrit
Ante alias, Christi late producere regnum
Quî ualeant celsoque Deo sua munera praestent:

[Qʳ]

125 Hinc, simulac nostris sacris sua fana sacerdos
Vicinus clausit, quae prisci conscius aeris
Iamdudum indulsit, iusti uice foenoris urbi,
Atque Magistratum, numerato nomine, tandem
Cedere delubro leges et iura iuberent,
130 Nec tamen ingenti, populus quo plurimus ardet,
Sacrorum studio duo relliqua templa fauerent
(Tum, quod Formosae cultu peiore Mariae
Vana superstitio ueterum memorabile fecit,
Tum diui Oswaldi sacrum, quod honoribus olim
135 Esse eadem uoluit, sed utrumque reduxit ad usus
Sinceri cultus laudanda industria patrum),
Hinc proceres, inquam, curae propriaeque salutis
Nequaquam obliti, miseris succurrere rebus
Inducunt animum, melius quo semina Verbi
140 Coelestis ualeant animo mandare fideli,
Et nemo uitiis ausit praetendere culpam
Angusti spacii, nec pars syluesceret atro

2. Externa, ut angustia
reliquorum templorum nempe
Nouæ Parochiæ et templi Oswaldiani.

---

1   Vgl. Otto 329 n° 1679; s. auch Cic. Att. 4,7,2 *reliquum est* ‚Σπάρταν ἔλαχες, ταύταν κόσμει‘.
d   dedit] debit F.

730

Nequitiae cultu, causas iuuat ire per omnes.
Certi igitur templum statuendi plurima primum
145 Perlustrant spacia, et rebus meliora nouandis
Nulla fere inueniunt, quam quae praediximus. ergo
Hic uia deligitur, superis hic ara dicatur,
Hic locus Excelso labiorum fumet acerra.
      Interea magnis operi conatibus instant
150 Artifices celerique manu laqueare refringunt
Antiquum foueamque nouis mox rupibus aequant,
Saxis saxa tegunt, nec longum tempus, et ingens
Exiit ad coelum tectis sublimibus aedes:
Miratur molem uulgus, magalia quondam.
155   O quas laetitiae iactabas plenus Olympo,
Incola chare, preces, quanto tua lumina rore

[Qᵛ]

Stillarunt, templi cum fundamenta uideres
A patribus poni? quae gaudia nata medullis
Surgebant permixta metu? nam quisque futuri
160 Nescius haec secum tacito sub pectore uoluit:
„Prima quidem cerno templi fundamina, uerum
Me quoque supremi finem metamque laboris
Lustraturum oculis et onustas cultibus aras
Quis mihi sponsor erit? quid, si sacra prima sacerdos
165 Romanus faciat, quo tum labor iste recurret?"
      Abstulit hunc animo tandem lux sera timorem
Et tibi perfectum foris interiusque tuendum
Sistit opus, quod nemo manu uiolare profana
Ausus et in multas non est ausurus aristas.
170   Quanto igitur maiora tuo nunc gaudia laetus
Concipias animo, quantas pro munere grates
Diis superis soluas, quod talia tanta tueris
Incolumis certumque operis miraris honorem?
      Ecce etenim, coram quam lumine cernis amico,   III. Describ. templum a quantitate,
175 Vegrandi moles saxo sublimia primum   long. lat. et profund.
Moenia quinquaginta pedes, si quatuor abdas,
Porrigit ad coelum superasque attollit in auras:
Ast humili tellure pedes oblonga ducentos
Dinumerat ferme: sed linea lata uiginti
180 Ter plantas habet. at geminae stant uertice turres,   IV. a partibus, iisque 1. exterioribus
Quarum, quae dextra est, Cyprio suspensa metallo   ut gemina turri
Corpora bina fouet, magno quae impulsa boatu
Cuncta replent, dum uota homines ad publica cogunt:
Laeua sed, artificis non consummata labore,
185 Muta silet, quia adhuc operi fastigia desunt.
      Sed quid ego leuiora domus monumenta reuoluo,

Cum longe dicenda mihi grauiora supersint?
Prima tibi pulchras aerato cardine ualuas

[Q2ʳ]

	Limina commonstrant, mira quas Daedalus arte	et ualuis ornatissimis quarum
190	Condiderat quisquam geminaque in fronte columna	singulae binis columnis ornatae,
	Munierat, roseo quarum tibi marmore binas	porta quidem cardinalis columnis marmoreis,
	Porta dat occidui Solis, quas forte uiator	reliquae uero e saxo uulgari excisis.
	Praeteriens, uisu dum libat, imagine formae	
	Confusus nimia stupet ardescitque tuendo,	
195	Nescius expleri mentem nimio artis amore:	
	Namque opifex animi dotes huc contulit omnes,	
	Hic placuit cunctos cerebri tentare recessus;	
	Omnibus una fuit pietas, honor omnibus unus	
	Propositus Superi, qui nutu sidera flectit.	
200	Scilicet ardorem cultus studiumque requirit	
	Diuinus, nec amat Numen coeleste ueterno	
	Distortas animas: astris labor improbus infert.	
	Ast plantas sustolle tuas, si limina uisu	2. partes internae
	Lustrasti ad uotum (nam postes hora diei	
205	Aestiui dabit ornatos ingente Colosso).	
	Huc te differ, et interea penetrale subintra:	
	Area in obtutum niueo pulcherrima saxo	Area in cuius utroque latere sedilia.
	Primo tibi ueniet uario distincta meatu.	
	Hic latera extructis utrinque sedilibus almae	
210	Sunt auscultantum iussa inseruire quieti.	
	Pariete de medio post impendere uidebis	
	Ceruici tabulata tuae nitidasque fenestras	
	Sublimesque foros, sedes ubi grata Baronum,	Fori
	Permistique gregis statio Clariaeque iuuentae.	
215	Nec tamen hic oculis haere, iuuat altius ire	
	Spectando, quid summa tibi fastigia monstrent:	
	Cernis, ut egregium gypsato fornice coelum	
	Molibus incumbat, totoque cacumine flexum,	Fornix templi,
	Vt late huc illuc niueis anfractibus erret,	
220	Auro illustratis? uiden' ut frons plurima circum	

[Q2ᵛ]

	Pendeat Angelica? inprimis uti luce frequenti	in cuius medio Sol Aureus
	Stet medio coeli clarissima Solis imago	continens inscriptionem SS. Trinitatis.
	Nomina sacra ferens Triados deducta metallo,	
	Quam circum aligeri iuuenes Cherubique uolantes	
225	Ingenti fulgore nitent auroque coruscant,	
	Qualiter immensum coeli fax aurea mundum	
	Illustrat, quando uitreis procedit ab undis?	
	Sed nec carminibus nostris indicta manebunt	

732

Caetera magnifici decora ornamentaque templi,
230 Quae si praeteream pede sicco, caecus haberi
Iure tibi possem: uerum mea carmina, lector
Candide, duntaxat uultu dignare sereno.

       E medio templi, sedes ubi digna uerendis
Patribus, arcanumque aedis penetrale repostum est,
235 Prominet illustri fabrefacta labore cathedra,   Suggestus, cuius basis continet tres pueros,
Praeconis specula alta, gregem cum semine uerbi   quorum primus duas gestat columbas.
Diuini curat monitisque inuitat amicis.
Fabrica dicta hominum specioso plurima luxu
Lumina spectantum pascit: nam saxea moles,
240 Cui cathedra incumbit, praestanti corpore ternos
Protendit iuuenes, rerum simulacra piarum
Gestantes manibus: primus, qui utraque uolucres
Chaonias portat, mysteria maxima paruis
Inuolucris condit: nam Cyprius ales imago
245 Coniugii sacri est, quo dia Propago Parentis
Aeterni miserum sibi desponsauit amore
Terrigenum genus et donis ingentibus auxit,
Vt secum quondam coelesti sede receptum
Transigat aureolae felicia gaudia uitae.
250 Hac ergo bruta monitricis imaginis umbra,
Christiadum legio, quoties huc lumina torques,
Disce tuum simili redamare cupidine Sponsum!

[Q3ʳ]

Ne fugias temere: accipiter secus ungue recuruo
Te capiet Stygius, nigrisque optata Camoenis
255 Praeda ueheris inops, redeundi ubi nulla potestas.
       Ast iuuenum medius clausum fert pollice librum   secundus librum cum calice portat.
Et calicem sacrum: documenta arcana docentum,
Quippe monent, quod nulla fluant ex ore ministri
Verba nisi uatum monumenta antiqua sacrorum,
260 Nullaque distribuant fidei sacra symbola, quam quae
Ipsa Dei Soboles dedit expedienda ministris.
       Extremus iuuenum, cui missilis anchora pendet   Postrem. anchoram tenet.
E manibus, quae fulcra monet, quaeque arma piorum
Rebus in aduersis, quae sint amuleta, tyrannus
265 Cum fremit inferni, nec non soror improba Ditis:
Nempe, animosa fides et casta precatio cordis.
Haec Superos flectunt, haec clausa sacraria coeli
Effringunt plenoque trahunt inde agmine uires,
Vt possis superare ducem pallentis Auerni.
270   Visibus ista tuis cathedrae pars ima ministrat;
Quae medium cingunt, uiridi stant tecta tapete.   Medium suggesti tapete tectum.
Ast supra labrum celsoque cacumine tecti   Supra tectum uero stant Angeli,

Alipedes circumsaliunt, pars una uirentes   qui sinistra palmas, dextra uero tubas inflant.
Extollit manibus ramos, insignia pacis
275   Aeternae, quam praeco Dei, pro more grauatis
Cordibus instillat solatiaque alma ministrat:
Pars lituos inflant et cornua flexa tubarum
Insano simulant stantes animare labore:
Symbola Iudicii, quo buccina sacra Iehouae
280   Corpora functa suis quondam rediuiua sepulchris
Prouocat horrendumque Dei citat ante tribunal.

        Nunc forte expectas, quibus ornem laudibus aras,   *Ara nondum est elaborata,*
Et quae digna sacrae referam mysteria mensae: *quodcirca describi non potuit.*
O mihi quam gestit calamus, quam laudibus aequis

[Q3ᵛ]

285   Ornatum, sacra mensa, tuum deducere uellem,
Ni uetet artificis pollex, et imago uenusta,
Quam tibi sublimi uena meditatur Apelles.
Non tamen interea cassa est altaribus aedes
Omnibus: extremo siquidem stat fabrica templo,
290   Fabrica picturis uarioque insignis amictu
Aram imitata, uelut iussit pater optimus urbis,
Dum proprios uideat praestantior illa colores.
Atque hoc regali stant atria splendida luxu,
Quae si condignis coner decorare Camoenis,
295   Non mihi mortalis uis exoptanda ueniret
Ingenii, tantis non ulla humana poesis
Sufficeret rebus, quamuis mea carmina comptum
Sicilides ueniant, et flumen Apollo ministret,
Quae tamen haud piguit tenui pinxisse Minerua,
300   Cum sua debetur paruis quoque gratia factis.

PARS ALTERA OPERIS.   *Encoenia templi prima.*

Nunc age, quo referam celebrata Encaenia plausu,
    Quos memorem ritus solennesque ordine pompas,
    Auribus admitte, et penitis infige medullis.
    Non etenim, tenues ut ponat aranea telas
305   Ignauusque paret sibi bubo cubilia tantum,
Facta ea tecta putes: longe his sublimior usus.
Nam postquam ex astris fulsit lux quinta Decembris,
Lux ea, quam toties cuncti spectare uouebant   *Tempus.*
Seque dehinc facili clausuros lumina fato
310   Crediderant, modo speratum per secula munus
Promissamque domum liceat sibi luce tueri:
Non illam uenti rabies, non astra, nec ulli

Turbabant imbres, non frigoris ulla potestas
Obstiterat rebus, quin Cynthius aere toto

[Q4^r]

315 Riserat et laeto compleuerat omnia uultu:
Nec dum prima nouo spargebat lumine terras
Tithoni croceum linquens Aurora cubile,
Illico fama uiros et amici nomina templi,
Excierant domibus matres iuuenesque senesque:
320 Vidisses turbas atque arua promiscua plebis.
Quisque fores ambit, uoto uult quilibet aris
Proximus esse suo. frustra: namque ostia templi
Nec summis statim ad uotum patuere nec imis,
Sed prius ad ueteres aras uestigia cuncti   Praeparatio, in noua Parochia
325 Tollere, et aeternum Rectorem orare iubentur,   piis precibus facta.
Vt lucem hanc faustam tectis de more nouandis
Esse sinat cupiatque sacris applaudere caeptis.
Hic cuncti, quorum melior sententia menti,
Obsequio parent et templa uetusta frequentant.
330 It gemitus coelo: numen pia corda fatigant.
     Interea uigiles habituque armisque tremendi
Obsidunt ualuas, uotis de more peractis,
Nec quenquam admittunt, nisi sint iusto ordine cuncta
Dispensata prius: toto tamen impete uulgus
335 Perrumpit ualuas. tum Legifer inclytus olli
Marctalerus ait: „Quae te uesana libido,
Improba turba, agitat, quo se tuus ille tumultus?
Non foris assiduo stabis, mox omnia cernes
Luminibus subiecta tuis; te differ in horam!“
340 Sic memorans populi rabiem dum uoce repressit,
Panduntur portae, intrandi datur aequa potestas   Introitus solennis
Omnibus: hic baro et upilio tardusque bubulcus,
Mercator proceresque alii iurisque magister
Conspiciendus erat et plurima foemina mixtim.
345   Interea prima serie tamen atria scandit   1. iuuentutis scholasticae
Grex paruus, Latiis qui fontibus irrigat ora:

[Q4^v]

Post sequitur doctum festiua corona uirorum,   2. Doctorum
Socratici ueniunt patres doctique Platones:
Hinc legum experti praestantique arte Galeni.
350   Atque ubi certatim cepere sedilia turbae,   3. Senatus
Ecce patres patriae, fastigia summa senatus,
Passibus incedunt aequis et tramite laeti
Se duplicant medio; tenuere silentia cuncti.
Hos ubi conspexi, subito mihi pectoris ima

355 Subsiliere, et „ohe", dicebam „terque quaterque
Felices animae, quibus istaec numine dextro
Perduxisse datum, o ex omni parte beatos!"
En tibi, queis tanti debetur gloria facti
Post Regem aethereum: nemo fors ista uideret
360 Tecta hodie, Patrum solers ni cura fuisset.
„O ergo aetheriae mentes, quae laeta tulerunt
Secula uos", inquam, „qui uos genuere parentes?
Lucida conuexo dum fulgent sidera coelo,
Dum refluo tellus stabit circundata fluctu,
365 Semper honos nomenque patrum laudesque manebunt."
          At sacer ingressos patres post excipit ordo,   4. Ministerii.
Turba undena uirum, quos Spiritus almus Olympi
Messores Christi instituit, qui mitia uerbi
Semina dispergunt, et frugibus horrea complent.
370 Lenzius inter eos tanto se culmine profert,
Quanto prae reliquis tollit se Cynthius astris,
Vir propugnator, tot iam labentibus annis,
Inuictae fidei, uir summis charus et imis.
Consedere omnes intentique ora tenebant.
375   Interea tacitos solatur musica sessus,   Musica figuralis et choralis.
Organa disparibus solide compacta cicutis
Multifori primum clangunt resonantque susurro,
Quale Noti murmur fractique in littore fluctus.

[Rᵛ]

Hic quisquis neruis et flatu, et denique pulsu
380 Instrumenta potest in dulcem animare canorem,
Dat specimen: strident chordae, chelys aurea pectus
Permulcet, tuba terrifico sonitu increpat auras.
Cernis, ut incuruent sua labra, ut guttura late
Diducant, sese ut tota ceruice supinent.
385 Concinit ante alios septem discrimina uocum
Orpheus ingenio multo praeclarus, et arte   Paul Homberg⟨er⟩, cantor primarius.
Cantandi celebris, uiden' ut ui brachia tollens
Impellat iuuenes? illi concentibus aequis
Inter se certant, resonat clamoribus aether.
390   Quis tibi nunc animi cernenti talia sensus,
Inuide, quisue furor, cum pulpita feruere sacra
Prospiceres tecto e summo, totamque uideres
Compleri ante oculos tantis clamoribus urbem?
Improba spes, quo non mortalia pectora cogis?
395   Finis erat cantus. tum se pater admouet aris   Precatio coram altari peracta.
Cum sociis, duplices tendens ad sidera palmas,
Coelituum Regem calido sic ore precatur:
„Alme Deus, trino terras qui numine comples,

Quas tibi contrito soluamus pectore grates,
400 Quòd superamus adhuc, et te duce limina laeti
Intramus? nostrae dignas tibi pendere grates
Non opis esse scio, quare te uoce rogamus
Supplice deuotique animis: haec condita honori
Tecta tuo lustres, per Verbum et Sacra Sigilla[2]
405 Sanctifices, uitae quo deterioris abusu
Abducti paulatim homines hic moribus almis
Assuescant saluique olim tua tecta subintrent."
Dixit, et ad sedes iterum properabat amicas.
      Tum pius Orator fama super aethera notus,
410 Vir meritis clarus, magnaeque Themistos ocellus

[R^v]

Wolfius, in medio patrum uatumque sacrorum
Consistens placido breuiter sic ore profatur:
    „Vrbicolae magni, quos huc pius impulit ardor
Sacrorum, tum qui clarum natalibus ortum
415 Ducitis, et reliqui, quos fama obscura recondit:
Me patriae reges uerbum simul omnibus unum
Huc perferre iubent et eandem uoce salutem:
Necdum animo subiisse putant obliuia uestro,
Iam quater exactis compleri mensibus annum,
420 E quo Diuinae Triadi, pietatis amore,
Sedibus his templum concepta uoce dicarint,
Et quanto gemitu, quantis spiratibus omnes
Optarint operis finem, quo tecta tueri
Luminibus plausuque fores intrare ualerent.
425 Nunc quia laeta dies, diuini Numinis aura
Effulsit coelo, qua soluere uota Triuno,
Sedibus his tandem summique oracla docere
Possumus et populo sacra dispensare sigilla:
Hinc uobis proceres solemni Encaenia ritu
430 Indicunt hodie et calido celebranda precatu
Praecipiunt, nec quicquam hominum uesana morantur
Iudicia et *linguae*[e], quibus ungue notabitur atro
Ista dies (quoniam mentem sensusque latentes
Qui probat, is metam sese finemque laboris
435 Exhausti solum uidet esse, nec actibus hisce
Mortales hominum laudes famamque requiri).

Ioan. Iacob Wolfius Consi. Reip.
inuitat populum ad celebranda Encaenia.

---

2 ENCAENIA RATISBONENSIA S. 68 (Sal. Lentz): *Gott ist allen Menschen ein verborgener unsichtbarer Gott: Damit er uns aber in seinen verheissungen versichern möchte, so hat er in seiner Kirchen geordnet die heiligen Sacrament als Sigilla diuinae gratiae, als Sigel der Göttlichen gnaden, dadurch Uns der gnadenbundt im Wort bekrefftiget und versigelt wirdt.*

e linguae] linguas **F**.

Non tamen his tectis resonabunt ulla deinceps
Dogmata, quam uatum quae sunt monumenta piorum,
Et quae comprendunt renouati foedera pacti,
440 Foedera uiuifico Christi firmata cruore.
Quare agite, o cuncti, lucem hanc celebremus ouantes,
Poscamus Numen, quo nos haec sacra quotannis

[R2^r]

Vrbe uelit salua templis sibi ferre dicatis.“
Talia perstabat memorans; dein uersus ad aras
445 Alloquitur sacros mystas ac talia fatur:
„Dedita turba Deo, magnae qui uerba salutis
Panditis et pacem coeli terraeque colonis
Ingenui fertis, uobis decora alta Senatus
Persoluunt grates, quod comparere uocati
450 Non renuistis: et hinc precibus te, Maxime Praeco,
Sollicitant Patres, iam nunc Encaenia festo
Ex[e]pedias ritu uotisque haec atria Trino
Commendes atque agminibus caelestia sanctis
Dogmata cum sociis, per secla futura, reueles.“
455 Sic fatus uulgum alloquitur: „Vos alma Tonantis
Pectora, uos tangit labor iste, uirentia uobis
Maenia se tollunt coeli sublimis in auras:
O fortunati, quibus isthaec gratia coelo
Desuper illuxit, uos terque quaterque beati!
460 Quare agite, o chari, memorique recondite corde
Haec benefacta Dei, sacrate precatibus aras,
Damnati uotis hodie, ceu iura requirunt;
Passibus huc crebri contendite, tradita Mosis
Asperiora leues ne spernite, dulcia roris
465 Pocula diuini fessis curate medullis:
Quin etiam natis et qui nascentur ab ipsis
Hanc lucem memorate frequens, ne forte feratur
Fama leuis tantique abolescat gratia facti.“
His tandem dictis sermonem abrumpit: at illi
470 Respondens Salomon ueteris praedicta prophetae   Responsio Dn. Superintendentis.
Producit: gentes caeleste ad lumen ituras
Esse olim, idolis longe post terga relictis,
Clauigeramque urbem ter praedicat ore beatam
Ob fidei normam: post summis laudibus effert

[R2^v]

475 Feruorem patrum, quod talia tecta crearint,
Fortunamque aris et prospera fata precatus,
Qua ducunt mandata Dei, parere recepit.
Interea dictis iterum symphonia Musae

738

Miscetur, distincta choris et simplice cantu.
480 Post Ridius sacro recitans e Codice paucis   Praelectio textus biblici.
Commemorat uerbis, quo ritu sancta propago
Dauidis templum nitidasque sacrauerit aras.
Hunc rursum sequitur suauis modulatio cantus.
Tum uero in cathedra uultu sublimis honoro
485 Lenzius apparet tacitis totumque pererrat   Concio Dn. Superintendentis
Luminibus populum. silet ille atque auribus adstat   de ornatu templorum.
Arrectis oculisque haeret defixus in uno,
Angelicam faciemque stupens mentemque decoram.
Lenzius ora aperit dictisque ita fatur amicis:
490 „Quid faciat laetos postes, quid templa uenustet,
Dicere fert animus: uos uestram aduertite mentem.
Non tantum exterior fanum commendat imago,
Christiadum legio, maius Deus intus agit rem.
Gloria prima uenis mihi tu, uenerande Iehoua,   1. Ornamentum praesentia SS. Trinitatis.
495 Numine tergemino, sine te quaecunque coruscant
Atria, setigeri pecoris squallentia dici
Non nisi septa queunt: tua uis compleuerat olim
Vatis Iessaei templum, stellantis Olympi
Cum caneret pia turba tibi memorabile carmen:
500 Nonne Noah rapidis tibi conseruatus in undis
Ediderat templum? fidei ditissimus Abram
Quid fecit? quid et Isacides, quid regia proles
Dauidis? quid damnificis obnupta tenebris
Turba, Deo tamen ignoto quae condidit aras?
505 Disce tot exemplis, pia mens, quae gloria fanûm
Debeat esse prior: post haec sed et altera disce

[R3^r]

Ornamenta, tui meritum uenerabile Iesu,   2. Ornam. meritum Christi.
Quod saeui tollit uirus mortale Draconis
Hostia sancta, Patri quam soluit ab arbore pendens,
510 Fons uitae Christus nostraeque salutis origo.
Tertio condecorant aedem purissima Verbi   3. Orn. puritas Verbi
Dogmata, mortalis quae nec figmenta cerebri,
Ausonii nec iussa Iouis, quae tresse minuto
Non emerem cassoue nucis nec denique Patrum
515 Conciliumque statuta sacris contraria scriptis,
Sed quae de scatebris Israelitidos undae
Promanant, sancti quae dictauere prophetae,
Quae Christi comites latum docuere per orbem:
Haec mihi sunt fidei Cynosura, his sidera adire
520 Possumus et summi perdiscere sensa Tonantis.
Quartus honor fani sunt incorrupta Iehouae   4. Incor⟨r⟩upta
Sacramenta, uelut iussit mens optima Christi: administratio Sacramentorum.

739

Qualia baptismi liquor et sublimior esca,
Quae Cereris paruo et liquidi sub tegmine Bacchi
525 Viuificum Christi praebet corpusque cruoremque
Et ueteris culpae contagia lurida pellit.
       En tibi praecipuas luces, quibus adice porro
Castarum magmenta precum, non perdita surdis
Numinibus, sed fusa Deo, qui solus inaudit   5. Casta precatio.
530 Clamantum gemitus et uota rogantibus implet.
Denique templa sibi, si laudem ornata merentur,
Saluificamque fidem poscunt uitamque decentem.   6. Vera fides et uita Christiana.
Haec adimas, Numenque adimes et robora uotis."
       Talia dicentem gens dudum accensa tuetur.
535 Tum praeco: „quid tanta uelint mea dicta, latere
Vos nequit, urbicolae: tantum lustrate coruscas
Has aedes, hodie primo quas pressimus omnes
Poplite, quas sumptu ingenti multoque labore

[R3ᵛ]

Mens procerum deuota pios construxit ad usus:
540 Plurima namque oculis foris emolumenta uenuste
Subiciunt, qua leue solum pictamque cathedram,
Qua nitidas aras, qua tecta superba: sed illae
Hactenus interiore tamen caruere corona,
Quippe Deo caruere suo, precibusque fideque.
545 At uero expertes ne forte diutius illae
Numinis extarent, me prouidus ordo senatus
Iussit eas uotis hac luce dicare Supremo.
Omnibus haec mens est, sedet haec sententia cunctis.
       Ergo quod faustum Trinus uelit esse ratumque,   Consecratio templi.
550 Hancce domum proceres atque inclyta fulcra Senatus
Coelituum Regi, Trino qui Numine terras
Complet et imperiis ingentibus omnia lustrat,
Deuota pietate dicant propriamque facessunt:
Sit domus ista Deo iucunda habitatio cunctis
555 Temporibus: meriti siet immutabile Christi
Hospitium: schola diuini purissima Verbi
Hic efflorescat: sancti sacra signa ministri
Hic tribuant, sicut Mens distribuenda Supremi
Praecepit: magnum uotis hic Numen adorent
560 Afflicti miserique Deo sua crimina mandent.
Hic fidei pugnam subiens uictrice recedat
Credula turba manu: Christianae academia uitae
Hic uenturorum per secula sera nepotum
Existat, meliorum ubi gens adolescere morum
565 In studio discat, Spartamque decentibus ornet

740

Fructibus.^f hoc uotum est, omnes hoc uiribus optant
Integris patres: uotum, Trias alma, secundes!
    At uos" (pergit enim) „queis celso gratia ridet
Tanta polo, quae uos deceant pia munera, nostis
570 Non casu, aut caecae sortis uertigine uobis

Contigit ista domus: uester labor improbus illam
Non peperit, longe uires ea dona creatas
Exsuperant: quare memori stent mente reposta
Haec benefacta Dei, non ulla obliteret aetas.
575 Vidistis foris immanem sine mente furorem
Mauortis! quibus excidiis et cladibus omnes
Ardescant urbes, quam saeua pericula cuncti
Pertulerint alii: multos cruciamine lento
Abstulit atra fames: bona pars insueta propinquos
580 Spargitur in fluctus rapidisque immergitur undis;
Ignibus intereunt alii: quis funera fando
Explicet et tantos queat enarrare labores?
Nec tamen ad uestros sese traxere Penateis
Tot mala. quin potius uobis pax aurea fulsit
585 Hactenus ad uotum: pax, praestantissima rerum,
Quas homini nouisse datum est. non praelia Martis,
Non inimica fames, non funera nigra per urbem
Densantur uestram, recto sed tramite cuncta
Incedunt, seu sacra uelis conferre profanis
590 Siue profana sacris: stat ubique uberrima messis.
Ergo tantorum uos commeminisse bonorum
Rite decet. uobis mentem pro munere tanto
Nulla dies adimat, ne spretus Ioua priores
Immittat tenebras uultusque auertat amicos."
595   Haec ubi fatus erat, paulum subsistit Amyntas
Diuini gregis, et tandem sic ora resoluit
Sublatis manibus: „Numen coeleste Iehouae
Sollicitate simul mecum, lectissima turba,
Quò decus immensum, quo nunc uestiuimus aras,
600 Perpetuare uelit. sic ergo exposcite mecum:
    Sancte Deus, uigili qui lumine cuncta pererras
Facta hominum, toto dignas tibi pectore grates

Perferimus, quod adhuc supremo hoc turbine rerum
Foederis haud piguit te commeminisse uetusti,
605 Ac coetum e nobis per uerbum et sacra sigilla

Commonefactio populi.

Precatio finita concione instituta.

---

f   Vgl. Anm. 1.

Colligis et Nati precioso sanguine mundas,
Quin etiam claros proceres apicesque ministras,
Qui pia saluifici conseruant pabula Verbi.
Tu bonus eximiam dederas heroibus ultro
610 Hanc mentem, quo sancta tibi penetralia condant.
        Nunc ergo, Deus alme, tuum prece supplice Numen
Poscimus: o uotis aures ne subtrahe nostris!
Sit domus ista tibi sedes gratissima, honori
Tantum erecta tuo: nil luminis intus alius
615 Nutriat aut unquam peregrino thure uaporet;
Sermonem tutare tuum foedamque coerce
Sectarum illuuiem, qua semita panditur Orci.
Conseruato tui sacra testamenta doloris,
Alme Deus, sancta natos aspergine munda:
620 Corporis ambrosia mentes et nectare Christi
Pasce, preces nostras faciles dimitte per aures,
Quas animi promunt: tua iussa capessere discant
Hic homines, ne foeda tuas morum inquinet aras
Barbaries. scelerum si quisquam mole grauatus
625 Implorat ueniam, fac laeta fronte recedat.
Si grauium ostendat nobis se Lerna malorum,
Ne ferre auxilium pigeat rebusque caducis
Supposuisse manum. nostrum tutare senatum,
Numina magna urbis nostrae, uenerandaque sancti
630 Corda ministerii et coetum defende tuorum.
Sic positis olim, cum fata Deusque iubebunt,
Corporis exuuiis, tua regna intrabimus, et te
Coelicolas inter laeto celebrabimus ore."
        Haec ubi dicta dedit, solio se tollit ab alto,

[Sʳ]

635 Multa gemens lacrymisque oculos suffusus obortis:
Interea dum turba animis pia dicta reponit
Crebraque cum laetis repetit suspiria uotis
Pectore, Melpomene lacrymas abstergit amaras
Et matutinis sacris imponere finem
640 Festinat cantu: tum dulcia corda senatus   Administratio sacrae coenae,
Atque ministerii, quos et pius ardor agebat   qua Encaenia matutina finiebantur.
Oribus ante aras animisque dolentibus almas
Accipiunt epulas et sacrae pocula mensae.
Concio dimissa est: pars dulcia tecta subire
645 Insistunt subiti: pars templo impransa remansit,
Sacrorum studio mentes explere tuendo
Nescia, discendoque nouos per limina ritus.
Post, ubi purpureis humens aurora quadrigis   A meridie uicissim concio habita
Iam medium aetherio cursu traiecerat axem,   a Dn. M. Ioan. Seizio Archidiacono.

742

650 Aera iterum turbas sonitu reboante ciebant
Ad sacra: tum proeco cana niue tempora sparsus
Seizius exurgit, mysteria uoce senili
Exponens populo: tum se, tum templa gregemque
Commendat precibus Domino, qui temperat orbem.
655   Haec noua templa monent; his sacra Encaenia pompis
Sunt transacta: Deus, qui Mundum mente gubernas
Aeterna stabilisque manens das rite moueri
Ordine cuncta suo, te supplex uocibus oro:
Clauigeros patres et, quas tibi struximus, aras,
660 Custodesque sacros per secula sera tuere,
Et tandem aeterna cunctis da pace potiri!

FINIS.

Precatio Salomonis, e 1. Reg. c. 8.
Ad complendas has uaciuas paginas ex tempore ab eodem reddita.

Rex alme Abramidum, Pater augustissime coeli,
Non similem fouere tibi circumflua mundi
Moenia Rectorem, non unquam coerula Tethys
Non summi conuexa poli, non infima tellus,
5 Qui promissa tuis aeterno foedere seruans
Ocia das famulis, et res miseraris acerbas.
Tu quaecunque meo dederas promissa parenti
Rite obseruasti, nec inania uerba fuere
Ore profecta tuo, tua dextera cuncta repleuit.
10 Et quamuis per cuncta meas, nec clauderis ullo
Climate terrarum, coelique palatia comples,
Mortalesque hominum superas immensior aedes
Attamen exiguos ne dedignare Penates,
Quos pietas serui iam consecrauit honori
15 Alme, tuo, ne ergo nostris te subtrahe uotis,
Non gemitus miseri et suspiria sperne clientis,
Quae tibi profundo iam nunc emittet hiatu
Pectoris, utramuis tendens ad sidera palmam.
Huc oculos inflecte tuos noctesque diesque,
20 Huc, ubi Tecta tuo sedemque dicauit honori
Gens studiosa Dei, peramico respice uultu,
Et quod te miseri deuota mente rogabunt,
Exaudi subito, et molli succumbe precatu.
Si forsan Rex alme tuos incauta clientes
25 Mens agat in facinus, ferroque et Marte piandum,

Moerentesque suae capiant fastidia noxae,
Tu prece conditas lacrymas demitte per aures

[S2^r]

Et populum patrio per tot discrimina rerum
Redde solo, charis quondam maioribus aruis.
30   Si grauis incumbat terris sititentibus aestus,
Arescant herbae, uictum seges aegra recuset
Ob noxas hominum, Tu fessis illico rebus
Adsis, o, placidusque iuues, et mitia coelo
Astra feras, molli rore humectantia campos,
35   Laetior optatas miretur ut incola messes.
        Sin etiam furibunda lues, morbique fluentes
Et malesana fames nostras popularier urbes
Insistat, laetam segetem si scabra rubigo
Infestet, si eruca leues depascat aristas,
40   Aut quicunque alius nobis impendeat imber
Noctem hyememque ferens, tu fata rogantibus aequa
Illico concedes, tantisque laboribus adsis
Propitius, neque longinquas te differ in horas.
        Denique si patriis procul huc a moenibus exul
45   Sese contulerit, Solymaeque intrauerit oras
Discendi studio (nec enim tua brachia terris
Aut ullis populis indiuulgata manebunt.)
Teque suum, mundi fatis agitatus iniquis,
Numen adorabit conuerso ad limina uultu,
50   Mox capias, penetretque tuas uox omnis in aures,
Ac uoti damnes, quo te peregrina fatigat
Gens hominum, cunctas sic fama uolabit in oras
Aeterni regis, simul ore fatebitur omnis,
His nomen laudesque tuas celebrarier aris.

B. Appendix

Appendix I

Jodocus Coccius SJ, Beschreibung der Jesuitenkirche zu Molsheim in Prosa.

Auszug aus Buch IV, Kap. VII (TEMPLI NOUI MOLSHEMENSIS IN COLLEGIO SOCIETATIS IESU AB SERE-
NISSIMO LEOPOLDO POSITI DESCRIPTIO, ET SUB IDEM TEMPUS ACADEMIAE PROMULGATAE, ENCOE-
NIA) der ARCHIDUCALIS ACADEMIA MOLSHEMENSIS (1618), S. 255–267.

Vorlageexemplar:	Augsburg, SuStB, 4 Bild 3.
Weitere Exemplare:	Colmar, Bibliothèque municipale, Catalogue Chaffour 2402[1]
(in Auswahl)	Dresden, SLUB (1 Exemplar)
	Freiburg/Brsg., UB, Diss. 918–2
	Graz, UB, I 144.560 (Prov.: Erzherzog Leopold V.)[2]
	Innsbruck, UB, 204899
	Karlsruhe, BLB, R 87 A 4304
	Mannheim, UB, Sch 100/185
	München, BSB, Res 4 Jes. 1
	München, BSB, Res 4 Jes. 2
	München, BSB, 4 P.o.lat. 590 Beibd. 10 (Verlust)
	München, BSB, ESlg 4 V.ss. 226 Beibd. 2
	München, BSB, 4 Liturg. 624 Beibd. 1
	München, UB, 4° H.lit. 640
	München, UB, 4° H.eccl. 849 (4
	München, UB, 4° WA 899
	Sélestat, Bibliothèque municipale, 1673[3]
	Strasbourg, BNU, Md VII 11327
	Strasbourg, BNU, Md VII 11487[4]
	Stuttgart, WLB, HB 2226
	Stuttgart, WLB, Kirch.G.oct.28
	Trier, StB, 3 an K.III.17 8°
	Wolfenbüttel, HAB, 125.4 Quod. (1)

Iam uero insignis illa basilicae abs te, Reuerendissime Praesul, Deo diuisque tutelaribus positae [256]
(cuius Encoenia in hoc ipsum tempus inciderunt) et tum collegio contiguae insitaeque, tum e gymnasio Academico conspicuae amplitudo ac magnificentia satis admonent, ut, ante quam dicendo ab-
sistam, hunc quoque laudatissimae tuae pietatis colophonem panegyrico imponam – uidelicet, ut

---

1 Vgl. Betz 17 n° 2.
2 Vgl. Sepp 1998, 174 n° 139.
3 Wie Anm. 1.
4 Wie Anm. 1.

augusti operis aspectu cursor subinde in stadio, ita in extrema orationis calce fessa mens noui huiusce templi aspectu mirifice renouatur.

(…)

[261] Atque ut eius a me uel rudis imago proponatur:

Surgit Templum ipsum raro structurae genere decorum, saxo plurima parte campestri constructum, aspectu atque magnitudine peramplum, proportione, uenustate, atque eleganti symmetria cumprimis uisendum, edito excelsoque inter caetera urbis aedificia fastigio emi[262]nens.

Nec sua operi deest firmitas, adminiculis forinsecus illud aduersus aeuum et iniurias probe fulcientibus.

Situm est ad ortum solis ueterum more.

Structura templi alis utrimque procurrentibus oblonga χιασμὸν siue Crucis figuram exprimit (quam compluribus Serenissimis tuae familiae templorum conditoribus placuisse reperio), spacio in longitudinem ad CCXXIV. pedes protenso; latitudo LXXXIII. pedibus traducitur, et septenis supra LXX. ad usque templi fornicem altitudo.

Parietes ad perpendiculum erecti inte⟨r⟩gerini et mediani e lapido uiuo solidoque, quales ad aeternitatem architecti postulant, loricatione et tectorio ad uenustatem inducti sunt.

Fenestrae e uitro mundo, lucido et claro, uitreis orbibus plumbo iunctis, sparsim ferramentis obseptae, illa sunt amplitudine ac longitudine, ut sufficiens lumen in patentissimum templum quaquauersum immittant, ea firmitate, ut, qua Septemtrionem spectant et Boream hauriunt, quantumcumque turbinem ac uentorum uim arcere possint.

Ostia ualuis et uectibus, quibus oppessulentur, firmata, nec sua ualuis antipagmenta operosa et daedala manu laborata desunt, quae arte sua quantumlibet etiam morosum spectatorem detineant.

Tectum podiis ad ornatum illustribus interstinctum, fulcris, trabibus, canteriis tignisque adprobe munitum ac pectinatum, tegulis e fissili petra inducitur additisque ad necessitatem capreolis omnem praestat a caelesti iniuria securitatem, tubulis e cupro, qui et stillas cadentes a parietibus cauedioue prohibent et aquam extra impluuium deriuant, prominentibus.

Ternae in eodem turres assurgunt, e quibus illa, quae ad occiduam templi plagam est – haud procul a postica ianua, qua in collegium ingressus patet – quadrata inferne, caeteris superne altior porticibus, striis ac parastatis distincta prominet geminisque Maenianis ad prospectum simul et uenustatem exornatur. ad has [263] per scalas cochlides ascenditur, constatque ab imo ad summum gradibus CLXIX. inter turres quae prima orienti obuertitur, uti et media, aeramentis pendulis seruit, ac tandem gracili mucrone fastigiata auratoque nodo (quod illi cum caeteris duabus commune est) illustris uexillum praefert, quod salutifero IESV nomine aureis literis exarato in patentem campum effulget. altera, quae media sacrae fabricae tholo insidet, uictorioso uiuificae Crucis trophaeo irradiat, cui recepto maiorum more gallus superstat uersatilis, olim quidem Petrum uoce, at nunc sui aspectu Petrique recordatione ex omni plaga uniuersos ad poenitudinem inuitans. tertia denique templo ad occasum adsita, caeteris operosior sublimiorque, Virginem Matrem templi patronam luna pedibus substrata radiisque solaribus circumdatam sustinet.

Qua porro templi facies ad septemtrionem sese aperit, frontispicium in acumen surgit pyramidale Archiducalibus tuis, Serenissime Princeps, insignibus praelustre.

Nec procul inde ad extimam collegii partem oratorium est domesticum B(eatis) P(atris) N(ostri) Ignatii, Societatis fundatoris, patrocinio celebre, ubi tum panicis terroribus ac daemonum praestigiis profligandis, tum iis persanandis iuuandisque, quorum animae cum corporibus, scripto chirographo, malo daemoni obnoxiae sunt, eiusdem Diui intercessione nec infrequens quotannis impenditur opera nec obscura utilitas colligitur.

Sed iam exteriore peripheria lustrata, aedem ipsam subeamus. cuius nitor intestinus cum externa molis elegantia decertat.

Tria continet spacia, mediam cellam cum duabus alis, quae hinc ad septemtrionalem collegii aream, hinc in hortum gemina concameratione arcuata eleganter contectae porriguntur sustinentque ambulationes, e quibus in cellam prospicitur et commodum est diuinae liturgiae ac concioni interesse, {264} siquando magno hominum concursu templi spacia occupentur.

Auget admirationem praegrandium columnarum series et ordo ad opticam mensuram aequabili ratione quindenum cubitorum interuallo dissitarum, quae, fulciendae testudini xystisque et Odeo sustinendis, basibus rotundis circumsecus insidentes, porticibusque insertae ac suis stereobatis, scapis, capitulis, epistyliis, zophoris et uolutarum ornamentis ad amussim instructae atque per artificem pictorum manum maculis uariis intermeantibus auroque splendescentes Ophites marmor repraesentant et latera ipsa colligentes, insigni mole atque amplitudine, arcubus uariis in loco affabre se decussantibus, eximium basilicae splendorem conciliant.

Odeum summae arae obuersum columnisque et fornicibus innixum totum luminibus illustre et augusto organo sonorum, per Ioannam ex illustri et antiqua Rhenensium Comitum prosapia, illustris item Ioannis Reinhardi Hanouiensis Comitis coniugem, perpetuo catholicae pietatis monimento aedi sacrae illato.

Ad xystum uenio, qui, si quidquam aliud, in adspectum sensumque pietatis rapit spectatorem, sculpturis picturatis magnifice exornatus, quae tabulis quadris Sacras Christi D(omini) n(ostri) historias uiuacibus emblematis exhibent, angelis intermixtim eiusdem patientis ac triumphantis instrumenta praeferentibus – ut non tam oculos sculpturae picturaeue uarietas quam pium animum utilitas argumenti oblectet. in xystum duabus aliis turribus altrinsecus positis gradatim ascenditur, quae propriis structuris atque ornamentis, peristylis contiguae, ad nitorem exsplendescunt.

Laqueare interius testudinatum albario, pictura uernante et stellulis aureis ut plurimum uenustatur, ac stemmatis hinc inde penicillo poetico lemniscatis angeli inter conuexa lacunaris fusili opere effigiati circumuolitant.

Pauimentum, lithostroton quadro lapide eoque solido {265} decenter stratum, examussim aequam planiciem constituit.

Ex hoc ubi ad templi chorum prospexeris, arcus sese offert medius structurae solidae atque elegantis, Hetrusci operis, e uiuo et quadro saxo, LXVI. pedibus sublimis, XXXV. in latitudinem protensus; ad cuius coronicem dextrorsum Archiducalia tua, Serenissime Archidux, insignia, uti illustris collegii Argentoratensis alterorsum ad perennem fundatoris et benefactorum memoriam depicta sunt.

Chorus, ad quem ternis gradibus ascenditur, principem continet aram, quae fuso structili saxo Dei Filium in terris nascentem repraesentat, assistentibus utrimque Apostolorum Principibus (quos Societas nostra tutelares habet) iuxtimque diuis Materno et Leopoldo, notissimis ecclesiarum fundatoribus et tum Alsatiae, tum Austriae patronis. pars supera Virginem Matrem coelo assumptam, eandemque augustam Reginam ab Sanctissima Triade coronatam, et tum caelestium spirituum choro, tum

Societatis nostrae diuorum tutelarium – B(eati) P(atris) Ignatii fundatoris et B(eati) Francisci Xauerii fidei per Indias propagatoris – augusta specie uallatam exhibet, sacratissimis nominibus utrimque tum Saluatori, tum Deiparae appositis, auroque quasi obryzo bracteatis. arae fastigium Christus D(ominus) n(oster) crucifixus, ceu primarius loci Paterfamilias, hinc Virgine Matre, hinc Ioanne discipulo consobrino adstantibus occupat, qui cum uniuersa structurae mole pium spectatorem cum ueneratione detinent et commorantem ad orandum alliciunt.

Nec praetereundi cum aliis ad pietatis incitamentum effigiati Quatuoruiri Euangeliorum scriptores, quorum fictae pictaeque statuae ad dexteram chorum ambiunt. quibus in aduersa parte totidem Ecclesiae Doctores pari magnitudine et artificio uisendi respondent atque, ut ingredientibus reli-[266]gionem incutiunt, ita introgressos morantur. neque inuenuste angeli calathos omnigenis fructibus onustos praeferentes interludunt, ubi etiam florum frondiumque et pomorum implexus contextusque (encarpa Vitruuius uocat), coronario luxu exuberantes, haudquaquam indecori sunt.

Porro sub ipsum chori aditum ad dexterae alae caput sacrarium est, quod tute, Serenissime Princeps, ceu pietatis tuae proprium et familiare asceterium destinasti. cui parte altera aliud item Virginis Matris tutelae dicatum obiacet, duorum sacrae sedis Argentoratensis antistitum, Ioannis id nominis Primi, xenodochii fundatoris, anno MCCCXXIIX octauo Id. Nouembr. (ut ex sepulcrali saxo liquet), et Guilhelmi II. Anno MCCCCXXXIX pridie Non. Octob. uita functorum, sepultura decoratum.

Proxime ab illo sacrarium abest sacrae supellectili quotidianae, sacerdotibus item ad s(acram) liturgiam cum dignitate peragendam ornandis percommodum. est et aliud ab hoc, qua post principem aram per pseudothyron accessus patet, templo ad solem orientem adstructum, preciosiori (cuius sollemnibus anni feriis usus sit) tum sacrarum uestium, tum e Diuorum pignoribus reliquiarum synthesi, tutius opportuniusque recondendae.

Porro septenae uariis templi partibus arae, quibus Deo litari possit, dispositae sunt.
(…)

[267] Fecisti ergo rem nomine, munere, sanguine et maioribus tuis dignissimam, quibus illud solemne et religiosum fuit, inter caetera uirtutis et Catholicae pietatis opera basilicas uel a fundamentis in altum sustollere uel renouare protritas et fatiscentes uel constitutas cumulare donariis uel habitacula et mansiones Christi pauperibus construere (…)

748

Appendix II

Institutiones oratoriae sive De conscribendis orationibus, e veterum et recentiorum oratorum praeceptis methodica introductio, in usum illustris Paedagogii Giesseni conscripta variisque exemplis illustrata a Cunrado DIETERICHO S(anctissimae) Th(eologiae) Doct(ore), ecclesiar(um) Ulmensium superintendente. Editio IX. correctior (…), Erphordiae excudebat Christophorus Mechler impensis Johannis Episcopi Bibl(iopolae), Anno M.DC.XXVI.

Vorlageexemplar: Würzburg, UB, 2 an 54/ A 101.1118 (Prov.: Bibliothek von Bibra).

Cap. X.5: Genus demonstrativum. Vrbes, arces, castella etc. laudantur.

[111]
Aedificia, arces, templa, sacella, collegia aliaeque domus commendantur 1. ab auctore, 2. a situ et prospectu siue figura, 3. a forma et amplitudine, 4. ab usu cui dicata, 5. a partibus.

Ab usu commendantur, si exponatur cui rei sint dicata: uel peragendis scilicet sacris, uel defendendae ciuitati, uel instituendae iuuentuti scholasticae, uel habendo senatui.
A partibus commendantur, si singula eius conclauia enumerentur: ubi ordine enumeranda singula, prout se offerunt, incipiendo a uestibulo et atrio, et progrediendo per omnia penetralia, officinas, conclauia, cubicula, aulaea, triclinia eorundemque ornamenta, usque ad fastigium et speculas. adiuncti etiam horti et fontes non praetereundi. Esto. [112]

Thema: Commendatio Collegii Ludouiciani Giessensis.

Confirmatur argumentum 1. a causa efficiente: Auctor collegii huius est Illustrissimus Princeps Ludouicus Hassiae Landgrauius (…) *2. a subiecto:* Situm est Ludouicianum hoc in loco urbis et amoenissimo et saluberrimo, in orientalis scilicet eiusdem latere (…) [113] *3. a forma:* Figura et amplitudo eius est augustissima, principalem plane spirans magnificentiam: in longitudinem pedes habet 140, in latitudine 34. orientale latus annexam habet turrim quadratam, cochleam in medio continentem, per cuius gradus ad superiorum contignationum atria adscenditur. altitudo uero eiusdem aliquot pedibus supereminet: in culmine specula est, corona seu peribolo super uniuersam urbem conspicua, mathematicis obseruationibus destinata, e qua latissimus simul et iucundissimus horizontis adspectus patet; fastigia tortuosa, Italica forma constructa, grandiora habet sex: fastigiola inauratis decorata pinnis aliquot. tectum lapidibus fissilibus instratum, canalibus inauratis ac coloratis aeneis, draconum capitibus repraesentantibus, illustre est. parietes coementitii undique leuigati ac nitidissima calce dealbati, fenestris exornati sunt uitreis orbibus pellucentibus plurimis, ordine iusto iuxta atriorum seriem dispositis, nec non opere pictorio uario circa latera artificiose exornatis: unde praelustris admodum intuentium oculis sese infert resplendescentia atque maiestas. [114] *4. a fine:* Extructum uero illustre hoc aedificium est a fundatore Illustrissimo (…) *5. a distributione partium:* Sicut uero augustum hoc Musarum aulaeum est amplissimum, ita et auditoria atque conclauia continet amplissima. fores tabulis aeneis, quibus ratio fundationis Ludouiciani huius aureis literis incisa est, ex utroque latere itemque superiori parte Principis insignibus sunt conspicuae. uestibulum usque adeo amplum non est, continet enim in longitudine pedes 19. infimi atrii lapidibus quadratis obducti dextrum latus continet auditorium theologorum, quod in longitudine habet pedes 68, in latitudine uero 33. dextrum uero, medi[115]corum, in longitudine pedes habens 40, in latitudine similiter 33. rectissime uero infimum atrium theologis et medicis dicatum est, ut non tantum animae et corporis curatores hac ratione commode coniungerentur, sed et prima collegii limina salutantes primo sub ingressu humilitatis, pietatis et deuotionis admonerentur, sine cuius praesidio in nullo studiorum genere quicquam proficere quisquam poterit. medium atrium, quo sicut et ad contignationes reliquas per cochleae testudinariae gradus ascenditur, exhibet augustissimum auditorium I(uris)c(onsul)torum, cuius pauimentum, ut et superioris atrii, asseribus abiegnis contabulatum, in longitudine habet pedes 112, in latitudine 34. reliqua uero amplitudine conspicua antecellit, quod publicis promotionum actibus solemnioribus dicatum, et cathedra opere scrinario uermiculato atque stylobatis, scapis, epistyliis, scotiis, multis atque astragalis artificiosissimis, in quorum coronamentis et toreumatibus speciosissimis insignia Principis diuersicolorata sunt fulgida, exornatum, nec non subselliis altioribus circumquaque instructum est. huius dextrum latus ostendit penetrale longitudinis pedum 29, latitudinis 34, bibliothecae sacrum, quae liberalissima Principis munificentia non ita pridem comparata, libris theologicis, iuridicis praecipue et historicis, medicis, philosophicis, philologicis, Latinis, Italicis et Gallicis, ordine circumquaque in armamentariis suis dispositis, instructissima. supremi supremae [116] contignationis atrii latus sinistrum complectitur auditorium philos(ophorum) in longitudine habens pedes 86, latitudine 34. philosophis hoc tributum eo, quod ipsorum sit sublimibus speculationibus indulgere et non nisi alta sapere, de quibus altiorum graduum adscensus ipsos commode admonere poterit. dextrum uero latus ex aduerso consistorium continet, in quo professorum conuentus instituuntur deque rebus Academicis consilia et deliberationes habentur. augustam hoc prae ceteris edit magnificentiam. introitus eius, sicut et auditorii philosophici sumtuosissimus, forium postibus est exornatus. tota columnatio opere scriniario et toreumatico partibus suis, stylobatis scilicet basibus, scapis, capitulis, epistyliis, *zophoris*[a] et coronis est distincta; partes singulae ornamentis suis, annulis *enim,*[b] toris, astragalis, scotiis, mutilis, denticulis, uolutis, striis, uerticulis affabre uariegatae. a dextra, basi lapidea suffulta est fornax artificiosissima, cuius praefurnium peculiari ductu fumum in caminum lapideum forinsecus transmittit. a sinistra positum scrinium ligneum, arculis quatuor, Registrorum, uti uocant, aliorumque secretorum Academicorum repositurae siue custodiae destinatis, distinctum, artificio apiato et toreumatico similiter cor[r]uscum. sedilia circumquaque disposita, ad quae iconcularum uariarum peristromata siue tapetes in parietibus ita depicti sunt, ut uerorum desideratorum loco esse possint. mensa oblonga in pauimento po[117]sita tapetibus uirescentibus obducta, quam singula singulorum professorum subsellia circumstant. fenestris illuminatum est pellucentibus, in quibus Illustrissimorum Principum D. D. D. Ludouici, Philippi et Friderici Hassiae Landgrauiorum, Musarum patronorum clementissimorum, refulgent insignia. intercolumnia repositoriis ex aduerso se respicientibus instructa duobus. lacunaria uero tectorio tessellato et sectili, tortuoso coronamentorum anfractu intersperso, renident. praeter enumerata uero tria haec auditoriorum atria, superior tecti contignatio tabulatum ostendit, cuius pauimentum lateribus coctis stratum, latus utrumque conclauia continet plurima, stipendiariorum habitationi dicata, sic extructa, ut singulis hypocaustis singula etiam cubicula sint annexa, e quibus prospectus super uniuersam urbem in latissimos campos et nemora patet iucundissimus, qui non tantum amoenitatem excitat, sed et ad Musarum, quae cacuminibus delectantur, culturam diligentes prouocat. altera tecti contignatio pauimentum habet coementitium granario destinatum. supra quam est contignatio tabulata, sub totius contiguae domus tecto ad eruiliam auenamque recipiendam accomoda. atqui haec est Ludouiciani noui structura, etc.

---

a Verbessert aus: *tophoris.*
b Verbessert aus: *nim.*

Idea poeseos, siue Methodica institutio de praeceptis, praxi, et usu artis, ad ingeniorum culturam, animorum oblectationem ac morum doctrinam accomodata auctore P. Franc. NEUMAYR, Societatis Jesu. Monachii et Ingolstadii, sumptibus Ioan. Franc. Xav. Crätz, bibliopolae acad., et Thomae Summer, Augustae Vindelicorum. 1755.

{39}
(cap. II: de conceptu poetico)
§ III. de descriptionibus.

Redeant *eaedem*[a] quaestiones, quales, quando, unde, et quomodo adhibendae sint descriptiones. R. ad 1. Adhibendae sunt descriptiones locorum, personarum, rerum, et euentuum. R. ad 2. Adhibendae sunt, quando ad finem seruiunt, seu utiliter delectant, animum lectoris figendo, ut fortius apprehendat, quod legit. R. ad 3. Obuiae ubique sunt res, personae, loca, et euentus, ita ut sola selectione sit opus, ne descriptione utaris, quando nullum est operae pretium. R. ad 4. omnis descriptio fit ab enumeratione partium, causarum, et effectuum, quibus interdum comparationes miscentur. ornatus accedit, uti semper, a stylo harmonico, peregrino, sensibili, et admirabili, additis subinde crisibus, et argutiis quas per lectionem facilius, quam ex praeceptis condisces. Ad exempla uertamur.

{40}

Exemplum I.
Descriptio loci.

Describo templum S. Michaelis Monachii. puncta descriptionis sunt ingressus, structura, ornatus. singula describe, quasi pingeres, sic:

> Augusta stat mole domus tibi, maxime, sacra
> Aligerum Princeps, et tanto Principe digna.
> Dant aditum geminae Clario de marmore portae,
> Quas inter fusa aere micat pugnantis imago
> 5   Angelici uisenda ducis. uictore draconem
> Prostratum pede calcat ouans, et guttura figit
> Nequidquam lacero ringentis turpiter ore.
> Circum, alia heroum notos imitantia uultus
> Saxa nitant, templique omnem splendore coronant
> 10   Magnifico faciem. credas illustre theatrum
> Magnanimosque uiros serpenti illudere uicto,
> Plaudere uictori, similesque ambire labores.
> At domus interior maiori splendida luxu
> Panditur in spatium immensum. curuatur in arcum
> 15   Ingentem fornix, quem nulla columna, sed unum
> Sustinet ingenium toti mirabile mundo
> Artificis. stetit Ars, cum fecit, et obstupuit se,
> Quodque fuit factum, fieri potuisse negauit.

---

a   Verbessert aus: *caedem*.

Terna utrumque latus decorant altaria Diuo
20   Singula sacra suo, et pulchra testudine clausa.
Bina alia hinc, atque hinc accessu ad uota precantum
Liberiore patent. medium tenet expirantis
Effigies pretiosa Dei, blandum ore renidens,
Et uel in implacido placide formosa metallo.
25   Per septem inde gradus ad summam ascendimus aram,
Quae quantum una loco reliquas supereminet omnes,
Tantum prae reliquis pretio maiore refulget.
Auro tota riget: sed toto gratior auro
Est Michael sacrum spirans in imagine bellum,
30   Ex oculis fulgetra micant: frons nubila rugis
Nigricat: ardescit facies accensa furore
Angelico: tristi totus splendore coruscat
Ipse, crucem attollens, clamansque: Quis ut Deus? (aut quis
Non sibi, dum cernit, clamantem audire uidetur?)
35   Arduus insurgit. cadit, impactoque rebellis
Calce ruens coeli de summa Lucifer arce
Voluitur in gyros, et frustra prensat aduncis
Cedentes manibus nubes. truduntur in orcum
Cum duce praecipites socii. uictoribus alma
40   Luce supra coelum plaudit. qui pingere tantum

Sic potuit casum, et nobis praebere uidendum,
Vidit, uel certe debet uidisse uideri.

Verzeichnis der verwendeten Abkürzungen

Archive, Bibliotheken, Institutionen

AAEB	Fondation des Archives de l'Ancien Evêché de Bâle, Porrentruy JU
ABR	Archives du Bas-Rhin, Strasbourg
AMMo	Archives municipales de Molsheim
AMSJ	Archivum Monacense Societatis Jesu
AP	Archives paroissiales
ARSI	Archivum Romanum Societatis Iesu
BA	Bistumsarchiv
BayHStA	Bayerisches Hauptstaatsarchiv, München
BGSS	Bibliothèque du Grand Séminaire de Strasbourg
BiCJ (fa)	Bibliothèque cantonale jurassienne, Porrentruy JU (fonds ancien)
BLB	Badische Landesbibliothek, Karlsruhe
BN	Biblioteca Nazionale
BNF	Bibliothèque Nationale de France, Paris
BNU	Bibliothèque nationale et universitaire, Strasbourg
BSB	Bayerische Staatsbibliothek, München
BUA	Biblioteca Universitaria Alessandrina, Roma
EKAR	Evangelisches Kirchen(buch)archiv, Regensburg
HAAB	Herzogin Anna Amalia Bibliothek, Weimar
HAB	Herzog August Bibliothek, Wolfenbüttel
HHStA	Österreichisches Staatsarchiv – Haus-, Hof- und Staatsarchiv, Wien
HMP	Historisches Museum der Pfalz, Speyer
LA	Landesarchiv
NUC	National Union Catalog
ÖNB	Österreichische Nationalbibliothek, Wien
PLB	Pfälzische Landesbibliothek, Speyer
SBB	Staatsbibliothek Bamberg
SLUB	Sächsische Landes- und Universitätsbibliothek, Dresden
StAWü	Staatsarchiv Würzburg
StB	Stadtbibliothek
S(u)UB	Staats- und Universitätsbibliothek
SWB	Südwestdeutscher Bibliotheksverbund
ThULB	Thüringer Universitäts- und Landesbibliothek, Jena
UB	Universitätsbibliothek
WLB	Württembergische Landesbibliothek, Stuttgart
WULB	Westfälische Universitäts- und Landesbibliothek, Münster

CA	Confessio Augustana
IPO	Instrumentum pacis Osnabrugense
MGH	Monumenta Germaniae Historica
PG	Migne, Patrologia Graeca
PL	Migne, Patrologia Latina
Rat. stud.	Ratio atque institutio studiorum Societatis Jesu (ohne Jahr = Fassung von 1599); zitiert nach: LUKÁCS V.
ThLL	Thesaurus linguae Latinae
VD 16	Verzeichnis der deutschen Drucke des 16. Jahrhunderts

Abgekürzte Bezeichnungen von Archivalien(beständen) s. Literatur- und Quellenverzeichnis.

Bibliographie der besprochenen Festdichtungen
Quellen- und Literaturverzeichnis

1. Texte

a. Bibliographie der besprochenen Festschriften (in chronologischer Reihenfolge)

Die in den Anmerkungen verwendeten Kurztitel erscheinen hier in Kapitälchen. Der Vermerk *VD 17* verweist auf die Aufnahme des Titels in die VD-17-Datenbank (www.vd17.de) bis zum Stichtag 25.11.2002.

Georgij Sibuti Daripini Poete et oratoris laureati: SILVULA IN ALBIORIM ILLUSTRATAM. Impressum Lipcz per Baccalaureum Martinum lantzberg Herbipolitanum [1506/07].
Nicht im VD 16. Exemplare in: ThULB Jena; SLUB Dresden; British Library

ΠΑΝΗΓΥΡΙΚΟΝ IN INSTAURATIONEM NOVI TEMPLI BERGENSIS apud Magdeburgam, scriptum ad amplissimum, reverendissimum, et eruditione et uirtute praestantissimum uirum, D. Petrum Vlnerum Gladebachium, Abbatem ibidem dignissimum. A Iohanne Pomario iuniore Magdeburgensi. Vitebergae Anno M.D.LXV.
VD 16 B 902

{Jacobus Pontanus S.J.}, ENCAENIA. IN RELIGIOSISSIMUM TEMPLUM Augustae Vindelicorum Societati Iesu exaedificatum, et communi Saluatori deuotum, dedicatum, consecratum. Cum testificatione meritorum maximorum, quae huius Reipublicae uiri principes in eandem Societatem liberalissime contulerunt. M.D.LXXXIV. Dilingae excudebat Ioannes Mayer.
VD 16 Bd. I/16 S. 338; Sommervogel I 645 n° 2. Exemplare in: SuStB Augsburg; Harvard University Library; Studienbibliothek Dillingen; UB Heidelberg; UB Leipzig; BSB München; UB München; WLB Stuttgart; ÖNB Wien.

IULIANUM HOSPITALE, arte rara, singulari pietate, immensoq(ue) sumtu a Reverendissimo et Illustrissimo Principe ac Domino, Domino Iulio Dei gratia Episcopo Wirtzburgensi, et Franciae Orientalis Duce, ibidem, anno a D. virginis partu Millesimo, Quingentesimo Septuagesimo sexto, Quarto Non. Martij in pauperum usus, Dei omnipotentis honorem, et Diui Kiliani memoriam extructum, carmine adumbratum a M. Martino Lochandro Gorliciense Silesio. Wirtzburgi, Ex Officina Henrici Aquensis, Episcopalis Typographi, Anno 1585.
VD 16 L 2241

DE THOLO S. PETRI in Vaticano quem a superioribus Pontificibus Maximis inchoatum Sixtus V. maturari iubet Francisci Bencii et Adolescentium aliquot e Collegio Romano Societatis Iesu Carmina. Romae, apud Dominicum Basam. M.D.LXXXVIII.
Sommervogel I 1286 n°4 und VII 45 n° 31; Exemplare in: UB Heidelberg; ÖNB Wien; BN Roma; BUA Roma

BADESI, DE SACELLO

De sacello Sixti V. Pont. Max. in Exquiliis ad Praesepe Domini extructo Hieronymi Badesii Romani carmen tribus libris distinctum. Romae ex typographia Vaticana. M.D.LXXXVIII. – [Angebunden:] DE EODEM SACELLO Sixti V. Pont. Max. a Hieronymo Badesio descripto diversorum poetarum carmina.

Exemplare in: UB Heidelberg; ÖNB Wien

ENCAENISTICA POEMATIA, quae, cum Reverendissimus et Illustrissimus Herbipolensis Episcopus, et Orientalis Franciae Dux, Dominus D. Iulius, nouum ss.Apostolorum templum, quod magnificentissime construxerat, foelicissime anno Domini MDXCI. VI. Idus Septembres, dedicaret simulque Deo O(ptimo) M(aximo) Academiam suam offerret, studiosa Societatis Jesu Collegii iuuentus gratulationis et obseruantiae ergo pangebat. Wirceburgi, apud haeredes Henrici Aquensis. [ca. 1591]

VD 16 E 1144–1145

POMPAE serenissimorum, reverendissimorum atque illustrissimorum principum etc. IN novi SS. Apostolorum templi DEDICATIONE 6. Idus Septembr(es) Anno 1591 Herbipoli solenniter celebrata etc. et brevis et historica saltem ADUMBRATIO, ad Reverendissimum atque Ill(ustrissi)mum Principem ac Dominum, Dominum Julium Episcopum Herbipolensem et Franciae Orientalis Ducem etc. eiusdem templi fundatorem laudatissimum, unaque Re(ueren)dos Generosos ac Nobilissimos Dominos, Dominum Praepositum, Decanum ac Seniorem ceterosque Sacrae Cathedralis Aedis Herbipolensis Canonicos, dominos suos perbenignos etc., pio cum gratulandi tum felicissimi etiam novi anni auspicium comprecandi studio scripta a M. Daniele Amlingo Munerstadiensi, Herbipolensis cancellariae collega. Wirtzburgi ex officina typographica Georgij Fleischmanni Anno MDXCII.

VD 16 A 2264

ENCAENISTICUM, quod Reverendissimo Domino Stephano Webero, Episcopo Mysiensi, Reverendissimi, et Illustrissimi Archiepiscopi Moguntini in Pontificalibus vicario etc. cum Altare maximum COLLEGIJ MOGUNTINI, a se constructum, feliciter dedicaret, Anno MDXCIII. 6. Non. Maij. Idem Collegium Societatis Iesu, gratulationis, gratique animi caussa, faciebat. Moguntiae, ex officina typographica Henrici Breem, MDXCIII.

VD 16 E 1146; Sommervogel VI 1315 nº 2

OLIVETUM SPIRENSE, id est opus rara ac veteri arte, ad Montis Olivarum ubi Iesus Nazarenus Dei et Virginis Mariae filius captus est, speciem conformatum, et in urbe Spirensi celebratissimum, recens a Ioanne Armbrustero Societatis Iesu, heroico metro decantatum (…), Coloniae Agrippinae excudebat Lambertus Andreae anno MDXCIII.

VD 16 A 3646; Sommervogel I 554 f. nº 3

TROPHAEA BAVARICA sancto Michaeli Archangelo in Templo et Gymnasio Societatis Jesu dicata. Monachij anno MDXCVII excudebat Adamus Berg.

VD 16 G 3231–3232; Sommervogel III 1759 nº 49 und V 1405 nº 23

ENCAENISTICA reuerendis, strenuis, nobilibus, amplissimis, consultissimis, caeterisque totius WESTFALIAE COLUMINIBUS. De nouo Petreo collegii Societatis Iesu Monasterij bene meritis. A discipulis

humanitatis, Paulini Gymnasii, DEDICATA, consecrata. Monasterii Westf(alorum) typis Lamberti Rassfeldt, Anno M.D.XCVIII.
Nicht im VD 16; nicht bei Sommervogel. Exemplar in: WULB Münster.

ENCAENIA ET TRICENNALIA JULIANA siue panegyricus dicatus honori memoriaeque reverendissimi et illustrissimi principis ac Domini, Domini Julii, episcopi Wirceburgensis uigilantissimi, Franciae Orientalis Ducis meritissimi, P(atri) P(atriae) etc., cum in Monte Mariano templum et arcem, sumtuose renouata, ampliter aucta, magnifice condecorata, ipso anno principatus tricesimo publica omnium laetitia dedicaret, a Christophoro Mariano Augustano, S. Theologiae in inclyta Academia Wirceburgensi professore et Novi Monasterii Canonico etc., additis aliquot aedificiorum imaginibus aere expressis, Wirceburgi anno a partu B. Virginis MDCIV.
VD 17

ENCAENISTICA, quae Reverendissimo ac Illustrissimo D. Domino THEODORO PADERBORNENSI EPISCOPO ac Sacri Romani Imperij Principi, cum templum compluribus ab annis profanatum, anno M.D.C.IV. resecraret, et Collegium e fundamentis aedificatum Societati Iesu die Beatissimae Virgini in hanc lucem editae sacro traderet, eiusdem Collegij Societas grati animi ergo volens lubensque dedicabat, consecrabat. Paderbornae ex officina typographica Matthaei Pontani. Anno M.D.C.IIII.
Nicht im VD 17; nicht bei Sommervogel. Exemplar in: WULB Münster.

ENCAENIA Reverendissimo et Ill(ustrissi)mo S. R. I. Principi Iacobo Christophoro, episcopo Basileensi, Parenti optimo ben(e) merito, cum templum COLLEGIJ BRUNTRUTANI a se constructum, ad honorem Deiparae Virginis Deo Opt(imo) Max(imo) feliciter dicaret consecraretque, Anno M.D.CIV. pridie Idus Decembris ab eodem Collegio Societatis Iesu observantiae causa facta. Bruntruti ex officina typographica Ioannis Fabri, M.D.CIV.
Nicht im VD 17; nicht bei Sommervogel. Exemplare in: Studienbibliothek Dillingen; BSB München; UB München; BGSS Strasbourg.

SYNCHARMATA ENCAENIASTICA Reuerendissimo atque Illustrissimo Domino D. Ioanni Godefrido Imperialis Ecclesiae Bambergensis episcopo, Cathedralis Herbipolensis praeposito, S. R. I. Principi, Patri Patriae, cum Aedem Deo O(ptimo) M(aximo) B(eatissi)mae V(irgini) S(ancto) Pancratio, Diuisque XIV Auxiliaribus, quam insigni magnificentia exaedificauit, solenni ritu consecraret, dedicaret, Patriae totius nomine, summae obseruantiae ac gratulationis ergo decantata a Gymnasio Societatis Jesu Bambergae. Typis Antonij Horitzij. Anno M.DC.XVI.
Nicht im VD 17; nicht bei Sommervogel. Exemplare in: SBB Bamberg; UB Würzburg.

ARCHIDUCALIS ACADEMIA Molshemensis, apostolica Caesareaque autoritate firmata, et explicata panegyrico, quem libris quatuor diuisum reuerendissimo et serenissimo principi ac domino D. Leopoldo archiduci Austriae, episcopo Argentinensi et Passauiensi, etc. munificentissimo academiae fundatori solemni promulgationis die VI. Kal(endas) Septemb(res) publica totius Alsatiae Panegyri dixit, dicauit, consecrauit collegium academicum Societatis Jesu Molshemense. Molshemii, typis Ioannis Hartmanni. Anno M.DC.XIIX.
VD 17; Sommervogel V 1189 f. n° 1

ENCOENIA BASILICAE et Academiae ab R(euerendissi)mo et S(erenissi)mo Principe ac Domino Leopoldo, D(ei) G(ratia) Archiduce Austriae etc., Argentinensi et Passaviensi Episcopo etc., in Collegio Societatis Jesu Molshemensi fundatae, solemni die VII. Kal(endas) Septemb(res) Templi Noui Deo Deiparaeq(ue) consecrati decantata. Molshemii, typis Ioannis Hartmanni. Anno 1618.
Nicht im VD 17; nicht bei Sommervogel. Exemplare in: BGSS Strasbourg; StBTrier.

INAUGURALIA COLLEGII SOCIETATIS IESU MOLSHEMENSIS, solemnibus feriis encoeniorum templi Deo consecrati, academiae recens publicatae, et doctoralium honorum, ad Dei O(ptimi) M(aximi) gloriam, Deiparæ Virginis honorem, publicumque Patriæ bonum sub felicibus auspiciis R(euerendissi)mi ac Serenißimi principis et Domini Leopoldi D(ei) G(ratia) Archiducis Austriae etc. Episcopi Argentinensis et Passaviensis, etc. Anno M.DC.XIIX. extremo Augusto celebrata. Quibus accessit Descriptio metrica noui templi, cum eiusdem apologetico, Autore Iodoco Coccio Societatis Iesu Theologo. Molshemii, typis Ioannis Hartmanni. Anno M.DC.XIX.
VD 17; Sommervogel II 1255 n° 1 und V 1190 n° 3.

HEBENSTREIT, SYLVA
Sylua extructionem dedicationemque templi SS. Trinitatis ab inclyto senatu Reipub(licae) Vlmanorum accuratam solenniterque peractam die XVI. Septembris anno MD.XXI. exhibens, deproperata dictante M. Johan-Baptista Hebenstreitto Augustano, Gymnasii Vlmanorum rectore. Exscripta typis Johannis Mederi, anno M.DC.XXI.
VD 17. Exemplare in: UB München; WLB Stuttgart; UB Tübingen; HAB Wolfenbüttel.

ULMISCHE KIRCHWEYH PREDIGTE, bey Einweyhung deren von einem Ersamen Wohlweysen Rath Löblicher deß H. Römischen Reichs Statt Ulm von Newem erbawten Schönen und Herrlichen Kirchen zu der Heyligen Dreyfaltigkeit, mit vorgehenden Christlöblichen Ceremonien unnd Solenniteten daselbst zu Ulm den 16. Sontag nach Trinitatis, welcher war der 16. Tag deß Herbstmonats dieses 1621. Jahrs in ansehenlicher Volckreicher Versamblung auß dem 8. Cap. des 1. Buchs der Königen v. 63. gehalten, nachgehendts auff sonderbares begehren in offenen Truck geben durch Cunrad Dieterich, der H. Schrifft Doctorn, Ulmischer Kirchen Superintendenten. Gedruckt zu Ulm durch Johann Medern im Jahr; DIe KIrChe Der DreIeInIgkeIt / Steh Ietzo bIß In eVVIgkeIt [= 1621].
VD 17

ARA DEI IMMORTALIS hoc est Templum Sacrosanctae et Individuae Trinitatis, a Magnifico et Amplissimo Senatu inclytae Reipublicae Ratisponensis, nuper extructum, et immortali gloriae Diuinae Triados piis precibus rituque Christiano dictum et consecratum, die V. Decembris, Anno M.DC.XXXI. Carmine vero deductum, a M. Andr(ea) Aegidio Schenthelio Ratisponensi, Gymnasii patrij rectore. Ratisponae, typis Christophori Fischeri, M.DC.XXXIII.
VD 17

ENCAENIA RATISBONENSIA. Regenspurgische Kirchweih oder Summarischer Bericht, was auß Befelch und Anordnung eines Edlen Ehrenvesten Raths der Stadt Regenspurg mit zuziehung eines Ehrwürdigen Consistorij bey Einweihung der Newerbawten Evangelischen Kirchen zur H. Dreyfaltigkeit für Ceremonien und Solennien den 5. Dec(embris) st(ili) v(eteris) Anno 1631. fürgangen, sambt den Christlichen Predigten und andächtigen Gebetten unnd Collecten, auch andern nothwendigen Stücken, verzeichnet allen eiverigen Bekennern unnd Liebhabern des Worts GOTTes wie

auch der lieben Jugend unnd Posteritet zum Gedächtnuß verfasset, in offenen druck hinderlassen und mit einer Figur in Kupffer gezieret (…) Gedruckt zu Regenspurg durch Christoff Fischer Im 1633. Jahr.
VD 17

BASILICA IN HONOREM S. FRANCISCI XAVERII a fundamentis EXTRUCTA, munificentia ill(ustrissi)mi uiri Dn. D. Francisci Sublet de Noyers, Baronis de Dangv, regi ab intimis consiliis et secretis, etc. a Collegij Claromontani alumnis SJ laudata et descripta. M.DC.XLIII.
Sommervogel II 156 nᵒ 2; Exemplare in: BNF.

AETERNUM OSSOLINII NOMINIS MONIMENTUM templum & collegium Societatis Jesu erectum et donatum ab Illustrissimo et excellentissimo principe D. Georgio Ossolinski duce in Ossolin, comite a Tenczyn, S. R. Imperii principe, supremi regni cancellario (…), anno a Seruatore nato MDCXLIX. pridie kalend(as) Maij.
Nicht bei Sommervogel. Exemplar in: SUB Göttingen.

TEMPLI BIDGOSTIENSIS Patrum Societatis Jesu ab Illustrissimo domino Georgio Tdczyn Ossolinski supremo regni cancellario erecti PANEGYRIS heroica et spectabili ac generoso domino Alberto Lochovvski aduocato Bidgostiensi oblata. Anno M.DC.L.
Nicht bei Sommervogel. Exemplar in: SUB Göttingen.

ENCAENIA, a Patribus Societatis Iesu BONONIAE CELEBRATA; poeticis emblematibus Inanimatorum Academia Divae Luciae deuouit. Bononiae, typis Io. Baptistae Ferronij 1659.
Sommervogel I 1676 nᵒ 10. Exemplar in: Biblioteca Comunale dell'Archiginnasio Bologna.

BASILICA METROPOLIS MOGUNTINAE ex veneranda longissimi temporis antiquitate ad speciatissimam domus Dei magnificentiam renovata et adornata recens electum Ecclesiae Metropolitanae Decanum reverendissimum, perillustrem ac perquam gratiosum Dominum D. Emmericum Josephum L(iberum) B(aronem) a Breidbach in Bürresheim (…) sibi, urbi, patriae exoptatum, faventem, salutarem gratulatur et salutat: applaudentibus auspicatissimae renovationi musis Collegii Moguntini PP. Societatis Jesu pridie idus Junii, anno (…) a salute reparata M.D.C.C.LVIII. Moguntiae, ex typis aul. elect. Acad. privil. apud haered. Haeffnerian. per Benjamin Waylandt.
Sommervogel V 790 nᵒ 137. Exemplar in: StB Trier.

BASILICA CAROLINA, opus grande, non homini, sed Deo praeparata habitatio (…) duobus a Carolis, genuini Divi Caroli M(agni) posteris, serenissimis, potentissimis, ac pientissimis principibus, Comitibus Palatinis, Electoribus, S. R. I. Archi-Thesaurariis etc. etc. etc. Mannhemii Palatina in metropoli aedificata, a Carolo Philippo e ducali Domo Neoburgica (…) posito primo lapide anno MDCCXXXIII. die XII. Martii inchoata, a Carolo Theodoro e ducali Domo Neoburgico-Solisbacensi (…) imposito supremo fastigio anno MDCCLVI. die VII. Novembris consummata ornata dotata: aeternae gloriae summae ac divinae Maiestatis ad sacros religionis Catholicae minimaeque Societatis Jesu perpetuos usus consecrata, et votivae memoriae sanctorum eiusdem Soc(ietatis) patriarcharum S. Ignatii Loyolae et S. Francisci Xaverii patronorum tutelarium ritu Catholico solenni a reverendissimo ac serenissimo S. R. I. principe ac domino D. Josepho Dei gratia episcopo Augustano, Landgravio Hassiae (…) dedicata die XVIII. Maii, anno MDCCLX, praesenti opere ad posterorum memoriam delineata, in aeternae gratitudinis, observantiae, devotionis et submissionis argumentum clementissime et munificentissime suo conditori donatori et dotatori praesentata et oblata a collegio Societatis Jesu Mannhemii. Ex typographejo Electorali Aulico.

Sommervogel V 493 nᵒ 3 (mit unwahrscheinlichen Angaben zu Editionen der Jahre 1752/53). Exemplare in: SUB Göttingen; UB Heidelberg; HAAB Weimar; UB Würzburg u. a.

b. Andere Texte

1. Antike Texte

Die Abkürzungen antiker Autoren und ihrer Werke folgen der Aufstellung im *Lexikon der Alten Welt* (LAW; Zürich – München 1965 und Nachdrucke), Sp. 3439–3464, ergänzend sind die Indices auctorum des *Greek-English Lexicon* sowie des *Revised Supplement*, Oxford 1996, herangezogen. Zitiert wird nach den im LAW angegebenen bzw. den seitdem erschienenen maßgeblichen Ausgaben (i. d. R. *Bibliotheca Teubneriana* oder *Oxford Classical Texts*). Weitere bzw. abweichende Ausgaben sind nachfolgend aufgeführt.

Anon. Seguer. ed. Graeven
Cornuti Artis rhetoricae epitome. Ed. et commentatus est Ioannes Graeven, Berlin 1891 (ND Dublin – Zürich 1973).

Cet. Fav. ed. Krohn
M. Ceti Faventini liber artis architectonicae, in: Vitruvii de architectura libri decem, ed. F. Krohn, Lipsiae 1912, 262–283.

Claud. carm. i ed. Taegert (Hg.) 1988
Werner Taegert, Claudius Claudianus: Panegyricus dictus Olybrio et Probino consulibus. Text – Übersetzung – Kommentar, München 1988 (Zetemata 85).

Don. de com. ed. Wessner
Euanthius, De fabula. Excerpta de comoedia, in: Aeli Donati commentum Terenti. Accedunt Eugraphi commentum et Scholia Bembina, vol. I, rec. Paulus Wessner, Lipsiae 1902 (ND Stuttgart 1962), 11–31.

Doxapatres, homil. in Aphth. ed. Walz
Τοῦ Δοξαπάτρη ῥητορικαὶ ὁμιλίαι εἰς τὰ τοῦ Ἀφθονίου Προγυμνάσματα, in: Rhetores Graeci (…) emendatiores et auctiores ed. Christianus Walz, vol. II, Stuttgart u. a. 1835, 81–564.

Gregor ed. de Vogüé 1980
Grégoire le Grand, Dialogues. Tome III – Livre IV. Texte critique et notes par Adalbert de Vogüé, traduction par Paul Antin, Paris 1980 (Sources chrétiennes 265).

GRF
Grammaticae Romanae fragmenta collegit recensuit Hyginus Funaioli, Lipsiae 1907 (ND Stuttgart 1969).

760

NADEAU 1952
R. Nadeau, The *Progymnasmata* of Aphthonius in Translation, Speech Monographs 19, 1952, 264–285.

OV. FAST. ED. BÖMER 1957
P. Ovidius Naso, Die Fasten. Hg., übers. u. komm. v. Franz Bömer. I: Einleitung, Text u. Übersetzung, Heidelberg 1957.

PLATONISMUS
Heinrich DÖRRIE – Matthias BALTES, Die philosophische Lehre des Platonismus. Platonische Physik (im antiken Verständnis) II. Bausteine 125–150, Stuttgart-Bad Cannstatt 1998 (Der Platonismus in der Antike 5).

PRISCIAN ED. HALM 1863
Praeexercitamina Prisciani grammatici ex Hermogene uersa, in: Rhetores Latini minores. Ex codicibus maximam partem primum adhibitis emendabat Carolus Halm, Lipsiae 1863 (ND Frankfurt 1964), 551–560.

PROKOP ED. VEH 1977 Prokop, Bauten. Paulos Silentiarios, Beschreibung der Hagia Sophia. Griech.–dt. ed. Otto Veh, archäol. Komm. v. W. Pülhorn, Darmstadt 1977 (Slg. Tusculum).

PROP. ED. FEDELI 1984
Sexti Properti elegiarum libri IV. Ed. Paulus Fedeli, Stutgardiae 1984.

RHET. HER. ED. ACHARD 1989
Rhétorique à Herennius. Texte établi et traduit par Guy Achard, Paris 1989 (Collection des Universités de France).

RUFINUS ED. MOMMSEN
Eusebius, Werke. Zweiter Band: Die Kirchengeschichte, hg. v. Eduard Schwartz. Die lateinische Übersetzung des Rufinus, erarb. v. Theodor Mommsen. 3 Teile, Leipzig 1903–1909 (Die griechischen christlichen Schriftsteller der ersten drei Jahrhunderte 9,1–3).

SCHINDEL (Hg.) 1999
Ulrich Schindel, Ein unidentifiziertes „Rhetorik-Exzerpt": der lateinische Theon, Göttingen 1999 (Nachrichten der Akademie der Wissenschaften in Göttingen I [Philol.-hist. Kl.] 1999, Nr. 2).

SELECT PAPYRI ED. PAGE
Select Papyri. III: Literary Papyri – Poetry. Texts, Translations and Notes by D. L. Page, revised edn. London – Cambridge (Mass.) 1950 (= 1942; Loeb Classical Library 360).

STATIUS ED. VOLLMER 1898
P. Papinii Statii Silvarum libri. Hg. u. erkl. v. Friedrich Vollmer, Leipzig 1898, ND Hildesheim 1971.

Theon ed. Patillon

Aelius Théon, Progymnasmata. Texte établi et traduit par Michel Patillon et Giancarlo Bolognesi, Paris 1997 (Collection des Universités de France, série grecque, 374).

Verg. Aen. ed. Williams 1977

R. D. Williams, The Aeneid of Virgil, books 7–12, edited with introduction and notes, Basingstoke – London 1977 (= 1973).

Vitruv ed. Gros 1990

Vitruve, De l'architecture, livre III. Texte ét., trad. et comm. par Pierre Gros, Paris 1990 (Collection des Universités de France).

Waltz (éd.) 1960

Anthologie grecque. Première partie: Anthologie Palatine. Tome I: Livres I–IV, Texte établi et traduit par Pierre Waltz, Paris ²1960 (Collection des Universités de France).

2. Antike Texte in frühneuzeitlichen Ausgaben

Aphthonii Progymnasmata, partim a Rodolpho Agricola, partim a Johanne Maria Catanaeo, Latinitate donata, cum scholiis R(einardi) Lorichii. Nouissima editio, superioribus emendatior, et concinnior (…), Amsterodami apud Ludouicum Elzeuirium MDCXLV. [1. Ausg. 1542]

M. Valerii Martialis epigrammaton libri omnes, nouis commentariis multa cura studioque confectis explicati, illustrati … a Matthaeo Radero, de Societate Iesu. Ingolstadii ex typographeo Adami Sartorii, Anno Domini M.DCII.
VD 17

P. Papinii Statii Silvae variorum expositionibus illustratae. Opus Emer(ici) Crucei cura recognitum et recentis commentarii accessione auctum, Parisiis sumptibus Thomae Blaise, MDCXVIII.

P. Vergilii Maronis opera quae quidem exstant omnia cum veris … commentariis … summa cura ac fide a Georgio Fabricio Chemnicense emendatis …, Basileae per Henricum Petri MDLXI.
VD 16 V 1365; vgl. Schneider 1982, 82f. n° D 24

Symbolarum libri XVII quibus P. Virgilii Maronis Bucolica, Georgica, Aeneis ex probatissimis auctoribus declarantur, comparantur, illustrantur. Per Iacobum Pontanum de Societate Jesu, Augustae Vindelicorum ad insigne pinus, Anno Christi MDIC.
VD 16 V 1402; vgl. Schneider 1982, 86f. n° D 29

M. Vitruvii Pollionis De architectura libri decem, cum commentariis Danielis Barbari, electi Patriarchae Aquileiensis, (…), Venetiis apud Franciscum Franciscium Senensem et Ioan(nem) Crugher Germanum, MDLXVII.

M. Vitruvii Pollionis de architectura libri decem ad Caes(arem) Augustum omnibus omnium editionibus longe emendatiores, collatis veteribus exemplis. Accesserunt Guilielmi Philandri Castilionij, ciuis Romani, annotationes castigatiores et plus tertia parte locupletiores (…). MDLXXXVI apud Ioan(nem) Tornaesium typogr(aphum) Reg(ium) Lugd(unensem).

3. Texte des Mittelalters und der Frühen Neuzeit

AEGIDIUS GALLUS ED. QUINLAN-MCGRATH
Mary Quinlan-McGrath, Aegidius Gallus, *De Viridario Augustini Chigii Vera libellus*. Introduction, Latin Text and English Translation, Humanistica Lovaniensia 38, 1989, 1–99.

Rudolf AGRICOLA, De inventione dialectica libri tres – Drei Bücher über die Inventio dialectica. Auf der Grundlage der Edition von Alardus von Amsterdam (1539) krit. hg., übers. u. komm. v. Lothar MUNDT, Tübingen 1992 (Frühe Neuzeit 11).

Leon Battista ALBERTI, L'Architettura (De re aedificatoria). Testo latino e traduzione a cura di Giovanni ORLANDI, introduzione e note di Paolo PORTOGHESI. 2 Bde., Milano 1966 (Classici italiani di scienze techniche e arti; Trattati di architettura 1).

ASTERIUS of Amasea, Homilies I–XIV. Text, introd. and notes by C. DATEMA, Leiden 1970.

Germani AUDEBERTI Aurelii, Galliarum Regis ac D(ivi) Marci Veneti Equitis Torquati, Venetiae. Roma. Parthenope. Postrema editio ab auctore ante obitum recognita et emendata, Hanoviae typis Wechelianis, apud Claudium Marnium et heredes Ioan(nis) Aubrij MDCIII.
VD 17

BALDI 1612
De verborum Vitruvianorum significatione, sive perpetuus in M. Vitruvium Pollionem commentarius. Auctore Bernardino Baldo Urbinate, Guastallae abbate, (…), Augustae Vindelicorum ad insigne pinus. Anno MDCXII.
VD 17

BARTHOLOMAEI COLONIENSIS Eclogae bucolici carminis / Silva carminum. Eingel., hg., übers. u. m. Anm. vers. v. Christina MECKELNBORG u. Bernd SCHNEIDER, Wiesbaden 1995 (Gratia 26).

Ettore Bolisani, La Partenice Mariana di BATTISTA MANTOVANO (Introduzione, testo latino e versione metrica, note), Padova 1957.

Francisci BENCII e Societate Jesu Orationes et Carmina cum Disputatione de Stylo et Scriptione. Editio secunda, cui praeter multa poemata accessit oratio de morte et rebus gestis Illustriss(imi) Principis Alexandri Farnesii Ducis Parmensis. Ingolstadii, excudebat David Sartorius. Anno MDXCV. [zuerst: Rom 1590]

Iacobi BIDERMANNI e Societate Iesu Heroidum epistolae. Dilingae, formis Academicis, M.DC.XXXXII.
VD 17; Volltext: www.uni-mannheim.de/mateo/camena/bider5/te01.html

763

Blosius Palladius ed. Quinlan-McGrath

Mary Quinlan-McGrath, Blosius Palladius, *Suburbanum Augustini Chisii*. Introduction, Latin Text and English Translation, Humanistica Lovaniensia 39, 1990, 93–156.

Johann Bocer, Sämtliche Eklogen. Mit einer Einführung in Leben und Gesamtwerk des Verfassers hg., übers. u. komm. v. Lothar Mundt, Tübingen 1999 (Frühe Neuzeit 46).

Varia Sebastiani Brant carmina, Straßburg: Grüninger, 1498.
GW 5069

Bzovius 1619

Pontifex Romanus, seu De præstantia, officio, auctoritate, virtutibus, felicitate, rebusque praeclare gestis Summorum Pontificum, a D. Petro usque ad Paulum Quintum, commentarius R. P. Fr. Abrahami Bzouij, S. T. Magistri, Ord. Præd. Ad Sereniss(imum) Inuictissimumque Sigismund(um). III. Poloniæ, Sueciæ, Gothorum et Vandalorum Regem. Coloniae Agrippinae, apud Antonium Boetzerum, M.DC.XIX.
VD 17

Eustachii Cnobelsdorfii carmina Latina ed., praefationem instrux., annotat. illustr. Georgius Starnawski, Cracoviae 1995 (Corpus antiquissimorum poetarum Poloniae Latinorum usque ad Johannem Cochanovium 8).

Const. Porph. de caerim. ed. Vogt

Constantin VII Porphyrogénète, Le Livre des Cérémonies. Tome I: Livre I, chapitres 1–46 (37). Texte établi et traduit par Albert Vogt, Paris ²1967 (= 1935; Collection byzantine).

Basilicae S. Mariae Maioris de Vrbe a Liberio Papa I usque ad Paulum V Pont. Max. descriptio et delineatio, auctore Abbate Paulo de Angelis. Lib. XII. Romae, ex typographia Bartholomaei Zannetti. MDCXXI.

Panoplia Sanctorum, seu Conciones et discursus in anni festa, encomiis, sententijs, similitudinibus, doctrinis, ex variis auctoribus muniti, cum sexduplici indice, et appendice contionum encaenialium. Accedit Zachaeus domum Dei zelans, compilante R. P. F. Joanne Dedinger, O. P., Monachij, typis et impensis Joannis Jaecklini typographi electoralis, et Bibliopolae, 1673.
VD 17

Dieterich 1626

Institutiones oratoriae sive De conscribendis orationibus, e veterum et recentiorum oratorum praeceptis methodica introductio, in usum illustris Paedagogii Giesseni conscripta variisque exemplis illustrata a Cunrado Dieterich S(anctissimae) Th(eologiae) Doct(ore), ecclesiar(um) Ulmensium superintendente. Editio IX. correctior (…), Erphordiae excudebat Christophorus Mechler impensis Johannis Episcopi Bibl(iopolae), Anno M.DC.XXVI. [zuerst: Gießen 1613].

Joachim Du Bellay, Oeuvres poétiques VII. Oeuvres latines: Poemata. Texte prés., ét., trad. et annoté par Geneviève Demerson. Avec une préface d'Alain Michel, Paris 1984 (Textes français modernes 179).

ERASMUS 1540
Des(ideri) Erasmi Rot(erodami) operum secundus tomus, adagiorum chiliades quatuor cum sesqui-
centuria complectens, ex postrema ipsius autoris recognitione accuratissima, quibus non est quod
quicquam imposterum uereare accessurum, Basileae ex officina Frobeniana an. M.D.XL. [ersch.
1542]
VD 16 E 1861

Opera omnia Desiderii ERASMI Roterodami I, 6: De copia verborum ac rerum ed. Betty I. KNOTT,
Amsterdam (u.a.) 1988.

FRISCHLIN 1575
Carmen de astronomico horologio Argentoratensi, scriptum a M. Nicodemo Frischlino Balingensi,
Academiae Tubingensis Professore. Item de eodem schediasma Guilielmi XYLANDRI Augustani.
Argentorati excudebat Nicolaus Wyriot, MDLXXV.
VD 16 F 2918; Muller 561 n° 27

FRISCHLIN 1598
Operum poeticorum Nicodemi Frischlini Balingensis (…) pars epica continens sedecim heroico-
rum carminum libros (…) qui nunc demum (…) eduntur opera et studio M. Georgii Pfluegeri
Ulmani (…), Argentorati excudebant haeredes Bernh. Iobini anno M.D.XCVIII.
VD 16 F 2903; Muller 603 n° 31
Volltext: www.uni-mannheim.de/mateo/camena/frisc3/te01.html

FRISCHLIN 1599
Nicodemi Frischlini Balingensis Hebraeis, continens duodecim libros quibus tota regum Iudaico-
rum, et Israeliticorum historia, ex sacris literis ad verbum desumpta, carmine heroico Virgiliano
describitur. Opus posthumum (…) in lucem prolatum ductu et auspicio Martini Aichmanni (…),
opera uero et studio Vlrici Bollingeri P. L. illustris scholae Bebenhusanae rectoris, Argentorati ex
officina typographica Iobiniana anno MDXCIX.
VD 16 F 2935; Muller 604 n° 38
Volltext: www.uni-mannheim.de/mateo/camena/frisc2/te01.html

Sacellum Gregorianum Laurentii FRIZOLIi, Romae ex typographia Dominici Basae 1582.

FRIZOLI ED. VALENTINO 1584
Sacellum Gregorianum ex ipso opere, ut extat, descriptum [sic!] et iam primum in lucem editum
ab Ascanio Valentino, Ingolstadt: Eder, 1584.
VD 16 V 110

Achille GAGLIARDI, Commentaire des *Exercices spirituels* d'Ignace de Loyola (1590), suivi de Abrégé de
la perfection chrétienne (1588). Introduction par André Derville s.j., traduction par Francis Joseph
LEGRAND, Joanna Kiryllo, François Évain, Claude Flipo, Paris 1996 (Collection Christus, textes,
83).

Laurentij GAMBARAE Brixiani Poemata, Antverpiae ex officina Christophori Plantini MDLXIX.

Laurentii GAMBARAE Brixiani Caprarola, Romae apud Franciscum Zanettum 1581.

Descriptiones poeticae ex probatioribus poetis excerptae, quas in hac noua editione uberius locuple-
tatas publicè utilitati exponit P. Jo. Baptista GANDUTIUS Societatis Jesu. Cum indice descriptionum omnium uberrimo. Coloniae apud Wilh. Metternich bibl(iopolam) Anno 1698.
VD 17

Annales Michaeli GLYCAE Siculi … nunc primum Latinam in linguam transscripti et editi per Io(an-
nem) LEVVENCLAIVM ex Io. Sambuci V. C. bibliotheca (…), Basileae per Episcopios M.D.LXXII.
VD 16 G 2264

GROPP 1748a
Wirtzburgische Chronick deren letzteren Zeiten, oder Ordentliche Erzehlung deren Geschichten
(…), welche in denen dreyen letzteren Hundert-Jahr-Lauffen, das ist von dem Jahr 1500. bis anhero in dem Hoch-Stifft Wirtzburg und Francken-Landt bey Geistlich- und Weltlichen Weesen
sich zugetragen (…) zusammen getragen von P. Ignatio GROPP (…). Erster Theil von dem Jahr
1500. biß 1642., Wirtzburg 1748.

Gropp 1748b: siehe 2.b Gedruckte Quellen

François HALKIN (éd.), Euphémie de Chalcédoine: Légendes byzantines. Appendice par Paul Canart,
Bruxelles 1965 (Subsidia hagiographica 41).

M. Joh(annis) Baptistae HEBENSTREITTi Aug(ustani) in Danielem suum hypomnemata philologica,
ut et diatribae duae de scriptione dramatica, Ulmae: Meder, 1634.
VD 17

Moritz HELING, Libellus versificatorius ex Graecis et Latinis scriptoribus collectus et secundum al-
phabeti seriem in locos communes digestus pro auditoribus humaniores literas, artes et facultates
in celebri Academia Altorphiana Noribergensium discentibus, cum praefatione apologetica pro
D. Philippo Melanchthone (…), Noribergae in officina typographica Catharinae Gerlachiae anno
MDXC.
VD 16 H 1669

Helius Eobanus HESSUS, Noriberga Illustrata, und andere Städtegedichte. Hg. v. Joseph NEFF, Berlin 1896 (Lateinische Litteraturdenkmäler des XV. und XVI. Jahrhunderts 12).

Helius Eobanus HESSUS, Dichtungen. Lateinisch u. deutsch. Hg. u. übers. v. Harry VREDEVELD. 3:
Dichtungen der Jahre 1528–1537, Bern u. a. 1990 (Mittlere deutsche Literatur in Neu- und Nach-
drucken 39).

HUMANISTISCHE LYRIK
Wilhelm Kühlmann – Robert Seidel – Hermann Wiegand (Hgg.), Humanistische Lyrik des
16. Jahrhunderts. Lat. u. dt. in Zusammenarbeit mit Christof Bodamer, Lutz Claren, Joachim Hu-
ber, Veit Probst, Wolfgang Schibel u. Werner Straube ausgew., übers., erl. u. hg. v. …, Frankfurt/
Main 1997 (Bibliothek der frühen Neuzeit 5; Bibliothek deutscher Klassiker 146).

KODINOS ED. DOUSA 1596

Γεωργίου τοῦ Κωδινοῦ παρεκβολαὶ ἐκ τῆς βίβλου τοῦ χρονικοῦ περὶ τῶν πατρίων τῆς Κωνσταντινουπόλεως. Georgii Codini selecta de originibus Constantinopolitanis, nunc primum in lucem edita; interprete Georgio DOUSA, Iani F. [Heidelberg:] Apud Hieronymum Commelinum, Anno MDXCVI.

VD 16 C 4463

LANGOSCH (Hg.) 1954

Karl Langosch, Hymnen und Vagantenlieder. Lateinische Lyrik des Mittelalters mit deutschen Versen, Darmstadt 1954 und Nachdrucke.

Idea poeseos, siue Methodica institutio de praeceptis, praxi, et usu artis, ad ingeniorum culturam, animorum oblectationem ac morum doctrinam accomodata auctore P. Franc(isco) NEUMAYR, Societatis Jesu. Monachii et Ingolstadii, sumptibus Ioan(nis) Franc(isci) Xav(erii) Crätz, bibliopolae acad(emici), et Thomae Summer, Augustae Vindelicorum. 1755.

NIKOLAOS MESARITES: Description of the Church of the Holy Apostles at Constantinople. Greek Text edited with translation, commentary and introduction by Glanville DOWNEY, Transactions of the American Philosophical Society N. S. 47.6, 1957, 855–924.

PARNASSUS SOCIETATIS IESU

Parnassus Societatis Iesu: hoc est, poemata patrum Societatis, quae in Belgio, Gallia, Germania, Hispania, Italia, Polonia etc. vel hactenus excusa sunt, vel recens elucubrata nunc primum evulgantur: studiose conquisita, accurate recensita, et in aliquot classes divisa (…), Francofurti sumptibus Iohan(nis) Godofredi Schönwetteri. M.DC.LIV.

VD 17

PASSIO MAIOR S. KYLIANI ED. EMMERICH

Der heilige Kilian – Regionarbischof und Martyrer. Historisch-kritisch dargestellt von Franz Emmerich, Würzburg 1896.

PASSIO MINOR S. KILIANI ED. LEVISON

Passio Kiliani martyris Wirziburgensis, in: Monumenta Germaniae historica. Scriptores rerum Merovingicarum 5. Edd. Bruno Krusch et Wilhelm Levison, Hannover – Leipzig 1910, 711–728.

Johannes Franciscus de PAVINIS: Rede auf den heiligen Leopold. Lateinisch und deutsch. Kritisch hg. und übersetzt von Ludwig BIELER, Innsbruck – Wien 1936.

POLZMANN 1591

Compendium uitae, miraculorum S. Leopoldi, sexti Marchionis Austriae, cognomento Pii, qui … anno 1484 … est canonizatus. Conscriptum a Balthasare Polzmanno Austriaco, praeposito Claustroneuburgensi. Anno M.D.XCI. in Archiducali Neuburgensi monasterio excudebat Leonhardus Naßingerus.

VD 16 P 4123

POMARIUS 1583a

Turris Iacobaea, in ueteri urbe Magdeburga, illustrissimi Principis … Domini Iulii, Ducis Brunsuicensis et Lunaeburgensis etc. munificentia, inclyti senatus Magdeburgensis subsidio … nuper instaurata … carmine descripta a M. Iohanne Pomario P. L. ad D. Petrum Magdeburgi pastore. Magdeburgi excudebat Andreas Gehen M.D.LXXXIII.
VD 16 B 912

POMARIUS 1583b

Beschreibung des newen S. Jacob Thorms, jtzt Juliushuet genant, so in der Alten Stadt Magdeburgk … newlich wider … erbawet worden ist … in druck gegeben durch M. Johannem Pomarium P. L. zu S. Peter in der Alten Stadt Magdeburg Pfarhern. Gedruckt in der Alten Stadt Magdeburg durch Paul Donat. [1583].
VD 16 B 913

PONTANUS 1594a

Jacobi Pontani de Societate Jesu Poeticarum Institutionum libri III. Eiusdem Tyrocinium Poeticum, Ingolstadii ex typogaphia Davidis Sartorii anno MDXCIV.
VD 16 S 8137; Volltext: www.uni-mannheim.de/mateo/camena/pont2/te01.html

PONTANUS 1594b

Jacobi Pontani de Societate Jesu Progymnasmatum Latinitatis, siue dialogorum uoluminis tertij pars posterior, cum annotationibus: De uariis rerum generibus. Ingolstadij, excudebat David Sartorius, Anno MDXCIV.
VD 16 S 8152

Hieronymi PRADI et Ioannis Baptistae VILLALPANDI e Societate Iesu in Ezechielem explanationes et Apparatus Urbis, ac Templi Hierosolymitani commentariis et imaginibus illustratus. Opus tribus tomis distinctum, Romae 1596–1604.

PREGER

Scriptores originum Constantinopolitanarum. Recensuit Theodorus Preger. Fasciculus prior: Hesychii Illustrii Origines Constantinopolitanae, Anonymi Enarrationes breves chronographicae, Anonymi Narratio de aedificatione templi s. Sophiae, Leipzig 1901 (ND 1989).

Borbonias Abrahami REMMII, sive Ludouici XIII. Franc(iae) et Navar(rae) Regis Christianissimi, contra rebelles victoriae partae ac triumphi. Pars secunda, Parisiis ex typographia Ioannis Martini [1623].
BNF: Y 2634 A

RENAISSANCE LATIN VERSE

Renaissance Latin Verse. An Anthology, compiled by Alessandro PEROSA and John SPARROW, London 1979.

REYSMANN EDD. BOSSERT – KENNEL

Gustav Bossert – Albert Kennel (Hgg.), Theodor Reysmann und sein Lobgedicht auf Speier, Mitteilungen des Historischen Vereines der Pfalz 29/30, 1907, 156–248.

Cesare RIPA, Iconologia. Edizione pratica a cura di Piero BUSCAROLI. Prefazione di Mario Praz, Milano 1992 (I Tascabili degli Editori Associati 2).

ROMANCIERS ED. ADAM

Romanciers du XVIIe siècle: Sorel – Scarron – Furetière – Madame de la Fayette. Textes présentés et annotés par Antoine ADAM, Paris 1958 (Bibliothèque de la Pléïade 131).

Maximiliani SANDAEI e Societate Jesu Doctor(is) Theol(ogiae) et Herbipoli Profess(oris) Commentatio Academica, de donario cordis Rev(erendissi)mi et Jll(ustrissi)mi Julii, Episcopi Herbipolensis, Franciae Orientalis Ducis, S(acri) R(omani) I(mperii) Principis, in funere habita. Herbipoli anno M.DC.XVIII. Excudebat Stephanus Fleischmann.
VD 17

SANNAZ. P. V.

Iacopo Sannazaro, De partu Virginis. A cura di Charles Fantazzi e Alessandro Perosa, Firenze 1988 (Studi e testi 17).

Iulius Caesar SCALIGER, Poetices libri septem. Sieben Bücher über die Dichtkunst. Bd. III: Buch 3, Kap. 95–126. Buch 4. Hg., übers., eingel. u. erl. v. Luc DEITZ, Stuttgart-Bad Cannstatt 1995.

De duodecim sanctis Domini Nostri Iesu Christi apostolis disputatio, in centum assertiones tributa. Quae in Academia Herbipolensi habebitur, praesidente e Societate Iesu R. P. Francisco Rapedio S(anctissimae) Theol(ogiae) Doctore: respondente Nicolao SERARIO eiusdem S(anctissimae) Theologiae auditore, Wirtzburgi ex officina Henrici Aquensis, 1584.
VD 16 S 5991

Moguntiacarum rerum ab initio usque ad Reuerendissimum et illustrissimum hodiernum archiepiscopum, ac Electorem, Dominum D. Ioannem Schwichardum, libri quinque, auctore Nicolao SERARIO Societatis Jesu (…), 1604 Moguntiae apud Balthasarem Lippium.
VD 17

SILVANUS ED. REINEKE 1996

Ilse Reineke (Hg.), C. Silvani Germanici in pontificatum Clementis Septimi Pont. Opt. Max. panegyris prima. In Leonis Decimi Pont. Max. statuam sylva. Text mit Einleitung, Humanistica Lovaniensia 45, 1996, 245–318.

Poematum Iohannis STIGELii liber II. continens sacra. Ienae, excudebat Donatus Richtzenhain et Thomas Rebart. Anno MDLXVI.
VD 16 S 9093; Volltext: www.uni-mannheim.de/mateo/camena/stigel1/te01.html

Abt SUGER von Saint-Denis – Ausgewählte Schriften. Ordinatio – De consecratione – De administratione, hg. v. Andreas SPEER u. Günther BINDING, Darmstadt 2000.

SURIUS 1573

De probatis sanctorum historiis, partim ex tomis Aloysii Lipomani, doctissimi episcopi, partim etiam ex egregiis manuscriptis codicibus, quarum permultae antehac nunquam in lucem prodiere, nunc recens optima fide collectis per F. Laurentium Surium Carthusianum. Tomus quartus, complectens sanctos mensium Iulii et Augusti. Coloniae Agrippinae, apud Geruinum Calenium et haeredes Quentelios, anno M.D.LXXIII.

VD 16 S 10255

SURIUS 1618

De probatis sanctorum uitis, quas tam ex mss. codicibus, quam ex editis authoribus R. P. Fr. Laurentius Surius Carthusiae Coloniensis professus primum edidit, et in duodecim menses distribuit. [5.:] Maius, Coloniae Agrippinae, sumptibus Ioannis Kreps et Hermanni Mylij, anno MDCXVIII.

VD 17

THEODERICUS, Libellus de locis sanctis. Hg. v. Marie Luise u. Walther BULST, Heidelberg 1976 (Editiones Heidelbergenses 18).

TRIUMPHUS EDD. BAUER – LEONHARDT

Barbara Bauer – Jürgen Leonhardt (Hgg.), Triumphus Diui Michaelis Archangeli Bavarici – Triumph des Heiligen Michael, Patron Bayerns (München 1597). Einleitung – Text und Übersetzung – Kommentar, Regensburg 2000 (Jesuitica 2).

TROPHAEA ED. HESS 1997

Günter Hess – Sabine M. Schneider – Claudia Wiener (Hgg.), Trophaea Bavarica – Bayerische Siegeszeichen. Faksimilierter Nachdruck der Erstausgabe München 1597 mit Übersetzung und Kommentar. Bearb. v. Thomas Breuer, Joachim Hamm, Gottfried Kühnl, Erich Kunkel, Jörg Robert, Stefan Römmelt, Ulrich Schlegelmilch, Sabine M. Schneider u. Claudia Wiener, Regensburg 1997 (Jesuitica 1).

Casparis Ursini VELII e Germanis Slesii poematum libri quinque, ex inclyta Basilea apud Ioannem Frobenium 1522.

VD 16 U 366; Volltext: www.uni-mannheim.de/mateo/camena/urs/te01.html

VIDA, CHRIST.

Marco Girolamo Vida's The Christiad. A Latin-English Edition. Ed. and transl. by Gertrude C. Drake and Clarence A. Forbes, Carbondale – Edwardsville – London – Amsterdam 1978.

Jakob WIMPFELING, Lob des Speyerer Doms – Laudes ecclesiae Spirensis. Faksimile der Inkunabel von 1486, Pfälzische Landesbibliothek Speyer, Inc. 141. Edition, Übersetzung und Kommentar von Reinhard DÜCHTING und Antje KOHNLE, Wiesbaden 1999.

Nicephori Callisti XANTHOPULI scriptoris vere Catholici Ecclesiasticae historiae libri decem et octo … opera … ac studio … Ioannis Langi … translati, nuncque denuo castigatiores … in lucem editi. (…) Adiecimus … Magni Aurelii Caßiodori Tripartitam, quam vocant, historiam (…). Parisiis apud Hieronymum de Marnef et Gulielmum Cavellat, 1576.

2. Quellen

a. Ungedruckte Quellen

AAEB

A 37/1	Collegium Societatis Jesu Bruntruti (fondation, organisation)
A 37/2	Collegium Societatis Jesu Bruntruti (bâtiments, église, etc.)
	– no. 2 Considerationes quaedam circa nouum Collegij aedificium
A 38–40/2	Collegia S.J. in et extra Episcopatum Basileensem in genere 1577–1786
Cod. 348	Missiüae Latinae ab anno 1588. usque ad 1608 inclusiué.
Cod. 357	Missiüen Büech de annis 1604 et 1605

ABR

2 G 300/6	Synopsis ortus et progressus Collegii S.J. Molshemii ab Anno MDLXXVII ad Annum MDCXXXVI

AMSJ

O I 45	Annales Collegij Monacensis 1574–1708

ARSI

Germ. 141	Epistolae Germaniae Annuae 1572–1593
	– fol. 204^r–207^r Georgius Baderus, (Germaniae superioris litterae annuae) 1584
Germ. 159	Epistolae Germaniae 1581–1582
	– fol. 261–262 Franz Coster an Claudio Aquaviva, Würzburg 9.1.1582
Germ. 169	Epistolae Germaniae 1591
	– fol. 261–264 Jakob Ernfelder an Claudio Aquaviva, Würzburg 15.9.1591
Germ. sup. 20	Catalogi triennales 1587–1611
	– fol. 79–81 Catalogus Collegij Monachiensis Anni 1597
Germ. sup. 65	Germania superior: Historia 1592–1599
	– fol. 184–189 Annales Collegij Monachiensis A(nn)i 1597
Germ. sup. 66	Germania superior: Historia 1600–1630
	– fol. 16–17 Annuarum SJ anni MDCIV per Germaniam – Porrentruy
	– fol. 24–25 Annuae Collegij Brunt⟨rut⟩ani 1604
Germ. sup. 95	Historia 1575–1693 (Varia historica 1575–1686)
	– fol. 140–143 Epitome historica Collegij Monachiensis 1586–1638
Germ. sup. 119	Dimissi e provinciis Germaniae superioris et Bavariae 1564–1773
Lith. 39	Lithuaniae et Poloniae Historia 1638–1648, vol. II
	– fol. 153–158 Puncta pro historia Soc. Jesu ex Polonia annorum 1645–1648
	– fol. 193^r–194^r Annuae litterae residentiae Bydgostiensis Soc. Jesu 1646–48
	– fol. 301^r–302^v Historia Collegii Bidgostiensis 1649–1650
Pol. 11	Polonia: Catalogi triennales 1642. 1645. 1649
	– fol. 231–232 Catalogus primus Bidgost. 1649
Pol. 12	Poloniae Catalogi triennales 1649–1651
	– fol. 10–11 Catalogus primus Bidgost. (4. Juli 1649)
Pol. 52	Poloniae historica 1624–1645
	– fol. 83^r Litterae annuae domus Bidgostiensis 1631

	– fol. 145ᵛ–146ʳ Litterae annuae residentiae Bidgostiensis 1638
	– fol. 310ʳ–311ʳ Continuatio hystoriae residentiae Bidgostiensis SJ 1642–1645
Pol. 66	Polonia: Hist(oria) et Ann(ales) 1566–1642
	– fol. 7ʳ–8ʳ Continuatio historiae residentiae Bidgostiensis 1636–1639
Rh. inf. 37	Rheni inferior: Catalogi breues et triennales 1560–1639
Rh. inf. 48	Rheni: historia 1578–1628; Rheni inferior: historia 1626–1631
	– fol. 26–30 F. Rapedius, Annuae prouinciae Rhenanae anni 1593
	– fol. 190–216 Prouincia Rhenana anni 1616 (fol. 208–211: Collegium Bambergense)
Rh. inf. 74	Provinciarum Rheni, Rheni inferioris et Rheni superioris varia documenta 1555–1728
	– fol. 6–44 Materialien zum Würzburger Jesuitenkolleg 1592–1595
Rh. sup. 29	Rheni inferior et Rheni superior: historia 1575–1649
	– fol. 114–117 Annuae Soc. Jesu provinciae Rheni Superioris 1618

BA Trier

Abt. 40 No. 215	Visitationsakten (Quaestiones synodales) 1869
Abt. 40 No. 296	Visitationsakten (Quaestiones synodales) 1900
Abt. 70 No. 4069	Schriftverkehr Generalvikariat Trier – Pfarrei Sarmsheim 1825

BayHStA

Jesuitica 2268	Historia Collegij Monacensis Societatis Jesu (1587–1632)

BiCJ (fa)

ms. de origine Collegii Bruntrutani	(= Fonds Vautrey, carton „Collége [!] de Porrentruy")
	De origine Collegii Bruntrutani Fondati circa annum 1591
	Abschrift/Exzerpte L. Vautreys (19. Jh.)

BSB

Cgm 3090	Bartholomäus Gundelfinger (?), Chronik von Ulm bis 1699, 1705.
	– fol. 318–320 IX. Über Ulms Kirchen / Von der Kirchen zur Heiligen Dreyfaltigkeit

EKAR

251	Grundsteinlegung, Bau und Einweihung der Dreieinigkeitskirche 1623–1631

SBB

Cod.R.B.Msc. 64	Liber I historiae Bambergensis Societatis Jesu a primo nostrorum in hanc ciuitatem aduentu et consecuta rerum Societatis in ea progressione usque ad annum Christi MDCCXX Collegij centesimum decimum
Cod.R.B.Msc.65/1	Litterae Annuae Collegii SJ Bambergensis tom. I (1611–1709)
Cod.R.B.Msc.66	Litterae Annuae Collegii SJ Bambergensis 1614–1659 (s.XVIII)

StAWü

WDKP 1591	Würzburger Domkapitelsprotokolle 1591 (= WDKP Bd. 47)

b. Gedruckte Quellen

AGRICOLA 1729

Historia provinciae Societatis Jesu Germaniae Superioris, pars secunda ab anno 1591. ad 1600., authore Ignatio Agricola Societatis Jesu sacerdote, Augustae Vindelicorum 1729.

DACHEUX 1867/69

[Léon Dacheux], Histoire du collége épiscopal de Molsheim, Revue catholique d'Alsace 9, 1867, 325–335. 472–484; 11, 1869, 389–396. 464–467.

DIRECTORIA

Directoria Exercitiorum Spiritualium (1540–1599). Edidit, ex integro refecit et nouis textibus auxit Ignatius Iparraguirre S.I., Romae 1955 (Monumenta historica Societatis Iesu 76; Monumenta Ignatiana II: Exercitia spiritualia sancti Ignatii de Loyola et eorum directoria, nova editio, 2).

ESCHENLOHR-BOMBAIL

Annales ou Histoire du Collège de Porrentruy depuis l'an du Seigneur 1588. Texte établi, traduit et annoté par Corinne Eschenlohr-Bombail, sous la direction scientifique d'André Schneider et Michel Boillat. Vol. I: 1588–1700, vol. II: 1701–1771, Porrentruy 1995/1996.

FREYTAG 1831

Virorum doctorum epistolae selectae, ad Bilib(aldum) Pirchheymerum, Joach(im) Camerarium, Car(olum) Clusium et Julium episc(opum) Herbip(olensem) datae, ex autographis nunc primum edidit et illustravit Theod(orus) Frid(ericus) Freytagius, Lipsiae 1831.

GROPP 1741

Collectio novissima scriptorum et rerum Wirceburgensium a saeculo XVI. XVII. et XVIII. hactenus gestarum (…), opera et studio P. Ignatio Gropp. Tomus I. ab anno 1495 usque ad annum 1617, Francofurti MDCCXLI.

Gropp 1748a: siehe 1.b.3 Texte des Mittelalters und der Frühen Neuzeit

GROPP 1748b

Collectionis novissimae scriptorum et rerum Wirceburgensium tomus III – Neueste Sammlung von allerhand Geschicht-Schrifften Begebenheit- und Denckwürdigkeiten, welche in denen dreyen letzteren Hundert-Jahr-Lauffen, das ist von dem Jahr 1500. bis anhero in dem Hoch-Stifft Wirtzburg und Francken-Landt bey Geistlich- und Weltlichen Weesen sich zugetragen (…) Von P. Ignatio Gropp, Wirtzburg 1748.

IGNATIUS 1909

Sancti Ignatii de Loyola Societatis Iesu fundatoris epistolae et instructiones VIII, Madrid 1909 (Monumenta historica Societatis Iesu; Monumenta Ignatiana, series I, 8).

IGNATIUS 1967

Ignatius von Loyola, Geistliche Übungen. Übertragung u. Erklärung v. Adolf Haas, Freiburg u. a. [7]1985 (= 1967).

IGNATIUS ED. DE DALMASES 1969

Sancti Ignatii de Loyola Exercitia Spiritualia. Textuum antiquissimorum nova editio – Lexicon textus Hispani. Opus inchoavit Iosephus Calveras S.I., absolvit Candidus de Dalmases S.I., Romae 1969 (Monumenta historica Societatis Iesu 100; Monumenta Ignatiana, series II, nova editio, 1). – *Zitate aus dieser Ausgabe folgen der* Versio Vulgata.

KOHLER 1990

Alfred Kohler (Hg.), Quellen zur Geschichte Karls V., Darmstadt 1990 (Freiherr-vom-Stein-Gedächtnisausgabe B 15).

LITTERAE ANNUAE 1586

Annuae Litterae Societatis Iesu anni MDLXXXIV. Ad patres et fratres eiusdem societatis. Romae in collegio eiusdem societatis, MDLXXXVI.

LITTERAE ANNUAE 1594

Litterae Societatis Iesu duorum annorum MDCX et MDCXI. Ad patres et fratres eiusdem societatis, Romae in collegio eiusdem societatis MDXCIV.

LITTERAE ANNUAE 1607

Annuae Litterae Societatis Iesu Anni MDXCVII. Patribus fratribusque Societatis Iesu. Neapoli ex typographia Tarquinij Longi MDCVII.

LITTERAE ANNUAE 1618

Annuae Litterae Societatis Iesu Anni M.DC.IV. Ad patres et fratres eiusdem Societatis. Duaci ex officina viduae Laurentii Kellami et Thomae filij eius (...) M.DC.XVIII.

LUKÁCS

Monumenta paedagogica Societatis Iesu. Editionem ex integro refecit nouisque textibus auxit Ladislaus Lukács S.I. [Wechselnde Untertitel; ab vol. V: Noua editio penitus retractata], 7 Bde., Romae 1965–1992 (Monumenta historica Societatis Iesu 92. 107. 108. 124. 129. 140. 141).

LURZ 1908

Mittelschulgeschichtliche Dokumente Altbayerns, einschließlich Regensburgs, gesammelt und mit einem geschichtlichen Überblick versehen v. Georg Lurz. II: Seit der Neuorganisation des Schulwesens in der zweiten Hälfte des 16. Jahrhunderts bis zur Säkularisation, Berlin 1908 (Monumenta Germaniae paedagogica 42).

MARIANUS 1598

Demonstratio una, de mille, uanitatis ministrorum uerbi pseudoeuangelici, in uicem remunerationis seu ἀντιδώρου, edita a Christophoro Mariano Augustano, theologo, quem a Catholica Romana Ecclesia discessisse uanissime iactitarunt, Ingolstadii ex off(icina) typogr(aphica) Adami Sartorii anno Domini MDXCVIII.
VD 16 M 1617

PACHTLER 1894

Ratio studiorum et Institutiones Scholasticae Societatis Jesu per Germaniam olim vigentes collectae concinnatae dilucidatae a G(eorgio) M(ichaele) Pachtler SJ. Tomus IV: (…) Monumenta quae pertinent ad gymnasia, convictus (1600–1773) itemque ad rationem studiorum (anno 1832) recognitam. Adornavit ediditque B(ernhard) Duhr SJ, Berlin 1894, ND Osnabrück 1968 (Monumenta Germaniae paedagogica 16).

PAPEBROCH ED. KINDERMANN 2002

Udo Kindermann, Kunstdenkmäler zwischen Antwerpen und Trient. Beschreibungen und Bewertungen des Jesuiten Daniel Papebroch aus dem Jahre 1660. Erstedition, Übersetzung und Kommentar, Köln – Weimar – Wien 2002.

SCHLOSSER 1892

Julius v. Schlosser, Schriftquellen zur Geschichte der karolingischen Kunst, Wien 1892, ND Hildesheim 1988 (Quellenschriften für Kunstgeschichte und Kunsttechnik des Mittelalters und der Neuzeit N.F. 4).

SZAROTA 1983

Elida Maria Szarota, Das Jesuitendrama im deutschen Sprachgebiet – Eine Periochen-Edition. Texte und Kommentare, 3. Bd.: Konfrontationen, Teil 1, München 1983.

WA

D. Martin Luthers Werke, Kritische Gesamtausgabe (Weimarer Ausgabe), Weimar 1883–1983.

ZEUMER

Karl Zeumer, Quellensammlung zur Geschichte der Deutschen Reichsverfassung in Mittelalter und Neuzeit. Teil 2: Von Maximilian I. bis 1806, Tübingen ²1913 (ND Aalen 1987).

ZIEGLER (Bearb.) 1992

Walter ZIEGLER (Bearb.), Dokumente zur Geschichte von Staat und Gesellschaft in Bayern. Abt. I: Altbayern vom Frühmittelalter bis 1800, Bd. 3: Altbayern von 1550–1651, Teil 1, München 1992.

3. Lexika, Biographien, Bibliographien, Hilfsmittel

AMATI

Girolamo Amati, Bibliografia romana. Notizie della vita e delle opere degli scrittori romani dal secolo XI fino ai nostri giorni, Roma 1880, ND Sala Bolognese 1978.

AMWEG

Gustave Amweg, Bibliographie du Jura bernois – Ancien Evêché de Bâle. Préface de Virgile Rossel, Porrentruy 1928.

Betz

Jacques Betz, Répertoire bibliographique des livres imprimés en France au XVIIe siècle. Tome VII: Alsace (Colmar, Molsheim, Mulhouse, Neuf-Brisach, Strasbourg), Baden-Baden 1984 (Bibliotheca bibliographica Aureliana 92).

Buzás – Junginger

Ladislaus Buzás – Fritz Junginger, Bavaria Latina. Lexikon der lateinischen geographischen Namen in Bayern,Wiesbaden 1971.

Bydgoski słownik biograficzny

Stanisław Błażejewski – Janusz Kutta – Marek Romaniuk, Bydgoski słownik biograficzny, 4 Bde. Bydgoszcz 1994–1997.

Delattre III

Pierre Delattre s.j. (dir.), Les établissements des Jésuites en France depuis quatre siècles. Répertoire topo-bibliographique publié à l'occasion du quatrième centénaire de la fondation de la Compagnie de Jésus 1540–1940. Tome III: Macheville – Pinel, Enghien – Wetteren 1955.

Dünnhaupt

Gerhard Dünnhaupt, Personalbibliographien zu den Drucken des Barock. 2., verb. u. wesentl. verm. Aufl. des Bibliographischen Handbuches der Barockliteratur. 3. Teil: Franck – Kircher, Stuttgart 1991 (Hiersemanns bibliographische Handbücher 9,3).

Engelhorn

Werner Engelhorn, Bibliographie zur Geschichte der Universität Würzburg 1575–1975, Würzburg 1975.

Eubel

Hierarchia catholica medii aevi sive summorum pontificum, S. R. E. cardinalium, ecclesiarum antistitum series. Volumen III saeculum XVI ab anno 1503 complectens quod (…) inchoavit Guilielmus van Gulik, absolvit Conradus Eubel, Monasterii MDCCCX; volumen IV a pontificatu Clementis PP. VIII (1592) usque ad pontificatum Alexandri PP. VII (1667) per Patritium Gauchat O. M. Conv., Monasterii MCMXXXV.

Fantuzzi

Notizie degli scrittori bolognesi raccolte da Giovanni Fantuzzi. In Bologna, nella stamperia di S. Tommaso d'Aquino. 9 Bde. 1781–1794, ND 1965.

Gatz – Brodkorb

Die Bischöfe des Heiligen Römischen Reiches 1448 bis 1648 – Ein biographisches Lexikon. Hg. v. Erwin Gatz unter Mitarbeit v. Clemens Brodkorb, Berlin 1996.

Gerl

Herbert Gerl SJ, Catalogus generalis provinciae Germanicae superioris et Bavariae S. I. 1556 ad 1773, München 1968.

GRAFF

Theodor Graff, Bibliographia Widmanstadiana. Die Druckwerke der Grazer Offizin Widmanstetter 1586–1805, Graz 1993 (Arbeiten aus der Steiermärkischen Landesbibliothek 22).

GRAPALDO 1618

Francisci Marii Grapaldi Parmensis Onomasticon, uariarum rerum propria nomina, explicationemque ex optimis quibusque tam Graecae quam Latinae linguae auctoribus petitam, continens. (…) Durdrechti ex officina Ioannis Berewout MDCXVIII.
Nicht im VD 17

HEJNIC – MARTÍNEK

Josef Hejnic – Jan Martínek (Bearb.), Enchiridion renatae poesis Latinae in Bohemia et Moravia cultae / Rukověť humanistického básnictví v Čechách a na Moravě 1: A – C, Prag 1966.

HENKEL – SCHÖNE

Emblemata. Handbuch zur Sinnbildkunst des XVI. und XVII. Jahrhunderts. Hg. v. Arthur Henkel u. Albrecht Schöne, Stuttgart 1967, ND Stuttgart – Weimar 1996.

HERDING

Otto Herding, Über einige Richtungen zur Erforschung des deutschen Humanismus seit 1950, in: humanismusforschung seit 1945, Boppard 1975 (mitteilung II der kommission für humanismusforschung), 59–110.

IJSEWIJN – SACRÉ 1998

Jozef Ijsewijn – Dirk Sacré, Companion to Neo-Latin Studies. Part II: Literary, Linguistic, Philological and Editorial Questions. Second entirely rewritten edition, Leuven 1998 (Supplementa humanistica Lovaniensia XIV).

JACOB DE SAINT-CHARLES

Bibliotheca Pontificia duobus libris distincta. In primo agitur (…) de omnibus Romanis Pontificibus (…) in secundo uero de omnibus auctoribus qui (…) eorum uitas et laudes (…) posteritati consecarunt (…) Auctore R. P. F. Ludouico Jacob à S. Carolo, Cabilonensi, Burgundo, ordinis Carmelitarum alumno. Lugduni sumptib(us) haered(um) Gabr(ielis) Boissat et Laurentij Anisson. M.DC.XLIII.

KNAPE – SIEBER

Joachim Knape – Armin Sieber, Rhetorik-Vokabular zur zweisprachigen Terminologie in älteren deutschen Rhetoriken, Wiesbaden 1998 (Gratia 34).

KÖBLER

Gerhard Köbler, Historisches Lexikon der deutschen Länder. Die deutschen Territorien und reichsunmittelbaren Geschlechter vom Mittelalter bis zur Gegenwart, München ⁵1995.

KRAFFT

Fritz Krafft, Jesuiten als Lehrer an Gymnasium und Universität Mainz und ihre Lehrfächer – Eine chronologisch-synoptische Übersicht 1561–1773, in: Helmut MATHY – Ludwig PETRY (Red.),

Tradition und Gegenwart. Studien und Quellen zur Geschichte der Universität Mainz mit bes. Berücks. der Philosophischen Fakultät. I: Aus der Zeit der kurfürstlichen Universität, Wiesbaden 1977 (Beiträge zur Geschichte der Universität Mainz 11,1), 259–350.

LAUSBERG

Heinrich Lausberg, Handbuch der literarischen Rhetorik. Eine Grundlegung der Literaturwissenschaft, 2 Bde., München [2]1973.

LÜCKE

Hans-Karl Lücke (Bearb.), Alberti Index. Leon Battista Alberti, De re aedificatoria (Florenz 1485). Index Verborum, 3. Band: P – Z, München 1979 (Veröffentlichungen des Zentralinstituts für Kunstgeschichte in München VI,3).

MANDOSIO

Bibliotheca Romana seu Romanorum scriptorum centuriae authore Prospero Mandosio nobili Romano ordinis Sancti Stephani equite, Romae typis ac sumptibus Ignatii de Lazzaris, 2 Bde. 1682/92.

MAZZUCHELLI

Gli scrittori d'Italia, cioè Notizie storiche, e critiche intorno alle vite, e agli scritti dei letterati italiani del Conte Giammaria Mazzuchelli bresciano. II.1–II.3, Brescia 1758–62.

MULLER

Jean Muller, Bibliographie strasbourgeoise: bibliographie des ouvrages imprimés à Strasbourg (Bas-Rhin) au XVIe siècle, tome III, Baden-Baden 1986 (Bibliotheca bibliographica Aureliana 105).

NARDUCCI

Giunte all'opera „Gli scrittori d'Italia" del conte Giammaria Mazzuchelli, tratte dalla Biblioteca Alessandrina e presentate da (…) Enrico Narducci (…), in: Atti della R. Accademia dei Lincei, anno CCLXXXI – 1883/84, serie terza: Memorie della classe di scienze morali, storiche e filologiche, 12, 1884, 3–120.

ORLANDI

Notizie degli scrittori Bolognesi e dell'opere loro stampate e manoscritte, raccolte da Fr. Pellegrino Antonio Orlandi da Bologna. In Bologna MDCCXIV, per Costantino Pisarri.

OTTO

August Otto, Die Sprichwörter und sprichwörtlichen Redensarten der Römer, Leipzig 1890 (ND Hildesheim 1962 u. ö.).

POSSEVINO

Antonii Possevini Societatis Iesu Bibliotheca selecta qua agitur de ratione studiorum in historia in disciplinis in salute omnium procuranda, Romae ex typographia Apostolica Vaticana MDXCIII.

RIBADENEIRA

Bibliotheca scriptorum Societatis Jesu. Opus inchoatum a R. P. Petro Ribadeneira eiusdem Societatis Theologo, anno salutis 1602. Continuatum a R. P. Philippo Alegambe ex eadem Societate, usque ad annum 1642. Recognitum, et productum ad annum Iubilaei MDCLXXV a Nathanaele Sotvello eiusdem Societatis presbytero, Romae ex typographia Jacobi Antonii de Lazzaris Varesij MDCLXXVI.

RULAND

Anton(ius) Ruland, Series et vitae professorum S(anctissimae) Theologiae qui Wirceburgi a fundata Academia per divum Julium usque in annum 1834 docuerunt. Ex authenticis monumentis collectae ab …, Wirceburgi MDCCCXXXV.

SCHLAEFLI 1995a

Louis Schlaefli, Catalogue des livres du seizième siècle (1531–1599) de la bibliothèque du Grand Séminaire de Strasbourg, Baden-Baden – Bouxwiller 1995 (Bibliotheca bibliographica Aureliana 149).

SCHMELLER

Johann Andreas Schmeller, Bayerisches Wörterbuch, München 1985 (erg. ND der Ausgabe München 1872–77).

SCHNEIDER 1982

Bernd Schneider, Vergil. Handschriften und Drucke der Herzog August Bibliothek, Wolfenbüttel 1982 (Ausstellungskataloge der Herzog-August-Bibliothek 37).

SOMMERVOGEL

Bibliothèque de la Compagnie de Jésus. Première partie: Bibliographie, par les pères Augustin et Aloys de Backer. Seconde partie: Histoire, par le père Auguste Carayon. Nouvelle édition par Carlos Sommervogel SJ. Tom. I–X, Bruxelles – Paris 1890–1909; tom. XI, Paris 1932; tom. XII: Supplément par Ernest M. Rivière SJ, Toulouse 1911–30 (ND Louvain 1960).

THIEME – BECKER

Ulrich Thieme – Felix Becker (Hgg.), Allgemeines Lexikon der bildenden Künstler von der Antike bis zur Gegenwart, 37 Bde., Leipzig 1907–1950 (ND München 1992).

THOELEN

Heinrich Thoelen SJ, Menologium oder Lebensbilder aus der Geschichte der deutschen Ordensprovinz der Gesellschaft Jesu, Roermond 1901.

VALENTIN

Jean-Marie Valentin, Le théâtre des Jésuites dans les pays de langue allemande: répertoire chronologique des pièces représentées et des documents conservés (1555–1773), 2 Bde., Bern 1983–84.

VEITH

Bibliotheca Augustana, complectens notitias varias de vita et scriptis eruditorum, quos Augusta Vindelica orbi litterato vel dedit vel aluit. Congessit Franciscus Antonius Veith Augustanus bibliopola, Augustae Vindelicae 1785–1796.

WELZIG

Werner WELZIG (Hg.), Katalog gedruckter deutschsprachiger katholischer Predigtsammlungen, 2 Bde., Wien 1984–87 (Sitzungsberichte der Österreichischen Akademie der Wissenschaften, phil.-hist. Kl., 430. 484).

WEYERMANN

Nachrichten von Gelehrten, Künstlern und anderen merkwürdigen Personen aus Ulm. Hg. v. Albrecht Weyermann, Ulm 1798 (ND Neustadt/Aisch 1999).

4. Forschungsliteratur

Wolfgang ADAM, Poetische und Kritische Wälder. Untersuchungen zu Geschichte und Formen des Schreibens ‚bei Gelegenheit‘, Heidelberg 1988 (Beihefte zum Euphorion 22).

Elżbieta ALABRUDZIŃSKA, Kolegium jezuickie w Bydgoszczy w XVII–XVIII w. [Das Jesuitenkolleg in Bromberg vom 16. zum 18. Jahrhundert], Kronika Bydgoska 11, 1989 [ersch. 1991], 179–193.

Dieter ALBRECHT, Bayern und die Gegenreformation, in: Kat. München 1980, I 13–23.

Marianne ALBRECHT-BOTT, Zu einigen Werken Tizians in römischem Privatbesitz – Eine Seicento-Quelle aus der neulateinischen Epigrammdichtung, in: SCHMIDT – TIETZ (Hgg.) 1980, 1–25.

Hugo ALTMANN, Leopold von Passau, Neue Deutsche Biographie 14 (1985) 290–292.

Lothar ALTMANN, St. Michael in München. Mausoleum – Monumentum – Castellum (Versuch einer Interpretation), Diss. München 1974, in: (Deutingers) Beiträge zur altbayerischen Kirchengeschichte 30, 1976, 11–114.

Lothar ALTMANN, Die ursprüngliche Ausstattung von St. Michael und ihr Programm, in: WAGNER – KELLER (Hgg.) 1983, 81–111.

Hans AMMERICH, Formen und Wege der katholischen Reform in den Diözesen Speyer und Straßburg. Klerusreform und Seelsorgereform, in: PRESS u. a. (Hgg.) 1985, 291–327.

Hans AMMERICH, Das Fürstbistum Speyer im Zeichen der tridentinischen Erneuerung, Archiv für mittelrheinische Kirchengeschichte 41, 1989, 81–106.

Hans AMMERICH, Das kirchliche Leben in der Reichsstadt Speyer im Zeichen der katholischen Reform, in: Georg JENAL – Stephanie HAARLÄNDER (Hgg.), Gegenwart in Vergangenheit – Beiträge zur Kultur und Geschichte der Neueren und Neuesten Zeit. Festgabe für Friedrich Prinz zu seinem 65. Geburtstag, München 1993, 31–54.

Gustave AMWEG, L'imprimerie à Porrentruy (1592–1792), Actes de la Société jurassienne d'émulation II.20, 1915, 209–274.

Emil ANGEHRN, Beschreibung zwischen Abbild und Schöpfung, in: BOEHM – PFOTENHAUER (Hgg.) 1995, 59–74.

Fritz ARENS (Bearb.), Die Kunstdenkmäler der Stadt Mainz. Teil 1: Kirchen St. Agnes bis Hl. Kreuz, München – Berlin 1961 (Die Kunstdenkmäler von Rheinland-Pfalz [4.1]).

Arwed ARNULF, Mittelalterliche Beschreibungen der Grabeskirche in Jerusalem, in: Akademie der

Wissenschaften und der Literatur Mainz: Colloquia Academica – Akademievorträge junger Wissenschaftler, Geisteswissenschaften / G 1997, Stuttgart 1998, 7–43.

R. AUBERT, Frizoli (Lorenzo), Dictionnaire d'histoire et de géographie ecclésiastique 19 (1981) 124f.

Robert AUBRETON, La tradition de l'*Anthologie Palatine* du XVIe au XVIIIe siècle (I), Revue d'histoire des textes 10, 1980, 1–53.

M. AYGON, L'*ecphrasis* et la notion de description dans la rhétorique antique, Pallas 41, 1994, 41–56.

Sibylle BADSTÜBNER-GRÖGER – Peter FINDEISEN, Martin Luther. Städte – Stätten – Stationen. Eine kunstgeschichtliche Dokumentation, Leipzig 1983.

Wolfram BAER, Die Gründung des Jesuitenkollegs St. Salvator, in: Kat. Augsburg 1982, 17–22.

Gauvin Alexander BAILEY, ,Le style jésuite n'existe pas': Jesuit Corporate Culture and the Visual Arts, in: O'MALLEY u.a. (eds.) 1999, 38–89.

Nicolas BARRÉ, Le Collège de Porrentruy, œuvre de Jacques-Christoph Blarer de Wartensee, in: Festschrift Porrentruy 1991, 89–107.

Nicolas BARRÉ, Le Collège des jésuites de Porrentruy au temps de Jacques-Christophe Blarer de Wartensee 1588–1610. Suivi du catalogue des ouvrages entrés dans la bibliothèque du collège des jésuites de Porrentruy de 1591 à 1608, par Yves Crevoisier et Cecilia Hurley; complément de Romain Jurot, Porrentruy 1999.

Medard BARTH, Die Seelsorgetätigkeit der Molsheimer Jesuiten von 1580 bis 1765, Archiv für elsässische Kirchengeschichte 6, 1931, 325–400.

Medard BARTH, Die Pfarrkirche St-Georg von Molsheim, ehemalige Jesuitenkirche. Illustriert von Paul Spindler, Strasbourg 1963.

Gustav BARTHEL (Red.), Martin Knoller – Maler. Seine Ölskizzen zu der Fresko-Malerei in den Kuppeln der Abteikirche Neresheim, Stuttgart 1967 (Jahresgabe, zugl. 21. Druck der Staatl. Ingenieurschule für Wirtschafts- und Betriebstechnik der graphischen Industrie Stuttgart).

Andrea BATTISTINI, I manuali di retorica dei Gesuiti, in: Gian Paolo BRIZZI (a c. di), La ‹Ratio studiorum› – Modelli culturali e pratiche educative dei Gesuiti in Italia tra Cinque e Seicento, Roma 1981 (Centro studi ‹Europa delle Corti› – Biblioteca del 500, 16), 77–120.

Barbara BAUER, Das Bild als Argument. Emblematische Kulissen in den Bühnenmeditationen Franciscus Langs, Archiv für Kulturgeschichte 64, 1982, 79–170.

Barbara BAUER, Jacob Pontanus SJ, ein oberdeutscher Lipsius. Ein Augsburger Schulmann zwischen italienischer Renaissancegelehrsamkeit und jesuitischer Dichtungstradition, Zeitschrift für bayerische Landesgeschichte 47, 1984, 77–120.

Barbara BAUER, Jesuitische ,ars rhetorica' im Zeitalter der Glaubenskämpfe, Frankfurt/M. u.a. 1986 (Mikrokosmos 18).

Wolfgang BAUER, Aus dem diarium gymnasii S.J. Monacensis. Ein Beitrag zur Geschichte des k. Wilhelmsgymnasiums in München, München 1878.

Renate BAUMGÄRTEL-FLEISCHMANN, Über den Weg von Tintorettos ,Himmelfahrt Mariae' nach Bamberg, Jahrbuch der bayerischen Denkmalpflege 44, 1990, 83–90.

Peter BAUMGART, Die Anfänge der Universität Würzburg. Eine Hochschulgründung im konfessionellen Zeitalter, Mainfränkisches Jahrbuch für Geschichte und Kunst 30, 1978, 9–24.

Peter BAUMGART, Die Julius-Universität zu Würzburg als Typus einer Hochschulgründung im konfessionellen Zeitalter, in: DERS. (Hg.) 1982, 3–29.

Peter BAUMGART (Hg.), Vierhundert Jahre Universität Würzburg. Eine Festschrift. Im Auftrag der Bayerischen Julius-Maximilians-Universität hg. v. …, Neustadt (Aisch) 1982 (Quellen und Beiträge zur Geschichte der Universität Würzburg 6).

Peter Baumgart, Humanistische Bildungsreform an deutschen Universitäten des 16. Jahrhunderts, in: Reinhard (Hg.) 1984, 171–197.

Peter Baumgart, Gymnasium und Universität im Zeichen des Konfessionalismus, in: Kolb – Krenig (Hgg.) 1995, 251–276.

Fritz Baumgarten, Ölberg und Osterspiel im südwestlichen Deutschland, Zeitschrift für bildende Kunst N.F. 8, 1897, 1–7. 28–34.

Michael Baxandall, Patterns Of Intention. On the Historical Explanation of Pictures, New Haven – London 1985.

Hans-Georg Beck, Die byzantinischen Studien in Deutschland vor Karl Krumbacher, in: ΧΑΛΙΚΕΣ. Festgabe für die Teilnehmer am XI. Internationalen Byzantinistenkongreß München 15.–20. September 1958, [München 1958], 69–119.

Carl Becker, Der Schild des Aeneas, Wiener Studien 77, 1964, 111–127.

Constantin Becker, Neumayr (François), Dictionnaire de Spiritualité 11 (1982) 156–159.

Hans Belting, Bild und Kult. Eine Geschichte des Bildes vor dem Zeitalter der Kunst, München 1990 u. ö.

Max Bencker, Der Anteil der Periegese an der Kunstschriftstellerei der Alten, Diss. München 1890.

Ernst Benz, Die Vision. Erfahrungsformen und Bilderwelt, Stuttgart 1969.

Karl Josef Benz, Untersuchungen zur politischen Bedeutung der Kirchweihe unter Teilnahme der deutschen Herrscher im hohen Mittelalter, Kallmünz 1975 (Regensburger historische Forschungen 4).

Pierre Bercher, Les peintures des chapelles latérales de l'église des jésuites de Molsheim, Annuaire de la Société d'histoire et d'archéologie de Molsheim et environs 1983, 73–76.

Albrecht Berger, Die Hagia Sophia in Geschichte und Legende, in: Volker Hoffmann (Hg.), Die Hagia Sophia in Istanbul. Akten des Berner Kolloquiums vom 21. Oktober 1994, Bern u. a. 1998 (Neue Berner Schriften zur Kunst 3), 11–28.

Emilie L. Bergmann, Art Inscribed: Essays on Ekphrasis in Spanish Golden Age Poetry, Cambridge (Mass.) 1979.

Hellmuth Bethe, Die Torgauer Dedikationstafel. Ein Beitrag zur sächsischen Bronzeplastik der Renaissance, Jahrbuch der preußischen Kunstsammlungen 52, 1931, 170–175.

Michael Beyer – Günther Wartenberg (Hgg.), Humanismus und Wittenberger Reformation. Festgabe anläßlich des 500. Geburtstages des Praeceptor Germaniae Philipp Melanchthon am 16. Februar 1997. Helmar Junghans gewidmet, hg. v. … unter Mitwirkung v. Hans-Peter Hasse, Leipzig 1996.

Hugues Beylard, Coccius (Judocus), Nouveau Dictionnaire de biographie alsacienne 6 (1985) 522–523.

Joseph Bielmann, Die Lyrik des Jakobus Pontanus S.J., Literaturwissenschaftliches Jahrbuch 4, 1929, 83–102.

Wolfgang A. Bienert, Das Apostelbild in der altchristlichen Überlieferung, in: Wilhelm Schneemelcher (Hg.), Neutestamentliche Apokryphen in deutscher Übersetzung. II: Apostolisches. Apokalypsen und Verwandtes, Tübingen ⁵1989, 6–28.

Günther Binding, Der früh- und hochmittelalterliche Bauherr als *sapiens architectus*, Darmstadt ²1998. *{Nur diese Ausgabe sollte benutzt werden.}*

Bischoff 1981a = Bernhard Bischoff, Eine Beschreibung der Basilika von Saint-Denis aus dem Jahre 799, Kunstchronik 34, 1981, 97–103.

Bischoff 1981b = Bernhard Bischoff, Ein lateinisches Gegenstück zur Inschrift der Santissima Icone des Doms von Spoleto [1973/77], in: DERS., Mittelalterliche Studien III, Stuttgart 1981, 271–276.

Marian BISKUP (red.), Historia Bydgoszczy. Tom I: do roku [bis zum Jahr] 1920, Warszawa – Poznań 1991.

Jürgen BLÄNSDORF, Das Neue in der Kunsttheorie Gerolamo Vidas, in: SCHMIDT – TIETZ (Hgg.) 1980, 89–102.

Paul Richard BLUM, Die geschmückte Judith. Die Finalisierung der Wissenschaften bei Antonio Possevino S.J., Nouvelles de la République des Lettres 1983/84, 113–126.

Paul Richard BLUM, *Apostolato dei Collegi*: On the Integration of Humanism in the Educational Programme of the Jesuits, History of Universities 5, 1985, 101–115.

Paul Richard BLUM, Jacobus Pontanus SJ, in: FÜSSEL (Hg.) 1993, 626–635.

Gottfried BOEHM, Bildbeschreibung. Über die Grenzen von Bild und Sprache, in: BOEHM – PFOTENHAUER (Hgg.) 1995, 23–40.

Gottfried BOEHM – Helmut PFOTENHAUER (Hgg.), Beschreibungskunst – Kunstbeschreibung: Ekphrasis von der Antike bis zur Gegenwart, München 1995.

Richard BÖSEL, La chiesa di S. Lucia. L'invenzione spaziale nel contesto dell'architettura gesuitica, in: BRIZZI – MATTEUCCI (a c. di) 1988, 19–31.

Sigrid BÖSKEN, Zur Innenausstattung der Mainzer Jesuitenkirche, Mainzer Zeitschrift 60/61, 1965/66, 132–139.

Georg BONER, Das Bistum Basel. Ein Überblick von den Anfängen bis zur Neuordnung 1828, Freiburger Diözesan-Archiv 88, 1968, 5–101.

Jean-Yves BORIAUD, La poésie et le théâtre latins au Collegio Romano d'après les manuscrits du Fondo Gesuitico de la Bibliothèque Nationale Vittorio Emanuele II, Mélanges de l'École française de Rome – Italie médiévale 102, 1990, 77–96.

Andrea BRAND, Das Grabdenkmal König Friedrichs I. von Dänemark und Norwegen, in: Heinz SPIELMANN – Jan DREES (Hgg.), Gottorf im Glanz des Barock. Kunst und Kultur am Schleswiger Hof 1544–1713. Kat. d. Ausst. zum 50-jährigen Bestehen des Schleswig-Holsteinischen Landesmuseums auf Schloß Gottorf und zum 400. Geburtstag Herzog Friedrichs III., I: Die Herzöge und ihre Sammlungen, Schleswig 1997, 391–395.

Carl BRAUN, Geschichte der Heranbildung des Klerus in der Diöcese Wirzburg seit ihrer Gründung bis zur Gegenwart. Festschrift zur dritten Säkularfeier des bischöflichen Klerikalseminars Ad Pastorem bonum, [Bd. 1] Wirzburg 1889.

Joseph BRAUN SJ, Die Kirchenbauten der deutschen Jesuiten. Ein Beitrag zur Kultur- und Kunstgeschichte des 17. und 18. Jahrhunderts. Erster Teil: Die Kirchen der ungeteilten rheinischen und der niederrheinischen Ordensprovinz, Freiburg i. Br. 1908 (Ergänzungshefte zu den „Stimmen aus Maria-Laach" 99/100).

Joseph BRAUN SJ, Die Kirchenbauten der deutschen Jesuiten. Ein Beitrag zur Kultur- und Kunstgeschichte des 16., 17. und 18. Jahrhunderts. Zweiter (Schluß-)Teil: Die Kirchen der oberdeutschen und der oberrheinischen Ordensprovinz, Freiburg i. Br. 1910 (Ergänzungshefte zu den „Stimmen aus Maria-Laach" 103/104).

Joseph BRAUN SJ, Das christliche Altargerät in seinem Sein und in seiner Entwicklung, München 1932, ND Hildesheim 1973.

BRAUN 1999a = Ludwig Braun, Lateinische Epik im Frankreich des 17. Jahrhunderts, Neulateinisches Jahrbuch 1, 1999, 9–20.

BRAUN 1999b = Ludwig Braun, Neulateinische Epik im Frankreich des 16. und 17. Jahrhunderts, Wiener humanistische Blätter 41, 1999, 59–95.

Placidus BRAUN, Geschichte des Kollegiums der Jesuiten in Augsburg, München 1822.

Beate BREILMANN, Ekphrasis, in: Siegmar DÖPP – Wilhelm GEERLINGS (Hgg.), Lexikon der antiken christlichen Literatur, Freiburg – Basel – Wien 1998, 186–187.

Heinrich BREMER S.J., Das Gutachten des P. Jakob Pontan S.J. über die humanistischen Studien in den deutschen Jesuitenschulen (1593), Zeitschrift für katholische Theologie 28, 1904, 621–631.

Gerard BRETT, The Seven Wonders of the World in the Renaissance, The Art Quarterly 12, 1949, 339–359.

Michael BRIX, Trauergerüste für die Habsburger in Wien [Diss. Kiel i. Auszügen], Wiener Jahrbuch für Kunstgeschichte 26, 1973, 208–265.

Gian Paolo BRIZZI, La formazione della classe dirigente nel sei-settecento. I seminaria nobilium nell'Italia centro-settentrionale, Bologna 1976 (Saggi 164).

Gian Paolo BRIZZI, „Studia humanitatis" und Organisation des Unterrichts in den ersten italienischen Kollegien der Gesellschaft Jesu, in: REINHARD (Hg.) 1984, 155–170.

Gian Paolo BRIZZI, I Gesuiti e i seminari per la formazione della classe dirigente, in: BRIZZI – MATTEUCCI (a c. di) 1988, 145–155.

Gian Paolo BRIZZI – Anna Maria MATTEUCCI (a c. di), Dall'isola alla città. I gesuiti a Bologna, Bologna 1988.

Gian Paolo BRIZZI, Les jésuites et l'école en Italie (XVIe–XVIIIe siècles), in: Luce GIARD (dir.), Les jésuites à la Renaissance. Système éducatif et production du savoir, Paris 1995, 35–53.

Kai BRODERSEN, Die sieben Weltwunder. Legendäre Kunst- und Bauwerke der Antike, München ²1997.

Wilhelm BROTSCHI, Der Kampf Jakob Christoph Blarers von Wartensee um die religiöse Einheit im Fürstbistum Basel (1575–1608). Ein Beitrag zur Geschichte der katholischen Reform, Freiburg (Schweiz) 1956 (Studia Friburgensia N.F. 13).

Leslie BRUBAKER, Perception and Conception: Art, Theory and Culture in Ninth-century Byzantium, Word & Image 5, 1989, 19–32.

Albert BRUCKNER (Red.), Helvetia Sacra. Abteilung I, Band 1: Schweizerische Kardinäle – Das apostolische Gesandtschaftswesen in der Schweiz – Erzbistümer und Bistümer I, Bern 1972.

Richard T. BRUÈRE, Virgil and Vida (Review Article), Classical Philology 61, 1966, 21–43.

Leo BRUHNS, Würzburger Bildhauer der Renaissance und des werdenden Barock 1540–1650, München 1923 (Einzeldarstellungen zur süddeutschen Kunst 5).

Leo BRUHNS, Major (Jakob), Thieme – Becker 23 (1929) 580.

Adolf BUFF, Die Anfänge der Stuccaturkunst in Augsburg bis in das 18. Jahrhundert, Zeitschrift des Historischen Vereins für Schwaben und Neuburg 23, 1896, 1–72.

Wolfger A. BULST, Zu einer wiederentdeckten Darstellung des Universitätsgründers Julius Echter, in: BAUMGART (Hg.) 1982, 47–75.

Hans BUNGERT (Hg.), Martin Luther – Eine Spiritualität und ihre Folgen. Vortragsreihe der Universität Regensburg zum Lutherjahr 1983, Regensburg 1983 (Schriftenreihe der Universität Regensburg 9).

Paul BURCKHARDT, Geschichte der Stadt Basel von der Zeit der Reformation bis zur Gegenwart, Basel 1942.

André Marcel BURG, Histoire de l'église d'Alsace, Colmar o. J. [1945/46].

James R. BUTTS – Ronald F. HOCK, The Chreia Discussion of Aphthonius of Antioch, in: Ronald F. HOCK – Edward N. O'NEILL, The Chreia in Ancient Rhetoric. Vol. I: The Progymnasmata, Atlanta 1986 (Texts and Translations 27; Graeco-Roman Religion Series 9), 209–234.

Engelbert Maximilian BUXBAUM, Petrus Canisius und die kirchliche Erneuerung des Herzogtums Bayern 1549–1556, Rom 1973 (Bibliotheca instituti historici Societatis Iesu 35).

Ignazio M. CALABUIG OSM, L'„Ordo dedicationis ecclesiae et altaris" – Appunti di una lettura, Notitiae 13, 1977, 391–450.

Claude CALAME, Quand dire c'est faire voir: l'évidence dans la rhétorique antique, Études de lettres 1991, H. 4 (Relectures de rhétorique), 3–22.

Louis CALLEBAT, La tradition vitruvienne au Moyen Age et à la Renaissance: éléments d'interprétation, International Journal of the Classical Tradition 1, 1994, 3–14.

Hubert CANCIK, Untersuchungen zur lyrischen Kunst des P. Papinius Statius, Hildesheim 1965 (Spudasmata 13).

Hubert CANCIK, Statius, ‚Silvae' – Ein Bericht über die Forschung seit Friedrich Vollmer (1898), Aufstieg und Niedergang der römischen Welt II.32.5 (1986) 2681–2726.

Carlo CARUSO, Poesia umanistica di villa, in: Feconde venner le carte. Studi in onore di Ottavio Besomi, a cura di Tatiana CRIVELLI con una bibliografia degli scritti a cura di Carlo Caruso, vol. I, Bellinzona 1997, 272–294.

Louis CHÂTELLIER, De la Contre-Réforme aux Lumières. II: Catholiques et protestants, in: RAPP (dir.) 1982, 100–125.

Raymond CHEVALLIER (éd.), Colloque sur la rhétorique – Calliope I, Paris 1979 (Caesarodunum XIVbis).

André CHÈVRE, Les suffragants de Bâle au XVIIe siècle. I: François Bär, évêque de Chrysopolis, 1600–1611, Revue d'Alsace 56, 1905, 138–141.

André CHÈVRE, Jacques-Christophe Blarer de Wartensée, prince-évêque de Bâle, Delémont 1963 (Bibliothèque jurassienne [5]).

Günter CHRIST, Bamberg, in: SCHINDLING – ZIEGLER (Hgg.) 4 (1992) 146–165.

Lucia A. CIAPPONI, Vitruvius, in: F. E. CRANZ – Paul Oskar KRISTELLER (eds.), Catalogus Translationum et Commentariorum: Mediaeval and Renaissance Latin Translations and Commentaries. Annotated Lists and Guides, III, Washington 1976, 399–409.

Donald Lemen CLARK, The Rise and Fall of Progymnasmata in 16th and 17th Century Grammar Schools, Speech Monographs 19, 1952, 259–263.

Lambert CLASSEN SJ, Die „Übung mit den drei Seelenkräften" im Ganzen der Exerzitien, in: Friedrich WULF SJ (Hg.), Ignatius von Loyola. Seine geistliche Gestalt und sein Vermächtnis 1556–1956, Würzburg 1956, 263–300.

Claus CLÜVER, Ekphrasis Reconsidered. On Verbal Representations of Non-Verbal Texts, in: Ulla-Britta LAGERROTH – Hans LUND – Erik HEDLING (eds.), Interart Poetics. Essays on the Interrelations of the Arts and Media, Amsterdam – Atlanta 1997 (Internationale Forschungen zur Allgemeinen und Vergleichenden Literaturwissenschaft 24), 19–34.

Claus CLÜVER, Quotation, Enargeia, and the Functions of Ekphrasis, in: ROBILLARD – JONGENEEL (eds.) 1998, 35–52.

Arduino COLASANTI, Gli artisti nella poesia del Rinascimento. Fonti poetiche per la storia dell'arte italiana, Repertorium für Kunstwissenschaft 27, 1904, 193–220.

Francis Macdonald CORNFORD, Plato's Theory of Knowledge. The *Theaetetus* and the *Sophist* of Plato translated with a running commentary, London [5]1957.

Crevoisier – Hurley: siehe BARRÉ 1999 (Beiband).

Ernst Robert CURTIUS, Europäische Literatur und lateinisches Mittelalter [1948], Bern – München [10]1984.

Gilles Cusson, S. Ignace de Loyola. III.: Les ‹Exercices spirituels›, Dictionnaire de Spiritualité 7.2 (1971) 1306–1318.

François de Dainville SJ, La légende du style jésuite, Études 287, 1955, 1–16.

François de Dainville, L'explication des poètes grecs et latins au seizième siècle [1963], in: ders., L'éducation des jésuites (XVIᵉ–XVIIIᵉ siècles). Textes réunis et présentés par Marie-Madeleine Compère, Paris 1978, 167–184.

Jean-Marc Debard, Réformes protestante et catholique: Frédéric de Wurtemberg, prince de Montbéliard et Blarer de Wartensee, prince-évêque de Bâle (essai comparatif), in: Le Pays de Montbéliard et l'ancien Évêché de Bâle dans l'histoire. Actes du colloque franco-suisse (Montbéliard et Porrentruy, 24–25 septembre 1983), Montbéliard 1984, 111–140.

Steffen Delang, Torgau – Schloß Hartenfels, Regensburg 1997 (Kleine Kunstführer 2295).

Philipp de Lorenzi, Beiträge zur Geschichte sämtlicher Pfarreien der Diözese Trier. II: Regierungsbezirk Coblenz, Trier 1887.

Leo de Ren, De familie Robijn-Osten – Iepersche renaissance-kunstenaars in Duitsland, Brussel 1982 (Verhandelingen van de koninklijke academie voor wetenschappen, letteren en schone kunsten van België, klasse der schone kunsten, jaargang 44, nr. 34).

Mario A. Di Cesare, Vida's „Christiad“ and Vergilian Epic, New York – London 1964.

Dorothea Diemer, Quellen und Untersuchungen zum Stiftergrab Herzog Wilhelms V. von Bayern und der Renata von Lothringen in der Münchner Michaelskirche, in: Hubert Glaser (Hg.), Quellen und Studien zur Kunstpolitik der Wittelsbacher vom 16. bis zum 18. Jahrhundert, München – Zürich 1980 (Mitteilungen des Hauses der Bayerischen Geschichte I), 7–82.

Dorothea Diemer, Bronzeplastik um 1600 in München – Neue Quellen und Forschungen I, Jahrbuch des Zentralinstituts für Kunstgeschichte 3, 1986, 107–177.

Dorothea Diemer, Hubert Gerhard und Carlo Pallago als Terrakottaplastiker, Jahrbuch des Zentralinstituts für Kunstgeschichte 4, 1988, 19–141.

Peter Diemer, Abt Suger von Saint-Denis und die Kunstschätze seines Klosters, in: Boehm – Pfotenhauer (Hgg.) 1995, 177–199.

Heide Dienst, Leopold III. der Heilige, Lexikon des Mittelalters 5 (1991) 1899.

Dagmar Dietrich, Die erste Jesuitenkirche Bayerns: Heilig-Kreuz in Landsberg, in: Kat. München 1997, 147–160.

Gabriele Dischinger, Die Jesuitenkirche St. Michael in München. Zur frühen Planungs- und Baugeschichte, in: Kat. München 1980, I 152–166.

Gabriele Dischinger, Entstehung und Geschichte des Kirchenbaues (1583–1883), in: Wagner – Keller (Hgg.) 1983, 220–244.

Downey 1959a = Glanville Downey, Ekphrasis, Reallexikon für Antike und Christentum 4 (1959) 921–944.

Downey 1959b = Glanville Downey, The Name of the Church of St. Sophia in Constantinople, Harvard Theological Review 52, 1959, 37–41.

Rudolf Drux, Des Dichters Schiffahrt. Struktur und Pragmatik einer poetologischen Allegorie, in: Walter Haug (Hg.), Formen und Funktionen der Allegorie. Symposion Wolfenbüttel 1978, Stuttgart 1979 (Germanistische Symposien Berichtsbände III), 38–51.

Sandrine Dubel, Ekphrasis et enargeia: la description antique comme parcours, in: Carlos Lévy – Laurent Pernot (éds.), Dire l'évidence (philosophie et rhétorique antiques), Paris – Montréal 1997 (Cahiers de philosophie de l'Université Paris XII-Val de Marne 2), 249–264.

Claude-Gilbert Dubois, Problems of „Representation“ in the Sixteenth Century, Poetics Today 5, 1984, 461–478.

Bernhard DUHR SJ, Geschichte der Jesuiten in den Ländern deutscher Zunge. I: ... im 16. Jahrhundert, Freiburg 1907; II/1: ... in der ersten Hälfte des 17. Jahrhunderts, Freiburg 1913; III: ... in der zweiten Hälfte des XVII. Jahrhunderts, München – Regensburg 1921.

Friedrich EBERT, Fachausdrücke des griechischen Bauhandwerks. I: Der Tempel, Diss. Würzburg 1910.

Rodney Stenning EDGECOMBE, A Typology of Ecphrases, Classical and Modern Literature 13, 1993, 103–116.

Bernd EFFE – Gerhard BINDER, Antike Hirtendichtung. Eine Einführung, Darmstadt – Zürich ²2001.

Ulrike EGELHAAF, Ekphrasis II: Archäologie, Der Neue Pauly 3 (1997) 947–950.

Fritz EHEIM, Zur Geschichte der Beinamen der Babenberger, Unsere Heimat (Monatsblatt des Vereines für Landeskunde von Niederösterreich und Wien) 26, 1955, 153–160.

Ulrich EIGLER, *Non enarrabile textum* (Verg. *Aen.* 8, 625). Servius und die römische Geschichte bei Vergil, Aevum 68, 1994, 147–163.

Horst V. EISENHUTH, Chronik der Gemeinde Münster-Sarmsheim, Oberwesel 1989 (Schriftenreihe der Loreley-Galerie 4).

Georg ELLINGER, Geschichte der neulateinischen Literatur Deutschlands im sechzehnten Jahrhundert. Band I: Italien und der deutsche Humanismus in der neulateinischen Lyrik. Band II: Die neulateinische Lyrik Deutschlands in der ersten Hälfte des 16. Jahrhunderts. Band III.1: Geschichte der neulateinischen Lyrik in den Niederlanden vom Ausgang des fünfzehnten bis zum Beginn des siebzehnten Jahrhunderts, Berlin – Leipzig 1929–1933.

Martin ELZE, Das Verständnis der Passion Jesu im ausgehenden Mittelalter und bei Luther, in: Geist und Geschichte der Reformation. Festgabe, Hanns Rückert zum 65. Geburtstag dargebracht, Berlin 1966 (Arbeiten zur Kirchengeschichte 38), 127–151.

Hilarius EMONDS OSB, Enkainia – Weihe und Weihegedächtnis, in: DERS. (Hg.) 1956, 30–57.

Hilarius EMONDS OSB (Hg.), Enkainia. Gesammelte Arbeiten zum 800jährigen Weihegedächtnis der Abteikirche Maria Laach am 24. August 1956, Düsseldorf 1956.

Wilfried ENDERLE, Ulm und die evangelischen Reichsstädte im Südwesten, in: SCHINDLING – ZIEGLER (Hgg.) 5 (1993) 194–212.

Rudolf ENDRES, Der Landsberger Bund (1556–1598), in: Pankraz FRIED – Walter ZIEGLER (Hgg.), Festschrift für Andreas Kraus zum 60. Geburtstag, Kallmünz 1982 (Münchener historische Studien, Abt. Bayerische Geschichte, 10), 197–212.

Julius ENDRISS, Die Dreifaltigkeitskirche in Ulm. Baugeschichte und Beschreibung, Württembergische Vierteljahrshefte für Landesgeschichte N.F. 20, 1911, 328–412.

Klára ERDEI, Die Kunst als Waffe – (Un?)möglichkeiten einer engagierten religiösen Literatur am Beispiel des Jesuitenordens, in: August BUCK – Tibor KLANICZAY (Hgg.), Sozialgeschichtliche Fragestellungen in der Renaissanceforschung, Wiesbaden 1992 (Wolfenbütteler Abhandlungen zur Renaissanceforschung 13), 97–105.

Johannes ERICHSEN (Hg.), Kilian, Mönch aus Irland, aller Franken Patron. Aufsätze, München 1989 (Veröffentlichungen zur bayerischen Geschichte und Kultur 19).

Ernest ESCHBACH, Jesuitenkirche Molsheim (Bas-Rhin). Übersetzung: Carola Heisig, Ingersheim (b. Colmar) 1990.

Tania ESTLER-ZIEGLER, Die spätgotische Gestalt der Wittenberger Schloßkirche, in: Martin STEFFENS – Insa Christiane HENNEN (Hgg.), Von der Kapelle zum Nationaldenkmal. Die Wittenberger Schloßkirche, Wittenberg 1998 (Stiftung Luthergedenkstätten in Sachsen-Anhalt, Katalog 2), 11–25.

M. Evans, Tugenden, Lexikon der christlichen Ikonographie 4 (1970) 364–380.

Marcello Fagiolo, Roma di Sisto V: i segni dell'autorappresentazione, in: Fagiolo – Madonna (a c. di) 1992, IX–XVI.

Marcello Fagiolo – Maria Luisa Madonna (a c. di), Sisto V. VIº Corso internazionale di alta cultura 19–29 ottobre 1989 [Kongreßakten Rom, Accademia dei Lincei]. I: Roma e il Lazio, Roma 1992.

Franz Falk, Die Gamansischen Fragmente, Correspondenzblatt des Gesamtvereins der deutschen Geschichts- und Alterthumsvereine 23, 1875, 76–78; 25, 1877, 43–45.

Charles Fantazzi, The Making of the *De partu virginis*, in: I. D. MacFarlane (ed.), Acta Conventus Neo-Latini Sanctandreani (St. Andrews 1982), Binghamton 1986, 127–134.

Marco Fantuzzi, Ekphrasis I A: Griechische Literatur, Der Neue Pauly 3 (1997) 942–945 (übers. v. T. Heinze).

Paolo Ferrari Agri, La chiesa di Santa Lucia di Bologna. Una sintesi fra esperienze gesuitiche e influenze dell'architettura primosecentesca bolognese, Il Carrobbio 23, 1997, 123–134.

Festschrift Köln 1982 = Die Jesuitenkirche St. Mariae Himmelfahrt in Köln: Dokumentation und Beiträge zum Abschluß ihrer Wiederherstellung 1980, Düsseldorf 1982 (Beiträge zu den Bau- und Kunstdenkmälern im Rheinland 28).

Festschrift Porrentruy 1991 = Du Collège des jésuites au Lycée cantonal. Quatre cents ans d'histoire (1591–1991), Porrentruy 1991.

Festschrift Torgau 1994 = Die Schloßkirche zu Torgau. Beiträge zum 450jährigen Jubiläum der Einweihung durch Martin Luther am 5. Oktober 1544, Torgau [1994].

Adolf Feulner, Hans Krumpers Nachlaß. Risse und Zeichnungen von Friedrich Sustris, Hubert Gerhard und Hans Krumper, Münchner Jahrbuch der bildenden Kunst 12, 1921/22, 61–89.

Peter Findeisen – Heinrich Magirius (Bearb.), Die Denkmale der Stadt Torgau, Leipzig 1976.

Hermann Fischer, Die Entwicklung der Orgelbaukunst in der Diözese Würzburg, Würzburger Diözesangeschichtsblätter 27, 1965, 126–145.

Marc Föcking, *Rime sacre* und die Genese des barocken Stils. Untersuchungen zur Stilgeschichte geistlicher Lyrik in Italien 1536–1614, Stuttgart 1994 (Text und Kontext 12).

G. Formichetti, Donati Alessandro, Dizionario biografico degli italiani 41 (1992) 9f.

Foschi 1988a = Paola Foschi, Le vicende costruttive della chiesa e dei collegi dei Padri Gesuiti, in: Scannavini (a c. di) 1988, 37–61.

Foschi 1988b = Paola Foschi, La chiesa di S. Lucia e i collegi dei Gesuiti. Vicende costruttive, in: Brizzi – Matteucci (a c. di) 1988, 33–42.

Chantal Fournier, Les fonds du Collège des jésuites aux Archives de l'ancien Evêché de Bâle, in: Festschrift Porrentruy 1991, 131–132.

Paul Frankl, The Gothic. Literary Sources and Interpretations through Eight Centuries, Princeton 1960.

Max Hermann v. Freeden, Die Würzburger Universitätskirche. Schicksal und Zukunft der „Neubaukirche", Würzburg heute 10, 1970, 42–49 [Wieder in: ders., Erbe und Auftrag. Von fränkischer Kunst und Kultur, Würzburg 1988 (Mainfränkische Studien 44), 16–23].

Max Hermann v. Freeden, Fürstbischof Julius Echter als Bauherr auf dem Schlosse Marienberg zu Würzburg, in: ders. – Wilhelm Engel, Fürstbischof Julius Echter als Bauherr, Würzburg 1951 (Mainfränkische Hefte 9), 5–61.

Theobald Freudenberger, Die Annales Collegii Herbipolensis Societatis Iesu und ihr Verfasser Johannes Spitznase aus Mühlhausen in Thüringen, Würzburger Diözesangeschichtsblätter 43, 1981, 163–262.

Paul Friedländer, Johannes von Gaza und Paulus Silentiarius. Kunstbeschreibungen justinianischer Zeit, erkl. v. …, Leipzig – Berlin 1912 (Slg. wiss. Kommentare zu griech. u. röm. Schriftstellern, [8]). [ND Hildesheim – New York 1969 u. d. T.: *Johannes von Gaza, Paulus Silentiarius und Prokopios von Gaza* usw.]

Koloman FRITSCH, Das Gymnasium in der kurfürstlichen Zeit. I: Collegium Principis Electoris (Collegium Societatis Jesu 1561–1773), in: 400 Jahre Gymnasium Moguntinum. Festschrift des Rabanus-Maurus-Gymnasiums Mainz, Mainz 1962, 9–45.

Stephan FÜSSEL (Hg.), Deutsche Dichter der frühen Neuzeit (1450–1600). Ihr Leben und Werk, Berlin 1993.

Perrine GALAND-HALLYN, Le reflet des fleurs. Description et métalangage poétique d'Homère à la Renaissance, Genève 1994 (Travaux d'humanisme et renaissance 283).

Helge GAMRATH, Roma sancta renovata. Studi sull'urbanistica di Roma nella seconda metà del sec. XVI con particolare riferimento al pontificato di Sisto V. (1585–1590), Roma 1987 (Analecta Romana instituti Danici, Suppl. 12).

Joseph GASS, Die Bibliothek des Priesterseminars in Strassburg. Eine historische Skizze, Strassburg 1902.

Joseph GASS, Album Molsheim, Strasbourg 1911, ND Bruxelles 1981.

Joseph GASS, L'orgue et la musique sacrée au collège de Molsheim sous Léopold d'Autriche (1608–1625), Caecilia – Revue de musique liturgique 34, 1921, 153–155.

GASS 1939a = Joseph Gass, Les origines de l'Académie de Molsheim, in: L'humanisme en Alsace (Association Guillaume Budé, Congrès de Strasbourg 20–22 avril 1938), Paris 1939, 115–131.

GASS 1939b = (Joseph) Gass, Les origines de l'Académie de Molsheim (résumé), in: Association Guillaume Budé, Congrès de Strasbourg 20–22 Avril 1938. Actes du congrès, Paris 1939, 412–415.

Julia GAUSS, Basels politisches Dilemma in der Reformationszeit, Zwingliana 15, 1982, 509–548.

Max GEISBERG (Bearb.), Die Stadt Münster. 6. Teil: Die Kirchen und Kapellen der Stadt außer dem Dom, Münster 1941 (Bau- und Kunstdenkmäler von Westfalen 41.6).

Johannes Kardinal von GEISSEL, Der Kaiserdom zu Speyer. Mit besonderer Rücksichtnahme auf die Geschichte der Bischöfe von Speyer, Köln ²1876 (Schriften und Reden von …, Erzbischof von Köln. Hg. v. Karl Theodor Dumont, 4).

Hans Otto GERICKE, Von der frühbürgerlichen Revolution bis zum Ende des Dreißigjährigen Krieges: Ausgang des 15. Jahrhunderts bis 1648, in: Helmut ASMUS (Ltr. d. Autorenkoll.), Geschichte der Stadt Magdeburg, Berlin [Ost] 1975, 65–96.

Henri GERLINGER, Une page de l'histoire de l'Alsace: Molsheim, Strasbourg 1935.

Alban GERSTER, Die Jesuitenkirche in Pruntrut, Zeitschrift für Schweizerische Archäologie und Kunstgeschichte 28, 1971, 95–120.

Alban GERSTER, L'église des jésuites à Porrentruy, Unsere Kunstdenkmäler 23, 1972, 133–141.

Franz GFRÖRER, Franz Bär, Weihbischof von Basel, 1550–1611, Zeitschrift für die Geschichte des Oberrheins 57, 1903, 86–103.

Hubert GLASER, „nadie sin fructo" – Die bayerischen Herzöge und die Jesuiten im 16. Jahrhundert, in: Kat. München 1997, 55–82.

Gerhard GOEBEL, Poeta faber. Erdichtete Architektur in der italienischen, spanischen und französischen Literatur der Renaissance und des Barock, Heidelberg 1971 (Beiträge zur neueren Literaturgeschichte, 3. F., 14).

Hans-Werner GOETZ, Die Viten des hl. Kilian, in: ERICHSEN (Hg.) 1989, 287–297.

Wolfgang GÖTZ, Beiträge zur Vorgeschichte der Denkmalpflege, Diss. (masch.) Leipzig 1956.

Amy GOHLANY (ed.), The Eye of the Poet. Studies in the Reciprocity of the Visual and Literary Arts from the Renaissance to the Present, Lewisburg – London 1996.

Amy GOHLANY, Introduction: Ekphrasis in the Interarts Discourse, in: DIES. (ed.) 1996, 11–18.

Kurt GOLDAMMER, Kultsymbolik des Protestantismus. Mit Anhang: Symbolik des protestantischen Kirchengebäudes, v. Klaus WESSEL, Stuttgart 1960 (Symbolik der Religionen VII).

Hermann GOLDBRUNNER, Laudatio Urbis. Zu neueren Untersuchungen über das humanistische Städtelob, Quellen und Forschungen aus italienischen Archiven und Bibliotheken 63, 1983, 313–328.

Simon GOLDHILL, The Naive and Knowing Eye: Ecphrasis and the Culture of Viewing in the Hellenistic World, in: DERS. – Robin OSBORNE (eds.), Art and Text in Ancient Greek Culture, Cambridge 1994 (Cambridge Studies in New Art History and Criticism), 197–223.

Mathias GOOSSENS, Méditation. II.1: Dans la ‹Devotio moderna›, Dictionnaire de Spiritualité 10 (1980) 914–919.

U. GRAEPLER-DIEHL, Eherne Schlange, Lexikon der christlichen Ikonographie 1 (1968) 583–586.

Fritz GRAF, Ekphrasis: die Entstehung der Gattung in der Antike, in: BOEHM – PFOTENHAUER (Hgg.) 1995, 143–155.

John GRAHAM, Ut pictura poesis, Dictionary of the History of Ideas 4 (1974) 465–476.

W. Leonard GRANT, Neo-Latin Verse Translations of the Bible, Harvard Theological Review 52, 1959, 205–211.

W. Leonard GRANT, Neo-Latin Literature and the Pastoral, Chapel Hill 1965.

Hans GREINER, Die Ulmer Gelehrtenschule zu Beginn des 17. Jahrhunderts und das akademische Gymnasium. Darstellung und Quellenmaterial, Progr. Ulm 1912 (zugl.: Verein für Kunst und Altertum in Ulm und Oberschwaben, Mitteilungen, 18).

Chantal GRELL – Werner PARAVICINI (Hgg.), Les princes et l'histoire du XVe au XVIIIe siècle, Bonn 1998 (Pariser Historische Studien 47).

Hartmann GRISAR SJ, Archeologia del „Presepio" in Roma (V–XVI secolo), Civiltà Cattolica 59, 1908, 702–719.

Kenneth GROSS, The Dream of the Moving Statue, Ithaca – London 1992.

Maria GROSSMANN, Humanism in Wittenberg 1485–1517, Nieuwkoop 1975 (Bibliotheca humanistica et reformatorica 11).

Ludwik GRZEBIEŃ SJ (Bearb.), Encyklopedia wiedzy o Jezuitach na ziemiach Polski i Litwy 1564–1995 – Encyclopedia of Information on the Jesuits on the Territories of Poland and Lithuania, Kraków 1996.

Regensburg's Geschichte, Sagen und Merkwürdigkeiten von den ältesten bis auf die neuesten Zeiten, in einem Abriß aus den besten Chroniken, Geschichtbüchern, und Urkunden-Sammlungen, dargestellt von Christian Gottlieb GUMPELZHAIMER. II. Abthlg.: Vom Jahre 1486 bis 1618, Regensburg 1837; III. Abthlg.: Vom Jahre 1618 bis 1790, Regensburg 1838.

Klaus GUTH, Konfession und Religion, in: ROTH (Hg.) 1984, 149–278.

Klaus GUTH, Konfessionsgeschichte in Franken 1555–1955. Politik – Religion – Kultur, Bamberg 1990.

Theodor HAECKER, Vergil – Vater des Abendlandes, Leipzig ⁴1938.

Jean H. HAGSTRUM, The Sister Arts. The Tradition of Literary Pictorialism and English Poetry from Dryden to Gray, Chicago – London 1958 (ND 1987).

Karl HAHN, Das Aufkommen der Jesuiten in der Diözese Straßburg und die Gründung des Jesuitenkollegs in Molsheim, Zeitschrift für die Geschichte des Oberrheins 64, 1910, 246–294.

Wolfgang R. HAHN, Ratisbona politica. Studien zur politischen Geschichte der Reichsstadt Regensburg im 17. Jahrhundert bis zum Beginn des Immerwährenden Reichstages [Diss. München 1984], I: Verhandlungen des Historischen Vereins für Oberpfalz und Regensburg 125, 1985, 7–160, II: ebda. 126, 1986, 7–98.

Halkin (éd.) 1965: siehe 1.b.3 Texte des Mittelalters und der Frühen Neuzeit

Fernand HALLYN, ‚Ut pictura poesis‘: La correspondance dans les études interdisciplinaires, in: Gisèle MATHIEU-CASTELLANI (éd.), Les méthodes du discours critique dans les études seiziémistes, Paris 1987 (Actes du colloque de la S.F.D.S. [1981] – Communications et débats de la Journée d'études des 14–15 oct. 1982), 39–52.

Albert W. HALSALL – L. GONDOS, Descriptio, Historisches Wörterbuch der Philosophie 2 (1994) 549–551.

Joachim HAMM, Die Reliquien der Kreuzkapelle von St. Michael in der Darstellung der „Trophaea Bavarica", in: OSWALD – HAUB (Hgg.) 2001, 238–254.

Harold HAMMER-SCHENK, Kirchenbau III: Kirchenbau des 16. bis 18. Jh. (Spätgotik bis Frühklassizismus), Theologische Realenzyklopädie 18 (1989) 456–498.

Philippe HAMON, Qu'est-ce qu'une description?, Poétique 3, 1972, 465–485.

Philippe HAMON, La description littéraire. Anthologie de textes théoriques et critiques, Paris 1991.

Philippe HAMON, Du descriptif, Paris [4]1993 [zuerst 1981 als: *Introduction à l'analyse du descriptif*].

Hansjochen HANCKE, Die Torgauer Schloßkirche und die Burgkapelle St. Martin, in: Barbara SCHOCK-WERNER (Hg.), Burg- und Schloßkapellen. Kolloquium des Wissenschaftlichen Beirats der Deutschen Burgenvereinigung [Halle, 1.–3. Okt. 1993], Stuttgart 1995 (Veröffentlichungen der Deutschen Burgenvereinigung, Reihe B: Schriften, 3), 133–137.

Otto HANDWERKER, Überschau über die Fränkischen Handschriften der Würzburger Universitäts-Bibliothek, Archiv des Historischen Vereins für Unterfranken und Aschaffenburg 61, 1919, 1–92.

James HANKINS, Roma Caput Mundi. Humanismus im Rom der Hochrenaissance, in: Kat. Bonn 1999, 298–305.

Alex HARDIE, Statius and the *Silvae*. Poets, Patrons and Epideixis in the Graeco-Roman World, Liverpool 1983 (Arca 9).

Philip R. HARDIE, Virgil's *Aeneid*. *Cosmos* and *Imperium*, Oxford 1986.

Sibylle HARKSEN, Schloß und Schloßkirche in Wittenberg, in: Leo STERN – Max STEINMETZ (Hgg.), 450 Jahre Reformation, Berlin [Ost] 1967, 341–365.

Sibylle HARKSEN, Die Schloßkirche zu Wittenberg, Regensburg [7]1997 (= 1991; Kleine Kunstführer 1910 – Das Christliche Denkmal 70).

R. Martin HARRISON, The Church of St. Polyeuktos in Istanbul and the temple of Solomon, in: Cyril MANGO – O. PRITSAK (eds.), Okeanos. Essays presented to Ihor Ščvčenko, 1983 (Harvard Ukrainian Studies 7), 276–279.

(R.) Martin HARRISON, A Temple for Byzantium. The Discovery and Excavation of Anicia Juliana's Palace Church in Istanbul, Austin 1989.

Hartmut HARTHAUSEN, Geistes- und Kulturgeschichte Speyers vom 16. bis zum 18. Jahrhundert, in: Wolfgang EGER (Red.), Geschichte der Stadt Speyer. Hg. v. d. Stadt Speyer, III, Stuttgart u. a. 1989, 349–434.

Josef HASENFUSS, Julius Echter und seine Universität, in: Friedrich MERZBACHER (Hg.), Julius Echter und seine Zeit. Gedenkschrift aus Anlaß des 400. Jahrestages der Wahl des Stifters der Alma Julia zum Fürstbischof von Würzburg am 1. Dezember 1573. Im Auftrag der Bayerischen Julius-Maximilians-Universität Würzburg hg., Würzburg 1973, 175–192.

Walter HAUG – Burghart WACHINGER (Hgg.), Die Passion Christi in Literatur und Kunst des Spätmittelalters, Tübingen 1993 (Fortuna vitrea 12).

Karl Hausberger, Zum Verhältnis der Konfessionen in der Reichsstadt Regensburg, in: Kat. Regensburg 1992, 153–163 [leicht modifiziert wieder in: Hans Schwarz (Hg.), Reformation und Reichsstadt. Protestantisches Leben in Regensburg, Regensburg 1994 (Schriftenreihe der Universität Regensburg N.F. 20), 134–146].

Michel Hauser, Histoire et architecture des bâtiments du Collège de Porrentruy, in: Festschrift Porrentruy 1991, 149–163.

Wilhelm Hauser, Die Festlichkeiten anläßlich der „Kirchweih" der Neuburger Jesuitenkirche im Oktober 1618, Neuburger Kollektaneenblatt 134, 1981, 42–50.

Peter Hawel, Der spätbarocke Kirchenbau und seine theologische Bedeutung. Ein Beitrag zur Ikonologie der christlichen Sakralarchitektur [Diss. München], Würzburg 1987.

Mary E. Hazard, The Anatomy of „Liveliness" as a Concept in Renaissance Aesthetics, The Journal of Aesthetics and Art Criticism 33, 1974/75, 407–418.

Christian Hecht, Katholische Bildertheologie im Zeitalter von Gegenreformation und Barock. Studien zu Traktaten von Johannes Molanus, Gabriele Paleotti und anderen Autoren, Berlin 1997.

Martin Heckel, Deutschland im konfessionellen Zeitalter, Göttingen 1983 (Deutsche Geschichte 5).

James A. W. Heffernan, Ekphrasis and Representation, New Literary History 22, 1990/91, 297–316.

James A. W. Heffernan, Museum of Words. The Poetics of Ecphrasis from Homer to Ashbery, Chicago – London 1993.

James A. W. Heffernan, Entering the Museum of Words: Ashbery's 'Self-Portrait in a Convex Mirror', in: Robillard – Jongeneel (eds.) 1998, 189–211.

Olaf Hein – Rolf Mader, La stamperia del Collegio Romano, Archivio della Società romana di storia patria 115, 1992, 134–146.

Josef Heinzelmann, Genealogische Randnotizen zur Mainzer Kunstgeschichte – 16. und 17. Jahrhundert, Mainzer Zeitschrift 82, 1987, 39–69.

Josef Heinzelmann, Bei- und Nachträge zur Mainzer Kunstgeschichte des 16. Jahrhunderts, Mainzer Zeitschrift 84/85, 1989/90, 79–97.

Kerstin Heldt, Der vollkommene Regent. Studien zur panegyrischen Casuallyrik am Beispiel des Dresdner Hofes Augusts des Starken, Tübingen 1997 (Frühe Neuzeit 34).

Reinhard Helm, Die Würzburger Universitätskirche 1583–1973. Zur Geschichte des Baues und seiner Ausstattung [Diss. Würzburg 1974], Neustadt (Aisch) 1976 (Quellen und Beiträge zur Geschichte der Universität Würzburg 5).

Wido Hempel, Philipp II. und der Escorial in der italienischen Literatur des Cinquecento, Wiesbaden 1971 (Akademie der Wissenschaften und der Literatur [Mainz], Abhandlungen der geistes- und sozialwissenschaftlichen Klasse 1971, 8).

Karl Hengst, Die Erzherzogliche Akademie Molsheim – eine Universität der katholischen Reform. Zur Gründungsgeschichte einer Jesuitenuniversität, Annuaire de la Société d'histoire et d'archéologie de Molsheim et environs 1980, 31–53.

Karl Hengst, Jesuiten an Universitäten und Jesuitenuniversitäten. Zur Geschichte der Universitäten in der Oberdeutschen und Rheinischen Provinz der Gesellschaft Jesu im Zeitalter der konfessionellen Auseinandersetzung, Paderborn u. a. 1981 (Quellen und Forschungen aus dem Gebiet der Geschichte, N.F. 2).

Peter Herde – Anton Schindling (Hgg.), Universität Würzburg und Wissenschaft in der Neuzeit. Beiträge zur Bildungsgeschichte, gewidmet Peter Baumgart anläßlich seines 65. Geburtstages,

Würzburg 1998 (Quellen und Forschungen zur Geschichte des Bistums und Hochstifts Würzburg 53).

Urs Herzog, Geistliche Wohlredenheit – Die katholische Barockpredigt, München 1991.

Günter Hess, Ut pictura poesis. Jacob Baldes Beschreibung des Freisinger Hochaltarbildes von Peter Paul Rubens, in: Albrecht Weber (Hg.), Handbuch der Literatur in Bayern. Vom Frühmittelalter bis zur Gegenwart – Geschichte und Interpretationen, Regensburg 1987, 207–220 [Wieder in: Jahrbuch des Vereins für christliche Kunst in München e. V. 17, 1988 (= Kirchen am Lebensweg. Festgabe Friedrich Kardinal Wetter), 337–350].

Günter Hess, Die Kunst der Imagination. Jacob Bidermanns Epigramme im ikonographischen System der Gegenreformation, in: Wolfgang Harms (Hg.), Text und Bild, Bild und Text. DFG-Symposion 1988, Stuttgart 1990, 183–196.

Günter Hess, Der sakrale Raum als Schauspiel. Zur poetischen Inszenierung der Münchner Michaelskirche in der historischen Festschrift von 1597 / Zu dieser Ausgabe, in: Trophaea ed. Hess 1997, 269–282 und 283–293.

Hermann Hipp, Studien zur „Nachgotik" des 16. und 17. Jahrhunderts in Deutschland, Böhmen, Österreich und der Schweiz (3 Bde.), Diss. [1974] masch. Tübingen 1979.

Friedrich Wilhelm Hoffmann's Geschichte der Stadt Magdeburg. Neu bearb. v. G(ustav) Hertel u. Fr. Hülße, 2 Bde., Magdeburg 1885.

Georg Hofmann, Gügel bei Scheßlitz in Oberfranken einst und jetzt, Das Bayerland 28, 1916/17, 115–118. 134–137. 154–157.

Armin Hohlweg, Ekphrasis, Reallexikon zur byzantinischen Kunst 2 (1971) 33–75.

Zdisław Hojka, Bydgoszcz na starej fotografii – Bydgoszcz in alten Photographien I–II, Bydgoszcz 1992/94.

John Hollander, The Poetics of *ekphrasis*, Word & Image 4, 1988, 209–219.

John Hollander, The Gazer's Spirit: Poems Speaking To Silent Works of Art, Chicago – London 1995.

H. Holstein, Geschichte der ehemaligen schule zu kloster Berge (I. Teil), Neue Jahrbücher für Philologie und Pädagogik 132, 1885, 508–518.

Hildebrecht Hommel, Der Würzburger Athenäus-Codex aus Reuchlins Besitz [1938], in: Festgabe für Hildebrecht Hommel zum 85. Geburtstag, Würzburg 1984 (Kleine Drucke der UB Würzburg 2), 56–74.

Nicholas M. Horsfall, A Companion to the Study of Virgil, Leiden 1995 (Mnemosyne Suppl. 151).

Joachim Hotz – Isolde Maierhöfer, Aus Frankens Kunst und Geschichte: Oberfranken, Lichtenfels 1970.

Erich Hubala, Die Würzburger Universitätskirche des 17. Jahrhunderts, in: Jahresbericht der Julius-Maximilians-Universität Würzburg über das akademische Jahr 1973/74, Würzburg 1975 (Würzburger Universitätsreden 54), 9–18.

Erich Hubala, Vom europäischen Rang der Münchner Architektur um 1600, in: Kat. München 1980, I 141–151.

Friedrich von Hurter, Geschichte Kaiser Ferdinands II. und seiner Eltern. Personen- Haus- und Landesgeschichte. Achter Band: Geschichte Kaiser Ferdinands II., erster Band, Schaffhausen 1857.

Hans Huth, Jesuitenkirche Mannheim, München – Zürich 1977 (Kleine Kunstführer 1084).

Antoinette Huysmans, De grafmonumenten van Cornelis Floris, Revue belge d'archéologie et d'histoire de l'art / Belgisch tijdschrift voor oudheidkunde en kunstgeschiedenis 56, 1987, 91–122.

Maximilian Ihm, Ein Fragment des Varro, Rheinisches Museum für Philologie 62, 1907, 156–157.

Herbert IMMENKÖTTER – Wolfgang WÜST, Augsburg – Freie Reichsstadt und Hochstift, in: SCHINDLING – ZIEGLER (Hgg.) 6 (1996) 8–35.

Liz JAMES, Light and Colour in Byzantine Art, Oxford 1996.

Liz JAMES – Ruth WEBB, 'To Understand Ultimate Things and Enter Secret Places': Ekphrasis and Art in Byzantium, Art History 14, 1991, 1–17.

Raymond JANIN, La géographie ecclésiastique de l'empire byzantin. Première partie: Le siège de Constantinople et le patriarchat œcuménique. Tome III: Les églises et les monastères, Paris ²1969.

Hubert JANITSCHEK, Ein Hofpoet Leo's X. über Künstler und Kunstwerke, Repertorium für Kunstwissenschaft 3, 1880, 52–60.

Hubert JEDIN, Entstehung und Tragweite des Trienter Dekrets über die Bilderverehrung, Theologische Quartalschrift 116, 1935, 143–188. 404–429.

Ambroise JOBERT, De Luther à Mohila. La Pologne dans la crise de la Chrétienté 1517–1648, Paris 1974 (Collection historique de l'Institut d'Etudes slaves 21).

Friedhelm JÜRGENSMEIER, Kurmainz, in: SCHINDLING – ZIEGLER (Hgg.) 4 (1992) 60–97.

Helmar JUNGHANS, Wittenberg als Lutherstadt, Berlin [Ost] 1979.

Andreas KABLITZ, Jenseitige Kunst oder Gott als Bildhauer. Die Reliefs in Dantes Purgatorio (*Purg.* X–XII), in: DERS. – NEUMANN (Hgg.) 1998, 309–356.

Andreas KABLITZ – Gerhard NEUMANN (Hgg.), Mimesis und Simulation, Freiburg 1998 (Rombach Wissenschaften / Litterae 52).

Iiro KAJANTO, On Lapidary Style in Epigrams and Literature in the 16th and 17th Century, Humanistica Lovaniensia 43, 1994, 137–172.

Wilhelm KAMLAH, Platons Selbstkritik im Sophistes, München 1963 (Zetemata 33).

Volker KAPP, Argutia-Bewegung, Historisches Wörterbuch der Rhetorik 1 (1992) 991–998.

Klaus KARRER, Johannes Posthius. Verzeichnis der Briefe und Werke mit Regesten und Posthius-Biographie, Wiesbaden 1993 (Gratia 23).

KAT. AUGSBURG 1982 = Wolfram Baer – Hans Joachim Hecker (Hgg.), Die Jesuiten und ihre Schule St. Salvator in Augsburg 1582. Ausstellung des Stadtarchivs Augsburg in Zusammenarbeit mit der Diözese Augsburg zum 400. Gründungsjubiläum des Jesuitenkollegs St. Salvator, im Domkreuzgang 6. 11.–12. 12. 1982, München 1982.

KAT. BAMBERG 1998 = Haus der Weisheit. Von der Academia Ottoniana zur Otto-Friedrich-Universität Bamberg. Katalog der Ausstellungen aus Anlaß der 350-Jahrfeier, hg. im Auftrag des Rektors der Otto-Friedrich-Universität Bamberg v. Franz Machilek, Bamberg 1998.

KAT. BASEL 1984 = Spätrenaissance am Oberrhein. Tobias Stimmer 1539–1584. Ausstellung im Kunstmuseum Basel, 23. Sept.–9. Dez. 1984, Basel 1984.

KAT. BONN 1999 = Hochrenaissance im Vatikan – Kunst und Kultur im Rom der Päpste I, 1503–1534. [Kat. d. Ausst.] Kunst- und Ausstellungshalle der Bundesrepublik Deutschland 11. Dez. 1998–11. April 1999, [Bonn] 1999.

KAT. HEIDELBERG 1986 = Elmar Mittler (Hg.), Bibliotheca Palatina. Kat. z. Ausst. vom 8. Juli–2. Nov. 1986, Heiliggeistkirche Heidelberg, Textband, Heidelberg ⁴1986.

KAT. KLOSTERNEUBURG 1985 = Der heilige Leopold – Landesfürst und Staatssymbol. Niederösterreichische Landesausstellung Stift Klosterneuburg 1985, Wien 1985 (Kataloge des Niederösterr. Landesmuseums N.F. 155).

KAT. MÜNCHEN 1980 = Um Glauben und Reich – Kurfürst Maximilian I. Hg. v. Hubert Glaser. 1: Beiträge zur Bayerischen Geschichte und Kunst 1573–1651, 2: Kat. d. Ausst. in der Residenz in München 12. Juni–5. Oktober 1980, München – Zürich 1980 (Wittelsbach und Bayern II).

KAT. MÜNCHEN 1991 = Die Jesuiten in Bayern 1549–1773. Ausstellung des Bayerischen Hauptstaatsarchivs und der Oberdeutschen Provinz der Gesellschaft Jesu, Weißenhorn 1991 (Ausstellungskataloge der Staatlichen Archive Bayerns 29).

KAT. MÜNCHEN 1997 = Rom in Bayern – Kunst und Spiritualität der ersten Jesuiten. Hg. v. Reinhold Baumstark. Katalog zur Ausstellung des Bayerischen Nationalmuseums München 30. April–20. Juli 1997, München 1997.

KAT. REGENSBURG 1992 = 1542–1992: 450 Jahre evangelische Kirche in Regensburg. Eine Ausstellung der Museen der Stadt Regensburg in Zusammenarbeit mit der Evangelisch-Lutherischen Kirche in Regensburg, Museum der Stadt Regensburg 15. Oktober 1992 bis 19. Januar 1993, Regensburg 1992.

KAT. ROM 1993 = Maria Luisa Madonna (a c. di), Roma di Sisto V – Le arti e la cultura, Roma 1993.

KAT. WOLFENBÜTTEL 1994 = Archäologie der Antike. Aus den Beständen der Herzog August Bibliothek 1500–1700. Ausstellung im Zeughaus der Herzog August Bibliothek Wolfenbüttel vom 16. Juli–2. Oktober 1994, Wiesbaden 1994 (Ausstellungskataloge der Herzog-August-Bibliothek 71).

Adolf KATZENELLENBOGEN, The Separation of the Apostles, Gazette des Beaux-Arts 91 (6ᵉ pér., 35), 1949, 81–98.

Alexander P. KAZHDAN, John of Sardis, The Oxford Dictionary of Byzantium 2 (1991) 1067.

A. KEMMANN, Evidentia – Evidenz, Historisches Wörterbuch der Rhetorik 3 (1996) 33–47.

Hans-Georg KEMPER, Literarischer Glaubenskampf, in: STEINHAGEN (Hg.) 1985, 138–171.

Paul KEPPLER, Württemberg's kirchliche Kunstalterthümer, Rottenburg a/N. 1888.

Karl KEYSSNER, Natalis templi, Realenzyklopädie der classischen Altertumswissenschaft 16 (1935) 1800–1802.

Stefan KIECHLE, Kreuzesnachfolge. Eine theologisch-anthropologische Studie zur ignatianischen Spiritualität, Würzburg 1996 (Studien zur systematischen und spirituellen Theologie 17).

Bente KIILERICH, „Salomon, jeg har overgået dig!“ Anicia Julianas kirkebyggeri i Konstantinopel, Kirke og Kultur 105, 2000, 117–127.

Mario KLARER, Ekphrasis. Bildbeschreibung als Repräsentationstheorie bei Spenser, Sidney, Lyly und Shakespeare, Tübingen 2001 (Buchreihe der Anglia 35).

Wolfgang KLAUSNITZER, Das Jesuitenkolleg in Bamberg im Zusammenhang des Ausbildungsprogramms der Gesellschaft Jesu, in: DERS. – Michael HOFMANN – Bruno NEUNDORFER (Hgg.), Seminarium Ernestinum. 400 Jahre Priesterseminar Bamberg, Bamberg 1986, 87–111.

Elisabeth KLECKER, Dichtung über Dichtung. Homer und Vergil in lateinischen Gedichten italienischer Humanisten des 15. und 16. Jahrhunderts, Wien 1994 (Wiener Studien, Beiheft 20; Arbeiten zur mittel- und neulateinischen Philologie 2).

Thomas KLEIN, Ernestinisches Sachsen, kleinere thüringische Gebiete, in: SCHINDLING – ZIEGLER (Hgg.) 4 (1992) 8–39.

Christian Heinrich KLEINSTÄUBER, Ausführliche Geschichte der Studien-Anstalten in Regensburg 1538–1880. Erster Theil: Geschichte des evangelischen reichsstädtischen Gymnasii poetici (Von 1538–1811), Stadtamhof 1881 [Auch in den Verhandlungen des Historischen Vereins für Oberpfalz und Regensburg 35, 1880 und 36, 1882 erschienen].

Jerzy KŁOCZOWSKI (dir.), Histoire religieuse de la Pologne, Paris 1987.

Jerzy KŁOCZOWSKI, Some Remarks on the Social and Religious History of Sixteenth-Century Poland, in: Samuel FISZMAN (ed.), The Polish Renaissance in its European Context, Bloomington – Indianapolis 1988, 96–110.

Claudia KLODT, Platzanlagen der Kaiser in der Beschreibung der Dichter, Gymnasium 105, 1998, 1–38.

Fritz KNAPP, Universität Würzburg 1582/1932, [Würzburg] 1933 (Altfränkische Bilder 39).

Eduard Fritz KNUCHEL, Vogel Gryff. Die Umzüge der Klein-Basler Ehrenzeichen – Ihr Ursprung und ihre Bedeutung, Basel ²1944.

Johannes KODER, Justinians Sieg über Salomon, in: Μουσειο Μπενάκη (eds.), ΘΥΜΙΑΜΑ στη μνήμη της Λασκαρίνας Μπούρα. Τόμος Ι· Κειμένα, Athen 1994, 135–143.

Hans KOEPF, Die Bildhauerfamilie Seyfer, Zeitschrift für Württembergische Landesgeschichte 18, 1959, 233–247.

Peter KOLB – Ernst-Günter KRENIG (Hgg.), Unterfränkische Geschichte. Bd. 3: Vom Beginn des konfessionellen Zeitalters bis zum Ende des Dreißigjährigen Krieges, Würzburg 1995.

Robert KOLB, Passionsmeditation. Luthers und Melanchthons Schüler predigen und beten die Passion, in: BEYER – WARTENBERG (Hgg.) 1996, 267–293.

Thomas KORTH, Von der Renaissance zum Klassizismus. Grundzüge der neueren Kunstgeschichte am Obermain, in: ROTH (Hg.) 1984, 377–542.

Thomas KORTH, Die Kollegienhäuser und Auditorien der Hochschule von 1586 bis 1808, in: Kat. Bamberg 1998, 383–403.

Julius KOTHE (Bearb.), Verzeichnis der Kunstdenkmäler der Provinz Posen. IV: Die Kunstdenkmäler des Regierungsbezirks Bromberg, Berlin 1897.

Gode KRÄMER, Die Kirche des Jesuitenkollegs St. Salvator in Augsburg 1584–1872, in: Kat. Augsburg 1982, 35–47.

Gisbert KRANZ, Das Architekturgedicht. Mit einem anthologischen Anhang von 14 Abbildungen und 16 Texten, Köln – Wien 1988 (Literatur und Leben N.F. 39).

Andreas KRAUS, Grundzüge der Geschichte Bayerns, Darmstadt ²1992.

Hans-Joachim KRAUSE, Die Schloßkapellen der Renaissance in Sachsen, Berlin [Ost] 1970 (Das christliche Denkmal 80).

Hans-Joachim KRAUSE, Zur Geschichte und ursprünglichen Gestalt des Bauwerks und seiner Ausstattung, in: Festschrift Torgau 1994, 27–41.

Murray KRIEGER, The Problem of *Ekphrasis*: Image and Words, Space and Time – and the Literary Work, in: ROBILLARD – JONGENEEL (eds.) 1998, 3–20.

Wilhelm KROLL, Rhetorik, Realenzyklopädie der classischen Altertumswissenschaft Suppl. 7 (1940) 1039–1138.

Franz v. KRONES, Leopold V., Allgemeine Deutsche Biographie 18 (1883) 398–402.

Hans Erich KUBACH – Walter HAAS (Bearb.), Der Dom zu Speyer. Textband, München – Berlin 1972 (Die Kunstdenkmäler von Rheinland-Pfalz 5,1).

Wilhelm KÜHLMANN, Gelehrtenrepublik und Fürstenstaat. Entwicklung und Kritik des deutschen Späthumanismus in der Literatur des Barockzeitalters, Tübingen 1982 (Studien und Texte zur Sozialgeschichte der Literatur 3).

Wilhelm KÜHLMANN, Nicodemus Frischlin (1547–1590) – Der unbequeme Dichter, in: SCHMIDT (Hg.) 1993, 265–288.

Ludwig KÜHNAST, Historische Nachrichten über die Stadt Bromberg, von der Gründung der Stadt bis zur Preußischen Besitznahme, Bromberg – Berlin – Posen 1837.

Franz KUGLER, Kleine Schriften und Studien zur Kunstgeschichte, 2. Theil, Stuttgart 1854.

Stefan KUMMER, Die Kunst der Echterzeit, in: KOLB – KRENIG (Hgg.) 1995, 663–716.

George L. KUSTAS, The Function and Evolution of Byzantine Rhetoric, Viator 1, 1970, 55–73.

Janusz KUTTA, Łochowski Wojciech, Bydgoski słownik biograficzny 1 (1994) 75.

Janusz KUTTA, Ossoliński Jerzy, Bydgoski słownik biograficzny 3 (1996) 107–109.

Andrew LAIRD, Sounding Out Ecphrasis: Art and Text in Catullus 64, Journal of Roman Studies 83, 1993, 18–30.

E. LAMALLE, Aubery (Jean-Henri), Dictionnaire d'histoire et de géographie ecclésiastique 5 (1931) 237.

Peter LANDAU, Die Dreieinigkeitskirche in Regensburg – Toleranz und Parität in der Geschichte der Stadt, in: Studien und Quellen zur Geschichte Regensburgs 3, Regensburg 1985, 23–33.

Langosch (Hg.) 1954: siehe 1.b.3: Texte des Mittelalters und der Frühen Neuzeit

Jerzy ŁANOWSKI, Weltwunder, Realenzyklopädie der classischen Altertumswissenschaft Suppl. 10 (1965) 1020–1030.

Jaime LARA, God's Good Taste: The Jesuit Aesthetics of Juan Bautista Villalpando in the Sixth and Tenth Centuries B.C.E., in: O'MALLEY u. a. (eds.) 1999, 505–521.

G. M. LECHNER OSB, Villalpandos Tempelrekonstruktion in Beziehung zu barocker Klosterarchitektur, in: Festschrift Wolfgang Braunfels, Tübingen 1977, 223–237.

Rudolf LEEB, Konstantin und Christus. Die Verchristlichung der imperialen Repräsentation unter Konstantin dem Großen als Spiegel seiner Kirchenpolitik und seines Selbstverständnisses als christlicher Kaiser, Berlin – New York 1992 (Arbeiten zur Kirchengeschichte 58).

Paul LEHFELDT, Die Bau- und Kunstdenkmäler des Regierungsbezirks Coblenz, Düsseldorf 1886 (Die Bau- und Kunstdenkmäler der Rheinprovinz [1]).

Jakob LEHMANN, Fränkische Humanisten, Bamberg 1980.

Jakob LEHMANN, Literatur und Geistesleben, in: ROTH (Hg.) 1984, 279–375.

Roger LEHNI, L'horloge astronomique de la Cathédrale de Strasbourg, Saint-Ouen 1997.

Friedrich LEO, De Stati Silvis commentatio, in: Index scholarum in Academia Georgia Augusta per semestre hibernum [1892–93] habendarum, Göttingen [1892], 3–23.

Pietro LETURIA SJ, Perché la Compagnia di Gesù divenne un ordine insegnante, Gregorianum 21, 1940, 350–382.

Godo LIEBERG, Seefahrt und Werk. Untersuchungen zu einer Metapher der antiken, besonders der lateinischen Literatur, Giornale italiano di filologia 51, 1969, 209–240.

Felix Joseph LIPOWSKY, Geschichte der Jesuiten in Baiern, I. Theil, München 1816.

Georg LITZEL, Historische Beschreibung der kaiserlichen Begräbniß in dem Dom zu Speyer […], neu aufgelegt u. hg. v. Johann Michael König, Speyer 1825.

Bernhard LOHSE, Luthers Theologie in ihrer historischen Entwicklung und in ihrem systematischen Zusammenhang, Göttingen 1995.

Johann LOOSHORN, Die Geschichte des Bisthums Bamberg. Nach den Quellen bearbeitet v. …, IV: Das Bisthum Bamberg von 1400–1556, München 1900, ND Neustadt/Aisch 1980; V: Das Bisthum Bamberg von 1556–1622, Bamberg 1903, ND Neustadt/Aisch 1980.

Petra LOREY-NIMSCH, Die Einführung der Reformation 1542, in: MÖSENEDER (Hg.) 1986, 121–123.

Walther LUDWIG, J. P. Ludwigs Lobrede auf die Reichsstadt Schwäbisch Hall und die Schulrhetorik des siebzehnten Jahrhunderts, Württembergisch Franken 74, 1990, 247–294.

Walther LUDWIG, Die Darstellung südwestdeutscher Städte in der lateinischen Literatur des 15. bis 17. Jahrhunderts, in: Bernhard KIRCHGÄSSNER – Hans-Peter BECHT (Hgg.), Stadt und Repräsentation, Sigmaringen 1995 (Stadt in der Geschichte 21), 39–76.

Raymond A. MACDONALD, Review Essay [Rez. zu: Murray KRIEGER, Ekphrasis: the Illusion of the Natural Sign (1992)], Word & Image 9, 1993, 81–86.

Franz MACHILEK, Georgius Sibutus Daripinus und seine Bedeutung für den Humanismus in Mähren, in: Hans-Bernd HARDER – Hans ROTHE (Hgg.), Studien zum Humanismus in den böhmischen

Ländern, Köln – Wien 1988 (Schriften des Komitees der Bundesrepublik Deutschland zur Förderung der Slawischen Studien 11), 207–241.

Ruth MACRIDES – Paul MAGDALINO, The Architecture of Ekphrasis: Construction and Context of Paul the Silentiary's Poem on Hagia Sophia, Byzantine and Modern Greek Studies 12, 1988, 47–82.

Felix MADER (Bearb.), Stadt Würzburg, München 1915 (ND München – Wien 1981; Die Kunstdenkmäler des Königreichs Bayern, Regierungsbezirk Unterfranken & Aschaffenburg, XII).

Felix MADER (Bearb.), Stadt Regensburg, II: Die Kirchen der Stadt (mit Ausnahme von Dom und St. Emmeram), München 1933 (Die Kunstdenkmäler von Bayern, Regierungsbezirk Oberpfalz, XXII.2).

Maria Luisa MADONNA, ‹Septem mundi miracula› come templi della Vertù. Pirro Ligorio e l'interpretazione cinquecentesca delle meraviglie del mondo, Psicon 7, 1976, 25–63.

Johannes MAHR, Blüte in Ruinen. Leben und Werk des Münsterschwarzacher Abtes Johannes Burckhardt (1563–1598), Münsterschwarzach 1998 (ersch. 1999; Münsterschwarzacher Studien 46).

Hartmut MAI, Tradition und Innovation im protestantischen Kirchenbau bis zum Ende des Barock, in: Klaus RASCHZOK – Rainer SÖRRIES (Hgg.), Geschichte des protestantischen Kirchenbaues. Festschrift für Peter Poscharsky zum 60. Geburtstag, Erlangen 1994, 11–25.

Hans MAIER – Volker PRESS – Dieter STIEVERMANN (Hgg.), Vorderösterreich in der frühen Neuzeit, Sigmaringen 1989.

Maurice MAILLAT, Voyage à travers quatre siècles, in: Festschrift Porrentruy 1991, 13–67.

Cyril MANGO – Ihor ŠEVČENKO, Remains of the Church of St. Polyeuktos in Costantinople, Dumbarton Oaks Papers 15, 1961, 243–247.

Cyril MANGO, Byzantine Writers on the Fabric of Hagia Sophia, in: Robert MARK – Ahmet Ş. ÇAKMAK (eds.), Hagia Sophia from the Age of Justinian to the Present, Cambridge ²1993 (= 1992), 41–56.

[Maximus MANGOLD], Origo collegij Societatis Jesu ad Sanctum Salvatorem Augustae Vindelicorum, Fuggerianae pietatis in Deum et Patriam monumentum perenne, Augsburg 1786.

Alessandra MANIERI, L'immagine poetica nella teoria degli antichi – *Phantasia* ed *enargeia*, Pisa – Roma 1998 (Filologia e critica 82).

Joseph MARÉCHAL SJ, Application des sens, Dictionnaire de Spiritualité 1 (1937) 810–828.

Jean-Claude MARGOLIN, La Rhétorique d'Aphthonius et son influence au XVIe siècle, in: CHEVALLIER (éd.) 1979, 239–269.

Henryk MARKIEWICZ, Ut Pictura Poesis … A History of the Topos and the Problem, New Literary History 18, 1986/87, 535–558.

Veronika MARSCHALL, Das Chronogramm. Eine Studie zu Formen und Funktionen einer literarischen Kunstform, dargestellt am Beispiel von Gelegenheitsgedichten des 16. bis 18. Jahrhunderts aus den Beständen der Staatsbibliothek Bamberg, Frankfurt u. a. 1997 (Helicon 22).

[Vittorio MASSIMO], Notizie istoriche della Villa Massimo alle Terme Diocleziane, con un'appendice di documenti, Roma 1836.

Franz MATSCHE, Die Kunst im Dienste der Staatsidee Karls VI., 2 Bde. Berlin 1981 (Beiträge zur Kunstgeschichte 16).

Heinrich MAYER, Die Kunst im alten Hochstift Bamberg und seinen nächsten Einflußgebieten mit besonderer Berücksichtigung der kirchlichen Kunstdenkmäler. II: Die Kunst des Bamberger Umlandes, Bamberg ²1952.

Michele MAYLENDER, Storia delle Accademie d'Italia, 5 Bde. Bologna 1929, ND Sala Bolognese 1976.

Kees MEERHOFF, La description: réflexions sur un manuel rhétorique, in: Yvette WENT-DAOUST (éd.), Description – écriture – peinture, Groningen 1987 (Cahiers de recherches des instituts néerlandais de langue et littérature françaises 17), 21–35.

Eugen A. MEIER, Vogel Gryff. Geschichte und Brauchtum der Drei Ehrengesellschaften Kleinbasels, Basel 1986.

Günther MEINHARDT (Hg.), Aus Brombergs Vergangenheit. Ein Heimatbuch für den Stadt- und Landkreis, Wilhelmshaven 1973.

Otto MEYER, Der Bestand „Schedae Gamansianae" der UB Würzburg, in: Gottfried MÄLZER (Hg.), Festgabe für Josef Tiwisina zum 70. Geburtstag, Würzburg 1983 (Kleine Drucke der UB Würzburg 1), 76–102.

Angela MICHEL, St. Pankratius auf dem Gügel: Eine Kirche welscher Baumeister, Heimat Bamberger Land 9.1, 1997, 3–13.

Angela MICHEL, Der Graubündner Baumeister Giovanni Bonalino in Franken und Thüringen [Diss. FU Berlin], Neustadt/Aisch 1999 (Veröffentlichungen der Gesellschaft für fränkische Geschichte, VIII. Reihe, 10).

Pierre MIQUEL, Images (Culte des), Dictionnaire de Spiritualité 7.2 (1971) 1503–1519.

Karl MÖSENEDER, Die Dreieinigkeitskirche in Regensburg. Ein protestantischer Kirchenbau, in: BUNGERT (Hg.) 1983, 171–255. [Mit Ausnahme des Abbildungsteils unverändert wieder in: Kat. Regensburg 1992, 109–151].

Karl MÖSENEDER (Hg.), Feste in Regensburg – Von der Reformation bis in die Gegenwart, Regensburg 1986.

Pierre MOISY, Les églises des jésuites de l'ancienne assistance de France, Rome 1958 (Bibliotheca instituti historici Societatis Iesu 12).

Harold F. MOSHER jr., Toward a Poetics of „Descriptized" Narration, Poetics Today 12, 1991, 425–445.

Uberto MOTTA, Tra Paolo V e la Bibbia: la produzione epigrafica di Antonio Querenghi, Italia medioevale e umanistica 37, 1994, 137–169.

Uberto MOTTA, Antonio Querenghi (1546–1633). Un letterato padovano nella Roma del tardo Rinascimento, Milano 1997 (Bibliotheca erudita 12).

Wilhelm MRAZEK, Ikonologie der barocken Deckenmalerei, Wien 1953 (Sitzungsberichte der Österreichischen Akademie der Wissenschaften, phil.-hist. Kl., 228,3).

Jan-Dirk MÜLLER, Mimesis und Ritual. Zum geistlichen Spiel des Mittelalters, in: KABLITZ – NEUMANN (Hgg.) 1998, 541–571.

Lothar MUNDT, Rudolf Agricolas „De inventione dialectica" – Konzeption, historische Bedeutung und Wirkung, in: Wilhelm KÜHLMANN (Hg.), Rudolf Agricola 1444–1485, Protagonist des nordeuropäischen Humanismus. Zum 550. Geburtstag, Bern u. a. 1994, 83–146.

Dieter MUNK, Die Ölberg-Darstellung in der Monumentalplastik Süddeutschlands. Untersuchung und Katalog, Diss. (masch.) Tübingen 1968.

Norbert MUSSBACHER, Lilienfeld, Lexikon des Mittelalters 5 (1991) 1984–1985.

Hanswernfried MUTH, Spätmittelalterliche Kiliansmartyrien in Franken, Mainfränkisches Jahrbuch für Geschichte und Kunst 9, 1957, 170–184.

Hanswernfried MUTH, Kilian, Kolonat und Totnan. Zur Ikonographie der Frankenapostel bis zur Säkularisation, in: ERICHSEN (Hg.) 1989, 349–365.

J. MYSLIVEC, Apostel. II.B.1: Trennung der Apostel (Abschied), Lexikon der christlichen Ikonographie 1 (1968) 168 f.

Nadeau 1952: siehe 1.b.1: Antike Texte

Paul VON NAREDI-RAINER, Salomos Tempel und das Abendland – Monumentale Folgen historischer Irrtümer. M. e. Beitr. v. Cornelia Limpricht, Köln 1994.

Eberhard NAUJOKS, Vorstufen der Parität in der Verfassungsgeschichte der schwäbischen Reichsstädte (1555–1648). Das Beispiel Augsburgs, in: Jürgen SYDOW (Hg.), Bürgerschaft und Kirche (Arbeitstagung Kempten 1978), Sigmaringen 1980 (Stadt in der Geschichte 7), 38–66.

R. NEGRI, Benci Francesco, Dizionario biografico degli italiani 8 (1966) 192 f.

Jürgen NEMITZ, Verfassung und Verwaltung der Reichsstadt (1500–1802), in: SCHMID (Hg.) 2000, I 248–264.

Thomas NEUKIRCHEN, Inscriptio: Rhetorik und Poetik der Scharfsinnigen Inschrift im Zeitalter des Barock, Tübingen 1999 (Studien zur deutschen Literatur 152).

Bruno NEUNDORFER, Die Kirche des heiligen Otto in Reundorf. Ein Beitrag zur Patrozinienkunde im 17. Jahrhundert, Bericht des Historischen Vereins für die Pflege der Geschichte des ehemaligen Fürstbistums Bamberg 125, 1989, 359–374.

Carole NEWLANDS, *Silvae* 3.1 and Statius' Poetic Temple, Classical Quarterly n. s. 41, 1991, 438–452.

Carole Elizabeth NEWLANDS, Playing with Time. Ovid and the *Fasti*, Ithaca – London 1995 (Cornell Studies in Classical Philology 55).

Joseph NIRSCHL, Die Universitätskirche in Würzburg. Im Auftrage des akademischen Senates historisch und architektonisch beschrieben v. …, Würzburg 1891.

NOCK, Kornutos, Realenzyklopädie der classischen Altertumswissenschaft Suppl. 5 (1931) 995–1005.

Rudolfine Freiin v. OER, Münster, in: SCHINDLING – ZIEGLER (Hgg.) 3 (1995) 108–129.

Gerhard OHLHOFF, Brombergs historische Bauten V: Die Jesuitenkirche, Bromberg 50, 1976, 4–8.

Gerhard OHLHOFF, Wiederaufbau der Jesuitenkirche in Bromberg?, Bromberg 93, 1990, 14–15.

Gerhard OHLHOFF, Geschichte der Stadt Bromberg. Zum 650. Jubiläum ihrer Gründung im Jahre 1346, Westpreußen-Jahrbuch 46, 1996, 5–23.

Jan OKOŃ, L'umanesimo gesuitico nella Polonia del Cinque e Seicento tra Occidente e Oriente, in: Acta Conventus Neo-Latini Bariensis – Proceedings of the Ninth International Congress of Neo-Latin Studies, Tempe (Ariz.) 1998 (Medieval and Renaissance Texts and Studies 184), 461–468.

Michel OLPHE-GALLIARD SJ, Composition de lieu, Dictionnaire de Spiritualité 2.2 (1953) 1321–1326.

John W. O'MALLEY, Renaissance Humanism and the Religious Culture of the First Jesuits, The Heythrop Journal 31, 1990, 471–487.

John W. O'MALLEY S.J. u. a. (eds.), The Jesuits – Cultures, Sciences, and the Arts 1540–1773, Toronto – Buffalo – London 1999.

Hans OST, Die Cappella Sistina in Santa Maria Maggiore, in: Werner BUSCH u. a. (Hgg.), Kunst als Bedeutungsträger. Gedenkschrift für Günter Bandmann, Berlin 1978, 279–303.

V. OSTENECK, Sämann, Lexikon der christlichen Ikonographie 4 (1970) 24.

Steven F. OSTROW, The Sistine Chapel at S. Maria Maggiore. Sixtus V and the Art of the Counter Reformation, Diss. Princeton 1987.

Grégory OSWALD, Une stèle commémorative de l'élection de l'évêque Guillaume de Diest dans l'ancienne église des Jésuites de Molsheim, Annuaire de la Société d'histoire et d'archéologie de Molsheim et environs 1987, 49–56.

Julius OSWALD SJ – Rita HAUB (Hgg.), Jesuitica. Forschungen zur frühen Geschichte des Jesuitenordens in Bayern bis zur Aufhebung 1773, München 2001 (Zeitschrift für bayerische Landesgeschichte, Beiheft 17).

Pier Nicola Pagliara, Vitruvio da testo a canone, in: Salvatore Settis (a c. di), Memoria dell'antico nell'arte italiana, III: Dalla tradizione all'archeologia, Torino 1986 (Biblioteca di storia dell'arte, n. s. 3), 7–85.

Dominique Pagnier, Le décor des théâtres jésuites et la composition de lieu, Christus 42, 1995, 333–343.

Jonas Palm, Bemerkungen zur Ekphrase in der griechischen Literatur, Kungl. Humanistiska Vetenskaps-Samfundet i Uppsala, Årsbok 1965–1966, 108–211.

Hans Paschke, Die Giechburg in ihrer Glanzzeit unter Fürstbischof Johann Philipp von Gebsattel (1599–1609) und der Wiederaufbau von Kloster Schlüsselau, Bericht des Historischen Vereins für die Pflege der Geschichte des ehemaligen Fürstbistums Bamberg 111, 1975, 329–345.

Ludwig Frhr. von Pastor, Geschichte der Päpste seit dem Ausgang des Mittelalters. Bd. 10: Geschichte der Päpste im Zeitalter der katholischen Reformation und Restauration. Sixtus V., Urban VII., Gregor XIV. und Innozenz IX. (1585–1591), Freiburg 1926; Bd. 12: Geschichte der Päpste im Zeitalter der katholischen Restauration und des Dreißigjährigen Krieges. Leo XI. und Paul V. (1605–1621), Freiburg 1927.

Stefan Pastuszewski, Kościół pod wezwaniem św. Krzyża (później św. Ignacego Loyoli) w Bydgoszczy [Die Kirche der Anbetung des Hl. Kreuzes (später St. Ignatius von Loyola) in Bydgoszcz], Kronika Bydgoska 11, 1989 (ersch. 1991), 195–219.

Annabel M. Patterson, Hermogenes and the Renaissance – Seven Ideas of Style, Princeton 1970.

Nikolaus Paulus, La Grande Congrégation Académique de Molsheim, Revue catholique d'Alsace N. S. 5, 1886, 94–102.

Nikolaus Paulus, Le Séminaire de Molsheim, Revue catholique d'Alsace N. S. 6, 1887, 175–182. 257–263.

Erich Pernice, Beschreibungen von Kunstwerken in der Literatur. Rhetorische Ekphraseis [1939]. Überarb. Fass. (Red.: Walter Hatto Gross) in: Ulrich Hausmann (Hg.), Allgemeine Grundlagen der Archäologie. Begriff und Methode, Geschichte, Problem der Form, Schriftzeugnisse (…), München 1969 (Handbuch der Archäologie), 433–447.

Laurent Pernot, La rhétorique de l'éloge dans le monde gréco-romain, Paris 1993 (Collection des Etudes Augustiniennes, série antiquité, 137/138).

Carl Pfaff, Kaiser Heinrich II. Sein Nachleben und sein Kult im mittelalterlichen Basel (Diss. Basel), Basel – Stuttgart 1963 (Basler Beiträge zur Geschichtswissenschaft 89).

Pfeiffer 1967a = Wolfgang Pfeiffer, Evangelische Dreieinigkeitskirche Regensburg, München – Zürich 1967 (Kleine Kunstführer 874).

Pfeiffer 1967b = Wolfgang Pfeiffer, Addenda zur Ausstattung der Dreieinigkeitskirche in Regensburg, Verhandlungen des Historischen Vereins für Oberpfalz und Regensburg 107, 1967, 93–101.

Konrad Pieger, Schesslitz, München – Zürich 1961 (Kleine Kunstführer 749).

Carlo Pietrangeli (a c. di), Santa Maria Maggiore a Roma, Firenze 1988 (Chiese monumentali d'Italia).

Hugh Plommer, Vitruvius and Later Roman Building Manuals, Cambridge 1973.

J. C. Plumpe, Vivum saxum, vivi lapides: the Concept of „Living Stone" in Classical and Christian Antiquity, Traditio 1, 1943, 1–14.

Götz Freiherr v. Pölnitz, Julius Echter von Mespelbrunn, Fürstbischof von Würzburg und Herzog von Franken (1573–1617), München 1934, ND Aalen 1973 (Schriftenreihe zur bayerischen Landesgeschichte 17).

Viktor Pöschl, Die Tempeltüren des Dädalus in der Aeneis (VI 14 – 33), Würzburger Jahrbücher für die Altertumswissenschaft N.F. 1, 1975, 119–123.

Ernst POLACZEK, Denkmäler der Baukunst im Elsaß. Hg. v. S. Hausmann u. E. Polaczek, in geschichtlichem Zusammenhange dargestellt v. …, Straßburg 1906.

Liselotte POPELKA, Trauergerüste – Bemerkungen zu einer ephemeren Architekturgattung, Römische Historische Mitteilungen 10, 1966/67, 184–199.

Theodor PREGER, Die Erzählung vom Bau der Hagia Sophia, Byzantinische Zeitschrift 10, 1901, 455–476.

Volker PRESS, Bayern, Österreich und das Reich in der frühen Neuzeit, Verhandlungen des Historischen Vereins für Oberpfalz und Regensburg 120, 1980, 493–519.

Volker PRESS, Das Hochstift Speyer im Reich des späten Mittelalters und der frühen Neuzeit – Portrait eines geistlichen Staates, in: DERS. u. a. (Hgg.) 1985, 251–290.

Volker PRESS, Vorderösterreich in der habsburgischen Reichspolitik des späten Mittelalters und der frühen Neuzeit, in: MAIER u. a. (Hgg.) 1989, 1–41.

Volker PRESS, Kriege und Krisen. Deutschland 1600–1715, München 1991 (Neue Deutsche Geschichte 5).

PRESS 1992a = Volker Press, Franken und das Reich in der Frühen Neuzeit, Jahrbuch für fränkische Landesforschung 52, 1992 (FS Alfred Wendehorst), 329–347.

PRESS 1992b = Volker Press, Bischöfe, Bischofsstädte und Bischofsresidenzen. Zur Einleitung, in: DERS. (Hg.) 1992, 9–26.

Volker PRESS – Eugen REINHARD – Hansmartin SCHWARZMAIER (Hgg.), Barock am Oberrhein, Karlsruhe 1985 (Oberrheinische Studien VI).

Volker PRESS (Hg.), Südwestdeutsche Bischofsresidenzen außerhalb der Kathedralstädte, Stuttgart 1992 (Veröffentlichungen der Kommission für geschichtliche Landeskunde in Baden-Württemberg, Reihe B: Forschungen, 116).

Carlo PROMIS, Vocaboli latini di architettura posteriori a Vitruvio oppure a lui sconosciuti, raccolti da … a complemento del Lessico Vitruviano di Bernardino Baldi, Memorie della R. Accademia di Torino, ser. II, tom. XXVIII, 1876, 207–434.

Michael C. J. PUTNAM, Virgil's Epic Designs. Ekphrasis in the *Aeneid*, New Haven – London 1998.

Mary QUINLAN-MCGRATH, Caprarola's Sala della Cosmografia, Renaissance Quarterly 50, 1997, 1045–1100.

Edwin RABBIE, Editing Neo-Latin Texts, editio 10, 1996, 25–48.

Horst RABE, Reich und Glaubensspaltung. Deutschland 1500–1600, München 1989 (Neue Deutsche Geschichte 4).

Fidel RÄDLE, Theater als Predigt. Formen religiöser Unterweisung in lateinischen Dramen der Reformation und Gegenreformation, Rottenburger Jahrbuch für Kirchengeschichte 16, 1997, 41–60.

Erwin RALL, Die Kirchenbauten der Protestanten in Schwaben und Südfranken im 16. und 17. Jahrhundert, Diss. (masch.) Stuttgart 1922.

Juan Antonio RAMIREZ (ed.), El templo de Salomón según Juan Bautista Villalpando, Madrid 1991.

Juan Antonio RAMIREZ (ed.), Dios, Arquitecto: J. B. Villalpando y el templo de Salomón, Madrid ²1994.

Francis RAPP (dir.), Le diocèse de Strasbourg. Avec la collaboration de L. Châtellier – R. Epp – C. Munier – R. Winling, Paris 1982 (Histoire des diocèses de France, [nouvelle série] 14).

Francis RAPP, Straßburg – Hochstift und Freie Reichsstadt, in: SCHINDLING – ZIEGLER (Hgg.) 5 (1993) 72–95.

Urban RAPP, St. Kilian und seine Gefährten in der Malerei, in: Theodor KRAMER (Hg.), Heiliges Franken. Festchronik zum Jahr der Frankenapostel 1952, Würzburg 1952, 85–92.

Moriz von RAUCH, Meister Hans Seyfer, Bildhauer und Bildschnitzer in Heilbronn, Monatshefte für Kunstwissenschaft 2, 1909, 504–528.

Giovanni RAVENNA, L'*ekphrasis* poetica di opere d'arte in latino – temi e problemi, Quaderni dell'Istituto di Filologia Latina [Università di Padova, facoltà di Magistero] 3, 1974, 1–52.

Fernand REIBEL, Les jésuites en Alsace, Bulletin ecclésiastique du diocèse de Strasbourg 75, 1956, 443–447.

Wolfgang REINHARD (Hg.), Humanismus im Bildungswesen des 15. und 16. Jahrhunderts, Weinheim 1984 (Mitteilung XII der Kommission für Humanismusforschung).

Adolf REINLE, Mittelalterliche Architekturschilderung, in: Carlpeter BRAEGGER (Hg.), Architektur und Sprache. Gedenkschrift für Richard Zürcher, München 1982, 255–278.

Diether REINSCH, Edition und Rezeption byzantinischer Historiker durch deutsche Humanisten, in: Hans EIDENEIER (Hg.), Graeca recentiora in Germania. Deutsch-griechische Kulturbeziehungen vom 15. bis 19. Jahrhundert, Wiesbaden 1994 (Wolfenbütteler Forschungen 59), 47–63.

Franz Xaver REMLING, Geschichte der Bischöfe zu Speyer II, Mainz 1854 (ND Pirmasens 1975).

Marcell RESTLE, Konstantinopel, Reallexikon zur byzantinischen Kunst 4 (1990) 366–737.

Rodolphe REUSS, L'Alsace au dix-septième siècle au point de vue géographique, historique, administratif, économique, social, intellectuel et religieux. Tome deuxième, Paris 1898.

Stefan RHEIN, Johannes Stigel (1515–1562). Dichtung im Umkreis Melanchthons, in: SCHEIBLE (Hg.) 1997, 31–49.

Albrecht RIEBER, Baugeschichte der Dreifaltigkeitskirche (2), Schwäbische Zeitung Nr. 83 vom 11.4.1978.

Albrecht RIEBER, Die Dreifaltigkeitskirche und zuvor die Predigerkirche der Dominikaner in Ulm, in: Haus der Begegnung – Dreifaltigkeitskirche Ulm. Festschrift zur Einweihung 17. Juni 1984, Ulm 1984, 4–15.

Théodore RIEGER, Du flamboyant au prébaroque. L'architecture religieuse en Alsace entre 1525 et 1648, Revue d'Alsace 122, 1996, 253–263.

Moriz RITTER, Deutsche Geschichte im Zeitalter der Gegenreformation und des Dreißigjährigen Krieges (1555–1648). III: Geschichte des Dreißigjährigen Krieges, Stuttgart – Berlin 1908 (Bibliothek Deutscher Geschichte).

Jörg ROBERT, Die *Templi descriptio* der „Trophaea Bavarica" als Kirchenführung und Vision, in: OSWALD – HAUB (Hgg.) 2001, 184–214.

Valerie ROBILLARD, In Pursuit of Ekphrasis (an intertextual approach), in: ROBILLARD – JONGENEEL (eds.) 1998, 53–72.

Valerie ROBILLARD – Els JONGENEEL (eds.), Pictures into Words. Theoretical and Descriptive Approaches to Ekphrasis, Amsterdam 1998.

Floridus RÖHRIG, Die Gründung des Stiftes Klosterneuburg, in: Kat. Klosterneuburg 1985, 26–32.

Stefan W. RÖMMELT, Erasmus Neustetter, gen. Stürmer (1523–1594), Domherr zu Würzburg und Propst des Stiftes Comburg, in: Erich SCHNEIDER (Hg.), Fränkische Lebensbilder – Neue Folge der Lebensläufe aus Franken 18, Neustadt/Aisch 2000 (Veröffentlichungen der Gesellschaft für Fränkische Geschichte, Reihe VII A), 33–54.

Alphonse ROERSCH, Modius (François), Biographie nationale de Belgique 14 (1897) 921–935.

Hilde ROESCH, Gotik in Mainfranken um 1600. Ein Beitrag zur Geschichte der Baukunst im Fürstbistum Würzburg zur Regierungszeit Julius Echters von Mespelbrunn (1573–1617) [Diss. Würzburg], Egeln 1938.

Bernhard Hermann RÖTTGER (Bearb.), Stadt und Bezirksamt Speyer, München 1934 (Die Kunstdenkmäler von Bayern, Regierungsbezirk Pfalz, III).

John & Elizabeth ROMER, The Seven Wonders of the World – A History of the Modern Imagination, London 1995.

David ROSAND, Ekphrasis and the Generation of Images, Arion n. s. 1, 1990, 61–105.

Elisabeth ROTH (Hg.), Oberfranken in der Neuzeit bis zum Ende des Alten Reiches, Bamberg 1984.

Friedrich Wilhelm Emil ROTH, Geschichte der Verlagsgeschäfte und Buchdruckereien zu Würzburg 1479 bis 1618, Archiv für Geschichte des deutschen Buchhandels 20, 1898, 67–85.

Andreas ROTHE, Theologie in Stein und Bild, in: Festschrift Torgau 1994, 7–26.

Hans ROTT (Bearb.), Die Kunstdenkmäler des Amtsbezirks Bruchsal (Kreis Karlsruhe), Tübingen 1913 (Die Kunstdenkmäler des Großherzogtums Baden, 9. Bd.: Kreis Karlsruhe, 2).

Manfred RUDERSDORF, Konfessionalisierung und Reichskirche – Der Würzburger Universitätsgründer Julius Echter von Mespelbrunn als Typus eines geistlichen Fürsten im Reich (1545–1617), in: HERDE – SCHINDLING (Hgg.) 1998, 37–61.

Konrad RÜCKBROD, Universität und Kollegium. Baugeschichte und Bautyp, Darmstadt 1977.

Aloys RUPPEL, Über die ältere Franziskanerkirche in Mainz, Mainzer Zeitschrift 32, 1937, 46–52.

Georg SATZINGER – Hans-Joachim ZIEGELER, Marienklagen und Pietà, in: HAUG – WACHINGER (Hgg.) 1993, 241–276.

Christine SAUER, Theoderichs *Libellus de locis sanctis* (ca. 1169–74): Architekturbeschreibungen eines Pilgers, in: Gottfried KERSCHER (Hg.), Hagiographie und Kunst. Der Heiligenkult in Schrift, Bild und Architektur, Berlin 1993, 213–239.

Joseph SAUER, Symbolik des Kirchengebäudes und seiner Ausstattung in der Auffassung des Mittelalters, mit Berücksichtigung von Honorius Augustodunensis, Sicardus und Durandus, Freiburg ²1924 (ND Münster 1964).

Heinz Jürgen SAUERMOST – Helmut FRIEDEL, Jesuitenkirche St. Michael, in: Norbert LIEB – Heinz Jürgen SAUERMOST (Hgg.), Münchens Kirchen. Mit einem chronologischen Verzeichnis der bestehenden Kirchenbauten, München 1973, 87–100.

Heinz Jürgen SAUERMOST, Zur Rolle St. Michaels im Rahmen der wilhelminisch-maximilianischen Kunst, in: Kat. München 1980, I 167–174.

Ekkart SAUSER, Symbolik des katholischen Kirchengebäudes. Anhang zu: Josef Andreas JUNGMANN, Symbolik der katholischen Kirche, Stuttgart 1960 (Symbolik der Religionen 6).

Michel Sauvage, Méditation. II.2: Dans les écoles de spiritualité, Dictionnaire de Spiritualité 10 (1980) 919–927.

Odette Sauvage, „Lutetiae Descriptio" d'Eustathe de Knobelsdorf, in: Jean-Claude MARGOLIN (éd.), Acta Conventus Neo-Latini Turonensis (Tours 1976), Paris 1980 (De Pétrarque à Descartes 38), 1147–1157.

Richard SAYCE, Littérature et architecture au XVIIe siècle, Cahiers de l'Association internationale d'études françaises 24, 1972, 233–250.

Roberto SCANNAVINI, Il progetto preliminare del restauro e del recupero dell'ex chiesa di Santa Lucia, in: DERS. (a c. di) 1988, 109–127.

Roberto SCANNAVINI (a c. di), Santa Lucia. Crescita e rinascimento della chiesa e dei collegi della Compagnia di Gesù: 1623–1988. Storia di una trasformazione urbanistica incompiuta, Bologna 1988.

SCHADE 1960a = Herbert Schade SJ, Die Berufung der Jesuiten und der Bau von St. Michael, in: Der Mönch im Wappen. Aus Geschichte und Gegenwart des katholischen München, München 1960, 209–257.

SCHADE 1960b = Herbert Schade SJ, Zur Fassade der St. Michaelskirche in München, Das Münster 13, 1960, 238–260.

Herbert SCHADE SJ, Die Monumentalisierung des Gewissens und der Kampf zwischen Licht und Finsternis. Zur Fassade der St. Michaelskirche in München und zur „Genealogie" ihrer Herrscherbilder, in: WAGNER – KELLER (Hgg.) 1983, 23–80.

Herbert SCHADE SJ, Jesuitenkirche St. Michael in München, Regensburg [17]1994 u. ö. (Kleine Kunstführer 130).

Richard Erich SCHADE, Kunst, Literatur und die Straßburger Uhr, in: Kat. Basel 1984, 112–117.

Richard Erich SCHADE, Philipp Nicodemus Frischlin, in: FÜSSEL (Hg.) 1993, 613–625.

Bärbel SCHÄFER, Johann Stigels antirömische Epigramme, in: SCHEIBLE (Hg.) 1997, 51–68.

Eckart SCHÄFER, Deutscher Horaz. Conrad Celtis – Georg Fabricius – Paul Melissus – Jacob Balde. Die Nachwirkung des Horaz in der neulateinischen Dichtung Deutschlands, Wiesbaden 1976.

SCHÄFER 1993a = Eckart Schäfer, Paulus Melissus (Schede), in: FÜSSEL (Hg.) 1993, 545–560.

SCHÄFER 1993b = Eckart Schäfer, Paulus Melissus Schedius (1539–1602) – Leben in Versen, in: SCHMIDT (Hg.) 1993, 239–263.

G. SCHEIBELREITER, Leopold VI. der Glorreiche, Lexikon des Mittelalters 5 (1991) 1900–1901.

G. SCHEIBELREITER, Werner (Bischof von Straßburg), Lexikon des Mittelalters 9 (1998) 7.

Heinz SCHEIBLE, Melanchthons Bildungsprogramm, in: Hartmut BOOCKMANN u. a. (Hgg.), Lebenslehren und Weltentwürfe im Übergang vom Mittelalter zur Neuzeit. Bericht über Kolloquien der Kommission zur Erforschung der Kultur des Spätmittelalters 1983 bis 1987, Göttingen 1989 (Abhandlungen der Akademie der Wissenschaften in Göttingen, philol.-hist. Kl., 3. F., 179), 233–248.

SCHEIBLE 1997a = Heinz Scheible, Melanchthon. Eine Biographie, München 1997.

SCHEIBLE 1997b = Heinz Scheible, Melanchthon als akademischer Lehrer. Einführung in das Arbeitsgespräch (…), in: DERS. (Hg.) 1997, 13–29.

SCHEIBLE (Hg.) 1997 = Heinz Scheible (Hg.), Melanchthon in seinen Schülern, Wiesbaden 1997 (Wolfenbütteler Forschungen 73).

Georg SCHEJA, Hagia Sophia und Templum Salomonis, Istanbuler Mitteilungen 12, 1962, 44–58.

Chr. SCHERER, David Heschler, Thieme – Becker 16 (1923) 571.

E. C. SCHERER, Bischof Werner I. von Straßburg, Elsaß-Lothringisches Jahrbuch 2, 1923, 26–48.

Hans SCHIEBER, Vom Seminarium Ernestinum zum Kolleg der Jesuiten, in: Kat. Bamberg 1998, 57–61.

René SCHIFFMANN, Roma felix. Aspekte der städtebaulichen Gestaltung Roms unter Papst Sixtus V., Bern u. a. 1985 (Europäische Hochschulschriften XXVIII, 36).

Schindel (Hg.) 1999: siehe 1.b.1: Antike Texte

Anton SCHINDLING, Humanistische Hochschule und freie Reichsstadt: Gymnasium und Akademie in Straßburg 1538–1621, Wiesbaden 1977 (Veröffentlichungen des Instituts für europäische Geschichte Mainz 77).

Anton SCHINDLING, L'école latine et l'Académie de 1538 à 1621, in: Pierre SCHANG – Georges LIVET (éds.), Histoire du Gymnase Jean Sturm – Berceau de l'Université de Strasbourg 1538–1988, Strasbourg 1988 (Société savante d'Alsace et des régions de l'Est, Grandes publications 34; Histoire de l'Université de Strasbourg 1), 19–154.

Anton SCHINDLING, Die katholische Bildungsreform zwischen Humanismus und Barock. Dillingen, Dole, Freiburg, Molsheim und Salzburg: Die Vorlande und die benachbarten Universitäten, in: MAIER u. a. (Hgg.) 1989, 137–176.

Anton SCHINDLING, Konfessionalisierung und Grenzen von Konfessionalisierbarkeit, in: SCHINDLING – ZIEGLER (Hgg.) 7 (1997) 9–44.

S<span/>CHINDLING – Z<span/>IEGLER (Hgg.)

Anton S<span/>CHINDLING – Walter Z<span/>IEGLER (Hgg.), Die Territorien des Reichs im Zeitalter der Reformation und Konfessionalisierung. Land und Konfession 1500–1650. 1: Der Südosten, Münster ²1992; 2: Der Nordosten, Münster ³1993; 3: Der Nordwesten, Münster ²1995; 4: Mittleres Deutschland, Münster 1992; 5: Der Südwesten, Münster 1993; 6: Nachträge, Münster 1996; 7: Bilanz – Forschungsperspektiven – Register, Münster 1997 (Katholisches Leben und Kirchenreform 49–53. 56–57).

Louis S<span/>CHLAEFLI, Léopold d'Autriche et Molsheim (1607–1625), Annuaire de la Société d'histoire et d'archéologie de Molsheim et environs 1968, 14–19.

Louis S<span/>CHLAEFLI, Recherches sur l'imprimerie et la librairie à Molsheim au XVIIe siècle, Annuaire de la Société d'histoire et d'archéologie de Molsheim et environs 1971, 86–96.

S<span/>CHLAEFLI 1995b = Louis Schlaefli, Strasbourg – Bibliothèque du grand séminaire, in: Patrimoine des bibliothèques de France – Un guide des régions, Volume 4: Alsace, Franche-Comté, Paris 1995, 142–147.

S<span/>CHLAEFLI 1995c = Louis Schlaefli, Über den Werkmeister Christoph Wamser aus Wolfach, Die Ortenau 75, 1995, 413–430.

Louis S<span/>CHLAEFLI, Un architecte au service des Jésuites: Christophe Wambser, Annuaire de la Société d'histoire et d'archéologie de Molsheim et environs 1996, 69–92.

Ulrich S<span/>CHLEGELMILCH, Successio Christianorum Bavariae Principum. Humanistische Fürstendichtung, politische Aussagen und Ergebnisse landesgeschichtlicher Forschung in den Herrscherepigrammen der „Trophaea Bavarica", in: O<span/>SWALD – H<span/>AUB (Hgg.) 2001, 255–330.

Günter S<span/>CHLICHTING, Dr. Johann Hiltner, der Reformator der Reichsstadt Regensburg, Verhandlungen des Historischen Vereins für Oberpfalz und Regensburg 120, 1980, 455–471.

Alois S<span/>CHMID, Geschichtsschreibung am Hofe Kurfürst Maximilians I. von Bayern, in: Kat. München 1980, I 330–340.

Alois S<span/>CHMID, Das Gymnasium Poeticum zu Regensburg im Zeitalter des Humanismus, in: Albertus-Magnus-Gymnasium Regensburg. Festschrift zum Schuljubiläum 1988, Regensburg 1988, 25–57.

Alois S<span/>CHMID, Kulturelles Leben im Konfessionellen Zeitalter, in: P. S<span/>CHMID (Hg.) 2000, II 917–928.

Peter S<span/>CHMID, Die Reichsstadt Regensburg, in: S<span/>PINDLER – K<span/>RAUS 1995, 302–326.

Peter S<span/>CHMID, Regensburg – Freie Reichsstadt, Hochstift und Reichsklöster, in: S<span/>CHINDLING – Z<span/>IEGLER (Hgg.) 6 (1996) 36–57.

Peter S<span/>CHMID (Hg.), Geschichte der Stadt Regensburg, 2 Bde., Regensburg 2000.

Josef S<span/>CHMIDLIN, Die katholische Restauration im Elsass am Vorabend des dreissigjährigen Krieges, Freiburg/Br. 1934.

Erich S<span/>CHMIDT, Beiträge zur Geschichte Brombergs im 17. Jahrhundert, Jahrbuch des Bromberger Historischen Vereins für den Netzedistrikt 1888, 24–51.

Gerhard S<span/>CHMIDT – Manfred T<span/>IETZ (Hgg.), Stimmen der Romania. Festschrift für W. Theodor Elwert zum 70. Geburtstag, Wiesbaden 1980.

Paul Gerhard S<span/>CHMIDT (Hg.), Humanismus im deutschen Südwesten. Biographische Profile. Im Auftrag der Stiftung „Humanismus heute" des Landes Baden-Württemberg hg. v. …, Sigmaringen 1993.

Wieland S<span/>CHMIDT, Erinnerungen an Georg Ellinger, in: Günther P<span/>FLUG u. a. (Hgg.), Bibliothek – Buch – Geschichte. Kurt Köster zum 65. Geburtstag, Frankfurt 1977 (Sonderveröffentlichungen der Deutschen Bibliothek 5), 291–300.

Jürgen Schmitt, Der Einfluß der Kölner Jesuitenkirche auf die Kollegskirchen im Rheinland und in Westfalen. Mit einem Exkurs auf die niedersächsischen Kollegskirchen in Hildesheim und Osnabrück. Ein Beitrag zur Geschichte der Sakral-Architektur des Frühbarocks in Nordwest-Deutschland, Frankfurt 1979 (Kunstgeschichte 2).

Heinrich Schmittinger, Der Gügel – 550 Jahre als Kirche geweiht. Geschichtliches und Meditatives, o. O. o. J. [Scheßlitz 1989 u. ö.].

Sabine M. Schneider, Bayerisch-römisches Siegeszeichen. Das Programm der Münchner Michaelskirche und seine zeitgenössische Rezeption aus der Perspektive der Einweihungsfestschrift, in: Kat. München 1997, 171–197.

Wolfgang Schneider, Aspectus populi. Kirchenräume der katholischen Reform und ihre Bildordnungen im Bistum Würzburg, Regensburg 1999 (Kirche, Kunst und Kultur in Franken 8).

Rudolf Schnellbach (Hg.), Urkunden zur Baugeschichte des Ölbergs im Domkreuzgang zu Speyer, Jahrbuch der Preußischen Kunstsammlungen 50, 1929, 119–122.

Rudolf Schnellbach, Spätgotische Plastik im unteren Neckargebiet, Heidelberg 1931 (Heidelberger Kunstgeschichtliche Abhandlungen 10).

Barbara Schock-Werner, Stil als Legitimation. „Historismus" in den Bauten des Würzburger Fürstbischofs Julius Echter von Mespelbrunn, in: Kurt Löcher (Hg.), Retrospektive Tendenzen in Kunst, Musik und Theologie um 1600 (Akten des interdisziplinären Symposiums 30./31. März 1990 in Nürnberg), Nürnberg 1991 (= Pirckheimer-Jahrbuch 6), 51–82.

Otto Schönberger, Die ‚Bilder' des Philostratos, in: Boehm – Pfotenhauer (Hgg.) 1995, 157–176.

Anno Schoenen OSB, Aedificatio. Zum Verständnis eines Glaubenswortes in Kult und Schrift, in: Emonds (Hg.) 1956, 14–29.

Bernhard F. Scholz, ‚Sub oculos subiectio'. Quintilian on Ekphrasis and Enargeia, in: Robillard – Jongeneel (eds.) 1998, 73–99.

Hermann Schott, De septem orbis miraculis quaestiones [Diss. München], Progr. Ansbach 1891.

Franz Schrader, Die landesherrlichen Visitationen und die katholischen Restbestände im Erzbistum Magdeburg 1561–1651 [1967], in: ders., Reformation und katholische Klöster. Beiträge zur Reformation und zur Geschichte der klösterlichen Restbestände in den ehemaligen Bistümern Magdeburg und Halberstadt. Gesammelte Aufsätze, Leipzig 1973 (Studien zur katholischen Bistums- und Klostergeschichte 13), 85–108.

Franz Schrader, Ringen, Untergang und Überleben der katholischen Klöster in den Hochstiften Magdeburg und Halberstadt von der Reformation bis zum Westfälischen Frieden, Münster 1977 (Katholisches Leben und Kirchenreform 37).

Franz Schrader, Magdeburg, in: Schindling – Ziegler (Hgg.) 2 (1993) 68–86.

Sonja M. Schreiner, Sedes Pacis Martis Austriaci – Ein panegyrisch-aitiologisches Gedicht auf Prinz Eugen von Savoyen und das Belvedere, in: Manuel Baumbach (Hg.), Tradita et inventa. Beiträge zur Rezeption der Antike, Heidelberg 2000, 253–270.

Elisabeth Schröter, Der Vatikan als Hügel Apollons und der Musen. Kunst und Panegyrik von Nikolaus V. bis Julius II., Römische Quartalschrift 76, 1980, 208–240.

Ernst Schubert, Gegenreformationen in Franken, Jahrbuch für fränkische Landesforschung 28, 1968, 275–307. (Wieder in: Ernst Walter Zeeden [Hg.], Gegenreformation, Darmstadt 1973 [Wege der Forschung 311], 222–269).

Ernst Schubert, Julius Echter von Mespelbrunn (1545–1617), in: Gerhard Pfeiffer (Hg.), Fränkische Lebensbilder. Neue Folge der Lebensläufe aus Franken. Bd. 3, Würzburg 1969 (Veröffentlichungen der Gesellschaft für fränkische Geschichte, Reihe VII A), 158–193.

Ernst Schubert, Conrad Dinner. Ein Beitrag zur geistigen und sozialen Umwelt des Späthumanismus in Würzburg, Jahrbuch für fränkische Landesforschung 33, 1973, 213–238.

August Schuchert – Wilhelm Jung, Der Dom zu Mainz. Ein Handbuch, Mainz ³1984.

Stefan Schuler, Vitruv im Mittelalter. Die Rezeption von „De architectura" von der Antike bis in die frühe Neuzeit, Köln – Weimar – Wien 1999 (Pictura et poesis 12).

Adalbert Schulz, Die St. Michaelskirche in München. Ein Führer durch ihren Bau und durch ihre Geschichte, München 1930.

Rudolf Schulze, Das Gymnasium Paulinum zu Münster 797 bis 1947, in: ders. (Hg.), 797–1947. Das Gymnasium Paulinum zu Münster, Münster 1948, 7–148.

Fritz Oskar Schuppisser, Schauen mit den Augen des Herzens. Zur Methodik der spätmittelalterlichen Passionsmeditation, besonders in der Devotio Moderna und bei den Augustinern, in: Haug – Wachinger (Hgg.) 1993, 169–210.

Klaus Schwager, Zur Bautätigkeit Sixtus' V. an S. Maria Maggiore in Rom, in: Miscellanea Bibliothecae Hertzianae zu Ehren von Leo Bruhns – Franz Graf Wolff Metternich – Ludwig Schudt, München 1961, 324–354.

Joshua Schwartz, The *Encaenia* of the Church of the Holy Sepulchre, the Temple of Solomon and the Jews, Theologische Zeitschrift 43, 1987 (= FS Walter Neidhart), 265–281.

Albert Schwartzenberger, Der Oelberg zu Speyer, Speyer 1866.

Albert Schwartzenberger, Der Dom zu Speyer – Das Münster der fränkischen Kaiser, II, Neustadt (Haardt) 1903.

Grant F. Scott, The Rhetoric of Dilation: Ekphrasis and Ideology, Word & Image 7, 1991, 301–310.

R. Sedlmaier, Kal (Adam), Thieme – Becker 19 (1926) 452 f.

Hans Sedlmayr, Die Entstehung der Kathedrale [1950], Freiburg – Basel – Wien 1993.

Ulrike Seeger, Zisterzienser und Gotikrezeption: Die Bautätigkeit des Babenbergers Leopold VI. in Lilienfeld und Klosterneuburg, München – Berlin 1997 (Kunstwissenschaftliche Studien 69).

Lorenz Seelig, „Dieweil wir dann nach dergleichen Heiltumb und edlen Clainod sonder Begirde tragen" – Der von Herzog Wilhelm V. begründete Reliquienschatz der Jesuitenkirche St. Michael in München, in: Kat. München 1997, 199–262.

Anneliese Seeliger-Zeiss, Lorenz Lechler von Heidelberg und sein Umkreis. Studien zur Geschichte der spätgotischen Zierarchitektur und Skulptur in der Kurpfalz und in Schwaben, Heidelberg 1967 (Heidelberger Kunstgeschichtliche Abhandlungen N.F. 10).

Wulf Segebrecht, Das Gelegenheitsgedicht. Ein Beitrag zur Geschichte und Poetik der deutschen Lyrik, Stuttgart 1977.

Wulf Segebrecht, Gelegenheitsgedicht, Reallexikon der deutschen Literaturwissenschaft 1, 1997, 688–691.

Arno Seifert, Die „Seminarpolitik" der bayerischen Herzöge im 16. Jahrhundert und die Begründung des jesuitischen Schulwesens, in: Kat. München 1980, I 125–132.

Sieglinde Sepp, „Serenissimi Archiducis Leopoldi": Bücher Erzherzog Leopolds V. in der Universitätsbibliothek Innsbruck, in: Kulturerbe und Bibliotheksmanagement. Festschrift Walter Neuhauser, Innsbruck 1998 (Biblos-Schriften 170), 157–188.

Ch[arles] Seyfried, Les Jésuites en Alsace. Collège de Molsheim (1580–1765), Revue catholique d'Alsace N. S. 16, 1897, 365–375. 458–467. 542–553. 561–581. 691–702. 767–773. 839–847. 933–937; N. S. 17, 1898, 60–68. 144–152. 296–308.

C[arl] Seyfried, Die Pfarrkirche von Molsheim in Vergangenheit und Gegenwart. Geschichtliche Erinnerungen und Beschreibung, seinen Pfarrkindern gewidmet von …, Molsheim 1899.

Frans P. T. Slits, Het latijnse stededicht: oorsprong en ontwikkeling tot in de zeventiende eeuw [Diss. Nijmegen], Amsterdam 1990.

Rebekah Smick, Evoking Michelangelo's Vatican *Pietà*: Transformations in the Topos of Living Stone, in: Gohlany (ed.) 1996, 23–52.

Christine Smith, Christian Rhetoric in Eusebius' Panegyric at Tyre, Vigiliae Christianae 43, 1989, 226–247.

Christine Smith, Architecture in the Culture of Early Humanism. Ethics, Aesthetics, and Eloquence 1400–1470, New York – Oxford 1992.

Jeffrey Chipps Smith, German Sculpture of the Later Renaissance c. 1520–1580. Art in an Age of Uncertainty, Princeton 1994.

Jeffrey Chipps Smith, The Art of Salvation in Bavaria, in: O'Malley u. a. (eds.) 1999, 568–599.

Heribert Smolinsky, Der Humanismus an Theologischen Fakultäten des katholischen Deutschland, in: Gundolf Keil u. a. (Hgg.), Der Humanismus und die oberen Fakultäten, Weinheim 1987 (Mitteilung XIV der Kommission für Humanismusforschung), 21–42.

Erik Soder von Güldenstubbe, Kulturelles Leben im Würzburg der Riemenschneiderzeit, Berlin 1981 (Beiheft zum Kat. d. Ausst. „Tilman Riemenschneider – Frühe Werke", Mainfränk. Museum Würzburg, 5.9.–1.11.1981).

Soder 1989a = Erik Soder von Güldenstubbe, Historische Nachrichten über die Seminarkirche und ihre Vorgängerinnen, in: Karl Hillenbrand – Rudolf Weigand (Hgg.), Mit der Kirche auf dem Weg. 400 Jahre Priesterseminar Würzburg, 1589–1989, Würzburg 1989, 201–246.

Soder 1989b = Erik Soder von Güldenstubbe, St. Kilian in Hymnen, Liedern, Gedichten, in: Erichsen (Hg.) 1989, 419–441.

John Sparrow, A Horatian Ode and Its Descendants, Journal of the Warburg and Courtauld Institutes 17, 1954, 359–365.

John Sparrow, Visible Words. A Study of Inscriptions in and as Books and Works of Art, Cambridge 1969.

Paul Speck, Juliana Anicia, Konstantin der Große und die Polyeuktoskirche in Konstantinopel, in: Poikila Byzantina 11 – Varia III, Bonn 1991, 133–147.

Hans Eugen Specker, Die Reformtätigkeit der Würzburger Fürstbischöfe Friedrich von Wirsberg (1558–1573) und Julius Echter von Mespelbrunn (1573–1617), Würzburger Diözesangeschichtsblätter 27, 1965, 29–125.

Specker 1977a = Hans Eugen Specker, Ulm. Stadtgeschichte, Ulm 1977.

Specker 1977b = Hans Eugen Specker, Das Gymnasium academicum in seiner Bedeutung für die Reichsstadt Ulm, in: Erich Maschke – Jürgen Sydow (Hgg.), Stadt und Universität im Mittelalter und in der früheren Neuzeit, Sigmaringen 1977 (Stadt in der Geschichte 3; Akten der Arbeitstagung Tübingen 1974), 142–160.

Hans Eugen Specker, Ulm an der Donau, München – Zürich 1985 (Große Kunstführer 119).

Wolfgang Speyer, Die Euphemia-Rede des Asterios von Amaseia. Eine Missionsschrift für gebildete Heiden, Jahrbuch für Antike und Christentum 14, 1971, 39–47.

Max Spindler (Hg.), Handbuch der bayerischen Geschichte. III: Franken, Schwaben, Oberpfalz bis zum Ausgang des 18. Jahrhunderts. Zweiter Teilband, München ²1979.

Spindler – Kraus
Handbuch der bayerischen Geschichte. II: Das alte Bayern. Der Territorialstaat vom Ausgang des 12. Jahrhunderts bis zum Ausgang des 18. Jahrhunderts. Begr. v. Max Spindler, hg. v. Andreas Kraus, München ²1988; III/1: Geschichte Frankens bis zum Ausgang des 18. Jahrhunderts. Begr. v. Max Spindler, neu hg. v. Andreas Kraus, München ³1997; III/3: Geschichte der Oberpfalz und

des Bayerischen Reichskreises bis zum Ausgang des 18. Jahrhunderts. Begr. v. Max SPINDLER, neu hg. v. Andreas KRAUS, München ³1995.

Leo SPITZER, The „Ode on a Grecian Urn," or Content vs. Metagrammar, Comparative Literature 7, 1955, 203–225.

Ulrich Justus STACHE, Flavius Cresconius Corippus: In laudem Iustini Augusti minoris. Ein Kommentar, [Diss.] Berlin 1976.

Thomas STÄCKER, Frühneuzeitliche Festbeschreibungen in digitalen Systemen, Wolfenbütteler Bibliotheks-Informationen 24, 1999, 14–15.

Ludwig STAMER, Kirchengeschichte der Pfalz III.1: Das Zeitalter der Reform (1556–1685), Speyer 1955.

Johann Baptist STAMMINGER, Erinnerungen an Fürstbischof Julius, in: Alma Julia – Illustrirte Chronik ihrer dritten Säcularfeier. Hg. vom Academischen Comité für Presse und Drucksachen. Redaction v. Aug(ust) Schäffler, Würzburg 1882, 7–9. 13–17.

Fritz STECKERL, On the Problem: Artefact and Idea, Classical Philology 37, 1942, 288–298.

Harald STEINHAGEN (Hg.), Zwischen Gegenreformation und Frühaufklärung: Späthumanismus, Barock 1572–1740, Reinbek 1985 (= Horst-Albert GLASER [Hg.], Deutsche Literatur – Eine Sozialgeschichte, 3).

Susan Trayer STEVENS, Image and Insight: Ecphrastic Epigrams in the „Latin Anthology" [Diss. Madison], Ann Arbor 1983.

Dionys STIEFENHOFER, Die Geschichte der Kirchweihe vom 1.–7. Jahrhundert, München 1909 (Veröffentlichungen aus dem Kirchenhistorischen Seminar München, III. Reihe, 8).

Ferdinand STROBEL S.I. – Cécile SOMMER-RAMER, Kolleg Porrentruy 1590–1773, in: Albert BRUCKNER (Hg.), Helvetia Sacra. Abteilung VII: Der Regularklerus. Die Gesellschaft Jesu in der Schweiz, bearb. v. Ferdinand Strobel SJ (…) – Die Somasker in der Schweiz, bearb. v. P. Ugo Orelli OFMCap. (…), Bern 1976, 202–242.

Ludger J. SUTTHOFF, Gotik im Barock: zur Frage der Kontinuität des Stiles außerhalb seiner Epoche (Möglichkeiten der Motivation bei der Stilwahl), Diss. Saarbrücken, Münster 1990 (Kunstgeschichte – Form und Interesse 31).

Pietro TACCHI VENTURI S.I., L'umanesimo e il fondatore del Collegio Romano, Archivum historicum Societatis Iesu 25, 1956, 63–71.

Werner TAEGERT, Johannes Cyaneus Sylvanus Silesius – ein gekrönter Dichter des Späthumanismus, in: Gerhard KOSELLEK (Hg.), Oberschlesische Dichter und Gelehrte vom Humanismus bis zum Barock, Bielefeld 2000 (Tagungsreihe der Stiftung Haus Oberschlesien 8), 127–177.

Anne-Marie TAISNE, Stace et la rhétorique, in: CHEVALLIER (éd.) 1979, 115–128.

Paul TANNER, Die astronomische Uhr im Münster von Strassburg, in: Kat. Basel 1984, 97–106.

Władysław TATARKIEWICZ, Mimesis, Dictionary of the History of Ideas 3 (1973) 225–230.

Władysław TATARKIEWICZ, Geschichte der Ästhetik. III: Die Ästhetik der Neuzeit von Petrarca bis Vico. Hg. v. Hans Rudolf Schweizer, Basel – Stuttgart 1987 (poln. OA 1967).

Johannes TERHALLE, „… ha della Grandezza de padri Gesuiti" – Die Architektur der Jesuiten um 1600 und St. Michael in München, in: Kat. München 1997, 83–146.

Antonio Secondo TESSARI, Tempio di Salomone e tipologia della chiesa nelle *Disputationes de controversiis christianae fidei* di San Roberto Bellarmino S.J., in: Luciano PATETTA – Stefano DELLA TORRE (a c. di), L'architettura della Compagnia di Gesù in Italia, XVI–XVIII secolo. Atti del convegno Milano, centro culturale S. Fedele, 24–27 ottobre 1990, Genova 1992, 31–34.

Harmen THIES, Zu Bau und Entwurf der Hauptkirche Beatae Mariae Virginis, in: Hans-Herbert

810

MÖLLER (Hg.), Die Hauptkirche Beatae Mariae Virginis in Wolfenbüttel, Hameln 1987 (Forschungen der Denkmalpflege in Niedersachsen 4), 39–78.

Marcel THOMANN, Molsheim und Zabern. Residenzstädte im Bistum Straßburg, in: PRESS (Hg.) 1992, 35–48.

Hans THURN (Bearb.), Die Handschriften der Universitäts-Bibliothek Würzburg. 5: Bestand bis zur Säkularisierung, Erwerbungen und Zugänge bis 1803, Wiesbaden 1994.

Jost TRIER, Architekturphantasien in der mittelalterlichen Dichtung, Germanisch-romanische Monatsschrift 17, 1929, 11–24.

Joseph TROUILLAT, Rapport sur la bibliothèque du collège de Porrentruy, son origine, ses développements et sa réorganisation, Porrentruy 1849 (Extrait des Archives de la Société jurassienne d'émulation).

Erich TRUNZ, Der deutsche Späthumanismus um 1600 als Standeskultur, Zeitschrift für Geschichte der Erziehung und des Unterrichts 21, 1931, 17–53 (Wieder u.a. in: Richard ALEWYN (Hg.), Deutsche Barockforschung, Köln – Berlin 1965 (Neue Wissenschaftliche Bibliothek 7), 147–181).

Erich TRUNZ, Pansophie und Manierismus im Kreise Kaiser Rudolfs II. [urspr. 1941/45, ergänzt 1983], in: Herbert ZEMAN (Hg.), Die österreichische Literatur – Ihr Profil von den Anfängen im Mittelalter bis ins 18. Jahrhundert (1050–1750), Bd. 2, Graz 1986, 865–1034.

Philipp Emil ULLRICH, Die katholischen Kirchen Würzburgs, Würzburg 1897.

Théodore UNGERER, Les Habrecht, une dynastie d'horlogers strasbourgeois au XVIIe et XVIIIe siècle, Archives alsaciennes d'histoire de l'art 4, 1925, 95–147.

Jean-Marie VALENTIN, Le théâtre des Jésuites dans les pays de langue allemande (1554–1680) – Salut des âmes et ordre des cités, 3 Bde., Bern u.a. 1978 (Europäische Hochschulschriften I, 255).

Jean-Marie VALENTIN, Jesuiten-Literatur als gegenreformatorische Propaganda, in: STEINHAGEN (Hg.) 1985, 172–205.

Harm-Jan VAN DAM, P. Papinius Statius, Silvae Book II. A Commentary, Diss. Leiden 1984.

Harm-Jan VAN DAM, Rez. zu HARDIE 1983, Gnomon 60, 1988, 704–712.

Richard VAN DÜLMEN, Die Gesellschaft Jesu und der bayerische Späthumanismus. Ein Überblick. Mit dem Briefwechsel von J. Bidermann, Zeitschrift für bayerische Landesgeschichte 37, 1974, 358–415.

Louis VAUTREY, Histoire du Collège (!) de Porrentruy (1590–1865), Porrentruy 1866.

Louis VAUTREY, Histoire des évêques de Bâle, 2 Bde. Einsiedeln u.a. 1884/86.

P. VERDIER, Apostles (Iconography of), New Catholic Encyclopedia 1 (1967) 682–687.

Riccardo G(arcía) VILLOSLADA S. I., Storia del Collegio Romano dal suo inizio (1551) alla soppressione della Compagnia di Gesù (1773), Romae 1954 (Analecta Gregoriana 66).

Ludwig VOELKL, Die konstantinischen Kirchenbauten nach Eusebius, Rivista di archeologia cristiana 29, 1953, 49–66. 187–206.

Wilhelm VOLKERT, Luthers Reformation in den Reichsstädten Nürnberg und Regensburg, in: BUNGERT (Hg.) 1983, 107–122.

Ilse VON ZUR MÜHLEN, *Imaginibus honos* – Ehre sei dem Bild. Die Jesuiten und die Bilderfrage, in: Kat. München 1997, 161–170.

Georg WACHA, Die Verehrung des heiligen Leopold, in: Kat. Klosterneuburg 1985, 33–68.

J. WAGNER, Aus der Geschichte der Pfarrei Münster bei Bingerbrück zur Zeit der Reformation und Gegenreformation, in: Katholischer Kirchenkalender der Pfarrei Bingen nebst einem historischen Jahrbuch, 15. Jg., Bingen 1931, 31–35.

Karl WAGNER SJ – Albert KELLER SJ (Hgg.), St. Michael in München. Festschrift zum 400. Jahrestag der Grundsteinlegung und zum Abschluß des Wiederaufbaus, München – Zürich 1983.

Peter WAGNER, Ekphrasis, Iconotexts, and Intermediality – the State(s) of the Art(s), in: DERS. (ed.), Icons – Texts – Iconotexts. Essays on Ekphrasis and Intermediality, Berlin – New York 1996 (European Cultures 6), 1–40.

Xandra WALCZAK, Die Dreieinigkeitskirche in Regensburg. Studien zur Architektur- und Baugeschichte, Regensburg (masch.) 1993.

J. WALTER, La croix de Niedermunster, sa légende, son histoire, son symbolisme, Archives alsaciennes d'histoire de l'art 10, 1931, 9–52.

Waltz (éd.) 1960: siehe 1.b.1 Antike Texte

Paul WARMBRUNN, Zwei Konfessionen in einer Stadt. Das Zusammenleben von Katholiken und Protestanten in den paritätischen Reichsstädten Augsburg, Biberach, Ravensburg und Dinkelsbühl von 1548 bis 1648, Wiesbaden 1983 (Veröffentlichungen des Instituts für Europäische Geschichte Mainz 111).

Carsten-Peter WARNCKE, Sprechende Bilder – sichtbare Worte. Das Bildverständnis in der frühen Neuzeit, Wiesbaden 1987 (Wolfenbütteler Forschungen 33).

WEBB 1999a = Ruth Webb, *Ekphrasis* Ancient and Modern: The Invention of a Genre, Word & Image 15, 1999, 7–18.

WEBB 1999b = Ruth Webb, The Aesthetics of Sacred Space: Narrative, Metaphor, and Motion in *Ekphraseis* of Church Buildings, Dumbarton Oaks Papers 53, 1999, 59–74.

Heinrich WEBER, Geschichte der gelehrten Schulen im Hochstift Bamberg von 1007–1803 (1. Abt.), Bericht des Historischen Vereins für die Pflege der Geschichte des ehemaligen Fürstbistums Bamberg 42, 1879, 1–312.

Franz Xaver v. WEGELE, Geschichte der Universität Wirzburg. Im Auftrage des k. akademischen Senates verf. v. … I: Geschichte, II: Urkundenbuch, Wirzburg 1882, ND Aalen 1969.

Rudolf WEIGAND, Dokumente zur frühen Geschichte des Priesterseminars und der Universität Würzburg, Würzburger Diözesangeschichtsblätter 37/38, 1975 (= Kirche und Theologie in Franken – FS Theodor Kramer), 393–410.

Hans R. WEIHRAUCH, Das Grabmalprojekt für Herzog Wilhelm V. von Bayern, in: Kat. München 1980, I 175–184.

Otto WEINREICH, Gebet und Wunder. Zwei Abhandlungen zur Religions- und Literaturgeschichte [1929], in: DERS., Religionsgeschichtliche Studien, Darmstadt 1968, 1–298.

Dieter J. WEISS, Gegenreformation und Katholische Reform in Bamberg und Fürstbischof Johann Philipp von Gebsattel (1599–1609), in: Renate BAUMGÄRTEL-FLEISCHMANN (Hg.), Fürstbischof Johann Philipp von Gebsattel und die Kirche in Schlüsselau, Bamberg 1997 (Veröffentlichungen des Diözesanmuseums Bamberg 10), 9–25.

Ludwig WEISS, 400 Jahre Pfarrkirche St. Kilian im Juliusspital zu Würzburg, Würzburg 1980.

WEISSENBERGER 1996a = Michael Weißenberger, Anonymus Seguerianus, Der Neue Pauly 1 (1996) 720.

WEISSENBERGER 1996b = Michael Weißenberger, Aphthonius, Der Neue Pauly 1 (1996) 844.

Manfred WEITLAUFF, Die Reichskirchenpolitik des Hauses Bayern im Zeichen gegenreformatorischen Engagements und österreichisch-bayerischen Gegensatzes, in: Kat. München 1980, I 48–76.

Alfred WENDEHORST, Das Bistum Würzburg. Ein Überblick von den Anfängen zur Säkularisation, Freiburger Diözesan-Archiv 86, 1966, 9–93.

Alfred WENDEHORST (Bearb.), Das Bistum Würzburg. Teil 3: Die Bischofsreihe von 1455 bis 1617, Berlin – New York 1978 (Germania Sacra N.F. 13 – Die Bistümer der Kirchenprovinz Mainz).

Alfred Wendehorst, Johann Gottfried von Aschhausen (1575–1622), in: ders. – Gerhard Pfeiffer (Hgg.), Fränkische Lebensbilder. 9. Band, Neustadt (Aisch) 1980 (Veröffentlichungen der Gesellschaft für fränkische Geschichte, Reihe VII A), 167–186.

Alfred Wendehorst (Bearb.), Das Bistum Würzburg. 4: Das Stift Neumünster in Würzburg, Berlin – New York 1989 (Germania Sacra N.F. 26 – Die Bistümer der Kirchenprovinz Mainz).

Claudia Wiener, *Ex admiratore amator*. Ein Blick auf Conrad Dinners poetisches Werk und auf seinen Adressaten und Protagonisten Abt Johannes Burckhardt, in: Elmar Hochholzer (Hg.), Benediktinisches Mönchtum in Franken vom 12. bis zum 17. Jahrhundert. Zum 400. Todestag des Münsterschwarzacher Abtes Johannes IV. Burckhardt, Münsterschwarzach 2000 (Münsterschwarzacher Studien 48), 15–67.

Claudia Wiener, *Imitatio Constantini*. Das Konstantinsbild und die Auswertung spätantiker und byzantinischer Autoren in den *Trophaea Bavarica* als Antwort auf die reformatorische Kirchengeschichtsschreibung, in: Oswald – Haub (Hgg.) 2001, 155–183.

John Wilkinson, Paulinus' Temple at Tyre, Jahrbuch der österreichischen Byzantinistik 32/4 (= XVI. Internat. Byzantinistenkongress Wien, 4.–9. Okt. 1981, Akten II/4), 1982, 553–561.

Robert Will, La croix monumentale de Niedermunster, Cahiers alsaciens d'archéologie, d'art et d'histoire 31, 1988, 139–154.

Pius Wittmann, Würzburger Bücher in der k. schwedischen Universitätsbibliothek zu Upsala, Archiv des Historischen Vereins für Unterfranken und Aschaffenburg 34, 1891, 111–161.

Dieter Wölfel, Salomon Lentz 1584–1647. Ein Beitrag zur Geschichte des orthodoxen Luthertums im Dreißigjährigen Krieg, Gunzenhausen – Neustadt (Aisch) 1991 (Einzelarbeiten aus der Kirchengeschichte Bayerns 65).

Franz Josef Worstbrock, Agricola (Rudolf), Verfasserlexikon² 1 (1978) 84–93.

Reinhard Wortmann, Hauptwerk nachreformatorischer Kunst. Vernichtet 1944 beim Bombenhagel: Auferstandener Christus aus der Dreifaltigkeitskirche, Schwäbische Zeitung Nr. 73 vom 29.3.1975.

Oskar Wulff, Das Raumerlebnis des Naos im Spiegel der Ekphrasis, Byzantinische Zeitschrift 30, 1929/30, 531–539.

Herbert W. Wurster, Die Regensburger Geschichtsschreibung im 17. Jahrhundert. Historiographie im Übergang vom Humanismus zum Barock. Teile II und III, Verhandlungen des Historischen Vereins für Oberpfalz und Regensburg 120, 1980, 69–210.

Tamar Yacobi, The Ekphrastic Model: Forms and Functions, in: Robillard – Jongeneel (eds.) 1998, 21–34.

Stanisław Załęski, Jezuici w Polsce [Die Jesuiten in Polen] IV/3, Kraków 1905.

Graham Zanker, Enargeia in the Ancient Criticism of Poetry, Rheinisches Museum für Philologie 124, 1981, 297–311.

J. W. Zarker, Augustan Art and Architecture in Vergil's Aeneid, in: Rolf Winkes (ed.), The Age of Augustus. Interdisciplinary Conference held at Brown University, April 30–May 2, 1982, Providence – Louvain 1985 (Archaeologia transatlantica 5 – Publications d'histoire de l'art et d'archéologie de l'université catholique de Louvain 44), 197–208.

Ernst Walter Zeeden, Die Entstehung der Konfessionen. Grundlagen und Formen der Konfessionsbildung im Zeitalter der Glaubenskämpfe, München – Wien 1965.

Walter Ziegler, Die Reichsstadt Regensburg, in: Spindler (Hg.) 1979, 1423–1438.

Ziegler 1992a = Walter Ziegler, Bayern, in: Schindling – Ziegler (Hgg.) 1 (1992) 56–70.

Ziegler 1992b = Walter Ziegler, Würzburg, in: Schindling – Ziegler (Hgg.) 4 (1992) 98–126.

Walter Ziegler, Altgläubige Territorien im Konfessionalisierungsprozeß, in: Schindling – Ziegler (Hgg.) 7 (1997) 67–90.

Gerd Zimmermann, Fürstbischof Johann Gottfried von Aschhausen, der Begründer des Jesuitenkollegs in Bamberg – sein Mühen um die katholischen Belange in Hochstift und Reich, in: Renate Baumgärtel-Fleischmann – Stephan Renczes (Hgg.), 300 Jahre Jesuitenkirche/St.Martin Bamberg 1693–1993, Bamberg 1993 (Veröffentlichungen des Diözesanmuseums Bamberg 5), 13–23.

Walter Zimmermann (Bearb.), Die Kunstdenkmäler des Kreises Kreuznach, Düsseldorf 1935 (Die Kunstdenkmäler der Rheinprovinz [18.1]), ND München – Berlin 1972.

Sigmund Joseph Zimmern, Der Oelberg in Speyer [1889], in: Die Baudenkmale in der Pfalz, gesammelt u. hg. v. d. Pfälzischen Kreisgesellschaft des bayerischen Architecten- und Ingenieur-Vereins, 2. Band, Ludwigshafen 1889–1892, 14–23.

Zuccari 1992a = Alessandro Zuccari, I pittori di Sisto V. Introduzione di Maurizio Calvesi, Roma 1992.

Zuccari 1992b = Alessandro Zuccari, Pittura come itinerario nella Roma sistina, in: Fagiolo – Madonna (a c. di) 1992, 641–657.

Wolfgang Zwickel, Der Salomonische Tempel, Mainz 1999 (Kulturgeschichte der antiken Welt 83).

Register

Angaben mit * verweisen auf die Fußnoten der genannten Seite.

Orte

Personen

816

Fugger (Familie) 114, 117, 430, 435*
Fugger, Joachim 183
Fulvio, Andrea 541
Furetière, Antoine 73

Gagliardi SJ, Achille 149
Gallus, Aegidius 110
Gambara, Lorenzo 110
Ganducci SJ, Giovanni Battista 133–134
Geilana, Hzgn. 69, 113, 218–219
Gelder, Nicolaus 544
Giambologna 262
Glykas, Michael 438
Gockel, Balthasar, Pfr. in Ulm 482, 512
Gombrich, Ernst 242*
Gonzaga, Francesco Marchese 556*
Gozbert, Hzg. 218–220
Grapaldo, Francesco Mario (Maria) 329–330
Gregor XIII., Papst 135–136, 541
Gretser SJ, Jakob 115, 247, 252–253, 436
Gropp OSB, Ignatius 184, 212
Grumbach, Wilhelm von 171
Gualandi, Domenico Conte 556*
Gundelfinger, Andreas 242

Hagart, Heinrich 215
Hager SJ, Balthasar 189
Hartmann, Johannes, Drucker in Molsheim 309, 311, 312*
Haug, Gabriel, Weihbf. v. Straßburg 352
Hausen, Wolfgang v., Fürstpropst v. Ellwangen 181
Hebenstreit, Johann Baptist 476, 480, 483–496, 498–499, 501–508, 510–512, 520, 524, 526–530, 534
Heling, Moritz 120
Heinrich II., Ks. 450–451, 454
Heinrich Groß von Trockau, Bf. v. Bamberg 276, 281
Henri, Prinz von Bourbon 547
Heptateuchdichter 348*
Hermogenes 127, 163
Heser SJ, Georg 247*

Hessus, Eobanus 109
Hiendl SJ, Simon 242
Höller SJ, Franz 574
Hoffaeus SJ, Paulus 124*, 424
Homberger, Paul 534
Homer 71, 85
Horatius Flaccus, Quintus 229, 348, 355, 502
Horitz, Anton, Drucker in Bamberg 278, 281*
Hospinian, Rudolph 506
Hugo, Hans 425

Ignatius von Loyola, hl. 120, 148, 150, 155, 196, 225, 338, 350, 354, 356, 357, 364, 410, 554
Iuliana Anicia 92

Jakob Christoph Blarer von Wartensee, Bf. v. Basel 252, 312*, 422–424, 426–428, 431–434, 439–441, 448, 451–452
Jason 150
Johann Friedrich d. Großmütige, Kfst. (Hzg.) v. Sachsen 460, 465, 470
Johann Friedrich d. Mittlere, Hzg. v. Sachsen 465
Johann, Hzg. v. Sachsen 107–108
Johann von Dürbheim, Bf. v. Straßburg 352
Johann von Manderscheid, Bf. v. Straßburg 303
Johann Gottfried von Aschhausen, Bf. v. Bamberg u. Würzburg 275–277, 280, 297
Johann Philipp von Gebsattel, Bf. v. Bamberg 275, 277
Johanna, Gfn. v. Hanau 366*
Johannes Doxapatres 58
Johannes von Sardes 164, 168*
Julius II., Papst 541
Julius Echter von Mespelbrunn, Bf. v. Würzburg 78, 111–112, 170, 172–175, 179–183, 187–189, 195, 211–216, 222, 230–231, 233–236, 275, 399–400
Justinian I., Ks. 435, 437–438

Ka(h)l, Adam 189
Kallimachos 443

Karl d. Gr., Ks. 258, 310–311, 321–323, 366
Karl V., Ks. 113, 478
Karl, Ehzg. v. Innerösterreich 181
Karl von Lothringen, Kardinal, Bf. v. Straßburg 303–304, 326
Kedrenos, Georgios 435, 436*
Kepler, Johannes 529
Kern, Leonhard 518
Kern, Michael 518
Kilian, hl. 69, 189, 204, 217–220, 236
Kleopatra 80, 82, 434
Klosser, Bartholomäus 217
Knobelsdorff, Eustachius von 106
Knoller, Martin 572
Kodinos, Georgios (Pseudo-) 437, 439
Konstantin d. Gr., Ks. 92, 97, 250, 272, 321, 323, 366, 432, 434–437, 439
Kos, Adam, Bf. v. Culm 549
Kostka, Stanisław, hl. 554
Krakau, Christoph, Drucker in Porrentruy 428

Laínez SJ, Jacobo 121
Lambert von Brunn, Bf. v. Bamberg 276
Lang, Johannes 436*
Lechler, Lorenz 380
Ledesma SJ, Juan de 135
Lentz, Salomon 518–519, 522, 535–538, 737*
Leo X., Papst 110, 541
Leonardo da Vinci 48–49
Leopold d. Fromme, hl., Mgf. v. Österreich 322–323, 349, 353, 366
Leopold VI. d. Glorreiche, Mgf. v. Österreich 349*
Leopold V., Ehzg. v. Vorderösterreich, Bf. v. Straßburg u. Passau 250*, 304–306, 309–310, 312–313, 315–316, 319, 321, 326, 338, 349, 372–373
Leunclavius, Johannes 438
Leypold, Johann 184
Libanios 101–102
Lochander, Martin 109, 111–113, 185

819

Abbildungen

Abb. 1: Würzburg, Julius-Universität und Neubaukirche um 1600. Stich Johann Leypolts nach einer Vorlage von Georg Rudolph Henneberger

Abb. 2: Würzburg, Neubaukirche: Rekonstruktion des ursprünglichen Schleifensterngewölbes.
Modell von F. X. Kohl, um 1975

Abb. 3: Cornelis Floris, Grabmal für König Friedrich I. von Dänemark, 1552. Schleswig, Dom

Abb. 4: Heinrich Hagart, Grabmal für Edo Wiemken, 1564. Jever, Stadtkirche

Abb. 5: München, St. Michael: Blick zum Hochaltar

Abb. 6: Christoph Schwarz, Hochaltarblatt: Michael siegt über Luzifer, 1587/88. München, St. Michael

Abb. 8: Gügel bei Scheßlitz, St. Pankratius von Nordwesten

Abb. 7: Gügel bei Scheßlitz, St. Pankratius (Südostseite)

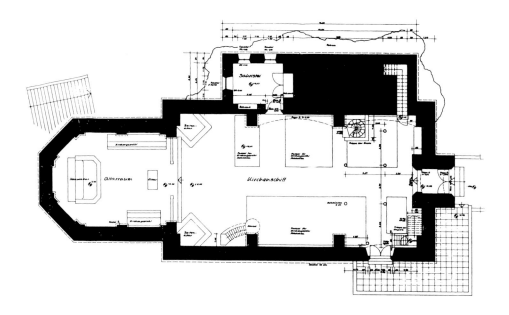

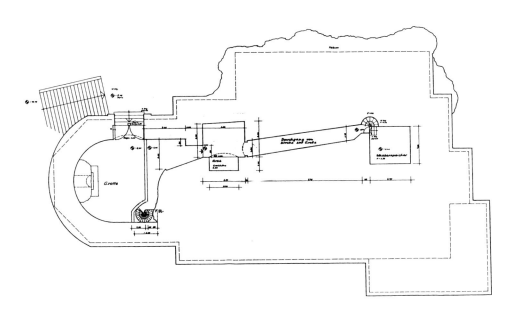

Abb. 9: Gügel bei Scheßlitz, St. Pankratius. Grundrisse des Ober- und Untergeschosses

Abb. 10: Gügel bei Scheßlitz, St. Pankratius: Deckengewölbe

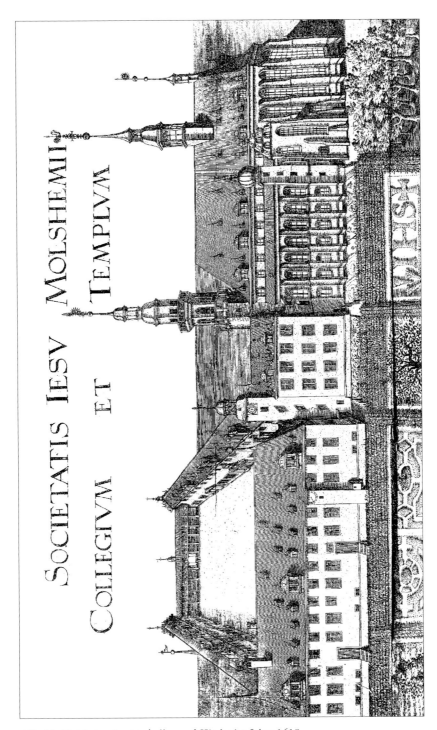

Abb. 11: Molsheim, Jesuitenkolleg und Kirche im Jahre 1618

Abb. 12: Molsheim, ehem. Jesuitenkirche: Reste von Malereien an der südlichen Emporenbrüstung

Abb. 13: Straßburg, Münster: Astronomische Uhr. Stich, (nach?) Tobias Stimmer, 1574

Abb. 14: Speyer, Ölberg (zerstört 1689). Gesamtansicht (17. Jh.)

Abb. 15: Speyer, Ölberg. Gesamtansicht um 1681

Abb. 16: Speyer, Ölberg: Zweiter bis Vierter Häscher. Zeichnung (17. Jh.)

Abb. 17: Speyer, Ölberg: Judas und Malchus betreten den Garten. Zeichnung (17. Jh.)

Abb. 18: Speyer, Ölberg: Judas und Malchus betreten den Garten. Kopie (19. Jh.) nach Nr. 17

Abb. 19: Speyer, Ölberg: Judas, Malchus und Erster Häscher. Zeichnung (17. Jh.)

Abb. 20: Speyer, Historisches Museum der Pfalz: Statuenfragment
(vermutl. vom Ölberg stammend)

Abb. 21: Speyer, Historisches Museum der Pfalz: Statuenfragment
(vom Ölberg stammend?)

Abb. 22: Jakob Major, Hochaltar für die Mainzer Jesuitenkirche, 1593. Zustand bis 1895.
    Münstersarmsheim, Pfarrkirche

Abb. 23: Jakob Major, Hochaltar für die Mainzer Jesuitenkirche, 1593. Zustand zwischen 1895 und
1944. Münstersarmsheim, Pfarrkirche

Abb. 24: Jakob Major, Hochaltar für die Mainzer Jesuitenkirche, 1593. Linker Engel mit Weihrauchfaß, heutiger Zustand. Münstersarmsheim, Pfarrkirche

Abb. 25a+b: Jakob Major, Hochaltar für die Mainzer Jesuitenkirche, 1593. Links: Judaskuß. Rechts: Christus vor Pilatus. Aufnahme vor 1944

Abb. 26: Porrentruy, ehem. Jesuitenkirche

Abb. 27: Jacob Pontanus SJ, Einweihungsfestschrift
für St. Salvator in Augsburg, Dillingen
1584

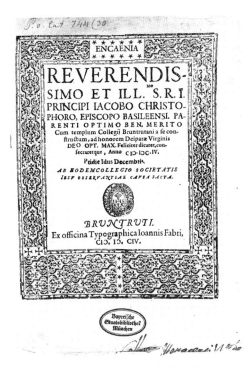

Abb. 28: Festschrift des Jesuitenkollegs Porrentruy
zur Einweihung der neuen Kirche, 1604

Abb. 29: Torgauer Dedikationstafel mit Versen Johann Stigels, 1545. Torgau, Schloß Hartenfels

Abb. 30: Ulm, Dreifaltigkeitskirche (1930)

Abb. 31: Ulm, Dreifaltigkeitskirche: Kanzel (vor 1944)

Abb. 32: Ulm, Dreifaltigkeitskirche: Christusstatue am Altar (vor 1944)

Abb. 33: Ulm, Dreifaltigkeitskirche: Altar. Zeichnung (17. Jh.)

Abb. 34: Regensburg, Dreieinigkeitskirche

Abb. 35: Regensburg, Dreieinigkeitskirche: Blick zum Chor (vor 1933)

Abb. 36: Regensburg, Dreieinigkeitskirche: Blick zum Westportal (vor 1933)

Abbildungsnachweis

Umschlagbild und Nr. 2: Institut für Kunstgeschichte der Universität Würzburg

Nr. 1: ENCAENIA ET TRICENNALIA IULIANA (1604), Foto Universitätsbibliothek Würzburg

Nr. 3: Foto Landesamt für Denkmalpflege Schleswig-Holstein

Nr. 4: Foto Lothar Klimek, Worpswede

Nr. 5: Foto Achim Bunz, München

Nr. 6: Foto Anton J. Brandl, München

Nr. 7: Foto Angela Michel, Berlin

Nr. 8: Foto Angela Michel, Berlin

Nr. 9: Erzbischöfliches Bauamt Bamberg

Nr. 10: Foto Angela Michel, Berlin

Nr. 11: ARCHIDUCALIS ACADEMIA MOLSHEMENSIS (1618)

Nr. 12: Archives Photographiques, Coll. Médiathèque du Patrimoine © Centre des monuments nationaux, Paris

Nr. 13: FRISCHLIN 1599, Exemplar der SUB Göttingen, Foto SUB Göttingen

Nr. 14: Kunstsammlung der Universität Göttingen

Nr. 15: LITZEL 1825, Exemplar der UB Würzburg, Foto UB Würzburg

Nr. 16: Kunstsammlung der Universität Göttingen

Nr. 17: Kunstsammlung der Universität Göttingen

Nr. 18: SCHWARTZENBERGER 1866, Exemplar der BSB München, Foto BSB München

Nr. 19: Kunstsammlung der Universität Göttingen

Nr. 20: Foto Alfred Diehl © Historisches Museum der Pfalz

Nr. 21: Foto Alfred Diehl © Historisches Museum der Pfalz

Nr. 22: Privatbesitz

Nr. 23: Foto Landesamt für Denkmalpflege Rheinland-Pfalz

Nr. 24: Foto Horst Eisenhuth, Münstersarmsheim

Nr. 25a+b: Privatbesitz

Nr. 26: Foto Ulrich Schlegelmilch (1998)

Nr. 27: Foto BSB München

Nr. 28: Foto BSB München

Nr. 29: Foto Brandenburgisches Landesamt für Denkmalpflege / Meßbildarchiv, Wünsdorf

Nr. 30: Bildarchiv Foto Marburg

Nr. 31: Bildarchiv Foto Marburg

Nr. 32: Bildarchiv Foto Marburg

Nr. 33: Stadtarchiv Ulm, F 1 K 19 L 2 Mappe 2 Nr. 1 © Stadtarchiv Ulm

Nr. 34: Bildarchiv Foto Marburg

Nr. 35: © Bayerisches Landesamt für Denkmalpflege

Nr. 36: © Bayerisches Landesamt für Denkmalpflege